V&R

Kommentar zu den Apostolischen Vätern

Herausgegeben von
N. Brox, G. Kretschmar und
K. Niederwimmer

Zweiter Band

1998
Vandenhoeck & Ruprecht
in Göttingen

Der erste Clemensbrief

Übersetzt und erklärt
von
Horacio E. Lona

1998
Vandenhoeck & Ruprecht
in Göttingen

Ergänzungsreihe zum
Kritisch-exegetischen Kommentar
über das Neue Testament
Band 2

Die Deutsche Bibliothek – CIP-Einheitsaufnahme

Kommentar zu den Apostolischen Vätern:
[Ergänzungsreihe zum Kritisch-exegetischen Kommentar
über das Neue Testament] /
hrsg. von N. Brox ... –
Göttingen: Vandenhoeck und Ruprecht.
Bd. 2. Lona, Horacio E.: Der erste Clemensbrief. – 1998
Lona, Horacio E.:
Der erste Clemensbrief / übers. und erkl. von Horacio E. Lona. –
Göttingen: Vandenhoeck und Ruprecht, 1998
(Kommentar zu den Apostolischen Vätern; Bd. 2)
ISBN 3-525-51682-7

Satz: Satzspiegel, Bovenden
Druck und Bindung: Hubert & Co., Göttingen

VORWORT

In der Einleitung zu seinem Abschiedsgruß, der „Einführung in die alte Kirchengeschichte" (1929), behauptet A. v. Harnack, der erste Clemensbrief sei die wichtigste Urkunde nach den Schriften des Neuen Testaments, die die Christenheit aus der ältesten Kirchengeschichte empfangen hat. „Rom und Griechenland treten hier beim Übergang des apostolischen Zeitalters in das nachapostolische zusammen auf, und Rom ist die Sprecherin. Das ist von größter Bedeutung; aber dieser Tatsache wird die nötige Folge nicht gegeben. Weder die Römische Kirche, die doch hier in erster Linie berufen ist, noch die evangelischen Kirchen noch die historisch-theologische Wissenschaft würdigen in Untersuchung und Unterricht das Schreiben so, wie es sich gebührt." Nach intensiver Beschäftigung mit dem Text und der Forschung kann ich die Richtigkeit der Einschätzung Harnacks nur bestätigen.

Bei der Fertigstellung des Kommentars sind mir Freunde und Kollegen zur Seite gestanden, die ich in großer Dankbarkeit erwähnen möchte. Prof. P. Dr. Anton Bodem (Benediktbeuern) korrigierte mit der gewohnten Aufmerksamkeit den ersten Entwurf des Manuskripts. Seine mühsame Arbeit wurde von Schw. Sigrid Hahn (Missionsdominikanerinnen, Schlehdorf) in einer zweiten Phase ergänzt. Die Endfassung hat schließlich Prof. Dr. Norbert Brox (Regensburg) kritisch durchgesehen. Über die stilistischen Korrekturen hinaus halfen mir diese geduldigen ersten Leser der Arbeit durch ihre inhaltlichen Fragen, da und dort meinen Standpunkt zu präzisieren.

In der Bibliothek der Theologischen Fakultät Benediktbeuern durfte ich bei der Beschaffung der Sekundärliteratur immer mit der unermüdlichen Unterstützung von Frau Jolande Findel und Frau Brunhilde Limm rechnen. Bei der Herstellung des Textes war PDoz. Dr. Ferdinand R. Prostmeier (Regensburg) ein sachkundiger und bewährter Helfer. In Fragen der syrischen Übersetzung und Überlieferung hat mich ferner PDoz. Dr. P. Bruns (Bochum) beraten.

Nach Abschluß der Arbeit ist mir klar, daß trotz der Mitwirkung der oben Genannten manches oder gar vieles korrektionsbedürftig bzw. unvollständig geblieben ist. Dennoch lege ich den Kommentar in der Hoffnung vor, er werde dazu beitragen, daß der erste Clemensbrief in Zukunft so gewürdigt wird, „wie es sich gebührt".

Benediktbeuern, den 20. Oktober 1997   Horacio E. Lona

INHALT

A. Einleitung

§ 1 Die Textüberlieferung

1. Die Handschriften

Die handschriftliche Überlieferung bezeugt das hohe Ansehen des Textes in der alten Christenheit. Die zwei griechischen Handschriften, die I Clem überliefern, sind:

A = Codex Alexandrinus, aus dem 5.Jh. Er enthält mit einigen Lücken das AT und das NT. Der Codex lag seit Ende des 11.Jh.s oder Anfang des 11.Jh.s in der Bibliothek des Patriarchen von Alexandrien[1]. 1621 wurde er durch den Ökumenischen Patriarchen Cyrill Lukaris nach Konstantinopel gebracht. Durch die Vermittlung von Sir Thomas Roe, dem englischen Gesandten in Konstantinopel, schenkte der Patriarch den Codex im Jahre 1628 dem König Charles I von England. Seit 1757 befindet er sich im British Museum (Ms. reg. 1 D V–VIII). Patrick Young, Bibliothekar an der Royal Library, besorgte 1633 die *editio princeps* von I Clem. Im Codex A steht I Clem hinter der Offb gemeinsam mit II Clem (bis 12,5). Der Text von I Clem umfaßt fol.159a bis fol.168a[2]. Zwischen fol.167 und fol.168 ist ein ganzes Blatt – es entspricht dem Abschnitt 57,7–63,3 – verlorengegangen.

H = Codex Hierosolymitanus, von Philotheos Bryennios, Metropolit zu Serrä, 1875 in Konstantinopel veröffentlicht. Der Codex gehörte zur „Bibliothek des heiligen Grabes" zu Konstantinopel. Bryennios hat ihn mit dem Buchstaben „I" abgekürzt (Ἱεροσολυμιτικός), aber A. Harnack und O. Gebhardt, die schon 1876 eine zweite Auflage von I Clem unter Einbeziehung des neuen Codex herausgaben, nannten ihn „Constantinopolitanus" (C)[3]. Inzwischen hat sich die oben erstgenannte Bezeichnung durchgesetzt. Geschrieben wurde er 1056 vom Schreiber Leo[4]. Der Codex umfaßt ingesamt 120 Blätter. I Clem (fol.51b–70a) gehen voran eine Synopse zur ganzen Bibel von Johannes Chrysostomus (fol.1a–32b) und der Barnabasbrief (fol.33a–51b). Es folgen sodann II Clem (fol.70a–6a), die Didache (fol.76a–80b), der

---

[1] Vgl. F.G. Kenyon, Codex Alexandrinus 7.

[2] Zur Beschreibung der Handschrift und zum Anteil der Schreiber vgl. F.G. Kenyon, a.a.O. 8–10. Dort auch das photographische Faksimile.

[3] Auch die Textausgaben von Lightfoot, Knopf, Lake.

[4] So die Notiz auf fol.120a.

Brief der Maria von Kassobola an Ignatius von Antiochien (fol. 81a–82a), die Briefe des Ignatius in der interpolierten Fassung (fol. 82a–120a).

Vier Handschriften enthalten alte Übersetzungen von I Clem:

S = die syrische Übersetzung. Schon 1796 war die Angabe über die Existenz einer syrischen Übersetzung der Klemensbriefe in der Universitätsbibliothek von Cambridge vorhanden, nachdem die Bibliothek eine syrische Bibelhandschrift aus dem Nachlaß des französischen Orientalisten Jules Mohl erworben hatte (Add.Mss. 1700). Erst am 17. Juni 1876 wurde die Handschrift dort von R. L. Bensly entdeckt. Sein Vorhaben, sie bald zu veröffentlichen, konnte er nicht verwirklichen. Nach seinem Tod im Jahre 1893 wurde die Handschrift von R. H. Kennet 1899 herausgegeben. Für die Beschreibung des Manuskripts und andere Informationen ist man auf die Mitteilungen von R. L. Bensly an J. B. Lightfoot angewiesen, so wie dieser sie in der zweiten Auflage von I Clem (London 1877) und dann im großen Kommentar (London 1890 = I 1,129–142) festgehalten hat[1]. Die Reihenfolge ist eigentümlich: 1. die vier Evangelien; 2. Apg, katholische Briefe und – nach Jud – I Clem und II Clem. Es fehlt die Offb; 3. die Paulusbriefe (auch Hebr). Jeder Teil hat eine eigene Unterschrift und eine eigene Lektionarordnung, aber die zwei Klemensbriefe bilden doch einen Fremdkörper. Denn die Übersetzung hat eine andere Herkunft als die Philoxeniana-Harklensis der neutestamentlichen Texte, und zwar dürfte sie später entstanden sein. Die Verbindung mit der syrischen Übersetzung des Neuen Testaments ist also irgendwann, aber mit Sicherheit ebenfalls später erfolgt[2]. Die in Cambridge aufbewahrte Handschrift wurde in Edessa 1170 angefertigt. Nach Bensly ging die Übersetzung aus der Schule des Jakob von Edessa (633–708) hervor.

L = die lateinische Übersetzung. Trotz vereinzelter Notizen über eine alte lateinische Übersetzung[3] ist der Text im christlichen Abendland unbekannt

[1] Unter Berücksichtigung dieser Tatsache verzichtet R. H. Kennet in der Veröffentlichung auf eine Einleitung mit der Behandlung von technischen Fragen und beschränkt sich auf ein kurzes Vorwort. Vgl. auch R. KNOPF, Clemensbrief 6–8.

[2] TH. ZAHN, Geschichte I 352, hält es für möglich, daß die Übersetzung das Werk eines der vielen syrischen Mönche in Ägypten aus viel früherer Zeit ist, das Thomas von Heraklea in Alexandrien vorfand und mit den biblischen Büchern verband. S. u. § 7.4.

[3] J.-B. PITRA, Spicilegio Solesmensi, Paris 1852, I 293, zitiert einen nicht näher bekannten Johannes Diaconus, der in seinem „Expositum in Heptateuchum" (550–600?) I Clem 43–44 paraphrasiert: „Sciebat Moyses quod virga floritura esset; sed ideo convocavit populum ut honorabilis Aaron inveniretur, et Deus glorificaretur a populis; ipse autem careret invidia … Hanc formam tenentes apostoli vel succesores ejus, quos eligebant, cum consensu totius ecclessiae ordinabant praepositos." Pitra hielt Paulinus von Nola für den Autor der lateinischen Übersetzung des von Johannes Diaconus überlieferten Fragments. Denn im Brief an Rufinus (Ep. 46, in: PL 61,397 = CC SL 20,109) schreibt Paulinus: „Credo enim in translatione sancti Clementis, praeter alias ingenii mei defectiones, hanc te potissimum inperitiae meae penuriam considerasse quod aliqua in quibus intelligere vel exprimere verba non potui, sensu potius adprehensa vel, ut verius dicam, opinata, transtulerim". LIGHTFOOT, I 1,146 f., sah in diesen Hinweisen keinen Beweis für die Existenz einer lateinischen Übersetzung. E. DEKKERS, Lettre 47–49, hält es hingegen für wahrscheinlich, daß Paulinus den Brief an die Korinther frei übersetzt hat.

geblieben. J. B. Lightfoot behauptete noch, daß, falls eine solche Übersetzung existiert haben sollte, „it must have been a sealed book to the Western Church" (I 1,146). Die Lage ändert sich im Jahre 1894, als G. Morin eine altlateinische Übersetzung von I Clem veröffentlichte, die er in einer Handschrift aus dem 11. Jh. in der Bibliothek des Priesterseminars zu Namur fand[1]. Es sind 127 Blätter, die den Titel tragen: „Liber Sancti Johannis Baptiste Florinensis Cenobii". Das Werk gehörte also ursprünglich der Klosterbibliothek von Florennes. Sein Inhalt ist vielfältig: 1. fol. 1: Prefatio Rufini in historia Clementis Papae; 2. fol. 2–100: Liber primus in hystoria Clementis Papae (in zehn Büchern = es sind die „Recognitiones"); 3. fol. 100–104: Incipit epistola beati Clementis ad Iacobum; 4. fol. 104–117: Incipit epistola Clementis ad Corintios; 5. fol. 117–125: Libellus Bedan presbyteri de locis sanctis; 6. fol. 125–127: Incipit passio Sancti Longini (von einer anderen Hand als die anderen Stücke geschrieben). Nach Harnack weist die Übersetzung einzelner Begriffe auf das zweite Jahrhundert hin, „und zwar eher auf die erste Hälfte als auf die zweite"[2]. Die Beobachtung betrifft die Wiedergabe der kirchlichen Ämter[3].

---

[1] Zur Beschreibung der Handschrift vgl. die Textausgabe von MORIN, III–V.

[2] Übersetzung 263; DERS., Studien 615. G. Morin, der Herausgeber, vertrat eine ähnliche Meinung (S. XII). CHR. MOHRMANN, Origines 82, hat diese Einschätzung bestätigt. Diese Datierung blieb nicht unwidersprochen. Zur Diskussion gleich nach der Veröffentlichung der Übersetzung vgl. A. v. HARNACK, Studien 609–614. Nach M. SIMONETTI, Datazione 210, setzt der Latinisierungsprozeß in der römischen Kirche erst im dritten Jahrhundert an, und so möchte er die lateinische Übersetzung von I Clem in diese Zeit datieren, auch wenn eine frühere Datierung nicht ausgeschlossen wird. Sofern die Beweisführung auch auf II Clem Bezug nimmt, ist sie dadurch abgeschwächt, daß Simonetti von II Clem als von einer „pseudonymen Schrift" spricht, die unmöglich in Rom hätte entstehen können (Datazione 208–210). Bekanntlich ist II Clem genau so anonym wie I Clem (der Brief nennt am Anfang nur die römische Gemeinde als Absender). Von einem zweiten Brief des Klemens spricht zum erstenmal Euseb (HistEccl III 38,4). Ob I Clem und II Clem vom dritten Jahrhundert an gemeinsam überliefert wurden, ist nicht sicher. Die Ausdrucksweise des Euseb erweckt nicht den Eindruck, er habe beide Texte in einer einzigen Handschrift vor sich gehabt (ἰστέον δ᾽ ὡς καὶ δευτέρα τις εἶναι λέγεται τοῦ Κλήμεντος ἐπιστολή). Andere Einzelheiten in der Erklärung zu I Clem 61,1.

[3] So übersetzt L die Wendung ἐπίσκοποι καὶ διάκονοι mit „episcopi et ministri" (I Clem 42,4 f.). Aber ἐπίσκοπος, wo es auf Gott bezogen ist (59,3), wird mit „visitator" wiedergegeben. Das bedeutet, daß der Terminus „episcopus" für den Übersetzer schon das entsprechende Amt bezeichnete. Dies ist aber bei διάκονοι offensichtlich noch nicht der Fall, denn er verwendet hier „ministri" und nicht „diaconi". Bei πρεσβύτεροι scheint es ähnlich zu sein. Mit Ausnahme von 54,2 (μετὰ τῶν καθεσταμένων πρεσβυτέρων: cum constitutis presbyteris) wird πρεσβύτεροι immer mit „seniores" übersetzt. Die Behauptung HARNACKs, Übersetzung 263, der Wechsel sei vollkommen zutreffend, „denn an allen übrigen Stellen des Briefes bezeichnet πρεσβύτεροι wirklich die ‚seniores', an dieser dagegen die mit einem Amt bekleideten ‚seniores', also die Presbyter", läßt sich durch die Übersetzung von 57,1 widerlegen. Die Wendung ὑποτάγητε τοῖς πρεσβυτέροις, die nur auf die Amtsträger bezogen werden kann, übersetzt L mit „subiecti estote senioribus". Aber auch dies würde seine Meinung bestätigen, daß es sich bei L um eine Übersetzung aus dem zweiten Jahrhundert handelt. Die Amtsbezeichnung der lateinischen Gemeinde befindet sich noch in einer Sprachentwicklung (auf der gleichen Stufe steht die alte lateinische Übersetzung des Hirten des Hermas). Um 200 nennt Tertullian die „episcopi,

C¹ = die koptische Übersetzung¹ nach der Berliner Handschrift. Für die königliche Bibliothek zu Berlin (Ms. orient. fol. 3065) von C. Schmidt erworben, entstammt die Handschrift dem „Weißen Kloster" des Abtes Schenute bei Sohag in Oberägypten. Der Text wurde durch einen Ledereinband umhüllt, dem der gute Zustand der Handschrift zu verdanken ist. Das Buch bestand „aus 21 Papyruslagen zu je 4 Seiten und 2 halben Lagen von je 2 Seiten, also im ganzen aus 88 Seiten"². Die einzelnen Blätter waren ursprünglich nicht paginiert, und der Titel des Werkes steht nicht am Anfang, sondern am Schluß, wie es bei den Buchrollen üblich war. Beides spricht für ein beachtliches Alter. Fünf Blätter (die Lücke betrifft I Clem 34,5b bis 42,4) sind verlorengegangen. Die jetzige Fassung ist nicht die Originalübersetzung, sondern die Abschrift einer koptischen Vorlage. Die Sprache ist nicht die oberägyptische Literatursprache, d. h. der sahidische Dialekt, sondern der achmimische. Da das Weiße Kloster im achmimischen Sprachgebiet liegt, ist die Herkunft der Handschrift somit sicher. Die Handschrift möchte C. Schmidt in die zweite Hälfte bzw. an das Ende des vierten Jahrhunderts verlegen. Der altertümliche Charakter der Sprache wird auch als zusätzlicher Hinweis auf diese Zeit verstanden³.

C² = die koptische Übersetzung nach den Fragmenten der Straßburger Handschrift. Von W. Spiegelber und R. Reitzenstein für die Sammlung der Straßburger Universitäts- und Landesbibliothek (tab. cop. 362–385) in Ägypten erworben, wurde der Text von Fr. Rösch 1910 herausgegeben und übersetzt⁴. Es waren etwa 200 kleinere Fragmente, von denen etwa zwei Drittel zusammengefügt werden konnten. Aus den Fragmenten ließ sich ein Codex mit 25 Blättern – kein einziges ist vollständig erhalten – rekonstruieren. „Nach Ausweis der Paginierung fehlen in der Mitte des Buches pp. 27 bis 90 (= 32 Blätter), gegen Ende pp. 113–114 (= 1 Blatt)" (VII). Ob der Text ursprünglich umfangreicher war, kann nicht mehr festgestellt werden. Die ersten 26 Seiten enthalten größere Bruchstücke aus I Clem 1–26,2. Es handelt sich um die Abschrift einer achmimischen Übersetzung von I Clem, die unabhängig von der Berliner Handschrift angefertigt wurde⁵. Anders als Carl Schmidt, der die Straßburger Handschrift in das siebte bzw. achte Jahrhundert datiert

---

presbyteri, diaconi" (De Bapt. 17,2) und bezeugt damit eine Ausdrucksform, die sich in der Zukunft behaupten wird.
¹ Noch in den Textausgaben der koptischen Übersetzungen von C. Schmidt und Fr. Rösch und in manchen alten Arbeiten (Lake, Harnack) wird für die koptischen Zeugen der Buchstabe „K" verwendet, da „C" durch den Hierosolymitanus (= „Constantinopolitanus") belegt war. Die angegebene Nomenklatur ist seit der Textausgabe von Bihlmeyer (1924) üblich geworden.
² So die Beschreibung durch den Herausgeber (S.7). Dort zusätzliche Details.
³ Ebd. 10.
⁴ Die folgenden Angaben gehen auf die Mitteilungen von Rösch zurück.
⁵ Die S.91–99 enthalten Jak 1,13–5,20. Ab S.100 sind griechische und achmimische Abschnitte aus dem Johannesevangelium überliefert. Der ursprüngliche Inhalt des Papyrus ist nicht mehr rekonstruierbar.

(Clemensbrief 5), entscheidet sich Rösch auf Grund der paläographischen Indizien für eine frühere Datierung, und zwar für Mitte oder Ende des fünften Jahrhunderts (X).

2. Gestalt und Wert der Textzeugen

Der Text des *Alexandrinus* ist im allgemeinen ein zuverlässiger Zeuge[1]. Zahlreich sind zwar die orthographischen Fehler, Verwechslungen, Unaufmerksamkeiten[2], aber sie mindern nicht den Wert des überlieferten Textes. Nach R. Knopf war der Schreiber ein halbgebildeter, der „mit grosser Leichtfertigkeit seiner Aufgabe sich entledigt hat". Gerade seine Unfähigkeit, „Verbesserungen" in den Text einzubringen, würde für seine Treue zur Vorlage sprechen (Clemensbrief 22). An manchen Stellen ist die LA von A gegen alle anderen Zeugen vorzuziehen. So in I Clem 4,10: τίς σε κατέστησεν κριτὴν ..., gegen HSLC¹C²: τίς σε κατέστησεν ἄρχοντα (LXX); I Clem 12,1: Ῥαὰβ ἡ πόρνη, gegen HSLC¹C²: Ῥαὰβ ἡ ἐπιλεγομένη πόρνη; I Clem 34,8: ὀφθαλμὸς οὐκ εἶδεν ... ὅσα ἡτοίμασεν τοῖς ...; gegen HSL: ἃ ὀφθαλμὸς οὐκ εἶδεν ... ὅσα ἡτοίμασεν κύριος τοῖς ... (1 Kor 2,9); I Clem 56,5: ἔλαιον δὲ ἁμαρτωλῶν; gegen HSLC¹: ἔλαιον δὲ ἁμαρτωλοῦ (LXX).

Der Schreiber Leo, der den *Hiersolymitanus* abfaßte, hatte offenbar eine gründliche literarische Bildung genossen. So lassen sich in H viele Korrekturen formaler Art feststellen, wie z. B. in 20,4 (παμπληθής anstelle von πανπληθής); 23,3 (συμβέβηκεν anstelle von συνβέβηκεν), und der Text ist von orthographischen Fehlern und Itazismen weitgehend frei. Bei anderen Korrekturen handelt es sich um stilistische und grammatikalische Verbesserungen, wie z. B. in 1,1 (διὰ ... γενομένας καθ᾽ ἡμῶν συμφοράς und nicht wie in A: διὰ ... γενομένας ἡμῖν συμφοράς). Eigentümlich ist die Tendenz, ἡμεῖς in den verschiedenen Formen durch ein entsprechendes ὑμεῖς zu ersetzen (14,1; 30,6; 46,9; 47,7; 48,1; 49,6; 50,5). Wie Lightfoot richtig bemerkt, sind die Änderungen zu zahlreich und bedeutsam, um hier nur einen Zufall zu sehen (I 1,129). Wahrscheinlicher als seine diesbezügliche Erklärung („when read aloud, the appeals in the letter gain in directness by the substitution of the second person") dürfte die Vermutung von R. Knopf sein, es sei „eine am Schreibpulte entstandene klerikale Correctur" (Clemensbrief 28). Die Frage, ob die Korrektur erst vom Schreiber Leo vorgenommen wurde, wird aber unbeantwortbar bleiben.

---

[1] Für genaue Angaben über jede Handschrift vgl. zu AH BRYENNIOS, 143–157; zu AHS vgl. LIGHTFOOT, I 1,116–146; A. HILGENFELD, Die Briefe des römischen Clemens und ihre syrische Übersetzung, in: ZWTh 20 (1877) 549–562; zu L vgl. MORIN, VIII–XVI; zu AHSL vgl. R. KNOPF, Clemensbrief 19–85; zu C¹ vgl. SCHMIDT, 11–27; zu C² vgl. RÖSCH, XI–XXVI.

[2] In einem Abschnitt wird λειτουργία orthographisch viermal verschieden geschrieben: 40,2: λειτουργείας; 40,5: λειτουργίαι; 41,1: λιτουργίας; 44,6: λιτουργείας.

Ein anderes Merkmal von H ist die Kürzung von biblischen Zitaten. In I
Clem 18 wird von Ps 50 nur der Anfangsvers zitiert, der Abschnitt 18,3–17
(= Ps 50,4–19) weggelassen. Ähnlich ist das Verfahren mit Ps 33,12–18 in I
Clem 22, wo der Abschnitt 22,2–7 (Ps 33,13–18) fehlt. Von Ps 49,16–23 in
I Clem 35,7–12 übernimmt H nur den Anfang und das Ende und läßt Ps
49,17–22 (I Clem 35,8–11) aus. An anderen Stellen sind die Kürzungen nicht
so umfangreich, aber auch dann noch beachtlich. So in I Clem 27,7, wo Ps
18,2–4 gekürzt und an den Anfang des nächsten Abschnittes gesetzt ist. In I
Clem 52,2 und 52,3 bleibt aus den zitierten Texten (Ps 68,31b-33 bzw. Ps
14,14 f.) nur der erste Teil. Auch hier ist ungewiß, ob der Schreiber eine
Vorlage wiedergibt, in der die Kürzungen schon enthalten waren, oder ob
sie auf sein Konto gehen.

Es gibt keine einzige Stelle, wo sich die Fassung von H gegen die anderen
Textzeugen behaupten kann. Dennoch ist sein Wert nicht zu unterschätzen,
besonders dann nicht, wenn seine LA durch die von A bestätigt wird.

Die Auswertung der *syrischen Übersetzung* (S) als Textzeuge ist durch den
Charakter der syrischen Sprache erschwert, der eine Wiederherstellung der
griechischen Vorlage oft unmöglich macht. Überhaupt schafft die jeweilige
Sprachstruktur im Vergleich zum Griechischen ein durchgehendes Problem
bei allen Übersetzungen. Die Schwächen des syrischen Ausdrucks führen oft
zu einer paraphrasierenden Übersetzung (z. B. I Clem 15,1: μεθ' ὑποκρίσεως:
cum assumptione personarum et illusione; 19,2: ἀτενίσωμεν: videamus et
contemplemur)[1]. Die einzige Stelle, wo S allein den Urtext bewahrt, ist I Clem
15,5 mit dem Mischzitat aus Ps 30,19 und Ps 11,4 f. Ein besonderes Gewicht
bekommt S dort, wo es mit der lateinischen und den koptischen Versionen
übereinstimmt.

Der Herausgeber der alten *lateinischen Übersetzung*, G. Morin, und vor
allem R. Knopf[2] haben die Eigenart von L eingehend untersucht und dargestellt. So wie Lightfoot im Hinblick auf A und Bryennios auf H, so neigt
Knopf dazu, den Wert von L in textkritischen Fragen hoch einzuschätzen.
Er gibt zwölf Stellen an, wo L den ursprünglichen Text bewahrt haben soll[3].
Die spätere Forschung hat Knopfs Vertrauen in L nicht bestätigt. Von den
zwölf erwähnten Stellen hat sich nur 45,1 (der Imperativ ἔστε) endgültig
behauptet. Auch die LA von L in I Clem 6,1 wurde von Bihlmeyer und
Schaefer übernommen (πολλὰς αἰκίας καὶ βασάνους; nach AHS: πολλαῖς
αἰκίαις καὶ βασάνοις), aber hier steht L nicht allein, sondern hat Parallelen
in C¹(C²?). Dennoch gibt es Übereinstimmungen von L mit anderen Textzeu-

---

[1] Andere Einzelheiten bei F. X. FUNK, Die syrische Übersetzung der Clemensbriefe, in: ThQ
59 (1877) 477–498; R. KNOPF, Clemensbrief 31–39.

[2] Vgl. DERS., Clemensbrief 39–63.

[3] Es sind: 6,1; 8,5; 10,7; 20,12; 21,3; 27,5; 37,4; 42,1; 42,4; 45,1; 46,7; 47,2 (Clemensbrief
58 f.). Dort, wo die Varianten bedeutsam sind, werden sie an den entsprechenden Stellen
erläutert.

gen, die da und dort maßgebend für die Textgestaltung sind[1]. So die Fassung von 51,1 (καὶ ἐποιήσαμεν διά τινας παρεμπτώσεις τοῦ ἀντικειμένου), die auf der Basis von L und einem Zitat des Klemens von Alexandrien rekonstruiert wird.

Die *zwei koptischen Übersetzungen* vervollständigen das gegenwärtige Bild der direkten handschriftlichen Überlieferung. Besonders auffällig sind die Gemeinsamkeiten mit der lateinischen Übersetzung (z. B. 2,4: συνειδήσεως ἀγαθῆς; 3,1: ἐπαχύνθη καὶ ἐπλατύνθη; 12,3: τῆς οἰκίας αὐτῆς; 58,2: τὸν ἀριθμὸν τῶν σῳζομένων τῶν ἐθνῶν). An manchen Stellen vermag das Zeugnis der koptischen Überlieferung die Entscheidung bei einer textkritischen Frage besser zu begründen. So z. B. C[1] in 5,7: δικαιοσύνην διδάξας wie AL, gegen δικαιοσύνης in HS; 19,1: τῶν τοσούτων οὖν καὶ τοιούτων wie AL, gegen τῶν τοιούτων οὖν καὶ τοσούτων in HS; 33,1: ἀδελφοί wie AL, gegen ἀδελφοὶ ἀγαπητοί in HS; 50,3: τῆς βασιλείας τοῦ Χριστοῦ wie L und Klemens von Alexandrien, gegen τῆς βασιλείας τοῦ θεοῦ in HS. Ob die LA ἀνελήμφθη (C[1]C[2]SL) in 5,7 die ursprüngliche ist (gegen AH: ἐπορεύθη), läßt sich nicht entscheiden.

Im Hinblick auf C[1] behauptet C. Schmidt, die Vorlage würde an Alter alle bekannten Textzeugen übertreffen (27). Die Subscriptio zeigt eben, daß der Brief noch nicht Klemens zugeschrieben wurde. Sie lautet nämlich ἐπιστολὴ τῶν Ῥωμαίων πρὸς τοὺς Κορινθίους. Aber das sagt nichts über den Wert der der Übersetzung zugrundeliegenden Vorlage aus.

Wie Rösch bemerkt hat (XVIII), dürften die zwei griechischen Zeugen und die vier Fassungen mit Übersetzungen auf einen gemeisamen Archetypus zurückgehen, neben dem eine andere Überlieferung der lateinischen und den koptischen Übersetzungen zur Verfügung stand.

Zwischen 1875 und 1910 hat sich die Zahl der Textzeugen von einem (A) auf sechs (HSLC[1]C[2]) erhöht. Dazu muß man auch die langen Zitate von I Clem bei Klemens von Alexandrien rechnen[2], die an einigen Stellen maßgebend sind für die Wiederherstellung des Urtextes (z. B. in I Clem 1,3: ἐν τοῖς νομίμοις wie L: in legitimis; AH: ἐν τοῖς νόμοις; auch in 51,1 gemeinsam mit L [s. o.]). Der veränderten Lage tragen die modernen Textausgaben (besonders nach Lake und Bihlmeyer) Rechnung, indem sie auf eine einseitige Bezugnahme auf einen einzigen Zeugen verzichten, und statt dessen in einem eklektischen Verfahren, jeweils unter Berücksichtigung aller Lesarten, die textkritische Entscheidung treffen. Der vorliegende Kommentar, der keine Textedition bieten will – dazu besteht zur Zeit kein Bedarf –, berücksichtigt die textkritischen Fragen, sofern sie für die Auslegung oder für die Wirkungsgeschichte des Textes relevant sind.

---

[1] SCHNEIDER, 58, gibt fünfzehn Stellen an, bei denen L den Urtext bewahrt hat. Aber nur in 43,6 (μόνου) steht L allein.
[2] Vgl. die Übersicht in § 7.3: Die Rezeption des I Clem in der Alten Kirche.

§ 2 Literarische Form und Struktur

1. I Clem: ein echter Brief

Das Schreiben der römischen Gemeinde, das unter dem Namen „Erster Brief des Klemens" überliefert wird[1], ist ein echter, kein fiktiver Brief[2]. Der Text ist keine Abhandlung, die nur als Brief verkleidet als literarisches Produkt für eine weitere Öffentlichkeit verfaßt worden ist[3]. Die eine „Briefsituation"[4] bestimmenden Elemente sind in I Clem vorhanden und leicht erkennbar: 1. die räumliche Trennung, welche die „Sendung" erforderlich macht; 2. die Schriftlichkeit als Überwindung dieser Trennung; 3. das φιλία-amicitia-Verhältnis zwischen Sender und Empfänger, das die Entstehung des Briefes veranlaßt – in diesem Fall die Sorge der römischen Gemeinde für die Gläubigen in Korinth.

Diese erste Gattungsbestimmung, die sehr allgemein bleibt, muß durch andere Aspekte ergänzt werden, welche die literarische Form von I Clem näher präzisieren. Eine sehr prägnante Eigenart des Schreibens ist die Absicht, auf die Verhältnisse in Korinth Einfluß zu nehmen, damit sie sich in der Zukunft nach den Vorstellungen der römischen Gemeinde gestalten (54,2; 57,1; 58,2; 63,2). Bevor man vom rhetorichen Gewand des Schreibens spricht,

---

[1] Die literarkritische Einheit des Textes wurde selten in Frage gestellt. Wenige Monate nach der Veröffentlichung von I Clem durch P. Young (1633) stellt Hieronymus Bignon in einem Brief an Hugo Grotius (vgl. zu I Clem 25,5) die Echtheit von I Clem in Frage. Im Fall der Echtheit des Briefes seien viele Sätze und Begriffe von denen hinzugefügt, die den Brief später kopiert haben (PG 1,48). Zur Forschung des achzehnten Jahrhunderts (E. Bernard, J. Clericus, L. Mosheim) vgl. GEBHARDT/HARNACK, XLIXf. Einen solchen Versuch unternahm auch D. Völter anfangs des Jahrhunderts. I Clem wie auch Hirt, 1 Petr und Jak vertreten eine Art von Judenchristentum weitgehend ohne Christologie. Sie wurden erst später in spezifisch christlichem Sinn überarbeitet (Predigt V). Der paulinische Römerbrief setzt ein solches Christentum voraus. Zum methodischen Vorgehen von Völter s. u. Exkurs 6: Die Christologie des I Clem. Zeitlich setzt er den Brief (mit Lightfoot) in der Zeit von Nerva, also nach Domitian an (Die apostolischen Väter 142). Die Überarbeitung des Briefes fand in Korinth statt, und zwar schon kurz nach dem Empfang des Briefes, nach der Wiederherstellung des Friedens und der Ordnung in der Gemeinde (164). 1 Petr hängt vom I Clem auch in seiner überarbeiteten Form ab (135.170). S. Fernández-Ardanaz spricht von mehreren Händen, die sich an der Redaktion von I Clem beteiligt haben sollen. Im Abschnitt I Clem 59–65 seien spätere Elemente vorhanden, die wahrscheinlich aus dem Ende des dritten Jahrhunderts stammen (Elementos 52 Anm. 10). Zur Stützung der gewagten Aussagen wird kein Argument angegeben.

[2] Gegen G. A. van den Bergh van Eysinga, Littérature 181; Chr. Eggenberger, Quellen 189–193.

[3] Nach Th. M. Wehofer, Untersuchungen 139, liegt „im ersten Clemensbrief kein Privatbrief der römischen an die korinthische Gemeinde vor, sondern eine öffentliche von vornherein für weitere Kreise bestimmte Enunciation". Die Aussagen in I Clem 47,6 f., auf die sich Wehofer stützt, um eine „litterarische Controverse" (141) zu postulieren, begründen diese Beurteilung über den literarischen Charakter von I Clem nicht.

[4] Vgl. im folgenden K. Thraede, Grundzüge 3.

ist die rhetorische Absicht festzustellen, die diesem zugrundeliegt, d. h. das
Ziel der Überredung[1] mit Blick auf einen Konsens hin, der am Anfang nicht
vorhanden ist, und der auch nach der Sendung des Briefes nicht einfach als
schon hergestellt erwartet werden kann.

Der Absicht und der literarischen Gestalt nach ist I Clem ein rhetorisches
Werk[2]. Diesen Aspekt hat mit Recht W. C. v. Unnik hervorgehoben (Studies
33–46). Er ordnet I Clem im Anschluß an die klassische Rhetorik (vgl.
Aristoteles, Rhet. 1358b) der Gattung der „beratenden Rede" (γένος συμβου-
λευτικόν) zu. Es „ist die vor der zur Beratung (συμβουλή, *deliberatio*) zusam-
mengekommenen und zur Entschlußfassung aufgeforderten Volksversamm-
lung (ἐκκλησία, *contio*) gehaltene politische Rede, in der der Redner eine der
Zukunft angehörende Handlung empfiehlt oder von ihr abrät" (H. Lausberg,
Handbuch 54). Anhand von Texten des Aelius Aristides und des Dio Chrysostomus weist W. C. v. Unnik auf bedeutsame Gemeinsamkeiten mit I Clem
hin: die zentrale Bedeutung der ὁμόνοια für das Zusammenleben der Gemeinschaft, der Wert der Beispiele aus der Geschichte für die Beweisführung. Das
Wort in I Clem 58,2: δέξασθε τὴν συμβουλὴν ἡμῶν, sei also mehr als eine
Redewendung: „Nehmt unseren Rat an!" Der Terminus συμβουλή würde an
dieser Stelle die Zugehörigkeit des Werkes zur oben erwähnten Gattung
ausdrücken. Die Lektüre von Aelius Aristides, Or. 44 und Dio Chrysostomus,
Or. 38 (beide Reden περὶ ὁμονοίας) bestätigt die von W. C. v. Unnik
herausgestellten Gemeinsamkeiten, aber sie vermögen nicht die Entscheidung
in der Gattungsfrage als richtig zu erweisen. Im Sinn der klassischen Rhetorik
ist die „beratende Rede" eben eine *Rede* und kein *Brief*[3]. Mögen verschiedene
formale Elemente gemeinsam sein, so bleibt doch ein wesentlicher Unterschied
bestehen, der die ursprüngliche Kommunikationssituation betrifft und gat-
tungsbestimmend ist[4]. Darüber hinaus ist die von W. C. v. Unnik vorgeschla-

---

[1] Dazu gehört auch die Mahnung und die Warnung, aber die Gattung der Paränese bzw.
νουθέτησις (Mahn- und Warnrede) allein wird der literarischen Komplexität von I Clem nicht
gerecht. Gegen O. KNOCH, Eigenart 39–49. L. WILLS, Form 279, arbeitet die formale Struktur
des „word of exhortation" aufgrund von christlichen und jüdisch-hellenistischen Texten heraus:
1. ein indikativischer bzw. exemplarischer Abschnitt; 2. die Folgerung und 3. die Ermahnung.
In dieses Schema wird auch I Clem einbezogen (a. a. O. 283–285). Die formale Bestimmung ist
richtig, sofern sie auf die dazugehörigen Texte bezogen bleibt und nicht als umfassende Charakterisierung verstanden wird.

[2] Die Verwendung von Termini wie „Rhetorik", „rhetorisch" ist in einem dreifachen Sinn zu
verstehen: als Bezeichnung a. der rhetorischen Absicht (Überredung) eines Textes; b. der
literarischen Qualität eines Werkes bzw. eines Abschnitts; c. der Sprachfiguren, die in der
Literaturwissenschaft allgemein als „rhetorisch" gelten. Zu c. vgl. § 3.3.

[3] Das wird von G. BRUNNER, Mitte 159 Anm. 56, nicht übersehen, aber er möchte dennoch
I Clem der Form „Brief-Symbule" zuweisen.

[4] K. Berger versteht unter „symbuleutischen Gattungen" nicht nur alle Aufforderungsformen
des NT, sondern auch Tugend- und Lasterkataloge, Seligpreisungen, Wehrufe usw. (Formge-
schichte des Neuen Testaments, Heidelberg 1986, 117–220). Es dürfte klar sein, daß eine
Kategorie der klassischen Rhetorik in einer Form gebraucht wird, die mit dem ursprünglichen
Verständnis wenig zu tun hat.

gene Deutung von συμβουλή in I Clem 58,2 exegetisch nicht haltbar (s. dort), so daß sich die formale Bestimmung des Textes nicht durch die Berufung auf diese Stelle begründen läßt.

Lindemann, der sich der Meinung W. C. v. Unniks gegenüber auch kritisch verhält (13), betrachtet das römische Schreiben als eine ἔντευξις (I Clem 63,2), d. h. als eine „Bitte um amtliche Verfügung". Die korinthische Gemeinde würde in diesem Fall eine zweifache Rolle spielen. Einerseits steht sie unter einer Anklage, andererseits ist sie Richterin in eigener Sache, denn die Entscheidung wird ihr nicht abgenommen. Sie allein kann sie treffen (14). – Zweierlei ist in dieser Erklärung fraglich: 1. die Gattungsbestimmung des ganzen Textes unter den Begriff ἔντευξις; 2. die der korinthischen Gemeinde zugeschriebene Rolle (näheres in der Auslegung zu I Clem 63,2)[1].

I Clem setzt das Phänomen der urchristlichen Briefliteratur voraus. Das bedeutet, daß seine Form weder aus dem hellenistischen Freundschaftsbrief[2] noch aus jüdischen Vorgaben abzuleiten ist. Freilich ist auch bei der Einordnung von I Clem in die urchristliche Briefliteratur Vorsicht geboten, denn nachweisen läßt sich nur die Kenntnis des paulinischen ersten Briefes an die Korinther (47,1–3) und des Römerbriefes (vgl. 33,1; 35,5 f.). Die Paulusbriefe sind für den Vf. jedoch keine verbindliche Vorlage, und er will sie auch nicht nachahmen, auch wenn paulinische Anklänge deutlich erkennbar sind (s. u. § 4.2.a). Aber auch wenn I Clem im Rahmen der altchristlichen Literatur eine merkwürdige Sonderstellung einnimmt und – sie zugleich bereichernd – die Breite der Ausdrucksmöglichkeiten und Formen bestätigt, die schon in der Briefliteratur des Neuen Testaments zu finden ist, so ist das Schreiben dennoch auf urchristlichem Boden entstanden.

Von der Briefsituation her ist das Schreiben ein echter Privatbrief. Als solcher aber weist es eine literarische Qualität auf, die man mit Harnack als „Kunstprodukt"[3] bezeichnen kann: „Kein einziger Abschnitt ist rasch und natürlich hingeworfen, sondern alles ist wohl durchdacht, formell gründlich durchgearbeitet und stilistisch gefeilt. In Kunstprosa ist alles gegeben – selbst der historische Abschnitt über Petrus und Paulus –, in einer Kunstprosa, die in vielen Partien von Poesie nicht mehr zu unterscheiden ist" (Klemensbrief [1909] 56). Die Prägung von bestimmten Abschnitten (20,1–11; 49,1–6; 59,2–61,3; 64; vgl. ferner 2,1; 5,4–7; 21,6 f.; 46,9), die Fülle an rhetorischen Figuren (s. u.) und nicht zuletzt die Bezugnahme auf die heidnische Kultur (6,2; 25,1–5; 55,1) sind Eigentümlichkeiten, die literarisch den besonderen Charakter von I Clem ausmachen[4].

---

[1] Vgl. SCHNEIDER, 14 f.

[2] Die Gemeinsamkeiten bezüglich der „Briefsituation" bedeuten nicht gemeinsame Herkunft.

[3] Auch P. WENDLAND, Literaturformen 312: „Dieser Brief ist durchaus ein Kunstprodukt, dem niemand den literarischen Charakter absprechen kann, und er ist doch ein wirklicher Brief."

[4] Vgl. Ph. VIELHAUER, Geschichte 533 f.

Auch von der Kommunikationssituation her zeigt I Clem ein eigenes Profil: Es ist der Brief einer Einzelgemeinde an eine andere Einzelgemeinde[1]. Dazu gibt es in der urchristlichen Literatur keine Parallele[2]. Hinsichtlich des Absenders ist der Unterschied zu den echten Paulusbriefen und zu allen pseudonymen Briefen nicht zu übersehen. Hinsichtlich der Adressaten hebt sich I Clem von den „katholischen" Briefen ab. Der Brief ist durch die Situation einer Einzelgemeinde bestimmt. Auch wenn die Annahme nicht unbegründet ist, daß die römische Gemeinde mit der möglichen Ausdehnung des Konflikts in Korinth auf andere Gemeinden rechnete und mit dem umfangreichen Schreiben vorbeugend wirken wollte, so richtet sie ihre Aufmerksamkeit doch ausdrücklich nur auf die Verhältnisse in Korinth.

Eine letzte Eigentümlichkeit des I Clem – ebenfalls von der Kommunikationssituation herrührend – betrifft die Art der Kenntnisnahme des Schreibens in Korinth. Der Vf. kann dabei voraussetzen, daß der von den drei Abgesandten übermittelte Brief einmal in der Gemeindeversammlung vorgelesen wird[3]. Der Brief ist zwar ein privates Schreiben, aber nicht in modernem Sinn, so daß der Inhalt und die Kommunikation nur einen einzelnen betreffen. Empfängerin ist die Gemeinde, der öffentliche Vortrag die Art der Bekanntgabe. In diese Situation hinein gehören die „breiten predigtartigen" Gedankengänge[4] – von hier aus läßt sich die Nähe zur politischen Rede erklären –, ebenso die zahlreichen Klangspiele, die nur bei einem offenen Vortrag zur Geltung kommen. Es ist keine Tautologie, hier von „oratorischer Rhetorik" zu sprechen, um den Bezug der Rede zum laut ausgesprochenen Wort hervorzuheben (vgl. besonders 33,4; 35,2, 49,1–6; 59,2–61,3; 65,2). Daß dieser Aspekt nicht ohne Folgen für das Textverständnis bleibt, wird die Auslegung zeigen.

---

[1] Dies trifft auf 2 Makk 1,1–9; 1,10–2,18 in dieser Form nicht zu. Ein gemeinsames Element läßt sich dennoch nicht leugnen. In 2 Makk und in I Clem wird der Brief aus einer Hauptstadt geschickt: Jerusalem bzw. Rom. Zum Einfluß des jüdischen Diasporabriefes s. Präskript.

[2] Das Präskript von MartPol hängt von I Clem ab. Schneider führt als christliche Analogien zu I Clem den Brief der Jerusalemer Gemeinde an die antiochenische (Apg 15,23–29) und den Brief der Gemeinden von Vienne und Lyon an die Gemeinden von Asien und Phrygien (Euseb, HistEccl V 1,3) an. Aber Apg 15,23–29 ist eine innerliterarische Größe, die in der vorliegenden Form nie als Brief existiert hat. Beim anderen Text wirkt eine Mehrzahl von Gemeinden.

[3] Vgl. P. WENDLAND, Literaturformen 312.

[4] So KNOPF, 43; P. WENDLAND, Literaturformen 312: „In homilienartiger Ansprache". S. nächste Anm.

2. Die Struktur

Die Frage nach der Struktur von I Clem verlangt mehr als eine Auflistung der verschiedenen Themen, die im Text zur Sprache kommen. Gerade die thematische Vielfalt der ersten 39 Kapitel stellt die Frage nach der gedanklichen Kohärenz des Schreibens. Stimmt die Beurteilung von W. Wrede, in einigen Kapiteln scheine der Vf. „völlig zu vergessen, was ihn eigentlich zum Schreiben veranlasste; es verschwindet jede durchsichtige Beziehung auf den praktischen Zweck des Briefes" (Untersuchungen 2)? Auch R. Knopf betrachtet als eines von den Hauptproblemen des Briefes „das Verhältnis zwischen der concreten Veranlassung und der weitschweifigen Form" (Clemensbrief 160)[1]. Trefflich charakterisiert H. Chadwick eine verbreitete Meinung der Forschung: „Clement is assumed to have been an industrious and well-meaning, but rather stupid fellow, who stuffed his long letter with a mass of rambling and irrelevant matter" (Justification 285).

Es geht nicht darum, daß man die Buntheit an Themen im ersten Teil übersieht, aber sie darf nicht zum Kriterium für die Beurteilung über die Disposition des umfangreichen Materials werden. Im Hinblick auf das, was Wrede und Knopf in I Clem bemängeln, d. h. der schwache oder gar fehlende Bezug auf den Zweck bzw. auf den Anlaß des Briefes, hängt die Stichhaltigkeit der Kritik vom Maßstab ab, mit dem man diesen Bezug mißt. Läßt sich dieser Bezug exegetisch herausstellen, ist die oben angedeutete Tendenz der Forschung zunächst in Frage zu stellen[2].

Entscheidend für eine sachgemäße Beurteilung ist die Einheit von Inhalt und Form für das Erreichen des rhetorischen Zieles, das unmittelbar mit der Lage in Korinth zusammenhängt: die Wiederherstellung von Frieden und Eintracht[3]. Auf dieses Ziel sind die Themen hingeordnet. Der ganze Text läßt sich folgendermaßen gliedern:

---

[1] R. KNOPF, Clemensbrief 190 f., verteidigt andererseits die literarische Einheit des Textes. Nach W. BOUSSET, Schulbetrieb 309, hat der Vf. Homilien an seine Gemeinde, „die er schriftlich aufgezeichnet" hatte, „ein wenig in Bezug auf die Verhältnisse der Korinthergemeinde umgemodelt, noch einmal in Briefform verwandt". Ähnlich L. LEMARCHAND, Composition 449–455. JAUBERT, 24, lehnt schiftliche Quellen ab, und nimmt mündliche Überlieferung bzw. Predigtthemen als Grundlage an. Ohne Begründung behauptet S. FERNANDEZ-ARDANAZ, Elementos 53, die Übernahme von literarischen Quellen jüdischer Herkunft, die kaum christlich bearbeitet wurden. Auch Kap. 37–38 sei ein Einschub (ebd. 55 Anm. 32).

[2] Harnack teilte die Meinung von seinen Schülern Wrede und Knopf nicht und hielt die Dispositon von I Clem für straff: „Exkurse mag man an ein paar Stellen konstatieren, aber störend sind sie nicht" (Einführung 52 Anm. 1). Nach H. CHADWICK, Justification 285, ist jedes Wort „selected with care and with an eye to the maximum of effect."

[3] Auch B. E. BOWE, Church 33–74, unterstreicht die Notwendigkeit, die briefliche und rhetorische Form des Textes als Einheit zu betrachten, die eine „Strategie" mit dem Ziel verfolgt, Friede und Eintracht wiederherzustellen. Das Kapitel trägt den Titel: „Genre, Form and Function: A Strategy for Peace and Concord."

1.   Präskript

Erster Teil

2.   Die römische Gemeinde und das Problem in Korinth (1,1)
3.   Lob der korinthischen Gemeinde (1,2–2,8)
4.   Die Wende (3,1–4)
5.   Die Folgen von Eifersucht und Neid (4,1–6,4)
5.1.   Biblische Beispiele (4,1–13)
5.2.   Das Beispiel des Petrus und Paulus (5,1–7)
5.3.   Andere Beispiele (6,1–4)
6.   Mahnung zur Buße (7,1–8,5)
6.1.   Aufforderung zur Neubesinnung (7,1–4)
6.2.   Beispiele aus der Vergangenheit (7,5–8,1)
6.3.   Das Wort Gottes zur Buße (8,2–5)
7.   Der Gehorsam gegenüber dem Willen Gottes (9,1–19,3)
7.1.   Aufforderung zum Gehorsam (9,1)
7.2.   Beispiele für Gehorsam (9,2–10,7)
7.3.   Beispiele für Gastfreundschaft (11,1–12,8)
7.4.   Die Demut (13,1–19,3)
7.4.1. Aufforderung und Begründung (13,1–15,7)
7.4.1.1. Demut als Gehorsam gegenüber dem Wort (13,1–4)
7.4.1.2. Die Anwendung auf den Konflikt in Korinth (14,1–15,7)
7.4.2. Das Beispiel Christi (16,1–17)
7.4.3. Andere Beispiele für Demut (17,1–18,17)
7.5.   Abschluß und Überleitung (19,1–3)
8.   Die Macht Gottes in der Schöpfung (20,1–26,3)
8.1.   Die Macht Gottes in der Ordnung der Schöpfung (20,1–12)
8.2.   Die Nähe des Schöpfers und ihre Folgen (21,1–22,8)
8.3.   Gottes Handeln und menschliches Zweifeln (23,1–5)
8.4.   Macht Gottes und Gewißheit der Auferstehung (24,1–26,3)
8.4.1. Die Auferstehung Jesu Christi und das Zeugnis der Natur (24,1–5)
8.4.2. Das Beispiel vom Vogel Phönix (25,1–5)
8.4.3. Der Schriftbeweis (26,1–3)
9.   Die menschliche Antwort auf Gottes Allmacht und Treue (27,1–36,6)
9.1.   Gottes Treue und Allmacht (27,1–7)
9.2.   Gottes Allgegenwart (28,1–4)
9.3.   Die Antwort auf Gottes Erwählung (29,1–30,8)
9.4.   Die Wege zum Segen und die Rechtfertigung durch Glauben (31,1–32,4)
9.5.   Die Notwendigkeit der Werke (33,1–34,8)
9.6.   Die Gaben Gottes und die Bedingungen für ihren Empfang (35,1–12)
9.7.   Jesus Christus als Weg des Heiles (36,1–6)
10.   Abschluß und Überleitung (37,1–39,9)
10.1.   Das Bild vom Heer und vom Leib (37,1–5)
10.2.   Die Anwendung des Bildes auf die Gemeinde (38,1–4)
10.3.   Das Kontrastbild (39,1–9)

Zweiter Teil

Nachdem der Konflikt in der korinthischen Gemeinde am Anfang kurz erwähnt wird (1,1), erfolgt die *captatio benevolentiae* in der Form eines umfassenden Lobes der Gemeinde (1,2–2,8). Ist damit einerseits die Kontaktaufnahme mit der fern liegenden Gemeinde gewährleistet, wird zugleich andererseits der nächste Schritt vorbereitet: Im Gegensatz zum idealen Zustand der Gemeinde hat sich eine Wende zum Bösen vollzogen, weswegen sich die Korinther jetzt in einer ganz anderen Lage befinden (Kap. 3). Neid und Eifersucht sind die Schlüsselworte für die Erkenntnis der Ursachen des Konflikts. Was sich aber in Korinth abgespielt hat, sprengt die Grenzen der Gemeinde und gehört in eine Unheilsgeschichte, die, mit Kain und Abel beginnend, sich auf die christliche Gegenwart erstreckt und sogar das Heidentum tangiert (Kap. 4-6). Die folgende Mahnung zur Buße (Kap. 7-8) kommt nicht überraschend, sondern ist als grundsätzliche Forderung zur Überwindung des Konflikts zu verstehen.

Bis zu diesem Punkt der Darstellung ist der argumentative Leitfaden leicht zu verfolgen. Das Problem taucht in dem umfangreichen Abschnitt auf, der den Rest des ersten Teiles umfaßt. Gemäß der vorgelegten Gliederung lassen sich hier drei große thematische Einheiten herausstellen, die der Überleitung zum zweiten Teil vorausgehen: 1. 9,1-19,3; 2. 20,1-26,3; 3. 27,1-36,6. Es handelt sich dabei aber nicht um disparates Material, das in einer losen Beziehung zum Hauptthema steht, sondern um einen gegliedert aufgebauten Gedankengang, der darauf abzielt, die theologische Grundlage für den zweiten Teil des Briefes zu schaffen[1]. Die Wendung „theologische Grundlage" ist wörtlich zu nehmen, denn der folgenden Argumentation liegt ein ganz bestimmtes Gottesbild als tragendes Fundament zugrunde. In der Aufforderung, dem „großartigen und glorreichen Ratschluß" Gottes zu gehorchen (9,1), kommt die theologische Größe zu Wort, die der Vf. als nicht hinterfragbare Instanz für die Gültigkeit und Verbindlichkeit seiner Beweisführung in Anspruch nimmt. Die Aufforderung bleibt zuerst ohne einen konkreten Inhalt. Dafür treten die Beispiele für Gehorsam gegenüber dem Willen Gottes um so deutlicher in den Vordergrund (9,2-10,7). Sodann werden zwei Haltungen erwähnt, in denen sich dieser Gehorsam konkretisiert: die Gastfreundschaft (11,1-12,8) und die Demut (13,1-18,17).

Die Bedeutung der Gastfreundschaft als Ausdruck christlicher Verbundenheit der christlichen Gemeinden untereinander bedarf keiner weiteren Erläuterung. In einer Stadt wie Korinth, die als Knotenpunkt zwischen Osten und Westen fungierte, war dieser Aspekt für christliche Reisende besonders wichtig. Konnten die Unruhen in der korinthischen Gemeinde ohne Auswirkung auf die Fremden bleiben, oder stellte sich für viele wegen der ungeklärten

---

[1] Das Schreiben ist nicht symmetrisch aufgebaut. Gegen G. BRUNNER, Mitte 54-58, der eine Entsprechung zwischen dem ersten Teil (bis Kap. 39,9) und dem zweiten (bis 61,3) herausarbeitet. Kritisch dazu J. FISCHER, in: ThRv 69 (1973) 200. A. FAIVRE, Système 131; O. KNOCH, Namen 13 f.; J. W. WILSON, Epistle 16, stimmen der von Brunner vorgeschlagenen Gliederung zu. Die genaue Überprüfung der angeblichen Symmetrie (vgl. die Tabelle, Mitte 54) stößt auf bedenkliche Ungereimtheiten in der Darstellung. Etliches im ersten Teil hat keine Entsprechung im zweiten. Anderes wird unter eine allgemeine Rubrik subsumiert, die die großen inhaltlichen Unterschiede verdeckt. So z. B. haben der lange Abschnitt 7,1-19,1, das Kap. 20 und die wichtige Partie über die Auferstehung (Kap. 24-26) keine Parallele im zweiten Teil. Die als Einheit genommene Größe 23,1-39,9 (Empfehlungen: Motivationen für den Weg) soll eine Entsprechung unter der gleichen Bezeichnung in 56,1-61,3 haben. Die Eigenart ausgerechnet des großen Gemeindegebets geht dabei verloren.

Verhältnisse in der Leitung der Gemeinde ein sehr unmittelbares Problem? Der Abschnitt über die Gastfreundschaft läßt sich auf jeden Fall sinnvoll situationsbezogen auslegen.

Der ausführliche Paragraph über die Demut enthält eine klare Anwendung auf den Konflikt in Korinth (14,1–15,7), und von hier aus ist er auch zu verstehen. Über die allgemeine, durch die judenchristliche Überlieferung vermittelte Bedeutung der Demut hinaus hat das Thema noch eine wichtige rhetorische Funktion. Sind die Urheber des Konflikts durch Haltungen wie Übermut und Prahlerei gekennzeichnet, verkörpern sie somit gerade das Gegenstück zu der von Gott immer schon gewollten und von so vielen und überragenden Gestalten vorgelebten Demut.

Daß Gott vom Menschen Gehorsam verlangt und daß der Mensch sich dem Anspruch Gottes nicht entziehen kann, ohne das eigene Heil zu gefährden, ist in der Macht Gottes als des Schöpfers begründet (20,1–26,3). Das kosmologische Interesse des Vf.s (Kap. 20) ist schöpfungstheologischer Art: Es will Vertrauen in das Handeln Gottes in der Geschichte erwecken – auch die Hoffnung auf die Auferstehung der Toten gehört hierher – und jeden Zweifel an der wirksamen Macht Gottes beseitigen (Kap. 23). Es will ferner zeigen, daß es eine von Gott bestimmte Ordnung in der Welt gibt, die als Schöpfungsordnung auch für die zwischenmenschlichen Beziehungen gilt. Denn das ist letztendlich der gemeinte Bezugspunkt bei Wendungen wie ἐν ὁμονοίᾳ καὶ εἰρήνῃ (20,11). Indirekt will das sagen, daß die Ordnung des Kosmos auch die Ordnung zeigt, die in der christlichen Gemeinde herrschen sollte. Das Ideal der Eintracht und des Friedens duldet keine Ausnahme.

Die letzte große thematische Einheit im ersten Teil des Briefes ist ohne Zweifel auch die komplexeste. Es geht dabei um die notwendige menschliche Antwort auf die Allmacht Gottes. Weil diese Allmacht nicht nur eine Eigenschaft Gottes, sondern unbedingt auf das Heil des Menschen schenkend und fordernd ausgerichtet ist, gilt es, beides hervorzuheben: die Gaben Gottes (29,1; 30,1; 35,1–3), die in Jesus Christus als dem Weg zum Heil gipfeln (36,1 f.), und den Ernst der menschlichen Antwort auf diese Gaben (27,1–3; 28,1; 29,1 usw.). Auch hier gibt es Vorbilder, die als Orientierungsmarken den Gläubigen die Wege des Segens zeigen (30,3; 31,1). Alles Heil kommt zwar vom göttlichen Willen her (32,3), aber der Aufforderung, das Werk der Gerechtigkeit zu wirken, darf sich niemand entziehen (33,8).

Nur die Berücksichtigung des ganzen Schreibens entdeckt da und dort Aussagen, die sich auf das Problem in Korinth beziehen lassen (30,1.8; 35,5). Den Abschnitt könnte man ohne weiteres als ein „compendium vitae christianae" bezeichnen. Nur die drei als Überleitung zum zweiten Teil dienenden Kapitel 37–39 zeigen, auf welches Ideal hin die zuvor dargelegten Bestimmungen des christlichen Lebens entworfen worden sind: auf die in Eintracht und in gegenseitiger Verantwortung lebende Gemeinde – das Bild vom Heer und vom Leib drückt das aus –, die sich entschieden von denen distanziert, die sie auf einen ganz anderen Weg führen wollen (39,1). Von hier aus betrachtet wird die Einheit des Ganzen sichtbar. Der große argumentative Bogen, der in 9,1–39,9 gezeichnet wurde, hat den Vorrang des Willens Gottes und sein mächtiges Wirken im Hinblick auf den christlichen Lebensvollzug dargestellt, so wie dieser sich in der Gestalt der einträchtigen Gemeinde widerspiegelt.

Die Struktur des zweiten Teiles bereitet keine Schwierigkeit hinsichtlich der formalen Bestimmung. Die Argumentation verläuft in drei Schritten. Der erste betrifft die Ereignisse in der korinthischen Gemeinde. Der Begründung der von Gott gewollten Ordnung der Gemeinde (Kap. 40–43) folgt die Anwendung auf den Konflikt in Korinth (Kap. 44). Die milde Form des Urteils beeinträchtigt nicht die inhaltliche Klarheit: Die Absetzung der Amtsträger ist keine geringe Sünde (44,5).

Der zweite Schritt enthält auf den Konflikt hinweisende Ermahnungen, die durch explizite und implizite Anspielungen auf Paulus gekennzeichnet sind (46,1–50,7). Mit dem letzten Schritt erreicht die Argumentation ihren Zielpunkt: Der Konflikt soll dadurch gelöst werden, daß die Anführer der Unruhen die Gemeinde verlassen und die Presbyter, die von ihrem Amt entfernt wurden, wieder eingesetzt werden (53,1–54,3). Das Wort der Schrift bekräftigt sodann die notwendige gehorsame Annahme der auferlegten Züchtigung seitens der Korinther (56,1–58,1). Die Folgen einer möglichen Ablehnung der geforderten Maßnahmen werden zum Schluß nicht verschwiegen (59,1).

Das große Schlußgebet (59,2–61,3) gehört zu den Eigentümlichkeiten des Briefes. In diesem stilistischen Höhepunkt des Schreibens werden die korinthischen Christen in die Einheit des Gebetes hineingenommen und nehmen so die Einheit vorweg, die sich erst einstellen wird, wenn sie die Weisung des römischen Schreibens befolgen. Aber die römischen Christen machen kein Hehl aus ihrer Zuversicht, daß sich die Dinge so entwickeln werden, wie sie es sich wünschen. Der Hinweis auf die Abgesandten der Gemeinde (65,1) ist diesbezüglich eindeutig.

Auch nach dieser Übersicht über die Gliederung von I Clem wird wahrscheinlich doch die Frage bleiben: Wenn dies der Gedankenduktus ist, warum so viele Worte und warum oft so weitschweifig? Die Beobachtungen von Wrede und Knopf lassen sich nicht einfach als abwegig abtun.

Es geht dabei weder um Geschwätzigkeit noch um unkontrollierte Schreiberei. Dagegen gibt es zu viele Stellen, wo dem Leser äußerst sorgfältiges Formulieren begegnet. Das weite literarische Gewand gehört vielmehr in die rhetorische Absicht des Schreibens. Überredungswille bedient sich der Macht des Wortes in vielerlei Hinsicht. Dazu gehören die rhetorischen Figuren, aber auch die Demonstration der Kenntnis der Schrift, des Willens Gottes, des Weges zum Heil, ohne daß dabei das Wissen um die Struktur des Kosmos vergessen wird. Den Korinthern wird dieses Wissen in eindrucksvoller Weise vorgeführt. Der „so gefestigten und alten Kirche" der Korinther (47,6) überreicht die römische Gemeinde damit ihre Visitenkarte.

Der Anlaß des Briefes und seine Intention dürften diese Erklärung ebenfalls stützen. Der Konflikt in Korinth wird in Rom nicht allein zur Kenntnis genommen. Von vornherein ist dem Leser klar, was für eine Stellung die römische Gemeinde dazu einnimmt, die, wie im zweiten Teil deutlich wird, mit klaren Forderungen verbunden wird[1]. Wer solche Forderungen stellt, müßte zuerst seinen Autoritätsanspruch legitimieren. Das geschieht seltsamerweise nirgendwo explizit im Brief. Man wird auch nicht sagen können, daß die Breite der Darstellung schon eine Legitimationsfunktion erfüllt; die sprachliche Fülle rührt vielmehr aus der Überzeugung her, diese Autorität zu besitzen. Darum tritt man sprachlich so mächtig auf.

§ 3 Sprache und Stil

Sprache und Stil von I Clem wurden in der Forschung nur ungenügend untersucht[2]. Die folgenden Punkte beanspruchen nicht, das Sprachmaterial immer vollständig zu erfassen – nur bezüglich des Vokabulars dürfte nicht viel fehlen –, aber sie sind eine notwendige Voraussetzung für die traditionelle Bestimmung von I Clem.

1. Vokabular

Bei einem Wortbestand von ca. 9820 Worten beträgt der Wortschatz von I Clem ca. 1690 Worte. Obwohl ein direkter Vergleich mit der neutestamentlichen Literatur nicht ohne weiteres aufschlußreich ist, läßt sich dennoch behaupten, daß I Clem zu den Schriften der alten Christenheit gehört, die sich durch einen reichen Wortschatz auszeichnen. Als Anhaltspunkt können einige Angaben aus der „Statistik des neutestamentlichen Wortschatzes" von R. Morgenthaler dienen. Die Offenbarung des Johannes, die allein eine vergleichbare Zahl von Vokabeln besitzt (9823), hat einen Wortschatz von 916 Worten. I Clem bewegt sich eher in der Größe des Hebräerbriefes (Wortbestand: 4951; Wortschatz: 1038), der Pastoralbriefe (Wortbestand:

---

[1] Die Häufigkeit der Aufforderungsformen in der ersten Person Plural (s. u. § 3.2.g Spracheigentümlichkeiten) wirft auf diese Eindeutigkeit keinen Schatten: „suaviter in modo, fortiter in re".

[2] G. BRUNNER, Mitte 58–74, hat eine Statistik des Wortgebrauchs erstellt. In zweifacher Hinsicht ist ihr Wert fraglich: 1. ein rein materielles Kriterium erweist sich oft als irrelevant für das Textverständnis, so z.B. die Feststellung, daß die drei häufigsten Wörter in I Clem nach ὁ, ἡ, τό nun καί, αὐτός und ἐν sind (a.a.O. 60); 2. der von Brunner gewählte Vergleichspunkt ist das Vokabular des NT. Man müßte aber zuerst nachweisen, daß das NT als einziger Vergleichspunkt zur Bestimmung des Vokabulars von I Clem einen bedeutsamen Beitrag leisten kann. Zwei noch wichtigere Größen werden dabei in keiner Weise berücksichtigt: die Sprache der LXX und die des hellenistischen Judentums allgemein.

3482; Wortschatz: 901) und des lukanischen Doppelwerkes (Lk: Wortbestand: 19428; Wortschatz: 2055; Apg: Wortbestand: 18382; Wortschatz: 2038)[1].

Das Vokabular ist vor allem von der Sprache der griechischen Bibel geprägt. Das schlägt sich im Gesamttext zunächst im Anteil der Schriftzitate nieder: Von den ca. 9820 Vokabeln, die den Wortbestand von I Clem ausmachen, gehören ca. 2750 zu Schriftzitaten. Das bedeutet, daß 28 % des Gesamttextes Zitate sind.

Die Anlehnung an die Sprache der LXX läßt sich überall feststellen. Bei dem aus ca. 1690 Vokabeln bestehenden Wortschatz gibt es ca. 1530 Worte, die sich auch in der griechischen Bibel befinden[2]. Es fehlen also ca. 160 Worte, d. h. ein Anteil von 9,5 %. Die Nähe zur LXX ist somit größer als beim NT insgesamt. Nach der Rechnung von R. Morgenthaler fehlen in der LXX von den 5436 Vokabeln des NT 1053, das entspricht 19,4 % (Statistik 47).

Die folgenden Tabellen ordnen das Vokabular von I Clem nach verschiedenen Kriterien. Sofern eine solche lexikalische Erhebung es zuläßt, soll die traditionelle Einbettung der Sprache, aber auch der kulturelle Standort des Vf.s näher bestimmt werden[3].

a. Nicht belegt vor I Clem[4]

ἀβαναύσως 44,3	ἀφιλοξενία 35,5	ἐργοπαρέκτης 34,1
ἁγιοπρεπής 13,3	διψυχέω 23,2	θεοστυγία 35,5
ἀνατυλίσσω 31,1	δωδεκάσκηπτρον 31,4	μωμοσκοπέομαι 41,2
ἀξιαγάπητος 1,1; 21,7	ἐνοπτρίζομαι 36,2	οἰκουργέω 1,3
ἀπροσκόπως 20,10; 61,1	ἐνστερνίζομαι 2,1	παντοκρατορικός 8,5
αὐτεπαινετός 30,6	ἐπικαταλλάσσομαι 48,1	ὑποτεταγμένως 37,2

b. Nicht belegt im hellenistischen Judentum

ἄθραυστος 59,2	ἐπινομή 44,2	παραποιέω 45,3
αἴκισμα 6,2; 17,5	ἐπιπέτομαι 25,4	παρέμπτωσις 51,1
ἀμεταμελήτως 58,2	ἑτεροκλινής 11,1; 47,7	περίπτωσις 1,1
ἀμνησίκακος 62,2	εὐδόκησις 40,3	προσηνῶς 23,1
ἀφήκω 28,3	εὐκλεῶς 45,5	σκάμμα 7,1
διέλκω 46,7	ἠπίως 23,1	ταγή 20,8
δισταγμός 46,9	ἰνδάλλομαι 23,2	ὑπέρτατος 36,2; 40,3
διχοστατέω 20,4	καινῶς 42,5	φανεροποιέω 60,1
εἰκτικῶς 37,2	ματαιοπονία 9,1	χρησμοδοτέω 55,1
ἐξακοντίζω 14,2	μεταπαραδίδωμι 20,9	
ἐξερίζω 45,7	νέρτερος 20,5	

---

[1] Vgl. R. Morgenthaler, Statistik 164.

[2] Mit „griechischer Bibel" ist nicht nur die LXX gemeint, sondern auch die anderen griechischen Versionen. Zur Begründung dazu s. § 4.1.a.

[3] Die Wortstatistik allein läßt oft keinen eindeutigen Schluß zu, aber sie ermöglicht einen ersten Blick auf den Sprachbefund. In § 4.1. werden manche Ergebnisse wieder aufgenommen und vertieft werden.

[4] Wahrscheinlich gehört auch ὑπερεκπερισσῶς (20,11) dazu. Vgl. 1 Thess 5,13; Mk 7,37.

c. Belegt im hellenistischen Judentum[1] außerhalb der griechischen Bibel und des NT

ἀδελφοκτονία 4,7**
ἀκατάληπτος 33,3*
ἀκόρεστος 2,2*
ἀμνησίκακος 2,5
ἄναγνος 30,1*
ἀνατολικός 25,1
ἀόκνως 33,8*
ἀόργητος 19,3
ἀραβικός 25,3
ἀρχεγόνος 59,3
ἀταράχως 48,4
ἀφορμάω 25,4
βάναυσος 49,5**
βούλησις 9,1; 35,5; 40,3;
  41,3***
δημιουργία 20,6
δικαιοπραγία 32,3
ἐαρινός 20,9*
ἔγγραφος 45,8
εἰλικρινῶς 32,1*
ἔλλειψις 20,10*

ἐλλόγισμος 44,3; 57,2;
  58,2; 62,3
ἐμπεριέχω 28,4***
ἐξεῖπον 48,5; 49,3***
ἔξοχος 33,4
ἐπάλληλος 1,1**
ἐπανατρέχω 19,2
ἐπεξεργάζομαι 47,7
ἐρευνητής 21,9
ἑτερογνώμων 11,2
εὐκταῖος 65,1**
εὐσπλαγχνία 14,3
ἡσύχως 44,3
καθηκόντως 1,3
κατείργω 45,7
κοινωφελής 48,6*
λοιμικός 55,1***
μαζός 20,10
μετοπωρινός 20,9*
νεωτερισμός 30,1**
ὁμοφωνία 51,2

πανάρετος 1,2; 2,8; 45,7;
  57,3; 60,4
παρεκβαίνω 20,6; 41,1
παρέκβασις 20,3***
παρεπιδημέω 1,2
πεντακοσιοστός 25,5
ποῖ 28,4 *
ποσότης 35,3*
προοδοιπορέω 44,5
προσφεύγω 20,11**
ῥιψοκινδύνως 14,2
σεβάσμιος 2,8***
συμβουλή 58,2***
συμπνέω 37,5*
ὑγεία 20,10; 61,1*
ὑποδεής 19,1.***
φοῖνιξ 25,2
φοιτάω 33,3 **
φυλλοροέω 23,4*
ὠκεανός 20,8***

d. In der griechischen Bibel belegte Vokabeln (außerhalb von Schriftzitaten), die nicht im NT vorkommen

ἄδοξος 2,1
ἀέναος 20,10; 60,1
ἀθάνατος 36,2
ἀθλητής 5,1
ἀθυμία 46,9
αἰδέομαι 21,6
αἰκία 6,1; 45,7; 51,2
αἰκισμός 11,1
ἀλαζονεύομαι 2,1; 38,2
ἀλλοιόω 6,3; 20,4
ἀμβλυωπέω 3,4
ἀμείνων 57,2
ἀναβάτης 51,5
ἀναγραφή 25,5
ἀνδρεῖος 53,5
ἀντιλήπτωρ 59,4
ἀνυπέρβλητος 53,5
ἀποδιδράσκω 4,8; 28,4
ἀπόλυσις 25,2
ἀπόνοια 1,1; 46,7

ἀπροσδεής 52,1
ἀρκετός 49,3
αὐθάδεια 30,8; 57,2
αὐτομολέω 28,2
βαδίζω 3,4
βλάβη 14,2
βλαστός 23,4
γαμετή 6,3
γενναῖος 5,1.6; 6,2; 25,3;
  54,1
γέρας 6,2
γηγενής 39,2
γλυκύτης 14,3
γραφεῖον 28,2
δημιουργέω 20,10; 38,3
διάβημα 60,2
διακοσμέω 33,3
διάλυσις 24,5
διαμαρτάνω 40,4
διάταξις 33,3

διέπω 61,1.2
διευθύνω 20,8; 61,2; 62,1
διηνεκῶς 24,1
διοίκησις 20,1
διορθόω 21,6
δίχα 20,3.10; 37,4^2.5^2;
  49,5; 50,2; 63,1
δράω 45,7
δύσις 5,6.7
ἔγκαρπος 44,5; 56,1
ἐγκλείω 33,3
ἐγκύπτω 40,1; 45,2; 53,1;
  62,3
ἑδράζω 33,3; 60,1
ἐκρίπτω 57,2
ἔκχυσις 2,2
ἐμποδίζω 20,2
ἐναλλάξ 12,4
ἐνάρετος 62,1
ἐνδελεχισμός 41,2

---

[1] Geläufig: * = bei Philo; ** = bei Philo und Josephus; *** = bei Josephus.

ἐνδέω 59,1
ἔνιοι 44,6
ἐντάσσω 58,2
ἐξελίσσω 20,3
ἐξήγησις 50,1
ἐξιλάσκομαι 7,7
ἔπαρχος 37,3
ἐπίμονος 46,9
εὐαρέστησις 64
εὐεργετικός 23,1
εὐκλεής 7,2
εὐσπλαγχνία 14,3
εὐστάθεια 61,1; 65,1
εὐτάκτως 37,2; 42,2
ἐφόδιον 2,1
θᾶττον 65,1
θεμιτός 63,1
θερινός 20,9
θήρ 20,4; 56,11.12
θράσος 30,8
θρησκεύω 45,7
ἱδρύω 44,5
ἱκανῶς 62,1
ἱκεσία 59,2
ἱκετεύω 2,3; 7,7; 48,1
ἱκέτης 9,1
καλλονή 35,3; 49,3
κατάγνωσις 51,2
καταδέχομαι 19,1
κλεῖθρον 20,6
κόμπος 16,2
κυοφορέω 20,4
κύτος 20,6
λαϊκός 40,5
λάκκος 45,6
λειποτακτέω 21,4
μακρόθυμος 19,3
μεγαλοπρέπεια 60,1
μεγαλορρημονέω 17,5
μεγαλορρήμων 15,5

μειόω 47,5
μέτριος 1,3
μιαρός 1,1; 28,1; 30,1; 45,4
μυσερός 14,1; 30,1
νόμιμος 1,3; 3,4; 40,4
νουθέτησις 56,2
ὀλιγοψυχέω 59,4
ὁμονοέω 62,2
ὁμόνοια 9,4; 11,2; 20,3.10.
    11; 21,1; 30,3; 34,7; 49,5;
    50,5; 60,4; 61,1; 63,2; 65,1
ὁμόφυλος 4,10
ὄμφαξ 23,4
παμμεγέθης 33,3.4
παμπληθής 20,4
πανάγιος 35,3; 58,1
παντεπόπτης 55,6; 64
πάνυ 1,3
παράγγελμα 13,3; 49,1
παράνομος 45,4
παράπτωσις 59,1
πεντηκόνταρχος 37,3
πέπειρος 23,4
περιβόητος 1,1; 47,5
πιστῶς 35,5
πλατυσμός 3,1
πλημμέλεια 41,2; 60,1
πόθος 2,2
προδηλόω 62,2
πρόοιδα 43,6
προσδεκτός 7,3
προσδέω 27,1
προσονομάζω 25,2
πρόσταγμα 2,8; 3,4; 20,5;
    37,1; 40,5; 50,5; 58,2
προστάτης 36,1; 61,3; 64
πρόστιμον 41,3
πτεροφυέω 25,3
πτωχίζω 59,3
σαφῶς 62,3

σεμνῶς 1,3
σηκός 25,2.3
σημείωσις 11,2
σκεπάζω 28,1; 60,3
σκῆπτρον 16,2; 32,2
σταθμός 20,10
στασιάζω 4,12; 43,2; 46,7
    47,6; 49,5; 51,3; 55,1
στέγος 12,6
στέργω 1,3
στήλη 11,2
συγκλεισμός 55,4.5
σύγκρασις 37,4
σύμπας 19,2
συμπλοκή 30,1
συμφορά 1,1
συνέλευσις 20,10
συνεξέρχομαι 11,2
σύστασις 60,1
ταπεινοφρονέω 2,1; 13,1.3;
    16,1.2.17; 17,2; 30,3;
    38,2; 48,6; 62,2
τέρμα 5,7
τερπνός 7,3
τημελέω 38,2
τόλμα 30,8
τῦφος 13,1
ὑπεράγαν 56,2
ὑπερασπισμός 56,16
ὑπερασπιστής 45,7
ὑπέρμαχος 45,7
ὑπηρεσία 17,5
ὑπόκειμαι 41,4
ὑποπίπτω 35,2
φροντίς 7,2; 63,4
φυγαδεύω 5,6
φύλαρχος 43,2².5
χειμερινός 20,9
χῶρος 50,3

e. In LXX-Zitaten belegte Vokabeln, die nicht im NT vorkommen

ἀκακία 14,5
ἀκουτίζω 18,8
ἄκυρος 57,4
ἀλγέω 56,6
ἀνομέω 53,2
ἀνόμημα 18,2
ἀντακούω 30,4
ἀνταναιρέω 18,11
ἀπαναίνομαι 56,6
ἀπολακτίζω 3,1
ἀποστροφή 4,5
αὖρα 39,3
βραδύγλωσσος 17,5
βροτός 39,4
δίαιτα 39,8; 56,13
διελέγχομαι 8,4
δολιότης 35,8
ἔγκατα 18,10
ἐγκατάλειμμα 14,5
ἐξαίρετος 39,9
ἑξάκις 56,8
ἐξαριθμέω 10,5.6

ἐξετασμός 57,7
ἐξουθένημα 16,15
ἐπιγελάω 57,4
ἐπινοέω 39,4
εὐθής 18,10
εὔλαλος 30,4
ἡγεμονικός 18,12
θημωνιά 56,15
ἰσχνόφωνος 17,5
κάλλος 16,3
καταιγίς 57,4
καταχαίρω 57,4
κέδρος 14,5
κισσάω 18,5
κολαβρίζω 39,9
κρύφιος 18,6
κύθρα 17,6
λινοκαλάμη 12,3
λιπαίνω 56,5
μακρόβιος 16,11
μαλακίζομαι 16,5
νουθέτημα 56,6

οἰκήτωρ 14,4
ὀλιγόβιος 30,5
ὄλλυμι 57,7
ὁπλή 52,2
παμβότανον 56,14
πεδίον 4,6
περιπλέκω 35,8
πήλινος 39,5
πολιορκία 57,4
προΐημι 57,3
πρωΐθεν 39,5
ῥῆσις 57,3
στέαρ 4,1
στρεβλός 46,3
σχοίνισμα 29,2
ὑπνόω 26,2
ὑποκάτωθεν 53,3
φοινικοῦς 8,4
χώνευμα 53,2
ὥριμος 56,15

f. Belegt im NT, aber nicht in der griechischen Bibel

ἀγαθοποιΐα 2,2.7; 31,2; 34,2
ἀθλέω 5,2
ἀμεταμέλετος 2,7; 54,4; 58,2
ἀνάλυσις 44,5
ἀναπέμπω 65,1
ἀνεκδιήγητος 20,5; 49,4; 61,1
ἀπροσωπολή(μ)πτως 1,3
ἀτάκτως 40,2
βραβεῖον 5,5
βραδύς 1,1
διστάζω 11,2
δίψυχος 11,2; 23,3

δωδεκάφυλος 55,6
ἔλευσις 17,1
ἐπιπόθητος 65,1
εὐπρόσδεκτος 35,5; 40,3.4
εὔσπλαγχνος 29,1; 54,1
καθεξῆς 37,3
μακαρισμός 50,7
μιμητής 17,1
πάθημα 2,1
παλιγγενεσία 9,4
παραγγελία 42,3
πληροφορία 42,3
πνευματικῶς 47,3

προγίνομαι 25,3
πρόσκλισις 21,7; 47,3.4; 50,2
στυγητός 35,6; 45,7
συνεπιμαρτυρέω 23,5; 43,1
σχίσμα 2,6; 46,5.9; 49,5; 54,2
σωφρονέω 1,3
φιλοξενία 1,2; 10,7; 11,1; 12,1
φιλόξενος 12,3
χρηστεύομαι 13,2; 14,3
ὠφέλιμος 56,2; 62,1

g. Zum erstenmal in der LXX belegte Vokabeln[1] (* = auch im NT; ** = Bibelzitat)

ἀγαλλιάομαι 18,8.15; 33,2*   διάβημα 60,2   παμβότανον 56,14**
ἁγιάζω präscr. 46,2; 59,3*   ἐκμυκτηρίζω 16,16**   προσδεκτός 7,3
ἁγιασμός 30,1; 35,2*   ἐξουθένημα 16,15**   πρωΐθεν 39,5**
ἀκουτίζω 18,8**   εὐθής 18,10**   σαβαώθ 34,6**
ἀμήν 32,4; 38,4 κτλ.*   καταλαλιά 30,1.3; 35,5*   χώνευμα 53,2**
ἀνεξιχνίαστος 20,5*   κολαβρίζω 39,9**
βδελυκτός 2,5; 30,1*   μυσερός 14,1; 30,1

Aus dem Sprachbefund lassen sich einige Schlußfolgerungen ziehen:

1. I Clem gehört in einen Sprachraum, der durch die Sprache des hellenistischen Judentums, besonders der LXX, bestimmt ist;

2. der Anteil der Termini, die weder im hellenistischen Judentum (die LXX mit eingeschlossen) noch im NT belegt sind, ist gering (s. o. unter a. und b.). Es sind ingesamt 49 Vokabeln (3 % des Wortschatzes);

3. die Zahl der auch im hellenistischen Judentum vorkommenden 59 Vokabeln, die weder in der griechischen Bibel noch im NT erscheinen, bekräftigt zusätzlich die erste Schlußfolgerung;

4. die Gemeinsamkeiten mit dem neutestamentlichen Vokabular außerhalb der LXX-Sprache (unter f.) zeigen vor allem die Nachwirkung der paulinischen Tradition (näheres unten in § 4.2.a): ἀθλέω, ἀμεταμέλετος, ἀνάλυσις, ἀνεκδιήγητος, ἀτάκτως, βραβεῖον, ἐπιπόθητος, μακαρισμός, πληροφορία, πνευματικῶς, προγίνομαι, στυγητός, σχίσμα, σωφρονέω, χρηστεύομαι, ὠφέλιμος gehören in diese Tradition, abgesehen von der Lösung der Frage nach dem Abhängigkeitsverhältnis. Andere Termini weisen einen Zusammenhang mit anderen traditionsgeschichtlich I Clem nahestehenden Schriften des NT aus: 1 Petr (ἀγαθοποιΐα, ἀπροσωπολή(μ)πτως); Hebr (συνεπιμαρτυρέω); Jak (δίψυχος) (s. u. § 4.2.d.e.f). Manchmal kommen die Vokabeln sowohl in diesen Schriften als auch in der paulinischen Literatur vor (μιμητής, φιλοξενία, φιλόξενος);

5. die Anzahl der Termini im Vokabular von I Clem, die zum erstenmal in der LXX erscheinen, ist gering (16). Mehr als die Hälfte davon kommt in Schriftzitaten vor. Rein vom Vokabular her ist I Clem von „Septuagentismen" weitgehend frei, obwohl der Einfluß der LXX auf den sprachlichen Ausdruck sehr augenfällig ist.

---

[1] Nach F. REHKOPF, Septuaginta-Vokabular.

2. Spracheigentümlichkeiten

a. Wendungen.

γινώσκουσα γινώσκω (12,5): Das Partizip als Verstärkung des Verbalbegriffs. Vgl. 56,2 παιδεύων ἐπαίδευσεν (Ps 117,18).

ἔγκαρπος καὶ τελεία (44,5; 56,1).

ἐλπίζειν ἐπί (11,1; 12,7; 16,16 [Ps 21,9]; 22,8 [Ps 31,10]; 59,3).

ἔνδοξος gemeinsam mit einem anderen Adjektiv, und zwar nachgestellt (19,2; 23,2; 34,7; 45,7; 58,1; 60,4).

τὸ καλὸν καὶ εὐάρεστον (21,1; 60,2; 61,2).

μαρτυροῦμαι: im Sinn von „wohlbezeugt sein, ein gutes Zeugnis erhalten, empfohlen werden" (Bauer/Aland 1000) (17,1.2; 18,1; 19,1; 44,3; 47,4).

ὁρᾶτε, ἀγαπητοί (12,8; 16,17; 21,1; 50,1. Vgl. 56,16).

ὁσίως + Partizip (6,1; 21,8; 26,1; 40,3; 44,4; 60,4).

Verb in Konj. Aorist + οὖν (13,1; 27,3; 29,1; [30,1]; 30,3; 31,1; 35,4; 37,1; 38,1.3; 48,1; 50,2; 58,1).

πρόδηλον ποιεῖν (11,1; 12,7).

πάντα ἐπιτελεῖν (1,3; 2,8; [33,1]; 48,4).

πῶς: νοήσωμεν πῶς (19,3), ἴδωμεν πῶς (21,3), κατανοήσωμεν πῶς (24,1; 34,5, 37,2), ὁρᾶτε πῶς (50,1).

b. Adverbiale Formen, die in der biblischen und altchristlichen Literatur nicht belegt sind.

ἀβαναύσως (44,3); ἀμεταμηλέτως (58,2); ἀμνησικάκως (62,2); ἀόκνως (33,8); ἀπροσκόπως (20,10; 61,1); ἀταράχως (48,4); εἰκτικῶς (37,2); εἰλικρινῶς (32,1); εὐκλεῶς (45,5); καινῶς (42,5); ῥιψοκινδύνως (14,2); ὑπερεκπερισσῶς (20,11); ὑποτεταγμένως (37,2).

c. Hendiadyoin.

συμφορὰς καὶ περιπτώσεις (1,1); πᾶσα στάσις καὶ πᾶν σχίσμα (2,6); τὰ προστάγματα καὶ τὰ δικαιώματα (2,8); αἰκίας καὶ βασάνους (6,1); εἰς κόλασιν καὶ αἰκισμόν (11,1); οἱ δίψυχοι καὶ οἱ διστάζοντες (11,2; 23,3); πᾶσαν ἀλαζονείαν καὶ τύφος (13,1); ἀλαζονεία – ὑπερηφανία (16,2; 35,5); τὸ ταπεινόφρον καὶ τὸ ὑποδεές (19,1); τὰ καλὰ καὶ εὐάρεστα (21,1; 60,2; 61,2); ἁγνὰς καὶ ἀμιάντους (29,1); τὰ εὐάρεστα καὶ εὐπρόσδεκτα (35,5); διχοστασίαι καὶ σχίσματα (46,5); διέλκομεν καὶ διασπῶμεν (46,7).

d. Artikel bei substantiviertem Neutrum des Adjektivs[1].

τὸ μεγαλοπρεπὲς τῆς φιλοξενίας ὑμῶν ἦθος (1,2); τὸ μεγαλεῖον τῆς ἐπαγγελίας (26,1); (μεγαλεῖα τῶν ... δωρεῶν [32,1]); τὸ σεμνὸν τῆς περιβοήτου φιλαδελφίας ὑμῶν (47,5); τὸ μεγαλεῖον τῆς καλλονῆς αὐτοῦ (49,3); τὸ κοινὸν τῆς ἐλπίδος (51,1); τὸ ὁσιώτατον τῆς μεγαλωσύνης αὐτοῦ ὄνομα (58,1).

---

[1] Vgl. BL./DEB./REH. § 263,2.

e. Gebrauch des Superlativs[1].

ἔγγιστα (5,1); μέγιστοι καὶ δικαιότατοι (5,2); μέγιστος (5,7); κάλλιστον (6,1); μάλιστα (13,1; 43,6); ἐλάχιστα (20,10; 37,5); παμμεγεθέστατος (33,3); ἐξοχώτατον (33,4); ὑπερτάτη (36,2; 40,3); ὠφελιμώτατα (62,1); ἐλλογιμώτατος (62,3).

f. Fragen als Einleitung zur Ermahnung.

28,2.4; 33,1; 35,5; 46,5 f.

g. Das Verb in Aufforderungsformen.

- 1° Person Plural (Konjunktiv-Aorist): $5,1^2.3$; $7,2^2.3.4.5^2$; $9,1^3.2.3$; $13,1^2.3$; 14,3; 15,1; 17,1; $19,2^3.3^3$; $21,3.6^5$; 23,2; 24,1.2.4; 25,1; 27,3; $28,1^2$; 29,1; $30,1.3^2$; $31,1^2$; $33,1.7.8^2$; $34,5^2.7$; 35,4; 37,1.2.5; 38,3; 46,4; $48,1^3$; $50,2^2$; 51,1; 56,1.2; 58,1.
  Häufigkeit: ἴδωμεν (7mal); κολληθῶμεν (5mal); λάβωμεν (5mal); ἀτενίσωμεν (3mal); κατανοήσωμεν (3mal).
- 2° Person Plural (Imperativ): 4,7; 12,8; 16,17; 21,1; 23,4; 41,4; 45,1; 47,1.5; 50,1; 58,2; 65,1.
  Häufigkeit: ὁρᾶτε (7mal).
- 3° Person Plural (Imperativ): $21,7^4.8^2$; 27,1; 59,1.4.
- 3° Person Singular (Imperativ): $13,1^2$; 23,2.3; 27,3; 30,6.7; 34,5; $38,1^2.2^7$; 41,1; $48,5^4$; 49,1; 54,2.

h. τε als Verbindungspartikel (42mal).

α) um Begriffe zu verbinden: mit vorangestelltem Artikel (9,1: τήν τε ἔριν καὶ τὸ εἰς θάνατον ἄγον ζῆλος; 40,2: τάς τε προσφορὰς καὶ λειτουργίας ἐπιτελεῖσθαι; 51,5: τά τε ἅρματα καὶ οἱ ἀναβάται αὐτῶν; 58,2: ἥ τε πίστις καὶ ἡ ἐλπίς; 60,4b: τοῖς τε ἄρχουσιν καὶ ἡγουμένοις ἡμῶν).

β) in Aufzählungen: 20,2–5: ἡμέρα τε καὶ νύξ ... ἥλιός τε καὶ σελήνη ... ἀστέρων τε χοροὶ ... ἀβύσσων τε ἀνεξιχνίαστά ...; 30,1: μιαρᾶς τε καὶ ἀνάγνους συμπλοκάς, μέθας τε καὶ νεωτερισμοὺς καὶ βδελυκτὰς ἐπιθυμίας, μυσερὰν τε μοιχείαν καὶ βδελυκτὴν ὑπερηφανίαν; 35,5: κακοηθείας τε καὶ δόλους, ψιθυρισμούς τε καὶ καταλαλιάς, θεοστυγίαν, ὑπερηφανίαν τε καὶ ἀλαζονείαν, κενοδοξίαν τε καὶ ἀφιλοξενίαν.

i. Hiatus – Elision – Krasis.

Der Befund entspricht etwa dem neutestamentlichen Sachverhalt, d. h. die Vermeidung des Hiatus gilt nicht als verbindliche Vorschrift. Wie frei der Vf. damit umgeht, zeigen folgende Beispiele. Geläufige Partikel und Präpositionen werden in der Regel elidiert: μετ᾿ εὐσεβείας ... μεθ᾿ ὑποκρίσεως (15,1) usw.; vgl. aber auch: μετὰ ὅρκου (8,2); μετὰ ἐκτενείας (33,1); ἀλλ᾿ ἕκαστος (37,3) usw.; vgl. aber auch: ἀλλὰ ἕκαστον (3,4). Die Krasis wird in 17,1 (κἀκείνων) und 17,5 (κἀκεῖνος) verwendet. Vgl. aber 51,1: καὶ ἐκεῖνοι. Vgl. ferner 25,1 (τουτέστιν); 53,4 (κἀμέ = Ex 32,32); 57,4 (κἀγώ = Spr 1,26).

---

[1] Im Vergleich zum NT sind sie in I Clem häufiger belegt. Vgl. BL./DEB./REH. § 60; H. REINHOLD, De Graecitate 59.

3. Rhetorische Figuren

a. Anaphora.

ἐκ τούτου ... οὕτως ... διὰ τοῦτο (3,2-4); ζῆλος bzw. ζῆλος καὶ φθόνος (4,7.8.9.10.11.12.13; 5,2.4.5; 6,1.2.3.4); τί καλὸν καὶ τί τερπνὸν καὶ τί προσδεκτόν (7,3); δι' ὑπακοῆς (10,2.7); διὰ πίστιν καὶ φιλοξενίαν (10,7; [11,1]; 12,1); ἐξ αὐτοῦ γὰρ ἱερεῖς ... ἐξ αὐτοῦ ὁ κύριος ... ἐξ αὐτοῦ βασιλεῖς (32,2); οὐ δι' αὐτῶν ... ἀλλὰ διὰ θελήματος αὐτοῦ ... διὰ θελήματος ... οὐ δι' ἑαυτῶν ... οὐδὲ διὰ ... ἀλλὰ διὰ τῆς πίστεως, δι' ἧς (32,3-4); ἐὰν ἐστηριγμένη ... ἐὰν ἐκζητῶμεν ... ἐὰν ἐπιτελέσωμεν (35,5); διὰ τοῦτο ἀτενίζομεν ... διὰ τοῦτο ἐνοπτριζόμεθα ... διὰ τούτου ἠνεῴχθησαν ... διὰ τούτου ἡ ἀσύνετος ... διὰ τούτου ἠθέλησεν ὁ δεσπότης (36,2); πῶς εὐτάκτως, πῶς εἰκτικῶς, πῶς ὑποτεταγμένως (37,2); οὐ πάντες εἰσὶν ἔπαρχοι οὐδὲ χιλίαρχοι οὐδὲ ἑκατόνταρχοι οὐδὲ πεντηκόνταρχοι οὐδὲ τὸ καθεξῆς (37,3); ἐκ ποίας ὕλης ἐγενήθημεν, ποῖοι καὶ τίνες εἰσήλθαμεν ... ἐκ ποίου τάφου (38,3); πολλοὺς διέστρεψεν, πολλοὺς εἰς ἀθυμίαν ἔβαλεν, πολλοὺς εἰς δισταγμόν (46,9); ἤτω τις πιστός, ἤτω δυνατὸς γνῶσιν ἐξειπεῖν, ἤτω σοφὸς ἐν διακρίσει λόγων, ἤτω ἁγνὸς ἐν ἔργοις (48,5); ἀγάπη κολλᾷ ἡμᾶς τῷ θεῷ, ἀγάπη καλύπτει πλῆθος ἁμαρτιῶν, ἀγάπη πάντα ἀνέχεται, πάντα μακροθυμεῖ ... ἀγάπη σχίσμα οὐκ ἔχει, ἀγάπη οὐ στασιάζει, ἀγάπη πάντα ποιεῖ ἐν ὁμονοίᾳ· ἐν τῇ ἀγάπῃ ἐτελειώθησαν ... (49,5).

b. Antitheton.

ἐταπεινοφρονεῖτε μηδὲν ἀλαζονευόμενοι, ὑποτασσόμενοι μᾶλλον ἢ ὑποτάσσοντες, ἥδιον διδόντες ἢ λαμβάνοντες (2,1); οἱ ἄτιμοι ἐπὶ τοὺς ἐντίμους, οἱ ἄδοξοι ἐπὶ τοὺς ἐνδόξους, οἱ ἄφρονες ἐπὶ τοὺς φρονίμους, οἱ νέοι ἐπὶ τοὺς πρεσβυτέρους (3,3); ταπεινοφρονούντων γάρ ἐστιν ὁ Χριστός, οὐκ ἐπαιρομένων (16,1); ὁ ἀγαθὸς ἐργάτης ... ὁ νωθρὸς καὶ παρειμένος (34,1); ὁ ἰσχυρὸς τημελείτω τὸν ἀσθενῆ, ὁ δὲ ἀσθενὴς ἐντρεπέσθω τὸν ἰσχυρόν· ὁ πλούσιος ἐπιχορηγείτω τῷ πτωχῷ (38,2); τὸν ταπεινοῦντα ὕβριν ὑπερηφάνων ... τὸν ποιοῦντα ταπεινοὺς εἰς ὕψος καὶ τοὺς ὑψηλοὺς ταπεινοῦντα (59,3).

c. Homöoteleuton.

ἐδοκίμασεν ... ἐθαύμασεν ... ἐκήρυξεν ... ἐμακάρισεν (1,2); ἐντίμους ... ἐνδόξους ... φρονίμους ... πρεσβυτέρους (3,3); ἐντραπῶμεν ... αἰδεσθῶμεν ... τιμήσωμεν ... παιδεύσωμεν (21,6); ἐνδειξάσθωσαν ... ἀποδειξάτωσαν ... ποιησάτωσαν ... μεταλαμβανέτωσαν ... μαθέτωσαν (21,7 f.); οὐ πάντες εἰσὶν ἔπαρχοι οὐδὲ χιλίαρχοι οὐδὲ ἑκατόνταρχοι οὐδὲ πεντηκόνταρχοι (37,3); προστέτακται ... ἐπίκεινται ... δέδεται (40,5); ποιοῦντα ... ταπεινοῦντα ... τὸν πλουτίζοντα καὶ πτωχίζοντα, τὸν ἀποκτείνοντα καὶ ζῆν ποιοῦντα (59,3).

d. Interrogatio - exclamatio.

1,2; 16,17; 18,1; 26,1; 27,5; 28,2.4; 31,2; 33,1; 35,3.5; 36,6; 43,6; 45,6 f.; 46,5 f.; 47,2; 49,2 f.; 50,2.

e. Isocolon.

πίστιν οὐκ ἐδοκίμασεν ... εὐσέβειαν οὐκ ἐθαύμασεν ... ἦθος οὐκ ἐκήρυξεν ... γνῶσιν οὐκ ἐμακάρισεν (1,2); ... ἐπὶ τοὺς ἐντίμους ... ἐπὶ τοὺς ἐνδόξους ... ἐπὶ τοὺς φρονίμους ... ἐπὶ τοὺς πρεσβυτέρους (3,3); τοῖς κατηραμένοις ὑπὸ τοῦ θεοῦ ... τοῖς εὐλογημένοις ὑπὸ τοῦ θεοῦ (30,8); τε καὶ καταλαλίας …, ὑπερηφανίαν τε καὶ ἀλαζονείαν, κενοδοξίαν τε καὶ ἀφιλοξενίαν (35,5); ἐξανάστησον τοὺς ἀσθενοῦντας, παρακάλεσον τοὺς ὀλιγοψυχοῦντας (59,4).

f. Parallelismus.

α. Synthetischer Parallelismus.
ἀμεταμέλητοι ἦτε ἐπὶ πάσῃ ἀγαθοποιΐᾳ, ἕτοιμοι εἰς πᾶν ἔργον ἀγαθόν (2,7); ἀγάπη σχίσμα οὐκ ἔχει, ἀγάπη οὐ στασιάζει (49,5).

β. Antithetischer Parallelismus.
μηδὲ ἐν τοῖς νομίμοις τῶν προσταγμάτων αὐτοῦ πορεύεσθαι … ἀλλὰ ἕκαστον βαδίζειν κατὰ τὰς ἐπιθυμίας τῆς καρδίας αὐτοῦ τῆς πονηρᾶς (3,4); θράσος καὶ αὐθάδεια καὶ τόλμα τοῖς κατηραμένοις ὑπὸ τοῦ θεοῦ· ἐπιείκεια καὶ ταπεινοφροσύνη καὶ πραΰτης παρὰ τοῖς ηὐλογημένοις ὑπὸ τοῦ θεοῦ (30,8); ἀγάπη οὐ στασιάζει, ἀγάπη πάντα ποιεῖ ἐν ὁμονοίᾳ (49,5).

g. Chiasmus.

κοιμᾶται ἡ νύξ, ἀνίσταται ἡ ἡμέρα· ἡ ἡμέρα ἄπεισιν, νὺξ ἐπέρχεται (24,3); οἱ μεγάλοι δίχα τῶν μικρῶν οὐ δύνανται εἶναι οὔτε οἱ μικροὶ δίχα τῶν μεγάλων (37,4); ἡ κεφαλὴ δίχα τῶν ποδῶν οὐδέν ἐστιν, οὕτως οὐδὲ οἱ πόδες δίχα τῆς κεφαλῆς (37,5); ὁ ἰσχυρὸς τημελείτω τὸν ἀσθενῆ, ὁ δὲ ἀσθενὴς ἐντρεπέσθω τὸν ἰσχυρόν (38,2).

h. Zahlenspiele.

Sieben Beispiele aus dem AT für die Folgen von Neid und Eifersucht (4,7–13); siebenfache Erwähnung des ζῆλος mit weiteren Beispielen aus Christentum und Antike (5,1–6,4); sieben Beispiele für Demut (17,1–18,1); vierzehn Komponenten des Kosmos und der Natur (20,1–10); sieben Laster (30,1); sieben Geistesgaben in der Gemeinde (38,2); sieben Aussagen über die Agape (49,5).

i. Epanadiplosis.

αἰσχρά, ἀγαπητοί, καὶ λίαν αἰσχρά (47,6); ἐπίστασθε γὰρ καὶ καλῶς ἐπίστασθε τὰς ἱερὰς γραφάς, ἀγαπητοί (53,1),

j. Homöoptoton.

ὦ μεγάλης ἀγάπης (53,5),

k. Paronomasie.

λάβωμεν τῆς γενεᾶς ἡμῶν τὰ γενναῖα ὑποδείγματα (5,1); ὀφείλει ἀγανακτεῖν, ἀγαπητοί … καλή ἐστιν καὶ ὑπεράγαν ὠφέλιμος (56,2).

l. Bildliche Wendungen.

τοῖς ἐφοδίοις τοῦ Χριστοῦ ἀρκούμενοι … ἐνεστερνισμένοι ἦτε τοῖς σπλάγχνοις (2,1); τὰ προστάγματα καὶ τὰ δικαιώματα τοῦ κυρίου ἐπὶ τὰ πλάτη τῆς καρδίας ὑμῶν ἐγέγραπτο (2,8); τὸ σκῆπτρον τῆς μεγαλωσύνης τοῦ θεοῦ (16,2); ὑπὸ τὸν ζυγὸν τῆς χάριτος αὐτοῦ (16,17); οἱ ὀφθαλμοὶ τῆς καρδίας (36,2); τὸ σῶμα ἐν Χριστῷ Ἰησοῦ (38,1); τὰ μέλη τοῦ

Χριστοῦ (46,7); τὸν δεσμὸν τῆς ἀγάπης τοῦ θεοῦ (49,2); κάμψαντες τὰ γόνατα τῆς καρδίας ὑμῶν (57,1); ἀνοίξας τοὺς ὀφθαλμοὺς τῆς καρδίας ἡμῶν (59,3).

m. Beispiele.

α. Beispiele aus der Schrift: 4,1–13; 7,5–7; 9,3 f.; 10,1 f.; 11,1 f.; 12,1–7; 16,1.17; 17,1–6; 18,1–2; 31,1–4; 43,1–6; 45,6 f.; 51,3–6; 53,2–4; 55,3–6.

β. Beispiele aus der christlichen Geschichte: 5,1–7; 6,1; 55,2.

γ. Beispiele aus der heidnischen Kultur: 6,2.(3?).4; 25,1–5; 37,2 f.; 55,1.

δ. Beispiele aus der Natur: 24,3.4 f.; 25,1–5; 37,5.

n. Enkomion: 49,2–6.

o. Captatio benevolentiae: 1,2–2,8; 53,1.

4. Liturgisches

a. Gebete.

Großes Schlußgebet: 59,2–61,3[1].
  Kleines Schlußgebet: 64.

b. Doxologien.

Kein anderer Text der alten Christenheit enthält so viele Doxologien wie I Clem. Mit Ausnahme der ersten (20,12) und der drei letzten (61,3; 64; 65,2) sind sie nach dem gleichen einfachen Muster gestaltet. Alle sind durch eine responsoriale Struktur gekennzeichnet: Auf den Ausdruck des Lobes folgt das feierliche Amen[2]. Es handelt sich um zehn Texte, die überwiegend (sieben davon) im zweiten Teil des Schreibens vorkommen.
  ᾧ ἡ δόξα καὶ ἡ μεγαλωσύνη εἰς τοὺς αἰῶνας τῶν αἰώνων. ἀμήν (20,12).
  ᾧ ἔστω ἡ δόξα εἰς τοὺς αἰῶνας τῶν αἰώνων. ἀμήν (32,4).
  ᾧ ἡ δόξα εἰς τοὺς αἰῶνας τῶν αἰώνων. ἀμήν (38,4; 43,6; 45,7; 50,7).
  διὰ Ἰησοῦ Χριστοῦ, δι᾽ οὗ ἐστιν αὐτῷ ἡ δόξα εἰς τοὺς αἰῶνας τῶν αἰώνων. ἀμήν (58,2).
  διὰ ... Ἰησοῦ Χριστοῦ, δι᾽ οὗ σοι ἡ δόξα καὶ ἡ μεγαλωσύνη καὶ νῦν καὶ εἰς γενεὰν γενεῶν καὶ εἰς τοὺς αἰῶνας τῶν αἰώνων. ἀμήν (61,3).
  διὰ ... Ἰησοῦ Χριστοῦ, δι᾽ οὗ αὐτῷ δόξα καὶ μεγαλωσύνη, κράτος καὶ τιμή, καὶ νῦν καὶ εἰς πάντας τοὺς αἰῶνας τῶν αἰώνων. ἀμήν (64).

---

[1] S. u. Exkurs 9: Das Allgemeine Gebet in I Clem.
[2] Auch in 45,8 (ἐν τῷ μνημοσύνῳ αὐτοῦ εἰς τοὺς αἰῶνας τῶν αἰώνων. ἀμήν), das nicht zu den Doxologien gehört, ist dies der Fall.

καὶ δι' αὐτοῦ, δι' οὗ αὐτῷ δόξα, τιμή, κράτος καὶ μεγαλωσύνη, θρόνος αἰώνιος, ἀπὸ τῶν αἰώνων εἰς τοὺς αἰῶνας τῶν αἰώνων. ἀμήν (65,2).

Die Doxologien sind „theologisch", nicht „christologisch" orientiert[1]. Die letzten vier Formen (58,2; 61,3; 64; 65,2) sind durch ein doppeltes διά gekennzeichnet, das vor I Clem nicht belegt ist. Das erste διά besagt die Vermittlung Jesu Christi beim Heilswirken Gottes bzw. beim Lob der Gläubigen; „das zweite ist auf die Gott durch Jesus zukommenden doxologischen Prädikate"[2] zu beziehen.

Die Herkunft der Doxologien liegt in der urchristlichen Tradition, näherhin in der paulinischen Literatur. Gerade der Römerbrief enthält solche Doxologien (9,5; 11,36; 16,27[?]; vgl. auch 1,25; Gal 1,5; Phil 4,20; 2 Kor 11,31), die in deuteropaulinischen Schriften nachgeahmt werden (Eph 3,21; 1 Tim 1,17; 6,16; 2 Tim 4,18). Auch 1 Petr, sehr wahrscheinlich in Rom entstanden, bezeugt die Auswirkung dieser Tradition (4,11; 5,11).

Die Funktion der Doxologien ist nicht eindeutig[3]. Der Vf. verwendet sie offenbar nach unterschiedlichen Kriterien: 1. als Schluß eines Gebetes: 61,3; 64; 2. als feierlicher Schluß des ganzen Schreibens: 65,2; 3. als Schluß einer großen thematischen Einheit: 38,4; 45,7; 50,7; 58,2; 4. als Schluß einer literarischen (20,12); 5. als Schluß einer kleinen thematischen Einheit ohne Gliederungsfunktion (32,4; 43,6).

Diese Kriterien, die anhand der vorgelegten Gliederung verifiziert werden können, vermögen jedoch die Funktion der Doxologien nicht restlos zu erklären. Mindestens ebenso wichtig ist die oben erwähnte responsoriale Struktur, die eindeutig kommunikationsorientiert ist. Die Doxologien bieten den Hörern die Gelegenheit, sich an das Lob Gottes anzuschließen und in dieser Form dort eine Übereinstimmung zu erzielen, wo sie – vom Gegenstand her – zwingend ist. Im Rahmen der für I Clem vorauszusetzenden Kommunikationssituation ist die so erreichte Gemeinsamkeit Teil der rhetorischen Absicht des Schreibens. Das zustimmende „Amen" nimmt die erwartete Zustimmung zum Inhalt des Briefes vorweg und ebnet zugleich den Weg dorthin.

---

[1] Umstritten ist die Deutung von I Clem 20,12; 50,7.

[2] A. STUIBER, Doxologie 216.

[3] Nach A. v. HARNACK, Einführung 111, „ist kein Prinzip zu ermitteln, nach welchem sie der Verfasser verteilt hat". KNOPF, 83, bemerkt nur, daß sie „keineswegs die Enden von Abschnitten bezeichnen". Die Doxologien sind nach A. STUIBER, Doxologie 215, am Ende von Sinnabschnitten „nur lose angefügt, wahrscheinlich durch ein vorgehendes Stichwort ausgelöst". Gemäß LINDEMANN, 14, setzen die Doxologien Signale dafür, „daß der Vf. ein Problem glaubt hinreichend erörtert zu haben".

§ 4 Das geistige Milieu

1. Das Alte Testament

Die Bedeutung der griechischen Bibel in I Clem kann kaum hoch genug angeschlagen werden[1]. Sie zeigt sich schon im Anteil der expliziten bzw. eindeutigen Zitate im Rahmen des Gesamttextes. Wie schon oben bemerkt gehören von ca. 9820 Wörtern ca. 2750 zu den Schriftzitaten. Ebenso zahlreich sind die erwähnten alttestamentlichen Personennamen:

Aaron 4,11; 43,5	Esau 4,8	Juda 32,2
Abiram 4,12	Ester 55,6	Judit 55,4
Abel 4,1.2.6	Ezechiel 17,1	Kain 4,1.2.3.4.6
Abraham 10,1.6; 17,2; 31,2	Hananias 45,7	Laban 31,4
Adam 6,3; 29,2; 50,3	Holofernes 55,5	Lot 10,4; 11,1
Azarias 45,7	Ijob 17,3; 26,3	Maria 4,11
Daniel 45,6	Isaak 31,3	Misael 45,7
Dathan 4,12	Isai 18,1	Mose 4,10.12; 17,5; 43,1.6;
David 4,13; 18,1; 52,2	Jakob 4,8; 29,2; 31,4	51,3.5; 53,2.4
Elia 17,1	Jesus, Sohn Naves 12,2	Noah 7,6; 9,4
Elischa 17,1	Jona 7,7	Rahab 12,1.3
Enoch 9,3	Joseph 4,9	Saul 4,13

Aber die Fragestellung darf nicht eingeengt werden, indem man nur die Zitate berücksichtigt. Die Bedeutung der Schrift in I Clem kommt auch in vielen anderen Wendungen und freien Anlehnungen zum Ausdruck[2]. Ohne Zweifel ist die Sprache der griechischen Bibel die wichtigste Quelle für die Sprache des Vf.s.

a. Die Textgrundlage.

Die Textgrundlage der alttestamentlichen Zitate und Wendungen in I Clem ist eine griechische Fassung, die der heutigen LXX nahe steht – die Bezugnahme auf eine hebräische Fassung ist an keiner Stelle nachweisbar[3]. So erklärt

---

[1] Der zweite Teil der Monographie von W. WREDE, Untersuchungen zum Ersten Klemensbrief (1891), hat dies richtig hervorgehoben. Ob sein Lehrer A. v. Harnack I Clem literarisch als einen „Zweifarbendruck" – die hebräische Farbe der LXX und die der philosophischen poetischen Kunstprosa (Klemensbrief 56; Einführung 80) -, oder inhaltlich als einen „Dreifarbendruck" – die Religion des AT, der hellenische moralische Idealismus und die Tatsache der Erscheinung Christi (Einführung 85) – charakterisiert, an erster Stelle erscheint immer das AT.

[2] Die Dissertation von D.A. HAGNER, The Use of the Old and New Testament in Clement of Rome (1973), hat die Zitate eingehend untersucht. Vielleicht ist das Wort „Use" nicht präzis genug. Denn das AT kann auch dort „gebraucht" werden, wo der Vf. Wendungen aufnimmt, ohne dabei die Stelle exakt zu zitieren. HAGNER, a.a.O. 22, ist diese Dimension des Problems nicht entgangen, aber er beschränkt seine Untersuchung auf die „deliberate citations".

[3] Die Annahme von L. LEMME, Judenchristentum 467, der Vf. von I Clem müsse „das A.T.

sich die Übereinstimmung von vielen Zitaten mit dem LXX-Text. Auch die zahlreichen Abweichungen müssen im Einzelfall untersucht werden. Dabei darf der LXX-Text nicht als feststehende Größe angenommen werden, der identisch mit dem war, der der römischen Gemeinde am Ende des ersten Jahrhunderts zur Verfügung stand. Dafür liegen der Entstehungsprozeß und die Textüberlieferung der griechischen Bibel bis zu ihrer späteren Vereinheitlichung allzu sehr im Dunkeln. Die unmittelbare Folge daraus ist, daß im Fall von Abweichung von der LXX auch die Fassung der anderen griechischen Übersetzungen heranzuziehen ist. Von der Tatsache unabhängig, daß sie erst im zweiten Jahrhundert entstanden sind, behalten sie ihren Wert aufgrund des in ihnen enthaltenen Materials, das von früheren Übersetzungen herkommen kann. Man wird nicht mit voller Sicherheit sagen können, daß eine bestimmte von der LXX abweichende Fassung in I Clem auf die eine oder auf die andere Übersetzung zurückgeht, aber es ist methodisch ebenso unangebracht, von vornherein diese Möglichkeit auszuschließen, es sei denn, daß die in Frage kommende Abweichung durch eine klar erkennbare redaktionelle Absicht erklärt werden kann.

Zu den wichtigsten Stellen, die durch die LA der anderen griechischen Übersetzungen möglicherweise beeinflußt sind, zählen: Jes 66,2 in I Clem 13,4; Ps 44,7 in I Clem 16,2; Gen 1,9 in I Clem 20,6; Ijob 38,11 in I Clem 20,7; Ps 103,4 in I Clem 36,3; der Terminus λαϊκός in 40,5. Eine Fassung des Buches Daniel, die der Version von Theodotion nahesteht, spiegelt sich in I Clem 34,6; 45,7; 59,3 (Z. 20); 59,4 (Z. 33) wider.

b. Die Zitate.

α. Die Einführungsformeln.[1]
Die Zitate werden mit sehr variablen Einführungsformeln eingeleitet:
αα. Allgemeiner Hinweis auf die Schrift.
καὶ ἐπετελέσθη τὸ γεγραμμένον (3,1); γέγραπται γὰρ οὕτως (4,1); καὶ ἐν ἑτέρῳ τόπῳ λέγει οὕτως (8,4); γέγραπται γάρ (14,4); καὶ πάλιν λέγει (14,5); λέγει γάρ που (15,2); καὶ πάλιν (15,3); καὶ πάλιν λέγει (15,4); καὶ πάλιν (15,5); ἔτι δὲ καὶ περὶ Ἰὼβ οὕτως γέγραπται (17,3); καὶ πάλιν λέγει (17,6); λέγει γάρ που (21,2); ἡ γραφὴ αὕτη, ὅπου λέγει (23,3); συνεπιμαρτυρούσης καὶ τῆς γραφῆς (23,5); λέγει γάρ που (26,2); λέγει γάρ που τὸ γραφεῖον (28,2); οὕτω γὰρ γέγραπται

---

durch rabbinische Ueberlieferung empfangen haben", verkennt die literarische Eigenart sowohl von I Clem als auch der rabbinischen Überlieferung. E. WERNER, Hebraisms 814, findet in I Clem neben der LXX auch rabbinische Elemente aus der Midrasch-Literatur. Ob der Vf. diese Midraschim schon in einer hellenisierten Form rezipiert hat, läßt er offen. Nirgends fragt Werner nach der Datierung der von ihm herangezogenen rabbinischen Texte und nach dem Überlieferungszusammenhang mit I Clem. Die Überprüfung der Einzelstellen ergibt ein negatives Ergebnis (vgl. I Clem 8,3; 12,8; 46,2). Nach SCHNEIDER, 21 Anm. 52, liegt I Clem 12,5 und 38,2 der hebräische Text zugrunde. Seine Begründung überzeugt nicht.
[1] Vgl. D. A. HAGNER, Use 26–29.

(29,2); καὶ ἐν ἑτέρῳ τόπῳ λέγει (29,3); φησίν (30,2); λέγει γάρ (30,4); λέγει γὰρ ἡ γραφή (34,6); λέγει γάρ (34,8); λέγει γὰρ ἡ γραφή (35,7); γέγραπται γὰρ οὕτως (36,3); γέγραπται γάρ (39,3); οὕτως γάρ που λέγει ἡ γραφή (42,5); γέγραπται γάρ (46,2); καὶ πάλιν ἐν ἑτέρῳ τόπῳ λέγει (46,3); καθὼς γέγραπται (48,2); γέγραπται γάρ (50,4); γέγραπται γάρ (50,6); φησίν (56,5); καὶ πάλιν λέγει (56,6).

ββ. Mit Angabe des Sprechers.

ἐν τῷ ἀκοῦσαι αὐτὸν ἀπὸ τοῦ ὁμοφύλου (4,10); τὸ ῥηθὲν ὑπὸ τοῦ πατρὸς ἡμῶν Ἀδάμ (6,3); καὶ αὐτὸς δὲ ὁ δεσπότης τῶν ἁπάντων περὶ μετανοίας ἐλάλησεν μετὰ ὅρκου ... προστιθεὶς καὶ γνώμην ἀγαθήν (8,2); λέγει γὰρ αὐτῷ (10,2); καὶ πάλιν ... εἶπεν αὐτῷ ὁ θεός (10,4); καὶ πάλιν λέγει (10,6); ἐπισταθέντων δὲ τῶν παρὰ τοῦ βασιλέως καὶ λεγόντων (12,4); ἡ δὲ ἀπεκρίθη (12,4); καὶ εἶπεν πρὸς τοὺς ἄνδρας (12,5); καὶ εἶπαν αὐτῇ (12,6); λέγει γὰρ τὸ πνεῦμα τὸ ἅγιον (13,1); φησὶν γὰρ ὁ ἅγιος λόγος (13,3); καθὼς τὸ πνεῦμα τὸ ἅγιον περὶ αὐτοῦ ἐλάλησεν· φησὶν γάρ (16,2); καὶ πάλιν αὐτός φησιν (16,15); καὶ λέγει (17,2); ἀλλ᾽ αὐτὸς ἑαυτοῦ κατηγορεῖ λέγων (17,4); ἀλλ᾽ εἶπεν ἐκ τῆς βάτου (17,5); καὶ πάλιν λέγει (17,6); πρὸς ὃν εἶπεν ὁ θεός (18,1); ἀλλὰ καὶ αὐτὸς λέγει πρὸς τὸν θεόν (18,2); εἶπεν γάρ (20,7); καὶ γὰρ αὐτὸς διὰ τοῦ πνεύματος τοῦ ἁγίου οὕτως προσκαλεῖται ἡμᾶς (22,1); καὶ πάλιν Ἰὼβ λέγει (26,3); ὡς ἐπαγγειλαμένου τοῦ θεοῦ (32,2); οὕτως γάρ φησιν ὁ θεός (33,5); καὶ εἶπεν (33,6); προλέγει γὰρ ἡμῖν (34,3); οὕτως εἶπεν ὁ δεσπότης (36,4); καὶ πάλιν λέγει πρὸς αὐτόν (36,5); φησὶν γὰρ ὁ ἐκλεκτὸς Δαυίδ (52,2); καὶ πάλιν λέγει (52,3); εἶπεν πρὸς αὐτὸν ὁ θεός (53,2); καὶ εἶπεν κύριος πρὸς αὐτόν (53,3); καὶ εἶπεν Μωϋσῆς (53,4); οὕτως γάρ φησιν ὁ ἅγιος λόγος (56,3); οὕτως γὰρ λέγει ἡ πανάρετος σοφία (57,3).

Bei den Zitaten geht es um das Zeugnis der Schrift (23,5), also um das Geschriebene (3,1; 13,1) bzw. um das, was geschrieben steht (4,1; 14,4; 17,3; 29,2; 36,3; 39,3; 46,2; 50,4.6). Das geschriebene Wort ist der Ausdruck eines dynamischen Vorgangs, in dem sich eine Mitteilung vollzieht: Die Schrift selbst kommt zur Sprache (λέγει γὰρ ἡ γραφή: 23,3; [28,2]; 34,6; 35,7; 42,5), aber sie wird nicht hypostatisiert. Im Hintergrund ist Gott immer der Urheber der Offenbarung (8,2; 10,2.4.6; 18,1 usw.), der durch den Heiligen Geist (13,1; 16,2; vgl. 22,1: sogar Christus spricht das Wort der Schrift aus) oder durch seine Weisheit (57,3) seinen Willen kundtut. Das heilige Wort (13,3; 56,3) ist das Wort Gottes.

Da die Schrift mit der Geschichte der Gläubigen untrennbar verflochten ist, wird auch ihr Zeugnis zitiert: Abraham (17,2); Adam (6,3); David (52,2.3); Ijob (17,4; 26,3); Mose (17,5.6; 53,4). Manchmal geschieht dies im Rahmen einer Anspielung auf eine biblische Erzählung, aus der ein Wort der handelnden Personen zitiert wird (4,10; 12,4.5.6).

Aufs Ganze gesehen haben die Einführungsformeln zu den Schriftzitaten in I Clem ihre nächsten Parallelen in der neutestamentlichen Literatur, auch wenn diese ihrerseits der Überlieferung des hellenistischen Judentums verpflichtet ist[1]. Solche Wendungen wie λέγει γὰρ ἡ γραφή (Röm 10,11); das einfache πάλιν (Röm 15,10–12; Hebr 1,5; 2,13; 10,30); das unbestimmte πού wie in διεμαρτύρατο δέ πού τις λέγων (Hebr 2,6); εἴρηκεν γάρ που (Hebr 4,4); der Hinweis auf eine andere Schriftstelle durch καθὼς καὶ ἐν ἑτέρῳ λέγει (Hebr 5,6; vgl. Apg 13,35); das allgemeine γέγραπται γάρ (Röm 12,19; 14,11; 1 Kor 1,19; 3,19) bzw. καθὼς γέγραπται (Röm 1,17; 3,10; 4,17; 8,36 u.ö.); das Wirken des Heiligen Geistes (Hebr 3,7; 10,15), all dies kommt auch in I Clem vor. Daß Gemeinsamkeiten ausgerechnet mit 1 Kor, Röm und Hebr auch in diesem Punkt feststellbar sind, zeigt die besondere Bindung von I Clem an diese Schriften (s.u.).

β. Die zitierten Texte
Die Zitate lassen sich unter unterschiedlichen Kriterien einordnen[2]. Seine profunde Kenntnis der Schrift erlaubt dem Vf. einen freien Umgang mit den Texten, der sich in den vielen Varianten beim Zitieren äußert.

αα. umfangreiche Zitationen: 18,2-17; 16,3-14; 56,6-15; 22,1-7; 35,7-12; 57,3-7.

ββ. Mischzitate: 14,4; 18,1; 23,5; 26,2a.b; 34,3; 34,6; 50,4; 52,2.

γγ. Reihen von Zitaten aus verschiedenen Texten mit kurzen Einführungsformeln: 14,4.5; 15,2.3.4.5a.5b-7; 16,3-14.15f.; 26,2a.b.3; 29,2.3; 36,3.4.5; 52,2.3; 53,2.3.4; 56,3.5.6.

δδ. Reihen von Zitaten aus verschiedenen Texten ohne Einführungsformeln: 22,1-7.8; 52,3.4; 56,3.4.

εε. Reihen von Zitaten aus demselben Text: 17,3.4; 39,3-4.5a.5b-9.

ζζ. Mit einer biblischen Gestalt zusammenhängende Zitatenreihen: Abraham: 10,3.4f.6; David 18,1.2-17; 52,2.3; Ijob 17,3.4; Mose 17,5.6; 53,2.3.4; Rahab: 12,4a.b.5.6.

ηη. Große Übereinstimmung mit dem LXX-Text[3]: 4,1-6.10; 6,3; 8,4; 10,3.4f.; 13,4; 15,3.4.5a.5b-7; 16,3-14.15f.; 17,2; 18,2-17; 22,1-7.8; 29,2; 30,2.4f.; 33,5.6; 35,7-12; 36,3.4.5; 46,3; 48,2f.; 50,6; 52,3.4; 53,2f.; 56,4.5.6-15; 57,3-7.

ϑϑ. Vom LXX-Text abweichende Zitate: 3,1; 20,7; 21,2; 28,3; 42,5.

ιι. Zitate unbekannter Herkunft: 8,2.3; 17,6; 23,3f.; 29,3.

Die am häufigsten zitierten Texte sind die Psalmen (ca. 27 Zitate). Es folgen Genesis, Jesaja und Ijob (jeweils ca. 9 Zitate), Buch der Sprüche (5 Zitate), Deuteronomium (4 Zitate).

Die Zahl der Zitate, die mit dem LXX-Text grundsätzlich übereinstimmen, erlauben die Folgerung, daß dem Vf. eine Bibelhandschrift zur Verfügung stand, die wenigstens die Psalmen, Genesis, Jesaja, Ijob und das Buch der

---

[1] Vgl. H. THYEN, Stil 69–74. Einiges ist bei Philo belegt: γέγραπται γάρ (Sacr 60); καὶ ἐν ἑτέροις (Migr 131); das unbestimmte που (Plant 108; Conf 52; Migr 182; SpecLeg I 266); καὶ πάλιν (All III 4; Conf 169).

[2] Vgl. D.A. HAGNER, Use 38–77.

[3] Es versteht sich, daß in diesem und im folgenden Punkt die Zugehörigkeit der einen oder der anderen Stelle in diese Kategorien nicht immer nach einem strengen Prinzip entschieden werden kann. Allgemein wird die Einteilung von D.A. HAGNER, Use 38–55.64–68, übernommen.

Sprüche enthielt. Die LXX-nahen Zitate kommen aus den gleichen Texten, die am häufigsten zitiert werden. Ob der Vf. darüber hinaus vorgegebene Zitatensammlungen herangezogen hat, läßt sich nicht entscheiden. Ebenso im Dunkeln bleibt die Frage nach der Herkunft der unbekannten Zitate.

Nach der Reihenfolge in I Clem lassen sich die Texte so auflisten.

3,1	Dtn 32,15	17,4	Ijob 14,4 f.	36,4	Ps 2,7 f.
4,1-6	Gen 4,3-8	17,5	Ex 3,11; 4,10	36,5	Ps 109,1
4,10	Ex 2,14	17,6	?	39,3-4	Ijob 4,16-18
6,3	Gen 2,23	18,1	Ps 88,21; 1 Sam 13,14	39,5a	Ijob 15,15b-
8,2	Ez 33,11?	18,2-17	Ps 50,3-19		16a
8,3	?	20,7	Ijob 38,11	39,5b-9	Ijob 4,19-5,5
8,4	Jes 1,16-20	21,2	Spr 20,27	42,5	Jes 60,17
10,3	Gen 12,1-3	22,1-7	Ps 33,12-18	43,4	Num 17,20
10,4 f.	Gen 13,14b-16	22,8	Ps 31,10	46,2	Ps 17,26a?
10,6	Gen 15,5 f.	23,3-4	?	46,3	Ps 17,26b-27
12,4a	Jos 2,3b	23,5	Jes 13,22b; Mal 3,1b	48,2 f.	Ps 117,19 f.
12,4b	Jos 2,4b-5	26,2a	Ps 87,11b; Ps 27,7b?	50,4	Jes 26,20;
12,5	Jos 2,9-13	26,2b	Ps 3,6; Ps 22,4a?		Ez 37,12?
12,6	Jos 2,18b-19	26,3	Ijob 19,26a	50,6	Ps 31,1 f.
13,1b	Jer 9,23 f.	28,3	Ps 138,7-10	52,2	Ps 68,31b-33;
13,4	Jes 66,2	29,2	Dtn 32,8 f.		Ps 117,19
14,4	Spr 2,21 f.; Ps 36,38a	29,3	?	52,3	Ps 49,14 f.
14,5	Ps 36,35-37	30,2	Spr 3,34	52,4	Ps 50,19
15,2	Jes 29,13?	30,4 f.	Ijob 11,2 f.	53,2	Dtn 9,9.12
15,3	Ps 61,5b	32,2	Gen 15,5; 22,17; 26,4	53,3	Dtn 9,13 f.
15,4	Ps 77,36 f.	33,5	Gen 1,26 f.	53,4	Ex 32,31a.32
15,5a	Ps 30,19	33,6	Gen 1,28	56,3	Ps 117,18
15,5b-7	Ps 11,4-6	34,3	Jes 62,11; Spr 24,12b?	56,4	Spr 3,12
16,3-14	Jes 53,1-12	34,6	Dan 7,10; Jes 6,3	56,5	Ps 140,5a
16,15 f.	Ps 21,7-9	34,8	Jes 64,3; 65,16?	56,6-15	Ijob 5,17-26
17,2	Gen 18,27	35,7-12	Ps 49,16-23	57,3-7	Spr 1,23-33
17,3	Ijob 1,1	36,3	Ps 103,4		

c. Anspielungen und sprachliche Anlehnungen

Obwohl die Zahl der biblischen Zitate beeindruckend ist, kommt man erst zu einer richtigen Einschätzung der Bedeutung der griechischen Bibel in I Clem, wenn die Anspielungen darauf und die durch sie geprägten Wendungen miteinbezogen werden. Das Material ist so umfangreich – der Einzelnachweis erfolgt bei der Textauslegung –, daß hier nur einige markante Beispiele erwähnt werden können[1].

Von einem guten Teil der namentlich genannten biblischen Gestalten (s. o.) kennt der Vf. Einzelheiten ihrer Geschichte. Dies ist nicht nur bei den großen Gestalten wie Abraham oder Mose der Fall, sondern auch bei anderen, die eher in die Kategorie der Randfiguren passen, wie Jona (7,7), Henoch (9,3), Rahab (12,1-7), Judit (55,4 f.) und Ester (55,6). So kann er Episoden nacherzählen, die sich lose an den Wortlaut der biblischen Erzählung halten, die

---

[1] Vgl. die Zusammenstellung bei W. WREDE, Untersuchungen 62 f.

aber auch manchmal ganz auf Zitate verzichten (4,11–13; 7,6 f.; 9,3 f.; 11,1 f.; 31,2–4; 43,1–6; 45,6 f.; 51,3–5; 55,4 f.; 55,6). Vergleichbares gilt für die Darstellung des Kults in Kap. 40–41.

Einzelmotive gehören auch hierzu. Die „Agon"-Terminologie in Kap. 5–6 entspricht der der makkabäischen Literatur, besonders 4 Makk[1]. Das große Schlußgebet (59,2–61,3) bedient sich öfters biblischer Wendungen. Besonders im Abschnitt 59,3–60,3 sind recht wenige die Aussagen, die keinerlei Parallelen in der Schrift haben. Die Vertrautheit mit der Sprache der Schrift geht schließlich so weit, daß hier und da wortwörtlich übernommene Wendungen auftauchen, ohne daß man von einem Zitat im strengen Sinn sprechen kann (vgl. Weish 12,12; 11,21b in I Clem 27,5; Ps 18,2–4 in I Clem 27,5.7; Num 16,30 und Ps 48,15 in I Clem 51,4; Ps 23,1a in I Clem 54,3b).

d. I Clem und das AT

Beim Ausmaß der Schriftzitate und biblischen Anspielungen und Wendungen in I Clem stellt sich die Frage: 1. nach dem Vollzug einer solchen Rezeption in einem christlichen Dokument wie I Clem; 2. nach der Art der Schriftauslegung.

Die Antwort auf die erste Frage ist einfach, aber an sich nicht selbstverständlich. Die Rezeption des AT vollzieht sich in I Clem in der Form einer unreflektierten, problemlosen Vereinnahmung ohne jede Spur von Spannung[2]. So wie Adam, Abraham und Jakob jeweils „unser Vater" genannt werden (6,3; 31,2; 4,8), so bezeugt die Schrift die Rechtsvorschriften Gottes, die mit der Kraft der göttlichen Autorität den Lebenswandel der Gläubigen aller Zeiten bestimmen. Darüber hinaus enthält sie die notwendige Belehrung, um Ursachen und Folgen des Konflikts in Korinth ans Licht zu bringen, und hilft sogar dabei, dessen Lösung herbeizuführen. Wahrscheinlich liegt gerade

---

[1] Es ist unsachgemäß, von „Non-Canonical Quotations" zu sprechen (so D. A. HAGNER, Use 68). Die Kategorie „apokryphe Schriften" ist dem Vf. fremd. Seine Sprache ist durch die ganze Breite der griechischen Bibel geprägt. Dazu gehören die makkabäische Literatur wie auch die „griechischen Zusätze" zum Esterbuch. Die Fragestellung in der Untersuchung von R. J. BRABBAN, The Use of the Apocrypha and Pseudepigrapha in the Writings of the Apostolic Fathers, Ann Arbor, Michigan 1985, geht von einer Unterscheidung aus, die der Alten Kirche unbekannt war und zum Verständnis des Werkes wenig beiträgt. Die Ergebnisse über I Clem (348–354) sind irrelevant.

[2] Vgl. R. BULTMANN, Theologie 114: „Ein Problem scheint für den Verfasser nicht zu existieren; er nimmt vielmehr ganz naiv das AT als christliches Buch in Anspruch … Einen Unterschied zwischen dem AT und dem Evangelium nimmt er nicht wahr, geschweige denn einen Gegensatz." Nicht anders als das Buch der Kirche haben die Autoren des NT das AT angesehen. Die Naivität von I Clem ist die der alten Christenheit. Anders und grundsätzlich richtig W. WREDE, Untersuchungen 75, der keine wesentliche Eigentümlichkeit bezüglich Anschauung und Gebrauch vom AT in I Clem feststellt „gegenüber den nächstvergleichbaren christlichen Schriften, insbesondere den paulinischen Briefen, dem Hebräerbrief und dem Brief des Barnabas." Ein Unterschied taucht erst auf, wenn man das Verhältnis zum Judentum miteinbezieht. In I Clem ist keinerlei antijüdische Polemik zu erkennen.

in der so herausragenden Belehrungsfunktion der Schrift der Schlüssel für ihre nahtlose Übernahme in I Clem. Denn eine wichtige Bedingung für jede wirkungsvolle Belehrung ist die direkte Umsetzung in die Praxis, ohne zuvor weitere Fragen klären zu müssen. Dazu dienen ohne Zweifel die vielen handlungsorientierten Beispiele und die wohl ausgesuchten Zitate. Es geht darum, daß die korinthischen Christen den Rat der römischen Gemeinde annehmen (58,2), und die Forderung kann nicht eindringlicher erfolgen, als daß sie mit der Autorität der Schrift und der Kraft des Geistes (63,2) ausgesprochen ist. Dieser Sachverhalt liegt in I Clem vor. Inwiefern die Darstellungsweise durch den Anlaß so weit bedingt ist, daß eine andere, mehr von spezifisch christlichem Bewußtsein her geprägte Sicht der Dinge nicht zum Tragen kommt, entzieht sich der historischen Erkenntnis.

Die Art der Schriftauslegung, so wie sie besonders aus den Zitaten und Beispielen erschlossen werden kann, ist bis auf eine einzige Ausnahme einheitlich. Die Schrift wird wörtlich verstanden und ausgelegt. I Clem 12,8 ist das einzige Beispiel für eine christlich-allegorische Auslegung des Textes. Die Umgangsform mit der Schrift entspringt der Unmittelbarkeit, mit der sie gelesen wird. Was Gehorsam gegenüber Gott bedeutet und wie er exemplarisch vorgelebt wurde, kann jeder Leser an den Gestalten von Henoch, Noach und Abraham ablesen (9,2–10,7). Was für eine Bestrafung auf die Aufrührer in Korinth zukommt, wenn sie „die Knie ihres Herzens nicht beugen" (57,1), konnten die Korinther als Wort der „vortrefflichen Weisheit" selber hören (57,3–7). Es sind zwei Gründe für dieses Schriftverständnis: 1. die pragmatische Orientierung der Bezugnahme auf die Schrift; 2. die Eigenart des Konflikts in Korinth, so wie er in I Clem verstanden und dargelegt wird. Keine spezifisch christliche Frage, die eine ebenso spezifische Sicht der Schrift bedingt hätte[1], steht zur Diskussion, sondern ein disziplinäres Problem[2]. Die Unmittelbarkeit des Schriftzeugnisses konnte sich auf die Stichhaltigkeit der Argumentation nur verstärkend auswirken.

2. Die christliche Überlieferung

I Clem ist ein eindrucksvolles Zeugnis der römischen Gemeinde. Läßt sich über den Charakter der „Christlichkeit" von I Clem streiten – der Exkurs über die Christologie des I Clem wird diese Frage aufgreifen –, besteht doch kein Zweifel hinsichtlich des das ganze Schreiben zutiefst prägenden christlichen Bewußtseins. Dies ist nicht denkbar ohne die lebendige Aufnahme der christlichen Überlieferung, aber ihre Bedeutung und die Art ihrer Einwirkung sind anders im Vergleich zur griechischen Bibel. Beide sind gleich konstitutiv

---

[1] Die Auslegung des AT ist nicht christozentrisch. Gegen TH. MAYER, Clement 358.
[2] Richtig FISCHER, 8; K. THRAEDE, Homonoia 245.

und normativ für das christliche Bewußtsein von I Clem, aber auf sehr verschiedene Weise.

Die „Schrift" ist eine schon bestehende Größe, die nicht zuletzt in der Tatsache ihres schriftlichen Überliefert-seins den Grund für ihre faktische Normativität hat. Als solche ist sie zitierbar, und ein geschickter Kenner ihres Inhalts kann sich auf sie berufen, um die eigene Meinung zu untermauern. I Clem ist das beste Beispiel dafür.

Mit der christlichen Überlieferung ist es anders. Schon vom Umfang des Geschriebenen her vermag sie nicht mit der „Schrift" zu konkurrieren. Der einzige christliche Text, den der Vf. erwähnt, ist der paulinische Brief an die Korinther (47,1). Alles andere ist noch überwiegend mündliche Überlieferung; sie wird ebenfalls als normativ angesehen, aber wie sich ihre Normativität von der des Zeugnisses der „Schrift" unterscheidet, wird nicht thematisiert. Daß beide Ströme in den einen Fluß des christlichen Bewußteins einfließen, wird einfach vorausgesetzt. Bei einem christlichen Text aus dem Ende des ersten Jahrhunderts ist das keine Besonderheit.

Es ist sehr wenig, was man als Zitat anführen kann: Nur die Erinnerung an zwei Worte Jesu (13,1 f.; 46,7 f.), die aber keine direkte Abhängigkeit von den Synoptikern zeigen. Die Frage nach dem Verhältnis von I Clem zum NT umfaßt jedoch weit mehr als diese Zitate und verlangt die Berücksichtigung auch der vielen Stellen, die von der neutestamentlichen Sprache beeinflußt sind.

a. Die paulinische Literatur

Mit Sicherheit läßt sich - wie schon erwähnt - nur die Kenntnis des ersten Briefes an die Korinther und des Römerbriefes nachweisen. Es sind nicht nur der Hinweis und die Anspielungen auf den damaligen Konflikt in Korinth (47,1–3), die zu dieser Annahme zwingen, sondern auch andere Indizien, wie z. B. das Präskript, das Motiv vom Leib und von den Gliedern (37,5), vom Leib und von den Geistesgaben (38,1), Anklänge in der Sprache über die Auferstehung Jesu (24,1), das Lob der Agape (49,1–6), Einzelaussagen (3,3; 13,1; 34,8 u. a.).

Mit der Hochschätzung und Kenntnis des so gewichtigen paulinischen Briefes, den die römische Gemeinde selbst empfangen hatte, darf ohne weiteres gerechnet werden, aber der Vf. macht davon keinen expliziten Gebrauch. I Clem 35,5 f. zeigt jedoch, wie geschickt er mit seiner Vorlage (Röm 1,29–32) umgeht und eigene Akzente setzt. Ansonsten sind nur Anklänge wahrzunehmen (vgl. Kap. 32 und besonders 33,1)[1].

Was die anderen Paulusbriefe anbelangt - von der Echtheitsfrage abgesehen -, lassen sich die Gemeinsamkeiten durch die Einwirkung der Überlieferung

---

[1] Vgl. R. E. BROWN - J. P. MEIER, Antioch 167.

erklären. Eine literarische Abhängigkeit ist an keiner Stelle nachweisbar[1] und
für das Verständnis des Sachverhalts auch nicht notwendig. Der Kontakt mit
christlichen Missionaren, die zur „Paulusschule" gehörten oder mit ihr in
Verbindung standen, reicht aus, um die Herkunft der paulinischen Elemente
in I Clem begreiflich zu machen. Bei den Texten, die zur paulinischen Tradition gehören, wie der Kolosserbrief[2], der Epheserbrief[3] und die Pastoralbriefe, müßte man zuvor die Frage der jeweiligen Entstehungszeit klären,
bevor ein literarisches Verhältnis behauptet werden kann.

Ein Traditionszusammenhang mit den Pastoralbriefen läßt sich sprachlich
und thematisch nachweisen. Stilistisch handelt es sich um die gleiche gehobene
Koine. Die folgende Liste enthält die Termini, die im NT nur in den Pastoralbriefen belegt sind und die auch in I Clem erscheinen:

ἁγνεία 21,7; 64; 1 Tim 4,12; 5,2	ἔντευξις 63,2; 1 Tim 2,1; 4,5
ἀγωγή 47,6; 48,1; 2 Tim 3,10	κῆρυξ 5,6; 1 Tim 2,7; 2 Tim 1,11 (2 Petr 2,5)
ἀθλέω 5,2; 2 Tim 2,5	περιούσιος 64; Tit 2,14
ἀναζωπυρέω 27,3; 2 Tim 1,6	πρόκλισις 21,7; 47.3.4; 50,2; 1 Tim 5,21
ἀνάλυσις 44,5; 2 Tim 4,6	στυγητός 35,6; 45,7; Tit 3,3
ἀπαίδευτος 39,1; 2 Tim 2,23	σώφρων 1,2; 63,3; 1 Tim 3,2; Tit 1,8; 2,2.5
ἀπέραντος 20,8; 1 Tim 1,4	ὠφέλιμος 56,2; 62,1; 1 Tim 4,8; 2 Tim 3,16;
βδελυκτός 2,6; 30,1; Tit 1,16	Tit 3,8
βελτίων 19,1; 2 Tim 1,18	

Von den 175 Wörtern der Pastoralbriefe, die im übrigen NT fehlen, kommen
16 in I Clem vor[4]. Wichtiger als diese lexikalische Feststellung sind jedoch
die inhaltlichen Gemeinsamkeiten: die Achtung der Ältesten und die Haltung
der Frauen (vgl. I Clem 1,3; 1 Tim 5,17; Tit 2,4 f.), die Bereitschaft zu den
guten Werken (vgl. I Clem 2,7; Tit 3,1; 2 Tim 2,21), das Bild des Paulus
(vgl. I Clem 5,6; 1 Tim 2,7; 2 Tim 1,11), das vor Gott Wohlgefällige (vgl. I
Clem 7,3; 1 Tim 2,3), der nicht lügende Gott (vgl. I Clem 27,2; Tit 1,2) u. a.
Entscheidend für den Nachweis des gemeinsamen theologischen Hintergrundes[5] ist die Amtsfrage: 1. das Interesse an einer Gemeindestruktur, bei der

---

[1] Nach O. KNOCH, Eigenart 85, und E. DASSMANN, Stachel 79, ist es sicher, daß der Vf.
von I Clem Gal und Phil gekannt hat. D. A. HAGNER, Use 221 f., hält Kenntnis und Verwendung
des Galaterbriefes in I Clem für „quite probably". Die Stellen, auf die er sich beruft, wie zuvor
O. Knoch, sind I Clem 2,1: 5,2; 31,2; 49,6 und manche Termini wie κανών, ζῆλος und ἔρις.
Die Kenntnis des Philipperbriefes wird nur als „probable" eingestuft (unter Berufung auf I Clem
47,1 f.; 21,1; 16,2; 42,4; 45,8 und 48,6) (Use 226-229).

[2] Aufgrund von I Clem 2,4; 49,2 und 59,2 räumt D. A. HAGNER, Use 229 f., dem Gebrauch
von Kol in I Clem eine „strong possibility" ein.

[3] Eine gemeinsame Überlieferung liegt ohne Zweifel in I Clem 46,6 vor. Auch in diesem Fall
meint D. A. HAGNER, Use 226, der Vf. von I Clem sei „very probably familiar" mit dem
Epheserbrief. Ähnlich A. v. HARNACK, Chronologie 254.

[4] Daß κῆρυξ auch in 2 Petr 2,5 erscheint, fällt wegen der Entstehungszeit von 2 Petr nicht
ins Gewicht.

[5] Anders D. A. HAGNER, Use 236: Möglicherweise hat der Vf. von I Clem 1 Tim und Tit
gekannt.

die Amtsträger im Mittelpunkt stehen; 2. die Unbestimmheit der Diktion bei der Bezeichnung der Ämter; 3. die Bedeutung der Amtsübertragung.

b. Die Synoptiker.

Die zwei Zitate mit synoptischem Material (13,1 f.; 46,7 f.) enthalten jeweils Mischformen, die mit keinem der Synoptiker übereinstimmen. Daß dabei schon eine schriftliche Quelle verwendet wurde, kann man nicht ausschließen, aber auch nicht nachweisen. Das gilt auch für die Kenntnis der geschriebenen Evangelien. Aus den zwei Stellen in I Clem läßt sich auf keine schriftliche Quelle schließen[1]. Das einzige Überraschende an diesem Befund ist, daß keine besondere Einwirkung des Markusevangeliums vorliegt, was wegen der Entstehung des ersten Evangeliums im lateinischen Sprachraum doch zu erwarten wäre.

c. Das Johannesevangelium

Kein Zitat und keine genaue Übereinstimmung, wohl aber Wendungen, die eine beachtliche Nähe zu Aussagen der johanneischen Schriften zeigen, sind in I Clem vorhanden und untersucht worden. Die ausführlichste Liste der in Frage kommenden Stellen hat F.-M. Braun vorgelegt[2]: I Clem 49,1 (Joh 14,15; 15,10); das Blut Christi in I Clem 21,6 (Joh 6,51; 1 Joh 1,7; 2,2); 42,1 (Joh 20,21; 17,18); 43,6 (Joh 17,3); 49,6 (Joh 6,51); die „Herde Christi" in I Clem 54,2 (Joh 10,2–16); 59,3 f. (17,3); 60,2 (Joh 17,17); die Bedeutung des „Namens" in I Clem 59,3; 64 (Joh 17,20.24 u. ö.).

Eine literarische Abhängigkeit lehnt Braun ab[3]; eines aber scheint ihm sicher zu sein: Um das Jahr 95 besaß die römische Gemeinde eine Theologie, die verwandt war mit der johanneischen Theologie (a. a. O. 180).

---

[1] W.-D. KÖHLER, Rezeption 72, hält die Benutzung des Matthäusevangeliums für nicht eindeutig nachgewiesen; an einigen Stellen sei sie aber „gut möglich". Das gleiche gilt für die anderen Evangelien. Auch so D. A. HAGNER, Use 278. Vgl. aber 272: „not improbable that he also knew the written Synoptic Gospels". Von Hagner abhängig ist J. W. WILSON, Epistle 114. H. B. GREEN, Matthew 25, geht einen Schritt weiter: der Vf. von I Clem kenne Mt und Mk, und alle drei seien von Lk gekannt. Die Schwierigkeit mit der Datierungsfrage löst Green durch die sehr hypothetische Annahme, Lukas sei einer der Empfänger von I Clem, „maybe even a presbyter, of the Church of Corinth." Die Stellen, die solche Behauptungen stützen sollen, sind dafür unzureichend (I Clem 13,2; 46,8; 18,1 f.; 57,3). Die Argumente für eine Benutzung von I Clem im lukanischen Doppelwerk sind dementsprechend fraglich. TH. ZAHN, Geschichte I 920, urteilt anders: „Es fehlt also nicht an mancherlei mehr oder weniger beweiskräftigen Anzeichen dafür, daß die drei ersten Evv. samt der unseres Wissens nie ohne das 3. Ev. in Umlauf gewesenen AG. damals in Rom gelesen wurden."

[2] Vgl. DERS., Jean le Théologien et son Évangile dans l'Église ancienne (EtB), Paris 1959, I 170–180; D. A. HAGNER, Use 264–271 (unter Berücksichtigung von 1 Joh und Offb).

[3] „Elle (d. i. l'influence) ne fut sans doute pas livresque" (a. a. O. 179). Für D. A. HAGNER, Use 268, ist die Kenntnis des vierten Evangeliums nur „möglich".

Die Gemeinsamkeit von einigen Motiven läßt sich nicht bestreiten (vgl. besonders 49,1.6; 60,2), aber schon die äußerst unklare Entstehungsgeschichte der johanneischen Literatur macht einen direkten Kontakt unwahrscheinlich. Auch hier dürfte mündliche Überlieferung maßgebend gewesen sein. Die feststellbaren Berührungspunkte lassen aber keinen gemeinsamen theologischen Entwurf erkennen. Einerseits sind sie für I Clem nicht so repräsentativ, um hier eine theologische Grundlinie herausstellen zu können. Andererseits hat die johanneische Theologie deutlich andere Schwerpunkte. Es genügt, an das Verhältnis zwischen „Theo"-logie und „Christo"-logie in beiden Werken zu erinnern – vereinfacht ausgedrückt: die „Theozentrik" in I Clem und die „Christozentrik" in Joh –, um nur eine entscheidende Differenz festzustellen.

d. Der Hebräerbrief

Schon Euseb ist aufgefallen, daß I Clem ähnliche Gedanken und selbst wörtliche Übereinstimmungen mit dem Hebräerbrief enthält (HistEccl III 38,1)[1] Deswegen glaubt er, daß der ursprünglich von Paulus hebräisch geschriebene Brief von Klemens oder von Lukas[2] übersetzt worden sei. Die Ähnlichkeit des Stiles und die Verwandtschaft der Gedanken in I Clem und in Hebr würden eher für Klemens als für Lukas sprechen (III 38,3)[3]

Die Stelle, die am meisten die Aufmerksamkeit der Forschung auf sich gelenkt hat, ist I Clem 36,2–5 (vgl. Hebr 1,3–5.7.8.13), aber auch Begriffe wie ἀρχιερεύς als christologische Bezeichnung (I Clem 36,1; 61,3; 64; Hebr 2,17; 3,1; 4,14 f. u. ö.), ἡγούμενοι als Bezeichnung der Gemeindevorsteher (I Clem 1,3; vgl. 21,6; Hebr 13,7.17.24) und Wendungen wie „in Ziegenfellen und Schafspelzen" (I Clem 17,1; Hebr 11,37), werfen die Frage nach dem Verhältnis der zwei Schriften zueinander auf[4].

Ebenfalls ist der Bemerkung Eusebs über die Stilähnlichkeit zuzustimmen, denn der paränetische Ton, die Reihen mit biblischen Beispielen, die Eleganz der Diktion verbinden beide Werke.

Die Erklärungen dieser Gemeinsamkeiten gehen in drei Richtungen: 1. literarische Abhängigkeit: der Vf. von I Clem habe Hebr gekannt und benutzt[5]; 2. Benutzung einer gemeinsamen Überlieferung liturgischer Herkunft

---

[1] Die Beurteilung des Hieronymus (De Vir. Ill. 15) ist von Euseb abhängig.

[2] Für Lukas plädiert Klemens von Alexandrien (vgl. HistEccl VI 14,2).

[3] Auf Klemens bzw. Lukas als Verfasser von Hebr hatte zuvor Origenes verwiesen (HistEccl VI 25,14).

[4] D. A. HAGNER, Use 179–193, hat alle Stellen zusammengestellt, die irgendeinen Grad von Gemeinsamkeit aufweisen.

[5] So R. A. LIPSIUS, Disquisitio 87 f.; E. REUSS, Histoire II 324–326; O. PFLEIDERER, Urchristentum II 585; W. WREDE, Untersuchungen 72 f., differenziert: Einerseits: „Klemens hat den Hebräerbrief wohl gekannt, benutzt und gewiss hochgeschätzt". Andererseits: „Je weniger man den Blick auf die einzelne Stelle beschränkt, desto weniger leichtgläubig wird man in der Annahme direkter Entlehnungen sein, desto mehr damit rechnen, dass manche Parallelen nur auf ein gemeinsames Gut der christlichen Sprache oder – was für unsern Fall zutrifft – eines

in I Clem 36,2-5[1]; 3. eine auf die Parallele zu I Clem 36,2-5 beschränkte Abhängigkeit von Hebr[2].

Eine Entscheidung in dieser Frage wird sicherlich nur eine begrenzte Stichhaltigkeit für sich in Anspruch nehmen können. Keine der drei Erklärungen ist schlechthin abwegig, keine kann sich aber auf einen eindeutigen Nachweis stützen. Einiges ist dennoch zu bedenken, um – mit der gebotenen Vorsicht – eine anders begründete Erklärung vorzuschlagen: 1. falls der Vf. von I Clem den Hebräerbrief gekannt und benutzt hat (erste Erklärung), setzt dies voraus, daß Hebr am Ende des ersten Jahrhunderts in Rom vorhanden und bekannt war. Das ist aber schwer mit der Tatsache vereinbar, daß Hebr in der lateinischen Kirche bis in die zweite Hälfte des vierten Jahrhunderts nicht als kanonisch anerkannt ist. Bedenken über die Herkunft von Hebr hat zum erstenmal Klemens von Alexandrien vorgetragen, so daß eine weit frühere Benutzung des Hebr in einem römischen Dokument eine breite Anerkennung hätte nach sich ziehen müssen. Das ist aber nicht der Fall, und so stellt sich die Frage, ob Hebr als *solcher* tatsächlich in Rom bekannt war[3]; 2. falls der Vf. nur den Abschnitt von Hebr gekannt hat (dritte Erklärung), der sich in I Clem 36,2-5 widerspiegelt, dann stellt sich die Frage, ob man noch von einer Kenntnis von Hebr sprechen kann. Denn es handelt sich nicht um ein direktes Zitat, sondern um eine selektive Rezeption eines Abschnitts; der konnte auch als Traditionseinheit überliefert worden sein; 3. falls eine gemeinsame Überlieferung verwendet wurde (zweite Erklärung), ist der liturgische Entstehungsort zu erfragen. Dafür spricht ohne weiteres der Christushymnus in Hebr 1,3, dessen Sitz im Leben im christlichen Gottesdienst liegen dürfte. Aber davon wird nur die erste Aussage zitiert (I Clem 36,2a). Ist deswegen die ganze Überlieferung auch als liturgisch zu bezeichnen? Das ist sicherlich nicht ausgeschlossen, aber wenigstens im Hinblick auf I Clem 36 keineswegs sicher.

Es ist methodisch bedenklich, eine Lösung zu favorisieren, ohne das ganze Sprachmaterial eingehend zu berücksichtigen. So wichtig die Parallelen zu I Clem 36,2-5 auch sind, man darf sich nicht allein auf sie konzentrieren.

---

engeren Sprachkreises hindeuten"; LIGHTFOOT, I 1,95; O. MICHEL, Brief an die Hebräer 84; F. RENNER, „An die Hebräer" – ein pseudepigraphischer Brief (MüSt 14), Münsterschwarzach 1970, 32-39; D.A. HAGNER, Use 194; P. ELLINGWORTH, Hebrews 269; W.R.G. LOADER, Sohn und Hoherpriester. Eine traditionsgeschichtliche Untersuchung zur Christologie des Hebräerbriefes (WMANT 53), Neukirchen – Vluyn 1981, 237f.; H. BRAUN, An die Hebräer (HNT 14), Tübingen 1984, 3.32.398.

[1] Vgl. KNOPF, 106; G. THEISSEN, Untersuchungen 40f.51f.; M. MEES, Hohepriester-Theologie 121.

[2] So G.L. COCKERILL, Hebr 437-440; LINDEMANN, 19; H.-F. WEISS, Brief an die Hebräer 116.

[3] Gegen F. RENNER, a.a.O. 36: Für I Clem sei Hebr „eine Schrift besonderer Autorität, d.h. im Sinne einer heiligen (kanonischen) Schrift". Anders verhält es sich in der Frage der gemeinsamen Traditionen (s.u.)

Von den 157 Wörtern, die in der neutestamentlichen Literatur nur in Hebr belegt sind, gibt es 22, die auch zur Begrifflichkeit von I Clem gehören:

αἴγειος 17,1; Hebr 11,37

αἴνεσις 18,15; 35,12; 52,3; Hebr 13,15

ἀναλογίζομαι 38,3; Hebr 12,3

ἀπαύγασμα 36,2; Hebr 1,3

ἄπειρος 20,6; Hebr 5,13[1]

βοηθός 36,1; 59,3.4; Hebr 13,6

δέρμα 17,1; Hebr 11,37

δημιουργός 20,11; 26,1; 33,2; 35,3; 59,2; Hebr 11,10

ἐγκαινίζω 18,10; Hebr 9,18; 10,20

ἔλεγχος 57,4.5; Hebr 11,1

εὐαρεστέω 41,1; 62,2; Hebr 11,5.6; 13,16

εὐθύτης 14,5; Hebr 1,8

θεράπων 4,12; 43,1; 51,3.5; 53,5; Hebr 3,5

ἱερωσύνη 43,2; Hebr 7,11.12.24

κατάσκοπος 12,2.4; Hebr 11,31

μηλωτή 17,1; Hebr 11,37

νομοθετέω 43,1; Hebr 7,11; 8,6

νωθρός 34,1; Hebr 5,11; 6,12

παραπίπτω 51,1; Heb 6,6

προσαγορεύω 10,1; 17,2; Hebr 5,10

συνεπιμαρτυρέω 23,5; 43,1; Hebr 2,4

χαρακτήρ 33,4; Hebr 1,3

Einiges läßt die Auswirkung der Überlieferung erkennen: Was Hebr 11,37 im Hinblick auf die Verlassenheit der Gläubigen im allgemeinen behauptet, wird in I Clem 17,1 durch das Stichwort μηλωτή spezifisch auf Elia und Elischa übertragen (dazu gehören auch αἴγειος und δέρμα). Der Begriff αἴνεσις kommt in I Clem nur in Schriftzitaten vor. Aber die Wendung θυσία αἰνέσεως ist I Clem 35,12; 52,3 und Hebr 13,15 – kein Schriftzitat – gemeinsam. Solche Termini wie ἱερωσύνη und νομοθετέω kommen jeweils in einem Textzusammenhang vor (Clem 43,1 f.; Hebr 7,11 f.), der aber nicht inhaltlich übereinstimmt. Eigentümlich ist der Gebrauch von χαρακτήρ. Der Terminus wird nicht in der christologischen Aussage 36,2 aufgenommen, wie zu erwarten wäre, sondern in 33,4 vom Menschen als dem Abbild Gottes. Bei κατάσκοπος handelt es sich um einen Begriff, der in beiden Werken mit der Gestalt der Rahab zusammenhängt, aber diese wird auch in Jak 2,25 als Beispiel erwähnt. Schließlich gibt es Begriffe, die von der LXX beeinflußt sind (wie θεράπων als Bezeichnung des Mose)[2] oder die Prägung des hellenistischen Judentums zeigen (wie Gott als δημιουργός)[3].

Es gibt Gemeinsamkeiten, die in verschiedenen Zusammenhängen erscheinen. Von den fünf Gestalten, die als Beispiel für Gehorsam und Gastfreundschaft gelten (I Clem 9,2–12,8), tauchen vier in Hebr 11 als Glaubensbeispiel auf: Henoch, Noach, Abraham und Rahab. Wer durch die Schrift spricht, ist der Heilige Geist (I Clem 13,1; 16,2; Hebr 3,7; 10,15). Die Unmöglichkeit der Lüge bei Gott bürgt für die Wahrheit der Verheißungen (I Clem 27,2; Hebr 6,18).

Diese Beobachtungen zeigen, daß sich die gemeinsame Grundlage zwischen I Clem und Hebr auf ein breites, aber heterogenes Sprachfeld erstreckt. Gewiß

---

[1] Die Herkunft des Terminus ist jeweils anders.

[2] Mit Ausnahme von συνεπιμαρτυρέω sind alle anderen Vokabeln in der LXX belegt.

[3] Folgende Termini aus der angebenen Liste kommen oft bei Philo vor: ἄπειρος, δημιουργός, εὐαρεστέω, θεράπων, ἱερωσύνη, νομοθετέω, χαρακτήρ.

stellt I Clem 36,2–5 einen besonderen Fall dar, der nicht auf der gleichen Ebene mit den anderen Texten liegt, und so kann man hier die Möglichkeit einer besonderen Herkunft nicht ausschließen. Aber ebenso berechtigt ist die Überlegung, die Stelle I Clem 36,2–5 nicht isoliert zu betrachten, sondern als Teil eines umfassenderen Überlieferungsprozesses, an dem I Clem und Hebr getrennt voneinander teilhaben, der sich in bestimmten Inhalten und in sprachlichen Gemeinsamkeiten niederschlägt[1].

Zwei Indizien sollen dies näher begründen: 1. der Einfluß des hellenistischen Judentums in Hebr. Ohne den unbekannten Vf. für einen „philonien converti au christianisme" zu halten[2], läßt sich die Auswirkung der hellenistischen Synagoge in Hebr nicht bestreiten[3]. Wie der Abschnitt 3 (über das hellenistische Judentum) zeigen wird, ist dieser Einfluß ebenso in I Clem überall vorhanden. Hier besteht eine bis jetzt wenig beachtete Gemeinsamkeit zwischen I Clem und Hebr; 2. der Gruß in Hebr 13,24b (ἀσπάζονται ὑμᾶς οἱ ἀπὸ τῆς Ἰταλίας) weist auf eine Beziehung mit einer Gemeinde in Italien oder in Rom hin[4]. Im Fall von I Clem besteht kein Zweifel über die Herkunft: es ist die römische Gemeinde. Der gemeinsame geographische Bezug ergänzt die oben festgestellten Gemeinsamkeiten.

W. Bousset hat 1915 die Konturen eines jüdisch-christlichen Schulbetriebs in Alexandrien und Rom aufgezeichnet. Zum Schluß kommen auch I Clem und Hebr zur Sprache[5]. Über die Position von Bousset hinaus läßt der Traditionszusammenhang zwischen I Clem und Hebr auf einen Einfluß des alexandrinischen Judenchristentums auf beide Werke schließen. Ohne Kontakt miteinander stehen sie auf einem gemeinsamen traditionellen Boden.

---

[1] Vgl. K. BEYSCHLAG, Clemens Romanus 30 Anm. 1.

[2] So C. SPICQ, L'Épître aux Hébreux (EtB), Paris 1952, I 91.

[3] Daß der philonische Einfluß für das Gesamtverständnis von Hebr nicht überbewertet werden darf, hat die Dissertation von R. WILLIAMSON, Philo and the Epistle to the Hebrews, deutlich herausgestellt.

[4] So wird die Stelle meistens ausgelegt. Vg. O. MICHEL, Brief an die Hebräer 545; H.-F. WEISS, Brief an die Hebräer 76.765. Anders E. GRÄSSER, An die Hebräer (EKK 17/1), Zürich – Neukirchen – Vluyn 1990, 22: Es handele sich um eine fiktive Situationsangabe, „die dem Hebr apostolische Würde geben soll. Für die Kenntnis der historischen Abfassungsverhältnisse werfen die Verse (d. h. 13,22–25) überhaupt nichts ab." In der Auslegung von Hebr 13,24b beruft sich GRÄSSER, An die Hebräer (EKK 17/3), Zürich – Neukirchen – Vluyn 1997, 415, auf den „pseudopaulinischen Briefschluß" in Hebr 13,22–23. „Das leitende Interesse ist jedenfalls deutlich: Es soll der Hebr durch Hinweis auf ‚den *römischen* Paulus' zu einer apostolisch-kanonischen Schrift befördert werden." Es ist aber fraglich, ob der Gruß „aus Italien" (V. 24b) so eng mit den vorhergehenden Angaben ausgelegt werden soll. Die Beziehung zwischen I Clem und Hebr, wie sie hier dargelegt wurde, hängt in ihrer Bestimmung schließlich nicht von der Auslegung von Hebr 13,24b ab.

[5] Schulbetrieb 308–312.

e. Der erste Petrusbrief

Bekanntlich ist 1 Petr ein pseudepigraphisches Schreiben, dessen Entstehungsort in der Forschung nicht unumstritten ist. Aufgrund der Angabe in 1 Petr 5,13 meinen einige, das Werk sei in Rom entstanden, da Babylon als Deckname für Rom gebraucht wird[1]. Andere hingegen schlagen Kleinasien als Entstehungsort vor[2]. Ohne die Frage von vornherein entscheiden zu wollen, empfiehlt es sich, zuerst den Sprachbefund zu berücksichtigen.

Von ca. 58 Wörtern, die nur in 1 Petr belegt sind, kommen 13 in I Clem vor.

ἀγαθοποιΐα 2,2.7; 33,1; 34,2; 1 Petr 4,19
ἀδελφότης 2,4; 1 Petr 2,17; 5,9;
ἀδίκως 60,3; 1 Petr 2,19
ἀπονέμω 1,3; 1 Petr 3,7
ἀπροσωπολήμπτως 1,3; 1 Petr 1,17
ἐκτενής 58,2; 59,2; 62,2; 1 Petr 4,8
κλέος 5,6; 54,3; 1 Petr 2,20

κραταιός 28,2; 60,3; 1 Petr 5,6
κτίστης 19,2; 59,3; 62,2; 1 Petr 4,19
μώλωψ 16,5; 1 Petr 2,24
ῥύπος 17,4; 1 Petr 3,21
ταπεινόφρων 19,1; 38,2; 1 Petr 3,8
τελείως 9,2; 1 Petr 1,13

Darüber hinaus läßt sich eine ganze Reihe von sprachlichen und sachlichen Berührungspunkten hervorheben[3]: der Gruß in I Clem inscr. - 1 Petr 1,2: χάρις ὑμῖν καὶ εἰρήνη (...) πληθυνθείη; die in der Fremde lebende Kirche: inscr. - 1 Petr 1,17; 2,11 (vgl. auch Hebr 13,14); Ehre erweisen (τιμὴν ἀπονέμειν): I Clem 1,3 - 1 Petr 3,7; die ἐπισκοπή als Gerichtstag: I Clem 50,3 - 1 Petr 2,12; das kostbare Blut Christi (τίμιον αἷμα): I Clem 7,4 - 1 Petr 1,19; die Gemeinde als ποίμνιον: I Clem 44,3; 54,2; 57,2 - 1 Petr 5.2.3; die κραταιὰ χείρ Gottes: I Clem 28,2; 60,3 - 1 Petr 5,6; Zitat von Spr 3,34: I Clem 30,2 - 1 Petr 5,5 (vgl. Jak 4,6); Zitat von Spr 10,12: I Clem 49,5 - 1 Petr 4,8 (vgl. Jak 5,20); der Ruf von der Finsternis ins Licht: I Clem 59,2 - 1 Petr 2,9; die Unterordnung unter die Presbyter: I Clem 57,1 - 1 Petr 5,5; die Bezugnahme auf Jes 53 als Handlungsmodell: I Clem 16 - 1 Petr 2,21-25 u.a.

Keine von diesen Gemeinsamkeiten geht so weit, daß man nach einer literarischen Abhängigkeit fragen müßte, aber die Existenz eines gemeinsamen reichen Traditionsgutes läßt sich nicht leugnen. Dies ist ein klares Argument zugunsten Roms als Entstehungsort von 1 Petr[4]. Auf jeden Fall erklärt die

---

[1] Vgl. L. GOPPELT, Der Erste Petrusbrief (KEK 12,1), Göttingen 1978, 66, W.-G. KÜMMEL, Einleitung 374. Unentschieden K. H. SCHELKLE, Die Petrusbriefe. Der Judasbrief (HThK 13,2), Freiburg ⁴1976, 11.

[2] So Ph. VIELHAUER, Geschichte 587. Von den dort vorgetragenen Argumenten gegen eine römische Herkunft hat nur der Hinweis auf das Fehlen von 1 Petr im Canon Muratori Gewicht.

[3] Vgl. E. LOHSE, Paränese und Kerygma im 1.Petrusbrief, in: ZNW 45 (1954) 68–89, bes. 83–85. Lohse vertritt entschieden die römische Herkunft von 1 Petr. Ähnlich R.E. BROWN – J.P. MEIER, Antioch 166f. D.A. HAGNER, Use 239–246, spricht von einer „strong a priori probability", daß die Gemeinsamkeiten durch Kenntnis von 1 Petr bedingt sind.

[4] Anders Ph. VIELHAUER, Geschichte 588 Anm.14; N. BROX, Petrusbriefe, in: TRE XXVI

römische Herkunft von 1 Petr die festgestellten Gemeinsamkeiten besser als eine Herkunft aus Kleinasien[1]. Für die Frage nach der Begründung des römischen Eingreifens in den Konflikt, der sich in der korinthischen Gemeinde abspielt, ergeben sich daraus wichtige Folgen.

f. Der Jakobusbrief

Die Berührungspunkte zwischen I Clem und Jak sind nicht so zahlreich wie bei den zuletzt untersuchten Werken[2]. Dennoch ist eine gemeinsame Traditionsgrundlage in einigen Punkten unübersehbar: Abraham, der „Freund" Gottes (I Clem 10,1 f.; Jak 2,23; Rahab, die „Dirne" (I Clem 12,1; Jak 2,25); die Polemik gegen die δίψυχοι (I Clem 23,3; Jak 1,8; 4,8); die Bezugnahme auf Gen 15,6 (I Clem 10,6b; Jak 2,23); die Betonung der Werke (I Clem 30,3; Jak 1,22; 2,17); die Ermahnung an den Weisen (I Clem 38,2; Jak 3,13).
Beide Werke bezeugen die christliche Aufnahme hellenistisch-jüdischer paränetischer Überlieferung[3], die sich in manchen stilistischen Zügen rhetorischer Art ebenso äußert (Fragen, Anaphora, Anadiplosis usw.)[4].

g. Andere neutestamentliche Schriften

Das Verhältnis von I Clem zu anderen neuestamentlichen Schriften beruht auf gemeinsamer christlicher Überlieferung. Die Gemeinsamkeiten verlangen keine andere Erklärung. Dies ist der Fall hinsichtlich der Apg (vgl. I Clem 18,1)[5]. Bezüglich 2 Petr hängt die Entscheidung unabdingbar von der Datierungsfrage ab. Nur eine exegetisch schwer zu begründende Entstehungszeit von 2 Petr in den achtziger Jahren würde die Frage nach einem Einfluß auf I Clem in den wenigen gemeinsamen Stellen rechtfertigen (vgl. I Clem 7,6; 23,3)[6].

313: „Dann kann man vorsichtig sagen, daß der 1. Petrusbrief in Rom geschrieben sein will, nicht auch, daß er tatsächlich dort abgefaßt worden ist."

[1] PolPhil kennt und verwendet 1 Petr. Interessanterweise gibt es manche Termini und Wendungen, die 1 Petr, I Clem und PolPhil eigen sind: ὑπογραμμός 5,7; 16,17; 33,8; 1 Petr 2,21; PolPhil 8,2; die Unterordnung unter die Presbyter: 57,1; 1 Petr 5,5; PolPhil 5,3; die Kirche in der Fremde: in I Clem inscr.; 1 Petr 1,1.17; 2,11; PolPhil inscr.

[2] Vgl. D. A. HAGNER, Use 248–256.

[3] Anders D. A. HAGNER, Use 255 f., der mit der Möglichkeit – „although not very considerable" – von literarischer Abhängigkeit rechnet: „The most probable conclusion is that the dependence is on the part of Clement". Nur F. W. YOUNG, Relation 345, bestimmt das Abhängigkeitsverhältnis anders: Jak hängt von I Clem ab.

[4] Zu I Clem s. o. § 3.3. Zu Jak vgl. H. FRANKEMÖLLE, Brief des Jakobus 74–77.

[5] Zur Hypothese von M. SMITH, Report 88, vgl. I Clem 5,4. D. A. HAGNER, Use 263, behauptet immerhin eine mögliche Kenntnis der Apg. F. W. DANKER, St. Paul 90–92, beschränkt sich auf die Feststellung von einigen Gemeinsamkeiten des lukanischen Doppelwerkes mit I Clem.

[6] D. A. HAGNER, Use 248, kommt zum Ergebnis, daß der Vf. von I Clem den 2 Petr nicht gekannt hat. Aber er stellt die Datierungsfrage nicht. R. E. PICIRILLI, Allusions 74, spricht von einer „klaren Möglichkeit", daß 2 Petr von den Apostolischen Vätern (I Clem, II Clem, Barn, Herm) verwendet wurde. Die Datierung wird früh angesetzt, aber ohne nähere Begründung.

h. Ergebnisse

Wenn die vorgetragene Beurteilung von Bezeugung und Gewicht der urchristlichen Überlieferung in I Clem richtig ist, dann stehen beide in keinem
direkten Verhältnis zum Gebrauch der neutestamentlichen Schriften. Was sich
diesbezüglich nachweisen läßt, ist recht wenig[1], während die Spuren der
Überlieferung an vielen Stellen erkennbar sind. Das bedeutet freilich nicht,
daß der fehlende Nachweis der Benutzung einer schriftlichen Quelle zugleich
die Möglichkeit von deren Kenntnis ausschließt. Welche neutestamentlichen
Schriften am Ende des ersten Jahrhunderts im Besitz der römischen Gemeinde
waren, ist unbekannt. Aber solche Stellen wie I Clem 13,2; 24,5; 46,8 weisen
eher auf eine Aneignung der Überlieferung hin, die vornehmlich durch den
mündlichen Vortrag als Unterweisung und Verkündigung weitergegeben wurde. Dies dürfte auch bei den anderen Stellen der Fall sein, wo christliches
Traditionsgut vorliegt.

3. Das alexandrinische Judentum

Die Sprache von I Clem im allgemeinen, aber auch die massive Verwendung
der griechischen Bibel deuten auf einen präzisen traditionellen Ort: das hellenistische Judentum. Genau besehen erweist sich diese Angabe jedoch als
nicht präzis genug. Denn das hellenistische Judentum ist ein ebenso komplexes
wie weit verbreitetes Phänomen, das sich in sehr unterschiedlichen Formen
zeigt, wie nicht zuletzt auch in der urchristlichen Literatur erkennbar wird.
Man denke nur an den Unterschied zwischen Philo und Paulus, zwischen
dem Markusevangelium und dem Hebräerbrief. Deswegen ist in diesem Zusammenhang vom *alexandrinischen* Judentum als weiterer bestimmender Komponente des geistigen Milieus von I Clem die Rede[2]. Dabei wird die griechische
Bibel hier ausgeklammert, obgleich sie als das alles überragende Werk des
hellenistischen Judentums in I Clem überall präsent ist. Über sie wurde schon
gehandelt. Es geht um eine andere Gestalt: Philo von Alexandrien, aber nicht
primär um seinen umfangreichen literarischen Nachlaß, sondern um seine
Rolle als Vertreter des alexandrinischen Judentums und somit auch als Zeuge
des für die alte Christenheit – natürlich auch für I Clem – entscheidenden
Versuches der Vermittlung zwischen dem überlieferten Glauben und der
hellenistischen Kultur.

---

[1] Anders die Beurteilung von D. A. HAGNER, Use 314, gerade in der Frage nach Kenntnis
und Gebrauch der paulinischen Briefe. Seine Folgerung, der Vf. von I Clem habe ein Corpus
Paulinum von zehn bzw. dreizehn Schriften gekannt, steht auf sehr schwachen Füßen.

[2] Zur These von A. Jaubert über „levitische Themen" in I Clem s. u. 40,2. Die von A. E.
WILHELM-HOOJBERGH, View 271, gebotene „andere Sicht" von I Clem – Frühdatierung, durch-
gehender essenischer Einfluß, vermittelt in Fragen der Eschatologie vielleicht durch die Bekanntschaft des Klemens mit Josephus am römischen Hof – ist unhaltbar. Auch E. G. HINSON,
Evidence 698 f., möchte essenischen Einfluß auf die römische Christenheit nachweisen.

Auch wenn die Wortstatistik allein immer nur einen relativen Wert besitzt, verdient doch die Tatsache Beachtung, daß bei den Vokabeln von I Clem, die im hellenistischen Judentum, aber nicht in der griechischen Bibel belegt sind (s. o. § 3.1.c), so viele Gemeinsamkeiten zwischen Philo und I Clem festzustellen sind: von den ca. 59 Vokabeln sind knapp ca. 14 in Philo geläufig. Dies würde aber wenig bedeuten[1], wenn man dazu nicht eine Fülle von formalen[2] und inhaltlichen Berührungspunkten anfügen könnte, die ein beredtes Zeugnis für die Zugehörigkeit zu einem gemeinsamen Traditionsstrom sind. Im folgenden werden nur einige markante Beispiele aufgelistet, die in der Auslegung gründlicher behandelt werden: die Abfolge von Tag und Nacht (I Clem 20,2; Op 33–35); die harmonische Bewegung der Gestirne (I Clem 20,3; Op 54); die fruchttragende Erde (I Clem 20,4; Op 43 f.); die Jahreszeiten (I Clem 20,9; Her 146–50; Op 52); die Brüste der Mutter Erde (I Clem 20,10; Op 38.133); das „Sich-nicht-Abwenden" (I Clem 21,4; Gig 43!); der „wohltätige" Vater (I Clem 23,1; Plant 90); der Lasterkatalog (I Clem 30,8; Post 52); die Ordnung der Himmel (I Clem 33,3; Op 45.53); der Mensch als Abbild (I Clem 33,4; Op 69; All I 31; Virt 203); das Lob des Schöpfers (I Clem 33,6; Op 89; Her 160); der Freimut des Dieners (I Clem 34,1; Her 6.21.27); die Übereinstimmung (συμπνεῖν in I Clem 37,5 und SpecLeg I 38); das Band (I Clem 49,2; Plant 9; Her 188; Fug 112); der „Ort der Frommen" (I Clem 50,3; Fug 131); Gott braucht von niemandem etwas (I Clem 52,1b; All II 2; Mut 28).

In einem Punkt ist die Bedeutung des alexandrinischen Judentums in I Clem sachlich und forschungsgeschichtlich höchst relevant: in der Frage nach dem immer wieder behaupteten stoischen Einfluß auf I Clem. Das Thema wird im

---

[1] Wie ebenfalls vermerkt wurde, ist der Sprachbefund analog zu dem, was man im Werk des Josephus finden kann. Es gibt sogar manche Vokabeln, die von beiden gerne gebraucht werden (s. o. § 3.1.c). Unabhängig vom sprachlichen Anteil des Josephus in der Gestaltung seiner Werke (vgl. Ap 1,50) und von dem jeweils recht unterschiedlichen historischen Hintergrund bezeugen beide das hohe literarische Niveau des hellenistischen Judentums.

[2] Es gibt kaum eine der in I Clem festgestellten rhetorischen Formen (vgl. § 3.3), die nicht auch bei Philo vorkommt. Vgl. H. THYEN, Stil 47–62; TH. M. CONLEY, Philo's Rhetoric 351–358. Beispiele für *Anaphora*: Op 62.79; Cher 93.114; Ebr 72.106; für *Antitheton*: Det 49; Cher 75; Som I 60; für *Homöoteleuton*: Op 97; Sacr 27.32; Det 87; für *Interrogatio*: All II 7. III 58; Det 74; *Isocolon*: Cher 125; All III 250; SpecLeg IV 187; Det 72; für *antith. Parallelismus*: Fug 43.58; Mut 163; Det 72; für *Zahlenspiele*: Op 47–52; Congr 90.94; Decal 26–29; für *bildliche Wendungen*: Ebr 198; Det 140; Sacr 36.78; für *Paronomasie*: Det 18; Ebr 79; Som I 60; für *Beispiele*: VitMos I 76; Som I 167–170; Mut 12; für *Enkomion*: Praem 11. Das sind nur wenige Beispiele. In einigen Fällen ist das Material außerordentlich umfangreich. Nur auf eine einzige Spracheigentümlichkeit von I Clem sei hingewiesen: Die Neigung, die Ermahnung in der ersten Person Plural meistens als coniunctivus adhortativus bzw. prohibitivus ergehen zu lassen (s. o. § 3.2.g). H. THYEN, Stil 90–94, spricht von „Paränesen im kommunikativen Plural." Die häufigsten Beispiele sind aus I Clem und aus dem Werk Philos entnommen (vgl. Cher 82.98 f.118.124; Mut 46; Her 275; Migr 124; Conf 111 f. u. ö.). Hier liegt der Hintergrund für die Sprache in I Clem und nicht im jüdisch-hebräischen liturgischen Stil. Gegen A. WIFSTRAND, Kirche 33 f.

Zusammenhang mit I Clem 20 ausführlich behandelt, d. h. mit dem Abschnitt, der seit den Anfängen der religionsgeschichtlichen Fragestellung als Paradebeispiel für das Eindringen stoischen Gedankenguts bei einem christlichen Autor ausgelegt wurde. Um das Ergebnis vorwegnehmend zusammenzufassen: die Aufnahme von Begriffen und Ansichten, die global als „stoisch" bezeichnet werden können[1], ist nicht die Leistung des Vf.s von I Clem, sondern sie war schon im hellenistischen Judentum vollzogen worden, und zwar besonders im Werk des Philo von Alexandrien. Für das Verständnis und für die Bestimmung des religionsgeschichtlichen Orts von I Clem ist nicht gleichgültig, auf welchem Weg diese Rezeption vollzogen wurde[2]. Denn je nachdem, wie die Entscheidung in dieser Frage getroffen wird, bekommen der Verfasser und die Gemeinde, in der er angesiedelt ist, andere Konturen. Im einen Fall hätte man es mit dem Einbruch der hellenistischen Kultur mit unverkennbaren philosophischen Inhalten zu tun, und dem Vf. wäre die Aufgabe zugefallen, diese Inhalte den Maßstäben des christlichen Glaubens anzupassen. Die römische Gemeinde wäre demzufolge der Ort für diesen Vorgang gewesen, der die Entwicklung einleitete, die erst 50 Jahre später durch das Werk des christlichen Philosophen Justin literarisch faßbar ist. Im anderen Fall – und das ist die in diesem Kommentar vertretene Meinung – ist der Vf. zuerst der hellenistischen Synagoge verpflichtet, die ihm Begriffe und Vorstellungen liefert, die, obwohl in einer philosophischen Tradition entstanden, schon in das Sprach- und Denkrepertoir eines bestimmten Stromes des hellenistischen Judentums aufgenommen worden waren. Die Ordnung des Kosmos spiegelt die Bestimmung Gottes und seiner Vorsehung wider und dient als Paradigma des menschlichen Lebens, aber diese Ordnung entspringt nicht einer alles umfassenden und doch letztlich anonym bleibenden Macht, sondern sie entspringt dem Willen des Vaters und Schöpfers, der seiner Schöpfung nahe bleibt (22,3) und dem gegenüber der Mensch nur in der Sprache des Lobes eine angemessene Antwort ausdrücken kann (20,12).

Es gibt kein einziges echt stoisches Motiv in I Clem, zu dem sich keine vergleichbare Stelle in der jüdisch-alexandrinischen Literatur finden läßt[3]. Sie

---

[1] Nur mit diesem Vorbehalt hat die Bezeichnung einen Sinn, denn was als „stoisch" am Ende des ersten Jahrhunderts n. Chr. galt, war alles andere als nur „stoisch".

[2] Gegen M. SPANNEUT, Stoïcisme 76, der in seiner Untersuchung nur die Anwesenheit von stoischen Themen bei den christlichen Schriftstellern berücksichtigt, ohne auf die Vermittlung von diesen Themen zu achten. Die Folgen für das Verständnis von I Clem sind schwerwiegend. Nach Spanneut spielt die Stoa bei den Apostolischen Vätern keine Rolle mit Ausnahme von I Clem: „Seul fait exception Clément de Rome, qui signale l'impassibilité divine et surtout décrit, en un vocabulaire philosophique, l'ordre du monde" (ebd. 42 f.). Der eigentliche Standort des Vf.s und seine Intention bei diesen Aussagen werden durch die angebliche traditionelle Herkunft aus der Stoa verdeckt.

[3] P. LAMPE, Christen 179, bemerkt richtig, daß die Hinnahme des Exils (vgl. I Clem 54,2 f.) ein Topos stoischer Ethik ist. Die erwähnte Stelle scheint aber eher vom römischen Recht beeinflußt zu sein. Sein Ergebnis über das spezifisch Stoische in I Clem lautet: „Ein *direkter* Zusammenhang Stoa-Clemens ist nicht belegbar" (ebd. 178).

ist auch die Quelle für den „Stoizismus" von I Clem. Im Rahmen der urchrist-
lichen Literatur ist dies nicht ein in I Clem erstmals auftretendes Phänomen.
Spuren „stoischen" Denkens sind auch bei Paulus zu finden[1]. Neu ist nur das
Ausmaß und die Deutlichkeit des Phänomens, aber auch hier soll man das
Ganze nicht aus dem Blick verlieren, als würde I Clem 20 den religionsge-
schichtlichen Maßstab für das Verständnis des Schreibens liefern.

4. Die römisch-hellenistische Kultur

Der Einfluß der römisch-hellenistischen Kultur ist unvergleichbar geringer als
das, was für die drei vorher besprochenen Themen zutrifft[2]. Andererseits ist
er größer als das, was in den neutestamentlichen Schriften enthalten ist.
Folgende Stellen belegen dies: der Vergleich mit den Danaïden und der Dirke
(6,2); die Welten jenseits des Ozeans (20,8); das Beispiel von Vogel Phönix
(25,1–5); der Spruch über die Großen und die Kleinen als „Mischung" (37,4);
die Verbannung der Schuldigen (54,2 f.); die Selbsthingabe (Tod bzw. Auswanderung) der Könige um der Rettung des Volkes willen (55,1).
    Unter spezifisch römischem Einfluß scheint nur die aufgenommene Über-
lieferung vom Vogel Phönix zu stehen. Die anderen Motive werden nur recht
allgemein gebraucht, so daß eine nähere Bestimmung ihrer Herkunft nicht
möglich ist[3].

5. Das Christentum des I Clem

Bevor das Christentum des I Clem skizziert wird, sind zwei Bemerkungen
erforderlich, um die Tragweite der in diesem Abschnitt enthaltenen Aussagen
richtig einschätzen zu können: 1. das Christentum des I Clem wird auf dem
Hintergrund der Geschichte der römischen Gemeinde herausgestellt. Der Vf.
schreibt in ihrem Namen, aber wieviel von dem, was er schreibt, auch
Allgemeingut der Gemeinde ist, – oder anders formuliert – wieviel das Christentum in I Clem auch vom Christentum der Gemeinde widerspiegelt, bleibt
außerhalb der historischen Erkennbarkeit. Es wäre gewagt, das, was man aus
I Clem herauslesen kann, der römischen Gemeinde ohne Einschränkung
zuzuschreiben. Eine schriftliche Urkunde kann nur sehr fragmentarisch die
Vielfältigkeit des Lebens erfassen und wiedergeben, besonders wenn sie keine

---

[1] Vgl. M. POHLENZ, Paulus und die Stoa, in: ZNW 42 (1949) 69–104.
[2] Die Aussage hängt freilich mit den in der Auslegung getroffenen Entscheidungen zusammen.
Versteht man I Clem 5,5 f. unter dem Einfluß des Heraklesideals oder 37,3 als Anspielung auf
das römische Heer – um nur zwei Beispiele zu nennen –, dann müßte man die Einwirkung der
römisch-hellenistischen Kultur anders einschätzen.
[3] Vgl. P. LAMPE, Christen 179 f.

Gemeindeordnung darstellen will und von Anlaß und Absicht her so situativ bedingt ist wie I Clem; 2. die Rede von der „römischen Gemeinde" kann den Eindruck erwecken, alle Christen Roms bildeten eine soziologisch einheitliche Größe, die durch I Clem vertreten wird. Gegen diese Annahme spricht mit Sicherheit der Hirt des Hermas, ein anderes Dokument der römischen Christen, das einige Jahre später ein ganz anderes Bild von der Theologie und allgemeinen Prägung derselben zu erkennen gibt[1]. Mit hoher Wahrscheinlichkeit darf man das Zeugnis des 1 Petr als Beweis dafür anführen, daß die „römische Gemeinde" auch am Ende des ersten Jahrhunderts keine einheitliche Größe darstellte. Es läßt sich nicht bestreiten, daß I Clem die Gemeinde repräsentieren will und daß es keiner anderen Legitimation als der eigenen bedarf, um als Schreiben der römischen Gemeinde verfaßt und verschickt zu werden; aber das bedeutet keine Nivellierung der durch die erwähnten Dokumente feststellbaren theologischen Unterschiede.

Nach dem Versuch, die das geistige Milieu des I Clem bestimmenden Elemente darzustellen, ist es angebracht, von den herausgestellten Teilaspekten auszugehen, um seinen theologischen Ort genauer abgrenzen zu können.

Zuerst eine negative Abgrenzung: das Christentum des I Clem ist nicht aus dem Paulinismus abzuleiten und kann darum auch nicht an der Nähe bzw. Ferne zur paulinischen Theologie gemessen werden. Diese Ansicht wurde 1891 von W. Wrede mit allem Nachdruck geäußert (Untersuchungen 58 f.84–86 Anm. 3)[2], aber die Forschungsgeschichte zu I Clem beweist, daß sie sich nicht ohne weiteres durchgesetzt hat[3].

---

[1] Um 140, als der Hirt des Hermas abgefaßt wurde, halten sich auch Markion und Valentin in Rom auf.

[2] Nach A. v. HARNACK, Einführung 54, ist es ein „fundamentaler methodischer Irrtum", I Clem aus den Paulusbriefen oder aus anderen christlichen Schriften begreifen zu wollen. Richtig auch H. LIETZMANN, Geschichte I 209: „Diese Gemeinde ist nicht aus dem Paulinismus geboren, sondern nur ganz äußerlich von ihm berührt worden ... Nicht abgeklungener Paulinismus, sondern hellenistisches Proselytenchristentum ist es, was uns hier in reiner Ausprägung entgegentritt: ein selbständiger und zukunftsträchtiger Trieb aus urchristlicher Wurzel" (211).

[3] Zu dem erwähnten „fundamentalen methodischen Irrtum" (s.o.) sagt A. v. HARNACK, Einführung 55: „Aber es fehlt noch viel zu seiner vollkommenen Ausrottung." Auch am Ende des zwanzigsten Jahrhunderts ist die Lage nicht wesentlich anders geworden. Sowohl die Kritik an I Clem in der Frage der Rechtfertigung als auch der Versuch, aus dem Vf. einen treuen Pauliner zu machen, zeigen die Aktualität der Bemerkung von Harnack (s.u. den Exkurs 4: „Werkgerechtigkeit" in I Clem?). Das Problem läßt sich ebenso auf die Frage der Christologie übertragen (s.u. den Exkurs 6: „Die Christologie des I Clem". Im Paragraph über „Die Verkirchlichung der paulinischen Theologie", unter dem Titel „Paulus und Petrus als Autoritäten der kirchlichen Lebensordnung", behandelt H. KÖSTER, Einführung 726–730, ausschließlich I Clem. S. R. LLEWELYN, NDIEC 7,106, stellt die Züge der paulinischen Ekklesiologie denen des I Clem gegenüber. Der Sprachgebrauch von λειτουργέω und λειτουργία wird als Hinweis auf die Mitte der Kontroverse um den „Fall" der Urkiche verstanden, „i.e. the change in the view taken of the Church from that of an eschatological congregation constitued by the *charismata* of the Spirit to that of one institution constituted by legal regulations and with a hierarchy of office bearers."

Das von Harnack geschaffene Bild von einem „Dreifarbendruck"[1], um I Clem zu charakterisieren, kann als Leitfaden für eine positive Bestimmung dienen, allerdings mit leicht verändertem Inhalt. Es sind tatsächlich drei Faktoren, die, ohne ihre eigene Prägung zu verlieren, im Schreiben der römischen Gemeinde zusammenwirken und dem Werk seine Einheit verleihen. Der erste ist die griechische Bibel als göttlich offenbarte Schrift, in der der christliche Leser alles findet, was er für sein Glaubensleben braucht.

Der zweite Faktor ist nicht der „hellenische moralische Idealismus", wie Harnack meinte (Einführung 86), sondern das alexandrinisch geprägte hellenistische Judentum. Seine nachweisbare Einwirkung auf I Clem dürfte auf den Kontakt der σεβόμενοι bzw. φοβούμενοι, die später den Hauptbestandteil der Gemeinde bildeten, mit der römischen Synagoge zurückgehen. Dort konnten sie ein kulturell offenes Judentum kennenlernen, das durchaus in der Lage war, sich in der Sprache der Gebildeten auszudrücken. Zwei wichtige Inhalte haben hier ihre ursprüngliche Heimat: 1. das Bild des erhabenen Gottes, des Schöpfers und Herrschers, der in Liebe die Gläubigen annimmt (49,6); 2. der mahnende Ton im Hinblick auf die vor Gott wohlgefällige Lebensführung. Der sogenannte „Moralismus" des I Clem - ein solcher ist in der Tat vorhanden; das festzustellen heißt nicht, ipso facto eine theologische Qualifikation auszusprechen - hat seine tiefsten Wurzeln in dieser Umgebung[2]. Beide Inhalte sind verschmolzen mit christlichen Motiven, aber sie verleihen dem Christentum des I Clem ein unverkennbar eigenes Profil.

Über die Anfänge der römischen Gemeinde - die christliche Komponente ist der dritte Faktor - gibt es keine Information. Das Claudiusedikt von 49 setzt die Existenz einer christlichen Gemeinde in Rom voraus, die im Begriff ist, sich von der Synagoge loszulösen. Über die Herkunft der Christen, die den christlichen Glauben nach Rom brachten, weiß man genau so wenig wie über die ursprüngliche Zusammensetzung der Gemeinde. H. Lietzmann vermutet eine Gründung durch antiochenische Missionare, aus deren Wirken eine heidenchristliche Gemeinde hervorgegangen sei (Geschichte I 109.134). Daß zur Zeit des paulinischen Römerbriefes in der Gemeinde die Heidenchristen in der Mehrheit waren, ist durch solche Stellen wie Röm 1,5 f.13 f.; 11,13 f.; 15,15 f. belegt, aber das bedeutet nicht, daß es sich so auch bei den Anfängen verhalten hat. Vor dem Apostelkonzil (48/49) ist eine erfolgreiche Missionierung bei den Heiden schwer denkbar. Darüber hinaus läßt sich das Eingreifen der römischen Behörde besser verstehen, wenn die Unruhen durch die Auseinandersetzung zwischen Juden und Judenchristen verursacht worden

---

[1] Einführung 85 f.: „Die ATliche Religion in spätjüdischem Verständnis, der hellenische moralische Idealismus und die Tatsache der Erscheinung Christi (samt dem Kerygma und den neuen Lebensordnungen, die sie als Imperative gegeben, als Kräfte entbunden hat) bilden den Inhalt des Briefs."

[2] H. THYEN, Stil 85-105, hat das Material geordnet, das zur Form und Komposition der Paränese gehört.

sind[1]. Das Verhältnis von Juden- und Heidenchristen in der römischen Gemeinde dürfte sich erst nach dem Claudiusedikt[2] geändert haben. Wahrscheinlich kehrten nicht alle Judenchristen nach Rom zurück, wie Priska und Aquila (vgl. Apg 18,2; Röm 16,3). Viel wichtiger war die Entscheidung des Apostelkonzils, die Glaubensverkündigung an die Heiden von den Forderungen des jüdischen Gesetzes zu befreien. Wenn der Römerbrief 57/58 geschrieben wurde, muß man daraus schließen, in den fünfziger Jahren sei die Gemeinde so gewachsen, daß der Apostel ihr durch ein einzigartiges Dokument seine Hochschätzung erweist.

Die Herkunft dieser Heidenchristen ist nicht in rein heidnischen Kreisen zu suchen, sondern in den Gruppen der σεβόμενοι bzw. φοβούμενοι, die schon im Kontakt mit der Synagoge standen und mit der jüdischen Glaubensüberlieferung vertraut waren. Für sie war die griechische Bibel die Grundlage des Glaubens, die in jeder Hinsicht „suffiziente göttliche Urkunde"[3]. Von hier aus versteht man die Bedeutung des AT in I Clem, den ständigen Rückgriff auf die Schrift, aber darüber hinaus die Kenntnis von aus biblischen Motiven entstandenen jüdischen Traditionen (7,6; 11,2; 31,3; 43,2 f.) und die Verwendung von apokryphen Sprüchen (8,3; 17,6; 23,3 f.; 29,3; 46,2).

Aus der gleichen Perspektive ist die Rezeption der christlichen Überlieferung zu betrachten. Eine besondere Prägung durch ihre Herkunft – vielleicht von antiochenischen Missionaren[4] – ist nicht vorhanden. Wie auch immer diese Überlieferung nach Rom gelangte, es fällt auf, daß trotz der Vielfalt der feststellbaren urchristlichen Traditionen, die in I Clem nachwirken, keine davon eine Vorrangsstellung einnimmt, sondern daß sie alle in ein neues Konzept integriert sind.

Man darf Zweifel anmelden, ob dieser Rezeptionsprozeß als reflektierter Vorgang vollzogen wurde oder ob er eher aus der eigenen Dynamik des Gemeindelebens resultierte. Am Ende des ersten Jahrhunderts gibt es auch

---

[1] Vgl. R. Brändle – E. W. Stegemann, Die Entstehung der ersten ‚christlichen Gemeinde' Roms im Kontext der jüdischen Gemeinden, in: NTS 42 (1996) 9.

[2] So wird die Stelle bei Sueton, Vita Divi Claudii 25,4, allgemein gedeutet. Die Wendung „impulsore Chresto" wird jedoch nicht immer als Hinweis auf Christus verstanden. Vgl. St. Benko, Pagan Rome and the Early Christians, London 1985, 18 f. Daß der Name „Chrestus" in Rom hinschriftlich oft belegt ist, liefert jedoch kein entscheidendes Argument gegen die „herkömmliche" Deutung.

[3] A. v. Harnack, Einführung 57.

[4] R. E. Brown deutet die Notiz in Apg 2,10 – an Pfingsten gab es in Jerusalem Juden aus Rom – als Hinweis auf eine Gründung der römischen Gemeinde durch Jerusalemer Juden (Ders. – J.P. Meier, Antioch 103 f.). P. Lampe, Christen 1–4, erwägt die Möglichkeit, die ersten Christen seien in Rom als Handel- und Gewerbetreibende eingezogen, und weist auf die Handelsachse Puteoli – Rom hin. Nach Brändle – Stegemann, Entstehung 10 f., hat „einige Plausibilität", daß Judenchristen aus Palästina oder der Diaspora ihren Wohnsitz nach „Rom verlegt haben." Möglich sei auch eine Erklärung durch das Wirken von römischen Juden, die im Zusammenhang mit einer Wallfahrt nach Jerusalem in Berührung mit dem Christusglauben kamen.

äußerliche Gründe, die das begünstigt haben. Die Trennung von der römischen Synagoge liegt schon weit zurück und hat einen endgültigen Charakter angenommen, so daß das an sich problematisch gebliebene Verhältnis zum Judentum nicht mehr im Vordergrund steht. Nirgendwo läßt sich das Echo einer antijüdischen Polemik vernehmen. An keiner Stelle würde der unwissende Leser vermuten, daß Träger und Akteure dieser Geschichte, die mit der Schöpfung der Welt und der Bildung des Menschen anfängt (33,3) und die vielen Wohltaten des Schöpfers bezeugt (21,1), nicht die Christen sind, sondern die Angehörigen des jüdischen Volkes, über die kein Wort gesagt wird[1]. Innerchristliche Streitpunkte, die einige Jahrzehnte früher eine wichtige Rolle spielten, wie die Frage nach der Gültigkeit des jüdischen Gesetzes, die Gruppierung um bestimmte führende Gestalten (Petrus, Paulus, Apollos), die Spannungen zwischen Juden- und Heidenchristen, scheinen nicht mehr aktuell zu sein. Und für die Fragen, die wenige Jahrzehnte später, gerade in Rom durch führende Vertreter der Gnosis vorgetragen, zum Gegenstand von großen und entscheidenden Auseinandersetzungen werden, ist die Zeit offenbar noch nicht reif[2].

---

[1] Anders O. KNOCH, Stellung 349: „I Clem weiß durchaus um den heilsgeschichtlichen Ablauf: Israel – Kirche. Er arbeitet auch deutlich mit dem doppelten Schema: Verheißung – Erfüllung, Vorbild (Typos) – Vollendung".

[2] Anhand einer detaillierten Analyse von I Clem 1–7 kommt K. Beyschlag auf eine andere Bestimmung des theologischen Orts des I Clem. Beyschlag betont die sachliche Differenz zur paulinischen Theologie. Die Kritik an der von L. Sanders ausgearbeiteten Deutung von I Clem, der Vf. habe im hellenistischen Gewand seine Treue zu Paulus bewahrt, ist berechtigt. Im Hinblick auf die Quellen des I Clem lautet die Grundthese von K. BEYSCHLAG, Clemens Romanus 330: „Theologische Heimat ist die jüdisch-frühchristliche Apologetik." Im übrigen sei der Vf. der älteste römische Sprecher der frühkatholischen Kirche (ebd. 350). Beyschlag fragt sogar, ob in bestimmten Passagen des paulinischen Römerbriefes eine leichte Akkomodation in bezug auf die theologischen Voraussetzungen einer Gemeinde sichtbar" wird, „die eine andersartige, unpaulinische Tradition aufbewahrte, deren Abbild uns dreißig Jahre später der römische Clemensbrief präsentiert" (ebd. 349). Die Überprüfung der in den ersten Kapiteln von I Clem vorgenommenen Quellenanalyse und -rekonstruktion stellt die These von Beyschlag in Frage. Die Methode der motivgeschichtlichen Vergleichung als Weg zur Erschließung von Quellen und überliefertem Gut birgt die Gefahr in sich, nur aufgrund von ähnlichen Motiven, unabhängig von Form und Entstehungszeit, die Existenz von Quellen zu postulieren, die sonst nicht greifbar sind (vgl. die Kritik von G. BRUNNER, Mitte 24–26). Ebensowenig vermag seine Annahme – in einem Aufsatz über I Clem 40–44 und das Kirchenrecht veröffentlicht – von einer I Clem zugrundeliegenden Kirchenordnung zu überzeugen (s. u. Exkurs 7: Amt – apostolische Sukzession – Kirchenrecht). Die Diskussion über den „Frühkatholizismus" ist nicht abgeschlossen, aber ihr Wert für das Verständnis von I Clem ist gering. Letztlich hängt die Frage des Frühkatholizismus zu einem guten Teil mit dem der paulinischen Theologie zugemessenen Stellenwert und Einfluß zusammen. Eine Reihe der von Beyschlag zusammengestellten Merkmale des Frühkatholizismus tritt in I Clem nicht auf: „das Geschichtsbewußtsein der Christenheit als ‚tertium genus' und die apologetische Beurteilung Israels, die Hochschätzung des Apostolischen unter dem Namen des Petrus und das Dogma von der ökumenischen Einheit der Kirche, … der Primat des ‚synoptischen' Jesus" (ebd.). Forschungsgeschichtlich scheint K. Beyschlag die methodische Warnung von Wrede übersehen zu haben, denn schon sein Gebrauch des „Frühkatholizismus"-Begriffs ist an Paulus orientiert und hat zur Folge, daß die Theologie von I Clem an der Theologie des Apostels gemessen wird. Vgl. N. NAGLER, Frühkatholizismus.

§ 5 Verfasserfrage und Entstehungszeit

1. Verfasserfrage

Das Schreiben der römischen Gemeinde an die Korinther enthält keine Angabe über die Person, die es verfaßte. Die christliche Überlieferung des
zweiten Jahrhunderts hat Notizen und Fragmente aufbewahrt, die mit zunehmender Deutlichkeit auf einen gewissen Klemens als Verfasser hinweisen.

a. Die Überlieferung

Ein erster Hinweis, allerdings ein recht unsicherer, liegt in Herm vis II 4,3
(8,3) vor. Hermas bekommt den Auftrag, zwei Abschriften des zuvor empfangenen kleinen Buches zu machen und die eine dem Klemens, die andere
der Grapte zu senden. „Klemens soll sie in die auswärtigen Städte schicken,
denn das ist ihm aufgetragen." Da über diesen Klemens in Hermas weitere
Nachrichten fehlen, würde die zitierte Notiz allein nichts zur Verfasserfrage
beitragen. Erst die spätere Überlieferung, die einheitlich Klemens als den
Namen des Verfassers von I Clem bezeugt, wirft die Frage auf, ob der mit
der Korrespondenz mit den auswärtigen Städten beauftragte Klemens nicht
mit jenem anderen Klemens identisch ist[1]. Eine solche Gleichsetzung ist zwar
nicht unmöglich, aber sie bleibt unwahrscheinlich. Bei einer Datierung von
Hermas um 140 müßte Klemens ein sehr hohes Alter erreicht haben, wenn
er schon bei der Abfassung von I Clem eine angesehene Gestalt in der
römischen Gemeinde gewesen sein soll[2].

Das nächste erhaltene Zeugnis ist der von Euseb überlieferte Brief des
Bischofs Dionys von Korinth an Bischof Soter von Rom (ca. 166–ca. 174):
„Wir feiern heute den heiligen Tag des Herrn und haben an demselben euren
Brief verlesen, welchen wir gleich dem früheren durch Klemens uns zuge-
sandten Schreiben stets zur Belehrung verlesen werden" (HistEccl IV 23,11)[3].
Wenn der Brief des Dionys um 170 datiert wird, bekundet er nicht nur das
große Ansehen von I Clem in Korinth. Indirekt gibt er zu erkennen, daß das
Eingreifen der römischen Gemeinde in Korinth erfolgreich war. Wäre es auf
Ablehnung gestoßen, wäre das öffentliche Verlesen des Schreibens mehr als
70 Jahre später unverständlich.

Wenige Jahre darauf[4] überliefert Irenäus von Lyon die Angaben, die die
Gestalt des Verfassers in der späteren Zeit maßgebend bestimmen werden

---

[1] Die Frage bejahen u. a. FISCHER, 16; A. STUIBER, Clemens 189; Ph. VIELHAUER, Geschichte
539; BAUER/ALAND 884; SCHNEIDER, 16 f.
[2] N. BROX, Hirt 108, rechnet mit der Möglichkeit, daß der Name Klemens sogar fiktiv
gebraucht wird.
[3] Nach der Übersetzung von H. Kraft.
[4] Hegesipp macht in der gleichen Zeit (um 180) in seinen „Erinnerungen" einige Bemerkungen

(AdvHaer III 3,3). Clemens erscheint als dritter Nachfolger der Apostel Petrus und Paulus, der Gründer der römischen Kirche: Nach Linus und Anenkletos bekam er das Bischofsamt[1]. Er sah noch die Apostel Petrus und Paulus in Rom und verkehrte mit ihnen. Er hörte ihre Verkündigung und hatte die Überlieferung vor Augen[2].

Die Information über den Brief an die Korinther ist präzis. Irenäus sagt nicht, daß der Brief von Clemens verfaßt worden ist, sondern daß die römische Kirche zu seiner Zeit den Korinthern einen ganz gewichtigen Brief schrieb („scripsit quae est Romae ecclesia potentissimas litteras Corinthiis").

Klemens von Alexandrien, der von allen Autoren der Alten Kirche am meisten von I Clem Gebrauch macht, nennt am Anfang eines langen Zitates (Strom. IV 105,1–113,3) den „Apostel Clemens" als Verfasser des Briefes an die Korinther (vgl. Strom. I 38,8; IV 111,1; VI 65,3)[3].

Typisch für die Überlieferung ab dem dritten Jahrhundert ist die Tendenz, die Aufmerksamkeit auf die Gestalt des Clemens zu lenken, ohne unbedingt auf den Brief an die Korinther hinzuweisen. Nach Tertullian wurde er von Petrus ordiniert (De Praescr. 32,2). Origenes nennt ihn Apostelschüler und zitiert dabei I Clem 20,8 (De Princ. II 3,6 [121]). In In Jo. VI 54 (279) spielt er auf I Clem 55,1 an und identifiziert ihn mit dem in Phil 4,3 erwähnten Mitarbeiter des Paulus.

Den Höhepunkt in dieser Entwicklung setzen ohne Zweifel die „Pseudo-clementinen", die zwar vieles über die Person des Clemens wissen, den Brief an die Korinther aber nicht erwähnen. EpClem 2,1 f. überliefert die Rede des Petrus vor seinem Tod, in der er den Clemens zum Bischof und zu seinem Nachfolger bestellt[4]. ClemHom XII 8,2–10,4 enthält „autobiographische" Angaben des Clemens. Er sei mit vielen bedeutsamen Männern verwandt, die zur kaiserlichen Familie gehören. Sein Vater Faustus sei mit dem Kaiser aufgewachsen; seine Mutter Mattidia sei auch mit dem Kaiser verwandt. Seine älteren Zwillingsbrüder hießen Faustinus und Faustinianus. Durch einen Traum gewarnt, mußten die Mutter und die Zwillinge Rom verlassen, um einem furchtbaren Tod zu entgehen. Später geht der Vater auf die Suche nach seiner Frau, aber Clemens erhält keine Nachricht mehr über ihn[5].

---

zum Brief des Clemens. Euseb erwähnt dies, aber übergeht ihren Inhalt (HistEccl IV 22,1). An einer anderen Stelle nennt er den Hegesipp als Zeugen für den Aufruhr der Korinther (HistEccl III 16).

[1] Vgl. Euseb, HistEccl V 6,1–3.

[2] Vgl. W. C. v. UNNIK, Notes 209–211.

[3] S.u. § 7.3.

[4] Vgl. Hieronymus, De Vir. Ill. 15: „... tametsi plerique Latinorum secundum post apostolum (d. i. Petrum) putent fuisse Clementem". Eine erweiterte Fassung der Einsetzung des Clemens überliefert Clem. epit. B 144–147 (PG 2,576–580; NTApo II 478 f.).

[5] Die Geschichte hat ein glückliches Ende. Durch die Hilfe des Petrus trifft die Mutter ihren Sohn Clemens wieder (ClemHom XII 21,1–4), sodann die Zwillinge (ClemHom XIII 3,1–3), die unter den Namen Niketas und Aquila schon früher dem Clemens begegnet waren (ClemHom

Die Notiz bezeugt zum erstenmal den Versuch, die Person des Clemens mit Gestalten der römischen Geschichte zu verbinden. Der Erwähnte dürfte der Konsul Flavius Clemens sein, ein Vetter des Kaisers Domitian, der wegen „Atheismus" und „Abirrung zu jüdischen Sitten" hingerichtet wurde, während seine Frau, Domitilla, ebenfalls mit dem Kaiser verwandt, auf die Insel Pandataria verbannt wurde (vgl. Dio Cassius, LXVII 14,1-2). Es ist nicht mehr als eine Anspielung, keine Identifizierung, und es bleibt offen, wie weit der Autor die Geschichte des Flavius Clemens und seiner Frau gekannt hat. Die legendäre Erzählung gehört nur bedingt in die Wirkungsgeschichte von I Clem, denn der Text selbst spielt soviel wie keine Rolle. Das Bildungsniveau des Clemens, seine römische Herkunft, seine Stellung in der römischen Gemeinde, seine angebliche Beziehung zu Petrus sind die Bausteine, die phantasievoll zu einem großen narrativen Komplex werden.

Die von Euseb überlieferten Angaben über den Vf. von I Clem spiegeln Einzelemente der Tradition wider. Clemens gilt als der dritte Bischof von Rom (Irenäus), von Paulus zum Mitarbeiter und Mitkämpfer erklärt (Origenes) (so HistEccl III 4,9; 15; 21; V 6,2). Seine Amtszeit zählt vom Jahre 92 bis zum Jahr 100 (III 15.34). Obwohl Euseb auch von der Existenz eines zweiten Clemensbriefes weiß (III 38,4), wird nur I Clem als echt anerkannt (III 38,1). Clemens ist der Verfasser, aber er schreibt im Namen der römischen Kirche (ἐκ προσώπου τῆς Ῥωμαίων ἐκκλησίας)[1].

Epiphanius versucht, das Problem mit der Chronologie zu lösen (Haer. 27,6). Wie konnte es sein, daß Clemens, ein Zeitgenosse der Apostel Petrus und Paulus, erst nach Linus und Anenkletos das Bischofsamt empfing? Hat Clemens das Bischofsamt zuerst nicht ausgeübt (unter Anspielung auf I Clem 54,2 als Wort des Clemens)? Die Apostel konnten nicht immer in Rom sein, aber in Rom mußte immer ein Bischof sein. So entscheidet sich Epiphanius nicht ohne Zögern für die Annahme, Clemens sei zwar von den Aposteln zum Bischof bestellt worden, aber wegen seiner Abwesenheit habe er sein Amt erst nach dem Tod des Linus und des Anenkletos ausgeübt[2].

Aus dem fünften Jahrhundert stammt ein Martyrium des Clemens[3], das erzählt, er sei nach seinem erfolgreichen Wirken in Rom auf Befehl von Trajan

---

II, 1,2; 27,1; 29,5; IV 1,1, Recog II 1,2; III 68,1 u. ö.). Zum Schluß kommt auch der Vater dazu (ClemHom XX 15,4; XIV 9,6; Recog IX 35,1-37,4).

[1] Die Wendung ἐκ προσώπου dürfte an dieser Stelle mehr bedeuten als eine einfache Herkunftsangabe. Anders H. KRAFT: „... den er von der römischen Kirche aus an die Kirche in Korinth geschrieben hat". In seiner Übersetzung von Irenäus, AdvHaer III 3,3 fügt Rufinus die Wendung des Euseb hinzu: „Ex persona romanae ecclesiae scriberet ipse Clemens". Von Euseb abhängig ist Hieronymus, De Vir. Ill. 15: „Scripsit ex persona romanae ecclesiae".

[2] Die Frage wurde von M. BEVENOT, Clement of Rome, wieder aufgegriffen. Kritisch dazu D. F. WRIGHT, Clement 144-154. G. FALBO, Primato 214, ergänzt die Notiz des Epiphanius. Durch „amore di pace" bewegt, hat Clemens die Leitung der römischen Gemeinde erst nach Linus und Anenkletos übernommen.

[3] Rufinus und Zosimus sind die ersten, die das Martyrium des Clemens bezeugen. Vgl.

an einen einsamen Ort in der Nähe der Stadt Cherson jenseits des Schwarzen Meeres verbannt worden (18,2). Da Clemens auch dort ein großes Wunder vollbringt (21,1–3) und viele Menschen zum Glauben bekehrt – in einem Jahr werden fünfunfsiebzig Kirchen gebaut! (22,2) –, wird er zum Tode verurteilt. Mit einem Anker um den Hals gebunden wird er ins Meer geworfen (23,2). Das Gebet der Gläubigen, die die Reliquien des Heiligen verehren wollen, bewirkt, daß das Meer fast drei Meilen zurückweicht, und so können sie zu Fuß bis zu dem Ort gehen, wo Clemens lag. Dort finden sie einen Marmortempel, in dem der Leib des Clemens aufbewahrt wird, und nicht weit davon entfernt auch den Anker[1].

b. Die Deutungen

Mit unterschiedlicher Begründung wurde in der Forschungsgeschichte die *Verfasserschaft des Clemens abgelehnt*. A. Schwegler tut dies aufgrund der Diskrepanz zwischen den Angaben der Überlieferung und dem Inhalt des Briefes: der historische Clemens sei nach der Überlieferung ein Petriner; I Clem gehört aber der paulinischen Richtung an (Zeitalter II 125 f.).

Aus der Tatsache, daß der letzte Abschnitt in der Zusammenfassung des Irenäus (AdvHaer III 3,3: „qui ignem praeparavit diabolo et angelis ejus") inhaltlich durch den Text von I Clem selber nicht belegt ist, zieht Chr. Eggenberger weitreichende Konsequenzen für die Verfasserfrage. Er vermutet, „dass Irenäus einen anderen Clemensbrief an die Korinther vor sich gehabt hat. Den wirklich ersten also, so dass unser ‚erster' in Wahrheit ein zweiter wäre!" (Quellen 15). Dabei interpretiert Eggenberger die Wendung „euren Brief" von Dionys von Korinth als Hinweis auf den jetzigen Brief, während mit „wie auch den früheren, den ihr uns durch Klemens schriebt" der echte verlorengegangene Brief des Clemens gemeint wäre. Eggenberg übersieht, daß 1. die anderen Angaben in der Zusammenfassung des Irenäus mit dem Inhalt von I Clem übereinstimmen; 2. es andere Zeugen gibt – nicht nur Irenäus

---

Rufinus: „Clemens apostolorum discipulus, qui Romanae ecclesiae post apostolos et episcopus et martyr fuit" (De adult. libr. Orig. 3, in: PG 17,620; CC SL 20,9); Zosimus: „... ut fidem quam didicerat et docuerat, etiam martyrio consecraret" (PL 20,650). PG 2,617–632 bringt den Text des „Martyrium S. Clementis", den Cotelier aus der Sammlung des Symeon Metaphrastes entnommen hatte. Vgl. auch A. R. M. DRESSEL, Clementinorum epitomae duae, Leipzig 1859. Text hier nach F. X. FUNK – F. DIEKAMP, Patres Apostolici, Tübingen 1913, II 50–81. Eine Zusammenfassung des Martyriums bei LIGHTFOOT, I 1,85 f.

[1] Die Erzählung eines weiteren Wunders des Clemens wird Ephräm, dem Erzbischof von Cherson, zugeschrieben (PG 2,634–646). Zur Entwicklung der griechischen Überlieferung der Clemenslegende vgl. F. PASCHKE, Texttradition 84–87. Die Entwicklung der lateinischen Überlieferung hat D. HOFMANN, Legende 11–21, zusammengefaßt. Die Arbeit von Hofmann enthält ferner reiches Material über die weitere Entfaltung der Clemenslegende in der Zeit des Mittelalters in England und Deutschland (Legende 22–31) und vor allem in den skandinavischen Ländern (ebd. 32–58). Das Zeugnis der in Nordeuropa etwa 124 zerstreuten Clemenskirchen gehört ebenfalls zu dieser Wirkungsgeschichte (ebd. 157–219).

und Dionys von Korinth –; die ebenfalls die Autorschaft des Clemens belegen. Der wichtigste ist sicherlich Klemens von Alexandrien.

E. T. Merrill stützt sich auf die fraglichen Hinweise auf irgendwelche Verfolgung in I Clem, und datiert das Schreiben in die Nähe des Hirten des Hermas, also um 140, oder ein bißchen früher. Der in der Überlieferung erwähnte Clemens ist vielleicht identisch mit dem von Herm, aber diese Zuschreibung kann auch im Verlauf des zweiten Jahrhunderts entstanden sein. Der berühmte „Bischof" Clemens hat wahrscheinlich nie existiert (Clement 442).

Der *Geist des pseudoclementinischen Clemensromans* ist nach wie vor lebendig[1]. G. Edmundson erwägt die Möglichkeit, daß Clemens der Sohn des Arrecinus Tertullus Clemens und der Plautia war (Church 235.250–254). Mit Hilfe einer phantasiereichen Verbindung von Angaben, die da und dort in der Überlieferung vorhanden sind, stellt E. Elorduy die Hypothese auf, Clemens sei der Sohn von Claudia Acte und Nero (Lino 497), von Petrus selber zu seinem Nachfolger eingesetzt – als summus pontifex und romanus episcopus –, aber nicht unmittelbar, sondern für eine spätere Zeit (502).

J. S. Jeffers argumentiert archäologisch und geht von den vielen christlichen Gräbern in den Katakomben der Domitilla aus. Sie, die Frau des Flavius Clemens, hätte das Terrain den Christen geschenkt. Clemens Romanus sei ein Freigelassener im Hause des Flavius Clemens gewesen, der eine Hauskirche in Rom leitete. Von seiner Herkunft her sei er ein Vertreter des Denkens der römischen Aristokratie, das in seinem hierarchischen Streben und in der Treue zum römischen Staat zum Tragen kommt (Conflict 48–89). Es ist aber zu beachten, daß die Freigelassenen das Gentilicium ihrer Herren bekamen. Auf die Freigelassenen des Flavius Clemens übertrug man also „Flavius". Das gleiche Cognomen – Clemens – hat keine Bedeutung[2]. Der archäologische Befund kann nur die bekannte Tatsache bestätigen, daß die Verehrung des Clemens in Rom sehr alt ist. Richtig interpretiert trägt er zur Stützung der Konstruktion von Jeffers nichts bei.

A. E. Wilhelm-Hooijbergh fragt, ob der Geburtsort des Clemens Rom oder Alexandrien war. Die erste Quelle für ihre Überlegungen sind die Recognitiones; die zweite Quelle – leider nicht untersucht – das Vokabular von I Clem. Beide Quellen würden eher Alexandrien denn Rom als Geburtsort begünstigen (Rome 756–759).

Manche katholischen Autoren neigen dazu, den Vf. von I Clem schon als Papst zu betrachten. Etwa L. Grazzi in seiner Untersuchung „Il Papa dell' anno 97 e 3 ,fedeli' di Roma", und L. Alfonsi: „un santo Papa" (Preghiera 230). Die Bindung an Petrus hebt R. Minnerath hervor: „Clément a pu être

---

[1] Über die Forschung im neunzehnten Jahrhundert referiert LIGHTFOOT, I 1,23–25.

[2] Vgl. E. T. MERRILL, Clemens 426 f. (= Essays 217 f.), mit dem Verweis auf die Untersuchung von L. R. DEAN, Study of the Cognomina of Soldiers in the Roman Legions. Clemens war eines der populärsten *Cognomina* im imperialen Heer. Vgl. auch P. LAMPE, Christen 173.

institué presbytre par Pierre, au cours de l'un de ses séjours romains" (Jérusalem 559).

Auch in der Diktion der kritischen Forschung schimmert manchmal die
Vorstellung des Clemens als *des* Bischofs der römischen Gemeinde durch.
Nach W. Bousset ist er „der römische Bischof" (Schulbetrieb 311), das „Haupt
der römischen Gemeinde" (308). Differenzierter äußert sich A. v. Harnack:
„Indessen ist nicht ausgeschlossen, daß de facto Clemens der hervorragendste
und deshalb leitende Bischof unter seinen römischen Bischofskollegen gewesen
ist, ja es ist das sehr wahrscheinlich" (Einführung 50)[1].

Die Forschung des letzten Jahrhunderts betrachtet den Vf. als Vertreter
der großen *urchristlichen Parteien*. Nach E. Gundert ist er ein durch Petrus
bekehrter, aber mit der paulinischen Predigt vertrauter Christ (Brief 642).
Nach L. Lemme vertritt er das römische Judenchristentum, was sich unter
anderem auch sprachlich bemerkbar macht. Der Vf. würde sich nicht ursprünglich und selbständig in der griechischen Sprache bewegen. „Die Feinheit
griechischen Periodenbaues ist nicht vorhanden, sondern die Sätze reihen sich
aneinander" (Judenchristentum 465 f.)[2].

Zur Charakterisierung des Vf.s und seines geistigen Profils werden *Stil und
Inhalt* von I Clem herangezogen. Die Gemeinsamkeiten zwischen I Clem und
dem Brief des Kaisers Claudius an die Alexandriner (im Jahre 41), besonders
die selbstverständliche Übertragung von politischen Kategorien auf die kirchliche Wirklichkeit in der Form des kaiserlichen Hofkanzleistils, erklärt St.
Lösch durch die Annahme, „daß der Verfasser des 1. Clemens-Briefes vor
seinem Übertritt zur neuen Religion zu der Gruppe der führenden Männer
in der Hofkanzlei, derer ab epistulis, gehört haben muß" (Epistula Claudiana
44; vgl. auch ders., Brief 182). Die angegebenen Gemeinsamkeiten sind jedoch
zu wenig spezifisch und gehören in einen viel breiteren Hintergrund[3].

c. Abschließende Bestimmung des Verfassers

Präzises und Sicheres läßt sich über den Vf. von I Clem nicht viel sagen. Die
Einstimmigkeit der Überlieferung bezüglich eines CLEMENS als Autor des
Schreibens - die wichtigsten Zeugen sind Dionys von Korinth und Klemens
von Alexandrien - klingt historisch zuverlässig. Es gibt keinen Grund, die
Notiz anzuzweifeln[4].

---

[1] Ähnlich G. BARDY, Théologie 109 Anm. 5: „On ne peut pas mettre en doute la place de
Clément comme chef de l'Église romaine".

[2] Die Beobachtungen von Lemme zur Sprache von I Clem sind verfehlt. Der Vergleich
ausgerechnet mit Justin ist dabei besonders unglücklich: „Männer wie Justin haben ganz anders
geschrieben".

[3] Kritisch dazu auch P. LAMPE, Christen 173.

[4] Wenn im Kommentar in der Regel nicht von Clemens, sondern vom „Vf." die Rede ist,
hat dies einen sachlichen Grund: Das Schreiben selbst nennt keinen Verfasser.

Daß dieser Clemens eine angesehene Gestalt in der römischen Gemeinde
gewesen sein mußte, geht aus der Bedeutung und aus dem literarischen Rang
des Schreibens hervor. Es ist berechtigt anzunehmen, daß, wenn sich die
römische Gemeinde durch einen Brief in einer solchen brisanten Angelegenheit
zu Wort meldet, ein Mann mit seiner Abfassung beauftragt wird, der dieser
Aufgabe gewachsen ist. Eine genauere Bestimmung der *Funktion* des Clemens
in der Gemeinde ist nur Gegenstand von Mutmaßungen. Die kirchliche
Überlieferung geht von einer Gemeindestruktur aus – mit dem Bischof an der
Spitze –, die auf Clemens projiziert wird, die aber für seine Zeit nicht
postuliert werden darf. Oben wurde die Meinung von Harnack zitiert, Clemens sei wahrscheinlich der „leitende Bischof unter seinen römischen Bischofskollegen" gewesen (Einführung 50)[1]. Die Annahme kann unter der
Voraussetzung zutreffen, daß die mögliche Vorrangstellung des Clemens
personbedingt, nicht in einem hierarchischen Sinn verstanden wird. Hinsichtlich der Amtsbezeichnung ἐπίσκοπος läßt die Begrifflichkeit von I Clem kein
klares Bild erkennen[2]. Das Verhältnis zu den πρεσβύτεροι wird nicht präzisiert, und so gibt es keinen Grund dagegen, Clemens als πρεσβύτερος, statt
ihn als einen ἐπίσκοπος zu betrachten[3].

Über die *Bildung* des Vf.s kann man sich anhand der Beobachtungen über
Sprache und Stil ein etwas deutlicheres Bild machen, aber auch in diesem Fall
bleibt es bei einem guten Stück subjektiver Einschätzung. Harnack hält den
Vf. für einen Mann, „der einigermaßen zu schreiben versteht, aber der
höheren philosophischen Bildung ermangelt, gern pathetisch wird, aber mit
geringem ästhetischen Geschmack" (Einführung 51). Für W. Jaeger schreibt
er an manchen Stellen „wie ein zweiter Demosthenes" (Christentum 9)[4].
Anders verhält es sich hinsichtlich der Erforschung seines kulturellen Niveaus
aufgrund seiner Sprache. Hier ist der Sachverhalt überprüfbar. Der Vf. hat
ohne Zweifel mindestens die Grammatikerschule besucht[5], die ihm die Beherrschung des literarischen Ausdrucks beigebracht hat[6]. Die aufgelisteten

---

[1] Die Einschätzung A. v. HARNACKs, Einführung 50, spiegelt seine Achtung gegenüber dem
Brief wider: „Denn der Brief zeigt eine solche Einsicht, Umsicht und Kraft, daß man sich schwer
vorstellen kann, die Römische Gemeinde habe damals mehrere solche weise und energische
Köpfe und christliche Charaktere besessen und Clemens habe seine Vertretung der Gemeinde
mit anderen teilen müssen."

[2] S.u. Exkurs 7: Amt – apostolische Sukzession – Kirchenrecht. I.3: Die Struktur des Amtes.

[3] Die Vorstellung, Clemens sei einer der leitenden Episkopen gewesen, die dem Presbyter-
kollegium vorstanden (so J. FUELLENBACH, Office 113 f.), setzt vieles voraus, was aus dem Text
nicht herausgelesen werden kann.

[4] „Es kann kein Zweifel sein, daß das, was er in seinem Brief aus einer großen philosophischen Tradition und aus anderen heidnischen Quellen übernimmt, von ihm einbegriffen wird in
diese umfassende Vorstellung einer göttlichen Paideia" (Christentum 18). Die Analyse der Einzelstellen bestätigt diese Beurteilung nicht. Ein direkter Einfluß einer philosophischen Tradition
oder heidnischen Quellen konnte nicht nachgewiesen werden. Vgl. P. LAMPE, Christen 176.

[5] Vgl. P. LAMPE, Christen 181 f.

[6] Vgl. H.-I. MARROU, Geschichte der Erziehung im klassischen Altertum, Freiburg – Mün-

rhetorischen Figuren sind unter anderem der Beweis dafür (s. o. § 3.3)[1]. Seine Bildung zeigt sich auch in der Breite seiner Begrifflichkeit (s. o. § 3.1). Vieles ist nur im Detail erkennbar (z. B. der Sprachgebrauch von ἐξελίσσειν in 20,3; συμπλοκή und νεωτερισμός in 30,1; ἀνατυλίσσειν in 32,1; ἀναθάλλειν in 36,2; συμπνεῖν in 37,5; προοδοιπορεῖν in 44,5; παραπεποιημένον in 45,3; εὐκλεῶς in 45,5; διέλκειν und διασπᾶν in 46,7; βάναυσος in 49,5).

Die Anhaltspunkte, die für die Herkunfsbestimmung in Frage kommen, führen zu keinem eindeutigen Ergebnis[2]. Bei der Annahme, der Vf. sei ein hellenistischer Jude, verlieren manche sprachlichen Indizien, die auf einen nichtjüdischen Autor hinweisen würden, ihre Beweiskraft, denn diese Indizien passen auch zu einem jüdisch-hellenistischen Schreiber[3]. Aber auch der umgekehrte Versuch, aufgrund von bestimmten Wendungen die semitische bzw. jüdische Herkunft des Vf.s plausibel zu machen, erreicht sein Ziel nicht[4]. Freilich sind die Kenntnis und Beherrschung der griechischen Bibel so bestechend, der Einfluß des hellenistischen Judentums so stark, daß man dazu neigen möchte, den Vf. für einen hellenistischen Juden zu halten[5]. Dagegen spricht die Haltung gegenüber Israel und dem Judentum für eine Herkunft aus dem Heidentum. Bei einem judenchristlichen Verfasser wäre die spannungslose Aneignung der Schrift, der Patriarchen und der Verheißungen, die

---

chen 1957, 235–257. Homer, Euripides, Menander und Demosthenes waren die Säulen der klassischen Bildung. Dazu gehörten auch die Aufsatzübungen über verschiedene literarische Formen.

[1] Anders A. WIFSTRAND, Kirche 33: „Auch die Rhetorik im ersten Clemensbrief kann nicht Rhetorik im eigentlichen Sinn genannt werden. Sie besteht im wesentlichen aus einigen Parallelismen mit Homoioteleuton (Reim) und aus einigen Anaphern". Die Beurteilung entspricht nicht dem Textbefund. Gehört nicht auch I Clem 49,2–6 zur „Rhetorik im eigentlichen Sinn"? Es wäre jedoch unangebracht, den Vf. für einen Rhetor einfachhin zu halten. Das rhetorische Vermögen steht im Dienst seiner Aussageintention im Zusammenhang mit dem Ziel des Schreibens. Wifstrand nimmt als Beispiel I Clem 1,2 und stellt dazu die Fassung dar, die man von einem richtigen Rhetor erwarten müßte (ebd.). Dabei kritisiert er die zu zahlreichen Adjektivattribute. Aber die Adjektivpaare verwendet der Vf. durchgehend in diesem Abschnitt und auch sonst (vgl. 1,3; 2,2.5.8 u. ö.). Bei keinem Autor geht es bloß darum, ein allgemeines rhetorisches Ideal nachzuahmen. Die eigene stilistische Prägung und Sachinteressen treten in den Vordergrund. Wenn bei der Aussage über die Gastfreundschaft der strikte Parallelismus abgebrochen wird, müßte man weiter fragen, ob das Thema der φιλοξενία nicht doch eine besondere Bedeutung hat (vgl. 1,2; 12,8), die sich durch eine formale Ungereimtheit bemerkbar macht. Die Kritik von Wifstrand kann nicht überzeugen, weil sie nur auf einen einzigen Text Bezug nimmt, der nicht zu den rhetorischen Höhepunkten von I Clem gehört. Eine „Art Stilisierung" möchte Wifstrand bei I Clem 1,2 allerdings nicht leugnen.

[2] Die verschiedenen Meinungen stellt O. KNOCH, Eigenart 33 Anm. 8, zusammen.

[3] Für R. A. LIPSIUS, Disquisitio 151–155, beweisen die Danaiden und Dirken (6,2), die Welten jenseits des Ozeans (20,8), der Vogel Phönix (Kap. 25), daß der Vf. kein Jude ist, sondern ein Römer.

[4] Vgl. E. NESTLE, Verfasser 178–180 (unter Verweis auf I Clem 12,5.7; 21,9; 28,3; 34,8. Zu E. WERNER, Hebraisms s. o. § 4.1.a. Die Beurteilung von Werner übernimmt N. SPACCAPELO, L'amore 227 f. Anhand I Clem 50,3 nennt er den Vf. „un buon rabbino".

[5] Vgl. LIGHTFOOT, I 1,59 f. („an author of Jewish or proselyte parentage"); H. THYEN, Stil 12.

sich von jeder Polemik und Rechtfertigung frei hält, sehr merkwürdig[1]. Mit diesem Einwand ist nicht das letzte Wort in dieser Frage gesprochen, aber mehr ist dem Text nicht abzugewinnen[2]. Ob der Vf. die spezifisch jüdischen Elemente seines Denkens als Sebomenos dem Einfluß der hellenistischen Synagoge zu verdanken hat, oder ob sie auf den Kontakt mit der christlichen Gemeinde zurückgehen, läßt sich nicht entscheiden. Beide Instanzen reichen voll aus, um seine Denkart und Diktion zu erklären[3].

A. v. Harnack fragt, ob der Brief bei allem Hellenismus nicht auch lateinischen Geist in einem griechischen Gewand atmet. Er möchte die Frage unbedingt bejahen: „Nicht nur lesen sich manche Partien, als seien sie aus dem Lateinischen übersetzt – ich vermag mir freilich nur schwer Rechenschaft darüber zu geben, woran das liegt –, sondern auch der Sinn für geschlossene, strenge Einheit und der Sinn für Autorität, Ordnung, Gesetz und Gehorsam, der in seiner Viereinigkeit den ganzen Brief durchzieht, lassen sich m. E. nicht aus dem Stoizismus oder dem Christlichen allein erklären. Dazu tritt in dem ganzen Brief eine politische Würde hervor, die wir als Kennzeichen des höheren römischen Beamtentums zu beurteilen pflegen" (Einführung 97 f.). Gewiß ist Vorsicht geboten bei solchen Ausdrücken wie „lateinischer Geist" oder „lateinische Denkart". Will man den irgendwie gewonnenen „Eindruck" durch konkrete Belege bestätigen, die das jeweils Spezifische enthalten, erweist es sich als sehr schwer, zu einer objektiven Beweisführung zu gelangen. Dennoch weist Harnack auf ein Phänomen hin – die Viereinigkeit von Autorität, Ordnung, Gesetz und Gehorsam –, das für das klassische Rom ohne Zweifel kennzeichnend war. Auf einer anderen, verwandten Ebene erbringt die Einzigartigkeit des römischen Rechts einen Beweis dafür, daß hier eine römische Eigenart vorhanden ist.

So wird man weiter fragen dürfen – jetzt auch verbunden mit der Frage nach der Physiognomie des Vf.s –, ob das „kirchenrechtliche" Moment in I Clem nicht eine Folge des Rechtsdenkens und -empfindens eines römischen Verfassers ist, der zugleich das Denken eines maßgebenden Teiles der Gemeinde repräsentiert[4]. Mehr als ein „argumentum convenientiae" kann nicht

---

[1] Vgl. A. v. HARNACK, Einführung 51; A. STUIBER, Clemens 194. Nach O. KNOCH, Stellung 349, wird in I Clem die heilsgeschichtliche Stellung Israels nicht negiert, sondern nur relativiert. Der Alte und der Neue Bund seien Stufen in der Entfaltung der Heilsgeschichte. Die heilsgeschichtliche Stellung Israels wird in Wirklichkeit weder negiert noch relativiert. Sie wird nicht behandelt.

[2] Vgl. W. WREDE, Untersuchungen 110 f.

[3] Vgl. R. E. BROWN – J. P. MEIER, Antioch 161 f.

[4] In diesem Fall würde der Vf. auf die Lage in Korinth Kategorien übertragen, die für ihn und die Gemeinde fester Bestandteil der Gesellschaftsordnung waren. Von hier aus soll man auch die Anwendung einer Sukzessionstheorie beurteilen. Die Rechtsordnung wurde nämlich „erblich" gesichert. Sukzession und Rechtsordnung gehören zusammen. Auch die scharfe Ablehnung der „Stásis" kann in diesem Licht gesehen werden. Die Beobachtung von P. MIKAT, Bedeutung, ist richtig: Es handelt sich um politische Kategorien. Warum aber verwendet der Vf. solche Kategorien? Mikat antwortet darauf: Weil der Vf. die Sache auch so gesehen hat

geboten werden, aber manche Eigenarten des Schreibens werden dadurch besser verständlich.

2. Entstehungszeit

Euseb erzählt, daß im 12. Jahr der Regierung Domitians Clemens auf Anenkletos als Bischof von Rom folgte (HistEccl III 15), d. h. im 92 bzw. 93. Ferner zitiert Euseb den Hegesippus als Zeuge dafür, „daß es zur erwähnten Zeit (κατὰ τὸν δηλούμενον, d. h. χρόνον) unter den Korinthern tatsächlich einen Aufstand gegeben hat" (III 16). Die Zeit kann keine andere sein als die Zeit des Domitian, denn von III 13 bis III 20,7 wird über Ereignisse während dessen Regierungszeit berichtet.

Schon der erste Herausgeber, P. Young[1], und viele andere nach ihm[2], verstanden die Aussage in I Clem 1,1 im Zusammenhang mit der Angabe der Überlieferung und schlossen auf eine Datierung des Schreibens in die Zeit zwischen 93 und 97[3]. Die Abfassungszeit gegen Ende der Regierung des Domitian oder am Anfang der Regierung von Nerva ist die meist vertretene Meinung in der Forschung des zwanzigsten Jahrhunderts (so Bihlmeyer, Knoch, Jaubert u. a.)[4].

Es gibt auch von dieser Datierung abweichende Meinungen. I Clem 5–6 wurde in der Forschung der vergangenen Jahrhunderte als Bezugspunkt für die Behauptung in I Clem 1,1 genommen. Zwangsläufig ergab sich daraus eine Datierung in die Zeit kurz nach Nero, also 68–69[5]. Kürzlich wurden

---

und eine römische Intervention vermeiden wollte. Die Beurteilung gibt aber die römische Sicht der Dinge wieder.

[1] Young präzisiert die Datierung, indem er auf die Zeit des Exils des Clemens hinweist, d. h. zwei Jahre vor seinem Tod: „probabile est non prius scriptam (sc. epistula) fuisse quam in exsilium relegaretur, quod factum est biennio antequam martyrio vitam finiret" (PG 1,46).

[2] Nach E. Barnikol hat A. v. Harnack 1875 „die chronologische Clemens-Legende vom Jahre 96" stabilisiert. Aber Harnack hatte viele Vorgänger. Er selbst datiert den Text nicht so genau: „Utrum vero ann. 93–96 an ann. 96–97 confecta sit (scil. epistula), id expedire nequo" (GEBHARDT/HARNACK, LX). Auch zwanzig Jahre später bleibt Harnack grundsätzlich bei seiner Meinung: zwischen ca. 93–95, „schwerlich erst 96 oder 97" (Chronologie 255). E. BARNIKOL, Deutung 13 f., datiert zuerst allgemein: „Weder domitianisch noch antimarcionitisch, sondern vormarcionitisch und sicher nachdomitianisch", dann präziser: um 100 (Christologie 67), also nicht so weit entfernt von der durch Harnack festgelegten „chronologischen Clemens-Legende".

[3] Vgl. die lange Liste von Autoren im Kommentar von GEBHARDT/HARNACK, LIXf, die solche Namen wie Cotelier, Ritschl, Reuss, Hilgenfeld, Gundert, Tischendorf, Lightfoot, Zahn und Bryennios enthält.

[4] Sehr genau datieren FISCHER, 20, und SCHNEIDER, 19: Noch im Jahre 96 (Domitian wurde am 18. September 96 ermordet), oder früh im Jahr 97.

[5] Zum erstenmal H. Grotius in seiner Antwort an H. Bignon am 17. Juli 1634 (PG 1,49). Vgl. A. GALLAND (1765), in: PG 1,105–108; GEBHARDT/HARNACK, (1876) LIV Anm. 1. Ausführliche Beweisführung zugunsten einer Frühdatierung bringen G. EDMUNDSON, Church 189–196; A. E. WILHELM-HOOIBERGH, View 267–275; J. A. ROBINSON, Wann entstand das Neue Testament? 338–345; R. MINNERATH, Jérusalem 552–557.

andere Argumente angeführt. D. Powell beruft sich auf die „Einstellung des
I Clem zu den weltlichen Herrschern", die am ehesten in die Regierungszeit
Vespasians passen würde (TRE VIII 117), aber er macht keine präzise Zeit-
angabe. Th. J. Herron argumentiert mit den Aussagen über den Tempel in I
Clem 40–41, die nur einen Sinn hätten, wenn der Tempel noch existierte
(Date 108 f.). Daher schlägt er eine Datierung um 70 vor[1]. Ähnlich urteilt R.
Minnerath (Jérusalem 553 f.)[2].

Mit recht unterschiedlicher Begründung wird auch eine spätere Datierung
befürwortet. Die Zeitspanne ist breit. Am weitesten geht H. Delafosse (1928),
der den Brief aufgrund seiner antimarcionitischen Tendenz um 150 datiert
(Lettre 82)[3]. G. A. van den Bergh van Eysinga hatte zuvor das Schreiben um
140 angesetzt, und zwar als literarische Fiktion, um die Macht des Klerus
zu untermauern[4]. Im vorigen Jahrhundert stützte sich G. Volkmar auf I Clem
55,4 f. mit der Erwähnung der Judit. Da er das Juditbuch erst auf 118, gleich
nach dem Tod Trajans, datiert, wird aus der Anspielung in I Clem auf eine
Entstehung um 125 geschlossen[5]. „Mit denkbar grösster Wahrscheinlichkeit"
setzt auch Chr. Eggenberger die Entstehungszeit von I Clem an den Anfang
der Regierung Kaiser Hadrians „also zwischen 118 und ca. 125" (Quellen
182)[6]. Ohne auf das Problem näher einzugehen, meint schließlich R. P. C.
Hanson, bei einer späteren Datierung, „im 2. oder 3. Jahrzehnt des 2. Jh.,
wird man den Hinweisen, die der Brief auf seine Entstehungszeit gibt, besser
gerecht" (TRE III 535).

Die Datierung von I Clem setzt ein Gesamtkonzept von der Entwicklung
der urchristlichen Literatur voraus; isoliert davon kann sie nicht vorgenommen
werden. Ihre Stichhaltigkeit hängt somit mit der Konsistenz dieses Gesamt-
konzepts zusammen[7]. Auf dieser Grundlage lassen sich folgende Gründe gegen

---

[1] Andere Argumente von Herron sind ebenso wenig überzeugend: die angebliche Unkenntnis
der Synoptiker, die Erwähnung nur von Petrus und Paulus, das Nicht-Verwenden der Apg.

[2] Vgl. ferner I Clem 5,1; 47,1 f.; 63,3, die J. A. T. ROBINSON, Wann entstand das Neue
Testament? 340–345, und R. MINNERATH, Jérusalem 553 f., in ihre Argumentation einbeziehen.

[3] Vgl. die Kritik von E. BARNIKOL, Deutung 12 f.

[4] Vgl. DERS., Littérature 181–183. Zu E. T. Merrill s. o. § 5.1.b.

[5] Vgl. DERS., Ueber Clemens von Rom und die nächste Folgezeit, in: ThJb(T) 15 (1856)
287 f. Der Vorschlag fand die Zustimmung von F. Chr. Baur, A. Schwegler, H. J. Holtzmann
u. a. Vgl. GEBHARDT/HARNACK, LVIIf Anm. 10; LIGHTFOOT, I 346.

[6] Näheres zu Eggenberger im Exkurs 2: Die religionsgeschichtliche Frage in I Clem 20, und
Exkurs 9: Das Allgemeine Gebet in I Clem.

[7] Das Problem würde sich ganz anders darstellen, wenn man von einer Frühdatierung der
neutestamentlichen Schriften ausgehen würde. Vgl. J. A. T. ROBINSON, Redating the New Testament, London 1976 (= Wann entstand das Neue Testament?). In seiner Argumentation hängt
er weitgehend von G. EDMUNDSON, Church 189–196, ab. Den jüngsten Versuch in dieser
Richtung hat R. Minnerath in seiner Arbeit „De Jérusalem à Rome. Pierre et l'unité de l'église
apostolique" (Paris 1994), unternommen. Durch eine stark selektive Berücksichtigung der Sekundärliteratur – die von J. A. T. Robinson vorgetragenen Argumente finden breite Aufnahme
–, aber ohne die notwendige Auseinandersetzung mit anderen Meinungen in der Forschung,
erreicht Minnerath sein Ziel, die Entstehung aller Schriften des Neuen Testaments vor der

eine Frühdatierung anführen – ganz abgesehen von der Schwäche der Argumente dafür –: der traditionelle Zusammenhang mit Hebr und 1 Petr, das unbelastete Verhältnis zum Judentum, das Selbstbewußtsein der römischen Gemeinde, die Begrifflichkeit in der Amtsfrage, die vorausgesetzte Amtsstruktur und nicht zuletzt die Angaben der Überlieferung sind Gründe, die einzeln – für sich allein genommen – ein unterschiedliches Gewicht haben, aber zusammen betrachtet die notwendige Beweiskraft besitzen, um eine Frühdatierung abzulehnen.

Gegen eine Spätdatierung sprechen vor allem das Fehlen von jeder antignostischen Polemik und die Rezeption von I Clem in PolPhil[1]. Die Plausibilität der Argumente, die von deren Befürwortern angeführt worden sind, erübrigt zudem jede weitere Beweisführung.

Behält also die zum erstenmal 1633 von P. Young vorgeschlagene Datierung zwischen 93 und 97 ihre Gültigkeit? Es wäre verlockend, ein noch präziseres Datum anzugeben, etwa mit dem Hinweis auf die Regierungszeit Nervas (97–98), die durch eine politisch versöhnliche Haltung und durch dem Volk zugute kommende soziale Maßnahmen gekennzeichnet war[2]. Aber die Stellung von I Clem zur politischen Macht muß nicht unbedingt bestimmte Machtverhältnisse in Rom widerspiegeln. Andere jüdische und christliche Dokumente, die sich zur politischen Macht äußern, sind mehr von einer theologischen Idee als von einer unmittelbaren politischen Erfahrung inspiriert[3]. Die oft zitierte Stelle I Clem 1,1 ist zu ungenau[4], um daraus auf das Ende der Regierungszeit Domitians zu schließen. Darüberhinaus ist keineswegs sicher, ob man von Verfolgungen in Rom in dieser Zeit sprechen kann[5].

Angesichts dieser Quellenlage legt sich nahe, für die Datierung das letzte Jahrzehnt des ersten Jahrhunderts anzunehmen[6]. Sie verzichtet auf größere –

Zerstörung Jerusalems und die herausragende Bedeutung des Petrus in dieser ganzen Periode der Kirchengeschichte darzustellen. Die Studie von R. E. BROWN – K. P. DONFRIED – J. REUMANN (Hrsg.), Peter in the New Testament, Minneapolis – Toronto – New York 1973, ist durch das Buch von Minnerath nicht überholt.

[1] L. L. WELBORN, Date 37, datiert I Clem allgemein zwischen 80 und 140. Wenn PolPhil – der sogenannte zweite Polykarpbrief – ca. 130 entstanden ist, dann läßt sich die Datierung von I Clem nicht so spät ansetzen.

[2] Nach Dio Cassius, LXVII 2,1, wurde an die Armen vom Staat gekauftes Land verteilt. In einem bei Plinius, Ep X 58 zitierten Erlaß Nervas heißt es am Schluß: „me novis beneficiis vacare patiantur et ea demum sciant roganda esse, quae non habent." („Man lasse mir Zeit für neue Wohltaten und wisse, daß man nur um das zu bitten braucht, was man noch nicht hat." Übersetzung von H. Kasten).

[3] S.u. Exkurs 9: Das Allgemeine Gebet in I Clem.

[4] Vgl. L. L. WELBORN, Date 38–48; J. ULRICH, Euseb 272 f. Daraus läßt sich aber auch kein Argument zugunsten einer Frühdatierung gewinnen. Gegen R. MINNERATH, Jérusalem 552 f., der die Stelle I Clem 1,1 (διὰ τὰς ... γενομένας ἡμῖν συμφορὰς καὶ περιπτώσεις) auf die Unruhen in Rom in der Zeit zwischen dem Tod Neros und dem Sieg Vespasians deutet.

[5] Vgl. E. T. MERRILL, Essays 161. Der Aufsatz von J. ULRICH, Euseb, stellt sie in Frage.

[6] Auch LINDEMANN, 12.

allerdings mit etlichen Unüberprüfbarkeiten belastete – Genauigkeit, läßt sich aber mit der Überlieferung noch in Einklang bringen und dürfte schließlich – und vor allem – am besten dem Charakter des Schreibens entsprechen.

§ 6 Der Anlaß des Briefes

Die römische Gemeinde sendet den Brief an die korinthische, weil dort ein Konflikt entstanden ist. Der ungewöhnliche Schritt[1] muß von den beiden Seiten beleuchtet werden, die ihn bestimmen: 1. Was ist in Korinth geschehen? 2. Was ist der unmittelbare Anlaß dazu, und woher nimmt die römische Gemeinde das Recht, in die Angelegenheit einzugreifen, noch dazu in der Weise, wie sie es tut?

1. Der Konflikt in Korinth

Über das Geschehen in Korinth, das zum Konflikt in der Gemeinde geführt hat, gibt es nur eine einzige direkte Quelle: den Brief der römischen Gemeinde. Mit dieser Quelle ist die Schwierigkeit verbunden, die sich bei jeder Charakterisierung des Geschehens in Korinth einstellt. Der Brief liefert nämlich nicht eine neutrale Beschreibung – falls man in einem solchen Zusammenhang überhaupt von unparteiischer Sachlichkeit sprechen kann –, sondern eine dezidierte Beurteilung der Ereignisse in Korinth, der eine Deutung derselben zugrundeliegt. Würde man diese Deutung und die entsprechende Beurteilung als der Sache angemessen betrachten, hätte man damit einen Zugang zum Geschehen; denn es ließe sich rekonstruieren. Das ist für I Clem nicht der Fall. Seine Angaben sind sehr fragmentarisch. Der Kern der Sache, um die es geht, ist die Absetzung von einigen Presbytern in Korinth (44,4-6). Der Vorgang wird als στάσις, als Aufruhr und Aufstand, deklariert (1,1; 46,9; 51,1; 54,2; 57,1). Urheber des Konflikts sind nur recht wenige Leute (1,1; 47,7; 57,1), aber die ganze Gemeinde ist davon betroffen (46,9; 47,6). Eine Ursache für den Konflikt, die eine historische Rekonstruktion ermöglichen würde, nennt der Vf. nirgendwo. Denn die Stichworte „Neid und Eifersucht", die den Abfall vom idealen Zustand der Gemeinde (1,2–2,8) in die jetzige Lage (3,1–4) kennzeichnen, sind zu allgemein und nicht auf konkrete Haltungen bezogen, die als eigentliche Ursachen gelten könnten. Die „Anführer des Aufruhrs" (51,1) erscheinen als unbesonnen und rücksichtslos (1,1); sie neigen zu Prahlerei und Unordnung (14,1), zu Streit und Zwistigkeit (14,2); sie suchen zwar den Frieden, aber nicht aufrichtig, sondern in heuchlerischer

---

[1] Warum der Schritt „ungewöhnlich" bezeichnet wird, ist oben in § 2.1 dargelegt.

Weise (15,1); sie sind töricht, unvernünftig, überheblich; sie rühmen sich in prahlerischer Rede (21,5; 57,2); sie sind ungebildet (39,1). Da sich aber gläubige Existenz nur in Gehorsam gegenüber dem Willen Gottes und nur in Demut vollziehen kann (13,1-19,1), bleibt für die Gegner im Grunde nur eine Haltung, die sie als Gegenspieler erscheinen läßt: es ist die Haltung der Prahlerei und Überheblichkeit. So bleibt die Frage, ob das Bild der Gegner nicht aus einer gewissen Logik heraus entworfen ist[1], die zwar das Geschehen in Korinth erklären kann, ohne aber etwas mit den tatsächlchen Ursachen zu tun zu haben.

Als Ursachen des Konflikts in Korinth wurden in der Forschung geltend gemacht:

a. Spannungen zwischen Juden- und Heidenchristen in Korinth[2]. Paulinische Heidenchristen haben die Legitimität der Zugehörigkeit der alttestamentlich-gesetzlichen Judenchristen zur christlichen Gemeinde bestritten und mehrere Presbyter abgesetzt. Nach dieser Rekonstruktion vertritt I Clem die Interessen der Judenchristen.

b. Streitigkeiten über die christliche Lehre. Nicht die Herkunft der streitenden Parteien ist hier ausschlaggebend, sondern ein ganz bestimmter Inhalt der christlichen Lehre[3]. Der Gegenstand wird unterschiedlich beurteilt. Nach H. Delafosse glauben die Aufrührer in Korinth nicht mehr an eine irdische Königsherrschaft Christi und an die Auferstehung der Toten (Lettre 71). Darüber hinaus sei auch die Übernahme der Lehre Markions maßgebend (ebd. 73). Die Hinweise auf das Blut Christi, die Beispiele aus dem AT, das Gebet am Schluß des Briefes, die Aussage über den Enthaltsamen in 38,2 sind Teile der Reaktion auf die Propaganda Markions in der Gemeinde (ebd. 74-76).

W. Bauer bestimmt die Gegner in I Clem am Schluß einer Entwicklungslinie, die mit den „Starken" von 1 Kor und ihren Tendenzen (Götzenopfer, Unzucht, Leugnung der Auferstehung) ansetzt (Rechtgläubigkeit 104)[4]. Ganz ähnlich beurteilt die Lage T. Aono (Entwicklung 102 f.). Die zum Libertinismus neigenden Gegner (aufgrund von 30,1; 28,1; 35,5) sind Pneumatiker (ebd. 103), die die überkommene Eschatologie bekämpfen und die Parusieerwartung in Frage stellen (ebd. 104). Die historischen Situationen, die sich in 1 Kor und I Clem widerspiegeln, „sind im wesentlichen die gleichen" (ebd. 105). Nach H.-G. Leder resultieren die Streitigkeiten „aus gnostisierenden Mißverständnissen paulinischer Theologie" (Unrecht 119 Anm. 3).

---

[1] Vgl. W. WREDE, Untersuchungen 28 f.; A. v. HARNACK, Einführung 91.

[2] Vgl. S. GUNDERT, Brief 36 f.; L. LEMME, Judenchristentum 400 f.

[3] A. DAVIDS, Irrtum 187, läßt am Schluß die Frage offen, ob das, was in Korinth vorgefallen ist, „Schisma" oder „Häresie" zu nennen ist. Das hinge von der Einschätzung der theologischen Positionen der Gegner ab.

[4] Die Beurteilung Bauers wird ganz von Ph. VIELHAUER, Geschichte 536 f., übernommen. H. KÖSTER, Einführung 727, vermutet ebenfalls gnostische Lehrer.

c. Spannung zwischen Geist und Amt bzw. Charisma und Struktur. Es ist die am häufigsten vertretene Erklärung. Zu den ersten, die sie vortrugen gehören A. Hilgenfeld und R. A. Lipsius[1]. Die Kritik von W. Wrede an manchen Einzelheiten beeinträchtigt nicht den Konsens darüber, „dass nämlich die ἀρχηγοὶ τῆς στάσεως ihre besondere Stellung in der Gemeinde ihrer pneumatischen Begabung verdankten" (Untersuchungen 34). Ferner weist Wrede auf den Kult als den Ort hin, wo „die ‚Führer' und die Presbyter als Rivalen zusammentrafen" (ebd. 48). Für die Römer stünden die auf Lebenszeit bestellten Amtsträger über der Gemeinde: „Eine besondere Prärogative der charismatisch Begabten für das Gemeindeleben wird nicht anerkannt: sie sind einfach Laien" (ebd. 50). Mit einigen Varianten, besonders hinsichtlich der näheren Bestimmung der Gegner, aber auf der gleichen Grundlage bezüglich ihrer charismatischen Prägung, lassen sich mehrere Autoren hier einreihen[2].

d. Machtkämpfe in der Gemeinde ohne einen besonderen Hintergrund. Hierher – und nicht ohne einen eigenen Reiz – gehört die Stellungnahme von A. v. Harnack. 1909 stimmte er mit der Meinung Wredes insofern überein, als auch er „enthusiastische Motive" bei den „Unruhestiftern" annahm. Allerdings machte er eine bedeutsame Einschränkung: „Die auffallende Tatsache aber, daß Clemens die Gegner nicht als Pneumatiker bekämpft, erklärt sich wohl daraus, daß sie als solche nicht zu fassen waren" (Klemensbrief 42 Anm. 1). Zwanzig Jähre später bietet er eine andere Sicht der Dinge: „Um persönliche Cliquenwirtschaft hat es sich also gehandelt, ohne jeden prinzipiellen Hintergrund (wie so oft in Gemeindestreitigkeiten der Folgezeit)" (Einführung 92). Mit Blick auf A. v. Harnack, der schon 54 Jahre zuvor einen Kommentar zu I Clem geschrieben und sich in der folgenden Zeit immer wieder mit Fragen des Textes beschäftigte, verdient eine solche Beurteilung besondere Beachtung.

Keiner der aufgelisteten Erklärungen kann man von vornherein jeglichen Wahrheitskern absprechen, wiewohl sich keine von ihnen auf einen überzeugenden Text stützen kann. Dies ist auch nicht bei der 1929 von Harnack vorgetragenen Deutung der Fall, denn, liegt keine klare Aussage über den Charakter des Konflikts vor, folgt daraus nicht unbedingt, daß es sich um einen Gruppenstreit ohne einen ernstzunehmenden Hintergrund handelt.

Würde man sogar für möglich halten, daß der Vf. vielleicht über keine genaue Information zu den Ursachen des Konflikts verfügte - wohl aber über die Folgen –, so daß deswegen die Angaben darüber so unpräzis sind, dann

---

[1] A. HILGENFELD, Väter 80–82; R. A. LIPSIUS, Disquisitio 112: „Suo quisque charismate nisus tamquam spiritualis homo presbyteros despiciebat, et quasi jus suum vindicabat, ut ab omni magistratuum obedientia immunis eset".

[2] Vgl. u. a. W. LÜTGERT, Amt 66–92; H. LIETZMANN, Geschichte I 202 f.; P. MEINHOLD, Geschehen 99–104; H. OPITZ, Ursprünge 11–17. Nach J. RHODE, Ämter 115, handelt es sich um den Streit zwischen „Neucharismatikern" (Propheten und Lehrer der zweiten Generation) und Ersatzcharismatikern (Episkopen und Diakonen) (vgl. auch DERS., Häresie 226).

weist seine Antwort auf den Punkt hin, der nach seinem Erachten den Kern des Problems bildet. Es ist die Unabsetzbarkeit der Amtsträger, sofern sie die in I Clem 44,3 genannten Bedingungen in der Ausübung ihres Dienstes erfüllt haben. In dieser Antwort liegt zugleich *seine Deutung* des Konflikts. Durch spätere Zeugnisse steht außer Zweifel, daß das römische Schreiben in Korinth positiv aufgenommen wurde. Das bedeutet, daß die *Deutung* in Rom als grundsätzlich adäquate Antwort auf das *Geschehen* in Korinth anerkannt und akzeptiert wurde. Unter dieser Voraussetzung ist eine Überlegung über den Werdegang des Konflikts unter Berücksichtigung eines breiten theologiegeschichtlichen Horizonts nicht unangebracht oder gar überflüssig.

Wie die Sorge um geeignete Amtsträger in den Pastoralbriefen zeigt, läßt sich in den paulinischen Gemeinden am Ende des ersten Jahrhunderts die unverkennbare Tendenz feststellen, die Aufgaben des kirchlichen Amtes und die Voraussetzungen für die Einsetzung der Amtsträger festzulegen. Wie weit diese Entwicklung von Spannungen und Streitigkeiten in den Gemeinden begleitet wurde, wird in den Quellen nicht dokumentiert, aber es wäre merkwürdig, wenn sich eine solche Wandlung ausgerechnet in der korinthischen Gemeinde ganz problemlos vollzogen hätte. Die durch 1 Kor eindeutig bezeugte charismatisch-enthusiastische Stimmung spricht gegen einen reibungslosen Übergang von der einst so charismatisch geprägten Gemeinde zu einer solchen Gemeindestruktur, die durch eine zunehmende Institutionalisierung des Amtes gekennzeichnet ist.

Von diesem Hintergrund her, der durch die Geschichte der korinthischen Gemeinde und die Entwicklung in den paulinischen Gemeinden plausibel gemacht wird, ist die Entstehung des Konflikts in Korinth zu verstehen. Man braucht keine gemeinsame Aktion einer charismatischen Gruppe gegen die etablierten Presbyter zu postulieren, um das Geschehen zu erklären. Das Unbehagen ihnen gegenüber, das schließlich zur Absetzung von einigen aus der Gruppe führt, kann viele andere Ursachen haben. Die gemeinsame Grundlage dürfte jedoch die Weigerung einer Anzahl von korinthischen Gläubigen sein, alle Konsequenzen einer Institutionalisierung des Amtes widerspruchslos hinzunehmen. Das schließt die Einwirkung von Faktoren, die in den angegebenen Erklärungsversuchen erwähnt wurden, nicht restlos aus. Sie entziehen sich aber einer präzisen Bestimmung, wie die Textanalyse zeigt.

Diese Deutung bleibt also allgemeiner als die ersten drei oben angeführten Erklärungen und vermeidet zugleich, den Ernst der Ursachen für die Entstehung des Konflikts vorschnell zu relativieren, wie es in der Erklärung von Harnack (1929) geschieht.

2. Das Eingreifen Roms

a. Der unmittelbare Anlaß

Der Brief legt an keiner Stelle den Grund dar, weswegen die römische
Gemeinde in den in der korinthischen Gemeinde aufgebrochenen Konflikt
eingreift. Nichts weist auf eine Bitte der Korinther hin – auch nicht I Clem
1,1[1]. So stellt sich die Aufgabe, dafür eine plausible Erklärung zu finden.

Es leuchtet ein, daß die Beurteilung des Streitsgrundes gegebenenfalls auch
die Erklärung zum unmittelbaren Anlaß für das Eingreifen Roms liefert. So
behauptet L. Lemme, der „heidenchristliche Antisemitismus in Korinth" habe
sich zunächst gegen die Presbyter dort gerichtet („wahrscheinlich römischer
Herkunft"), aber auch – unter Verweis auf 46,9 – gegen die römische Gemeinde selbst (Judenchristentum 404). Auf diese Lage reagierte Rom. W. Bauer
baut seine Erklärung auf der Rolle Roms bei der Verteidigung der Rechtgläubigkeit im Westen auf[2]. Durch die neuen Verhältnisse in Korinth „waren
die Interessen Roms empfindlich berührt", da sie eine Ausrichtung nach dem
Osten und eine Loslösung vom Westen zur Folge hatten (Rechtgläubigkeit
105 f.). Polykarp, der älteste Kenner des I Clem, ist ein Verteidiger der
Orthodoxie gewesen. Bei Hegesipp (Euseb, HistEccl IV 22,2) und Dionys
von Korinth (ebd. IV 23,1-7) wird I Clem „als ein Ruf zur Rechtgläubigkeit
aufgefaßt, dem die Korinther, und zwar für die Dauer, Folge geleistet haben"
(Rechtgläubigkeit 107)[3].

Während die Erklärung Lemmes auf einer sehr fraglichen Rekonstruktion
der Lage in Korinth beruht, entbehrt die Deutung Bauers nicht einer gewissen
Plausibilität, wenngleich die Rolle Roms als Hüterin der Rechtgläubigkeit erst
durch spätere Zeugen unterstützt wird.

---

[1] Am Ende des achtzehnten Jahrhunderts argumentierten katholische Autoren mit der Bitte
der korinthischen Gemeinde an die römische Kirche, um die Autorität der letzteren hervorzuheben. So C. Eberth (Freiburg 1783); G. Lumper (Wien 1783). Vgl. PG 1,169-172. – TH.M.
WEHOFER, Untersuchungen 141, erklärt den Anlaß des Schreibens unter der Voraussetzung einer
literarischen Kontroverse zwischen der korinthischen und der römischen Gemeinde. Gestützt
auf I Clem 47,7 behauptet er, die Gegner hätten ein Flugblatt oder eine Broschüre herausgegeben
– vielleicht sogar mit dem Titel „Brief an die Römer" – und so die Antwort Roms herausgefordert.
Die Kunde über den Konflikt war in Rom sogar in nichtchristlichen Kreisen bekannt geworden.
„Dass eine Revolution, die sich gegen die Autorität der Presbyter richtete, schliesslich auch
anderwärts zünden konnte und überdies die Christengemeinden in unangenehmes Gerede brachte, war Grund genug, literarisch gegen eine litterarische Gefahr Stellung zu nehmen." – Die
Stelle I Clem 47,7 ist zu allgemein, um damit die Existenz einer schriftlichen Mitteilung der
korinthischen Gemeinde zu begründen. H.-J. VOGT, JAC 38 (1995) 169, nimmt an, „daß die
in Korinth abgesetzten Presbyter sich in Rom beschwert, also so etwas wie eine Appellation
vorgebracht haben". Die Aussage in I Clem 65,1, die Abgesandten sollen in Rom bald über den
Erfolg ihrer Mission berichten, liefert keine Begründung dazu. Vgl. auch R. MINNERATH,
Jérusalem 572 f.

[2] Kritisch dazu vgl. F. W. NORRIS, Ignatius 36-41.

[3] Ähnlich PH. VIELHAUER, Geschichte 537 f.

Auch unabhängig von einer expliziten Stellungnahme zum Inhalt des Konflikts wird der Anlaß für das Eingreifen Roms erläutert. P. Mikat ist der Einsicht, daß die römische Gemeinde in der „praktisch führerlos" gewordenen korinthischen Gemeinde interveniert, um zu verhindern, daß die römische politische Macht den immer als gefährlich angesehenen Aufruhr gewaltsam beendet (Bedeutung 23 f.). „Diese im Blick auf die staatliche Obrigkeit möglichen Folgen, die die römische Gemeinde für ihre Schwestergemeinde in Korinth höchstwahrscheinlich befürchtete, gehören zum Verständnishorizont des römischen Mahnschreibens, das dazu beitragen will, die Einheit wiederherzustellen und durch die Wiederherstellung der Einheit die drohende Gefährdung von außen abwenden will" (Auswanderungsrat 215). Die Frage ist nun, ob die von Mikat angenommene politische Dimension des Konflikts von den in Frage kommenden Texten getragen wird (vgl. besonders 1,1; 47,6 f.; 54,2. S. u. Exkurs 9: Das Allgemeine Gebet in I Clem. III. Die politische Haltung und Absicht).

J. W. Wilson sieht den Grund für den Schritt der römischen Gemeinde nicht so prinzipiell und nicht allein in der Absetzung der Presbyter. Das Anliegen des Schreibens sei auch nicht die Bekräftigung der Macht und Autorität der Amtsträger. „The Epistle is a plea for the restoration of the peace and harmony of the community as a whole. Its argument is concerned with the power of God and how this may be known and experienced; the authority of the elders is only one aspect of this" (Epistle 156 f.).

Die Erklärung Wilsons übersieht aber die Struktur des Briefes und die Tragweite von einigen Aussagen, besonders im zweiten Teil. Die Bezeichnung „Theology of Power" charakterisiert zwar trefflich Inhalt und Anliegen von I Clem, aber es geschieht nicht ohne Bezug zur Situation. Gerade die Zweideutigkeit jeder „Theology of Power", die auch I Clem berührt, kommt durch eine solche Darstellungsart nicht zum Tragen. Der „Stasis"-Begriff verliert an Schärfe, wenn man ihn nur als allgemeinen Ausdruck der Ablehnung der Ordnung Gottes versteht (ebd. 159).

Bleiben die Konturen des korinthischen Konflikts so unscharf, wie oben dargelegt wurde, wird man daraus keine eindeutige Erklärung über den unmittelbaren Anlaß für das Eingreifen Roms ablesen können. Das Geschehen wird verständlicher, wenn man die Begründung für das selbstbewußte Auftreten der römischen Gemeinde mit einbezieht.

b. Die Begründung für das Eingreifen Roms

Die hier zu behandelnde Frage gewinnt ihre eigentliche Brisanz, wenn der Anspruch der römischen Gemeinde mit ihrem Schreiben nicht verharmlost wird[1]. Am Schluß der Überlegungen über die Struktur von I Clem (s. o. § 2.2)

---

[1] So H. DELAFOSSE, Lettre 56: „La lettre de Clément Romaine se présente comme un acte de charité; elle n'est à aucun degré un acte d'autorité"; R. v. CAUWELAERT, Intervention 275:

wurde schon darauf hingewiesen. Die Forderung an die Anführer des Aufruhrs, sie sollen sich den Presbytern unterordnen, die Zuchtmaßnahme zur Buße annehmen und die Knie ihres Herzens beugen (57,1), kann von vielen brüderlichen Aussagen begleitet sein; die Maßnahme selbst kann durch viele Argumente verständlich und einsichtig gemacht werden. Das ist alles richtig und durch viele Aussagen in I Clem leicht zu belegen. Aber das Autoritätsbewußtsein der römischen Gemeinde und die Aufforderung zu gehorsamer Annahme des Schreibens bleiben davon unberührt[1]. Harnack formuliert zutreffend: „Kein Zug in dem Brief deutet mit Sicherheit auf spezifisch römische Ansprüche, alles kann rein religiös und brüderlich bestimmt sein; aber die Tatsache, daß keine andere reichskirchliche Gemeinde bzw. kein Bischof (auch nicht Ignatius) so im Anfang der Kirchengeschichte gesprochen und gehandelt hat, bleibt bestehen, und daher läßt sich die Vermutung nicht unterdrücken, daß hier auf christlichem Boden doch schon der Geist, der Anspruch und die Kraft Roms sich geltend gemacht haben: die römische Gemeinde wagte es, den Thron wirklich zu besteigen, der jeder christlichen Gemeinde zugänglich war" (Einführung 98 f.). Nach Ph. Vielhauer wird man „ein solches Selbstbewußtsein und Machtstreben sachgemäß nur als primatial bezeichnen können" (Geschichte 538).

Ist der Anspruch der römichen Gemeinde einmal erkannt[2], geht es nun darum, den Hintergrund zu beleuchten, auf den er gestellt wurde. Die Forschungsgeschichte zeigt in dieser Frage zwei Hauptrichtungen. Die erste operiert *mit einem theologischen Element.* Einige katholische Autoren deuteten die Intervention der römischen Gemeinde als Ausdruck des Primats des Bischofs von Rom[3]. Daß diese Erklärung auf einem groben Anachronismus

---

„L'Église de Rome ne se montre pas davantage autoritaire dans ses admonitions et dans le choix de ses arguments"; 279: „Clément n'accuse pas, ne menace pas, ne commande pas … Ce plan de l'egalité, Clément ne le quitte pas un instant". Autorität kann sich auch recht kollegial und brüderlich ausgeben. I Clem ist ein gutes Beispiel dafür. B. ALTANER, Clemensbrief 537, erklärt die Art von I Clem, seinen Anspruch zu melden, durch den Stil des christlichen Privatbriefes. „Also auch in einer Zeit, in der das Primatsbewußtsein der römischen Bischöfe ganz deutlich zu erkennen war, trat im Briefstil kaum je eine Änderung hervor."

[1] Vgl. G. BARDY, Théologie 108–112.

[2] Ob dieser Anspruch als „primatial" bezeichnet werden soll, ob die Rede von einem römischen „Primat" angemessen ist, sei dahingestellt. Da solche Begriffe durch die spätere kirchengeschichtliche Entwicklung sehr belastet sind, werden sie hier nur im Zusammenhang mit Meinungen aus der Forschung verwendet.

[3] Zum ersten Mal anscheinend P. COUSTANT, Epistolae Romanorum Pontificum, Paris 1721, XIXf (Hinweis bei J.A. de ALDAMA, Iᵃ Clementis 107 f. Anm. 2); J. FESSLER – B. JUNGMANN, Institutiones Patrologiae, Innsbruck 1890, I 131; O. BARDENHEWER, Geschichte I 124 f. Der Artikel des Benediktiners R. v. CAUWELAERT, L'intervention de l'Église de Rome à Corinthe vers l'an 96 (RHE 1935), der keinen Akt der Autorität im römischen Schreiben entdeckte, und eine andere Klärung für den Vorgang vorschlug (s. u.), rief in bestimmten Kreisen eine deutliche Ablehnung hervor. Vgl. F. SEGARRA, La Iᵃ Carta de Clemente a los Corintios y el Primado Romano, in: EE 15 (1936) 380–389. J.A. de ALDAMA, a.a.O., bringt die Sache auf den Punkt und fragt, ob der Brief „un acto de autoridad de parte del Papa" bezeugt oder nicht. Natürlich

beruht, bedarf keiner langen Erläuterung. Von einem monarchischen Bischof in Rom kann in dieser Zeit noch keine Rede sein, aber selbst wenn es so wäre, bliebe immer noch die Frage, warum der Brief im Namen der römischen Gemeinde und nicht in seinem Namen geschickt wurde. Der Absender des Briefes und das Schweigen über jede individuell-persönliche Instanz desselben innerhalb der römischen Gemeinde sind die besten Argumente gegen jede Erklärung, die in einer solchen Instanz den Grund für das Eingreifen Roms sehen möchte[1].

Das theologische Element ist auch dort wirksam, wo der Anspruch der römischen Gemeinde von ihrer Eigenschaft als Gemeinde des Petrus und des Paulus abgeleitet wird: Die in I Clem 5 überlieferte Notiz vom Tod der Apostel sei der eigentliche Gründungsakt der Gemeinde, indem der Märtyrertod die Echtheit ihres Zeugnisses beglaubigt und die besondere Funktion der Gemeinde innerhalb der anderen christlichen Gemeinden begründet[2]. Die Schwierigkeit dieser Erklärung betrifft die Bedeutung und Funktion der Apostel, wie sie sich anhand von I Clem 5 herausstellen lassen, die aber nicht jener Auffassung entsprechen, die ihnen zugeschrieben wird. Es ist sicherlich nicht übertrieben zu sagen, daß die römische Gemeinde mit Stolz auf „die edlen Beispiele", auf die „größten und gerechtesten Säulen", auf „die tapferen Apostel" Petrus und Paulus zurückschaute (5,1–3). Aber sie spielen im entscheidenden Teil der Argumentation keine Rolle. Man vermißt jeden Hinweis auf eine legitimierende Rückführung der eigenen Autorität auf beide Apostel[3]. Es ist auch nicht sachgemäß, den Text aus einer Perspektive zu deuten, die von Ansichten der späteren Kirchengeschichte beeinflußt ist.

Die zweite Hauptrichtung enthält keinen theologischen Bezugspunkt in ihrer Argumentation, sondern einen *kultur-soziologischen*. R. van Cauwelaert vertritt in seinem Aufsatz die These, daß die Fügsamkeit der Korinther – nach seiner Interpretation erhebt die römische Gemeinde keinerlei autoritären Anspruch – auf die Tatsache zurückzuführen ist, daß Korinth in der Zeit von I Clem eine römische Kolonie war, die politisch, religiös, sozial und kulturell unter dem massiven Einfluß Roms stand (Intervention 283–302)[4].

---

bejaht er die Frage. Ähnlich G. FALBO, Primato 219–222. Viel differenzierter ist die Stellungnahme von B. ALTANER, Clemensbrief 539, der die „besonders in Handbüchern der Dogmatik und Apologetik übliche Benutzung des Clemensbriefes im Dienste des Primatsdogmas" als „selten frei von übertreibenden und darum unhistorischen Behauptungen" bezeichnet.

[1] Anders G. FALBO, Primato 222–225.

[2] So O. KNOCH, Eigenart 31–35; Namen 12; J.-M.R. TILLARD, L'évêque de Rome, Paris 1982, 108; P. GRELOT, Pierre 229–234; W. SCHMITHALS, Johannesevangelium und Johannesbriefe (BZNW 64), Berlin – New York 1992, 238. H. KÖSTER, Einführung 728 f., hebt das gemeinsame Vorkommen von Petrus und Paulus in I Clem 5 hervor, eine besondere Verbindug zur römischen Gemeinde werde aber nicht hergestellt. Beide Apostel sind „zusammen Vorbilder und Autoritäten für alle Kirchen." Andere Meinungen bei A.W. ZIEGLER, Studien 118 f.

[3] B. ALTANER, Clemensbrief 539, spricht vorsichtig nur „von einer latenten ,besonderen Apostolizität' der römischen Kirche."

[4] R. van Cauwelaert stützt sich auf die Ergebnisse der Ausgrabungen, die im American

Das ist richtig, denn die Statuen von Mitgliedern der Familie des Julius Caesar und Augustus in der Basilika Julia, die Zahl der lateinischen Inschriften[1], die Verwaltungsstruktur bezeugen diesen Einfluß in eindeutiger Form. Nach römischem Modell waren die Bürger der Stadt für die Durchführung von Wahlen in Volksgruppen *(tribus)* eingeteilt. Die Namen der *tribus* sind bezeichnend: Agrippia (wegen Marcus Agrippa); Aurelia (wegen der Mutter des Julius Caesar); Calpurnia (wegen dessen Frau); Vatinia (wegen dessen Freund P. Vatinius); Atia (wegen der Mutter des Augustus); Livia (wegen dessen Frau); Agrippia (wegen Marcus Agrippa); Domitia (wegen Gnaeus Domitios Ahenobarbus oder seines Sohnes); Vinicia (wegen M. Vinicius); Sae(nia) (wahrscheinlich wegen Saenius Babbius); Claudia (hinzugefügt in der Zeit des Tiberius oder des Claudius)[2]. Die Aufteilung der Bürgerschaft trägt überall einen römischen Stempel, der sie repräsentativen Gestalten des römischen politischen Adels zuordnet. Die Tatsache, daß in Korinth vor der Zeit Hadrians keine Spur eines Kultes der Roma zu finden ist und daß in dieser Zeit auch der archäologische Befund nicht eindeutig ist, versteht C. K. Williams als Hinweis darauf, daß die Korinther schon Bürger Roms waren oder es werden wollten[3]. Als die Stadt ca. 77 n. Chr. durch ein starkes Erdbeben schwer beschädigt wurde, half Kaiser Vespasian den Überlebenden und trug zum Wiederaufbau bei. Wahrscheinlich aus Dankbarkeit ergänzten die Korinther die Bezeichnung ihrer Stadt; aus Colonia Laus Julia Corinthiensis wurde Colonia Julia Flavia Augusta Corinthiensis[4].

Journal of Archeology ab 1896 veröffentlicht wurden, und auf die von der American School of Classical Studies herausgegebene Sammlung „Corinth". Der Stand der Forschung bis 1979 ist zusammengefaßt bei J. WISEMAN, Corinth and Rome, I: 228 B.C. to A.D. 267, in: ANRW, II, Bd. 7.1, Berlin 1979, 438–548, bes. 497–508. W. WILLIS, Corinthusne deletus est? (in: BZ NF 35 [1991] 233–241), hat neulich den römischen Charakter der Kolonie relativiert und hingegen die Kontinuität mit dem griechischen Ursprung akzentuiert. Dagegen mit Recht D. W. G. GILL, Corinth: a Roman Colony in Achaea, in: BZ NZ 37 (1993) 259–264.

[1] Aus der Zeit vor Hadrian wurden 101 lateinische Inschriften und nur 3 griechische gefunden (vgl. J. WISEMAN, Corinth 508). Erst in der Zeit Adrians setzt ein Hellenisierungsprozeß ein. Bekannt ist das Wort des Dio Chrysostomus an die Adresse der Korinther (Or. 47,27): ῥωμαῖος ὢν ἀφηλληνίσθη ὥσπερ ἡ πατρὶς ἡ ὑμετέρα.

[2] Die Herkunft der Hostilia und Maneia ist unbekannt. Vgl. R. v. CAUWELAERT, Intervention 287 f.; J. WISEMAN, Corinth 497 f.

[3] „Since they felt themselves to be Roman, it would have been meaningless for them to establish the cult; at this stage it might well have appeared as though they were establishing a cult to themselves. i.e. the populus Romanus" (The Refounding of Corinth: some Roman Religious Attitudes, in: S. MACREADY - F. H. THOMPSON [Hg.], Roman Architecture in the Greek World, London 1987, 26–37, hier 31). Korinth unterscheidet sich in dieser Hinsicht von vielen anderen griechischen Städten, bei denen der Kult der Roma ostentativ die Unterwerfung der Griechen gegenüber der Hauptstad des Imperiums ausdrückte. In Smyrna z. B. soll schon 195 v. Chr. ein Templum urbis Romae errichtet worden sein. In Rom selbst, ähnlich wie in Korinth, ist erst in der Zeit Hadrians dieser Kult belegt. Vgl. K. LATTE, Römische Religionsgeschichte (HAW V 4), München 1960, 312 f.

[4] Nach der Regierungszeit des Domitian bekam die Stadt ihren alten Namen wieder. Vgl. J. WISEMAN, Corinth 506 f.

Die Erklärung von R. van Cauwelaert bringt eine Komponente der politischen Beziehung zwischen Rom und Korinth, die ohne Zweifel vorhanden ist und die als Bestandteil eines politischen Hintergrundes miteinzubeziehen ist, ins Spiel[1]. Selbst ist sie nicht anhand des Textes verifizierbar, aber das bedeutet nicht, daß sie für die hier gestellte Frage ohne Belang ist. Man muß nicht einmal voraussetzen, daß die römische Gemeinde bewußt das Verhältnis Hauptstadt-Kolonie vor Augen hat, als sie sich in den korinthischen Konflikt einschaltet. Das kann unbewußt Teil der globalen Wahrnehmung der sozialen Wirklichkeit sein und wirksam werden.

In Abgrenzung von R. v. Cauwelaert wird man aber kritisch fragen müssen, ob das so bestimmte soziopolitische Verhältnis zwischen Rom und Korinth als der maßgebende Grund für die Intervention der römischen Gemeinde bewertet werden darf[2]. Eine andere Erklärung, die in der Forschung bis jetzt nicht versucht wurde[3], betrifft die Bedeutung der besonders in der Zeit des Augustus aufkommenden „Rom-Idee" für das Selbstverständnis der römischen Gemeinde und damit die Frage, inwieweit von daher deren Einschreiten in Korinth verständlich wird[4]. Dies steht in keinerlei Gegensatz zur vorhergehenden Überlegung. Es ist vielmehr ein weiteres Element des komplexen und nie vollständig eruierbaren Selbstbewußtseins eines Volkes bzw. einer Gemeinde, das deren Handeln vorausgeht und zugrundeliegt[5].

Wenige Aussagen vermögen dies – gerade im Hinblick auf Absicht und Inhalt von I Clem – besser auszudrücken als das bekannte Wort der Weissagung des Anchises:

„Tu regere imperio populos, Romane, memento
– haec tibi erunt artes – pacique imponere morem,
parcere subiectis et debellare superbos" (Aeneis VI 851–853).

Es ist mühsam zu fragen, wie weit der Vf. des Latein mächtig war bzw. ob er die Dichtung von Vergil überhaupt gekannt hat. Hilfreicher ist die auffallende Analogie zwischen der Aufgabe des römischen Volkes auf der Ebene der Durchführung der politischen Herrschaft und der Absicht der römischen

---

[1] CLARKE, 19, scheint sich der These von R. van Cauwelaert anzuschließen.

[2] Vgl. A. W. ZIEGLER, Studien 121 f.

[3] A. v. HARNACK, Einführung 98, deutet das an: „Zwar spricht auf den ersten Blick viel dafür, daß die Herrscherin Rom hier redet und handelt – sie mischt sich unaufgefordert in den inneren Streit der Korinthischen Gemeinde; sie hat das für die Kirche Gemeinnützliche im Auge; sie führt durchweg das Wort wie ein Pädagoge und Lehrer, auch wenn sie in der ersten Person Pluralis spricht."

[4] Vgl. B. KYTZLER, Rom als Idee (WdF 656), Darmstadt 1993, besonders FR. KLINGNER, Rom als Idee (13–30) und H. HOMMEL, Domina Roma (31–71).

[5] A. W. ZIEGLER, Studien 122, verweist am Schluß seiner Überlegungen „auf einen von prophetischer Autorität getragenen, rein religiösen Vorrang Roms, der in die Geschichte des römischen Primats gehört." So grundsätzlich richtig die Beobachtung auch ist, bleibt die Frage nach der Begründung eines „rein religiösen Vorrang(s) Roms". Ähnlich R. E. BROWN – J. P. MEIER, Antioch 165.

Gemeinde bei ihrer Intervention in Korinth. In beiden Fällen geht es um eine besondere Art des Friedens (das Ideal der ὁμόνοια in I Clem), die von Rom verfolgt wird (pacique imponere morem)[1]. Für diese Aufgabe, die von einer vorausgesetzten Herrscher- bzw. Vorrangsstellung herkommt – das sollen die Römer nicht vergessen –, besitzt Rom eine besondere Eignung (haec tibi erunt artes), die sich nicht zuletzt in der milden Haltung gegenüber den Unterworfenen zeigt wie auch im entschlossenen Auftreten gegenüber den Stolzen.

Natürlich soll man aus solchen Analogien nicht mehr ableiten als das, was sie hergeben können. Schon der Vergleich zwischen der tatsächlichen Macht Roms als Hauptstadt des Imperiums und dem Anspruch, den die römischen Christen in diesem konkreten Fall erheben, zeigt völlig verschiedene Dimensionen hinsichtlich der Tragweite des Geschehens, seiner Durchführung und Begründung. Mag auch die Rom-Idee auf einem religiösen Fundament stehen, sofern sie mit der römischen Religion untrennbar verbunden war, so ist die jeweils herrschende Gottesvorstellung doch eine ganz andere. Dennoch ist der Eindruck nicht unbegründet, daß etwas von dieser Idee auch in den Christen der Hauptstadt lebendig war. Indirekt legt der paulinische Römerbrief ein erstes Zeugnis dafür ab, wenn der Apostel den Kontakt mit der römischen Gemeinde sucht und seinen Besuch dort durch ein so inhaltsschweres theologisches Werk vorbereitet. Seine Achtung vor der Gemeinde ist mehr als eine rhetorische Gepflogenheit. Ebenso indirekt ist das Zeugnis der Apostelgeschichte, die nach der langen und abenteuerlichen Fahrt des Paulus schlicht über sein Wirken als Gefangener in einer Mietwohnung in Rom berichtet (Apg 28,30 f.). Rom ist das Zentrum des Imperiums und die Ankunft des Evangeliums dort das Ziel der lukanischen Darstellung. Die vorherigen Hinweise darauf (Apg 19,21; 23,11) bereiten dies vor.

Der Verfasser von 1 Petr nimmt die Autorität des Petrus für sich in Anspruch, aber ebenso wichtig ist die Tatsache, daß dieser Petrus, der sich an die Gemeinden der Diaspora wendet, aus Rom schreibt (1 Petr 5,13). Unabhängig von der Frage, ob der Text wirklich in Rom entstanden ist – oben (§ 4.2.e) wurde die Frage erörtert –, erscheint die Gestalt des Petrus schon mit der Stadt verbunden.

In I Clem schreibt die Gemeinde Gottes, die in Rom in der Fremde wohnt. Die angesprochene Gemeinde wird genauso bezeichnet. Nur der Ort ist ein anderer, und das ist entscheidend. Kein Pseudonym ist nun notwendig, nicht einmal eine Selbstdarstellung als Gemeinde der großen Apostel Petrus und Paulus. Um den bedeutsamen Versuch zu unternehmen, Frieden und Eintracht in Korinth wiederherzustellen, genügen die Worte, sie sei die Gemeinde Gottes, die zu *Rom* in der Fremde wohnt.

---

[1] Vgl. E. NORDEN, P. Vergilius Maro Aeneis Buch VI, Darmstadt ⁶1976, 335: „Was Vergil *mos* nennt, ist dem Griechen κόσμος und τάξις".

Die vorgetragene Erklärung ist vornehmlich *kultur-soziologischer* Art, weil die berücksichtigten Faktoren zu einer Sicht der Wirklichkeit gehören, die sich durch diese Kategorien erfassen läßt. Daß das ganze Phänomen an sich damit erfaßt ist, dürfte fraglich sein. Zu vieles über die führenden Gestalten in der römischen Gemeinde, über die Gemeindestruktur, über die Beziehungen zwischen Rom und Korinth ist gänzlich unbekannt oder bleibt im Dunkeln, um die These zu rechtfertigen, das Problem sei hinreichend beleuchtet. Aber die bemerkenswerte Tatsache, daß nur die römische Gemeinde es wagte, „den Thron wirklich zu besteigen, der jeder christlichen Gemeinde zugänglich war" (Harnack), läßt sich auch unter diesen Einschränkungen so besser verstehen[1].

§ 7 Die Rezeption des I Clem in der Alten Kirche

Noch im vierten Jahrhundert kann Euseb behaupten: „Wie wir in Erfahrung gebracht haben, ist dieser Brief in den meisten Kirchen wie früher so auch jetzt noch in öffentlichem Gebrauch" (HistEccl III 16). Wie weit die Behauptung der Wirklichkeit entsprach, ist ungewiß[2]. Für das zweite Jahrhundert aber ist die Bekanntschaft von I Clem in Smyrna, Lyon und Alexandrien durch entsprechende literarische Zeugnisse sicher[3].

---

[1] Etwas von diesem römischen Selbstbewußtsein spiegelt sich in einigen Briefen des römischen Klerus an den in Karthago in der Mitte des dritten Jahrhunderts wider. Der 8. Brief (Cyprian, ep. 8 [CSEL 3,2]) hat keinen Absender, aber die Antwort des Cyprian an den Klerus von Rom (ep. 9,2: „legi etiam litteras alias, in quibus nec quis scripserit nec ad quos scriptum sit significanter expressum est") zeigt, daß über die römische Herkunft kein Zweifel bestand. Angesichts der Tatsache, daß Cyprian sich versteckt hat (ep. 8,1: „didicimus secessisse benedictum Papatem Cyprianum"), sehen sich die Römer veranlaßt, den Klerus in Karthago an seine Pflichten zu erinnern (ep. 8,2 f.). Im 30. Brief bezeugen die römischen Presbyter und Diakonen (als Verfasser wird Novatian angenommen) die Qualität des gelebten Glaubens in der eigenen Gemeinde: „… sed antiqua haec apud nos severitas, antiqua fides, disciplina legitur antiqua, quoniam nec tantas de nobis laudes apostolus protulit dicendo: quia fides vestra predicatur in toto mundo, nisi iam exinde vigor iste radices fidei de temporibus illis mutuatus fuisset" (ep. 30,2). Es handelt sich um ein Problem, das zunächst die Gemeinde von Karthago betrifft: die Haltung gegenüber den vom Glauben Abgefallenen (lapsi). Der Brief verbindet die Anerkennung der Autorität des Cyprian (ep. 30,1) mit der Eindeutigkeit der eigenen Stellungnahme (ep. 30,5). Dazu gehört auch ein Gebet (ep. 30,6), das sich – wie in I Clem 59,2 – in den Gedankengang des Briefes einfügt. Auf die Analogie mit I Clem wies A. v. HARNACK hin: Die Briefe des römischen Klerus aus der Zeit der Sedisvacanz im Jahre 250, in: Theologische Abhandlungen (FS C. v. Weizsäcker), Freiburg 1892, 3–36, hier 15: „Ein Seitenstück zum 1. Clemensbrief". Zum historischen Hintergrund vgl. H. GÜLZOW, Cyprian und Novatian. Der Briefwechsel zwischen den Gemeinden in Rom und Karthago zur Zeit der Verfolgung des Kaisers Decius (BHTh 48), Tübingen 1975, 134–140.

[2] Die Notiz des Hieronymus: „… et quae in nonnullis locis etiam publice legitur" (De Vir. Ill. 15) ist von Euseb abhängig.

[3] Unabhängig davon, wie die Datierungsfrage und das Echtheitsverhältnis des Römerbriefes

1. Polykarp von Smyrna

Zum erstenmal hat J. Usher (1644)[1] die Parallelen zwischen I Clem und PolPhil synoptisch dargestellt. Die Gemeinsamkeiten wurden in der Forschung oft als Hinweis darauf verstanden, daß Polykarp das römische Schreiben gekannt hat (Galland, Hefele, Zahn, Funk, Gebhardt/Harnack, Lightfoot, Bihlmeyer, Fischer, Stuiber). Da es sich dabei nicht um Zitationen im eigentlichen Sinn handelt, sondern um die freie Übernahme von Sätzen und Wendungen, wird über das Abhängigkeitsverhältnis auch anders geurteilt[2]. Die folgende Übersicht zeigt unterschiedliche Grade von Gemeinsamkeiten, aber in einigen Fällen ist die Ähnlichkeit so offenkundig (vgl. Präskript; I Clem 7,2 – PolPhil 7,2; I Clem 13,1b-2 – PolPhil 2,3; I Clem 17,1b – PolPhil 6,3; I Clem 21,3 – PolPhil 4,3b; I Clem 21,6a – PolPhil 4,2c; I Clem 41,2 – PolPhil 4,3; I Clem 47,1 f. – PolPhil 3,2; I Clem 55,6 – PolPhil 7,2), daß sich die Annahme aufdrängt, Polykarp habe I Clem gut gekannt und in seine eigene Diktion integriert[3]. Ein zum erstenmal in I Clem belegtes Wort wie αγιοπρεπης (13,3) erscheint in einer ähnlichen Wendung auch in PolPhil 1,1[4]. Der Text beweist, in welchem Ausmaß die Ausdrucksweise von I Clem die von PolPhil geprägt hat. Das bedeutet, daß I Clem schon in der ersten Hälfte des zweiten Jahrhunderts in Smyrna hochgeschätzt war. Manche Unsicherheitsfaktoren, wie die literarkritische Frage und die damit zusammenhängende Datierung von PolPhil bzw. von I PolPhil und II PolPhil – auch die Frage der Echtheit bei den Ignatiusbriefen – bringen die Gültigkeit dieser Feststellung nicht ins Wanken.

---

des Ignatius bestimmt werden, reichen die feststellbaren Anklänge in I Clem nicht aus, um die Bekanntschaft von diesem glaubhaft zu machen (ähnlich W. BAUER, Rechtgläubigkeit 125). O. PERLER, Ignatius 418–448, verweist auf die Wendung im Präscr. προκαθημένη τῆς ἀγάπης (vgl. I Clem 49); auf IgnRöm 3,1 (ἄλλους ἐδιδάξατε ... ἐντέλλεσθε) und 4,1-2 (Petrus und Paulus; vgl. I Clem 5). Über diese Stellen hinaus findet C. TREVETT, Ignatius 46–49, andere Texte in IgnRöm, in denen sie Einfluß von I Clem erkennen möchte. Es sind: I Clem 56,11 f. und IgnRöm 4,2; 5,2; I Clem 54,3 und IgnRöm 4,1; I Clem 55,2 und IgnRöm 4,1 f.

[1] DERS., Polycarpi et Ignatii Epistulae, una cum vetere vulgata interpretatione latina, Oxford – London 1644–1647.

[2] Für E. T. MERRILL, Clement 441 (= Essays 240), sind die Parallelen „merely trivial and undeserving of consideration. They are accidents of the commonest kind." Seine Meinung dürfte durch die angenommene Spätdatierung (um 140) von I Clem beeinflußt sein. Vgl. die Kritik von B. CAPELLE, 1a. Clementis 284–287. JAUBERT, 18, möchte nur von Reminiszenzen sprechen. LINDEMANN, 11, lehnt dezidiert jede literarische Abhängigkeit ab.

[3] Vgl. die Übersicht bei J. B. BAUER, Die Polykarpbriefe (KAV 5), Göttingen 1995, 28–30. Mit Ausnahme von PolPhil 13 gibt es keinen anderen Abschnitt im Brief ohne Gemeinsamkeiten mit I Clem. Nach der von vielen akzeptierten literarkritischen Scheidung – PolPhil 13 wird als der erste Brief betrachtet, PolPhil 1-12.14 als der zweite – würde sich die Rezeption von I Clem nur im zweiten Brief zeigen.

[4] Vgl. auch μωμοσκοπέομαι in I Clem 41,2 und PolPhil 4,3.

I Clem

Präskript: τῇ ἐκκλησίᾳ τοῦ θεοῦ τῇ
παροικούσῃ Κόρινθον.
χάρις ὑμῖν καὶ εἰρήνη ἀπὸ
παντοκράτορος θεοῦ διὰ Ἰησοῦ Χριστοῦ
πληθυνθείη.
1,2: τὴν πανάρετον καὶ βεβαίαν ὑμῶν πίστιν.
1,3: γυναιξίν τε ἐν ἀμώμῳ καὶ σεμνῇ καὶ
ἁγνῇ συνειδήσει πάντα ἐπιτελεῖν
παρηγγέλλετε, στεργούσας καθηκόντως
τοὺς ἄνδρας ἑαυτῶν.
5,2: ἕως θανάτου ἤθλησαν.
5,3: λάβωμεν πρὸ ὀφθαλμῶν ἡμῶν τοὺς
ἀγαθοὺς ἀποστόλους.
5,4: ἐπορεύθη εἰς τὸν ὀφειλόμενον τόπον τῆς
δόξης.
5,7: ὑπομονῆς γενόμενος μέγιστος
ὑπογραμμός (Παῦλος).
7,2: διὸ ἀπολίπωμεν τὰς κενὰς καὶ ματαίας
φροντίδας καὶ ἔλθωμεν ἐπὶ τὸν εὐκλεῆ καὶ
σεμνὸν τῆς παραδόσεως ἡμῶν κανόνα.
9,1: διὸ ὑπακούσωμεν ... ἀπολιπόντες τὴν
ματαιοπονίαν τήν τε ἔριν καὶ τὸ εἰς θάνατον
ἄγον ζῆλος.
13,1: ἀποθέμενοι πᾶσαν ... ὀργάς.
13,1b.2: μεμνημένοι τῶν λόγων τοῦ κυρίου
Ἰησοῦ, οὓς ἐλάλησεν διδάσκων·
ἐλεᾶτε, ἵνα ἐλεηθῆτε·
ἀφίετε, ἵνα ἀφεθῇ ὑμῖν·
ὡς κρίνετε, οὕτως κριθήσεσθε·
ᾧ μέτρῳ μετρεῖτε, ἐν αὐτῷ μετρηθήσεται
ὑμῖν.
13,3: τοῖς ἁγιοπρεπέσι λόγοις αὐτοῦ.
16,17: τίς ὁ ὑπογραμμὸς ὁ δεδομένος ἡμῖν.

17,1: μιμηταὶ γενώμεθα κἀκείνων.

17,1b: κηρύσσοντες τὴν
ἔλευσιν τοῦ Χριστοῦ ... τοὺς προφήτας.
19,1: ἐν φόβῳ καὶ ἀληθείᾳ.
21,1: ἐὰν μὴ ἀξίως αὐτοῦ πολιτευόμενοι τὰ
καλὰ καὶ εὐάρεστα ἐνώπιον αὐτοῦ ποιῶμεν.
21,3: καὶ ὅτι οὐδὲν λέληθεν αὐτὸν τῶν
ἐννοιῶν ἡμῶν οὐδὲ τῶν διαλογισμῶν ὧν
ποιούμεθα.
21,6a: τοὺς νέους παιδεύσωμεν τὴν
παιδείαν τοῦ φόβου τοῦ θεοῦ.
21,6b.7: τὰς γυναῖκας ἡμῶν ...
διορθωσώμεθα ... τὴν ἀγάπην αὐτῶν ... πᾶσιν
τοῖς φοβουμένοις τὸν θεὸν ὁσίως ἴσην
παρεχέτωσαν.
30,3: ἀπὸ παντὸς ψιθυρισμοῦ καὶ
καταλαλιᾶς πόρρω ἑαυτοὺς ποιοῦντες.

PolPhil

Präskript: τῇ ἐκκλησίᾳ τοῦ θεοῦ τῇ
παροικούσῃ Φιλίππους.
ἔλεος ὑμῖν καὶ εἰρήνη παρὰ
θεοῦ παντοκράτορος καὶ Ἰησοῦ Χριστοῦ
τοῦ σωτῆρος ἡμῶν πληθυνθείη.
1,2a: ἡ βεβαία τῆς πίστεως ὑμῶν ῥίζα.
4,2: ἔπειτα καὶ τὰς γυναῖκας ὑμῶν ἐν τῇ
δοθείσῃ αὐταῖς πίστει καὶ ἀγάπῃ καὶ ἁγνείᾳ,
στεργούσας
τοὺς ἑαυτῶν ἄνδρας.
1,2c: ἕως θανάτου καταντῆσαι.
9,1a: πᾶσαν ὑπομονήν, ἣν καὶ εἴδατε κατʼ
ὀφθαλμοὺς ... καὶ τοῖς λοιποῖς ἀποστόλοις.
9,2b: εἰς τὸν ὀφειλόμενον αὐτοῖς τόπον εἰσὶ
παρὰ τῷ κυρίῳ.
9,1: πᾶσαν ὑπομονήν ... καὶ ἐν αὐτῷ Παύλῳ.
7,2: διὸ ἀπολιπόντες τὴν ματαιότητα τῶν
πολλῶν καὶ τὰς ψευδοδιδασκαλίας ἐπὶ τὸν ἐξ
ἀρχῆς ἡμῖν παραδοθέντα λόγον ἐπιστρέψωμεν.
2,1: διὸ ... δουλεύσατε τῷ θεῷ ... ἀπολιπόντες
τὴν κενὴν ματαιολογίαν καὶ τὴν τῶν πολλῶν
πλάνην.
6,1c: ἀπεχόμενοι πάσης ὀργῆς.
2,3: μνημονεύοντες δὲ ὧν εἶπεν ὁ κύριος
διδάσκων·
μὴ κρίνετε, ἵνα μὴ κριθῆτε·
ἀφίετε, καὶ ἀφεθήσεται ὑμῖν·
ἐλεᾶτε, ἵνα ἐλεηθῆτε·
ᾧ μέτρῳ μετρεῖτε, ἀντιμετρηθήσεται
ὑμῖν.
1,1c: τοῖς ἁγιοπρεπέσιν δεσμοῖς.
8,2b: τοῦτον γὰρ ἡμῖν τὸν ὑπογραμμὸν
ἔθηκε διʼ ἑαυτοῦ.
8,2a: μιμηταὶ οὖν γενώμεθα τῆς ὑπομονῆς
αὐτοῦ.
6,3b: οἱ προφῆται, οἱ προσκηρύξαντες τὴν
ἔλευσιν τοῦ κυρίου ἡμῶν.
2,1a: ἐν φόβῳ καὶ ἀληθείᾳ.
5,2c: ᾧ ἐὰν εὐαρεστήσωμεν ἐν τῷ νῦν αἰῶνι ...
καὶ ὅτι ἐὰν πολιτευσώμεθα ἀξίως αὐτοῦ.
4,3b: καὶ λέληθεν αὐτὸν οὐδὲν οὔτε λογισμῶν
οὔτε ἐννοιῶν οὔτε τι τῶν κρυπτῶν τῆς
καρδίας.
4,2c: καὶ τὰ τέκνα παιδεύειν τὴν
παιδείαν τοῦ φόβου τοῦ θεοῦ.
4,2b: ... ἐν πάσῃ ἀληθείᾳ
καὶ ἀγαπώσας πάντας
ἐξ ἴσου ἐν πάσῃ ἐγκρατείᾳ.

4,3b: μακρὰν οὔσας πάσης διαβολῆς,
καταλαλιᾶς.

I Clem	PolPhil
32,3: οὐ δι' αὐτῶν ἢ τῶν ἔργων αὐτῶν … ἀλλὰ διὰ τοῦ θελήματος αὐτοῦ.	1,3c: οὐκ ἐξ ἔργων, ἀλλὰ θελήματι θεοῦ
32,4: διὰ θελήματος αὐτοῦ ἐν Χριστῷ Ἰησοῦ.	διὰ Ἰησοῦ Χριστοῦ.
37,5: εἰς τὸ σῴζεσθαι ὅλον τὸ σῶμα.	11,4c: ut omnium vestrum corpus salvetis.
38,1: σῳζέσθω οὖν ἡμῶν ὅλον τὸ σῶμα.	
38,1b: καὶ ὑποτασσέσθω ἕκαστος τῷ πλησίον αὐτοῦ.	10,2b: omnes vobis invicem subiecti estote.
41,2: πρὸς τὸ θυσιαστήριον, μωμοσκοπηθὲν τὸ προσφερόμενον.	4,3c: ὅτι εἰσὶ θυσιαστήριον θεοῦ καὶ ὅτι πάντα μωμοσκοπεῖται.
42,1: οἱ ἀπόστολοι ἡμῖν εὐηγγελίσθησαν.	6,3b: οἱ εὐαγγελισάμενοι ἡμᾶς ἀπόστολοι.
42,4: τῶν μελλόντων πιστεύειν.	12,2c: qui credituri sunt.
45,1: ζηλωταὶ περὶ τῶν ἀνηκόντων εἰς σωτηρίαν.	6,3c: ζηλωταὶ περὶ τὸ καλόν.
45,2: ἐνκεκύφατε εἰς τὰς ἱερὰς γραφάς.	3,2c: εἰς ἃς ἐὰν ἐγκύπτητε.
47,1.2: ἀναλάβετε τὴν ἐπιστολὴν τοῦ μακαρίου Παύλου τοῦ ἀποστόλου. τί πρῶτον ὑμῖν ἐν ἀρχῇ τοῦ εὐαγγελίου ἔγραψεν.	3,2b: τοῦ μακαρίου καὶ ἐνδόξου Παύλου … ὃς καὶ ἀπὼν ὑμῖν ἔγραψεν ἐπιστολάς.
47,5; 48,1: φιλαδελφίας.	10,1: fraternitatis amatores.
55,6: διὰ γὰρ τῆς νηστείας καὶ τῆς ταπεινώσεως αὐτῆς ἠξίωσεν τὸν παντεπόπτην δεσπότην.	7,2: προσκαρτεροῦντες νηστείας, δεήσεσιν αἰτούμενοι τὸν παντεπόπτην θεόν.
57,1: ὑποτάγητε τοῖς πρεσβυτέροις.	5,3c: ὑποτασσομένους τοῖς πρεσβυτέροις.
62,2: περὶ γὰρ πίστεως … καὶ ἐγκρατείας καὶ ὑπομονῆς … ὑπομιμνήσκοντες δεῖν ὑμᾶς ἐν δικαιοσύνῃ καὶ ἀληθείᾳ καὶ μακροθυμίᾳ … μετὰ ἐκτενοῦς ἐπιεικείας.	12,2b: aedificet vos in fide et veritate et in omni mansuetudine et sine iracundia et in patientia et in longanimitate et tolerantia et castitate.
62,3: σαφῶς ᾔδειμεν γράφειν ἡμᾶς ἀνδράσιν … ἐγκεκυφόσιν εἰς τὰ λόγια … τοῦ θεοῦ.	12,1a: confido enim vos bene exercitatos esse in sacris literis.
63,3: ἐπέμψαμεν δὲ ἄνδρας πιστοὺς καὶ σώφρονας … ἀναστραφέντας … ἀμέμπτως ἐν ἡμῖν.	14a: haec vobis scripsi per Crescentem … conversatus est enim nobiscum inculpabiliter.

2. Irenäus von Lyon

In AdvHaer III 3,3 berichtet Irenäus kurz über den Anlaß des Briefes der römischen Gemeinde. Ein schwerer Streit sei unter den Brüdern in Korinth entstanden. Ziel des Schreibens sei es gewesen, die Korinther zum Frieden zu rufen, ihren Glauben zu erneuern und die Überlieferung zu verkünden, die sie unlängst von den Aposteln empfangen hatten[1]. Darauf folgt eine kurze inhaltliche Zusammenfassung des Schreibens[2]: „adnuntiantem unum Deum omnipotentem, factorem caeli et terrae, plasmatorem hominis, qui induxerit cataclysmum et advocaverit Abraham, qui eduxerit populum de terra Aegypti,

---

[1] Vgl. Euseb, HistEccl V 6,3.
[2] Sie wird von Euseb nicht aufgenommen.

qui collocutus sit Moysi, qui legem disposuerit et prophetas miserit, qui ignem praeparavit diabolo et angelis ejus". Mit Ausnahme der letzten Aussage über die Bestrafung des Teufels und seiner Engel lassen sich alle anderen Inhalte der Zusammenfassung da und dort feststellen. Es ist nicht so, daß Irenäus einen anderen Text vor sich gehabt hätte[1]. Bemerkenswert ist die von B. Botte vorgeschlagene Erklärung (Irénée 68–70), die die Wendung „qui ignem praeparavit diabolo et angelis ejus" auf den Einfluß von II Clem zurückführt (vgl. II Clem 5,4; 7,6; 8,2; 17,5; 18,7). Botte stützt sich dabei auf die handschriftliche Überlieferung von II Clem (AHS), die den Text immer im Anschluß an I Clem tradiert. Irenäus habe eine solche Handschrift gekannt und II Clem als Anhang zu I Clem betrachtet. II Clem sagt zwar nichts über den Teufel und seine Engel, aber die Erwähnung des nie erlöschenden Feuers hätte die freie Assoziation hervorgebracht.

Die Erklärung setzt voraus, daß schon am Ende des zweiten Jahrhunderts in Gallien I Clem und II Clem in einer Handschrift überliefert worden sind. Die Annahme ist zugleich der schwache Punkt der Erklärung. Denn die Überlieferung der Klemensbriefe ist offenbar nicht so einheitlich. Auch am Ende des zweiten Jahrhunderts zitiert Klemens von Alexandrien viele Passagen aus I Clem (s.u.), aber er kennt anscheinend II Clem nicht. Der Text wird von ihm nicht zitiert. Das bedeutet, daß I Clem auch isoliert überliefert wurde, wie übrigens auch die lateinische und die zwei koptischen Übersetzungen bezeugen. Die angezeigte Schwierigkeit stellt zwar wohl kein entscheidendes Argument gegen die Erklärung von Botte dar, weist aber darauf hin, daß das Problem der Zitation von I Clem bei Irenäus nicht vollständig geklärt ist.

3. Klemens von Alexandrien

Kein anderer christlicher Schriftsteller der Alten Kirche hat I Clem so ausgiebig verwendet wie Klemens von Alexandrien. Für ihn ist der Vf. ein Apostel (Strom. IV 105,1: ὁ ἀπόστολος Κλήμης). Ausdrücklich wird der „Brief an die Korinther" erwähnt (Strom. I 38,8; IV 105,1; 110,2; VI 65,3). Aufgrund der Ausdrucksweise in Strom. V 80,1, wo vom „Brief der Römer an die Korinther" die Rede ist (κἂν τῇ πρὸς Κορινθίους Ῥωμαίων ἐπιστολῇ), kann man schließen, daß Klemens einen Text mit der ursprünglichen Adresse hatte, die noch keinen Hinweis auf Clemens Romanus besaß[2].

Es fällt auf, daß ausführliche Zitate nur in den Stromateis - meistens blockartig - vorkommen: Strom. IV 105,1–113,3; 118,2–119,2; 32,2–33,3;

---

[1] Zur These von Chr. Eggenberger s. o. § 5.2.
[2] S. u. die Erläuterung zur subscriptio von I Clem.

135,2-4[1]; I 38,5-8; VI 64,2 f.65 f. Wie Klemens mit dem Material von I Clem umgeht, zeigt folgende Tabelle über Strom. IV 105,1-113,3 mit den entsprechenden Parallelen:

IV Strom.	I Clem	IV Strom.	I Clem
105,1 f.	1,2 f.	107,8-108,5	21,6-9
105,3	9,2-4	109,1-110,1	22,1-8
105,3	10,1	110,2	36,2
105,3 f.	10,7	110,3	40,1
105,4	11,1	110,4	38,2b
105,4	12,1	110,5	41,4
105,4	17,1	111,1	48,1
106,1	17,2	111,1-2	49,4
106,2	17,3	111,3	49,5
106,3	17,4	111,4	50,1
106,4	17,5 f.	112,3	50,3
107,1-3	18,1-4	113,1-3	51,2-3
107,6	21,2-4	113,2 f.	52,2-4

Die Berücksichtigung aller Zitate bzw. Anspielungen auf I Clem im umfangreichen Werk des Klemens von Alexandrien zeigt nur wenige Abschnitte, die ganz übergangen sind: I Clem 2-6; 19; 23-27; 29; 31-33; 35; 37; 42-45; 56-60; 62-64. Aber daraus läßt sich keine Schlußfolgerung für den Zustand des von Klemens benutzten I Clem-Textes ziehen. Auf der Basis des von O. Stählin angefertigten Registers (später ergänzt von U. Früchtel) lassen sich die Parallelen so darstellen:

I Clem	Klemens Alex.
1,2 f.	Strom. IV 105,1 f.

ναὶ μὴν ἐν τῇ πρὸς Κορινθίους ἐπιστολῇ ὁ ἀπόστολος Κλήμης καὶ αὐτὸς ἡμῖν τύπον τινὰ τοῦ γνωστικοῦ ὑπογράφων λέγει·

τίς γὰρ παρεπιδημήσας πρὸς ὑμᾶς τὴν πανάρετον καὶ βεβαίαν ὑμῶν πίστιν οὐκ ἐδοκίμασεν; τήν τε σώφρονα καὶ ἐπιεικῆ ἐν Χριστῷ εὐσέβειαν οὐκ ἐθαύμασεν; καὶ τὸ μεγαλοπρεπὲς τῆς φιλοξενίας ὑμῶν ἦθος οὐκ ἐκήρυξεν; καὶ τὴν τελείαν καὶ ἀσφαλῆ γνῶσιν οὐκ ἐμακάρισεν; ἀπροσωπολήμπτως γὰρ πάντα ἐποιεῖτε καὶ ἐν τοῖς νομίμοις τοῦ θεοῦ ἐπορεύεσθε.	τίς γὰρ παρεπιδημήσας πρὸς ὑμᾶς τὴν πανάρετον καὶ βεβαίαν πίστιν ὑμῶν οὐκ ἐδοκίμασεν; τήν τε σώφρονα καὶ ἐπιεικῆ ἐν Χριστῷ εὐσέβειαν οὐκ ἐθαύμασεν; καὶ τὸ μεγαλοπρεπὲς τῆς φιλοξενίας ὑμῶν ἦθος οὐκ ἐκήρυξεν; καὶ τὴν τελείαν καὶ ἀσφαλῆ γνῶσιν οὐκ ἐμακάρισεν; ἀπροσωπολήπτως γὰρ πάντα ἐποιεῖτε, καὶ ἐν τοῖς νομίμοις τοῦ θεοῦ ἐπορεύεσθε καὶ τὰ ἑξῆς.

---

[1] In Strom. IV 118,2-119,2, wo die Anlehnung an I Clem sehr lose ist, und 32,2-33,3; 135,2-4, wo der Text aus biblischen Zitaten besteht, wird Clemens Romanus nicht erwähnt. Anders in I 38,8 und VI 65,3. In VI 64,3 wird irrtümlicherweise der Name „Barnabas" angegeben.

I Clem	Klemens Alex.
7,2 διὸ ἀπολίπωμεν τὰς κενὰς καὶ ματαίας φροντίδας καὶ ἔλθωμεν ἐπὶ τὸν εὐκλεῆ καὶ σεμνὸν τῆς παραδόσεως ἡμῶν κανόνα.	Strom. I 15,2 ἢ προβήσεται ἡμῖν κατὰ τὸν εὐκλεῆ καὶ σεμνὸν τῆς παραδόσεως κανόνα ἀπὸ τῆς τοῦ κόσμου γενέσεως προϊοῦσιν.
	Strom. IV 3,2 ἡ γοῦν κατὰ τὸν τῆς ἀληθείας κανόνα γνωστικῆς παραδόσεως φυσιολογία.
8,2 ζῶ γὰρ ἐγώ, λέγει κύριος, οὐ βούλομαι τὸν θάνατον τοῦ ἁμαρτωλοῦ ὡς τὴν μετάνοιαν.	Strom. II 35,3 οὐ βούλομαι φησίν, τὸν θάνατον τοῦ ἁμαρτωλοῦ ὡς τὴν μετάνοιαν αὐτοῦ.
8,3 μετανοήσατε, οἶκος Ἰσραήλ, ἀπὸ τῆς ἀνομίας ὑμῶν· εἶπον τοῖς υἱοῖς τοῦ λαοῦ μου· ἐὰν ὦσιν αἱ ἁμαρτίαι ὑμῶν ἀπὸ τῆς γῆς ἕως τοῦ οὐρανοῦ καὶ ἐὰν ὦσιν πυρρότεραι κόκκου καὶ μελανώτεραι σάκκου,	Paed. I 91,2 φησὶ γὰρ δι᾽ Ἰεζεκιήλ·
καὶ ἐπιστραφῆτε πρός μὲ ἐξ ὅλης τῆς καρδίας καὶ εἴπητε· πάτερ, ἐπακούσομαι ὑμῶν ὡς λαοῦ ἁγίου.	ἐὰν ἐπιστραφῆτε ἐξ ὅλης τῆς καρδίας καὶ εἴπητε· πάτερ, ἀκούσομαι ὑμῶν ὥσπερ λαοῦ ἁγίου.
9,2–4 ἀτενίσωμεν εἰς τοὺς τελείως λειτουργήσαντας τῇ μεγαλοπρεπεῖ δόξῃ αὐτοῦ. λάβωμεν Ἐνώχ, ὃς ἐν ὑπακοῇ δίκαιος εὑρεθεὶς μετετέθη, καὶ οὐχ εὑρέθη αὐτοῦ θάνατος. Νῶε πιστὸς εὑρεθεὶς διὰ τῆς λειτουργίας αὐτοῦ παλιγγενεσίαν κόσμῳ ἐκήρυξεν, καὶ διέσωσεν δι᾽ αὐτοῦ ὁ δεσπότης τὰ εἰσελθόντα ἐν ὁμονοίᾳ ζῷα εἰς τὴν κιβωτόν.	Strom. IV 105,3 ἀτενίσωμεν οὖν εἰς τοὺς τελείως λειτουργήσαντας αὐτοῦ τῇ μεγαλοπρεπεῖ δόξῃ. λάβωμεν Ἐνώχ, ὃς ἐν ὑπακοῇ δίκαιος εὑρεθεὶς μετετέθη, καὶ Νῶε, ὃς πιστεύσας διεσώθη.
10,1 Ἀβραάμ, ὁ φίλος προσαγορευθείς,	Paed. III 12,4 καὶ διὰ τοῦτο καὶ φίλον αὐτὸν ὠνόμασεν.
πιστὸς εὑρέθη ἐν τῷ αὐτὸν ὑπήκοον γενέσθαι τοῖς ῥήμασιν τοῦ θεοῦ.	Paed. III 42,3 διὰ τοῦτο ὃ μὲν ἤκουσεν φίλος.
	Strom. IV 105,3 καὶ Ἀβραάμ, ὃς διὰ πίστιν καὶ φιλοξενίαν φίλος θεοῦ.
10,7 διὰ πίστιν καὶ φιλοξενίαν ἐδόθη αὐτῷ υἱὸς ἐν γήρᾳ, καὶ δι᾽ ὑπακοῆς προσήνεγκεν αὐτὸν θυσίαν τῷ θεῷ πρὸς ἓν τῶν ὀρέων ὧν ἔδειξεν αὐτῷ.	Strom. IV 105,3 f. καὶ Ἀβραάμ, ὃς διὰ πίστιν καὶ φιλοξενίαν φίλος θεοῦ. πατὴρ δὲ τοῦ Ἰσαὰκ προσηγορεύθη.
11,1 διὰ φιλοξενίαν καὶ εὐσέβειαν Λὼτ ἐσώθη ἐκ Σοδόμων, τῆς περιχώρου πάσης κριθείσης διὰ πυρὸς καὶ θείου, πρόδηλον ποιήσας ὁ δεσπότης ὅτι τοὺς ἐλπίζοντας ἐπ᾽ αὐτὸν οὐκ	Strom. IV 105,4 διὰ φιλοξενίαν καὶ εὐσέβειαν Λὼτ ἐσώθη ἐκ Σοδόμων.

I Clem

ἐγκαταλείπει, τοὺς δὲ ἑτεροκλινεῖς
ὑπάρχοντας εἰς κόλασιν καὶ αἰκισμὸν τίθησιν.

12,1
διὰ πίστιν καὶ φιλοξενίαν ἐσώθη Ῥαὰβ ἡ
πόρνη.

13,2
οὕτως γὰρ εἶπεν·
ἐλεᾶτε, ἵνα ἐλεηθῆτε·
ἀφίετε, ἵνα ἀφεθῇ ὑμῖν·
ὡς ποιεῖτε, οὕτω ποιηθήσεται ὑμῖν·
ὡς δίδοτε, οὕτως δοθήσεται ὑμῖν·
ὡς κρίνετε, οὕτως κριθήσεσθε·
ὡς χρηστεύεσθε, οὕτως χρηστευθήσεται ὑμῖν·
ᾧ μέτρῳ μετρεῖτε, ἐν αὐτῷ μετρηθήσεται
ὑμῖν.

14,5
καὶ πάλιν λέγει· Εἶδον τὸν ἀσεβῆ
ὑπερυψούμενον καὶ ἐπαιρόμενον ὡς τὰς
κέδρους τοῦ Λιβάνου· καὶ παρῆλθον,
καὶ ἰδού, οὐκ ἦν, καὶ ἐξεζήτησα τὸν τόπον
αὐτοῦ, καὶ οὐχ εὗρον.
φύλασσε ἀκακίαν καὶ ἴδε εὐθύτητα, ὅτι ἐστιν
ἐγκατάλειμμα ἀνθρώπῳ εἰρηνικῷ.

15,2-16,1
λέγει γάρ που·
οὗτος ὁ λαὸς τοῖς χείλεσίν με τιμᾷ, ἡ δὲ
καρδία αὐτῶν πόρρω ἄπεστιν ἀπ᾽ ἐμοῦ.
καὶ πάλιν· τῷ στόματι αὐτῶν εὐλογοῦσαν,
τῇ δὲ καρδίᾳ αὐτῶν κατηρῶντο.
καὶ πάλιν λέγει·
ἠγάπησαν αὐτὸν τῷ στόματι αὐτῶν καὶ τῇ
γλώσσῃ αὐτῶν ἐψεύσαντο αὐτόν, ἡ δὲ καρδία
αὐτῶν οὐκ εὐθεῖα μετ᾽ αὐτοῦ, οὐδὲ
ἐπιστώθησαν ἐν τῇ διαθήκῃ αὐτοῦ.
διὰ τοῦτο ἄλαλα γενηθήτω τὰ χείλη τὰ
δόλια τὰ λαλοῦντα κατὰ τοῦ δικαίου δόλια· τὰ
ἀνομίαν.
καὶ πάλιν· ἐξολεθρεύσαι κύριος πάντα τὰ
χείλη τὰ δόλια, γλῶσσαν μεγαλορήμονα,
τοὺς εἰπόντας· τὴν γλῶσσαν ἡμῶν
μεγαλυνοῦμεν, τὰ χείλη ἡμῶν παρ᾽ ἡμῖν ἐστίν·
τίς ἡμῶν κύριός ἐστιν; ἀπὸ τῆς
ταλαιπωρίας τῶν πτωχῶν καὶ τοῦ στεναγμοῦ
τῶν πενήτων νῦν ἀναστήσομαι, λέγει κύριος·
θήσομαι ἐν σωτηρίῳ, παρρησιάσομαι ἐν
αὐτῷ. ταπεινοφρονούντων γάρ ἐστιν ὁ

Klemens Alex.

Strom. IV 105,4
διὰ πίστιν καὶ φιλοξενίαν ἐσώθη Ῥαὰβ ἡ
πόρνη.

Strom. II 91,2
ἐλεᾶτε, φησὶν ὁ κύριος, ἵνα ἐλεηθῆτε·
ἀφίετε, ἵνα ἀφεθῇ ὑμῖν·
ὡς ποιεῖτε, οὕτως ποιηθήσεται ὑμῖν·
ὡς δίδοτε, οὕτως δοθήσεται ὑμῖν·
ὡς κρίνετε, οὕτως κριθήσεσθε·
ὡς χρηστεύεσθε, οὕτως χρηστευθήσεται ὑμῖν·
ᾧ μέτρῳ μετρεῖτε, ἀντιμετρηθήσεται
ὑμῖν.

Strom. VII 86,6
τρίτη δ᾽ αἰτία τὸ ἄφες καὶ ἀφεθήσεταί σοι.

Strom. IV 32,2
εἶδον, γάρ φησι, τὸν ἀσεβῆ
ὑπερυψούμενον καὶ ἐπαιρόμενον ὡς τὰς
κέδρους τοῦ Λιβάνου, καὶ παρῆλθον, λέγει ἡ
γραφή, καὶ ἰδοὺ οὐκ ἦν· καὶ ἐζήτησα αὐτὸν
καὶ οὐχ εὑρέθη ὁ τόπος αὐτοῦ.
φύλασσε ἀκακίαν καὶ ἴδε εὐθύτητα, ὅτι ἔστιν
ἐγκατάλειμμα ἀνθρώπῳ εἰρηνικῷ.

Strom. IV 32,4-33,3
ὁ γὰρ λαὸς ὁ ἕτερος τοῖς χείλεσι τιμᾷ, ἡ δὲ
καρδία αὐτοῦ πόρρω ἄπεστιν ἀπὸ κυρίου.
τῷ στόματι αὐτῶν εὐλογοῦσι,
τῇ δὲ καρδίᾳ αὐτῶν καταρῶνται·
ἠγάπησαν αὐτὸν ἐν τῷ στόματι αὐτῶν καὶ τῇ
γλώσσῃ αὐτῶν ἐψεύσαντο αὐτόν. ἡ δὲ καρδία
αὐτῶν οὐκ εὐθεῖα μετ᾽ αὐτοῦ, οὐδὲ
ἐπιστώθησαν ἐν τῇ διαθήκῃ αὐτοῦ.
διὰ τοῦτο ἄλαλα γενηθήτω τὰ χείλη τὰ
λαλοῦντα κατὰ τοῦ δικαίου
ἀνομίαν.
καὶ πάλιν· ἐξολεθρεύσαι κύριος πάντα τὰ
χείλη τὰ δόλια καὶ γλῶσσαν μεγαλορήμονα,
τοὺς εἰπόντας· τὴν γλῶσσαν ἡμῶν
μεγαλυνοῦμεν, τὰ χείλη ἡμῶν παρ᾽ ἡμῖν ἐστι·
τίς ἡμῶν κύριός ἐστιν; ἀπὸ
ταλαιπωρίας τῶν πτωχῶν καὶ τοῦ στεναγμοῦ
τῶν πενήτων νῦν ἀναστήσομαι, λέγει κύριος·
θήσομαι ἐν σωτηρίῳ, παρρησιάσομαι ἐν
αὐτῷ. ταπεινοφρονούντων γάρ ἐστιν ὁ

I Clem

Χριστός, οὐκ ἐπαιρομένων ἐπὶ τὸ ποίμνιον αὐτοῦ.

17,1
μιμηταὶ γενώμεθα κἀκείνων, οἵτινες
ἐν δέρμασιν αἰγείοις καὶ μηλωταῖς
περιεπάτησαν
κηρύσσοντες τὴν ἔλευσιν τοῦ Χριστοῦ·
λέγομεν δὲ Ἠλίαν καὶ Ἐλισαιέ, ἔτι δὲ καὶ
Ἰεζεκιήλ, τοὺς προφήτας, πρὸς τούτοις καὶ
τοὺς μεμαρτυρημένους.

17,2
ἐμαρτυρήθη μεγάλως Ἀβραὰμ καὶ φίλος
προσηγορεύθη τοῦ θεοῦ, καὶ λέγει ἀτενίζων
εἰς τὴν δόξαν τοῦ θεοῦ ταπεινοφρονῶν·
ἐγὼ δέ εἰμι γῆ καὶ σποδός.

17,3
ἔτι δὲ καὶ περὶ Ἰὼβ οὕτως γέγραπται·
Ἰὼβ δὲ ἦν δίκαιος καὶ ἄμεμπτος, ἀληθινός,
θεοσεβής, ἀπεχόμενος ἀπὸ παντὸς
κακοῦ.

17,4
ἀλλ᾿ αὐτὸς ἑαυτοῦ κατηγορεῖ λέγων·

οὐδεὶς καθαρὸς ἀπὸ ῥύπου, οὐδ᾿ ἂν μιᾶς
ἡμέρας ἡ ζωὴ αὐτοῦ.

17,5 f.
Μωϋσῆς πιστὸς ἐν ὅλῳ τῷ οἴκῳ
αὐτοῦ ἐκλήθη, καὶ διὰ τῆς ὑπηρεσίας αὐτοῦ
ἔκρινεν ὁ θεὸς Αἴγυπτον διὰ τῶν μαστίγων
καὶ τῶν αἰκισμάτων αὐτῶν· ἀλλὰ κἀκεῖνος
δοξασθεὶς μεγάλως οὐκ ἐμεγαλορημόνησεν,
ἀλλ᾿ εἶπεν ἐκ τῆς βάτου χρηματισμοῦ αὐτῷ
διδομένου· τίς εἰμι ἐγώ, ὅτι με πέμπεις;
ἐγὼ δέ εἰμι ἰσχνόφωνος καὶ βραδύγλωσσος.

καὶ πάλιν λέγει·
ἐγὼ δέ εἰμι ἀτμὶς ἀπὸ κύθρας.

18,1–4
τί δὲ εἴπωμεν ἐπὶ τῷ μεμαρτυρημένῳ Δαυίδ;
πρὸς ὃν εἶπεν ὁ θεός· εὗρον ἄνδρα
κατὰ τὴν καρδίαν μου, Δαυὶδ τὸν τοῦ Ἰεσσαί·
ἐν ἐλέει αἰωνίῳ ἔχρισα αὐτόν.
ἀλλὰ καὶ αὐτὸς λέγει πρὸς τὸν θεόν·
ἐλέησόν με, ὁ θεός, κατὰ τὸ μέγα ἔλεός
σου, καὶ κατὰ τὸ πλῆθος τῶν οἰκτιρμῶν σου
ἐξάλειψον τὸ ἀνόμημά μου.
ἐπὶ πλεῖον πλῦνόν με ἀπὸ τῆς ἀνομίας μου,

Klemens Alex.

Χριστός, οὐκ ἐπαιρομένων ἐπὶ τὸ ποίμνιον αὐτοῦ.

Strom. IV 105,4
δι᾿ ὑπομονὴν καὶ πίστιν
ἐν δέρμασιν αἰγείοις καὶ μηλωταῖς καὶ
τριχῶν καμηλείων πλέγμασιν περιεπάτησαν
κηρύσσοντες τὴν βασιλείαν τοῦ Χριστοῦ,
λέγομεν δὲ Ἠλίαν καὶ Ἐλισσαῖον,
Ἰεζεκιήλ τε καὶ Ἰωάννην, τοὺς προφήτας.

Strom. IV 106,1
ὁ γάρ τοι φίλος θεοῦ διὰ πίστιν ἐλευθέραν
κληθεὶς Ἀβραὰμ οὐκ ἐπήρθη τῇ δόξῃ,
μετριοπαθῶν δὲ ἔλεγεν·
ἐγὼ δέ εἰμι γῆ καὶ σποδός.

Strom. IV 106,2
περί τε τοῦ Ἰὼβ οὕτως γέγραπται·
Ἰὼβ δὲ ἦν δίκαιος καὶ ἄμεμπτος, ἀληθινὸς
καὶ θεοσεβής, ἀπεχόμενος ἀπὸ παντὸς
κακοῦ.

Strom. IV 106,3
οὗτος ὁ νικήσας δι᾿ ὑπομονῆς τὸν
πειράσαντα καὶ μαρτυρήσας ἅμα καὶ
μαρτυρηθεὶς ὑπὸ τοῦ θεοῦ [ὃς]
ταπεινοφροσύνης ἀντέχεται καὶ λέγει·
οὐδεὶς καθαρὸς ἀπὸ ῥύπου, οὐδ᾿ εἰ μιᾶς
ἡμέρας ἡ ζωὴ αὐτοῦ.

Strom. IV 106,4
Μωϋσῆς, ὁ πιστὸς θεράπων ἐν ὅλῳ τῷ οἴκῳ
αὐτοῦ,

πρὸς τὸν χρηματίζοντα ἐκ τῆς βάτου εἶπεν·
τίς εἰμι ἐγώ, ὅτι με πέμπεις;
ἐγὼ δέ εἰμι ἰσχνόφωνος καὶ βραδύγλωσσος
φωνὴν κυρίου διὰ γλώσσης ἀνθρωπίνης
διακονῆσαι. καὶ πάλιν·
ἐγὼ δέ εἰμι ἀτμὶς ἀπὸ χύτρας.

Strom. IV 107,1–3
ναὶ μὴν καὶ Δαβίδ, ἐφ᾿
οὗ μαρτυρῶν ὁ κύριος λέγει· εὗρον ἄνδρα
κατὰ τὴν καρδίαν μου, Δαβὶδ τὸν τοῦ Ἰεσσαί·
ἐν ἐλαίῳ ἁγίῳ ἔχρισα αὐτόν·
ἀλλὰ καὶ αὐτὸς λέγει πρὸς τὸν θεόν·
ἐλέησόν με, ὁ θεός, κατὰ τὸ μέγα ἔλεός σου,
καὶ κατὰ τὸ πλῆθος τῶν οἰκτιρμῶν σου
ἐξάλειψον τὸ ἀνόμημά μου.
ἐπὶ πλεῖον πλῦνόν με ἀπὸ τῆς ἀνομίας μου,

I Clem	Klemens Alex.
καὶ ἀπὸ τῆς ἁμαρτίας μου καθάρισόν με· ὅτι τὴν ἀνομίαν μου ἐγὼ γινώσκω, καὶ ἡ ἁμαρτία μου ἐνώπιόν μου ἐστὶν διαπαντός.	καὶ ἀπὸ τῆς ἁμαρτίας μου καθάρισόν με· ὅτι τὴν ἀνομίαν μου ἐγὼ γινώσκω, καὶ ἡ ἁμαρτία μου ἐνώπιόν μού ἐστι διὰ παντός.
	ἔπειτα τὴν οὐχ ὑποπίπτουσαν νόμῳ αἰνιττόμενος ἁμαρτίαν γνωστικῶς μετριοπαθῶν ἐπιφέρει·
σοὶ μόνῳ ἥμαρτον, καὶ τὸ πονηρὸν ἐνώπιόν σου ἐποίησα· ὅπως ἂν δικαιωθῇς ἐν τοῖς λόγοις σου, καὶ νικήσῃς ἐν τῷ κρίνεσθαί σε.	σοὶ μόνῳ ἥμαρτον καὶ τὸ πονηρὸν ἐνώπιόν σου ἐποίησα.

20,3

Protr. 63,1
πλὴν ἀλλ᾽ οὐ θεὸν προσκυνοῦσιν

ἥλιός τε καὶ σελήνη,
ἀστέρων τε χοροὶ κατὰ τὴν διαταγὴν αὐτοῦ
ἐν ὁμονοίᾳ δίχα πάσης παρεκβάσεως
ἐξελίσσουσιν τοὺς ἐπιτεταγμένους αὐτοῖς
ὁρισμούς.

ἥλιόν τε καὶ σελήνην καὶ τὸν ἄλλον τῶν
ἀστέρων χορόν.

20,8

Strom. V 80,1
ἀλλὰ κἂν τῇ πρὸς Κορινθίους Ῥωμαίων
ἐπιστολῇ

ὠκεανὸς ἀπέραντος ἀνθρώποις καὶ οἱ μετ᾽
αὐτὸν κόσμοι ταῖς αὐταῖς ταγαῖς τοῦ
δεσπότου διευθύνονται.

ὠκεανὸς ἀπέραντος ἀνθρώποις γέγραπται
καὶ οἱ μετ᾽ αὐτὸν κόσμοι.

21,2-4
λέγει γάρ που·
πνεῦμα κυρίου λύχνος ἐρευνῶν τὰ ταμεῖα
τῆς γαστρός.

Strom. IV 107,6
λέγει γάρ που ἡ γραφή·
πνεῦμα κυρίου λύχνος ἐρευνῶν τὰ ταμεῖα
τῆς γαστρός.

ἴδωμεν, πῶς ἐγγύς ἐστιν, καὶ ὅτι οὐδὲν
λέληθεν αὐτὸν τῶν ἐννοιῶν ἡμῶν οὐδὲ τῶν
διαλογισμῶν ὧν ποιούμεθα.
δίκαιον οὖν ἐστιν μὴ λειποτακτεῖν ἡμᾶς ἀπὸ
τοῦ θελήματος αὐτοῦ.

107,7 οὕτως ἐγγίζει τοῖς δικαίοις ὁ κύριος
καὶ οὐδὲν λέληθεν αὐτὸν τῶν ἐννοιῶν καὶ τῶν
διαλογισμῶν ὧν ποιούμεθα.

21,6-9
τὸν κύριον Ἰησοῦν Χριστόν,

Strom. IV 107,8-108,5
τὸν κύριον Ἰησοῦν λέγω, τὸν τῷ
παντοκρατορικῷ θελήματι ἐπίσκοπον τῆς
καρδίας ἡμῶν·

οὗ τὸ αἷμα ὑπὲρ ἡμῶν ἐδόθη, ἐντραπῶμεν,
τοὺς προηγουμένους ἡμῶν
αἰδεσθῶμεν,
τοὺς πρεσβυτέρους τιμήσωμεν,
τοὺς νέους παιδεύσωμεν τὴν παιδείαν τοῦ
φόβου τοῦ θεοῦ,

οὗ τὸ αἷμα ὑπὲρ ἡμῶν ἡγιάσθη. ἐντραπῶμεν
οὖν τοὺς προηγουμένους ἡμῶν καὶ
αἰδεσθῶμεν,
τοὺς πρεσβυτέρους τιμήσωμεν,
τοὺς νέους παιδεύσωμεν τὴν παιδείαν τοῦ
θεοῦ. μακάριος γὰρ ὃς ἂν διδάσκῃ καὶ ποιῇ τὰ
τοῦ κυρίου κατ᾽ ἀξίαν· μεγαλόφρονος δὲ
ἐννοίας ἐστὶν καὶ θεωρητικῆς τῆς ἀληθείας.

τὰς γυναῖκας ἡμῶν ἐπὶ τὸ ἀγαθὸν
διορθωσώμεθα· τὸ ἀξιαγάπητον τῆς ἁγνείας
ἦθος ἐνδειξάσθωσαν,
τὸ ἀκέραιον τῆς πραΰτητος αὐτῶν βούλημα
ἀποδειξάτωσαν, τὸ ἐπιεικὲς τῆς γλώσσης
αὐτῶν διὰ τῆς σιγῆς φανερὸν ποιησάτωσαν,
τὴν ἀγάπην αὐτῶν μὴ κατὰ προσκλίσεις, ἀλλὰ

τὰς γυναῖκας ἡμῶν ἐπὶ τὸ ἀγαθὸν
διορθωσόμεθα, τὸ ἀξιαγάπητον ἦθος τῆς
ἁγνείας, φησίν, ἐνδειξάσθωσαν·
τὸ ἀκέραιον τῆς πραΰτητος αὐτῶν βούλημα
ἀποδειξάτωσαν· τὸ ἐπιεικὲς τῆς γλώσσης
αὐτῶν διὰ τῆς σιγῆς φανερὸν ποιησάτωσαν,
τὴν ἀγάπην αὐτῶν μὴ κατὰ προσκλίσεις, ἀλλὰ

I Clem

πᾶσιν τοῖς φοβουμένοις τὸν θεὸν ὁσίως ἴσην παρεχέτωσαν.
τὰ τέκνα ἡμῶν τῆς ἐν Χριστῷ παιδείας μεταλαμβανέτωσαν· μαθέτωσαν, τί ταπεινοφροσύνη παρὰ θεῷ ἰσχύει, τί ἀγάπη ἀγνὴ παρὰ θεῷ δύναται, πῶς ὁ φόβος αὐτοῦ καλὸς καὶ μέγας καὶ σῴζων πάντας τοὺς ἐν αὐτῷ ὁσίως ἀναστρεφομένους ἐν καθαρᾷ διανοίᾳ.
ἐρευνητὴς γάρ ἐστιν ἐννοιῶν καὶ ἐνθυμήσεων· οὗ ἡ πνοὴ αὐτοῦ ἐν ἡμῖν ἐστίν, καὶ ὅταν θέλῃ, ἀνελεῖ αὐτήν.

22,1–8
ταῦτα δὲ πάντα βεβαιοῖ ἡ ἐν Χριστῷ πίστις· καὶ γὰρ αὐτὸς διὰ τοῦ πνεύματος τοῦ ἁγίου οὕτως προσκαλεῖται ἡμᾶς·
δεῦτε, τέκνα, ἀκούσατέ μου, φόβον κυρίου διδάξω ὑμᾶς. τίς ἐστιν ἄνθρωπος ὁ θέλων ζωήν, ἀγαπῶν ἡμέρας ἰδεῖν ἀγαθάς;

παῦσον τὴν γλῶσσάν σου ἀπὸ κακοῦ καὶ χείλη σου τοῦ μὴ λαλῆσαι δόλον.
ἔκκλινον ἀπὸ κακοῦ καὶ ποίησον ἀγαθόν. ζήτησον εἰρήνην καὶ δίωξον αὐτήν.

ὀφθαλμοὶ κυρίου ἐπὶ δικαίους, καὶ ὦτα αὐτοῦ πρὸς δέησιν αὐτῶν· πρόσωπον δὲ κυρίου ἐπὶ ποιοῦντας κακά, τοῦ ἐξολεθρεῦσαι ἐκ γῆς τὸ μνημόσυνον αὐτῶν. ἐκέκραξεν ὁ δίκαιος, καὶ ὁ κύριος εἰσήκουσεν αὐτοῦ, καὶ ἐκ πασῶν τῶν θλίψεων αὐτοῦ ἐρύσατο αὐτόν.
πολλαὶ αἱ μάστιγες τοῦ ἁμαρτωλοῦ, τοὺς δὲ ἐλπίζοντας ἐπὶ κύριον ἔλεος κυκλώσει.

28,3
ποῦ ἀφήξω καὶ ποῦ κρυβήσομαι ἀπὸ τοῦ προσώπου σου; ἐὰν ἀναβῶ εἰς τὸν οὐρανόν, σὺ ἐκεῖ εἶ· ἐὰν ἀπέλθω εἰς τὰ ἔσχατα τῆς γῆς, ἐκεῖ ἡ δεξιά σου· ἐὰν καταστρώσω εἰς τὰς ἀβύσσους, ἐκεῖ τὸ πνεῦμά σου.

30,5
εὐλογημένος γεννητὸς γυναικὸς ὀλιγόβιος. μὴ πολὺς ἐν ῥήμασιν γίνου.

34,3
προλέγει γὰρ ἡμῖν· ἰδοὺ ὁ κύριος, καὶ ὁ

Klemens Alex.

πᾶσι τοῖς φοβουμένοις τὸν θεὸν ὁσίως ἴσην παρεχέτωσαν.
τὰ τέκνα ἡμῶν τῆς ἐν Χριστῷ παιδείας μεταλαβέτωσαν· μαθέτωσαν τί ταπεινοφροσύνη παρὰ θεῷ ἰσχύει, τί ἀγάπη ἀγνὴ παρὰ θεῷ δύναται, πῶς ὁ φόβος τοῦ κυρίου καλὸς καὶ μέγας, σῴζων πάντας τοὺς ἐν αὐτῷ ὁσίως ἀναστρεφομένους ἐν καθαρᾷ καρδίᾳ.
ἐρευνητὴς γάρ ἐστιν ἐννοιῶν καὶ ἐνθυμημάτων· οὗ ἡ πνοὴ αὐτοῦ ἐν ἡμῖν ἐστίν, καὶ ὅταν θέλῃ, ἀνελεῖ αὐτήν.

Strom. IV 109,1–110,1
ταῦτα δὲ πάντα βεβαιοῖ ἡ ἐν Χριστῷ πίστις·

δεῦτε, τέκνα, ὁ κύριος λέγει· ἀκούσατέ μου, φόβον κυρίου διδάξω ὑμᾶς. τίς ἐστιν ἄνθρωπος ὁ θέλων ζωήν, ἀγαπῶν ἡμέρας ἰδεῖν ἀγαθάς; εἶτα ἑβδομάδος καὶ ὀγδοάδος μυστήριον γνωστικὸν ἐπιφέρει· παῦσον τὴν γλῶσσάν σου ἀπὸ κακοῦ καὶ χείλη σου τοῦ μὴ λαλῆσαι δόλον· ἔκκλινον ἀπὸ κακοῦ καὶ ποίησον ἀγαθόν, ζήτησον εἰρήνην καὶ δίωξον αὐτήν.
γνῶσιν γὰρ αἰνίττεται διὰ τούτων μετά τε ἀποχῆς κακῶν μετά τε ἐνεργείας ἀγαθῶν, ἔργῳ τε καὶ λόγῳ τελειοῦσθαι διδάσκων.
ὀφθαλμοὶ κυρίου ἐπὶ δικαίους καὶ ὦτα αὐτοῦ εἰς δέησιν αὐτῶν· πρόσωπον δὲ κυρίου ἐπὶ ποιοῦντας κακά, τοῦ ἐξολοθρεῦσαι ἐκ γῆς τὸ μνημόσυνον αὐτῶν. ἐκέκραξεν δὲ ὁ δίκαιος καὶ ὁ κύριος εἰσήκουσε καὶ ἐκ πασῶν τῶν θλίψεων ἐρρύσατο αὐτόν.
πολλαὶ μὲν γὰρ μάστιγες τῶν ἁμαρτωλῶν, τοὺς δὲ ἐλπίζοντας ἐπὶ κύριον ἔλεος κυκλώσει.

Strom. IV 135,2
ποῦ φύγω καὶ ποῦ κρυβήσομαι ἀπὸ προσώπου σου; ἐὰν ἀναβῶ εἰς τὸν οὐρανόν, σὺ ἐκεῖ εἶ· ἐὰν ἀπέλθω εἰς τὰ ἔσχατα τῆς θαλάσσης, ἐκεῖ ἡ δεξιά σου· ἐὰν καταβῶ εἰς ἀβύσσους, ἐκεῖ τὸ πνεῦμά σου.

Strom. I 48,4
ταῦτα ὡς ἔνι μάλιστα διὰ βραχέων ἐξήνεγκεν ἡ γραφή, μὴ πολὺς ἐν ῥήμασι γίνου λέγουσα.

Strom. IV 135,3
εἴρηται γάρ· ἰδοὺ κύριος καὶ ὁ

I Clem	Klemens Alex.

I Clem

μισθὸς αὐτοῦ πρὸ προσώπου αὐτοῦ, ἀποδοῦναι ἑκάστῳ κατὰ τὸ ἔργον αὐτοῦ.

34,8
λέγει γάρ· ὀφθαλμὸς οὐκ εἶδεν καὶ οὖς οὐκ ἤκουσεν καὶ ἐπὶ καρδίαν ἀνθρώπου οὐκ ἀνέβη, ὅσα ἡτοίμασεν τοῖς ὑπομένουσιν αὐτόν.

36,2
διὰ τούτου ἀτενίζομεν εἰς τὰ ὕψη τῶν οὐρανῶν, διὰ τούτου ἐνοπτριζόμεθα τὴν ἄμωμον καὶ ὑπερτάτην ὄψιν αὐτοῦ, διὰ τούτου ἠνεῴχθησαν ἡμῶν οἱ ὀφθαλμοὶ τῆς καρδίας, διὰ τούτου ἡ ἀσύνετος καὶ ἐσκοτωμένη διάνοια ἡμῶν ἀναθάλλει εἰς τὸ φῶς, διὰ τούτου ἠθέλησεν ὁ δεσπότης τῆς ἀθανάτου γνώσεως ἡμᾶς γεύσασθαι.

38,2b
ὁ σοφὸς ἐνδεικνύσθω τὴν σοφίαν αὐτοῦ μὴ ἐν λόγοις, ἀλλ᾽ ἐν ἔργοις ἀγαθοῖς· ὁ ταπεινοφρονῶν μὴ ἑαυτῷ μαρτυρείτω, ἀλλ᾽ ἐάτω ὑφ᾽ ἑτέρου ἑαυτὸν μαρτυρεῖσθαι· ὁ ἁγνὸς ἐν τῇ σαρκὶ μὴ ἀλαζονευέσθω, γινώσκων, ὅτι ἕτερός ἐστιν ὁ ἐπιχορηγῶν αὐτῷ τὴν ἐγκράτειαν.

40,1
προδήλων οὖν ἡμῖν ὄντων τούτων καὶ ἐγκεκυφότες εἰς τὰ βάθη τῆς θείας γνώσεως πάντα τάξει ποιεῖν ὀφείλομεν, ὅσα ὁ δεσπότης ἐπιτελεῖν ἐκέλευσεν κατὰ καιροὺς τεταγμένους.

41,4
ὁρᾶτε, ἀδελφοί· ὅσῳ πλείονος κατηξιώθημεν γνώσεως, τοσούτῳ μᾶλλον ὑποκείμεθα κινδύνῳ.

46,2
γέγραπται γάρ· κολλᾶσθε τοῖς ἁγίοις, ὅτι οἱ κολλώμενοι αὐτοῖς ἁγιασθήσονται.

46,3
καὶ πάλιν ἐν ἑτέρῳ τόπῳ λέγει· μετὰ ἀνδρὸς ἀθῴου ἀθῷος ἔσῃ, καὶ μετὰ ἐκλεκτοῦ ἐκλεκτὸς ἔσῃ, καὶ μετὰ στρεβλοῦ διαστρέψεις.

46,8
εἶπεν γάρ· οὐαὶ τῷ ἀνθρώπῳ ἐκείνῳ· καλὸν ἦν αὐτῷ, εἰ οὐκ ἐγεννήθη, ἢ ἕνα τῶν ἐκλεκτῶν μου σκανδαλίσαι· κρεῖττον ἦν αὐτῷ περιτεθῆναι μύλον καὶ καταποντισθῆναι εἰς τὴν θάλασσαν, ἢ ἕνα τῶν ἐκλεκτῶν μου διαστρέψαι.

Klemens Alex.

μισθὸς αὐτοῦ ἀπὸ προσώπου αὐτοῦ, ἀποδοῦναι ἑκάστῳ κατὰ τὰ ἔργα αὐτοῦ.

Strom. IV 135,4
ἃ ὀφθαλμὸς οὐκ εἶδε καὶ οὖς οὐκ ἤκουσεν καὶ ἐπὶ καρδίαν ἀνθρώπου οὐκ ἀνέβη, ἃ ἡτοίμασεν ὁ θεὸς τοῖς ἀγαπῶσιν αὐτόν.

Strom. IV 110,2

ὅτι ἐν τῇ πρὸς Κορινθίους ἐπιστολῇ γέγραπται·
διὰ Ἰησοῦ Χριστοῦ ἡ ἀσύνετος καὶ ἐσκοτισμένη διάνοια ἡμῶν ἀναθάλλει εἰς τὸ φῶς. διὰ τούτου ἠθέλησεν ὁ δεσπότης τῆς ἀθανάτου γνώσεως ἡμᾶς γεύσασθαι.

Strom. IV 110,4
ὁ σοφὸς τοίνυν ἐνδεικνύσθω τὴν σοφίαν αὐτοῦ μὴ λόγοις μόνον, ἀλλ᾽ ἐν ἔργοις ἀγαθοῖς· ὁ ταπεινόφρων μαρτυρείτω μὴ ἑαυτῷ, ἀλλ᾽ ἐάτω ὑφ᾽ ἑτέρου αὐτὸν μαρτυρεῖσθαι ὁ ἁγνὸς τῇ σαρκὶ μὴ ἀλαζονευέσθω, γινώσκων ὅτι ἕτερός ἐστιν ὁ ἐπιχορηγῶν αὐτῷ τὴν ἐγκράτειαν.

Strom. IV 110,3
προδήλων οὖν ὄντων ἡμῖν τούτων, καὶ ἐγκεκυφότες εἰς τὰ βάθη τῆς θείας γνώσεως, πάντα τάξει ποιεῖν ὀφείλομεν, ὅσα ὁ δεσπότης ἐπιτελεῖν ἐκέλευσεν, κατὰ καιροὺς τεταγμένους.

Strom. IV 110,5
ὁρᾶτε, ἀδελφοί, ὅσῳ πλείονος κατηξιώθημεν γνώσεως, τοσούτῳ ὑποκείμεθα μᾶλλον κινδύνῳ.

Strom. V 52,3
κολλᾶσθαι οὖν τοῖς ἁγίοις προσήκει, ὅτι οἱ κολλώμενοι αὐτοῖς ἁγιασθήσονται.

Strom. V 52,3
γέγραπται δέ· μετὰ ἀνδρὸς ἀθῴου ἀθῷος ἔσῃ καὶ μετὰ ἐκλεκτοῦ ἐκλεκτὸς ἔσῃ καὶ μετὰ στρεβλοῦ διαστρέψεις.

Strom. III 107,2
οὐαὶ τῷ ἀνθρώπῳ ἐκείνῳ, φησὶν ὁ κύριος· καλὸν ἦν αὐτῷ εἰ μὴ ἐγεννήθη, ἢ ἕνα τῶν ἐκλεκτῶν μου σκανδαλίσαι· κρεῖττον ἦν αὐτῷ περιτεθῆναι μύλον καὶ καταποντισθῆναι εἰς θάλασσαν, ἢ ἕνα τῶν ἐκλεκτῶν μου διαστρέψαι.

I Clem

Klemens Alex.

47,7
καὶ αὕτη ἡ ἀκοὴ οὐ μόνον εἰς ἡμᾶς ἐχώρησεν,
ἀλλὰ καὶ εἰς τοὺς ἑτεροκλινεῖς ὑπάρχοντας
ἀφ᾽ ἡμῶν, ὥστε καὶ βλασφημίας ἐπιφέρεσθαι
τῷ ὀνόματι κυρίου διὰ τὴν ὑμετέραν
ἀφροσύνην.

Strom. III 107,2
τὸ γὰρ ὄνομα τοῦ θεοῦ δι᾽ αὐτοὺς
βλασφημεῖται.

48,1
ἐξάρωμεν οὖν τοῦτο ἐν τάχει καὶ
προσπέσωμεν τῷ δεσπότῃ καὶ κλαύσωμεν
ἱκετεύοντες αὐτόν, ὅπως ἵλεως γενόμενος
ἐπικαταλλαγῇ ἡμῖν καὶ ἐπὶ τὴν σεμνὴν τῆς
φιλαδελφίας ἡμῶν ἁγνὴν ἀγωγὴν
ἀποκαταστήσῃ ἡμᾶς.

Strom. IV 111,1

ἡ σεμνὴ οὖν τῆς φιλανθρωπίας ἡμῶν καὶ
ἁγνὴ ἀγωγὴ κατὰ τὸν Κλήμεντα.

48,2 f.
πύλη γὰρ δικαιοσύνης ἀνεῳγυῖα εἰς ζωὴν
αὕτη, καθὼς γέγραπται ἀνοίξατέ μοι πύλας
δικαιοσύνης εἰσελθὼν ἐν αὐταῖς
ἐξομολογήσομαι τῷ κυρίῳ.
αὕτη ἡ πύλη τοῦ κυρίου δίκαιοι
εἰσελεύσονται ἐν αὐτῇ.

Strom. I 38,5.6

ἀνοίξατε οὖν, φησὶν ἡ γραφή, πύλας
δικαιοσύνης, ἵνα ἐν αὐταῖς εἰσελθὼν
ἐξομολογήσωμαι τῷ κυρίῳ.
αὕτη ἡ πύλη τοῦ κυρίου, δίκαιοι
εἰσελεύσονται ἐν αὐτῇ.

Strom. VI 64,2
ἀνοίξατέ μοι πύλας δικαιοσύνης, φησίν ἐν
αὐταῖς εἰσελθὼν ἐξομολογήσομαι τῷ κυρίῳ.
αὕτη ἡ πύλη τοῦ κυρίου, δίκαιοι
εἰσελεύσονται ἐν αὐτῇ.

48,4 f.
πολλῶν οὖν πυλῶν ἀνεῳγυιῶν ἡ ἐν
δικαιοσύνῃ αὕτη ἐστὶν ἡ ἐν Χριστῷ, ἐν ᾗ
μακάριοι πάντες οἱ εἰσελθόντες καὶ
κατευθύνοντες τὴν πορείαν αὐτῶν ἐν
ὁσιότητι καὶ δικαιοσύνῃ,
ἀταράχως πάντα ἐπιτελοῦντες.

Strom. I 38,7 f.
πολλῶν τοίνυν ἀνεῳγμένων πυλῶν ἡ
ἐν δικαιοσύνῃ αὕτη ἦν ἐν Χριστῷ, ἐν ᾗ
μακάριοι πάντες οἱ εἰσελθόντες καὶ
κατευθύνοντες τὴν πορείαν αὐτῶν ἐν
ὁσιότητι γνωστικῇ.
αὐτίκα ὁ Κλήμης ἐν τῇ πρὸς Κορινθίους
ἐπιστολῇ κατὰ λέξιν φησὶ τὰς διαφορὰς
ἐκτιθέμενος τῶν κατὰ τὴν ἐκκλησίαν
δοκίμων

ἤτω τις πιστός, ἤτω δυνατὸς γνῶσιν
ἐξειπεῖν, ἤτω σοφὸς ἐν διακρίσει λόγων, ἤτω
ἁγνὸς ἐν ἔργοις.

ἤτω τις πιστός, ἤτω δυνατὸς γνῶσιν
ἐξειπεῖν, ἤτω σοφὸς ἐν διακρίσει λόγων, ἤτω
γοργὸς ἐν ἔργοις.

48,4

πολλῶν οὖν πυλῶν ἀνεῳγυιῶν ἡ ἐν
δικαιοσύνῃ αὕτη ἐστὶν ἡ ἐν Χριστῷ, ἐν ᾗ
μακάριοι πάντες οἱ εἰσελθόντες.

Strom. VI 64,3
ἐξηγούμενος δὲ τὸ ῥητὸν τοῦ προφήτου
Βαρνάβας ἐπιφέρει
πολλῶν πυλῶν ἀνεῳγυιῶν ἡ ἐν
δικαιοσύνῃ αὕτη ἐστὶν ἡ ἐν Χριστῷ, ἐν ᾗ
μακάριοι πάντες οἱ εἰσελθόντες.

48,5 f.
ἤτω τις πιστός, ἤτω δυνατὸς
γνῶσιν ἐξειπεῖν, ἤτω σοφὸς ἐν διακρίσει λόγων,
ἤτω ἁγνὸς ἐν ἔργοις
τοσούτῳ γὰρ μᾶλλον ταπεινοφρονεῖν ὀφείλει,

Strom. VI 65,3
ἔστω τοίνυν πιστὸς ὁ τοιοῦτος, ἔστω δυνατὸς
γνῶσιν ἐξειπεῖν, ἤτω σοφὸς ἐν διακρίσει λόγων,
ἤτω γοργὸς ἐν ἔργοις, ἤτω ἁγνός.
τοσούτῳ γὰρ μᾶλλον ταπεινοφρονεῖν ὀφείλει,

I Clem

ὅσῳ δοκεῖ μᾶλλον μείζων εἶναι, καὶ ζητεῖν τὸ κοινωφελὲς πᾶσιν, καὶ μὴ τὸ ἑαυτοῦ.

48,6
καὶ ζητεῖν τὸ κοινωφελὲς πᾶσιν.

49,4

τὸ ὕψος, εἰς ὃ ἀνάγει ἡ ἀγάπη, ἀνεκδιήγητόν ἐστιν.

49,5
ἀγάπη κολλᾷ ἡμᾶς τῷ θεῷ,
ἀγάπη καλύπτει πλῆθος ἁμαρτιῶν, ἀγάπη πάντα ἀνέχεται, πάντα μακροθυμεῖ· οὐδὲν βάναυσον ἐν ἀγάπῃ, οὐδὲν ὑπερήφανον· ἀγάπη σχίσμα οὐκ ἔχει, ἀγάπη οὐ στασιάζει, ἀγάπη πάντα ποιεῖ ἐν ὁμονοίᾳ·
ἐν τῇ ἀγάπῃ ἐτελειώθησαν πάντες
οἱ ἐκλεκτοὶ τοῦ θεοῦ·
δίχα ἀγάπης οὐδὲν εὐάρεστόν ἐστιν τῷ θεῷ.

50,1
ὁρᾶτε, ἀγαπητοί, πῶς μέγα καὶ θαυμαστόν ἐστιν ἡ ἀγάπη, καὶ τῆς τελειότητος αὐτῆς οὐκ ἔστιν ἐξήγησις.
τίς ἱκανὸς ἐν αὐτῇ εὑρεθῆναι, εἰ μὴ οὓς ἂν καταξιώσῃ ὁ θεός; δεώμεθα οὖν καὶ αἰτώμεθα ἀπὸ τοῦ ἐλέους αὐτοῦ, ἵνα ἐν ἀγάπῃ εὑρεθῶμεν δίχα προσκλίσεως ἀνθρωπίνης, ἄμωμοι.

50,3
αἱ γενεαὶ πᾶσαι ἀπὸ Ἀδὰμ ἕως τῆσδε τῆς ἡμέρας παρῆλθον· ἀλλ᾽ οἱ ἐν ἀγάπῃ τελειωθέντες κατὰ τὴν τοῦ θεοῦ χάριν ἔχουσιν χῶρον εὐσεβῶν· οἳ φανερωθήσονται ἐν τῇ ἐπισκοπῇ τῆς βασιλείας τοῦ Χριστοῦ.

50,6 f.
γέγραπται γάρ· μακάριοι, ὧν ἀφέθησαν αἱ ἀνομίαι, καὶ ὧν ἐπεκαλύφθησαν αἱ ἁμαρτίαι· μακάριος ἀνήρ, οὗ οὐ μὴ λογίσηται κύριος ἁμαρτίαν, οὐδέ ἐστιν ἐν τῷ στόματι αὐτοῦ δόλος.
οὗτος ὁ μακαρισμὸς ἐγένετο ἐπὶ τοὺς ἐκλελεγμένους ὑπὸ τοῦ θεοῦ διὰ Ἰησοῦ Χριστοῦ τοῦ κυρίου ἡμῶν· ᾧ ἡ δόξα εἰς τοὺς αἰῶνας τῶν αἰώνων. Ἀμήν.

Klemens Alex.

ὅσῳ δοκεῖ μᾶλλον μείζων εἶναι, ὁ Κλήμης ἐν τῇ πρὸς Κορινθίους φησί.

Strom. IV 111,1
τὸ κοινωφελὲς ζητεῖ.

Strom. IV 111,1-2
ἡ σεμνὴ οὖν τῆς φιλανθρωπίας ἡμῶν καὶ ἁγνὴ ἀγωγὴ κατὰ τὸν Κλήμεντα τὸ κοινωφελὲς ζητεῖ, ἐάν τε μαρτυρῇ ἐάν τε καὶ παιδεύῃ ἔργῳ τε καὶ λόγῳ, διττῷ δὲ τούτῳ, ἀγράφῳ τε καὶ ἐγγράφῳ.
αὕτη ἐστὶν ἡ ἀγάπη, τὸ ἀγαπᾶν τὸν θεὸν καὶ τὸν πλησίον, αὕτη εἰς τὸ ἀνεκδιήγητον ὕψος ἀνάγει.

Strom. IV 111,3

ἀγάπη καλύπτει πλῆθος ἁμαρτιῶν, ἀγάπη πάντα ἀνέχεται, πάντα μακροθυμεῖ, ἀγάπη κολλᾷ ἡμᾶς τῷ θεῷ,

πάντα ποιεῖ ἐν ὁμονοίᾳ·
ἐν τῇ ἀγάπῃ ἐτελειώθησαν πάντες
οἱ ἐκλεκτοὶ τοῦ θεοῦ·
δίχα ἀγάπης οὐδὲν εὐάρεστον τῷ θεῷ.

Strom. IV 111,4

τῆς τελειότητος αὐτῆς
οὐκ ἔστιν ἐξήγησις, φησί.
τίς ἱκανὸς ἐν αὐτῇ εὑρεθῆναι, εἰ μὴ οὓς ἂν αὐτὸς καταξιώσῃ ὁ θεός;

Strom. IV 112,4
αἱ γενεαὶ δὲ πᾶσαι ἀπὸ Ἀδὰμ ἕως τῆσδε τῆς ἡμέρας παρῆλθον· ἀλλ᾽ οἱ ἐν ἀγάπῃ τελειωθέντες κατὰ τὴν τοῦ θεοῦ χάριν ἔχουσι χώραν εὐσεβῶν· οἳ φανερωθήσονται ἐν τῇ ἐπισκοπῇ τῆς βασιλείας τοῦ Χριστοῦ.

Strom. II 65,2
γέγραπται γάρ· μακάριοι ὧν ἀφέθησαν αἱ ἀνομίαι, καὶ ὧν ἐπεκαλύφθησαν αἱ ἁμαρτίαι· μακάριος ἀνὴρ ᾧ οὐ μὴ λογίσηται κύριος ἁμαρτίαν, οὐδέ ἐστιν ἐν τῷ στόματι αὐτοῦ δόλος·
οὗτος ὁ μακαρισμὸς ἐγένετο ἐπὶ τοὺς ἐκλελεγμένους ὑπὸ τοῦ θεοῦ διὰ Ἰησοῦ Χριστοῦ τοῦ κυρίου ἡμῶν.

I Clem

51,1–4
ὅσα οὖν παρεπέσαμεν καὶ ἐποιήσαμεν
διά τινας παρεμπτώσεις
τοῦ ἀντικειμένου, ἀξιώσωμεν ἀφεθῆναι ἡμῖν·
καὶ ἐκεῖνοι δέ, οἵτινες ἀρχηγοὶ στάσεως καὶ
διχοστασίας ἐγενήθησαν, ὀφείλουσιν τὸ
κοινὸν τῆς ἐλπίδος σκοπεῖν.
φησὶν γὰρ ὁ ἐκλεκτὸς Δαυίδ·
ἐξομολογήσομαι τῷ κυρίῳ, καὶ ἀρέσει αὐτῷ
ὑπὲρ μόσχον νέον κέρατα ἐκφέροντα καὶ
ὁπλάς· ἰδέτωσαν πτωχοὶ καὶ εὐφρανθήτωσαν.
καὶ πάλιν λέγει· θῦσον τῷ θεῷ θυσίαν
αἰνέσεως καὶ ἀπόδος τῷ ὑψίστῳ τὰς εὐχάς
σου· καὶ ἐπικάλεσαί με ἐν ἡμέρᾳ θλίψεώς σου,
καὶ ἐξελοῦμαί σε, καὶ δοξάσεις με.
θυσία γὰρ τῷ θεῷ πνεῦμα συντετριμμένον.

53,3
καὶ εἶπεν κύριος πρὸς αὐτόν·
λελάληκα πρὸς σὲ ἅπαξ καὶ δὶς λέγων·
ἑώρακα τὸν λαὸν τοῦτον, καὶ ἰδού ἐστιν
σκληροτράχηλος· ἔασόν με ἐξολεθρεῦσαι
αὐτούς, καὶ ἐξαλείψω τὸ ὄνομα αὐτῶν
ὑποκάτωθεν τοῦ οὐρανοῦ, καὶ ποιήσω σε εἰς
ἔθνος μέγα καὶ θαυμαστὸν καὶ πολὺ μᾶλλον
ἢ τοῦτο.

53,4
καὶ εἶπεν Μωϋσῆς·

μηθαμῶς, κύριε· ἄφες τὴν ἁμαρτίαν τῷ λαῷ
τούτῳ, ἢ κἀμὲ ἐξάλειψον ἐκ βίβλου ζώντων.

53,5
ὦ μεγάλης ἀγάπης, ὦ τελειότητος
ἀνυπερβλήτου· παρρησιάζεται θεράπων πρὸς
κύριον, αἰτεῖται ἄφεσιν τῷ πλήθει, ἢ καὶ
ἑαυτὸν ἐξαλειφθῆναι μετ᾽ αὐτῶν ἀξιοῖ.

55,4 f.
Ἰουδὶθ ἡ μακαρία,
ἐν συγκλεισμῷ οὔσης τῆς πόλεως, ᾐτήσατο
παρὰ τῶν πρεσβυτέρων ἐαθῆναι αὐτὴν
ἐξελθεῖν εἰς τὴν παρεμβολὴν τῶν ἀλλοφύλων.
παραδοῦσα οὖν ἑαυτὴν τῷ κινδύνῳ ἐξῆλθεν δι᾽
ἀγάπην τῆς πατρίδος καὶ τοῦ λαοῦ τοῦ ὄντος
ἐν συγκλεισμῷ,

καὶ παρέδωκεν κύριος
Ὀλοφέρνην ἐν χειρὶ θηλείας.

55,6
οὐχ ἧττονι καὶ ἡ τελεία κατὰ πίστιν Ἐσθὴρ
κινδύνῳ ἑαυτὴν παρέβαλεν, ἵνα τὸ
δωδεκάφυλον τοῦ Ἰσραὴλ μέλλον ἀπολέσθαι

Klemens Alex.

Strom. IV 113,1–3
ἦν δὲ καὶ περιπέσῃ ἄκων τοιαύτῃ
τινὶ περιστάσει διὰ τὰς παρεμπτώσει
τοῦ ἀντικειμένου,

μιμησάμενος τὸν Δαβὶδ ψαλεῖ.
ἐξομολογήσομαι τῷ κυρίῳ, καὶ ἀρέσει αὐτῷ
ὑπὲρ μόσχον νέον, φέροντα κέρατα καὶ
ὁπλάς. ἰδέτωσαν πτωχοὶ καὶ εὐφρανθήτωσαν.
λέγει γάρ· θῦσον τῷ θεῷ θυσίαν
αἰνέσεως καὶ ἀπόδος τῷ κυρίῳ τὰς εὐχάς
σου· καὶ ἐπικάλεσαί με ἐν ἡμέρᾳ θλίψεώς σου,
καὶ ἐξελοῦμαί σε καὶ δοξάσεις με·
θυσία γὰρ τῷ θεῷ πνεῦμα συντετριμμένον.

Strom. IV 118,2

λελάληκα πρὸς σὲ ἅπαξ καὶ δὶς λέγων·
ἑώρακα τὸν λαὸν τοῦτον, καὶ ἰδού ἐστι
σκληροτράχηλος· ἔασόν με ἐξολοθρεῦσαι
αὐτούς, καὶ ἐξαλείψω τὸ ὄνομα αὐτῶν
ὑποκάτωθεν τοῦ οὐρανοῦ καὶ ποιήσω σε εἰς
ἔθνος μέγα καὶ θαυμαστὸν καὶ πολὺ μᾶλλον
ἢ τοῦτο.

Strom. IV 118,3
ἀποκρίνεται δεόμενος μὴ τὸ ἑαυτοῦ σκοπῶν,
ἀλλὰ τὴν κοινὴν σωτηρίαν·
μηδαμῶς, κύριε, ἄφες τὴν ἁμαρτίαν τῷ λαῷ
τούτῳ, ἢ κἀμὲ ἐξάλειψον ἐκ βίβλου ζώντων.

Strom. IV 118,3b
ὅση τελειότης τοῦ
συναποθανεῖν ἐθελήσαντος τῷ λαῷ ἢ
σῴζεσθαι μόνος.

Strom IV 118,4
ἀλλὰ καὶ Ἰουδὶθ ἡ ἐν γυναιξὶ τελειωθεῖσα
ἐν συγκλεισμῷ τῆς πόλεως γενομένης
δεηθεῖσα τῶν πρεσβυτέρων εἰς μὲν τὴν
παρεμβολὴν τῶν ἀλλοφύλων ἐξέρχεται,
τοῦ παντὸς καταφρονήσασα κινδύνου, ὑπὲρ
τῆς πατρίδος ἑαυτὴν ἐπιδοῦσα τοῖς
πολεμίοις ἐν πίστει θεοῦ· λαμβάνει δ᾽ εὐθὺς
τἀπίχειρα τῆς πίστεως ἀριστεύσασα γυνὴ
κατὰ τοῦ πολεμίου τῆς πίστεως, κυρία τῆς
Ὀλοφέρνου γενομένη κεφαλῆς.

Strom. IV 119,1 f.
πάλιν τε αὖ ἡ τελεία κατὰ πίστιν Ἐσθὴρ
ῥυομένη τὸν Ἰσραὴλ τυραννικῆς ἐξουσίας καὶ
τῆς τοῦ σατράπου ὠμότητος, μόνη γυνὴ

I Clem

ῥύσηται· διὰ γὰρ τῆς νηστείας καὶ τῆς
ταπεινώσεως αὐτῆς ἠξίωσεν τὸν
παντεπόπτην δεσπότην, θεὸν τῶν αἰώνων· ὃς
ἰδὼν τὸ ταπεινὸν τῆς ψυχῆς αὐτῆς ἐρύσατο
τὸν λαόν, ὧν χάριν ἐκινδύνευσεν.

61,3
ὁ μόνος δυνατὸς ποιῆσαι ταῦτα καὶ
περισσότερα ἀγαθὰ μεθ' ἡμῶν, σοὶ
ἐξομολογούμεθα διὰ τοῦ ἀρχιερέως καὶ
προστάτου τῶν ψυχῶν ἡμῶν Ἰησοῦ Χριστοῦ,
δι' οὗ σοι ἡ δόξα καὶ ἡ μεγαλωσύνη
καὶ νῦν καὶ εἰς γενεὰν γενεῶν καὶ εἰς τοὺς
αἰῶνας τῶν αἰώνων. ἀμήν.

65,2
ἡ χάρις τοῦ κυρίου ἡμῶν Ἰησοῦ Χριστοῦ μεθ'
ὑμῶν καὶ μετὰ πάντων πανταχῆ τῶν
κεκλημένων ὑπὸ τοῦ θεοῦ δι' αὐτοῦ,
δι' οὗ αὐτῷ δόξα, τιμή, κράτος καὶ
μεγαλωσύνη, θρόνος αἰώνιος ἀπὸ τῶν αἰώνων
εἰς τοὺς αἰῶνας τῶν αἰώνων. ἀμήν.

Klemens Alex.

νηστείαις τεθλιμμένη πρὸς μυρίας
ὡπλισμένας ἀντετάξατο δεξιάς, τυραννικὸν
διὰ πίστεως ἀναλύουσα δόγμα· καὶ δὴ τὸν μὲν
ἐτιθάσευσεν, ἀνέστειλεν δὲ τὸν Ἀμὰν καὶ
τὸν Ἰσραὴλ τῇ τελείᾳ πρὸς τὸν θεὸν δεήσει
ἀπαθῆ διεφύλαξεν.

Quis. div. salv. 42,20

ᾧ διὰ τοῦ παιδὸς Ἰησοῦ Χριστοῦ, τοῦ κυρίου
ζώντων καὶ νεκρῶν, καὶ διὰ τοῦ ἁγίου
πνεύματος
εἴη δόξα, τιμή, κράτος, αἰώνιος μεγαλειότης
καὶ νῦν καὶ εἰς γενεὰς γενεῶν καὶ εἰς τοὺς
αἰῶνας τῶν αἰώνων. ἀμήν.

Quis. div. salv. 42,20
ᾧ διὰ τοῦ παιδὸς Ἰησοῦ Χριστοῦ, τοῦ κυρίου
ζώντων καὶ νεκρῶν, καὶ διὰ τοῦ ἁγίου
πνεύματος
εἴη δόξα, τιμή, κράτος, αἰώνιος μεγαλειότης
καὶ νῦν καὶ εἰς γενεὰς γενεῶν καὶ
εἰς τοὺς αἰῶνας τῶν αἰώνων. ἀμήν.

4. Die spätere Entwicklung

Die Rezeption von I Clem *in der griechischen Kirche* läßt sich bis zum neunten
Jahrhundert verfolgen, wenngleich ausführliche Zitate wie in PolPhil und im
Werk des Klemens von Alexandrien nicht vorzuliegen scheinen[1]. Alexandrien
spielt dabei eine wichtige Rolle. Origenes hat I Clem gekannt (vgl. Euseb,
HistEccl VI 25,14) und verwendet (vgl. De princ. II 3,6 zu I Clem 20,8).
Auch Dionys von Alexandrien (vgl. Euseb, HistEccl VII 21,7) und später
Didymus der Blinde (PG 39,1596) spielen auf die gleiche Stelle an. Etwas
von I Clem 5 dürfte in De Poen. 9 des Petrus von Alexandrien nachwirken.
Euseb profitiert im vierten Jahrhundert von diesem Traditionsgut und baut
viele Einzelheiten daraus in seine Kirchengeschichte ein (vgl. HistEccl III 4,9;
15; 16; 21; 34; 38,2f.; IV 23,11; V 6,2-4; VI 25,14)[2].

Nach den „Apostolischen Konstitutionen" übermitteln die Apostel durch
Clemens – er wird vor Barnabas, Timotheus und Markus genannt – die
καθολικὴ διδασκαλία an alle Bischöfe und Priester (VI 18,11). Über diesen
Auftrag berichtet Clemens selbst am Schluß des Werkes (VIII 47,85). Gemein-
sam mit Jakobus und anderen wurde er von den Aposteln in sein Amt eingesetzt
(VIII 46,13: ὑπὸ δὲ τῶν ἀποστόλων ἐγὼ Κλήμης καὶ ἐγὼ Ἰάκωβος καὶ σὺν

---

[1] Die wichtigsten Texte bringt LIGHTFOOT, I 1,153-200.
[2] Die Stellen wurden in den verschiedenen Einleitungsfragen besprochen.

ἡμῖν ἕτεροι). P. Drews, Untersuchungen 13-56, und M. Metzger, Les Constitutions Apostoliques I (SC 320) 26 f., haben die Texte zusammengestellt, bei denen eine inhaltliche Verwandtschaft festgestellt werden kann[1] (zu I Clem 20 und 33,3-6 vgl. Const.Ap.VIII 12,6-20 und VII 34-35; zu I Clem 34,6 vgl. Const.Ap. VII 35,3-4; VIII 12,27; zu I Clem 43 und 44,3-5 vgl. Const.Ap. VIII 46,54-13; zu I Clem 59,2 vgl. Const.Ap. VIII, 11,2; zu I Clem 59,4 vgl. Const.Ap. VIII 10,14-15; 12,45). Die Ansicht von Drews, I Clem und die „Apostolischen Konstitutionen" würden von einer gemeinsamen Quelle abhängen, hat sich in der Forschung nicht behaupten können[2]. Die Gemeinsamkeiten erklären sich am besten, wenn die „Apostolischen Konstitutionen" als Zeugnis für die Wirkungsgeschichte von I Clem verstanden werden[3]. Die Gemeinsamkeiten zeigen sich auch in anderen Texten: der Vogel Phönix als Argument für die Auferstehung der Toten (I Clem 25; Const.Ap. V 7,15 f.); der Eingangsgruß; manche Spracheigentümlichkeiten wie der Begriff ἀβάναυσος unter den Bedingungen für die Amtsträger (Const.Ap. II 3,3; in I Clem 44,3: ἀβαναύσως), die Wendung συζητοῦντες πρὸς τὸ κοινωφελές (Const.Ap. VI 13,1) bzw. ζητεῖν τὸ κοινωφελές (I Clem 48,6); zahlreiche Parallelen zum großen Schlußgebet (I Clem 59,2-61,3); die Zahl der Auserwählten (I Clem 59,2; Const.Ap. VIII 22,3); ähnliche biblische Motive und Gestalten usw. Auch für diese Texte gilt die gleiche Beurteilung wie oben.

Auch Kyrill von Jerusalem erwähnt den Vogel Phönix (Cath. 18,8), verweist auf Klemens und verwendet offenbar I Clem 25,1-26,1. Epiphanius zitiert nur das Wort I Clem 54,2 („in einem seiner Briefe") (Haer. 27,6)[4]. Der Abschnitt I Clem 33,2-6 wird von Johannes Damascenus in seinen Sacra Parallela überliefert (ed. Holl 1). Schließlich - im neunten Jahrhundert - faßt Photius (Bibl. 126) den Inhalt von I Clem kurz zusammen, bezeichnet den Stil als einfach und deutlich, kritisiert aber die Aussage über die Welten jenseits des Ozeans (I Clem 20,8), das Beispiel des Vogels Phönix (I Clem 25) und die zu zu wenig entfaltete Christologie (I Clem 36,1). So weit die Rezeption von I Clem in der griechischen Kirche.

Gleich gering wie eigenartig ist die Rezeption von I Clem *in der lateinischen Kirche*. Die alte lateinische Übersetzung fand allem Anschein nach keine große Verbreitung im Westen. Denn als auch dort das Latein zur Sprache der Kirche wurde, war sie nicht mehr in Umlauf. Hieronymus zitiert einige Male I Clem, aber die lateinische Fassung entspricht nicht der von L[5]. Rufinus übersetzt

---

[1] Die Angaben folgen der Einteilung von Metzger.

[2] Zur These von K. Beyschlag s. u. Exkurs 7: Amt - apostolische Sukzession - Kirchenrecht: III. I Clem und das Kirchenrecht.

[3] Vgl. M. METZGER, Les Constitutions Apostoliques (SC 320) I 24 f.

[4] Zum Kontext s. o. § 5.1.a.

[5] Vgl. In Is. 52,13 (CC SL 73a, 587 = PL 24,505): „Sceptrum Dei Dominus Iesus Christus non venit in jactantia superbiae, quum possit omnia, sed in humilitate". Zu I Clem 16,2 bringt L: „Sceptrum maietatis Dei, Dominus Iesus Christus, non venit cum sono gloriae nec cum superbia, quamvis poterat, sed cum humilitate"; vgl. In Eph. 2,2: „Oceanus et mundi qui trans

die Recognitiones und die Epistula Clementis ad Iacobum, weiß um den Märtyrertod des Klemens, ist also mit der legendären Überlieferung bestens vertraut, aber hinterläßt keine Spur von einer Kenntnis über I Clem. Wenn Paulinus von Nola wirklich den Text von I Clem übersetzen wollte, ist aus diesem Vorhaben nichts erhalten geblieben, es sei denn, man hält die von Johannes Diaconus überlieferte Paraphrase aus I Clem 43-44 für einen Teil dieser Übersetzung (s. o. S. 14 Anm. 3)[1].

In dem von Fr. Dolbeau veröffentlichten Katalog der Klosterbibliothek von Lobbes aus dem Jahre 1049[2] - nicht weit entfernt von Florennes, wo die alte lateinische Übersetzung von I Clem aufbewahrt wurde - steht unter der Nr. 139: „Eiusdem (= Clementis Papae) epistula ad Corinthios. Cypriani expositio in oratione dominica. Cassiodori Senatoris de anima lib. I. Enchyridion Syxti martyris, vol. I". Nach E. Dekkert dürfte keine direkte Beziehung bestehen zwischen der im Katalog von Lobbes angezeigten Handschrift von I Clem und der von Florennes, die später in Namur entdeckt wurde (Lettre 43). Aber der Text ist nicht mehr vorhanden.

Reminiszenzen von I Clem lassen sich vereinzelt wahrnehmen[3], aber im Ganzen, und nicht nur im Vergleich zur vielfachen Überlieferung der pseudoklementinischen Literatur, macht I Clem im Westen „figure de parent pauvre" (E. Dekkert, Lettre 41).

Im Bereich *der frühsyrischen Literatur* haben P. Schwen[4] und neulich R. Murray[5] auf formale und inhaltliche Ähnlichkeiten zwischen I Clem und der 14. Dem. (Über die Ermahnung) des Aphrahat aufmerksam gemacht. Schwen erklärt sie durch die ähnliche Entstehungssituation. Nach Murray haben sie ihren gemeinsamen Ursprung in der hellenistisch-jüdischen Rhetorik. Da die überlieferte syrische Übersetzung von I Clem erheblich später enstanden ist, ist es unwahrscheinlich, daß Aphrahat I Clem in dieser Fassung gekannt hat.

Wie auch immer die Frage nach dem Rezeptionsprozeß zu beurteilen ist, die Ähnlichkeiten lassen sich nicht leugnen. Einige Beispiele dafür[6]:

---

ipsum sunt" (PL 26,496); L zu 20,8: „Oceanus infinitus hominibus et omnis orbis terrarum"; vgl. In Epf. 4,1: „Vinculum caritatis Dei qui poterit enarrare?" (PL 26,524); L zu 49,2: „Vinculum caritatis Dei qui potest enarrare?". Vgl. MORIN, VI. Nach E. DEKKERS, Lettre 45, zitiert Hieronymus I Clem nicht aus einer griechischen Handschrift, sondern aus zweiter Hand.

[1] So E. DEKKERS, Lettre 48 f.

[2] DERS., Un nouveau catalogue des manuscrits de Lobbes aux XIe et XIIe siècles, in: RechAug 13 (1978) 1-36; 14 (1979) 191-248, hier 24 und 202.

[3] Etwa bei Commodianus, Instr. 21 (CC SL 128,60). Zu L. EIZENHÖFER, Gemeindegebet, s. u. zu I Clem 61,1.

[4] Afrahat. Seine Person und sein Verständnis des Christentums (NSGTK 2), Berlin 1907, 45.

[5] Vgl. DERS., Hellenistic-Jewish Rhetoric in Afrahat, in: R. LAVENANT (Hrsg.), 3.Symposium Syriacum. Les contacts du monde syriaque avec les autres cultures (OCA 221), Rom 1983, 79-85, hier 81-83.

[6] Die Liste ist unabhängig von den von Schwen und Murray angegebenen Stellen. Text nach P. BRUNS, Aphrahat, Demonstrationes. Unterweisungen (FC 5/2), Freiburg 1991.

– „Getrennt hat die Geltungssucht Frauen von ihren Männern" (14.Dem. 43); vgl. I Clem 6,3: „Eifersucht entfremdete die Gattinen von (ihren) Männern."

– „Denn Geltungssucht und Streit haben Reiche in Verwirrung gebracht, Städte zerstört, Völker vernichtet" (14.Dem. 43); vgl. I Clem 6,4: „Eifersucht und Streit haben große Städte zerstört und große Völker ausgerottet."

– „Das, was wir euch, Geliebte, geschrieben haben, rufen wir auch uns in Erinnerung" (14.Dem. 42); vgl. I Clem 7,1: „Dies, Geliebte, schreiben wir nicht nur, um euch zu ermahnen, sondern auch, um uns selbst zu erinnern."

– „Die Liebe deckt häßliche Taten zu, die Liebe tilgt Sünden, die Liebe ist weit entfernt von Hochmut, die Liebe ist weit fort von Überheblichkeit, die Liebe ist vor jeglichem Streit bewahrt, die Liebe ist erhaben über die Geltungssucht, sie steht über der Spaltung" (14.Dem. 14); vgl. I Clem 49,5: „Liebe deckt eine Menge Sünden zu, Liebe erträgt alles, sie duldet alles. Nichts Überhebliches ist in der Liebe, nichts Hochmütiges. Liebe kennt keine Spaltung, Liebe lehnt sich nicht auf. Liebe tut alles in Eintracht."

– „Er hat das Meer gebunden mit einer Grenze aus Sand und die Meere zusammengefaßt im Ozean, so daß die aufgetürmten Wogen die Grenze nicht überschreiten" (14.Dem. 34); vgl. I Clem 20,6: „Die (Wasser)masse des unendlichen Meeres, nach seinem Schöpferplan in Sammelbecken zusammengebracht, überschreitet nicht die ihr ringsum gesetzten Schranken, sondern wie er es ihr angeordnet hat, so tut sie es."

– „Hört nun, Geliebte, wir rufen uns selbst und auch euch in Erinnerung, wie nämlich alle Geschöpfe Gottes seinen Willen tun und seinen Befehl nicht verweigern" (14.Dem. 36); vgl. I Clem 20,11a.

– „Denn was nützt der Streit? Welchen Vorteil bringt die Geltungssucht denen, die sie tun? Den Kain trennte sie von seinem Freund Abel. Denn der Streit brachte Fluch über Kain, verkaufte den Josef und vernichtete den Pharao, vertrieb Jakob, ... verwirrte Saul" (14.Dem. 13 [vgl. auch 10]); vgl. I Clem 4,7–9.13: „Seht, Brüder: Eifersucht und Neid verursachten Brudermord. Wegen Eifersucht entfloh unser Vater Jakob vor dem Angesicht Esaus, seines Bruders. Eifersucht bewirkte, daß Joseph bis zum Tod verfolgt wurde und in Sklaverei kam ... Wegen Eifersucht ertrug David Neid nicht nur von den Fremden, sondern wurde er auch von Saul, dem König Israels, verfolgt."

– „Brüder, diese wenigen Worte der Ruhe und des Friedens haben wir euch wegen jener Verwirrung, die in dieser Zeit unter uns ausgebrochen ist, geschrieben, daß wir Teilhaber an eurem Frieden werden, ebenso auch die Brüder an allen Orten, da dieser Streit und diese Spaltung (auch) zu ihnen gelangt ist" (14.Dem. 45); vgl. I Clem 1,1; 47,7.

Manche Gemeinsamkeiten sind thematisch. Die 14. Unterweisung des Aphrahat ist durch einen innerkirchlichen Konflikt veranlaßt. Die Gegner werden u.a. dadurch charakterisiert, daß sie die Hochfahrenden, Stolzen und Überheblichen lieben (14.Dem. 3). Darum werden die Folgen von Stolz und Überheblichkeit anhand von biblischen Beispielen gezeigt (14.Dem. 10; I Clem

4–6)[1]. Im Gegensatz dazu steht das Ideal von Frieden und Eintracht, für das Gott entschieden eintritt, wie es die Schrift bezeugt (11). Immer wieder richtet sich der Blick auf die vergangenen Generationen, um daraus die Lehre wahrzunehmen, die in der Schrift enthalten ist (14.Dem. 5.6.33; vgl. I Clem 7,5–7; 9,3–4 u.ö.). Die Schöpfung selbst ist das beste Beispiel für die Ordnung, die aus dem Gehorsam gegenüber dem Willen Gottes entspringt (14.Dem. 36; vgl. I Clem 20). Der Ton der Ermahnung erklingt meistens recht brüderlich: „Wir sind jedenfalls von euch überzeugt, Brüder, daß ihr dem Frieden nachjagt und die Unruhe abschafft und den Streit, den Neid, die Geltungssucht und die Spaltung" (14.Dem. 49; 40; vgl. I Clem 56,16; 62,3; 65,1). Aber er kann auch direkter sein: „Ihr aber, Brüder, lauft in Frieden, müht euch ab in Ruhe, löscht das Böse aus, entfernt den Streit und befriedet die Aufrührer" (14.Dem. 30; vgl. I Clem 57,1 f.; 58,2; 63,1).

Es bleibt die Frage, ob die erwähnten Gemeinsamkeiten – sie schöpfen das Material nicht aus[2] – allein durch den Rückgriff auf das reiche Angebot der jüdisch-hellenistischen Rhetorik befriedigend erklärt werden kann. Ist die Annahme richtig, daß die syrische Übersetzung und der liturgische Gebrauch von I Clem (s.u.) im siebten bzw. achten Jahrhundert anzusetzen sind, dann wird diese späte Anerkennung nicht erst in dieser Zeit entstanden sein. Aphrahat könnte den Beweis erbringen, daß die Rezeption von I Clem in der syrisch sprechenden Kirche schon früher begonnen hatte[3]. Auf welchem Weg dies geschah, ist unbekannt[4]. Eine liturgische Verwendung, wie später bezeugt, ist denkbar. Schließlich soll beachtet werden, daß die griechisch geschriebenen, aber im syrischen Raum entstandenen „Apostolischen Konstitutionen" von I Clem nicht nur reichlich Gebrauch machen (s.o.), sondern darüber hinaus die zwei Klemensbriefe als kanonisch anführen (s.u. 5. I Clem und der neutestamentliche Kanon). Von dieser nachweisbaren Rezeption des grie-

---

[1] 14.Dem. 9,3 enthält sieben Beispiele für Demut.

[2] Vgl. auch das Lob der Liebe (14.Dem. 14; I Clem 49,2–6); das Gebet mitten in der Ermahnung (14.Dem. 15; I Clem 59,2–61,3).

[3] Das Echo in der syrischen Literatur – mit Ausnahme von Aphrahat – scheint gering zu sein. LIGHTFOOT, I 1,183 f., zitiert nur einen anonymen Verfasser aus dem sechsten oder siebten Jahrhunndert, der I Clem 54,1–2 wiedergibt.

[4] In der Einleitung zu seiner Übersetzung der Demonstrationes hält P. Bruns die Kenntnis von I Clem bei Aphrahat für wenig wahrscheinlich, da die Klemensbriefe „erst spät ins Syrische übersetzt worden sind" (FC 5/1, 49 Anm. 49). Aber gerade dann stellt sich die Frage nach dem Grund für die spät erfolgte Übersetzung und für den liturgischen Gebrauch. Aufgrund eines Vergleichs der oben zitierten Aphrahat-Stellen mit der von Bensly herausgegebenen syrischen Übersetzung schließt P. Bruns nicht mehr aus, daß Aphrahat I Clem gekannt hat. Sein Text war „mit ziemlicher Sicherheit nicht der von Bensly edierte, dafür sind die Unterschiede in den einzelnen Formulierungen doch zu groß. Der Bensly-Text erscheint in vielen Punkten, was die Syntax anbelangt, griechischer als Aphrahat, der ein geradezu klassisches Syrisch schreibt... Wenn I Clem Aphrahat schon vorgelegen hat, dann kann dies nur in einer sehr alten syrischen Version gewesen sein, die uns heute nicht mehr bekannt ist" (freundliche Mitteilung von P. Bruns in einem Brief vom 21.2.1997).

chischen Textes des I Clem her wäre die spätere Auswirkung in der syrischen Kirche zu erklären.

5. I Clem und der neutestamentliche Kanon

Es gehört zu den Eigentümlichkeiten von I Clem, daß, obwohl das Schreiben im gleichen Zeitraum entstanden ist wie die Spätschriften des Neuen Testaments (z. B. der Brief an die Epheser, die Apostelgeschichte, die johanneische Literatur, auf jeden Fall vor dem zweiten Petrusbrief), früh verwendet und hochgeschätzt wurde, keine nennenswerte Rolle im Prozeß der Kanonbildung spielte. Dort, wo I Clem in die Liste der kanonischen Bücher aufgenommen wurde, liegt in der Regel eine Abhebung von den anerkannten kanonischen Texten vor.

Die alexandrinische Kirche steht im Mittelpunkt. Klemens von Alexandrien zollt dem Schreiben so viel Ehre wie einer kanonischen Schrift, aber bei seinem Nachfolger in der alexandrinischen Schule, Origenes, kommt I Clem weder unter den unwidersprochenen kanonischen Schriften noch unter den angezweifelten vor. Euseb (HistEccl III 25,4) rechnet I Clem nicht einmal zu den unechten Schriften (die Paulusakten, der sogenannte Hirt, die Offenbarung des Petrus, der Barnabasbrief, die Apostellehre). Um I Clem entzündet sich keine Diskussion in der Kanonfrage. Dennoch scheint I Clem in Alexandrien keineswegs in Vergessenheit geraten zu sein. Der im fünften Jahrhundert geschriebene Codex Alexandrinus überliefert I und II Clem am Schluß einer vollständigen Bibelhandschrift. Daß beide Texte in die Schriften des Neuen Testaments eingereiht werden, spricht für den ihnen zugewiesenen hohen Rang, wenngleich ihre Stellung ganz am Ende auf eine gewisse Graduierung hinweisen dürfte[1].

Einen ähnlichen Stellenwert besitzen I und II Clem nach Const.Ap. VIII 47,85[2]. Sie gehören in den neutestamentlichen Kanon, aber sie werden erst am Schluß nach dem Judasbrief und den zwei Petrusbriefen[3] erwähnt. Am Ende des vierten Jahrhunderts hält die syrische Kirche die zwei Klemensbriefe in ihrer griechischen Fassung für kanonisch.

Rätselhaft ist die Beurteilung der syrischen Übersetzung. Das betrifft die eigenartige Reihenfolge der neutestamentlichen Texte und die unterschiedliche Herkunft der Übersetzung der Klemensbriefe im Verhältnis zu den anderen

---

[1] TH. ZAHN, Geschichte I 351. nennt die Unterscheidung zwischen den Klemensbriefen und den kanonischen Büchern „schwach und zart."

[2] Zum Problem der Textüberlieferung vgl. M. METZGER, Les Constitutions Apostoliques III (SC 336) 9–12.

[3] Die Offenbarung des Johannes wird nicht zu den biblischen Büchern gerechnet. Der Schluß von Const.Ap. VIII 47,85 ist so gestaltet, daß auch die „Konstitutionen" als Teil der Schrift erscheinen. Klemens übergibt den Bischöfen das ganze Werk.

Schriften (s. o. § 1.1). Für den Schreiber oder Kompilator, der das Material so geordnet hat, waren die Klemensbriefe Bestandteil des Neuen Testaments[1]. Sie stehen nicht am Ende der neutestamentlichen Schriften, sondern nach den katholischen Briefen und vor dem corpus paulinum, in einer Lektionarordnung, die den Text von I Clem in siebzehn Einheiten aufteilt, wie es auch bei den anderen neutestamentlichen Texten üblich war. Das bedeutet, daß I Clem im siebten und achten Jahrhundert in syrischen Gemeinden in der Liturgie verwendet wurde[2].

Warum es sich trotz des hohen Alters und des großen persönlichen Ansehens des dem Schreiben zugedachten Verfassers in der Kanonfrage so verhalten hat, läßt sich nur vermuten. I Clem stand allzu offensichtlich im Zusammenhang mit einem kirchlichen Konflikt, dem der Charakter des „Ursprünglichen" abging. Der Hinweis auf den paulinischen Korintherbrief (47,1–4) mag diesen Eindruck bestätigt haben. Schließlich dürfte auch das ungewöhnliche Präskript – die Kirche zu Rom schreibt an die Kirche zu Korinth – ohne jede Bindung an die großen Gestalten des Anfangs dazu beigetragen haben, daß das Schreiben, obwohl es nicht nur in der griechischen Kirche Anerkennung und Hochschätzung erfuhr, sondern auch im lateinischen, syrischen und koptischen Raum, dennoch so selten in die Liste der kanonischen oder parakanonischen Bücher aufgenommen wurde.

---

[1] Vgl. LIGHTFOOT, I 1,134.
[2] Vgl. TH. ZAHN, Geschichte I 352.

B. ÜBERSETZUNG UND KOMMENTAR

Die Überschrift ist im Zusammenhang mit der Entstehung der handschriftlichen Überlieferung sekundär vorangestellt. Die Varianten sind dabei unbedeutsam. Die griechischen Handschriften, die I Clem und II Clem überliefern, bezeichnen den Brief als den „ersten Brief an die Korinther." Die vollständige Überschrift hat nur H (Κλήμεντος πρὸς Κορινθίους α. Im A fehlt der Anfang: ...ς Κορινθίους α). Die syrische Übersetzung bringt: „Epistula catholica Clementis discipuli Petri apostoli ad ecclesiam Corinthiorum", obwohl sie auch II Clem enthält. Eigenartigerweise bringt sie auch die Numerierung, aber erst am Schluß: „finita est epistula prima Clementis ..." Die lateinische und die koptische Übersetzung enthalten nur I Clem. Bei L heißt es: „incipit Epistola Clementis ad Corinthios." Bei C¹ ist der Titel erst am Schluß angegeben. In den Fragmenten von C² fehlt die Überschrift.

1. Präskript

Die Kirche Gottes, die zu Rom in der Fremde wohnt, an die Kirche Gottes, die zu Korinth in der Fremde wohnt, an die Berufenen (und)[1] Geheiligten nach dem Willen Gottes durch unseren Herrn Jesus Christus. Gnade und Friede möge euch vom allmächtigen Gott durch Jesus Christus in Fülle zuteil werden.

Das Präskript hat die gewöhnlichen drei Teile: Absender, Adressat und Gruß. Als Absender steht nicht eine Einzelperson, sondern eine Gemeinde (ἡ ἐκκλησία), die durch den Genitiv τοῦ θεοῦ und die Apposition ἡ παροικοῦσα Ῥώμην näher charakterisiert wird. Der Empfänger des Briefes, die korinthische Gemeinde, ist nach dem gleichen Muster bestimmt. Da der Vf. den ersten Korintherbrief des Paulus gekannt hat (I Clem 47,1), legt es sich nahe, den Ausdruck ἡ ἐκκλησία τοῦ θεοῦ durch den Einfluß von 1 Kor 1,2 zu erklären (τοῦ θεοῦ als Genitiv der Herkunft und Zugehörigkeit). Das Partizip παροικοῦσα besagt, daß die Gemeinde Gottes, auch wenn sie geographisch in Rom bzw. in Korinth lokalisiert wird und so als Einzelgemeinde existiert, ihre Heimat nicht hier auf Erden hat (vgl. 1 Petr 1,17; 2,11; II Clem 5,1; Diog

---

[1] () = Im Urtext nicht enthalten.

5,5; sachlich parallel Hebr 13,14)[1]. Im Hintergrund steht die Sprache der LXX, in der sich die Erfahrung Israels widerspiegelt[2]. Wichtig dabei ist auch die Vermittlung des hellenistischen Judentums philonischer Prägung[3]. Die Bedeutung der Vorstellung in Texten, die mit Rom zusammenhängen (Hebr und 1 Petr), weist auf eine Aufnahme dieser alexandrinischen Tradition in Rom hin. Der Begriff παροικεῖν spielt in I Clem sonst keine Rolle. Ebensowenig ist seine Ekklesiologie durch die Vorstellung von der Gemeinde „in der Fremde" geprägt[4].

Auffallend ist vor allem das Schweigen über den Autor des Schreibens. Allein wichtig erscheint die römische Gemeinde und nicht die Einzelpersonen, auch nicht ihre Amtsträger. Das gleiche gilt für die korinthische Gemeinde[5]. Ein Vergleich mit dem Brief des Polykarp ist deswegen interessant, weil es auch in diesem Fall um ein Problem in einer anderen Gemeinde geht. Aber hier sind Polykarp und die Presbyter von Smyrna die Absender (Πολύκαρπος καὶ οἱ σὺν αὐτῷ πρεσβύτεροι), und nicht die Gemeinde[6]. In dem von Euseb (HistEccl V 1,3) zitierten Brief der Gemeinden von Vienne und Lyon an die Gemeinden von Asien und Phrygien bezeichnen sich die Absender als „Knechte Christi" und nicht „Kirche" bzw. „Gemeinde" (οἱ ἐν Βιέννῃ καὶ Λουγδούνῳ τῆς Γαλλίας παροικοῦντες δοῦλοι Χριστοῦ τοῖς κατὰ τὴν Ἀσίαν καὶ Φρυγίαν ...).

Eine weitere Apposition enthält eine wichtige Bestimmung der Adressaten. In offenkundiger Anlehnung an paulinische Begrifflichkeit gelten sie als die Berufenen und Geheiligten[7]. Berufung und Heiligung der Gläubigen kommen in I Clem auch in anderen traditionell geprägten Wendungen vor (zum Ruf vgl. 46,6; 59,2; 65,2; zur Heiligung vgl. 46,2; 59,3), aber sie werden theologisch nicht ausgedeutet. Beide, Berufung und Heiligung, gehen auf den Willen Gottes (ἐν θελήματι θεοῦ)[8] durch die Vermittlung des Herrn Jesus Christus (διὰ τοῦ κυρίου ἡμῶν Ἰησοῦ Χριστοῦ) zurück. Zu ἐν θελήματι θεοῦ

---

[1] Vgl. PolPhil insc.: ... τῇ ἐκκλησίᾳ τοῦ θεοῦ τῇ παροικούσῃ Φιλίππους; MartPol insc.: ἡ ἐκκλησία τοῦ θεοῦ ἡ παροικοῦσα Σμύρναν τῇ ἐκκλησίᾳ τοῦ θεοῦ τῇ παροικούσῃ ἐν Φιλομηλίῳ. Der Text setzt die Bekanntschaft von I Clem voraus. Vgl. auch Euseb, HistEccl IV 23,5: καὶ τῇ ἐκκλησίᾳ δὲ τῇ παροικούσῃ Γόρτυναν; 23,6: καὶ τῇ ἐκκλησίᾳ δὲ τῇ παροικούσῃ Ἄμαστριν. Es handelt sich um Briefe des Dionys von Korinth, die von Euseb überliefert werden. Anscheinend hat die Diktion von I Clem Schule gemacht.
[2] Vgl. K. L. und M. A. SCHMIDT, ThWNT V 840–852, hier 841–848.
[3] Vgl. Cher 120 (zu Lev 25,23): „Jeder von uns ist wie in eine fremde Stadt in diese Welt gekommen ... und nach seiner Ankunft wohnt er darin nur als Beisasse" (καὶ ἀφικόμενος παροικεῖ); Agr 64 f. (zu Gen 47,4): für die Seelen der Weisen ist der Himmel die Heimat, die Erde die Fremde; Conf 77 f. (zu Gen 23,4; 47,9) u. ö.
[4] Anders B. MAGGIONI, Concezione 13.
[5] Vgl. A. v. HARNACK, Einführung 49.
[6] Anders im Präskript des MartPol (s. o. Anm. 1), das ganz ähnlich wie I Clem gestaltet ist.
[7] Vgl. 1 Kor 1,2: ἡγιασμένοις ἐν Χριστῷ Ἰησοῦ. Die LA κλητοῖς ἡγιασμένοις ist durch AH bezeugt. Die LA von LSC[1] (ἁγίοις) ist von Röm 1,7; 1 Kor 1,2 beeinflußt (κλητοῖς ἁγίοις).
[8] Vgl. Hebr 10,10: ἐν ᾧ θελήματι ἡγιασμένοι ἐσμέν. Vgl. ferner Dtn 33,3; Apg 20,32; 26,18.

vgl. I Clem 49,6; Röm 1,10. Der Wendung mit instrumentaler Bedeutung entspricht διὰ θελήματος (vgl. Röm 15,32; 1 Kor 1,1; 2 Kor 1,1; 8,5)[1]. Die Präposition ἐν vermeidet die Wiederholung des in den christologischen Aussagen von I Clem typischen διά.

Der Ausdruck „Gnade und Friede" als Inhalt des Grußes (χάρις ὑμῖν καὶ εἰρήνη) ist zuerst in der paulinischen Briefliteratur belegt (vgl. 1 Kor 1,3, Röm 1,7 u. ö.), aber nicht auf sie beschränkt (vgl. 1 Petr 1,2; 2 Petr 1,2; Offb 1,4). Es ist mit dem Einfluß von 1 Kor bzw. Röm zu rechnen, aber anders als in den paulinischen Briefen, in denen Gnade und Friede von Gott „und dem Herrn Jesus Christus" herkommen (vgl. Röm 1,7; 1 Kor 1,3; 2 Kor 1,2; Gal 1,3; Phil 1,2; Phlm 3; vgl. Eph 1,2; 2 Thess 1,2; 1 Tim 1,2; 2 Tim 1,2; Tit 1,4), kommen sie hier „vom allmächtigen Gott" (ἀπὸ παντοκράτορος θεοῦ)[2] her, vermittelt „durch Jesus Christus" (διὰ Ἰησοῦ Χριστοῦ). Die zwei christologischen Aussagen des Präskripts zeigen schon eine Grundrichtung der Christologie in I Clem[3].

Gleichfalls abweichend vom paulinischen Briefformular, wo es um die Gabe von Gnade und Frieden geht, wird der Wunsch ausgesprochen, die Gnade und der Friede mögen der Gemeinde reichlich zuteil werden bzw. wachsen. Die Wendung mit πληθυνθείη[4] kommt auch in 1 Petr 1,2; 2 Petr 1,2; Jud 2 vor[5]. Nach G. Delling dürfte das Präskript in I Clem von einem der zitierten Briefe des NT abhängig sein „oder von einem uns unbekannten nichtpaulinischen Brief, da die Formel mit πληθυνθείη nach dem Orient weist" (ThWNT VI 279–282, hier 282). Zieht man aber in Betracht, daß in Dan (Theod.) 6,26, am Anfang des Briefes des Darius an alle Völker der Welt, steht: εἰρήνη ὑμῖν πληθυνθείη, wie auch im Brief des Nebukadnezar (Dan [Theod.] 4,1; [LXX] 4,37c: εἰρήνη ὑμῖν πληθυνθείη ἐν παντὶ καιρῷ)[6], dann legt sich eher eine Abhängigkeit vom Danieltext für I Clem nahe als eine von einer ntl. Schrift[7].

---

[1] Hebräisch ברצונך (vgl. Ps 30,8; 51,20).

[2] C[1] liest: ἀπὸ πατρὸς παντοκράτορος θεοῦ. Der Ausdruck θεὸς πατὴρ παντοκράτωρ entspricht dem römischen Symbol. Dazu SCHMIDT, 29: „Man wäre versucht, dies für ursprünglich zu halten, wenn wir an das röm. Symbol denken und weil K an den übrigen Stellen mit παντοκράτωρ niemals sich einen Zusatz erlaubt hat." Dagegen spricht aber das Gewicht von AHLS. – Zu παντοκράτωρ: In der LXX erscheint παντοκράτωρ sehr oft als Übersetzung von „Zebaoth" und „Schadai". Im NT: 2 Kor 6,18 und bes. in der Offb (1,8; 4,8 u. ö.). In I Clem vgl. 2,3; 32,4; (56,6 = Ijob 5,17); 60,4; 62,2.

[3] Ob es zutreffend ist, das zweifache christologische διά als „subordinationistisch" zu charakterisieren (so E. PETERSON, Praescript 132), sei dahingestellt.

[4] In I Clem sonst in 33,6 (Zitat aus Gen 1,28) und 59,3 (im gleichen Sinn). Die Wendung ist formelhaft und bildet keinen Gegensatz zur paulinischen Gnadenlehre (gegen T. F. TORRANCE, Doctrine 51).

[5] Später PolPhil insc.; MartPol insc.

[6] Der Text entspricht dem hebräischen שלמכון ישגא.

[7] Ein literarisches Verhältnis zu 1 Petr ist unwahrscheinlich.

E. Peterson hat sich eingehend mit dem Präskript von I Clem beschäftigt. Im Terminus παροικοῦσα sieht er den Einfluß des jüdischen Diasporabriefes. Die ἐκκλησία παροικοῦσα sind die Christgläubigen außerhalb Palästinas. Anhand von 1 Kor 1,2 (ἐν παντὶ τόπῳ) bemerkt Peterson: „In all diesen Varianten scheint mir nachzuklingen, daß der christliche Brief wie der jüdische im Grunde an die ganze Diaspora gerichtet ist und die Einzeladresse nur eine Hervorhebung aus einem größeren Ganzen darstellt" (Praescriptum 130). Wie in der syrischen Überlieferung handle es sich also bei I Clem um einen „katholischen Brief". Auch die Briefe des Dionys von Korinth werden von Euseb (HistEccl IV 23,1) als „katholisch" bezeichnet. Dazu komme eine inhaltliche Komponente: Alle diese Texte sind durch die νουθέτησις verbunden. Wie in den anderen „katholischen" Briefen, nämlich den Märtyrerbriefen, verlangen μαρτύριον und νουθεσία die literarische Form einer καθολικὴ ἐπιστολή (135). Das Eingreifen der römischen Gemeinde in eine Angelegenheit der korinthischen Gemeinde habe mit dem ihr verliehenen Charisma zu tun (134). Ferner versteht Peterson die νουθεσία als „eine durch die eschatologische Situation der Jünger Jesu veranlaßte, typologische Deutung des Alten Testaments, die ähnlich wie der damit verwandte Begriff der παράκλησις nach 1 Kor. 14,3 den Propheten als ein χάρισμα gegeben ist (vgl. Röm. 15,4)" (135). – Die geschickte und gelehrte Kombination der unterschiedlichen Angaben befriedigt deshalb nicht, weil sie sich 1. schwer mit dem Charakter und Inhalt von I Clem in Einklang bringen läßt. Die spätere Bezeichnung des Briefes als „katholisch" spricht für die ihm zugemessene Bedeutung, aber sie ist kein Kriterium für eine Bestimmung des Schreibens als solches. Die durch und durch situative Zielsetzung von I Clem ist unvereinbar mit dem Charakter eines katholischen Briefes, wiewohl der Text auch umfassende allgemein-gültige Belehrung enthält[1]; und weil 2. die von Peterson herausgestellte Bedeutung von νουθέτησις sich nicht mit der allgemeineren Bedeutung der einzigen Stelle deckt, in der das Wort vorkommt (I Clem 56,2; vgl. 7,1; 56,6); und weil 3. die „charismatische" Erklärung für das Eingreifen in Korinth aus dem Text nicht hervorgeht. Selbstbewußtsein ist nicht allein „charismatisch" erklärbar[2].

---

[1] Vgl. die Kritik von K. BEYSCHLAG, Clemens Romanus 23 f. Anm. 3.

[2] C. ANDRESEN, Formular, übernimmt mit wenigen Änderungen die Anregung Petersons und bezeichnet I Clem als Diasporabrief: Das Problem dieser Gattungsbestimmung liegt darin, daß I Clem an eine Einzelgemeinde adressiert ist und nicht an eine mehr oder weniger unbestimmte Zahl von Gemeinden in der Diaspora. Alle Beispiele für Diasporabriefe richten sich doch an eine Mehrzahl von Gemeinden oder bezeichnen die Adressaten in unbestimmter Form. Ähnlich A. STUIBER, Clemens 192. Die kritischen Bemerkungen zu Peterson gelten auch für Andresen. G. BRUNNER, Mitte 107, versteht das Präskript auch als Hinweis auf eine allgemeine Adresse: „Schon das Präskript formt sich dem Verfasser so, als ob die ganze christliche ‚Paroikia' angesprochen werden sollte, und im Eschatokoll – in dem das Ziel des Ganzen sichtbar wird – ergeht ganz auffälligerweise ein Gruß an die Gesamtchristenheit. Wenn also die Christengemeinde von Korinth die einzige ‚offizielle' Empfängerin des Briefes ist, so ist in der behandelten Problematik nicht nur der Adressat, sondern darüber hinaus auch der Absender und die ganze christliche Oikumene mitgemeint." Die Stichhaltigkeit der Behauptung hängt von der von Brunner vorausgesetzten Kommunikationssituation ab, bei der die Probleme in Korinth und in Rom als grundsätzlich homogen betrachtet werden. Eine solche Nivellierung läßt sich durch das Schreiben der römischen Gemeinde nicht begründen.

Erster Teil (1,1–39,9)

2. Die römische Gemeinde und das Problem in Korinth (1,1)

Ohne eine Vorrede bzw. eine Danksagung wie in der Mehrheit der paulinischen Briefe (ausgenommen der Brief an die Galater) geht der Vf. sofort auf das Thema des Schreibens ein (V. 1), wenngleich es inhaltlich nicht näher erläutert wird, weil das auch nicht nötig ist. Den Adressaten ist das Problem in der eigenen Gemeinde bekannt genug.

1. Wegen der plötzlichen und Schlag auf Schlag über uns gekommenen Unglücke und Vorfälle glauben wir, uns etwas spät um die bei euch umstrittenen Angelegenheiten gekümmert zu haben, Geliebte, um den schmutzigen und gottlosen Aufruhr – für die Auserwählten Gottes unpassend und fremd –, den einige wenige unbesonnene und rücksichtslose Personen bis zu einem solchen Grad der Tollheit entfacht haben, daß euer ehrbarer, allgemein bekannter und von allen Menschen liebenswerter Name sehr gelästert wurde.

Die lange und stilistisch gut gestaltete Periode führt „medias in res". Viererlei   1
kommt dabei zur Sprache: 1. bedingt durch plötzliche und wiederholte unglückliche Ereignisse erfolgt das Eingreifen der römischen Gemeinde – ohne weitere Begründung – erst mit Verspätung; 2. der Anlaß dazu ist eine Streitfrage in Korinth, die als Aufruhr bewertet wird; 3. die Urheber sind nur wenige, die Auswirkung ist aber groß; 4. der Streit hat dem Ruf der Gemeinde geschadet.

1. Welche Art von Bedrängnissen gemeint ist, geht aus dem Text nicht klar hervor. Die verwendeten Begriffe: συμφοραί und περιπτώσεις[1] kommen in I Clem nur an dieser Stelle vor. Sie sind in der altchristlichen Literatur nicht belegt[2]. Im hellenistischen Judentum ist der Sinn von συμφορά als Unglück, Mißgeschick eindeutig (vgl. Bauer/Aland 1557)[3]. περίπτωσις, in der Literatur des hellenistischen Judentums nicht belegt, bleibt semantisch allgemeiner: Zufall, Ereignis (Bauer/Aland 1310), encountering, experience (Liddell/Scott

---

[1] H bringt περιστάσεις, „Umstände".

[2] Vgl. jedoch συμφορά in Barn 2,6 nach H.

[3] Vgl. 2 Makk 14,14: ... τὰς τῶν Ἰουδαίων ἀτυχίας καὶ συμφοράς. In 2 Makk 6,12.16; 9,6; 14,40 steht der Terminus im Zusammenhang mit der Verfolgung der frommen Juden unter Antiochus Epiphanes. Besonders wichtig ist 4 Makk 3,20 f.: ἐπειδὴ γὰρ βαθεῖαν εἰρήνην (I Clem 2,1!) διὰ τὴν εὐνομίαν οἱ πατέρες ἡμῶν εἶχον ... τότε δή τινες πρὸς τὴν κοινὴν νεωτερίσαντες ὁμόνοιαν πολυτρόποις ἐχρήσαντο συμφοραῖς. Auch hier kontrastiert der „tiefe Friede" mit den vielfältigen Unglücken, die von denen herbeigeführt wurden, die die gemeinsame Eintracht störten. Bei Philo und noch mehr bei Josephus ist der Begriff häufig belegt. Vgl. Bell 1,372: καὶ μεγέθει συμφορῶν ἐπαλλήλων.

z. St.)[1]. Eine alte Auslegungstradition versteht das Begriffspaar als Hinweis auf die Verfolgungen in der Zeit des Domitian. Lightfoot, I 2,7, zitiert dazu Sueton, Domit. 11: „non solum magnae sed et callidae *inopinataeque* saevitiae", aber die „vielen und plötzlichen Grausamkeiten" haben ein anderes Ziel als die christlichen Gemeinden. Die Begrifflichkeit ist zu vage, um eine präzise Bestimmung – häufiges Beispiel: die genaue Datierung des Briefes nach dem Ende der Regierungszeit Domitians – begründen zu können. Über Leiden der Christen in Rom unter den Maßnahmen Domitians bleiben die Quellen überhaupt recht spärlich[2]. Wie schon oben vermerkt (s. Einleitung § 5.2) läßt sich aufgrund von I Clem 1,1 keine eindeutige Angabe für die Datierungsfrage gewinnen[3].

Die angedeuteten Schwierigkeiten sind die Ursache für die verspätete Reaktion (βράδιον) der römischen Gemeinde auf die Ereignisse in Korinth[4]. Wie die Nachricht über die Zustände in Korinth nach Rom gelangt ist, wird nicht mitgeteilt. Ebensowenig begründet der Vf. das Eingreifen seiner Gemeinde in der folgenden überaus ausführlichen Briefform[5].

---

[1] Auch in der Stoa: SVF II Nr. 87 f. Die Übersetzungen „Drangsale" (Fischer, Knopf), „Mißhelligkeiten" (Lindemann), „Unglücksfälle" (Schneider), „calamities" (Lake, Kleist), „avversità" (Bosio), „tribulaciones" (Ruiz Bueno), „calamités" (Hemmer und Jaubert) interpretieren den Terminus im Lichte von συμφορά. Ähnlich die koptische Übersetzung mit ϩⲧⲁⲣⲧⲣ (vgl. CRUM, 598: *disturbance, trouble, haste*. In I Clem 3,2 steht ϩⲧⲁⲣⲧⲣ für ἀκαταστασία). Die lateinische hat „impedimenta". E. T. MERRILL, Essays 159, gibt die Wendung mit „troubles and hindrances" wieder, aber berücksichtigt dabei nur περιπτώσεις und übersieht die συμφοραί.

[2] Wahrscheinlich ist die Ermordung des Konsuls Flavius Clemens und die Verbannung seiner Frau Flavia Domitilla wegen „Gottlosigkeit" (vgl. Dio Cassius, LXVII 14,1-2) als Bestrafung aufgrund des christlichen Bekenntnisses zu verstehen (nach Euseb, HistEccl III 18,4, ist Domitilla die Tochter der Schwester von Flavius Clemens). Vgl. aber Sueton, Domit. 15,1: „contemptissimae inertiae". Dio Cassius berichtet weiter von vielen anderen, die jüdische Sitten angenommen hatten und darum zum Tode bzw. zum Verlust ihres Besitzes verurteilt wurden (LXVII 14,2). Möglicherweise sind hier auch Christen gemeint, aber die Tragweite des Geschehens läßt sich nicht präzis ermessen. Vgl. L. W. BARNARD, Clement 259 f.; GRANT, 16; M. DIBELIUS, Rom 212: „Es gab also eine beträchtliche Zahl christlicher Märtyrer in Rom während der letzten Jahre Domitians." E. T. MERRILL, Essays 149-158, hingegen stellt die historische Wirklichkeit einer „Verfolgung" der Christen auf Befehl von Domitian in Frage. Ähnlich urteilen L. L. WELBORN, Date 43; J. ULRICH, Euseb 272-282.

[3] G. BRUNNER, Mitte 102, stellt richtig fest, daß συμφορά auch die Bedeutung „Zufall, Ereignis" hat. Daher versteht er συμφοραί und περιπτώσεις als Hendiadyoin und übersetzt es mit „Ereignisse und Vorfälle". Der Sprachgebrauch von συμφορά im Rahmen des hellenistischen Judentums macht seine Deutung wenig wahrscheinlich. Noch fraglicher ist seine Schlußfolgerung, die συμφοραί von Rom seien Vorgänge innerhalb der römischen Gemeinde, „die denen korrespondieren, die der Verfasser in Korinth mit στάσις bezeichnet" (ebd.).

[4] Die verspätete Antwort und die Ausführlichkeit der Darstellung erklärt G. BRUNNER, Mitte 104, im Rahmen seiner Deutung von συμφορά. S. Anm. oben. Richtig A. v. HARNACK, Klemensbrief 56: „Wenn der Verfasser im Eingang sagt, daß unerwartete und widrige Umstände die Abfassung des Briefs verzögert hätten, so hätte er hinzufügen können, daß auch die Ausarbeitung des Schreibens viel Zeit verlangt hat."

[5] Die lateinische Überlieferung übersetzt die Wendung: βράδιον νομίζομεν ἐπιστροφὴν πεποιῆσθαι περὶ τῶν ἐπιζητουμένων παρ᾽ ὑμῖν πραγμάτων mit: „tardius videmur curam egisse de

2. Der Gegenstand der Auseinandersetzung, die zum Eingreifen der römischen Gemeinde geführt hat, wird in der Form einer sprachlichen Steigerung formuliert: Am Anfang ist neutral von περὶ τῶν ἐπιζητουμένων παρ' ὑμῖν πραγμάτων die Rede. Gemeint sind die in Korinth umstrittenen Fragen[1], nicht Fragen, die von den Korinthern an die Gemeinde in Rom gestellt worden sind. Vom περί abhängig ist die weitere Bestimmung der Angelegenheit (zum Sprachgebrauch der Anrede ἀγαπητοί vgl. 7,1). Sie gilt als Aufruhr (στάσις). Der Terminus kommt im Schreiben oft vor und ist immer auf die korinthischen Streitigkeiten bezogen (vgl. 2,6; 3,2; 14,2; 46,9; 51,1; 54,2; 57,1; 63,1)[2]. Die Beurteilung der Dinge ist jetzt ausgesprochen negativ und entfaltet sich in zwei Richtungen. Die erste hebt die Unvereinbarkeit des Aufstandes mit dem Wesen der korinthischen Christen hervor. Bei den zwei folgenden Adjektiven[3], welche die στάσις charakterisieren, handelt es sich um Synonyme, die das Fremdartige und daher auch Unpassende ausdrücken. Im jetzigen Satzgefüge wird ἀλλοτρία durch ξένη τοῖς ἐκλεκτοῖς τοῦ θεοῦ präzisiert[4]. Da die Korinther zu den Auserwählten Gottes gehören, erweist sich der Aufruhr als unvereinbar mit dieser Wirklichkeit. Die zweite Richtung betrifft die στάσις selbst. Der Aufruhr wird nämlich als „schmutzig" (μιαρά) und „abscheulich, gottlos" (ἀνόσιος) bezeichnet[5].

3. Der Vf. macht keine Angabe über den Grund und die Umstände des Aufruhrs. Nach seiner Darstellung geht er auf das Wirken von wenigen

---

quibus desideratis", und erweckt den Eindruck, die römische Gemeinde würde auf Wunsch der Korinther hin eine Antwort geben. Vgl. R. KNOPF, Clemensbrief 161. Aus dem medialen Infinitiv-Perfekt πεποιῆσθαι schließt A. W. ZIEGLER, Studien 127, auf die Möglichkeit, dem vorliegenden Brief seien vielleicht andere Aktionen oder Schritte vorangegangen. Er selbst gibt zu, daß aus der Perfekt-Form allein kein stringenter Beweis geführt werden kann. – Ohne die textkritische Frage zu diskutieren, übernimmt R. MINNERATH, Jérusalem 572 f., die LA der lateinischen Übersetzung und meint, eine repräsentative Gruppe der korinthischen Gemeinde – wahrscheinlich die der abgesetzten Presbyter – hätte eine Bitte der römischen Gemeinde zukommen lassen. Der Brief sei die Antwort darauf (vgl. DERS., Position 147). Zur Rolle des Fortunatus bei dieser Angelegenheit s. u. zu I Clem 65,1.

[1] In seiner Besprechung des Kommentars von A. Lindemann behauptet H.-J. VOGT, JAC (1995) 168, ἐπιζητεῖν bedeute hier nicht „diskutieren" oder „in Frage stellen", sondern „anstreben", „zu verwirklichen suchen". „Die πράγματα ἐπιζητούμενα sind also die neuen Verhältnisse, welche man bei den Korinthern anstrebt, d. h. zu verwirklichen sucht". Die Deutung ist philologisch möglich, aber sie gründet letzlich in einer nicht überzeugenden Vorstellung vom Verlauf des Konflikts in Korinth. – Die Erklärung von R. MINNERATH, Jérusalem 572: „L'Église de Corinthe s'adresse à Rome, pour ,chercher une solution' (epizèteō) à son problème", geht am Text vorbei.

[2] Näheres zum Sprachgebrauch von στάσις in I Clem 3,2.

[3] Zu den Stileigentümlichkeiten des Schreibens gehört der häufige Gebrauch von inhaltlich verwandten Worten – Adjektiven und Substantiven –, wenn nicht Synonymen, die paarweise verwendet werden (vgl. KNOPF, 44; GRANT, 17). I Clem 1,1 enthält mehrere Beispiele dafür: ... συμφορὰς καὶ περιπτώσεις ... ἀλλοτρίας καὶ ξένης ... μιαρᾶς καὶ ἀνοσίου στάσεως.

[4] LIGHTFOOT, I 2,8 zitiert ClemHom 6,14: ὡς ἀληθείας ἀλλοτρίαν οὖσαν καὶ ξένην.

[5] Vgl. 2 Makk 7,34: σὺ δέ, ὦ ἀνόσιε καὶ πάντων ἀνθρώπων μιαρώτατε.

Gemeindemitgliedern zurück. Auch nach 47,6 sind es nur eine oder zwei Personen[1], die sich gegen die Presbyter aufgelehnt haben. Die Angaben verraten wenig über die tatsächlichen Verhältnisse in der korinthischen Gemeinde. Sie sind Teil einer negativen Wertung des Geschehens, die auch durch die geringe Zahl der Verantwortlichen zum Ausdruck kommen soll[2]. Ins gleiche Licht geraten die Urheber der Unruhen. Sie werden als „unbesonnen" (προπετῆ) und „rücksichtlos" (αὐθάδη) bezeichnet[3]. Wie an den anderen wenigen Stellen, wo von den Gegnern direkt die Rede ist (3,3; 14,1; 47,6; 51,1; 54,2; 57,1), gewinnt der Leser auch hier nur ein unscharfes Bild von ihnen. Klar ist hingegen die Wirkung ihres Handelns. Durch deren Mangel an Besonnenheit und Rücksicht hat sich die Situation in der Gemeinde zugespitzt (εἰς τοσοῦτον ἀπονοίας ἐξέκαυσαν). „Tollheit, Unvernunft" (ἀπόνοια), und zwar in einem extremen Ausmaß, prägen den Aufruhr. Beide Begriffe, „Tollheit" und „Aufruhr" (ἀπόνοια – στάσις), sind gemeinsam auszulegen. Traditionsgeschichtlich erhellend ist die Darstellung des Josephus Flavius vom Wirken der Zeloten im Kampf gegen die Römer. Wie M. Hengel herausgestellt hat, zählt ἀπόνοια (auch ἄνοια und μανία) zu jenen typischen Begriffen, „mit denen Josephus immer wieder die Vorstellungen und Bestrebungen der jüdischen Freiheitsbewegung charakterisiert"[4]. Aufruhr und rebellischer Wahnsinn gehören hier eng zusammen[5]. In Bell 4,261 behauptet Josephus, daß die Zeloten es in ihrem Wahnsinn so weit trieben (οἵ γε ἐπὶ τοσοῦτον ἐξώκειλαν ἀπονοίας), daß sie ihre räuberischen Übergriffe überallhin ausdehnten (ὥστε ...). Die Struktur der Aussage ist ganz ähnlich wie in I Clem 1,1[6]. Der Gedanke wird in I Clem 46,7 wieder aufgenommen: καὶ εἰς τοσαύτην ἀπόνοιαν ἐρχόμεθα, ὥστε ... Die Begrifflichkeit, zu der als entgegengesetzes Ideal die Eintracht (ὁμόνοια) gehört, ist aus dem politischen Leben übernommen[7]. Wie weit die Aussage auch eine reale politische Dimension besitzt[8], ist aus dem Text nicht erkennbar (vgl. 47,6 f.).

4. Die Abfolge der Ereignisse in Korinth wird überschwenglich beschrieben. Der Name der Gemeinde, d. h. ihr Ruf, gilt als „ehrbar, allgemein bekannt

---

[1] Zur Bedeutung von πρόσωπον als Person vgl. E. LOHSE, ThWNT VI 771.778 f.

[2] Josephus berichtet ebenfalls vom „Wahnsinn weniger", die den Aufstand gegen Rom hervorgebracht haben (vgl. Bell 3,454: τὴν ὀλίγων ἀπόνοιαν; 2,304: δι' ὀλίγους πονηροὺς ...).

[3] Beides in I Clem nur hier. Vgl. Philo, SpecLeg IV 9: αὐθάδεια καὶ προπέτεια. Die zwei Begriffe bereiten die Aussage I Clem 3,3 vor: die Jungen haben sich gegen die Alten aufgelehnt. Vgl. Josephus, Ant 4,263: τὸ τῶν νέων αὔθαδες. Zu προπετῆ vgl. Hesychios: νέος ... προπετής; Josephus, Vita 170: Κλεῖτος ... θρασύς τε καὶ προπετὴς νεανίας.

[4] Zeloten 80 Anm. 5.

[5] Vgl. Bell 4,362; 5,34.121.424.

[6] Vgl. Philo, Decal 59: ἀλλὰ γὰρ ἔνιοι περὶ τὰς κρίσεις ἀπονοίᾳ τοσαύτῃ κέχρηνται, ὡς οὐ μόνον ...

[7] Grundlegend ist der Aufsatz von P. MIKAT, Die Bedeutung der Begriffe Stasis und Aponoia für das Verständnis des 1.Clemensbriefes. Vgl. auch G. DELLING, ThWNT VII 571.

[8] Dies wird von P. Mikat besonders hervorgehoben (Bedeutung 36–39; Fürbitte 469–471; Auswanderungsrat 214 f.).

(τὸ σεμνὸν καὶ περιβόητον)[1] und allen Menschen liebenswürdig[2]." Gerade
dieser Ruf gerät durch die Ereignisse in der Gemeinde in Mißkredit und wird
sehr gelästert[3]. In welchem kirchlichen bzw. gesellschaftlichen Kontext sich
die Kunde des Konflikts ausgebreitet hat, so daß ein solches Echo festgestellt
werden konnte, wird nicht erwähnt (vgl. aber 47,7!).

Die Stellungnahme der römischen Gemeinde zum Problem in Korinth läßt
an Deutlichkeit nichts zu wünschen übrig. Jedem Korinther wird von Anfang
an klar, daß die Urheber des als Aufruhr bezeichneten Konflikts, von Rom
aus gesehen, auch die „Schuldigen" sind[4].

3. Lob der korinthischen Gemeinde (1,2-2,8)

In der „laudatio" 1,2-2,8 lassen sich zwei stilistische Einheiten herausstellen[5].
Die erste bildet 1,2 und besteht aus einer Reihe von rhetorischen Fragen, die
zur Form der „interrogatio - exclamatio" gehören[6]. Die zweite Einheit
(1,3-2,8) erfolgt in der Form einer „narratio", die sich vornehmlich des
Imperfekts und des Plusquamperfekts als Hauptform des Verbs bedient[7].

---

[1] Vgl. I Clem 47,5 über die „Würde der allgemein bekannten Bruderliebe" der Korinther
(τὸ σεμνὸν τῆς περιβοήτου φιλαδελφίας ὑμῶν). Nach W. FOERSTER, ThWNT VII 194, wird
σεμνός in I Clem zu einem spezifisch christlichen Attribut, „das auf dem Wege ist, neben ἅγιος
zu treten."

[2] ἀξιαγάπητος: nur in I Clem 21,7 und IgnPhil 5,2. Erst in der christlichen Literatur belegt.

[3] L und S bringen βλαφθῆναι (laesum). Auch Knopf übersetzt es mit „geschädigt". Die LA
von AC[1]C[2] (βλασφημηθῆναι) dürfte die ursprüngliche sein (H: βλασφημεῖσθαι). In einer ähnlichen
Formulierung bezieht I Clem 47,7 die Lästerung auf den Namen Gottes: ὥστε καὶ βλασφημίας
ἐπιφέρεσθαι τῷ ὀνόματι κυρίου διὰ τὴν ὑμετέραν ἀφροσύνην.

[4] Ausgehend von den Parallelen zwischen I Clem 1,1; 46,5.7 und 47,5-7 will K. BEYSCHLAG,
Clemens Romanus 188, mit Hilfe von mehreren christlichen Texten - in der Regel später
entstanden als I Clem - den Beweis erbringen, daß die drei zitierten Stellen auf eine Quelle
apologetischer Herkunft zurückgehen, die der Vf. auf Korinth nur anwendet. Der Vf. sei „in
erster Linie Redaktor, nicht freier ,Schriftsteller" (190). Wie in den anderen Texten (s. u.), für
die Beyschlag eine ähnliche Quelle annimmt, ist die Rekonstruktion recht fraglich.

[5] K. BEYSCHLAG, Clemens Romanus 202 f., arbeitet in der „laudatio" eine präzise Gliederung
mit einer entsprechenden traditionellen Ableitung aus: „Nach der einleitenden Anrede, in der
der Verfasser die vier christlichen Haupttugenden seiner Adressaten (πίστις, εὐσέβεια, φιλοξενία,
γνῶσις) zu rühmen weiß (c. 1,2), folgen (teilweise verchristlicht) Bestandteile eines ursprünglich
jüdischen 2-Wegekatechismus, die durch das Gegensatzpaar εἰρήνη βαθεῖα und πόλεμος mit der
Anklage in c. 3V verbunden sind." I Clem 3 würde
nach diesem Schema den „Weg des Todes" darstellen. - Selbstverständlich verwendet der Vf.
traditionelles Material, aber mehr als dies läßt sich nicht feststellen. Die von K. Beyschlag
angegebenen Texte, welche die hypothetische Quelle bezeugen (Herm sim IX 23,3 f. [85,3] und
Did 4) weisen nur vereinzelte Gemeinsamkeiten aus, jedoch keinen gemeinsamen Kontext (vgl.
ebd. 193-199).

[6] Vgl. H. LAUSBERG, Handbuch 399.

[7] Vgl. 1,3: ἐποιεῖτε - ἐπορεύεσθε - ἐπετρέπετε - παρηγγέλλετε - ἐδιδάσκετε; 2,1: ἐταπεινο-

I Clem 1,3 hebt sich vom folgenden Abschnitt insofern ab, als der Text vier Gruppen in der Gemeinde anvisiert: Vorsteher, Älteste, Junge und Frauen. I Clem 2,1–8 richtet sich an die ganze Gemeinde als solche.

Kap. 1. 2. Denn wer, der bei euch zu Gast war,
hat sich nicht von eurem vortrefflichen und festen *Glauben* überzeugt?
(Wer hat) die besonnene und milde *Frömmigkeit* in Christus nicht bewundert
und die großartige Weise eurer *Gastfreundschaft* nicht verkündet
und die vollkommene und sichere *Erkenntnis* nicht gepriesen?
3. Denn ihr tatet alles ohne Ansehen der Person und wandeltet in den Satzungen Gottes, indem ihr euren Vorstehern untergeordnet wart und den Ältesten bei euch die gebührende Ehre erwiesen habt. Den Jungen trugt ihr auf, maßvoll und ehrbar zu denken. Den Frauen gebotet ihr, alles mit untadeligem, ehrbarem und reinem Gewissen zu verrichten und ihre Männer geziemend zu lieben. Auch lehrtet ihr sie, im Rahmen der Unterordnung das Hauswesen ehrbar zu versehen, in jeder Hinsicht besonnen.
Kap. 2. 1. Und alle wart ihr demütiger Gesinnung, ohne Prahlerei, eher euch unterordnend als (andere) unterzuordnen, lieber gebend als nehmend. Mit der Wegzehrung Christi wart ihr zufrieden und achtetet sorgfältig auf seine Worte; ihr wart in (seinem) Herzen fest eingeschlossen, und seine Leiden standen euch vor Augen. **2.** So war ein tiefer und kostbarer Friede allen beschieden und ein unstillbares Verlangen, Gutes zu tun, und über alle geschah die vollständige Ausgießung des Heiligen Geistes. **3.** Und voll heiliger Absicht strecktet ihr in gutem Willen mit frommem Vertrauen eure Hände aus zum allmächtigen Gott, ihn anflehend, er möge gnädig sein, falls ihr etwa unabsichtlich gesündigt hattet. **4.** Ein Wettkampf war bei euch Tag und Nacht für die ganze Bruderschaft, auf daß die Zahl seiner Auserwählten mit Barmherzigkeit und Gewissenhaftigkeit erhalten bleibt. **5.** Rein und lauter wart ihr und einander nichts nachtragend. **6.** Jeder Aufruhr und jede Spaltung war euch abscheulich. Über die Verfehlungen der Nächsten empfandet ihr Trauer; ihre Mängel betrachtetet ihr als eure eigenen. **7.** Jegliche Guttat ließet ihr euch nicht gereuen, bereit zu jeglichem guten Werk. **8.** Durch eine vortreffliche und verehrungswürdige Lebensweise ausgezeichnet, vollbrachtet ihr alles in seiner Furcht. Die Anordnungen und die Rechtsforderungen des Herrn waren auf die Breite eures Herzens geschrieben.

2   Der Vf. versetzt sich in die Lage eines fiktiven Besuchers in der korinthischen Gemeinde, so daß das folgende Lob wie die Stimme eines Augenzeugen ertönt. Was er wirklich von den Korinthern wußte, steht auf einem anderen Blatt, aber er spricht wie einer, der mit den Verhältnissen dort vertraut war. Der

---

φρονεῖτε – ἦτε – ἦν; 2,2: ἐδέδοτο – ἐγίνετο; 2,4: ἦν; 2,5: ἦτε; 2,6: ἦν – ἐπενθεῖτε – ἐκρίνετε; 2,7: ἦτε; 2,8: ἐπετελεῖτε – ἐγέγραπτο. Die Ausnahme sind ἐξετείνετε und ἡμάρτετε in 2,3.

Gast (παρεπιδημήσας) in Korinth konnte die herrschenden Tugenden in der Gemeinde, den Glauben, die Frömmigkeit, die Gastfreundschaft und die Erkenntnis selbst feststellen, bewundern und preisen. Die vier Fragen[1] enden jeweils mit einer rhetorischen Negation und sind miteinander durch Klangeffekte verbunden (Isocolon, Homöoteleuton)[2].

1. Τίς γὰρ παρεπιδημήσας πρὸς ὑμᾶς
2. τὴν πανάρετον καὶ βεβαίαν ὑμῶν   **πίστιν**   οὐκ ἐδοκίμασεν;
3. τήν τε σώφρονα καὶ ἐπιεικῆ ἐν Χριστῷ   **εὐσέβειαν**   οὐκ ἐθαύμασεν;
4. καὶ τὸ μελαγοπρεπὲς τῆς   **φιλοξενίας** ὑμῶν ἦθος οὐκ ἐκήρυξεν;
5. καὶ τὴν τελείαν καὶ ἀσφαλῆ   **γνῶσιν**   οὐκ ἐμακάρισεν;

Außer der Gastfreundschaft sind die anderen Tugenden mit Adjektiv-Paaren näher präzisiert. Zuerst ist vom Glauben die Rede. Das erst im Hellenismus bezeugte πανάρετος[3] (weder in LXX noch in NT) bedeutet „mit allen Tugenden"[4], „vortrefflich". Im I Clem vgl. auch 2,8 (von der Lebensführung der Korinther); 45,7 (vom Namen Gottes); 57,3 (von der göttlichen Weisheit); 60,4 (vom Namen, aber nur in H)[5]. βεβαία als Eigenschaft des Glaubens ist ein Terminus des hellenistischen Judentums. Vgl. Est 3,13; 3 Makk 5,31. Philo, Abr 268; Conf 31; Post 13; Plant 70.82; Mut 182; Jos 100.107; SpecLeg I 70; IV 50; Virt 216; Praem 30; Quaest. in Ex 2,45[6]. Während πανάρετος doch sehr allgemein bleibt, besagt βεβαία eine wichtige Eigenschaft des Glaubens: seine Festigkeit und Unerschütterlichkeit (vgl. 6,2; 22,1). Die überzeugte Anerkennung geht aus der Überprüfung hervor (τίς γὰρ ... οὐκ ἐδοκίμασεν; vgl. 1 Petr 1,7: τὸ δοκίμιον ὑμῶν τῆς πίστεως).

Die zweite Frage berührt die Frömmigkeit (εὐσέβεια) der Korinther. „Es soll damit das ganze Verhalten der Gemeinde als fromm, Gott wohlgefällig bezeichnet werden" (W. Foerster, ThWNT VII 183). Der christologische Bezug kommt durch das ἐν Χριστῷ zum Ausdruck[7]. σώφρων (in I Clem nur in 63,3 über die Abgesandten der römischen Gemeinde) und ἐπιεικής (in 21,7 von der Zunge; in 29,1 von Gott) zeichnen ferner die εὐσέβεια aus[8]. Die Adjektive an sich vermögen keine große Klarheit über den Charakter der hier anvisierten Frömmigkeit zu schaffen. „Besonnen" und „mild" lassen sich eher von einer Person behaupten als von einer konkreten Haltung bzw. von einer Tugend. Vom Sprachgebrauch von εὐσέβεια in I Clem her gesehen (11,1;

---

[1] Vgl. 39,2f.; 49,2f.; 54,1.

[2] Einiges davon versucht die Übersetzung erklingen zu lassen.

[3] Vgl. L. SANDERS, Hellénisme 147–151.

[4] Vgl. Philo, Migr 95 (über Lea).

[5] Solche Composita verwendet der Vf. gern: παμμεγέθης (33.3.4); παμπληθής (20,4); πανάγιος (35,3; 58,1); παντεπόπτης (55,6; 64).

[6] Vgl. H. SCHLIER, ThWNT I 600–604; D. LÜHRMANN, Pistis im Judentum, in: ZNW 65 (1973) 19–38, hier 26–32.

[7] Wie die παιδεία in 21,8; die πίστις in 22,1 und die ἀγάπη in 49,1.

[8] Auch Philo charakterisiert die εὐσέβεια mit zwei Adjektiven (SpecLeg I 30; Decal 58; Abr 129; Cher 42).

15,1; 32,4), kann 15,1 die Stelle 1,2 beleuchten. Der Vf. ermahnt die Gemeinde, sich denen anzuschließen, die mit εὐσέβεια Frieden stiften, und nicht denen, die mit Heuchelei (μεθ᾽ ὑποκρίσεως) den Frieden wollen. Sehr wahrscheinlich blickt die Charakterisierung der religiösen Haltung der Gemeinde in der Vergangenheit mit „besonnen und mild" schon im voraus auf die im ganzen Schreiben erörterte Frage. Die religiöse Haltung der Gemeinde wird sich auch in diesem Fall als besonnen und mild erweisen, wenn sie die richtige Entscheidung trifft (σώφρων), ohne zugleich die Kontroverse zum Anlaß für eine Spaltung in der Gemeinde werden zu lassen (ἐπιεικής)[1].

An dritter Stelle wird die großartige Weise der Gastfreundschaft (τὸ μελαγοπρεπὲς τῆς φιλοξενίας ὑμῶν ἦθος)[2] in Korinth gelobt[3]. Die Erfahrung ist so überwältigend, daß sie die Betroffenen zu weiterer Herausstellung veranlaßt (τίς γὰρ ... οὐκ ἐκήρυξεν;). Welche Relevanz das Thema der Gastfreundschaft in I Clem besitzt, zeigt der Abschnitt 10,7–12,8. Der Sache nach handelt es sich um einen festen Bestandteil der urchristlichen Paränese[4]. Aber es stellt sich die Frage, ob das Thema nicht im Zusammenhang mit dem Konflikt in der Gemeinde steht (vgl. dazu 12,8).

Schließlich wird die vollkommene und sichere Erkenntnis der Korinther gepriesen. Wie weit das Wort des Paulus in 1 Kor 1,5 (ὅτι ἐν παντὶ ἐπλουτίσθητε ἐν αὐτῷ, ἐν παντὶ λόγῳ καὶ πάσῃ γνώσει) hier nachwirkt, ist nicht auszumachen (vgl. auch 2 Kor 8,7). Der γνῶσις-Begriff wird in I Clem uneingeschränkt positiv verwendet (36,2; 40,1; 41,4; 48,5). Wie Knopf, 45, richtig feststellt, geht es bei der γνῶσις vor allem um „die Kenntnis des göttlichen Willens"[5].

Ist die ganze Liste nur der Anfang einer „captatio benevolentiae"? Sicherlich „stellen hier die römischen Christen ihr Ideal einer Kirche Gottes dar" (Harnack, Einführung 105), aber das muß nicht jeden realen Hintergrund des Lobes ausschließen, wiewohl dazu nur auf Indizien hingewiesen werden kann. Eine Hafenstadt wie Korinth hatte z.B. reichlich Gelegenheiten, die *Gastfreundschaft* in der Aufnahme der Durchreisenden zu üben. Zur Zeit des Paulus wohnte die Diakonissin Phöbe in Kenchreä, dem östlichen Hafenort von Korinth. Die ausführliche Grußliste in Röm 16 zeigt ebenfalls einen engen Kontakt mit vielerlei Beziehungen zwischen beiden Gemeinden. Auf diesem Weg konnte ein Bild der korinthischen Gemeinde nach Rom vermittelt werden (vgl. 47,6), das an dieser Stelle stilisiert erscheint, um den Kontrast zwischen

---

[1] Zur Bedeutung von ἐπιείκεια s. I Clem 13,1. A. v. HARNACK, „Sanftmut" 117 Anm. 2, hält die Wendung σώφρων καὶ ἐπιεικὴς εὐσέβεια für römisch.

[2] Vgl. Xenophon, Hell. VI 1,3: ἦν δὲ καὶ ἄλλως φιλόξενός τε καὶ μεγαλοπρεπὴς τὸν Θετταλικὸν τρόπον.

[3] Zur Verwendung von Adjektiven im Neutrum mit Artikel vgl. Einleitung § 3.2.d.

[4] Vgl. Hebr 13,2; Röm 12,13; Herm mand 8,10 (38,10). φιλόξενος: 1 Petr 4,9 (vgl. I Clem 12,3); der Bischof in 1 Tim 3,2; Tit 1,8. Dazu vgl. Herm sim 9,27,2 (104,2).

[5] Eine polemische Absicht, der falschen eine richtige Erkenntnis gegenüberzustellen, ist nicht erkennbar. S. Einleitung § 6.1.

der idealen Vergangenheit und der problematischen Gegenwart (Kap. 3) deutlicher zu machen.

Das Lob an die Gemeinde geht weiter, aber mit einem anderen Anliegen   3
verbunden. Es handelt sich um bestimmte Haltungen und Normen, die vom
Vf. ohne Zweifel als normativ für die christliche Gemeinde angesehen werden
und die er in Korinth als verwirklicht ansieht. Das Lob hat also eine bestätigende Funktion. Indirekt enthält es aber auch eine ermahnende Funktion
im Hinblick auf die Adressaten, damit sie auf diesem Weg bleiben bzw. andere
Wege vermeiden. Die ersten zwei Aussagen sind recht allgemein. Ohne Ansehen der Person (ἀπροσωπολήμπτως)[1] haben die Korinther alles getan, in
den Satzungen Gottes (ἐν τοῖς νομίμοις)[2] sind sie gewandelt. Betrachtet man
sodann den ganzen Abschnitt, lassen sich die Adressaten in zwei Ebenen
einordnen. Zuerst werden sie mit den Vorstehern und Ältesten in Beziehung
gebracht, und zwar unter dem Vorzeichen der Unterordnung und der Anerkennung. Im zweiten Teil spielen sie eine aktivere Rolle, indem sie ihre
Autorität über die Jungen und die Frauen ausüben: sie beauftragen, befehlen,
lehren. Die Angeredeten gehören streng genommen zu keiner der genannten
Gruppen, obwohl sie mit jeder Gruppe in der einen oder anderen Form zu
tun haben. Durch die Ausrichtung auf diese fiktive „Mitte" der Gemeinde
bringt der Vf. einerseits sein Gemeindebild zum Ausdruck – die vier Gruppen:
Vorsteher, Älteste, Jungen und Frauen werden in der gleichen Reihenfolge
auch in 21,6 erwähnt. Andererseits sind bestimmte Pflichten und Aufgaben
deutlich genug festgelegt.

Von den erwähnten Aussagen abhängig sind die zwei folgenden Partizipialsätze über die Unterordnung gegenüber den Vorstehern (ὑποτασσόμενοι
τοῖς ἡγουμένοις ὑμῶν) bzw. über die den Ältesten gebührende Ehre (καὶ τιμὴν
τὴν καθήκουσαν ἀπονέμοντες τοῖς παρ᾽ ὑμῖν πρεσβυτέροις). In dieser Haltung
konkretisiert sich der Wandel der Korinther nach den Satzungen Gottes. Wer
sind die ἡγούμενοι? Sind damit die weltlichen Herrscher gemeint, wie in 5,7;
32,2; 37,2 f.; 51,5; 55,1; 60,4? In diesem Fall hätte man einen einheitlichen
Sprachgebrauch des Terminus, zumal das Interesse für die Regierenden in I
Clem unübersehbar ist. Dennoch orientiert sich die Aussage an einer innerkirchlichen Größe: Die Vorsteher, die Ältesten, die Jungen und die Frauen
bilden die Stände, in denen sich die Struktur der Gemeinde widerspiegelt[3].
Auf diesem Hintergrund legt sich hier eher die Deutung auf ihre Vorsteher
nahe. Die Diktion ist die von Hebr 13,7.17.24; Apg 15,22 und kommt vom

---

[1] In 1 Petr 1,17 von Gott. Vgl. auch Barn 4,12. Auch in den Haustafeln in Kol 3,25 und
Eph 6,9 wird behauptet, daß es bei Gott keine προσωπολημψία gibt.
[2] AH bringen νόμοις. C¹S sind unsicher. L hat „legitimis". Text nach Klemens von Alexandrien, Strom. IV 105,2. Zu πορεύεσθαι ἐν τοῖς νομίμοις vgl. Jer 33(26),4; Ez 5,6.7; 20,18. Vgl.
auch Lev 18,3; 20,23; 1 Makk 1,44; 6,59.
[3] Vgl. I Clem 21,6: nicht ἡγούμενοι, sondern προηγούμενοι. Ähnlich Hermas vis II 2,6 (6,6);
III 9,7 (17,7).

hellenistischen Judentum her (vgl. Sir 33,19; Arist 309 f.)[1]. Daß den Ältesten die „gebührende Ehre" (τιμὴν τὴν καθήκουσαν ἀπονέμοντες)[2] zuteil werden soll, weist auf eine traditionelle Grundlage der Weisung hin. Der Vf. spricht von den „Presbyteroi" in zweifachem Sinn: einmal zur Bezeichnung der älteren Gemeindemitglieder (3,3; 21,6 = τοὺς πρεσβυτέρους τιμήσωμεν); zum anderen spezifisch für die Amtsträger (44,5; 47,6; 54,2; 55,4; 57,1). Höchst wahrscheinlich gehörten auch die Amtsträger zu den „Ältesten", aber das Amt war nicht automatisch mit dem Alter gegeben. Der Zusammenhang mit den ἡγούμενοι (auch in 21,6) scheint darauf hinzuweisen, daß beide Bedeutungen ineinander spielen[3].

Der Aussage über die Ältesten folgt ein kurzer Satz über die Jungen. Von ihnen wird erwartet, daß sie maßvoll und ehrbar denken (μέτρια und σεμνά sind hier adverbial gebraucht). Der erste Terminus atmet den griechischen Geist (Plato)[4]. Der zweite ist geläufig in I Clem (vgl. 1,1). Die ganze Wendung ist sehr unbestimmt und setzt eine allgemein anerkannte Wertskala voraus. Im Zusammenhang mit den anderen Gruppen wird man wohl an das richtige Verhältnis zu den Alten denken müssen. In diesem Fall würde das Lob den Kontrast in 3,3 vorbereiten: Die Jungen lehnen sich gegen die Alten auf. Die Mahnung, die Jüngeren sollen sich den Ältesten unterordnen, ist auch durch ein anderes römisches Dokument bezeugt: 1 Petr 5,5 (νεώτεροι, ὑποτάγητε πρεσβυτέροις).

Die letzte Gruppe ist die der Frauen. Die Aussage ist ausführlicher als bei den zuvor angesprochenen Gruppen. Stilistisch sind es zwei parallel aufgebaute Sätze:

γυναιξίν τε ἐν ἀμώμῳ καὶ σεμνῇ καὶ	ἔν τε τῷ κανόνι τῆς ὑποταγῆς
ἁγνῇ συνειδήσει πάντα	ὑπαρχούσας τὰ κατὰ τὸν οἶκον σεμνῶς
ἐπιτελεῖν παρηγγέλλετε,	οἰκουργεῖν ἐδιδάσκετε,
στεργούσας καθηκόντως τοὺς ἄνδρας	πάνυ σωφρονούσας.
ἑαυτῶν·	

Jeder Hauptsatz endet mit einem Imperfekt, dem ein Infinitiv Präsens vorangeht (ἐπιτελεῖν παρηγγέλλετε – οἰκουργεῖν ἐδιδάσκετε). Auch die zwei Partikel am Anfang des Satzes bleiben gleich (τε ἐν – ἔν τε); den beiden Hauptsätzen folgt jeweils ein partizipialer Nachsatz (στεργούσας – σωφρονούσας). Der erste Satz ist inhaltlich allgemein. Nur der Nachsatz scheint eine Kon-

---

[1] Vgl. O. MICHEL, Brief an die Hebräer 488 f. Der Terminus bezeichnet auch eine Leitungsfunktion in einem Kultverein: ἡγούμενος ἱερέων (P.Tebt. II 525; P.Lond. 281[2]). Vgl. MOULTON/MILLLIGAN, Vocabulary 277; C. SPICQ, Notes 1,351 f.

[2] Vgl. SIG 709,14; in 1 Petr 3,7 (Ermahnung an die Ehemänner hinsichtlich ihrer Frauen) kommt die gleiche Wendung vor (ἀπονέμοντες τιμήν). Sie ist bei Philo (Decal 61; Abr 253; SpecLeg I 65; Virt 105.219) und Josephus (Ant 1,156; 20,60.247) bezeugt.

[3] So G. BORNKAMM, ThWNT VI 672. Von hier aus gesehen verdient auch die umstrittene Stelle 1 Tim 5,17 (οἱ καλῶς προεστῶτες πρεσβύτεροι διπλῆς τιμῆς ἀξιούσθωσαν, μάλιστα οἱ κοπιῶντες ἐν λόγῳ καὶ διδασκαλίᾳ) erwähnt zu werden.

[4] In der LXX: Sir 31,20; PsSal 5,17. Oft bei Philo und Josephus (μέτριον φρονεῖν: Bell 1,164; 4,283).

kretion anzudeuten: Die Frauen haben alles mit untadeligem, ehrbarem[1] und reinem Gewissen[2] verrichtet, indem sie ihre Männer in geziemender Weise[3] lieben[4]. Worum es eigentlich geht, wird aber unmißverständlich im zweiten Hauptsatz formuliert. Gegenstand und Ziel der Belehrung der Frauen (ἐδιδάσκετε) ist, die Unterordnung als grundsätzliche Bestimmung ihres Verhaltens herauszustellen. „Kanon" dürfte in diesem Zusammenhang den Sinn von Regel, Richtschnur haben (vgl. 7,2), zu dem auch eine räumliche Komponente gehört. Durch die Richtschnur wird ein Bezirk, ein Rahmen bestimmt (so I Clem 41,1). Die Unterordnung ist also nicht nur die Verhaltensregel, der Maßstab, sondern auch der Rahmen, in dem sich die Frauen zu bewegen haben. Das Umfeld ihres Wirkens ist ebenso klar eingegrenzt: das Haus (τὰ κατὰ τὸν οἶκον σεμνῶς οἰκουργεῖν). Dort sollen sie die häuslichen Pflichten erfüllen. Die abschließende Partizipial-Aussage faßt es zusammen: sie sollen in jeder Hinsicht besonnen sein (πάνυ σωφρονούσας). Die Sprache und der inhaltliche Grundtenor haben ihren unverkennbaren Ursprung in den neutestamentlichen Haustafeln (vgl. Kol 3,18; Eph 5,22–24; 1 Petr 3,1–6). Darüber hinaus lassen sich auffallende sprachliche Gemeinsamkeiten mit Tit 2,4f. feststellen: Die alten Frauen sollen die jungen belehren (ἵνα σωφρονίζωσιν τὰς νέας), ihre Männer (φιλάνδρους) und Kinder zu lieben, besonnen, keusch (σώφρονας ἁγνάς), häuslich (οἰκουργούς) und gut zu sein, ihren Männern untertan (ὑποτασσομένας τοῖς ἰδίοις ἀνδράσιν). Die Inhalte der Belehrung stimmen im Wesentlichen mit I Clem 1,3 überein.

Das entworfene Bild von den verschiedenen Gruppen in der Gemeinde enthält keinen spezifisch christlichen Zug. Es handelt sich um Forderungen und Verhaltensweisen, die von einem breiten kulturellen Konsens getragen wurden[5]. Ihre Aufnahme durch das Christentum geschah durch die Vermittlung des hellenistischen Judentums. Hinsichtlich der Frauen zeigt sich ein Bild, das dem der Paulusschule und allgemein der zweiten christlichen Generation entspricht.

Kap. 2. Der erste Satz besteht aus drei Gegensatzpaaren, bei denen immer das erste Glied den positiven Teil ausdrückt: Demut – Prahlerei; Sich-Unterordnen – Herrschen; Geben – Empfangen. Die gewählte Partizipialform verleiht dem Ausdruck besondere Prägnanz (ὑποτασσόμενοι μᾶλλον ἢ ὑποτάσσοντες, ἥδιον διδόντες ἢ λαμβάνοντες)[6].

---

[1] Es fehlt in LC¹S. Text nach AH.

[2] Vgl. I Clem 41,1: ἐν ἀγαθῇ συνειδήσει; 45,7: ἐν καθαρᾷ συνειδήσει.

[3] Zu καθηκόντως vgl. SVF III Nr. 758. Im hellenistischen Judentum vgl. Arist 81.87.181; Philo, Cher 14.

[4] Die Aussage wiederholt PolPhil 4,2.

[5] Es ist kennzeichnend, daß auch der römische Stoiker Musonius (3) von der Frau zuerst ihre Pflichten im Haushalt hervorhebt (αὐτίκα δεῖ οἰκονομικὴν εἶναι τὴν γυναῖκα), um schließlich von ihr zu fordern: ἀλλὰ δεῖ δὴ καὶ σώφρονα εἶναι τὴν γυναῖκα. In I Clem hieß es: πάνυ σωφρονούσας. Vgl. C. Spicq, Notes 2,871–873.

[6] Auch hier ein Isocolon.

In den Gegensätzen kommt eine ideale Haltung zum Ausdruck, die in der Tradition der alten Armenfrömmigkeit steht. Daß alle (πάντες) diese Haltung verkörpert haben, ist wohl rhetorisch gemeint. Der Gegensatz „Demut – Prahlerei" wird in 13,1 wieder aufgenommen im Rahmen einer umfassenden Aufforderung zur Demut (13,1–19,1). Das Motiv der gegenseitigen Unterordnung kommt später mehrmals zum Vorschein (vgl. besonders 38,1–2; 57,1.2). Daß man lieber geben als empfangen soll, ist ein griechisches Sprichwort, das in Apg 20,35 als Wort des Herrn erwähnt wird[1].

Der folgende Satz stellt die Gläubigen in eine vierfache – zwei Aussagen sind jeweils mit καί verbunden – christologische Beziehung: auf seine Wegzehrung[2], seine Worte, sein Herz und seine Leiden. In Verbindung mit dem Satz im ersten Teil ergibt sich eine klare rhythmische und phonetische Struktur:

πάντες τε ἐταπεινοφρονεῖτε μηδὲν   **ἀλαζονευόμενοι,**
ὑποτασσόμενοι μᾶλλον ἢ *ὑποτάσσοντες,*
ἥδιον διδόντες ἢ *λαμβάνοντες.*
1.   τοῖς ἐφοδίοις τοῦ Χριστοῦ   **ἀρκούμενοι**
2.   καὶ προσέχοντες τοὺς λόγους αὐτοῦ ἐπιμελῶς,
3.   ἐνεστερνισμένοι ἦτε τοῖς σπλάγχνοις
4.   καὶ τὰ παθήματα αὐτοῦ ἦν πρὸ ὀφθαλμῶν ὑμῶν[3].

Das ἐφόδιον bezeichnet eigentlich den Reisebedarf bzw. das Notwendige, wenn man unterwegs ist, aber es kann sich auch auf den Vorrat, auf die Nahrungsmittel beziehen[4] (vgl. Dtn 15,14; Josephus, Bell 1,267.463; 3,95 u. ö.). Der Terminus wird hier im übertragenen Sinn verwendet[5]. Inhaltlich hängt die Aussage mit dem vorhergehenden Satz zusammen: Die drei Gegensatzpaare zuvor legen den Akzent auf Verhaltensformen, die irgendwie einen Verzicht auf Selbstbehauptung beinhalten: Demut, Unterordnung, großzügiges Geben. Wenn andererseits die Gläubigen mit der „Wegzehrung Christi" zufrieden sind (ἀρκούμενοι), bedeutet dies, daß darin ein Ausgleichsmoment

---

[1] Vgl. J. JEREMIAS, Unbekannte Jesusworte, Gütersloh [4]1965, 37. Epikur nach Plutarch, Mor. 778c: τοῦ εὖ πάσχειν τὸ εὖ ποιεῖν οὐ μόνον κάλλιον, ἀλλὰ καὶ ἥδιον εἶναι; Seneca, Ep. 81,17: „Errat enim, si quis beneficium accipit libentius quam reddit." Andere Belege bei E. HAENCHEN, Die Apostelgeschichte, Göttingen [6]1968, 526 f. Anm. 5.

[2] Der Codex Alexandrinus bringt τοῖς ἐφοιδίοις τοῦ θεοῦ. Für diese LA entscheidet sich LIGHTFOOT, I 2,13–16. Die anderen Zeugen (HLSC[1]C[2]) und die Satzstruktur legen es nahe, den christologischen Bezug beizubehalten (vgl. R. KNOPF, Clemensbrief 85–93).

[3] Auf diese Textstruktur haben P. PROULX – J. O'CALLAGHAN, Lectura 97 f. Anm. 14, aufmerksam gemacht. Die Textausgaben und die Übersetzungen ziehen gewöhnlich καὶ προσέχοντες zum vorangehenden τοῖς ἐφοδίοις τοῦ Χριστοῦ ἀρκούμενοι, und beziehen τοὺς λόγους αὐτοῦ auf das folgende ἐνεστερνισμένοι ἦτε τοῖς σπλάγχνοις. Näheres bei der Textanalyse.

[4] So hat das Wort die lateinische Übersetzung verstanden: „alimentis Christi".

[5] Auch im klassischen Griechisch (s. Liddell/Scott). Bei Josephus vgl. Bell 1,616 (τὰ τῆς σωτηρίας ἐφόδια: Hilfe, Ausweg). Auch Philo spricht von einer von Gott gegebenen „Reisezehrung" (ἐφόδια δούς), d. h. von seiner παιδεία (Her 273 f.). Die Stelle – die einzige bei Philo – ist die beste Parallele zu I Clem 2,1.

enthalten ist, so daß die angedeutete Negativität ins Positive umschlägt[1], wiewohl unklar bleibt, was damit gemeint ist. Das folgende καὶ προσέχοντες („achtend auf ... ") hat als Objekt[2] die Worte Christi[3]. Der Vf. kennt selbstverständlich eine Jesusüberlieferung, auf die er sich auch ausdrücklich bezieht (vgl. 13,1; 46,7). Die Aussage in 2,1 deutet an, daß die Überlieferung bedeutsamer und umfangreicher war, als es die verhältnismäßig spärliche Verwendung im ganzen Schreiben vermuten läßt.

Die zwei sich anschließenden Behauptungen drücken das innige Verhältnis der Gläubigen zu Christus aus. Sowohl das Verb ἐνστερνίζομαι[4] mit der Bedeutung „an die Brust ziehen", „ins Herz einschließen", als auch das folgende τοῖς σπλάγχνοις sind zunächst dafür kennzeichnend. τοῖς σπλάγχνοις (eigentlich die Eingeweide) ist eine geläufige Metapher für Herz bzw. Gefühl. Bei der vorgeschlagenen Satzstruktur ist es naheliegend, die Metapher christologisch aufzufassen[5]: zuvor steht nämlich τοὺς λόγους αὐτοῦ, nachher τὰ

---

[1] So versteht auch KNOPF, 46, die Stelle. Anders LINDEMANN, 30, der die Aussage mit dem folgenden Satz verbindet und τοῖς ἐφοδίοις τοῦ Χριστοῦ auf die Worte Christi deutet. Nach E. BARNIKOL, Auffassung 79, sind damit die Sakramente, Taufe und Abendmahl gemeint. S. SCHULZ, Mitte 315, interpretiert die Wendung auf dem Hintergrund der bezüglich I Clem höchst problematischen Anschauung von der Präexistenz der Seelen. „Diese präexistenten Seelen der Christen befinden sich nach 2,1 auf der ‚Reise', von Christus mit geistlichen Reisevorräten versehen, und zwar nicht nur bis zur Parusie, sondern bis zum zeitweiligen Hadesaufenthalt und dann schließlich zur jenseitigen Herrlichkeitswelt." S. u. zu I Clem 38,3.

[2] προσέχειν wird wie in Jes 1,10 gebraucht: ἀκούσατε λόγον κυρίου, ἄρχοντες Σοδόμων· προσέχετε νόμον θεοῦ, λαὸς Γομόρρας.

[3] Es ist stilistisch unbefriedigend, wenn man καὶ προσέχοντες absolut auslegt, etwa: „mit der Wegzehrung Christi wart ihr zufrieden und achtetet darauf." Die alten Ausleger haben oft den Text wie in der vorliegenden Übersetzung aufgefaßt. So Cotelier: „verbaque ejus diligenter attendentes"; Gebhardt/Harnack: „et ad verba eius diligenter animum advertentes." Auch der griechische Text war so gestaltet: nach ἀρχούμενοι wurde ein Komma gesetzt (Cotelier, Gebhardt/Harnack). In den Textausgaben von Hilgenfeld und später Bryennios war das Komma nun nach καὶ προσέχοντες gesetzt. Die alte lateinische Übersetzung konnte als Bestätigung dieser Deutung verstanden werden: „alimentis Christi contenti et adtendentes." Offensichtlich hat diese Version die Textausgabe von Knopf (1899) und die späteren Übersetzungen beeinflußt. Die zwei koptischen Übersetzungen bekräftigten zusätzlich diese Lektüre. Sie lesen nicht προσέχοντες, sondern προέχοντες. C. Schmidt übersetzt: „indem die ἐφόδια Christi euch genügten und im Überfluß für euch vorhanden waren." Die Notwendigkeit aber, an eine gut bezeugte Auslegungsform wiederanzuknüpfen, ist im Text selbst begründet.

[4] Der Codex Alexandrinus bringt ἐστερνισμένοι. Aber schon Hilgenfeld hatte sich für ἐνεστερνισμένοι entschieden, was durch den Hierosolymitanus und die lateinische Übersetzung bestätigt wurde. Das Verb ἐνστερνίζομαι erscheint hier zum erstenmal. Später vgl. Klemens von Alexandrien, Paed. I 43,1: καὶ τὸν σωτῆρα ἐνστερνίσασθαι, ἵνα καταργήσωμεν τῆς σαρκὸς ἡμῶν τὰ πάθη; ConstApost I proem.: ἐνεστερνισμένοι τὸν φόβον αὐτοῦ.

[5] Anders die lateinische und die koptischen Übersetzungen, die hier ὑμῶν lesen und den Ausdruck so auf die Korinther beziehen (L: et in visceribus vestris). Interessanterweise wurde der Text in der Auslegungsgeschichte auch so verstanden, d. h. als Aussage über die Korinther (COTELIER, PG 1,210; LIPSIUS, Disquisitio 81; GEBHARDT/HARNACK, 7: „amore eum complexi eratis").

παθήματα αὐτοῦ[1]. Die Bedeutung der Aussage ist demzufolge so wiederzugeben: Ihr wart in (seinem) Herzen fest eingeschlossen. Wenigstens der Ausdrucksweise nach ist der Satz ähnlich formuliert wie Phil 1,8: … ὡς ἐπιποθῶ πάντας ὑμᾶς ἐν σπλάγχνοις Χριστοῦ Ἰησοῦ.

Schießlich kommt das Leiden Christi zur Sprache: Die Korinther haben es immer vor Augen (πρὸ ὀφθαλμῶν) bewahrt[2]. Von den παθήματα Christi ist nur an dieser Stelle die Rede, aber das Motiv von seinem vergossenen Blut (7,4; 12,7; 21,6) und von seiner heilbringenden Hingabe (49,6) läßt ein klar umrissenes Konzept erkennen, das jetzt auf die korinthische Gemeinde übertragen wird.

2 Der in 2,1 geschilderten vorbildlichen Haltung der Korinther und ihrer Beziehung zu Christus entsprechen die in V. 2 erwähnten Gaben Gottes (darum der Anfang mit οὕτως). Denn das Passiv ἐδέδοτο umschreibt das Werk Gottes. Seine Gaben sind zuerst der Friede und das ständige Verlangen, Gutes zu tun. Der Ausdruck „tiefer Friede" (εἰρήνη βαθεῖα) ist in der Literatur des hellenistischen Judentums (vgl. 4 Makk 3,20; Philo, Post 185; Som II 147.229; Ebr 97; LegGai 90; Josephus, Bell 1,148; Ant 7,305) gut belegt. In der griechischen Literatur finden sich die ersten Belege erst bei Dionysius von Halicarnassus, Antiquitates Romanae VI 1,4; XII 6,2 (7 v.Chr.)[3]. W.C. v. Unnik hat nachgewiesen, daß der Ausdruck „immer mit der Lage eines Staates verbunden ist und aussagt, dass dieser Staat sich in einem überaus glücklichen Zustand befindet, weder behelligt von auswärtigen Feinden noch von Revolutionen im Innern, sich also in vollständiger Harmonie befindet" („Tiefer Friede" 277). Es geht also um griechisches Staatsdenken (ebd. 278). Soweit die Quellen ein Urteil erlauben, ist ein Einfluß durch irgendwelche antike Schrift wenig wahrscheinlich. Die Zeugen aus dem hellenistischen Judentum sind hingegen für die in Frage kommende Zeit zahlreicher und für einen christlichen Autor damals eher denkbar. So wie Philo die Wendung εἰρήνη βαθεῖα psychologisch interpretiert und verwendet (Som II 147.229; Ebr 96), liegt in I Clem 2,2 eine Applikation auf die Gemeinde vor. Das ausgesprochene Lob will die Tragweite des Abfalls (vgl. 3,2f.) um so krasser hervortreten lassen[4]. λιπαρά, das zweite Adjektiv zum „tiefen Frieden", wird unter

---

[1] O. Pfleiderer, Urchristentum II 580f., bezieht „seine Worte" auf Gott. In Verbindung mit „seinem Leiden" hieße dann, daß der Vf. hier Christus als „Gott" bezeichnen will. Auch F. Chr. Baur, Das Christentum und die christliche Kirche der drei ersten Jahrhunderte, Tübingen 1853, 304, hatte die Aussage „im patripassianischen Sinn" ausgelegt. Der unmittelbare Kontext und die Begrifflichkeit von I Clem sprechen gegen diese Deutung.

[2] Die Vergegenwärtigung des Leidens Jesu erinnert an Gal 3,1 (οἷς κατ᾽ ὀφθαλμοὺς Ἰησοῦς Χριστὸς προεγράφη ἐσταυρωμένος).

[3] W.C. v. Unnik, „Tiefer Friede" 264–277, hat das Material gesammelt, chronologisch geordnet und kurz kommentiert.

[4] Nach K. Beyschlag, Clemens Romanus 150, ist der Ausdruck eine vom Christentum übernommene antike Redewendung, die in die jüdisch-frühchristliche Apologetik gehört, und zwar in die Märtyrerliteratur (ebd. 344). In I Clem 1–3 würde der Vf. dieser apologetisch

schiedlich übersetzt[1]. Wörtlich genommen heißt es „fett", daher im übertragenen Sinn auch „leuchtend", „glänzend", „prächtig" (vgl. Offb 18,14: τὰ λιπαρὰ καὶ τὰ λαμπρά), überhaupt „kostbar"[2].

Neben dem Frieden erscheint als weitere Gabe Gottes ein „unstillbares Verlangen, das Gute zu tun" (ἀκόρεστος πόθος εἰς ἀγαθοποιΐαν). Die Begrifflichkeit ist sehr gepflegt[3]. ἀγαθοποιΐα kommt auch in 1 Petr 4,19 vor (vgl. I Clem 2,7; 33,1; 34,2). Der Vf. bezeichnet damit eine wichtige christliche Haltung: den Wunsch und die Bereitschaft, Gutes zu tun[4].

Die volle Ausgießung[5] des Heiligen Geistes über alle Mitglieder der Gemeinde ist die wichtigste Gabe (καὶ πλήρης πνεύματος ἁγίου ἔκχυσις ἐπὶ πάντας ἐγίνετο). Der Einfluß von Joel 3,1 (vgl. Apg 2,17) ist möglich (καὶ ἔσται μετὰ ταῦτα καὶ ἐκχεῶ ἀπὸ τοῦ πνεύματός μου ἐπὶ πᾶσαν σάρκα). Das Verhältnis zwischen der in 2,1 gepriesenen Haltung und der Gabe des Geistes in 2,2 bewertet Knopf, 46, „als eine Belohnung des ethischen Handelns, als eine Art von conscientia bona consequens. Das entspricht dem rationalen Moralismus des Schreibens vollständig."[6] Zwei Beobachtungen sprechen gegen

---

orientierten Überlieferung folgen (ebd. 331). Als Beweis für die Richtigkeit dieser These beruft er sich auf 4 Makk 3,20; 18,4; Athenagoras, Leg. 1–2; Hegesipp bei Euseb, HistEccl III 32,6 und andere christliche Quellen (vgl. a. a. O. 150), die weit später entstanden sind als I Clem. Wenn auch mit Vorbehalten hinsichtlich der Methode scheint G. BRUNNER, Mitte 101 Anm. 15, die Ergebnisse von K. Beyschlag an diesem Punkt zu bejahen. Der Versuch von K. BEYSCHLAG (ΕΙΡΗΝΗ ΒΑΘΕΙΑ), die inhaltlichen und methodischen Einwände von W. C. v. Unnik zu widerlegen, ist nicht gelungen. P. LAMPE, Christen 177, hält jeden Versuch, „Clemens direkt aus pagan antiken Bildungsquellen schöpfen zu lassen", für unbeweisbar. „Es können die Bildungselemente eben auch ‚second hand'-Elemente aus jüdisch-christlicher Tradition gewesen sein." Das Problem ist aber, daß eine solche jüdisch-christliche Tradition vor Klemens nicht nachweisbar ist. Für A. Lindemann (in Anlehnung an P. Lampe) ist „im Grunde gleichgültig", ob im Hintergrund griechisches Staatsdenken oder apologetische Märtyrer-Terminologie steht (LINDEMANN, 30). Für die Bestimmung des traditionellen Hintergrundes ist die Frage doch nicht so irrelevant.

[1] Einige Beispiele: Knopf: „beglückend", Lightfoot, Lake und Grant: „rich", Fischer und Schneider: „gesegnet", Bauer: „fett bzw. fruchttragend", Bauer/Aland: „gesegnet", Lindemann: „fruchtbringend", Hemmer und Jaubert: „joyeuse", Bosio: „splendida".

[2] Belege bei Liddell/Scott. So auch Kleist: „radiant peace". Leider fügt er das unpassende „of soul" hinzu. Richtig Ruiz Bueno: „paz profunda y radiante".– K. BEYSCHLAG, Clemens Romanus 137, meint, λιπαρά sei ein Zusatz zur traditionellen βαθεῖα εἰρήνη, der dem ἐλιπάνθη im Zitat Dtn 32,15 in I Clem 3,1 entspricht. Abgesehen von den semantischen Schwierigkeiten bei einer solchen Verbindung spricht gegen diese Auffassung die Tendenz des Vf.s – in den ersten Kapiteln sehr auffällig –, zu einem Substantiv zwei Adjektive hinzuzusetzen.

[3] ἀκόρεστος im positiven Sinn erscheint oft bei Philo. Vgl. Plant 25: ἄνω δὲ φέρεται τῶν μεταρσίων καὶ ἱεροπρεπεστάτων καὶ εὐδαιμόνων φύσεων ἀκορέστως ἐρασθείς (vom Philosophen, der in unersättlichem Liebessehnen nach oben geführt wird). Vgl. auch Imm 154; Post 174; Som I 50; SpecLeg III 1.

[4] Vgl. C. SPICQ, Notes 1,12 f.

[5] πλήρης bezieht sich auf ἔχυσις und nicht auf πνεύματος ἁγίου. Es ist nicht die „Fülle Heiligen Geistes" (so Fischer und Schneider), sondern die „volle Ausgießung" des Heiligen Geistes.

[6] Den Imperfekt ἐγίνετο versteht H. OPITZ, Peumatologie 26, als Hinweis darauf, daß für die Gemeinde die Geistausgießung als *wiederholbar* gilt, „und zwar immer als eine letzte und

diese Deutung: 1. das Adverb οὕτως verwendet I Clem zwar auch, um die Folge des Vorhergehenden auszudrücken (vgl. 3,3; 56,1), aber ein kausaler Nexus ist an dieser Stelle – schon vom Kontext her – unwahrscheinlich[1]. Es geht um die Beschreibung eines idealen Zustandes der Gemeide, zu dem selbstverständlich auch die Gabe des Geistes gehört; 2. das Verhältnis zwischen „Indikativ" des Heiles und „Imperativ" der menschlichen Antwort wird in I Clem nicht eigens thematisiert (s. u. Exkurs 4: „Werkgerechtigkeit" in I Clem). Die von Knopf bemängelte Perspektive[2] ist dem Text doch fremd[3].

3   Der Geste, zum allmächtigen Gott die Hände auszustrecken[4] (ἐξετείνετε τὰς χεῖρας ὑμῶν πρὸς τὸν παντοκράτορα θεόν), geht eine dreifache Angabe über die innere Haltung voraus: die heilige Absicht (μεστοί τε ὁσίας βουλῆς), der gute Wille (ἐν ἀγαθῇ προθυμίᾳ) und das fromme Vertrauen (μετ᾽ εὐσεβοῦς πεποιθήσεως). Der Absicht folgt also die Bereitschaft zum Handeln; hinzu kommt schließlich das Vertrauen auf Gott. Darin zeigt sich nicht nur eine sinnvolle Reihenfolge, sondern darüber hinaus eine zielbewußte Intention – die Adjektive sind dafür kennzeichnend. Der Zweck der Handlung ist das Erlangen der göttlichen Huld für die Sünder. Darum fleht die Gemeinde (ἱκετεύοντες αὐτὸν ἵλεων γενέσθαι)[5]. Nach dem zuvor ausgesprochenen Lob versteht sich, daß Sünden nur unabsichtlich begangen werden (εἴ τι ἄκοντες[6] ἡμάρτετε)[7]. Die Allmacht Gottes (als παντοκράτωρ) zeigt sich in diesem Fall dadurch, daß er gnädig sein kann. V. 6b bezeugt andere Aspekte der Haltung der Gemeinde gegenüber den Schwächen der anderen.

4   Die Verantwortung der Korinther beschränkte sich nicht auf Schwächen innerhalb der Gemeinde (V. 3), sondern erstreckte sich weiter auf alle Gläubigen. Die Anstrengungen und der Einsatz der Korinther zugunsten aller

---

höchste Belohnung ... für die in Unterordnung gründende Ordnung und das aus ihr erwachsende sittlich-religiöse Leben der Gemeinde." Das Imperfekt hat die Bedeutung einer durativen Aktion, die nicht mit „wiederholbar" identisch ist.

[1] Anders J. E. DAVISON, Gifts 25.30. Dennoch lehnt Davison eine „moralistische" Deutung der Stelle ab. Seine Vermutung, die Ausgießung des Heiligen Geistes über „alle" Christen in Korinth würde sich gegen den Anspruch einer charismatischen Gruppe dort richten (32), nimmt die Verherrlichung der Vergangenheit in diesem Kapitel zu wörtlich.

[2] C. M. NIELSEN, Clement 137, stimmt dem Urteil von Knopf zu und rechtfertigt den „Moralismus" von I Clem durch das Ziel des Schreibens, die Korinther zu einer Änderung ihres Standpunktes zu führen. „We should not expect anything except moralism from Clement." Der Begriff „Moralismus" beinhaltet aber etwas anderes als Überredungsabsicht.

[3] Kritisch dazu J. P. MARTIN, Espíritu 41–43. Richtig auch LINDEMANN, 30: „Aber der Vf. will gerade den guten Zustand der Gemeinde (vgl. das erneute πάντες) auf die πλήρης ἔκχυσις des Heiligen Geistes zurückführen und sie nicht zu deren Voraussetzung erklären."

[4] Die Wendung begegnet mehrmals in der LXX. Vgl. bes. Gen 14,22; Ex 9,33 (B⁺); 1 Esra 8,70.

[5] ἱκετεύω in der frühchristlichen Literatur nur bei I Clem, aber oft in der LXX und bei Philo.

[6] Die syrische Übersetzung hat anscheinend ein moralisches Problem gesehen und bringt ἑκόντες (absichtlich). Die lateinische Übersetzung hat „ignorantes".

[7] Vgl. Ijob 14,17: εἴ τι ἄκων παρέβην.

Christen kommen metaphorisch als „Wettkampf" – das ἀγών-Motiv erscheint hier zum erstenmal in I Clem – zum Ausdruck. W. C. v. Unnik versteht den Terminus im Sinn von „eifrigem Gebet" (prière ardente)[1]. Die Stelle aber hat als Parallele I Clem 35,4, und dort (35,5a) wird deutlich gesagt, wie sich der „Kampf" konkretisieren soll: in der Ausrichtung der eigenen Denkkraft auf Gott, durch die Suche dessen, was Gott gefällt, in der Erfüllung seines Willens durch die Abkehr von Ungerechtigkeit, Schlechtigkeit, Habsucht usw. Eine Einschränkung auf das Gebet scheint daher unangebracht. Die Wendung „Tag und Nacht" (zu ἡμέρας τε καὶ νυκτός vgl. Mk 5,5; Lk 18,7; 1 Thess 2,9; 3,10; 2 Thess 3,8) bedeutet bildlich, daß dieser Wettkampf „unaufhörlich", „ständig" bestritten werden muß. Bezugspunkt dieser Anstrengungen ist die Gemeinschaft der Brüder, die ἀδελφότης[2]. Ist eine besondere Gruppe innerhalb der Gemeinde gemeint, die zu deren Rettung wirkt, oder handelt es sich um die ganze korinthische Gemeinde, die für alle Christen diese Funktion erfüllt? Da der ganze Abschnitt ein allgemeines Lob der Gemeinde enthält, empfiehlt es sich, die zweite Deutung anzunehmen. Die folgende Wendung „mit Barmherzigkeit und Gewissenhaftigkeit" ist textkritisch umstritten, aber die gewählte Lesart darf Ursprünglichkeit für sich beanspruchen[3]. I Clem verwendet ἔλεος immer in Bezug auf Gott (vgl. 9,1; 28,1; 50,2). Auch dort, wo Schrifttexte zitiert werden, ist dies der Fall (vgl. 18,1.2; 22,8; 56,5). Andererseits darf nicht übersehen werden, daß in der Sprache der LXX und des hellenistischen Judentums ἔλεος auch als Mitleid oder Erbarmen des

---

[1] In seiner Argumentation beruft er sich auf Röm 15,30; Kol 2,1; 4,12 und auf den Artikel ἀγών von E. STAUFFER, ThWNT I 136–140 (Nombre 125). Ähnlich B. E. BOWE, Church 83.

[2] Im NT nur in 1 Petr 2,17; 5,9. Vgl. auch Herm mand VIII 10 (38,10). Römische Begrifflichkeit? Vgl. 1 Makk 12,10.17; 4 Makk 9,23; 10,3.15; 13,19.27.

[3] Der Codex Alexandrinus (A) bezeugt die LA εἰς τὸ σῴζεσθαι μετ' ἐλέους καὶ συνειδήσεως. Der Hierosolymitanus (H) bringt μετὰ δέους statt μετ' ἐλέους. Nach R. KNOPF, Clemensbrief 30, ist dies die einzige Stelle, bei der die LA von H als die ursprüngliche „ernstlich in Betracht kommen könnte." Die anderen Textzeugen (die koptische, lateinische und syrische Übersetzung lesen μετ' ἐλέους), aber auch textinterne Überlegungen sprechen zugunsten der LA von A. ἔλεος wird in I Clem immer von Gott ausgesagt; συνείδησις läßt sich aber schwerlich auf Gott beziehen. Die LA von H ist als Versuch zu erklären, den Text eindeutig auf die Haltung der Gemeinde und nicht auf Gott zu beziehen: Ihr Beitrag zur Rettung der Auserwählten lieferte sie „mit Furcht und Gewissenhaftigkeit" (vgl. Hebr 12,28). So J. B. LIGHTFOOT, I 2,18: „By this combination μετὰ δέους καὶ συνειδήσεως the whole clause is transferred from God to the believer, and συνειδήσεως becomes intelligible." J. B. Lightfoot entscheidet sich für die LA von H, ohne zu beachten, daß die LA von A eigentlich die „lectio difficilior" darstellt. Ähnlich A. DAIN, Notes 359. Einige Autoren, die an der LA μετ' ἐλέους festhalten, vermuten unter συνειδήσεως eine verderbte LA und schlagen unterschiedliche Konjekturen vor. Th. Zahn liest συναθλήσεως; Lipsius vermutet συνδεήσεως; Donaldson empfiehlt μετὰ τελείας συνελεύσεως (Angaben bei J. B. LIGHTFOOT, ebd.). A. v. HARNACK, Einführung 105 f., nimmt in der LA συνειδήσεως einen alten Fehler an, aber macht keinen Verbesserungsvorschlag. In seiner Ausgabe der Apostolischen Väter läßt K. Lake συνειδήσεως im Haupttext, aber in einer Anmerkung plädiert er für συναισθήσεως als die beste Korrektur. H. L. F. DRIJEPONDT, Emendations 103 f., hat sich auch mit der Stelle beschäftigt und möchte συναιδέσεως lesen. Die anderen Varianten (ἀγαθῆς zu συνειδήσεως nach LC¹C²) brauchen hier nicht erörtert zu werden.

Menschen gegenüber anderen Menschen reichlich belegt ist[1]. Die Möglichkeit, daß der Vf. an dieser Stelle ἔλεος ähnlich verwendet, ist durch seinen sonstigen Sprachgebrauch nicht ausgeschlossen. Eine Entscheidung muß der Kontext nahelegen. Der συνείδησις-Begriff kommt in I Clem zunächst dreimal in ähnlichen Wendungen vor: ἐν ἀμώμῳ καὶ σεμνῇ καὶ ἁγνῇ συνειδήσει (1,3); ἐν ἀγαθῇ συνειδήσει (41,1); ἐν καθαρᾷ συνειδήσει (45,7). An den zwei anderen Stellen – 2,4 und 34,7 – wird der Begriff ohne Adjektiv verwendet. Der Sinn in 2,4 läßt sich „mit Gewissenhaftigkeit" wiedergeben[2].

Rein grammatikalisch ist nicht klar, ob der Infinitiv εἰς τὸ σῴζεσθαι medial oder passiv aufzufassen ist. Nach der oben vorgeschlagenen Interpretation von ἀγών geht die rettende Handlung von den Menschen aus. Ein ähnlicher Sprachgebrauch liegt in I Clem 37,5 vor: ἀλλὰ πάντα συνπνεῖ καὶ ὑποταγῇ μιᾷ χρῆται εἰς τὸ σῴζεσθαι ὅλον τὸ σῶμα[3]. Der Inhalt von σῴζεσθαι hängt mit dem Subjekt des Zeitwortes zusammen: τὸν ἀριθμὸν τῶν ἐκλεκτῶν αὐτοῦ. Nach I Clem 59,2 handelt es sich um eine „abgezählte Zahl" (τὸν ἀριθμὸν τὸν κατηριθμημένον) und Gott soll diese Zahl „unversehrt" bzw. „vollständig" (ἄθραυστον) bewahren. Auf diesem Hintergrund dürfte σῴζεσθαι hier nicht „retten" bzw. „gerettet werden" bedeuten[4], sondern „erhalten bleiben"[5].

Der Ausdruck „die Zahl der Auserwählten", so wie er in I Clem verwendet wird, hat mit prädestinatianistischem Denken nichts zu tun[6]. Die Zahl der Auserwählten ist schon vollständig. Es geht also nicht um eine bestimmte Zahl, die – wie auch immer – noch erreicht werden soll, wenngleich die Zugehörigkeit dazu nicht deterministisch gedacht ist. Denn es bedarf der menschlichen Mühe, um dazu gezählt zu werden (35,4; 58,2). Gerade in 35,4 ist von der Zahl τῶν ὑπομενόντων die Rede. Gemeint sind nicht die Auserwählten (2,4; 59,2) bzw. die Geretteten (58,2), sondern die, welche die

---

[1] Vgl. BAUER/ALAND 504; R. BULTMANN, ThWNT II 475–479.

[2] A. JAUBERT, 103 Anm. 2 – wie zuvor HEMMER, 9 – faßt in beiden Stellen συνείδησις als „communauté de sentiments" bzw. „accord des consciences" auf. CHR. MAURER, ThWNT VII 918, schreibt über I Clem 2,4: „Das gute Gewissen ist geradezu zum Habitus geworden in der Formulierung..." und übersetzt: „mit Erbarmen und Gewissenhaftigkeit" unter Verweis auch auf 34,7.

[3] Vgl. Arist 240: γινώσκων ὅτι τὰς ἐπινοίας ὁ θεὸς ἔδωκε τοῖς νομοθετήσασι πρὸς τὸ σῴζεσθαι τοὺς βίους τῶν ἀνθρώπων. Nach W. C. v. UNNIK, a. a. O. 125 f., entscheidet sich die Frage je nach der Interpretation von ἀγών: „La réponse dépend de l'interprétation de ἀγών: si on le traduit par ‚effort', ce sont les hommes qui ‚sauvent'; traduit-on le mot au contraire par ‚prière', alors on supplie Dieu de sauver." εἰς τὸ σῴζεσθαι kann auch passiv übersetzt werden, wenn man ἀγών als „effort" versteht. Die Anstrengungen der Gläubigen sind das Mittel, wodurch die Zahl der Auserwählten erhalten wird.

[4] So übersetzen die Stelle KNOPF, 47; FISCHER, 27; JAUBERT, 103; LINDEMANN, 27; SCHNEIDER, 69.

[5] Vgl. W. C. v. UNNIK, a. a. O. 126; W. FOERSTER, ThWNT VII 999. Vgl. Gen 32,9; auch Plato, Alc. I 125e–126a; Apol. 36bc (brieflicher Hinweis von Herrn R. Hanig, München).

[6] Nach KNOPF, 46 f., klingt der Ausdruck prädestinatianisch, I Clem „ist aber weit von dieser Auffassung entfernt." Anders A. v. HARNACK, Einführung 105. Auch für LINDEMANN, 31, klingt der Ausdruck nicht nur prädestinatianistisch, sondern er ist „auch so gemeint."

Haltung der ὑπομονή verkörpern. Noch deutlicher wird in 58,2 die Bedingung genannt, die die Gläubigen in die Zahl der Geretteten einordnet: die Erfüllung der von Gott gegebenen Gebote und Vorschriften.

Die Vorstellung von der Zahl der Auserwählten in I Clem ist durch eine Doppelschichtigkeit geprägt, die dem Motiv ursprünglich eigen ist. Gott allein kennt diese Zahl. Er ist schließlich der Urheber aller Rettung durch die Erwählung der Gläubigen aus allen Völkern der Erde (59,3; 50,7); er kann die Zahl der Erwählten vollständig erhalten (59,2). Damit ist das Moment der göttlichen Initiative angesprochen, die jeder menschlichen Antwort zuvorkommt. Aber ebenso gehört zum Motiv, daß die Gewißheit, zur Zahl der Geretteten zu gehören, gleichzeitig die Ermahnung begründet, so zu handeln, daß man wirklich dazu gehört (vgl. 46,4). Erwählungsbewußtsein setzt die notwendige menschliche Antwort keineswegs außer Kraft, sondern macht sie geradezu notwendig[1].

Die zwei Adjektive am Anfang: „rein und lauter" (εἰλικρινεῖς καὶ ἀκέραιοι) 5
bilden ein Hendiadyoin. So wird die in der Gemeinde herrschende Lauterkeit ausgedrückt (vgl. 32,1: ὃ ἐάν τις καθ' ἓν ἕκαστον εἰλικρινῶς κατανοήσῃ; 21,7: τὸ ἀκέραιον τῆς πραύτητος αὐτῶν βούλημα). Die Korinther waren ferner ἀμνησίκακοι εἰς ἀλλήλους, d. h. sie vergaßen erlittenes Böses, sie waren einander nicht nachtragend[2]. Die Aussage bereitet die Behauptung in V. 6a vor. Im Mittelpunkt steht in diesem Fall eine ungetrübte Harmonie, zu der sowohl die Lauterkeit als auch ein durch frühere Schwierigkeiten unbelastetes Verhältnis - sie tragen einander nichts nach - beitragen.

Die erste Aussage verdeutlicht indirekt das für den Vf. so wichtige Ein- 6
trachtsideal: Jede Art von Aufruhr und Spaltung war für die Korinther abscheulich, ein Greuel[3]. Der στάσις-Begriff, in 1,1 als Zusammenfassung der korinthischen Angelegenheit verwendet, erscheint gemeinsam mit σχίσμα (ähnlich in 46,9)[4]. Beide Begriffe kennzeichnen im Verlauf des Schreibens immer wieder die gegenwärtige Lage der Gemeinde als von Aufruhr und Spaltung geprägt. Für das Anliegen des Briefes bedeutet dies, daß der zu erreichende Zustand der Eintracht nicht etwas Neues beinhaltet, sondern eigentlich die Rückkehr in die einstigen Verhältnisse.

---

[1] Das Motiv kommt von der jüdischen Apokalyptik her (vgl. syrBar 30,2; Offb 7,4). Vgl. R. STUHLMANN, Das eschatologische Maß im Neuen Testament (FRLANT 132), Göttingen 1983, 193-206. Stuhlmann ordnet die Texte, die in diese Gruppe gehören, unter die Bezeichnung „Numerus clausus ohne Determinationsfunktion" ein. Genaueres dazu bei H. E. LONA, Zahl 155-157.

[2] Als Adverb auch in I Clem 62,2. Vgl. Herm mand IX 3 (39,3): von Gott, der anders ist als die Menschen (μνησικακοῦντες). Nach Philo wird Joseph von seinen Brüdern als ἀμνησίκακος gepriesen (Jos 246).

[3] Das Adjektiv βδελυκτός kommt auch im Zusammenhang mit den „abscheulichen" Lastern vor, vor denen man fliehen muß (30,1).

[4] Vgl. auch 3,2; 54,2. I Clem 3,2 und 46,5 enthalten die anderen Termini, die den Konflikt charakterisieren.

Zum idealisierten Bild der Gemeinde gehört auch ihre Reaktion auf fehlerhaftes Verhalten. Zuerst ist vom Gefühl der Traurigkeit über die Verfehlungen der anderen (πενθέω nur hier in I Clem) die Rede. Die παραπτώματα (im Plural auch in 51,3 und 60,1) haben keinen präzisen Bezugspunkt[1]. Ebenso allgemein sind die Betroffenen genannt: Es sind die Nächsten (τῶν πλησίον)[2]. Mit der Traurigkeit über ihre Verfehlungen verbindet sich die Solidarität der Gläubigen mit deren Mängeln. Die Gemeinde hat sie als ihre eigenen betrachtet. ὑστερήματα bedeutet in 38,2 die von den Armen erlittenen Mängel, aber der Zusammenhang mit παραπτώματα weist hier auf einen übertragenen Sinn im Sprachgebrauch hin[3]. Auch bei dieser unscharfen Ausdrucksweise kommt eines deutlich genug zum Ausdruck: Die Reaktion auf Verfehlungen und Mängel der *anderen* läßt die tadellose Lebensführung der Korinther in den Vordergrund treten.

7   Die zwei Aussagen bilden einen „parallelismus membrorum" in der Form einer leichten Steigerung: niemals reute (ἀμεταμέλητοι) die Korinther eine Guttat (ἐπὶ πάσῃ ἀγαθοποιΐᾳ)[4], sie waren zu jedem guten Werk bereit (εἰς πᾶν ἔργον ἀγαθόν). Der erste Satz knüpft an eine alte philosophische Einsicht an, daß nämlich die Tugend bzw. das Gute überhaupt keinerlei Reue hervorruft: Behauptungen wie z. B. die, daß die Glückseligkeit reine Lust ohne Reue sei[5] oder daß der Tüchtige es nicht bereue, ein solcher zu sein[6], gehören hierher. Ähnliches steht in I Clem 54,4 über die πολιτεία τοῦ θεοῦ. Noch wichtiger ist 58,2: Falls die Korinther den Ratschlag der römischen Gemeinde annehmen und verwirklichen, werden sie es nicht bereuen. Nach dem festgestellten „unstillbaren Verlangen" εἰς ἀγαθοποιΐαν in 2,2, bringt die Aussage in 2,7 nichts Neues[7]. Trotz mancher Anklänge an paulinische Texte (vgl. Röm 11,29; 2 Kor 7,10) ist eine Abhängigkeit von ihnen wenig wahrscheinlich[8].

Der abschließende Satz, „bereit zu jeglichem guten Werk", ist auch in der paulinischen Tradition bezeugt (Tit 3,1; 2 Tim 2,21; vgl. ferner 2 Tim 3,17; I Clem 33,1; 34,4; IgnPol 7,3).

---

[1] In 56,1 spielt der Terminus eindeutig auf den Konflikt in Korinth an, allerdings im Singular.

[2] „Gab es in der Gemeinde παραπτώματα, so war die Reaktion darauf Trauer (vgl. V. 3) und nicht - wie jetzt vom Vf. polemisch impliziert - Zustimmung." So LINDEMANN, 31. Von einer solchen - auch impliziten - Polemik ist im Text nichts zu erkennen.

[3] Vgl. Herm vis III 2,2 (10,2): ὑστερήματα und ἁμαρτήματα. Die lateinische Übersetzung hat dies verdeutlicht: et peccata illorum vestra esse iudicastis.

[4] Die Aussage fehlt in L, die den zweiten Teil mit V. 8 verbindet. Zu ἀγαθοποιΐα s. V. 2.

[5] So die Antwort des Sokrates nach Stobaeus CIII 39,18, ed. Achsmuth V 906: Σωκράτης ἐρωτηθεὶς τί εὐδαιμονία, ἡδονὴ ἀμεταμέλητος ἔφη. Vgl. C. SPICQ, Notes 1,73.

[6] Vgl. Aristoteles, EthNicom 1166a.

[7] Vgl. auch 34,2: ... προθύμους ἡμῖς εἶναι εἰς ἀγαθοποιΐαν.

[8] Röm 11,29 liegt LXX-Sprache zugrunde. Vgl. O. MICHEL, ThWNT IV 630–633; C. SPICQ, ΑΜΕΤΑΜΕΛΗΤΟΣ dans Rom. XI,29, in: RB 67 (1960) 210–219. Ein Oxymoron liegt in 2 Kor 7,10 vor: eine Reue (μετάνοια), die man nicht zu bereuen braucht (ἀμεταμέλητος). Vgl. R. BULTMANN, Brief an die Korinther 60. Auch hier dürfte die LXX im Hintergrund stehen.

Die zwei Aussagen, die wie zuvor 2,7 inhaltlich sehr allgemein bleiben,   8
beschließen das Lob an die korinthische Gemeinde. Es geht zuerst um den
vortrefflichen und verehrungswürdigen Wandel der Gemeinde, sodann um die
Verinnerlichung des göttlichen Willens. Von den zwei Adjektiven, die die
πολιτεία charakterisieren, ist πανάρετος ein Lieblingswort des Verfassers (vgl.
I Clem 1,2), während das in der griechischen Bibel und in der altchristlichen
Literatur nicht belegte σεβάσμιος[1] nur an dieser Stelle vorkommt. πολιτεία
bedeutet hier „Lebensweise", „Wandel", und nicht „Bürgerrecht" bzw. „Bürgerschaft" (vgl. Apg 22,28; Eph 2,12)[2]. Der Sprachgebrauch kommt vom
hellenistischen Judentum her (vgl. 2 Makk 4,11; 8,17; 4 Makk 8,7; 17,9)[3].
Das Partizip Perfekt Passiv κεκοσμημένοι dürfte auf das Wirken Gottes
hinweisen (vgl. 33,7: ἐν ἔργοις ἀγαθοῖς πάντες ἐκοσμήθησαν οἱ δίκαιοι. Vgl.
auch IgnEph 9,2; 3 Makk 6,1). Er ist der Urheber für die πολιτεία der
Korinther. Im Hinblick auf das folgende πάντα ἐν τῷ φόβῳ αὐτοῦ ἐπετελεῖτε
ist κεκοσμημένοι als Kausalpartizip aufzufassen. πάντα ἐπιτελεῖν ist Stileigentümlichkeit von I Clem (1,3; 2,8; 33,1; 48,4). Vgl. 1 Esra 6,4; 8,16; Dan
(LXX) 11,16. Das formelhaft traditionelle ἐν τῷ φόβῳ αὐτοῦ[4] nennt die
Gottesfurcht als die Grundhaltung der Gemeinde.

Die zweite Aussage I Clem 2,8b drückt durch ein Bild aus, in welchem
Ausmaß die Korinther sich die Vorschriften des Herrn zu eigen gemacht
hatten: Sie sind auf die Breite ihres Herzens geschrieben. Προστάγματα καὶ
δικαιώματα ist Sprache der LXX (vgl. Gen 26,5; 1 Sam 30,25; 2 Chr 33,8
[A⁺]; Ez 20,19.21.24 f.; Mal 3,24). Vgl. I Clem 58,2: τὰ ὑπὸ τοῦ θεοῦ δεδομένα
δικαιώματα καὶ προστάγματα. Von den zwei Begriffen ist für den Vf. der im
NT nicht bezeugte πρόσταγμα ohne Zweifel der wichtigere (2,8; 3,4; 20,5;
37,1; 40,5; 50,5; 58,2, immer im Plural)[5]. δικαιώματα hebt den rechtlichen
Aspekt der Forderung hervor, προστάγματα ihren Befehlscharakter als Anordnung. Es handelt sich in diesem Fall um die Forderung Gottes, wie die
Verwendung von προστάγματα sonst zeigt (vgl. 58,2!).

Das Bild von der Breite des Herzens kommt in Spr 7,3b im Zusammenhang
mit den Worten des Herrn vor: ἐπίγραψον δὲ ἐπὶ τὸ πλάτος τῆς καρδίας σου[6].

---

[1] Durch den Superlativ (σεβασμιωτάτη) versucht H eine Steigerung zu σεβάσμιος. Zur Fassung
von L („omni decore cultus ornati") vgl. R. KNOPF, Clemensbrief 60.
[2] Der Sprachgebrauch von πολιτεία in I Clem hat mit einer positiven Wertung des römischen
Bürgerrechtes nichts zu tun. Anders J. S. JEFFERS, Influence 375; Conflict 135.
[3] Vgl. H. STRATHMANN, ThWNT VI 525 f. (gegen A. A. T. EHRHARDT, Metaphysik II 57:
Klemens sei „unser erster Zeuge für die Bedeutung ,Lebensführung'"). Vgl. weiter I Clem 54,4;
MartPol 17,1.
[4] Im AT: Ps 5,8; Spr 14,26; 23,17; Sir 9,16; 27,3; 45,23; im NT: 2 Kor 7,1; 1 Petr 1,17;
3,2.
[5] Vgl. auch II Clem 19,3; Herm sim V 1,5 (54,5).
[6] Vgl. auch Spr 22,20: καὶ σὺ δὲ ἀπόγραψαι αὐτὰ σεαυτῷ τρισσῶς εἰς βουλὴν καὶ γνῶσιν ἐπὶ
τὸ πλάτος τῆς καρδίας σου. Die LA von A in Spr 3,3 bringt das Motiv noch einmal: γράψον δὲ
αὐτὰς ἐπὶ τὸ πλάτος τῆς καρδίας σου (nach einem anderen Textzeugen πλάκος).

Traditionsgeschichtlich ist auf 2 Kor 3,3 hinzuweisen, wo die Korinther als
Brief Christi bezeichnet werden, der aber nicht mit Tinte geschrieben wurde,
sondern mit dem Geist des lebendigen Gottes, „nicht auf steinerne Tafeln,
sondern auf Herzenstafeln von Fleisch" (οὐκ ἐν πλαξὶν λιθίναις ἀλλ᾿ ἐν πλαξὶν
καρδίαις σαρκίναις)[1]. Aber die zweifache Antithese: Tinte – Geist; Stein –
fleischliches Herz spielt in I Clem 2,8 keine Rolle, und ihre religionsgeschichtliche Ableitung ist eine andere[2]. Ähnlich wie Spr 7,3b und 22,20 bringt I Clem
2,8b die Verinnerlichung der Forderungen Gottes im Leben der Gemeinde
zum Ausdruck.

I Clem 2,1 hatte ein ähnliches Bildwort gebracht, aber im Hinblick auf
die Worte Christi. I Clem 2,8 beschließt den Abschnitt mit der für das ganze
Schreiben gewohnten Theozentrik.

4. Die Wende (3,1–4)

Das dritte Kapitel stellt ein scharfes Kontrastbild zum vorangehenden Lob
der Gemeinde dar. Auch in diesem Stück ist die rhetorische Prägung unübersehbar, so daß es nicht als eine Beschreibung der Ereignisse in Korinth
aufgefaßt werden darf[3]. Mit Recht spricht B. E. Bowe von einer „rhetoric of
stasis", die sich im ganzen Schreiben, aber besonders in diesem Kapitel zeigt[4].

**1. Alle Ehre und Wachstum wurde euch gegeben, und es erfüllte sich, was
geschrieben steht: „Er aß und trank und wurde breit und dick, und er schlug
aus, der Geliebte." 2. Daher (stammen) Eifersucht und Neid und Streit und
Aufruhr, Verfolgung und Unordnung, Krieg und Gefangenschaft. 3. So erhoben sich die Unbeachteten gegen die Geachteten, die Unangesehenen gegen
die Angesehenen, die Unverständigen gegen die Verständigen, die Jungen
gegen die Älteren. 4. Deshalb sind die Gerechtigkeit und der Friede in weiter
Ferne, da jeder die Furcht vor Gott verlassen hat und im Glauben an ihn
schwachsichtig geworden ist, (und) weder nach den Satzungen seiner Anordnungen wandelt, noch ein Leben führt, wie es Christus entspricht. Vielmehr
geht jeder den Begierden seines bösen Herzens nach. Ungerechte und gottlose
Eifersucht haben sie (in sich) aufgenommen, durch die auch der Tod in die
Welt eingedrungen ist.**

---

[1] Vgl. Ex 31,18; Jer 38(31),33; Ez 11,19; 36,26.
[2] Vgl. R. BULTMANN, Brief an die Korinther 75 f.
[3] Noch weniger angebracht ist es, das Kapitel als Ausdruck des „vernichtenden Hasses" des
Vf.s auf die korinthischen Gegner zu verstehen. Gegen L. LEMME, Judenchristentum 401 f.
[4] Vgl. B. E. BOWE, Church 26–31.

Das alttestamentliche Motiv des Ungehorsams des Geliebten wird mit Hilfe 1
eines freien Zitats aus Dtn 32,15 auf die Situation der Gemeinde übertragen.
Der Text dort lautet: „Und Jakob aß und wurde satt und schlug aus, der
Geliebte, er wurde fett, dick und breit" (καὶ ἔφαγεν Ἰακὼβ καὶ ἐνεπλήσθη,
καὶ ἀπελάκτισεν ὁ ἠγαπημένος, ἐλιπάνθη, ἐπαχύνθη, ἐπλατύνθη)[1]. Was sich
damals in Israel ereignet hat, nämlich die undankbare Haltung der Ablehnung
nach dem Empfang der vielfältigen Gaben Gottes, wiederholt sich jetzt in
Korinth. Die Schrift enthält die Ankündigung des Kommenden[2], und in deren
Licht wird die Gegenwart als ihre Erfüllung verstanden[3]. Der Vf. geht frei
mit dem Text um: 1. Aus Dtn 32,14b (καὶ αἷμα σταφυλῆς ἔπιον οἶνον) nimmt
er das „trinken" auf[4]; 2. zum Zweck der Aktualisierung ist der Name Jakobs
unpassend, und so wird er ausgelassen; 3. die Reihenfolge der Verba ist leicht
geändert. Das Ausschlagen des Geliebten erscheint als abschließende Reaktion
– wohl unerwartet, und darum um so verwerflicher – nach der „logischen"
Reihenfolge: essen und trinken, breit und dick werden.

Die Wendung πᾶσα δόξα bezieht die LXX manchmal auf die Herrlichkeit
Gottes (vgl. Jes 4,5; Dan [LXX] 7,14 [über den Menschensohn]), aber auch
auf die Menschen (vgl. Ps 44,14; Jes 40,6 [1 Petr 1,24]; 1 Makk 14,5; 2
Makk 5,20). Die Wiedergabe von δόξα mit „Ehre" schließt auch Glanz und
Pracht mit ein. πλατυσμός bezeichnet in der LXX den weiten, freien Raum
(vgl. 2 Kön 22,20.37; Ps 17,20; 118,45. Ähnlich Herm mand V 2,3 [34,3]).
Im Hinblick auf die Gemeinde, gemeinsam mit πᾶσα δόξα, ist πλατυσμός als
„Wachstum", „Ausbreitung" aufzufassen. Der Begriff ist wahrscheinlich vom
ἐπλατύνθη aus Dtn 32,15 abgeleitet. Die von Gott geschenkte Ausbreitung
(ἐδόθη) verleitete die Gemeinde dazu, genau so zu reagieren wie der breit
und dick gewordene Geliebte des AT.

Die schon in der Schrift vorausgesagte Auflehnung des Geliebten gegen 2
seinen Gönner erweist sich als Quelle tiefen Unheils, das in drei Schritten in
der Form einer graduellen Schlußfolgerung entfaltet wird: V. 2: ἐκ τούτου ...;
V. 3: οὕτως ...; V. 4: διὰ τοῦτο ... Stilistisch handelt es sich um „eine nicht
sehr deutliche Anaphora" (Knopf, 47). Manche von diesen Begriffspaaren[5]

---

[1] Die lateinische und die koptische Überlieferung bringen die zwei letzten Verben nach der
Reihenfolge der LXX.

[2] ἐπετελέσθη τὸ γεγραμμένον erscheint nur hier als Ausdruck für die Erfüllung der Schrift.
Wird etwa ἐπετελέσθη als kontrastierende Wortverbidung zu I Clem 2,8a (πάντα ἐν τῷ φόβῳ
αὐτοῦ ἐπετελεῖτε) gebraucht? Zu τὸ γεγραμμένον als Hinweis auf die Schrift vgl. 13,1.

[3] Anders G. Brunner, Mitte 76: „Durch das Zitat wird nichts bewiesen – schon gar nicht
die Erfüllung einer Weissagung konstatiert –, sondern eine Behauptung mit Hilfe von Schriftworten zum Ausdruck gebracht und damit verstärkt: Schriftworte als Verstärker!" Das ἐκ τούτου
in V. 2 zeigt, daß das Zitat nicht nur verstärken, sondern auch beweisen will.

[4] Anders Grant, 21, und D. A. Hagner, Use 65, die hier den Einfluß von 1 Kor 10,7 sehen.

[5] Nach der LA von HS beinhaltet I Clem 3,2 eine Aufzählung von vier Begriffspaaren, jedes
Paar durch καί verbunden. Die LA von AL(C¹?), die ein καί vor ἔρις setzt, stört die sonst klare
Struktur und dürfte als lectio difficilior den Vorrang haben. Auch Lake entscheidet sich in seiner
Textausgabe für diese LA. Auch inhaltliche Überlegungen sprechen dafür (s. u.).

bzw. -ternaren bilden, gemeinsam mit anderen für die Angelegenheit der korinthischen Gemeinde typischen Termini, die Sprachgrundlage, mit der der Vf. darüber urteilt: ζῆλος καὶ φθόνος (4,7.13; 5,2); ζῆλος καὶ ἔρις (5,5; 6,4); ἔρις καὶ στάσις (14,2); στάσις καὶ διχοστασία (51,1); στάσις καὶ ἔρις καὶ σχίσματα (54,2); ἀλαζονεία καὶ ἀκαταστασία (14,1); ἔρεις καὶ θυμοὶ καὶ διχοστασίαι καὶ σχίσματα πόλεμος (46,5).

Die Liste ist so angelegt, daß die ersten Begriffe negative Haltungen bezeichnen (Eifersucht und Neid), während die anderen Begriffe auf negative Situationen anspielen, die aus diesen Haltungen hervorgegangen sind, und zwar in der Form einer Steigerung des Übels: Aufruhr, Verfolgung und Unordnung, Krieg und Gefangenschaft. Zur ersten Gruppe gehört auch der Streit bzw. die Streitsucht. Auf jeden Fall wurde die ἔρις in der Stoa als Affekt verstanden: ἐπιθυμία εἰς ἀντίταξιν κακοποιητικήν (SVF III Nr. 397. Vgl. auch Philo, All III 131)[1]. In den Lasterkatalogen des NT findet man ähnliche Reihen: ζῆλος καὶ ἔρις (1 Kor 3,3); ἔρις, ζῆλος ... ἀκαταστασίαι (2 Kor 12,20); ἔρις, ζῆλος ... φθόνοι (Gal 5,20 f.); μεστοὺς φθόνου φόνου ἔριδος (Rom 1,29); φθόνος καὶ ἔρις (Phil 1,15; 1 Tim 6,4); ζῆλος καὶ ἐριθεία ... ἀκαταστασία (Jak 3,16).

Die christliche Literatur macht sich zur Erbin einer alten Tradition. Nach Plato werden in einer Gemeinschaft, in der weder Reichtum noch Armut zu finden sind, keinerlei ὕβρις, ἀδικία, ζῆλοι und φθόνοι entstehen (Leg. III 679bc)[2]. ζῆλος καὶ φθόνος werden erwähnt in Phileb. 47e.50c im Zusammenhang einer Erörterung über ἡδονή und λύπη, die in der stoischen Literatur fortgesetzt wurde. Im Rahmen der frühjüdischen Literatur bietet TestXII interessante Parallelen. TestSim erwähnt τὸ πνεῦμα τοῦ ζήλου (2,7), und τὸ πνεῦμα τοῦ φθόνου (4,7). In 4,5 ergeht eine Warnung, sich vor jeder Eifersucht und jedem Neid zu hüten (ἀπὸ παντὸς ζήλου καὶ φθόνου). Nach TestBenj 7,1 f. hat Beliar seinen Gläubigern ein Schwert gegeben, das als Mutter von sieben Formen des Bösen wirkt: φθόνος, ἀπώλεια, θλῖψις, αἰχμαλωσία, ἔνδεια, ταραχή, ἐρήμωσις. Auch hier sind Haltungen bzw. Ursachen und Folgen vermischt (φθόνος und αἰχμαλωσία wie in I Clem 3,2). Zu

---

[1] Bei ζῆλος und φθόνος handelt es sich eindeutig um Affekte, und sie werden als solche oft gemeinsam genannt. Vgl. Stobaeus, II 90,7 = SVF III Nr. 394; 92,7 = SVF III Nr. 413; Diogenes Laërtius, VII 111 = SVF III Nr. 412; Andronicus, De Affectibus 2 = SVF III Nr. 414; Cicero, TuscDisp IV 17 = SVF III Nr. 415. Wenn auch, wie die verschiedenen Listen zeigen, der Unterschied zwischen Haltungen bzw. Affekten und Situationen nicht immer beachtet wurde, ist es gut denkbar, daß die LA von ALC[1] mit dem Artikel vor ἔρις auf die Zugehörigkeit des Terminus zu ζῆλος καὶ φθόνος hinweisen wollte.

[2] Vgl. auch Demokritos Fr. 191 (FVS II 185,9); Fr. 245 (FVS II 194,12): φθόνος γὰρ στάσιος ἀρχὴν ἀπεργάζεται; Lysias, Or. 2,48; Sophokles, Oedipus in Col. 1233: φθόνος, στάσεις, ἔρις, μάχαι καὶ φόνοι in einer Beschreibung der Lebensmühsal; Aristophanes, Termophoriazusae 788: ἔριδες, νείκη, στάσις ... πόλεμος; Salust, De coni. Cat. 6,2: „invidia ex opulentia orta est." Vgl. A. STUMPFF, ThWNT II 879 f.; L. T. JOHNSON, James 334–338.

beachten ist die literarische Gestalt der TestXII, zu der schließlich diese Listen gehören: die Ermahnung[1].

I Clem 3,2 enthält also die Grundbegriffe für die Bezeichnung der Motive und Folgen der Situation in der korinthischen Gemeinde. So gesehen hat die Stelle programmatische Bedeutung für weitere Teile des Schreibens. Die Ausführungen über Eifersucht und Neid (ζῆλος καὶ φθόνος) in I Clem 4–6 sind ein Beispiel dafür. Aber nicht allen Begriffen kommt die gleiche Bedeutung zu. διωγμός und αἰχμαλωσία kommen z. B. nur an dieser Stelle vor. Von der ἀκαταστασία ist sonst in 14,1 und 43,6 die Rede; von πόλεμος nur in 46,5 (I Clem 56,9 zitiert Ijob 5,20).

Daß die Eifersucht (ζῆλος) hier an erster Stelle erscheint, ist kein Zufall. Wo ζῆλος mit einem anderen Begriff verbunden wird, nimmt es formal – aber auch inhaltlich – meistens die erste Stelle an: ζῆλος καὶ φόνος: 4,7; 4,13; 5,2; ζῆλος καὶ ἔρις: 5,5; 6,4. Nur 9,1 macht eine Ausnahme (ἔρις … ζῆλος). Die Änderung des Zitats Weish 2,24 in I Clem 3,4, wo das Kommen des Todes in die Welt nicht auf den Neid (φθόνος) (wie im Text) zurückgeführt wird, sondern auf ζῆλος, beweist dies zur Genüge. Die Häufigkeit unterstreicht ebenso die Bedeutung des Begriffs (insgesamt 22 mal, davon 16 mal in den ersten sechs Kapiteln).

Die Sonderstellung von ζῆλος ist dennoch auffallend. Rein sprachlich läßt sich dies weder aus dem AT noch aus dem NT hinreichend erklären. Zeigt Jak 3,16 (ὅπου γὰρ ζῆλος καὶ ἐριθεία, ἐκεῖ ἀκαταστασία), daß in der judenchristlichen Paränese eine begriffliche Grundlage schon vorhanden war, so geht die Bedeutung von ζῆλος in I Clem über den Befund der Tradition hinaus. Ähnliches gilt für die frühjüdische Literatur. Bei Philo z. B. kommt der Begriff nur in positivem Sinn vor. Von der griechischen Literatur her ist keine große Hilfe zu erwarten (vgl. jedoch Hesiod, Opera 193–195 über die Folgen des ζῆλος), zumal φθόνος als Grund des Unheils durch seine Rolle in der griechischen Tragödie und durch die bekannte Behauptung Platos in Tim. 29e[2] weitaus gewichtiger war als ζῆλος.

Möglicherweise hat die Parteibildung in der korinthischen Gemeinde zur Zeit des Paulus – auf die I Clem 47,3 anspielt – und die Sprache des Paulus in 1 Kor 3,3 (ζῆλος καὶ ἔρις) die Begrifflichkeit des Verfassers beeinflußt (vgl. I Clem 5,5; 6,4) und den Terminus ζῆλος in den Vordergrund geschoben.

Φθόνος (Neid) scheint hingegen kein Eigengewicht zu besitzen[3]. In den vier Stellen, wo der Begriff vorkommt (3,2; 4,7; 4,13; 5,2), erscheint er immer hinter ζῆλος. Der Terminus ἔρις (Streit) kommt nur in 44,1 allein vor, sonst

---

[1] Vgl. L. T. Johnson, a. a. O. 341–346.

[2] Vom „Schöpfer" der Welt gilt, daß aus ihm als dem Guten nimmer und in keiner Beziehung irgendwelcher Neid erwächst (ἀγαθῷ δὲ οὐδεὶς περὶ οὐδενὸς οὐδέποτε ἐγγίγνεται φθόνος). Vgl. auch Phaedr. 247c. Dazu vgl. E. Milobenski, Der Neid in der griechischen Philosophie (KPS 29), Wiesbaden 1964, 25–35.

[3] Vgl. Josephus, Ant 4,14: vom Neid des Korach auf Mose.

ist er immer von analogen Begriffen begleitet (5,5; 6,4; 9,1; 14,2; 35,5; 46,5; 54,2). Bei στάσις (Aufruhr) liegen die Dinge anders. Mit στάσις wird der Vorgang in Korinth zusammengefaßt, und zwar am Anfang und am Ende des Schreibens (1,1; 57,1; 63,1). Bezeichnend ist auch die häufige Verwendung von στασιάζω (in der altchristlichen Literatur sonst nicht belegt). In den anderen Stellen (2,6; 3,2; 14,2; 46,9; 51,1; 54,2) kommt der Begriff gemeinsam mit anderen Begriffen vor (besonders ἔρις, σχίσμα). Der Sprachgebrauch in I Clem ist von der LXX beeinflußt[1] und allgemein vom hellenistischen Judentum. Josephus (Ant 4,12.13.32.36.59.66.76.140) nennt στάσις die Auflehnung des Volkes gegen Mose (Num 16 f.)[2]. διωγμός und αἰχμαλωσία (Verfolgung und Gefangenschaft) sind in I Clem nur an dieser Stelle belegt. Auch inhaltlich bleiben beide Begriffe isoliert. Denn die spärlichen Andeutungen über die Folgen des Konflikts in Korinth (1,1; 47,7) lassen sich nicht mit schweren Ereignissen wie Verfolgung und Gefangenschaft in Zusammenhang bringen. Aber im Blickpunkt des Vf.s stehen nicht die Verhältnisse in Korinth, sondern die Folgen der Eifersucht, wie es durch die Beispiele in den folgenden Abschnitten eindrucksvoll bestätigt wird: zur Verfolgung vgl. 4,9.13; 5,6; 6,2; zur Gefangenschaft vgl. 5,6. Die „Unordnung" (ἀκαταστασία) (auch in I Clem 14,1 und 43,6) ist ohnehin Gegenbild der Eintracht (vgl. 1 Kor 14,33). Die oben zitierte Stelle Jak 3,16 zeigt eine ähnliche Liste[3].

Die Häufigkeit solcher Listen in der griechischen und jüdischen Literatur weist auf einen literarischen Topos hin[4], der als Ermahnung oder Belehrung immer wieder dort auftaucht, wo die Eintracht in einer gesellschaftlichen Größe gefährdet war oder zerstört wurde. Über die tatsächlichen Ereignisse in Korinth ist daraus recht wenig zu entnehmen: ein Aufruhr, der eine Spaltung in der Gemeinde hervorbringt[5].

---

[1] Als persönlicher Streit nur Spr 17,14. Vgl. G. DELLING, ThWNT VII 569.

[2] Vgl. die Erklärung zu I Clem 43,2.

[3] Unter Bezugnahme auf Recog I 37,1 f., Tertullian, Scorp. 3 und TestDan 5 behauptet K. BEYSCHLAG, Clemens Romanus 143, „daß Clemens auch mit der Vorstellung von πόλεμος καὶ αἰχμαλωσία in c. 3,2 einer älteren – und dann sicher apologetischen – Überlieferung folgt, in welcher ursprünglich vom Ungehorsam (bzw. Unglauben) Israels und seiner Bestrafung durch ‚Krieg und Gefangenschaft' die Rede war." Es ist fraglich, ob man die zwei Begriffe isoliert von der ganzen Liste betrachten darf, um an ihnen die Spuren einer alten Überlieferung zu entdecken. Nach K. BEYSCHLAG, ebd. 142, „kommt die Dan-Stelle dem Tenor von I Clem 3 so nahe, daß an einem gemeinsamen Überlieferungszusammenhang kaum zu zweifeln ist." Der Vergleich beider Texte vermag eine solche Nähe nicht zu verifizieren. Kritisch dazu auch LINDEMANN, 33.

[4] Vgl. L. SANDERS, Hellénisme 4 f., der allerdings nur griechische Zeugen heranzieht, ohne auf die jüdische Literatur zu achten.

[5] Anders KNOPF, 48: πόλεμος und αἰχμαλωσία sind natürlich von Zuständen innerhalb der Gemeinde zu verstehen …; die Absetzung der Amtsträger, damit ihre Herabminderung, ihre Einflußlosigkeit, mag als αἰχμαλωσία erscheinen." Auch E. PERETTO, Sfida 101–105, interpretiert die Angaben wörtlich und schließt auf ein Klima von Gewalt und Aufruhr in der korinthischen Gemeinde.

Der Satz enthält vier Gegenüberstellungen, die den „negativen" Teil an den   3
Anfang stellen. Rhetorisch handelt es sich um ein Isocolon (gleiche Satzglie-
derung), während die Endungen ein Homöoteleuton bilden:

οἱ ἄτιμοι	ἐπὶ τοὺς	ἐντίμους,
οἱ ἄδοξοι	ἐπὶ τοὺς	ἐνδόξους,
οἱ ἄφρονες	ἐπὶ τοὺς	φρονίμους,
οἱ νέοι	ἐπὶ τοὺς	πρεσβυτέρους.

Das οὕτως am Anfang bezieht sich in zweifacher Hinsicht auf das Vorhergehende. In der Haltung der „Aufständischen" erfüllt sich das zitierte Wort
der Schrift (3,1); ihr Wirken ist die Ursache für die Folgen, die in 3,2
aufgelistet wurden. ἐπεγείρεσθαι ἐπί im Sinn von „sich gegen jemanden erheben" wird ähnlich gebraucht wie in Jes 19,2; Jer 29,7; Mich 5,4. Die ersten
drei Gegenüberstellungen erinnern sprachlich an 1 Kor 4,10a.c: ἡμεῖς μωροὶ
διὰ Χριστόν, ὑμεῖς δὲ φρόνιμοι ἐν Χριστῷ, ... ὑμεῖς ἔνδοξοι, ἡμεῖς δὲ ἄτιμοι.
Drei der von Paulus verwendeten Begriffe kommen auch in I Clem 3,3 vor,
allerdings in der umgekehrten Reihenfolge und dazu noch in einer Form, die
durch das Beibehalten des jeweiligen Wortstammes – zuerst negativ durch
das Alpha privativum, dann positiv – den antithetischen Charakter der Aussagen verschärft. War schon in I Clem 3,2 eine Reminiszenz an I Cor 3,3 zu
vermuten, so hat man auch hier einen weiteren Hinweis auf die Nachwirkung
der paulinischen Begrifflichkeit, ohne daß man mit einem Zitat rechnen sollte[1].
Allgemein betrachtet weisen solche Gegensätze manche Gemeinsamkeiten
mit dem Motiv vom Aufstand gegen die Gerechten auf, – die Umkehrung
der Ordnung der Dinge, die das Ende der Zeiten ankündigt –, wie es z.B.
die syrBar 70,3 belegt: „Einander hassen werden sie und reizen sich gegenseitig
zum Streit. Und die Ehrlosen herrschen über Angesehene, und die Nichts-
würdigen erheben sich hoch über alle Ehrsamen." Aber von einem apokalyptischen Horizont kann in I Clem keine Rede sein.
Ein Vergleich der Begrifflichkeit von I Clem 3,3 mit der Sprache des Vf.s
zeigt, in welchem Ausmaß die Rhetorik hier in den Vordergrund tritt. Nur
ἄφρονες (21,5; 39,1) und πρεσβύτεροι (44,5; 47,6; 54,2) spielen sonst eine
Rolle, aber bei den πρεσβύτεροι geht es dann um die Amtsträger. Die anderen
Begriffe erscheinen entweder nur an dieser Stelle (ἔντιμοι, ἄδοξοι, φρόνιμοι)
oder adjektivisch ohne Bezug auf die Unruhestifter von Korinth (ἄτιμος,
ἔνδοξος). οἱ νέοι schließlich werden in 1,3 und 21,6 in haustafelartigen
Ermahnungen erwähnt. Ihr Vorkommen in 3,3 als Gegenspieler der πρεσβύτεροι bedeutet nicht unbedingt, daß die Gruppe, die für die Unruhen in
Korinth verantwortlich gemacht wird, altersmäßig zu den Jungen in der
Gemeinde gehört (so auch Lindemann, 33. S.u.). Dem Vf. ist zunächst der
Kontrast wichtig. Durch die Reihe von Gegenüberstellungen verurteilt er
unmißverständlich das Geschehen in Korinth, ohne dabei erkennen zu lassen,
wie weit er über die Vorkommnisse dort Bescheid weiß.

---

[1] Vgl. Lindemann, 33.

Das letzte Gegensatzpaar: die Jungen gegen die Älteren, verlangt eine Erklärung zum historischen Hintergrund der Aussage. Geht es bei der Streitfrage in Korinth um einen Konflikt zwischen „Jungen" und „Alten"? Aus der Berücksichtigung des kulturellen Horizonts läßt sich folgendes Bild gewinnen: Die griechische Literatur urteilt über die Jugend zum Teil recht abwertend, indem sie ihr mangelnde Erfahrung und Weisheit bescheinigt (Plato, Resp. II 378a; Gorg. 463e; Aristoteles, Pol. VIII 1340b; Lysias, Or. 24,16)[1]. Die spätere Tradition vertritt Hesychios: νέος … ἀμαθῆς, προπετής). Auch die griechische Bibel bietet Anhaltspunkte für diese Haltung (vgl. Num 14,23: ὅσοι οὐκ οἴδασιν ἀγαθὸν οὐδὲ κακόν, πᾶς νεώτερος ἄπειρος [abweichend von TM]; Dtn 1,39; Spr 22,15)[2]. Die Texte heben die Unerfahrenheit der Jugend, ihr Unvermögen, zwischen Gut und Böse zu unterscheiden, hervor. Ohne von TM abzuweichen, enthält Jes 3,5b (LXX) eine Formulierung, die vielleicht I Clem 3,3 beeinflußt hat: προσκόψει τὸ παιδίον πρὸς τὸν πρεσβύτην, ὁ ἄτιμος πρὸς τὸν ἔντιμον: Das Stoßen des Kindes bzw. des Knaben gegen den Alten, des Unbeachteten gegen den Geachteten. Zuvor wurde sogar die Herrschaft der Jugend über das Volk als Strafe Gottes verkündet: damit werden Spötter über sie herrschen (Jes 3,4: καὶ ἐπιστήσω νεανίσκους ἄρχοντας αὐτῶν, καὶ ἐμπαῖκται κυριεύσουσιν αὐτῶν). Noch stärker unter diesem Einfluß scheint Josephus Flavius zu stehen. Zwei Beispiele dafür: Aus der Episode Num 25,6–9 von der sexuellen Begegnung eines Israeliten mit einer Medianiterin wird eine Beschwörung der Medianiter gemacht, die durch ihre Frauen Israel zum Glaubensabfall führen wollen. Es ist die Jugend, die darauf eingeht und sogar eine στάσις im eigenen Heer verursacht (Ant 4,131–140). In Dtn 21,18 f. wird der Fall eines Mannes erörtert, dessen Sohn auf ihn nicht hört und darum bestraft werden soll. Die Anspielung auf den Text in Ant 4,260 spricht nicht von einem Sohn, sondern von jungen Leuten (ὅσοι δ᾽ ἂν τῶν νέων περιφρονῶσι τοὺς γονεῖς …).

Die Angaben zum Konflikt in Korinth, die besonders aus I Clem 44,3–47,7 herausgelesen werden können, begründen die These, daß in der korinthischen Gemeinde die Presbyter abgesetzt worden sind. Daher legte sich nahe, die νέοι als die Kontrahenten darzustellen. Wahrscheinlich stand dahinter auch eine allgemein verbreitete Meinung über die Jugend, die dieses Urteil begünstigte. Ob die Streitigkeiten durch einen „Generationenkonflikt"[3] hervorgerufen worden waren bzw. ob sie auf diese Weise erklärt werden können, ist fraglich[4].

---

[1] Vgl. ferner Plato, Leg. IV 716a; Aristoteles, Rhet. 1389a–b.

[2] Vgl. J. BEHM, ThWNT IV 901.

[3] Vgl. M. REINHOLD, The Generation Gap in Antiquity, in: ST. BERTMAN (Hrsg.), The Conflict of Generations in Ancient Greece and Rome, Amsterdam 1976, 15–54; B. BALDWIN, Young and Old in Imperial Rome, ebd. 221–233.

[4] H. OPITZ, Pneumatologie 18, lehnt die Deutung auf die „Jüngeren" ab. Junge und Alte stünden nicht in einer altersmäßigen, sondern in amtlicher Beziehung zueinander, etwa in der Art: Neuerer vs. Institution.

Die dritte Folge (3,2: ἐκ τούτου; 3,3: οὕτως; 3,4: διὰ τοῦτο) aus der 4
Auflehnung des Geliebten (3,1) ist das Schwinden von Gerechtigkeit und
Frieden. Das hängt mit anderen negativen Erscheinungen zusammen, die in
einer kunstvoll konstruierten, zweiteiligen Periode ausgedrückt werden:

διὰ τοῦτο πόρρω ἄπεστιν ἡ δικαιοσύνη καὶ εἰρήνη,
I.　1. ἐν τῷ **ἀπολιπεῖν** ἕκαστον τὸν φόβον τοῦ θεοῦ
　　2. καὶ ἐν τῇ πίστει αὐτοῦ **ἀμβλυωπῆσαι,**
　　3. μηδὲ ἐν τοῖς νομίμοις τῶν προσταγμάτων αὐτοῦ **πορεύεσθαι**
　　4. μηδὲ **πολιτεύεσθαι** κατὰ τὸ καθῆκον τῷ Χριστῷ,
　　5. ἀλλὰ ἕκαστον **βαδίζειν** κατὰ τὰς ἐπιθυμίας τῆς καρδίας αὐτοῦ τῆς πονηρᾶς,
II.　ζῆλον ἄδικον καὶ ἀσεβῆ ἀνειληφότας,
　　δι' οὗ καὶ θάνατος εἰσῆλθεν εἰς τὸν κόσμον.

Der Grundaussage am Anfang folgen zuerst fünf Infinitivsätze, die ein vor-
angestelltes ἐν τῷ regiert: die ersten zwei (ἀπολιπεῖν – ἀμβλυωπῆσαι) als
ingressiver Aorist; die anderen drei (πορεύεσθαι – πολιτεύεσθαι – βαδίζειν)
im Sinn eines durativen Präsens[1]. Die Stellung der Verben in den zwei mit
μηδὲ eingeleiteten Sätzen schafft eine Klangfigur (πορεύεσθαι ... πολιτεύεσθαι). Der fünfte Satz nimmt schließlich das Bild vom Weg wieder in antithe-
tischem Parallelismus zur dritten Aussage auf: Sie wandeln nicht nach den
Vorschriften des Herrn, sondern sie folgen den Leidenschaften ihres bösen
Herzens. Bleibt das am Anfang und am Ende der fünf Sätze wiederholte
ἕκαστος als Subjekt der Handlung (ἐν τῷ ἀπολιπεῖν ἕκαστον ... ἕκαστον
βαδίζειν), so kommt im zweiten Teil die Plural-Form im Partizip ἀνειληφότας
vor. Der Numeruswechsel ist inhaltlich bedingt. Es geht nun um das Stichwort
ζῆλος, das als Ursache für das Kommen des Todes in die Welt das Thema
der nächsten Kapitel bestimmen soll.

Die Gegenwart der Gemeinde kontrastiert in jeder Hinsicht mit ihrer
Vergangenheit. Die Hauptbegriffe sind dafür kennzeichnend: zum Frieden
vgl. 2,2: εἰρήνη βαθεῖα καὶ λιπαρά; zur verlassenen Gottesfurcht vgl. 2,8: πάντα
ἐν τῷ φόβῳ αὐτοῦ ἐπετελεῖτε; zum Glauben vgl. 1,2: τὴν πανάρετον καὶ βεβαίαν
ὑμῶν πίστιν ...; zur Bedeutung der Satzungen und Vorschriften vgl. 1,3; 2,8:
τὰ προστάγματα καὶ τὰ δικαιώματα τοῦ κυρίου ἐπὶ τὰ πλάτη τῆς καρδίας ὑμῶν
ἐγέγραπτο. Der Eintracht der *ganzen* Gemeinde steht das ἕκαστος gegenüber
(vgl. 2,1: πάντες; 2,2: πᾶσιν).

Das Begriffspaar δικαιοσύνη – εἰρήνη als Bezeichnung der Heilsgüter spiegelt die Sprache der LXX wider (vgl. Ps 84,11; Jes 32,17; 39,8; 48,18; 54,13 f.;
60,17. Im NT vgl. Röm 14,17; in paränetischen Texten: 2 Tim 2,22; Jak
3,18). Von δικαιοσύνη war zuvor nicht die Rede, aber die Wendung ist
formelhaft traditionell. Damit verbindet sich das paränetische Anliegen des

---

[1] Vgl. MAYSER, II 1,154a.328 f.: „Inf. praes. und aor. in einem Satz mit feiner Unterscheidung
der Zeitarten."

Schreibens. Da nun die korinthische Gemeinde dieser Gaben verlustig gegangen ist[1], muß sie sich bemühen, sie wieder zu erlangen[2]

Im ersten Infinitiv-Satz geht es um die Preisgabe der Gottesfurcht. ἀπολείπω im Hinblick auf einen positiven Sachverhalt wird nur hier verwendet. In 7,2; 9,1; 28,1 wird es als Teil einer Ermahnung gebraucht, Negatives aufzugeben. Mit dem φόβος τοῦ θεοῦ, wie auch mit den anderen Begriffen in diesem Abschnitt, blickt der Vf. unmittelbar auf die „laudatio" auf die Gemeinde zurück (2,8), andererseits bereitet er die Grundlage für die Ermahnung vor (vgl. 21,6.8). Mit der Preisgabe der Gottesfurcht hat die Gemeinde ihre Orientierung an Gott preisgegeben[3].

Galt die πίστις der Korinther zuvor als βεβαία (1,2), so wird im zweiten Infinitivsatz behauptet, jeder habe, was den Glauben an Gott betrifft, den klaren Blick verloren. Der Infinitiv-Aorist als ingressiver Aorist ist sachlich korrekt. ἀμβλυωπέω bedeutet „schwachsichtig sein bzw. werden" (vgl. 1 Kön 12,24i) und ist Koiné-Sprache[4]. Das Bild gehört in die Licht-Symbolik. Der Konflikt hat den Glauben der Gemeinde geschwächt, und das bringt die Nähe zur Finsternis mit sich.

Die dritte Aussage eröffnet eine Reihe von drei Präsens-Infinitiven mit durativer Bedeutung. Die gewählte Sprachform ist sachlich korrekt, denn es geht um Wandeln, Lebensführung, Gehen. ἐν τοῖς νομίμοις τοῦ θεοῦ ἐπορεύεσθε hieß es in 1,3. In 3,4 wird νόμιμος auf προστάγματα bezogen. Es sind die Satzungen oder gesetzlichen Bestimmungen seiner Anordnungen, die als Weg für die Gemeinde dienen sollen, so wie es in der Vergangenheit war (2,8). In der Gegenwart aber ist dieser Weg nicht durch die Anordnungen Gottes bestimmt[5]. Die Gemeinde hat also einen anderen Orientierungspunkt, und dieser ist durch die Leidenschaften des eigenen bösen Herzens gegeben.

---

[1] Die LA mit dem Präsens ἄπεστιν ist die des AS. HLC¹C² lesen ἀπέστη, vielleicht von Jes 59,14 beeinflußt: καὶ ἡ δικαιοσύνη μακρὰν ἀφέστηκεν. Zu πόρρω ἄπεστιν vgl. I Clem 15,2; II Clem 3,5.

[2] Beide Termini erscheinen in I Clem jeweils in einem anderen Zusammenhang und mit anderem Gewicht. Zur δικαιοσύνη vgl. 33,8; 35,2; 48,2.4; 62,2. Zur εἰρήνη vgl. 62,2;63,2; 64; 65,1.

[3] Vgl. 1 Makk 2,21: καταλιπεῖν νόμον καὶ δικαιώματα.

[4] Vgl. Harpokration: ἀμβλυώττειν ἀττικῶς τὸ μὴ σφόδρα ὁρᾶν. γράφεται δὲ κοινῶς ἀμβλυωπεῖν. Vgl. Menander Fr. 707 (908). D.h. auch erblinden. Nach Hesychios: ἀμβλυωπεῖ· τυφλώττει. Vgl. auch Klemens von Alexandrien, Paed. I 29,5: ἡ ἄγνοια δὲ τὸ σκότος, καθ᾽ ἣν περιπίπτομεν τοῖς ἁμαρτήμασιν, ἀμβλυωποῦντες περὶ τὴν ἀλήθειαν.

[5] Zu πορεύεσθαι ἐν τοῖς νομίμοις vgl. Jer 33(26),4; Ez 5,6.7. Vgl. auch 1 Makk 1,44; 6,59; Ez 33,15; 37,24. Vgl. auch TestLev 24,3: πορεύεσθε ἐν τοῖς προστάγμασιν αὐτοῦ. Das Begriffsfeld läßt sich am besten mit Ez 20 vergleichen: 20,13: ἐν τοῖς προστάγμασίν μου πορεύεσθε. καὶ οὐκ ἐπορεύθησαν καὶ τὰ δικαιώματά μου ἀπώσαντο; 20,16: ἀνθ᾽ ὧν τὰ δικαιώματά μου ἀπώσαντο καὶ ἐν τοῖς προστάγμασίν μου οὐκ ἐπορεύθησαν ἐν αὐτοῖς; 20,18: ἐν τοῖς νομίμοις τῶν πατέρων ὑμῶν μὴ πορεύεσθε καὶ τὰ δικαιώματα αὐτῶν μὴ φυλάσσεσθε; 20,19: ... ἐν τοῖς προστάγμασίν μου πορεύεσθε καὶ τὰ δικαιώματά μου φυλάσσεσθε; 20,21: ... ἐν τοῖς προστάγμασίν μου οὐκ ἐπορεύθησαν, καὶ τὰ δικαιώματά μου οὐκ ἐφυλάξαντο τοῦ ποιεῖν αὐτά. Die Gläubigen sollen diese Vorschriften bewahren, bzw. nach ihnen wandeln. Es wird aber immer wieder festgestellt, daß

Wurden die Korinther nach I Clem 2,8 mit einer vortrefflichen und aner-
kennswerten Lebensführung beschenkt, so wird jetzt festgestellt, daß ihre
Lebensführung nicht dem entspricht, was sich Christus gegenüber gehört
(μηδὲ πολιτεύεσθαι κατὰ τὸ καθῆκον τῷ Χριστῷ). Der Terminus τὸ καθῆκον
hat eine reiche Vorgeschichte in der stoischen Philosophie[1]. Der Sprachgebrauch in I Clem 3,4 und 41,3 scheint aber zunächst durch die Sprache des
hellenistischen Judentums beeinflußt zu sein. Unter Bezugnahme auf Sir 10,23;
2 Makk 6,4 und 3 Makk 4,16 behauptet H. Schlier nämlich, daß hier „der
Maßstab für das, was sich gehört und gebührt, nicht mehr einzelne Gebote
oder Befehle sind, sondern die vorausgesetzte, allgemeine sittlichreligiöse
Überzeugung" (a. a. O. 442). Es überrascht dann, wenn er zu I Clem feststellt:
„Philosophischer ist die Terminologie des 1 Clemensbriefes. Darauf verweisen
zwar nicht die τιμὴ ἡ καθήκουσα und das καθηκόντως in 1,3, aber doch das
παρὰ τὸ καθῆκον in 41,3 und das πολιτεύεσθαι κατὰ τὸ καθῆκον τῷ Χριστῷ
in 3,4, wo καθῆκον in pointiertem Sinn = officium ist" (ebd. 443). Die Stellen
in I Clem gehen doch nicht über Röm 1,28 (ποιεῖν τὰ μὴ καθήκοντα) oder
über die zitierten alttestamentlichen Stellen hinaus[2].

Wie in den anderen christologischen Aussagen zuvor (1,2; 2,1) erscheint
auch in 3,4 das christologische Motiv unvermittelt und ohne Ausdeutung.
Christus ist der Maßstab dessen, was sich gehört. Im streng theozentrischen
Denken des Vf.s besitzen diese Aussagen einen festen Platz, der eine nähere
Begründung überflüssig macht. Auch die negative Folie des idealen Zustandes
der Gemeinde zeigt noch, daß Gottes- und Christusforderung deckungsgleich
sind. Die Abweichung vom Weg Gottes ist zugleich Abweichung von dem,
was sich gegenüber Christus gebührt.

Im letzten Infinitiv-Satz kommt zum Ausdruck, was jetzt die Korinther
leitet, nachdem sie die Weisung Gottes abgelehnt haben: die Begierden des
eigenen bösen Herzens[3]. Das Bild vom breiten Herzen, auf dem die Vorschriften und Rechtsforderungen Gottes eingeschrieben waren (2,8), wird hier
durch das Bild des bösen Herzen ersetzt, das durch seine Begierden den Weg
des Menschen bestimmt. Wollte der Vf. ein weiteres πορεύεσθαι vermeiden,
und hat er deshalb auf das in der altchristlichen Literatur nicht belegte[4], aber
in der LXX, bei Philo und Josephus oft bezeugte βαδίζειν zurückgegriffen?
Wie dem auch sei, der Sinn ist der gleiche.

---

dies nicht der Fall ist, sondern daß sie den Begierden ihres Herzens nachgehen. Vgl. Ez 20,16b:
καὶ ὀπίσω τῶν ἐνθυμημάτων τῶν καρδιῶν αὐτῶν ἐπορεύοντο. I Clem 3,4 folgt dem gleichen
Schema.

[1] Vgl. M. Pohlenz, Stoa I 130 f.; H. Schlier, ThWNT III 441 f.

[2] Daß der Vf. in der Verwendung des Begriffes vom Römerbrief abhängig ist, wie L. Sanders,
Hellénisme 75, meint, ist wenig wahrscheinlich. Paulus und er schöpfen eher aus ein und
derselben Quelle.

[3] Zur ἐπιθυμία καρδίας vgl. Sir 5,2; Röm 1,24.

[4] Zum ersten Mal bei Justin, II Ap. 11,3.

In gewisser Hinsicht hat der Vf. sein Ziel erreicht. Er hat nicht nur gezeigt, wie sich das Wort der Schrift (3,1) erfüllt hat – und dazu gehört der Kontrast, d. h. die Einheit von „laudatio" und „improbatio" –, sondern er kann jetzt alles in dem Stichwort ζῆλος zusammenfassen, das schon am Anfang der fatalen Folgen in 3,2 vorangestellt, nun den Schluß des Abschnittes bildet und zugleich das Thema der nächsten Ausführungen angibt.

Das Partizip Perfekt ἀνειληφότες im Hinblick auf die ungerechte und gottlose Eifersucht (vgl. 45,4: ἀπεκτάνθησαν ὑπὸ τῶν μιαρὸν καὶ ἄδικον ζῆλον ἀνειληφότων) kann man im Sinn eines erreichten Zustandes auffassen[1]: sie nahmen diese Eifersucht in sich auf, sie waren von Eifersucht erfüllt. Der Kontext legt nahe, den ζῆλος rückwirkend als Bestimmung der ἐπιθυμία aufzufassen, die das böse Herz als solches offenbart.

Auch in der Art, die Eifersucht zu charakterisieren, hängt 3,4 mit 45,4 zusammen. Aber die Tragweite, die der Vf. dem ungerechten und gottlosen ζῆλος beimißt, kommt erst im letzten Satz zur Geltung: Durch die Eifersucht ist der Tod in die Welt gekommen. Auch wenn nicht ausdrücklich vermerkt, handelt es sich um eine klare Anspielung auf Weish 2,24: φθόνῳ δὲ διαβόλου θάνατος εἰσῆλθεν εἰς τὸν κόσμον. Nach I Clem 3,4 ist nicht der Neid des Teufels die Ursache für das Eindringen des Todes in die Welt wie in Weish 2,24, sondern die Eifersucht. Aus einer anderen Perspektive steht das gleiche in 9,1: Die Eifersucht führt zum Tod. Das alte Thema vom Neid der Götter als Ursache für das tragische Unglück des Menschen, das in Weish 2,24 im Sinn der jüdischen Theodizee auf das Wirken des Teufels umgedeutet wird, findet hier keinen Platz. Es fällt auf, wie wenig aus dem vielfältigen Angebot des Frühjudentums und des Urchristentum über den Teufel in I Clem aufgenommen wurde[2]. Von Weish 2,24 hätte der Vf. das Wort φθόνος, das er oft in Verbindung mit ζῆλος verwendet, aufnehmen können, und daraus hätte sich auch die Bezugnahme auf den Teufel zwangsläufig ergeben[3]. Daß er das nicht getan hat, hat vermutlich zwei Gründe: 1. das korinthische Problem hat konkrete Ursachen, die mit dem Wirken von bestimmten Gemeindemitgliedern zusammenhängen. Diesem Zusammenhang gilt sein Hauptinteresse, und zwar unabhängig davon, ob er die Verhältnisse in Korinth richtig kennt bzw. ob seine Diagnose sachgemäß ist. In seiner Sicht der Dinge kommt eine

---

[1] Vgl. MAYSER, II 1,193; H.B. ROBISON, Syntax 22.

[2] Die Aussage in I Clem 51,1a über das Wirken des Widersachers bleibt recht allgemein. Von dieser Stelle ausgehend, und weil er den Aufruhr in Korinth als Wirken des Teufels versteht, deutet O. KNOCH, Eigenart 204, auch 3,4: „Der Satan versucht also die Christen täglich, aber zur schweren Sünde wird die Versuchung erst, wenn die stolzen und selbstsüchtigen ‚Begierden des bösen Herzens' (3,4) bewußt bejaht und gegen Gottes Willen in der Kirche durchgesetzt werden." „Ausgangspunkt für Satans Wirken ist dabei das böse, begierliche und zur Ichsucht geneigte Herz des gefallenen Menschen" (ebd. 206). Nur ist ein solcher Zusammenhang zwischen dem Wirken des Teufels und dem Problem in Korinth in I Clem 3,4 nicht vorhanden.

[3] Das hat Theophilus getan, der ebenso die Geschichte von Kain und Abel als Beweis für das Kommen des Todes in die Welt und als Werk des Teufels erwähnt. Vgl. Ad Aut. II 29.

Erklärung aufgrund der Wirksamkeit des Teufels so wenig in Betracht wie
für Paulus gegenüber den Ereignissen in Galatien oder in Korinth; 2. bei der
Anspielung auf Weish 2,24 geht es nicht um Neid, auch nicht um den Teufel,
sondern um die verheerenden Folgen des ζῆλος. Die pointierte Aussage bereitet
die lange Liste der Eifersuchtsopfer (I Clem 4–6) vor[1].

5. Die Folgen von Eifersucht und Neid (4,1–6,4)

Die Geschichte von Kain und Abel eröffnet eine Reihe von sieben Beispielen
aus dem Alten Testament, welche die Folgen von Eifersucht und Neid veranschaulichen. Die Reihenfolge ist damit aber nicht erschöpft. Petrus und
Paulus werden im fünften Kapitel angeführt, während das sechste Kapitel
allgemeine Beispiele und Vorfälle bietet. Auch hier erscheint ingesamt siebenmal der ζῆλος als Ursache des Übels. Urzeitliche Vergangenheit und beinahe
Gleichzeitigkeit, biblische Gestalten bzw. kanonisierte Männer des Urchristentums, andere Christen und die Gesellschaft allgemein liefern den Beweis
für die zerstörerische Kraft von Eifersucht und Neid[2].

5.1. Biblische Beispiele (4,1–13)

Es handelt sich um Kain und Abel (V. 1–7), Jakob und Esau (V. 8), Josef und
seine Brüder (sie werden nicht genannt) (V. 9), Mose und die Stammesgenossen
(V. 10), Aaron und Mirjam (V. 11), Datan und Abiram (V. 12), David, die
Fremden und König Saul (V. 13). Nur beim ersten Beispiel liegt eine lange,
fast wörtliche Zitation der Bibel (Gen 4,3–8) vor. Bei den anderen (V. 8–13)
sind es knappe und frei gestaltete Anspielungen auf Ereignisse des AT, die das
Leitmotiv „Eifersucht und Neid" in verschiedenen Bildern anschaulich machen[3].

---

[1] K. BEYSCHLAG, Clemens Romanus 65, stellt die Verbindungslinie zwischen 3,4 und 4,1–13
heraus. Der Vf. habe „die Überlieferung, seinem Moralismus zuliebe, dadurch entmythologisiert,
daß er an Stelle des Teufels einfach Kain, den ersten Mörder der Geschichte, eingesetzt hat."
Die Darstellung der Gestalt Kains ist damit richtig gedeutet, aber es bleibt fraglich, ob die von
K. Beyschlag angedeutete Überlieferung überhaupt solche klare Konturen besaß. Vgl. dazu die
Erklärung zu I Clem 4,13.
[2] Im Wechsel von διὰ ζῆλος und ζῆλος und in den zwei Reihen von sieben Beispielen sieht
A. W. ZIEGLER, Studien 76, eine Berührung nicht nur mit der antiken Philosophie und Rhetorik,
sondern auch mit der antiken Vorliebe für Zahlenspielereien und Zahlensymbolik. Andere
Beispiele in I Clem bestätigen diese Ansicht.
[3] H. OPITZ, Pneumatologie 14, deutet I Clem 4 als eine Polemik gegen die „pneumatischen"
Gegner in Korinth, deren Anliegen der Vf. von Eifersucht und Neid bestimmt sein läßt. Die
Deutung der Ereignisse in diesen ersten Kapiteln richtet sich aber nicht gegen die Verantwortlichen des Konflikts in Korinth, von der Frage ganz abgesehen, ob sie als „pneumatisch"
anzusehen sind.

1. Denn so steht geschrieben: „Und es geschah nach einigen Tagen, da brachte Kain von den Früchten der Erde Gott ein Opfer dar, und auch Abel brachte seinerseits dar von den Erstlingen der Schafe und von ihrem Fett. 2. Und Gott sah auf Abel und auf seine Gaben herab, auf Kain und auf seine Opfer achtete er aber nicht. 3. Und Kain wurde sehr betrübt, und sein Gesicht fiel ein. 4. Und Gott sprach zu Kain: Warum bist du so betrübt geworden, und warum fiel dein Gesicht ein? Hast du nicht gesündigt, wenn du richtig dargebracht, aber nicht richtig geteilt hast? 5. Bleib ruhig. Zu dir (wird geschehen) seine Rückkehr, und du sollst über ihn herrschen. 6. Und Kain sagte zu Abel, seinem Bruder: Gehen wir auf das Feld hinaus. Und es geschah, als sie auf dem Feld waren, erhob sich Kain gegen Abel, seinen Bruder, und er tötete ihn." 7. Seht, Brüder: Eifersucht und Neid verursachten Brudermord.

8. Wegen Eifersucht entfloh unser Vater Jakob vor dem Angesicht Esaus, seines Bruders.

9. Eifersucht bewirkte, daß Joseph bis zum Tod verfolgt wurde und in Sklaverei kam.

10. Eifersucht zwang Mose, vor dem Angesicht des Pharao, des Königs Ägyptens, zu fliehen, als er von einem Stammesgenossen hören mußte: „Wer hat dich zum Prüfer oder Richter über uns eingesetzt? Willst du mich etwa töten, so wie du gestern den Ägypter getötet hast?"

11. Wegen Eifersucht hielten sich Aaron und Mirjam außerhalb des Lagers auf.

12. Eifersucht führte Datan und Abiram lebend in die Unterwelt hinab, weil sie sich gegen Mose, den Diener Gottes, auflehnten.

13. Wegen Eifersucht ertrug David Neid nicht nur von den Fremden, sondern er wurde auch von Saul, dem König Israels, verfolgt.

1-6 Der Text folgt grundsätzlich der LXX-Fassung. Sachgemäß ordnet D. A. Hagner das Zitat Gen 4,3–8 unter den Titel „Essentially Verbatim Quotations" ein (Use 38). Die kleinen Abweichungen sind nicht Ergebnis einer redaktionellen Absicht[1], sondern sie gehen entweder auf unterschiedliche Vorlagen, wenn man hier mit einer schriftlichen Vorlage rechnet, oder auf eine Zitation aus dem Gedächtnis zurück[2].

---

[1] Von einer „psychologischen Analyse" der Sünde Kains durch den Vf. zu sprechen, ist verfehlt (gegen, C. RIGGI, Spirito 502). Der Text gibt Gen 4,3–8 wieder.

[2] Nach D.A. HAGNER, Use 38, hat der Vf. das αὐτοῦ (LSC[1] und LXX) nach ἀπὸ τῶν πρωτοτόκων τῶν προβάτων in V.1 ausgelassen. In V.3 bringt A (so auch LXX) τῷ προσώπῳ. Alle anderen Zeugen haben τὸ πρόσωπον. Es ist schwer zu entscheiden: Hat A den Text der LXX angeglichen, und ist er also sekundär oder hat A die ursprüngliche schwierige LA der LXX aufbewahrt, die von den anderen im Sinn von Gen 4,4 abgeändert wurde? Lightfoot verteidigt die LA von A. Ähnlich Gebhardt, Funk, Hemmer, Lake und Bosio. Auch A.D. HAGNER, Use 39 Anm. 1. Andere Textausgaben (Bihlmeyer, Schaefer, Fischer, Jaubert, Schneider) bringen τὸ πρόσωπον.

Zwei Motive können das Zitat Gen 4,3–8 veranlaßt haben. Nach der Anspielung auf Weish 2,24 am Schluß von I Clem 3,4 ist es logisch, mit dem ersten Todesfall in der Geschichte der Menschheit zu beginnen, und zwar so, daß der Tod als Folge von Eifersucht und Neid in Erscheinung treten kann. Eine jüdische Auslegung des Namens Kain, auf die Lightfoot, I 2,22, hingewiesen hat, mag auch die Änderung des Textes Weish 2,24 in I Clem 3,4 – ζῆλος anstelle von φϑόνος – und die Geschichte von Kain und Abel verständlich machen. In ClemHom III 42,7 heißt der Name Kain übersetzt „Eifersucht" (Κάϊν, ὃ ἑρμηνεύεται ζῆλος), weil er wegen Eifersucht seinen Bruder Abel tötete (ὃς καὶ ζηλώσας ἀνεῖλεν τὸν ἀδελφὸν αὐτοῦ Ἄβελ)[1]. Im gleichen Werk (ClemHom III 25,1) gibt es aber auch eine andere Deutung. Der Name Kain wird nun auf „Besitz" (κτῆσις = קנה) und auf „Eifersucht" (ζῆλος = קנא) bezogen[2]. Ob dem Vf. diese Deutung von Kain bekannt war, ist nicht auszumachen, aber das Zitat aus Gen 4 und das Eifersuchtsmotiv lassen sich in diese Auslegungstradition einordnen[3].

Im Sinn des bisherigen Gedankengangs deutet der Vf. den Brudermord als   7 Folge von Eifersucht und Neid. Zum erstenmal wendet er sich an die Korinther mit der Anrede ἀδελφοί (vgl. 13,1; 33,1 u. ö.)[4]. Nach dem langen Zitat geht es nun um die Anwendung der Geschichte, die ihren Bezug zum Thema explizieren soll. Die Ausdrucksweise erinnert an den Kommentar zur Bestrafung Kains (Gen 4,24) in TestBenj 7,5: Auch diejenigen, die Kain in Neid und Bruderhaß (ἐν φϑόνῳ καὶ εἰς τὴν μισαδελφίαν) ähnlich sind, werden mit der gleichen Strafe gerichtet werden. Von Eifersucht gegen einen Bruder ist auch in TestSim die Rede, und zwar gegen Joseph. Vgl. TestSim 2,6 f.: „Ich war sehr eifersüchtig auf Joseph (πολλὰ ἐζήλωσα τὸν Ἰωσήφ) .... Der Geist der Eifersucht verblendete meinen Verstand (τὸ πνεῦμα τοῦ ζήλου ἐτύφλωσέ μου τὸν νοῦν)." Der Sprachgebrauch ist signifikativ, weil nach der Überlieferung das Thema von TestSim περὶ φϑόνου ist. ζῆλος und φϑόνος werden auch hier als sich ergänzende Begriffe gebraucht. Eifersucht und Neid sind also die Stichworte, die den Konflikt zwischen Brüdern am besten erklären können.

---

[1] Auch Euseb kennt diese Deutung. Vgl. PraepEv XI 6,23.

[2] Die Deutung auf „Besitz" ist bei Philo (vgl. Cher 52.65; Sacr 2; Det 32) und bei Josephus (Ant 1,52) belegt. Vgl. Christliches Adambuch, ed. Dillmann S. 139 Anm. 53: „Kain aber ist verdollmetscht: ‚hasser'." Vgl. V. APOTWITZER, Kain und Abel 129. Die stoische Überlieferung hat die Eifersucht mit λύπη verbunden: ζῆλον δὲ λύπην ἐπὶ τῷ ἄλλῳ παρεῖναι, ὧν αὐτὸς ἐπιθυμεῖ (Diogenes Laërtius, VII 111 = SVF III Nr. 412; vgl. auch Andronicus, ebd. III Nr. 414). Eine Verbindung mit dieser Deutung aufgrund I Clem 4,3 (... und Kain war sehr betrübt [καὶ ἐλυπήθη Κάϊν λίαν]) ist sehr unwahrscheinlich.

[3] Wenn K. BEYSCHLAG, Clemens Romanus 65 f., behauptet, das Beispiel Kains würde zu der Aussage Weish 2,24 nicht passen, „weil ‚der Tod' eben nicht durch Kain, sondern durch Adam ‚in die Welt gekommen' ist", so ist das exegetisch zweifellos richtig, aber die Frage hat sich für den Vf. von I Clem offenbar nicht gestellt.

[4] Die gleiche Form ὁρᾶτε, ἀδελφοί auch in 41,4.

ἀδελφοκτονία (Brudermord) ist in der altchristlichen Literatur zwar bei Tatian (Or. 34,1) belegt, aber in einem anderen Kontext. Erst Melito von Sardes (Paschahomilie 52,379) spricht von den ἀδελφοκτόνοι in Anspielung auf Gen 4. Den Terminus ἀδελφοκτονία verwendet aber schon Philo im Hinblick auf den Tod Abels (Det 96; Post 49; Agr 21; Virt 199). Weish 10,3 zeigt, daß der Ausdruck im hellenistischen Judentum beheimatet ist, denn dort heißt es von Kain, daß er in „brüdermörderischem Grimm zugrunde ging" (ἀδελφοκτόνοις συναπώλετο θυμοῖς)[1].

8   Auch im zweiten Beispiel steht der Zwist zwischen zwei Brüdern im Mittelpunkt: Jakob und Esau. Wie im NT wird ζῆλος metaplastisch gebraucht als Neutrum (4,11.13; 6,1.2; 9,1) und Maskulin (3,4; 5,2.4.5)[2]. In der Überlieferung taucht das Eifersuchtsmotiv nicht auf, aber seine Anwendung im Sinn der offen angeführten Eifersuchtsdefinition ist durchaus verständlich. Der Vf. stellt die christliche Gegenwart in eine fraglose Kontinuität mit der „Schrift" und mit den „Vätern". So ist hier von Jakob, unserem Vater, die Rede (vgl. 6,3 über Adam; 31,2 über Abraham; 60,4 über „unsere Väter"). Die Herkunft von solchen Wendungen ist in judenchristlichen Kreisen zu suchen, aber ihre Verwendung sagt nichts über die Herkunft des Vf.s aus[3]. Das Verb ἀποδιδράσκω – Hapaxlegomenon in der altchristlichen Literatur bis auf Justin – wird beim Weggehen Jakobs in Gen 27,43 und 28,2 verwendet (ἀναστὰς ἀπόδραθι εἰς τὴν Μεσοποταμίαν), aber I Clem 4,8 spielt eigentlich auf Gen 35,1.7 an, nach der Theophanie in Bethel, „als er vor dem Angesicht Esaus, seines Bruders, entfloh (ἐν τῷ ἀποδιδράσκειν αὐτὸν ἀπὸ προσώπου Ἠσαῦ τοῦ ἀδελφοῦ αὐτοῦ)"[4].

9   Ein anderer Konflikt unter Brüdern kommt zur Sprache: die Geschichte von Joseph. Seine Brüder werden zwar nicht ausdrücklich erwähnt, aber der Leser weiß um die Ursache seiner Verfolgung und Versklavung. Auch das Eifersuchtsmotiv gehört hierher. Nach Gen 37,11 waren seine Brüder eifersüchtig auf ihn (ἐζήλωσαν δὲ αὐτὸν οἱ ἀδελφοὶ αὐτοῦ)[5]. Das zweifache μέχρι θανάτου und μέχρι δουλείας drückt das Ausmaß der bösen Wirkung von Eifersucht aus: Josef wurde deswegen bis zum Tod verfolgt und ebenso deswegen geriet er in Sklavendienst[6].

---

[1] Die eindrucksvolle Geschichte Kains hat in der jüdischen und urchristlichen Literatur zahlreiche Spuren hinterlassen. Bruderhaß und Brudermord werden in 1 Joh 3,15 unter Anspielung auf Kain (1 Joh 3,12) gleichgesetzt: er ist der ἀνθρωποκτόνος. Offenbar in einem gleichen Traditionszusammenhang steht die Aussage über den Teufel als ἀνθρωποκτόνος in Joh 8,44.

[2] Vgl. BL./DEB./REH. § 51,2; SCHWYZER II 38.

[3] Vgl. Justin, Dial. 119,5: die Christen sind Kinder Abrahams, weil sie denselben Glauben haben.

[4] Vgl. Philo, Fug 43; Justin, Dial. 58,8. Vgl. auch Gen 35,1, das auch von Justin zitiert wird: Dial. 60,5. Bei Justin handelt es sich um einen anderen Zusammenhang.

[5] Vgl. auch Apg 7,9: καὶ οἱ πατριάρχαι ζηλώσαντες τὸν Ἰωσήφ.

[6] Zu μέχρι θανάτου vgl. 2 Makk 13,14; 3 Makk 7,16; 4 Makk 5,37; 6,21.30; 7,8; 13,1; 15,10; 16,1; 17,7.10; Justin, Dial. 11,4; 18,3; 30,2; 39,5; 131,2 als Ausdruck der Entschiedenheit in der Bekenntnistreue.

Der Vf. bringt das Eifersuchtsmotiv in eine Szene hinein, in der es ur- 10
sprünglich nicht enthalten ist. Wie in den zwei anderen Beispielen zuvor muß
einer fliehen vor einer großen Bedrohung, die von der eigenen Gruppe – in
diesem Fall nicht von der Familie, sondern vom Stamm – verursacht wurde.
Die Frage des anderen Israeliten, mit der die Szene zu Ende geht, nimmt
fast wortwörtlich Ex 2,14 auf[1]. Aber auch andere Anlehnungen an die LXX-
Fassung sind zu beobachten: die Flucht des Mose vor dem Angesicht des
Pharao (vgl. Ex 2,15b: ἀνεχώρησεν δὲ Μωϋσῆς ἀπὸ προσώπου Φαραώ); die
Bezeichnung des Pharao als König Ägyptens (Ex 1,17.18: βασιλεὺς Αἰγύπτου).
So gehen das Eifersuchtsmotiv und der Begriff ὁμόφυλος (in der LXX nur
2 Makk 4,10; 3 Makk 3,21) auf den Vf. zurück. Anders verhält es sich mit
dem Inhalt der Geschichte. Nach Ex 2,14 f. hört der Pharao von der Angelegenheit (τὸ ῥῆμα τοῦτο), d. h. von der Tötung eines Ägypters durch Mose
(Ex 2,12), aber der Leser erfährt nichts über die Informationsquelle. Die
Wendung ἐν τῷ ἀκοῦσαι αὐτὸν ἀπὸ τοῦ ὁμοφύλου bezieht sich in I Clem 4,10
natürlich auf Mose, da der Stammesgenosse ihm vorwirft, einen Ägypter
getötet zu haben. Aber es stellt sich die Frage, warum das Thema des Hörens,
das in Ex 2,15 auf den Pharao bezogen wird, nun Mose betrifft, und dies
noch in einer Wendung, die nur durch den Inhalt der letzten Aussage eindeutig
auf Mose hin zu deuten ist. Denn das ἐν τῷ ἀκοῦσαι αὐτόν könnte auch den
Pharao als Subjekt haben (dem ἀπὸ τοῦ ὁμοφύλου fehlt der explizite Refe-
renzpunkt). Hört etwa der Pharao die Kunde von einem Stammesgenossen
des Mose? In der jetzigen Gestalt ist der Text seiner Struktur nach nicht
zweideutig, wohl aber darin, daß er suggeriert, es würde nämlich der Pharao
auch dabei sein, wenn Mose den Vorwurf zu hören bekommt. Zwei Momente
dürften in der Formulierung von I Clem 4,10 eine Rolle gespielt haben: 1.
die Flucht des Mose vor dem Pharao erklärt sich aus dessen Absicht, Mose
zu bestrafen, und dies setzt das Wissen um seine böse Tat voraus. In Ex 2,15
hört der Pharao davon, und seine Reaktion ist von da aus verständlich –
ebenso die von Mose. In I Clem 4,10 bleibt zunächst unklar, warum Mose
fliehen muß. Der suggestive Zusammenhang vermochte hier Klarheit zu schaffen; 2. das so verstandene Beispiel des Mose fügt sich besser in die Liste von
Kap. 4 ein. Der Akzent liegt in diesem Fall darauf, daß Mose durch einen
anderen Israeliten, einen aus dem gleichen Stamm, angeklagt wird. In den
drei Beispielen zuvor handelte es sich immer um einen Bruder, der von einem
anderen Bruder (Kain und Abel, Jakob und Esau) bzw. von den anderen
Brüdern (Joseph und seine Brüder) umgebracht bzw. verbannt und verfolgt
wurde. Hier wird Mose durch einen Stammesgenossen gerichtet. Der Leitfa-

---

[1] Nach HLSC¹C² wird Mose als „Herrscher" (ἄρχοντα) – wie auch in LXX – angeredet.
Die Übersetzung mit „Prüfer" (κριτής) folgt die LA von A. Auch Lightfoot, Hemmer, Lake,
Schaefer, Fischer, Jaubert und Schneider geben A den Vorzug. Anders Bihlmeyer. D. A. HAGNER,
Use 40, erwägt einen möglichen Einfluß durch Lk 12,14: κριτὴν ἢ μεριστήν.

den in all diesen Beispielen ist die zerstörerische Kraft der Eifersucht mitten in der Familie bzw. im Stamm[1].

11   Das Thema ist Num 12 entnommen und zugleich umgestaltet. Nach Num 12,14 soll sich Mirjam sieben Tage außerhalb des Lagers aufhalten[2], weil sie „aussätzig wie Schnee" geworden war (Num 12,10; vgl. Dtn 24,9). Beide Geschwister, Aaron und Mirjam, kritisieren Mose, ihren Bruder, wegen seiner ägyptischen Frau, aber nur Mirjam wird deswegen bestraft. Nach I Clem 4,11 hingegen geht es nicht um Kritik, sondern um Eifersucht, und beide werden gleich bestraft. Ließ sich der Vf. von seiner Neigung leiten, Brüder bzw. Geschwister zu erwähnen, und stellte er deswegen auch Aaron der Strafe verfallen dar? Jedenfalls handelt es sich wieder um eine Entzweiung unter Geschwistern. In diesem und im folgenden Beispiel sind die ersten Opfer der Eifersucht nicht die Unschuldigen, sondern diejenigen, die aus ζῆλος handeln.

12   Die Geschichte von der Auflehnung der Brüder Datan und Abiram gegen Mose und von ihrer Bestrafung erzählt Num 16,12–34. Das Eifersuchtsmotiv wurde in diesem Fall nicht grundlos in den Text aufgenommen. Auch Sir 45,18 deutet die Auflehnung gegen Mose in der Wüste als Folge von Eifersucht: (ἐζήλωσαν αὐτὸν ἐν τῇ ἐρήμῳ). In den verschiedenen Anspielungen auf die Geschichte (vgl. Num 26,9; Dtn 11,6; Ps 105,17; Sir 45,18; 4 Makk 2,17) ist der Ausdruck der Auflehnung nie στάσις bzw. στασιάζειν, so daß hier die Hand des Vf.s erkennbar ist[3]. Die restliche Begrifflichkeit entstammt der Sprache der LXX[4]. Im Vergleich zum vorhergehenden Beispiel macht sich eine deutliche Steigerung sowohl hinsichtlich der Verfehlung als auch hinsichtlich der Bestrafung bemerkbar. Datans und Abirams στασιάσαι gegen Mose wird mit dem Hinabfahren in die Unterwelt bestraft. Die Bezeichnung des Mose als Diener Gottes dürfte in diesem Zusammenhang mehr als ein traditioneller Rest sein. Der Titel beinhaltet auch eine Leitungsfunktion in Israel, gegen die die Aufständischen sich auflehnen (vgl. I Clem 43,1–6!). Die Parallele zur Situation der korinthischen Gemeinde und zum Anliegen des Briefes liegt auf der Hand.

13   Das letzte Beispiel zeigt einen anderen Höhepunkt in den Folgen von Eifersucht und Neid. Hier ist der Neid durch die Eifersucht verursacht (διὰ ζῆλος). David wurde nicht nur von Fremden verfolgt (unter ἀλλόφυλοι sind

---

[1] Die Pointe wird von LIGHTFOOT, I 2,24, übersehen: „For he (Moses) incurred the envy not only of the king (ἀπὸ προσώπου Φαραώ), but also of his fellow-countryman (ἐν τῷ ἀκοῦσαι αὐτὸν κ.τ.λ.), as in the parallel case of David below." Warum sollte der Pharao neidisch auf Mose sein?

[2] Zu ἔξω τῆς παρεμβολῆς vgl. Hebr 13,11. Häufig in der LXX: Ex 29,14; 33,7; Lev 4,12.21; 10,4 f.; 13,46; 14,3; Num 12,14 f. u. ö.

[3] Sachlich richtig. Vgl. Num 16,3: συνέστησαν ἐπὶ Μωϋσῆν.

[4] Zu κατάγειν εἰς ᾅδου vgl. 1 Sam 2,6; Tob 13,2; Ps 30,18. Vgl. Num 16,30: καὶ καταβήσονται ζῶντες εἰς ᾅδου (vgl. auch Num 16,33). Die Bezeichnung des Mose als θεράπων τοῦ θεοῦ (עבד) kommt öfters in der griechischen Bibel vor (vgl. Ex 4,10; Num 11,11; 12,7 f. u. ö.). I Clem schließt sich diesem Sprachgebrauch an (vgl. 43,1; 51,3.5; 53,5. Im NT vgl. Hebr 3,5).

nach der Begrifflichkeit vor allem in 1 und 2 Sam die Philister gemeint)[1], sondern sogar von Samuel, dem König Israels. Wurde Mose durch einen Stammesgenossen in Bedrängnis gebracht, so widerfährt David eine solche vom eigenen König. Nach dem LXX-Text ist weder in den Geschichten Davids mit den Philistern noch bei seiner Beziehung zu Saul von Eifersucht, Neid oder von Verfolgung die Rede, aber die Reaktion Sauls auf die Erfolge Davids in 1 Sam 18,6–9 läßt sich sachlich unter die Kategorie Eifersucht einordnen.

Rückblickend läßt sich folgendes herausstellen: Die Geschichte des Brudermordes (4,1–6) beweist, daß wirklich durch die Eifersucht „der Tod in die Welt kam" (3,4). Die anderen sechs Beispiele (Jakob und Esau, Joseph, Mose, Aaron und Mirjam, Datan und Abiram, und schließlich David) sind chronologisch geordnet und umfassen die Zeit von den Patriarchen bis zur Monarchie. In fünf von den sieben Beispielen sind Brüder bzw. Geschwister die Betroffenen, sei es, weil einer von ihnen unter der Eifersucht des bzw. der anderen zu leiden hat (Abel, Jakob und Joseph), sei es, weil sie für die eigene Eifersucht bestraft werden (Aaron und Mirjam, Datan und Abiram). Die Gestalt des Mose nimmt in zweifacher Hinsicht eine besondere Rolle ein: 1. er hat nicht unter der Eifersucht seiner Geschwister zu leiden, sondern eines anderen Israeliten; 2. die zwei Fälle, in denen die Eifersüchtigen selber bestraft werden, stehen im Zusammenhang mit ihm. Die Liste hat eine deutliche politische Zuspitzung. Auf einmal wird der Rahmen der Familie und des Stammes verlassen, um vor Augen zu führen, wie Saul, der König Israels, den König schlechthin verfolgt. Ein noch größerer Bruch der Eintracht ist nicht denkbar[2].

Auf dem Hintergrund des in der korinthischen Gemeinde entstandenen Problems und des Anliegens des Schreibens gewinnen die Gestalten des Mose und des David eine besondere Relevanz, denn sie verkörpern jeweils Führungsgestalten in Israel, die aufgrund von Eifersucht Widerspruch erfahren. Die Analogie mit den in Korinth abgesetzten Presbytern konnte den Adressaten des Schreibens schwerlich entgehen.

Nach der Klärung des traditionellen Hintergrundes bei jedem Vers, bleibt die Frage der traditionsgeschichtlichen Bestimmung des ganzen Abschnittes, um von da aus den Anteil der Tradition zu präzisieren.

Im NT liegt in der Anaphora über den Glauben in Hebr 11 eine formale Parallele vor. Wenngleich das Anliegen jeweils ein ganz anderes ist, fällt die Übereinstimmung in vier von den sieben in I Clem 4 angeführten Gestalten auf: Kain und Abel (I Clem 4,1–6; Hebr 11,4); Jakob (I Clem 4,8; Hebr 11,9.20 f.); Mose (I Clem 4,10; Hebr 11,23–29); David (I Clem 4,13; Hebr

---

[1] S interpretiert richtig: „... non solum a Philistaeis".

[2] Hierin liegt der Schwerpunkt der Erzählung und nicht in der Einführung der apologetischen Dreivölkerlehre – nicht nur Brüder, sondern Juden und Heiden verfolgen die Gerechten seit Abel –, wie K. BEYSCHLAG, Clemens Romanus 70 f., meint.

11,32). Wichtiger als diese Übereinstimmungen ist das gemeinsame Grundschema, das solchen Aufzählungen zugrundeliegt. Die Haltungen von markanten Gestalten der Geschichte stellen Vorbilder dar, die – positiv oder negativ – vom Leser als solche erkannt und auf die eigene Wirklichkeit übertragen werden sollen. Die erwähnten Namen bzw. die Anspielungen darauf variieren je nach Thema und Absicht des Verfassers, das Grundschema aber bleibt stets gleich. Das Interesse ist nicht historisch, sondern rhetorisch-pragmatisch im oben genannten Sinn[1].

Innerhalb der griechischen Bibel belegen 1 Makk 2,51–61 und 4 Makk die Bedeutung dieser literarischen Form im hellenistischen Judentum (vgl. 4 Makk 2,15–20; 3,6–18; 3,19–7,23; 16,19–23; 18,10–19). Im besonderen Maß gilt dies für Philo (vgl. Virt 198–227: Beispiele über die εὐγένεια; Praem 24–78: Beispiele für die Tugenden und ihre Belohnung[2]; All II 53–63 usw.). M. Dibelius hat den Zusammenhang richtig hergestellt: „Es war eine literarische Gewohnheit des Judentums, der Väter Taten oder Tugenden in solcher Weise darzustellen. Das griechische Judentum verbindet hellenistische Morallehre damit und macht Tugenden oder Laster zum Leitthema solcher Aufzählungen" (Rom 193)[3].

K. Beyschlag versucht, unter Heranziehung besonders von zwei Werken Cyprians, De zelo ac livore 4–5 und De bono patientiae 10–19, den Nachweis zu erbringen, daß Klemens und Cyprian unabhängig voneinander in je verschiedenen Varianten „die gleiche, ursprünglich dualistische Märtyrerüberlieferung benutzt" haben (Clemens Romanus 83). Die Gemeinsamkeiten zwischen I Clem 4 und den zitierten Texten Cyprians sind in der Tat auffallend zahlreich, aber sie sind nicht durch die Benutzung einer gemeinsamen Quelle zu erklären. Wahrscheinlicher ist die Annahme einer Abhängigkeit Cyprians von I Clem. Daß I Clem im Osten bekannter war als im Westen (explizit nur Irenäus), ist kein Argument gegen die Möglichkeit seiner Benutzung durch Cyprian. Ebensowenig überzeugt das Argument, daß die lateinische Übersetzung von I Clem nicht in Afrika, sondern wahrscheinlich in Rom beheimatet sein soll (Clemens Romanus 80). Knapp hundert Jahre nach der Entstehung von I Clem gibt es in der Gemeinde von Karthago Christen, die in der Lage sind, ihre Werke griechisch und lateinisch zu verfassen (Tertullian!), so daß die Möglichkeit der Rezeption von I Clem in Karthago nicht unbedingt von der lateinischen Übersetzung abhängig sein muß. Auch Polykarp verwendet

---

[1] Davon zu unterscheiden – obschon der Unterschied nicht immer streng durchgehalten werden kann – sind die umfassenden Rückblicke auf die Heilsgeschichte mit einer didaktischen Funktion, so etwa in Apg 7; Weish 10, während Sir 44–50 beide Aspekte vereint (vgl. Sir 44,16: Ἐνὼχ ... ὑπόδειγμα μετανοίας ταῖς γενεαῖς). Vgl. R. BULTMANN, Theologie 98.

[2] Leider gibt es einen Textverlust nach Praem 78 gerade mitten in der Auslegung von Num 16 mit der Auflehnung von Korach. Es ist aber möglich, daß auch Philo das Beispiel von Datan und Abiram erwähnt hat.

[3] Über die Bedeutung der Beispiele in der stoischen Diatribe und in der jüdisch-hellenistischen Literatur vgl. R. BULTMANN, Stil 50 f.; H. THYEN, Stil 115 f.

Abschnitte aus I Clem, ohne darauf hinzuweisen. Damit ist nicht behauptet, daß Cyprian I Clem als solchen gekannt hat. Es geht um ein Einzelmotiv, das ihm durch recht unterschiedliche Kanäle überliefert werden konnte. K. Beyschlag fügt eine Reihe von Belegen aus der altchristlichen (Irenäus, Melito von Sardes, Tertullian, Pseudoclementinen, Basilius von Cäsarea, Johannes Chrysostomus, Syrische Didaskalie, Apostolische Konstitutionen)[1] und aus der frühjüdischen (TestXII und 4 Makk) Literatur hinzu, um seine These zu untermauern (ebd. 85–134). Sein Ergebnis: „Als ursprüngliche Heimat der Abelreihe aber kommt nicht das Alte Testament, sondern die dualistische Adamshaggada in Frage, die freilich schon innerhalb des Judentums apologetisch bearbeitet worden sein dürfte" (ebd. 131). In der vorklementinischen Überlieferung hätte sich demzufolge die christliche „Akkomodation" vollzogen, und zwar im Rahmen der „spätjüdisch-frühchristlichen Apologetik" (ebd. 132).

Beachtet man die Verbreitung der literarischen Form mit den Reihen von biblischen Vorbildern im hellenistischen Judentum, kann man eine andere, einfachere Erklärung über die Herkunft von I Clem 4 bieten. Ein Mann, der im höchsten Maß mit dem Alten Testament vertraut ist, wie es der Vf. von I Clem gewesen sein muß, der ferner im Alten Testament die unerschöpfliche Quelle seines theologischen Denkens findet, konnte ohne weiteres in Anlehnung an die anderen schon vorhandenen Beispiele eine solche Aufzählung mit dem Ziel angefertigt haben, die Wirkung der Eifersucht zu demonstrieren. Jedenfalls verfügte er über die notwendige sprachliche Kompetenz, um so etwas zu schaffen[2].

---

[1] Die Liste läßt sich erweitern. In seinem Kommentar zu Gal 4,17 spricht Hieronymus „de zelo et aemulatione" und zitiert als Beispiel Joseph und seine Brüder, Mirjam und Aaron, Kain und Abel – in dieser Reihenfolge: „iste zelus vicinus invidiae est." Vgl. PL 26,411; den Traktat von Cyprian kennt und zitiert Augustinus in „De Baptismo contra Donatistas", in: PL 43,160 f. Vgl. auch Petrus Chrysologus, Sermo 4, in: CC SL 24,32 f.; Joh. Chrysostomus, In Matth. 40,4, in: PG 57,443; Aphrahat, Dem. 5,3; Dem. 14,40 u. a.

[2] Richtig W. WREDE, Untersuchungen 78 f.: „Es ist zu vermuten, dass solche Beispielreihen, die ja mit annähernd konstanten Beispielen leicht für alle möglichen Tugenden und Laster zu beschaffen waren, keine unwichtige Rolle in den christlichen Lehrvorträgen spielten. Auf diesem Weg mochte auch der Verfasser unseres Briefes die Geläufigkeit im Gebrauche dieser Darstellungsform erlangt haben, von der sein Schreiben Zeugnis ablegt." Anders M. DIBELIUS, Rom 195; LINDEMANN, 36: „Zweifellos ist die Reihe in 1 Clem nicht einfach ad hoc zusammengestellt worden", ohne eine weitere Begründung.

5.2. Das Beispiel des Petrus und Paulus (5,1–7)

Die zweite Gruppe von Beispielen für die Folgen von Eifersucht und Neid steht dem Vf. zeitlich viel näher als die von Kap. 4. Nach einleitenden Aussagen (5,1–3) wird die Gestalt des Petrus (5,4), sodann die des Paulus (5,5–7) anvisiert. Die Einleitung (5,1–3), die graduell zum Thema hinführt, ist von rhetorischem Wert in einem mündlichen Vortrag. Der Hörer wird zunächst auf das Kommende aufmerksam gemacht, bis er endlich durch die ausdrückliche Nennung der Apostel erfährt, wer mit den anfänglichen Andeutungen gemeint war.

1. Doch um mit den alten Beispielen aufzuhören, laßt uns zu den Wettkämpfern der jüngsten Zeit kommen. Nehmen wir die edlen Beispiele aus unserer Generation. 2. Wegen Eifersucht und Neid wurden die größten und gerechtesten Säulen verfolgt und kämpften bis zum Tod.
3. Halten wir uns die tapferen Apostel vor Augen: 4. Petrus, der wegen unberechtigter Eifersucht nicht eine oder zwei, sondern vielerlei Mühsal ertrug und so, nachdem er Zeugnis abgelegt hatte, an den gebührenden Ort der Herrlichkeit gelangte.
5. Wegen Eifersucht und Streit zeigte Paulus den Siegespreis der Ausdauer. 6. Siebenmal in Fesseln, vertrieben, gesteinigt, ein Herold im Osten wie im Westen, empfing er den edlen Ruhm für seinen Glauben. 7. Nachdem er die ganze Welt Gerechtigkeit gelehrt hatte und bis an die Grenzen des Westens gekommen war und vor den Herrschern Zeugnis abgelegt hatte, schied er so aus der Welt und gelangte an den heiligen Ort – das größte Vorbild für Ausdauer.

1 Der Text signalisiert eine deutliche Zäsur zum vorhergehenden Abschnitt (… παυσώμεθα). Es geht nun darum, die Aufmerksamkeit auf die „Wettkämpfer der jüngsten Zeit" zu lenken (ἐπὶ τοὺς ἔγγιστα γενομένους ἀθλητάς). Auf wen der Ausdruck bezogen ist, bleibt zunächst rätselhaft, aber die Aussagen in V. 2–3 weisen mit zunehmender Deutlichkeit auf die gemeinten Gestalten hin: Es sind „die tapferen Apostel" Petrus und Paulus.

Die Berufung auf aktuelle Beispiele[1], die in ihrer Beweiskraft alten Geschichten überlegen sind, ist ein Mittel der antiken Rhetorik[2]. Daß die Beispiele inhaltlich wertvoll sein müssen, gehört zum Wesen der Argumentation. Der Ausdruck „edle Beispiele" (γενναῖα ὑποδείγματα) und der Inhalt des

---

[1] Zu λάβωμεν vgl. 5,1.3; 9,3; 24,4; 37,5: in dieser Form wird es immer in Bezug auf ein Beispiel bzw. Bild verwendet.
[2] Vgl. Demosthenes, C. Andrionem 14: ἀλλ᾽ ἐκεῖνα μὲν ἀρχαῖα καὶ παλαιά· ἀλλ᾽ ἃ πάντες ἑοράκατε … (Hinweis bei W. JAEGER, Echo 331); Musonius, 9: καὶ τί δεῖ τὰ παλαιὰ λέγειν; Seneca, Ep. 24,11: „non revoco te ad historias …, respice ad haec nostra tempora." R. MINNERATH, Jérusalem 553, versteht die Wendung als Anspielung auf die Ereignisse zur Zeit des Nero.

ganzen Abschnittes zeigen den Einfluß der makkabäischen Literatur. Denn vor seinem Märtyrertod behauptet Eleasar, durch seinen Tod der Jugend ein edles Beispiel zu hinterlassen (2 Makk 6,28: ὑπόδειγμα γενναῖον. Vgl. auch 6,31; 4 Makk 17,23: ... εἰς ὑπόδειγμα τὴν ἐκείνων ὑπομονήν).

Die Bezeichnung der Apostel Petrus und Paulus als ἀθληταί knüpft an das im Brief oft vorkommende Agon-Motiv an und stellt die Apostel als Wettkämpfer dar[1]. Traditionsgeschichtlich lassen sich viele Gemeinsamkeiten mit dem Martyriumsideal von 4 Makk herausstellen. Der alte Eleasar wird als γενναῖος ἀθλητής bezeichnet (4 Makk 6,10; vgl. auch 17,15.16). In der gleichen Linie steht IgnPol 1,3; 2,3 (vgl. auch IgnPol 3,1)[2]. Das besonders in der stoischen Philosophie beliebte Thema war auch im hellenistischen Judentum verbreitet. Den Kampf des Menschen um die Tugend verkörpert Philo in der Gestalt Jakobs. Was allgemein für die ἀθληταὶ ἀρετῆς gilt (Praem 5; OmnProb 88; Migr 27), gilt in hervorragender Weise für Jakob, der oft ἀθλητής bezeichnet wird (vgl. Sobr 65; Jos 26; Som I 126.129; vgl. ferner Som I 168.179; Congr 70; Fug 43 u. ö.). Wenn der Vf. dieses Motiv aufnimmt, unternimmt er keinen neuen Schritt im Bereich der altchristlichen Literatur, sondern geht auf einem Weg weiter, der schon von Paulus und der Paulus-„Schule" betreten worden ist (vgl. Phil 1,27.30; 4,3; 2 Tim 2,5; Hebr 10,32)[3].

Ursache für die Verfolgung der Apostel und ihren Kampf bis zum Tod   2 sind Neid und Eifersucht. Das Thema von Kap. 4 wird somit wieder aufgenommen und fortgesetzt. Es handelt sich dabei um Mißgunst und nicht allein um „leidenschaftliche Erregung"[4]. Die überragende Größe der Kämpfer (οἱ μέγιστοι) wird nicht näher begründet. Wenn dann ihre Namen ausgesprochen werden, ist schon alles gesagt. Daß die Gotteskämpfer auch zu den Gerechten gehören – in diesem Fall sind sie die δικαιότατοι –, entspricht einem Topos der martyrologischen Literatur: Es handelt sich nämlich um die Verfolgung und Tötung der Gerechten (vgl. 4 Makk 13,24; 15,10; 18,15). Die Bezeichnung der Apostel als στῦλοι erinnert an Gal 2,9 (Jakobus, Kephas und Johannes). Wenn jetzt Petrus und Paulus als die „größten und gerechtesten Säulen" benannt werden, bezeugt dies das Ansehen der Apostel in der römi-

---

[1] Vgl. E. STAUFFER, ThWNT I 134–140; I 166 f.

[2] Zur Bedeutung von 4 Makk für das Verständnis von I Clem 5–6 vgl. O. PERLER, Makkabäerbuch 65 f. Die Berührungspunkte gehen jedoch schwerlich auf literarische Beeinflussung zurück. So auch J. W. v. HENTEN, Einfluß 707, der „mit der Verwendung einer gemeinsamen Tradition oder einer Tradition, die aus 2 und/oder 4 Makk. entstanden ist", rechnet. Sicher ist nur der Einfluß der hellenistischen Synagoge.

[3] Anders L. SANDERS, Hellénisme 38: „Plus que probablement donc, l'hellénisme foncier du chapitre V vient en droite ligne de la littérature hellénistique, car rien n'indique que Clément ait dû passer par des auteurs du judaïsme pour apprendre à connaître le thème de la lutte morale." Das Urteil über I Clem 5 beruht auf einer recht mangelhaften Analyse der jüdisch-hellenistischen Literatur (vgl. ebd. 36–38). FISCHER, 31 Anm. 37, übernimmt die Beurteilung von L. Sanders.

[4] Vgl. W. POPKES, in: EWNT II 249; s. u. zu I Clem 5,4.

schen Kirche[1]. Der Terminus gehört auch in die Märtyrerterminologie[2]: Nach 4 Makk 17,3 sind die sieben Brüder wie Säulen, auf denen die Mutter wie ein Dach ruht und das Erbeben der Marter aushält. Der apokalyptische Sieger, der zur „Säule im Tempel Gottes" (Offb 3,12) gemacht wird, ist ebenfalls der Märtyrer. Der Brief der Gemeinden von Vienne und Lyon nennt die Märtyrer „feste Säulen" (Euseb, HistEccl V 1,6). Auch Attalos wird so genannt (V 1,16)[3]. Zur Wendung ἕως θανάτου vgl. 4 Makk 14,19; Sir 4,28. Die Aussage kann metaphorisch als Ausdruck für extreme Anstrengungen verstanden werden (vgl. 4,9 von Joseph, verfolgt μέχρι θανάτου), oder auch wörtlich als Hinweis auf den Märtyrertod der Apostel. Durch den Zusammenhang mit I Clem 5,4.7 ist die zweite Deutung wahrscheinlicher.

3   Die Aufforderung, sich das Bild der tapferen Apostel vor die eigenen Augen zu führen, leitet die Ausführungen über Petrus und Paulus in V. 4–5 ein. πρὸ ὀφθαλμῶν wird gleich gebraucht wie in 2,1 (vgl. MartPol 2,3). Das Pronomen ἡμῶν kann auf die Augen (ὀφθαλμῶν) oder auf die Apostel (ἀποστόλους) bezogen werden. O. Cullmann entscheidet sich für die zweite Möglichkeit und übersetzt: „Wir wollen uns unsere trefflichen Apostel vor Augen stellen"[4]. Stilistisch paßt das Pronomen besser zu ὀφθαλμῶν[5]. Wie E. Norden gezeigt hat, ist ἀγαθός als Beiwort zu ἀθλητής als „tapfer", „Held" zu verstehen. „‚Ein tüchtiger Mann', ἀνὴρ ἀγαθός: dies war seit früher Zeit ein vorzugsweise kriegerisches Ehrenwort. Als solches übersetzen wir es am besten mit ‚Held'"[6]. A. v. Harnack hat als erster die Anregung von E. Norden in die Übersetzung von I Clem 5,3 aufgenommen (Einführung 107)[7].

4   Die Aussagen über Petrus und Paulus sind nach einem Grundschema aufgebaut: 1. Ursache des Leidens: Neid bzw. Neid und Streit[8]; 2. Schilderung

---

[1] Vgl. A. v. HARNACK, Einführung 106. Nach M. DIBELIUS, Rom 202 f., erklärt sich die relative Schweigsamkeit über Petrus, weil Klemens *auf das Martyrium der Apostel aus politischen Gründen nicht eingeht, im übrigen aber von den Aposteln nicht erzählen, sondern sie als philosophische Athleten schildern will.* Die Tatsache, daß er überhaupt die beiden Apostel hier erwähnt, erklärt sich am besten, wenn diese zwei Apostel wirklich *die großen Vorbilder Roms* waren."

[2] Es ist keine Metapher für die Gründung der korinthischen und römischen Gemeinden durch Petrus und Paulus. Gegen E. EDMUNDSON, Church 190. Ähnlich J. A. T. ROBINSON, Wann entstand das Neue Testament? 342 Anm. 96; A. E. WILHELM-HOOIJBERGH, View 270.

[3] Vgl. O. PERLER, Makkabäerbuch 67; K. BEYSCHLAG, Clemens Romanus 226 f.

[4] Vgl. DERS., Petrus 98 Anm. 4. Vor ihm hatte dies P. Monceaux getan: „L'auteur allègue le témoinage précis des martyrs locaux, des fondateurs de son Église" (DERS., L'Apostolat de saint Pierre à Rome, in: RHLR NS 1[1910] 225 f.). Diese Deutung wurde von Cullmann freilich nicht übernommen.

[5] Zum Sprachgebrauch von ἡμῶν vgl. St. GIET, Témoignage 125 Anm. 1. A. v. HARNACK, Einführung 15, übersetzt sehr wörtlich: „Stellen wir die Helden-Apostel vor unsre Augen."

[6] Vgl. DERS., Heldenehrungen 8.

[7] B. ALTANER, Verständnis 533, bestätigte diese Deutung mit einem christlichen Text (PL 41,813).

[8] O. CULLMANN, Causes 297–300, interpretiert die Angabe über die Ursache des Leidens wörtlich als Hinweis auf eine interne Kontroverse in der römischen christlichen Gemeinde, der die Apostel zum Opfer gefallen wären. Ähnlich B. REICKE, Diakonie 374 f. A. FRIDRICHSEN,

des Leidens; 3. Verhalten des Apostels; 4. die Belohnung durch das Hingehen an den Ort der Herrlichkeit[1]. Die Grundstruktur der Märtyrerberichte ist trotz der verständlichen Varianten unschwer zu erkennen (vgl. 2 Makk 7,1–41; 4 Makk Kap. 5–6.8–14). Wie die folgende Übersicht zeigt, enthält der Abschnitt über Paulus manche Aussagen, die über den Rahmen des angegebenen Schemas hinausgehen und sich nicht an eine strenge Reihenfolge halten, ohne deswegen die Leitlinie zu verlassen.

1   PETRUS, der wegen unberechtigter *Eifersucht*
2   nicht eine oder zwei, sondern *vielerlei Mühsal* ertrug,
3   und so, *nachdem er Zeugnis abgelegt hatte,*
4   zum gebührenden *Ort der Herrlichkeit gelangte.*
1'   Wegen *Eifersucht und Streit* zeigte PAULUS den Siegespreis der Ausdauer;
2'   *siebenmal in Fesseln, vertrieben, gesteinigt,* ein Herold im Osten wie im Westen.
3'   Nachdem er die ganze Welt Gerechtigkeit gelehrt hatte und bis an die Grenzen des Westens gekommen war und vor den Herrschern *Zeugnis abgelegt hatte,* ... – das größte Vorbild für Ausdauer,
4'   empfing er den edlen Ruhm für seinen Glauben ... So schied er aus der Welt und *gelangte an den heiligen Ort.*

Im Vergleich zu den Angaben über Paulus ist das, was der Vf. über Petrus berichtet, auffallend wenig. Auch hier ist der ζῆλος die Ursache des Übels[2]. Ähnliche Wendungen wie οὐχ ἕνα οὐδὲ δύο, ἀλλὰ πλείονας kommen in späteren Märtyrerberichten vor (vgl. Euseb, HistEccl V 2,2: über die Märtyrer von Lyon und Vienne; VIII 10,3: Schreiben des Phileas an die Christen von Thmuis), aber das rechtfertigt nicht die Annahme, die Wendung müsse in einer Märtyrerschrift gestanden haben, „ehe sie in den Clemensbrief Aufnah-

---

Invidiam 171–174, behauptet, daß das Leitmotiv „propter invidiam" einen realen historischen Wert besitzt, der aber nicht durch innerchristliche, sondern durch jüdische Feindseligkeiten verursacht ist. Dazu neigen auch P. GRELOT, Pierre 234; P. KERESZTES, Nero 411–413; O. KNOCH, Stellung 350. Anders St. GIET, Témoignage 343, der die Heiden in Betracht zieht. Ob der Vf. etwas über die Ursachen, die zum Tod des Petrus und Paulus geführt haben, gewußt hat, entzieht sich unserer Kenntnis. Die historische Überlieferung zu diesem Komplex ist sehr lückenhaft. Darüber hinaus ist auf die literarische Struktur und rhetorische Absicht in I Clem 4–6 als Beweis für die Behauptung von den Folgen der Eifersucht in 3,4 zu achten. Beides macht die von den erwähnten Autoren angedeutete historische Reminiszenz wenig plausibel.

[1] Vgl. K. HEUSSI, Petrustradition 19 Anm. 1.

[2] Aufgrund von Apg 5,17 und 13,45 – das ζῆλος-Motiv spielt eine ähnliche Rolle wie in I Clem 5,2 – meint M. SMITH, Report 88, die Angaben über Petrus an dieser Stelle seien von der Apostelgeschichte abhängig. So wäre auch Apg 12,17: ἐπορεύθη εἰς ἕτερον τόπον nichts anderes als ein Hinweis auf die eschatologische Belohnung des Petrus. Leider äußert sich Smith nicht über die Datierungsfrage für I Clem und Apg, die bei einem Abhängigkeitsverhältnis von Belang wäre. Die angeblichen Gemeinsamkeiten gehen aber nicht so weit, wie M. Smith meint. Apg 5,17 ist eine Aussage über die Apostel allgemein und nicht über Petrus allein. Das ζῆλος-Motiv spielt in der Apg keine bedeutsame Rolle. Die Deutung von Apg 12,17 auf den Tod des Petrus ist bei einem Verfasser wie Lukas, der auch in Petrus das Werkzeug für die Verkündigung des Evangeliums an die Völker sieht (vgl. Apg 15,7), sehr unwahrscheinlich.

me fand"[1]. Von „Mühsal" (πόνος) ist auch in 16,3.4.12 die Rede, aber als Zitat aus Jes 52,12–53,12. Der Terminus – oft in der Pluralform – gehört zur Begrifflichkeit der Märtyrerberichte. Die Gläubigen wie Eleasar und die sieben Brüder mit ihrer Mutter achteten nicht die Mühseligkeiten, die sie bis zum Tod erleiden mußten[2].

Was mit dem Zeugnis des Petrus gemeint ist, hängt vom Verständnis des Partizips μαρτυρήσας ab. Bei der vorliegenden Satzstruktur bezieht es sich inhaltlich einerseits auf das vorhergehende ὑπήνεγκεν πόνους: das Zeugnis des Petrus bestand darin, die vielfältige Mühsal ertragen zu haben, und dies wird als abgeschlossene Handlung betrachtet. Darauf weist die Wendung καὶ οὕτω μαρτυρήσας hin: auf diese Art und Weise hat er sein Zeugnis abgelegt[3]. Andererseits und wie so oft, wenn das verbum finitum πορεύομαι ist, drückt sich dabei auch „die Bedeutung der relativen Vergangenheit" aus, d. h.: „vorzeitig im Verhältnis zum übergeordneten Verb. fin." (Bl./Deb./Reh. § 339,1)[4]. In I Clem 5,4 schlägt sich dies so nieder: Nachdem er so Zeugnis abgelegt hatte, ging er … Obwohl der Gedanke von einer eschatologischen Belohnung des Petrus in diesem Zusammenhang erst einen Sinn hat, wenn diese als postmortales Geschehen eben den Tod schon voraussetzt, hat μαρτυρήσας hier keinen martyrologischen Sinn[5]. Denn das Zeugnis ist auf die erlittene und bestandene Mühsal bezogen[6]. Freilich hat die Textüberlieferung die Szene manchmal martyrologisch verstanden.

---

[1] So K. BEYSCHLAG, Clemens Romanus 239.

[2] 4 Makk 1,9: ἅπαντες γὰρ οὗτοι τοὺς ἕως θανάτου πόνους ὑπεριδόντες; 13,1: εἰ δὲ τοίνυν τῶν μέχρι θανάτου πόνων ὑπερεφρόνησαν οἱ ἑπτὰ ἀδελφοί. Vgl. auch 4 Makk 11,12.20; 13,4; 16,19; 18,2.

[3] Der Sinn entspricht etwa der Aussage in 1 Petr 5,1: μάρτυς τῶν τοῦ Χριστοῦ παθημάτων. Wahrscheinlich handelt es sich um eine gemeinsame römische Petrustradition.

[4] Vgl. andere Partizipien im Aorist in Verbindung mit πορεύομαι: Mt 19,15; 24,1; Mk 9,30; Lk 4,42; 19,28 u. ö.

[5] Vgl. K. HEUSSI, Petrustradition 21; N. BROX, Zeuge 198; TH. BAUMEISTER, Anfänge 244: die Entscheidung muß man von der Paulusstelle (5,7) her treffen, also nicht martyrologisch. Anders H. STRATHMANN, ThWNT IV 511,30f.; K. ALAND, Tod 85. KNOPF, 51, sieht eine „Andeutung des Martyriums, da doch die Hinfahrt des Vollendeten sogleich genannt wird". Kritisch dazu B. DEHANDSCHUTTER, Notes 87. Bei K. BEYSCHLAG, Clemens Romanus 307, ist die Ausdrucksweise unklar: Einerseits behauptet er: „Dem offenbar ,technischen' μαρτυρήσας bei Petrus scheint der nicht-technische Gebrauch bei Paulus gegenüberzustehen, dem ,Blutzeugnis' des einen das ,Wortzeugnis' des anderen." Andererseits hält er in der Anm. 1 auf dieser Seite die Meinung von N. Brox für richtig, "daß das μαρτυρήσας in beiden Fällen noch keinen ,martyrologischen' Charakter habe (gegen v.Campenhausen), daß es nur bei Paulus auf das Wortzeugnis, bei Petrus dagegen auf das vorausgehende ,Ertragen der Mühen' bezogen werden müsse". Dennoch schließt er sich dieser Deutung nicht an: „Was mich abhält, dieser Interpretation zu folgen, ist einmal die Rücksicht auf den rhetorischen Charakter der beiden Apostel-diegesen – die Verschiedenheit ist m. E. eine solche der Wortstellung (…), nicht der Sache –, sodann der Blick auf die unten zusammengestellte Übersicht von καὶ οὕτως-Schlußformeln in Martyrien" (ebd.). – Die von Beyschlag angegebenen Stellen vermögen jedoch nicht, eine martyrologische Deutung von μαρτυρήσας in I Clem 5,4 zu begründen.

[6] Die oben aufgestellte Struktur bringt ein weiteres Argument für das nicht martyrologische

Die alte lateinische Übersetzung bringt: „et sic martyrio consummato", und zwar nicht ohne Anlaß im Text. Die Wendung am Ende von 5,2: ἕως θανάτου ἤθλησαν konnte in diesem Zusammenhang leicht als Hinweis auf den Märtyrertod der beiden Apostel verstanden werden. Ebenso ist die Wendung ἐπορεύθη εἰς τὸν ὀφειλόμενον τόπον τῆς δόξης ein klarer Hinweis auf die von Petrus empfangene eschatologische Belohnung[1]. Aber es sind zwei verschiedene Fragen, die miteinander nicht vermischt werden dürfen. Eine Sache ist der Hinweis auf den Tod des Petrus, der ohne Zweifel im Text enthalten ist. Eine andere ist, ob das Partizip μαρτυρήσας im Sinn des Märtyrertodes zu deuten ist oder nicht. Vorliegende Auslegung verneint dies[2].

Der Abschnitt 5,5–7 besitzt eine ausgeprägte Struktur, die zuerst eigens berücksichtigt wird.

    διὰ ζῆλον καὶ ἔριν Παῦλος **ὑπομονῆς**
βραβεῖον ἔδειξεν·
ἑπτάκις δεσμὰ φορέσας, φυγαδευθείς, λιθασθείς,
κῆρυξ *γενόμενος* ἔν τε τῇ ἀνατολῇ καὶ ἐν τῇ δύσει
τὸ γενναῖον τῆς πίστεως αὐτοῦ κλέος ἔλαβεν·
δικαιοσύνην *διδάξας* ὅλον τὸν κόσμον

Verständnis des Wortes. Die Parallele zum Zeugnis des Petrus in V. 4 bildet nämlich das Zeugnis des Paulus in V.7, und hier dürfte kein Zweifel über den Sinn des Wortes bestehen: es ist das Glaubenszeugnis vor den politischen Autoritäten.

[1] Zu τόπος als eschatologischem Ort des Heiles vgl. auch I Clem 44,5; II Clem 1,2; Herm sim IX 27,3 (104,3). Zu PolPhil 9,2 s. u. – S. SCHULZ, Mitte 316, versteht darunter einen Hinweis auf das griechische Dogma von der Unsterblichkeit der Einzelseelen: Die „frommen Seelen des Petrus und des Paulus" gelangten gleich nach dem Tod an den „heiligen Ort der Herrlichkeit". Vgl. auch I Clem 50,3. Eine solche „hellenisierte" Eschatologie ist weder an dieser Stelle noch in anderen Texten von I Clem zu erkennen. – Die Aussage des Ignatius über Petrus und Paulus als Apostel und freie, während er noch als Verurteilter und Sklave (IgnRöm 4,3), deutet das ihm bevorstehende Martyrium als Befreiung: „Wenn ich gelitten habe, werde ich ein Freigelassener Jesu Christi werden und als Freier in ihm auferstehen." Was bei ihm noch aussteht, ist bei Petrus und Paulus schon realisiert. Ob man aus dieser Stelle die Folgerung ziehen darf, die unmittelbare Quelle von IgnRöm 4,3 sei wieder I Clem 5–6 gewesen (so O. PERLER, Ignatius 442), ist sehr ungewiß. Die Notiz vom Martyrium der Apostel konnte Ignatius auf vielen anderen Wegen erlangt haben.

[2] Eine deutlichere Anspielung auf I Clem 5,4f. liegt in PolPhil 9,1f. vor. In einer Ermahnung zur ὑπομονή (vgl. I Clem 5,5.7) wird diese als κατʼ ὀφθαλμούς bekannt vorausgesetzt (vgl. I Clem 5,3 πρὸ ὀφθαλμῶν) und durch die Märtyrer bezeugt: Ignatius, Zosimus, Rufus, aber auch Paulus und die anderen Apostel, welche die Vollendung εἰς τὸν ὀφειλόμενον αὐτοῖς τόπον erreicht haben (vgl. I Clem 5,4: εἰς τὸν ὀφειλόμενον τόπον τῆς δόξης). Aufgrund der Übereinstimmung zwischen dem Bericht über die Märtyrer von Lyon und dem Phileasbrief mit I Clem 5–6 vermutet K. BEYSCHLAG, Clemens Romanus 266, als Hintergrund einen vollständigen Bericht über die neronische Verfolgung. Besonders die Affinität des MartLugd zu 4 Makk erweise, „daß es eine feste jüdisch-christliche Märtyrerüberlieferung gab, von deren Anschauungen und Terminologie auch Clemens lebt". Über den Einfluß von 4 Makk auf die frühchristliche Märtyrerliteratur besteht kein Zweifel. Die Aufnahme einer festen jüdisch-christlichen Märtyrerüberlieferung in I Clem ist jedoch sehr unwahrscheinlich und durch die Argumentation von K. Beyschlag nicht plausibel gemacht. Etwas anderes ist die traditionelle Herkunft der Überlieferung vom Tod des Petrus und des Paulus in Rom.

καὶ ἐπὶ τὸ τέρμα τῆς δύσεως ἐλθὼν
καὶ μαρτυρήσας ἐπὶ τῶν ἡγουμένων,
οὕτως ἀπηλλάγη τοῦ κόσμου καὶ εἰς τὸν ἅγιον τόπον ἐπορεύθη,
ὑπομονῆς γενόμενος μέγιστος ὑπογραμμός.

Der einleitenden Begründung (διὰ ζῆλον καὶ ἔριν) folgt eine feierliche Aussage über Paulus: er hat den Siegespreis für die Ausdauer aufgezeigt. Der Begriff „Ausdauer" (ὑπομονή) umrahmt so die Aufzählung der Taten des Paulus. Denn am Ende von 5,7 stellt der Vf. im Hinblick auf den Apostel fest: das größte Vorbild für Ausdauer (ὑπομονῆς γενόμενος μέγιστος ὑπογραμμός). Nach dem ersten Satz mit einem Aorist (ἔδειξεν) wird die ὑπομονή in vier Partizipialsätzen näher beschrieben: δεσμὰ φορέσας, φυγαδευθείς, λιθασθείς, κῆρυξ γενόμενος ... Ein neuer Satz, genau so feierlich und allgemein wie die Aussage über den Siegespreis für die Ausdauer, unterbricht die Aufzählung: Paulus hat den edlen Ruhm für seinen Glauben empfangen. Der Aorist ἔλαβεν unterstreicht stilistisch die inhaltliche Unterbrechung. Aber es ist nur eine Unterbrechung. Mit 5,7 setzt die Schilderung der Taten des Paulus wieder an, auch diesmal mit Partizipialsätzen: δικαιοσύνην διδάξας ἐπὶ τὸ τέρμα τῆς δύσεως ἐλθών μαρτυρήσας ἐπὶ τῶν ἡγουμένων. Eine erste Schlußfolgerung der Texteinheit deutet die Wirkung des Todes des Paulus (οὕτως ἀπηλλάγη τοῦ κόσμου) und seine eschatologische Belohnung (εἰς τὸν ἅγιον τόπον ἐπορεύθη)[1] an (zwei Verben im Aorist), um in gleicher Form zur zweiten, abschließenden ὑπομονή-Aussage zu gelangen. Das ὑπομονή-Motiv bildet also das Gerüst, innerhalb dessen die sieben Partizipialsätze die Taten des Apostels zum Ausdruck bringen[2].

Das in 5,1–2 so deutlich anklingende Agon-Motiv wird hier aufgenommen, nachdem es bei der Gestalt des Petrus nicht ausdrücklich zum Tragen kam. βραβεῖον ist der Siegespreis nach dem Kampf. Wichtige Elemente einer Siegerehrung sind kurz angegeben; die Ursache des Kampfes: Eifersucht und Streit; der Gegenstand des Kampfes: es ging um eine Erprobung der Ausdauer; der Sieger, der den errungenen Preis zeigt[3]. Knopf, 51, versteht es anders: „er zeigte, wie man den Preis erlangt." Dabei folgt er der Anregung von Lightfoot, I 2,28, in seiner Deutung von ὑπέδειξεν: „pointed out the way to, taught by his example." Aber die Szene ist viel konkreter aufzufassen[4]. Darauf weist die bekannte Stelle 1 Kor 9,24 hin: „Wißt ihr nicht, daß die Läufer im

---

[1] Zur textkritischen Frage (ἀνελήμφθη) s. u.

[2] E. DUBOWY, Klemens 11, unterscheidet im Abschnitt 5,5–7 zwei Einheiten: 5,5–6 unf 5,7. Die Aufteilung ist formal und inhaltlich gut vertretbar, aber die um das Motiv der ὑπομονή gebildete Einheit kommt nicht deutlich genug zum Tragen.

[3] ἔδειξεν ist die LA von H. In A ist nur die Endung lesbar. Young brachte in seiner Textausgabe ἀπέσχεν, später wurde daraus ein ὑπέσχε (WOTTON 24: „sustinuit praemium patientiae"). LIGHTFOOT, I 2,28, vermutet ein ὑπέδειξεν. Ihm folgte R. Knopf in seiner Textausgabe von 1901 (in seinem Kommentar bringt er ὑπέδειξεν als LA von A). Die LA von L: „ostendit", und C¹: „ⲟⲩⲱⲛ²" (vgl. CRUM, 486), unterstützen jedenfalls die LA von H.

[4] Richtig A. v. HARNACK, Einführung 107: „er wies den Preis auf (erreichte ihn)", und LINDEMANN, 38.

Stadium zwar alle laufen, daß aber nur einer den Siegespreis empfängt" (εἷς δὲ λαμβάνει τὸ βραβεῖον)? Dem Empfang des Siegespreises folgt die Geste des Siegers[1].

Die ersten drei Partizipialsätze sind knapp gehalten und bilden eine gewisse   6 Steigerung: Gefangen, Flüchtling, Gesteinigt (δεσμὰ φορέσας, φυγαδευθείς, λιθασθείς). Der vierte Partizipialsatz bereitet formal (durch die Länge) und inhatllich (κήρυξ γενόμενος ἔν τε τῇ ἀνατολῇ καὶ ἐν τῇ δύσει) die zweite Reihe der Partizipialsätze in V. 7 vor (διδάξας ὅλον τὸν κόσμον, καὶ ἐπὶ τὸ τέρμα τῆς δύσεως ἐλθὼν καὶ μαρτυρήσας).

Der Ausdruck „Fessel tragen" ist Synonym für Gefangenschaft. Die Wendung ἐν τοῖς δεσμοῖς (μου) ist in der paulinischen Literatur gut bezeugt (Phil 1,7.14.17; Phlm 10.13. Vgl. Phil 1,13; Kol 4,18). Die Aussage in 2 Kor 11,23, Paulus sei ἐν φυλακαῖς περισσοτέρως gewesen, läßt auf wiederholte Gefängnisaufenthalte schließen, aber der Apostel selber macht darüber keine präzise Angabe. Das „siebenmal" stand schon in der vom Vf. übernommenen Tradition, vielleicht angeregt durch Angaben wie in 2 Kor 11,24 f. (πεντάκις … τρίς … ἅπαξ … τρίς). Eine symbolische Bedeutung von ἑπτάκις ist in diesem Zusammenhang wenig wahrscheinlich[2]. Das φυγαδευθείς spielt auf die abenteuerliche Flucht des Paulus aus Damaskus an (vgl. 2 Kor 11,33 … καὶ ἐξέφυγον τὰς χεῖρας αὐτοῦ), die auch Apg 9,23–25 schildert. Paulus weiß auch um eine Steinigung (2 Kor 11,25: ἅπαξ ἐλιθάσθην), die nach Apg 14,19 von Juden in Lystra vollzogen wurde.

Im Unterschied zu den vorstehenden Aussagen ist der nächste Satz über Paulus als Herold im Osten und Westen allgemein gehalten und nicht auf ein bestimmtes Ereignis bezogen. Die Vorstellung des Apostels als Herold gehört in die paulinische Tradition, wie 1 Tim 2,7 (… ἐγὼ κήρυξ καὶ ἀπόστολος … διδάσκαλος ἐθνῶν) und 2 Tim 1,11 (… ἐγὼ κήρυξ καὶ ἀπόστολος καὶ διδάσκαλος) bezeugen. I Clem 5,7 (δικαιοσύνην διδάξας ὅλον τὸν κόσμον) bestätigt die Zugehörigkeit der drei Titel: Apostel, Herold und Lehrer. Das Herold-Motiv ist in der Antike weit verbreitet, und von daher lassen sich leicht Parallelen zu I Clem 5,6 finden[3]. Aber sie sind nicht maßgebend für das Verständnis des Textes. Am ehesten ist auf die Charakterisierung des stoischen Philosophen, besonders bei Epiktet, als Athlet (vgl. Diss. I 2,25 f.; 4,13 u. ö.)

---

[1] Vgl. im übertragenen Sinn Phil 3,14. Auch im martyrologischen Kontext MartPol 17,1. Die Gemeinsamkeiten mit Paulus ergeben sich aus der Verwendung von ähnlichen Bildern und Motiven. Zu ὑπομονή vgl. 4 Makk 1,11; 9,8.30; 15,30; 17,4.12.17.23; MartPol 19,2: διὰ τῆς ὑπομονῆς … τὸν τῆς ἀφθαρσίας στέφανον ἀπολαβών.

[2] J. D. QUINN, „Seven Times" 575, deutet die Angabe als Hinweis auf die sieben Dokumente, die von einer Gefangenschaft des Paulus sprechen (2 Kor, Apg, Eph, Phil, Kol, Phlm und 2 Tim). Aus den sieben Zeugnissen hätte Klemens die siebenmalige Gefangenschaft abgeleitet. Man müßte aber zuerst beweisen, daß der Vf. all diese Texte gekannt hat. Die Wendung ἑπτάκις δεσμὰ φορέσας versteht E. NESTLE, Verfasser 179, als Zeugnis für den semitischen Ursprung des Vf.s.

[3] Vgl. den inhaltsreichen Überblick bei G. FRIEDRICH, ThWNT III 683–698.

und Herold Gottes hinzuweisen (vgl. Diss. III 21,13; III 22,69). Die Tragweite dieser Tradition darf jedoch nicht überbewertet werden[1]. Die eindeutige Bezeugung von solchen Themen in Schriften des Paulinismus mahnt zur Vorsicht vor einer direkten Ableitung aus der stoischen Philosophie. Gewiß gewinnen diese Ausdrücke in der Darstellung von I Clem ein größeres Gewicht, aber sie sind nicht neu. Daß Paulus nun als Herold im Osten und Westen bezeichnet wird, ist in der Entstehungszeit von I Clem und nach dem Erfolg der paulinischen Mission nur eine Selbstverständlichkeit[2].

Zum letzten Satz „er empfing den edlen Ruhm für seinen Glauben" bemerkt A. v. Harnack (Einführung 107): „‚Herrlicher Ruhm des Glaubens' ist uns befremdlich." Das Adjektiv γενναῖος kommt jedoch auffallend oft in einigen Märtyrerberichten vor. Vgl. 2 Makk 6,28 (ὑπόδειγμα); 7,21; 4 Makk 6,10 (γενναῖος ἀθλητής); 7,8; 8,3; 11,12; 15,24.30; 16,16 (γενναῖος ὁ ἀγών); 17,24 (in der LXX nur in den Makkabäerbüchern); MartPol 2,1.2; 3,1.2. So empfiehlt es sich, „den edlen Ruhm" als den Ruhm des Helden im klassischen Sinn aufzufassen (Homer, Od. 1,344; 8,74; 9,20; Il. 5,3; 22,514 u. ö.)[3]. Die Bedeutung von πίστις erklärt sich ebenfalls, wenn man den Sprachgebrauch in 4 Makk beachtet. Zunächst stellen 15,24; 16,22 den Glauben an Gott als die Kraft dar, die Treue und Ausdauer verleiht. Zum Lob der Mutter in 4 Makk 17,2 gehört nicht nur der Sieg gemeinsam mit ihren sieben Söhnen über den Tyrannen, sondern auch der Erweis des Adels des Glaubens (δείξασα τὴν τῆς πίστεως γενναιότητα). Der von Paulus erlangte Ruhm für seinen Glauben bezieht sich also nicht auf den Glaubensinhalt, sondern auf die von ihm in den erwähnten Beispielen demonstrierte ὑπομονή, in der sich die Kraft des Glaubens zeigt[4].

7   Der δικαιοσύνη-Begriff gibt den Grundinhalt der Lehre des Apostels in der ganzen Welt wieder[5]. Im Hinblick auf die Thematik und auf die universale Perspektive steht die Aussage wahrscheinlich unter dem Einfluß des paulinischen Römerbriefes, aber dieser Einfluß ist nur äußerlich. Das δικαιοσύνη-Verständnis des Schreibens kommt eher in solchen Stellen wie I Clem 33,8 zum Ausdruck.

---

[1] Anders M. DIBELIUS, Rom 195–197; L. SANDERS, Hellénisme 30 f.

[2] Der Vergleich mit der weltweiten Tätigkeit des Herakles – so L. SANDERS, Hellénisme 29 f. – dürfte die Intention von I Clem 5,5 f. kaum erhellen. Vgl. J. LIEBAERT, Enseignements 14. Auch K. BEYSCHLAG, Clemens Romanus 287, nimmt den Einfluß eines Heraklesideals an, allerdings nicht auf dem Weg der heidnischen Popularphilosophie, sondern als Bestandteil der jüdisch-christlichen Apologetik, „ehe es im Petrus/Paulusmartyrium von I Clem 5 Verwendung fand".

[3] Zu κλέος λαβεῖν vgl. Sophokles, Philoc. 1347.

[4] Anders LINDEMANN, 39: „Das Paulusbild des 1 Clem hängt irgendwie mit dem Glaubensbegriff zusammen, wobei möglicherweise nicht an den persönlichen Glauben des Paulus, sondern an die von ihm als dem κῆρυξ verkündigte Glaubensbotschaft gedacht ist."

[5] H und die syrische Übersetzung lesen δικαιοσύνης und verbinden die Gerechtigkeit mit dem Vorhergehenden: der edle Ruhm für seinen Glauben besteht in der Gerechtigkeit.

Die Deutung der Wendung „er ging bis an die Grenzen des Westens" auf Spanien ist die wahrscheinlichste[1]. Nach A. v. Harnack war die Bezeichnung damals unmißverständlich „in ihrer Beziehung auf die ‚Säulen des Herkules' in Südspanien" (Einführung 107). Bei der vorauszusetzenden Kenntnis des Römerbriefes seitens des Vf.s ist eine Anspielung auf Röm 15,24.28 gut verständlich[2]. Ebenso klar ist die Absicht, hier nicht metaphorisch, sondern sachlich von einer Spanienreise zu berichten[3]. Die spätere Tradition bezeugt diese Auffassung mit Klarheit schon gegen Ende des zweiten Jahrhunderts. Aus der Tatsache, daß die Apostelgeschichte weder vom Martyrium des Petrus noch von der Spanienreise des Paulus berichtet, schließt das Muratori-Fragment 35–39, daß Lukas nur über die Dinge referiert, die er selbst erlebt hatte („Lucas optimo Theophilo comprendit, quae sub praesentia eius singula gerebantur, sicuti et semota passione Petri evidenter declarat, sed et profectione Pauli ab urbe ad Spaniam proficiscentis"). Die Notiz ist wichtig, weil hier zum ersten Mal die Überlieferung von I Clem 5,4–7 aufgenommen wird[4]. In der heutigen Exegese ist nach wie vor umstritten, ob Paulus seine Pläne, Spanien zu besuchen, verwirklichen konnte[5]. Auf jeden Fall vermag die Angabe I Clem 5,7, diesbezüglich keine Sicherheit zu verschaffen.

Das in 5,4 im Hinblick auf Petrus verwendete Partizip μαρτυρήσας kommt in 5,7 in einer Aussage über Paulus vor: καὶ μαρτυρήσας ἐπὶ τῶν ἡγουμένων. Formal handelt es sich um zwei unterschiedliche Bildungen. In 5,4 steht μαρτυρήσας zwischen zwei verba finita nach dem Adverb οὕτω. In 5,7 bildet μαρτυρήσας den dritten Partizipialsatz, unmittelbar vor einer mit οὕτως eingeleiteten Aussage. Die Begrifflichkeit hat einen Anhaltspunkt in der paulinischen Tradition. Vgl. 1 Tim 6,13b: ... καὶ Χριστοῦ Ἰησοῦ τοῦ μαρτυρήσαντος

---

[1] Vgl. Strabo II 1,1: πέρατα δὲ αὐτῆς (τῆς οἰκουμένης) τίθησι πρὸς δύσει μὲν τὰς Ἡρακλείους στήλας; II 4,3: μέχρι τῶν ἄκρων τῆς Ἰβηρίας ἅπερ δυσμικώτατά ἐστι. Andere Angaben bei LIGHTFOOT, I 2,30.

[2] Vgl. andere Deutungen von Rom bis England in PG 1,220 Anm. 38 und E. DUBOWY, Klemens 42–57.

[3] Eine andere Frage ist, ob die Reise tatsächlich stattgefunden hat. K. BEYSCHLAG, Clemens Romanus 298 f., nimmt der Angabe im Sinn des Klemens jeden „historischen" Charakter und versteht sie nur als Ausdruck der „katholischen Weltmission". Damit schreibt er dem Vf. eine metaphorische Absicht zu, die durch den Kontext nicht gestützt wird. In einer anderen Richtung, aber auf der gleichen Ebene, erwägt A. FRIDRICHSEN, Propter invidiam 174 Anm. 2, (unter Verweis auf P. N. HARRISON, The Problem of the Pastoral Epistles, Oxford 1921) die Deutung: „Arrivé au but (de sa vie) dans l'ouest."

[4] Der „Actus Petri cum Simone" bzw. „Actus Vercellenses" (ca. 180–190 nach W. SCHNEEMELCHER, NTApo II 255) berichtet auch von der Spanienreise des Paulus (vgl. AAAp I 45,10; 51,26).

[5] Über die ältere Literatur vgl. die Angaben in BAUER/ALAND, Art. Σπανία 1519. Zur neueren Literatur vgl. G. BORNKAMM, Paulus, Stuttgart 1969, 73: Die Voraussetzung in Clem ist „sicher fälschlich"; J. SCHMID, Einleitung in das Neue Testament, Freiburg 1973, 520: wahrscheinlich; W. G. KÜMMEL, Einleitung in das Neue Testament, Heidelberg ^{18}1973, 219: eine wahrscheinliche Annahme. A. v. HARNACK, Einführung 107, hält für sehr unwahrscheinlich, daß diese Meinung nur aus dem Römerbrief entstanden ist.

ἐπὶ Ποντίου Πιλάτου[1]. Die Wendung ἐπὶ τῶν ἡγεμόνων im NT meint das Auftreten vor den weltlichen Autoritäten (im NT vgl. Mt 28,14; Mk 13,9: καὶ ἐπὶ ἡγεμόνων καὶ βασιλέων σταθήσεσθε ἕνεκεν ἐμοῦ εἰς μαρτύριον αὐτοῖς)[2]. Im Hintergrund stehen die Angaben der paulinischen Tradition über die Gerichtsverhandlungen, bei denen der Apostel aussagen mußte (Apg 24,10-21.24-27; 25,6-27; 26,1-32)[3]. Rein sprachlich ist der Sinn von μαρτυρήσας im Zusammenhang mit den anderen vorstehenden Partizipialsätzen zu bestimmen. Die Frage stellt sich allerdings, ob bei der Wendung „schied er so aus der Welt …", die den Tod des Paulus andeutet, das οὕτως sich nicht auf das Zeugnis des Apostels (μαρτυρήσας) vor den Herrschern der Welt bezieht, was in diesem Fall martyrologisch aufzufassen wäre. K. Heussi hat aber herausgearbeitet, daß die mit οὕτως eingeleitete Aussage „nicht eine Erläuterung der vorangehenden Aussage, sondern eine gedankliche Weiterführung" ist (Petrustradition 17). Die von ihm angeführten Beispiele sprechen jedenfalls dafür (Apg 20,11; 27,17; Josephus, Bell 2,129; Ant 8,270)[4]. Es handelt sich in I Clem 5 also um Begrifflichkeit, die zum guten Teil auf die Märtyrerliteratur des hellenistischen Judentums zurückgeht, ohne daß der Begriff μαρτυρέω schon als terminus technicus für den christlichen „Märtyrer" in Gebrauch wäre. Die passende Parallele im Bereich der christlichen Literatur bildet die Johannesoffenbarung.

Das folgende οὕτως ἀπηλλάγη τοῦ κόσμου ist also ein weiteres Ereignis nach dem Zeugnis des Paulus vor den Herrschern[5]. Das Verlassen der Welt[6] bedeutet in diesem Fall das Hingehen zu einem anderen Ort (parallel zu 5,4), der als „heiliger Ort" zugleich der Ort der Vollendung ist[7].

---

[1] Auch hier hat die Textüberlieferung μαρτυρήσας wie auch in 5,4 im martyrologischen Sinn verstanden. So die lateinische Übersetzung: „et dato testimonio martyrii sic a potentibus."

[2] Zu 1 Tim 6,13 bemerkt N. BROX, Pastoralbriefe 216, daß ἐπί in Verbindung mit dem Namen Pontius Pilatus nicht „vor", sondern „unter" bedeutet (vgl. IgnTrall 9,1; IgnSm 1,2; Justin, I Ap. 13,3; Dial. 30,3). Aber der Kontext dort hat immer mit dem Leiden Jesu zu tun, was in I Clem 5,7 nicht der Fall ist, so daß die Übersetzung mit „vor" hier beibehalten werden kann. ἡγούμενοι als weltliche Herrscher auch in I Clem 32,2; 37,3; 51,5; 55,1; 60,4.

[3] Vgl. KNOPF, 52.

[4] Vgl. N. BROX, Zeuge 199f., der sich an die Deutung von Heussi anschließt; TH. BAUMEISTER, Anfänge 245. Beide μαρτυρήσας-Stellen (5,4 und 7,7) deuten martyrologisch u.a. H. LIETZMANN, Petrus römischer Märtyrer, in: SBA (1936) 392-410, hier 395; H. v. CAMPENHAUSEN, Idee 50 Anm. 4.S.54; O. CULLMANN, Petrus 102f.; K. ALAND, Tod 87f.

[5] Auch in dieser Wendung vermutet K. BEYSCHLAG, Clemens Romanus 319-324, die Übernahme einer älteren Überlieferung. Die diese Vermutung stützenden Zeugnisse sind viel später entstanden, und bei einigen von ihnen - so etwa Hippolyt von Rom, die Didaskalie - ist eher mit dem Einfluß von I Clem zu rechnen.

[6] Die lateinische Übersetzung verdeutlicht: „liberavit se ab hoc saeculo."

[7] Das textkritische Problem ist kaum lösbar. Alle alten Übersetzungen (C¹C²LS) lesen ἀνελήμφθη (so auch Bihlmeyer, Lake, Schaefer, Harnack). Die zwei griechischen Handschriften (AH) bringen ἐπορεύθη (so auch Lightfoot, Funk, Hemmer, Knopf, Bosio, Fischer, Jaubert, Schneider). Das ἐπορεύθη kann als Angleichung an 5,4 verstanden werden, aber ἀνελήμφθη ist terminus technicus für die Aufnahme in den Himmel. Eine Entscheidung für die eine oder die andere LA läßt sich nicht begründen.

Der Abschnitt über Paulus geht zu Ende mit einer abschließenden rhythmisch und phonetisch gut gelungenen Aussage über die ὑπομονή, die Paulus als das größte Vorbild für Ausdauer hinstellt[1]: ὑπομονῆς γενόμενος μέγιστος ὑπογραμμός. Den Terminus ὑπογραμμός verwendet auch I Clem 16,17; 33,8[2] jeweils am Ende eines Abschnitts, um die paränetische Intention des Vorhergehenden hervorzuheben[3].

5.3. Andere Beispiele (6,1–4)

Das Kapitel enthält vier weitere Beispiele für die Folgen von Eifersucht (zweimal διὰ ζῆλος, zweimal ζῆλος bzw. ζῆλος καὶ ἔρις). In 6,1 scheint der Vf. nur an die Männer zu denken, in 6,2 sind Frauen an der Reihe, während 6,3 die Gefährdung der Gemeinschaft von Mann und Frau durch die Eifersucht zur Sprache bringt. Die Zerstörung von Städten und Völkern (6,4) schließt die Aufzählung ab.

1. Diesen Männern, die gottgefällig ihr Leben führten, wurde eine große Menge von Auserwählten zugesellt, die wegen Eifersucht unter vielen Martern und Qualen gelitten haben (und) zum schönsten Beispiel bei uns geworden sind.

---

[1] Zu ὑπογραμμός vgl. G. SCHRENK, ThWNT I 772f.

[2] An beiden Stellen wird ὑπογραμμός in Bezug auf Christus gebraucht. Richtig A. LINDEMANN, Apostel 41: „Keine Gestalt der – bislang noch kurzen – Kirchengeschichte und auch keine Gestalt des Alten Testaments erfährt in dem Brief eine derartige Würdigung, wie sie hier dem Paulus zuteil wird."

[3] Auch wenn das Problem in der heutigen Forschung nicht mehr aktuell ist, verdient die Frage *nach dem Aufenthalt des Petrus in Rom* – sei es nur aus forschungsgeschichtlichem Interesse heraus – eine kurze Erwähnung. Eine gute Skizze über die Geschichte dieser Frage bieten O. CULLMANN, Petrus 75–82; M. SCHULER, Klemens von Rom 96–103. Die Literatur zum Thema von 1901 bis 1955 hat K. HEUSSI, Petrustradition VIf, zusammengetragen. Einer ausführlichen Auseinandersetzung mit K. Heussi ist der Aufsatz von K. ALAND, Der Tod des Petrus, gewidmet. E. Dinkler hat schließlich in seinem Forschungsbericht die unterschiedlichen Positionen dargelegt und die Ergebnisse zusammengefaßt (vgl. DERS., Die Petrus-Rom-Frage. Ein Forschungsbericht, in: ThR 25 [1959] 189–230.289–335; 27 [1961] 33–64. Zu I Clem 5 vgl. bes. 207–213.). Verständlicherweise schleicht sich bei der Erörterung der Frage immer wieder der Versuch ein, von I Clem 5,4 mehr zu erwarten bzw. mehr aus der Text herauszuholen, als er hergibt. Doch der Ertrag ist nicht allzu groß (vgl. TH. KLAUSER, Petrustradition 14). Zur Entscheidung über die historische Frage kann dennoch I Clem 5,4 einen beachtlichen Beitrag leisten, jedoch nur im Verbund mit anderen Zeugnissen, auch den archäologischen, die ein vollständigeres Bild bieten (zur Beurteilung des archäologischen Befundes, vgl. TH. KLAUSER, Petrustradition 69–87. E. DINKLER, a. a. O. 292–334). Wie E. DINKLER, Petrus (RGG³ V 249), behauptet, ist I Clem 5 „mit größter Wahrscheinlichkeit eine Tradition vom römischen Martyrium des Petrus und Paulus in neronischer Zeit zu entnehmen … Die Einhelligkeit dieser Traditionen seit etwa 95 n. Chr., denen keine andere Überlieferung konkurrierend entgegensteht, und ferner die Beobachtung, daß keine der ältesten Nachrichten eine kirchenpolitische Tendenz enthält, erhöhen die Zuverlässigkeit dieser Quellen".

2. Wegen Eifersucht wurden Frauen verfolgt, die als Danaïden und Dirken furchtbare und abscheuliche Mißhandlungen erlitten, auf dem sicheren Lauf des Glaubens zum Ziel kamen und den edlen Lohn empfingen, (sie), die körperlich schwachen.

3. Eifersucht entfremdete Gattinnen (ihren) Männern und veränderte das von unserem Vater Adam gesprochene (Wort): „Das ist nun Gebein von meinen Gebeinen und Fleisch von meinem Fleisch."

4. Eifersucht und Streit haben große Städte zerstört und große Völker ausgerottet.

1 Die Männer gottgefälligen Wandels sind die Apostel Petrus und Paulus (Kap. 5). Die große Menge von Auserwählten, die auch wegen Eifersucht vieles zu erleiden hatte, stellt ein sehr schönes Beispiel (ὑπόδειγμα κάλλιστον) dar, wie zuvor die Apostel (vgl. 5,1: τὰ γενναῖα ὑποδείγματα). Die neue Texteinheit 6,1–4 setzt die Thematik von 5,1–7 fort.

ὁσίως ist ein Lieblingsadverb in I Clem (vgl. 21,7.8; 26,1; 40,3; 44,4; 60,4; 62,2)[1]. Die gottgefällige Lebensführung[2] bezieht sich in diesem Fall auf das Ertragen der durch Eifersucht verursachten Mühsal. Das συνηθροίσθη meint den Sammlungseffekt, der durch die Nachahmung des apostolischen Beispiels bei den anderen Gläubigen hervorgerufen wird. Wenn die „große Menge von Auserwählten" sich gegenüber den Leiden ähnlich verhält, bildet sie mit den Aposteln eine gemeinsame Gruppe und wird selber zum ὑπόδειγμα κάλλιστον. Das Begriffspaar „Marter und Qualen" begegnet auch bei Josephus (Bell 3,321; Ant 10,115; 16,389) und Philo (OmnProb 25: κἂν αἰκίας καὶ βασάνους)[3].

Hinter der Wendung πολὺ πλῆθος vermutet die Forschung (schon Lightfoot) eine Anspielung auf die neronische Verfolgung. In seiner Notiz über die Christen in der Zeit Neros schreibt Tacitus (Annales XV 44,6): „Igitur primum correpti qui fatebantur, deinde indicio eorum multitudo ingens haud proinde in crimine incendii quam odio humani generis convicti sunt." Die vielen Mißhandlungen und Qualen übersetzt L mit „multas poenas et tormenta". Nach Tacitus hat Nero die Christen „quaesitissimis poenis" bestraft (Annales XV 44,4). Die Endung von 6,1 bekräftigt die Ansicht, daß tatsächlich die neronische Verfolgung den historischen Hintergrund der Aussage bildet. Das ὑπόδειγμα κάλλιστον geschah nämlich ἐν ἡμῖν, d. h. es hat die römische Gemeinde

---

[1] Vgl. 1 Kön 8,61; Weish 6,10; Arist 306.310; Philo, Aet 10; 1 Thess 2,10.

[2] πολιτεύομαι mit Adverben begleitet: 21,1: ἀξίως αὐτοῦ πολιτευόμενοι; 44,6: καλῶς πολιτευομένους.

[3] Vgl. ferner αἰκία: 2 Makk 7,42; 3 Makk 4,14; 6,26; 4 Makk 17,7: ποικίλας βασάνους. Die lateinische und die koptische Übersetzung lesen πολλὰς αἰκίας καὶ βασάνους (so auch Bihlmeyer, Knopf, Schaefer). Die LA von AHS braucht keine Korrektur, wenn man πολλαῖς αἰκίαις καὶ βασάνοις (Gebhardt, Lightfoot, Funk, Hemmer, Fischer, Jaubert, Schneider) instrumental auffaßt und auf ὑπόδειγμα κάλλιστον bezieht. Vgl. LIGHTFOOT, I 2,32.

betroffen[1]. Damit erhöht sich die Wahrscheinlichkeit, daß die Angaben über den Tod der Apostel Petrus und Paulus auch in diesem Zusammenhang verstanden werden sollen[2]. Wer sind die ἐκλεκτοί? Bis jetzt ist der Terminus nur zweimal aufgetaucht: als Bezeichnung der Mitglieder der korinthischen Gemeinde in 1,1 und dann in 2,4: „die Zahl der Auserwählten" (vgl. auch 59,2). Die ἐκλεκτοί sind die untadeligen Mitglieder der christlichen Gemeinden, die als solche nachgeahmt werden sollen (46,4). Das Erwählungsbewußtsein zeigt sich in der Bereitschaft, durch das Ertragen des Leidens sich den Aposteln zuzugesellen, um somit zum Vorbild für die anderen Christen zu werden.

Die ganze Periode eröffnet die übliche Angabe über die Ursache des Leidens   2 (διὰ ζῆλος). Das Leiden selbst besteht in der Verfolgung und in furchtbaren Martern. Zwei Partizipialsätze drücken dies aus (διωχθεῖσαι – αἰκίσματα δεινὰ καὶ ἀνόσια παθοῦσαι, während zwei Aoriste das Verhalten der Frauen – sie erreichten das Ziel – und den Empfang des Lohnes wiedergeben (κατήντησαν – ἔλαβον). Manche Elemente, die zuvor erschienen sind, klingen nach. Verfolgt wurden auch Joseph (4,9) und David (4,13). Das Leiden (παθοῦσαι) der Frauen hat eine Entsprechung im Leiden (παθόντες) der Männer in 6,1; der Empfang des Lohnes (ἔλαβον γέρας γενναῖον) erinnert an die Aussage über Paulus in 5,6: τὸ γενναῖον τῆς πίστεως αὐτοῦ κλέος ἔλαβεν.

Opfer der Eifersucht sind in diesem Fall Frauen. Die Wendung γυναῖκες Δαναΐδες καὶ Δίρκαι ist als explikative Apposition (Mayser II 2,112) mit metaphorischem Sinn (ohne Vergleichspartikel) auszulegen. Wegen der ungewöhnlichen Anspielung auf solche mythologische Gestalten fehlen nicht die Versuche, den Text zu korrigieren. Einen späteren Einschub unter dem Einfluß von Klemens von Alexandrien (Strom. IV 120,4: τὰ ὅμοια λέγει καὶ ὁ τὴν Δαναΐδα πεποιηκὼς ἐπὶ τῶν Δαναοῦ θυγατέρων ὧδε) vermutete schon der erste Herausgeber P. Young (vgl. die Note in PG 1,221)[3]. Die Einstimmigkeit der Textüberlieferung läßt aber keinen Raum für Konjekturen. Nach der Sage wurden die Danaïden dazu verdammt, im Hades ein Gefäß ohne Boden mit Wasser anzufüllen, weil sie die Aigyptossöhne ermordet hatten[4]. Dirke muß

---

[1] Vgl. A. MODA, Biografia 299 f.

[2] Der Sachverhalt ist jedoch nicht so eindeutig wie E. GRIFFE, Persécution 14 f., es darstellt. Die Wendung ἐν ἡμῖν ist zu unbestimmt, um daraus auf die Aussage eines Augenzeugen schließen zu können. Anders P. KERESZTES, Nero 410.

[3] Andere Versuche bei LIGHTFOOT, I 2,32–34. Vgl. A. DAIN, Notes 355 f. Er plädiert für die LA von Ch. Wordsworth: νεανίδες παιδίσκαι. Der Grund für seine Ablehnung der überlieferten LA ist zweifach: 1. Klemens „nourri d'Écriture sainte, affecte d'ignorer la culture païenne et même le monde païen"; 2. Die Pluralform von „Dirken", während es in der Legende nur eine Dirke gibt. Der erste Punkt ist durch I Clem leicht widerlegbar (der Vogel Phönix z. B.). Der zweite ist nicht gravierend, wenn es sich um die Anwendung einer Metapher handelt. LAKE, 19 Anm. 1: „The text is hopelessly corrupt." W. L. LORIMER, Clement of Rome, Ep. I. 6,2 (70) betrachtet die koptische Variante („verfolgt in die Gegenden der Danaïden und Dirken") als Bestätigung des überlieferten Textes. A. HERMANN, RAC III 574, läßt die Frage offen.

[4] Vgl. A. HERMANN, RAC III 571–573; E. ROHDE, Psyche. Seelencult und Unsterblichkeitsglaube der Griechen, Freiburg ²1898, I 326–329.

die gleiche Strafe erleiden, die sie ihrer Gegnerin Antiope zugedacht hatte: sie wird an die Hörner eines wilden Stieres gebunden und zu Tode geschleift[1]. In der griechischen Mythologie kommen die beiden Gestalten nie gemeinsam vor. In der altchristlichen Literatur erwähnt Klemens von Alexandrien die Danaïden (Strom. IV 120,4), aber nicht Dirke bzw. die Dirken. Der Vf. versteht offenbar beide Gestalten als Sinnbild für weibliches Leid im Hinblick auf christliche Frauen, die um ihres Glaubens willen gepeinigt werden, ohne dabei auf Analogien in der Form des Leidens hinzuweisen[2]. Eine solche Anspielung, um das Leiden von Christinnen in Rom zu veranschaulichen, stand von der Sache her im Verstehens- und Erfahrungshorizont eines gebildeten römischen Autors[3].

Der Begriff αἴκισμα (auch in 17,5) für „Marter, Mißhandlung" ist selten und in der biblischen Literatur nicht belegt. Aber der Wortstamm gehört zum Vokabular der Märtyrerberichte (in der LXX vgl. αἰκίζομαι: 2 Makk 7,1.13.15; 8,28.30. αἰκισμός: 2 Makk 8,17; 4 Makk 6,9; 7,4; 14,1; 15,19)[4]. Die Formulierung (αἰκίσματα δεινὰ καὶ ἀνόσια) ist zu allgemein, um nur darin eine Anspielung auf Vorkommnisse der neronischen Zeit zu sehen, aber die gefährliche Situation der Christen, wobei die Frauen keine Ausnahme machten, bildet den Hintergrund der Aussage. Einige Jahre später berichtet Plinius der Jüngere dem Kaiser Trajan, er habe durch Folter versucht, von zwei Mägden – wahrscheinlich waren sie Diakonissinnen: ministrae – die Wahrheit über das Christentum zu erzwingen (Ep. X 96,8: „ex duabus ancillis, quae ministrae dicebantur, quid esset veri, et per tormenta quaerere").

Die Wendung über das Erreichen des Zieles (ἐπὶ τὸν τῆς πίστεως βέβαιον δρόμον κατήντησαν) läßt sich je nach der Deutung von βέβαιος δρόμος anders auffassen. Nach Lightfoot, I 2,34, heißt dies: „the point in the stadium where

---

[1] Vgl. Der kleine Pauly II 99; I 393.

[2] Anders FISCHER, 33 Anm. 49: „Derartiges widerfuhr wohl auch verurteilten Christinnen." Vgl. A. W. ZIEGLER, Studien 84–87. H. Ch. BRENNECKE, Danaïden 307: „Der Begriff ἀθλητής und das Aufstellen der Frauen auf der Rennbahn im Danaïdenmythos könnten so die Möglichkeit gegeben haben, die in der Sprache der Agonistik beschriebenen Märtyrinnen als Danaïden zu bezeichnen ... In diesem Aufstellen auf der Rennbahn scheint auch die Möglichkeit für die Verbindung der beiden Namen ‚Danaïden und Dirken' zu liegen." In ihrem Postkriptum zum Aufsatz von H. Ch. Brennecke plädiert L. Abramowski für eine andere Lösung: „Danaïden und Dirken" seien eine typische in den Text eingedrungene Glosse, die wahrscheinlich durch den Bericht des Tacitus von der grausamen Hinrichtung der Christen in Rom unter Nero inspiriert wurde (Ann. XV 44,4b). Wenn der terminus post quem der Annalen das Jahr 114 ist, hätte man auch einen terminus post quem für den Glossator. Die Christen hatten jedoch nicht den Bericht des Tacitus nötig, um zu wissen, wie leidvoll der Tod von vielen Glaubensgenossen gewesen ist.

[3] Auch D. VÖLTER, Predigt 56, betrachtet den zweiten Teil von V. 2 als eine von einem Bearbeiter hinzugefügte christliche Deutung auf die gläubigen Frauen und Märtyrerinnen. Die literarkritische Beobachtung stützt sich auf sehr fragliche Premissen über die ursprüngliche Gestalt von I Clem und wirkt sehr willkürlich. Nach dieser Deutung müßten auch Kap. 5 und Kap. 6,1–2a als nicht zum ursprünglichen Text gehörend gestrichen werden (ebd. 58 f.).

[4] Vgl. O. PERLER, Makkabäerbuch 65.

the victory is secured, is almost equivalent to ‚the goal‘"[1]. Das Problem dieser Interpretation besteht darin, daß die angebliche Bedeutung von βέβαιος δρόμος sonst nicht nachweisbar ist[2]. Der Vf. verwendet δρόμος auch in 20,2 nicht im Sinn von Rennbahn, sondern von Lauf. Im Anschluß an 1,2 (... βεβαίαν ὑμῶν πίστιν) empfiehlt es sich daher, βέβαιος δρόμος auf πίστις zu beziehen. In diesem Fall handelt es sich nicht darum, daß die Frauen das „sichere Ziel im Glaubenswettlauf" erreicht hätten – so die gängigen Übersetzungen –, sondern daß die Frauen „auf dem sicheren Lauf des Glaubens" zum Ziel kamen (κατήντησαν)[3]. Der Lauf auf das Ziel hin ist sicher, weil er vom Glauben als treibender Kraft bestimmt ist[4].

Der Empfang der Belohnung als Siegespreis und die abschließende Bemerkung über die körperliche Verfassung der Frauen bekräftigen die Zugehörigkeit des ganzen Bildes zum Agon-Motiv. Die Bedeutung von γέρας in diesem Zusammenhang dürfte eher „Lohn" (Fischer) oder „Ehrenpreis" (Knopf) sein als „Ehrengeschenk" (Bauer/Aland, Lindemann, Schneider). Philo verwendet den Terminus als Synonym zu μισθός (SpecLeg II 183)[5]. Wenn diese Frauen, trotz furchtbaren Leides das Ziel auf dem Lauf des Glaubens erreicht haben, wartet auf sie die entsprechende Belohnung. Auch in diesem Punkt wird die Grundstruktur von 5,4–7 beibehalten. Die Schwachheit ihres Leibes läßt ihren Sieg umso wertvoller erscheinen. Die Frau als „schwaches Geschlecht" ist ein häufig bezeugtes Thema (vgl. 1 Petr 3,7; Arist 250. Die Kraft der Martyrin betonen 2 Makk 7,21; 4 Makk 15,24; 17,2; 16,2: ἀπέδειξα οὖν ὅτι οὐ μόνον ἄνδρες τῶν παθῶν ἐκράτησαν, ἀλλὰ καὶ γυνὴ τῶν μεγίστων βασάνων ὑπερεφρόνησεν). Die spätere martyrologische und apologetische Literatur wird diesen Aspekt oft hervorheben (vgl. Tertullian, Apol. 50,12; ExhortMart 4,1 f.; Euseb, HistEccl V 1,53–56 u. ö.). Indirekt wird die Kraft Gottes hervorgehoben, die dies erlaubt hat, aber im Vordergrund steht das Vorbild, das Nachahmungscharakter besitzt.

Während der Abschnitt 5,1–6,2 durch das Agon-Motiv und deutliche Anklänge an die martyrologische Literatur geprägt ist, bringt 6,3 einen Szenenwechsel in der Darstellung der Folgen der Eifersucht. Der Schauplatz ist jetzt das Verhältnis von Mann und Frau. Eine lose Verbindung mit dem vorangehenden Vers ist durch die Gestalt der Frau gegeben, die nun negativ gezeichnet wird. Dem Satzbau nach zeigt die Eifersucht ihre Wirkung zunächst bei den Frauen   3

---

[1] Von ihm abhängig ist A. PLUMMER, Danaïds 360; vgl. auch KNOPF, 54: „der Punkt der Rennbahn, wo der Lauf entschieden, der Sieg gesichert ist." Seine Übersetzung lautet: „und dadurch zum sicheren Ziel im Glaubenswettlaufe gelangten." Ähnlich Fischer, Lindemann, Schneider, BAUER/ALAND 415.

[2] Vgl. O. BAUERNFEIND, ThWNT VIII 234 Anm. 7.

[3] A. v. HARNACK, Einführung 15, übersetzt frei, aber auch in diesem Sinn: „Auf dem sicheren Weg des Glaubens nahmen sie ihren Lauf"; Ruiz Bueno: „Se lanzaron a la firme carrera de la fe."

[4] Vgl. O. BAUERNFEIND, a. a. O. 234.

[5] Vgl. auch Josephus, Ant 1,14.

selbst, und so werden sie in erster Linie für die Entfremdung gegenüber ihren Männern verantwortlich gemacht[1]. Das zitierte Wort[2] „unseres Vaters Adam" (vgl. 4,8: „unser Vater Jakob"), das geändert wurde[3], bestätigt dies, indem es die urspüngliche Zugehörigkeit von Mann und Frau ausdrückt, aber aus der Sicht des Mannes: „Dies ist nun Gebein von meinen Gebeinen und Fleisch von meinem Fleisch" (Gen 2,23)[4]. Ein konkreter Hintergrund für diese Darstellungsweise läßt sich aus dem Text nicht erkennen. Bleibt dann als einzige Erklärung das Streben nach der Bildung einer zweiten Siebenerreihe?[5] Rein formale Gründe sind wenig plausibel. Daß die Bindung von Mann und Frau nicht durch Gen 2,24, sondern durch Gen 2,23 begründet wird, weist vermutlich auf einen anderen Zusammenhang hin. Es ist die negative Wertung der Frau aufgrund ihrer Rolle bei der Ursünde, wie es etwa 1 Tim 2,13f. darstellt. Die „Unschuld" des Mannes konnte sich sogar auf das Wort Adams in Gen 3,12 berufen – fürwahr das Gegenstück zu Gen 2,23. In diesem Fall wäre die Entfremdung der Ehefrauen von den Männern in der Geschichte die weitere Folge dessen, was schon am Anfang geschehen ist. Im Denkhorizont von I Clem ist dabei maßgeblich nur die Eifersucht.

4 Der ganze Abschnitt geht zu Ende mit der Feststellung der destruktiven Wirkung von Eifersucht und Streit weit über den Rahmen der biblischen Zeugnisse und der christlichen Beispiele hinaus: Sie haben große Städte zerstört[6] und große Völker ausgerottet. Es gehört zu einer bestimmten Art der Paränese, die Gefährlichkeit einer negativen Handlung durch ihre fatalen Folgen für den sozialen Makrokontext anschaulich zu machen. So in Sir 28,14 von der „dritten Zunge" (γλῶσσα τρίτη), d. h. von der Verleumdung: sie hat viele „zum Wanken gebracht und sie von Volk zu Volk getrieben". Es heißt dann weiter: „Sie hat feste Städte zerstört und selbst Häuser von Großen gestürzt." Schon G. Jacobson (1838) hatte auf die Anregung von Jortin hingewiesen, hier eine Anspielung auf Horaz, Carm. I 16,17–21 zu sehen: „Irae Thyesten exitio gravi stravere, et altis urbibus ultimae stetere causae cur perirent funditus"[7]. Ist auch eine solche Anspielung kaum anzunehmen, bleibt indes richtig, daß der Vf. hier die profane Geschichte im Auge hat, wie er

---

[1] ἀπαλλοτριόω auch in 14,2: Entfremdung von dem, was recht ist. Vgl. Vettius Valens 2,37: γονέων ἀπαλλοτριώσεις.

[2] τὸ ῥηθὲν ὑπὸ τοῦ … ist Zitationsformel (vgl. Mt 1,22; 2,15 u. ö.).

[3] ἀλλοιόω auch in 20,4 von der Erde, die „seine Satzungen nicht ändert".

[4] Nur bedingt läßt sich von einem „Schriftbeweis" für die Ehe sprechen, wie LINDEMANN, 42, unter Verweis allerdings auf Gen 2,24 (vgl. Mk 10,6; Eph 5,31) behauptet.

[5] So KNOPF, 54, über 6,3–4: „Es sind Gemeinplätze, die nach dem Vorhergehenden ziemlich abfallen, aber sie machen die Siebenzahl voll."

[6] Nach AC[1]S: κατέστρεψεν. Der Hierosolymitanus hat κατέσκαψεν (vgl. Josephus, Ant 4,313; 8,128; Herodot, 7,156. Vgl. auch Jer 1,10). L hat wahrscheinlich auch κατέσκαψεν gelesen: „diruit".

[7] Vgl. DERS., I 30; LIGHTFOOT, I 2, 34; A. v. HARNACK, Einführung 82.

es auch in 55,1 tut[1]. Auf was für eine Gegebenheit er anspielt, ist jedoch nicht erkennbar. Die rhetorische Prägung der Aussage ist ebenso zu beachten[2].

Nach G. Brunner ist das „zelos"-Motiv dem ganzen Kap. 5 und auch 6,1–2 ursprünglich fremd: „Erst 6,3.4 sind wieder ganz wie c. 4 vom Thema Zelos her konzipiert und erweisen sich so als nicht mehr zur Vorlage des in c. 5 f. verarbeiteten ‚Märtyrer'-Berichts gehörig, sondern als vom Verfasser des 1 Clem angefügt" (Mitte 91)[3]. Die Unterscheidung läßt sich aber schwer durchführen. Es ist klar, daß der Darstellung traditionelle Angaben unterschiedlicher Herkunft zugrundeliegen, aber das genaue Ausmaß und die Gestalt des Übernommenen entziehen sich einer präzisen Bestimmung.

6. Mahnung zur Buße (7,1–8,5)

Der Abschnitt 7,1–8,5 bildet eine Texteinheit als Mahnung zur μετάνοια. Innerhalb dieser Einheit lassen sich drei Teile unterscheiden. Die Behauptung, in einer ähnlichen Lage wie die korinthische Gemeinde zu stehen (7,1), dient als Einleitung für die eigentliche Ermahnung (7,2–4), und zwar ausgedrückt in Verben im Konjunktiv-Aorist in der ersten Person Plural. Aufgrund der Einleitung (7,1) versteht sich, daß die Mahnung nicht in imperativischer „Ihr-sollt"-Form erfolgt, sondern im brüderlichen – aber deswegen nicht weniger bestimmenden – Wir-Stil. Im zweiten Teil sollen Beispiele aus der Heilsgeschichte die Mahnung einsichtig machen (7,5–8,1). Der letzte Teil (8,2–5) begründet den Aufruf zur μετάνοια durch das Wort Gottes selbst.

6.1. Aufforderung zur Neubesinnung (7,1–4)

1. Dies, Geliebte, schreiben wir nicht nur, um euch zu ermahnen, sondern auch, um uns selbst zu erinnern. Denn wir befinden uns auf demselben Kampfplatz, und derselbe Kampf ist uns auferlegt. 2. Verlassen wir darum die leeren und nichtigen Gedanken, und kommen wir zu der ruhmvollen und ehrbaren Richtlinie unserer Überlieferung, 3. und sehen wir zu, was gut und was angenehm und was wohlgefällig ist vor dem, der uns geschaffen hat. 4. Blicken

---

[1] So A. v. HARNACK, ebd.

[2] Vgl. W. JAEGER, Echo 331 Anm. 5, mit Hinweis auf die Übertragung Catulls einer Ode Sapphos: „Otium, Catulle, tibi molestum est, / otio exultas nimiumque gestis. / Otium et reges prius et beatas / perdidit urbes."

[3] O. PERLER, Makkabäerbuch 70–72, plädiert für eine mögliche Abhängigkeit des I Clem besonders anhand I Clem 5–6 von 4 Makk (mit einer guten Kritik an Dibelius und Sanders). Eine direkte Abhängigkeit ist mindestens kaum nachweisbar, wohl aber die Zugehörigkeit zu einer gemeinsamen Tradition.

wir hin auf das Blut Christi, und erkennen wir, wie kostbar es seinem Vater ist, denn, um unseres Heiles willen vergossen, hat es der ganzen Welt die Gnade der Buße gebracht.

1 Der Anlaß der brieflichen Mitteilung (ἐπιστέλλομεν, vgl. 62,1) ist nicht allein die Ermahnung an die Adresse der Korinther (οὐ μόνον ὑμᾶς νουθετοῦντες). Auch die römische Gemeinde fühlt sich durch die eigenen Worte angesprochen. Sie wird dadurch an die eigene Situation erinnert (ἑαυτοὺς ὑπομιμνήσκοντες)[1], und diese ist anscheinend überraschend vergleichbar mit der in Korinth. Die zwei letzten Aussagen, die die Aktualität des Schreibens für die römische Gemeinde selber erklären, ergänzen sich gegenseitig: es ist der gleiche Kampfplatz und der gleiche Kampf.

Die Anrede ἀγαπητοί, die schon in 1,1 vorkam, ist die am häufigsten verwendete in I Clem (ca. 18mal), sogar vor ἀδελφοί (ca. 14mal). In beiden Fällen handelt es sich um traditionellen judenchristlichen Sprachgebrauch, der schon formelhafte Züge angenommen hat (z. B. ὁρᾶτε, ἀγαπητοί: 12,8; 16,17; 21,1; 50,1)[2]. Ein Vergleich mit dem neutestamentlichen Befund zeigt, daß der Ausdruck in der paulinischen Literatur selten belegt ist (Röm 12,19; 2 Kor 7,1; 12,19). Bedeutsam ist das Vorkommen in Hebr 6,9 und 1 Petr 2,11; 4,12 (vgl. auch 2 Petr 3,1.8.14.17) wegen des gemeinsamen traditionellen Hintergrundes[3]. All diesen Texten gemeinsam ist der paränetische Charakter, und von diesem Anliegen her ist die Diktion in I Clem zu verstehen. Die sprachlich geschaffene Nähe zu einer fernliegenden Gemeinde, die als solche angesprochen wird, ist Bestandteil einer das ganze Schreiben bestimmenden persuasiven Intention.

Im Unterschied zum geläufigen ἀγών ist σκάμμα in der christlichen Literatur der ersten zwei Jahrhunderte nur hier belegt (im hellenistischen Judentum nicht bezeugt). Von der ursprünglichen Bedeutung „Graben" (σκάπτω) her bezeichnet der Begriff den umgegrabenen Platz, der für sportliche Übungen gebraucht wird[4]. Beide Termini gehören in ein gemeinsames Begriffsfeld: das des Agon-Motivs[5].

Die Aussage ist von einer klaren rhetorischen Absicht getragen[6]. Die römische Gemeinde wählt eine Ausdrucksform, die jede Art einer unnötigen Demonstration von Autorität vermeidet. Mit 7,1 beginnt der ausdrücklich

---

[1] Beide Partizipien – νουθετοῦντες und ὑπομιμνήσκοντες – haben finale Bedeutung.

[2] Weder die jüdische noch die griechische Literatur kennt ἀγαπητοί (im Plural) als Anrede.

[3] Ein gemeinsames Bild ergibt sich allerdings nicht. Vgl. 1 Joh 2,7; 3,2.21; 4,1.7.11; Jud 3.17.20.

[4] Vgl. LIGHTFOOT, I 2,35; KNOPF, 55.

[5] Vgl. zu σκάμμα Epiktet, Diss. IV 8,26. Spätere Belege zeigen das ebenso deutlich. Vgl. Hippolyt, Dan. II 19,8: προτρεπόμενοι ἀλλήλοις ὡς ἔμψυχοι ἀθληταὶ προηγοῦντο ὑπὸ τοῦ πνεύματος εἰς τὸ σκάμμα, τρεῖς παῖδες νεώτεροι πρὸς μυριάδας ἀνθρώπων ἀπίστων ἀγωνιζόμενοι; Epiphanius, Haer. 59,10: ὁ ἀγὼν ἐτελέσθη καὶ ἐκενώθη τὸ σκάμμα.

[6] Die Ähnlichkeit mit Hebr 12,1f. ist nicht eng. Vgl. D.A. HAGNER, Use 188f.

paränetische Abschnitt des Briefes. Die Kapitel zuvor waren zwar auf dieses Ziel hingeordnet, aber Sprache und Inhalt waren anders: Lob, Kontrast von herrlicher Vergangenheit und trostloser Gegenwart, Beispiele aus der Geschichte. Jetzt, wo die Paränese einsetzt, versucht der Vf., das Gewicht der Forderung durch den Hinweis auf die brüderliche Gemeinsamkeit äußerlich zwar abzumildern, ohne jedoch Inhalt und Entschiedenheit anzutasten. Dazu gehört die Behauptung, die römische Gemeinde hätte den gleichen Kampf zu bestehen wie die korinthischen Gläubigen[1].

Die Ermahnung zur μετάνοια beginnt mit der Aufforderung zu einer buch- 2
stäblichen Sinnesänderung. Διό steht am Anfang der Ermahnung im Wir-Stil wie in 9,1 und 23,2. In all diesen Texten gibt es eine Grundaussage (7,1; 8,5; 23,1), auf die sich die Aufforderung stützt. Von διό abhängig sind die drei Verben in V. 2–3: ἀπολίπωμεν, ἔλθωμεν und ἴδωμεν. Diese Sinnesänderung wird objektiviert und konkretisiert sich einerseits durch das Weglassen von leeren und nichtigen Gedanken (τὰς κενὰς καὶ ματαίας φροντίδας)[2], andererseits durch die entschiedene Hinwendung zu einem anderen inhaltlichen Orientierungspunkt, der mit der „ruhmvollen und ehrbaren[3] Richtlinie unserer Überlieferung" gekennzeichnet ist (τῆς παραδόσεως ἡμῶν κανόνα)[4]. Die Angaben spiegeln noch einmal den Standpunkt des Vf.s wider, denn die leeren und nichtigen Gedanken sind die Überlegungen, die zum „nichtigen Aufruhr" in der korinthischen Gemeinde geführt haben (63,1: ματαία στάσις). Die „Richtlinie der Überlieferung" ist die Norm, die, auf einer in der Geschichte zurückliegenden Größe gründend, eine nicht hinterfragbare Gültigkeit beansprucht[5]. Durch den Wir-Stil im ganzen Abschnitt läßt der Vf. diese Norm auch zum Inhalt eines Konsenses mit den Korinthern werden, was nach den bisherigen Angaben über die Entstehung des Problems eigentlich nicht ohne weiteres stimmen dürfte. Aber für ihn ist allein entscheidend das Erreichen eines realen Konsenses in der Praxis der Gemeinde, wenn die Korinther der Stellungnahme der römischen Gemeinde gehorchen. Mittel zur Erreichung

---

[1] G. BRUNNER, Mitte 102 f., sieht hier – wie auch schon in Präskript und in I Clem 1,1 – eine „Verklammerung" der römischen und der korinthischen Ereignisse. Abgesehen von seiner Beurteilung über den Anlaß und die Adressaten des Briefes, die erwägenswert ist (vgl. a. a. O. 106 f.), achtet er zu wenig auf das rhetorische Ziel der Aussage.

[2] Das Adjektivpaar auch in Jes 30,7; Hos 12,2; Ijob 20,18; Arist 137; 205. Vgl. LIGHTFOOT, I 2,35; LINDEMANN, 44.

[3] εὐκλεής ist gut belegt bei Philo. Vgl. All II 108: „Führe diesen schönsten Kampf durch und bemühe dich, im Kampf gegen die alle andern beherrschende Sinnenlust den schönen und ruhmvollen Kranz zu erringen" (... καὶ κάλλιστον ἀγῶνα τοῦτον διάθλησον καὶ σπούδασον στεφανωθῆναι κατὰ τῆς τοὺς ἄλλους ἅπαντας νικώσης ἡδονῆς καλὸν καὶ εὐκλεᾶ στέφανον). Zu σεμνός vgl. Arist 31: διὰ τὸ ἁγνήν τινα καὶ σεμνὴν εἶναι τὴν ἐν αὐτοῖς θεωρίαν (über die heiligen und ehrwürdigen Ansichten der biblischen Bücher).

[4] Die Wendung wird ohne Herkunftsangabe bei Klemens von Alexandrien (Strom. I 15,2) aufgenommen.

[5] Der Terminus steht in keinerlei Zusammenhang mit der Metapher σκάμμα in 7,1. Gegen LIGHTFOOT, I 2,36.

dieses Zieles ist die Vorwegnahme der Entscheidung durch den Wir-Stil und den Hinweis auf „unsere" Richtschnur[1]. H. W. Beyer versteht κανών hier als die Regel, „nach der der Christ leben soll, und zwar im Blick auf das, was gut und wohlgefällig und vor dem Schöpfer angenehm ist". Der Begriff sei rein ethisch gefaßt (ThWNT III 604). Die Deutung ist von 7,3 beeinflußt. Mag sie auch grundsätzlich richtig sein, so bleibt doch fraglich, ob sie den Sinn von τῆς παραδόσεως ἡμῶν κανών vollständig erfaßt. Vor der Explizierung in 7,3 geht es um die Abwendung von den irrtümlichen Gedanken und um die Hinwendung zur Wahrheit. Konkret heißt das, die Mahnung der römischen Gemeinde anzunehmen. Der Sachverhalt klärt sich, wenn man auf den Abschnitt I Clem 40–44 hinweist, der den Nachweis erbringen will, daß die Absetzung der Presbyter der von Gott von jeher immer schon gewollten Ordnung widerspricht. Dies dürfte der letztlich intendierte Bezugspunkt in der Tradition sein, an dem sich die Korinther orientieren müssen[2].

3   In der Wendung: καὶ ἴδωμεν, τί καλὸν καὶ τί τερπνὸν καὶ τί προσδεκτὸν ἐνώπιον τοῦ ποιήσαντος ἡμᾶς, ist eine Reminiszenz aus Ps 132,1 erkennbar: ἰδοὺ δὴ τί καλὸν ἢ τί τερπνὸν ἀλλ᾽ ἢ τὸ κατοικεῖν ἀδελφοὺς ἐπὶ τὸ αὐτό, aber es ist keine absichtliche Anspielung, obschon es sich vom Thema her – die Eintracht in der Familie – nahelegen würde[3]. 1 Tim 2,3 (τοῦτο καλὸν καὶ ἀπόδεκτον ἐνώπιον τοῦ σωτῆρος ἡμῶν θεοῦ) zeigt, daß solche Formen allgemein in die Paränese gehören (vgl. etwa 1 Tim 5,4; Hebr 13,21; 1 Joh 3,22). Worum es sich bei der Gott wohlgefälligen Lebensführung inhaltlich handelt, ist aufgrund der anderen Angaben nicht schwer zu erraten. Einiges davon kam schon in der „laudatio" 1,2–2,8 zur Sprache. Anderes wird in den folgenden Kapiteln den Gegenstand der Ermahnung bilden: Buße, Glauben, Gehorsam, Demut, Gastfreundschaft (Knopf, 55). Die partizipiale Gottesprädikation ὁ ποιήσας erscheint auch in 14,3. Sie ist geläufig im hellenistischen Judentum[4].

4   Die erste klare christologisch-soteriologische Aussage des Briefes fängt mit einer zweifachen Aufforderung an: das Hinblicken auf das Blut Christi (ἀτενίσωμεν εἰς τὸ αἷμα τοῦ Χριστοῦ) und das Erkennen seines Wertes vor

---

[1] A. v. HARNACK, Einführung 108: „Tradition als Inbegriff und Richtschnur des ganzen christlichen Seins und Lebens." Ähnlich LINDEMANN, 44. Das ist wohl zu wenig.

[2] W. R. FARMER, Galatians 150–152, versteht die Wendung im Sinn der „regula fidei". Dabei beruft er sich auf den Anfang der Stromata (I 15,2) des Klemens von Alexandrien, der seine Absicht bekundet, die Häresien mit einer Lehre κατὰ τὸν εὐκλεῆ καὶ σεμνὸν τῆς παραδόσεως κανόνα zu bekämpfen. Es ist richtig, daß I Clem Inhalte verbindlich vermittelt, die später auch in der „regula fidei" erscheinen werden. Aber weder dies noch die spätere Verwendung von I Clem 7,2 bei Klemens von Alexandrien berechtigen, die Stelle als „regula fidei" aufzufassen. Richtig G. G. BLUM, Tradition 45.

[3] „Angenehm und gefällig" (τερπνόν und προσδεκτόν) kommen nur hier in I Clem vor. καλόν wird oft mit εὐάρεστον verbunden (21,1; 60,2; 61,2).

[4] Vgl. als Schöpfer von Welt und Menschen Ps 133,3; Spr 14,31; Weish 9,1; Jes 43,1; 44,2; 45,18 usw.

Gott. Den Grund für diesen besonderen Wert gibt der folgende ὅτι-Satz an: um unseres Heiles willen vergossen, hat es der ganzen Welt die Gnade der Buße gebracht. Die Wendung ἀτενίσωμεν εἰς (vgl. 9,2; 17,2; 19,2; 36,2) ist typisch für I Clem[1]. Innerhalb der christologichen Aussagen in I Clem kommt dem Blut des Erlösers erhebliche Bedeutung zu (vgl. 12,7; 21,6; 49,6). Die Art und Weise, den Tod Jesu in seiner Heilsbedeutung zu thematisieren, erinnert zwar an Hebr 9, aber Texte wie Röm 3,25; 5,9 und andere Aussagen der neutestamentlichen Überlieferung weisen auf ein urchristliches theologumenon als Grundlage hin, das in verschiedenen Gestalten zur Sprache gebracht wurde[2]. Das intensive Blicken auf das Blut Christi (ἀτενίσωμεν) führt zu der weiteren Erkenntnis, die den Wert[3] des Erlösungsgeschehens vor seinem Vater[4] (d. h. Gott) betrifft[5]. Die Wirkung des für „unser Heil"[6] vergossenen Blutes entfaltet sich also vor diesem „theologischen" Horizont und besteht in der Gnade der „metanoia" für die ganze Welt. Wie sich „theologisches" und „christologisches" Handeln zueinenander verhalten, wird nicht präzisiert, aber im Hinblick auf 7,5 ist die Behauptung nicht unbegründet, daß der Urheber – trotz der Formulierung παντὶ τῷ κόσμῳ μετανοίας χάριν ὑπήνεγκεν, deren Subjekt das vergossene Blut ist – doch Gott bleibt[7]. Auch von hier aus ist der Terminus χάρις[8] auszulegen. Die „Gnade der metanoia" ist die von Gott immer schon geschenkte Gelegenheit der Buße an alle, die sich bekehren wollten.

Das „metanoia"-Thema verfolgt ein eindeutiges Ziel und wird in einem ebenso deutlichen Rahmen behandelt. Das Ziel ist die Wiederherstellung der Verhältnisse vor dem Aufruhr[9]. Umkehr bedeutet hier Rückkehr zu diesem

---

[1] Im NT besonders in der Apg 1,10, 3,4; 6,15; 7,55; 11,6; 13,9. Vgl. auch 2 Kor 3,7.13; 3 Makk 2,26.

[2] Vgl. O. Böcher, EWNT I 92 f.

[3] Zu τίμιον im Hinblick auf das Blut Christi vgl. 1 Petr 1,19: τιμίῳ αἵματι.

[4] LSC¹C²: τῷ πατρὶ αὐτοῦ.

[5] E. W. Fisher, „Let us Look" 233 f., legt die Stelle eucharistisch aus: „The Blood-of-Christ our Salvation is seen when the Christian Community celebrates the Eucharist." Es ist richtig, daß die Wendung διὰ τὴν ἡμετέραν σωτηρίαν ἐκχυθέν an die Worte des Einsetzungsberichtes erinnert (vgl. Mt 26,28: τὸ περὶ πολλῶν ἐκχυννόμενον), aber eine Sache ist die ursprüngliche Bedeutung einer Überlieferung, und eine andere ihre Rezeption und Anwendung in einem anderen Werk. Dem Kontext in I Clem 7 ist eine solche Deutung fremd. Der lange Abschnitt über I Clem 7,4 in der Dissertation Fishers (Soteriology 132–163) enthält keinen neuen argumentativen Gesichtspunkt.

[6] O. Knoch, Eigenart 266–272.414f., und H. B. Bumpus, Awareness 94, bemängeln die soteriologische Tragweite der Aussage. Die theozentrische Prägung von I Clem läßt gewiß wenig Raum für eine explizite Entfaltung der Soteriologie, aber sie ist in die Theologie integriert.

[7] A. v. Harnack, Einführung 78, formuliert: „Der Universalismus des göttlichen Erbarmens ist erst durch Christi Tod eine Tatsache geworden."

[8] Die koptische Überlieferung hat χάρις als Präposition verstanden: „Zur Bekehrung der Welt."

[9] Der Aufsatz von P. G. Alves de Sousa, Conversao, stellt die Texte von I Clem über die „metanoia" zusammen, aber ohne den Bezug auf das korinthische Problem zu berücksichtigen.

Zustand. Der Rahmen ist der Abschnitt 7,2–8,5. Schon in 9,1 erklingt das Eifersuchtsmotiv wieder als Überleitung zu einem neuen Gegenstand der Ermahnung. Der „metanoia"-Begriff kommt noch einmal in 57,1 in einer direkten Anrede an die Unruhestifter vor: παιδεύθητε εἰς μετάνοιαν. An dieser Stelle und in der Zusammenfassung 62,2 wird das schon erwähnte Ziel nochmals bekräftigt[1].

6.2. Beispiele aus der Vergangenheit (7,5–8,1)

5. Gehen wir alle Generationen durch und lernen wir daraus, daß der Herrscher von Generation zu Generation denen Gelegenheit zur Buße geschenkt hat, die sich zu ihm bekehren wollten.
6. Noach verkündigte Buße, und die, die gehorchten, wurden gerettet.
7. Jonas verkündigte den Niniviten die Zerstörung; als sie aber für ihre Sünden Buße taten, versöhnten sie Gott durch ihr Flehen und erlangten Rettung, obwohl sie Gott fremd waren. Kap. 8. 1. Die Diener der Gnade Gottes haben durch den Heiligen Geist über die Buße gesprochen.

5   Die Geschichte als Ganzes (διέλθωμεν εἰς τὰς γενεὰς πάσας) dient als Quelle der Erkenntnis, obwohl daraus im folgenden nur zwei Beispiele genommen werden. Das Verb καταμανθάνω, das in der LXX nur „mit dem *Vorgang des Sehens* zu tun" hat[2], besagt hier mehr als „beobachten" und ist eher als Intensivum zu μανθάνω aufzufassen[3]. Der Blick in die Geschichte verleiht die Erkenntnis: Gott hat die Möglichkeit der Buße[4] immer[5] schon denen gegeben, die bereit waren, sie anzunehmen. Göttliches und menschliches Handeln treten in Beziehung zueinander, ohne daß die Frage nach dem Verhältnis von göttlicher Initiative und menschlicher Antwort berührt wird. Knopf, 56, hebt den Rationalismus und Moralismus der Aussage hervor: „keine göttliche ἐκλογή hier." Nach O. Knoch „ist der menschliche Faktor bei der Heilsaneignung ebenfalls stark betont" (Eigenart 266). Es ist richtig, daß der Vf. die

---

[1] Traditionsgeschichtlich bewegt sich der Sprachgebrauch von μετάνοια im Rahmen der biblischen Überlieferung. Die oft behauptete Unableitbarkeit des Begriffes aus der hellenistischen Tradition – repräsentativ der Artikel von J. BEHM in: ThWNT IV 976: „Den Ursprung des nt.lichen Verständnisses von μετανοέω und μετάνοια, des sprachlichen wie des sachlichen, sucht man auf griechischem Boden vergeblich" – ist offenbar nicht so unproblematisch. Vgl. die Dissertation von H.-G. SCHÖNFELD, METANOIA. Ein Beitrag zum Corpus Hellenisticum Novi Testamenti (theol. Diss.), Heidelberg 1970. Für eine Klärung der Frage sind die wenigen Stellen in I Clem unergiebig.
[2] Vgl. K. H. RENGSTORF, ThWNT IV 416.
[3] Die Diktion liegt Philo und Josephus näher als der LXX.
[4] Zu μετανοίας τόπος vgl. Weish 12,10; Hebr 12,17; Plinius, Ep. X 96,10: si sit paenitentiae locus.
[5] Zu ἐν γενεᾷ καὶ γενεᾷ vgl. Ps 89,1; 144,13.

Forderung mit dem Anspruch auf Rationalität begleitet, um sie einsichtig zu machen. Darin besteht der Sinn des Rückblicks auf die Geschichte. Aber letzten Endes geht es um den Willen Gottes, die Menschen zu retten (8,2–3). Wenn es sich schließlich um eine Aufforderung zur „metanoia" handelt, läßt sich das Moment der menschlichen Entscheidung nicht ausschalten, soll die Umkehr nicht in einen theologischen Determinismus verfallen[1]. Daß Gott dabei die Initiative behält, wird am Schluß des Abschnitts 8,5 betonen.

Durch die von Gott immer schon angebotene Möglichkeit der Buße relativiert sich – wenigstens auf den ersten Blick – die vorhergehende Aussage über den Tod des Erlösers als Ursache für die Gnade der Buße[2].

Die Beispiele in V. 6–7 bekräftigen die vorausgehende Aussage über die 6 Bereitschaft Gottes, jederzeit Gelegenheit zur Buße zu geben. Die Notiz, daß einige auf die Aufforderung Noachs zur „metanoia" positiv antworteten und so gerettet wurden, suggeriert, daß – im Unterschied zum biblischen Bericht – nicht nur Noach und seine Familie die Sintflut überlebten, sondern auch οἱ ὑπακούσαντες auf seine Predigt[3]. Ein Motiv, das in der jüdischen Überlieferung weit zerstreut da und dort erscheint, nämlich die Gestalt Noachs als Bußprediger, schlägt sich hier nieder. Die wichtigsten Zeugen sind: Sib 1,128 f.: Νῶε, δέμας θάρσυσον ἐὸν λαοῖσί τε πᾶσι κήρυξον μετάνοιαν, ὅπως σωθῶσιν ἅπαντες; Josephus, Ant 1,74; Jub 7,20–39; GenR 30,7; EcclR 9,15.1; bSanh 108a–b[4]. Nach der Version des Josephus wird dem Noach kein Gehör geschenkt, und so bedeutet die Sintflut die Vernichtung aller anderen Lebewesen. Im Jubiläenbuch hält Noach erst nach der Sintflut eine Mahnrede, die eine klare Kritik an der mangelnden Eintracht unter seinen Söhnen enthält: „Ich sehe vor mir euer Thun, daß ihr nicht in Gerechtigkeit wandelt, sondern auf dem Wege der Verderbnis habt ihr angefangen zu wandeln und euch von einander zu trennen und auf einander eifersüchtig zu sein, und [so wird es kommen], daß ihr keine Gemeinschaft habt, meine Kinder, ein jeder mit seinem Bruder" (Jub 7,26 [Kautzsch II 53 f.]). Auch hier fehlt jeder Hinweis auf die Reaktion „der Kinder seiner Kinder". Auf welchem Weg auch immer,

---

[1] Vgl. die kritischen Bemerkungen von H. RÄISÄNEN, „Werkgerechtigkeit" 89 f.

[2] A. v. HARNACK, Einführung 108, behauptet, somit werden „dem Blute bzw. Christus in Wahrheit jede besondere Bedeutung entzogen, es sei denn die, daß die Bekehrung jetzt universaler geworden ist. Der Verfasser ist also unfähig, der ihm überlieferten Formel vom Blute Christi einen Glaubensgedanken – abgesehen davon, daß nun der ganzen Welt die Bekehrung verkündigt wird – abzugewinnen, glaubt aber einen solchen zu besitzen". Die scharfe Beurteilung übersieht die Theozentrik und die Argumentationsart des Briefes. A. v. HARNACK, ebd. 72, urteilt andererseits überaus positiv über die christologische Überlieferung in I Clem: „Es ist, um es kurz zu sagen, durch Tradition in überraschender Vollständigkeit bereits alles da, und die Erwartungen, welche die nach apostolischem Vorbild formulierte Adresse in dieser Hinsicht erregt, werden nicht enttäuscht." Richtig, in der Forschungsgeschichte leider kaum rezipiert, sind die Überlegungen von J. P. BANG, Studien 456–458.

[3] 2 Petr 2,5 nennt Noach „Verkündiger der Gerechtigkeit" (δικαιοσύνης κήρυκα), aber nicht der μετάνοια. In I Clem 9,4 verkündet Noach der Welt die παλιγγενεσία.

[4] Vgl. J. P. LEWIS, Study 102 Anm. 3.

der Vf. hat ähnliche Traditionen gekannt und sie umgebildet, um sie seiner Argumentation dienstbar zu machen.

7   Das zweite Beispiel einer wirksamen Verkündigung der „metanoia" hat die Gestalt des Jona als Objekt. Er hat den Niniviten die Zerstörung verkündet (καταστροφὴν ἐκήρυξεν). Die Reaktion der Niniviten kommt durch zwei Partizipien zum Ausdruck: μετανοήσαντες ἐπὶ τοῖς ἁμαρτήμασιν αὐτῶν und ἱκετεύσαντες. Die Reue über ihre Sünden und ihr Flehen erreicht zunächst, Gott gnädig zu stimmen (ἐξιλάσαντο τὸν θεόν)[1], und so – als Folge daraus – Rettung zu erlangen (καὶ ἔλαβον σωτηρίαν). In einem Nebensatz wird der Wert der „metanoia" als Weg zum Heil indirekt unterstrichen: Das alles geschah, obwohl die Niniviten nicht zum Gottesvolk gehörten, sondern Fremdlinge waren (καίπερ ἀλλότριοι τοῦ θεοῦ ὄντες. ἀλλότριοι entspricht ἀλλόφιλοι in 4,13; 55,4).

Im Unterschied zum vorhergehenden Beispiel mit Noach spiegelt der Inhalt von I Clem 7,5 die Grundaussagen des Jonabuches wider, auch wenn dabei keine wörtliche Anlehnung vorliegt. Die den Niniviten angekündigte Zerstörung geht auf Jona 3,4 zurück: καὶ ἐκήρυξεν καὶ εἶπεν· Ἔτι τρεῖς ἡμέραι καὶ Νινευὴ καταστραφήσεται. Die Reue der Niniviten über die eigenen Sünden findet ihren Ausdruck in Jona 3,8b: καὶ ἀπέστρεψαν ἕκαστος ἀπὸ τῆς ὁδοῦ αὐτοῦ τῆς πονηρᾶς καὶ ἀπὸ τῆς ἀδικίας τῆς ἐν χερσὶν αὐτῶν. Dem Gnädig-gestimmt-werden Gottes entspricht in Jona 3,10b seine Reue: καὶ μετενόησεν ὁ θεὸς ἐπὶ τῇ κακίᾳ, ᾗ ἐλάλησεν τοῦ ποιῆσαι αὐτοῖς, καὶ οὐκ ἐποίησεν. Daß die Niniviten nicht zum Gottesvolk gehörten, läßt Jona 4,11 anschaulich erkennen[2].

Die Beispiele in 7,6 f. zeigen also, daß die μετάνοια Rettung bringt. Sei es als Rettung vor der Sintflut (Noach) oder als Rettung vor der angekündigten καταστροφή (Jona), immer handelt es sich um konkrete Erfahrung des Heils, in der sich die Nähe Gottes ausdrückt[3].

1   **Kap. 8.** Der Satz schließt den Abschnitt mit den Beispielen aus der Geschichte ab. Die λειτουργοί der Gnade sind zunächst Noach und Jona, so wie in 9,2.4 Henoch und noch einmal Noach (λειτουργήσαντας ... διὰ τῆς

---

[1] Vgl. Sach 7,2; 8,22; Mal 1,9; Josephus, Ant 6,124. Vgl. F. BÜCHSEL, ThWNT III 315.

[2] Mt 12,41 par. Lk 11,32 erwähnt auch die Reue der Niniviten nach der Predigt des Jona (ὅτι μετενόησαν εἰς τὸ κήρυγμα Ἰωνᾶ), aber das Thema dient als Warnung und Drohung gegenüber den ungläubigen Juden, die auf den, der mehr ist als Jona, nicht hören wollen. Vgl. J. JEREMIAS, ThWNT III 410–413, hier 411.

[3] Nach KNOPF, 56, denkt der Verfasser „sehr heidenfreundlich, und er bindet auch das Heil nicht an Christus". Richtig LINDEMANN, 45 f.: „Aber der Vf. will, ähnlich wie Paulus in Röm 4; Gal 3, anhand biblischer Beispiele vom Wesen Gottes sprechen, das sich den Christen gegenwärtig im ‚Sehen auf das Blut Christ' (V. 4) erschließt ... Wichtig ist, den aktuellen Zweck des Briefes auch an dieser Stelle zu sehen: Das Angebot der Buße gilt wie in allen Generationen so auch gegenwärtig für alle Menschen – also auch, ohne daß das gesagt wäre, für die Christen in Korinth."

λειτουρίας αὐτοῦ)[1]. Es handelt sich um einen heiligen Dienst, aber die Heiligkeit hängt nicht mit dem Kult bzw. mit kultischen Funktionen zusammen (vgl. 32,2; 41,2; 43,4), sondern mit der Sache, auf die sich der Dienst bezieht, d. h. mit der χάρις (vgl. 7,4: μετανοίας χάρις), sodann mit der Kraft, die diesen Dienst erst möglich gemacht hat, d. h. mit dem Heiligen Geist (διὰ πνεύματος ἁγίου ... ἐλάλησαν) und schließlich mit der Wirkung, die aus dem Dienst der Verkündigung hervorgegangen ist, d. h. mit der σωτηρία[2].

Exkurs 1: δεσπότης und die Gottesprädikationen in I Clem

Die Gottesbezeichnung δεσπότης[3], die in 7,5 zum ersten Mal begegnet, ist die häufigste in I Clem. Aber nicht nur die Häufigkeit ist der Grund dafür, daß die Frage nach dieser Gottesprädikation gestellt wird. In ihr kommt ein wesentlicher Zug des Gottesbildes von I Clem zur Sprache[4]. Aber auch die anderen Prädikate sind aufschlußreich genug, um aus ihrer Zusammenschau einen ersten Einblick in dasselbe zu gewinnen, ohne daß man jedoch damit den Gegenstand vollständig erfassen könnte. Die Kategorien geben zwar eine Grundorientierung an, aber die eigentliche Gottesvorstellung läßt sich dennoch nur aus der Analyse des Gesamttextes gewinnen.

I. Der Textbefund.

1. δεσπότης kommt in I Clem 24mal vor: 7,5; 8,2; 9,4; 11,1; 20,8.11; 24,1.5; 33,1.2; 36,2.4; 40,1.4; 48,1; 49,6; 52,1; 55,6.16; 59,4; 60,3; 61,1.2; 64. Die Bezeichnung begegnet in Begleitung von anderen Wendungen bzw. anderen Prädikationen.
8,2: ὁ δεσπότης τῶν ἁπάντων.
20,11: ὁ μέγας δημιουργὸς καὶ δεσπότης τῶν ἁπάντων.
33,2: ὁ δημιουργὸς καὶ δεσπότης τῶν ἁπάντων.
52,1: ὁ δεσπότης ὑπάρχει τῶν ἁπάντων.
55,6: τὸν παντεπόπτην δεσπότην, θεὸν τῶν αἰώνων.
61,2: δέσποτα, ἐπουράνιε βασιλεῦ τῶν αἰώνων.
64: ὁ παντεπόπτης θεὸς καὶ δεσπότης τῶν πνευμάτων καὶ κύριος πάσης σαρκός.
2. δημιουργός: 20,11; 26,1; 33,2; 35,3; 59,2 = (5mal).

---

[1] Vgl. W. WREDE, Untersuchungen 74.
[2] LIGHTFOOT, I 2,38, KNOPF, 56, W. BRANDT, Wortgruppe 155, deuten die λειτουργοί der Gnade auf die Propheten, während LINDEMANN, 46, darunter „alle, die περὶ μετανοίας sprechen", versteht. Das entspricht zwar eher der Fassung von L: „item ministri gratiae Dei per Spiritum Sanctum omnes de poenitentia sunt locuti", aber nicht dem Verständnis des ursprünglichen Textes.
[3] Im Anschluß an A. v. HARNACK, Einführung, wird δεσπότης in der Regel mit „Herrscher" wiedergegeben, um den Unterschied zu κύριος beizubehalten. Hemmer und Jaubert verwenden „Maître", Grant entscheidet sich für „Master". Ruiz Bueno schwankt zwischen „Señor", „soberano Señor" und „Soberano".
[4] Von einer „ständigen Verschweigung" Gottes kann in I Clem keine Rede sein. Gegen S. FERNANDEZ-ARDANAZ, Elementos 58. Ein Blick auf die Konkordanz zeigt ein ganz anderes Bild. θεός kommt außerhalb von Schriftzitaten mehr als 70mal vor.

Zu 20,11 und 33,2 s. o. 35,3: ὁ δημιουργὸς καὶ πατὴρ τῶν αἰώνων ὁ πανάγιος; 26,1 und 59,2: ὁ δημιουργὸς τῶν ἁπάντων.

3. κτίστης: 19,2: εἰς τὸν πατέρα καὶ κτίστην τοῦ σύμπαντος κόσμου; 59,3: τὸν παντὸς πνεύματος κτίστην καὶ ἐπίσκοπον; 62,2: πρὸς τὸν πατέρα καὶ θεὸν καὶ κτίστην = (3mal).

4. κύριος (außerhalb der Schriftzitate): 2,8; 33,7; 47,7; 53,3.5; 55,5; 60,1; 61,1.2; 64 = (10mal).

κύριος (in Schriftzitaten): 8,2.4²; 12,5; 13,1; 15,5.6; 16,3².7.10.12.16; 18,15; 21,2; 22,1.6².7.8; 23,5; 29,2.3; 34,3.6; 39,4; 48,2.3; 50,6; 52,2; 53,4; 54,3; 56,3.4.6; 57,5 = (36mal).

5. παντοκράτωρ: Inscr.; 2,3; 32,4; 62,2 (immer in Bezug auf Gott: παντοκράτωρ θεός); 56,6 (= Ijob 5,17); 60,4 (in Bezug auf den Namen Gottes) = (6mal).

6. πατήρ: 7,4; 8,3 (= unbekanntes Zitat); 19,2 (εἰς τὸν πατέρα καὶ κτίστην τοῦ σύμπαντος κόσμου); 23,1 (ὁ οἰκτίρμων κατὰ πάντα καὶ εὐεργετικὸς πατήρ); 29,1 (τὸν ἐπιεικῆ καὶ εὔσπλαγχνον πατέρα ἡμῶν); 35,3 (πατὴρ τῶν αἰώνων); 56,16 (πατὴρ γὰρ ἀγαθός); 62,2 (πρὸς τὸν πατέρα καὶ θεὸν καὶ κτίστην) = (8mal).

7. ὁ πανάγιος: 35,3; 58,1 (in Bezug auf den Namen Gottes) = (2mal).

8. ὕψιστος: 29,2 (= Deut 32,8); 45,7 (2mal); 52,3 (= Ps 49,14); 59,3 = (5mal).

9. Partizipiale Gottesprädikationen: ποιήσας: 7,3; 14,3; τὰ πάντα ἐμπεριέχοντος: 28,4; πλάσας – δημιουργήσας: 38,3. Während in den zwei Hauptteilen des Briefes die partizipialen Gottesprädikationen selten vorkommen, erscheinen sie als lange Liste im großen Schlußgebet: 59,3: τὸν ταπεινοῦντα (2mal), τὸν διαλύοντα, τὸν ποιοῦντα (2mal), τὸν πλουτίζοντα καὶ πτωχίζοντα, τὸν ἀποκτείνοντα, τὸν ἐπιβλέποντα, τὸν πληθύνοντα ... καὶ ἐκλεξάμενον.

10. Andere Prädikationen im großen Schlußgebet: 59,3: ἀρχεγόνος, ἅγιος, εὐεργέτης, ἐπόπτης (vgl. 21,9: ἐρευνητής); βοηθός (auch in 59,4); σωτήρ, κτίστης καὶ ἐπίσκοπος; 60,1: ὁ πιστός, δίκαιος, θαυμαστός, ὁ σοφὸς καὶ συνετός, ὁ ἀγαθὸς καὶ χρηστός, ἐλεήμων καὶ οἰκτίρμων; 61,2: ἐπουράνιε βασιλεῦ τῶν αἰώνων.

Die Übersicht zeigt, daß der Titel δεσπότης mit beachtlicher Regelmäßigkeit im Verlauf des ganzen Schreibens vorkommt. Die Verbindung mit δημιουργός in 20,11 und 33,2 entspricht dem jeweiligen schöpfungstheologischen Zusammenhang. Die Ergänzung τῶν ἁπάντων unterstreicht den universalen Charakter des mit δεσπότης verbundenen Machtanspruchs.

Die zwei folgenden Kategorien (δημιουργός und κτίστης) bezeichnen Gott als den Schöpfer aller Dinge. Beide kommen jeweils auch gemeinsam mit πατήρ vor (19,2; 35,3; 62,2).

Es fällt auf, daß der Titel κύριος im Hinblick auf Gott insgesamt zwar noch häufiger als δεσπότης vorkommt – etwa 46mal –, davon aber ca. 36mal in alttestamentlichen Zitaten, so daß er in eigenen Aussagen des Briefes nur 10mal belegt ist. Christologisch kommt er fast doppelt so häufig vor[1]. Wie im folgenden Punkt deutlich wird, hebt sich die Diktion von I Clem von der LXX-Sprache ab.

Abgesehen von 7,4, wo der πατήρ-Titel in Beziehung auf Christus – implizit als Sohn verstanden – gesetzt wird, erscheint πατήρ als Metapher für die

---

[1] S.u. zu I Clem 35,6: Exkurs 6: „Die Christologie des I Clem."

Macht des Schöpfers (19,2; 35,3; 62,2) und als Bild für den göttlichen Vater, der durch Erbarmen (23,1; 29,1) und Güte (56,16) gekennzeichnet ist.

Das große Schlußgebet (59,2–61,3) bringt eine Fülle von Gottesprädikationen, die nur dort bezeugt sind, aber auch solche wie δεσπότης, κτίστης und δημιουργός, die in I Clem geläufig sind.

II. Der traditionelle Hintergrund.

Was δεσπότης anbelangt, macht sich der Einfluß hellenistischen Denkens bemerkbar, so wie er schon in den jüngsten Schriften des griechischen AT (vgl. besonders Ijob 5,8b: κύριον δὲ τὸν πάντων δεσπότην; Sir 23,1: κύριε πάτερ καὶ δέσποτα; 36,1: δέσποτα ὁ θεὸς πάντων; Weish 6,7; 8,3: ὁ πάντων δεσπότης; 3 Makk 2,2: κύριε κύριε, βασιλεῦ τῶν οὐρανῶν καὶ δέσποτα πάσης κτίσεως, ἅγιε ἐν ἁγίοις, μόναρχε, παντοκράτωρ usw.) und in Vertretern des hellenistischen Judentums ebenso deutlich bezeugt ist[1]. Im Vergleich zur LXX-Sprache setzt I Clem jedoch einen eigenen Akzent, da δεσπότης den Vorrang vor allen anderen Gottesprädikationen – besonders vor κύριος – hat. In der LXX ist es gerade umgekehrt[2]. Ein Blick auf die neutestamentliche Literatur (δεσπότης nur in Lk 2,29; Apg 4,24; Offb 6,10) bestätigt die Eigenart der Ausdrucksweise von I Clem.

Bei δημιουργός stellt sich der Sachverhalt anders dar, sofern der Terminus nur in 2 Makk 4,1 vorkommt und dort nicht auf Gott bezogen ist. Aber die Ableitung aus dem hellenistischen Judentum steht auch in diesem Fall außer Zweifel[3]. Der Hauptvertreter hierzu ist Philo von Alexandrien, der mit diesem Begriff den Schöpfergott der biblischen Überlieferung bezeichnet (vgl. Op 10.18.36.68.72.138.139 u. ö.)[4]. Nicht durch die Zahl der Belege, sondern durch die Eindeutigkeit ist das Zeugnis des Josephus wertvoll (vgl. Ant 1,155: θεὸν ἀποφήνασθαι δημιουργὸν τῶν ὅλων ἕνα; 1,272: δέσποτα ... παντὸς αἰῶνος καὶ δημιουργὲ τῆς ὅλης οὐσίας). Zu diesem traditionellen Hintergrund paßt auch die Tatsache, daß die einzige Stelle im NT, wo δημιουργός vorkommt, Hebr 11,10 ist: τεχνίτης καὶ δημιουργὸς ὁ θεός.

Der Sprachgebrauch von κτίστης in I Clem hat Parallelen in der makkabäischen Literatur und bei Philo (vgl. 2 Makk 1,24b: κύριε κύριε ὁ θεός, ὁ πάντων κτίστης; 7,23: ὁ τοῦ κόσμου κτίστης; vgl. auch 13,14; 4 Makk 5,25; 11,5; Sir 24,8. Bei Philo: Ebr 42; Som I 76.93; SpecLeg I 30.294; Virt 179: τὸν κτίστην

---

[1] δεσπότης ist bei Josephus, Philo und auch bei den griechischen Pseudepigraphen sehr geläufig.

[2] Vgl. K.H. RENGSTORF, ThWNT II 43–48. Als Gottesanrede erscheint δεσπότης in der LXX ca. 25mal.

[3] Gegen H.B. BUMPUS, Awareness 183, der stoischen Einfluß vermutet. Das hellenistische Judentum wird von ihm nicht berücksichtigt.

[4] Vgl. R. WILLIAMSON, Philo 46–48. Über den Unterschied zwischen δημιουργός und κτίστης bei Philo s. die Erklärung zu I Clem 20,11. Zum Hintergrund im Griechischen und zur Leistung der LXX vgl. W. FOERSTER, ThWNT III 1022–1025.

καὶ πατέρα τοῦ παντός). Obwohl der Schöpfungsglaube fester Bestandteil des alttestamentlichen Gottesbildes ist, gibt es doch nur wenige Stellen mit κτίστης als Gottesprädikation. Im NT bietet nur ein anderes Dokument der römischen Christenheit den einzigen Beleg dazu: 1 Petr 4,19. Die von W. Foerster (ThWNT III 1025) getroffene Unterscheidung, δημιουργεῖν sei ein „handwerklich-technischer, κτίζειν ein geistiger und willentlicher Vorgang", trifft in dieser Form allerdings bei I Clem nicht zu, da beide Prädikationen, δημιουργός und κτίστης, offenbar synonym gebraucht werden.

Der LXX-Einfluß bei παντοκράτωρ bedarf keiner weiteren Erklärung. Beim Gebrauch von πατήρ schließlich läßt sich folgendes hervorheben: 1. nur in 7,4 gibt es eine spezifisch christliche Note; 2. die zwei im Bild des Vaters enthaltenen Aspekte – seine Schöpfermacht und seine Güte – gehen auf das hellenistische Judentum zurück[1]; 3. mit Ausnahme von 7,4 erscheint πατήρ immer zusammen mit anderen Prädikationen, welche die oben genannten Aspekte ausdrücken. Gemeinsamkeiten mit der neutestamentlichen Überlieferung ergeben sich zwangsläufig aus der gemeisamen traditionellen Grundlage.

Bei den besprochenen Gottesprädikationen, aber auch bei den anderen, die nur vereinzelt vorkommen, fällt es nicht schwer, den traditionellen Hintergrund zu bestimmen, aus dem heraus die Sprache von I Clem gewachsen ist. An erster Stelle steht die griechische Bibel. Aber sie allein reicht nicht, um manche Eigentümlichkeiten von I Clem zu erklären. Erst auf der breiteren Grundlage des hellenistischen Judentums vervollständig sich das Bild. Der Vf. ist in diesem Milieu beheimatet[2].

III. Die Bedeutung.

Das Bild Gottes als des mächtigen Herrn der Schöpfung entspringt einer Grundüberzeugung der judenchristlichen Überlieferung. δεσπότης ist der Begriff, der in I Clem diesen wesentlichen Aspekt ausdrückt. Als solcher ist Gott der Herrscher, dem Gehorsam gebührt, der aber seine Macht nicht „despotisch", sondern zur Rettung des Menschen ausübt (vgl. 8,4; 9,2; 11,1; 36,2; 49,6)[3]. Der Gedankengang des ersten Teils des Schreibens (bis Kap. 39) bringt den Beweis für diese Ansicht.

In seiner Analyse der Begrifflichkeit von I Clem setzt sich G. Brunner mit dem δεσπότης-Begriff auseinander (Mitte 121–128). Die Häufigkeit des Titels und die Bedeutung des damit verbundenen Gottesbildes verteidigt G. Brunner gegenüber der Interpretation, I Clem würde einen Rückfall ins Judentum

---

[1] S. den Nachweis bei den betreffenden Stellen.
[2] So auch D. S. CORMODE, Influence 185–192.
[3] Richtig urteilt A. v. HARNACK, Einführung 60: „Um so vielseitiger und bewegter ist das Zeugnis von dem einen lebendigen Gott, dem Schöpfer und Regierer; ja, wir besitzen überhaupt keine Schrift aus der alten Heidenkirche vor Origenes, in welcher es mit solcher Innerlichkeit und in einem solchen Reichtum von Beziehungen ausgesprochen wird." Vgl. auch J. P. BANG, Studien 439 Anm. 2; J. LEBRETON, Trinité 385.

bedeuten (127). „Dieser Begriff verkündet dann, daß Christus und der Glaube ihre Bedeutung nicht verlieren, wo Herrschaft und Macht ausgeübt werden muß. Oder umgekehrt: Der Begriff würde sagen, da Gott der Despotes ist, gibt es Christus und den Glauben nur dort, wo Gott auch erkannt und anerkannt ist als der absolute Herrscher, der unbeschränkt seine Macht ausübt. Der Despotes-Begriff könnte somit zum Schlüsselbegriff für die Bewältigung einer Situation geworden sein, in der Unter- und Einordnung unter Macht als Rettung der christlichen Gemeinde erkannt worden ist" (128). Ohne Zweifel ist der mächtige Gott der Angelpunkt der Argumentation in I Clem. Wenn weiter eine bestimmte Ordnung als Ausdruck seines Willens erkannt wird, ist der menschliche Gehorsam die unausweichliche Folge daraus. Wahrscheinlich ist es aber nicht so, daß der Vf. bewußt dieses Gottesbild aufgreift, weil die Situation in Korinth es verlangt und deshalb absichtlich im Hinblick auf das Ziel des Schreibens das Machtmoment herausstellen will[1]. Von seinem traditionellen Hintergrund her betrachtet, scheint er über ein Sprachrepertoire zu verfügen, in dem die Hervorhebung dieses Bildes vorgegeben war[2]. Trifft diese Einschätzung zu, dann ist es fraglich, ob der Sprachgebrauch von δεσπότης – so G. Brunner – eine Art von Antwort auf eine veränderte Situation darstellt, in der sich eine „deutliche Akzentverlagerung im Glaubens-, Christus- und Gottesverständnis" (126) vollzogen hat: nämlich „die Verschiebung vom Glauben zur Tugend, von der Christusnachfolge zur Pflichterfüllung und von Gott Vater zum Despotes" (127). Durch die Verwendung von δεσπότης würde eine Aktualisierung der alten Inhalte geschehen, um ihre Bedeutung zu erhalten. Bei dieser Interpretation wird im Grunde eine theologische Entwicklung nach einem Dekadenz-Schema angenommen, deren Ausgangspunkt sich an Paulus orientiert[3]. Darüber hinaus müßte der Vf. sich im klaren über den eigenen Standort innerhalb dieser Entwicklung sein, um dementsprechend auf die neue Situation eingehen zu können. Beides ist sehr hypothetisch.

---

[1] J. W. WILSON, Epistle 51, stimmt grundsätzlich der Beurteilung Brunners zu, möchte aber dennoch die zentrale Bedeutung der Macht Gottes in I Clem nicht so eng mit dem Problem in Korinth verbinden.

[2] Ein Zusammenhang zwischen dem Sprachgebrauch von δεσπότης und der sozialen Herkunft des Vf.s von I Clem – als eines ehemaligen Sklaven und Leiters einer Gemeinde von Freigelassenen – besteht wohl nicht. Gegen J. S. JEFFERS, Influence 371.

[3] G. BRUNNER, Mitte 127, fragt, ob „nicht eine notwendige Entwicklungsstufe der christlichen Glaubensgeschichte zum Vorschein" kommt. In diesem Abschnitt beruft er sich hauptsächlich auf R. BULTMANN, Theologie, und O. KNOCH, Eigenart.

6.3. Das Wort Gottes zur Buße (8,2–5)

Als Wort Gottes über die Buße zitiert der Vf. zwei Sprüche (V. 2–3 und V. 4), deren Herkunft nicht näher bestimmt wird. Die abschließende Aussage (V. 5) ist eine Art theologischer Kommentar, der die Aufforderung zur Buße unter die göttliche Initiative stellt.

2. **Aber auch der Herrscher des Alls selbst hat über die Buße unter Eid gesprochen: „So wahr ich lebe, spricht der Herr, ich will nicht den Tod des Sünders, sondern die Umkehr", und er fügt einen guten Rat hinzu: 3. „Bekehrt euch, Haus Israel, von eurer Gesetzlosigkeit! Sage den Söhnen meines Volkes: Wenn eure Sünden von der Erde bis zum Himmel reichen, und wenn sie röter sind als Scharlach und schwärzer als Sacktuch, und ihr bekehrt euch zu mir aus ganzem Herzen, und sprecht: Vater!, so werde ich euch erhören wie ein heiliges Volk."**
4. **Und an anderer Stelle sagt er so: „Wascht euch und werdet rein, entfernt die Bosheiten von euren Seelen vor meinen Augen. Laßt ab von euren Bosheiten, lernt Gutes tun, trachtet nach (gerechtem) Gericht, rettet den, der Unrecht leidet, schafft Recht der Waise und Gerechtigkeit der Witwe, und (dann) kommt und laßt uns miteinander rechten, spricht der Herr; und wenn eure Sünden wie Purpur sind, ich werde sie weiß machen wie Schnee. Wenn sie aber wie Scharlach sind, ich werde sie weiß machen wie Wolle. Und wenn ihr wollt und auf mich hört, werdet ihr die Güter der Erde essen. Wenn ihr aber nicht wollt und nicht auf mich hört, wird das Schwert euch verzehren. Denn der Mund des Herrn hat dies gesprochen."**
5. **Da er also alle seine Geliebten der Buße teilhaftig machen will, bestärkte er sie durch seinen allmächtigen Willensentschluß.**

2 In den Aussagen über die Notwendigkeit und den Wert der μετάνοια kommt es zu einem Höhepunkt, indem nun nicht mehr die Diener Gottes, sondern der Herr des Alls selbst spricht. ἐλάλησεν μετὰ ὅρκου leitet formal sachgemäß das folgende Zitat ein[1]. Das Zitat stimmt in seinem ersten Teil fast wörtlich mit Ez 33,11 überein: ζῶ ἐγώ, τάδε λέγει κύριος, οὐ βούλομαι τὸν θάνατον τοῦ ἀσεβοῦς, im letzten Teil nur inhaltlich, denn I Clem 8,2 bringt: ὡς τὴν μετάνοιαν, während in Ez 33,11: ὡς τὸ ἀποστρέψαι τὸν ἀσεβῆ ἀπὸ τῆς ὁδοῦ αὐτοῦ καὶ ζῆν αὐτόν steht. In einem Zitat aus Klemens von Alexandrien fehlt zwar die Einleitung, aber der Text steht I Clem 8,2 näher als Ez 33,11[2].

---

[1] Zu μεθ᾽ ὅρκου vgl. Lev 5,4; Num 30,11.
[2] Quis div. salv. 39,4: οὐ βούλομαι τὸν θάνατον τοῦ ἁμαρτωλοῦ, ἀλλὰ τὴν μετάνοιαν·

I Clem 8,2   Strom. II 35,3

ζῶ γὰρ ἐγώ, λέγει κύριος,
οὐ βούλομαι τὸν θάνατον τοῦ   οὐ βούλομαι φησίν, τὸν θάνατον τοῦ
ἁμαρτωλοῦ ὡς τὴν μετάνοιαν,   ἁμαρτωλοῦ ὡς τὴν μετάνοιαν αὐτοῦ.
προστιθεὶς καὶ γνώμην ἀγαθήν.

Der Alexandriner nennt keine Quelle für sein Zitat, weder Ezechiel noch I Clem[1]. D. A. Hagner vermutet, daß der Vf. die Endung von Ez 33,11 durch τὴν μετάνοιαν absichtlich geändert hat, um das Zitat dem μετάνοια-Thema anzupassen (Use 54), andererseits möchte er die Möglichkeit nicht ausschließen, daß das Zitat schon in Verbindung mit 8,3 stand und von daher einer apokryphen Quelle entnommen wurde. Die Tatsache, daß die Fortsetzung des Spruches in 8,3 ebenso vom LXX-Text des Ezechiel abweicht und einer anderen Stelle bei Klemens von Alexandrien recht nahe steht – ebenfalls ohne Hinweis auf I Clem –, erhöht die Wahrscheinlichkeit, daß die übernommene Quelle ein Ezechiel-Apokryphon war. Zu dieser Sammlung würde auch die Überleitung προστιθεὶς καὶ γνώμην ἀγαθήν passen[2].

Der Aufforderung zur Buße folgt die Ankündigung der Vergebungsbereit-   3
schaft Gottes, vorausgesetzt, daß das Volk bereit ist, sich zu bekehren. Das Ausmaß der Sünde kommt durch Vergleiche zum Ausdruck: von der Erde bis zum Himmel, röter als Scharlach, schwärzer als ein Sack. Der erste Vergleich zeigt die Unermeßlichkeit der Sünde auf. Bei den zwei anderen Vergleichen beruht die Aussagekraft auf der Farbensymbolik. Das πυρρότεραι κόκκου ist verwandt mit Jes 1,18, das in I Clem 8,4 zitiert wird (ἐὰν δὲ ὦσιν [αἱ ἁμαρτίαι] ὡς κόκκινον), aber nicht davon abhängig[3]. Die Wahl der Farbe ist religionsgeschichtlich und kultisch bedingt[4]. Der Vergleich μελανώτεραι σάκκου bezieht sich auf die schwarze Farbe des Trauerkleides[5]. Natürlich geht es nicht um Trauer, sondern um schwarz als Metapher für Finsternis im Gegensatz zur Helligkeit[6].

Die Quellenfrage stellt vor viele Rätsel. Der Anfangsteil ist so in keinem alttestamentlichen Text belegt, obschon da und dort Anknüpfungspunkte nicht fehlen (vgl. Ez 18,30). Im folgenden gibt es manche Berührungen mit dem vorher zitierten Logion Ezechiels nach Klemens von Alexandrien: Quis div.salv. 39,4 f. Der letzte Teil stimmt schließlich mit einem von Klemens von

---

[1] In Strom. II 147,3 zitiert Klemens ausdrücklich Ez 33,11.

[2] Vgl. J. DANIELOU, Théologie 119.

[3] Die Wendung ist auch als Sprichwort belegt: τὸν Τιθύμαλλον γοῦν ἀεὶ ἐρυθρότερον κόκκου περιπατοῦντ᾽ ἔσθ᾽ ὁρᾶν (Dromo bei Athenaeus, VI 38). Vgl. FR. LANG, ThWNT VI 953.

[4] „In der prophetischen Literatur erscheint die Scharlachfarbe oft in der Verbindung mit gottfremdem und sündhaftem Verhalten." So O. MICHEL, ThWNT III 813. Vgl. Jes 1,18; 3,23; Jer 4,30.

[5] Vgl. G. STÄHLIN, ThWNT VII 59.

[6] Vgl. Herm sim IX 19,1 (96,1): τούτοις δὲ μετάνοια οὐκ ἔστι, θάνατος δὲ ἔστι, καὶ διὰ τοῦτο καὶ μέλανές εἰσι.

Alexandrien (Paed. I 91,2) zitierten apokryphen Wort Ezechiels überein. Die eigenartige Zusammenstellung läßt sich synoptisch so darstellen[1]:

I Clem 8,3

μετανοήσατε,	Ez 18,30
οἶκος Ἰσραήλ,	οἶκος Ἰσραήλ λέγει κύριος·
ἀπὸ τῆς ἀνομίας ὑμῶν·	ἐπιστράφητε καὶ ἀποστρέψατε ἐκ
εἶπον τοῖς υἱοῖς τοῦ λαοῦ μου·	πασῶν τῶν ἀσεβειῶν ὑμῶν.
	Quis div.salv. 39,4 f.
	... ἀλλὰ τὴν μετάνοιαν·
ἐὰν ὦσιν αἱ ἁμαρτίαι ὑμῶν	κἂν ὦσιν αἱ ἁμαρτίαι ὑμῶν
ἀπὸ τῆς γῆς ἕως τοῦ οὐρανοῦ	ὡς φοινικοῦν ἔριον, ὡς χιόνα
καὶ ἐὰν ὦσιν πυρρότεραι κόκκου	λευκανῶ,
καὶ μελανώτεραι σάκκου,	κἂν μελάντερον τοῦ σκότους,
	ὡς ἔριον λευκὸν ἐκνίψας ποιήσω.
	Paed. I 91,2
	φησὶ γὰρ δι' Ἰεζεκιήλ·
καὶ ἐπιστραφῆτε πρός με ἐξ ὅλης	ἐὰν ἐπιστραφῆτε ἐξ ὅλης
τῆς καρδίας καὶ εἴπητε· Πάτερ,	τῆς καρδίας καὶ εἴπητε· Πάτερ,
ἐπακούσομαι ὑμῶν ὡς λαοῦ ἁγίου.	ἀκούσομαι ὑμῶν ὥσπερ λαοῦ ἁγίου.

Die Art und Weise, wie Klemens von Alexandrien die zwei mit I Clem 8,3 verwandten Stellen einführt und zitiert, läßt eine Abhängigkeit von I Clem als unwahrscheinlich erscheinen. Dann bleibt als plausible Erklärung die Existenz von einem Ezechiel-Apokryphon, das von beiden Autoren verwendet wurde[2]. Die Existenz von einem solchen Werk ist durch eine Reihe von Zitaten und Anspielungen bei verschiedenen Autoren gesichert[3].

4   Das Zitat gibt ziemlich genau Jes 1,16–20 (LXX) wieder. Die vage Einleitungsform καὶ ἐν ἑτέρῳ τόπῳ λέγει οὕτως kommt auch in 29,3 vor (vgl. auch 46,3)[4]. Die Aufforderung zur Buße verheimlicht nicht, welche schlimmen Folgen für die Gemeinde es haben wird, wenn sie sich nicht von ihrem bisherigen Weg abwendet. Die Autorität des offenbarten Wortes verleiht der Drohung zusätzlichen Nachdruck.

5   Erweckte I Clem 7,5 den Eindruck eines unreflektierten „Synergismus", wird am Schluß der Texteinheit in 8,5 Gott die Heilsinitiative durch seinen Heilswillen eingeräumt. Wie weit das geht, hängt nicht zuletzt vom Verständnis der Satzstruktur ab, und zwar präzis von ἐστήριξεν. Mit der lateinischen

---

[1] Vgl. D.A. HAGNER, Use 69–72, unter „Unknown Writings".

[2] Vgl. A. RESCH, Agrapha 327.

[3] Angaben bei A.-M. DENIS, Introduction 187–191. Alle dazu gehörenden Texte sind leicht zugänglich bei A.-M. DENIS, Fragmenta pseudepigraphorum quae supersunt graeca (PVTG 3), Leiden, 1970, 121–128. Einleitungsfragen und deutsche Übersetzung der Texte bei K.-G. EKKART, in: JSHRZ V/1 47–54. E. WERNER, Hebraisms 795, weist auf Yoma 86 hin, wo ein Mischzitat aus Jer 3,22; Hos 14,2 und Ez 33,19 vorliegt. Ein Zusammenhang mit I Clem 8,3 ist unwahrscheinlich.

[4] Die gleiche Stelle wird unter Verweis auf Jesaja mit kleinen Kürzungen bzw. Änderungen von Justin zweimal zitiert: I Ap. 44,3–4; 61,7–8. In Dial. 18,2 gibt es nur eine kurze Anspielung darauf.

Überlieferung läßt sich das Verb auf μετάνοια beziehen, und dann bedeutet es „festsetzen". So übersetzt L: „Omnes vero quos amat Deus, vult illos paenitentiae socios esse, quam firmavit omnipotens voluntate sua." Knopf, 57, folgt dieser Tradition – auch in der textkritischen Beurteilung[1] – und übersetzt: „Alle seine Geliebten will er demnach der Buße teilhaftig werden lassen, die er nach seinem allmächtigen Willen festgesetzt hat." Für diese Auffassung von ἐστήριξεν beruft er sich auf das im Kap. 8 vorhergehende: die Zitate, den Schwur und die Versprechungen[2]. Grammatikalisch ist es aber auch möglich, ἐστήριξεν auf πάντας οὖν τοὺς ἀγαπητοὺς αὐτοῦ zu beziehen im Sinn von „bestärken" bzw. „stärken"[3]. In diesem Fall wären πάντας οὖν τοὺς ἀγαπητοὺς αὐτοῦ die Objekte zu βουλόμενος und ἐστήριξεν: „Da er also alle seine Geliebten der Buße teilhaftig machen will, bestärkte er sie ... " Für eine Entscheidung zugunsten der zweiten Möglichkeit spricht der Sprachgebrauch des Vf.s, besonders in 13,3 (στηρίξωμεν ἑαυτούς) und 18,12 (Zitat aus Ps 50,12: στήρισόν με)[4].

παντοκρατορικός, adjektivische Form von παντοκράτωρ (vgl. inscr.; 2,3 u. ö.), erscheint hier zum erstenmal in der griechischen Literatur[5]. Der Wille[6] Gottes, der alles kann, ist darauf ausgerichtet, die Gläubigen dadurch zu verstärken, daß sie sich auf das Angebot der „metanoia" einlassen und so diesem Willen entsprechen.

7. Der Gehorsam gegenüber dem Willen Gottes (9,1–19,3)

Wie in 7,2 (διὸ ἀπολίπωμεν) signalisiert das διὸ ὑπακούσωμεν in 9,1 den Anfang einer neuen thematischen Einheit. Das Grundthema ist der Gehorsam der Gläubigen gegenüber dem Willen Gottes. Die Beispiele aus der Schrift beweisen, daß der Gehorsam von Gott belohnt wird. Zugleich verleihen diese Beispiele bestimmten Haltungen von Gehorsam eine konkrete Gestalt. So die φιλοξενία (10,7–12,8) und die Demut (13,1–19,3)[7]. Die Erwähnung von solchen Tugenden ist nicht allein Bestandteil einer moralischen Belehrung,

---

[1] Knopf liest: ... βουλόμενος μετανοίας μετασχεῖν ἣν ἐστήριξεν ... Das Relativum ἣν ist nur durch L bezeugt.

[2] Ohne seine textkritische Entscheidung zu übernehmen, verstehen den Text in ähnlicher Form Lake, Bosio, Grant und Jaubert.

[3] So A. v. Harnack, Fischer, Lindemann, Schneider.

[4] Andere Argumente bei S. G. HALL, Repentance 36. In I Clem 33,3 geht es um die von Gott gefestigten Himmel; in 35,5 um die ἐστεριγμένη διάνοια.

[5] Die LA in 60,4 ist nicht sicher. Das Wort ist später erst bei Klemens von Alexandrien bezeugt: Strom. V 54,4 (τῷ παντοκρατορικῷ βουλήματι); IV 107,8 (τῷ παντοκρατορικῷ θελήματι); V 6,3 (θέλημα παντοκρατορικόν); VII 44,5 (τὸ παντοκρατορικὸν δὲ βούλημα).

[6] Zu βούλημα als Willensentschluß vgl. I Clem 9,1.

[7] Vgl S. G. HALL, Repentance 36 f.

sondern darüber hinaus Hinweis auf die menschliche Antwort auf die Forderung Gottes.

7.1. Aufforderung zum Gehorsam (9,1)

1. Laßt uns darum seinem großartigen und glorreichen Ratschluß gehorchen und, da wir sein Erbarmen und seine Güte anflehen, uns niederwerfen und uns seiner Barmherzigkeit zuwenden, indem wir von der eitlen Bemühung, vom Streit und von der Eifersucht, die zum Tod führt, ablassen.

1 Die Periode besteht aus Aufforderungsformen in Konjunktiv-Aorist (ὑπακούσωμεν – προσπέσωμεν – ἐπιστρέψωμεν), die durch Partizipialsätze ergänzt werden (ἱκέται γενόμενοι – ἀπολιπόντες). Die Verben und das dreifache αὐτοῦ geben dem beschwörenden Inhalt rhetorische Eindringlichkeit.

1. διὸ **ὑπακούσωμεν**   τῇ μεγαλοπρεπεῖ καὶ ἐνδόξῳ βουλήσει αὐτοῦ,
2. καὶ *ἱκέται γενόμενοι*   τοῦ ἐλέους καὶ τῆς χρηστότητος αὐτοῦ
3.   **προσπέσωμεν**
4. καὶ **ἐπιστρέψωμεν**   ἐπὶ τοὺς οἰκτιρμοὺς αὐτοῦ,
5. *ἀπολιπόντες* τὴν ματαιοπονίαν τήν τε ἔριν καὶ τὸ εἰς θάνατον ἄγον ζῆλος.

Die Ermahnung enthält drei zusammengehörende Themen: den Gehorsam gegenüber dem Willen Gottes, die Hinwendung zu seinem Erbarmen, die Abkehr von Streit und Eifersucht. Es sind die Themen, die den bisherigen Gedankengang – auch bei den herangezogenen Beispielen – bestimmt haben und weiter die argumentative Linie des Schreibens prägen werden. Nachdem die korinthische Gemeinde den über allem waltenden Willen Gottes durch den Streit in ihrer Mitte aus den Augen verloren hat (3,4), ist das Gebot der Stunde, sich diesem Willen im Vertrauen auf sein Erbarmen zu unterwerfen und den Streit zu beenden.

Die Adjektive zu βούλησις (großartig und glorreich) gehören zur Diktion von I Clem (vgl. 45,7: τὴν μεγαλοπρεπῆ καὶ ἔνδοξον θρησκείαν). Wichtig dabei ist der Begriff βούλησις als Ausdruck für den Willen Gottes (auch in 35,5; 40,3; 41,3), nie für den menschlichen Willen[1]. Der Terminus ist geläufig bei Plato und Aristoteles (ὄρεξις κατὰ τὸν λογισμόν. Vgl. De Anima 433a). Im gleichen Sinn steht in der stoischen Philosophie βούλησις als εὔλογος ὄρεξις im Gegensatz zu ἐπιθυμία (SVF III Nr. 173; 431.432). Cicero übersetzt es als „voluntas, quae quid cum ratione desiderat" (TuscDisp IV 12; vgl. Epiktet, Diss. I 27,11; II 14,7). Bei Josephus ist die Wendung κατὰ βούλησιν für den Willen Gottes sehr oft belegt (ca. 31 mal). Vgl. Ant 1,157.170.223.254 u. ö.[2]

---

[1] Weder in der LXX noch im NT belegt. In der altchristlichen Literatur verwendet ihn erst Justin in Dial. 5,4 (wohl unter dem Einfluß von Plato, Tim. 41b) und 63,1.

[2] Es fällt auf, daß der Terminus im ganzen „De Bello Judaico" nicht ein einziges Mal erscheint. Ebenso auffällig ist die Tatsache, daß θέλημα nie vorkommt.

Die βούλησις τοῦ θεοῦ meint vorwiegend die planvolle Bestimmung, Leitung und Führung des Volkes und seiner Geschichte im ganzen und einzelnen, mit der sich der Gedanke der freien, souveränen Selbstbestimmung verbindet[1].

Im Sprachgebrauch von I Clem läßt sich ein feiner Unterschied zwischen βούλησις und βούλημα feststellen. βούλησις ist der Beschluß Gottes unter dem Aspekt seiner Normativität für die Menschen (9,1; 35,5; 40,3; 41,3). Bei βούλημα liegen die Dinge schon insofern anders, weil der Begriff auch die menschliche Absicht ausdrücken kann (21,7). Bei den anderen Stellen (8,5; 19,3; 23,5; 33,3) ist βούλημα der Beschluß Gottes unter dem Aspekt seiner Wirksamkeit. Das der griechischen Bibel geläufige θέλημα findet natürlich auch häufige Verwendung in I Clem als Ausdruck für den Willen Gottes – auch in den für βούλησις und βούλημα jeweils herausgestellten Bedeutungen.

Das „sich niederwerfen" (προσπέσωμεν) hängt mit dem vorstehenden ἱκέται γενόμενοι τοῦ ἐλέους καὶ τῆς χρηστότητος αὐτοῦ zusammen als begleitende Geste des Flehens um das Erbarmen und die Güte Gottes[2]. Die Hinwendung zu Gott (7,5; 8,3) hat als Voraussetzung die Gewißheit seiner Barmherzigkeit (vgl. 20,11: τοὺς προσπεφευγότας τοῖς οἰκτιρμοῖς αὐτοῦ), die zugleich zum Ziel der Hinwendung wird. Die dadurch angedeutete Bewegung ergänzt das folgende Partizip ἀπολιπόντες. Die Hinwendung zum Erbarmen ist also korrelativ dem Ablassen bzw. der Abkehr von ἔρις und ζῆλος. Im negativen Sinn wurde die gleiche Struktur in 3,4 verwendet: das Verlassen der Gottesfurcht, um nach den bösem Streben des eigenen Herzens zu wandeln; im positiven Sinn und inhaltlich verwandt mit 9,1 war die Aufforderung in 7,2, die leeren und nichtigen Gedanken zu verlassen, um sich an der Richtlinie der Überlieferung zu orientieren. Hier ist der Vf. in seiner Ausdrucksweise expliziter. Von den drei folgenden Begriffen ist der erste recht allgemein: ματαιοπονία: die eitle Bemühung[3]. Die zwei anderen Begriffe lenken den Blick auf das Hauptthema des Schreibens: den Streit in der korinthischen Gemeinde und auf dessen Ursache: die Eifersucht. In einer Art Variation von Weish 2,24 und seiner Interpretation in 3,4 fügt der Verfasser einen wichtigen Aspekt hinzu: Die Eifersucht hat den Tod in die Welt gebracht, und die Beispiele in Kap. 4–6 brachten dafür den Beweis. Zugleich aber zeigten diese Beispiele, daß die Eifersucht zum Tod führt, und das wird in 9,1 – teils rückblickend, teils ermahnend – festgestellt.

---

[1] Vgl. G. SCHRENK, ThWNT I 635 Anm. 2. Genau diesen Aspekt drückt Arist 234 aus: … καθὼς ὑπὸ τοῦ θεοῦ πάντα κατασκευάζεται καὶ διοικεῖται κατὰ τὴν αὐτοῦ βούλησιν.

[2] Ähnlich wie 48,1: προσπέσωμεν τῷ δεσπότῃ καὶ κλαύσωμεν ἱκετεύοντες αὐτόν.

[3] Weder in der LXX noch im NT. Sonst erst bei Klemens von Alexandrien, Strom. I 41,2; IV 51,1. Vgl. Plutarch, Mor. 119d: … καὶ τῆς ἐν τούτῳ πρὸς οὐδὲν χρήσιμον ματαιοπονίας.

7.2. Beispiele für Gehorsam (9,2–10,7)

Wie in Kap. 4–6 liefert eine Reihe von Beispielen das Anschauungsmaterial,
um den Sachverhalt zu verdeutlichen. Henoch, Noach und Abraham sind die
Vorbilder für den Gehorsam gegenüber dem Willen Gottes. Die letzte Aussage
(10,7) gibt das Stichwort an, das die nächste Reihe bestimmen wird: die
Gastfreundschaft (11,1–12,8).

2. Blicken wir auf jene, die in vollkommener Weise seiner großartigen Herrlichkeit gedient haben. 3. Nehmen wir Henoch, der, im Gehorsam gerecht
erfunden, entrückt wurde, ohne daß sein Tod festgestellt worden wäre.
4. Noach, durch seinen Dienst gläubig erfunden, verkündete der Welt eine
Wiedergeburt, und der Herrscher rettete durch ihn die Lebewesen, die in
Eintracht in die Arche hineingegangen waren.
Kap. 10. 1. Abraham, der „Freund" genannt, wurde gläubig erfunden, da er
den Worten Gottes gehorsam war. 2. Dieser ging aus Gehorsam aus seinem
Land und aus seiner Verwandschaft und aus dem Haus seines Vaters fort, um
dadurch, daß er ein kleines Land, eine schwache Verwandtschaft und ein
geringes Haus verließ, die Verheißungen Gottes zu erben. Denn er spricht zu
ihm: 3. „Zieh weg aus deinem Land und aus deiner Verwandtschaft und aus
dem Haus deines Vaters in das Land, das ich dir zeigen werde; und ich werde
dich zu einem großen Volk machen und dich segnen und deinen Namen groß
machen, und wirst gesegnet sein; und ich werde segnen, die dich segnen, und
verfluchen, die dich verfluchen, und es werden in dir gesegnet werden alle
Geschlechter der Erde."
4. Und wiederum, als er sich von Lot trennte, sprach Gott zu ihm: „Erhebe
deine Augen und sieh von dem Ort, wo du jetzt bist, nach Norden und Süden
und Osten und nach dem Meer; denn das ganze Land, das du siehst, dir werde
ich es geben und deinem Samen bis in Ewigkeit. 5. Und ich werde deinen
Samen wie den Staub der Erde machen; wenn jemand den Staub der Erde
auszählen kann, so wird auch dein Same ausgezählt werden."
6. Und wiederum heißt es: „Gott führte den Abraham heraus und sprach zu
ihm: Blicke zum Himmel hinauf und zähle die Sterne, wenn du sie auszählen
kannst; so wird dein Same sein. Abraham aber glaubte Gott, und es ward ihm
zur Gerechtigkeit angerechnet."
7. Wegen Glauben und Gastfreundschaft wurde ihm im Alter ein Sohn geschenkt, und aus Gehorsam brachte er ihn Gott als Opfer zu einem der Berge,
die er ihm gezeigt hatte.

2 Die Aussage bereitet die folgende Aufzählung mit Beispielen aus der Schrift
   vor. Von diesen Gestalten wird im voraus gesagt, daß sie in vollkommener
   Weise (τελείως) der großartigen, erhabenen Herrlichkeit dienten. Die δόξα
   ist eine Umschreibung für die Wirklichkeit Gottes selbst. λειτουργεῖν verwen-

det der Vf. im Sinn von „Dienst" allgemein[1], nicht mit kultischer Bedeutung wie in 32,2; 43,4 (auch von den Engeln in 34,5 f.). Zu ἀτενίσωμεν s. 7,4.

Die Beispiele in den folgenden Kapiteln sind oft im passivum divinum ausgedrückt: Henoch wurde gerecht erfunden (9,3: δίκαιος εὑρεθείς) und so wurde er auch entrückt (μετετέθη); Noach und Abraham wurden treu erfunden (9,4: πιστὸς εὑρεθείς; 10,1: πιστὸς εὑρέθη). Dem Abraham wurde ein Sohn geschenkt (10,7: ἐδόθη αὐτῷ); Lot und Rahab wurden gerettet (11,1; 12,1: ἐσώθη).

Nimmt man auch die Beispiele für Gastfreundschaft hinzu, ergibt sich eine Liste mit fünf Namen: Henoch, Noach, Abraham, Lot und Rahab. Auffallende Gemeinsamkeiten mit den Aufzählungen in Sir 44,16 f.f; Weish 10,4–7 und vor allem mit Hebr 11 weisen auf gemeinsames Traditionsgut hin. Bei Abraham und Rahab ist auch Jak 2 zu berücksichtigen:

Die Entrückung des *Henoch* (immer mit μετετέθη) findet Erwähnung in Sir 44,16, Weis 4,10 und Hebr 11,5. Der ausdrückliche Hinweis auf die Befreiung vom Tod ist Hebr 11,5 (τοῦ μὴ ἰδεῖν θάνατον) und I Clem 9,3 gemeinsam (καὶ οὐχ εὑρέθη αὐτοῦ θάνατος). Nach Sir 44,17 und Weish 10,4 ist *Noach* der Gerechte. Hebr 11,7 und I Clem 9,4 spielen auf die Rettung seiner Familie bzw. der Tiere an, die in die Arche hineingingen.

Die Treue und Gerechtigkeit *Abrahams* preisen Sir 44,20 (ἐν πειρασμῷ εὑρέθη πιστός) und Weish 10,5 (ἔγνω τὸν δίκαιον καὶ ἐτήρησεν αὐτὸν ἄμεμπτον θεῷ καὶ ἐπὶ τέκνου σπλάγχνοις ἰσχυρὸν ἐφύλαξεν). Enger ist das Verhältnis von I Clem zu Jak und Hebr:

I Clem 10,1 f.	Hebr 11,8	Jak 2,21.23
Ἀβραάμ,	πίστει καλούμενος Ἀβραὰμ	Ἀβραὰμ ὁ πατὴρ ἡμῶν ...
ὁ φίλος προσαγορευθείς,		φίλος θεοῦ ἐκλήθη.
πιστὸς εὑρέθη ἐν τῷ αὐτὸν		
ὑπήκοον γενέσθαι τοῖς	ὑπήκουσεν ἐξελθεῖν	
ῥήμασιν τοῦ θεοῦ. οὗτος δι᾽	εἰς τόπον	
ὑπακοῆς ἐξῆλθεν ἐκ τῆς γῆς	ὃν ἤμελλεν λαμβάνειν	
αὐτοῦ ... κληρονομήσῃ τὰς	εἰς κληρονομίαν, καὶ ἐξῆλθεν	
ἐπαγγελίας τοῦ θεοῦ.	μὴ ἐπιστάμενος ποῦ ἔρχεται.	

Nach dieser Überlieferung ist Abraham der Freund Gottes (Jak), der im Gehorsam sein Land verläßt, um das ihm von Gott in Aussicht gestellte Erbe zu erlangen (Hebr).

Zu *Lot* und seiner Frau erzählt Weish 10,6 f. von der Rettung der Gerechten vor der Katastrophe durch die Weisheit (αὕτη δίκαιον ... ἐρρύσατο) und von der Bestrafung einer ungläubigen Seele (ἀπιστούσης ψυχῆς), die durch ein Denkmal bezeugt wird (μνημεῖον ἑστηκυῖα στήλη ἁλός).

Den Glauben der Dirne *Rahab* (vgl. Jak 2,25) erwähnt auch Hebr 11,31. Die Belege weisen eine gemeinsame Herkunft aus: das reiche Erbe des hel-

---

[1] Vgl. C. Spicq, Notes 1,477.

lenistischen Judentums. Wie der Vf. die erwähnten Gestalten darstellt und
interpretiert, ist Gegenstand der folgenden Analyse.

3   Die Aussage über Henoch spielt auf Gen 5,24 an: καὶ εὐηρέστησεν Ἐνὼχ
τῷ θεῷ καὶ οὐχ ηὑρίσκετο, ὅτι μετέθηκεν αὐτὸν ὁ θεός, wahrscheinlich in
Anlehnung an eine ähnliche Überlieferung wie in Hebr 11,5 (s. o.). Das οὐχ
ηὑρίσκετο von Gen 5,24 wird in I Clem durch den Hinweis auf den Tod von
Henoch verdeutlicht: Wegen der Entrückung konnte sein Tod nicht festgestellt
werden[1]. Henoch gilt als δίκαιος[2] wegen des Gehorsams (ἐν ὑπακοῇ δίκαιος)[3].
Dies ist auch der Grund dafür, daß Henoch von Gott zu sich genommen
wurde (das vieldeutige μετετέθη ist durch das μετέθηκεν vom Gen 5,24
bedingt)[4]. Es überrascht, daß der Vf. die Gestalt Henochs nicht unter die
Vorbilder für die μετάνοια (7,6 f.) eingereiht hat. Sir 44,16 hätte dazu dienlich
sein können: Ἐνὼχ εὐηρέστησεν κυρίῳ καὶ μετετέθη ὑπόδειγμα μετανοίας ταῖς
γενεαῖς, wie es auch in der jüdischen Literatur belegt ist[5]. Streicht man als
Traditionsgut, was sich aus Gen 5,24 und Hebr 11,5 herausstellen läßt, dann
bleibt das Gehorsamsmotiv als redaktionelle Gestaltung des Vf.s übrig.

4   Dem Abschnitt über Noach sind drei Inhalte zu entnehmen: 1. die Charakterisierung Noachs als eines Gerechten; 2. seine Verkündigung an die Welt:
die Wiedergeburt; 3. die Rettung der ἐν ὁμονοίᾳ in die Arche hineingehenden
Lebewesen. Was den ersten Punkt anbelangt, ist nicht klar, ob die Angabe
„durch seinen Dienst" (διὰ τῆς λειτουργίας αὐτοῦ)[6] auf das „gläubig erfunden"
(πιστὸς εὐρεθείς) als Angabe des Grundes zu beziehen ist („durch seinen
Dienst wurde er treu erfunden")[7], oder ob der Dienst in der Verkündigungstätigkeit besteht: „verkündete durch seinen Dienst der Welt ..."[8] Zugunsten der
ersten Möglichkeit sprechen zwei Beobachtungen: 1. stilistisch: im unmittelbaren Kontext wird der Grund angegeben, warum einer gerecht oder gläubig
erfunden wurde (vgl. 9,3 über Henoch: ἐν ὑπακοῇ δίκαιος εὐρεθείς ...; 10,1
über Abraham: πιστὸς εὐρέθη ἐν τῷ αὐτὸν ὑπήκοον γενέσθαι). Zur stilistischen
Einheit paßt besser die zuerst erwähnte Deutung: „durch seinen Dienst wurde
er treu erfunden"; 2. inhaltlich: Noach ist ein Verkünder der Buße (7,6) und
als solcher ein Diener der Gnade Gottes, d. h. er ist einer der λειτουργοὶ τῆς
χάριτος τοῦ θεοῦ (8,1). Weil er diesen Dienst verrichtet hat (διὰ τῆς λει-

---

[1] Wörtlich: „Und sein Tod ist nicht gefunden worden" (καὶ οὐχ εὐρέθη αὐτοῦ θάνατος).
[2] Henoch als δίκαιος auch in grHen 1,2; TestLev 10,5; TestJud 18,1; TestDan 5,6; TestBenj
9,1.
[3] ἐν ὑπακοῇ nur hier. In 10,2.7: δι᾽ ὑπακοῆς; 19,1: διὰ τῆς ὑπακοῆς.
[4] Er wurde nicht wegen seiner Gerechtigkeit entrückt. Er steht nicht auf einer Linie mit den
gerechten Urvätern, sondern mit den Gehorsamen. Gegen H. ODEBERG, ThWNT II 557.
[5] Vgl. D. LÜHRMANN, Henoch und die Metanoia, in: ZNW 66 (1975) 103–116; K. BERGER,
Henoch, in: RAC XIV 482–542.
[6] ἐν τῇ λειτουργίᾳ liest H: Angleichung an ἐν ὑπακοῇ δίκαιος εὐρεθείς in 9,3.
[7] So Harnack, Lake, Grant.
[8] So Lightfoot, Hemmer, Knopf, Ruiz Bueno, Fischer, Jaubert, Lindemann, Schneider.

τουργίας αὐτοῦ)[1], wurde er „gläubig erfunden"[2] und ist ein Beispiel für Gehorsam (9,4). Die zwei Noach-Stellen (7,6 und 9,4) sind aufeinander zu beziehen.

Nach dieser einleitenden Aussage ist wie in 7,6 von einer Verkündigung Noachs die Rede. Ihr Inhalt ist jetzt aber nicht die μετάνοια, sondern die παλιγγενεσία. Der κόσμος ist zugleich Adressat und Inhalt der Verkündigung. Vorausgesetzt ist dabei die Vorstellung von der Sintflut als Zerstörung der Welt, der eine Art von Wiedergeburt folgt. Spuren jüdischer Überlieferung kommen darin zum Ausdruck. Philo betrachtet Noach und seine Familie als ἡγεμόνες und ἀρχηγέται der παλιγγενεσία, die als δευτέρα περίοδος gilt (Vit-Mos II 65)[3]. In stoischer Terminologie wird damit „der neue Anfang" festgestellt, aber von einer Verkündigung Noachs weiß Philo nichts[4].

Im letzten Satz – mit dem vorstehenden parataktisch verbunden – gibt es einen Subjektswechsel: Nicht Noach, sondern Gott ist das Subjekt der Handlung, während Noach ihm als Instrument dient. Der Wechsel dürfte sachlich bedingt sein. Der Terminus παλιγγενεσία setzt nämlich göttliches Handeln voraus. Nicht umsonst erscheint Gott als ὁ δεσπότης. Es fällt auf, daß von der Rettung des Menschen nicht gesprochen wird, sondern allein von den ἐν ὁμονοίᾳ in die Arche hineingegangenen Lebewesen. Wahrscheinlich war für den Vf. über die Rettung derer, welche die Metanoia-Botschaft angenommen hatten, schon in 7,6 das Notwendige gesagt[5]. Warum hier so unmotiviert die Lebewesen erwähnt werden, läßt sich nur durch die Bedeutung der ὁμόνοια erklären. Daß die Lebewesen ἐν ὁμονοίᾳ in die Arche hineingegangen sind, ist wahrscheinlich im Hinblick auf Gen 7,8 f. formuliert. Die Szene spiegelt eine präzise Ordnung wider: von den reinen und unreinen Tieren, von den Vögeln und von allem, was auf dem Boden kriecht, gehen paarweise je ein Männchen und ein Weibchen, in die Arche, wie Gott es Noach befohlen hatte (καθὰ ἐνετείλατο αὐτῷ ὁ θεός)[6]. Die ὁμόνοια besteht in der Befolgung der von Gott bestimmten Ordnung. Die Lebewesen und Noach sind also die Vertreter dieser Ordnung in der παλιγγενεσία der Welt[7]. Im Zusammenhang mit dem Anliegen des Briefes ist der Sinn der Aussage einleuchtend. Sogar die Lebewesen bezeugen den Wert der ὁμόνοια beim Zusammenleben.

---

[1] Dem Wort λειτουργία kommt im zweiten Teil des Schreibens besondere Bedeutung zu. Vgl. 40,2.5; 41,1; 44,2.3; 44,6. Hier meint es ganz allgemeinen Dienst (vgl. 9,2).

[2] Vgl. Sib 1,126: μοῦνος δ᾽ ἐν πάντεσσι δικαιότατος καὶ ἀληθής ἦν Νῶε, πιστότατος καλοῖς τ᾽ ἔργοισι μεμηλώς; 1,269: Νῶε πεφυλαγμένε πιστὲ δίκαιε (als Ruf Gottes).

[3] Ähnlich in Sib 1,195: καὶ δεύτερος ἔσσεται αἰών.

[4] Noach ist kein „Typus Christi", der so als „zweiter Noach" auftreten würde. Gegen O. KNOCH, Eigenart 236.483.

[5] ὁμόνοια ist ein Lieblingswort: 9,4; 11,2; 20,3.10.11; 21,1; 30,3; 34,7; 49,5; 50,5; 60,4; 61,1; 63,2; 65,1. S. u. zu I Clem 20,11.

[6] Vgl. E. A. RUSSELL, Concord 187.

[7] Auch in 20,10c ist von dieser Ordnung bei den kleinsten Lebewesen die Rede: τά τε ἐλάχιστα τῶν ζώων τὰς συνελεύσεις αὐτῶν ἐν ὁμονοίᾳ καὶ εἰρήνῃ ποιοῦνται.

Kap. 10. Die Gestalt Abrahams wird besonders unter dem Aspekt des Gehorsams herangezogen. Am Anfang (V. 1) und am Ende (V. 7) stehen wichtige Aussagen über Abraham, die ihn als Beispiel für diesen Gehorsam herausstellen. Die drei zitierten Genesistexte in der Mitte (V. 3–6) zeigen, in welchem Rahmen sich dieser Gehorsam gegenüber den Worten Gottes vollzieht, und was für eine reiche Belohnung der Erzvater dafür bekommt.

1   Die Aussage über Abraham ist eine thematische Einleitung zum folgenden. Die Bezeichnung „Freund" meint eigentlich „Freund Gottes"[1] (vgl. I Clem 17,2: Ἀβραὰμ καὶ φίλος προσηγορεύθη τοῦ θεοῦ). Ein erster Anhaltspunkt für diese Bezeichnung findet sich in den alttestamentlichen Texten, die Abraham als den darstellen, der von Gott geliebt wird. Vgl. Jes 41,8 (TM: זרע אברהם אהבי־; LXX: σπέρμα Ἀβραάμ, ὃν ἠγάπησα); 2 Chr 20,7 (TM: אברהם אהבך לעולם; LXX: Ἀβραὰμ τῷ ἠγαπημένῳ σου εἰς τὸν αἰῶνα); Dan 3,35 (LXX: διὰ Ἀβραὰμ τὸν ἠγαπημένον ὑπὸ σοῦ). Aus dem „Geliebten" Gottes des AT hat erst die jüdische Überlieferung den „Freund" gemacht[2]. Vgl. Philo, Sobr 56; Cher 7 (φιλόθεος); Jub 19,9; TestAbr (A) 1,6; 2,3.6; 4,7; 8,2.4; 9,7; 15,12–14; 16,5.9; 20,14.6. Auch im NT (Jak 2,23) wird Abraham so genannt[3]. Sein Gehorsam gegenüber den Worten Gottes erweist ihn vor Gott als πιστός. Der Glaube wird als Glaubensgehorsam verstanden, und so ist der Gläubige derjenige, der in Treue auf den Anspruch Gottes antwortet (wie Abraham in 10,1 auch Noach in 9,4; Mose in 17,5; 43,1). Es fehlt jede Spur von theologischen Zügen Abrahams, wie sie sich in Röm 4 finden, weder von der Frage nach der Rechtfertigung noch von einer polemischen Inanspruchnahme der Vaterschaft Abrahams, um die Bindung an die Verheißungen und an das „wahre Israel" zu behaupten[4].

2   Nach der Angabe des Grundes (δι' ὑπακοῆς) wird aufgezählt, was Abraham verließ: das Land, die Verwandschaft, das Haus seines Vaters. Was hier im Erzählstil vorgetragen wird, entspricht dem folgenden Schriftzitat aus Gen 12,1 in direkter Rede (V. 3). Daran schließt sich ein Finalsatz an, der implizit der Armseligkeit des Verlassenen den Reichtum der Verheißungen gegenüberstellt. Dabei setzt der Vf. das entsprechende Adjektiv hinzu: das kleine Land (γῆν ὀλίγην), die schwache Verwandtschaft (συγγένειαν ἀσθενῆ) und das geringe Haus (οἶκον μικρόν). Das alles hat Abraham verlassen (καταλιπών), ὅπως ... κληρονομήσῃ τὰς ἐπαγγελίας τοῦ θεοῦ[5]. Die folgenden Zitate (V. 3–6) bezeugen mit der Autorität des Wortes Gottes – in allen drei spricht Gott zu Abraham – die Größe der Verheißungen.

---

[1] Die koptische Überlieferung hebt dies ausdrücklich hervor.
[2] Gegen J. JEREMIAS, ThWNT I 8, und LINDEMANN, 50.
[3] Zu προσαγορευθείς vgl. Hebr 5,10.
[4] Vgl. K. BERGER, TRE I 373; J. HJÄRPE, TRE I 387.
[5] Zu den Gemeinsamkeiten mit Hebr 11,8 s. o. zu I Clem 9,2.

Die Grundbegriffe im ersten Teil (ὑπακοή, γῆ, συγγένεια, οἶκος) sind durch das Thema bzw. durch die Schriftzitate vorgegeben. Im zweiten Teil ist es jedoch anders. Weder „erben" (κληρονομεῖν) noch „Verheißung" (ἐπαγγελία) kommen im unmittelbaren Kontext vor, und sie spielen eine bescheidene Rolle in der Begrifflichkeit des Vf.s. Eine mögliche Erklärung für das Erscheinen dieses Begriffspaares im Zusammenhang mit der Gestalt Abrahams ist der Einfluß der urchristlichen Tradition, besonders der paulinischen Sprache. So etwa Gal 3,18: εἰ γὰρ ἐκ νόμου ἡ κληρονομία, οὐκέτι ἐξ ἐπαγγελίας oder Röm 4,13: οὐ γὰρ διὰ νόμου ἡ ἐπαγγελία τῷ Ἀβραὰμ ἢ τῷ σπέρματι αὐτοῦ, τὸ κληρονόμον αὐτὸν εἶναι κόσμου. Aber es handelt sich nur um Sprachreste, die mit dem paulinischen Anliegen bei der Bezugnahme auf Abraham nichts mehr zu tun haben. Der Unterschied tritt gerade beim Zitieren des gleichen Textes um so deutlicher zutage.

Der Text ist – bis auf wenige Abweichungen von Gen 12,1–3 – ein treues Zitat[1]. Es ist weder von Verheißung noch von Erbe die Rede, aber der Inhalt ist eben der Gegenstand der Verheißung. Das verlassene Land, die Verwandtschaft und das Vaterhaus werden dadurch abgelöst und in reichem Maße ersetzt. Streng genommen würde die zitierte Stelle genügen, um die Belohnung des Gehorsams Abrahams darzustellen, aber der Vf. will ausdrücklich auf die inkommensurable Größe der Nachkommenschaft Abrahams hinweisen, in der sich die Kraft der Verheißung widerspiegelt.   **3**

Die Einleitung – die Trennung von Lot – gibt den Inhalt von Gen 13,14a frei wieder, um dann weiter den Spruch Gottes in Gen 13,14b–15 genau zu zitieren. Das Zitat bekräftigt die Trennung von der eigenen Verwandtschaft und zugleich die Weite des verheißenen Landes.   **4**

Das Wort der Schrift (Gen 13,16) bestätigt diesmal die unzählbare Nachkommenschaft Abrahams[2].   **5**

Als dritter Text wird Gen 15,5 f. zitiert. Abgesehen von unbedeutenden Abweichungen entspricht die Fassung dem LXX-Text[3]. Gen 15,5 f. wird innerhalb der neutestamentlichen Literatur zitiert, um markante theologische Positionen zu beweisen. Auf der einen Seite stehen die paulinischen Texte (Gen 15,5 in Röm 4,18; Gen 15,6 in Röm 4,3.9; Gal 3,6) mit der Absicht, die Rechtfertigung aufgrund des Glaubens und nicht der Gesetzeswerke als den von Gott schon bei Abraham beginnenden Heilsplan zu demonstrieren; auf der anderen Seite das Zitat von Gen 15,6 in Jak 2,23 mit der Absicht, die Notwendigkeit der Werke und nicht allein des Glaubens bei der Recht-   **6**

---

[1] ἄπελθε anstelle von ἔξελθε (L = LXX); εὐλογημένος und nicht εὐλογητός und καταράσομαι τοὺς καταρωμένους σε anstelle von τοὺς καταρωμένους σε καταράσομαι (L = LXX).

[2] L faßt zusammen: „et faciam semen tuum sicut harenam maris, quae non dinumerabitur."

[3] Der Text nennt Abraham, während die LXX nur αὐτόν hat. Die zwei Aussagen Gottes folgen ohne Unterbrechung. Gen 15,5 (LXX) wird hingegen mit einem – von L übernommenen – unnötigen καὶ εἶπεν eingeleitet. Vgl. D.A. HAGNER, Use 51, unter „Moderately Variant Quotations."

fertigung zu beweisen¹. Daß ein römischer Text wie I Clem 10,6 die Zitate
über Abraham als Beispiel des Gehorsams mit Gen 15,5 f. abschließt, ist dann
nicht überraschend. Auffallend ist eher die Tatsache, daß die Absicht beim
Zitieren von Gen 15,5 f. keiner der oben angedeuteten Linien - sofern sie
durch ein polemisches Anliegen geprägt sind - entspricht. Das Zitat von Gen
15,6 hier ist frei von jedem Interesse daran, die Notwendigkeit der Werke
bzw. den Vorrang des Glaubens bei dem richtigen Verhältnis des Menschen
zu Gott zu beweisen. Gen 15,5 f. gehört gemeinsam mit den zwei anderen
Zitaten zum Schriftzeugnis über den Gehorsam Abrahams. Wie stark diese
Ansicht in der jüdischen Tradition verwurzelt ist, zeigt die folgende Aussage.
7   Es handelt sich um eine zweigliedrige Aussage, die jeweils mit der Präposition διά eingeleitet wird (διὰ πίστιν καὶ φιλοξενίαν - δι' ὑπακοῆς). Zwei
höchst wichtige Ereignisse aus der Geschichte Abrahams kommen dadurch
zum Ausdruck: die Geburt eines Sohnes trotz des fortgeschrittenen Alters
und seine Bereitschaft, seinen eigenen Sohn zu opfern. Das erste (V. 7a) spielt
auf Gen 18,1-15 an: Die Erscheinung der drei Männer in Mamre, die von
Abraham freundlich empfangen werden. Auf die Ankündigung der Geburt
eines Sohnes (Gen 18,10) reagiert Sara mit Lachen wie zuvor Abraham (Gen
17,17). Eine gerade vom Glauben geprägte Haltung kommt dadurch nicht
zum Vorschein. Aber das διὰ πίστιν ist schon durch das vorhergehende Zitat
aus Gen 15,5 f. veranlaßt; die φιλοξενία durch den Inhalt der angedeuteten
Geschichte². In der Formulierung mag auch Gen 21,2 eine Rolle gespielt
haben: καὶ συλλαβοῦσα ἔτεκεν Σάρρα τῷ Ἀβραὰμ υἱὸν εἰς τὸ γῆρας³. Der
Terminus φιλοξενία ist in mehrfacher Hinsicht relevant: 1. er bezeichnet
sachgemäß die Haltung Abrahams gegenüber den Fremden in Gen 18; 2.
darüber hinaus konkretisiert er die ὑπακοή gegenüber Gott; 3. damit ist das
Thema der folgenden Beispiele (Lot und Rahab in Kap. 11-12) eingeleitet; 4.
die Beispiele für πίστις, εὐσέβεια und φιλοξενία erinnern die korinthische

¹ Zur Einordnung der beiden Linien in die Geschichte der neutestamentlichen Theologie vgl.
F. HAHN, Gen 15,6 im Neuen Testament, in: H.W. WOLFF (Hrsg.), Probleme biblischer
Theologie (FS G. von Rad), München 1971, 90-107.
² Die Aufforderung in Hebr 13,2, die Gastfreundschaft nicht zu vergessen, wird so begründet:
διὰ ταύτης γὰρ ἔλαθόν τινες ξενίσαντες ἀγγέλους. Daß einige durch die Gastfreundschaft (διὰ
ταύτης), ohne es zu wissen, Engel beherbergt haben, läßt sich nur auf das Beispiel von Abraham
und Lot beziehen. Der Zusammenhang ist wichtig für die tradionsgeschichtliche Einordnung
des Motivs. Vgl. dazu 12,7. Zu Gastfreundschaft Abrahams in der jüdischen Überlieferung vgl.
TestAbr (A) 17,7. Der Tod spricht zu Abraham: αἱ γὰρ δικαιοσύναι σου καὶ τὸ ἄμετρον τῆς
φιλοξενίας σου καὶ τὸ μέγεδος τῆς ἀγάπης σου τῆς πρὸς τὸν θεόν ... In TestAbr (A) wird
Abraham oft φιλόξενος genannt (manchmal auch δίκαιος καὶ φιλόξενος. Vgl. 1,1.2.5). Auch bei
Philo, Abr 114.
³ Die Beobachtung LINDEMANNs, 51, die Verknüpfung der φιλοξενία Abrahams mit der
wunderbaren Geburt Isaaks sei theologisch nicht glücklich, „weil jetzt die Erfüllung der von
Gott zuvor gegebenen Nachkommensverheißung an Abrahams πίστις und φιλοξενία gebunden
wird", ist berechtigt unter der Annahme eines paulinisch orientierten Glaubensbegriffes, der
aber für I Clem nicht maßgebend ist.

Gemeinde an ihren früheren Zustand (von den in 1,2 aufgezählten „Tugenden" – vgl. 11,1: διὰ φιλοξενίαν καὶ εὐσέβειαν – fehlt nur die γνῶσις) und zeigen somit den Weg, auf den hin sich die Korinther wieder orientieren sollen.

Das zweite Motiv (δι᾿ ὑπακοῆς ...) bezieht sich auf Gen 22,1–14. Der erste Teil faßt den Kern der Erzählung äußerst knapp und präzise zusammen, ohne sich an den Wortlaut von Gen 22 zu halten: Abraham brachte seinen Sohn als Opfer zu Gott. Im zweiten Teil wird Gen 22,3 aufgenommen: er brachte den Sohn zu einem der Berge, die Gott ihm gezeigt hatte[1].

Nach den Hinweisen auf die verheißene zahlreiche Nachkommenschaft Abrahams in den Zitaten läßt die Aussage in 10,7 einen Einblick in das Verständnis der Gestalt Abrahams und in die Art der Schriftauslegung gewinnen. Abraham zeigt seinen Gehorsam, indem er bereit ist, den Sohn der Verheißung zu opfern. Sein Glaubensakt ist Vollzug des Gehorsams. In diesem Punkt stimmt er völlig mit der Aussage über Abraham in 1 Makk 2,52 überein: Ἀβραὰμ οὐχὶ ἐν πειρασμῷ εὑρέθη πιστός, καὶ ἐλογίσθη αὐτῷ εἰς δικαιοσύνην ... (vgl. auch Sir 44,20: καὶ ἐν πειρασμῷ εὑρέθη πιστός). Es handelt sich um den gleichen Zusammenhang wie in I Clem 10,6f. Die Anrechnung des Glaubens zur Gerechtigkeit wird aus der Treue Abrahams bei dem Opfer seines Sohnes abgelesen. Jak 2,21–23 bezeugt die gleiche Argumentation: Die Rechtfertigung Abrahams geschah eben, weil er bereit war, seinen Sohn auf dem Opferaltar darzubringen. Das Zitat aus Gen 15,6 wird dies bestätigen. Der Glaubensakt Abrahams kann nach Hebr 11,8; Jak 2,21f. und I Clem 10 ein Vorbild für die Christgläubigen sein wie einst nach 1 Makk 2,52 und Sir 44,20 für die Juden, weil er nicht unter dem Gesichtspunkt der Christologie ins Auge gefaßt wird, sondern – echt alttestamentlich – als Glaubenstreue, als Gehorsam.

Der Vf. liest die Schrift durchaus wörtlich, frei sowohl von alexandrinischen als auch von rabbinischen Auslegungsformen. Die Art und Weise, wie Philo mit der Gestalt Abrahams umgeht bzw. wie Paulus die Texte kombiniert, um Abraham als Vorbild für die Rechtfertigung durch den Glauben und nicht durch die Werke des Gesetzes darstellen zu können, liegen seinem Umgang mit der Schrift gleichermaßen fern.

7.3. Beispiele für Gastfreundschaft (11,1–12,8)

Eine erste Konkretisierung des Gehorsams gegenüber Gott besteht in der Gastfreundschaft. Die letzte Aussage über Abraham (10,7) hat das Thema eingeleitet, das nun anhand von biblischen Beispielen dargelegt wird: zuerst

---

[1] L liest einen Singular: τὸ ὄρος ὅ: „montem quem". Die gewählte LA (von AHSC[1] bezeugt) entspricht der LXX-Fassung. Für die LA von L entscheidet sich R. KNOPF, Clemensbrief 58.

an Lot und seiner Frau (11,1–2), sodann an Rahab (12,1–8). Der parallel
gestaltete Anfang weist auf die Zusammengehörigkeit beider Kapitel hin.

1. Wegen Gastfreundschaft und Frömmigkeit wurde Lot aus Sodom gerettet,
als das ganze Land ringsum durch Feuer und Schwefel gerichtet wurde. Dabei
machte der Herrscher offenbar, daß er die, die auf ihn hoffen, nicht verläßt,
die Andersgesinnten aber zur Bestrafung und Pein bestimmt. 2. Denn als die
Frau, die mit ihm fortging, einer anderen Meinung und nicht in Eintracht (mit
ihm) war, wurde sie zum Zeichen gesetzt, indem sie zu einer Salzsäule wurde
bis auf den heutigen Tag, damit allen bekannt sei, daß die mit geteilter Seele
und die Zweifler an der Macht Gottes zum Gericht und zum Warnzeichen
für alle Generationen werden.
Kap. 12. 1. Wegen Glauben und Gastfreundschaft wurde Rahab, die Dirne,
gerettet. 2. Denn als Kundschafter von Jesus, dem Sohn Naves, nach Jericho
ausgesandt wurden, erfuhr der König des Landes, daß sie gekommen seien,
ihr Land auszukundschaften; und er sandte Männer aus, sie zu ergreifen, damit
sie nach ihrer Ergreifung getötet würden. 3. Die gastfreundliche Rahab nahm
sie nun auf (und) versteckte sie im Obergemach unter dem Flachs. 4. Als sich
aber die Leute des Königs einstellten und sagten: „Zu dir gingen die Kundschafter unseres Landes hinein. Führe sie heraus, denn so befiehlt es der König",
da antwortete sie: „Die Männer, die ihr sucht, kamen zwar zu mir herein, sie
gingen jedoch alsbald fort und ziehen ihres Weges." Dabei zeigte sie ihnen die
entgegengesetzte Richtung. 5. Und sie sprach zu den Männern: „Gewiß erkenne ich, daß Gott der Herr euch dieses Land gibt; denn Furcht und Zittern
vor euch befiel seine Bewohner. Wenn es nun geschieht, daß ihr es einnehmt,
so rettet mich und das Haus meines Vaters!" 6. Und sie sprachen zu ihr: „Es
soll so sein, wie du uns gesagt hast. Wenn du nun erkennst, daß wir heranrük-
ken, sollst du alle die Deinen unter deinem Dach versammeln, und sie werden
gerettet werden. Denn alle, die sich außerhalb des Hauses befinden, werden
verloren sein." 7. Und sie rieten ihr auch, ein Zeichen zu geben: etwas
Purpurrotes sollte sie zum Hause hinaushängen. Damit taten sie kund, daß
durch das Blut des Herrn allen Erlösung zuteil werden wird, die glauben und
auf Gott hoffen.
8. Seht, Geliebte, daß nicht nur Glaube, sondern auch Prophetie in der Frau war.

Das 11. Kapitel enthält zwei Beispiele: ein positives für Rettung aus der
Zerstörung (Lot), und ein negatives für Bestrafung (seine Frau). Beide Beispiele sind zur Belehrung da (πρόδηλον ποιήσας ὁ δεσπότης bzw. εἰς τὸ
γνωστὸν εἶναι πᾶσιν). Jeweils drückt ein abschließender ὅτι-Satz den Inhalt
der Belehrung aus: ὅτι τοὺς ἐλπίζοντας ἐπ' αὐτόν ... – ὅτι οἱ δίψυχοι ... Die
Begründung am Anfang – Gastfreundschaft und Frömmigkeit – mündet
schnell in das Thema ein, das den Vf. interessiert. Die Andersgesinnten, die
Unentschlossenen und die Zweifler werden exemplarisch von Gott bestraft.
Die Eintracht (ὁμόνοια) ist die positive Haltung, der die indirekte Ermahnung

– durch die furchtbare Bestrafung der entgegengesetzten Haltung – gilt. Den Kontrast dazu bilden die zwei anderen Begriffspaare: ἑτεροκλινής – ἑτερογνώμων und δίψυχος – διστάζων.

Nach der Angabe des Grundes (διὰ φιλοξενίαν καὶ εὐσέβειαν), weshalb Lot 1 aus Sodom gerettet wurde, folgt eine kurze Erläuterung über das von Gott zerstörte Land. Durch einen Partizipialsatz (πρόδηλον ποιήσας) ohne direkten Anschluß an das verbum finitum (vgl. Bl./Deb./Reh. § 468,2) wird der Sinn des Ereignisses als Belehrung Gottes erschlossen. Der δεσπότης ist Subjekt des ὅτι-Satzes, der seine Haltung gegenüber denen, die auf ihn hoffen bzw. die als Andersgesinnte auftreten, beschreibt.

Daß Lot wegen seiner φιλοξενία von Gott aus Sodom gerettet wurde (ἐσώθη ist passivum divinum), entspricht der Erzählung in Gen 19,1–15. Die zwei Engel, denen Lot seine Gastfreundschaft erwiesen hat, sind ihm Helfer und Retter (Gen 19,15 f.). Von der εὐσέβεια Lots ist in der Genesiserzählung explizit nirgendwo die Rede[1], aber die Frömmigkeit gehört zu den Tugenden, die als Ideal (vgl. 1,2) jeden Gerechten begleiten (15,1), zumal Lot den Wert seiner εὐσέβεια durch sein Gottvertrauen beweist[2]. Die Angaben über die Zerstörung orientieren sich frei an die Genesisgeschichte. So geht „das ganze Land ringsum" (τῆς περιχώρου πάσης) auf Gen 19,25 zurück (καὶ πᾶσαν τὴν περίοικον), wie auch die Zerstörungsart (διὰ πυρὸς καὶ θείου) auf Gen 19,24. Die zuvor auf ihre wesentlichen Züge reduzierte Geschichte Lots und Sodoms gewinnt den Charakter eines Beispiels, das als solches auf einen präzisen Sachverhalt hinweist[3]. In diesem Fall bekundet Gott dadurch seinen Willen: er verläßt nicht, die auf ihn hoffen (vgl. 12,7). Im Gegensatz zu den ἐλπίζοντες stehen die ἑτεροκλινεῖς ὑπάρχοντες. Der Sinn von ἑτεροκλινής ist nicht eindeutig. Etymologisch heißt es allgemein „sich zur anderen Seite neigend" (so Bauer/Aland)[4]. Da der Terminus auch in I Clem 47,7 auftaucht, um die Nicht-Christen zu bezeichnen (ἑτεροκλινεῖς ὑπάρχοντας ἀφ᾽ ἡμῶν), empfiehlt es sich, ihn eher neutral mit „Andersgesinnte" zu übersetzen[5]. Die Fortsetzung in 11,2 begünstigt auch diese Deutung (s. u.). Mit diesem Begriff lenkt der Vf. den Blick weg von der Geschichte Lots hin auf sein Thema: die Notwendigkeit der Eintracht und die Bestrafung derer, die diese Eintracht wie auch immer gefährden. Sein Interesse schafft natürlich ein Ungleichgewicht in der Erzählung, das am Verhältnis zwischen der Tat und der Bestrafung sichtbar

---

[1] Vgl. S. RAPPAPORT, Der gerechte Lot. Bemerkung zu 2 Petr 2,7.8, in: ZNW 29 (1930) 299–304, hier 300.

[2] Vgl. W. FOERSTER, ThWNT VII 184. 2 Petr 2,6 f. scheint das Motiv aufgenommen zu haben, denn hier ist die Zerstörung Sodoms und Gomorras ein warnendes Beispiel (vgl. Jud 7) für die künftigen Gottlosen. Die Geschichte Lots lehrt, daß Gott die Frommen aus der Prüfung zu retten weiß: 2,9: οἶδεν κύριος εὐσεβεῖς ἐκ πειρασμοῦ ῥύεσθαι.

[3] Zu πρόδηλον ποιῆσαι vgl. 12,7; 2 Makk 14,39; (I Clem 51,3: πρόδηλον ἐγενήθη).

[4] Knopf, Fischer, Lindemann, Schneider übersetzen es mit „widerspenstig", Bauer/Aland gibt sogar „abtrünnig" an. Beide Ausdrücke dürften zu scharf sein.

[5] So A. v. HARNACK, Einführung 18.

wird. Denn das Gericht über die Bewohner Sodoms ist die Folge von weit drastischeren Begebenheiten als Meinungsunterschiede oder Streitigkeiten[1]. Wer sind die „Andersgesinnten"? Der Ausdruck könnte sich auf die Schwiegersöhne Lots beziehen, die nach Gen 19,14 die Aufforderung, die Stadt sofort zu verlassen, dahin mißverstehen, daß sie glauben, Lot würde dabei nur scherzen. Sie verstehen Lot nicht, und so werden sie mit dem Rest bestraft. Bekanntlich verlassen die Stadt nur Lot, seine Frau und die zwei Töchter (Gen 19,16). Aber das γάρ am Anfang von 11,2 weist auf eine Verbindung mit 11,1 hin: Was allgemein als Maxime gilt, konkretisiert sich und wird anschaulich in der Haltung der Frau von Lot[2]. Entspricht dies auch dem Gedankengang in 11,1–2, so bleibt dennoch die Frage nach der ungewöhnlichen Wendung. Nach Gen 19,16 (LXX) reagieren alle mit Verwirrung auf das Wort des Engels (ἐταράχθησαν). Nach dem TM (ויתמהמה) müßte man an ein Zögern Lots denken. Der seltene Begriff ἑτεροκλινής ist in der biblischen und altchristlichen Literatur nur hier belegt. Nur das Adverb ἑτεροκλινῶς kommt in 1 Chr 12,34 vor, und zwar für die Leuten aus dem Stamm Sebulon, die bereit waren, David οὐχ ἑτεροκλινῶς zu helfen[3]. Der Ausdruck gibt die hebräische Wendung בלא־לב ולב wieder, d. h. nicht mit geteiltem Herzen. Möglicherweise hat eine andere Tradition den Sprachgebrauch an dieser Stelle beeinflußt. Philo nämlich deutet den Namen Lots mit ἀπόκλισις: Neigung[4]. In Migr 148 gibt er auch eine kurze Erklärung für diese Deutung. Lot verkörpert den Nous, der sich manchmal dem Guten zuneigt (κλίνεται δὲ ὁ νοῦς τοτὲ μὲν τἀγαθόν), manchmal sich aber dem Bösen zuwendet (τοτὲ δ᾿ αὐτὸ κακὸν ἀποστρεφόμενος). Im Hintergrund steht die Trennung Lots von Abraham, die Philo allegorisch deutet als die Trennung des Nous vom Seelenteil (Lot), der zur Sinnenwelt neigt (Migr 13: τὸ κλινόμενον τῆς ψυχῆς πρὸς τὸ αἰσθητὸν εἶδος)[5]. Diese Tradition könnte auf den Sprachgebrauch des Vf.s eingewirkt haben, allerdings nur im Hinblick auf diejenigen, die sich einer Seite zugeneigt haben, die dann zur Bestrafung führt. Der Name Lots selber trug dabei die semantische Note, die auf die Lots Frau – und damit nahm der Vf. den Leitfaden der Genesisgeschichte wieder auf – übertragen wurde.

2   Im Mittelpunkt steht nun Lots Frau. Das γάρ verbindet den Partizipialsatz mit dem vorhergehenden Satz. Das erste Partizip συνεξελθούσης deutet das Verlassen Sodoms gemeinsam mit Lot an, während das zweite Partizip ὑπαρχούσης die Haltung der Frau als ἑτερογνώμονος, d. h. „anderer Meinung"

---

[1] Zu αἰκισμός (Pein, Mißhandlung) vgl. 2 Makk 8,17; 4 Makk 6,9; 7,4; 14,1; 15,19.

[2] Richtig LINDEMANN, 51: „An wen bei ἑτεροκλινεῖς gedacht ist, zeigt **2**, der Gen 19,26 aufnimmt."

[3] Negativer erscheint die adverbiale Form bei Epiktet, Diss. III 12,7: ἑτεροκλινῶς ἔχω πρὸς ἡδονήν.

[4] Von ihm abhängig Ambrosius, De Abraham II 2,6: „Lot, hoc est declinatio" (CSEL 32,1). Vgl. die Deutung in II 6,25.

[5] Vgl. auch Migr 175; Post 175; Som I 86.

und nicht ἐν ὁμονοίᾳ mit Lot bezeichnet. ἑτερογνώμων ergänzt und präzisiert das allgemeine ἑτεροκλινεῖς von 11,1. Die Frau wird somit zum abschreckenden Bild, im Gegensatz zu Lot. Der Hauptsatz mit dem verbum finitum (εἰς τοῦτο σημεῖον ἐτέθη) spricht vom sichtbaren Zeichen der Salzsäule, deren Bedeutung der abschließende ὅτι-Satz offenlegt.

Gen 19,26 erzählt nur davon, daß Lots Frau gegen den Befehl des Engels, beim Verlassen der Stadt nicht zurückzuschauen (Gen 19,17), verstieß und so zu einer Salzsäule wurde. Weish 10,7 interpretiert das Geschehen als Folge des Unglaubens (ἀπιστούσης ψυχῆς μνημεῖον ἑστηκυῖα στήλη ἁλός), während der gerechte Lot von der Weisheit gerettet wird (Weish 10,6). Nach Josephus war ihre Neugier (πολυπραγμονοῦσα) die Ursache für ihr Handeln (Ant 1,203). Philo beschäftigt sich an mehreren Stellen mit Gen 19,26. Lots Frau wird zum Sinnbild für den Menschen, der sich mit den blinden Dingen des Lebens beschäftigt und so nach Art eines leblosen Steins zur Säule wird (Fug 122). Som I 248 fügt noch hinzu, daß eine solche leblose Säule in sich selber zerfließt: Salz ist nichts Festes. Ebr 164 nennt die Frau „Gewohnheit" (συνήθεια), eine Feindin der Wahrheit, die auf ihrem Weg nicht weitergeht, sondern zurückbleibt. Im Rahmen der „Q"-Apokalypse wird die Frau Lots in Lk 17,32 erwähnt (vgl. Lk 17,28 f.). Die Herkunft des Textes ist umstritten. Jetzt ruft der Fall dazu auf, bei den endzeitlichen Wirren mit Entschiedenheit zu handeln: „Wer auf dem Feld ist, soll nicht zurückkehren. Denkt an die Frau Lots."

Verglichen mit diesen Deutungen über die Frau von Lot fällt in I Clem 11,2 der formale Charakter der Aussage auf. ἑτερογνώμων und οὐκ ἐν ὁμονοίᾳ besagen nichts über den Gegenstand der Diskrepanz. Dabei ist diese die Ursache für die Bestrafung. Nach Lindemann, 51, hat die vom Vf. gegebene Deutung „keinen Anhalt am dortigen Text" (d. h. Gen 19,26). Wenn man den Zusammenhang betrachtet, stellt sich die Frage, wie weit der Vf. das Bild der Frau wirklich ohne Anhalt in Gen 19 und nur im Hinblick auf die Situation in Korinth entworfen hat. Das Stichwort „Gehorsam", das den ganzen Abschnitt ab Kap. 9 inhaltlich bestimmt, läßt einen anderen Zusammenhang erblicken[1]. Der Gehorsam gegenüber Gott ist das über allem waltende Ordnungsprinzip, das sich in der zwischenmenschlichen ὁμόνοια widerspiegelt. Der Vf. macht keine Anspielung auf die Tat der Frau nach Gen 19,26 und auf den Befehl des Engels zuvor, weil er wahrscheinlich all dies als bekannt voraussetzen konnte. Bei dieser Annahme sind die Aussagen über die Frau als einer der „Andersgesinnten" (ἑτεροκλινεῖς ὑπάρχοντας), die eine andere Meinung vertreten hat (ἑτερογνώμονος ὑπαρχούσης), schließlich auch die Aussagen über ihre mangelnde Eintracht (οὐκ ἐν ὁμονοίᾳ), nichts anderes als eine Beurteilung aufgrund ihres Ungehorsams, der sich beim Zurückschauen kundgetan hat. Die Termini heben den Unterschied zwischen dem „gehorsa-

---

[1] Auch S. GUNDERT, Brief 37 f., versteht den Text im Zusammenhang mit den Gegnern. Ihre Charakterisierung als „paulinische Heidenchristen" ist jedoch sehr fraglich.

men" Lot und seiner „ungehorsamen" Frau hervor. Diese Deutung entspricht eher der Art der Schriftauslegung des Vf.s, der eigenartigerweise seine grundsätzliche Texttreue mit einer offensichtlichen Aktualisierungs- und Anwendungsabsicht verbindet.

Daß die Frau „zum Zeichen gesetzt wurde" (εἰς τοῦτο σημεῖον ἐτέθη), setzt Ungehorsam voraus und ist Ausdruck ihrer Bestrafung und bis zum heutigen Tag erhalten gebliebenes Zeichen. Für jeden Kenner der Gegend am Toten Meer bzw. für jeden, der etwas davon gehört hat, ist der Sachverhalt klar. Die Überzeugungskraft des Zeichens hängt mit seiner Anschaulichkeit zusammen[1].

Die Lehre, die aus der Geschichte gezogen wird, ergibt sich aus der Deutung der Bestrafung der Frau. Die Frau repräsentiert die Menschen mit „zwei Seelen", d.h. die Wankelmütigen (δίψυχοι) und die Zweifler an der Macht Gottes (διστάζοντες περὶ τῆς τοῦ θεοῦ δυνάμεως)[2]. Die zwei Begriffe kommen auch in 23,3 vor als Teil eines apokryphen Zitates (s. Begriffsanalyse dort). Die Salzsäule am Toten Meer ist also das Zeichen der Strafe für Wankelmütige und Zweifler. Das bedeutet, daß die Verfehlung der Frau – ähnlich wie in Weish 10,6 – auf Unglaube zurückgeführt wird.

Dem εἰς τοῦτο σημεῖον ἐτέθη entspricht das abschließende εἰς κρίμα καὶ σημείωσιν: Sie wurde zum Zeichen gesetzt, und dieses Zeichen ist ein Zeichen zum Gericht und zur Warnung[3], das in seiner universalen Tragweite keine Ausnahme zuläßt (εἰς τὸ γνωστὸν εἶναι πᾶσιν ... πάσαις ταῖς γενεαῖς).

Kap. 12. Anders als die Geschichte von Lot und seiner Frau, die von der Gastfreundschaft Lots ausgehend zu einer Belehrung gegen die Wankelmütigen und Zweifler wurde, eignet sich die Geschichte der Rahab dazu, grundsätzlich wörtlich übernommen, als Beispiel besonderer Gastfreundschaft zu dienen.

1   Das Begriffspaar πίστις – φιλοξενία wurde schon bei Abraham verwendet als Grund für die Geburt des Nachkommen (10,7). Im Sinn des Glaubensverständnisses und der Schriftauslegung von I Clem handelt es sich nicht um eine formelhafte Wendung, sondern um sachgemäßen Umgang mit der Überlieferung. Der Hinweis auf den Glauben der Rahab ist durch Jos 2,11f. (... ὅτι κύριος ὁ θεὸς ὑμῶν θεὸς ἐν οὐρανῷ ἄνω καὶ ἐπὶ τῆς γῆς κάτω) und I Clem 12,5 gut begründet. Im Mittelpunkt der Erzählung steht aber ihre Gastfreundschaft. Die Bezeichnung πόρνη ist die übliche in Jos 2,1; 6,17.23.25; Hebr 11,31; Jak 2,25[4]. Glaube und Gastfreundschaft der Rahab erwähnt auch Hebr

---

[1] Vgl. Josephus, Ant 1,203: ἱστόρησα δ' αὐτήν, ἔτι γὰρ καὶ νῦν διαμένει. Vgl. auch Justin, I Ap. 53,9 (über die verwüstete Landschaft, die man noch sehen kann).

[2] Vgl. Plutarch, Mor. 62a: καὶ διστάζοντα περὶ λουτροῦ καὶ τροφῆς; Aristoteles, EthNicom 1112b.

[3] εἰς κρίμα γίνεσθαι auch in 21,1. Zu σημείωσις vgl. Ps 59,6; PsSal 4,2; Arist 161; 170.

[4] Die Textüberlieferung tendiert dahin, die Bezeichnung abzumildern, und fügt hinzu ἐπιλεγομένη (HLSC¹C²). Text nach A.

11,31: „Durch Glauben kam Rahab, die Dirne, nicht mit den Ungehorsamen um, da sie die Kundschafter friedlich aufgenommen hatte." Abgesehen von μετ᾽ εἰρήνης stimmen beide Überlieferungen inhaltlich überein: Der Glaube und die Aufnahme der Kundschafter haben Rahab gerettet[1]. Die christlichen Zeugnisse, aber auch die jüdische Überlieferung (nach dem Midrasch ist Rahab zum Judentum übergetreten), zeigen ein beachtliches Interesse für die eigenartige Gestalt der Rahab[2].

Als Beweis für die πίστις καὶ φιλοξενία der Rahab gibt der Vf. die Ereig-   **2** nisse, die in Jos 2 erzählt werden, in freier Form wieder. Hier geschieht die Begegnung der Israeliten mit Rahab nicht am Anfang wie in Jos 2,1, sondern nachdem der König befohlen hat, sie festzunehmen. Durch die geänderte Reihenfolge der Ereignisse kommt die Gastfreundschaft der Rahab (vgl. 12,3) besser zur Geltung. Über die Absicht des Königs, die Kundschafter festzunehmen und zu töten, steht in Jos 2,1–3 ausdrücklich nichts[3], aber es handelt sich um eine richtige Interpretation der Erzählung. Sprachliche Übereinstimmungen da und dort lassen erkennen, daß der Vf. eine griechische Fassung des AT als Grundlage seiner Version benutzte (Ἰησοῦς, Ναυή, κατασκοπεῦσαι, Ἰεριχώ, γῆς, βασιλεύς, ἄνδρας, ἥκασιν).

Die Bezeichnung φιλόξενος ist berechtigt. Durch die Aufnahme der Israe-   **3** liten wagt Rahab, gegen die Absicht des Königs zu handeln. Der Text variiert Jos 2,6: αὐτὴ δὲ ἀνεβίβασεν αὐτοὺς ἐπὶ τὸ δῶμα καὶ ἔκρυψεν αὐτούς. Während in Jos 2,6 der Ort des Verstecks die auf dem Dach aufgeschichteten Flachsstengel sind (ἐν τῇ λινοκαλάμῃ τῇ ἐστοιβασμένῃ αὐτῇ ἐπὶ τοῦ δώματος), führt die Frau hier die Israeliten zum Obergemach[4], wo die Flachsstengel deponiert sind (εἰς τὸ ὑπερῷον ὑπὸ τὴν λινοκαλάμην).

Der Vf. erzählt in einer langen Periode frei über die Begegnung zwischen   **4** den Abgesandten des Königs und Rahab. Sprachlich und inhaltlich gibt es Anklänge an das Buch Josua bei der Forderung, die Männer auszuliefern und bei der Antwort der Frau.

---

[1] Jak 2,25 stellt die Frage, ob Rahab nicht aus Werken gerechtfertigt wurde (οὐκ ἐξ ἔργων ἐδικαιώθη), als sie die Boten aufnahm. Diesmal treten die Werke und nicht der Glaube in den Vordergrund, aber der Bezugspunkt ist immer die Aufnahme der Boten. M. Dibelius, Brief des Jakobus 205, findet „höchst auffallend", daß Jak kein Wort über den Glauben der Rahab sagt, obwohl eine solche Erwähnung – Zusammenwirken von Glauben und Werken – von der Sache und von der Überlieferung her angebracht wäre. Nach H. Frankemölle, Brief des Jakobus 476, ist dieser Gedanke implizit vorhanden.

[2] Vgl. Bill I 20–23; A. T. Hanson, Rahab 56–58.

[3] Josephus hat eine ähnliche Überlieferung in Ant 5,8: ὁ (βασιλεύς) δ᾽ εὐθὺς πέμψας πρὸς αὐτοὺς ἐκέλευσεν ἀγαγεῖν συλλαβόντας, ἵνα βασανίσας μάθῃ, τί καὶ βουλόμενοι παρεῖεν.

[4] τῆς οἰκίας αὐτῆς verdeutlichen LC[1]C[2].

ἐξάγαγε αὐτού ὁ γὰρ βασιλεὺς οὕτως
κελεύει, ἡ δὲ[1] ἀπεκρίθη·

εἰσῆλθον μὲν οἱ ἄνδρες, οὓς ζητεῖτε, πρός με,

ἀλλ᾿ εὐθέως ἀπῆλθον
καὶ πορεύονται τῇ ὁδῷ.

Jos 2,3b: ἐξάγαγε τοὺς ἄνδρες τοὺς
εἰσπεπορευμένους εἰς τὴν οικίαν σου τὴν
νύκτα ...
V.4b–5: εἰσεληλύθασιν πρός με οἱ ἄνδρες·
ὡς δὲ ἡ πύλη ἐκλείετο ἐν τῷ σκότει, καὶ οἱ
ἄνδρες ἐξῆλθον·
οὐκ ἐπίσταμαι ποῦ πεπόρευνται.

Indem die Frau nach I Clem 12,4 die Israeliten nicht nur versteckt, sondern darüber hinaus die Verfolger in die entgegengesetzte Richtung wegschickt[2], kommt ihre Absicht, die Abgesandten des Königs irrezuführen, noch deutlicher zum Ausdruck als in Jos 2,4b–5, wo sie nur ihre Unkenntnis über deren Ziel bekundet. Aber streng genommen handelt es sich um eine nicht sehr weiterführende Einzelheit, solange die Israeliten ihr Haus nicht verlassen haben. Hier scheint eine Überlieferung durchzuschimmern, bei der die Israeliten schon unterwegs sind und darum durch die falsche Angabe über ihren Weg gerettet werden. Die Szene in Jos 2,16, wo Rahab die Israeliten ins Gebirge schickt, damit sie der Verfolgung entkommen, bot den Anlaß für die Verwechslung. Darauf spielt auch Jak 2,25 an: καὶ ἑτέρᾳ ὁδῷ ἐκβάλουσα.

5 Das Bekenntnis und die anschließende Bitte der Frau gibt in verkürzter Form Jos 2,9–12 wieder:

γινώσκουσα γινώσκω ἐγὼ
ὅτι κύριος ὁ θεὸς παραδίδωσιν ὑμῖν τὴν γῆν
ταύτην·
ὁ γὰρ φόβος καὶ ὁ τρόμος ὑμῶν ἐπέπεσεν
τοῖς κατοικοῦσιν αὐτήν. Ὡς ἐὰν οὖν γένηται
λαβεῖν αὐτὴν ὑμᾶς, διασώσατέ με καὶ
τὸν οἶκον τοῦ πατρός μου.

Jos 2,9: ἐπίσταμαι
ὅτι δέδωκεν ὑμῖν κύριος τὴν γῆν,

ἐπιπέπτωκεν γὰρ ὁ φόβος ὑμῶν ἐφ᾿ ἡμᾶς.

V. 12: καὶ ποιήσετε καὶ ὑμεῖς ἔλεος ἐν
τῷ οἴκῳ τοῦ πατρός μου.

Der Vf. kennt die Geschichte offenbar gut, und so kann er sich auf das Wesentliche konzentrieren. Eigentümlich ist die Wendung γινώσκουσα γινώσκω. Es handelt sich um das Partizip als Verstärkung des Verbalbegriffs, das im NT nur in Zitaten aus der LXX belegt ist: Mt 13,14 = Jes 6,9; Apg 7,34 = Ex 3,7; Hebr 6,14 = Gen 22,17 (vgl. Bl./Deb./Reh. § 422)[3]. Im

---

[1] ἡ δε nach der LA von HC¹S; L liest „illa".

[2] A. v. HARNACK, Einführung 18, übersetzt ὑποδεικνύουσα αὐτοῖς ἐναλλάξ mit: „Und sie wies sie nach außen." Aber das entspricht nicht dem Sinn von ἐναλλάξ.

[3] In der LXX kommt die Verdoppelung mit γινώσκω vor: Gen 15,13; 1 Sam 28,1; 1 Kön 2,37; Jer 13,12; 33,15; 49,19. Vgl. ClemHom XVI 13,3: γινώσκων γνώσῃ. Es handelt sich also um einen Septuagintismus. Aber die Form ist auch im sonstigen Griechisch belegt. Vgl. KÜHNER/GERTH, II 99 f.; SCHWYZER, II 388. Vgl. I Clem 56,2: παιδεύων ἐπαίδευσεν (Ps 117,18). Die Ausdrucksweise erlaubt keine Folgerung bezüglich einer angeblichen semitischen Abstammung des Vf.s. Vgl. A. D. HAGNER, Use 56 Anm. 3. Anders E. NESTLE, Verfasser 178; E. WERNER, Hebraisms 804.

Unterschied dazu ist I Clem 12,5 ein freies Zitat[1]; in Jos 2,9–13 kommt diese
Form nicht vor.

Auch hier lehnt sich der Vf. frei an Jos 2,18b an. Rahab soll ihre Ver-   6
wandten in ihr Haus, unter ihrem Dach[2] versammeln (τὸν δὲ πατέρα σου καὶ
τὴν μητέρα σου καὶ τοὺς ἀδελφούς σου καὶ πάντα τὸν οἶκον τοῦ πατρός σου
συνάξεις πρὸς σεαυτὴν εἰς τὴν οἰκίαν σου). Die Unschuldsbeteuerung der
Israeliten in Jos 2,19 (LXX): „Und es wird geschehen, daß jeder, der über
die Tür deines Hauses hinausgeht, selber die Schuld daran tragen wird; durch
diesen Eid sind wir unschuldig daran", ersetzt der Vf. durch eine kürzere
und deutlichere Aussage: „Alle, die sich außerhalb des Hauses befinden,
werden verloren sein."

Die erste Aussage über das ausgehängte κόκκινον als Zeichen folgt in   7
vereinfachter Form Jos 2,18a: καὶ θήσεις τὸ σημεῖον, τὸ σπαρτίον τὸ κόκκινον
τοῦτο ἐκδήσεις εἰς τὴν θυρίδα. Die zweite Aussage deutet das Zeichen christologisch: Das purpurrote Zeichen weist auf die Erlösung durch das Blut des
Herrn hin (vgl. Kol 1,14: ἀπολύτρωσις διὰ τοῦ αἵματος αὐτοῦ)[3].

Für den Gegenstand, der als Zeichen dienen soll – nach Jos 2,18a ist es
eine Schnur (τὸ σπαρτίον) –, interessiert sich der Vf. nicht. Wichtig allein ist
die Farbe, denn durch sie vermag die Szene einen tieferen Sinn zu gewinnen.
Das Purpurrot (κόκκινον) legt nahe, eine Verbindung mit dem Blut herzustellen. Wahrscheinlich stützt sich die hier angegebene Deutung auf eine
judenchristliche Auslegungstradition, wie sie auch in Barn 7,8–11 und 8,1
bezeugt ist. Die rote Wolle, die auf den in die Wüste fortgeschickten Sün-
denbock gelegt wurde, ist ein Zeichen für den am Ende der Tage mit einem
roten Mantel (τὸν ποδήρη ἔχοντα τὸν κόκκινον) zurückkommenden Herrn
(Barn 7,8 f.). Die christologische Deutung basiert auf dem Ritual für den
großen Versöhnungstag nach Lev 16. Barn 8,1 ergänzt diese Deutung durch
Anspielung auf das Ritual für das Sündopfer nach Num 19,1–10. Um beide
ursprünglich unterschiedlichen Motive zu verbinden, spricht Barn 8,1 nicht
von einer roten Kuh (Num 19,2), sondern von der um ein Holz gelegten
roten Wolle (τὸ ἔριον τὸ κόκκινον). Das Holz wird als Typos des Kreuzes
gedeutet, während die rote Wolle keine weitere Deutung erfährt. κόκκινος
erscheint in keinem von diesen Texten als Zeichen oder Symbol für das Blut,
aber das Motiv ist doch im Hintergrund vorhanden. Die Aussagen über die
Besprengung und über die Reinigung von den Sünden (Barn 8,1) weisen in

---

[1] Weil die Worte „und Zittern … Bewohner" in der LXX-Fassung von Jos 2,9–13 fehlen,
aber im hebräischen Text vorkommen, nimmt SCHNEIDER, 21 Anm. 52, hier die Benutzung einer
hebräischen Vorlage an. Dies ist aber wenig wahrscheinlich: 1. I Clem 12,5 ist ein freies Zitat,
kein wörtliches; 2. das Begriffspaar φόβος καὶ τρόμος ist traditionell (vgl. Ex 16,16; Dtn 2,25;
Ri 2,28 u. ö.); 3. die „Bewohner des Landes" werden auch in Jos 2,24 erwähnt.

[2] LIGHTFOOT, I 2,49, liest τὸ τέγος σου und erwähnt die Bedeutung von „lupanar", wie in
Num 25,8 (Aquila) und in Sib 3,186; 5,387, ohne eine Entscheidung zu treffen.

[3] προσέθεντο αὐτῇ δοῦναι ist ein Hebraismus. Es entspricht der Wendung ל וַיֹּאסֶ. In der
LXX vgl. Gen 4,12; Ex 5,7. Vgl. BL./DEB./REH. § 435,4.

diese Richtung[1]. Auf jeden Fall hat Hebr 9,19 beide Texte (Lev 14,4 und Num 19,6) zusammen herangezogen, um die alles überragende heilbringende Bedeutung des Blutes Christi hervorzuheben (Hebr 9,13 f.).

Eine solche symbolisch-soteriologische Deutung des Alten Testaments, bei der die Farbe allein auf das Blut Christi schließen läßt, erscheint hier zum ersten und einzigen Mal in I Clem. Sie ist nicht repräsentativ für die Auslegungsart des Vf.s und so durch den Einfluß einer vorgegebenen Tradition zu erklären[2].

Bei τοῖς πιστεύουσιν καὶ ἐλπίζουσιν ist nur der zweite Teil auf ἐπὶ τὸν θεόν zu beziehen[3]. Die Verbindung von Christologie und Gottesglauben ist nun selbstverständlich geworden, und so wird die keineswegs selbstverständliche Behauptung, daß durch das Blut Christi allen Erlösung zuteil wird, die glaubend auf Gott hoffen, nicht näher begründet[4].

8   Der Abschnitt geht zu Ende mit der Anrede ὁρᾶτε, ἀγαπητοί[5]. Die πίστις der Rahab wurde schon in 12,1 erwähnt. Daß die Frau nicht nur die Gabe des Glaubens, sondern auch die der Prophetie besaß, ergibt sich wahrscheinlich aus der christologischen Deutung des purpurroten Zeichens. Zeichen und Deutung gehen ineinander über und führen zu einer neuen Aussage über die Frau. Indem sie durch ihre Handlung das Zeichen gesetzt hat, nimmt sie auch aktiv an dessen Deutung auf das Blut Christi teil, als wäre sie selber die, von der sie stammt[6]. Nach Josephus (Ant 5,12) erfährt Rahab durch Zeichen, die Gott ihr zu erkennen gibt, von der Zerstörung Jerichos (ταῦτα γὰρ εἰδέναι σημείοις τοῖς ἐκ τοῦ θεοῦ διδαχθεῖσαν). Das wäre die jüdische Fassung vom prophetischen Wissen der Rahab[7].

---

[1] Justin (Dial. 111,4) bringt eine ähnliche Deutung: Die rote Schnur sei ein Symbol für das Blut Christi, durch das aus allen Völkern die gerettet werden, die früher unzüchtig und ungerecht waren, wenn sie die Vergebung der Sünden empfangen und nicht mehr sündigen (ὁμοίως τὸ σύμβολον τοῦ αἵματος τοῦ Χριστοῦ ἐδήλου, δι᾽ οὗ οἱ πάλαι πόρνοι καὶ ἄδικοι ἐκ πάντων τῶν ἐθνῶν σώζονται, ἄφεσιν ἁμαρτιῶν λαβόντες καὶ μηκέτι ἁμαρτάνοντες). Das Motiv kommt in der altchristlichen Literatur oft vor. Vgl. Irenäus, AdvHaer IV 20,12; Origenes, In Josuam, Hom. 3,5 und 6,4 (SC 71,142.192); Augustin, Enarr. in Ps 86,6 (CC SL 39,1203 f.) usw. Schon Cotelier hat darauf aufmerksam gemacht (PG 1,234 Anm. 83).

[2] N. Cocci, Sangue 886 f., fügt eine weitere Deutung hinzu: So wie außerhalb des Hauses der Rahab keine Rettung möglich war, so auch nicht außerhalb der Kirche. Mit I Clem hat das nichts mehr zu tun.

[3] Vgl. 11,1; 59,3 und die LXX-Zitate in 16,16 und 22,8: immer ἐλπίζειν mit ἐπί.

[4] Nach O. Knoch, Eigenart 415, wertet der Vf. die traditionelle urchristliche Erlösungstypologie vom roten Faden der Rahab als Hinweis auf das Blut Christi nicht soteriologisch, sondern moralisch. Ähnlich T. Aono, Entwicklung 41: Die Heilsbedeutung des Blutes Christi scheine „durch die Betonung des menschlichen Tuns in den Hintergrund gerückt zu sein." In beiden Urteilen werden Gegensätze konstruiert, die der Denkart von I Clem fremd sind.

[5] Die Wendung ist typisch für I Clem. Vgl. 16,17; 21,1; 50,1. Vgl. ferner 24,1.2; 56,16.

[6] Vgl. Origenes, In Josuam, Hom. 3,4: „sed et ista meretrix, quae eos suscepit, ex meretrice efficitur jam propheta."

[7] Vgl. A. T. Hanson, Rahab 55. Vgl. auch RuthR II 2: Der Heilige Geist ruhte auf ihr (Rahab), bevor die Israeliten in das Land kamen. Denn nur so konnte sie wissen, daß die

Mit Rahab ist die Liste der Beispiele für φιλοξενία, die mit Abraham und
Lot angefangen hat, abgeschlossen. Das Thema ist gleichfalls abgeschlossen.
Nur in 35,5 gibt es noch einen kurzen Hinweis auf die ἀφιλοξενία, aber es
handelt sich um eine Reihe von negativen Haltungen, die vermieden werden
sollen, ohne daß das Problem eigens behandelt wird. Nachdem der Abschnitt
10,7 bis 12,7 der Darstellung von Vorbildern für φιλοξενία gewidmet war,
die jeweils von Gott reichlich belohnt wurden, stellt sich die Frage nach dem
Hintergrund für das ungewöhnliche Interesse an dieser Haltung. Geht es hier
um ursprünglich isolierte Themen, die vom Vf. ohne eine erkennbare Absicht
zu einer Einheit zusammengefügt worden sind, die aber letzten Endes Gemeinplätze der urchristlichen Paränese waren, oder gibt es ein konkretes
Anliegen, das der Darlegung zugrunde liegt? Es braucht nicht eigens betont
zu werden, daß damit auch eine entscheidende hermeneutische Frage in der
Auslegung von I Clem berührt wird: die Frage nämlich nach der inhaltlichen
Kohärenz des ganzen Werkes (s. Einleitung § 2.2). Zwei Überlegungen sind
hier angebracht. Die erste ist traditionsgeschichtlicher Art: Die Grundlage
hierzu bildet die judenchristliche Überlieferung[1], wiewohl sie wiederum die
Stimme eines breiten Konsenses der antiken Welt wiedergibt[2]. Unmittelbar ist
mit dem Einfluß des hellenistischen Judentums zu rechnen, und zwar im
Rahmen eines traditionsgeschichtlichen Zusammenhangs, der nicht nur an
dieser Stelle auf die sprachliche Textgestaltung einwirkt, sondern auch bei
mehreren neutestamentlichen Texten feststellbar ist. Die schon erwähnte Aussage in Hebr 13,2 ist ein bevorzugtes Zeugnis dafür: Die Gemeinde soll die
Gastfreundschaft nicht vergessen, weil ihretwegen einige, nämlich Abraham
und Lot, ohne es zu wissen, Engel beherbergt haben. Der dem Vf. bekannte
Römerbrief des Paulus fordert die römische Gemeinde auf, sich der Gastfreundschaft zu befleißigen (Röm 12,13). Gerade von Rom aus ergeht die
Ermahnung in 1 Petr 4,9: φιλόξενοι εἰς ἀλλήλους ἄνευ γογγυσμοῦ. Die anderen
zwei Stellen, wo φιλόξενος vorkommt, sind 1 Tim 3,2 und Tit 1,8 (in beiden
Fällen als Pflicht des ἐπίσκοπος). Bei den ersten drei Texten handelt es sich
um Schriften, die zahlreiche Berührungspunkte mit I Clem aufweisen; bei den
zwei letzten geht es um Schriften des Deuteropaulinismus, die theologiegeschichtlich manche Gemeinsamkeiten mit I Clem haben.

Die zweite Überlegung erwägt einen möglichen Anlaß zum Thema in Anlehnung an eine Anregung von H. Chadwick. Das Interesse an der Frage der
φιλοξενία erklärt H. Chadwick auf dem Hintergrund der Kontakte der christ-

---

Kundschafter nach drei Tagen zurückkommen würden. Die Berührungspunkte mit Traditionen,
die später in der Midrasch-Literatur erscheinen werden, rechtfertigen die Behauptung von E.
WERNER, Hebraisms 807, nicht, „we are clearly dealing here with an old certainly pre-Christian
stratum of Midrashic tradition." Von einer „unquestionable dependence of Clement upon post-
Biblical, and especially upon Midrashic sources" (ebd. 808), kann keine Rede sein.

[1] Gegen L. SANDERS, Hellénisme 77 f., der Beispiele nur aus der klassischen Literatur anführt.
[2] Vgl. G. STÄHLIN, ThWNT V 16–24.

lichen Gemeinden untereinander und der selbstverständlichen Pflicht, den Besuchern gastliche Aufnahme zu gewähren. Als Hypothese rekonstruiert er die Lage von Besuchern in Korinth, die eher bei jenen, die vor dem Konflikt in der Gemeinde Vorgesetzte waren, Unterkunft gesucht haben sollen als bei den neuen. In diesem Fall hätten die alten Vorsteher darin eine Bekräftigung ihrer Position gesehen, aber den Besuchern blieb im ganzen nur ein negativer Eindruck von der korinthischen Gemeinde. Als analogen Fall zitiert H. Chadwick die Anordnung des Stephanus von Rom im Jahre 256, den Bischöfen von Karthago jede Art von Gastfreundschaft zu verweigern (Cyprian, Ep. 75,25)[1]. H. Chadwick selbst betont, daß es sich um eine hypothetische Annahme handelt, aber, abgesehen von der Frage, wie der Konflikt konkret verlaufen sein soll, ist ein solcher Hintergrund für die Ermahnung zur φιλοξενία gut denkbar. Der Text sagt nicht, über welche Kanäle die römische Gemeinde von der Auseinandersetzung in Korinth erfahren hat, aber es ist möglich, daß durch Reisende bzw. Besucher sich die Kunde davon in Rom ausgebreitet hat. Und hier war eben die Erfahrung der Gastfreundschaft bei der einen oder der anderen Gruppe maßgebend für die Meinungen über die Gemeinde.

Der Vf. scheint vorauszusetzen, daß in der korinthischen Gemeinde die Pflicht der Gastfreundschaft vernachlässigt wurde. Durch die Beispiele aus der Schrift soll nun allen Christen diese Pflicht eingeschärft werden. Der Hintergedanke dürfte dabei sein, daß die Erfüllung dieser Pflicht erst erfolgen wird, wenn die Absetzung der Presbyter wieder rückgängig gemacht wird.

7.4. Die Demut (13,1–19,3)

Das Stichwort ταπεινοφρονεῖν dient als Leitfaden (13,1.3; 16,1.2.17; 17,2) bis zur zusammenfassenden Aussage in 19,1[2]. Nach den Ausführungen über die φιλοξενία in 10,7–12,7 stellt die neue Thematik die zweite Grundform einer Konkretisierung des Gehorsams gegenüber Gott dar. Zwei Texteinheiten lassen sich herausstellen. Bei der ersten (13,1–15,7) gewinnt die zuerst allgemein gehaltene Ermahnung zur Demut (Kap. 13) an konkreten Zügen durch die Anspielungen auf das Problem in Korinth (Kap. 14–15). Die zweite Texteinheit bekräftigt den Appell, wie zuvor anhand der μετάνοια und der φιλοξενία, durch eine Reihe von Beispielen: zuerst Jesus Christus (Kap. 16), sodann sieben Gestalten der Heilsgeschichte (Kap. 17–18)[3].

---

[1] Justification 284. Schließlich setzt H. Chadwick, ebd. 285, die dadurch entstandene Situation mit der Adresse von I Clem an die gesamte korinthische Gemeinde in Verbindung, und nicht an die Vorsteher: „Yet it is possible that the reason why no clergy are mentioned is simply that Clement does not wish to adress the new clergy at Corinth now in charge of the community, and cannot address the old without completely failing in his purpose."

[2] Zum Sprachgebrauch von ταπεινοφρονεῖν in I Clem vgl. K. J. Liang, Begrip 5–46.

[3] Vgl. Knopf, 62 f.; Ph. Henne, Christologie 28.

7.4.1. Aufforderung und Begründung (13,1–15,7)

In einem ersten Schritt erscheint die Demut ganz als Antwort auf das Wort (Kap. 13). Auch in den zwei folgenden Kapiteln ist das Wort Gottes die tragende Grundlage der Aufforderung zu demütigem Wandel, aber ein neues Element tritt hinzu: die Bezugnahme auf den Konflikt in Korinth (14,1 f.; 15,1).

7.4.1.1. Demut als Gehorsam unter dem Wort (13,1–4)

Die Aufforderung orientiert sich an dem, was geschrieben steht, da in der Schrift der Heilige Geist spricht (V. 1). Dem Wort des Herrn Jesu kommt dabei besondere Bedeutung zu (V. 2). In den verschiedenen Ausdrucksformen offenbart sich das eine heilige Wort Gottes (V. 3 f.).

1. Laßt uns also demütig sein, Brüder, indem wir alle Prahlerei und Aufge-blasenheit und Unverstand und Zornesausbrüche ablegen, und laßt uns tun, was geschrieben steht. Denn es sagt der Heilige Geist: „Nicht rühme sich der Weise in seiner Weisheit, noch der Starke in seiner Stärke, noch der Reiche in seinem Reichtum; sondern wer sich rühmt, rühme sich im Herrn, ihn zu suchen und Recht und Gerechtigkeit zu üben."
Vor allem (laßt uns) der Worte des Herrn Jesus eingedenk sein, die er sprach, als er Milde und Langmut lehrte. 2. Denn so hat er gesagt: „Erbarmt euch, damit ihr Erbarmen findet; vergebt, damit euch vergeben werde; wie ihr tut, so wird an euch getan werden; wie ihr gebt, so wird euch gegeben werden; wie ihr richtet, so werdet ihr gerichtet werden; wie ihr euch gütig erweist, so wird euch Güte erwiesen werden; mit demselben Maß, mit dem ihr meßt, wird euch gemessen werden."
3. Mit diesem Gebot und mit diesen Weisungen wollen wir uns stärken, auf daß wir gehorsam gegenüber seinen heiligen Worten in Demut wandeln. Denn das heilige Wort sagt: 4. „Auf wen werde ich schauen, als auf den Sanften und Stillen und den, der meine Aussprüche fürchtet?"

Die Aufforderungsform am Anfang (ταπεινοφρονήσωμεν) expliziert der fol-gende Partizipialsatz im imperativischen Sinn (ἀποθέμενοι πᾶσαν ἀλαζονείαν ...). Eine weitere Aufforderungsform (ποιήσωμεν) leitet zunächst ein Zitat aus dem AT als Wort des Heiligen Geistes ein (Jer 9,23 f.), an den sich ein Partizipialsatz (auch imperativisch) anschließt (μάλιστα μεμνημένοι τῶν λόγων ...)[1]. Formal kommt es dadurch zu einem Höhepunkt in der Begründung der Ermahnung, denn jetzt ist es der Herr selbst, der spricht (13,2).

1

---

[1] Vgl. BL./DEB./REH. § 468,2.

Wie üblich erfolgt die Ermahnung in der ersten Person Plural (7,2; 9,1), zu der die Anrede ἀδελφοί gut paßt. Der Sinn von ταπεινοφρονεῖν erschließt sich von selber im Verlauf der Ausführungen (13,1–19,1). In einem ersten Schritt dienen dazu eine Reihe von negativen Haltungen, die als Gegenstück zur Demut „abgelegt" werden sollen (vgl. 57,2: ἀποθέμενοι τὴν ἀλαζόνα καὶ ὑπερήφανον ... αὐθάδειαν)[1].

Von den vier folgenden Begriffen: ἀλαζονεία – τῦφος – ἀφροσύνη – ὀργή, sind die zwei ersten semantisch verwandt: Prahlerei und Aufgeblasenheit haben die Diskrepanz zwischen Gebärde und dahinterstehender Wirklichkeit gemeinsam[2]. In der jüdisch-hellenistischen Literatur wird ἀλαζονεία κτλ. häufig in Begleitung von ähnlichen Begriffen gebraucht (vgl. Spr 21,24; Hab 2,5; 4 Makk 1,26; 2,15; Philo, Migr 136. Im NT: Röm 1,30; 2 Tim 3,2 [in Lasterkatalogen]). Das in der frühchristlichen Literatur sonst nicht belegte τῦφος (in der LXX nur in 3 Makk 3,18) kommt – wahrscheinlich unter stoischem Einfluß[3] – bei Philo besonders oft vor. In Migr 136 erscheint τῦφος gemeinsam mit ἀπαδευσία und ἀλαζονεία. In keinem von diesen Texten bildet ταπεινοφρόνησις bzw. ταπεινοφροσύνη den Gegensatz, sondern eher ἀτυφία (SpecLeg I 309; Som II 63.140; Virt 17; Cher 42; VitCont 39), nicht im Sinn von Demut, sondern von Bescheidenheit[4]. Zu diesem hellenistischen Begriff paßt der dritte Terminus: ἀφροσύνη, denn ἀλαζονεία und τῦφος sind Haltungen, die in einer mangelnden Einsicht wurzeln[5]. Der tieferen Ursache folgt eine andere äußere Erscheinung: καὶ ὀργάς, die Zornesausbrüche (vgl. Plato, Leg. I 632a; Resp. VI 493a; Euthyph. 7b; 2 Makk 4,25.40). Unverstand und Zornesausbrüche gehören zusammen (vgl. Philo, SpecLeg II 9).

Auch bei dieser Begrifflichkeit verliert der Vf. die Adressaten nicht aus den Augen. Mit Prahlerei und Unordnung (ἀλαζονεία und ἀκαταστασία) charakterisiert er in 14,1 das Vorgehen der Unruhestifter in Korinth. Wenn er weiter in 21,5 von „törichten und unvernünftigen und überheblichen Menschen"

---

[1] Zu ἀποτίθημι im übertragenen Sinn als entschiedene Ablehnung bestimmter Handlungen bzw. Haltungen vgl. Arist 122; Röm 13,12; Eph 4,22.25; Kol 3,8; Hebr 12,1; Jak 1,21; 1 Petr 2,1.

[2] Vgl. G. DELLING, ThWNT I 227 f.

[3] Diogenes Laërtius überliefert das Wort von Zenon (SVF I Nr. 317): πάντων ἔλεγεν ἀπρεπέστερον εἶναι τὸν τῦφον, καὶ μάλιστα ἐπὶ τῶν νέων.

[4] Vgl. K. W. LIANG, Begrip 106. KNOPF, 63, zitiert I. Bekker, Anecdota Graeca I 462: ἀτυφία: ταπεινοφροσύνη. Die Angabe ist irreführend, sofern sie zwei Begriffe als synonym erklärt, die doch zwei grundverschiedene Haltungen bedeuten, denen ein ganz unterschiedliches Gottesbild zugrundeliegt. Vgl. A. DIHLE, RAC III 737–743. Auch I. Lana zeigt den negativen Klang von „Demut" bei griechischen und römischen Autoren (Cristianizzazione 111–116). Das Ergebnis der von K. W. LIANG, Begrip 95–104, durchgeführten Analyse über ταπεινός in der griechischen Literatur bestätigt den negativen Sinn des Terminus. Ähnlich W. GRUNDMANN, ThWNT VIII 1–6. Vgl. ferner I Clem 19,1.

[5] Die Versetzung Henochs in den Himmel deutet Philo allegorisch als die Versetzung ἐξ ἀφροσύνης εἰς φρόνησιν ... ἐκ δὲ φιλοδοξίας εἰς ἀτυφίαν (Abr 24). Im NT: Mk 7,21 f.: οἱ διαλογισμοὶ οἱ κακοὶ ἐκπορεύονται ... βλασφημία, ὑπερηφανία, ἀφροσύνη.

spricht, die sich prahlerisch ihrer Rede rühmen (ἀνθρώποις ἄφροσι καὶ ἀνοήτοις καὶ ἐπαιρομένοις καὶ ἐγκαυχωμένοις ἐν ἀλαζονείᾳ τοῦ λόγου αὐτῶν), meint er ohne Zweifel die gleiche Gruppe – aus seiner Sicht der Dinge –, und dabei verwendet er – außer Zornesausbrüchen – die Begriffe, die er dem ταπεινοφρονεῖν entgegensetzt (vgl. 39,1). Ähnlich dürfte die Bezeichnung „unbesonnen und rücksichtslos" (προπετῆ καὶ αὐθάδη) in 1,1 und der Aufstand der οἱ ἄφρονες ἐπὶ τοὺς φρονίμους in 3,1 zu verstehen sein.

Nach dieser ersten negativen Abgrenzung der ταπεινοφροσύνη von den vier zu vermeidenden Haltungen erfolgt eine erste positive Bestimmung durch die Ausrichtung auf die Schrift (τὸ γεγραμμένον), in der der Heilige Geist spricht[1]. In diesem Fall ist es das Wort Jer 9,23 f. Eine parallele Überlieferung liegt in 1 Sam 2,10 vor. Die Hauptquelle für I Clem 13,1 ist jedoch Jer 9,23 f.[2]. Der Vf. verbessert stilistisch das Zitat, indem er die Wiederholung von μὴ καυχάσθω vermeidet und es durch ein einfaches μηδὲ ersetzt. Noch wichtiger ist das folgende ἀλλ᾽ ὁ καυχώμενος ἐν κυρίῳ καυχάσθω (so auch in 1 Kor 1,31 und 2 Kor 10,17[3]) anstelle der Formulierung in Jer 9,24. Frei hinzugefügt ist das folgende τοῦ ἐκζητεῖν αὐτόν, während die letzte Wendung καὶ ποιεῖν κρίμα καὶ δικαιοσύνην näher 1 Sam 2,10 als Jer 2,24 steht.

I Clem 13,1	Jer 9,23 f.
μὴ καυχάσθω ὁ σοφὸς ἐν τῇ σοφίᾳ αὐτοῦ	μὴ καυχάσθω ὁ σοφὸς ἐν τῇ σοφίᾳ αὐτοῦ,
μηδὲ ὁ ἰσχυρὸς ἐν τῇ ἰσχύϊ αὐτοῦ	καὶ μὴ καυχάσθω ὁ ἰσχυρὸς ἐν τῇ ἰσχύϊ αὐτοῦ,
μηδὲ	καὶ μὴ καυχάσθω
ὁ πλούσιος ἐν τῷ πλούτῳ αὐτοῦ,	ὁ πλούσιος ἐν τῷ πλούτῳ αὐτοῦ,
ἀλλ᾽ ὁ καυχώμενος ἐν κυρίῳ καυχάσθω,	ἀλλ᾽ ἢ ἐν τούτῳ καυχάσθω ὁ καυχώμενος,
τοῦ ἐκζητεῖν αὐτὸν	συνίειν καὶ γινώσκειν ὅτι ἐγώ εἰμι κύριος
καὶ ποιεῖν κρίμα καὶ δικαιοσύνην.	ποιῶν ἔλεος καὶ κρίμα καὶ δικαιοσύνην ἐπὶ
	τῆς γῆς, ὅτι ἐν τούτοις τὸ θέλημά μου,
	λέγει κύριος.
	1Sam 2,10
	καὶ ποιεῖν κρίμα καὶ δικαιοσύνην
	ἐν μέσῳ τῆς γῆς.

Der Rezeptionsprozeß läßt sich nicht mit Sicherheit rekonstruieren. Hängt I Clem von einer Quelle ab, die weder mit Jer 9,23 f. noch mit 1 Sam 2,10 identisch war und ferner auch auf die zitierten paulinischen Stellen eingewirkt

---

[1] Die Rolle des Geistes ist hier die gleiche wie in 16,2 (καθὼς τὸ πνεῦμα τὸ ἅγιον περὶ αὐτοῦ ἐλάλησεν); 22,1 (καὶ γὰρ αὐτὸς διὰ τοῦ πνεύματος τοῦ ἁγίου οὕτως προσκαλεῖται ἡμᾶς). Vgl. ferner 45,2. Die Ähnlichkeit mit Hebr 3,7 (καθὼς λέγει τὸ πνεῦμα τὸ ἅγιον ...: Zitat Ps 95,7–11) und Hebr 10,15 (μαρτυρεῖ δὲ ἡμῖν καὶ τὸ πνεῦμα τὸ ἅγιον· μετὰ γὰρ τὸ εἰρηκέναι ...: Zitat Jer 31,33 f.) darf nicht übersehen werden (vgl. auch Hebr 9,8). Die Vorstellung ist traditionell (vgl. E. Schweizer, ThWNT VI 444). Dies möchte H. Opitz, Pneumatologie 129, mit der Behauptung einschränken, von dieser Auffassung des Judentums würde in I Clem nur soviel übrigbleiben, „daß die Schrift Kundgebung des Willens Gottes und als solche verbindlich ist."

[2] Vgl. die synoptische Darstellung der drei Texte bei D. A. Hagner, Use 59.

[3] Das Wort wird hier nicht als Zitat angeführt.

hat?[1] Oder zitiert der Vf. frei aus Jer 9,23 f. und übernimmt dazu die ihm aus 1 Kor 1,31 bekannte paulinische Formulierung?[2] Wenn letzteres der Fall wäre, hätte das Wort ein besonderes Gewicht, denn auch den Korinthern war es aus dem Brief des Paulus bekannt. Aber ob es die Absicht des Vf.s war, eine Parallele zwischen dem Konflikt zur Zeit des Paulus und dem jetzigen anzudeuten, um so mit dem gleichen Wort auf die Gemeinde einzuwirken, kann nur vermutet werden.

Die Berufung auf die Worte des Herrn Jesus bedeutet eine Steigerung (μάλιστα), auch wenn das Zitat vorher Wort des Heiligen Geistes war. Das Partizip μεμνημένοι ist im Zusammenhang mit ποιήσωμεν auf das gemeinschaftliche „wir" zu beziehen[3]. Milde und Langmut (ἐπιείκεια – μακροθυμία), die hier als Inhalt der Lehre Jesu angegeben werden, gehören zugleich zu den Hauptinhalten des Schreibens (vgl. 62,2). Nach dem Kontext in 13,1 sind sie darüber hinaus Ausdruck des ταπεινοφρονεῖν und stehen im Gegensatz zu ἀλαζονεία, τῦφος, ἀφροσύνη und ὀργή. Von beiden Begriffen ist ἐπιείκεια der wichtigere und zugleich charakteristisch für I Clem[4]. A. v. Harnack sieht in ihm die dreifache Bedeutung von „modicus", „mansuetus" und „clemens"[5]. Die Schwankungen der lateinischen Übersetzung („docendo mansuetudinem et aequitatem et patientiam") weisen jedenfalls auf ein komplexes Begriffsfeld hin.

2   Wenn Milde und Langmut (ἐπιείκεια καὶ μακροθυμία) das Thema unmittelbar bestimmen (13,1), beinhaltet das Zitat in 13,2 eine verdeutlichende Konkretisierung, die sich zunächst in der Forderung nach Erbarmen und Vergebungsbereitschaft äußert. Die folgenden Vergleichssätze entfalten das Thema weiter und setzen menschliches und göttliches Tun miteinander in Verbindung[6].

Es handelt sich um sieben Aussagen synoptischer Prägung, die in zwei sprachlichen Formen vorliegen. Die erste davon – bei den zwei ersten Aussagen – hat am Anfang einen Imperativ, dem sich ein ἵνα-Satz mit dem Verb im Passiv anschließt. Die zweite Form beinhaltet eine Entsprechung durch die Korrelativ-Partikeln ὡς – οὕτως (die letzte Aussage bietet eine formale Variante), die die gegenwärtige menschliche Handlung mit der eschatologischen göttlichen Vergeltung (passivum divinum im Futur) in Verbindung setzt. Von den sieben Aussagen liegt die letzte den synoptischen Fassungen am nächsten, während die vorletzte keine Parallele hat[7].

---

[1] GRANT, 36, erwägt die Möglichkeit einer „anthology".

[2] So LIGHTFOOT, I 2,51; A. v. HARNACK, Einführung 109; D.A. HAGNER, Use 204; LINDEMANN, 54.

[3] Vgl. Apg 20,35b: μνημονεύειν τε τῶν λόγων τοῦ κυρίου Ἰησοῦ ὅτι αὐτὸς εἶπεν· μακάριόν ἐστιν μᾶλλον διδόναι ἢ λαμβάνειν: eine ähnliche Einleitung zu einem nicht-kanonischen Wort. Vgl. auch I Clem 46,7: μνήσθητε τῶν λόγων Ἰησοῦ τοῦ κυρίου ἡμῶν.

[4] Vgl. LIGHTFOOT, I 1,97 f.

[5] DERS., „Sanftmut" 117 Anm. 2. Ähnlich C. SPICQ, Notes 1,263.

[6] Vgl. M. MEES, Schema 261.

[7] H bringt ᾧ μέτρῳ μετρεῖτε, ἐν αὐτῷ μετρηθήσεται ὑμῖν vor ὡς κρίνετε.

I Clem 13,2	Synoptische Worte
1. ἐλεᾶτε, ἵνα ἐλεηθῆτε·	μακάριοι οἱ ἐλεήμονες ὅτι αὐτοὶ ἐλεηθήσονται (Mt 5,7).
2. ἀφίετε, ἵνα ἀφεθῇ ὑμῖν·	ἐὰν γὰρ ἀφῆτε τοῖς ἀνθρώποις τὰ παραπτώματα αὐτῶν, ἀφήσει καὶ ὑμῖν ὁ πατὴρ ὑμῶν ὁ οὐράνιος (Mt 6,14).
3. ὡς ποιεῖτε, οὕτω ποιηθήσεται ὑμῖν·	πάντα οὖν ὅσα ἐὰν θέλητε ἵνα ποιῶσιν ὑμῖν οἱ ἄνθρωποι, οὕτως καὶ ὑμεῖς ποιεῖτε αὐτοῖς (Mt 7,12; vgl. Lk 6,31).
4. ὡς δίδοτε, οὕτως δοθήσεται ὑμῖν·	δίδοτε, καὶ δοθήσεται ὑμῖν (Lk 6,38a).
5. ὡς κρίνετε, οὕτως κριθήσεσθε·	ἐν ᾧ γὰρ κρίματι κρίνετε κριθήσεσθε (Mt 7,2).
6. ὡς χρηστεύεσθε, οὕτως χρηστευθήσεται ὑμῖν·	
7. ᾧ μέτρῳ μετρεῖτε, ἐν αὐτῷ μετρηθήσεται ὑμῖν.	καὶ ἐν ᾧ μέτρῳ μετρεῖτε μετρηθήσεται ὑμῖν (Mt 7,2b; vgl. Mk 4,24b; Lk 6,38c).

Die Nähe zur synoptischen Überlieferung[1] und die Berufung auf die Worte des Herrn werfen die Frage nach der Herkunft des Logions auf, deren Beantwortung durch das Erscheinen bei anderen Autoren nachträglich erschwert wird[2] Wie weit das Logion bzw. die Sammlung von Herrenworten die synoptische Tradition schon voraussetzt, ist nicht zu entscheiden. Eine mündliche Quelle erscheint wahrscheinlicher[3] als eine schriftliche Grundlage[4]

Nach M. Mees hat der Vf. diese „kleine Einheit" ausgewählt, „weil diese Form katechistischer Unterweisung in Rahmenthema und Aufbau seiner Darlegung am besten entspricht" (Schema 264). Die beiden Aufforderungen, „Erbarmen walten lassen", „bereit sein zur Vergebung" stehen nicht zufällig

---

[1] Vgl. die synoptische Übersicht bei D. A. HAGNER, Use 136. Auch dort ausführliche Darstellung des Meinungsspektrums (137–151); H. B. GREEN, Matthew 4–12.

[2] Ein ähnliches Wort kommt auch in PolPhil 2,3 vor. Noch ähnlicher ist die Aufnahme des Logions bei Klemens von Alexandrien, Strom. II 91,2: mit Ausnahme von ἀντιμετρηθήσεται anstatt μετρηθήσεται liegt der gleiche Wortlaut vor. S. Einleitung § 7.3. Bei der Kenntnis und Verwendung von I Clem durch den Alexandriner ist die Annahme eines gemeinsamen Quellentextes, der von beiden übernommen wurde, recht unwahrscheinlich (gegen A. RESCH, Agrapha 137). Im Hinblick auf Polykarp nimmt E. MASSAUX, Influence 168 f., den Einfluß mündlicher Überlieferung an. Polykarp wäre in diesem Fall, unabhängig von I Clem, ein späterer Zeuge der Entwicklung dieser Überlieferung. Wie bei Klemens von Alexandrien ist jedoch eine Erklärung durch die deutlich nachweisbare Abhängigkeit des Polykarps von I Clem die einfachere Erklärung. Auch Const.Apost. II 21,5 (Ἰησοῦς ὁ Χριστός, ὃς καὶ ἐδίδαξεν ἡμᾶς λέγων· ἄφετε, καὶ ἀφεθήσεται ὑμῖν, δίδοτε καὶ δοθήσεται ὑμῖν) hängt von I Clem ab.

[3] Vgl. die Argumente bei D. A. HAGNER, Use 151; M. MEES, Schema 260; W.-D. KÖHLER, Rezeption 70 f.; LINDEMANN, 54.

[4] So H. KÖSTER, Überlieferung 12–16;. E. MASSAUX, Influence 13, rechnet mit einer Quelle, deren Redaktor von Mt abhängig war; ähnlich O. KNOCH, Eigenart 70. Nach H. B. GREEN, Matthew 12.24, kannte der Vf. von I Clem das Mt-Ev. Unentschieden A. v. HARNACK, Einführung 110: „Ob Clemens die Worte aus einer Evangelienschrift zitiert hat oder frei aus dem Gedächtnis, ist nicht sicher zu entscheiden; die Abweichungen von Matth. und Luk. sind bedeutend (hat Clemens eine Sammlung von Sprüchen Jesu im Auge?)." Auch so GRANT, 36; JAUBERT, 52.

am Anfang des Zitats, das dem ταπεινοφρονεῖν konkrete Konturen verleihen soll. Es handelt sich tatsächlich um Haltungen, die der Prahlerei und Aufgeblasenheit zwar nicht direkt entgegengesetzt, wohl aber mit ihnen unvereinbar sind. Bei den anderen Aussagen verbirgt sich eine implizite Warnung vor einer durch ἀλαζνεία und τῦφος geprägten Haltung. Der Gedanke an die künftige göttliche Vergeltung fordert jeden auf, das eigene Tun den Mitmenschen und auch sich selber gegenüber anzuwenden[1].

3   Die Aufforderungsform στηρίξωμεν nimmt Bezug auf das zuvor ausgesprochene Gebot und die erwähnten Weisungen (V. 1–2). Das Ziel der Aufforderung ist eine Form der Lebensführung (εἰς τὸ πορεύεσθαι), die mit zwei Partizipial-Formen (ὑπηκόους ὄντας – ταπεινοφρονοῦντες) näher präzisiert wird: der Gehorsam und die Demut.

Die ἐντολή (in I Clem nur hier) in diesem Zusammenhang dürfte das Gebot der Demut sein (V. 1), die παραγγέλματα[2] die anderen Weisungen (V. 2). Das erste Partizip knüpft an das Grundthema des ganzen Abschnitts an: den Gehorsam gegenüber dem Willen Gottes. Ob die „heiligen Worte" auf Gott oder auf Christus zu beziehen sind, ist nicht klar. Der Inhalt von 13,2 würde für die zweite Möglichkeit sprechen (vgl. auch 2,1), aber das mit φησὶν γὰρ ὁ ἅγιος λόγος[3] eingeleitete folgende Zitat ist ein Wort aus dem Alten Testament (13,4)[4]. Maßgebend für die Deutung auf Gott ist der Grundtenor der Ermahnung zum Gehorsam, dessen Bezugspunkt der Wille Gottes ist. Gott selber ruft durch sein Wort dazu auf[5].

Die Nachstellung des zweiten Partizips (ταπεινοφρονοῦντες) am Ende des Satzes verstärkt seine Bedeutung und hebt die thematische Einheit des Abschnittes hervor.

4   Das zitierte Wort ist Jes 66,2 (LXX) mit geringfügigen Abweichungen: πραΰν anstelle von ταπεινόν und μου τὰ λόγια für τοὺς λόγους μου. In den textkritischen Varianten spiegelt sich der Einfluß der LXX-Fassung wider[6]. Überraschend ist die erste – wie sich gleich zeigen wird – angebliche Abweichung, denn das ταπεινός der LXX hätte der Thematik und dem Sprachgebrauch des Vf.s besser entsprochen. Knopf, 65, findet „merkwürdig, daß I Clem. sich gerade dies Wort (gemeint ist ταπεινόν) entgehen läßt." D. A. Hagner stellt die Abweichung ohne Kommentar fest (Use 49). Nach Linde-

---

[1] Vgl. die Analyse von M. MEES, Schema 264–271.
[2] Vgl. I Clem 49,1: τὰ τοῦ Χριστοῦ παραγγέλματα. Im NT nicht belegt, in der LXX nur 1 Sam 22,14. Geläufig bei Philo und Josephus.
[3] Die Zitationsformel wird auch in 56,3 verwendet.
[4] I Clem 22,1 zeigt freilich, daß auch Christus durch den Heiligen Geit in der Schrift sprechen kann.
[5] Zu ἁγιοπρεπέσι: „This is apparently the earliest passage in which the word occurs" (LIGHTFOOT, I 2,52 f.). Vgl. PolPhil 1,1: τοῖς ἁγιοπρεπέσιν δεσμοῖς; Athanasius, Exp.in Ps, PG 27,149: Καὶ γὰρ ἁγιοπρεπὴς ἡ αἴτησις γέγονε, καὶ Θεῷ δοῦναι ἀξία; ACO I 1,5,80: ἔστι δὲ σοφὸς καὶ ἁγιοπρεπὴς ὁ λόγος. Andere Angaben bei Lampe z. St.
[6] H hat πραῶν; L bringt humilem (= LXX ταπεινόν). Mit τοὺς λόγους folgt H der LXX.

mann, 55, vermeidet der Vf. ταπεινός, „weil er sagen will, daß die im Zitat erwähnten ‚Sanften, Stillen, Gottes Worte Fürchtenden', auf die Gott schaut, eben οἱ ταπεινοφρονοῦντες sind." In der Tat, hätte er die LXX-Fassung vor sich gehabt, bliebe die Abweichung schwer zu erklären. Bevor man aber aus dem so konstruierten Textverhältnis irgendwelche Konsequenzen zieht, ist zu beachten, daß auch die wenige Jahre später angefertigte Übersetzung Aquilas πραΰν und nicht ταπεινόν liest. Darüber hinaus läßt sich nachweisen, daß Jes 66,2 in der griechischen Kirche oft mit der gleichen Abweichung wie hier belegt ist[1]. Demzufolge kann man damit rechnen, daß der Vf. an dieser Stelle von einer anderen griechischen Fassung abhängt, die er wörtlich übernimmt.

Die zweite Abweichung könnte durch die λόγια in 13,3 veranlaßt sein (so Lindemann, 55). Das heilige Wort zeichnet in der Gestalt der Sanften und Milden, die nach den Aussprüchen Gottes leben, das Kontrastbild zu den Aufgeblasenen und Zornigen und stellt sie als die ταπεινοφρονοῦντες dar.

7.4.1.2. Die Anwendung auf den Konflikt in Korinth (14,1–15,7)

1. Gerecht und gottgefällig ist es also, Männer, Brüder, daß wir lieber Gott gehorsam sind als denen folgen, die in Prahlerei und Unordnung Anführer abscheulicher Eifersucht sind. 2. Denn wir werden nicht den gewöhnlichen Schaden, sondern vielmehr eine große Gefahr über uns bringen, wenn wir uns waghalsig den Bestrebungen der Leute überlassen, die auf Streit und Zwistigkeiten hinzielen, um uns dem, was recht ist, zu entfremden.
3. Laßt uns einander Güte erweisen gemäß der Barmherzigkeit und Milde dessen, der uns geschaffen hat. 4. Denn es steht geschrieben: „Gütige werden Bewohner des Landes sein, Unschuldige werden übrigbleiben in ihm; aber die Gesetzesübertreter werden aus ihm ausgerottet werden."
5. Und wiederum heißt es: „Ich sah den Gottlosen, sich erhebend und sich brüstend wie die Zedern des Libanon; und ich ging vorüber, und siehe, er war nicht (mehr), und ich forschte nach seiner Stätte und fand sie nicht. Bewahre Unschuld und sieh auf Rechtschaffenheit, denn Nachkommenschaft gibt es für einen friedfertigen Menschen."
Kap. 15. 1. Schließen wir uns daher denen an, die in Frömmigkeit Frieden halten, und nicht denen, die in Heuchelei Frieden wollen. 2. Denn es heißt irgendwo: „Dieses Volk ehrt mich mit den Lippen, ihr Herz aber ist fern von mir." 3. Und wiederum: „Mit ihrem Mund segneten sie, mit ihrem Herzen aber verfluchten sie." 4. Und wiederum heißt es: „Sie liebten ihn mit ihrem

---

[1] Darauf hat Cotelier hingewiesen: „Psellus citatus in Catena in Psalmos et Chrysostomus hom. 9 in Genesim, expositione in psal. CXXXI et CXLII. Sermone de Christi precibus, et hom. 15 et 66 in Matthaeum; qui tamen homil. 55 in Genesim utrumque cunjungit sic: ἐπὶ τὸν πρᾶον, καὶ ἡσύχιον, καὶ ταπεινόν; et hom. 41 in Matthaeum habet, ἐπὶ τὸν πρᾶον καὶ ταπεινόν" (PG 1,236.). Vgl. Joh. Chrys., In Matth. 15,1: ἐπὶ τὸν πρᾶον, καὶ ἡσύχιον (PG 57,226); so auch ebd. 65,6 (PG 58,625). In 47,3: ἐπὶ τὸν πρᾶον καὶ ταπεινόν (PG 57,226).

Mund, und mit ihrer Zunge belogen sie ihn; ihr Herz war nicht aufrichtig mit ihm, noch erwiesen sie sich treu in seinem Bund." 5. Darum „sollen die trügerischen Lippen stumm werden, die gegen den Gerechten Gesetzwidriges reden." Und wiederum: „Ausrotten möge der Herr alle trügerischen Lippen, eine prahlerische Zunge, die, die sagen: ‚Unsere Zunge machen wir groß, unsere Lippen sind in unserer Gewalt. Wer ist unser Herr?' 6. Wegen der Not der Armen und des Seufzens der Bedürftigen werde ich mich jetzt erheben, spricht der Herr: Ich werde (ihn) ins Heil bringen. 7. Offen werde ich mit ihm verfahren."

Die Maxime, lieber Gott zu gehorchen als den Anführern des Konflikts (V. 1), wird durch den Hinweis auf die drohende Gefahr bekräftigt, der sich die Gemeinde dabei aussetzt (V. 2). Die geforderte Haltung (V. 3) wird durch zwei Schriftworte untermauert (V. 4 f.).

1   Der Aufruf zum Gehorsam gegenüber dem Willen Gottes in 9,1 war von der Aufforderung begleitet, vom Streit und von der zum Tode führenden Eifersucht abzulassen. Die darauffolgende Darlegung über Gehorsam, Gastfreundschaft und Demut war nicht situationslos, aber das korinthische Problem war nur Gegenstand von Anspielungen, es blieb daher im Hintergrund der Aussagen. I Clem 14,1 f. bringt das Problem mit jeder wünschenswerten Deutlichkeit wieder zur Sprache. Gott zu gehorchen oder den Anführern der Revolte in Korinth nachzufolgen, ist für den Vf. keine Alternative. Wenn er jetzt beides gegenüberstellt, tut er es nur, um die Unvereinbarkeit der Positionen zu verdeutlichen und den unbedingten Vorrang des Gehorsams zu unterstreichen[1]. Den gleichen Grundsatz formuliert Apg 5,29 (πειθαρχεῖν δεῖ θεῷ μᾶλλον ἢ ἀνθρώποις) und noch deutlicher 2 Makk 9,12b: δίκαιον ὑποτάσσεσθαι τῷ θεῷ καὶ μὴ θνητὸν ὄντα ἰσόθεα φρονεῖν[2].

Bei der Anrede ἄνδρες ἀδελφοί handelt es sich um eine christliche Prägung, die zu der hellenistisch üblichen Anrede ἄνδρες das christliche ἀδελφοί hinzufügt[3]. Im NT ist es typisch für die Apg (nie bei Paulus): 1,16; 2,29.37; 7,2; 13,15.26.38; 15,7.13; 22,1; 23,1.6; 28,17. In I Clem auch in 37,1; 43,4 und 62,1.

---

[1] Formal und inhaltlich wird der Gedanke in 21,4 f. wieder aufgenommen: δίκαιον οὖν ἐστὶν μὴ λειποτακτεῖν ἡμᾶς ἀπὸ τοῦ θελήματος αὐτοῦ. Dem Grundsatz folgt dort eine ähnliche Gegenüberstellung von Gott und den Aufständischen (μᾶλλον ἀνθρώποις ἄφροσι καὶ ἀνοήτοις … ἐν ἀλαζονείᾳ … ἢ τῷ θεῷ).

[2] Zu δίκαιον καὶ ὅσιον vgl. Philo, SpecLeg II 180: δίκαιον γὰρ καὶ ὅσιον τὴν μεγίστην λαβόντας παρὰ θεοῦ δωρεὰν ἀφθονίαν …; Josephus, Ant 15,138: τὸ μὲν ὅσιον καὶ δίκαιόν ἐστι μεθ' ἡμῶν …. Vgl. auch Ant 8,295; 9,35; Gebrauch und Häufigkeit von ὅσιος in I Clem haben in den Schriften von Philo und Josephus eine Parallele.

[3] Die Wendung „entspricht nicht der jüdischen Redeweise" (Bill II 765). In der LXX nur in 4 Makk 8,19. Bei Josephus kommt ἄνδρες ὁμόφιλοι vor (Vita 141; Ant 15,382).

Sich den Unruhestiftern anzuschließen[1], hat zur Folge, ihre Haltungen, die
Prahlerei und die Unordnung anzunehmen, die ihre Rolle als Anführer der
abscheulichen Eifersucht[2] kennzeichnen[3]. Mit dem Ideal der Demut sind sie
unvereinbar.

Der Struktur nach handelt es sich um einen Konditionalsatz, bei dem die   2
„Apodosis" vorangestellt ist[4]. Der Satz spielt am Anfang mit der Zweideutigkeit von ὑποφέρω. Im Hinblick auf den ersten Teil βλάβην γὰρ οὐ τὴν τυχοῦσαν
bedeutet es „ertragen", „erleiden". In der folgenden Steigerung, im Zusammenhang mit κίνδυνος, ist wie folgt zu übersetzen „eine große Gefahr über
sich bringen", „Gefahr laufen". Wenn die Steigerung von οὐ βλάβη τυχοῦσα
zu κίνδυνος μέγας hinläuft, dann bedeutet οὐ τυχοῦσα „nicht gewöhnlich"[5]
im Sinn von „unbedeutsam" bzw. „gering": Es ist kein kleiner Schaden,
sondern eine große Gefahr, welche die Gemeinde über sich bringt. Die
Konditionalform setzt das Thema von 14,1 fort: Den Unruhestiftern nachzufolgen, würde bedeuten, sich ihren Bestrebungen zu überlassen. Die Gefahr
ergibt sich aus der Absicht der Aufständischen. Die Pluralform τοῖς θελήμασιν
hebt sich von der sonstigen Verwendung von θέλημα im Singular und mit
Gott als Subjekt ab und hat einen negativen Sinn[6]. Es meint nicht den Willen
Gottes, sondern menschliche Willensentscheidungen und Bestrebungen. Das
Adverb ῥιψοκινδύνως ist selten belegt in der profanen griechischen Literatur[7],
aber nicht ungewöhnlich bei späteren christlichen Autoren[8]. „Waghalsig" wird
die Entscheidung bezeichnet, weil sie nicht auf die damit verbundene „große
Gefahr" achtet. Diese ist durch die Absicht der Unruhestifter gegeben: sie
zielen nämlich auf Streit und Zwistigkeiten ab (vgl. 3,2). ἐξακοντίζειν bedeutet
wörtlich „den Wurfspieß herauswerfen"[9]. Hier, wo kein direktes Objekt
angegeben ist, sondern nur das Ziel, meint es die Genauigkeit, mit der die

---

[1] ἐξακολουθεῖν wird meistens im negativen Sinn gebraucht. Vgl. Ijob 31,9; Am 2,4; Jes 56,11;
TestJud 23,1; TestIss 6,2; TestSeb 9,5; TestNaph 3,3; Josephus, Ant 1,22; 2 Petr 1,16; 2,15.
[2] Die Bedeutung des ζῆλος geht nicht zuletzt aus den Adjektiven hervor, die den Begriff
begleiten: 3,4: ἄδικος – ἀσεβής; 5,4: ἄδικος; 45,4: μιαρός – ἄδικος. Vgl. auch 9,1: εἰς θάνατον
ἄγον ζῆλος.– μυσερός ist eine Spätform von μυσαρός, die in der LXX nur in Lev 18,23 belegt
ist, kommt aber auch in I Clem 30,1 (von der μοιχεία) vor.
[3] Zu ἀρχηγοί vgl. 51,1: ἀρχηγοὶ στάσεως καὶ διχοστασίας.
[4] Inhaltlich ähnlich, aber anders konstruiert ist 59,1: ἐὰν δέ τινες ἀπειθήσωσιν τοῖς ὑπ' αὐτοῦ
δι' ἡμῶν εἰρημένοις, γινωσκέτωσαν, ὅτι παραπτώσει καὶ κινδύνῳ οὐ μικρῷ ἑαυτοὺς ἐνδήσουσιν.
[5] Vgl. O. BAUERNFEIND, ThWNT VIII 239.
[6] Sprachlich und inhaltlich entspricht es dem neutestamentlichen Sachverhalt anhand von Eph
2,3: ποιοῦντες τὰ θελήματα τῆς σαρκός. Der gleiche Unterschied liegt in Jer 23,17: ... καὶ πᾶσιν
τοῖς πορευομένοις τοῖς θελήμασιν αὐτῶν, und 23,26: ... ἐν τῷ προφητεύειν αὐτοὺς τὰ θελήματα
καρδίας αὐτῶν vor.
[7] Vgl. Appian, Bell.civ. I 12, 103; P.Oxy. 2131.16 (3.Jh. n. Chr.).
[8] Vgl. Klemens von Alexandrien, Strom. II 108,3; Euseb, HistEccl IV 15,8; Epiphanius, Pan.
3,111; ACO I 1,1,53.67; II 1,3,100 usw.
[9] Metaphorisch wird es einige Male bei Euripides gebraucht (Bach. 665; Iph.Tau. 362;
Supp. 456).

Aufständischen auf ihr Ziel hinarbeiten[1]. Nach den bisherigen Aussagen über ἔρις und στάσις besteht für den Leser keinerlei Zweifel über die angedeutete Angelegenheit. Die Pluralform στάσεις kommt in I Clem nur hier vor. Aus der Sicht des Vf.s bestand die Unruhe nicht nur in einem Aufstand, sondern auch in mehrfachen Zwistigkeiten.

Der abschließende Finalsatz offenbart eine weitere Absicht der Unruhestifter: Sie wollen die Gläubigen aus der „rechten Ordnung" (so die Übersetzung von Bauer/Aland 814 von τοῦ καλῶς ἔχοντος) entfremden[2]. Die polemische Charakterisierung der Gegner hebt somit ihre böse Absicht hervor. Zur Polemik gehört ebenso ihre wiederholte Eingrenzung: es sind die ἀρχηγοί, die auf die ganze Gemeinde einwirken.

3 Durch den Appell an die Gemeinde, sich gegenseitig Güte zu erweisen[3], zieht der Vf. eine klare Trennungslinie zwischen ihr und denen, die sie der richtigen Ordnung entfremden wollen. Da dieses geforderte Verhalten dem Verhalten des Schöpfers entspricht (κατὰ τὴν εὐσπλαγχνίαν καὶ ...), sind die Gegner als Gruppe nicht nur von der „treuen" Gemeinde getrennt, sondern auch theologisch disqualifiziert. Darüber hinaus erfüllen die Gläubigen das in 13,1 zitierte Wort des Herrn: ὡς χρηστεύεσθε, οὕτως χρηστευθήσεται ὑμῖν.

Die εὐσπλαγχνία Gottes, d.h. seine Barmherzigkeit, ist der erste Maßstab für den Erweis der Güte in der Gemeinde. Der Terminus, den die griechische Literatur in dieser Bedeutung nicht kennt[4], erscheint hier zum erstenmal in der frühchristlichen Literatur[5]. Im Frühjudentum kennt das TestXII einen ähnlichen Sprachgebrauch (TestAss 7,7: ἀλλ' ἐπισυνάξει ὑμᾶς κύριος ἐν πίστει δι' ἐλπίδα εὐσπλαγχνίας αὐτοῦ. Vgl. auchTestSeb 9,8; TestBenj 4,1)[6]. γλυκύτης, das eigentlich Süßigkeit bedeutet, wird als Metapher für die Milde Gottes gebraucht wie in Weish 16,21. Die partizipiale Gottesprädikation τοῦ ποιήσαντος ἡμᾶς[7] (wie in 7,3) erinnert daran, daß Erbarmen und Milde die Macht des Schöpfers bestimmen.

4 Der Schriftbeweis stellt die „Gütigen" (χρηστοί), die zugleich die „Unschuldigen" (ἄκακοι) sind, den Gesetzesübertretern (παρανομοῦντες) gegenüber. Der erste Begriff knüpft an die vorhergehende Ermahnung an, sich gegenseitig

---

[1] Vgl. A. v. HARNACK, Einführung 20: „... die da zu Streit und Aufruhren reizen."

[2] Zu ἀπαλλοτριόω vgl. 6,3 von Mann und Frau in der Ehe; im NT: Kol 1,21; Eph 2,12; 4,18.

[3] Nach der LA von A bezieht sich der Erweis der Güte auf die Gegner (αὐτοῖς). Für diese LA entscheidet sich LIGHTFOOT, I 2,54. Das Gewicht der Textüberlieferung gibt der LA ἑαυτοῖς den Vorzug (HSC[1]L). Auch die polemischen Aussagen in 14,1 f. machen eine versöhnliche Geste hier unwahrscheinlich. Vgl. KNOPF, 66. L: „misereamur nobis, fratres."

[4] Nur bei Euripides, Rhesus 192 als Kühnheit oder Großmut. Vgl. H. KÖSTER, ThWNT VII 549.

[5] Später vgl. Klemens von Alexandrien, Quis div. salv. 3,6; Theophilus, Ad Aut. II 14: ... τὴν γλυκύτητα καὶ εὐσπλαγχνείαν καὶ δικαιοσύνην καὶ διδαχὴν τῶν ἁγίων ἐντολῶν τοῦ θεοῦ. Der Terminus ist geläufig in der späteren christlichen Literatur (Basilius, Joh. Chrysostomus).

[6] Vgl. H. KÖSTER, ThWNT VII 551 f.

[7] Die lateinische Übersetzung verdeutlicht: „ejus qui fecit nos Deus."

Güte zu erweisen (χρηστευσώμεθα ἑαυτοὺς …). Es handelt sich also um eine Bestätigung für die geforderte Haltung der Gemeinde mittels der Autorität der Schrift. Die Herkunft des zitierten Wortes ist nicht eindeutig, da mehrere Stellen in Frage kommen:

χρηστοὶ ἔσονται οἰκήτορες γῆς, ἄκακοι δὲ ὑπολειφθήσονται ἐπ᾽ αὐτῆς· οἱ δὲ παρανομοῦντες ἐξολεθρευθήσονται ἀπ᾽ αὐτῆς.	Spr 2,21: χρηστοὶ ἔσονται οἰκήτορες γῆς, ἄκακοι δὲ ὑπολειφθήσονται ἐν αὐτῇ. Spr 2,22b: οἱ δὲ παράνομοι ἐξωσθήσονται ἀπ᾽ αὐτῆς. Ps 36,38a: οἱ δὲ παράνομοι ἐξολεθρευθήσονται ἐπὶ τὸ αὐτό.

Das gemeinsame ἐξολεθρευθήσονται allein würde an sich nicht viel bedeuten, aber I Clem 14,5 zitiert weiter Ps 36,35–37, so daß eine Verschmelzung der Zitate im letzten Teil von 14,4 sehr wahrscheinlich ist[1]. Es läßt sich nicht entscheiden, ob der Vf. aus dem Gedächtnis zitiert oder ob er eine Logiensammlung benutzt oder ob er schließlich aus Spr 2,21 und 2,22b bewußt die drei dazwischenliegenden Zeilen ausläßt[2]. Ohne Zweifel kommt es auf den Kontrast an. So wie die Schrift den Besitz des Landes nur den Milden und Unschuldigen verheißt, während die Übeltäter davon ausgeschlossen werden, so läßt sich das Wort auf die Lage der Gemeinde übertragen. Im Lichte des bisherigen Gedankengangs sind die χρηστοί und ἄκακοι die Mitglieder der Gemeinde, mit deren Solidarität der Vf. rechnen kann, während παρανομοῦντες die Unruhestifter bezeichnet. Das Motiv enthält eine kaum überhörbare Drohung: Die παρανομοῦντες werden nämlich aus dem Land ausgerottet werden. Natürlich interessiert sich der Vf. nicht für das Thema des Landes im alttestamentlichen Sinn[3]. Sein Verständnis der alttestamentlichen Verheißung hängt möglicherweise mit Ps 36,9 zusammen: ὅτι οἱ πονηρευόμενοι ἐξολεθρευθήσονται, οἱ δὲ ὑπομένοντες τὸν κύριον αὐτοὶ κληρονομήσουσιν γῆν. Grant, 37, macht darüber hinaus auf den Zusammenhang zwischen Ps 36,11 (οἱ δὲ πραεῖς κληρονομήσουσιν γῆν) und Mt 5,5 (μακάριοι οἱ πραεῖς, ὅτι αὐτοὶ κληρονομήσουσιν τὴν γῆν) aufmerksam. Gegenstand der Verheißung ist dann nicht das alttestamentliche Land, aber auch nicht die Erde bzw. der Kosmos schlechthin, sondern das „Land" im Sinn von Mt 5,5 – ohne die eschatolo-

---

[1] So GEBHARDT/HARNACK, 29: „Prov. 2,21.22 cum Ps. 37,38 confundit scriptor e memoria allegans."

[2] So D.A. HAGNER, Use 60, der I Clem 14,4 bei den Zitationen „from different books" analysiert.

[3] So auch LINDEMANN, 57. Problematisch ist jedoch seine Deutung, für den Vf. sei γῆ aber wohl „die Erde", deshalb habe er die Präposition (in Prov 2,21: ἐν αὐτῇ, in I Clem 14,4: ἐπ᾽ αὐτῆς) geändert. Die Änderung der Präposition hat schwerlich die Bedeutung, die Lindemann ihr beimißt, von der Tatsache abgesehen, daß die Quellenlage zu unsicher ist, um einen solchen Vorgang plausibel zu machen. Eine andere Meinung vertritt O. KNOCH, Eigenart 303: „Das ‚Land' der atl. Vorlage (Spr. 2,21 f.; Ps 36,9.38) ist bei Cl. der Kosmos."

gische Brisanz der Seligpreisung[1]. Die Aufmerksamkeit des Vf.s gilt jedoch nicht so sehr der Belohnung der Gütigen und Unschuldigen als vielmehr der Bestrafung und dem Schicksal der Bösen, wie das folgende Wort in 14,5 zeigt.

5   Die Verbindungsformel καὶ πάλιν λέγει kommt auch in 10,6; 15,4; 17,6; 52,3; 56,6 vor, immer um ein neues Zitat einzuleiten. Der Text zitiert Ps 36,35–37 mit wenigen Abweichungen: καὶ ἐξεζήτησα τὸν τόπον αὐτοῦ, καὶ οὐχ εὗρον anstelle von ἐζήτησα … οὐχ εὑρέθη ὁ τόπος αὐτοῦ.

Das Zitat charakterisiert zunächst den Gottlosen durch die zwei medialen Partizipien als ὑπερυψούμενον (sich erhebend) und ἐπαιρόμενον (sich brüstend) und bildet einen klaren Gegensatz zur eingeschärften demütigen Haltung (ταπεινοφρονεῖν). Der Zusammenhang mit der ἀλαζονεία (13,1; 14,1) und somit auch mit den korinthischen Gegnern liegt auf der Hand. Im Unterschied zum Anspruch des Gottlosen stellt eine zweite Aussage sein rasches Ende fest: „Ich ging vorüber, und siehe, er war nicht mehr da." Der Kontrast zu den Gütigen und Unschuldigen, die das Land bewohnen und dort bleiben werden (14,4), ist unübersehbar. Zum Schluß enthält das Zitat eine Aufforderung zur Unschuld und Rechtschaffenheit mit der Verheißung der Nachkommenschaft[2] für den friedfertigen Menschen.

Das Zitat erfüllt einen zweifachen Zweck: 1. Mit der Autorität der Schrift stellt es das ungleiche Ende des Gottlosen und des Frommen fest, mit denen sich leicht die Unruhestifter und die „Treuen" in der Gemeinde identifizieren können; 2. sodann bringt es das Stichwort „Friede" ins Spiel, das in 15,1 wieder aufgenommen wird und darüber hinaus gemeinsam mit ὁμόνοια ein zentrales Thema der Belehrung von I Clem ist (vgl. 2,2; 3,4; 19,2; 63,2).

Kap. 15. Nach einer einleitenden Ermahnung, sich denen anzuschließen, die μετ' εὐσεβείας Frieden stiften, und die Heuchelei zu vermeiden, folgen vier Schriftzitate, die 1. die Diskrepanz zwischen den Worten und dem Streben des Herzens hervorheben (V. 2 = Jes 29,13; V. 3 = Ps 61,5; V. 4 = Ps 77,36 f.); 2. die Bestrafung der trügerischen Lippen und der prahlerischen Zunge ankündigen (V. 5b–7 = Ps 11,4–6). Als Verbindungstext steht das Zitat Ps 30,19 in V. 5a, das nicht als solches eingeleitet wird, sondern im Anschluß an V. 4 = Ps 77,36 f. angehängt wird. Die sorgfältige Auswahl der Zitate dient einer Botschaft, die sich in die anderen Aussagen über die Gegner in Korinth nahtlos einfügt. Die Möglichkeit, daß die Texte schon zu einer Anthologie gehört haben[3], kann man nicht ausschließen, obwohl sie auch nicht näher begründbar ist. Andererseits ist einem Kenner des AT, wie es der

---

[1] In I Clem ist nicht von οἱ πραεῖς die Rede, sondern von den χρηστοί, aber sachlich ist dasselbe gemeint.

[2] ἐγκατάλειμμα hat die Bedeutung im allgemeinen von „Rest", „Überbleibsel". Vgl. Dtn 28,5.17; Jer 11,23; TestSim 6,3: τότε ἀπολεῖται σπέρμα Χαναὰν καὶ ἐγκατάλειμμα οὐκ ἔσται τῷ Ἀμαλήκ, hier im Sinn von „Nachkommenschaft".

[3] Vgl. GRANT, 38; D. A. HAGNER, Use 100.

Vf. ohne Zweifel ist, eine solche Aneinanderreihung von Worten ohne weiteres zuzutrauen[1].

Das Streben nach Frieden wird zuerst positiv (μετ' εὐσεβείας), sodann negativ (μεθ' ὑποκρίσεως) bestimmt. Die Aufforderung κολληθῶμεν, d. h. sich eng anschließen, richtet sich zwar an die Gemeinde, aber zielt auf die Gruppe ab, die mit Frömmigkeit Frieden stiftet, während der Kontakt mit Vertretern von heuchlerischen Friedensbemühungen untersagt wird. Dem εἰρηνεύουσιν im ersten Teil entspricht βουλόμενοι εἰρήνην im zweiten Teil. Die damit einhergehende Haltung unterscheidet die zwei Gruppen. Solche Gegenüberstellungen treten immer dort auf, wo der Vf. die Lage der Gemeinde direkt anvisiert. Bei der in 13,1 ansetzenden Texteinheit bilden solche Begriffe wie ἀλαζονεία, ἀκαταστασία, ἔρις und στάσις (13,1: 14,1 f.) den Gegensatz zu εἰρήνη. Der Sachverhalt in 15,1 ist jedoch sofern ein anderer, weil der Vf. diesmal die Gegner nicht mit Unordnung und Aufruhr in Zusammenhang bringt, sondern mit unaufrichtigen Friedensbemühungen.

Der Sprachgebrauch von κολλᾶσθαι[2] in I Clem ist durch die LXX bestimmt[3]. Gott ist zuerst die Größe, der man sich anzuschließen hat (Dtn 6,13; 10,20; 2 Kön 18,6; Sir 2,3), so wie in I Clem 49,5; 56,2 Gott den Bezugspunkt bildet: die Liebe bzw. die Züchtigung verbindet uns mit Gott. Von hier aus versteht sich die Aufforderung, sich an die Heilsgüter (19,2; 31,1) bzw. an die Repräsentanten der Sache Gottes anzuschließen (30,3; 46,1–4)[4]. Es fällt auf, daß der Aufforderungsform κολληθῶμεν oft ein Schriftbeweis folgt (vgl. 15,1.2; 30,3.4) bzw. vorangeht (46,1.2), der sie begründet. Der Terminus zielt auf eine gruppenbildende bzw. -stärkende Funktion gemäß dem Anliegen des Schreibers, denn er weist auf die Größe innerhalb der Gemeinde hin, die ihren Kurs bestimmen soll. Die Aufforderung, sich an sie eng anzuschließen, garantiert zugleich den richtigen Bezug zu Gott.

Das unterschiedliche Friedenshandeln der Gruppen wird jeweils μετ' εὐσεβείας bzw. μεθ' ὑποκρίσεως charakterisiert und damit auch als entgegengesetztes dargestellt. Welche Gruppe gemeint ist, bedarf keiner weiteren Erklärung. Vor den Streitigkeiten in der Gemeinde konnte jeder ihre εὐσέβεια bewundern (1,2), und diese prägt noch die Bemühungen um den Frieden derer, die für die damalige Lage eintreten. Sie verkörpern den ἄνθρωπος εἰρηνικός, dem die Verheißung der Nachkommenschaft gegeben wurde (14,5). Den anderen wirft der Vf. eine heuchlerische Absicht vor (ὑπόκρισις nur hier in I Clem). Handelt es sich dabei nur um einen allgemeinen polemischen

---

[1] So W. WREDE, Untersuchungen 66 Anm. 2

[2] Zu κολληθῶμεν vgl. 19,2; 30,3; 31,1; 46,4. Nur in 59,5 und 56,2 wird das Verb im Indikatv des Aktivs gebraucht.

[3] Vgl. ferner 1 Makk 3,2; 6,21; Röm 12,9; Philo, All II 50; Migr 132. Vgl. auch TestDan 6,10; TestGad 5,2; TestAss 3,1.

[4] Vgl. Apg 5,13; 9,26; 10,28; Barn 10,11. In Barn überwiegt die Aufforderung, sich den Bösen nicht anzuschließen. Vgl. Barn 10,3.4.5.8; 19,6.

Topos, der aus der eindeutigen Stellungnahme der römischen Gemeinde herrührt, oder verrät er darüber hinaus etwas über die Zustände in Korinth? Es fällt auf, daß beide Gruppen – mit welcher Absicht auch immer – um den Frieden in der Gemeinde besorgt sind. Was steht im Hintergrund? Darüber lassen sich nur Vermutungen anstellen. Anscheinend bemühen sich beide Gruppen um eine „Normalisierung" der Verhältnisse in der Gemeinde, nachdem die Absetzung der Presbyter zu Unruhen geführt hat. Aber es bleibt offen, ob der Absetzung nicht Spannungen vorangingen, die für die „Unruhestifter" durch die neuen Amtsträger beigelegt werden sollten. Auf diese Art hätten sie sich auch um den Frieden bemüht, freilich in einer Form, die der Vf. für Heuchelei hält. Bei der Abfassung des Schreibens rechnet er mit einer Situation, bei der beide rivalisierenden Gruppen darauf hin wirken, Ruhe in der Gemeinde einkehren zu lassen.

2   Die Einleitungsformel λέγει γάρ που kommt auch in 21,2 und 26,2 vor, d. h. vor ungenauen Zitaten. Das zitierte Wort ist Jes 29,13. Die Stelle wird auch in Mk 7,6 und Mt 15,8 als Jesajawort zitiert. Ferner bringt auch Klemens von Alexandrien die gleiche Stelle (Strom. IV 32,4)[1]. Wie bei folgender Übersicht beobachtet werden kann, steht die Fassung von I Clem der von Mk 7,6 sehr nahe[2].

I Clem 15,2	Jes 29,13	Mk 7,6	Strom. IV 32,4
λέγει γάρ που·	ἐγγίζει μοι		
οὗτος ὁ λαὸς	ὁ λαὸς οὗτος	οὗτος ὁ λαὸς	ὁ γὰρ λαὸς ὁ ἕτερος
τοῖς χείλεσίν με	τοῖς χείλεσιν αὐτῶν	τοῖς χείλεσίν με	τοῖς χείλεσι
τιμᾷ,	τιμῶσίν με	τιμᾷ,	τιμᾷ,
ἡ δὲ καρδία αὐτῶν	ἡ δὲ καρδία αὐτῶν	ἡ δὲ καρδία αὐτῶν	ἡ δὲ καρδία αὐτοῦ
πόρρω ἄπεστιν	πόρρω ἀπέχει	πόρρω ἀπέχει	πόρρω ἄπεστιν
ἀπ' ἐμοῦ.	ἀπ' ἐμοῦ.	ἀπ' ἐμοῦ.	ἀπὸ κυρίου.

Aufgrund von I Clem 15,1: τοῖς μεθ' ὑποκρίσεως, behauptet E. Massaux (Influence 23) die Abhängigkeit des Zitats in 15,2 vom Matthäusevangelium, da in Mt 15,7 die Juden mit ὑποκριταί angeredet werden, aber auch Mk 7,6b hat den Terminus. Nach O. Knoch hat der Verfasser „deutlich den heutigen synoptischen Text des Mk.-Evangeliums vor Augen" (Bedeutung 73). D. A. Hagner hält nur für wahrscheinlich, daß der Vf. hier von Markus abhängt, aber schließt die Möglichkeit nicht aus, daß die Ähnlichkeit des Zitats mit den Synoptikern auf mündliche Überlieferung zurückgeht (Use 174). Tatsächlich ist eine präzisere Beurteilung nicht möglich. Eine direkte Abhängigkeit von den Synoptikern ist wegen des vagen λέγει γάρ που wenig wahrscheinlich.

---

[1] Vgl. auch II Clem 3,5: λέγει δὲ καὶ ἐν τῷ Ἡσαΐᾳ· ὁ λαὸς οὗτος τοῖς χείλεσίν με τιμᾷ, ἡ δὲ καρδία αὐτῶν πόρρω ἄπεστιν ἀπ' ἐμοῦ.

[2] Strom. IV 32,2–33,2 enthält alle Zitate von I Clem 14,5–15,7. Da Strom. IV 33,3 darüber hinaus auch I Clem 16,1 zitiert, ist das Abhängigkeitsverhältnis eindeutig. Vgl. Einleitung § 7.3. E. HATCH, Essays 205, versteht die Ähnlichkeiten zwischen I Clem 15 und dem Alexandriner als Hinweis auf eine gemeinsame Quelle. Der Kontext aber zeigt, daß der Alexandriner hier I Clem abschreibt. Richtig W. WREDE, Untersuchungen 66 Anm. 2.

Wie bei den nächsten Zitaten deutlich wird, geht es hier um den Gegensatz von Worten und Herz, von äußerlichem Zeugnis und innerer Haltung. Die Gegenüberstellung bezieht sich auf die heuchlerischen Friedensversuche der Gegner (15,1).

Der Text zitiert Ps 61,5b (wo der zweite Satz mit καὶ eingeleitet wird[1]). **3** Durch die Gegenüberstellung von Segnen und Fluchen verschärft sich das polemische Klima, indem die Unvereinbarkeit zwischen den Worten einerseits und den Wünschen des Herzens andererseits kraß zum Ausdruck kommt. Nach dem Kontext ist nicht Gott das Objekt von Segen und Fluch, wie Lindemann, 58, meint, sondern die Gemeindemitglieder, die den unaufrichtigen Friedensbestrebungen der Gegner ausgesetzt sind. Der Vf. wendet die Gestalt des verfolgten Frommen aus Ps 61 auf die Gemeinde an, und zwar auf die Gruppe, für die er Partei ergriffen hat[2].

Der zitierte Text ist Ps 77,36 f. Das Verhältnis des Zitats in I Clem zur **4** LXX-Fassung hängt zunächst von der Entscheidung in der Festlegung des LXX-Textes ab. So hat die LXX-Ausgabe von A. Rahlfs (Stuttgart 1935) am Anfang nicht ἠγάπησαν (sie liebten ihn …), sondern ἠπάτησαν (sie betrogen ihn …)[3]. In der kritischen Ausgabe (Göttingen 1931) führt Rahlfs als Begründung die LXX-Ausgabe von Grabe (1709) und den TM an[4]. Dazu bemerkt er, daß die anderen LXX-Zeugen ἠγάπησαν bringen. Wenn die wichtigsten Handschriften der LXX (SB) ἠγάπησαν lesen, besteht doch kein Anlaß, diese LA als die ursprüngliche abzulehnen[5]. Unter dieser Annahme übernimmt I Clem 15,4 wortwörtlich den Psalmtext.

Im Zusammenhang mit den Zitaten in V. 2 f. versteht sich die Intention bei der Wahl des Schriftwortes in V. 4 als eine ergänzende Fortführung. Es stehen zwar nicht mehr „äußerlicher Ausdruck" und „innere Haltung" gegenüber, aber es bleibt die Spaltung von „lieben" und zugleich „belügen", die jeweils mit dem verbalen Ausdruck zu tun hat (Mund – Zunge). Freilich ist die Diskrepanz auf der Ebene des äußeren Gebarens immer nur der Ausdruck einer inneren Haltung, und sie kommt deutlich genug im zweiten Teil des Zitats zur Sprache: Ihr Herz war nicht aufrichtig mit Gott, noch waren sie treu in seinem Bund. Aber nicht darauf liegt das Hauptinteresse des Vf.s. Mit dem Wort der Schrift kann er auf die Tatsache hinweisen, daß die Gegner

---

[1] So auch die lateinische Übersetzung. Die koptische Überlieferung und Klemens von Alexandrien verstehen den Satz präsentisch: „Mit ihrem Mund segnen sie …"

[2] Traditionsgeschichtlich stehen die Zitate in I Clem 15,3 und 15,4 der Aussage von Jak 3,10 nicht fern: ἐκ τοῦ αὐτοῦ στόματος ἐξέρχεται εὐλογία καὶ κατάρα.

[3] Leider gibt es keine textkritische Anmerkung zur Stelle, so daß leicht ein falscher Eindruck über die Textüberlieferung entstehen kann.

[4] Ähnlich entscheidet LIGHTFOOT, I 2,55: „Through ἠγάπησαν is read by the principal MSS (SB) of the LXX, the original reading was probably ἠπάτησαν, as this corresponds with the Hebrew."

[5] Vgl. D. A. HAGNER, Use 42.

mit ihren Worten ihre Liebe zu Gott bezeugen können, während sie in Wirklichkeit ihn damit nur anlügen.

5   Mit διὰ τοῦτο leitet der Vf. ein wörtliches Zitat aus Ps 30,19 ein, das das Verstummen der trügerischen Lippen, die gegen den Gerechten Böses sagen, verkündet. Ein allgemeines καὶ πάλιν führt zu einem weiteren inhaltlich und formal verwandten Zitat aus Ps 11,4f. Der Ausdruck τὰ χείλη τὰ δόλια, der in beiden Zitaten vorkommt, veranlaßte eine Auslassung in der Textüberlieferung: Der Abschnitt dazwischen wurde von allen Textzeugen, mit Ausnahme von S, übersehen: γενηθήτω τὰ χείλη τὰ δόλια [τὰ λαλοῦντα κατὰ τοῦ δικαίου ἀνομίαν. καὶ πάλιν· ἐξολεθρεύσαι κύριος πάντα τὰ χείλη τὰ δόλια], γλῶσσαν μεγαλορήμονα.

Während das erste Zitat gegen trügerische Worte und Verleumdung des Gerechten polemisiert, sagt das zweite darüber hinaus die Vernichtung der prahlerischen Zunge an. Die Worte der Stolzen im Psalm decken sich mit der Haltung der korinthischen Unruhestifter (14,1 f.): Sie sehen in der Macht ihrer Worte ihre Stärke, und darum halten sie sich für ihre eigenen Herren.

Die Verbindung der zwei Zitate Ps 30,19 und Ps 11,4f. läßt ein starkes polemisches Interesse gegen eine bestimmte Gruppe erkennen. Diese Gruppe scheint eine der Demut entgegengesetzte Haltung zu verkörpern. Die Ausführlichkeit, mit der der Vf. Beispiele für Demut in den folgenden Kapiteln einbringt, verstärkt den Eindruck, daß die Darlegung durch ein konkretes Motiv veranlaßt wurde.

Nach P. Meinhold sind die Zitate in I Clem 15,2-5b meisterhaft mit dem Ziel ausgesucht, gegen die Glossolalie als charismatische Gabe der Gegner zu polemisieren[1]. Dabei hat P. Meinhold richtig gesehen, daß im Abschnitt I Clem 15,2-6 ein Problem im Bereich der Sprache im Vordergrund steht. Aber es bleibt fraglich, ob seine Deutung im ganzen zutrifft. Die Beweisführung ist deswegen wenig überzeugend, weil die herangezogenen Texte zu wenig Spezifisches enthalten, um auf die Glossolalie schließen zu können. Ferner darf nicht vergessen werden, daß der Text zuerst eine „Deutung" des „Geschehens" in Korinth vermittelt. Die Deutung ist Gegenstand der Textinterpretation, das Geschehen läßt sich nur mit der gebotenen Vorsicht anhand der vorliegenden Deutung rekonstruieren. Unter der Annahme des aktuellen Anlasses der Polemik – sie wurde durch die bisherige Auslegung bestätigt – drängt sich eine andere Erklärung auf als die Glossolalie. Mit Hilfe der Schrift wirft der Vf. den Gegnern vor, eine sprachliche Machtdemonstration an den Tag zu legen, die vor Gott nicht bestehen kann. Daß diese ihr Vertrauen auf die Kraft ihrer Worte setzen, wird somit verurteilt. Das Thema läßt sich gut verstehen, wenn aus römischer Sicht die „neuen Verhältnisse" in Korinth durch die Beredsamkeit einer Gruppe begünstigt wurden, bzw. wenn die Anführer sich vor der Gemeinde gerade dadurch behaupten konnten.

---

[1] DERS., Geschehen 108–112. Auch H. OPITZ, Pneumatologie 12 f., übernimmt diese Meinung.

Bis zum Ende von Kap. 15 zitiert der Vf. den Ps 11,6. Auf die Selbstaussage   6
der Frevler über die Macht der eigenen Worte ergeht die Antwort des Herrn,
der sich auf die Seite der Armen und Bedürftigen stellt und ihnen das Heil
zusagt. Ihre Not und ihr Seufzen bewegen den Herrn zum Eingreifen (ἀπό:
zur Angabe des Grundes), das zu ihrer Rettung führen wird[1]. Wer ist eigentlich das Subjekt des Handelns? Nach Lindemann, 59, handelt es sich um das
baldige, „aber nicht im eschatologischen Sinn zu deutende Gericht Christi
(κύριος ist hier sicher Christus, vgl. die Fortsetzung in 16,1 ...).“ Gemäß der
Diktion in I Clem ist dies wenig wahrscheinlich. Wenn κύριος in Zitaten
vorkommt, bezieht es sich immer auf Gott[2]. Daß in I Clem 16,2 κύριος
christologisch gebraucht wird, ändert nichts an der Deutung von 15,6[3].

Es ist der letzte Satz von Ps 11,6, der allerdings keine Entsprechung im   7
TM hat, sondern so nur in der LXX bezeugt ist. Die Vulgata übersetzt Ps
11,6: „Fiducialiter agam in eo“; die alte lateinische Übersetzung von I Clem
bietet: „confidenter agam in eo.“ Der Sinn ist nicht klar[4]. Nach H. Schlier
ist der hier zugrundeliegende Text unsicher: „Doch ist es möglich, das παρρησιάσομαι ἐν αὐτῷ in Parallele zu ἀναστήσομαι und θήσομαι ἐν κυρίῳ mit ‚an
ihm aufstrahlen‘ wiederzugeben. Vgl. ψ 93,1“ (ThWNT V 875). Aber diese
Überlegung gilt für den Übersetzer aus einem hebräischen Original, was für
den Vf. nicht zutrifft. Die Mehrheit der Übersetzungen verstehen ἐν αὐτῷ als
Personangabe. A. v. Harnack hingegen, der den vorhergehenden Satz mit:
„Ich will sie an den Platz der Rettung bringen“ wiedergibt, übersetzt: „frei-
mütiges Gericht will ich dort halten“ und faßt damit das ἐν αὐτῷ lokal auf
(Einführung 20). Der Bezugspunkt von ἐν αὐτῷ ist also auch nicht klar, und
das gleiche gilt fur das Verständnis des ganzen Satzes.

7.4.2. Das Beispiel Christi (16,1–17)

Der Gegensatz zwischen Demut und Hochmut bzw. Prahlerei wird nun durch
das Beispiel Christi herausgestellt (V. 1–2). Im Lichte des in der alten Christenheit bekannten Wortes aus dem vierten Gottesknechtslied geschieht mit
dem Erscheinen des demütigen Christus die Erfüllung der Schrift (V. 3–14).
Das gleiche gilt für den anschließend zitierten Ps 21,7–9 (V. 15–16). Die
Schlußfogerung (V. 17) ermuntert zur Nachahmung dieses Beispieles.

---

[1] θήσομαι ἐν σωτηρίῳ mit zu ergänzendem Akkusativ. Vgl. BAUER/ALAND 1627.

[2] Anders und wohl richtig O. KNOCH, Eigenart 406, der Gott als Subjekt annimmt. Sein
Versuch, das νῦν in 15,6 als charakteristisch für I Clem darzulegen, und zwar als Beweis dafür,
daß der Vf. nicht mehr das eschatologische „Jetzt“-Verständnis vieler neutestamentlichen Schriften vertritt, geht jedoch über den Textbefund hinaus. Das νῦν stand schon im LXX-Zitat, und
es gibt keinen Hinweis auf einen vom Vf. besonders intendierten Akzent. Im Sinn des Zitats
kündigt er den Wortgewaltigen von Korinth das Gottesgericht an.

[3] Vgl. 64: im gleichen Satz wird κύριος einmal theologisch, ein anderes Mal christologisch
gebraucht.

[4] Vgl. BAUER/ALAND 1274: „Eigenartig ist das Zitat aus Ps 11,6.“

1. Denn den Demütigen gehört Christus, nicht denen, die sich gegen seine Herde auflehnen. 2. Das Zepter der Majestät Gottes, der Herr Jesus Christus, kam nicht im prahlerischen und hochmütigen Gepränge, obwohl er es gekonnt hätte, sondern demütig, wie der Heilige Geist über ihn sprach. Er sagt nämlich:

3. „Herr, wer hat unserer Predigt geglaubt? Und wem wurde der Arm des Herrn offenbar? Wir verkündeten vor ihm: Wie ein Kindlein (ist er), wie eine Wurzel in dürstender Erde. Er hat nicht Gestalt noch Glanz, und wir haben ihn gesehen, und er hatte nicht Gestalt noch Schönheit. Vielmehr war seine Gestalt verachtet, mangelhaft im Vergleich zur Gestalt der Menschen. Ein Mensch, geschlagen, geplagt und geübt, Schwachheit zu ertragen. Denn sein Antlitz war abgewandt; er ward verachtet und nicht geschätzt. 4. Dieser trägt unsere Sünden, und unseretwegen leidet er, und wir hielten ihn für einen Geplagten, Geschlagenen und Mißhandelten. 5. Er aber ward verwundet wegen unserer Sünden und ist geschwächt worden wegen unserer Missetaten. Zu unserem Frieden lag Züchtigung auf ihm, durch seine Strieme wurden wir geheilt. 6. Alle gingen wir wie Schafe in die Irre; jeder ging auf seinem Weg in die Irre. 7. Und der Herr hat ihn für unsere Sünden dahingegeben, und er öffnet den Mund nicht ob der Mißhandlung. Wie ein Schaf wurde er zur Schlachtbank geführt, und wie ein Lamm vor dem Scherer stumm (bleibt), so öffnet er seinen Mund nicht. In der Erniedrigung ward sein Gericht aufgehoben. 8. Wer wird von seinem Geschlecht erzählen? Denn sein Leben wird von der Erde weggenommen. 9. Wegen der Missetaten meines Volkes kommt er zu Tode. 10. Und ich werde die Bösen für sein Grab hingeben und die Reichen für seinen Tod. Denn er tat kein Unrecht, und in seinem Mund wurde kein Trug erfunden. Und der Herr will ihn von der Qual befreien. 11. Wenn ihr für die Sünde opfert, wird eure Seele langlebende Nachkommenschaft sehen. 12. Und der Herr will die Mühsal seiner Seele mindern, ihm Licht zeigen und ihn mit Einsicht bilden, einen Gerechten rechtfertigen, der vielen gut dient. Und ihre Sünden wird er hinwegnehmen. 13. Deshalb wird er viele beerben und die Beute der Starken verteilen, dafür, daß seine Seele in den Tod hingegeben wurde und er unter die Missetäter gerechnet ward. 14. Und er trug die Sünden vieler und wurde wegen ihrer Sünden hingegeben."

15. Und wiederum sagt er selbst: „Ich bin ein Wurm und kein Mensch, Gespött der Menschen und verachtet vom Volk. 16. Alle, die mich sahen, verhöhnten mich, murmelten mit den Lippen, schüttelten den Kopf: Er hat auf den Herrn gehofft. Er möge ihn befreien, ihn retten, weil er ihn liebt."

17. Seht, geliebte Männer, wer das Beispiel ist, das uns gegeben wurde. Denn wenn der Herr so demütig war, was sollen wir tun, die wir durch ihn unter das Joch seiner Gnade gekommen sind?

Der Abschnitt beginnt mit einer Gegenüberstellung, deren Elemente im 1
Genitiv in einem Zugehörigkeitsverhältnis zum Subjekt des Satzes, Christus,
stehen (ταπεινοφρονούντων γάρ ἐστιν ὁ Χριστός, οὐκ ἐπαιρομένων)[1]. Die
vorangegangene Ermahnung zur Demut gewinnt ein zusätzliches Gewicht
durch die Feststellung, daß Christus selber zu den Demütigen gehört. Sie
bilden den ersten Terminus der Gegenüberstellung. Der andere Terminus wird
nicht absolut gebraucht, sondern wird von einer polemischen Präzisierung
begleitet. Es sind nämlich die, die sich gegen die Herde Christi auflehnen
(ἐπαιρομένων ἐπὶ τὸ ποίμνιον αὐτοῦ)[2]. Die Konstruktion ἐπαίρω ἐπί bedeutet
hier nicht nur „sich erheben über", sondern „sich auflehnen gegen"[3].

τὸ ποίμνιον als Herde τοῦ Χριστοῦ ist eine geläufige Vorstellung in I Clem
(vgl. 44,3; 54,2; 57,2)[4]. Traditionsgeschichtlich ist auf den Zusammenhang
mit 1 Petr 5,2 f. zu achten, wo dessen Verfasser die anderen Gemeindeleiter
ermahnt, die Herde Gottes (τὸ ἐν ὑμῖν ποίμνιον τοῦ θεοῦ) nicht gezwungen,
sondern willig zu weiden, nicht als Herrscher (μηδ᾽ ὡς κατακυριεύοντες),
sondern als Vorbild für die Herde (vgl. auch Apg 20,28 f.). Das Bild von
denen, die „sich gegen die Herde auflehnen", würde in diesem Fall das
Machtstreben der Gegner ausdrücken. Indem der Vf. die Unruhestifter in
unmittelbaren Zusammenhang mit der Gemeinde stellt, gibt er zugleich indirekt sein Ideal eines Gemeindeleiters zu erkennen (vgl. 44,3 f.).

Die inhaltlich überaus vielsagende Metapher, der Herr Jesus Christus sei 2
das Zepter der Majestät Gottes (τὸ σκῆπτρον τῆς μεγαλωσύνης τοῦ θεοῦ)[5],
bereitet den Kontrast vor, der der Bezugnahme auf Christus als Vorbild für
Demut ihren vollen Sinn gibt. Christus hätte nämlich in großer Machtdemonstration erscheinen können, aber er ist als Demütiger gekommen.

---

[1] Vgl. BL./DEB./REH. § 162; MAYSER, II 2,188.

[2] Auch in 21,5 verwendet der Vf. die Partizip-Form ἐπαιρόμενος als Bezeichnung der
Aufrührer. Vgl. auch 14,5 (Zitat aus Ps 36,35). Der Sprachgebrauch scheint von dieser Schriftstelle beeinflußt zu sein.

[3] In diesem Sinn vgl. 2 Esra 4,19; 1 Makk 8,5; 10,70; TestSim 7,1; TestJud 21,1. Richtig
P. HENNE, Christologie 42: „Cl 16 n'oppose donc pas les humbles aux orgueilleux, c'est-à-dire
à ceux qui s'élèvent au-dessus du troupeau. La distinction s'établit entre les humbles et les
révoltés, c'est-à-dire ceux qui se dressent contre le troupeau."

[4] Vgl. Ph. HENNE, Christologie 46: „La communauté ainsi désignée est la réalisation de
l'espérance eschatologique de l'ancien Israël." Solche Kategorien passen nicht zu I Clem.

[5] Die syrische und die zwei koptischen Übersetzungen sprechen vom „Zepter" allein. Die
LA τῆς μεγαλωσύνης ist bezeugt durch AHL und daher auch als ursprünglich zu betrachten.
Das Zitat von I Clem 16,2 im Jesajakommentar des Hieronymus (In Is. 52,13: „Clemens vir
apostolicus, qui post Petrum romanam rexit ecclesiam, scribit ad Corinthios: Sceptrum Dei,
dominus Jesus Christus, non venit in iactantia superbiae, quum possit omnia, sed in humilitate")
gibt die Stelle verkürzt wieder. Gegen A. v. HARNACK, Einführung 110: τῆς μεγαλωσύνης sei
aufgrund des handschriftlichen Befundes „schwerlich beizubehalten." Die Konjektur von H.
DELAFOSSE, Lettre 68, ist ebenso unbegründet: „Au lieu de skeptron qui ne donne aucun sens,
je lis ésoptron qui fait de ce text une reminiscence de Sap.7,26." Alle moderne Textausgaben
entscheiden sich für die angegebene LA.

Das Zepter ist Symbol der königlichen Macht und als solches auf die göttliche Macht leicht übertragbar[1]. An dieser Stelle hat das Zepter die Majestät, die Erhabenheit (μεγαλωσύνη) Gottes als Bezugspunkt. Das Abstraktum μεγαλωσύνη[2] ist ein Begriff des hellenistischen Judentums (in der LXX: Ps 78,11; 144,3; 150,2; Sir 18,5; Weish 18,24 usw.; vgl. auch Arist 192; TestLev 3,9; 18,8; grHen 5,4; 9B3; 12,3; 14,16; 98,2; 101,3). In I Clem kommt der Terminus μεγαλωσύνη hauptsächlich in zwei Zusammenhängen vor: 1. in doxologischen Texten: 20,12; 61,3; 64; 65,2 (wie in der Doxologie von Jud 25; vgl. auch Dtn 32,3; Sir 39,15); 2. als genitivus qualitatis im Sinn von „herrlich" bzw. „majestätisch" im Hinblick auf das Wort (27,4) und auf den Namen Gottes (58,1) bzw. als genitivus objectivus in 36,2: „Abglanz seiner Herrlichkeit" (ἀπαύγασμα τῆς μεγαλωσύνης) und wohl auch in 16,2. Die folgende Aussage, er sei nicht „im prahlerischen und hochmütigen Gepränge" gekommen[3], auch wenn er dies gekonnt hätte, dient nur als rhetorische Vorbereitung auf die positive Aussage: ἀλλὰ ταπεινοφρονῶν. Denn κόμπος, ἀλαζονεία und ὑπερηφανία sind Begriffe mit einem negativen Inhalt, die das Kommen des Erlösers nach judenchristlichem Verständnis nicht charakterisieren können. Aber durch die Verwendung von solchen Termini verschärft sich der Kontrast mit den korinthischen Kontrahenten, denen der Verfasser eben Prahlerei und Hochmut vorwirft (vgl. 13,1; 14,1; 35,5; 57,2)[4]. Christus gehört zu den Demütigen (16,1), weil er selber als ταπεινοφρονῶν kam.

Die Bezeichnung Jesu Christi als τὸ σκῆπτρον τῆς μεγαλωσύνης τοῦ θεοῦ hängt traditionsgeschichtlich mit der christologischen Deutung von Ps 44,7 zusammen. Sehr wahrscheinlich schlägt sich hier eine mit Hebr 1,8 gemeinsame christologische Überlieferung nieder, deren genauer Charakter in der Forschung unterschiedlich beurteilt wird[5]. Hebr 1,8b folgt der LXX-Fassung von Ps 44,7: ῥάβδος εὐθύτητος ἡ ῥάβδος τῆς βασιλείας σου, während I Clem 16,2 σκῆπτρον bringt. Da auch die Übersetzung Aquilas von Ps 44,7 σκῆπτρον bietet, könnte sie die Diktion von I Clem 16,2 beeinflußt haben. Das folgende τῆς μεγαλωσύνης dürfte ebenfalls in Zusammenhang mit dem Hebräerbrief stehen, und zwar mit Hebr 1,3d: ἐκάθισεν ἐν δεξιᾷ τῆς μεγαλωσύνης ἐν ὑψηλοῖς (vgl. Hebr 1,8). Schließlich dürfte der Vf. den Text aus Ps 44,7a: ὁ θρόνος σου, ὁ θεός, εἰς τὸν αἰῶνα τοῦ αἰῶνος vor Augen gehabt haben, wenn

---

[1] Vgl. Philo, Mut 136: τὸ σκῆπτρον, ἡ βασιλεία, τίνος; ἆρ᾽ οὐχὶ μόνου θεοῦ; TestNaph 8,3: διὰ τοῦ σκήπτρου αὐτοῦ ὀφθήσεται ὁ Θεὸς κατοικῶν ἐν ἀνθρώποις ἐπὶ τῆς γῆς …

[2] Vgl. W. GRUNDMANN, ThWNT IV 549 f.

[3] Bei der Wendung οὐκ ἦλθεν ἐν κόμπῳ ἀλαζονείας οὐδὲ ὑπερηφανίας sind ἀλαζονείας und ὑπερηφανίας jeweils als Genitivus qualitatis von κόμπος aufzufassen.

[4] κόμπος kommt in der altchristlichen Literatur nur hier vor. Vgl. Est 8,12d; 3 Makk 6,5; Josephus, Bell 6,260; Philo, Congr 61). Vgl. auch Aischines, Or. III 237,5: … τὴν ἀλαζονείαν καὶ τὸν κόμπον τοῦ ψηφίσματος.

[5] E. BARNIKOL, Deutung 10 f., behauptet Abhängigkeit des I Clem in diesem Punkt vom Hebräerbrief. D. A. HAGNER, Use 181, findet hingegen keine Spur von Ps 44,7 und Hebr 1,8 in I Clem. Ähnlich PH. HENNE, Christologie 50.

er die Wendung τὸ σκῆπτρον τῆς μεγαλωσύνης τοῦ θεοῦ zu einer christologischen Bezeichnung macht. Die Majestät Gottes (seine μεγαλωσύνη) und der königliche Thron sind Zeichen der göttlichen Macht, die sich in Christus – er ist das Zepter – offenbart. Es ist ferner kein Zufall, daß der μεγαλωσύνη-Begriff auch in 36,2 vorkommt, in einem Abschnitt also, der auffallende Gemeinsamkeiten mit christologischen Aussagen des Hebräerbriefes aufweist. Es handelt sich demzufolge um eine I Clem und Hebr gemeinsame Tradition, aber nicht um eine literarische Abhängigkeit. Der Terminus σκῆπτρον unterstützt dabei die Annahme einer selbständigen Auslegung des Ps 44,7 (mit der LA des Aquila) in I Clem 16,2.

Wenn der oben angedeutete Bezug zu Ps 44,7 und Hebr 1,8 richtig ist, beinhaltet 16,2a zunächst eine bildliche Aussage über die Teilhabe Christi an der Macht Gottes[1]. Der Titel κύριος gehört sachlich dazu. Zwei Elemente in 16,2 weisen jedoch auf einen breiteren christologischen Rahmen hin. Zum einen ist vom „Kommen" dessen, der zuvor Zepter der Majestät Gottes bezeichnet wurde, die Rede. Zum anderen gewinnt die Grundaussage von seinem demütigen Erscheinen ihre Brisanz, wenn sie in Zusammenhang, nicht mit „im prahlerischen und hochmütigen Gepränge", sondern mit „Zepter der Majestät Gottes" gesetzt wird. Gerade weil Jesus Christus die Macht Gottes verkörpert[2], hätte er anders auftreten können als in einer demütigen Gestalt. Für das Verständnis der Christologie in I Clem läßt sich daraus schließen, daß der Vf. implizit eine Aussage zur Präexistenz des Erlösers und nicht allein über die Macht nach seiner Einsetzung bzw. seiner Erhöhung macht[3].

Das Auftreten Jesu Christi als ταπεινοφρονῶν wird durch ein Wort der Schrift als Wort des Heiligen Geistes über ihn dargestellt[4]. Dazu gehören die zwei folgenden Zitate: Jes 53,1–12 und Ps 21,7–9. Beide Schriftworte besitzen

---

[1] Die Frage nach der christologischen Tragweite der Aussage wird I Clem 36,2 ergänzen: ὃς ὢν ἀπαύγασμα τῆς μεγαλωσύνης αὐτοῦ. Es geht noch einmal um die Majestät Gottes, aber diesmal ist nicht σκῆπτρον, sondern ἀπαύγασμα das Grundwort. Zum Verhältnis zu Hebr 1,3 und Weish 7,26 vgl. die Analyse von 36,2.

[2] Richtig H. B. BUMPUS, Awareness 68: „... it is clear that Clement believes that the power of God is now Christ's power. Christ has taken over the function of bringing salvation to the peoples."

[3] Die Deutung der Stelle ist umstritten. Eine Aussage über die Präexistenz deuten auch R. A. LIPSIUS, Disquisitio 100; GEBHARDT/HARNACK, 31; A. v. HARNACK., Einführung 73.110; LIGHTFOOT, I 2,57; HEMMER, L; KNOPF, 68; Ph. HENNE, Christologie 59; LINDEMANN, 61; SCHNEIDER, 101 Anm. 88. Anders E. BARNIKOL, Christologie 72: „Wäre dieser vorbildliche Christus voll Demut ein präexistentes gottheitliches Wesen, dann wäre die Beweisführung des Clemens damit zunichte gemacht." Genau umgekehrt verhält es sich! Die Stichhaltigkeit der Deutung Barnikols wird noch durch die sehr fragliche Annahme belastet, der Vf. habe hier den paulinischen Urtext von Phil 2,1–5.8–11 im Auge gehabt (ebd. 73), aber ohne die entscheidende Aussage Phil 2,6–7, die als marcionitische Interpolation entstanden sei. R. M. HÜBNER, θεός 329, zeigt sich überzeugt von der Argumentation von Barnikol.

[4] Nach E. BARNIKOL, Christologie 76, vertritt I Clem eine „Präexistenz-Pneumatologie", die zeigt, daß „die Theologie der Präexistenz-Christologie noch nicht nötig war."

einen festen Platz in der urchristlichen Überlieferung im Dienst der soteriologischen Deutung des Leidens und des Todes Jesu. Im Zusammenhang mit
der Aussage über Christus als Zepter der göttlichen Majestät lassen beide
Texte die Konturen einer Zwei-Stufen-Christologie erkennen, bei der die
Menschwerdung sich im Zeichen der Erniedrigung vollzieht[1].

3   Der Text gibt LXX-Jes 53,1–3 getreu wieder. Nur an zwei Stellen gibt es
unbedeutende Abweichungen: I Clem 16,3 hat „im Vergleich zur Gestalt der
Menschen" (παρὰ τὸ εἶδος τῶν ἀνθρώπων), während der LXX-Text „im
Vergleich zu allen Menschen" bringt (παρὰ πάντας ἀνθρώπους)[2]. Im folgenden
Satz bringt I Clem „und geplagt" (καὶ πόνῳ), das aber auch in manchen
LXX-Handschriften und bei Origenes erscheint[3]. Die Fassung in I Clem dürfte
die Wiedergabe der vom Vf. benutzten Vorlage sein.

4–14 Auch in diesem Abschnitt ist die Nähe zum LXX-Text sehr beachtlich[4].
Theologisch bedeutsam ist das παρέδωκεν αὐτὸν ὑπὲρ τῶν ἁμαρτιῶν ἡμῶν
(V.7) anstelle παρέδωκεν αὐτὸν ταῖς ἁμαρτίαις ἡμῶν (Jes 53,6 LXX). Die
Änderung geht wahrscheinlich auf christliche Diktion zurück (vgl. 1 Kor 15,3;
Gal 1,4)[5]. Die Behauptung von Knopf, 69, das Zitat sei „aufgeschlagen und
ausgeschrieben worden", erweist sich beim Vergleich mit der LXX als recht
zutreffend. Aber bei einem solchen Text wie Jes 53 ist nicht nur das literarische
Verhältnis von Bedeutung, sondern auch eine mögliche Einordnung unter die
vielen Zitate und Anspielungen, wie sie im NT vorliegen. Als Zitate lassen
sich folgende Stellen heranziehen: Jes 53,1 = Röm 10,16; Joh 12,38; Jes 53,4
= 1 Petr 2,24; Mt 8,17; Jes 53,5 = 1 Petr 2,24b; Jes 53,6 = 1 Petr 2,25;
Jes 53,7f. = Apg 8,32f.; Jes 53,9 = 1 Petr 2,22; vgl. Offb 14,5; Jes 53,12
= Lk 22,37; 1 Petr 2,24. Ein Zitat mit dem Umfang, wie es in I Clem 16,3–14
vorliegt, gibt es im NT nicht; es fällt jedoch auf, daß 1 Petr, ein anderes
Dokument des römischen Christentums, im hymnischen Abschnitt 2,21–25
den Text Jes 53 als Grundlage verwendet, um den geduldig leidenden Christus
als Beispiel für die bedrängten Christen in der Diaspora hinzustellen. Beides

---

[1] KNOPF, 68, verweist auf Phil 2,6–11 und 2 Kor 8,9: „diese beiden Stellen erklären auch
das καίπερ δυνάμενος gut." Aber der Vf. verwendet nicht ταπεινόω wie Phil 2,8 bzw. ταπείνωσις
wie Jes 53,8 (vgl. Apg 8,33), sondern das ihm geläufige ταπεινοφρονέω (2,1; 13,1.3; 16,1.17
u.ö.). Seine Verwurzelung in der urchristlichen Tradition liegt auf der Hand. Hier ist die
Herkunft der Vorstellung zu suchen, und nicht in der Abhängigkeit von den zitierten paulinischen
Texten.

[2] Wie unsicher die Textgrundlage an dieser Stelle ist, zeigen die Varianten in den Ausgaben
von A. RAHLFS, Septuaginta II 639, und J. ZIEGLER, Jesaja LXX, Göttingen 1939, 321.

[3] Vgl. D.A. HAGNER, Use 85.

[4] Vgl. die Varianten und das Verhältnis zum LXX-Text bei D.A. HAGNER, Use 49–51.
Allgemein steht die Fassung von I Clem dem Codex Alexandrinus der LXX näher als den
anderen Handschriften. Vgl. CHR. MARKSCHIES, Der Mensch Jesus Christus im Angesicht Gotte.
Zwei Modelle des Verständnisses von Jesaja 52,13–53,12 in der patristischen Literatur und deren
Entwicklung, in: B. JANOWSKI – P. STUHLMACHER (Hrsg.), Der Leidende Gottesknecht. Jesaja
53 und seine Wirkungsgeschichte (FAT 14), Tübingen 1996, 197–248, hier 205.

[5] Vgl. H. RIESENFELD, ThWNT VIII 515.

kommt in I Clem 16 wieder zum Vorschein: 1. die reichliche Rezeption von Jes 53; 2. und der paradigmatische Charakter des Textes im Hinblick auf die gegenwärtige Lage der Gemeinde[1]. Die römische Gemeinde scheint Jes 53 besonders geschätzt zu haben. Darauf weist der häufige Rückgriff auf den Text bei Justin hin. Der Philosoph und Märtyrer zitiert in I Ap. 50,2–11 den ganzen Abschnitt Jes 52,13–53,8 und in Dial. 13,2–9 sogar Jes 52,13–54,6. Darüber hinaus lassen sich zahlreiche Anspielungen bzw. kürzere Zitaten feststellen (vgl. Jes 53,1–2 = Dial. 42,2 und die Anspielungen auf Jes 53,2–3 in Dial. 14,8; 32,1; 36,6 usw.)[2].

„Und wiederum sagt er selbst" (καὶ πάλιν αὐτός φησιν) leitet ein Zitat **15–16** aus Ps 21,7–9 ein, das hier und in V. 16 die LXX-Fassung wörtlich wiedergibt. Ähnlich wie in I Clem 22,1 ist Christus selbst der Sprechende, weil die Aussage der Schrift direkt auf ihn bezogen wird. Das vorhergehende Zitat Jes 53,1–12 galt als Wort des Heiligen Geistes (16,2), und im Zitat selber sprach dieser „über ihn" (περὶ αὐτοῦ), d. h. Christus. Das ἐγὼ δέ εἰμι σκώληξ von Ps 21,7 bedeutet einen Stilwechsel, und so wird die Stelle als Ich-Aussage Christi verstanden und dementsprechend eingeleitet. Ps 21,7 wird in der frühchristlichen Literatur sonst nicht zitiert, wohl aber 21,8 f. (s. u.). Möglicherweise war für den Vf. die „Ich-Aussage" aus dem Ps 21,7 wichtig als Wort Christi, und so erweiterte er dann das von der Tradition her schon bekannte Zitat.

Wie Jes 53 spielt Ps 22 (21) eine wichtige Rolle in der neutestamentlichen Deutung der Passion Jesu. Erkennbare Anspielungen auf die in I Clem 16,16 zitierte Stelle finden sich in Mk 15,29; Lk 23,35; Mt 27,39.43.

Die Aussage schließt den Abschnitt ab[3]. Wie so oft am Ende einer thema- **17** tischen Einheit (12,8; 41,4; 50,1) oder wenn der Vf. den Leser auf eine für ihn wichtige Aussage aufmerksam machen will, verwendet er die Form ὁρᾶτε (vgl. 4,7; 21,1; 23,4), auf die hier die Anrede ἄνδρες ἀγαπητοί folgt (in I Clem nur hier). In ihr verbindet sich das hellenistische ἄνδρες mit dem christlichen ἀγαπητοί[4]. Der demütige Christus als ὑπογραμμός wurde der Gemeinde durch Gott gegeben (δεδομένος ist passivum divinum. Vgl. 32,1; 40,5; 58,2; 61,1.2). O. Knoch meint, I Clem verwende das messianische Motiv des Gottesknechtes nur ethisch als Vorbildmotiv, nicht aber soteriologisch

---

[1] Der traditionsgeschichtliche Zusammenhang wird durch den Gebrauch von ὑπογραμμός in 1 Petr 1,21 (Hapaxlegomenon im NT. Vgl. G. SCHRENK, ThWNT I 773) und in I Clem 16,17 nachträglich bestätigt.

[2] Weitere Angaben in: Biblia Patristica I 153–156.

[3] Anders LINDEMANN, 64, der I Clem 16,17 mit der Einheit 17,1–18,17 verbindet. Ohne Zweifel bereitet 16,17 die folgende Reihe von biblischen Beispielen vor, aber die christologische Aussage in 16,17 ist von 16,1–2 getragen und darauf aufs engste bezogen.

[4] Zu ὁρᾶτε ἀγαπητοί vgl. 12,1. Die Wendung ὁρᾶτε, ἄνδρες ἀγαπητοί, τίς ὁ ὑπογραμμὸς ὁ δεδομένος ἡμῖν ist vergleichbar mit 50,1: ὁρᾶτε, ἀγαπητοί, πῶς μέγα καὶ θαυμαστόν ἐστιν ἡ ἀγάπη.

(Eigenart 414 f.)[1]. Aber dabei bleibt I Clem auf der Linie von 1 Petr 2,21–24. Nichts anderes tut Paulus mit dem Christus-Hymnus in Phil 2,6–11, um die Philipper zur Eintracht und Demut zu bewegen (vgl. auch 2 Kor 10,1).

Das Vorbildliche gehört in die pragmatische Dimension der Sprache, d. h. in die beabsichtigte Wirkung auf den Leser, den das Vorbild zur Nachahmung bewegen soll (vgl. 33,8). Darauf weist die wohl rhetorisch gemeinte Frage in 16,17b hin: Wenn der Herr so demütig war – und er war ein ὑπογραμμός für Demut –, was sollen wir nun tun? Die Antwort ist evident: Nachahmung dieser Demut; aber weil die Antwort eben evident ist, braucht sie nicht ausdrücklich formuliert zu werden. Die Fragenden werden in einem Nachsatz näher präzisiert: es sind wir, „die durch ihn unter das Joch seiner Gnade gekommen sind." Die Wendung ὑπὸ τὸν ζυγὸν τῆς χάριτος ist einmalig in der frühchristlichen Literatur. ζυγός steht im Gegensatz zu σκῆπτρον: am Anfang das Symbol der Macht im Hinblick auf Christus; zum Schluß das Zeichen der Unterwerfung im Hinblick auf die Gläubigen. In beiden Fällen ist der κύριος der Bezugspunkt. Aber diese formale Beobachtung sagt wenig über den Inhalt des Ausdrucks und bedarf einer Weiterführung. Das Bild spielt sehr wahrscheinlich auf Mt 11,29 f. an: ἄρατε τὸν ζυγόν μου ἐφ᾽ ὑμᾶς καὶ μάθετε ἀπ᾽ ἐμοῦ, ὅτι πραΰς εἰμι καὶ ταπεινὸς τῇ καρδίᾳ ... ὁ γὰρ ζυγός μου χρηστὸς ...[2]. Solche Begriffe wie πραΰς, χρηστός, ταπεινός kamen schon in den Zitaten von Kap. 13 vor, am Anfang der Ermahnung zur demütigen Haltung. Wenn jetzt von ζυγὸν τῆς χάριτος αὐτοῦ, unter das die Gläubigen gekommen sind, die Rede ist, bedeutet das, daß sie das milde Joch Jesu durch die Nachahmung seiner Demut auf sich genommen haben. So wird sein Joch zum Joch der Gnade. Dabei sind die Gläubigen eigentlich dazu durch den Herrn selber geführt (δι᾽ αὐτοῦ ἐλθόντες). Indem sie dort bleiben, geben sie die richtige Antwort auf das Beispiel des demütigen Herrn. Denn die Gnade gehört den Einfachen (23,1) und den Demütigen (30,2)[3].

7.4.3. Andere Beispiele für Demut (17,1–18,17)

Nach dem Beispiel Christi erinnert der Vf. an andere vorbildliche Gestalten, die ebenso nachgeahmt werden sollen. Bei ihrer Auswahl verfährt er nach einem anderen Prinzip als in Kap. 4. Zuerst kommt eine Liste von drei

---

[1] J.J. Thierry, Jezus 6–8, stellt richtig die Bedeutung des Gottesknecht-Motivs für die Christologie von I Clem heraus.

[2] Vgl. Hilgenfeld, 20; Lightfoot, I 2,62; A. v. Harnack, Einführung 110; ders., „Sanftmut" 114; Knopf, 70; D.A. Hagner, Use 167; W.-D. Köhler, Rezeption 60: „große Nähe zum Mt." Nach Lindemann, 64, dagegen hat der Vf. das Logion Mt 11,29 f. hier nicht im Blick. Masseaux, Influence, zitiert in diesem Zusammenhang I Clem nicht.

[3] Vgl. Ph. Henne, Christologie 74: „Ici, comme en Cl 65,2, c'est la grâce du Christ. Celle-ci exprime le monde nouveau, dans lequel le chrétien vit." Ob dieses Verständnis von Gnade dem Vf. zugeschrieben werden darf, ist sehr fraglich.

Propheten (chronologisch geordnet) vor: Elia, Elischa, Ezechiel. An zweiter Stelle folgen vier von Gott „Bezeugte" (μεμαρτυρημένοι): Abraham, Ijob, Mose und David, so daß am Ende die Zahl von sieben Gestalten erreicht wird[1]. Die damit bekundete Hochschätzung der Prophetie – die Propheten werden sogar vor Abraham und Mose genannt – hat zwei Gründe: 1. durch das prophetische Wort spricht der Heilige Geist; 2. die Propheten verkündigten die Ankunft Christi.

1. Laßt uns Nachahmer auch jener werden, die in Ziegenfellen und Schafspelzen umherzogen und die Ankunft Christi verkündigten. Wir meinen Elia und Elischa, ferner Ezechiel, die Propheten; außer diesen auch die, die ein (gutes) Zeugnis empfangen haben.
2. Ein großartiges Zeugnis empfing Abraham: er wurde Freund Gottes genannt, und (dennoch) sagt er, als er die Herrlichkeit Gottes erblickt, in Demut: „Ich aber bin Staub und Asche."
3. Ferner steht auch über Ijob so geschrieben: „Ijob aber war gerecht und untadelig, aufrichtig, gottesfürchtig, er mied alles Böse." 4. Dennoch klagt er sich selbst an mit den Worten: „Niemand ist rein von Schmutz, und währte sein Leben auch (nur) einen Tag."
5. Mose wurde treu in seinem ganzen Haus genannt, und durch seinen Dienst richtete Gott Ägypten durch ihre Plagen und Qualen. Aber auch jener, so großartig verherrlicht, führte keine prahlerische Rede, sondern sagte, als ihm aus dem Dornstrauch ein Gottesspruch gegeben wurde: „Wer bin ich, daß du mich sendest? Ich habe eine schwache Stimme und eine schwere Zunge." 6. Und wiederum sagt er: „Ich aber bin Dampf aus einem Topf."
Kap. 18. 1. Was aber sollen wir über David sagen, der ein (gutes) Zeugnis empfing? Zu ihm sprach Gott: „Ich habe einen Mann nach meinem Herzen gefunden, David, den Sohn des Isai; in ewigem Erbarmen habe ich ihn gesalbt."
2. Doch auch er spricht zu Gott: „Erbarme dich meiner, o Gott, nach deiner großen Barmherzigkeit, und nach der Fülle deiner Erbarmungen lösche aus meine Frevel! 3. Mehr und mehr wasche mich von meiner Missetat, und von meiner Sünde reinige mich. Denn ich erkenne meine Missetat, und meine Sünde steht immer vor mir. 4. An dir allein habe ich gesündigt, und ich habe das Böse vor dir getan, auf daß du gerecht befunden werdest in deinen Worten und siegst, wenn man dich richtet. 5. Denn siehe, in Missetaten wurde ich empfangen, und in Sünden hat mich meine Mutter begehrt. 6. Denn siehe, du hast die Wahrheit geliebt; das Unsichtbare und das Verborgene deiner Weisheit hast du mir geoffenbart. 7. Du wirst mich mit Ysop besprengen, und ich werde rein werden; du wirst mich waschen, und ich werde weißer als Schnee werden. 8. Du wirst mich Wonne und Freude hören lassen; frohlocken wird gedemütigtes Gebein. 9. Wende dein Antlitz weg von meinen Sünden, und lösche all

---

[1] S.o. zu I Clem 4,1.

meine Missetaten aus! 10. Ein reines Herz schaffe in mir, o Gott, und einen rechtschaffenen Geist bilde neu in meinem Innern! 11. Verwirf mich nicht von deinem Angesicht, und deinen heiligen Geist nimm nicht von mir! 12. Gib mir die Wonne deines Heiles wieder, und mit führendem Geist stärke mich! 13. Lehren will ich Gesetzlose deine Wege, und Gottlose werden sich zu dir bekehren. 14. Errette mich von Bluttaten, Gott, o Gott meines Heiles! 15. Frohlocken wird meine Zunge über deine Gerechtigkeit. Herr, du wirst meinen Mund öffnen, und meine Lippen werden dein Lob verkünden. 16. Denn wenn du ein Opfer gewollt hättest, hätte ich es gegeben; an Brandopfern wirst du kein Gefallen finden. 17. Opfer für Gott ist ein zerknischter Geist; ein zerknischtes und gedemütigtes Herz wird Gott nicht verachten."

1 Begriffe wie ὑπογραμμός bzw. ὑπόδειγμα setzten die μίμησις bzw. die μιμηταί voraus. Obwohl die Argumentation ab Kap. 4 durch die Vorbilder – sowohl die positiven als auch die negativen – geprägt war, kamen Begriffe wie μίμησις oder μιμηταί nicht vor, und so bleibt es auch im Rest des Schreibens – ausgenommen 17,1. Gegenstand der Nachahmung sind die Propheten, die die Ankunft Christi verkündigt haben. Die Beschreibung ihrer Kleidung „in Ziegenfellen und Schafspelzen" beim Umherziehen (ἐν δέρμασιν αἰγείοις καὶ μηλωταῖς περιεπάτησαν) steht Hebr 11,37 sehr nah: von den Gerechten, die in Schafspelzen und Ziegenfellen umhergingen (περιῆλθον ἐν μηλωταῖς, ἐν αἰγείοις δέρμασιν)[1]. In der Tat fällt die Übereinstimmung auf. μηλωτή kommt im AT in 1 Kön 19,13.19 und 2 Kön 2,8.13.14, und zwar immer im Zusammenhang mit den Gestalten Elias und Elischas vor, aber es ist kein häufiges Wort in der griechischen Literatur[2]. Der Ausdruck ἐν δέρμασιν αἰγείοις ist in der LXX nicht belegt, aber Aquila und Theodotion bringen αἰγεία δέρματα in Ex 35,23 (LXX: δέρματα κριῶν). Bei der Spärlichkeit der Belege ergibt sich zwangsläufig ein traditioneller Zusammenhang zwischen I Clem 17,1 und Hebr 11,36[3].

Die Ankündigung der Ankunft Christi (ἔλευσις τοῦ Χριστοῦ) durch die Propheten wird auch in Apg 7,52 (τοῦ δικαίου) behauptet (vgl. auch PolPhil 6,3). Es handelt sich um eine globale Aussage über den Inhalt der prophetischen Verkündigung – unter der Annahme, daß das AT das Buch der Kirche ist. Diese Aussage will jedoch keinen Schriftbeweis einleiten. Im Zusammenhang mit der Thematik des ganzen Abschnitts geht es hier um den Kontrast zwischen – einerseits – dem demütigen Auftreten der Propheten, das durch

---

[1] Nach O. MICHEL, ThWNT IV 640, geht die Formulierung in I Clem auf Hebr 11,37 zurück.

[2] GRANT, 40, meint, der Vf. hätte von Sach 13,4 gewußt, daß eine solche Bekleidung für die Propheten charakteristisch war. Aber in Sach 13,4 steht: καὶ ἐνδύσονται δέρριν τριχίνην. Wenn er diese Stelle gekannt hat, dann hat sie keinen sprachlichen Niederschlag gefunden.

[3] W. WREDE, Untersuchungen 73 Anm. 1, findet die gemeinsame Notiz „wohl weniger singulär, als sie auf den ersten Blick erscheint." Für D. A. HAGNER, Use 186, „a clear allusion to Hebr 11,37." Zu I Clem und Hebr vgl. Einleitung § 4.2.d.

ihre Bekleidung zum Ausdruck kommt, und – andererseits – der ihnen durch den Inhalt ihrer Verkündigung zukommenden Größe. Auch in den anderen Beispielen bestimmt der Kontrast die Struktur der Aussagen.

Nach der Verwendung von μηλωτή (Schafspelz) überrascht nicht die gemeinsame Erwähnung von Elia und Elischa. Unklar hingegen ist der Grund für den Namen Ezechiel. Vielleicht wollte der Vf. einfach einen der großen literarischen Propheten in die Reihe der Beispiele einordnen. Das wie eine Hinzufügung klingende ἔτι δὲ καί („und auch noch" bzw. „ferner") weist auf eine untergeordnete Rolle hin[1].

Der Nachsatz „außer diesen auch die, die ein gutes Zeugnis empfangen haben" leitet die folgenden vier Beispiele ein: Abraham, Ijob, Mose und David. Der Ausdruck (καὶ τοὺς μεμαρτυρημένους) ist bedeutsam im folgenden Abschnitt: 17,2: ἐμαρτυρήθη μεγάλως Ἀβραάμ; 18,1: ἐπὶ τῷ μεμαρτυρημένῳ Δαυίδ; 19,1: ... οὕτως μεμαρτυρημένων τὸ ταπεινόφρον. Es sind die Gestalten, die, auch wenn sie keine Propheten waren, von Gott und von den Menschen ein gutes Zeugnis erhalten haben[2].

Wie bei der Liste der Propheten orientiert sich der Vf. wiederum an einem chronologischen Prinzip. Unmittelbar nach Abraham folgt Ijob, der ebenso zur grauen Vergangenheit der Anfänge gehört. Euseb beruft sich auf den Bericht des Aristeas, um Ijob als Sohn Esaus darzustellen (vgl. PraepEvang IX 25,1: Ἀριστέας δέ φησιν ἐν τῷ Περὶ Ἰουδαίων τὸν Ἡσαῦ γήμαντα Βασσάραν υἱὸν ἐν Ἐδὼμ γεννῆσαι Ἰώβ). Jede Gestalt repräsentiert eine besondere Linie innerhalb der Heilsgeschichte. Keine von ihnen ist Folge des Zufalls: Mit Abraham beginnt die Patriarchenzeit; Ijob verkörpert den Gerechten und Untadeligen, das Ideal der Weisheit; Mose wird nicht so sehr in Verbindung mit dem Gesetz gebracht. Er erscheint als Instrument Gottes für die Befreiung in Ägypten. Über David schließlich wird recht wenig gesagt. Er gehört aber auch zu den μεμαρτυρημένοι. Daß der Vf. jedoch viel mehr über ihn weiß, zeigt sich im Zitat des Ps 50,3–19.

Das demütige Bekenntnis Abrahams, er sei Staub und Asche, steht im Gegensatz zum herrlichen Zeugnis, das ihm ausgestellt wurde, und zu seinem Bezug zu Gott: er ist der Freund Gottes; ferner zu dem ihm zugeteilten Privileg, die Herrlichkeit Gottes schauen zu dürfen. Weil er dennoch im Bewußtsein seiner Niedrigkeit verharrt, wird er zum Vorbild für Demut. 2

---

[1] Für die Vermutung von KNOPF, 70: „Aber die Strenge des Mannes, sein Eifer gegen den Götzendienst, hat wohl veranlaßt, gerade ihn aus der Reihe der großen Propheten zu nehmen und ihn neben Elias und Elisa zu stellen", fehlt jede Grundlage im Text. Klemens von Alexandrien (Strom. IV 105,4) fügt noch Johannes den Täufer hinzu, wahrscheinlich, um die Propheten von Anfang an bis hin zur Ankunft Christi darzustellen.

[2] μαρτυροῦμαι: im Sinn von „wohlbezeugt sein, ein gutes Zeugnis erhalten, empfohlen werden" (BAUER/ALAND 1000). In I Clem auch in 44,3; 47,4. Im NT vgl. vor allem Apg 6,3; 10,22; 16,2; 22,12 und Hebr 11,2.4.5.39. Der Sprachgebrauch von Hebr (vgl. Hebr 11,37) zeigt einen weiteren Berührungspunkt mit I Clem.

Den zwei Aorist-Formen im Passiv – über ihm wurde das Zeugnis ausgestellt, er wurde Freund Gottes genannt (ἐμαρτυρήθη – προσηγορεύθη) – entsprechen rein formal die zwei Partizipien-Präsens ἀτενίζων – ταπεινοφρονῶν. Wie in allen Beispielen der μεμαρτυρημένοι steht im ersten Teil der Grund für die Größe der Betreffenden, während diese selbst im zweiten Teil eine Aussage machen, in der sie ihre Demut ausdrücken.

Abraham, der Freund Gottes genannt wurde[1], erschien in 10,1 als Beispiel für Gehorsam. Der ganze Abschnitt 10,1–7 veranschaulichte mit Hilfe von Schriftzitaten seinen Gehorsam. In 17,2 liegt der Akzent auf der ersten partizipialen Aussage, die eine deutliche Steigerung des Rufs Abrahams, Freund Gottes zu sein, bedeutet: er hat darüber hinaus die Herrlichkeit Gottes gesehen[2]. Über die Umstände dieser Schau sagt der Text nichts. Nimmt man die darauf folgende Aussage Abrahams als Orientierungspunkt, kommt nur die Begegnung Abrahams mit Gott, nachdem die drei anderen himmlischen Gestalten nach Sodom gegangen sind, als Anlaß in Frage. Denn das in I Clem 17,2 zitierte Wort Abrahams, er sei Staub und Asche, stammt aus Gen 18,27 (ἐγὼ δέ εἰμι γῆ καὶ σποδός), und zwar aus seinem „Handeln" mit Gott, um Sodom zu retten. Der Vf. nimmt offenbar die Bemerkung in Gen 18,22 ernst, daß Abraham vor Gott stehenblieb (Ἀβραὰμ δὲ ἦν ἑστηκὼς ἐναντίον κυρίου) und schließt daraus, daß er die göttliche Herrlichkeit schauen durfte. Solche Texte über die Offenbarung der Herrlichkeit Gottes, die bestimmten Auserwählten zuteil wurde (z. B. Ex 33,18–23 oder Dtn 5,24), könnten seine Interpretation begünstigt haben. Wahrscheinlich ging er zunächst von der Erniedrigungsaussage Gen 18,27 aus, um dann dem Geschehen in Gen 18,22 seine Deutung zu geben. Der angezielte Kontrast war erreicht, und die Demut Abrahams tritt zutage.

Andere Stellen des AT zeigen, daß die Wendung „Staub und Asche" in der Weisheitsliteratur Ausdruck für die menschliche Vergänglichkeit und Niedrigkeit ist[3]. Daß der Vf. das Wort aus der Abrahamsgeschichte zitiert (Gen 18,27) und es nicht als Ijobsaussage überliefert (vgl. Ijob 42,6) – von Ijob ist in V. 3 die Rede –, hängt wahrscheinlich damit zusammen, daß er schon in 10,7 auf die Ereignisse in Gen 18,1–15 (die Gastfreundschaft Abrahams) angespielt hat. In 17,2 nimmt er dann Bezug auf die nächste Episode der Geschichte Abrahams nach Gen 18,22 ff.: seine Fürsprache zur Rettung Sodomos.

---

[1] Zur Herkunft der Wendung vgl. I Clem 10,1.

[2] Zu ἀτενίζω vgl. I Clem 7,4.

[3] Vgl. H. Sasse, ThWNT I 679 Anm. 12. Vgl. Sir 10,9: τί ὑπερηφανεύεται γῆ καὶ σποδός; 17,32b: καὶ ἄνθρωποι πάντες γῆ καὶ σποδός; Ijob 30,19: ἐν γῇ καὶ σποδῷ μου ἡ μερίς; 42,6: ἥγημαι δὲ ἐμαυτὸν γῆ καὶ σποδόν. Vgl. auch Sir 40,3. Die Wendung γῆ καὶ σποδός entspricht dem Hebräischen עפר ואפר = Staub und Asche. Wie weit diese Nuance von γῆ dem Vf. präsent war, läßt sich nicht bestimmen. Lightfoot, Lake, Kleist und Grant übersetzen mit „dust and ashes". Die deutschen Ausgaben bringen hingegen „Erde und Asche".

Die Einleitung („ferner steht auch über Ijob so geschrieben") läßt eine 3
wörtliche Übernahme des biblischen Textes erwarten. In der Tat lehnt sich
das Wort 17,3 eng an Ijob 1,1 an: „... mit Namen Ijob, und jener Mensch
war wahrhaftig, untadelig, gerecht, gottesfürchtig, und mied jede Art des
Bösen" (ἀληθινός, ἄμεμπτος, δίκαιος). Die Reihenfolge der ersten drei Adjektive ist in 17,2 anders: δίκαιος καὶ ἄμεμπτος, ἀληθινός[1]. Auch am Schluß
gibt es eine unwichtige Abweichung: in I Clem 17,3 steht ἀπὸ παντὸς κακοῦ,
in Ijob 1,1: ἀπὸ παντὸς πονηροῦ πράγματος[2].

Dem Zeugnis für Ijob als den Gerechten und Untadeligen folgt dessen 4
Zeugnis für sich selbst (ἑαυτοῦ κατηγορεῖ). Das Zitat lehnt sich an Ijob 14,4.5a
an: „Denn wer wird rein sein von Schmutz? Auch nicht ein einziger, auch
wenn sein Leben auf Erden nur einen Tag währt" (τίς γὰρ καθαρὸς ἔσται ἀπὸ
ῥύπου ἀλλ’ οὐδείς. ἐὰν καὶ μία ἡμέρα ὁ βίος αὐτοῦ ἐπὶ τῆς γῆς). Aus der
allgemeinen Beurteilung der menschlichen Bedürftigkeit und Verfallenheit in
der Rede Ijobs liest der Vf. eine persönliche Anklage heraus, die dessen Demut
offenlegt.

Traditionsgeschichtlich zu beachten ist die Tatsache, daß die Stelle auch
von Philo in einer Form zitiert wird, die I Clem 17,4 näher steht als Ijob
14,4 f. In Mut 48 heißt es: τίς γάρ, ὡς ὁ Ἰώβ φησι, καθαρὸς ἀπὸ ῥύπου, κἂν
μία ἡμέρα ἐστὶν ἡ ζωή. Klemens von Alexandrien zitiert den Ijob-Text auch
in ähnlicher Form, und zwar unabhängig von I Clem 17,4 (vgl. Strom. III
100,4: οὐδεὶς καθαρὸς ἀπὸ ῥύπου, Ἰώβ φησιν, οὐδ’ εἰ μία ἡμέρα ἡ ζωὴ αὐτοῦ)[3].
Möglicherweise gibt I Clem 17,4 eine Überlieferung wieder, die zuerst in
Alexandrien bekannt wurde[4].

Von Mose, dem dritten Beispiel, wird zunächst sein Ruf als treuer Diener 5
Gottes erwähnt, sodann seine Rolle bei der Bestrafung der Ägypter durch
Gott. Darin besteht die großartige Ehre, die ihm von Gott zuteil wurde. Die
demütige Selbstaussage des Mose erfolgt ausgerechnet bei der Offenbarung
Gottes aus dem Dornstrauch. Ein gewisser Anachronismus läßt sich nicht
übersehen. Denn Mose reagiert auf die Offenbarung Gottes, bevor er die
Taten vollbringt, die ihm Ehre bringen (vgl. Lindemann, 65).

Die erste Angabe über Mose entspricht dem Lob aus Num 12,7: οὐχ οὕτως
ὁ θεράπων μου Μωϋσῆς· ἐν ὅλῳ τῷ οἴκῳ μου πιστός ἐστιν. Hebr 3,2.5 nimmt
gleich zweimal Bezug auf diesen Text im Rahmen einer christologischen
Aussage. Auch I Clem 43,1 spricht von Mose als πιστὸς θεράπων ἐν ὅλῳ τῷ
οἴκῳ. Das hellenistische Judentum hat sich für die Stelle interessiert, und
durch seine Vermittlung ist sie in die urchristliche Literatur eingeflossen (vgl.

---

[1] Klemens von Alexandrien, Strom. IV 106,2 folgt I Clem 17,3. Vgl. D.A. HAGNER, Use 52.
[2] So übersetzen L und S.
[3] Die Auskunft LINDEMANNs, 65, es handle sich dabei um ein recht freies Zitat, übersieht
die Komplexität des Überlieferungsbefunds.
[4] Vgl. auch Strom. IV 106,3, wo I Clem 17,4 zitiert wird. Das Zitat Ijob 14,4 in Strom. IV
83,1 als Meinung des Basilides ist für die Frage der Textüberlieferung irrelevant.

Philo, All II 67; All III 103.204.228; VitAd 1). In der späteren Zeit wird Mose oft als πιστὸς θεράπων bezeichnet (vgl. Justin, Dial. 56,1; 79,4; 130,1).

Die Größe des Mose kommt ferner durch seine Rolle beim Vollzug des göttlichen Gerichts gegen die Ägypter zum Ausdruck. Es geschah nämlich durch seinen Dienst (διὰ τῆς ὑπηρεσίας αὐτοῦ ἔκρινεν ὁ θεὸς Αἴγυπτον)[1]. Dabei ist allgemein an Mose als Anführer des Volkes gedacht, durch den Gott Israel befreit und die Gegner gerichtet hat. Die folgende Wendung präzisiert die Andeutung im Sinn der Exodusgeschichte. διὰ τῶν μαστίγων καὶ τῶν αἰκισμάτων αὐτῶν bezeichnet die Bestrafung in der Form von Plagen und Qualen, die Gott den Ägyptern durch den Dienst des Mose zugefügt hat. Die Begrifflichkeit spiegelt keine Schriftstelle wider[2].

Ein zweifaches ἀλλά markiert die Wende von den positiven Aussagen über Mose zu seinem demütigen Zeugnis hin. Das erste ἀλλά nimmt Bezug auf das unmittelbar Vorhergehende und faßt es kurz zusammen: Mose wurde großartig verherrlicht (δοξασθεὶς μεγάλως). Dem steht das folgende οὐκ ἐμεγαλορημόνησεν gegenüber. Das Verb μεγαλορημονεῖν („große Worte machen") kommt in der altchristlichen Literatur nur hier vor, aber es ist in der LXX belegt (vgl. Ps 34,26; 37,17; 54,13; Ez 35,13; vgl. auch ApkSedr 14,12; TestJob 41,1). Es ist möglich, daß der zuvor (I Clem 15,5) zitierte Ps 11,4 (γλῶσσαν μεγαλορήμονα) hier nachwirkt[3]. Auf jeden Fall verkörpert Mose die entgegengesetzte Haltung. Wenn I Clem 15,4 f. gegen eine Eigenschaft der Gegner polemisiert, nämlich gegen ihr auftrumpfendes Reden, wäre das Beispiel Moses nicht allgemein ein Vorbild für Demut, sondern spezifisch für einen bestimmten Ausdruck: den Verzicht auf ein machtvolles Auftreten dank der verbalen Kraft.

Das zweite ἀλλά bekräftigt die vorhergehende Gegenüberstellung. Mose hat nicht nur keine prahlerische Rede gehalten, sondern sein Unvermögen als Redner offen gestanden. Der Gottesspruch[4] aus dem Dornstrauch bezieht sich auf die Offenbarung Gottes nach Ex 3,1–14[5]. Die zitierte Frage Moses: τίς εἰμι ἐγώ, ὅτι με πέμπεις; nimmt Ex 3,11 in vereinfachter Form auf: τίς εἰμι, ὅτι πορεύσομαι πρὸς Φαραὼ βασιλέα Αἰγύπτου, καὶ ὅτι ἐξάξω τοὺς υἱοὺς Ἰσραὴλ ἐκ γῆς Αἰγύπτου ...[6]

Eigenartig, aber kennzeichnend für die Absicht des Vf.s ist die folgende Aussage Moses: ἐγώ εἰμι ἰσχνόφωνος καὶ βραδύγλωσσος. Die Worte sind aus

---

[1] ὑπηρεσία ist bei Philo sehr oft belegt. Im Zusammenhang mit Mose vgl. VitMos II 67.159. Auch bei Josephus ist dies der Fall.

[2] Vgl. I Clem 11,1, wo Sodom Bestrafung und Qual (εἰς κόλασιν καὶ αἰκισμόν) angekündigt wird. αἴκισμα kommt sonst in 6,2 im Zusammenhang mit dem Leiden der mythischen Frauen vor (s. o.).

[3] Vgl. auch IgnEph 10,2.

[4] Oder „göttliche Instruktion". So B. REICKE, ThWNT IX 471 (vgl. Röm 11,4).

[5] Zu βάτος auch in diesem Zusammenhang vgl. Mk 12,26; Lk 20,37; Apg 7,30–35.

[6] Die Stelle macht sich in der Textüberlieferung bemerkbar. L fügt hinzu: „ut educam plebem tuam."

dem letzten Teil von Ex 4,10 entnommen (ἰσχνόφωνος καὶ βραδύγλωσσος ἐγὼ δέ εἰμι). Der erste Terminus kommt sonst in Ex 6,30 auch als Aussage des Mose vor und bedeutet „schwache Stimme" oder eine „Sprachbehinderung", etwa „Stottern". βραδύγλωσσος ist Hapaxlegomenon in der LXX und in der griechischen Literatur selten belegt[1]. Der Terminus bezeichnet die schwere Zunge dessen, der nur langsam sprechen kann[2]. Auswahl und Gestaltung der Texte sind gut durchdacht. Die erste Frage faßt geschickt den Inhalt von Ex 3,11 zusammen. Es geht um die Furcht vor der Sendung. Die andere Aussage folgt textmäßig nicht unmittelbar darauf, aber es handelt sich um den gleichen Zusammenhang. Noch mehr. Erst in Ex 4,10 bringt Mose einen inhaltlichen Einwand, um seine Weigerung zu begründen. Seine sprachlichen Schwierigkeiten sind in den zwei oben erwähnten Begriffen klar ausgedrückt.

Der Vf. liest also auch an dieser Stelle die Schrift aufmerksam und sachlich[3]. Wenn er das Unvermögen des Mose als Zeichen seiner Demut so nachdrücklich als sprachliche Behinderung darstellt, läßt sich dies als Wort an die Adresse der Gegner verstehen, die offenbar kraft ihrer Sprache, die er für verbale Prahlerei hält, einen Teil der Gemeinde für sich gewinnen konnten.

Das Wort ist ein Bild für die Vergänglichkeit und Schwäche des Menschen: 6 der Dampf entsteigt dem Topf und verflüchtigt sich in der Luft. Obwohl als Zitat eingeführt, ist die Herkunft weiterhin unbekannt. Manche Berührungen mit Hos 13,3 – die Stelle ist textkritisch unsicher – sind vorhanden (ὡς ἀτμὶς ἀπὸ ἀκρίδων), aber es ist fraglich, ob das Wort in I Clem 17,4 darauf anspielt, zumal das Bild unter vielen Varianten in der Antike oft belegt ist[4]. Die alte Erklärung, das καὶ πάλιν λέγει sei nicht als Wort des Mose aufzufassen, sondern als allgemeines Zitat, etwa: „und wiederum heißt es", scheitert am folgenden ἐγὼ δέ εἰμι, das in diesem Kontext nur als Selbstaussage des Mose gedeutet werden kann[5].

Da das Wort Mose zugeschrieben wird, vermutet Hilgenfeld (21), es handle sich dabei um eine Aussage aus der Himmelfahrt des Mose; aber das ist nicht mehr als eine Vermutung[6]. Lightfoot, I 2,80 f., möchte auch hier den Einfluß des in Rom bekannten „Eldad und Modad" sehen[7]. J. R. Harris weist auf die syrische Übersetzung von 1 Chr 29,15 hin: „Wir sind vergleichbar mit dem

---

[1] Im profanen Griechisch vgl. Vitae Aesopi (ed. Westermann) 1,5; 2,13.

[2] Vgl. Philo, Her 4.16; VitMos I 83.

[3] Anders D. A. HAGNER, Use 56: „It appears that Clement is here quoting from memory with no particular concern to give an accurate rendering of the LXX text." Der Vf. verfährt selektiv und wohl überlegt.

[4] Vgl. LIGHTFOOT, I 2,65; KNOPF, 72.

[5] Jak 4,14b ist eine gute Parallele: ἀτμὶς γάρ ἐστε ἡ πρὸς ὀλίγον φαινομένη, ἔπειτα καὶ ἀφανιζομένη, aber nicht als Wort des Mose, sondern als weisheitlich geprägte Ansicht über die Brüchigkeit des menschlichen Lebens.

[6] Frühere Ansichten in PG 1,244–246.

[7] D. A. HAGNER, Use 88, neigt auch zu dieser Erklärung, obwohl er in der Analyse des Textes die Herkunft der Quelle als nicht erkennbar bezeichnet hatte (Use 73).

Rauch eines Topfes" (Quotation 192–195). Aber es ist unwahrscheinlich, daß eine syrische Quelle auf I Clem 18,6 eingewirkt hat. Darüber hinaus bleibt die Frage unbeantwortet, warum die Aussage nun als Wort des Mose aufgenommen wird. Die von E. Werner zitierten rabbinischen Texte kommen traditionsgeschichtlich nicht in Frage. Anhand von KohRab 1,1 von „the definite link and association" mit I Clem zu sprechen, ist anachronistisch (Hebraisms 795 f.). Keine der vorgeschlagenen Erklärungen zur Herkunft des Zitats vermag zu überzeugen, und bei den vorliegenden Quellen scheint dies auch nicht möglich zu sein.

1 **Kap. 18.** Die letzte Gestalt in der Reihe der μεμαρτυρημένοι ist David. Zuerst kommt das Wort Gottes an ihn (πρὸς ὃν εἶπεν ὁ θεός), das seine Größe begründet. Das Zitat ist eine merkwürdige Kombination von mehreren Schriftworten. „Ich habe einen Mann nach meinem Herzen gefunden" bezieht sich auf 1 Sam 13,14, aber dort geht es um „suchen", während in I Clem 18,1 Gott ihn schon gefunden hat, wie es in Ps 88,21 über David gesagt wird. Die Angabe über Isai als Vater Davids (1 Sam 16,1.8.11; 17,12; 2 Sam 23,1) steht in keinem der angedeuteten Texte. Von der Salbung Davids ist auch in Ps 88,21 die Rede, aber nicht „in ewigem Erbarmen", sondern „mit heiligem Öl"[1]. Eine ähnliche Überlieferung ist in einer Rede des Paulus nach Apg 13,22 aufbewahrt. Die in Frage kommenden Texte lassen sich synoptisch so darstellen:

I Clem 18,1	Ps 88,21	Apg 13,22
εὗρον ἄνδρα κατὰ τὴν καρδίαν μου, Δαυὶδ τὸν τοῦ Ἰεσσαί·	εὗρον Δαυὶδ τὸν δοῦλόν μου,	εὗρον Δαυὶδ
ἐν ἐλέει αἰωνίῳ ἔχρισα αὐτόν.	ἐν ἐλαίῳ ἁγίῳ μου ἔχρισα αὐτόν.	τὸν τοῦ Ἰεσσαί, ἄνδρα κατὰ τὴν καρδίαν μου,
	1Sam 13,14	ὃς ποιήσει πάντα τὰ θελήματά μου.
	καὶ ζητήσει κύριος ἑαυτῷ ἄνθρωπον κατὰ τὴν καρδίαν αὐτοῦ.	

Die Kombination von Ps 88,21 mit 1 Sam 13,14 stand wahrscheinlich schon in der Tradition. Die Gemeinsamkeiten zwischen I Clem 18,1 und Apg 13,22 sind nicht aufgrund einer Entlehnung aus der Apg zu erklären, sondern durch die Benutzung einer ähnlichen Tradition[2]. Aber es handelt sich nicht um das

---

[1] Die LA ἐν ἐλέει ist in Ps 88,21-LXX von B 1219 bezeugt. ἐλαίῳ lesen an dieser Stelle C'S und Klemens von Alexandrien (Strom. IV 107,1: ἐν ἐλαίῳ ἁγίῳ). Die angegebene LA ist von AHL bezeugt. Vgl. P. PROULX – J. O'CALLAGHAN, Lectura 92–98, die nach einer detaillierten Überprüfung der verschiedenen Varianten sich für eine *lectio duplex alternans* entscheiden (ebd. 100 f.). Aus dem Text ΕΝΕΛΕΕΙΑΙΩΝΙΩ würde sich die Möglichkeit für den Leser ergeben, den Text als Hinweis auf das Erbarmen (ΕΛΕΕΙ) oder auf das Öl (ΕΛΑΙΩ) zu verstehen. Als Absicht des Vf.s ist jedoch eine solche *lectio duplex alternans* schwer vorstellbar. Vgl. A. RAHLFS, Septuaginta-Studien II 200 f.

[2] Anders D. A. HAGNER, Use 259–261. Sein Ergebnis: „We conclude then that it is most probable that Clement in citing Ps. 88,21 alludes, perhaps unconsciously, to Acts 13,22 and thus evidences his acquaintance with the book of Acts."

gleiche Traditionsstück, denn in Apg 13,22 wird kein Wort über die Salbung
„in ewigem Erbarmen" gesagt, sondern dort steht: „der alles tun wird, was
ich will" (aus Jes 44,28)[1]. Wie weit der Text in messianischen Florilegien oder
in Testimonienbüchern entstanden ist (Grant, 41; Lindemann, 66)[2], ist ungewiß. Durch die Verbindung der beiden Texte kommen die zwei Momente der
Geschichte Davids zur Geltung, die seinen ganzen Ruhm begründen: Die
Erwählung durch Gott (vgl. 1 Sam 13,13 f.) und die messianische Salbung
(vgl. 2 Sam 5,3; 7,8–17), die zugleich das ewige Erbarmen Gottes mit seinem
Messias bezeugt.

Das ἀλλὰ καὶ αὐτὸς λέγει πρὸς τὸν θεόν leitet das Demutszeugnis Davids   2
ein als Antwort auf das Wort Gottes in V. 1 (πρὸς ὃν εἶπεν ὁ θεός). Es
handelt sich um Ps 50,3–19, der in der frühchristlichen Literatur zum erstenmal beinahe vollständig zitiert wird. Gerade der Anfang des Schuldbekennt-
nisses knüpft gut an das vorhergehende Wort über die Salbung „in ewigem
Erbarmen" an. Jetzt beruft sich David selber auf dieses Erbarmen.

Mit Ausnahme von wenigen unwichtigen Varianten ist Ps 50 nach der   3–17
LXX zitiert. Auch die Textüberlieferung ist auffallend homogen. Bei H
ist die Neigung, den langen Text zu kürzen, unübersehbar[3]. Vom ganzen
Text ist nur der Eingangsvers übernommen. Es fehlt der ganze Abschnitt
I Clem 18,3–17. Die Textüberlieferung ist durch die anderen Textzeugen
gesichert.

Wie der Vf. den Ps 50 im Detail verstanden hat, ist nicht erkennbar[4].

7.5. Abschluß und Überleitung (19,1–3)

Das Kapitel rekapituliert den Inhalt des ganzen Abschnittes, um eine neue
Ermahnung zu begründen, die zum folgenden Thema überleitet (19,2 f.).

---

[1] Vgl. E. HÄNCHEN, Die Apostelgeschichte, Göttingen 1968, 1 f.

[2] Nach G. Schneider sind Apg und I Clem möglicherweise von einer inhaltsgleichen Quelle
(Testimonienbuch) abhängig, aber „eine Benutzung der Apg durch den Verfasser des Klemens-
briefes" ist nicht auszuschließen (Die Apostelgeschichte, Freiburg 1980, I 170). Nur H. B. GREEN,
Matthew 21, plädiert für die Abhängigkeit der Apg von I Clem.

[3] S. Einleitung § 1.2.

[4] Anders H. OPITZ, Pneumatologie 128: „So hat der von Clemens aus LXX Ps.50 übernommene Begriff pneuma hegemonikon die für sein Pneumaverständnis wesentliche Füllung nicht
vom Spätjudentum, sondern direkt von der Stoa, namentlich der mit ihm gleichzeitigen
römischen (Seneca, Epiktet) erhalten". Vgl. HEMMER, 43 f.; KNOPF, 73 f.; S. SCHULZ, Mitte
316; LINDEMANN, 66. S. u. Exkurs 8: Die Pneumatologie des I Clem: II. Der traditionelle
Hintergrund.

1. Die demütige und bescheidene Art von so vielen und auf solche Weise bezeugten (Männern) hat also durch den Gehorsam nicht nur uns, sondern auch die Generationen vor uns besser gemacht, diejenigen nämlich, die seine Aussprüche in Furcht und Aufrichtigkeit aufnahmen. 2. Da wir also vieler großer und herrlicher Taten teilhaftig geworden sind, laßt uns zurückkehren zu dem uns seit Anbeginn überlieferten Ziel des Friedens und auf den Vater und Schöpfer der ganzen Welt blicken und uns an seine großartigen und überreichen Gaben des Friedens, (an seine) Wohltaten eng anschließen. 3. Schauen wir ihn mit Verstand, und blicken wir mit den Augen der Seele auf seinen langmütigen Willen; erkennen wir, wie er frei von Zorn seiner ganzen Schöpfung gegenübersteht.

1 Unmittelbar sind die gemeint, die von Gott ein gutes Zeugnis empfangen haben (die μεμαρτυρημένοι), d. h. die Gruppe von vorbildlichen Gestalten, die im Anschluß an die Propheten erwähnt wurde (17,2–18,1). Aber der Grund ihrer paradigmatischen Bedeutung, nämlich der Gehorsam (διὰ τῆς ὑπακοῆς), weist auf das Grundthema hin, das ab 9,1 – nachher als Gastfreundschaft und Demut – entfaltet wurde. Es handelt sich also um eine zusammenfassende Aussage, die auf alle in diesem Abschnitt angeführten Gestalten Bezug nimmt.

Der Abschnitt enthält eine Reihe von für die Diktion des I Clem typischen Formen. Die Wendung τῶν τοσούτων οὖν καὶ τοιούτων, welche die Zahl und die besondere Weise einer bestimmten Größe hervorhebt, kommt bezeichnenderweise auch in 63,1 als Teil einer abschließenden Zusammenfassung vor, um wiederum eine letzte Ermahnung einzuleiten. Die μεμαρτυρημένοι waren Gegenstand der Argumentation in den letzten Kapiteln (vgl. 17,1). Die substantivische Verwendung des Adjektivs durch das Neutrum in τὸ ταπεινόφρον καὶ τὸ ὑποδεές kam mehrere Male besonders in den ersten Kapiteln vor[1].

Was die Vorbilder kennzeichnet, ist ihre demütige und bescheidene Art. Der erste Ausdruck (τὸ ταπεινόφρον) schaut auf den mit Kap. 13 begonnenen Abschnitt zurück[2]. Der zweite (τὸ ὑποδεές) – nur hier in der altchristlichen

---

[1] S. Einleitung § 3.2.d.

[2] Der Terminus ist nicht so oft belegt. Vgl. 1 Petr 3,8; IgnEph 10,2; Barn 19,3; Herm mand XI 8 (43,8). In der LXX Spr 29,23. Bei Symmachus auch in Ps 15,1; 55,1; 56,1; 59,1. Ähnlich wie ταπεινοφροσύνη war der Begriff im hellenistischen Denken negativ besetzt (vgl. I Clem 13,1). Zwei Stellen von Plutarch zeigen dies: De Alex. Mag. 336e: εἴπωμεν οὖν, ὅτι μικροὺς ἡ Τύχη ποιεῖ καὶ περιδεεῖς καὶ ταπεινόφρονας; Mor. 475e: κακὸν δὲ καὶ δειλὸν καὶ ταπεινόφρονα καὶ ἀγεννῆ καὶ φθονερὸν οὐ δύναται ποιῆσαι τὸν ἀγαθόν. K. W. LIANG, Begrip 102 f., der bei seiner Untersuchung über den Demutsbegriff in I Clem auch den Sprachgebrauch von Plutarch berücksichtigt, macht jedoch auf zwei anderen Stellen bei Plutarch aufmerksam, die einen anderen Aspekt zeigen. Die eine ist Mor. 81e: ἕτερον λαβὼν σχῆμα καὶ σιωπὴν καὶ θάμβος ὥσπερ θεῷ τῷ λόγῳ „ταπεινὸς συνέπεται καὶ κεκοσμημένος.“ Das Wort zitiert Plato, Leg. IV 716a. ταπεινός und κεκοσμημένος beschreiben die richtige Haltung des Menschen vor Gott. W.

Literatur belegt[1] – bedeutet das „Mangelhafte" und ist hier als Bescheidenheit aufzufassen und nicht als materielle Bedürftigkeit (richtig Knopf, 74). Formal handelt es sich um ein Hendiadyoin. Der positive Wert der beiden Haltungen geht daraus hervor, daß sie den Gehorsam vor Gott konkretisieren. Dies gibt ihnen einen eigentlich theologischen Wert, der ihre Wirkung in der Geschichte erklärt. Denn sie haben nicht nur „uns" besser gemacht[2], und damit ist die Gegenwart der Gemeinde anvisiert, sondern auch die „Generationen vor uns"[3]. Der Schauplatz der Geschichte wird vom Willen Gottes regiert, und dieser äußert sich in der Forderung von bestimmten Haltungen, die von jeher für alle Generationen gegolten haben. Dem Zeugnischarakter der historischen Vorbilder kommt dabei entscheidende Bedeutung zu, denn sie haben jeweils den Inhalt der göttlichen Forderung exemplarisch vorgelebt[4]. Die „Aussprüche" Gottes (τὰ λόγια αὐτοῦ) sind dabei der Ausdruck seines Willens, wie er besonders in der Schrift bezeugt ist (vgl. 53,1; 62,3). Der Forderung entspricht die Antwort, in der sich die vergangenen Generationen mit den jetzigen Gläubigen treffen, und diese besteht in der Aufnahme[5] der Botschaft „in Furcht und Aufrichtigkeit"[6]. Die Wendung mutet formelhaft an, aber in der LXX kommt sie nur in 2 Chr 19,9 vor (vgl. PolPhil 2,1)[7].

Die erste Feststellung von der Teilhabe an den glorreichen Taten in der Vergangenheit führt zu einer erneuten Ermahnung, die – wie gewöhnlich – im Konjunktiv-Aorist der ersten Person Plural formuliert ist. In 19,2 handelt es sich um eine dreigliedrige Periode: ἐπαναδράμωμεν, ἀτενίσωμεν, κολλη-

2

GRUNDMANN, ThWNT VIII 4, möchte nicht von Demut sprechen. Der Begriff ταπεινός sei von κεκοσμημένος bestimmt „und meint *sich einordnen*, nicht sich demütigen und erniedrigen." Die andere Stelle ist Mor. 549d (ἂν γένοιτο σύννους καὶ ταπεινὴ καὶ κατάφοβος πρὸς τὸν θεόν), die aber in Spannung mit der negativen Aussage in Mor. 548e bleibt (καὶ ταπεινὸν τὸν ἀδικούμενον). Die Schwankungen in der Begrifflichkeit Plutarchs ändern nichts an dem Grundtenor der griechischen Literatur. Die Arbeit von ST. REHRL, Das Problem der Demut in der profan-griechischen Literatur im Vergleich zu Septuaginta und Neuem Testament, Münster 1961, versucht eine positivere Bestimmung des Begriffs ταπεινός herauszustellen. Die philologische Grundlage ist nicht überzeugend. Kritisch dazu W. GRUNDMANN, a.a.O. 3 Anm. 4. Ohne auf die Kritik Grundmanns einzugehen, übernimmt C. SPICQ, Notes 878 f., die Ergebnisse von Rehrl.

[1] In der griechischen Literatur erscheint der Ausdruck gewöhnlich im Komparativ (vgl. Liddell/Scott z.St.).

[2] Zu βελτίω ποιεῖν vgl. Jer 33,13; 42,15. Dazu A. v. HARNACK, Einführung 110: „Gebessert: Unverhüllter Moralismus trotz Ps. 51." Die „Besserung" ergibt sich aber aus dem Gehorsam und aus der Aufnahme der göttlichen Aussprüche. Richtig LINDEMANN, 68.

[3] Nach ASC[1]: τὰς πρὸ ἡμῶν γενεάς. H hat nur τοὺς πρὸ ἡμῶν. Ähnlich L: „qui ante nos fuerunt in saeculo."

[4] So die Beispiele der μετάνοια in Kap. 7 (vgl. 7,5: διέλθωμεν εἰς τὰς γενεὰς πάσας καὶ καταμάθωμεν, ὅτι ...) und Kap. 8, oder der φιλοξενία in Kap. 11–12.

[5] καταδέχεσθαι: im NT nicht belegt; in der LXX nur in Ex 35,5 und Dtn 32,29.

[6] Ob ἀλήθεια auch in 31,2; 35,2 mit „Aufrichtigkeit" wiedergegeben werden soll (so Bauer/Aland), ist fraglich.

[7] Vgl. 1 Sam 12,24: πλὴν φοβεῖσθε τὸν κύριον καὶ δουλεύσατε αὐτῷ ἐν ἀληθείᾳ καὶ ἐν ὅλῃ καρδίᾳ ὑμῶν; I Clem 51,2: μετὰ φόβου καὶ ἀγάπης.

θῶμεν. Stilistisch gehört auch 19,3 hierher: ἴδωμεν, ἐμβλέψωμεν und νοήσωμεν. Das ganze sieht so aus:

1. ἐπαναδράμωμεν ἐπὶ τὸν ἐξ ἀρχῆς παραδεδομένον ἡμῖν τῆς εἰρήνης σκοπὸν
2. καὶ ἀτενίσωμεν εἰς τὸν πατέρα καὶ κτίστην τοῦ σύμπαντος κόσμου
3. καὶ ταῖς μεγαλοπρεπέσι καὶ ὑπερβαλλούσαις αὐτοῦ δωρεαῖς τῆς εἰρήνης εὐεργεσίαις τε *κολληθῶμεν*.
4. *ἴδωμεν* αὐτὸν κατὰ διάνοιαν
5. καὶ *ἐμβλέψωμεν* τοῖς ὄμμασιν τῆς ψυχῆς εἰς τὸ μακρόθυμον αὐτοῦ βούλημα·
6. *νοήσωμεν*, πῶς ἀόργητος ὑπάρχει πρὸς πᾶσαν τὴν κτίσιν αὐτοῦ.

Eine inhaltliche Zäsur liegt zwischen 3) und 4) vor, indem die drei letzten Verben nicht mehr mit dem Ziel des Friedens zusammenhängen, sondern mit der Erkenntnis Gottes und seines Wirkens in der Welt.

Die vielen, großen und glorreichen Taten, deren die Gemeinde teilhaftig geworden ist (μετειληφότες)[1], sind die im Abschnitt Kap. 9–18 aufgezählten Beispiele für Gehorsam, Gastfreundschaft und Demut. Die Teilnahme an diesen Taten impliziert schon ihre Nachahmung in der Gegenwart. Natürlich ist dies nicht einfach der Fall. Denn das Schreiben der römischen Gemeinde zielt darauf ab, die Korinther dazu zu bewegen, aber das kennzeichnet die Art der Ermahnung in 1 Clem. Ein vorausgesetzter Konsens in der Gesinnung wird sogar mit einer gemeinsamen Handlung verbunden, um schließlich zu diesem Tun zu ermahnen. Das pragmatische Ziel wird durch beide Voraussetzungen bekräftigt.

In diesem Fall überrascht nicht, daß der Friede in Korinth als das vorrangige Anliegen des Vf.s zum Ausdruck kommt: ἐπαναδράμωμεν ἐπὶ τὸν ἐξ ἀρχῆς παραδεδομένον ἡμῖν τῆς εἰρήνης σκοπόν. Das Verb ἐπανατρέχω bedeutet „zurückkehren" (nach Liddell/Scott: return, recur). Dazu paßt das παραδεδομένον ἡμῖν τῆς εἰρήνης σκοπόν. Das Ziel ist eine überlieferte Größe, und zwar seit Anbeginn (ἐξ ἀρχῆς). Die Wendung bezieht sich wahrscheinlich auf die für den Vf. über allem stehende Offenbarung Gottes in der Schrift, d. h. im AT. Die vorhergehenden, aus der Schrift entnommenen Beispiele haben schon die Wahrheit der Aussage bewiesen, daß aus der Eifersucht Streit und Aufruhr hervorgegangen sind (3,2). Diese Erscheinungen waren nur die negative Folie einer anderen Wahrheit, nämlich daß der Friede und die Eintracht zur ursprünglichen Gottesordnung gehören. Die Ereignisse in Korinth haben die Gemeinde von dieser Ordnung abgewendet (vgl. 2,2 und 3,4!). Durch den Brief der römischen Gemeinde sollen die Gläubigen zu diesem Frieden zurückkehren, der jetzt als Ziel gilt[2].

---

[1] Das Partizip Perfekt wie in 3,4: ἀνειληφότας.
[2] Der Terminus σκοπός hängt nicht mit dem Agon-Motiv zusammen (so FISCHER, 49 Anm. 111; A. W. ZIEGLER, Studien 28; E. FUCHS, ThWNT VII 416), sondern mit dem „Lebensziel" der stoischen Philosophie (so U. WICKERT, Fehlübersetzung 73), wie bei Philo häufig belegt ist (vgl. VitMos I 48; Abr 130 u. ö. Vgl. auch Arist 251). Der Sprachgebrauch in I Clem 19,2 ist ähnlich wie in 63,1.

Die folgende Forderung (καὶ ἀτενίσωμεν εἰς τὸν πατέρα καὶ κτίστην τοῦ σύμπαντος κόσμου) richtet sich auf den Bezug der Gemeinde zu Gott, der sich metaphorisch durch das Hinblicken auf den Vater äußert. Die Bezeichnung Gottes als Vater und Schöpfer der ganzen Welt bereitet die Ausführungen in Kap. 20 vor. Beide Gottesprädikationen in Bezug auf die Schöpfung sind oft bezeugt in der hellenistisch-jüdischen Literatur[1]. Im Zusammenhang mit dem vorher Gesagten kommt dadurch ein wichtiger Aspekt zum Vorschein. Die Ordnung und der Friede in der Gemeinde sind zugleich Ausdruck einer Schöpfungsordnung, da sie dem Willen des Schöpfers entsprechen.

Die dritte Forderung beinhaltet die enge Bindung an die großartigen und überragenden Gaben des Schöpfers. Inhalt dieser Gaben ist der Friede. τῆς εἰρήνης läßt sich als genitivus epexegeticus bzw. als Genitiv des Inhalts zu αὐτοῦ δωρεαῖς auffassen. μεγαλοπρεπής (großartig) verwendet I Clem oft: 1,2; 9,1.2; 45,7; 61,1; 64[2]. ὑπερβάλλουσα (überreich, überschwenglich) nur hier und in 23,2 als Bestimmung der göttlichen Gaben[3]. Der Friede, den die Gemeinde noch als Ziel vor sich hat, ist zugleich eine Gabe des Schöpfers. Es handelt sich um die in I Clem so oft vorkommende Anschauung von der notwendigen menschlichen Mitwirkung mit der Gnade und den Gaben Gottes, ohne daß das Problem der Gnade als solches etwa im paulinischen Sinn berührt wird[4]. Die Bedeutung des Schöpfungsgedankens wird durch den Inhalt des Kap. 20 unterstrichen (vgl. 20,11: Gott als εὐεργετῶν τὰ πάντα). Das Verb κολλάω ist typisch für I Clem[5]. Es gilt, sich denen anzuschließen, die den Frieden stiften (15,1) bzw. die die Gnade empfangen haben, aber es geht auch um die enge Bindung an die Heilsgüter, wie den Segen in 31,1 (κολληθῶμεν οὖν τῇ εὐλογίᾳ αὐτοῦ) und die Gaben des Friedens in 19,2. εὐεργεσίαις steht hier als Apposition zu δωρεαῖς τῆς εἰρήνης. In den Gaben des Friedens bestehen seine „Wohltaten". Die Pluralform von Gaben und Wohltaten hat einen einzigen Bezugspunkt, in dem sie eine konkrete Gestalt annehmen: den Frieden[6].

---

[1] Zu πατήρ in schöpfungstheologischen Aussagen vgl. Philo, Post 175; Imm 30; All I 18; Det 147 u. ö. Zu κτιστής vgl. Som I 76.93; SpecLeg I 30.294. Gemeinsam sind sie bei Philo belegt: Ebr 42; Virt 179.

[2] Im NT nur in 2 Petr 1,17; vgl. auch Dtn 33,26; 2 Makk 8,15; 15,13; 3 Makk 2,9.

[3] Beide Formulierungen sind sehr ähnlich: 19,2: καὶ ταῖς μεγαλοπρεπέσι καὶ ὑπερβαλλούσαις αὐτοῦ δωρεαῖς ... ; 23,2: ... ἐπὶ ταῖς ὑπερβαλλούσαις καὶ ἐνδόξοις δωρεαῖς αὐτοῦ.

[4] Noch weniger zeigt sich hier die Zuordnung von „natürlichen" und „übernatürlichen" Gaben Gottes, wie O. KNOCH, Eigenart 137 Anm. 3, behauptet.

[5] Zum traditionellen Hintergrund vgl. 15,1.

[6] Die Wohltat Gottes als εὐεργεσία ist ein Begriff des hellenistischen Judentums (in der LXX vgl. Ps 77,11; Weish 16,11.24; 2 Makk 6,13). Der Terminus ist bei Josephus und Philo häufig belegt: Imm 7:... τὰ ἑαυτοῦ δι᾽ ὑπερβολὴν τῆς τὸ γένος ἡμῶν εὐεργεσίας; Her 29: τὴν γὰρ οὐδένειαν τὴν ἐμαυτοῦ μετρεῖν ἔμαθον καὶ τὰς ἐν ὑπερβολαῖς ἀκρότητας τῶν σῶν εὐεργεσιῶν περιβλέπεσθαι; Fug 66: τὰς μὲν γὰρ χάριτος καὶ δωρεὰς καὶ εὐεργεσίας ...; Mut 64: ... καὶ ταῦτ᾽ ἐπὶ προφάσει δωρεᾶς καὶ ὑπερβαλλούσης εὐεργεσίας; Die Wendung in 19,2: καὶ ὑπερβαλλούσαις αὐτοῦ δωρεαῖς τῆς εἰρήνης εὐεργεσίαις, entspricht also einem festen Sprachgebrauch der hellenistischen Synagoge. Anders KNOPF, 75 f., der mehrere Zeugnisse aus der Stoa zitiert. T. AONO,

In der Struktur der Argumentation hat I Clem 19,2 eine wichtige Verbindungsfunktion. Es leitet von dem großen Abschnitt über den Glaubensgehorsam, dargestellt anhand der historischen Beispiele (9,1–10,6) und der dazu gehörenden Grundhaltungen: Gastfreundschaft (10,7–12,7) und Demut (13,1–19,1), zu zwei parallel aufgebauten argumentativen Schritten über, die die Macht Gottes über seine Schöpfung demonstrieren. Im ersten Schritt begründet die Betrachtung der Wohltaten des Schöpfers (Kap. 20) die Ordnung und die Beziehungen in der Gemeinde (Kap. 21), wie in der Schrift ohnehin bezeugt ist (Kap. 22). Im zweiten Schritt wird die Macht Gottes und die Kraft seiner Verheißung, die jeden Zweifel ausschließt (Kap. 23), anhand der Auferstehungsfrage dargelegt (Kap. 24–26)[1].

3   Die dreifache Aufforderung ist durch die drei Verben bestimmt ἴδωμεν, ἐμβλέψωμεν, νοήσωμεν. Die zwei ersten sind synonym und beziehen sich auf die Art des Schauens bzw. des Hinaufblickens, die durch das folgende „mit Verstand" bzw. „mit den Augen der Seele" (κατὰ διάνοιαν – τοῖς ὄμμασιν τῆς ψυχῆς) bestimmt wird. Die geistige Art des Sehens entspricht seinem Gegenstand: dem göttlichen Willen. Der Ausdruck κατὰ διάνοιαν impliziert in diesem Zusammenhang die Gegenüberstellung zu einer anderen Art des Sehens, etwa κατὰ σάρκα bzw. κατὰ τὸ σῶμα, wie mit τοῖς ὄμμασιν τῆς ψυχῆς ebenfalls angedeutet ist. Die Begrifflichkeit ist ursprünglich platonisch (vgl. Leg. XI 916a)[2], wie auch die folgende Wendung τοῖς ὄμμασιν τῆς ψυχῆς[3]. Das geistige Schauen richtet sich auf den „langmütigen Willen" Gottes (εἰς τὸ μακρόθυμον αὐτοῦ βούλημα)[4]. μακρόθυμος (im NT nicht belegt) wird im AT oft prädikativ in Beziehung auf Gott selbst bzw. auf sein Wirken (vgl. Ex 34,6; Num 14,18; Ps 7,11; 85,15 u. ö.) verwendet. Auch wenn es nicht ausdrücklich gesagt wird, der „langmütige Wille" Gottes äußerte sich durch die allen Geschlechtern angebotene Möglichkeit der Umkehr (7,5; 8,5), aber auch durch die Beispiele des Gehorsams, der Gastfreundschaft und der Demut. Das Schauen, das imstande ist, den Willen Gottes so zu betrachten, deckt sich mit dem Schriftverständnis des Vf.s.

Dem Sehen folgt das Erkennen, dessen Gegenstand das Dasein des Schöpfers gegenüber seiner Schöpfung ist[5]. Dieses ist durch das πῶς ἀόργητος

Entwicklung 45, geht einen Schritt weiter: In I Clem 19,2 f. liegt „deutlich eine stoisch-hellenistische Vorlage vor."

   [1] Nach J. Amstutz, ΑΠΛΟΤΗΣ 125, ist der Abschnitt I Clem 19,2b bis 23,2 eine literarische Einheit. Die Abgrenzung ist richtig bezüglich der Funktion von 19,2. Aber die Aufforderung in 23,1 f. schließt den Gedankengang nicht ab, sondern gehört in die folgende Argumentation bis Kap. 26.

   [2] Zu κατὰ διάνοιαν in diesem Sinn vgl. Philo, Mut 118 (vgl. auch Post 123; Op 135).

   [3] Die Wendung ist geläufig in der Sprache der hellenistischen Philosophie und Frömmigkeit (vgl. Plato, Resp. VII 533d; Soph. 254a. Besonders häufig bei Philo: Sacr 36.69.78; Det 22; Post 8; Imm 181 u. ö.; Justin, Dial. 4,1).

   [4] Zu βούλημα und βούλησις vgl. 9,1.

   [5] Vgl. 52,1: ἀπροσδεής, ἀδελφοί, ὁ δεσπότης ὑπάρχει τῶν ἁπάντων.

bestimmt. Gott steht frei von Zorn seinen Geschöpfen gegenüber. Der Begriff ἀόργητος vermittelt eine grundsätzliche Anschauung der stoischen Philosophie und ist Ausdruck der Leidenschaftslosigkeit (vgl. Bauer/Aland 157), aber er ist nicht sehr oft belegt, und wo dies der Fall ist, ist er meistens menschliches Attribut[1]. Von Gott ausgesagt[2], läßt er eine Gottesvorstellung erkennen, für die die Affektlosigkeit wesentlich zur Gottheit gehört. Der Vf. ist freilich weit entfernt von der naiven Übernahme einer solchen Gottesvorstellung. ἀόργητος deutet hier τὸ μακρόθυμον αὐτοῦ βούλημα. Die Betrachtung seines Willens führt zur Erkenntnis von der Art seiner Gegenwart in der Schöpfung. Allein genommen würde ἀόργητος entschieden zu wenig sagen über den Gott von I Clem, denn was sich hier bekundet, ist nicht eine „negative" Eigenschaft – Freisein von Leidenschaft und Regungen –, sondern eine eminent positive Haltung, die unabdingbar mit dem Heilswillen Gottes zusammenhängt[3].

8. Die Macht Gottes in der Schöpfung (20,1–26,3)

Der vorhergehende Abschnitt ging mit der Aufforderung zu Ende, die Macht Gottes in der Schöpfung zu erkennen (19,3). Das Thema bestimmt nun die Einheit 20,1–26,3. Den Anfang macht die Schilderung der Ordnung in der ganzen Schöpfung (20,1–12). Bestimmend für die Betrachtungsweise ist nicht ein kosmologisches, sondern ein schöpfungstheologisches Interesse, wie in Kap. 21–22, welches die Folgerungen aus der Nähe des Schöpfers zu seiner Schöpfung zieht, deutlich wird. Die Warnung vor Zweifel und Skepsis (Kap. 23) fängt eine mögliche Reaktion auf die Wirkung Gottes in der Welt auf, die sich vor der Gewißheit dieser Macht beugen soll. Die drei Kapitel über die Auferstehung (24–26) zeigen, daß diese Gewißheit nicht unbegründet ist.

8.1. Die Macht Gottes in der Ordnung der Schöpfung (20,1–12)

Die Macht Gottes in der Schöpfung offenbart sich in der kosmischen Ordnung. Ihre Schilderung ist genau gegliedert: zuerst der himmlische Bereich (V. 1–3); sodann der irdische (V. 4–10). Dieser wird in drei Sphären ausgeteilt: 1. die Erde in ihrer Oberfläche und in ihren Tiefen (V. 4–5); 2. das Meer und der

---

[1] Vgl. Aristoteles, EthNicom 1108a; Philo, Praem 77 (von Mose); Epiktet, Diss. III 20,9; III 18,6 (als Adverb); Plutarch, Mor. 10c; 464c; M. Aurel, I 1. Vgl. M. SPANNEUT, Stoïcisme 292 Anm. 37.

[2] Im hellenistischen Judentum vgl. Josephus, Ant 2,146; 3,19 (Adverb).

[3] In der altchristlichen Literatur vgl. IgnPhil 1,2; Diog 8,8. Im Zusammenhang mit I Clem 20,1 ist Arist 254 die beste inhaltliche Parallele: γινώσκειν δὲ δεῖ διότι θεὸς τὸν πάντα κόσμον διοικεῖ μετ᾽ εὐμενείας καὶ χωρὶς ὀργῆς ἁπάσης (du mußt aber daran denken, daß Gott die ganze Welt mit Wohlwollen und ohne jeden Zorn leitet).

Ozean (V. 6–8); 3. die Luft: die Jahreszeiten und die Winde (V. 9–10a). Die Gliederung lehnt sich an die stoische Kosmologie an (Knopf, 81), aber der Vf. geht mit dem Stoff frei um. Das zeigt die anschließende Erwähnung der Quellen und der kleinen Tiere (V. 10b.c)[1]. Bis jetzt unbeachtet blieb eine andere Sicht des Stoffes, die die Vorliebe des Vf.s für Zahlenspiele zeigt:

V.1	1. οἱ οὐρανοί (die Himmel)
V.2	2. ἡμέρα τε καὶ νύξ (Tag und Nacht)
V.3	3. ἥλιός τε καὶ σελήνη (Sonne und Mond)
	4. ἀστέρων τε χοροί (Chöre der Sterne)
V.4	5. γῆ (Erde)
V.5	6. ἀβύσσων τε ἀνεξιχνίαστα (Abgründe)
	7. καὶ νερτέρων ἀνεκδιήγητα κρίματα (Unterwelt)[2]
V.6	8. τὸ κύτος τῆς ἀπείρου θαλάσσης (die Tiefe des Meeres)
V.8	9. ὠκεανός (Ozean)
	10. καὶ οἱ μετ' αὐτὸν κόσμοι (die Welten jenseits)
V.9	11. καιροὶ ἐαρινοὶ καὶ θερινοὶ καὶ μετοπωρινοὶ καὶ χειμερινοί (die Jahreszeiten)
V.10	12. ἀνέμων σταθμοί (die Standquartiere der Winde)
	13. ἀέναοί τε πηγαί (die ewigen Quellen)
	14. τά τε ἐλάχιστα τῶν ζῴων (die kleinsten der Lebewesen).

Die Struktur ist zu präzis, um rein zufällig zu sein. Die an anderen Beispielen von Reihenfolgen beobachtete Neigung, sie nach bestimmte Zahlen zu ordnen[3], ist auch hier erkennbar: Die Aufzählung der Komponenten, welche die Struktur der Natur ausmachen, ergibt die Zahl vierzehn, also zweimal sieben. Der feierliche Stil der Beschreibung erinnert an das Lob der Schöpfung in Ps 103,2–27 oder an die Betrachtung der Herrlichkeit Gottes in Sir 42,15–43,26, ohne daß der Vf. sich ausdrücklich auf diese Texte bezieht.

Zwei Motive bestimmen die Erwähnung jeden Elementes. Das erste ist seine Unterordnung unter die Macht des Schöpfers. Die Verwendung von ὑποτάσσεσθαι, τάσσεσθαι, διαταγή, προστάγματα ist dafür kennzeichnend (vgl. 20,1.2.3.5.6). Das zweite ist der Friede und die Eintracht der Elemente untereinander. Beide Elemente spiegeln das Gottesbild des Vf.s wider: der Schöpfer der ganzen Welt hat alles zum Frieden und zur Eintracht bestimmt. Die Reihenfolge der Motive ist nicht beliebig und für den religionsgeschichtlichen Standort des Vf.s kennzeichnend. Die Stoa hat auch die Ordnung der Natur beobachtet und aus ihr das Walten einer göttlichen Kraft abgeleitet. Der Vf. hingegen geht vom Willen des Schöpfers aus und sieht in der Harmonie der Natur einen Ausdruck desselben[4].

---

[1] Es handelt sich also nicht um einen Anhang (so KNOPF, 82).

[2] Selbstverständlich verbindet das Subjekt κρίματα die „Abgründe" und die „Unterwelt", aber wenn der Vf. zwei kosmische Größen als Einheit darstellen will, vermerkt er dies durch die Form τε καί, wie in V.2 (Tag und Nacht: ἡμέρα τε καὶ νύξ) und V.3 (Sonne und Mond: ἥλιός τε καὶ σελήνη).

[3] Vgl. Einleitung § 3.3.h.

[4] Ähnliches ist bei Philo festzustellen. Der Traktat „Quis rerum divinarum heres sit" widmet einen langen Abschnitt der Tätigkeit des Logos bei der Weltschöpfung (Her 133–229). Die ganze Schöpfung bestehe aus Gleichheiten und Gegensätzen, die durch den Logos in Frieden

1. Die Himmel, durch sein Walten in Bewegung gesetzt, ordnen sich ihm in Frieden unter. 2. Tag und Nacht vollenden den von ihm angeordneten Lauf, ohne einander zu behindern. 3. Sonne und Mond, die Chöre der Sterne durchlaufen entsprechend seiner Anordnung in Eintracht ohne jede Überschreitung die ihnen verordneten Bahnen.

4. Die fruchttragende Erde bringt nach seinem Willen zu den entsprechenden Zeiten Nahrung in aller Fülle hervor für Menschen und Tiere und alle Lebewesen auf ihr, ohne sich zu sträuben und ohne etwas an seinen Bestimmungen zu ändern.

5. Der Abgründe unerforschliche und der Unterwelt unbeschreibliche Satzungen werden durch die gleichen Anordnungen zusammengehalten.

6. Die (Wasser)masse des unendlichen Meeres, nach seinem Schöpferplan in Sammelbecken zusammengebracht, überschreitet nicht die ihr ringsum gesetzten Schranken, sondern wie er es ihr verordnet hat, so tut sie es. 7. Denn er sprach: „Bis hierher sollst du kommen, und deine Wogen werden in dir zerschellen." 8. Der für die Menschen uferlose Ozean und die Welten jenseits davon werden durch die gleichen Anordnungen des Herrschers gelenkt.

9. Die Jahreszeiten Frühling, Sommer, Herbst und Winter lösen einander in Frieden ab.

10. Der Winde Standquartiere vollbringen zu bestimmter Zeit ihren Dienst ohne Anstoß.

Unversiegliche Quellen, zur Erquickung und Gesundheit geschaffen, reichen ohne Unterlaß den Menschen zum Leben die Brüste. Auch die kleinsten der Lebewesen kommen in Eintracht und Frieden zusammen.

11. Dies alles hat der große Schöpfer und Herrscher des Alls angeordnet, in Frieden und Eintracht zu sein, da er allen ein Wohltäter ist, in überreichem Maß aber uns, die wir zu seinem Erbarmen Zuflucht gefunden haben durch unseren Herrn Jesus Christus. 12. Ihm sei die Ehre und die Majestät von Ewigkeit zu Ewigkeit. Amen.

Der Himmel erscheint als eine komplexe Größe, die durch das göttliche   1
Regiment bewegt wird. Die Pluralform οὐρανοί verwendet der Vf. immer
dort, wo er nicht von der LXX abhängt (20,1; 33,2; 36,2). Die Zitate haben
hingegen immer, mit Ausnahme von 27,7, den Singular: 8,3; 10,6; 28,3; 32,3;
39,5; 53,3. διοίκησις hat mit der Hausverwaltung und Verwaltung im allgemeinen (vgl. Plato, Prot. 319d; Aristoteles, Pol. 1287a) zu tun. Die stoische
Philosophie drückt mit διοίκησις bzw. διοικεῖν die Ordnung der Welt bzw.
die Wirkung des Logos im ganzen Kosmos aus (vgl. SVF II Nr. 945 und 1005;
III Nr. 4; Epiktet, Diss. I 9,4; 10,10; II 14,25; III 24,92; 26,18 u. ö.). In der

---

gehalten werden. Es ist nicht nur so, daß hier die kosmische Ordnung geschildert wird, sondern darüber hinaus wird gesagt, daß dies von Gott im Hinblick auf ein friedliches Zusammenleben der Menschen ohne Aufruhr (Her 163) bestimmt worden ist. Vgl. J. P. MARTIN, Prima Clementis 16.23.

LXX kommt διοίκησις nur in Tob 1,21 im Sinn von Verwaltung vor. Das Verb διοικεῖν erscheint in Weish 8,1; 14; 12,18; 15,1; Dan (LXX) 3,1 (textkritisch unsicher in 1 Kön 21,27). Nach Weish 8,1 erstreckt sich die Weisheit Gottes von einer Grenze der Erde bis zur anderen und durchwaltet das All vortrefflich (καὶ διοικεῖ τὰ πάντα χρηστῶς). Die zwei anderen Texte, die sich auf Gott beziehen, stellen seine Allmacht fest, die sich als gnädiges Walten in der Welt zeigt: Weish 12,18: „Du, obgleich du über Stärke verfügst, richtest mit Milde, und mit viel Schonung regierst du uns" (καὶ μετὰ πολλῆς φειδοῦς διοικεῖς ἡμᾶς); 15,1: σὺ δέ, ὁ θεὸς ἡμῶν, χρηστὸς καὶ ἀληθής, μακρόθυμος καὶ ἐλέει διοικῶν τὰ πάντα[1]. Für das Verständnis der Aussage und für die traditionsgeschichtliche Frage von Belang ist die Deutung von σαλευόμενοι[2]. Knopf, 77, übersetzt: „Die Himmel kreisen nach seinem Befehl, und in Frieden gehorchen sie ihm." Als Erklärung gibt er an, es handle sich hier nicht um das feste Gewölbe anderer Weltbilder, sondern um die sich drehenden Sphären der Griechen. Dabei findet er merkwürdig den Gebrauch von σαλεύεσθαι „zur Bezeichnung des regelmäßigen, gottgeordneten Umschwunges der Himmel." Diese Erklärung hat ein sehr positives Echo gefunden[3]. Hingegen hat mit Recht H. Helfritz darauf hingewiesen, daß es für diese Deutung von σαλεύεσθαι keine weitere Belegstelle gibt außer I Clem 20,1[4]. Daß der Vf. an dieser Stelle die himmlischen Sphären gemeint haben soll, läßt sich aus dem Text ebenfalls nicht herauslesen.

Die Pluralform οἱ οὐρανοί verrät LXX-Einfluß, da sie im klassischen Griechisch kaum vorkommt[5]. Wie weit dabei an eine echte Mehrzahl von Himmeln gedacht ist[6] bzw. „an personifizierte Himmel(wesen)"[7], bleibt unklar. σαλεύειν bedeutet hier nicht die Erschütterung der Erde (vgl. Ps 59,4; 81,5; Sir 16,18 u.ö.) oder der himmlischen Kräfte (vgl. Mk 13,25; Lk 21,26; Mt 24,29). Der Sprachgebrauch von σαλευόμενοι wäre in diesem Fall nicht von der griechischen Bibel her zu erklären, sondern von der semantischen Entwicklung des Terminus. In christlicher Zeit bedeutet σαλεύειν oft „move", „stir" (Liddell/Scott): in Bewegung setzen. Dabei bleibt die Zweideutigkeit von „Bewegen" als äußerem oder innerem Vorgang erhalten, wie ein Text aus

---

[1] Im ähnlichen Sinn vgl. Philo, SpecLeg IV 187; VitMos II 148 (mit διοίκησις). Op 3; Conf 170; VitMos II 134 (mit διοικεῖν). Vgl. auch Arist 234; 254.

[2] Im folgenden vgl. H. Helfritz, OI OYPANOI 1–7.

[3] Ihr folgen L. SANDERS, Hellénisme 115; Fischer; G. BERTRAM, ThWNT VII 70; Bauer/Aland, Lindemann u.a.

[4] G. BERTRAM, a.a.O., führt die Deutung von einem „regelmäßigen Kreislauf der Himmelskräfte" auf eine hellenistische Auffassung zurück, die schon von Philo übernommen wurde. Bei Philo aber hat σαλεύειν nie diese Bedeutung, sondern es wird immer im psychologischen Bereich gebraucht (richtig H. HELFRITZ, OI OYPANOI 2).

[5] Vgl. H. TRAUB, ThWNT V 497.

[6] Vgl. ebd. 510.

[7] So H. HELFRITZ, OI OYPANOI 6 Anm. 30.

dem 2. Jh. n. Chr. deutlich zeigt: ἔπεμσάς μυ ἐπιστολὰς δυναμένου λίθον σαλεῦσε, οὕτως ὑ λόγυ σου καικίνηκάν με (P.Oxy. 528,13)[1]. So läßt sich I Clem 20,1 wiedergeben: Die durch sein Walten in *Bewegung gesetzten* Himmel[2]. Die Präsensform weist auf die Handlung Gottes als fortdauernd hin, die sich also nicht auf einen ersten Impuls beschränkt. Näheres dazu sagt der Text nicht. Wahrscheinlich ist der Gebrauch von σαλεύεσθαι an dieser Stelle nicht ganz zufällig. Von der Sprache der Schrift her ließ sich dadurch das Moment der Macht Gottes über seine Schöpfung vernehmen: bei seiner Erscheinung erbebt und schwankt die Erde, und auch die Himmelskräfte werden erschüttert. Irgendetwas davon ist in der Gesamtstruktur enthalten, bei der eine durchgehende Spannung zwischen der Bewegung, die eine Unordnung hätte bringen können, und der immer wieder wahrnehmbaren Unterordnung festzustellen ist. Im Zusammenhang mit Kap. 20 geht es natürlich nicht um Erschütterung, sondern um Unterordnung und Frieden, die sich auch bei dieser Bewegung der Himmel durchsetzen. Gerade weil all dies τῇ διοικήσει αὐτοῦ geschieht, kann es sich nicht anders als ἐν εἰρήνῃ vollziehen. Die διοίκησις Gottes, auf die die Bewegung der Himmel zurückgeht, ist ein Zeichen seiner Schöpfermacht[3].

Die Abfolge von Tag und Nacht wird als ein Gehen auf einem von Gott   2 bestimmten Weg dargestellt. Die Tatsache, daß eines dem anderen folgt, deutet der Vf. als harmonisches Miteinander, bei dem keinerlei Behinderung entsteht. Es geht dabei nicht um Erschaffung, sondern um die Unterordnung von Sonne und Mond, indem sie auf diesen Weg gehen, aus der sich das reibungslose Verhältnis zueinander ergibt. Die dem Motiv zugrundeliegende alltägliche Erfahrung hat einen vielfältigen Niederschlag gefunden. Der Vf. selber nimmt es in 24,3 als Beweis für die Auferstehung wieder auf. Für die Bestimmung des Motivs reicht aber nicht, die Feststellung der Abfolge von Tag und Nacht in den Mittelpunkt zu rücken. Wichtiger und für die Aussage maßgebender ist der harmonische Charakter des Vorgangs. Daß „Tag und Nacht abgelöst von der Sonne hier erwähnt werden", ist keineswegs merkwürdig[4]. Auch in Gen 1,5 ist dies der Fall, da Tag und Nacht sich aus der Erschaffung des Lichts ergeben und nicht von der Sonne abhängen. Von Tag und Nacht behauptet der Vf., sie würden den von Gott bestimmten Weg vollenden: τὸν τεταγμένον ὑπ᾽ αὐτοῦ δρόμον διανύουσιν. Das Verb διανύειν bezeichnet u. a. die Vollendung einer Reise (vgl. 2 Makk 12,17; Polybios, IV 11,7), einer Seefahrt (Apg 21,7: … τὸν πλοῦν διανύσοντες ἀπὸ Τύρου), eines

---

[1] Vgl. MOULTON/MILLIGAN, Vocabulary 568.

[2] Vgl. H. HELFRITZ, a. a. O. 7. Schon A. v. HARNACK, Einführung 24: „Die Himmel, durch Sein Walten in Schwung gesetzt." Ähnlich die Übersetzungen von Lightfoot, Hemmer, Grant, Ruiz Bueno und Jaubert.

[3] Einem Text Ciceros hätte der Vf. wahrscheinlich voll zugestimmt, wohl aber unter ganz anderen theologischen Voraussetzungen: „Nulla igitur in caelo nec fortuna nec temeritas nec erratio nec vanitas inest contraque omnis ordo, veritas, ratio, constantia" (De nat. deorum 2,56).

[4] Gegen KNOPF, 77.

Weges (Polybios, III 63,7: ὁδὸς διηνυσμένη). Die Diktion von I Clem 20,2 setzt voraus, daß der Weg des Tages bzw. der Nacht deutlich eingegrenzt ist, damit beide ihre Strecke zurücklegen können, ohne miteinander zu kollidieren (μηδὲν ἀλλήλοις ἐμποδίζοντα)[1]. Denn es sind nicht zwei Wege, sondern ein einziger, der von beiden abwechselnd betreten wird. Die Vorstellung ist dem hellenistischen Judentum nicht fremd. Anlaß dazu ist die Aussage in Gen 1,4b: καὶ διεχώρισεν ὁ θεὸς ἀνὰ μέσον τοῦ φωτὸς καὶ ἀνὰ μέσον τοῦ σκότους. Philo interpretiert die Aussage als das Ende von Streitigkeiten und Krieg zwischen Licht und Finsternis (Op 33–35). Die in der Mitte dazwischen liegenden Grenzmauern (ὅροι) halten sie auseinander. Was sind diese Grenzmauern? Es sind der Abend und der Morgen (οὗτοι δ᾿ εἰσὶν ἑσπέρα τε καὶ πρωΐα): „Dieser bringt die frohe Botschaft, daß die Sonne bald aufgehen wird, und drängt allmählich die Finsternis zurück, der Abend dagegen folgt auf die untergehende Sonne und übernimmt mit Gelassenheit die dichte Masse der Finsternis" (Op 34). Die Begrifflichkeit und die Bilder sind anders als in I Clem 20. Bei Philo steht das Bild von den Grenzmauern (ὅροι) im Mittelpunkt. In I Clem 20,2 geht es um zwei Etappen auf dem gleichen Weg. Zweierlei ist beiden gemeinsam: 1. Abend und Morgen bzw. Tag und Nacht sind klare Grenzen gesetzt, die von Gott bestimmt wurden; 2. das Nacheinander von Tag und Nacht erfolgt harmonisch.

3 Die Form der Aussage weist deutlich auf das Anliegen hin, das mit der Erwähnung der Himmelskörper zur Sprache gebracht werden soll. Nach dem Subjekt (ἥλιός τε καὶ σελήνη, ἀστέρων τε χοροί) folgen drei nähere Bestimmungen (κατὰ τὴν διαταγὴν αὐτοῦ – ἐν ὁμονοίᾳ – δίχα πάσης παρεκβάσεως) des Vorgangs (ἐξελίσσουσιν τοὺς ... ὁρισμούς), ohne darauf zu verzichten, noch einmal auf dieses Anliegen anzuspielen (ἐπιτεταγμένους αὐτοῖς). Darin, daß die Himmelskörper genau ihre Bahnen durchlaufen, ohne jede Überschreitung (δίχα πάσης παρεκβάσεως), drückt sich die διαταγή (Anordnung) des Schöpfers aus[2]. Die im Himmel herrschende ὁμόνοια ist die Folge dieser kosmischen Ordnung. Die Reihe: Sonne, Mond und Sterne ist traditionell (vgl. Gen 1,16; Dtn 4,19, Philo, Op 147; Post 19 u.ö.). In der griechischen und lateinischen Literatur erscheint sie sehr oft in Zusammenhang mit kosmologischen Überlegungen und entspricht der einfachen menschlichen Wahrnehmung der Kraft der Gestirne. In der Wendung ἄστρων χοροί drückt sich das alte Bild von Reigen bildenden Sternen aus (vgl. Euripides, Electra 465–467). In der jüdischen und christlichen Literatur ist es ebenfalls belegt (vgl. Philo, VitMos II 239.271; Plant 118; Sib 8,450; IgnEph 19,2. Weish 13,2 bringt κύκλον ἀστέρων). Der Gebrauch von ἐξελίσσειν zeigt das Sprachgefühl des Vf.s. Es geht dabei um eine sich entfaltende Bewegung, die einer

---

[1] ἐμποδίζειν sonst in IgnRöm 6,2.
[2] δίχα ist typisch für den Vf. Vgl. 20,3.10; 37,4².5²; 49,5; 50,2; 63,1. In der LXX nur Sir 47,21, aber Lieblingspartikel bei Philo und Josephus.

ganz bestimmten Ordnung folgt wie in einem Reigentanz, eben als χορός[1]. Der Terminus ὁρισμός enthält das Moment des Sichtbaren, Bestimmten, Begrenzten. Dies alles trifft für die Bahnen der Gestirne zu; jeder der Himmelskörper hat seine eigene. Sie wurden ihnen von Gott verordnet, und so erklärt sich, daß es dabei keinerlei Überschreitung gibt.

Die Vorstellung von der festen Ordnung im Himmel und von der harmonischen Bewegung der Himmelskörper ist Allgemeingut der Antike, das Aristoteles schon auf die Pythagoräer zurückführt[2]. Der Kommentar von Knopf und der wichtige Artikel von G. Bardy über stoische Ausdrücke in I Clem[3] haben auf die Bedeutung von Cicero, De nat. deorum 2,39–154, für das Verständnis von I Clem 20 hingewiesen. In dieser ausführlichen Darlegung der stoischen Kosmologie lasssen sich in der Tat vielerlei Berührungspunkte feststellen[4]. Allerdings haben G. Bardy und neulich J. P. Martín außerdem auf manche Texte Philos aufmerksam gemacht[5]. In Op 54 spricht Philo von der unsagbaren Lust und Wonne der Seele, wenn sie die Natur und die harmonische Bewegung der Gestirne wahrnimmt (φύσιν ἀστέρων καὶ κίνησιν αὐτῶν ἐναρμόηνιον). In Agr 51 erläutert Philo den Sinn von Ps 22,1. Gott ist der Hirt und König, der auch den Himmel, die Kreisbewegungen der Sonne und des Mondes, die Wendungen und harmonischen Reigen der anderen Gestirne leitet (ἔτι δὲ οὐρανοῦ φύσιν καὶ ἡλίου καὶ σελήνης περιόδους καὶ τῶν ἄλλων ἀστέρων τροπὰς τε αὖ καὶ χορείας ἐναρμονίους). Es gibt viele andere Stellen über die von Gott bestimmte Ordnung des Himmels. Die hellenistische Synagoge dürfte den Hintergrund bilden, auf dem die Aussagen in I Clem 20,3 stehen.

Nach der Betrachtung der himmlischen Welt richtet sich der Blick auf die   4
Erde, die als Subjekt ihre Funktion erfüllt, indem sie Menschen, Tieren und anderen Lebewesen Nahrung in Fülle hervorbringt. Wie in 20,3 versäumt der Vf. auch hier nicht, sein Anliegen zum Ausdruck zu bringen. Gott ist der Herr der Schöpfung. Wenn die fruchttragende Erde (κυοφοροῦσα) in den entsprechenden Zeiten ausgiebig Nahrung hervorbringt, geschieht dies κατὰ τὸ θέλημα αὐτοῦ. Die zwei abschließenden Partizipien: μὴ διχοστατοῦσα μηδὲ ἀλλοιοῦσά τι τῶν δεδογματισμένων ὑπ᾿ αὐτοῦ (ohne sich zu sträuben und ohne etwas an seinen Bestimmungen zu ändern) unterstreichen die Unterwerfung der Erde unter ihren Schöpfer. Das Bild der Erde als einer kosmischen Mutter

---

[1] Vgl. LIGTHFOOT, I 2,71: „Thus the word continues the metaphor of χοροί." Auch dort Hinweis auf Euripides, Troades 2 f.: ἔνθα Νηρήδων χοροὶ κάλλιστον ἴχνος ἐξελίσσουσιν ποδός. Plutarch sagt vom Mond: τοσαύταις ἡμέραις τὸν αὐτῆς κύκλον ἐξελίσσει (Mor. 368a).

[2] Vgl. FVS I 460 f.

[3] In: RSR 12 (1922) 73–85.

[4] Vgl. L. SANDERS, Hellénisme 125; GRANT, 44; LINDEMANN, 76. A. W. ZIEGLER, Studien 27 f., weist darüber hinaus auf das Chorprinzip der griechischen öffentlichen Spiele hin und sieht eine Anspielung hier und im folgenden auf die agonistische Sprache und auf die Spiele in Korinth. Der Hintergrund der Aussage wird durch diese Deutung nicht richtig bestimmt.

[5] Vgl. G. BARDY, Expressions 76 f.; J. P. MARTIN, Prima Clementis 17.

bildet die Hauptaussage, daß nämlich sie den Menschen, Tieren und allen Lebewesen Frucht in Fülle bringt[1]. Die Reihenfolge gestaltet sich nach Würde und Größe: zunächst werden die Menschen erwähnt, dann die großen und wilden Tiere und zum Schluß die kleinen Lebewesen[2]. Knopf findet auffällig die Form θήρ, „wo doch schon in der attischen Prosa und weiter im Hellenismus θηρίον die herrschende Form ist" (79). Der Sprachgebrauch erklärt sich aber durch den Einfluß der LXX (vgl. Weish 11,18; 2 Makk 4,25; 11,9; 3 Makk 5,31; 6,7; 4 Makk 9,28 [immer θήρ], aber auch hier herrscht keine Einheitlichkeit. Die gleichen ursprünglich griechisch geschriebenen Bücher bringen auch θηρίον [vgl. 2 Makk 5,27; 9,15 u.ö.]). πανπληθής[3], d.h. in ganzer Fülle[4], bestimmt das folgende τροφή. Die zwei Partizipien werden nur in verneinender Form von der Erde ausgesagt. μὴ διχοστατοῦσα hat dabei einen engeren Bezug zum Problem der korinthischen Gemeinde, denn διχοστασία (46,5; 51,1) bildet den Gegensatz zu ὁμόνοια, einem Hauptbegriff in I Clem. Positiv will der Vf. sagen, daß die Erde in voller Eintracht mit Gott wirkt. Aber auch μηδὲ ἀλλοιοῦσα ist wichtig, denn es erinnert an eine vorgeschriebene Ordnung, die nicht geändert werden darf. Das tut auch die Erde nicht. Die Bedeutung der Aussage für das Anliegen des Vf.s liegt auf der Hand. Die Unruhestifter in Korinth können aus der Schrift aber auch aus der Natur lernen, daß nichts, was von Gott verordnet und bestimmt worden ist, von Menschen geändert werden darf.

Daß Gott den Menschen zur rechten Zeit Nahrung gibt, ist ein alttestamentlicher Gedanke (vgl. Ps 103,27; 144,15 f.; 146,8 f.), der sich aus dem Schöpfungsglauben ergibt (Gen 1,11 f.). Die Fürsorge des Schöpfers für seine Geschöpfe zeigt sich in der Bestimmung, die Erde soll allen Lebewesen reiche Nahrung bereiten. Das ist das ursprüngliche Ziel ihrer Fruchtbarkeit. Auch anhand Gen 1,11 f. sagt Philo, daß die Erde auf die Bestimmung Gottes hin, als wäre sie schon längst schwanger (ὥσπερ ἐκ πολλοῦ κυοφοροῦσα), die unzähligen Arten von Pflanzen, Bäumen und Früchten „gebiert". Sie bereitet darüber hinaus die Entstehung von anderen ähnlichen Gewächsen, die, jetzt in ihr noch unsichtbar, zu bestimmten Zeiten erscheinen werden (Op 43 f.). Für die Annahme einer gemeinsamen Tradition sprechen die Berührungspunkte in der Grundaussage: Es handelt sich um eine Bestimmung Gottes hinsichtlich der Erde; sie wird κυοφοροῦσα genannt; sie bringt reiche Frucht allen Lebewesen; dies geschieht in den entsprechenden Zeiten. Natürlich baut diese gemeinsame Tradition auf einer ebenso alt wie weit verbreiteten Anschauung von der Erde als Mutter der Lebenden auf[5].

---

[1] Zu ἀνατέλλειν transitiv vgl. BL./DEB./REH. § 309[2].

[2] Vgl. 20,10. In 9,4 ist mit ζῷα die Tierwelt im allgemeinen gemeint.

[3] Von H in παμπληθής korrigiert.

[4] In der LXX nur in 2 Makk 10,24; (Sym.) Ps 34,18; 138,17. Geläufig bei Philo und Josephus.

[5] Vgl. bei den homerischen Hymnen Εἰς Γῆν μητέρα πάντων; Ps. Aristoteles, De Mundo 397a; Cicero, De nat. deorum 2,83: „Quippe quae (terra) gravidata seminibus omnia pariat et

Nach der Erde wird die Unterwelt ins Auge gefaßt. Subjekt der Aussage   5
sind die κρίματα der Abgründe und der Unterwelt. Diese κρίματα gelten als
ἀνεξιχνίαστα und ἀνεκδιήγητα, d. h. als unerforschlich und unbeschreiblich.
Aber auch in diesem den Menschen nicht erreichbaren Bereich wirken die
προστάγματα Gottes. Die Aussage ist recht undeutlich, und so fehlen nicht
die Versuche, durch textkritische Eingriffe mehr Klarheit zu schaffen[1]. Die
handschriftliche Überlieferung gibt aber dazu kein Recht[2]. Von den zwei
Adjektiven kommt ἀνεξιχνίαστος in Ijob 5,9; 9,10; 34,24; OrMan 6 und
später in Röm 11,33; Eph 3,8 vor (in der griechischen Literatur nicht belegt).
Bei ἀνεκδιήγητος ist es ähnlich. Arist 99 und 2 Kor 9,15 sind die einzigen
Belege vor I Clem, aber der Vf. verwendet es auch in 49,4 und 61,1. Neben
dem häufigen ἄβυσσος erscheint das seltene νέρτερος (vgl. Sophokles, Oedipus
in Col. 1576; Euripides, Alcestis 47.1073; Orphische Hymnen 3,10; 57,2;
78,5).
Was bedeutet in diesem Zusammenhang κρίματα? Was heißt weiter, daß
diese κρίματα durch seine Bestimmung zusammengehalten werden? Was den
Sprachgebrauch von κρίμα anbelangt, zeigt I Clem ein weitgehend einheitli-
ches Bild. Manche Formen wiederholen sich: so εἰς κρίμα (11,2; 21,1); δίκαιος
ἐν τοῖς κρίμασιν (27,1; 60,1; vgl. 13,1), andere sind traditionell (28,1; 51,3).
Die Stelle 20,5 hebt sich von den anderen deutlich ab. Zum Verständnis von
κρίματα ist auf die Sprache der LXX zu achten. Manchmal erscheint κρίματα
gemeinsam mit προστάγματα in der Bedeutung von „Rechtssatzung" (2 Esra
11,7. Vgl. Dtn 12,1: τὰ προστάγματα καὶ αἱ κρίσεις). Die allgemeine Gültigkeit
dieser Bestimmungen drückt Ps 104,7 aus: ἐν πάσῃ τῇ γῇ τὰ κρίματα αὐτοῦ
(vgl. auch 1 Chr 16,14). Es handelt sich um das Recht des Schöpfers über
seine Schöpfung. Im Zusammenhang mit den Abgründen und der Unterwelt
dürfte κρίματα die Satzungen Gottes bezeichnen, die auch dort herrschen.
Sie sind unerforschlich und unbeschreiblich, indem sie sich dem menschlichen
Erkenntnisvermögen entziehen. Was den Vf. zu dieser Ausdrucksform geführt
hat, läßt sich nur vermuten. Einmal ist Ps 35,7 zu erwähnen: ἡ δικαιοσύνη
σου ὡσεὶ ὄρη θεοῦ, τὰ κρίματά σου ἄβυσσος πολλή. Beim Vergleich der
Gerichte Gottes mit dem Abgrund dürfte die gemeinte Sache eben die Un-
ergründbarkeit der göttlichen Entscheidungen sein. Im Buch Ijob wird ἀνεξιχνίαστος in gleichen Wendungen gebraucht: τὸν ποιοῦντα μεγάλα καὶ ἀνεξιχνίαστα, ἔνδοξά τε καὶ ἐξαίσια, ὧν οὐκ ἔστιν ἀριθμός (5,9; 9,10; vgl. 34,24).

---

fundat ex sese, stirpes amplexa alat et augeat ipsaque alatur vicissim a superis externisque
naturis"; Philo, Op 133.
[1] Vgl. die Vorschläge in den Textausgaben von Gebhardt/Harnack und Hilgenfeld. Die
jüngsten Arbeiten sehen in der Regel davon ab. Vgl. aber G. BARDY, Expressions 78, der der
Konjektur von Wotton (κλίματα) zuneigt. Auch H.-J. VOGT, JAC 38 (1995) 169, scheint dahin
zu tendieren. WOTTON, 99, selbst hielt κλίματα für besser als das von Young, Fell und Colomiès
vorgeschlagene κύματα, erkannte zugleich den Wert der LA von A: „Nihil autem temere muto;
quum κρίματα retineri possit, neque sensu incommodo."
[2] κρίματα nach AHLSC¹.

Es geht immer um die unermeßliche Größe der Taten Gottes, die sie für die Menschen unbegreiflich macht. Schließlich ist Röm 11,33 zu erwähnen: ὢ βάθος πλούτου καὶ σοφίας καὶ γνώσεως θεοῦ· ὡς ἀνεξεραύνητα τὰ κρίματα αὐτοῦ καὶ ἀνεξιχνίαστοι αἱ ὁδοὶ αὐτοῦ.

Der kosmologische Kontext in I Clem 20,5 verlangt aber eine weitere Präzisierung. Wie werden diese Rechtssatzungen „durch seine Anordnungen zusammengehalten"? G. Bardy hat in seinem Aufsatz auf die Bedeutung von συνέχειν in der Stoa und bei Philo hingewiesen[1]. Es ist so, als wäre der Kosmos ständig durch eine Auflösungsgefahr bedroht, der er nur durch die Kraft Gottes bzw. seines Logos entgehen kann, indem beide die Welt zusammenhalten (vgl. Fug 112; Her 23; VitMos II 238 u. ö.). Nach dieser Deutung sind die κρίματα ἀβύσσων καὶ νερτέρων die Satzungen Gottes, die den Abgründen und der Unterwelt Konsistenz verleihen[2]. Weil die κρίματα auf seine Anordnungen folgen, werden Abgründe und Unterwelt durch sie zusammengehalten[3].

6   Der Sinn der Aussage über das Meer als Beispiel für kosmische Ordnung ist auf den ersten Blick leicht verständlich: Das Meer hält sich an die von Gott gesetzten Grenzen. Schwer zu klärende Detailfragen, die sich in den recht unterschiedlichen Übersetzungen niederschlagen, kommen erst dann ans Licht, wenn man die Satzstruktur genau betrachtet. Was ist zunächst mit τὸ κύτος τῆς ἀπείρου θαλάσσης gemeint? Ist es mit „das Becken des unendlichen Meeres" zu übersetzen, wie in vielen der jüngsten Wiedergaben (Grant, Jaubert, Fischer, Lindemann, Schneider, aber auch zuvor Lightfoot)? Das Problem dieser Übersetzung ist die Fortsetzung mit dem Partizip συσταθέν (εἰς τὰς συναγωγάς), das mit dem Neutrum τὸ κύτος zusammenhängt, dem οὐ παρεκβαίνει τὰ περιτεθειμένα αὐτῇ κλεῖθρα folgt, wo αὐτῇ auf θάλασσα bezogen ist. Klammert man den Partizipialsatz aus, tritt die grammatikalische Härte deutlicher zutage: τὸ κύτος τῆς ἀπείρου θαλάσσης … οὐ παρεκβαίνει τὰ περιτεθειμένα αὐτῇ κλεῖθρα. Das bleibt unberücksichtigt, wenn man mit Fischer übersetzt: „Das Becken des unendlichen Meeres, nach seinem Schöpfungsplan zur Sammlung (der Wasser) gebildet, überschreitet die ihm ringsum gesetzten Schranken nicht" (ähnlich Grant, Jaubert, Lindemann, Schneider), ganz zu schweigen von der fehlenden sprachlichen Logik: ein Becken kann

---

[1] Vgl. Expressions 78 f.; C Spicq, Notes 2,859 f.; J.P. Martin, Prima Clementis 19.

[2] Die koptische Übersetzung hat anscheinend κρίματα auch so verstanden. ⲧⲱⲟⲩ kann nämlich ὅρια, ὁρισμός, διοίκησις wiedergeben, aber auch „Satzungen" bedeuten. Vgl. Crum, 451: „ordinance, destiny, affair, fashion"; Schmidt, 65.

[3] Auf jeden Fall paßt diese Deutung besser zum Kontext als die von Knopf, 79, der κρίματα als Hinweis auf das Gericht über die Toten versteht: „Wollen wir die Ausdrücke an unserer Stelle teilen, dann wird unter den geheimnisvollen Gerichten des Abgrunds die Verurteilung des Satans und seiner Helfer zu verstehen sein, während wir bei den unsagbaren Gerichten der Totenwelt wohl an die Urteilsprüche zu denken haben, die über die verschiedene Aufbewahrung der Seelen an den Orten der Verstorbenen entscheiden." Zustimmend dazu H. Lohmann, Drohung 67. Nicht so systematisch aber im gleichen Sinn legt Lindemann, 72, die Stelle aus.

nichts überschreiten. Lindemann, 72, zufolge ist die Wendung „in sich widersprüchlich und also nicht ganz wörtlich zu nehmen." Es ist aber fraglich, ob einem Autor, der über eine solche Sprachkompetenz verfügt wie der Vf. des I Clem, so einfach eine widersprüchliche Wendung unterstellt werden darf. Wenn das Meer das eigentliche Subjekt ist, und dafür spricht die Satzstruktur, bleibt die Frage nach der genauen Bedeutung von τὸ κύτος. Zuvor sollen jedoch die anderen Begriffe erläutert werden.

Ohne Zweifel hat der Vf. schon das Schriftzitat aus Ijob 38,11 vor Augen, das er gleich darauf einbringen wird (I Clem 20,7): Gott bestimmt dem Meer seine Grenzen. Die Begrifflichkeit zeigt große Nähe zur LXX-Sprache in den entscheidenden Passagen. Die Wendung τὸ κύτος τῆς θαλάσσης kommt auch in Ps 64,8 vor (ὁ συνταράσσων τὸ κύτος τῆς θαλάσσης, ἤχους κυμάτων αὐτῆς). Das Adjektiv ἄπειρος ist Hapaxlegomenon in der biblischen und christlichen Literatur, aber es ist ein Terminus der Stoa (vgl. Index bei SVF) und auch bei Philo oft belegt (vgl. All III 171: καὶ θάλατταν ἄπειρον). Der Begriff δημιουργία ist nicht biblisch, aber verständlich bei der Neigung des Vf.s, Gott δημιουργός zu nennen (20,11; 26,1; 33,2; 35,3; 59,2), was auch bei Philo sehr häufig der Fall ist. Die Wendung συσταθὲν εἰς τὰς συναγωγάς läßt sich auf zweifache, je verschiedene Weise auffassen, was nicht zuletzt mit dem Verständnis von τὸ κύτος τῆς θαλάσσης zusammenhängt. Übersetzt man dies mit „das Becken des Meeres", dann hat συσταθέν intransitive Bedeutung im Sinn von „Bestand haben", „existieren"[1]. In diesem Fall drückt εἰς τὰς συναγωγάς den Zweck für das Bestehen des Meeresbeckens aus: Es ist da, um Sammelplatz für die Wassermassen zu sein. Die schon erwähnte Schwierigkeit – das folgende οὐ παρεκβαίνει τὰ περιτεθειμένα αὐτῇ κλεῖθρα, ἀλλὰ καθὼς διέταξεν αὐτῇ, οὕτως ποιεῖ, hat nicht τὸ κύτος als Bezugspunkt, sondern ἡ θάλασσα – erschwert die Erklärung.

Ein anderer Weg öffnet sich, wenn man τὸ κύτος so übersetzt, daß das eigentliche Subjekt des Satzes besser zur Geltung kommt. Ohne auf das Übersetzungsproblem einzugehen, gibt Knopf wohl sehr frei wieder: „Die Tiefe des unendlichen Meeres bleibt, wie er sie geschaffen hat, an dem Ort ihrer Sammlung ..."[2] Die Berechtigung für diese Fassung kommt von der Auslegungsgeschichte her. Die Vulgata übersetzt Ps 64,8 (τὸ κύτος τῆς θαλάσσης) mit: „Qui conturbas *profundum maris*." Es sei auch auf κύτος in Dan (Theod.) 4,11 hingewiesen: ἐμεγαλύνθη τὸ δένδρον καὶ ἴσχυσεν, καὶ τὸ ὕψος αὐτοῦ ἔφθασεν ἕως τοῦ οὐρανοῦ καὶ τὸ κύτος αὐτοῦ εἰς τὰ πέρατα πάσης τῆς γῆς, denn hier ist eindeutig der tiefere Teil gemeint, nämlich die Wurzel

---

[1] Vgl. Kol 1,17; Philo, Her 152: ἀναλογίᾳ δὲ καὶ ὁ κόσμος ἅπας κραθεὶς τὸ ἴσον ἑκάστῳ τῶν μερῶν ἀπονεμούσῃ συνέστη τε καὶ συσταθεὶς εἰς ἅπαν διαμένει.

[2] Im zweiten Teil der Übersetzung taucht das Problem auf: „... durchbricht nicht die ihr ringsum vorgelegten Riegel, sondern wie er ihr befohlen hat, so tut sie." Das Subjekt hier ist die „Tiefe", und nicht das Meer wie im griechischen Text.

(vgl. Aristoteles, De Gen. An. 741b u. ö.)[1]. Aber auch diese Lösung befriedigt nicht, weil die Wendung „Tiefe des Meeres" nicht den dynamischen Vorgang ausdrücken kann, der im zweiten Teil des Textes angedeutet ist: Es überschreitet seine Grenzen nicht! Die lateinische Übersetzung[2] der Humanisten wird dem Sachverhalt besser gerecht. Cotelier übersetzt: „Inmensi maris profunda moles per ordinationem ejus in cumulos coagmentata, circumposita sibi claustra non transgreditur, sed prout ei praecepit, ita facit"[3]. Denn von der „Wassermasse des Meeres" läßt sich ohne weiteres behaupten, daß sie ihre Grenzen nicht überschreitet. Ein Blick auf den „Thesaurus Graecae Linguae" des Stephanus (V 2162) bestätigt diese Deutung. κύτος ist der Behälter („Omne id quod cavum et")[4], aber auch dessen Inhalt („Corpus. Moles")[5]. Von hier aus ist die Stelle aus dem Ps 64,8 (ὁ συνταράσσων τὸ κύτος τῆς θαλάσσης, ἤχους κυμάτων αὐτῆς), die höchst wahrscheinlich die Diktion in I Clem 20,6 beeinflußt hat, zu verstehen: Gott bringt die Wassermasse[6] des Meeres in Verwirrung, das Geräusch seiner Wogen. In I Clem zeigt sich die Macht Gottes nicht durch das gewaltige Bild des Sturmes, sondern durch die auf Ordnung hinweisenden Grenzen des Meeres.

Bezieht man nun συσταθέν auf die Wassermasse des Meeres, das in die Sammelbecken gesammelt wird, dann hat es transitive Bedeutung: „zusammenbringen, vereinigen, sammeln" (so Bauer/Aland 1576), und als Partizip Aorist Passiv: „zusammengebracht, zusammengehalten." Für diese Erklärung spricht die offensichtliche Anspielung auf Gen 1,9: καὶ εἶπεν ὁ θεός· συναχθήτω τὸ ὕδωρ τὸ ὑποκάτω τοῦ οὐρανοῦ εἰς συναγωγὴν μίαν, καὶ ὀφθήτω ἡ ξηρά. καὶ ἐγένετο οὕτως. καὶ συνήχθη τὸ ὕδωρ τὸ ὑποκάτω τοῦ οὐρανοῦ εἰς τὰς συναγωγὰς αὐτῶν, καὶ ὤφθη ἡ ξηρά. Die Pluralform εἰς τὰς συναγωγάς in I Clem 20,6 geht nämlich auf Gen 1,9 zurück. Darüber hinaus ist die Tatsache zu beachten, daß die Übersetzungen von Aquila und Symmachus nicht συνάγειν, sondern συνιστάναι bringen, so daß auch das συσταθὲν εἰς τὰς συναγωγάς durch eine der LXX abweichende Fassung der Genesisstelle beeinflußt sein könnte. Nach der Bestimmung des Schöpfers soll das Meer die ihm ringsum vorgesetzten Schranken nicht überschreiten. Das Ungewöhnliche κλεῖθρα (die Schranken) geht auf Ijob 38,10 zurück: ἐθέμην δὲ αὐτῇ (i. e. θαλάσσῃ) ὅρια περιθεὶς κλεῖθρα καὶ πύλας. Die abschließende Feststellung,

---

[1] Hesychius, 4748, gibt zu κύτος auch βάθος an.

[2] Von den alten Übersetzungen ist wenig Hilfe zu erwarten. Die lateinische Übersetzung löst das Problem, indem sie τὸ κύτος einfach übergeht: „et infinitum mare, secus voluntatem dei collectum in congregationes suas." Die zwei koptischen Übersetzungen bringen „die Breite des Meeres" (ⲡⲟⲩⲱⲥ ϩ ⲛ̄ⲑⲁⲗⲁⲥⲥⲁ).

[3] Ähnlich Gebhardt/Harnack und Funk: „Moles inmensi maris ..." Bei A. v. HARNACK, Einführung 24, lautet es: „Der Schwall des unermeßlichen Meeres, nach Seinem Schöpfungsplan in ‚Ansammlungen' zusammengehalten ..."

[4] So übersetzt Ruiz Bueno: „La concavidad del mar inmenso."

[5] So Hesychius, 4748: κύτος· σῶμα. ὄγκος.

[6] Bezeichnenderweise hat der Codex B der LXX nicht κύτος, sondern ὕδωρ.

daß das Meer so tut, wie Gott es angeordnet hat, dürfte auch die Beobachtung am Mittelmeer widerspiegeln, bei dem Ebbe und Flut nur geringen Einfluß auf die Wassermasse ausüben.

Das Wort ist ein freies Zitat aus Ijob 38,11:   7

I Clem 20,7	Ijob 38,11
ἕως ὧδε ἥξεις,	μέχρι τούτου ἐλεύσῃ καὶ οὐχ ὑπερβήσῃ,
καὶ τὰ κύματά σου ἐν σοὶ συντριβήσεται.	ἀλλ᾽ ἐν σεαυτῇ συντριβήσεταί σου τὰ κύματα.

Wahrscheinlich zitiert der Vf. aus dem Gedächtnis, aber es ist nicht klar aus welcher griechischen Fassung. Auch Symmachus hat am Anfang ἕως ὧδε. Der Inhalt bleibt gleich: Die Wogen des Meeres werden die von Gott bestimmten Grenzen nicht überschreiten.

Nach der Berücksichtigung des Meeres und seiner Ordnung wird eine noch   8
umfänglichere Größe anvisiert: der Ozean und die Welten jenseits von ihm. Unter ὠκεανός versteht der Vf. keine mythische Gestalt[1], sondern im Sinn der alten Geographie das atlantische Meer. Die Bezeichnung ἀπέραντος entspricht der Anschauung vom Nichtkennen seiner Grenzen. Herodot nennt ihn: ἔξω (Ἡρακλέων) στηλέων θάλασσα (1,202)[2]. Nach Strabo (I 1,8) kehrten angesichts der Schwierigkeiten durchzukommen und angesichts der Einsamkeit alle zurück, die versucht hatten, den Ozean zu überqueren (ὑπὸ ἀπορίας καὶ ἐρημίας). Die Textvariante ἀπέρατος (= unüberschreitbar, undurchdringlich) wäre auch sinnvoll, aber die andere LA ist besser bezeugt. Was für eine Weltvorstellung damit verbunden ist, läßt sich nur annähernd sagen. Die Aussage in I Clem 33,3: γῆν τε διεχώρισεν ἀπὸ τοῦ περιέχοντος αὐτὴν ὕδατος καὶ ἥδρασεν ἐπὶ τὸν ἀσφαλῆ τοῦ ἰδίου βουλήματος θεμέλιον, weist auf die Vorstellung der bewohnten Erde als Insel mitten im Meer hin (vgl. Ps. Aristoteles, De Mundo 392b; Strabo I 1,8; Philo, LegGai 10). Im Zusammenhang mit dieser Vorstellung wäre auch die Anspielung auf die anderen Welten jenseits des Ozeans zu verstehen[3], die auch dem Judentum nicht fremd war. Gemeint sind wahrscheinlich andere unbekannte, unzugängliche Länder[4].

---

[1] Vgl. Homer, Il. 14,200: Gemahl der Tethys, Göttin des Meeres, und Vater der Götter; Hesiodos, Theog. 133: Sohn des Ouranos und der Geia.

[2] Nachher sehr häufig. Vgl. Ps. Aristoteles, De mundo 393a-b: πέλαγος δὲ τὸ μὲν ἔξω τῆς οἰκουμένης Ἀτλαντικόν τε καὶ Ὠκεανὸς καλεῖται, περιρρέων ἡμᾶς ... Εἶτα κατ᾽ ὀλίγον ὑπὲρ τοὺς Σκύθας τε καὶ Κελτικὴν σφίγγει τὴν οἰκουμένην πρός τε τὸν Γαλατικὸν κόλπον καὶ τὰς προειρημένας Ἡρακλείους στήλας, ὧν ἔξω περιρρέει τὴν γῆν ὁ Ὠκεανός. Für Plato ist es das wahre Meer (ἀληθινὸς πόντος) (Tim. 25a).

[3] W. WOLSKA-CONUS, Geographie, in: RAC X 177, vermutet hinter dieser Wendung die Spuren sphärischer Theorien. „Die Welten jenseits des Ozeans sind, geographisch gesprochen, theoretisch ,bewohnbare Gebiete‘, die jenseits des Meeres die Wohnung der Menschen in der gemäßigten Zone der nördichen Hemisphäre fortsetzen oder ihr in der südlichen gemäßigten Zone gegenüberliegen.“

[4] Vgl. Josephus, Bell 2,363, von den Römern, die jenseits des Ozeans eine neue Welt suchten (ὑπὲρ ὠκεανὸν ἑτέραν ἐζήτησαν οἰκουμένην); vgl. auch Strabo I 4,6: ἐνδέχεται δὲ ἐν τῇ αὐτῇ εὐκράτῳ ζώνῃ καὶ δύο οἰκουμένας εἶναι ἢ καὶ πλείους; Cicero, De nat. deorum 2,164: „Nam sie omnibus hominibus, qui ubique sunt quacumque in ora ac parte terrarum ab huiusce terrae,

Der Vf. übernimmt geläufige Vorstellungen seiner Zeit, um die Macht Gottes über alle Bereiche seiner Schöpfung zu demonstrieren. Es ist daher wahrscheinlich kein Zufall, wenn er Gott im Zusammenhang mit dem mächtigen Ozean und den Welten jenseits δεσπότης nennt: er ist der Herrscher über seine Schöpfung. ταγή kommt in der biblischen Literatur nicht vor, aber es gehört zu einer Wortgruppe, die für den Vf., besonders im Kap. 20, typisch ist. Auch διευθύνειν ist kein biblischer Begriff (nur in 1 Sam 24,4 nach Aquila) und der altchristlichen Literatur – außer I Clem – fremd (vgl. I Clem 61,2; 62,1; Arist 188; Philo, Agr 177). Gott regiert das Weltgeschehen, damit alles richtig geht.

9   Die Jahreszeiten bieten ein weiteres Beispiel für die Ordnung der Natur. Das formelhafte ἐν εἰρήνῃ deutet das Naturgeschehen im Sinn des Vf.s. Ordnung und Friede gehören untrennbar zusammen. Die Vorstellung, daß die Macht Gottes über die Jahreszeiten regiert, ist dem alttestamentlichen Glauben nicht unbekannt (vgl. Ps 73,17b: θέρος καὶ ἔαρ, σὺ ἔπλασας αὐτά). Auch Philo findet im Wechsel der Jahreszeiten den Beweis für die Schöpfungsordnung. So ist nach Op 52 die Vierzahl das Prinzip für die Schöpfung des ganzen Himmels und der Erde. In diesen Zusammenhang gehören die Jahreszeiten: „Außerdem sind auch die Jahreszeiten, die Entstehungsursachen von Lebewesen und Pflanzen, vier an der Zahl, da das Jahr in vier Teile zerfällt, in Winter, Frühling, Sommer und Herbst"[1]. Her 146–150 gehört in eine Erörterung über die Gleichheiten und Gegensätze der Schöpfung. Die Jahreszeiten bringen den Beweis dafür, daß angebliche Gegensätze sich aufheben, wenn man die ganze Schöpfung betrachtet.

---

quam nos incolimos, continuatione distantium, deos consulere censemus ob has causas, quas ante diximus, his quoque hominibus consulunt, qui has nobiscum terras ab oriente ad occidentem colunt." Vgl. F. GISINGER, Oikumene, in: PW XVII,2 Sp. 2138–2160. Die Vorstellung von anderen, unbekannten Welten ist in der christlichen Literatur nicht nur in I Clem belegt. Ohne I Clem zu erwähnen, scheint Irenäus auf die Stelle hinzuweisen. Vgl. AdvHaer II 28,2: „Quid autem possumus exponere de Oceani accessu et recessu, quum constet esse certam causam? Quidve de his quae ultra eum sunt enuntiare, qualia sint?" Tertullian weist die Vorstellung zurück (De pall. 2; AdvHerm 25). Bei Origenes ist es anders. Vgl. De princ. II 3,6 (121): „Meminit sane Clemens, apostolorum discipulus, etiam eorum, quos ἀντίχθονας Graeci nominarunt, atque alias partes orbis terrae, ad quas neque nostrorum quisquam accedere potest, neque ex illis, qui ibi sunt, quisquam transire ad nos, quos et ipsos mundos appellavit, cum ait: ,Oceanus intransmeabilis est hominibus et hi, qui trans ipsum sunt mundi, qui his eisdem dominatoris dei dispositionibus gubernantur.'" Bei einem anderen Weltbild (die Erde ist keine Insel, sondern eine Kugel) vermag der Alexandriner den „Welten" von I Clem 20,8 eine gute Deutung zu geben. Nach Augustinus wäre es absurd, daß Menschen über den endlosen Ozean hinweg („oceani immensitate traiecta") die Antipoden der Erde hätten erreichen können, um auch dort das menschliche Geschlecht, das aus einem Menschen entstanden ist, fortzupflanzen (vgl. CivDei XVI 9). Wegen dieser Vorstellung tadelt Photius (Bibl. 126) an Klemens: αἰτιάσαιτο δ' ἄν τις αὐτὸν ἐν ταύταις ὅτι τε τοῦ Ὠκεανοῦ ἔξω κόσμους τινὰς ὑποτίθεται εἶναι.

[1] Vgl. Cicero, De nat. deorum 2,49: „ita ex quattuor temporum mutationibus omnium, quae terra marique gignuntur, initia causaeque ducuntur." Vgl. auch ebd. II 97.

Die Begrifflichkeit zeigt den sprachlichem Reichtum des Vf.s. ἐαρινός, μετοπωρινός, μεταπαραδιδοῦναι sind in der biblischen Literatur nicht belegt. Die vier verwendeten Adjektive (ἐαρινοὶ καὶ θερινοὶ καὶ μετοπωρινοὶ καὶ χειμερινοί) erscheinen gemeinsam bei Philo (Her 147), allerdings nicht in Verbindung mit καιροί[1]. ἐαρινός und μετοπωρινός bezeichnen bei ihm jeweils einen ἰσημερινός, d. h. das Äquinoktium des Frühlings und des Herbstes, die Tagundnachtgleichen; θερινός und χειμερινός beziehen sich auf den jeweiligen τροπικός, d. h. auf die Sommer- und Wintersonnenwende.

Drei weitere Beispiele schließen die Reihe ab: die Winde, die Quellen und 10 die kleinsten von den Lebewesen. Das erste gehört noch in den meteorologischen Bereich wie die Jahreszeiten. Die zwei anderen haben mit den vielfältigen Erscheinungen auf Erden zu tun. Die Wendung ἀνέμων σταθμοί spielt auf Ijob 28,24b–25 an: εἰδὼς τὰ ἐν τῇ γῇ πάντα, ἃ ἐποίησεν, ἀνέμων σταθμὸν ὕδατός τε μέτρα. σταθμός bedeutet hier aber „Gewicht", während der Terminus in I Clem im räumlichen – ebenso häufig belegt – Sinn zu verstehen ist. Es sind nämlich die Räume oder Behälter, in denen die Winde aufbewahrt werden, bis sie „aktiviert" werden[2] (vgl. äthHen 18,1; 41,4: die Behälter der Winde. In äthHen 60,11 f. sind beide Vorstellungen belegt). Daß Gott ihre „leiturgia" leitet, wird vorausgesetzt, aber die zugrundeliegende Vorstellung ist die von Ps 134,7: ὁ ἐξάγων ἀνέμους ἐκ θησαυρῶν αὐτοῦ, und Spr 30,4: τίς συνήγαγεν ἀνέμους ἐν κόλπῳ; Die Standquartiere der Winde erfüllen also ihren Dienst[3], indem sie den Wind nach der Anordnung Gottes loslassen. Seine lenkende Hand wird daran erkennbar, daß das κατὰ τὸν ἴδιον καιρόν und ἀπροσκόπως[4] geschieht: zu bestimmter Zeit und ohne Anstoß. Ob damit „die regelmäßigen Winddrehungen" gemeint sind (so Bauer/Aland 128), bleibt unklar. Wenn die Standquartiere der Winde mit den vier Himmelsrichtungen zusammenhängen, dann wäre die bestimmte, jeweilige Windrichtung angedeutet.

An zweiter Stelle werden die ἀέναοι πηγαί, die „immer fließenden Quellen" genannt. Die Wendung kommt auch in Weish 11,6 vor. In der Literatur des hellenistischen Judentums wird sie von Philo auffällig oft verwendet, allerdings meistens im übertragenen Sinn (vgl. Op 168; Cher 123; Vir 10; 79; Praem 168 u. ö.). Sehr ähnlich Sib 4,15: καὶ γῆ καὶ ποταμοί τε καὶ ἀενάων στόμα πηγῶν

---

[1] Vgl. J. P. MARTIN, Prima Clementis 21–23.

[2] Die lateinische Übersetzung bringt „pondera", aber der Sinn ist dann nicht so einsichtig. C¹ läßt ἀνέμων σταθμοί aus.

[3] Vgl. 40,2a: τάς τε προσφορὰς καὶ λειτουργίας ἐπιτελεῖσθαι. Die Terminologie hat liturgische Prägung, aber der Terminus wird im übertragenen Sinn gebraucht, wie auch bei Philo (vgl. H. STRATHMANN, ThWNT IV 229). Von einer „kosmischen Liturgie" zu sprechen, wie das C. RIGGI, Liturgia 49 f., und J. P. MARTIN, Prima Clementis 24, tun, ist unangebracht.

[4] Das Adverb ist in der biblischen Literatur nicht belegt. Sonst nur in I Clem 61,1 und Herm mand VI 1 (35,4). In der griechischen Literatur nicht bezeugt vor P. Gieß. 79 IV 8 f. (1. Jh. n. Chr.). Das Adjektiv ἀπρόσκοπος ist geläufig (vgl. Apg 24,16; 1 Kor 10,32; Phil 1,10).

κτίσματα πρὸς ζωήν. Die Quellen wurden von Gott geschaffen[1] zur Erquickung und Gesundheit des Menschen. Auffällig ist die Form ὑγεία anstelle der älteren ὑγίεια (so die LA von H hier und in 61,1), aber sie scheint im hellenistischen Judentum verbreitet gewesen zu sein (vgl. Arist 190.237.259; sehr oft bei Philo). Metaphorisch drückt der Vf. die Wirkung der Quellen aus: sie sind die den Menchen dargebotenen Brüste, die zum Leben notwendig sind, bzw. die ihnen Leben spenden (πρὸς ζωῆς). Das Bild schließt sich an die Wendung in 20,4 an: γῆ κυοφοροῦσα. Die Erde ist die Mutter, die in ihrem Leib Frucht trägt, und die Quellen sind ihre Brüste. Bei Philo findet sich die interessanteste Parallele. Am dritten Tag der Schöpfung füllte Gott die Wasseradern der Erde wie Brüste an, die, wenn sie sich öffnen, Flüsse und Quellen hervorströmen lassen (Op 38). Von der Erde als der ältesten und fruchbarsten Mutter wird in Op 133 ähnliches behauptet. In beiden Stellen verwendet Philo μαστοί, und nicht μαζοί wie in I Clem 20,10. Nur in seinem früheren Werk „Über die Unvergänglichkeit der Welt" kommt μαζοί vor, allerdings in einem Zitat des Peripatetikers Kritolaos (Aet 66 f.). Kritolaos faßt das Bild von der gebärenden Mutter Erde mit ihren Brüsten durchaus wörtlich auf und daher auch als völlig absurd[2]. W. Jaeger zufolge konnten Philo und I Clem unmöglich „unabhängig voneinander durch Umkehrung dieses Arguments des Kritolaos zu ihrer poetischen Schilderung gekommen sein" (Echo 338). Als Lösung nimmt er an, daß Philo und I Clem als gemeinsame Quelle den poetischen Text verwendet haben, den Kritolaos ironisch kritisiert. Der Terminus μαζός, der in I Clem erscheint, wäre in der Geschichte dieses Topos fest verwurzelt. In diesem Fall hätte man es in I Clem mit dem Echo eines unerkannten Tragikerfragments zu tun.– Der Vorschlag Jaegers beruht auf zu vielen Hypothesen, um zu überzeugen. Es ist unwahrscheinlich, daß die Aussagen in Op 38.133 auf eine Umkehrung des Arguments des Kritolaos abzielen. Ebenso fraglich ist die Annahme, der Vf. von I Clem habe eine gemeinsame Quelle wie Philo verwendet, weil er μαζοί und nicht μαστοί gebraucht. Die Übereinstimmung zwischen den beiden Autoren läßt sich einfacher erklären, wenn man annimmt, daß I Clem im Einflußbereich einer römischen Rezeption des alexandrinischen Judentums steht[3].

Das letzte Beispiel sind die kleinsten von den Lebewesen. συνέλευσις ist die Zusammenkunft, das Treffen, die Vereinigung, auch im Sinn der sexuellen Vereinigung. Das für den Vf. typische ἐν ὁμονοίᾳ καὶ εἰρήνῃ (20,11; 60,4; 65,1) läßt die letzte mögliche Deutung als unpassend erscheinen. Anhand von manchen Parallelen aus der stoischen Literatur hat J.J. Thierry gezeigt, daß der Sinn der συνέλευσις „c'est l'action de se rapprocher afin de coopérer"

---

[1] δημιουργηθεῖσαι hängt natürlich mit dem δημιουργός zusammen. Vgl. 20,11! Es ist die Begrifflichkeit des hellenistischen Judentums. Vgl. Weish 15,13; 2 Makk 10,2; 4 Makk 7,8; Ijob 38,4 (nach Symmachus). Sehr oft bei Philo.

[2] Nicht Philo, wie LINDEMANN, 74, fälschlich annimmt, bringt die Kritik, sondern Kritolaos.

[3] Vgl. D.T. RUNIA, Philo (1993) 88 f.

(Note 243)[1]. Vgl. Cicero, De nat. deorum 2,124: „in quo admirandum est, congressune alioque inter se an iam inde ab ortu natura ipsa congregatae sint." In der Tat entspricht „congressus" dem griechischen συνέλευσις. Die Gemeinsamkeiten sind dennoch zu gering, um die Annahme J.J. Thierrys zu untermauern, der Vf. habe „De natura deorum" gekannt (Note 239) und an dieser Stelle die Rede des Balbus (praktisch das ganze zweite Buch von De nat. deorum) frei wiedergegeben (ebd. 244)[2]. Der Vf. hat schon in 9,4 (τὰ εἰσελθόντα ἐν ὁμονοίᾳ ζῷα εἰς τὴν κιβωτόν) auf das Verhalten der Tiere hingewiesen, um seine Argumentation zu bekräftigen. Daher ist eine eigene Bildung gut denkbar. Vielleicht wirkt hier Ps 103,25c nach: ζῷα μικρὰ μετὰ μεγάλων. Auch in 33,4 scheint der Vf. darauf anzuspielen. Wie weit er bestimmte Lebewesen vor Augen hat, ist nicht erkennbar, aber von der Schrift her gesehen würden Bienen und Ameisen dazu passen. Beide werden für ihren Fleiß gelobt in Spr 6,6–8.8a–c (LXX); vgl. auch Sir 11,3.

Nachdem im gesamten Kapitel die Unterordnung und Harmonie der ganzen   11 Schöpfung – vom unfaßbar Großen bis hin zum Kleinsten – geschildert wurde, bezieht V. 11 das Gesagte ausdrücklich auf den Schöpfer und sein Wirken. Es handelt sich um eine dreifache Aussage, die die theologische Botschaft des Kapitels zusammenfaßt: 1. Die Ordnung der ganzen Schöpfung ist nicht zufällig, sondern Ausfluß des Willens des Schöpfers, Friede und Eintracht zu Wesensmerkmalen seiner Schöpfung zu machen. Die Bezeichnung Gottes als ὁ μέγας δημιουργὸς καὶ δεσπότης τῶν ἁπάντων und die wiederholten Hinweise auf die gesamte Schöpfung (ταῦτα πάντα … δεσπότης τῶν ἁπάντων … εὐεργετῶν τὰ πάντα) drücken den universalen Anspruch des Schöpfers aus. ἐν εἰρήνῃ καὶ ὁμονοίᾳ[3] ist die Formel, die die Absicht des Schöpfers hinsichtlich seiner Schöpfung als Bestimmung und Ordnungsprinzip artikuliert; 2. Friede und Eintracht sind darüber hinaus Zeichen des Wohlwollens des Schöpfers. Damit erweist er sich als εὐεργετῶν[4] für seine ganze Schöpfung; 3. bevorzugtes Objekt des Wohlwollens des Schöpfers bleibt jedoch der Mensch, präziser die Gläubigen (ὑπερεκπερισσῶς δὲ ἡμᾶς). Denn sie bilden nicht nur den Höhepunkt

---

[1] Explizit von geschlechtlicher Paarung spricht J.J. Thierry nicht (gegen Grant, Lindemann, Schneider); höchstens deutet er diese an (DERS., Note 243: „Le mot grec συνέλευσις pourrait aussi indiquer l'action de se rapprocher"). In Cicero, De nat. deorum 2,124, steht dies ebenfalls nicht im Vordergrund.

[2] Vgl. auch J.J. THIERRY, Brief 17.

[3] In der griechischen Literatur besitzt der ὁμόνοια-Begriff meistens eine politische Konnotation. Vgl. Demokrit, Frag. 250 (FVS II 195); Lysias, Or. 18,18; 25,20.27; Plato, Resp. I 351d; IV 432a u. ö. Die einschlägigen Texte sind gesammelt und kommentiert in der Dissertation von H. KRAMER, Quid valeat ὁμόνοια in litteris graecis, Göttingen 1915. Der Artikel „Homonoia" von K. THRAEDE, RAC XVI 176–289, enthält eine gute Übersicht über die griechische und römische Literatur (ebd. 176–239). In der LXX vgl. 4 Makk 3,21: τότε δή τινες πρὸς τὴν κοινὴν νεωτερίσαντες ὁμόνοιαν πολυτρόποις ἐχρήσαντο συμφοραῖς.

[4] Die Ausdrucksweise ist von der LXX beeinflußt. Vgl. Ps 12,6; 56,3; 114,7. Zu εὐεργέτης vgl. I Clem 59,3. Die Wortgruppe ist geläufig bei Philo und Josephus, oft im Hinblick auf eine menschliche Gestalt. Vgl. G. BERTRAM, ThWNT II 651.

der Schöpfung[1], sondern darüber hinaus öffnet sich ihnen die Erfahrung des göttlichen Erbarmens in der Gestalt des Erlösers. Schöpfungs- und Heilsordnung bleiben aufs engste aufeinander bezogen[2]. War in I Clem 9,1 die Hinwendung zum Erbarmen Gottes noch Aufgabe der Umkehr, zählt der Vf. hier die Gläubigen zu jenen, die zu diesem Erbarmen schon Zuflucht genommen haben (Partizip Perfekt προσπεφευγότας).

Traditionsgeschichtlich bedeutsam sind die Gottesprädikationen, besonders die Bezeichnung δημιουργός[3]. Hier und in den anderen Stellen in I Clem, in denen es vorkommt (26,1; 33,2; 35,3; 59,2), wird der Terminus mit „Schöpfer" übersetzt, d.h. gleich wie κτίστης (19,2; 59,3; 62,2), und dennoch sind die Begriffe an sich keine Synonyme. Philo hat den Unterschied zwischen den beiden zutreffend formuliert (Som I 76): Der Schöpfer ist nicht nur derjenige, der das schon Existierende, wie die Sonne, in Erscheinung treten läßt, sondern der das, was vorher nicht da war, geschaffen hat (ἀλλὰ καὶ ἃ πρότερον οὐκ ἦν, ἐποίησεν, οὐ δημιουργὸς μόνον ἀλλὰ καὶ κτίστης αὐτὸς ὤν). Von beiden Begriffen gebraucht I Clem weit häufiger δημιουργός als κτίστης und zwar im Sinn von Schöpfer. Wenn in I Clem zwischen δημιουργός und κτίστης kein Unterschied gemacht wird, geht dies auf den Einfluß einer Diktion zurück, die innerhalb des hellenistischen Judentums durch Philo von Alexandrien am besten vertreten ist[4]. In der christlichen Literatur werden erst die sogenannten griechischen Apologeten den Begriff oft gebrauchen.

12   Die Doxologie schließt den Abschnitt ab. Bei der Mehrheit der modernen Textausgaben steht vor dem Relativpronomen ᾧ, mit dem der Satz beginnt, ein Komma, so daß der Eindruck entsteht, es gäbe einen direkten Anschluß an das Vorgehende (διὰ τοῦ κυρίου ἡμῶν Ἰησοῦ Χριστοῦ). Bei dieser Lektüre drängt sich eine christologische Deutung der Doxologie auf (so argumentiert z.B. Lindemann, 75)[5]. Wie nicht anders zu erwarten, können die griechischen Textzeugen A und H in der Frage der Interpunktion keine eindeutige Lösung bieten, aber es ist zu beachten, daß in beiden die Doxologie mit einem Punkt oben in der Zeile vom vorstehenden getrennt ist[6]. Die Textausgabe von A. Jaubert hingegen bringt ein Semikolon statt eines Kommas, wie es bei den anderen Doxologien auch üblich ist. D. Ruiz Bueno setzt sogar einen trennenden Punkt. Bei dieser Interpunktion ist der christologische Bezug des Relativpronomens nicht mehr zwingend. Inhalt und Struktur von Kap. 20 sprechen für eine streng theologische Zuweisung der Doxologie[7]. Denn trotz

---

[1] Der Gedanke kommt in I Clem 33,4f. weit deutlicher zum Ausdruck.

[2] προσφεύγειν kommt in der biblischen Literatur nicht vor. Sonst IgnPhld 5,1.

[3] S.o. Exkurs 1: δεσπότης und die Gottesprädikationen in I Clem.

[4] Vgl. D. RUNIA, Philo 107–111.

[5] Auch R. A. LIPSIUS, Disquisitio 100, J.P. BANG, Studien 461; E. DORSCH, Gottheit 706; KNOPF, 82; PH. HENNE, Christologie 55; SCHNEIDER, 117 Anm.118 u.a. deuten die Doxologie christologisch.

[6] Die lateinische Übersetzung schafft Klarheit: „per quem deo et patri."

[7] Vgl. E. v.d. GOLTZ, Gebet 135; A. v. HARNACK, Einführung 111; JAUBERT, 66 Anm.1.

der christologischen Vermittlung am Ende von V. 11 beim Zugang zum göttlichen Erbarmen ist der δημιουργός und δεσπότης der Bezugspunkt der ganzen Darlegung.

Die Doxologie am Ende hat eine abschließende Funktion im Hinblick auf diese Einheit. Darüber hinaus hängt sie mit dem Inhalt des Kapitels zusammen. Im Sinn der judenchristlichen Überlieferung gebührt Ehre und Preis dem, der über seine Schöpfung herrscht und seine Gläubigen rettet.

Exkurs 2: Die religionsgeschichtliche Frage in I Clem 20

Die Frage stellt sich im Zusammenhang mit Entstehung und Wirken der religionsgeschichtlichen Schule am Ende des 19. und am Anfang des 20. Jh.s. Wie neu dieser Ansatz in der Erforschung von I Clem 20 war, wird einem erst bewußt, wenn man sich vergegenwärtigt, daß in solchen Untersuchungen zu I Clem wie der von R. A. Lipisius, W. Wrede oder R. Knopf bzw. in den Kommentaren von A. Hilgenfeld oder von O. von Gebhardt – A. Harnack, also in den wichtigsten Werken, die in der zweiten Hälfte des neunzehnten Jahrhunderts geschrieben wurden, kein Wort über die geistige Grundlage des Textes gesagt wird. Sogar im monumentalen Kommentar von Bischof Lightfoot kann man zwar gute Parallelen zu Einzelstellen finden, aber die Frage als solche wird nicht gestellt.

Ein erster Hinweis auf eine veränderte Lage findet sich in der Monographie von R. Knopf über „Das nachapostolische Zeitalter" (Tübingen 1905). Neben manchen Zügen von Weltaufgeschlossenheit, die auf heidnische Beeinflussung zurückgehen sollen, bemerkt Knopf, „dass I Clem in 20,1 den spezifisch griechisch-philosophischen Ausdruck dioikesis braucht, dass endlich die Hervorkehrung des Schöpfungsgedankens im hellenistischen Judentume sicherlich stark durch den Einfluss hellenistisch-philosophischer Gedankenreihen bedingt ist." Die Folgerung: „Dann wird man nicht zögern, auch in dem nüchtern und verständig geschriebenen I Clem Beeinflussung durch griechische Popularphilosophie anzunehmen, die sich der Erkenntnis Gottes als des guten und weisen Weltbildners und der Erkenntnis von Ordnung, Zweckmässigkeit und Schönheit der Schöpfung freute" (382 f.).

Der Anregung von R. Knopf widersprach schon ein Jahr später entschieden P. Drews in seinen „Untersuchungen zur sogenannten klementinischen Liturgie" (Tübingen 1906). Dort vergleicht er I Clem 20 mit I Clem 33,2, Const. Ap. VIII 12,6 und VII 34[1]. Die festgestellten Parallelen erklärt Drews durch die Annahme, „dass Clemens in seinem Briefe eine für seinen Zweck bestimmte Variation des von ihm im Sonntagsgottesdienst gewohnheitsmässig gebeteten eucharistischen Dankgebetes bietet. Das Gerippe liess Clemens stehen, aber die gedankliche Füllung gestaltete er anders, seinem Zwecke entsprechend" (19). Der Hintergrund sei also nicht in der Popularphilosophie, sondern in der Liturgie zu suchen (ebd. 20). Die Annahme wird nicht näher begründet, und so bleibt die Erklärung an sich sehr fraglich, aber sie war nicht ohne Wirkung.

Hatte R. Knopf 1899 die Existenz einer Quelle für den „Schöpfungshymnus" in I Clem 20 als recht wahrscheinlich, aber unbeweisbar bezeichnet, so zeigt er sich in seinem Kommentar zu I Clem durch die Arbeit von P. Drews davon überzeugt, daß in I Clem 20 „ohne Zweifel ein Stück altrömische Liturgie, wenn auch natürlich in

---

[1] Nach der Textausgabe von M. METZGER, Const. Ap. VIII 12,9–16 und VII 34,1–6.

freier Benutzung erhalten" ist (76)[1]. Der Kommentar von Knopf prägt die Richtung der Forschung der folgenden Jahre und überwiegend die religionsgeschichtliche Bestimmung von I Clem 20[2]. Über die liturgische Herkunft des Abschnitts hinaus findet Knopf den großen Grundgedanken von Kap. 20 von der Gesetzmäßigkeit und Ordnung des Kosmos „ganz unjüdisch und überhaupt unorientalisch: der Geist griechischer philosophischer Frömmigkeit kündigt sich hier aufs deutlichste an" (76). Griechischer Einfluß in der Einzelvorstellung und im Einzelausdruck und die großen Stoffparallelen können nachgewiesen werden: „aus den Fragmenten der Stoiker, aus Cicero De natura deorum II, aus Senecastellen ..., aus Pseudo-Aristoteles De mundo ..., aus den Gebeten des Firmicus Maternus ..., aus den Zauberpapyri, die sehr viel stoisches Gut enthalten, und aus anderen Quellen hellenistischer Theologie" (76). Wie plausibel die Verbindung von der behaupteten liturgischen Herkunft – unter Teilnahme der römischen Gemeinde – mit dem massiven Einfluß hellenistisch-philosophischer Frömmigkeit bei einem Text aus dem Ende des ersten Jahrhunderts sein kann, stellt Knopf nicht zur Diskussion. Ebensowenig den Sinn von solchen disparaten Quellen, die alle auf einen Text eingewirkt haben sollen, von dem Anachronismus ganz zu schweigen, die Gebete von einem Autor aus dem vierten Jahrhundert wie Firmicus Maternus als Parallele zu erwähnen.

Die Beurteilung durch Knopf des stoischen Hintergrundes des Textes wurde 1922 durch den Aufsatz von G. Bardy „Expressions stoïciennes dans la 1ᵃ Clementis" in mißverständlicher Weise bestätigt. Die herangezogenen Parallelen decken sich zu einem guten Teil mit denen von Knopf (dessen Kommentar Bardy offensichtlich nicht verwenden konnte). Aber in einem wichtigen Aspekt kommt etwas Neues zum Vorschein, das jedoch einem flüchtigen Blick verborgen bleibt. Von den Zeugnissen aus der Stoa, die eine Parallele in I Clem 20 haben, stammt nämlich mehr als die Hälfte aus dem Werk Philos von Alexandrien[3]. Dadurch, daß die Zugehörigkeit Philos zum hellenistischen Judentum übersehen und sein Werk lediglich als stoisches Zeugnis betrachtet wird, reiht sich der Aufsatz Bardys faktisch in die Linie des Knopfschen Kommentars ein, obwohl in ihm der Ansatz vorhanden ist, der zu einer ganz anderen Beurteilung des Sachverhaltes hätte führen müssen[4]. Als Frage formuliert: Kommt der angebliche Stoizismus von I Clem 20 unmittelbar von der Stoa her oder ist er durch die Rezeption aus dem hellenistischen Judentum vermittelt? Das Fazit Bardys lautet: „On trouverait encore, à ce qu'il semble, chez Clément, d'autres passages remplis de réminiscences stoïciennes. Clément pourtant, et c'est en un sens ce que fait le puissant intérêt de recherches comme celle que nous venons d'esquisser, n'est pas stoïcien. Il est un chrétien

---

[1] Die liturgische Herkunft behaupten auch CLARKE, 94; O. KNOCH, Eigenart 66 f.; C. RIGGI, Liturgia u. a. Bei Knoch ist der Einfluß von Knopf unverkennbar. Riggi läßt sich durch die „kosmische Liturgie" des Maximus des Bekenners nach der Interpretation von U. v. Balthasar inspirieren. Der ganze Text von I Clem wird aus einer Perspektive gelesen, die für ein historisches Verstehen nicht förderlich ist. Zu I Clem 20 vgl. bes. 49–54.

[2] Vgl. H. FUCHS, Augustin 101.

[3] Das kommt sehr deutlich heraus im Aufsatz von J. P. MARTIN, Prima Clementis 6 f.

[4] Von Knopf und Bardy unbeachtet blieb der gelehrte Kommentar von H. Hemmer (1909). Richtig erkannte HEMMER, XXXIX, die kulturelle Offenheit, den Einfluß des hellenistischen Judentums – der Vf. sei ein hellenistischer Jude –, die Bildung des Vf.s: dieser habe Cicero, die griechischen Philosophen, Plato und besonders die Stoa gekannt. Zu I Clem 20: „On sent que l'auteur de l'épître est pénétré de la conception stoïcienne populaire à Rome, d'un monde harmonieusement ordonné" (47).

authentique, tout nourri des Écritures de l'Ancien Testament. En employant des formules chargées autrefois de la philosophie païenne, il y insuffle un esprit nouveau. Les mots sont pareils à ceux de Cicéron ou de Sénèque; les pensées sont d'un disciple du Christ" (85).– Wie so oft in religionsgeschichtlich orientierten Forschungen im Bereich der christlichen Literatur wird zunächst das Vorhandensein eines „fremden" Elementes festgestellt, um gleich darauf seine Wirkung auf eine formale Ebene einzuschränken, die aber das „Denken" bzw. eine tiefere Ebene der Botschaft nicht tangiert[1].

In seiner Untersuchung „L'hellénisme de Saint Clément de Rome et le Paulinisme" (Löwen 1943), widmet L. Sanders I Clem 20 einen langen Abschnitt (109–130) unter dem Titel „La morale stoïcienne au chapitre XX". Es ist der erste Teil des Kapitels über „L'ordre cosmique et les vertus sociales". Hier kommen die Doxographen wie Aetius und Sextus Empiricus ausführlich zu Wort. Anhand von Texten unter anderen des Dio von Prusa bemerkt L. Sanders abschließend: „Cherchant dans l'ordre cosmique des leçons d'édification morale, une fois de plus, Clément fait figure de disciple du stoïcisme moyen, plus ou moins pythagorisant" (130). Bei einem in der Antike so verbreiteten Thema wie der kosmischen Ordnung besagen literarische Anklänge freilich nicht viel über den Standort eines bestimmten Werkes. Sanders ist besonders daran interessiert, den stoisch geprägten Hellenismus von I Clem als eine Art literarischer Verkleidung darzustellen, hinter der sich ein echter Paulinismus verbirgt (39 f.). So lehnt Sanders jeden jüdischen Einfluß auf I Clem ab, weil er den Vf. von dem Verdacht eines Mißverständnisses der paulinischen Theologie oder gar einer gewissen Unabhängigkeit gegenüber dem Apostel freihalten will[2]. Das hatten Harnack und Wrede unter Hinweis auf die Tragweite des alttestamentlichen Hintergrundes in I Clem behauptet. Der Klemens von Sanders hingegen schöpft nur aus hellenistischen Quellen, um dadurch paradoxerweise Paulus die Treue zu halten. Dementsprechend ist die Berücksichtigung von jüdischen Quellen zu I Clem 20 äußerst knapp. Zum Beweis, daß die jüdische Literatur die kosmische Ordnung ganz anders auffaßt als I Clem und die Stoa, verweist Sanders auf TestNaph 3,1–5 und Sib 3,7–43, wo gegen die heidnischen Laster polemisiert wird (140 f.). Das Ergebnis: „Clément ne tient donc pas de la littérature du judaïsme son thème de l'ordre universel" (142). Nur in einer Anmerkung notiert Sanders, daß der hellenistische Einfluß bei Philo sehr stark ist: „Mais il semble sans intérêt, du moins pour le point de vue où nous nous plaçons, de rapprocher les textes de Clément de Rome des siens" (142 Anm. 1).– Man kann sich des Eindrucks nicht erwehren, daß eine historisch-theologische These hier die Textauswahl und -analyse beeinträchtigt. Denn nichts vermag sonst die Entscheidung zu rechtfertigen, die jüdische Literatur auf zwei Texte aus den Testamenta XII und den Oracula einzuschränken und das Werk Philos ausgerechnet bei dieser Frage ausdrücklich für uninteressant zu erklären.

Aufgrund der Datierung von I Clem zwischen 118 und 125 stellt Chr. Eggenberger in seiner Untersuchung über „Die Quellen der politischen Ethik des 1. Klemensbriefes" (Zürich 1951) das Kap. 20 unter einen vielfältigen Einfluß (91). Die Zusammensetzung des „klementinischen Naturhymnus" würde folgendes Bild zeigen:

---

[1] Die Ähnlichkeit mit der Beurteilung des gnostischen Einflusses auf neutestamentliche Texte, die in den dreißiger Jahren besonders bei R. Bultmann und seinen Schülern häufig zu finden ist, liegt auf der Hand.

[2] Die Voraussetzungen für seine Analyse legt Sanders in der Einführung zum Hauptteil (XXI–XXIX) dar. Vgl. auch das Ergebnis auf Seite 162 f.

Altes Testament	} Philo	
Plato	} Dio von Prusa	} Clem 20
Stoa (Poseidonius)	} De mundo	

Obige Zusammenstellung erhellt, „wie eifrig unser Klemens die verschiedensten Quellen vermischte (womöglich fortlaufend Biblisches und Heidnisches zusammenpaarend!) und welch großen Tribut er dem hellenistischen Denken zollte" (ebd.). Zu den Fragen, die sich bei dieser religionsgeschichtlichen Bestimmung aufdrängen, kommen andere grundsätzlicherer Art hinzu, welche die von Eggenberger vorgelegte Rekonstruktion der Entstehungsverhältnisse von I Clem betreffen: Der jetzige I Clem sei eine literarische Fiktion, die in der Zeit von Kaiser Hadrian als christliche Verteidigungsschrift verfaßt worden ist (184). Das Echo der Forschung auf diese Monographie ist – nicht grundlos – negativ ausgefallen[1].

J. Fischer (1956) notiert zu Kap. 20 in seiner Textausgabe: „Der Einfluß stoischer Gedanken und Terminologie ... tritt in diesem Kap. deutlich zutage ... Vielleicht liegt diesem Kap. (schon ab 19,2) eine jüdisch-christliche liturgische Gebetstradition (vgl. die Doxologie am Schluß) oder eine solche homiletische Überlieferung zugrunde, die von Klemens möglicherweise hellenistisch angereichert wurde" (S. 53 Anm. 123). Daß Dio von Prusa als Quelle in Frage kommen könnte – das war die Meinung Eggenbergers –, lehnt Fischer kategorisch ab.

M. Spanneut geht in seiner Untersuchung „Le Stoïcisme des Pères de l'Eglise" (Paris 1957), auf I Clem 20 nur kurz, aber bezeichnend ein: „Ce développement est certainement d'inspiration stoïcienne ... En suite le vocabulaire même est stoïcien, en particulier ce mot ὁμόνοια qui revient trois fois dans le chapitre et onze fois encore dans l'épître" (34).

Auf die Aufsätze von W. Eltester und D.F.W. Wong[2] sei nur hingewiesen. Eltester stellt ebenfalls den stoischen Einfluß (unter Verweis auf Dio von Prusa) fest, hebt aber gleichzeitig die alttestamentliche Färbung des Gottesbildes hervor (108–110). Wong verweist auch auf I Clem 20 (neben Kap. 24, 37 und 40) und bleibt auf der Linie der bisherigen Forschung: „He (Clement) undoubtedly adheres to traditions of Hellenistic rhetoric and Stoic political philosophy, but precedents in the Judeo-Christian tradition should not be overlooked" (87). Auch für H. U. Minke ist die Herkunft des im Kap. 20 verarbeiteten Materials „leicht nachzuweisen" (Schöpfung 22), er stützt sich aber nur auf die Arbeiten von Knopf, Bardy, Sanders, Fuchs und Jaeger[3].

Ein Blick auf die jüngst erschienenen Arbeiten findet eine weitgehend homogene Landschaft vor. In seinem Kommentar zu I Clem erläutert A. Lindemann den religionsgeschichtlichen und philosophischen Hintergrund von Kap. 20 in einem Exkurs (76f.). Einerseits möchte Lindemann eine einlinige Ableitung vermeiden: „Zweifellos haben viele Vokabeln und Begriffskombinationen Parallelen in stoischen Texten; aber in gleicher Weise wie die Stoa haben auch jüdische bzw. alttestamentliche Gedanken und Aussagen den Text von 1 Clem 20 beeinflußt." Andererseits möchte er zwischen

---

[1] Vgl. dazu die scharfe Kritik von H. v. CAMPENHAUSEN, in: ThLZ 77 (1952) 38 f.

[2] W. ELTESTER, Schöpfungsoffenbarung; D.F.W. WONG, Grace.

[3] Zum Schluß seiner Überlegungen stellt Minke richtig fest, daß die innige Verschmelzung biblischen Gedankenguts mit hellenistischen Motiven, „wie es in 1. Clem 20 zu finden ist, doch wohl auf die Synagoge und ihre Missionspredigt" zurückgeht (Schöpfung 36). Wenn es aber so ist, stellt sich die Frage nach dem Sinn der zuvor so eindeutig akzentuierten stoischen Beeinflussung.

den stoischen und jüdischen Texten nicht streng trennen. „In der geistigen Atmosphäre des römischen Christentums am Ende des 1. Jh.s christlicher Zeitrechnung werden beide Strömungen einflußreich gewesen sein, möglicherweise gerade auch auf den Gebieten, wo – wie in der Schöpfungslehre – eine eigene christliche Position (noch) nicht ausgearbeitet war." Die angedeuteten stoischen Quellen sind die gleichen, die zuvor von L. Sanders und Chr. Eggenberger aufgelistet worden sind.– Der Artikel von G. Lindeskog, „Schöpfer und Schöpfung in den Schriften der Apostolischen Väter", in: ANRW, T.II, Bd. 27,1; Berlin 1993, 588-648[1], geht in der Analyse von I Clem 20 (620f.) in keinem Punkt über die Positionen von Knopf und Fischer hinaus[2].

Der Überblick zeigt einen beachtlichen Konsens der Forschung – mit wenigen Abweichungen – über den stoischen Hintergrund von I Clem 20. Es gibt jedoch andere Stimmen, die von diesem Konsens mit unterschiedlicher Begründung und Überzeugungskraft abweichen. In einem 1950 veröffentlichen Aufsatz fragt W. C. v. Unnik: „Is 1 Clement 20 purely stoic?" Schon der Titel zeigt, daß es sich um eine Ergänzung bzw. Korrektur handelt. Tatsächlich will v. Unnik den Wert der von Knopf und Sanders dargestellten stoischen Parallelen nicht in Frage stellen (53). Beispiele aus dem palästinischen Judentum (äthHen 2-5; 41,5-8; TestNaph 3; AssMos 12,9-10; 18,12-14) belegen, daß die Vorstellung einer kosmischen Ordnung diesem gar nicht fremd ist. So verbindet sich die unmißverständliche stoische Diktion mit einem Weltbild, das von der biblischen Gottesvorstellung geprägt ist (56). Nur in einer Anmerkung geht v. Unnik auf Philo ein. Die in Frage kommenden Quellen entstammen dem palästinischen Judentum, „not from Hellenistic-Jewish sources as Philo, where a great influence of contemporary philosophy (Stoicism) is found" (Anm. 23). Die Beschränkung auf Quellen des palästinischen Judentums läßt sich dadurch freilich nicht richtig begründen. Denn der Einfluß der stoischen Philosophie auf Philo wäre Grund genug, bei ihm nachzusehen, ob der stoische Einfluß in I Clem 20 nicht etwa damit verwandt ist. Darüber hinaus zeigt die Überprüfung der von W. C. v. Unnik angeführten Texte, daß die Parallelen zu I Clem 20 doch zu allgemein sind[3].

S. Fernández-Ardanaz beschäftigt sich mit den hebräischen Elementen im Menschenbild des I Clem[4]. Auch I Clem 20 kommt zur Sprache (55-64). Sein Ergebnis: Die Sicht von der Schöpfung in Clem 20 würde der Sicht der rabbinischen Torah-Theologie entsprechen. Zahlreiche Parallelen findet er in den Qumrantexten, wenige hingegen im Prolog des Johannesevangeliums und im Corpus Paulinum (a. a. O. 64). Die stoische Prägung vieler Ausdrücke in I Clem sei semitischer Herkunft (87).– Die vorausgesetzte Sicht des Judentums und der rabbinischen Theologie ist – trotz Kenntnisse der Sekundärliteratur – sehr fraglich und schlägt sich in weitgehend unhaltbaren Behauptungen nieder.

In der Einleitung zur 1994 erschienenen Textausgabe zu I Clem lehnt G. Schneider den Einfluß einer spezifisch stoischen Bildung des Klemens ab. Die Topoi „helleni-

---

[1] G. Lindeskog starb 1984, so daß der Beitrag in der Fassung erschienen ist, in der er ihn hinterließ.

[2] Im gleichen Band charakterisiert O. KNOCH, Namen 47, die Stellung des I Clem zu Kosmos und Unwelt als eine christliche Synthese „von biblischem Schöpfungs- und Geschichtsdenken und stoisch-pythagoreischer Kosmosauffassung."

[3] Ohne Textanalyse behauptet A. HALL, Document 688-692, I Clem 20 würde stoisches Gut mit Gedanken aus der Schrift und aus äthHen verbinden.

[4] DERS., Elementos (1989).

stischer" Prägung können auf unterschiedlichen Wegen zugeflossen sein: „a) durch
jüdisch-hellenistische Überlieferung; b) durch urchristliche Tradition; c) durch popu-
larisierte Gedankengänge, die keine pagan-literarische Ausbildung belegen" (33). Leider wird die Überlegung durch keine Stelle aus I Clem verdeutlicht. In Kap. 20 liege
ferner keine *theologia naturalis* vor, auch wenn das Kapitel von hellenistischen Motiven
durchdrungen ist (44).

Zuletzt sei auf den Beitrag von J. P. Martín, „Prima Clementis: ¿Estoicismo o
filonismo?" (1994), hingewiesen, der sich auch mit dem philonischen Einfluß auf I
Clem 20 beschäftigt und dessen Ansatz in vielerlei Hinsicht der hier vorgetragenen
Auslegung entspricht.

Soweit die Übersicht über die Forschungsgeschichte. Es liegt auf der Hand,
daß bei jeder Einschätzung der Lage ganz bestimmte Meinungen über das
Judentum am Werk sind, auch und gerade dann, wenn I Clem 20 für „stoisch"
erklärt wird. Dabei braucht man nicht auf das extreme Beispiel von Knopf
zurückgreifen: Der Gedanke der Gesetzmäßigkeit und Ordnung der Schöpfung sei ganz unjüdisch! Hat dieses pauschale Urteil das damalige Judentum
wirklich richtig erfaßt? Wird bei solchen Urteilen nicht allzu selektiv – bewußt
oder unbewußt – gedacht? Was müßte man sonst zum komplexen Gebilde
des hellenistischen Judentums sagen, wie es in solchen voneinander so unterschiedlichen Werken wie im Buch der Weisheit, in der makkabäischen Literatur, im Aristeasbrief oder bei Philo von Alexandrien zum Ausdruck kommt?
Das Problem stellt sich schon bei der Frage nach dem geistigen Horizont des
Verfassers. Man gewinnt den Eindruck, daß die Beschäftigung mit I Clem
20 den Blick auf das ganze Werk versperrt[1]. Denn es läßt sich nicht bestreiten,
daß nicht die Stoa hier die Grundlage bildet, sondern die LXX und die Welt
des hellenistischen Judentums. Freilich ist der Begriff „hellenistisches Judentum" ein Sammelbegriff für recht unterschiedliche Erscheinungen, von der
Frage ganz abgesehen, wieweit klare Grenzen zwischen dem „palästinischen"
und dem „hellenistischen" Judentum gezogen werden können bzw. wie stark
das hellenistische Judentum schon in das palästinische eingedrungen war[2].
Aber genau dies dürfte die sachgemäße Perspektive sein, die religionsgeschichtliche Frage in I Clem 20 anzugehen.

---

[1] Die Konsequenzen für das Profil des Vf.s, die sich aus einer so massiven Aufnahme des
griechischen Denkens ergeben würden, werden selten gezogen. G. LINDESKOG, Schöpfer 628,
hat die Sache zur Sprache gebracht, aber offenbar ohne das Problem zu sehen: „Klemens schreibt
in neutestamentlicher Zeit gleichzeitig mit einer Reihe neutestamentlicher Schriftsteller. Wenn
er die Welt beschreibt, ja sogar, wenn er sich den Schöpfer des Alls vorstellen will, vereinnahmt
er ein großes Gebiet griechischer Wissenschaft, griechischer Philosophie bzw. griechischer
Theologie und erweitert damit zu einem erstaunlich frühen Zeitpunkt fast unwahrscheinlich den
Horizont des christlichen Denkens."

[2] An der Untersuchung von M. HENGEL, Judentum und Hellenismus. Studien zu ihrer
Begegnung unter besonderer Berücksichtigung Palästinas bis zur Mitte des 1. Jh.s v. Chr. (WUNT
10), Tübingen ²1973, kann man heute nicht mehr vorbeigehen.

Unter Einbeziehung der vorgelegten Auslegung lassen sich die Ergebnisse aus diesem Überblick so zusammenfassen:

1. Zur Quellenfrage: Der Darstellung I Clem 20 liegt weder eine liturgische noch eine philosophische Quelle zugrunde. Für die erste Annahme fehlt jede Grundlage im Text, es sei denn, man deklariere eine feierliche Prosa auch als „liturgisch", wie es mehrmals in der Forschungsgeschichte geschehen ist[1]. Für die zweite lassen sich zwar Parallelen anführen, die jedoch die Verwendung einer Quelle nicht glaubhaft machen können. Der Vf., der auf einem beachtlichen Bildungsniveau steht, erreicht sein Ziel, die Macht Gottes über seine Schöpfung darzulegen, auf dem Hintergrund von Grundansichten der judenchristlichen Überlieferung: Gott ist der mächtige Schöpfer, der gütig für den Bestand seiner Schöpfung sorgt. Seine Sprachkompetenz ist durch das reiche Repertoire des hellenistischen Judentums bereichert[2].

2. Zur religionsgeschichtlichen Bestimmung: Die von Philo gelungene Verbindung von hellenistischen Anschauungen mit dem alttestamentlichen Glauben hat entscheidende Bedeutung für das Verständnis von I Clem 20. Das soll nicht im Sinn eines *Panphilonismus* verstanden werden[3], als würde man mit Philo alles erklären können. Das hellenistische Judentum ist ein vielfältiges Phänomen, das weit über das Werk Philos hinausgeht[4]. Aber wenn es speziell um die Vermittlung von stoischem Gedankengut geht, ist Philo die am besten greifbare Gestalt und zugleich die geeignetste, die Rezeption der Themen in der alten Christenheit zu erklären[5]. Eine direkte Kenntnis des Werkes Philos braucht dabei nicht vorausgesetzt zu werden. Die römische Synagoge, mit der bis zur Mitte des ersten Jh.s die christliche römische Gemeinde Kontakt hatte, wird vieles vermittelt haben. Philo ist ohne Zweifel der bekannteste und vielleicht auch der wichtigste Vertreter des alexandrinischen Judentums, aber auch er entstammt einer kulturellen Umgebung und einem geistigen Klima, denen er seine Prägung verdankt. Die griechische Bibel ist überhaupt eine Zeugin ersten Ranges für die Öffnung des Judentums hin auf die hellenistische Welt.

Das Christentum hat sich nicht dafür interessiert, eine eigene christliche Position in der Frage der Schöpfungslehre auszuarbeiten – darin hat Lindemann Recht –, sondern es hat einfach die des hellenistischen Judentums übernommen. So gesehen ist die Leistung des Vf.s in diesem Kapitel weit

---

[1] Dazu neigen sehr stark O. Knoch, Eigenart, und C. Riggi, Liturgia.

[2] Das hat auch E. Gallicet, Cristiani 210–216, richtig gesehen. Aber das Schrifttum des hellenistischen Judentums ist umfangreicher als die griechische Bibel.

[3] Auch wenn die als Alternative gestellte Frage: Stoizismus oder Philonismus? im Aufsatz von J. P. Martín in diesem Sinn mißverstanden werden könnte, ist dies nicht die Absicht des Verfassers. Vgl. Ders., Prima Clementis 33.

[4] Vgl. D. T. Runia, Philo (1993) 340.

[5] Die Untersuchung von H. Hegermann, Die Vorstellung vom Schöpfungsmittler im hellenistischen Judentum und Urchristentum (TU 82), Berlin 1961, ist ein Beispiel für eine analoge Fragestellung und Forschungsaufgabe.

weniger originell, als es bei dem ihm zugeschriebenen stoischen Einfluß angenommen werden müßte. Bis auf den christlichen Hinweis in I Clem 20,11b hätte die hellenistische Synagoge ähnlich sprechen können[1].

3. Zur forschungsgeschichtlichen Entwicklung: Durch die Arbeiten von Harnack, Wrede und Knopf konnte, wenigstens im Ansatz, die besonders durch F. C. Baur und Bischof Lightfoot bewirkte hermeneutische Engführung überwunden werden, in der I Clem als Kompromiß zwischen Paulinismus und Judenchristentum bzw. als Zusammenfassung der verschiedenen neutestamentlichen „Lehrbegriffe" gesehen wurde[2]. Der Ertrag der religionsgeschichtlichen Forschung hat die Richtigkeit dieses Ansatzes bestätigt, ohne jedoch zu einem Verständnis von I Clem zu gelangen, das imstande gewesen wäre, den theologischen Gehalt und die religionsgeschichtliche Prägung in ihrer ursprünglichen Einheit zusammenzubringen. Die aus I Clem 20 gewonnenen Ergebnisse weisen auf das hellenistische Judentum als die Grundlage für dieses Verständnis hin.

8.2. Die Nähe des Schöpfers und ihre Folgen (21,1–22,8)

Kap. 21 und 22 bilden eine Einheit, die als Bindeglied zum nächsten Abschnitt (Kap. 23) dient. I Clem 21,1 schaut auf 19,2–20,12 zurück und zieht in der Form einer mahnenden Drohung eine Schlußfolgerung aus den festgestellten vielfältigen Wohltaten des Schöpfers. Das Zitat aus Spr 20,27 in 21,2 erfährt eine erste Anwendung in 21,3 durch die Überlegung zur Nähe Gottes, während 21,4 f. unmißverständlich auf die Lage in Korinth Bezug nimmt. Die zweite Anwendung des Zitats ist die haustafelartige Ermahnung in 21,6–8, die durch eine erneute Anspielung auf Spr 20,27 in 21,9 abgeschlossen wird. Wie sich diese Nähe als Fürsorge Gottes für die Gerechten und als Drohung gegen die Gottlosen zeigt, drückt anschließend das Doppelzitat aus Ps 33,12–18 (I Clem 22,1b–7) und Ps 31,10 (I Clem 22,8) aus.

1. Seht zu, Geliebte, daß seine vielen Wohltaten uns nicht (dann) zum Gericht werden, wenn wir nicht seiner würdig wandelnd das vor ihm Gute und Wohlgefällige tun in Eintracht. 2. Denn es heißt irgendwo: „Der Geist des Herrn ist eine Leuchte, die die Kammern des Leibes erforscht."
3. Schauen wir, wie nahe er ist, und daß ihm nichts von unseren Gedanken noch von den Überlegungen, die wir anstellen, verborgen bleibt. 4. Es ist nun recht, wenn wir uns von seinem Willen nicht abwenden. 5. Lieber wollen wir bei törichten und unvernünftigen und überheblichen und in Prahlerei ihrer Rede sich rühmenden Menschen Anstoß geben als bei Gott.

---

[1] Ähnlich bestimmt U. WICKERT, Christus 466, den Hintergrund von I Clem 20, betrachtet aber die Doxologie als ursprünglichen Bestandteil einer vorgegebenen Überlieferung und nimmt daher liturgische Herkunft an.
[2] Vgl. A. v. HARNACK, Einführung 55 f.

6. Dem Herrn Jesus, dessen Blut für uns hingegeben wurde, wollen wir Ehrfurcht erweisen, unsere Vorgesetzten hochachten, die Ältesten ehren, die Jungen in der Zucht der Gottesfurcht erziehen, unsere Frauen zum Guten lenken. 7. Die liebenswerte Sitte der Keuschheit sollen sie zeigen, ihren lauteren Willen zur Sanftmut ausweisen, die Milde ihrer Zunge durch das Schweigen offenbar machen, ihre Liebe nicht nach Neigungen, sondern allen, die Gott fürchten, gottgefällig gleichmäßig gewähren. 8. Unsere Kinder sollen der Erziehung in Christus teilhaftig werden; sie sollen lernen, was Demut bei Gott vermag, was reine Liebe bei Gott kann, wie die Furcht vor ihm gut und groß ist und alle rettet, die fromm in reiner Gesinnung in ihr wandeln. 9. Denn er ist Erforscher der Gedanken und Absichten; sein Odem ist in uns, und wann er will, wird er ihn wegnehmen

Kap. 22. 1. Dies alles aber befestigt der Glaube in Christus. Denn er selbst ruft uns durch den Heiligen Geist so herbei: „Kommt, Kinder, hört mich, Furcht des Herrn werde ich euch lehren! 2. Wer ist der Mensch, der Leben will, der es liebt, gute Tage zu sehen? 3. Halte deine Zunge vom Bösem ab und deine Lippen davon, Listiges zu reden! 4. Wende dich vom Bösen ab und tue Gutes! 5. Such Frieden und jage ihm nach! 6. Die Augen des Herrn sind auf die Gerechten (gerichtet), und seine Ohren auf ihr Flehen; das Angesicht des Herrn aber (kehrt sich) gegen die, die das Böse tun, um ihr Andenken von der Erde zu vertilgen. 7. Es rief der Gerechte, und der Herr hörte auf ihn, und aus all seinen Drangsalen befreite er ihn." 8. „Zahlreich sind die Geißelhiebe für den Sünder; die aber auf den Herrn hoffen, wird Erbarmen umfangen."

War es die leicht erkennbare Absicht des Vf.s, den Frieden und die Eintracht der Schöpfung (Kap. 20) im Hinblick auf das Problem in Korinth als Ausdruck des Willens Gottes darzustellen, so folgt nun eine explizite Anwendung, bei der er selbst durch den Gebrauch der ersten Person Plural sich zu den Angesprochenen rechnet[1]. 1

Die „vielen Wohltaten" Gottes wurden in 20,11 zusammengefaßt: Gemeint ist sein Wirken in der Schöpfung, aber vor allem das, was er zugunsten des Menschen getan hat. Als besondere εὐεργεσία gilt der Friede (vgl. 19,2). Die Tat Gottes verlangt von der Gemeinde eine entsprechende Antwort, damit keine Gerichtssituation entsteht[2]. Das wird eintreten, wenn die Gläubigen ein Leben führen, das Gottes nicht würdig ist. Hinter dem „synergismus" steht der Ernst der menschlichen Verantwortung gegenüber den Taten Gottes[3]. Die

---

[1] Zur Anredeform ὁρᾶτε, ἀγαπητοί vgl. 12,8.

[2] Zu εἰς κρίμα vgl. 11,2; IgnEph 11,1; im NT s. 1 Kor 11,34; Lk 24,20; Joh 9,39. In der LXX: Jer 26(46),28.

[3] Vgl. Phil 1,27: μόνον ἀξίως τοῦ εὐαγγελίου τοῦ Χριστοῦ πολιτεύεσθε. D.A. HAGNER, Use 226, erklärt die Gemeinsamkeit durch den Einfluß von Phil auf I Clem: „Clement was familiar with the Epistle to the Philippians" (ebd. 229). Die Wendung ist zu allgemein, um eine Abhängigkeit des I Clem von Phil zu bestätigen. Richtig LINDEMANN, 78.

negative Formulierung – es handelt sich um Dinge, die zu vermeiden sind – enthält die positive Forderung, die verhindern kann, dem Gericht zu verfallen. Gotteswürdiger Lebenswandel konkretisiert sich: 1. im Vollbringen dessen, was vor ihm gut und wohlgefällig ist[1]; 2. wenn dies μεθ' ὁμονοίας vollzogen wird. Die Forderung, die letztendlich auf dem Motiv der „imitatio Dei" beruht[2], bezieht sich unmittelbar auf die zuvor geforderten Werke, aber umfaßt das ganze christliche Leben. Die Eintracht ist jene Gestalt der menschlichen Existenz, die allein dem Willen des Schöpfers entspricht. Wenn die ὁμόνοια schon die ganze Schöpfung prägt (20,2.10.11), dann erst recht die christliche Gemeinde.

2   Beim frei zitierten Text[3] handelt es sich um Spr 20,27 (A):

I Clem 21,2[4]	Spr 20,27
πνεῦμα κυρίου	φῶς κυρίου πνοὴ ἀνθρώπων,
λύχνος ἐρευνῶν τὰ ταμιεῖα τῆς γαστρός.	ἢ λύχνος ὃς ἐρευνᾷ ταμίεια κοιλίας.[5]

In I Clem besitzt der Text größere Aussagekraft und Eindeutigkeit als in der LXX-Fassung: der Geist Gottes bringt, gleich einer Leuchte, das Innerste der Menschen ans Licht. In Spr 20,27 scheint das Subjekt der Atem – als das Lebendige, als der Geist – der Menschen zu sein, der wie ein Licht des Herrn das Innerste offenlegt. Die Aussage bestimmt den Gedankengang bis 21,9, wie die Wiederaufnahme des Zitats dort zeigt: ἐρευνητὴς γάρ ἐστιν ἐννοιῶν καὶ ἐνθυμήσεων· οὗ ἡ πνοὴ αὐτοῦ ἐν ἡμῖν ἐστιν, καὶ ὅταν θέλῃ, ἀνελεῖ αὐτήν. Gott gilt hier als Erforscher der Gedanken, „sein Odem ist in uns." Da der Terminus πνοή (Odem, Atem), der in Spr 20,27 vorkommt, im Zitat nicht aufgenommen worden ist, stellt sich die Frage, ob die Fassung von Spr 20,27 in I Clem 21,2 nicht auf eine absichtliche Änderung zurückgeht. Die Verwendung von πνοή in 21,9 läßt sich als Indiz für die Kenntnis des LXX-Textes von Spr 20,27 auffassen. Vielleicht gab eine Assoziation an 1 Kor 2,10a (τὸ γὰρ πνεῦμα πάντα ἐραυνᾷ) den Anlaß zu dieser Änderung[6].

3   Nach dem Wort der Schrift folgt die Anwendung auf die Situation der Hörer. Wie im AT bedeutet das ἐγγύς die rettende Nähe Gottes zu denen, die auf ihn hoffen (vgl. Ps 33,19; 118,151; 144,18)[7]. Die Nähe Gottes äußert

---

[1] Zu τὰ καλὰ καὶ εὐάρεστα ... ποιῶμεν vgl. 60,2: ποιεῖν τὰ καλὰ καὶ εὐάρεστα. Vgl. auch 61,2. Die Wendung kommt von der LXX her (Dtn 6,18; 12,25.28; 13,18; 21,9), aber mit ἐνώπιον ist sie typisch für I Clem (vgl. 7,3; 60,2).

[2] Vgl. 54,4: ταῦτα οἱ πολιτευόμενοι τὴν ἀμεταμέλητον πολιτείαν τοῦ θεοῦ ἐποίησαν καὶ ποιήσουσιν.

[3] Nach D. A. HAGNER, Use 66: „quite probably from memory." Wie in 15,2; 26,2 (vgl. 28,2; 42,5) bezieht sich die Wendung λέγει γάρ που auf die Schrift, nicht auf Gott (anders FISCHER, 53; A. W. ZIEGLER, Studien 44; SCHNEIDER, 119 Anm. 122).

[4] Übernommen von Klemens von Alexandrien in Strom. IV 107,6.

[5] Nach der LA von A. In B und א fehlt ἢ λύχνος.

[6] Die Aussage hat mit dem stoischen Weltgeist nichts zu tun. Gegen H. OPITZ, Pneumatologie 128.

[7] In 27,3 kommt der Vf. auf den Gedanken zurück: νοήσωμεν, ὅτι πάντα ἐγγὺς αὐτῷ ἐστίν.

sich in diesem Fall in der Unmöglichkeit, ihm etwas zu verbergen[1]. Der Gedanke ist alttestamentlich (vgl. Ps 138,11–16; Ijob 34,21; Jes 40,26), aber auch sonst weit verbreitet[2]. In diesem Sinn versteht der Vf. das Schriftwort über den Geist, der sogar „die Kammer des Leibes erforscht." Gegenstand der alles erfassenden Erkenntnis Gottes sind gerade die Gedanken und die Überlegungen, d. h. der ganze innere Bereich, der sich der äußeren Beobachtung entzieht, und der nicht einmal aus dem eigenen Handeln immer richtig erkennbar wird[3].

Die vorgetragene Deutung der Schrift steht nicht ohne Beziehung zur Lage in der korinthischen Gemeinde. Niemand soll dabei denken, daß das, was er geplant oder erreicht hat, Gott verborgen ist. Selbst die tiefsten Absichten des Menschen sind ihm kein Geheimnis. Rechnet der Vf. mit einer unlauteren Absicht der Gegner, die durch den Verweis auf die Allwissenheit Gottes als untaugliches Mittel entlarvt werden soll? Der bisherige Gang der Polemik, aber auch die Aussage in 21,5 lassen dies als möglich erscheinen.

Die ganze Aussage 21,4–5 nimmt 14,1 wieder auf (δίκαιον ... μᾶλλον ...   4
ἐν ἀλαζονείᾳ) und verdeutlicht den Sinn der Alternative: der Wille Gottes oder der Wille der Menschen; indem sie die Termini in *einem* Zusammenhang verwendet, läßt sie keinen Raum für Zweifel. Das nicht sehr oft belegte λειποτακτεῖν (bei Liddell/Scott unter λιποτακτεῖν) stammt aus der Militärsprache und bedeutet „desertieren", wie die lateinische Übersetzung deutlich erkennen läßt: „itaque iustum est non *desertores* nos esse a voluntate illius"[4]. Die Übertragung des Bildes auf die religiöse bzw. moralische Ebene ist auch im hellenistischen Judentum bezeugt. Eine gute Parallele ist Philo, Gig 43:

I Clem 21,4	Gig 43[5]
δίκαιον οὖν ἐστὶν μὴ λειποτακτεῖν	καλὸν δὲ μὴ λιποτακτῆσαι μὲν
ἡμᾶς ἀπὸ τοῦ θελήματος αὐτοῦ.	τῆς τοῦ θεοῦ τάξεως,
	ἐν ᾗ τοὺς τεταγμένους πάντας
	ἀριστεύειν ἀνάγκη,
	αὐτομολῆσαι δὲ πρὸς τὴν ἄνανδρον
	καὶ κεκλασμένην ἡδονήν.

Vgl. auch IgnEph 15,3: οὐδὲν λανθάνει τὸν κύριον, ἀλλὰ καὶ τὰ κρυπτὰ ἡμῶν ἐγγὺς αὐτῷ ἐστίν; Herm vis II 3,4 (7,4).

[1] Vgl. 27,6: οὐδὲν λέληθεν τὴν βουλὴν αὐτοῦ.

[2] Vgl. R. PETAZZONI, The All-Knowing God, London 1956, mit Beispielen aus Ägypten, Babylonien, Persien, Griechenland, aber auch aus Indien, China, Afrika und Amerika. Anders O. KNOCH, Eigenart 187, der hier stoischen Einfluß annimmt.

[3] διαλογισμός (Überlegung) hat in der LXX manchmal die Bedeutung von „Absicht, Plan", auch im Sinn vom „bösen Anschlag" (Ps 145,4; Klgl 3,60 f.; Dan 11,24; 1 Makk 2,63). Vgl. G. SCHRENK, ThWNT II 97.

[4] In diesem Sinn vgl. 4 Makk 9,23. Kurios ist der Latinismus des Ignatius im Zusammenhang mit anderen Metaphern aus der Militärsprache in IgnPol 6,2: μή τις ὑμῶν δεσέρτωρ εὑρεθῇ (vgl. LIGHTFOOT, I 2,76).

[5] „Es ist aber gut, nicht aus der Ordnung Gottes herauszutreten, in der alle Eingeweihten tapfer sein müssen, und überzulaufen zu der feigen und verschrieenen Lust" (H. Leisegang).

Der Text Philos ist deswegen interessant, weil in ihm αὐτομολῆσαι, Synonym von λειποτακτεῖν, vorkommt, das auch in I Clem 28,2 gebraucht wird, wo der Vf. auf das Bild des Desertierens zurückgreift, um vor den Gefahren der Untreue zu warnen (vgl. auch Philo, Det 142)[1]. Die Treue zum Willen Gottes konkretisiert sich im folgenden Vers in der Entscheidung gegen die Unruhestifter.

5   Die Charakterisierung der Gegner erfolgt in zwei Schritten, die jeweils zwei Adjektive vereinen: sie sind „töricht, unverständig" (ἄφρονες: vgl. 3,3; 39,7.8) und „unvernünftig" (ἀνόητοι). Eine ähnliche Charakterisierung der Gegner liegt in 39,1: ἄφρονες καὶ ἀσύνετοι καὶ μωροὶ καὶ ἀπαίδευτοι vor. Synonym zu den ἄφρονες und ἀνόητοι in 21,5 sind die ἄφρονες καὶ ἀσύνετοι von 39,1. Der richtige Lebenswandel vor Gott ist wesentlich von Vernunft und Einsicht geprägt. Die Gegner zeigen eben, daß sie töricht und uneinsichtig sind, weil sie dem Willen Gottes nicht folgen. Das ist der erste Zug in der Beschreibung der Gegner. Ihr ganzes Streben ist eine ἀπόνοια, eine Verrücktheit (vgl. 1,1). Der zweite Zug unterstreicht ihre Überheblichkeit und ihren Hochmut: sie sind „überheblich" (ἐπαιρόμενοι) und finden in sich selbst den Grund zum Rühmen (ἐγκαυχώμενοι). Im Rahmen der judenchristlichen Traditionen haftet beiden Begriffen eine negative Note an: Sie bringt die Haltung des Menschen zum Ausdruck, der auf die eigene Kraft vertraut und nicht auf Gott[2] (vgl. Jak 4,16: νῦν δὲ καυχᾶσθε ἐν ταῖς ἀλαζονείαις ὑμῶν· πᾶσα καύχησις τοιαύτη πονηρά ἐστιν). In diesem Fall handelt es sich aber nicht um Hochmut im allgemeinen, sondern um einen solchen in einem spezifischen Bereich: um prahlerische Großspurigkeit (ἐν ἀλαζονείᾳ τοῦ λόγου αὐτῶν)[3]. Wie in der Erklärung von I Clem 15,4 f. und 17,5 schon angedeutet, erhärtet sich die Vermutung, daß die Stärke der Gegner – so die Darstellung in I Clem – nicht zuletzt in ihrer sprachlichen Gewandtheit besteht. Der Vf. interpretiert sie als eine Rede ἐν ἀλαζονείᾳ, d. h. prahlerisch, und damit gibt er einem Vorgang eine negative Deutung, der streng genommen auch anders beurteilt werden kann. Nach dieser Charakterisierung leuchtet jedem ein, daß es tatsächlich besser ist, sich von der angesprochenen Gruppe zu distanzieren. Die merkwürdige Wendung μᾶλλον ἀνθρώποις ... προσκόψωμεν ἢ τῷ θεῷ (lieber den Menchen als Gott einen Anstoß zu geben) ruft die Gläubigen dazu auf, im Sinn des Vf.s Partei zu ergreifen.

V.6–8 bilden eine stilistische und thematische Einheit. Zur stilistischen Prägung gehören die drei gleich gestalteten Aussagen in V.7a, die zwei Sätze über Demut und Liebe in V.8b und die zwei Reihen mit gleichtönendem

---

[1] Für stoischen Einfluß plädieren M. SPANNEUT, Stoicïsme 242 Anm.91, und O. KNOCH, Eigenart 187.

[2] Vgl. R. BULTMANN, ThWNT III 646–648.

[3] C. SPICQ, Notes 1,65, paraphrasiert wohl zu frei: „De Grecs tout fiers dans leurs arrogants discours."

Ausklang: zuerst die vier Verben mit der Endung ωμεν (V. 6); dann die sechs anderen mit der Endung ωσαν (V. 7–8a)[1]. Der durchgehende paränetische Inhalt bestimmt die thematische Einheit. Zu den vier Gruppen in der Gemeinde (V. 6), die schon in 1,3 genannt wurden, werden auch die Kinder (V. 8) hinzugezählt.

V.6. τὸν κύριον Ἰησοῦν,
οὗ τὸ αἷμα ὑπὲρ ἡμῶν ἐδόθη,   ἐντραπῶμεν,
τοὺς προηγουμένους ἡμῶν   αἰδεσθῶμεν,
τοὺς πρεσβυτέρους   τιμήσωμεν,
τοὺς νέους   παιδεύσωμεν τὴν παιδείαν τοῦ φόβου τοῦ θεοῦ,
τὰς γυναῖκας ἡμῶν ἐπὶ τὸ ἀγαθὸν διορθωσώμεθα·
   V.7. τὸ ἀξιαγάπητον τῆς ἁγνείας ἦθος   ἐνδειξάσθωσαν,
   τὸ ἀκέραιον τῆς πραΰτητος αὐτῶν βούλημα   ἀποδειξάτωσαν,
   τὸ ἐπιεικὲς τῆς γλώσσης αὐτῶν διὰ τῆς σιγῆς φανερὸν   ποιησάτωσαν,
   τὴν ἀγάπην αὐτῶν μὴ κατὰ προσκλίσεις,
   ἀλλὰ πᾶσιν τοῖς φοβουμένοις τὸν θεὸν ὁσίως ἴσην   παρεχέτωσαν.
V.8. τὰ τέκνα ἡμῶν τῆς ἐν Χριστῷ παιδείας   μεταλαμβανέτωσαν·
                                               μαθέτωσαν,

τί ταπεινοφροσύνη   παρὰ θεῷ ἰσχύει,
τί ἀγάπη ἁγνὴ   παρὰ θεῷ δύναται,
πῶς ὁ φόβος αὐτοῦ καλὸς καὶ μέγας
καὶ σῴζων πάντας τοὺς ἐν αὐτῷ ὁσίως ἀναστρεφομένους ἐν καθαρᾷ διανοίᾳ.

Die Stelle ist durch die fünf Verben im Konjunktiv-Aorist, alle in der ersten Person Plural (ἐντραπῶμεν, αἰδεσθῶμεν, τιμήσωμεν, παιδεύσωμεν, διορθωσώμεθα) geprägt, mit denen fünf kurze Aufforderungsaussagen zusammenhängen. Sie betreffen zuerst den Herrn Jesus[2], sodann vier verschiedene Gruppen in der Gemeinde. Auf den ersten Blick aus dem Rahmen zu fallen scheint die christologische Aussage. Die Bedeutung von ἐντραπῶμεν schwankt zwischen „sich scheuen" (Knopf), „verehren" (Harnack), „Ehrfurcht erweisen" (Fischer). Das Verb ist recht wenig spezifisch für den Akt der religiösen Verehrung (vgl. Ex 10,3: τάδε λέγει κύριος ὁ θεὸς τῶν Ἑβραίων· ἕως τίνος οὐ βούλει ἐντραπῆναί με;). Bei anderen Texten handelt es sich um die Achtung vor den Alten (Weish 2,10c; Hebr 12,9), voreinander (Lk 18,2.4; IgnMag 6,2), vor den Starken (I Clem 38,2)[3]. Es hat die gleiche Doppeldeutigkeit wie

6

---

[1] Auch hier ist der Reim nicht zu übersehen: drei Endungen in ασθωσαν bzw. ατωσαν; die anderen drei in έτωσαν.

[2] Nach HSC[1] und Klemens von Alexandrien. Nach A und L: Jesus Christus (von Hemmer, Bihlmeyer, Lake und Jaubert übernommen). Die lateinische Übersetzung zieht die christologische Aussage zum vorhergehenden Satz: „… offendamus quam Deum aut dominum Iesum Christum, cuius sanguis pro nobis datus est." Klemens von Alexandrien wiederum bringt eine andere Fassung (Strom. IV 107 f.): τὸν κύριον Ἰησοῦν λέγω, τὸν τῷ παντοκρατορικῷ θελήματι ἐπίσκοπον τῆς καρδίας ἡμῶν· οὗ τὸ αἷμα ὑπὲρ ἡμῶν ἡγιάσθη. ἐντραπῶμεν οὖν τοὺς προηγουμένους ἡμῶν καὶ αἰδεσθῶμεν, τοὺς πρεσβυτέρους τιμήσωμεν, τοὺς νέους παιδεύσωμεν τὴν παιδείαν τοῦ θεοῦ. Die zwei griechischen Handschriften und die koptische Überlieferung bezeugen die angegebene LA.

[3] Für den Zusammenhang von 1 Clem 21,6 ist auch IgnTrall 3,1 von Interesse, denn hier ist das Verb auf die Amtsträger in der Gemeinde übertragen: ὁμοίως πάντες ἐντρεπέσθωσαν

das folgende αἰδέομαι (vor den Vorgesetzten): sich schämen bzw. beschämen, aber auch achten, verehren. Das dritte Verb (τιμᾶν), das ebenfalls im Sinn von „achten, verehren" aufzufassen ist, bleibt auf der gleichen Linie des positiven Inhalts der zwei anderen Verben zuvor.

Von hier aus läßt sich die christologische Aussage verstehen. Die Haltung gegenüber dem Herrn Jesus ist maßgebend für die Haltung auch gegenüber den Vorgesetzten und Ältesten. Das beinhaltet selbstverständlich keine Gleichsetzung. Die Hingabe des Blutes als Zeichen für den heilschaffenden Wert des Todes Jesu Christi weist auf das Unüberholbare in der Gestalt des Erlösers hin. Der Form nach handelt es sich um eine „Dahingabeformel" (vgl. Röm 8,32; Gal 1,4; 2,20; Eph 5,2.25), wie sie auch in I Clem 49,6 vorkommt. Im Zusammenhang mit dem polemischen Hintergrund des Schreibens – der Vf. wirbt um die Zustimmung der Gemeinde im Hinblick auf eine bestimmte Entscheidung – ist der direkte Übergang von Jesus Christus auf die Amtsträger relevant. Die Entscheidung für Gott, die die Entscheidung *gegen* die Unruhestifter einschließt, konkretisiert sich in der Haltung der Gläubigen gegenüber dem Erlöser und gegenüber den Verantwortlichen in der Gemeinde. Die προηγούμενοι können rein sprachlich die weltlichen oder die christlichen Vorsteher sein[1]. Nach dem Kontext ist die zweite Deutung die wahrscheinlichere (vgl. Dtn 20,9; 1 Esra 5,8 f.; 9,12)[2].

αἰδέομαι (nie im NT) kommt in 4 Makk 5,7 auch als Ausdruck der Achtung vor dem Alter vor, wie übrigens auch bei Philo in der Behandlung der Pflichten gegenüber den Eltern (vgl. SpecLeg II 234.238 f.)[3]. Daß den Ältesten Ehre gebührt, kam auch in 1,3 zum Ausdruck. Es gehört zu den Empfehlungen bezüglich der Amtsträger[4]. Wie in 1,3 bleibt die Unterscheidung von Vorgesetzten und Ältesten unklar.

Die jungen Männer sind Gegenstand einer παιδεία, deren Inhalt der φόβος τοῦ θεοῦ ist. Auch die Ermahnung der Kinder in 21,8 beruht auf derselben Grundlage: τὰ τέκνα ἡμῶν τῆς ἐν Χριστῷ παιδείας μεταλαμβανέτωσαν. Der Terminus παιδεία behält „die ursprüngliche Bedeutung im Sinne von Jugenderziehung"[5]. Das klassische Wort des hellenistischen Bildungsideals steht hier in Verbindung mit einer Größe, die die Prägung der jüdischen Traditionen in aller Deutlichkeit zeigt. Die Gottesfurcht ist nämlich die Basis der jüdischen Erziehung im Sinn der Weisheitstradition (vgl. Spr 1,7; 2,1-5; 9,10;

τοὺς διακόνους ὡς Ἰησοῦν Χριστόν, ὡς καὶ τὸν ἐπίσκοπον ὄντα τύπον τοῦ πατρός, τοὺς δὲ πρεσβυτέρους ὡς συνέδριον θεοῦ καὶ ὡς σύνδεσμον ἀποστόλων (vgl. IgnSm 8,1).

[1] Zum Sprachgebrauch vgl. 1,3.

[2] In Herm vis II 2,6 (6,6); vis III 9,7 (17,7) ist von τοῖς προηγουμένοις τῆς ἐκκλησίας die Rede.

[3] Vgl. 4 Makk 5,7: αἰδοῦμαι γάρ σου τὴν ἡλικίαν καὶ τὴν πολιάν; Philo, SpecLeg II 234: ὡς πρεσβυτέρους αἰδούμενοι.

[4] Vgl 1 Tim 5,17; IgnSm 9,1.

[5] So P. STOCKMEIER, Begriff 403.

Ps 110,10; Sir 1,18–20; 19,20 u. ö.). Spr 15,33 faßt es gut zusammen: φόβος θεοῦ παιδεία καὶ σοφία, καὶ ἀρχὴ δόξης ἀποκριθήσεται αὐτῇ (vgl. Sir 1,27)[1].

Die Verbindung von Hellenismus und jüdischer Tradition war schon durch die griechische Übersetzung des AT vorgegeben, und die Sprache in I Clem spiegelt das wider, denn sie bezeugt das für alttestamentliches Denken typische Moment der *Zucht* (56,2; 57,1; 59,3; 62,3), aber auch das intellektuelle Moment von Bildung, Erziehung, Unterricht[2]. Die Behauptung von P. Stockmeier: „Damit erscheint aber der Klemens-Brief als Zeugnis einer Synthese zwischen griechischer Bildung und Christentum" (Begriff 405) ist richtig, aber nicht präzis genug. Denn diese Synthese war nur die christliche Version eines Prozesses, der sich im hellenistischen Judentum zuerst vollzogen hatte[3]. Als Quelle des Paideia-Verständnisses in I Clem dürfte kaum die griechische Paideia-Tradition an sich in Betracht kommen, sondern die durch das hellenistische Judentum vermittelte[4]. Die παιδεία τοῦ φόβου τοῦ θεοῦ ist durch die Ausrichtung auf den Willen Gottes geprägt[5]. Man geht nicht fehl in der Bestimmung ihres Inhaltes, wenn dabei die durch die Vorbilder der Vergangenheit vorgelebten Haltungen – Gehorsam, Demut – hervorgehoben werden. Sie bilden den Gegensatz zur Überheblichkeit und zum Stolz, die den Gegnern vorgeworfen werden.

Zuletzt erfolgt die Ermahnung an die Frauen. Wie in 1,3 wurde zuvor eine bestimmte Gruppe in der Gemeinde angesprochen, der verschiedene Pflichten obliegen. Auch hier bildet diese Gruppe – durch ein allgemeines „Wir" bezeichnet – eine gewisse „Mitte" der Gemeinde. Sie schuldet den Vorgesetzten und Presbytern Anerkennung und Ehre, aber sie hat eine Verantwortung gegenüber den jungen Männern und den Frauen, und das bedeutet, daß den Angesprochenen eine Stellung über diesen zwei anderen Gruppen eingeräumt wird. An dieser Stelle fällt auf, in welcher Weise sie an ihre Verantwortung den Frauen gegenüber erinnert werden: beim Ausdruck ἐπὶ τὸ ἀγαθὸν διορθωσώμεθα schwingt im Hintergrund mit, daß die Frauen zum Guten zurückgeführt werden sollen. διορθόω hat mit „gerade machen" oder „recht machen" zu tun, und eine solche Handlung ist dann sinnvoll, wenn die Handlung eben nicht „gerade" oder „recht" gelaufen ist. Auch das ἐπὶ τὸ ἀγαθόν wirft einen Schatten auf das Bild der Frauen. Die Wendung ist sehr allgemein. Aber in Verbindung mit διορθωσώμεθα suggeriert sie die Vorstellung, daß die Frauen auf das Gute hingeführt werden sollen, nachdem sie, wie auch immer, diese

---

[1] Vgl. G. WANKE, ThWNT IX 198 f.

[2] Vgl. G. BERTRAM, ThWNT V 607. Anders W. JAEGER, Christentum 18, nach dem in der LXX nur die Bedeutung des hebräischen Originals vorhanden ist.

[3] Die vollendete Synthese von AT und hellenistischer Paideia-Tradition innerhalb des hellenistischen Judentums ist im Werk Philos erreicht. Vgl. G. BERTRAM, ThWNT V 611 Anm. 89.

[4] Gegen W. JAEGER, Christentum 18, der die Vorstellung einer göttlichen Paideia auf den Einfluß von philosophischer Tradition und anderen Quellen zurückführt.

[5] Vgl. 21,8: πῶς ὁ φόβος αὐτοῦ καλὸς καὶ μέγας ...

Richtung verloren haben[1]. Ebenso auffällig ist die Ausführlichkeit der folgenden an die Adresse der Frauen gerichteten Ermahnung[2].

7   Die Ermahnung hat einen vierfachen Inhalt: die Keuschheit (ἁγνεία), die Sanftmut (πραΰτης), die Milde der Zunge (τὸ ἐπιεικὲς τῆς γλώσσης) und die Liebe ohne Ansehen der Personen (μὴ κατὰ προσκλίσεις). Diese Aspekte bestimmen ein Frauenbild, das als typisch für die zweite christliche Generation angesehen werden kann. Das bedeutet nicht, daß alle hier erwähnten Züge schon in anderen urchristlichen Frauenspiegeln vorkommen. Manchmal geht es um allgemein gültige Eigenschaften, die nun auf die Frauen übertragen werden. Aber das sich am Schluß ergebende Bild gehört in die angegebene Zeit. 1. Die Wendung τὸ ἀξιαγάπητον τῆς ἁγνείας ἦθος erinnert an 1,2: τὸ μελαγοπρεπὲς τῆς φιλοξενίας ὑμῶν ἦθος und gehört zum Stil des Vf.s. Das τῆς ἁγνείας ἦθος bezeichnet „das ehrbare, sittsame Wesen" (Knopf, 84) und nicht allein die physische Keuschheit (vgl. 1 Clem 38,2)[3]. Die ἁγνεία gehört sonst mit der ἐγκράτεια und σωφροσύνη zusammen (64)[4]. 2. Bei der Sanftmut gibt es zunächst ein grammatikalisches Problem: Wie soll die Genitivform αὐτῶν in der Wendung τὸ ἀκέραιον τῆς πραΰτητος αὐτῶν βούλημα gedeutet werden? Worauf bezieht sich das Pronomen? Bezieht man αὐτῶν auf das vorstehende τῆς πραΰτητος, wie es fast alle Autoren tun[5], scheint damit angedeutet zu sein, daß die Absicht bei der weiblichen Sanftmut nicht immer untadelig ist, denn sie bedarf dazu eines Beweises. Die Aussage gewinnt eine andere Bedeutung, wenn man das αὐτῶν auf das Subjekt des Satzes bezieht, und dies ist τὸ ἀκέραιον βούλημα. Das folgende τῆς πραΰτητος läßt sich am besten als genitivus objectivus auffassen: Gegenstand der lauteren Absicht der Frauen[6] ist also die durch Sanftmut bzw. Milde geprägte Haltung[7]. 3. Das Motiv vom Schweigen der Frau gehört in das Frauenbild der Pastoralbriefe (vgl. 1 Tim 2,9-15; 1 Kor 14,34). Darüber hinaus repräsentiert es eine antike

---

[1] So L: „et uxores nostras ad bona corrigamus."

[2] Die Vermutung von J. S. JEFFERS, Influence 378; Conflict 124, im Hintergrund stehe die schwindende Macht des römischen *paterfamilias*, der mit Sorge die wachsende Unabhängigkeit der Frau in aristokratischen Kreisen beobachtet, basiert auf einer nicht überzeugenden Rekonstruktion des sozialen Umfeldes, zu dem der Vf. von I Clem und seine Gemeinde gehören.

[3] Zu ἀξιαγάπητος vgl. 1,1; IgnPhil 5,2.

[4] Nach 1 Tim 5,2b soll der Gemeindeleiter die jüngeren Frauen wie Schwestern ἐν πάσῃ ἁγνείᾳ ermahnen. Anhand Gen 12,10-20 sagt Philo, daß die Keuschheit Saras bewahrt wurde (Abr 98: τοῦτον τὸν τρόπον ἡ μὲν ἁγνεία τῆς γυναικὸς διασῴζεται).

[5] Schon L: „et sinceram mansuetudinis suae voluntatem palam faciant." Vgl. FISCHER: „sie sollen ... die lautere Absicht ihrer Sanftmut ausweisen." Ähnlich Harnack, Knopf, Clarke, Lindemann, Schneider u. a.

[6] Nur an dieser Stelle wird βούλημα für die menschliche Absicht gebraucht.

[7] So die Übersetzungen von D. Ruiz Bueno, H. Hemmer und A. Jaubert: „Qu'elles prouvent leur sincère résolution à la douceur." Eine Parallele dazu ist Plato, Phileb. 41e: τὸ βούλημα ἡμῖν τῆς κρίσεως. Liddell/Scott übersetzen: „*intention* to judge." Auch bei Plutarch ist die milde Sanftmut eine Tugend der Frau. Vgl. Mor. 144e; 608d.

Anschauung[1]. Die Ermahnung ist in diesem Fall indirekt. Durch ihr Schweigen sollen sie die Milde ihrer Zunge offenbar machen[2]. Natürlich kann man keine Milde der Zunge offenbar machen, wenn man kein Wort mehr sagt[3], aber der Sinn des Oxymorons ist gut erkennbar. Die σιγή bezeichnet die Haltung der Frau, die durch Stille gekennzeichnet ist. Die Grundvorstellung ist die von Sir 26,14: δόσις κυρίου γυνὴ σιγηρά. 4. Abschließend werden die Frauen ermahnt, ihre Liebe ohne Bevorzugung allen Gottesfürchtigen zu zeigen. Es handelt sich um eine Sorge des Vf.s, die er später auch gegenüber allen Gläubigen zum Ausdruck bringen wird (vgl. 50,2: δεώμεθα οὖν καὶ αἰτώμεθα ἀπὸ τοῦ ἐλέους αὐτοῦ, ἵνα ἐν ἀγάπῃ εὑρεθῶμεν δίχα προσκλίσεως ἀνθρωπίνης, ἄμωμοι). Die Liebe soll nicht parteiisch sein, sondern sich an alle Gläubigen richten. Der Grund für seine Sorge ist der Extremfall der Parteibildung in der Gemeinde von Korinth in der Zeit des Paulus (47,3 f.), die er auch mit πρόσκλισις bezeichnet. Wie weit die Wendung von 1 Tim 5,21: μηδὲν ποιῶν κατὰ πρόσκλισιν auch eine Rolle gespielt hat, läßt sich schwer sagen. Daß jetzt die Ermahnung an die Frauen ausgesprochen wird, setzt voraus, daß sie in der Gemeinde Möglichkeiten zur Ausübung von verschiedenen Liebesdiensten hatten, aber die Aussage bleibt recht unbestimmt. Gegenstand dieser Liebe ohne Bevorzugung sollen alle φοβούμενοι τὸν θεόν sein. Der Ausdruck bezeichnet nicht die „Gottesfürchtigen" wie in Apg 13,16.26, sondern die Christgläubigen im allgemeinen (vgl. I Clem 23,1). Das in I Clem so oft vorkommende Adverb ὁσίως (vgl. dazu 6,1) gibt der Liebe der Frauen eine spezifische Note: sie soll gottgefällig sein. ἴσην in Verbindung mit ἀγάπην ... παρεχέτωσαν bildet das Gegenteil zu κατὰ πρόσκλισιν. Es ist ein Kennzeichnen echter Liebe, wenn sie jenseits von Bevorzugung allen Gläubigen zuteil wird.

So wie die Frauen zuvor sind auch die Kinder Gegenstand einer detaillierten **8** Ermahnung. Es ist die einzige Stelle im ganzen Text, bei der dies der Fall ist. Stilistisch lehnt sich μεταλαμβανέτωσαν an die vorhergehenden gleichtönenden Ausklänge an, während das vorangestellte μαθέτωσαν die folgende dreigliedrige Ermahnung einleitet. Die zwei ersten Aussagen bilden ein Isokolon:

τί ταπεινοφροσύνη	παρὰ θεῷ ἰσχύει,
τί ἀγάπη ἁγνὴ	παρὰ θεῷ δύναται.

In beiden Sätzen geht es um Tugenden, die bei Gott (παρὰ θεῷ in I Clem nur hier; vgl. Lk 2,52) etwas erreichen dürfen. Die im Zusammenhang mit den jungen Menschen (21,6) erwähnte παιδεία τοῦ φόβου τοῦ θεοῦ wird man nicht von der παιδεία ἐν Χριστῷ in 21,8 unterscheiden können. Der Terminus τέκνα hebt das Subjekt der Erziehung im strengen Sinn als solches hervor.

---

[1] Vgl. Sophokles, Ajax 293: γύναι, γυναιξὶ κόσμον ἡ σιγὴ φέρει.
[2] Zu τὸ ἐπιεικὲς τῆς γλώσσης vgl. Einleitung § 3.2.d.
[3] Der Codex A korrigiert und bringt φωνῆς anstelle von σιγῆς.

παιδεία ist hier nicht als Zucht zu verstehen, sondern als Erziehung, Unterweisung. Worin diese παιδεία ἐν Χριστῷ besteht, sagt der folgende Text[1]. Der erste Inhalt der παιδεία ist die ταπεινοφροσύνη. Was die Demut erreichen kann, hat der Vf. in 13,1–19,1 dargelegt. Die angeführten Beispiele in 16,1–19,1 eignen sich dazu, als Gegenstand der Ermahnung an die Kinder zu dienen. Es handelt sich zunächst um Christus, aber auch um die sieben Gestalten aus der Schrift. Die Kraft der Demut bei Gott (παρὰ θεῷ ἰσχύει) dürfte darin bestehen, daß der Gläubige durch den Gehorsam gegenüber Gott in der Anerkennung seiner Macht und der eigenen Grenzen von Gott selber das gute Zeugnis bekommt, ähnlich wie die anderen μεμαρτυρημένοι. Der zweite Inhalt ist die Liebe. Wie bei der ἀγάπη der Frauen wird die Liebe durch eine besondere Eigenheit qualifiziert, in diesem Fall durch die Lauterkeit. Die Kraft der Liebe wird erst in I Clem 49 expliziert. Sehr wahrscheinlich denkt der Vf. an 49,5: ἀγάπη κολλᾷ ἡμᾶς τῷ θεῷ ... Wenn diese Deutung richtig ist, dann gibt es recht wenig Spezifisches in dieser Ermahnung an die Kinder als Gruppe innerhalb der Gemeinde. Offenbar steht nicht die besondere Ausprägung der Gruppe als solche im Mittelpunkt, sondern das durch die παιδεία zu erreichende Ziel, und dies kann nicht anders sein als die Vorstellung vom christlichen Leben, das im ganzen Schreiben vertreten wird. Der dritte Inhalt der παιδεία ist die Gottesfurcht (vgl. 21,6). Gottesfurcht und Liebe erscheinen gemeinsam auch in 51,2. Von den Eigenschaften der Gottesfurcht sind die zwei ersten rein rhetorisch gemeint (καλὸς καὶ μέγας). Die dritte hingegen knüpft an eine häufig bezeugte traditionelle Ansicht an: Wer die Gottesfurcht besitzt, wird gerettet. Hier verbindet sich die Gottesfurcht mit einer konkreten Lebensführung. Ob das ἐν αὐτῷ auf θεός (so Knopf, Fischer, Jaubert, Lindemann, Schneider), oder auf φόβος (Harnack, Grant, Clarke, Ruiz Bueno) zu beziehen ist, geht nicht eindeutig aus dem Text hervor. Nimmt man aber ἀναστρέφομαι als Synonym zu πορεύεσθαι, wäre es auf φόβος zu beziehen, ähnlich wie in 1,3 und 3,4: ἐν τοῖς νομίμοις ...[2]. Die Gottesfurcht gibt dem Lebenswandel die Richtung an. Das Adverb ὁσίως (vgl. 21,7; II Clem 5,6: τὸ ὁσίως καὶ δικαίως ἀναστρέφεσθαι)[3] und der Hinweis auf die „reine Gesinnung" bringen – plerophorisch anmutend – eine weitere Präzisierung des Lebenswandels in der Gottesfurcht (vgl. 23,1: ἀπλῇ διανοίᾳ; 45,7: ἐν καθαρᾷ συνειδήσει; Philo, VitMos II 24: καθαραῖς διανοίαις).

9   Ein zusätzlicher Grund für den Ernst der Ermahnung an die verschiedenen Gruppen in der Gemeinde ergibt sich aus der Macht Gottes über die Menschen als seine Geschöpfe: er kennt ihre Gedanken und ihre Erwägungen. Das ungewöhnliche ἐρευνητής als Gottesprädikation erklärt sich aus ἐρευνῶν im Zitat von Spr 20,27 in I Clem 21,2, das dort vom Geist ausgesagt ist und

---

[1] Vgl. W.-D. HAUSCHILD, Erziehung 620.
[2] Vgl. Spr 23,17: ἐν φόβῳ κυρίου ἴσθι ὅλην τὴν ἡμέραν; TestRub 4,1: πορεύεσθε ἐν ἀπλότητι καρδίας ἐν φόβῳ κυρίου.
[3] Vgl. 1 Kön 8,61: καὶ ὁσίως πορεύεσθαι ἐν τοῖς προστάγμασιν αὐτοῦ.

hier auf Gott übertragen wird. Die beiden Termini ἔννοιαι und ἐνθυμήσεις sind kaum zu unterscheiden, wenngleich der zweite Begriff eher in den affektiven Bereich einzuordnen ist. Eine ähnliche Wendung kommt in Hebr 4,12b über das lebendige Wort Gottes vor: καὶ κριτικὸς ἐνθυμήσεων καὶ ἐννοιῶν καρδίας[1]. Der letzte Teil der Aussage nimmt Bezug auf Gen 2,7b: καὶ ἐνεφύσησεν εἰς τὸ πρόσωπον αὐτοῦ πνοὴν ζωῆς, καὶ ἐγένετο ὁ ἄνθρωπος εἰς ψυχὴν ζῶσαν. Wenn der Odem Gottes das Leben bringt, bedeutet sein Entzug das Ende des Lebens[2]. Der Akzent liegt auf der Macht Gottes, die sich in seinem lebenspendenden Willen äußert[3].

Kap. 22. Der Text blickt auf das zuvor Gesagte zurück. Der Gegenstand von ταῦτα δὲ πάντα, d. h. all dies, was der Glaube in Christus befestigt, ist die unmittelbar vorstehende Ermahnung. Wenn die Bezugnahme auf Spr 20,27 den Abschnitt I Clem 21,2–9 als literarische Einheit bestimmt, dann spielt das Zitat in I Clem 22,1–8 eine zusätzlich bestätigende Rolle. Subjekt der Aussage ist ἡ ἐν Χριστῷ πίστις. Gemeint ist der Inhalt des Glaubens, der in diesem Fall auf Christus bezogen wird[4], so wie zuvor von einer παιδεία ἐν Χριστῷ die Rede war. Der christologische Bezug ist unmittelbar durch den Hinweis auf den heilbringenden Tod Jesu Christi (21,6) begründet. Hier nimmt er, indem Christus selber durch den Heiligen Geist spricht, eine weit umfassendere Dimension ein. Dem soteriologischen Tod des Erlösers geht nämlich sein Wort voraus, das den richtigen Weg des Menschen vor Gott zeigt, so wie es in der Schrift bezeugt ist. Die Präexistenz des Erlösers ist dabei vorausgesetzt, aber nicht thematisiert. Das gleiche gilt für das Verhältnis von Jesus Christus und Heiligem Geist zueinander. Offenbar strebt der Vf. keine Systematik an[5]. Das Wort der Schrift ist das Wort des Heiligen Geistes (13,1), der nicht nur *über* Jesus Christus spricht (16,2), sondern auch *durch* ihn. Der Inhalt entspricht Ps 33,12–18 in einer Fassung, die der LXX sehr nahe steht. Die ersten Worte (Ps 33,12: δεῦτε, τέκνα, ἀκούσατέ μου· φόβον κυρίου διδάξω ὑμᾶς) sind als Einleitung sehr geeignet: Es handelt sich um eine

1

---

[1] Dazu bemerkt O. MICHEL, Brief an die Hebräer 202: „Vielleicht sind die ἐνθυμήσεις mehr willentlicher, die ἔννοιαι mehr gedanklicher Art." Beide Begriffe, ἔννοιαι und ἐνθυμήσεις liegen in der Fassung des Symmachus zu Ijob 21,27 vor, die dem hebräischen Text allerdings näher steht (הן ידעתי מחשבותיכם ומזמות עלי תחמסו) als die LXX (ὥστε οἶδα ὑμᾶς ὅτι τόλμῃ ἐπίκεισθέ μοι).

[2] Das zum Relativum οὗ ἡ πνοὴ hinzugefügte αὐτοῦ ist ein Semitismus, aber auch im Klassischen belegt. Vgl. BL./DEB./REH. § 297².

[3] Sachlich parallel zu Ps 103,29b: ἀντανελεῖς τὸ πνεῦμα αὐτῶν, καὶ ἐκλείψουσιν. Vgl. auch Ijob 34,14 f. Die Vorstellung ist alttestamentlich. Der Hinweis auf die stoische Weltseele (so KNOPF, 84) ist abwegig (vgl. GRANT, 46; LINDEMANN, 81).

[4] Vgl. J. W. WILSON, Epistle 147. Aber es ist nicht „a description of the experience which the believer shares with Christ."

[5] A. v. HARNACK, Lehrbuch 212 Anm. 1; 803, spricht von einer „pneumatischen Christologie." I Clem 22,1 habe den präexistenten „Christus von dem hl. Geist bestimmt unterschieden" (a. a. O. 218 Anm. 1). Nach F. LOOFS, Theophilus 184, kann die Christologie des I Clem nur „als Geisteschristologie aufgefaßt werden." Die knappe Aussage in I Clem 22,1 gibt für diese Vorstellung zu wenig her.

Einladung, die mit der παιδεία zusammenhängt. Denn der Geist will *lehren* (διδάσκω), und zwar φόβον κυρίου, d. h. was schon für die Jungen (21,6) und die Kinder (21,8) als Gegenstand der Erziehung angegeben worden ist. Der Anschluß des Zitats an die Ermahnung in 21,8 legt sich umso näher, da in Ps 33,12 die Einladung an die Kinder (τέκνα) gerichtet ist. Durch die Verbindung von Forderungen und Verheißungen fügt sich das Zitat gut in die Absicht des Vf.s ein (Knopf, 85).

2   Der ganze Abschnitt 22,2-7 fehlt bei H (vgl. I Clem 18,3-17; 35,8-11). Der Text nennt die elementaren menschlichen Wünsche: das Leben, eine gute Zeit zum Leben. Die Wiedergbe von LXX-Ps 33,13 ist wortwörtlich[1].

3   Auch dieser Teil des Zitats (= Ps 33,14) ordnet sich in einen schon erwähnten polemischen Aspekt des Schreibens ein (vgl. 15,5). Denn hier spricht der Geist das Gericht aus über die angebliche Fähigkeit der Gegner, durch die Kraft ihrer Worte die eigene Position in der Gemeinde zu legitimieren.

4-5 Wörtlich nach LXX-Ps 33,15. Auch Hebr 12,14 spielt auf Ps 33,15b an: εἰρήνην διώκετε μετὰ πάντων καὶ τὸν ἁγιασμόν.

6   Der Text gibt LXX-Ps 33,16-17 wieder. Der Abschnitt ist antithetisch komponiert, um die Reaktion Gottes gegenüber dem Gerechten bzw. Übeltäter auszudrücken. Ps 33,13-17 ist auch in 1 Petr 3,10-12 zitiert, wobei der letzte Satz über die Ausrottung der Bösen nicht aufgenommen wird[2].

7   Im Unterschied zu Ps 33,18 mit der Pluralform: ἐκέκραξαν οἱ δίκαιοι, καὶ ὁ κύριος εἰσήκουσεν αὐτῶν καὶ ἐκ πασῶν τῶν θλίψεων αὐτῶν ἐρρύσατο αὐτούς, verwendet I Clem 22,7 die Singularform. Auch der Abschnitt I Clem 22,2-5 (= Ps 33,13-15) war im Singular; dennoch überrascht die Änderung, weil unmittelbar zuvor (22,6 = Ps 33,16 f.) die Pluralform übernommen wurde. Wie die Fassung von V. 7 entstanden ist – schon in einer Vorlage vorhanden, als Abweichungen durch freies Zitieren oder absichtlich –, ist ungewiß[3].

8   Die Gestalt des Sünders kontrastiert mit der der Gerechten, die auf Gott hoffen. Es handelt sich um ein Zitat diesmal aus Ps 31,10, das in der gewählten LA nur in der Pluralform τοὺς δὲ ἐλπίζοντας von der LXX abweicht[4].

---

[1] Der Vaticanus ändert die Reihenfolge: ἰδεῖν ἡμέρας ἀγαθάς. Die Fassung von I Clem entspricht der von A und א. Zum ganzen Abschnitt vgl. D. A. HAGNER, Use 44 f.

[2] Vgl. K. H. SCHELKLE, Petrusbriefe 95 Anm. 2. Dort Hinweis auf die Behauptung von H. KOSMALA, Hebräer – Essener – Christen (1959) 122-124: „jener Psalm sei damals als eschatologische Verheißung besonders geschätzt und gebraucht worden." Die Beobachtung aufgrund von Hebr 12,14; 1 Petr 2,3; 3,10-12 und 1 Clem 21,1b-7 rechtfertigt nur zur Annahme der christlichen Verwendung von Ps 33 im römischen Bereich (im Rahmen eines christlichen Lehrbetriebes?).

[3] Vgl. Klemens von Alexandrien, Strom. IV 110,1: ἐκέκραξεν δὲ ὁ δίκαιος καὶ ὁ κύριος εἰσήκουσε καὶ ἐκ πασῶν τῶν θλίψεων ἐρρύσατο αὐτόν. Die Stelle kann nichts entscheiden, weil sie von I Clem abhängt.

[4] Die textkritischen Varianten sind jedoch beachtlich: Am Anfang steht εἶται πολλαί in H (Lightfoot, Funk), während S καὶ πάλιν· πολλαί bringt. Text nach ALC¹C². Die Pluralform τῶν ἁμαρτωλῶν bezeugen LC¹ClemAlex (Strom. IV 110,1). Text nach AH (LXX). Die Singularform τὸν δὲ ἐλπίζοντα ist von HSC¹ (LXX) bezeugt. Text nach AL und ClemAlex.

Wie an anderen Stellen (vgl. I Clem 52,2–4; 56,3–15) bietet Kap. 22 eine Zitatenmischung, in diesem Fall aus den Psalmen. Nach E. Hatch ist der Text traditioneller Herkunft (Essays 203–205). Die Existenz von ähnlichen Zitatenkombinationen im NT und ihre Wiederaufnahme bei manchen Kirchenvätern würde dafür sprechen. Schließlich argumentiert E. Hatch mit der guten Verbindung zwischen Ps 33,12–18 und Ps 31,10: „The whole quotation may be taken to be a separate current poem" (a. a. O. 205)[1].

8.3. Gotteshandeln und menschliches Zweifeln (23,1–5)

Auf die Größe der göttlichen Gaben kann der Mensch paradox mit einer skeptischen Haltung reagieren. Einfältige Gesinnung und Zweifel stehen gegenüber (V. 1–2). Ein apokryphes Zitat (V. 3–4) enthält die Einrede der Zweifler, die durch ein Beispiel aus der Natur (Wachstum des Weinstocks) widerlegt wird. Die Schrift selbst bezeugt schließlich das sichere Kommen des Heiligen (V. 5).

1. Der allbarmherzige und wohltätige Vater hat ein Herz für die, die ihn fürchten; freundlich und wohlwollend spendet er seine Gnaden denen, die mit einfältigem Sinn zu ihm kommen. 2. Deshalb wollen wir nicht zweifeln, und unsere Seele soll sich nicht falschen Gedanken hingeben über seine überreichen und herrlichen Gaben. 3. Fern von uns sei jene Schriftstelle, wo es heißt: „Unglücklich sind die mit geteilter Seele, die in ihrer Seele zweifeln, die sagen: ‚Dies haben wir auch zur Zeit unserer Väter gehört, und siehe, wir sind alt geworden, und nichts davon ist uns widerfahren.' 4. O ihr Unvernünftigen, vergleicht euch mit einem Baum! Nehmt einen Weinstock: Zuerst verliert er das Laub, dann entsteht ein Sproß, dann ein Blatt, dann eine Blüte und nach ihr ein Herling, und dann eine reife Traube." Ihr seht, daß in kurzer Zeit die Frucht des Baumes zur Reife kommt. 5. Wahrhaftig, schnell und plötzlich wird sein Wille in Erfüllung gehen, wie es auch die Schrift mitbezeugt: „Schnell wird er kommen und nicht zögern, und plötzlich wird der Herr in seinen Tempel kommen, ja, der Heilige, den ihr erwartet."

Die doppelte Aussage hat Gott als Subjekt: was er ist und wie er wirkt.   1
Diesmal geht es nicht um seine Schöpfermacht, sondern um sein barmherziges Handeln zugunsten der Gläubigen. οἰκτίρμων als Gottesprädikation kommt von der LXX her, und zwar wie in I Clem 60,1 gemeinsam mit ἐλεήμων (Ex

---

[1] Ähnlich GRANT, 47 f. Anders D. A. HAGNER, Use 98. „Since Clement doubtless possessed a very thorough knowledge of the Greek scriptures, we may well assume that the conjunction was his own." Wie Hagner dazu merkt (ebd. 100), läßt sich andererseits die Möglichkeit der Benutzung einer Zitatensammlung nicht ausschließen, wenngleich ein sicherer Beweis dafür fehlt.

34,6; 2 Chr 30,9; Ps 85,15; 102,8 u. ö.); ὁ οἰκτίρμων κατὰ πάντα ist der „allbarmherzige"; εὐεργετικός kommt in der LXX nur in Weish 7,23 vor (vom Geist der Weisheit). Philo (Plant 90) interpretiert die Bitte Jakobs in Gen 28,21: „Es möge der Herr mir zu Gott werden", als Ausdruck dafür, daß Gott nicht seine unbeschränkte Herrschermacht zeigen soll (τὸ δεσποτικὸν ... τῆς αὐτοκράτορος ἀρχῆς), sondern „das Wohltätige" seiner allen geltenden barmherzigen und rettenden Kraft (τὸ εὐεργετικὸν τῆς ἵλεω περὶ πάντα καὶ σωτηρίου δυνάμεως). Genau in diesem Sinn bezeichnet der Vf. Gott in 23,1 als εὐεργετικὸς πατήρ. Der Terminus σπλάγχνα als Ausdruck für das Gefühl bzw. für das Herz (vgl. Bauer/Aland 1524) spiegelt den Sprachgebrauch der LXX wider. Aber dort wird σπλάγχνα nicht auf Gott bezogen. Das geschieht erst in TestXII[1]. Das „Herz" des „barmherzigen und wohltätigen Vaters" prägt sein Wirken. Mit ἐπὶ τοὺς φοβουμένους αὐτόν knüpft der Vf. an die vorhergehende Einladung Jesu Christi durch den heiligen Geist an: φόβον κυρίου διδάξω ὑμᾶς. Die den Herrn fürchten, dürfen seiner barmherzigen Zuwendung gewiß sein.

Die zwei Adverbien ἠπίως und προσηνῶς sind oft belegt in der griechischen Literatur (aber nicht in der Bibel und nur hier in der urchristlichen Literatur). Inhaltlich drücken beide die gleiche Haltung aus: mild, freundlich, mit Zuneigung[2]. Beide Adverbien hängen mit der zweifachen Gottesprädikation ὁ οἰκτίρμων κατὰ πάντα καὶ εὐεργετικὸς πατήρ zusammen. Die Pluralform τὰς χάριτας ist auch bei Philo sehr häufig belegt (Op 23.168; All II 80; III 163; Imm 108 u. ö.). Gemeint sind die göttlichen Gaben im allgemeinen, die der Vater denen spendet, die zu ihm kommen. ἁπλῇ διανοίᾳ bezeichnet die richtige Haltung vor Gott, d. h. die Einfalt des Herzens, die im Kontrast zur Haltung der δίψυχοι und διστάζοντες τῇ ψυχῇ (23,2 f.) steht (vgl. Spr 11,25; Barn 19,2)[3].

2   Das διό am Anfang verbindet die Aufforderung mit der vorhergehenden Aussage. Das Wissen um das Erbarmen und die Güte Gottes verbietet den Zweifel und die falschen Vorstellungen über seine Gaben. Die erste Aufforderung erfolgt im üblichen Wir-Stil (μὴ διψυχῶμεν). Ihr Inhalt wird ausdrücklich im folgenden Zitat (23,3) wiederaufgenommen. Die zweite Aufforderung enthält eine stilistische Variante mit ἡ ψυχὴ ἡμῶν als Subjekt (vgl. 27,1); ἰνδάλλομαι bedeutet neutral „sich vorstellen", „sich einbilden", „scheinen",

---

[1] Vgl. H. KÖSTER, ThWNT VII 550–552. Vgl. TestSeb 8,2; OrMan 7; Lk 1,78; Herm sim IX 24,2 (101,2): καὶ πάντοτε σπλάγχνον ἔχοντες ἐπὶ πάντα ἄνθρωπον.
[2] Zu ἠπίως vgl. Herodot, 7,105.143; 8,60; Sophokles, Electra 1439; Demosthenes, In Timocrat. 193,2: τοὺς νόμους τοὺς περὶ τῶν ἰδίων ἠπίως κεῖσθαι καὶ φιλανθρώπως ὑπὲρ τῶν πολλῶν ἐστιν; Hesychius, ἠπίως· πράως. Über Gott vgl. Euripides, Bacch. 861: θεὸς ... ἀνθρώποισι δ᾽ ἠπιώτατος. Zu προσηνῶς vgl. Plutarch, Mor. 55a (πολλάκις ἔλουσε προσηνῶς καὶ ἔθρεψε φιλανθρώπως); 74d; 100d; Dio Chrys. 32,53. BAUER/ALAND 1432, verweist auf die Orphischen Hymnen 2,5; 40,12; 60,7.
[3] Die Wendung ἐν ἁπλότητι καρδίας kommt oft in TestXII vor (TestRub 4,1; TestIss 3,8; 4,1; 7,7). Vgl. O. BAUERNFEIND, ThWNT I 385 f.

„erscheinen", mit dem Unterton allerdings, daß das Abbild nicht das Wesen der Wirklichkeit wiedergibt. So behauptet Plato, daß die Seele und nichts anderes das Selbst eines jeden ausmacht, der Leib dabei als Erscheinung jeden begleitet (Leg. XII 959a–b: τὸ δὲ σῶμα ἰνδαλλόμενον ἡμῶν ἑκάστοις ἕπεσθαι)[1]. Auch die lateinische Übersetzung hat mit „nec diffidat anima nostra" dem Verb einen negativen Unterton gegeben. Der Text sagt nichts über den Inhalt der großartigen Gaben Gottes aus und in welchem Sinn sie zum Gegenstand einer falschen Vorstellung werden können. Zum ersten hängen die Gaben freilich mit „seinen Gnaden" zusammen (23,1: τὰς χάριτας αὐτοῦ). Zum zweiten legt sich nahe, an eine Unterschätzung bzw. Geringachtung der göttlichen Gaben und Verheißungen zu denken oder an eine Haltung, die von Zweifel und nicht von Zuversicht und Vertrauen geprägt ist[2]. Denn die Haltung der Gläubigen bezieht sich auf die überreichen und herrlichen Gaben Gottes (ἐπὶ ταῖς ὑπερβαλλούσαις καὶ ἐνδόξοις δωρεαῖς αὐτοῦ)[3]. In 19,2 war von ταῖς μεγαλοπρεπέσι καὶ ὑπερβαλλούσαις αὐτοῦ δωρεαῖς die Rede, die in der Wohltat des göttlichen Friedens (τῆς εἰρήνης εὐεργεσίας) ihren Ausdruck hatten.

Mit πόρρω γενέσθω ἀφ᾽ ἡμῶν setzt sich die Reihe von Warnungen fort, die 3–4 in 23,2 beginnt (διὸ μὴ διψυχῶμεν, μηδὲ ἰνδαλλέσθω). Diesmal ist die Mahnung durch ein Wort der Schrift (ἡ γραφὴ αὕτη) begründet, das ein apokryphes Zitat enthält. Es ist die einzige Stelle, in der ein Drohwort der Schrift mit der Bitte, dies solle nicht geschehen, eingeleitet wird.

Das Zitat besteht aus zwei Teilen. Im Mittelpunkt des ersten Teils stehen die Zweifler mit ihrer Behauptung, nichts von dem, was von jeher angekündigt worden ist – d. h. die Verheißungen –, sei Wirklichkeit geworden. Der zweite Teil bringt die Antwort darauf durch den Vergleich mit dem allmählichen Wachstum des Weinstocks (V. 4), an dessen Ende die reife Traube steht.

Der Anfang des Zitats „Unglücklich ..." (ταλαίπωροί εἰσιν οἱ δίψυχοι ...)[4] kommt einer Verurteilung gleich. Es sind οἱ δίψυχοι, οἱ διστάζοντες τῇ ψυχῇ[5].

---

[1] LIGHTFOOT, I 2,80, vergleicht das Verb mit dem späteren Gebrauch von φαντάζεσθαι und zitiert dabei Dio Chrys. 12,53: πᾶν τὸ θνητὸν κατὰ τὴν ἑαυτοῦ δύναμιν καὶ φύσιν ἰνδαλλόμενοι καὶ ὀνειρώττοντες.

[2] Anders A. v. HARNACK, Einführung 26: „... noch ergehe sich unsere Seele in wilden Wünschen"; Hemmer und Jaubert: „et que notre esprit ne s'enfle pas ...". B. WEISS, Amt 78, deutet den Text als Aufforderung an die korinthischen Gegner, „sich nicht der Illusion hinzugeben, schon im Vollbesitz der eschatologischen Güter zu sein." Diese würden die gleiche präsentische Eschatologie vertreten, die schon Paulus zu bekämpfen hatte (ebd. 80). Die von B. Weiss konstruierte Verbindung zwischen der präsentischen Eschatologie und der Amtsfrage kann nicht überzeugen. S. u. zu I Clem 43,6.

[3] Zu ἔνδοξος vgl. Einleitung § 3.2.a.

[4] Vgl. Weish 13,10: ταλαίπωροι δὲ καὶ ἐν νεκροῖς αἱ ἐλπίδες αὐτῶν.

[5] Das Begriffspaar kam schon in 11,2 vor: die Bestrafung der Frau Lots wird mit einem deutlichen Zeichen festgehalten, um allen bekanntzumachen, daß „die mit geteilter Seele und die Zweifler an der Macht Gottes" (οἱ δίψυχοι καὶ οἱ διστάζοντες περὶ τῆς τοῦ θεοῦ δυνάμεως) zum Gericht bestimmt sind. Die Stelle zeigt, daß die Termini δίψυχοι und διστάζοντες nicht

Beide Begriffe drücken ein inneres Gespaltensein aus, das sich in der Haltung des Zweifelns und Zögerns niederschlägt. Gerade das Wort „Zweifel" („zwiefältiger Sinn") stellt ein anschauliches etymologisches Äquivalent dazu dar. Während διστάζειν in der griechischen Literatur gut bezeugt ist, ist die sprachliche Grundlage bei διψυχεῖν, δίψυχος weit komplizierter, da die Wortgruppe vor Jak 1,8; 4,8 nicht nachweisbar ist[1].

Die Zweifel beziehen sich auf das Wirken Gottes in der Welt im Hinblick auf die Weltvollendung. Auch wenn dies in V. 2 noch nicht zum Ausdruck kommt, zeigen die folgenden Ausführungen (V. 3–5 und die Kapitel über die Auferstehung), daß dieses Problem im Vordergrund steht. Ein spätes Echo der gleichen Tradition ist in 2 Petr 3,4 erhalten. Die Frage der Spötter, die von der überlieferten Eschatologie nicht viel halten (ποῦ ἐστιν ἡ ἐπαγγελία τῆς παρουσίας αὐτοῦ; ἀφ' ἧς γὰρ οἱ πατέρες ἐκοιμήθησαν, πάντα οὕτως διαμένει ἀπ' ἀρχῆς κτίσεως), ist die gleiche wie im anonymen Zitat. Noch enger verbunden mit I Clem 23,3 f. ist das Wort in II Clem 11,2, das ein sehr ähnliches Zitat enthält (s. u.). Allen Texten gemeinsam ist der Hinweis auf die Väter mit der Feststellung, daß seit ihrer Zeit nichts geschehen ist. Jeder Text bekommt jedoch eine eigene Prägung, je nach dem jeweiligen Zusammenhang und Anliegen. So bleibt zunächst offen, in welchem Sinn sich der Vf. das Problem der Parusieverzögerung, das dem Zitat zugrundeliegt, zu eigen macht. Weiterhin bleibt offen, wie weit dieses Problem eine Frage der korinthischen Gemeinde war. Die Antwort auf diese Fragen hängt vom Verständnis des ganzen Abschnitts ab.

Das Zitat enthält ferner einen Vergleich mit dem Wachstum des Weinstocks (V. 4). Die Beschreibung des stufenweisen Reifungsprozesses erinnert an Mk 4,28: αὐτομάτη ἡ γῆ καρποφορεῖ, πρῶτον χόρτον εἶτα στάχυν εἶτα πλήρη[ς] σῖτον ἐν τῷ στάχυϊ. Auch hier werden der Anfang (πρῶτον) und die darauf folgenden Wachstumsphasen (εἶτα) differenziert[2]. Die Parallele in II Clem 11,3 (s. u.) zeigt, daß der mit ὁρᾶτε eingeleitete Satz nicht mehr zum Zitat gehört[3] und eine erste Schlußfolgerung des Vf.s beinhaltet. Die Aussage bleibt im Rahmen des zuvor verwendeten Bildes: in kurzer Zeit kommt die Frucht

---

nur gelegentlich mit einer Zitation gebraucht werden, sondern daß sie schon in das Vokabular des Vf.s integriert sind.

[1] Vgl. E. Schweizer, ThWNT IX 666.

[2] Auch die Stoa kennt Wachstumsbilder mit ähnlichem Material, die aber die göttliche Ordnung in der Welt bzw. die Vorläufigkeit der Dinge im stoischen Sinn hervorheben. Vgl. Epiktet, Diss. I 14,3; 15,7 f.; III 24,86 f.91; M. Aurel, XI 35.

[3] So Gebhardt/Harnack, Lightfoot, Knopf, Hemmer, Bihlmeyer, Grant, Jaubert, Fischer. Die alten Textausgaben, Cotelier, Hilgenfeld und bei den modernen Autoren Ruiz Bueno, O. Knoch, Eigenart 126–128, und Lindemann z.St. halten 23,4c für einen Bestandteil des Zitats. Lindemann bemerkt richtig, daß in I Clem ὁρᾶτε immer imperativisch von einem Vokativ begleitet wird, was hier nicht der Fall ist. Aber ausschlaggebend für eine Entscheidung dürfte der Vergleich mit II Clem sein.

des Baumes zur Reife[1]. Als solche hat V. 4c eine Brückenfunktion zum Folgenden und bereitet die Übertragung auf die Sachebene in V. 5 vor: bald und plötzlich wird sich auch der Wille Gottes erfüllen[2].

Im Hinblick auf die Verwendung von δίψυχος in Jak ist ein literarischer Zusammenhang, welcher Art auch immer, schwer vorstellbar[3]. Eine Abhängigkeit des Jak von I Clem ist unwahrscheinlich[4]. Aber auch eine Kenntnis des Jak durch I Clem kann aufgrund der Berührungspunkte nicht mehr als eine Vermutung sein[5]. Die gemeinsamen Traditionen lassen sich auch anders erklären (s. Einleitung § 4.2.f). Einzig sicher bei dieser Bestandsaufnahme ist die Ansicht, daß die Texte durch einen gemeinsamen Traditionszusammenhang verbunden sind, der aber nicht eindeutig geklärt werden kann.

Ohne Zweifel bedienen sich I Clem 23,3 f. und II Clem 11,2 der gleichen Quelle, die sie für die „Schrift" bzw. für ein „prophetisches Wort" halten. Ein Vergleich zwischen beiden Texten macht das deutlich:

I Clem 23,3 f.	II Clem 11,2
πόρρω γενέσθω ἀφ᾽ ἡμῶν ἡ γραφὴ αὕτη,	
ὅπου λέγει·	λέγει γὰρ καὶ ὁ προφητικὸς λόγος·
ταλαίπωροί εἰσιν οἱ δίψυχοι,	ταλαίπωροί εἰσιν οἱ δίψυχοι,
οἱ διστάζοντες τῇ καρδίᾳ,	οἱ διστάζοντες τῇ ψυχῇ,
οἱ λέγοντες·	οἱ λέγοντες·
ταῦτα	ταῦτα πάλαι
ἠκούσαμεν καὶ ἐπὶ τῶν πατέρων ἡμῶν,	ἠκούσαμεν καὶ ἐπὶ τῶν πατέρων ἡμῶν,

---

[1] Nach E. NESTLE, Verfasser 180 Anm. 1, ist σταφυλὴ παρεστηκυῖα die Übersetzung von בשל בבׂל – unter Verweis auf Joel 3,13 (4,13) und Gen 40,10 – und stammt aus einer semitischen Quelle.

[2] Unter Verweis auf II Clem 19,3, wo von der „unsterblichen Frucht der Auferstehung" die Rede ist, meint O. KNOCH, Eigenart 119 f., auch hier sei mit Frucht die leibliche Auferstehung umschrieben. Es ist aber sachlich und methodisch nicht richtig, I Clem 23,3–4 mit 24,1 zu kombinieren und beide Stellen im Licht von II Clem 19,3 auszulegen. Ebenso problematisch ist seine Vermutung, der Vf. selber habe zwei Glieder im Weinberggleichnis eingefügt (εἶτα φύλλον, εἶτα ἄνθος: in II Clem 11,3 nicht vorhanden), „um diesen stufenweisen Fortschritt der Geschichte der Welt auf die eschatologische Vollendung hin auszudrücken" (144). Dem Text ist die Frage fremd. CHR. EGGENBERGER, Quellen 168 Anm. 21, nimmt das Reflexiv-Pronomen in συμβάλετε ἑαυτούς zum Anlaß für eine allegorische Deutung des Bildes. „Damit wird das allmähliche Reifen ‚des Holzes' zum Gleichnis des menschlichen Lebens, aus dem bleibende Frucht erwachsen soll, bis zum Tag der Kelter. Ist diese Deutung richtig, so sehen wir drei eschatologische Momente zusammengerückt: den Tod des Menschen, die Wiederkunft des ‚Erwarteten' und die Auferstehung." Die Bedeutung von ξύλον als Baum ist alles andere als geheimnisvoll (ebd.). Vgl. BAUER/ALAND 1113. Die Deutung Eggenbergers läßt die Tatsache außer acht, daß der Vf. eine Tradition zitiert. Weder in ihr noch bei ihrer Rezeption in I Clem ist ein allegorisches Interesse erkennbar.

[3] Die Datierungsfrage des Jak ist nicht unumstritten, aber eine Enstehung im letzten Viertel des ersten Jahrhunderts ist die wahrscheinlichere Annahme. Der Versuch F. MUSSNERs, Jakobusbrief 19, die Echtheit des Briefes und somit auch eine Frühdatierung nachzuweisen – um das Jahr 60 –, vermag nicht zu überzeugen. Vgl. H. FRANKEMÖLLE, Brief des Jakobus 57–60.

[4] Gegen F. W. YOUNG, Relation 345.

[5] St. E. PORTER, Dipsychos 476, findet in I Clem und II Clem bezüglich des Sprachgebrauchs von δίψυχος den Einfluß des Jak.

καὶ ἰδού, γεγηράκαμεν,
καὶ οὐδὲν ἡμῖν τούτων συνβέβηκεν.
ἀνόητοι, συμβάλετε ἑαυτοὺς ξύλῳ·
λάβετε ἄμπελον·
πρῶτον μὲν φυλλοροεῖ,
εἶτα βλαστὸς γίνεται,
εἶτα φύλλον, εἶτα ἄνθος,
καὶ μετὰ ταῦτα ὄμφαξ,
εἶτα σταφυλὴ παρεστηκυῖα.
ὁρᾶτε, ὅτι ἐν καιρῷ ὀλίγῳ εἰς πέπειρον
καταντᾷ ὁ καρπὸς τοῦ ξύλου.

ἡμεῖς δὲ ἡμέραν ἐξ ἡμέρας προσδεχόμενοι
οὐδὲν τούτων ἑωράκαμεν.
ὦ ἀνόητοι, συμβάλετε ἑαυτοὺς ξύλῳ·
λάβετε ἄμπελον·
πρῶτον μὲν φυλλοροεῖ,
εἶτα βλαστὸς γίνεται,
μετὰ ταῦτα ὄμφαξ,
εἶτα σταφυλὴ παρεστηκυῖα.
οὕτως καὶ ὁ λαός μου ἀκαταστασίας καὶ
θλίψεις ἔσχεν· ἔπειτα ἀπολήψεται τὰ ἀγαθά.

In der Frage nach der Herkunft des Zitats ist die Forschung von einem Konsens weit entfernt. Weil der Text als „Schrift" zitiert wird, behauptet Harnack, die Quelle sei jüdisch und nicht christlich (Einführung 111)[1]. A. Resch beruft sich auf Ez 12,22 f. und 17,5 f.f, um auch hier wie in I Clem 8,2 f. Spuren des Apokryphons Ezechiels zu vermuten (Agrapha 326). Aufgrund der Bedeutung von δίψυχος in Herm findet Lightfoot die Quelle in einem prophetischen Buch, wie das in Herm vis II 3,4 (7,4) zitierte Buch von Eldad und Modad (I 2,81)[2]. Auch D. A. Hagner neigt zu dieser Erklärung (Use 253): „Since it is not improbable that Clement derived the word δίψυχος from this writing, no conclusions may be drawn from the occurrence of the same word in James. Indeed, it may well be that the author of James derived the word from this same apocryphal writing, to which he appears to allude in Jas. 1.8." Nach J. Daniélou handelt es sich um ein judenchristliches Apokryphon (Théologie 420). Über Vermutungen kommt man in dieser Frage nicht hinaus.

Was den Terminus δίψυχος anbelangt, läßt sich beim gegenwärtigen Stand der Quellen nur feststellen, daß es sich um einen Begriff handelt, der zuerst in christlichen Kreisen belegt ist[3]. Ob er auch dort geprägt wurde, ist nicht sicher[4]. Auch wenn von seiner Herkunft her der Begriff eine christliche

---

[1] Vgl. KNOPF, 86; GRANT, 49.

[2] Ähnlich CLARKE, 96; O.J.F. SEITZ, Relationship of the Shepherd of Hermas to the Epistle of James, in: JBL 63 (1944) 131–140, hier 139 f.; DERS., Afterthoughts on the Term „Dipsychos", in: NTS 4 (1957/58) 327–334, hier 333 f.; O. KNOCH, Eigenart 116. Kritisch dazu LINDEMANN, 83 f.

[3] Abgesehen von Jak 1,8; 4,8 kommt der Begriff auch in Did 4,4; Barn 19,5 und in Herm vor. Am häufigsten ist er in Herm belegt: διψυχεῖν ca. 19mal; διψυχία ca. 15mal; δίψυχος ca. 18mal.

[4] M. DIBELIUS, Jakobusbrief 112, läßt die Frage offen. J. DANIELOU, Théologie 120: „Le terme δίψυχος surtout est caractéristique de la spiritualité chrétienne archaïque ... On remarquera les contacts de ce texte avec Hermas, sa présence dans Clément. Tout ceci ramène à un millieu romain." F. MUSSNER, Jakobusbrief 71: „Der Begriff ist vielleicht eine essenische Bildung." S. LAWS, A Commentary on the Epistle of James, San Francisco 1980, 60 f.: „δίψυχος was a local idiom, probably associated with Rome." Ähnlich S. S. MARSHALL, Δίψυχος 351. Nach O.J.F. Seitz war der Terminus in der unbekannten Quelle, die von I und II Clem mit Sicherheit zitiert wurde, und die möglicherweise auch dem Jak und Herm bekannt war (DERS., Antecedents and Signification of the Term ΔΙΨΥΧΟΣ, in: JBL [1947] 211–219, hier 218). H. FRANKEMÖLLE,

Prägung wäre, bedeutet dies allerdings nicht zugleich, daß er eine spezifisch christliche Anschauung beinhaltet[1].

Mit der Ankündigung der schnellen und plötzlichen Erfüllung des Willens   5
Gottes antwortet der Vf. auf die Behauptung der Zweifler, seit der Zeit der Väter sei ihnen nichts widerfahren (V. 3). ἐπ' ἀληθείας hat adverbiale Bedeutung[2]. Seiner Neigung folgend, Adverbien paarweise zu verwenden, nimmt der Vf. die zwei Adverbien ταχὺ καὶ ἐξαίφνης aus dem Schriftzitat, das seine Aussage bestätigt[3]. Es handelt sich um ein Mischzitat aus Jes 13,22b und Mal 3,1b.

I Clem 23,5b	Jes 13,22b
ταχὺ ἥξει καὶ οὐ χρονιεῖ,	ταχὺ ἔρχεται καὶ οὐ χρονιεῖ.
	Mal 3,1b:
καί ἐξαίφνης ἥξει ὁ κύριος εἰς τὸν ναὸν αὐτοῦ,	καὶ ἐξαίφνης ἥξει εἰς τὸν ναὸν ἑαυτοῦ κύριος,
	ὃν ὑμεῖς ζητεῖτε,
καὶ ὁ ἅγιος, ὃν ὑμεῖς προσδοκᾶτε.	καὶ ὁ ἄγγελος τῆς διαθήκης, ὃν ὑμεῖς θέλετε.

Das präsentische ἔρχεται von Jes 13,22b wird dabei durch das futurische ἥξει ersetzt und so dem zweiten Zitat angeglichen. Subjekt der Handlung ist der Herr bzw. der Heilige. Der Artikel vor κύριος weist wahrscheinlich auf eine christologische Deutung hin: der bald kommende Herr ist der erhöhte Christus. Aus den zwei Relativsätzen (ὃν ὑμεῖς) wird nun einer mit ὁ ἅγιος anstelle ὁ ἄγγελος als Subjekt. Nach A. v. Harnack ist es eine „absichtliche Korrektur (Christus ist höher als die Engel)"[4]. Weil die Frage nach der Herkunft des Zitats nicht eindeutig beantwortet werden kann, sind die Überlegungen über das Verhältnis von Tradition und Redaktion stark hypothetisch[5]. Fischer, 7; O. Knoch, Eigenart 129 f., und Lindemann, 84, plädieren für eine vorgegebene Einheit, die ursprünglich einer Florilegiensammlung angehörte[6]. Ein Argument für eine traditionelle Herkunft bietet indes die formale und inhaltliche Parallele des Schriftzitats in Hebr 10,37 (ἔτι γὰρ μικρὸν ὅσον ὅσον, ὁ ἐρχόμενος ἥξει καὶ οὐ χρονίσει), denn auch hier handelt es sich um eine Zitatensammlung (Jes 26,20 und Hab 2,3), die das baldige Kommen des Herrn ankündet (so O. Knoch, Eigenart 131). Eine gewisse Spannung zwischen der Aussage des

---

Brief des Jakobus 238, hält es für eine Bildung des Jakobus, auf ein „breitbelegtes und bereits geprägtes semantisches Feld" bezogen.

[1] Darin hat E. WERNER, Hebraisms 797, gegen J. Daniélou recht.

[2] Vgl. Dan 2,8; Tob 8,7; grHen 104,11; Mk 12,14.32; Lk 4,25; 22,59; Apg 4,27; 10,34. Auch im Profanen belegt.

[3] συνεπιμαρτυρεῖν auch in Hebr 2,4; Arist 191.

[4] DERS., Einführung 111. Vgl. auch R. A. LIPSIUS, Disquisitio 101; HILGENFELD, 29. LIGHTFOOT, I 2,82, erklärt die Abweichung durch eine Unaufmerksamkeit des Vf.s, der auswendig zitiert. Ähnlich D. A. HAGNER, Use 61.

[5] T. AONO, Entwicklung 51, schreibt 23,4c.5a dem Vf. zu: „So nimmt er wahrscheinlich die Naherwartung ernst."

[6] O. KNOCH, Eigenart 130–132, argumentiert mit dem Hinweis auf προσδοκᾶτε als Ausdruck des eschatologischen Wartens (Lk 12,46; Mt 24,50. Vgl. auch Lk 7,19 f.) und nimmt für das Zitat einen synoptischen Hintergrund an.

Vf.s (V. 5a) und dem Schriftzitat (V. 5b) ist nicht zu übersehen. „Schnell" und „plötzlich" beziehen sich im Zitat auf das Kommen des Herrn, während sie in V. 5a allgemein auf die Erfüllung des Willens Gottes bezogen sind. Gewiß kann man die Wendung so interpretieren, daß diese Erfüllung gerade im baldigen Kommen des Herrn besteht, aber die Aussage selbst bleibt merkwürdig unbestimmt[1].

Exkurs 3: I Clem 23 und die Eschatologie des I Clem.
Zur These von O. Knoch

In seiner Dissertation über die „Eigenart und Bedeutung der Eschatologie" von I Clem widmet O. Knoch dem Kap. 23 einen langen Abschnitt, der die Überschrift „Das Kommen des Reiches und seine Verzögerung" trägt (110) und mit einem Exkurs über die „Dipsychia" anfängt (111–124). Die folgenden Bemerkungen heben die Schwerpunkte seiner Darlegung hervor und nehmen dazu kritisch Stellung, um schließlich zu einer Charakterisierung der Eschatologie des I Clem im allgemeinen zu kommen.

1. Die Quellenfrage.

Die Annahme eines spätjüdischen Apokryphons (vielleicht die Apokalypse des Eldad und Modat) als Quelle für alle Stellen im NT und in der altchristlichen Literatur (Jak – I Clem – II Clem – Did – Barn), wo der Begriff der διψυχία vorkommt (123), ist mit vielen unbewiesenen und unbeweisbaren Voraussetzungen belastet; sie wird durch manche fragliche exegetische Entscheidungen nicht plausibler gemacht. Daß I Clem und II Clem über eine gemeinsame Quelle verfügen, läßt sich nicht bestreiten. Daß diese Quelle aber „schon vor Jak. vorhanden gewesen sein muß" (112), wird nicht durch den Hinweis auf die γραφή in Jak 4,5 noch durch die recht vage Aussage von Herm über die Apokalypse des Eldad und Modat bewiesen bzw. glaubhaft gemacht. Um die Abhängigkeit Did 4,4.7 und Barn 19,5.11 von der angeblichen Quelle zu beweisen, stellt O. Knoch zunächst manche Gemeinsamkeiten mit Herm vis II 3,1 (7,1), mand IX 3 (39,3) und sim IX 23,4 (100,4) fest (115). In einem zweiten Schritt greift er auf eine schwer annehmbare Hypothese zurück: Auch dem „Zwei-Wege-Katechismus" (Did 1–6 und Barn 18–20), in dessen Zusammenhang die Aussage über den Zweifel in Did und Barn steht, würde die mutmaßliche jüdische Vorlage zugrundeliegen (ebd.). Gegen diese Konstruktion bleibt festzuhalten, daß schon eine Gleichsetzung der von I Clem und II Clem zitierten Quelle mit der Apokalypse von Eldad und Modat alles andere als eine gesicherte Erkenntnis ist. Wenn O. Knoch darüber hinaus die

---

[1] Unklar T. H. C. v. EIJK, Résurrection 46: „Ainsi la Naherwartung se trouve-t-elle privée de son caractère temporel, elle est devenue une proximité cosmologique et spatiale du Juge omniprésent." Darf man dann noch von „Naherwartung" sprechen?

gleiche jüdische Quelle für alle anderen διψυχία-Stellen postuliert, verwandelt er das angenommene Objekt in einen festen Ausgangspunkt der Überlieferung. Die Postulierung der gleichen jüdischen Quelle als Grundlage für die zitierten christlichen Stellen geht an den Texten vorbei. Das bleibt nicht ohne Folgen für die Inhaltsbestimmung.

2. Die Bedeutung der διψυχία.

Das allen zitierten Stellen gemeinsame Merkmal der διψυχία bestimmt nach O. Knoch deren eschatologischen Bezug (112). Andererseits muß er zugeben, daß bei Jak und Herm auch eine „uneschatologische Verwendung" des Begriffes „im Sinne von Zweifel an der Erhörung des Gebetes" belegt ist (114). Unter Berufung auf O.J.F. Seitz glaubt O. Knoch, den Charakter der all diesen Texten zugrundeliegenden gemeinsamen jüdischen Quelle bestimmen zu können: sie nahm gegen die Zweifler Stellung, „deren Haltung zur Eschatologie eines der aktuellen Themen jener Zeit bildete" (115). „Dieses Apokryphon, das unter der Autorität des AT ging, hat sehr wahrscheinlich unseren griechischen Begriff διψυχία geprägt zur Bezeichnung des wankenden Glaubens an die eschatologischen Verheißungen Gottes, nach Jak. und Herm. auch an die sichere Gebetserhörung durch Gott" (116. Vgl. auch 123). Durch die christliche Übernahme der apokryphen Vorlage wird der διψυχία-Topos nach dieser Interpretation zu einem wichtigen Stück „der Verzögerungsapologetik des frühen Christentums der Übergangszeit von 1. zur 2. Generation" (119). Die Annahme *einer* gemeinsamen Quelle für alle christlichen Texte führt konsequent zur Annahme der gleichen Bedeutung im Sprachgebrauch von διψυχία bei all diesen Texten. Das läßt sich aber nicht durchhalten, ohne den Texten Gewalt anzutun bzw. ohne augenfällige Unterschiede zu nivellieren. Schon der Sprachgebrauch von διψυχία in I Clem 11,2 zeigt, daß der Terminus sich nicht in das von O. Knoch konstruierte Schema einfügen läßt. Die häufige Verwendung des Begriffs in Herm mit den vielen Bedeutungsnuancen bringt eine zusätzliche Bestätigung. Der Versuch, Herm am Schluß einer zunehmenden Depotenzierung der Eschatologie zu setzen (123), vermag nicht über die fragwürdige Struktur der ganzen Beweisführung hinwegzutäuschen[1].

3. Der historische Hintergrund.

Die traditionelle Bestimmung des Textes und seine Interpretation schlagen sich auch im Verständnis des historischen Hintergrundes nieder. Der Grund für das Verharren im Aufruhr bei den korinthischen Gegnern sei demzufolge der Zweifel an der eschatologischen Vergeltung. „Die Naherwartung ist also nur insofern verteidigt, als das Festhalten an ihr auch das Festhalten an der eschatologischen Vergeltung einschließt" (133). I Clem gilt als Zeuge „der

---

[1] Vgl. N. BROX, Hirt 552 f.

erfahrenen Parusieverzögerung und der daraus hervorgehenden eschatologischen Glaubenskrise, die zumindest in Korinth, aber auch in Rom ... zu spüren war und beim korinthischen Aufruhr eine gewisse Rolle gespielt haben muß" (134)[1].- Es ist nicht zu bestreiten, daß in I Clem 23 das Kommen des Herrn verkündet wird (sehr wahrscheinlich im christologischen Sinn) und in Kap. 24 f. der Auferstehungsglaube durch Vernunftargumente plausibel gemacht werden soll. Aber eine Sache ist der Inhalt der Rede über Parusie und Auferstehung und eine andere der Anlaß dazu. O. Knoch schließt von seiner Rekonstruktion über Herkunft und Inhalt einer begrifflichen Prägung auf den historischen Zusammenhang in Korinth. Der Vf. würde bewußt Stellung nehmen „gegen einen wirklich vorhandenen Zweifel in Korinth" (139). Die Parusieverzögerung „in Verbindung mit den latenten griechischen Einwänden gegen ein leibliches Fortleben nach dem Tod" wären die Ursachen für den Zweifel, der die Wahrheit des christlichen Glaubens selbst in Frage stellte (140). Verstößt die Interpretation nicht gegen eine innere Logik, wird alles fraglich, wenn man den Prämissen die Gefolgschaft verweigert. Ihre dürftige Basis zwingt aber dazu.

4. Allgemeines zur Eschatologie des I Clem.

Es besteht keinen Zweifel darüber, daß der Gegenstand der Forschung nicht unmittelbar „da ist", sondern daß er zu einem solchen erst durch die Frage und die sich daraus ergebende Thematisierung wird. Dies gilt auch für die Frage der Eschatologie in I Clem. Die Untersuchung von O. Knoch arbeitet eine Eschatologie des I Clem heraus, die der Anlage und dem Anliegen des Schreibens nicht gerecht wird. Vereinzelte Aussagen, deren Intention im jeweiligen Kontext erkannt und verdeutlicht werden soll, sind das Material, aus dem Knoch den eschatologischen Entwurf von I Clem herausstellt. Durch ihre Herauslösung aus dem Argumentationsvorgang des Schreibens lassen sich diese Aussagen leicht zu einem Ganzen zusammenfügen, in dem sich die Eschatologie des I Clem artikuliert. Daß dabei die Gefahr einer Verfremdung und einer gegenüber dem Text sich bedenklich verselbständigenden Konstruktion lauert, ist offensichtlich. Aus dieser Perspektive sind auch die Ergebnisse der Arbeit von Knoch zu verstehen (448–458). Folgende zwei Aspekte daraus sind besonders repräsentativ. 1. Zum heilsgeschichtlichen Entwurf: Nachdem sich der Mensch bereits am Anfang der Schöpfung gegen den Friedenswillen des Schöpfers erhoben hat, sind die negativen Folgen aufgetreten, die in der Strafe der Sintflut gipfeln. Noach wird dabei als Typus des zweiten Noach, Jesus Christus, gedeutet, der die Gottesgnade vermittelt (268.450 f.). Der Entwurf ist allumfassend: „Die Menschheitsgeschichte wird demnach von einer aufsteigenden heilsgeschichtlichen Vollendungslinie durchzogen, die sich um zwei Pole gruppiert, Noe und Christus" (450). 2. Zur Rolle der Kirche:

---

[1] H. DELAFOSSE, Lettre 71, vertrat 1928 eine ähnliche These.

In diesen Schöpfungsrahmen wird auch die Kirche eingeordnet. „Die Zeit der Kirche wird so zur Vollendungsepoche der Schöpfungs- und Heilsgeschichte und im Hinblick auf das Reich Gottes zur Endepoche vor dessen Anbruch und damit zur Übergangszeit" (453)[1].

Die strenge Systematik des Entwurfs überfordert den Text von I Clem und erweckt nicht zuletzt deswegen einen problematischen Eindruck, weil sie aus einem unreflektiert selektiven Verfahren hervorgeht. Noach ist nicht der einzige, der als Bußprediger auftritt. Warum die Typologie „Noach – Jesus Christus", wenn auch Jonas in dieser Rolle erscheint (I Clem 7,7)? Das so bestimmte Verhältnis von Noach zu Jesus Christus ist aus den Texten nicht zu gewinnen, und das Thema der παλιγγενεσία (9,4) kann es auch nicht begründen.– Das Verständnis der Kirche erinnert lebhaft an die lukanische Ekklesiologie, aber als Deutungsmodell ist es für I Clem nicht sachgemäß. Denn die ekklesiologischen Aussagen sind hier durchweg durch die Lage in Korinth bedingt und passen nicht in einen solch breiten schöpfungstheologischen Rahmen. Die Thematisierung der Eschatologie hat in der Deutung von Knoch einen Extrapolationseffekt hervorgebracht, demzufolge der Frage eine Bedeutung zugemessen wird, die der Text, genau gesehen, nicht ergibt[2].

8.4. Macht Gottes und Gewißheit der Auferstehung (24,1–26,3)

Die Auferstehung der Toten ist das bestimmende Thema von 24,1 bis 26,3. Formal und inhaltlich lassen sich drei Abschnitte unterscheiden. Mit der Einleitung κατανοήσωμεν wird zunächst die Auferstehung Jesu Christi hervorgehoben (24,1). Ein zweifaches ἴδωμεν (24,2 und 25,1) eröffnet dann eine Beweisführung mit Beispielen aus der Natur: zuerst die Abfolge von Tag und Nacht (24,3) und das Los des Samenkorns (24,4 f.); sodann die legendäre Gestalt des Phönix-Vogels (25,1–5). Begrifflich präzis wird unterschieden: Gegenstand der Betrachtung (κατανοήσωμεν) ist die Auferstehung Jesu Christi; Gegenstand des Sehens (ἴδωμεν) sind die Beispiele aus der Natur. Drei Zitate bringen den zusätzlichen Schriftbeweis und schließen das Thema ab (26,2 f.).

---

[1] Vgl. auch O. KNOCH, Stellung 349.
[2] Die von G. BRUNNER, Mitte 19 f., vorgetragene Kritik an dem methodischen Ansatz von O. Knoch, hat manche Schwächen deutlich gesehen. Zur Frage der Naherwartung vgl. die Kritik von H. RÄISÄNEN, „Werkgerechtigkeit" 98 Anm. 77. Auf mehrere kritische Apekte der Darstellung von Knoch macht T. AONO, Entwicklung 53 f. Anm. 57, aufmerksam. Daß die Eschatologie für die Theologie von I Clem eine große Rolle spielt, wie LINDEMANN, 21, behauptet, dürfte eine Übertreibung sein.

8.4.1. Die Auferstehung Jesu Christi und das Zeugnis der Natur (24,1–5)

1. Betrachten wir, Geliebte, wie der Herrscher uns fortwährend zeigt, daß die künftige Auferstehung stattfinden wird, zu deren Erstling er den Herrn Jesus Christus machte, als er ihn von den Toten auferweckte.
2. Schauen wir, Geliebte, die zu bestimmter Zeit eintretende Auferstehung! 3. Tag und Nacht zeigen uns die Auferstehung an; die Nacht entschläft, der Tag steht auf; der Tag zieht ab, die Nacht kommt herbei. 4. Nehmen wir die Früchte: Wie und auf welche Weise geschieht die Aussaat? 5. Der Sämann ging hinaus und warf auf die Erde jedes der Samenkörner; wenn sie, trocken und nackt, auf die Erde fallen, lösen sie sich auf. Aus der Auflösung läßt sie dann die großartige Fürsorge des Herrn auferstehen, und aus dem einen wachsen viele und bringen Frucht.

1 κατανοεῖν bezeichnet in I Clem eine besondere Form der Wahrnehmung, die den tieferen Sinn eines Tatbestandes erschließt (32,1; 34,5; 37,2; 47,5) bzw. die von ihrem Gegenstand her eine spezifische Sicht der Dinge voraussetzt (24,1)[1]. In diesem Fall handelt es sich um eine Tat Gottes als Herrscher (ὁ δεσπότης) in der Gegenwart, die sich aber auf etwas Noch-ausstehendes bezieht. Gott zeigt (ἐπιδείκνυται) jetzt, und zwar fortwährend (διηνεκῶς), daß die künftige Auferstehung der Toten stattfinden wird (τὴν μέλλουσαν ἀνάστασιν ἔσεσθαι)[2]. Das Adverb διηνεκῶς ist ein Hapaxlegomenon in der urchristlichen Literatur[3], aber schon in Est 3,13d; 3 Makk 3,11.22; 4,16 belegt[4]. Die Aussage ist bereits auf die Beweisführung mit den Beispielen aus der Natur ausgerichtet. In diesem Zusammenhang ist der Relativsatz mit dem Hinweis auf die Auferstehung Jesu Christi zu verstehen: ἧς τὴν ἀπαρχὴν ἐποιήσατο τὸν κύριον Ἰησοῦν Χριστὸν ἐκ νεκρῶν ἀναστήσας. Das Subjekt bleibt ὁ δεσπότης. Er hat den auferstandenen Herrn durch die Auferweckung vom Tod zum Anfang der Auferstehung gemacht. Der Einfluß von 1 Kor 15,20 (νυνὶ δὲ Χριστὸς ἐγήγερται ἐκ νεκρῶν ἀπαρχὴ τῶν κεκοιμημένων) ist sehr wahrscheinlich (Lindemann, 86), wenngleich I Clem 24,1 besonders am zeitlichen Element interessiert ist[5]. Sicherlich ist ein bloß zeitlicher Vorrang der Auferstehung Jesu zur Auferstehung der Toten eine bedenkliche Verkürzung der paulinischen Auferstehungstheologie, die in der Auferstehung Jesu zugleich den Anbruch eines neuen Äons bekennt, der schon in die gegenwärtige Weltzeit hineinwirkt (vgl. O. Knoch, Eigenart 142). Aber bei der Beurteilung der theologischen Sachaussage in I Clem 24,1 ist Vorsicht angebracht[6].

---

[1] κατανοεῖν mit darauffolgendem πῶς ist typisch für I Clem. Vgl. 24,1; 34,5; 37,2.
[2] Vgl. 28,1: … ἀπὸ τῶν μελλόντων κριμάτων.
[3] Hebr 7,3; 10,1.12.14 bringt εἰς τὸ διηνεκής im Sinn von „für immer".
[4] Vgl. auch (Symmachus) Ps 36,3; 41,6; 44,18; 76,3; 144,1; TestJob 33,7; Philo, Sacr 94; Josephus, Bell 1,265; 3,270; Ant 1,303; 11,182; 15,300; 19,319.
[5] Vgl. A. v. HARNACK, Einführung 111; G. DELLING, ThWNT I 484.
[6] Richtig T. H. C. v. EIJK, Résurrection 48 f.

Zum einen spricht der Vf. von der Auferstehung Jesu in einem bestimmten Kontext und mit einer präzisen Absicht. Wenn die hier vertretene Meinung richtig ist, daß nämlich das Auferstehungsthema in diesem Kontext kein wirklicher Exkurs ist (so A. v. Harnack, Einführung 111), sondern Teil einer Argumentation über das Wirken Gottes in der Welt, dann soll man an dieser Stelle auch keine Auferstehungstheologie erwarten. Ebenso fraglich ist die andere Meinung von A. v. Harnack, der Vf. habe die Schwierigkeit des Auferstehungsglaubens „stark empfunden und ihn deshalb (c. 24-27) durch eine Reihe von Nachweisungen sorgfältig unterbaut" (ebd. 73 Anm. 2). Zum anderen ist die Heranziehung der paulinischen Auferstehungstheologie als Parameter für die Beurteilung der Sachaussage methodisch nicht unproblematisch[1]. Denn so hilfreich sie für eine Theologiegeschichte sein kann, so begrenzt ist ihr Beitrag zum besseren Verständnis einer Einzelstelle wie I Clem 24,1[2]. Die Rede von der Auferweckung Jesu mit ἀνίστημι als Transitiv und nicht ἐγείρειν ist typisch für die Apg (vgl. Apg 2,24.32; 3,22.26; 13,32.34. Vgl. auch PolPhil 9,3). Die Bilder in I Clem 24,3 und 24,5, bei denen auch ἀνιστάναι verwendet wird, haben vielleicht den Sprachgebrauch beeinflußt[3].

Die Wendung ἴδωμεν, ἀγαπητοί kommt nur hier vor (vgl. 12,8). Sie gehört mit κατανοήσωμεν, ἀγαπητοί in 24,1 zusammen[4]. ἀνάστασις ist auch der Ausdruck für die Bilder von der Auferstehung, die im folgenden gezeigt werden: die Abfolge von Tag und Nacht, das Wachstum des Samenkorns, der Vogel Phönix. Darum steht ἴδωμεν am Anfang. Die Gläubigen sollen diese Beispiele sehen. Das Partizip-Präsens γινομένη als Ausdruck der Handlung in ihrer Entwicklung (Kühner/Gerth, II 1,197) hängt mit dem anderen Partizip τὸ γινόμενον (25,1) und mit der Präsens-Form γίνεται (24,4) zusammen. Es handelt sich dabei um die dort erwähnten Vorgänge in der Natur, die die Wahrheit der Auferstehung beweisen, nicht um die Auferstehung selbst. Kennzeichnend dafür ist die Fortsetzung in 24,3: Tag und Nacht zeigen uns die ἀνάστασις an[5]. Die Wendung κατὰ καιρόν, um die bestimmte Zeit auszudrücken, ist in der LXX belegt: Num 9,3.13; 23,23; Ijob 5,26 (zitiert in I Clem 56,15); 39,18 (im NT vgl. [Joh 5,4] Röm 5,6). „Die bestimmte

2

---

[1] O. KNOCH, Eigenart 143, hebt die theozentrische Prägung der Aussage hervor. Dabei setzt er voraus, daß der Vf. 1 Kor 15 als Vorlage hier „bewußt zugrunde legt", und wertet den fehlenden Hinweis auf die heilsgeschichtliche Funktion Christi - so in 1 Kor 15,22-28 - als Folge dieser Theozentrik. Daß der Vf. an 1 Kor 15 anknüpft, dürfte einleuchtend sein. Aber eine Verwendung von 1 Kor 15 als Vorlage läßt sich aus dem Text nicht entnehmen. Weitere Überlegungen über nicht aufgenommene Inhalte von 1 Kor 15 sind Spekulation.

[2] Zu ἐκ νεκρῶν ἀναστήσας vgl. Apg 17,31.

[3] Daß der Vf. das ἐγείρειν meidet, „um die Souveränität Gottes im Heilsgeschehen zu wahren", wie O. KNOCH, Eigenart 156, meint, ist sehr unwahrscheinlich.

[4] Zu κατανοήσωμεν und ἴδωμεν, in diesem Zusammenhang s.o.

[5] Die lateinische Übersetzung scheint daran erinnern zu wollen: Sie bringt „surrectionem" anstelle des zu erwartenden „resurrectionem" und bezieht sie auf die Abfolge von Tag und Nacht: „videamus, fratres, cotidianam *surrectionem* diei et noctis. Nox dormitio est, dies *surrectio;* dormit nox, surgit dies."

Zeit" ist zunächst auf die Beispiele bezogen: Sie alle zeigen eine Regelmäßigkeit, die dem Rhythmus der Natur entspricht. Zugleich beinhalten diese Beispiele auch eine Aussage bezüglich der Hoffnung auf die Auferstehung der Toten. Sie wird einmal eintreten mit der gleichen Gewißheit, wie der Nacht der Tag folgt oder das in der Erde aufgelöste Samenkorn Frucht bringt[1].

3   Das Beispiel illustriert das κατὰ καιρόν der Auferstehung. Die kurzen chiastisch geordneten Sätze skandieren den Rhythmus des Naturgeschehens, das in seiner Regelmäßigkeit die Gewißheit der künftigen Auferstehung veranschaulicht: κοιμᾶται ἡ νύξ, ἀνίσταται ἡ ἡμέρα· ἡ ἡμέρα ἄπεισιν, νὺξ ἐπέρχεται. Das Bild bleibt der Sache so nah wie möglich. κοιμᾶν gehört ursprünglich in die Metaphorik des Todes, aber es ist schon in die Allgemeinsprache integriert, um das Sterben bzw. die Toten zu bezeichnen (vgl. 1 Kor 15,6.18.20.51). ἀνιστάναι gehört zur Begrifflichkeit des judenchristlichen Auferstehungsbekenntnisses. Hier jedoch handelt es sich um eine Aussage über die Abfolge von Tag und Nacht, und nicht über Tod und Auferstehung. Der Akzent liegt auf dieser Abfolge. Weil O. Knoch das Bild als Aussage über Tod und Auferstehung im allgemeinen deutet, muß er feststellen, daß das Bild in I Clem schief ist, „weil ‚der dauernde Ablauf der Dinge, wobei das eine dem andern Platz macht‘, den Bildgehalt ausmacht, nicht aber die Auferstehung des Tages aus der Nacht. Denn gerade die Einmaligkeit dieses Sieges über den Tod ist in dem Bild nicht enthalten" (Eigenart 146). Darum geht es aber in 24,3 nicht, sondern um das κατὰ καιρόν der Auferstehung[2].

In der altchristlichen Literatur taucht das Motiv von der Abfolge von Tag und Nacht als Sinnbild der Auferstehung mehrmals auf[3]. Theophilus von Antiochien scheint teilweise von I Clem 24 rezipiert zu haben.

I Clem 24,1-5	Ad Aut. I 13
κατανοήσωμεν, ἀγαπητοί, πῶς ὁ δεσπότης	κατανόησον
ἐπιδείκνυται διηνεκῶς ἡμῖν τὴν μέλλουσαν	
ἀνάστασιν ἔσεσθαι, ἧς τὴν ἀπαρχὴν	
ἐποιήσατο τὸν κύριον Ἰησοῦν Χριστὸν ἐκ	
νεκρῶν ἀναστήσας. ἴδωμεν, ἀγαπητοί, τὴν	
κατὰ καιρὸν γινομένην ἀνάστασιν.	τὴν τῶν καιρῶν

---

[1] O. KNOCH, Eigenart 144, legt I Clem 24,2 als direkte Aussage über die Auferstehung aus, ohne zwischen Bild- und Sachaussage zu unterscheiden.

[2] Die von L. SANDERS, Hellénisme 70 f., herangezogenen stoischen Parallelen (Seneca, Ep 36,10–11) tragen zum Verständnis des Textes nichts bei. Daß in der Wiederkehr der Naturgeschehen der Tod das Leben nicht vernichten kann, steht nicht zur Debatte.

[3] Tertullian, Apol. 48,8: „Lux cottidie interfecta resplendet et tenebrae pari vice decedendo succedunt, sidera defuncta vivescunt, tempora ubi finiuntur, incipiunt; fructus consummantur et redeunt, certe semina non nisi corrupta et dissoluta fecundius surgunt." De Res. 12,1 f.: „Dies moritur in noctem et tenebris usquequaque sepelitur … Et tamen rursus cum suo cultu cum dote cum sole eadem et integra et tota universo orbi revivescit, interficiens mortem suam, noctem, rescindens sepulturam suam, tenebras, heres sibimet existens, donec et nox revivescat cum suo et illa suggestu."

ἡμέρα καὶ νὺξ ἀνάστασιν ἡμῖν δηλοῦσιν·
κοιμᾶται ἡ νύξ, ἀνίσταται ἡ ἡμέρα·
ἡ ἡμέρα ἄπεισιν, νὺξ ἐπέρχεται.
λάβωμεν τοὺς *καρπούς·* ὁ σπόρος πῶς καὶ
τίνα τρόπον γίνεται;
ἐξῆλθεν ὁ σπείρων καὶ ἔβαλεν εἰς τὴν γῆν
ἕκαστον *τῶν σπερμάτων·* ἅτινα πεσόντα
εἰς τὴν γῆν ξηρὰ καὶ γυμνὰ
διαλύεται· εἶτ᾿ ἐκ τῆς διαλύσεως
ἡ μεγαλειότης
τῆς προνοίας τοῦ δεσπότου ἀνίστησιν αὐτά,
καὶ ἐκ τοῦ ἑνὸς πλείονα αὔξει καὶ ἐκφέρει
καρπόν.

καὶ ἡμερῶν καὶ νυκτῶν τελευτήν,
πῶς καὶ αὐτὰ τελευτᾷ καὶ *ἀνίσταται.*

τί δὲ καὶ οὐχὶ ἡ τῶν σπερμάτων καὶ *καρπῶν*
γινομένη ἐξανάστασις, καὶ τοῦτο εἰς τὴν
χρῆσιν τῶν ἀνθρώπων; εἰ γὰρ τύχοι εἰπεῖν,
κόκκος σίτου ἢ *τῶν λοιπῶν σπερμάτων,* ἐπὰν
βληθῇ *εἰς τὴν γῆν,* πρῶτον ἀποθνῄσκει καὶ
λύεται, *εἶτα* ἐγείρεται καὶ γίνεται στάχυς.
ἡ δὲ τῶν δένδρων καὶ ἀκροδρύων φύσις, πῶς
οὐχὶ κατὰ πρόσταγμα θεοῦ ἐξ ἀφανοῦς καὶ
ἀοράτου *κατὰ καιροὺς* προσφέρουσιν
τοὺς καρπούς.

Nach dem Beispiel von der Abfolge von Tag und Nacht folgt das mit den   4
Früchten[1]. Die Frage nach der Art der Aussaat bereitet die Schilderung in
V. 5 vor.

Die Schilderung ist eingekleidet in die Form einer kleinen Geschichte, die   5
zahlreiche Anklänge an die urchristliche Überlieferung aufweist. Die Geschichte hat drei Teile. Im ersten Teil ist der Sämann der Hauptdarsteller,
und seine Handlung ist durch die zwei Aoriste ἐξῆλθεν und ἔβαλεν umschrieben. Im zweiten Teil geht es um das Los des Samenkorns, das auf die Erde
gefallen ist. Die Verbindung mit dem ersten Teil durch das Relativ ἅτινα und
das Partizip πεσόντα unterstreicht die Einheit der Handlung. Durch das
Präsens historicum διαλύεται knüpft dieser Teil an den dritten an, in dem
das Subjekt eigentlich die großartige πρόνοια τοῦ δεσπότου ist. Das εἶτα
markiert eine kleine Zäsur, die den Prozeß der Auflösung des Samenkorns
in der Erde von der Handlung Gottes trennt. Eben aus dieser Auflösung (ἐκ
τῆς διαλύσεως) läßt die Fürsorge Gottes das Samenkorn auferstehen. Die
Handlung Gottes erstreckt sich auch auf den weiteren Verlauf: aus dem einen
Korn wachsen viele (ἐκ τοῦ ἑνὸς πλείονα αὔξει) und bringen Frucht (ἐκφέρει
καρπόν). Die detaillierte Beschreibung des ganzen Prozesses, von der Aussaat
über die Auflösung in der Erde bis hin zum Wachstum und zur Frucht,
verdeutlicht das κατὰ καιρόν der künftigen Auferstehung. So wie der Frucht
mehrere und verschiedene Phasen vorangehen, die nicht vertauscht oder
beseitigt werden können, so wird es auch mit der Auferstehung sein. Nach
dieser Deutung liegt der Akzent nicht auf der Verschiedenheit zwischen
Aussaat und Gesätem, noch auf der reichen Frucht und auch nicht auf dem
Entwicklungsgedanken, sondern allein auf der von Gott bestimmten Ordnung
der Dinge, über die er mit seiner rettenden Macht verfügt. In der Wendung
ἡ μεγαλειότης τῆς προνοίας übernimmt ein Substantiv die adjektivische qua-
lifizierende Funktion[2]. Der πρόνοια-Begriff als Bezeichnung der göttlichen

---

[1] Zu λάβωμεν als Einleitung zu einem Beispiel vgl. 5,1.3; 9,3; 23,4; 37,5.
[2] Zu μεγαλειότης vgl. 1 Esra 1,5; 4,40; Jer 40(33),9; Dan 7,27; Lk 9,43; Apg 19,27; 2 Petr
1,16.

Vorsehung und Fürsorge hat eine lange und reiche Vorgeschichte in der griechischen Literatur[1]. Das hellenistische Judentum hat sich ihn schon längst zu eigen gemacht, um die Wirkung des biblischen Gottes in der Welt auszudrücken[2], und sein Einfluß schlägt sich hier nieder (im NT kommt der Begriff im oben genannten Sinn nicht vor. Vgl. Röm 13,14; Apg 24,2)[3].

Der Bezug zur urchristlichen Überlieferung ist ebenso unbestreitbar wie auch komplex[4]:

ἐξῆλθεν ὁ σπείρων	ἐξῆλθεν ὁ σπείρων (Mk 4,3 parr).
καὶ ἔβαλεν εἰς τὴν γῆν	βάλῃ ... ἐπὶ τῆς γῆς (Mk 4,26).
ἕκαστον τῶν σπερμάτων,	καὶ ἑκάστῳ τῶν σπερμάτων (1 Kor 15,38).
ἅτινα πεσόντα εἰς τὴν γῆν	καὶ ἄλλα ἔπεσεν εἰς τὴν γῆν (Mk 4,8; Lk 8,8).
ξηρὰ καὶ γυμνὰ	ἀλλὰ γυμνὸν κόκκον (1 Kor 15,37).
διαλύεται·	
εἴτ᾽ ἐκ τῆς διαλύσεως ἡ μεγαλειότης τῆς	
προνοίας τοῦ δεσπότου ἀνίστησιν αὐτά,	
καὶ ἐκ τοῦ ἑνὸς πλείονα αὔξει	καὶ ἐδίδου καρπὸν ... καὶ αὐξανόμενα καὶ
καὶ ἐκφέρει καρπόν.	ἔφερεν (Mk 4,8).
	πολὺν καρπὸν φέρει (Joh 12,24).

Von den Synoptikern scheint Mk besser vertreten zu sein als die anderen. Zwei sprachliche Reste weisen auf 1 Kor 15 hin. Aber der Text bildet eine neue Einheit, die in ihrem Zusammenhang auszulegen ist. Die Einwirkung der urchristlichen Tradition erklärt sich am einfachsten durch mündliche Überlieferung. Der Vf. kennt diese Überlieferung, aber er bildet, schöpfend aus dem Gedächtnis eine neue Erzählung[5].

---

[1] Vgl. J. BEHM, ThWNT IV 1006 f.

[2] Vgl. Weish 14,3; 17,2; 3 Makk 4,21; 5,30; 4 Makk 9,24; 13,19; 17,22; Arist 201; Philo: Ebr 199; LegGai 336; Jos 99; VitMos II 3.6; Her 58 u. ö.; Josephus, Bell 3,391; Ant 4,47.

[3] Eine stoische Quelle zu vermuten, wie GRANT, 50, es tut, ist fehl am Platz. Nach O. KNOCH, Eigenart 148, interessiert den Vf. nicht wie Paulus „das Wie des Auferstehungsleibes, sondern das Wie der leiblichen Auferstehung. Bei ihm ist die Auflösung der ‚trockenen und nackten‘ Samenkörner die notwendige Vorbedingung für deren Auferstehung in der Frucht; anders gesagt: weil Auflösung, deshalb Auferstehung." Das Vorhandensein von manchen Bildelementen, die auch in 1 Kor 15 vorkommen (s. u.), bedeutet nicht, daß der Vf. „im freien Anschluß an 1 Kor 15,35" (ebd.) die Metapher formuliert. Die Frage der leiblichen Auferstehung kommt hier nicht in Betracht.

[4] Vgl. L. SANDERS, Hellénisme 70 f.; E. MASSAUX, Influence 31 f.; D. A. HAGNER, Use 164; W.-D. KÖHLER, Rezeption 61 f.

[5] Vgl. O. KNOCH, Eigenart 149; LINDEMANN, 87. Die Bezeichnung des Textes „a homily on 1 Cor. 15,36 ff., employing the imagery of the Parable of the Sower" (so D. A. HAGNER, Use 164), ist sachlich unpassend. H. KÖSTER, Überlieferung 20 f., plädiert für eine traditionelle Herkunft des Gleichnisses in Verbindung mit der Beispielerzählung vom Vogel Phönix.

8.4.2. Das Beispiel vom Vogel Phönix (25,1-5)

1. Schauen wir das auffallende Zeichen, das in den östlichen Gebieten geschieht, das heißt in den (Gebieten) um Arabien. 2. Es gibt nämlich einen Vogel, der Phönix heißt. Dieser, der einzig in seiner Art ist, lebt fünfhundert Jahre. Wenn er bereits der Auflösung im Tod nahe ist, macht er sich ein Nest aus Weihrauch und Myrrhe und den übrigen Spezereien; daraufhin, wenn die Zeit sich erfüllt hat, geht er hinein und stirbt. 3. Wenn aber das Fleisch in Fäulnis übergeht, entsteht ein Wurm, der sich von dem Fäulnissaft des verendeten Tieres nährt und Flügel bekommt. Danach, wenn er stark geworden ist, hebt er jenes Nest auf, in dem die Gebeine des früheren (Vogels) sind, und dies tragend durchmißt er (die Strecke) von der arabischen Gegend bis nach Ägypten in die Stadt, die Heliopolis heißt. 4. Und am Tag, wenn alle es sehen, fliegt er zum Altar des Helios, legt es (dort) nieder und kehrt so wieder zurück. 5. Die Priester schauen in den Zeittafeln nach und finden, daß er nach Vollendung des fünfhundertsten Jahres gekommen ist.

Die Aufforderung ἴδωμεν leitet das dritte Beispiel ein (vgl. 24,2). Es handelt sich um ein παράδοξον σημεῖον, d. h. um ein außergewöhnliches, auffallendes Zeichen[1], das sich in fernen östlichen Ländern ereignet. Die vage Angabe über Arabien ist traditionell (vgl. Herodot, 2,73). Der Inhalt des Zeichens wird in V. 2-5 erzählt.   **1**

Die Antike kennt mehrere Fassungen von der Gestalt und dem Leben des legendären Vogels Phönix[2]. Die einschlägigen Texte haben Knopf, 88 f., und Lindemann, 263-277, zusammengetragen. Die in I Clem 25 vorliegende Erzählung weist Berührungspunkte mit manchen von diesen Fassungen auf, aber sie ist mit keiner von ihnen identisch bzw. davon abhängig. Der Name „Phönix" ist literarisch zum erstenmal bei Hesiod Fr. 171 bezeugt im Zusammenhang mit der erstaunlichen Lebensdauer des Vogels: 972 Menschengeschlechter. Meistens wird sie jedoch mit 500 Jahren angegeben[3]. Der Vf. vertritt hier die geläufige Fassung (schon Herodot, 2,73). Daß er einzig in seiner Art ist, behaupten auch der römische Geograph Pomponius Mela (De Chorographia III 83 f.: „semper unica") und Plinius der Ältere (NatHist X 3: „unum in toto orbe"). Die Angaben zur Vorbereitung auf seinen Tod – das Nest aus Weihrauch, Myrrhe und anderen Spezereien – stimmen weitgehend mit denen von römischen Autoren überein[4]: so Ovid, Metamorphosen XV 395-400: „Haec ubi quinque suae conplevit saecula vitae, ilicis in ramis   **2**

---

[1] παράδοξος ist geläufig im hellenistischen Judentum. Vgl. Jdt 13,13; Weish 5,2; 16,17; 19,5; Sir 43,25; 2 Makk 9,24; 3 Makk 6,33; 4 Makk 2,13; Arist 175. Oft bei Philo und Josephus.

[2] Dazu vgl. R. van den BROEK, The Myth of the Phoenix According to Classical and Early Christian Traditions, Leiden 1972.

[3] Vgl. Tacitus, Annales VI 28: „De numero annorum varia traduntur. Maxime vulgatum quingentorum spatium."

[4] Vgl. L. SANDERS, Hellénisme 72 Anm. 3

tremulaeque cacumine palmae unguibus et puro nidum sibi construit ore. Quo simul ac casias et nardi lenis aristas quassaque cum fulva substravit cinnama murra. Se super inponit finitque in odoribus aevum"; Pomponius Mela, ebd.: „Sed ubi quingentorum annorum aevo perpetua duravit, super exaggeratam variis odoribus struem sibi ipsa incubat solviturque"; Plinius, ebd.: „Senescentem casiae turisque surculis construere nidum, replere odoribus et superemori."

3   Nach dem merkwürdigen Ende des Vogels[1] geschieht das eigentliche wunderbare Zeichen zuerst durch sein Wiedererstehen aus den eigenen Resten, und dann durch den Flug nach Heliopolis. Die nächsten Parallelen führen weiter hin nach Rom: Zuerst die Fassung des Pomponius Mela, ebd.: „Dein putrescentium membrorum tabe concrescens ipsa se concipit atque ex se rursus renascitur. Cum adolevit, ossa pristini corporis inclusa murra Aegyptum exportat, et in urbe quam Solis adpellant ... inferens ..." Die wesentlichen Elemente dabei sind: die Wiederentstehung aus der Verwesung durch die eigene Kraft, das Erreichen einer gewissen Stärke, die Versetzung nach Ägypten in die Stadt der Sonne. Plinius der Ältere bringt eine gute Ergänzung dazu: „Ex ossibus deinde et medullis eius nasci primo ceu vermiculum, inde fieri pullum; principioque iusta funera priori reddere et totum deferre nidum propre Panchaiam in Solis urbem." Nur hier wird im Einklang mit I Clem der Wurm erwähnt. Das „ex medullis eius" kann etwa der feuchten Substanz aus der Fäulnis (ἐκ τῆς ἰκμάδος) entsprechen. Aber nach Plinius nimmt der Vogel nicht nur die Gebeine des früheren Vogels, sondern auch das Nest mit nach Ägypten. Heliopolis war eine berühmte ägyptische Stadt (Onu, im AT On. Vgl. Ez 30,17), und zwar dank des Sonnengottes. Schon Strabo in seiner Geographie beschreibt die Stadt als verlassen (vgl. XVII 27–29: νυνὶ μὲν οὖν ἐστι πανέρημος ἡ πόλις, τὸ ἱερὸν ἔχουσα τῷ Αἰγυπτίῳ τρόπῳ ...).

4   Die Ankunft des Vogels geschieht am Tag, wenn er von allen gesehen werden kann. Die koptische Überlieferung (C[1]) weiß sogar, daß es am Mittag ist. Plinius, der das gleiche vermerkt, überliefert weiter eine Tradition, nach der der Neubeginn des Großen Jahres mit dem Leben des Vogels zusammenfällt: „hoc autem circa meridiem incipere, quo die signum Arietis sol intraverit" (NatHist X 5). Die Fassung in I Clem verzichtet auf Einzelheiten über eine kultische Handlung (in diesem Punkt stimmt er mit dem Bericht Herodots überein)[2]. Daß der Vogel nach Arabien zurückkehrt, wird in der Literatur bis zum 1.Jh. n.Chr. nirgendwo überliefert. Erst der Physiologus (nach dem

---

[1] Die koptischen Übersetzungen bezeugen eine Version der Phönixgeschichte, die wahrscheinlich in Ägypten bekannt war. Vgl. SCHMIDT, 15 f.; RÖSCH, XXV f. Vor seinem Tod fliegt der Phönix von Arabien nach Heliopolis und verbrennt sich selbst auf dem Altar des Sonnengottes. Aus der Asche entsteht eine Larve und aus ihr wird der neue Phönix wachsen, der schließlich nach Arabien zurückkehrt. Auf die Ähnlichkeiten der koptischen Fassung mit der Version des griechischen Physiologus (Text bei LINDEMANN, 275) hat Fr. Rösch ebenfalls hingewiesen (ebd.).

[2] Vgl. Pomonius Mela: „... flagrantibus arae bustis inferens memorando funere consecrat"; Tacitus, Annales VI 28: „... subire patrium corpus inque Solis aram perferre atque adolere."

1. Jh.) schließt die Erzählung mit diesem Zug ab: nach den Ereignissen auf dem Altar in Heliopolis – alles geschieht dort binnen drei Tagen – grüßt der Vogel den Priester und fliegt in seine Heimat zurück!

Der Liebesroman „Leukippe und Kleitophon" des Achilleus Tatios (ca. 180   5 n. Chr.) enthält eine mit I Clem 25,5 vergleichbare Begebenheit: nach der Ankunft des Vogels in Heliopolis kommt ein ägyptischer Priester mit einem Buch aus dem Heiligtum und prüft den Vogel nach seinem Abbild (III 25,6: ἔρχεται δή τις ἱερεὺς Αἰγύπτιος, βιβλίον ἐξ ἀδύτων φέρων, καὶ δοκιμάζει τὸν ὄρνιν ἐκ τῆς γραφῆς). Der Vf. scheint eine ähnliche Tradition gekannt zu haben, aber bei ihm geht es nicht um die Sorge, jede Verwechslung auszuschließen, sondern um die Festellung der vergangenen 500 Jahre nach seinem letzten Auftreten. Das tun die Priester im Tempel, indem sie in den alten Aufzeichnungen nachsehen und das Datum überprüfen. Die Ausdrucksweise dabei ist präzis. Der Terminus ἀναγραφαί bezeichnet die Urkunden, die in den ägyptischen Tempeln aufbewahrt wurden[1].

Die Ergebnisse hinsichtlich der Quellen und der redaktionellen Absicht bei der Heranziehung der Geschichte des Vogels Phönix lassen sich so zusammenfassen:

1. Der Vf. verfügt über eine Tradition vom Vogel Phönix, die er nach der Einführung in 25,1 treu wiedergibt. Nur in der Gestaltung von 25,5 ist eine redaktionelle Hervorhebung der genau vergangenen Frist anzunehmen. Sonst läßt er die Überlieferung zur Sprache kommen. Dabei handelt es sich sehr wahrscheinlich um eine in Rom geläufige Fassung[2]. Die festgestellten Berührungspunkte mit den anderen römischen Autoren sprechen dafür[3].

2. Wie bei den anderen zuvor gebrachten Beispielen geht es hier allein um die Gewißheit, daß die künftige Auferstehung stattfinden wird. Das κατὰ καιρόν der Auferstehung verdeutlicht in diesem Fall die regelmäßige Wiederholung des Ereignisses: es sind genau 500 Jahre. Alle anderen Fragen der Auferstehungshoffnung, etwa die Art der auferstandenen Leiblichkeit, der christologische Bezug, das Verhältnis zwischen dem irdischen und auferstandenen Leib, bleiben unberücksichtigt. Dies ist nicht überraschend, wenn man bedenkt, daß die ganze Thematik von der Auferstehung in diesem Zusammenhang den Erweis für die Macht Gottes in Welt und Geschichte bringen will. Nur unter dieser spezifischen Absicht lassen sich die eschatologischen Aussagen hier richtig einordnen[4].

---

[1] Diodorus Siculus (XVI 51,2) erzählt von den Taten des Artaxerxes II. in Ägypten, wie er die Aufzeichnungen aus den alten ägyptischen Tempeln wegnahm (ἀπήνεγκε δὲ καὶ τὰς ἐκ τῶν ἀρχαίων ἱερῶν ἀναγραφάς).

[2] Vgl. L. SANDERS, Hellénisme 73; GRANT, 51.

[3] Nach CHR. EGGENBERGER, Quellen 130 f., hat der Vf. die Annalen des Tacitus gekannt und in seiner Darstellung verwendet. Abgesehen von der problematischen Datierung reichen die festgestellten Gemeinsamkeiten nicht aus, um eine literarische Abhängigkeit beweisen zu können.

[4] Es geht nicht um die Verwirklichung des seit Anfang der Schöpfung feststehenden Zeitpunkts der Auferstehung. Aus Kap. 25 ist ferner wenig für Fragen wie Naherwartung oder

3. Es besteht kein Anlaß zur Annahme, der Vf. würde auf irgendwelche Weise die Glaubwürdigkeit der Erzählung anzweifeln[1]. Von den drei Beispielen (die Abfolge von Tag und Nacht in 24,2, das Wachstum des Samenkornes in 24,4 f.) ist dies das ausführlichste und spektakulärste. Offenbar wird es auf die gleiche Ebene der unwiderlegbaren Tatsachen gestellt wie die zwei anderen zuvor. Mit dieser Haltung steht der Vf. nicht allein. Ein kritischer Geist wie Tacitus schließt den Bericht über den Phönix (Annales VI 28) mit der Beurteilung ab, daß die Berichte über die Verbrennung der väterlichen Leiche auf dem Altar des Sonnengottes unsicher und märchenhaft ausgeschmückt sind („haec incerta et fabulosis aucta"). Daß aber der Vogel Phönix in Ägypten gesehen wird, sei nicht zu bezweifeln („ceterum aspici aliquando in Aegypto eam volucrem non ambigitur"). Photius hingegen tadelt auch in diesem Fall den Vf., weil er den Vogel Phönix als sicheres Beispiel verwendet (Bibl. 126: ὅτι ὡς παναληθεστάτῳ τῷ κατὰ τὸν Φοίνιξ τὸ ὄρνεον ὑποδείγματι κέχρεται).

4. Wie schon anhand 6,2; 20,8 beobachtet, macht der Vf. keinen Hehl aus seinen kulturellen Kenntnissen, sondern verwendet sie bedenkenlos in seiner Argumentation. Er ist der erste christliche Autor, der von diesem Motiv Gebrauch macht[2].

8.4.3. Der Schriftbeweis (26,1–3)

Nach einer rhetorischen Frage, welche die Beweiskraft des im Kap. 25 erzählten Beispiels unterstreicht (V. 1), werden drei Schriftstellen herangezogen (V. 2 f.), die den Schriftbeweis für die Wahrheit der Verheißung erbringen.

1. Halten wir es nun für groß und erstaunlich, wenn der Schöpfer des Alls die Auferstehung (derer), die ihm in der Zuversicht guten Glaubens fromm gedient haben, bewirken wird, wo er uns doch durch einen Vogel das Großartige seiner Verheißung zeigt? 2. Es heißt nämlich irgendwo: „Und du wirst mich auferwecken, und ich werde dich lobpreisen." Und: „Ich schlummerte ein und schlief;

Verhältnis zwischen Heils- und Weltgeschichte zu gewinnen. Anders O. Knoch, Eigenart 151–154.

[1] Gegen O. Knoch, Eigenart 151: „Es ist aber bei der nüchternen, aller Gnosis abholden Art des Cl. nicht anzunehmen, daß er diesen Mythus für bare Münze genommen hat."

[2] In seinem Brief vom 7. August 1633 an Hugo Grotius äußert der französische Rechtsanwalt Hieronymus Bignon seinen Zweifel an der Echtheit von I Clem eben aufgrund dieses Kapitels: „Argumentum e phoenice ductum, ejusque descriptio aliena, meo quidem judicio, sunt a Clemente, proximo apostolorum discipulo." Der Antwortbrief von Grotius erfolgt erst am 17. Juli 1634 und enthält gute Argumente zugunsten der Echtheit von I Clem, geht jedoch auf den erwähnten Einwand nicht ein. Bignon gibt sich in seinem Brief von 28. August 1634 für überzeugt, bleibt aber in diesem Punkt kritisch: „Ea fabula, quamvis a scriptoribus Christianis postea adhibita, scriptis primi successoris apostolorum Principis non sat digna videtur, praesertim tot verbis exposita" (PG 1,47–50).

ich bin aufgeweckt worden, weil du mit mir bist." 3. Und ferner sagt Ijob: „Und du wirst dieses mein Fleisch auferwecken, das dies alles erduldet hat."

Die positive Aussage der Frage ist etwa die: Man soll nicht die künftige   1 Auferstehung der Frommen für etwas Außergewöhnliches halten, wenn der Schöpfer schon durch den Phönix die Kraft seiner Verheißung zeigt. Das angeführte Beispiel hat die Funktion, die Hoffnung auf die Erfüllung der Verheißungen, in diesem Fall auf die Auferstehung, zu stärken.

Wichtig ist die richtige Bestimmung der Satzstruktur. Es handelt sich um einen Kontrast. Dem Ausdruck der Überraschung (μέγα καὶ θαυμαστὸν οὖν νομίζομεν εἶναι) über den Inhalt der Verheißung (εἰ ὁ δημιουργὸς τῶν ἁπάντων ἀνάστασιν ποιήσεται ...) wird die durch den Vogel Phönix gelieferte Tatsache entgegengehalten (ὅπου καὶ δι᾽ ὀρνέου δείκνυσιν ἡμῖν ...). Knopf spricht mit Recht von einem Schluß „a minore ad maius" (90). Die Partikel ὅπου behält ihre Stellung als Relativum, aber nicht als Ortspartikel, sondern im übertagenen Sinn, und zwar als Angabe der näheren Umstände bzw. Voraussetzungen im Rahmen eines „adversativen Verhältnisses"[1]. Formal und inhaltlich parallel ist I Clem 43,1. Alle drei Komponenten von 26,1 sind auch hier vorhanden: 1. der Hinweis auf das Erstaunliche (καὶ τί θαυμαστόν); 2. der inhaltliche Anlaß zu dieser Reaktion, ausgedrückt in einem εἰ-Satz (εἰ οἱ ἐν Χριστῷ πιστευθέντες παρὰ θεοῦ ἔργον τοιοῦτο κατέστησαν τοὺς προειρημένους); 3. die dem Erstaunen kontrastierende Angabe, die zugleich den Inhalt des εἰ-Satzes glaubwürdig macht (ὅπου καὶ ὁ μακάριος πιστὸς θεράπων ἐν ὅλῳ τῷ οἴκῳ Μωϋσῆς τὰ διατεταγμένα αὐτῷ πάντα ἐσημειώσατο ἐν ταῖς ἱεραῖς βίβλοις ...)[2]. Ein weiteres Beispiel für einen ähnlichen Gebrauch von ὅπου καί bietet 4 Makk 2,14: καὶ μὴ νομίσητε παράδοξον εἶναι, ὅπου καὶ ἔχθρας ἐπικρατεῖν ὁ λογισμὸς δύναται διὰ τὸν νόμον. Nach Bauer/Aland (1168) wird ὅπου hier kausal in der Bedeutung von „insofern, da" gebraucht. Zutreffender und textnäher dürfte die Wiedergabe mit „wo doch" sein, bei der die Relativ-Funktion der Partikel beibehalten wird. In 4 Makk 2,14 handelt es sich um eine Aussage (die Macht der Vernunft – durch das Gesetz – über ihre Feinde) und nicht um einen Fragesatz, aber die Berührungen mit I Clem 26,1a (μέγα καὶ θαυμαστὸν οὖν νομίζομεν εἶναι) fallen auf, zumal die Geschichte vom Vogel Phönix als παράδοξον σημεῖον bezeichnet wurde (25,1).

Das Adjektiv-Paar μέγας – θαυμαστός kommt auch in 50,1 und 53,3 vor (vgl. Offb 15,1.3; II Clem 2,6; Barn 6,4; in der LXX: Dtn 28,59; Dan [Theod.] 9,4; Tob 12,22; Ijob 42,3; Philo, VitMos II 10). θαυμαστός bedeutet hier nicht das Wunderbare im eigentlichen Sinn, sondern das Erstaunliche, das nicht ohne weiteres angenommen wird (vgl. 43,1: καὶ τί θαυμαστόν ...). Die Bezeichnung Gottes als ὁ δημιουργὸς τῶν ἁπάντων ist typisch für I Clem

---

[1] Vgl. BAUER/ALAND 1168 f., allerdings mit Verweis nur auf 2 Petr 2,11.
[2] Zur Frage der Interpunktion in 43,1 s. u.

(vgl. 20,11; 33,2; 59,2). Grammatikalisch kann man τῶν ἀπάντων auf die folgende ἀνάστασις beziehen[1]. Der Sprachgebrauch in I Clem legt es nahe, ὁ δημιουργὸς τῶν ἀπάντων als Gottesprädikat aufzufassen. Darüber hinaus zeigt die weitere Aussage, daß der Vf. keine allgemeine Auferstehungsverheißung vertritt. Sie betrifft nur die Gläubigen, die Gott in der Zuversicht eines guten Glaubens fromm gedient haben. Über das Schicksal der anderen sagt der Text nichts. Indirekt kommt dadurch das Anliegen des Vf.s zur Geltung: Nicht die Auferstehungsfrage steht im Mittelpunkt, sondern die Gewißheit der Erfüllung der göttlichen Verheißungen. Die Wendung τῶν ὁσίως αὐτῷ δουλευσάντων wirkt recht formelhaft: ὁσίως bezeichnet das Gottgefällige im allgemeinen, in diesem Fall das Verhältnis des Menschen zu Gott als ein Dienen. Aber das δουλεύειν ist nicht so sehr durch das Adverb bestimmt, sondern durch das folgende ἐν πεποιθήσει πίστεως ἀγαθῆς. Es handelt sich um das Vertrauen bzw. um die Zuversicht, die mit einem „guten Glauben" zusammenhängt (vgl. 35,2: πίστις ἐν πεποιθήσει). πεποίθησις kommt im NT nur in den Paulusbriefen vor (2 Kor 1,15; 3,4; 8,22; 10,2; Phil 3,4; Eph 3,12. In der LXX nur in 2 Kön 18,19). Die Wendung in I Clem 26,1 erinnert an Eph 3,12: ἐν ᾧ ἔχομεν τὴν παρρησίαν καὶ προσαγωγὴν ἐν πεποιθήσει διὰ τῆς πίστεως αὐτοῦ. Für den Sprachgebrauch in I Clem gilt, was R. Bultmann über die nachpaulinische Literatur im allgemeinen behauptet: hier wird πεποίθησις gebraucht, „um das der πίστις eigene Moment des Vertrauens ausdrücklich von der πίστις abzuheben" (ThWNT VI 8).

Was ist mit dem „guten Glauben" gemeint? Die Antwort darauf findet sich in der Aufforderung I Clem 27,3: ἀναζωπυρεσάτω οὖν ἡ πίστις αὐτοῦ ἐν ἡμῖν, καὶ νοήσωμεν, ὅτι πάντα ἐγγὺς αὐτῷ ἐστίν. Der Glaube ist durch den Inhalt des Geglaubten definiert: die Nähe des Schöpfers zu seiner Schöpfung. Die vorhergehenden Kapitel haben diese Nähe durch die Ordnung der Schöpfung selber bestimmt (19,3-20,12). Natürlich ergeben sich aus der Nähe Gottes sehr konkrete Folgen für die Lebensgestaltung in der Gemeinde, und zwar nicht zuletzt hinsichtlich der durch den Aufruhr gestellten Fragen (21,1-9). All dies faßt die Wendung ἡ ἐν Χριστῷ πίστις zusammen (22,1). Durch einen neuen argumentativen Schritt erweitert der Vf. den Horizont der göttlichen Wirksamkeit: Gott ist nicht nur der Herr seiner Schöpfung, sondern auch der Herr der Geschichte, der seine Verheißung erfüllen wird. Die menschliche Antwort darauf ist der Glaube, der keinen Raum für Zweifel zuläßt. πίστις ist gerade das Gegenstück zu διψυχία. Das Kommen des Herrn – ohne eine explizite christologische Deutung (vgl. 23,5) – ist nicht so sehr als ein punktuelles, künftiges Ereignis gedacht, sondern vielmehr als etwas, das schon durch seine tatsächliche Nähe besteht (21,3; 27,3). Schöpfungsordnung und Erfüllung der Verheißungen konvergieren in der Darstellung der Auferste-

---

[1] So übersetzen es Fischer, Lindemann und Schneider. Im Kommentar versteht LINDEMANN, 90, die Wendung jedoch als Gottesprädikat.

hungshoffnung (24–25). Die Anspielung auf den Vogel Phönix in 26,1b bringt den Argumentationsgang zu Ende. Das Beispiel aus der Natur bestätigt den Glauben an die Erfüllung der Verheißung zusätzlich. Noch mehr: in ihm zeigt sich schon die Größe seiner Verheißung. τὸ μεγαλεῖον ist Sprache der LXX[1]. Der Vf. verwendet den Terminus immer mit einem auf Gott bezogenen Genitiv (32,1: τὰ μεγαλεῖα τῶν δωρεῶν; 49,3: τὸ μεγαλεῖον τῆς καλλονῆς αὐτοῦ)[2].

Drei Zitate aus der Bibel in V. 2.3 schließen die Beweisführung über die Gewißheit der Auferstehungshoffnung und der Verheißungserfüllung ab. Die zwei ersten (V. 2) sind unbestimmt angegeben (λέγει γὰρ που). Das zweite Zitat hat keine besondere Einleitung und wird vom ersten nur durch ein καί getrennt[3]. Der erste Text („Du wirst mich auferwecken, und ich werde dich lobpreisen") hat keine genaue Entsprechung im AT.

2

ἐξαναστήσεις με,	ἢ ἰατροὶ ἀναστήσουσιν,
καὶ ἐξομολογήσομαί σοι.	καὶ ἐξομολογήσονταί σοι; (Ps 87,11b).
	ἐπ᾽ αὐτῷ ἤλπισεν ἡ καρδία μου, καὶ
	ἐβοηθήθην, καὶ ἀνέθαλεν ἡ σάρξ μου·
	καὶ ἐκ θελήματός μου ἐξομολογήσομαι αὐτῷ
	(Ps 27, 7b).

Zu erwähnen ist auch Ps 70,21b–22a: καὶ ἐκ τῶν ἀβύσσων τῆς γῆς πάλιν ἀνήγαγές με καὶ γὰρ ἐγὼ ἐξομολογήσομαί σοι, wenngleich der erste Satz textkritisch unsicher ist. Die Rettung aus der Not und der Lobpreis darauf sind häufig belegte Motive der biblischen Literatur, so daß die genaue Herkunft des Textes im Dunkeln bleibt[4].

Der zweite Text („ich schlummerte ein und schlief; ich bin aufgeweckt worden, weil du bei mir bist") stimmt im wesentlichen mit zwei Stellen aus den Psalmen überein.

ἐκοιμήθην καὶ ὕπνωσα, ἐξηγέρθην,	ἐγὼ ἐκοιμήθην καὶ ὕπνωσα· ἐξηγέρθην,
	ὅτι κύριος ἀντιλήμψεταί μου (Ps 3,6).
	ἐὰν γὰρ καὶ πορευθῶ ἐν μέσῳ σκιᾶς θανάτου,
	οὐ φοβηθήσομαι κακά,
ὅτι σὺ μετ᾽ ἐμοῦ εἶ	ὅτι σὺ μετ᾽ ἐμοῦ εἶ (Ps 22,4a).

Auch hier ist die Herkunft des Zitats Gegenstand nur von Mutmaßungen. O. Knoch nimmt als Grundlage ein christliches Testimonienbuch „über die leibl. Auferstehung, gruppiert um das Verb ἀνίστημις, an (Eigenart 154 Anm. 26). Nach D. A. Hagner zitiert der Vf. auswendig, „and thus conflates similar language from different passages into one quotation" (Use 58).

---

[1] Besonders häufig in der Form τὰ μεγαλεῖα. Vgl. Dtn 11,2; Tob 11,15; Ps 70,19; 104,1 u. ö. Im NT vgl. Apg 2,11.

[2] In 49,3 nur indirekt auf Gott bezogen: es ist die Schönheit des Bandes der Liebe Gottes.

[3] Die alte lateinische Übersetzung hat die Zitate durch „et iterum scriptum est" deutlicher getrennt. Die koptischen Zeugen bringen καὶ πάλιν.

[4] Nach HILGENFELD, 31: „e libro apocrypho." Auch so GEBHARDT/HARNACK, 45.

3   Die Herkunft des dritten Zitates wird genauer angegeben als bei den beiden
zuvor (καὶ πάλιν Ἰὼβ λέγει). Aber der Ijobtext, auf den es sich offensichtlich
bezieht, weist beachtliche Unterschiede auf:

I Clem 26,3	Ijob 19,26a
καὶ ἀναστήσεις τὴν σάρκα μου ταύτην	ἀναστῆσαι τὸ δέρμα μου
τὴν ἀναντλήσασαν ταῦτα πάντα.	τὸ ἀνατλῶν ταῦτα.

Wie die Textüberlieferung der LXX-Fassung zeigt, wurde der Text als Hinweis auf die Auferstehung der Toten verstanden. Der Codex Alexandrinus
ersetzt das bei diesem Verständnis wenig hilfreiche τὸ δέρμα durch το σῶμα
(auch der Codex Sinaiticus wird in diesem Sinn korrigiert). Aber auch bei
dieser Korrektur fallen die Abweichung im Vergleich zur Gestalt von I Clem
26,3 auf. Das Problem verschärft sich, wenn man den hebräischen Text von
Ijob 19,26 heranzieht: ואחר עורי נקפו־זאת ומבשרי אחזה אלוה. Der Text gilt als
verderbt, und die vorgeschlagenen Konjekturen konnten bis jetzt keinen
Konsens herbeiführen[1]. Merkwürdigerweise lassen sich sowohl in der LXX-
Fassung als auch im Zitat I Clem 26,3 sprachliche Reste des hebräischen
Originals feststellen: עורי נקפו־זאת („meine Haut, die so zerfetzte") entspricht
etwa τὸ δέρμα μου τὸ ἀνατλῶν ταῦτα in der LXX („meine Haut, die dies
erduldet"). Der letzte Teil des TM: ומבשרי אחזה אלוה („aus meinem Fleisch
werde ich ihn schauen"), hat den Begriff „Fleisch", der im Zitat I Clem 26,3
vorkommt. Eine Erklärung der Fassung von I Clem 26,3 durch den Einfluß
des hebräischen Textes ist wenig wahrscheinlich, weil dies sonst in I Clem
nicht der Fall ist. Eine redaktionelle Gestaltung des LXX-Textes ist aber
ebensowenig plausibel. In der Behandlung der Auferstehungsfrage I Clem
24–26 kommt die Frage nach der auferstandenen Leiblichkeit nicht zum
Tragen[2]. Darüber hinaus ist auf die Tatsache zu achten, daß der Vf. seine
Kenntnisse des ersten Briefes des Paulus an die Korinther ausdrücklich vermerkt (I Clem 47,1). Wenn er die Aussage des Apostels kennt, daß Fleisch
und Blut das Reich Gottes nicht erben können, wirkt es unbegreiflich, wenn
er ohne einen besonderen Anlaß bei seiner eigenen Darstellung von der

---

[1] Vgl. G. FOHRER, Das Buch Hiob (KAT XVI), Gütersloh 1963, 317–321; J. SPEER, Zur
Exegese von Hiob 19,25–27, in: ZAW 25 (1905) 47–140.

[2] Vgl. auch so T. H. C. v. EIJK, Résurrection 56; LINDEMANN, 90. Anders O. KNOCH, Eigenart
155: Der „sárx"-Begriff stamme wahrscheinlich vom Vf. selbst. „Er ist auf dem Höhepunkt
seiner Ausführungen über die leibliche Auferstehung angelangt." Unter Einbeziehung antigno-
stischer Texte paulinischer und römischer Herkunft von 1 Kor 15 bis zum apokryphen Briefwechsel zwischen Paulus und den Korinthern, nimmt auch W. BAUER, Rechtgläubigkeit 104,
eine Polemik gegen Leugner der Auferstehung des Fleisches an. Einen ähnlichen Hintergrund
hatte zuvor W. LÜTGERT, Amt 92–97, vermutet. Nach T. AONO, Entwicklung 56, bekämpften
die Aufrührer in Korinth die überkommene Eschatologie. Nach H. LOHMANN, Drohung 87,
zeigt der Abschnitt, daß in Korinth „die Hoffnung auf Auferstehung schon damals alles andere
als selbstverständlich war." Vor ihnen verstand S. GUNDERT, Brief 38, den Text als Aussage
gegen die „paulinischen Heidenchristen" in Korinth.– Der polemische Hintergrund läßt sich
aber schwerlich aus dem Text abheben.

Auferstehung des Fleisches absichtlich spricht, ohne auf den Text von 1 Kor 15,50 anzuspielen[1]. Im Zusammenhang mit den zwei anderen Zitaten (I Clem 26,2) erklärt Knopf, 91, die Abweichungen durch ein freies Nach-dem-Gedächtnis-Zitieren. Die Möglichkeit, daß er eine Zitatensammlung mit biblischen Auferstehungstexten verwendet hat, darf man dabei nicht ausschließen.

9. Die menschliche Antwort auf Gottes Treue und Allmacht (27,1–36,6)

Aus der geballten Argumentation über die Macht Gottes in der Schöpfung zog der Vf. innerhalb des vorhergehenden Abschnittes schon wichtige Konsequenzen für die Gestaltung menschlichen Lebens. So sind die Aussagen in Kap. 21 f. und Kap. 23 zu verstehen. Aber die umfassende Darstellung dessen, was die menschliche Antwort auf die Wohltaten Gottes ausmachen soll, erfolgt jedoch erst im langen Abschnitt 27,1–36,6.

Wenn der Sinn eines Textes in seiner Applikation zur Geltung kommt, wenn ferner die Texteinheit I Clem 27–36 als Applikation des Vorherstehenden (I Clem 20,1–26,3) anzusehen ist, dann liegt auch hier der Schlüssel für das Verständnis für die Verknüpfung beider Abschnitte. Nach der klaren Darlegung, daß die Macht Gottes über der Welt und der Geschichte waltet und daß diese Macht, von Milde und Erbarmen gezeichnet, auf die Rettung des Menschen ausgerichtet ist, ist es sinnvoll und einsichtig, die menschliche Pflicht des Gehorsams und der Anerkennung dieser Schöpfungsordnung einzuschärfen[2]. Es geht aber nicht allein um Forderungen. In ihnen artikuliert sich nur ein Teil eines weit entscheidenderen Vorgangs, nämlich der notwendigen menschlichen Antwort (33,1) auf die wunderbaren Gaben Gottes (35,1), damit die Gläubigen den Weg zum Heil finden, Jesus Christus (36,1).

So drängt sich eine ausführliche und thematisch vielfältige Ermahnung (Kap. 27–31; 33 f.) in den Vordergrund, die durch immer wieder vorkommende Stileigentümlichkeiten geprägt ist. Die Einzelteile der Ermahnung werden

---

[1] Vgl. H. E. LONA, Über die Auferstehung des Fleisches. Studien zur frühchristlichen Eschatologie (BZNW 66), Berlin 1993, 30.

[2] T. AONO, Entwicklung 59 f., bestimmt das Verhältnis von Kap. 27 f. zum Vorhergehenden ganz anders: Die Auferstehung werde „aufgrund des menschlichen rechten Handelns ermöglicht", die menschliche Rechtschaffenheit sei „wahrscheinlich als die Voraussetzung zum Erbarmen Gottes verstanden." Weder das eine noch das andere wird dem Denken des Vf.s gerecht. Auch nach R. MENEGHELLI, Fede 39, stellt I Clem die Auferstehung als einfache Belohnung der Tugend.

durch Aufforderungsformen eingeleitet (stilistisch überwiegt der Konjunktiv-Aorist) und durch Schriftzitate (28,3; 29,2 f.; 30,2.4 f.; 33,5 f.; 34,3.6.8; 35,7–12; 36,4 f.) bzw. durch -beispiele (31,2–4) begründet. Was den Inhalt der Ermahnung anbelangt, variiert der Vf.: Manchmal handelt es sich um positive Ziele (die Antwort auf Gottes Erwählung: 29,1–3; die Wege zum Segen: 31,1–4), manchmal um negative, zu meidende Dinge, die mit einer offenen Drohung verbunden sind (das Vermeiden der schlechten Werke angesichts der Allgegenwart Gottes: 28,1–4), oder schließlich um Positives und Negatives mit Bezug auf die Vorkommnisse in Korinth (30,1–8). Jeder Teil dient als Begründung für den nachfolgenden, wie das wiederholte οὖν am Anfang eines neuen Themas zeigt (27,1; 28,1; 29,1; 30,1; 30,3; 31,1; 33,1; 34,2.4.7). Die thematische Reihenfolge ist gut durchdacht: Dem neuen Ansatz in 27,1 und der grundsätzlichen Überlegung über die Allgegenwart Gottes (Kap. 28) – sie knüpfen an den vorhergehenden Abschnitt an – folgt eine Ermahnung aufgrund der Erwählung durch Gott (Kap. 29). Bestimmte Stichworte wie Gnade (30,2 f.) und Segen (31,1) leiten zu einer Thematik über, die sprachlich zwar paulinisch klingt, wie die Rechtfertigung durch den Glauben (32,4), inhaltlich aber von der Bemühung geprägt ist, der menschlichen Antwort auf die Gaben Gottes konkrete Konturen zu verleihen und so die Notwendigkeit der guten Werke hervorhebt (33,1–34,8). Denn die Gaben Gottes sind an Bedingungen geknüpft, ohne daß dadurch die göttliche Initiative beeinträchtigt wird (Kap. 35). Die Einheit endet mit wichtigen christologischen Aussagen (Kap. 36): trotz aller Theozentrik ist Jesus Christus der Weg zum Heil.

9.1. Gottes Treue und Allmacht (27,1–7)

Daß Gott nicht nur der allmächtige, sondern auch der treue Herr der Schöpfung (V. 1 f.) und als solcher den Menschen nahe ist (V. 3), begründet die Forderungen, ihm verbunden zu bleiben (V. 1) bzw. den Glauben an ihn neu zu beleben (V. 3). In seiner Erhabenheit ist er der Unverfügbare für seine Geschöpfe (V. 4–7), aber diese Erkenntnis, die aus der Anerkennung seiner Schöpfermacht erwächst, bezieht sich immer auf den, der „treu in den Verheißungen und gerecht in den Gerichten ist."

1. In dieser Hoffnung also sollen unsere Seelen an den gebunden sein, der treu ist in den Verheißungen und gerecht in den Gerichten. 2. Der befohlen hat, nicht zu lügen, um wieviel mehr wird er selbst nicht lügen; denn nichts ist bei Gott unmöglich außer das Lügen. 3. Daher soll der Glaube an ihn sich in uns neu beleben, und wir wollen bedenken, daß ihm alles nahe ist. 4. Durch sein majestätisches Wort hat er das All zusammengesetzt, und durch ein Wort kann er es zerstören. 5. Wer wird zu ihm sagen: Was hast du getan? Oder wer wird der Kraft seiner Stärke widerstehen? Wann er will und wie er will,

wird er alles tun, und keine der von ihm getroffenen Anordnungen wird vergehen. 6. Alles steht ihm vor Augen, und nichts ist seinem Willen verborgen, 7. da die Himmel die Herrlichkeit Gottes erzählen, das Firmament das Werk seiner Hände verkündet. Der Tag ruft dem (anderen) Tag das Wort zu, und eine Nacht verkündet Erkenntnis der (anderen) Nacht. Und es gibt keine Worte noch Reden, deren Stimmen nicht gehört werden.

Der Satzanfang hat konklusiven Charakter. ταύτῃ οὖν τῇ ἐλπίδι (vgl. 13,3:   1
ταύτῃ τῇ ἐντολῇ) bezieht sich auf die Argumentation zuvor: Die Gewißheit von der künftigen Auferstehung zielte darauf ab, die Zweifel über das Wirken Gottes in der Welt zu beseitigen und die Überzeugung von seiner Nähe herbeizuführen[1]. Der ἐλπίς-Begriff kommt im I Clem hier zum erstenmal vor (vgl. 51,1; 57,2; 58,2). Die Hoffnung wird durch ihren Inhalt bestimmt, nicht durch die in ihr verkörperten Haltung. In dieser Hinsicht stimmen ἐλπίς und πίστις inhaltlich überein. Die Schlußfolgerung konkretisiert sich in der Aufforderung, das eigene Leben solle an Gott fest gebunden sein. Der Gebrauch von einem in der urchristlichen Literatur äußerst selten vorkommenden Imperativ des Perfekts (προσδεδέσθωσαν)[2] belegt die aufmerksame Diktion des Vf.s[3]. Denn die Bindung an Gott, zu der er bewegen will, gilt als auch schon jetzt vorhanden. Durch den Imperativ des Perfekts wird nämlich „die Handlung als vollendet und in ihren Folgen fortbestehend oder mit besonderem Nachdrucke als für jetzt abgethan bezeichnet" (Kühner/Gerth, II 1,192).

Gott wird als πιστός ἐν ταῖς ἐπαγγελίαις und δίκαιος ἐν τοῖς κρίμασιν bezeichnet. In beiden Fällen handelt es sich um traditionelle Formulierungen (vgl. 60,1: σύ, κύριε, τὴν οἰκουμένην ἔκτισας, ὁ πιστὸς ἐν πάσαις ταῖς γενεαῖς, δίκαιος ἐν τοῖς κρίμασιν). Die Treue Gottes zu seinen Verheißungen und die Gerechtigkeit in seinen richterlichen Entscheidungen sind fester Bestandteil des alttestamentlichen und des judenchristlichen Gottesbildes. So lassen sich leicht analoge Aussagen heranziehen[4]. Die Treue Gottes zu seinen Verheißungen bedeutet in diesem Fall, daß er dies verwirklichen wird, was schon durch die Natur bezeugt wird (vgl. 26,1b). Die Gewißheit von der Auferste-

---

[1] Nach O. KNOCH, Eigenart 156–158, bildet I Clem 27 den Abschluß der eschatologischen Ausführungen, und zwar als Bestandteil der Verzögerungsapologetik angesichts der Zweifel in der korinthischen Gemeinde. Es ist nicht zu leugnen, daß 27,1 eine Übergangsfunktion erfüllt, aber den Text nur als „Abschluß" zu charakterisieren, ist einseitig und verkennt den neuen stilistischen und thematischen Ansatz.

[2] Nach AC[1]. H hat προσδεχέσθωσαν; in L ist die LA nicht sicher. Der Herausgeber hat das ursprüngliche „erant" durch „hereant" ersetzt.

[3] Vgl. BL./DEB./REH. § 346; RADERMACHER, 155. Auch selten in ptolemäischen Papyri. Vgl. MAYSER, II 1,185. Das in der urchristlichen Literatur nur hier belegte προσδεδέσθωσαν kommt freilich nicht von προσδέομαι im Sinn von „bedürfen" – so die „Clavis Patrum Apostolicorum" von H. Kraft –, sondern von προσδέω: binden, festbinden.

[4] Zu πιστός als Gottesprädikat vgl. Dtn 7,9; 32,4; Jes 49,7; Ps 144,13a; PsSal 14,1 u. ö. Zu δίκαιος vgl. Ps 7,12; 118,137; 140,5; 2 Makk 12,6; PsSal 9,2 u. ö.

hung bürgt für die Treue Gottes zu all seinen Verheißungen. Die Gerechtigkeit
Gottes als Richter weist auf die Tatsache des Gerichts hin. Nach der Polemik
gegen die Zweifler und Wankelmütigen in Kap. 23 läßt sich daraus eine
indirekte Drohung entnehmen. Denn diese Gruppe wurde exemplarisch im
Fall der Frau von Lot dargestellt. Und ihnen galt das Wort: ὅτι οἱ δίψυχοι
καὶ οἱ διστάζοντες περὶ τῆς τοῦ θεοῦ δυνάμεως εἰς κρίμα καὶ εἰς σημείωσιν
πάσαις ταῖς γενεαῖς γίνονται (11,2). Die Gerechtigkeit im Gericht als rettende
Gerechtigkeit wird der Gläubige dann erfahren, wenn er sich durch den
Glaubensgehorsam fest an Gott bindet.

2   Die erste Aussage zieht eine Schlußfolgerung aus dem Verbot der Lüge in
der Schrift. Weil Gott dort sagt: οὐ ψεύσεσθε (Lev 19,11), ist es evident, daß
er selbst nicht lügen kann. Wenn einer etwas verbietet, wird er sich selbst
nicht widersprechen durch eine Übertretung des Verbots. Trotz des verbin-
denden γάρ handelt es sich bei der zweiten Aussage um eine thesenartige
Behauptung, die unabhängig von der vorhergehenden Argumentation für sich
Gültigkeit beansprucht: Nichts ist unmöglich bei Gott außer das Lügen. Der
Nexus mit 27,1 ist leicht erkennbar. Vertrauen auf die Erfüllung der Verheißung setzt nämlich voraus, daß der Verheißende es damit auch ernst meint.
Seine Macht, die Verheißungen erfüllen zu können, wurde durch sein Wirken
in der Schöpfung hinreichend demonstriert. Jetzt argumentiert der Vf. weiter
mit einer negativen Abgrenzung, indem er jede Möglichkeit der Lüge bei Gott
ausschließt. Religionsgeschichtlich führen die Spuren zur griechischen Reli-
giosität. Nach Plato gibt es ja nichts, um dessentwillen Gott lügen könnte
(Resp. II 382e: οὐκ ἄρα ἔστιν οὗ ἕνεκα ἂν θεὸς ψεύδοιτο). Das Göttliche ist
zugleich ἀψευδές (ebd.). Die tragische Dichtung hatte schon vorher auf einem
weit spannenderen Hintergrund Ähnliches behauptet (vgl. Aischylos, Prome-
theus 1032; Euripides, Orestes 364). Das hellenistische Judentum übernimmt
das Motiv im Rahmen einer ganz anderen Gottesvorstellung, die dem sprachlichen Ausdruck einen im biblischen Gottesglauben gründenden spezifischen
Akzent verleiht. Es ist doch etwas anderes, von Gott zwar jede Möglichkeit
der Lüge auszuschließen, ihm aber zugleich Neid auf das Glück des Menschen
vorzuwerfen bzw. ihn mit der Idee des Guten gleichzusetzen oder ihm als
dem Heiligen Israels zu vertrauen, der seinen Verheißungen zum Heil des
Menschen treu bleibt. Über den neuen Bezugsrahmen der Vorstellung wird
nicht reflektiert, er ist schon durch den Glauben gegeben[1]. Ein traditioneller
Zusammenhang dürfte zwischen I Clem 27,2 und Hebr 6,18 bestehen. Denn
auch in Hebr 6,13–18 geht es um die Gewißheit der Verheißung, die Gott
noch durch einen Eid zusätzlich bekräftigt hat. Durch diese zwei Dinge – ἐν
οἷς ἀδύνατον ψεύσασθαι [τὸν] θεόν – werden die Gläubigen ermuntert, die
dargebotene Hoffnung zu ergreifen. Abgesehen von der Gemeinsamkeit in

---

[1] Vgl. Philo, VitMos I 283: οὐχ ὡς ἄνθρωπος ὁ θεὸς διαψευσθῆναι δύναται; Ebr 139: ὁ
ἀψευδὴς θεὸς ἀρετῆς ἐστι μάρτυς. Im NT vgl. Tit 1,2: ὁ ἀψευδὴς θεός.

der Formulierung fällt es auf, daß 1. in beiden Texten die Aussage über die Unmöglichkeit der Lüge bei Gott thetischen Charakter hat; 2. ihre Verbindung mit dem unmittelbaren Kontext nicht zwingend ist.

Die erste Aufforderung (ἀναζωπυρεσάτω) hat ἡ πίστις αὐτοῦ als Subjekt   3 (vgl. 22,1). Durch das οὖν verbindet sich die Ermahnung mit dem Vorhergehenden als eine Art von Schlußfolgerung: Angesichts der Treue Gottes zu seinen Verheißungen und der Unmöglichkeit eines Verstoßes gegen die Wahrheit soll sich der Glaube an ihn beleben. πίστις meint primär die Vertrauenshaltung (Bauer/Aland 1333), aber sie ist kein blinder Akt des Vertrauens[1]. Es ist gerade ein Anliegen des Vf.s, dieses Vertrauen zu begründen bzw. dazu zu bewegen. Beim νοήσωμεν, der zweiten Aufforderung, verbinden sich Bedenken und Verstehen[2]. Nach der Darstellung der Schöpfermacht in Kap. 20 hieß es in 21,3: ἴδωμεν, πῶς ἐγγύς ἐστιν, καὶ ὅτι οὐδὲν λέληθεν αὐτὸν τῶν ἐννοιῶν ἡμῶν οὐδὲ τῶν διαλογισμῶν ὧν ποιούμεθα. Für die Gläubigen ist es einsichtig, diese Macht anzuerkennen. Auch hier ist das Vertrauen auf Gott schöpfungstheologisch begründet: Die Macht des Schöpfers äußert sich in seiner alles umfassenden Nähe, der nichts (πάντα bzw. τὰ πάντα: 27,3.4.6) verborgen bleibt[3].

Durch die antithetisch formulierte Aussage kommt die Mächtigkeit Gottes   4 gegenüber seiner Schöpfung zum Ausdruck. Im Mittelpunkt steht die Macht seines Wortes, durch das – positiv – alles besteht (ἐν λόγῳ τῆς μεγαλωσύνης αὐτοῦ συνεστήσατο τὰ πάντα), durch das aber auch – negativ – alles zerstört werden kann (ἐν λόγῳ δύναται αὐτὰ καταστρέψαι). In beiden Fällen handelt der Schöpfer durch sein Wort, das hier ohne christologische Anspielung verwendet wird[4]. Der Medium-Aorist συνεστήσατο hat transitive Bedeutung und ist auf τὰ πάντα bezogen. Während die aktive Form συνιστάναι im Sinn

---

[1] LIGHTFOOT, I 2,90: „His faithfulness"; ähnlich KNOPF, 91: „Seine Treue"; A. v. HARNACK, Einführung 112: „Vielleicht besser ‚Seine Glaubwürdigkeit.'" Dagegen richtig LINDEMANN, 91: „‚Der Glaube', allenfalls ‚das Vertrauen', das die Gläubigen Gott entgegenbringen sollen."

[2] Der Sprachgebrauch entspricht in jeder Hinsicht 19,3: νοήσωμεν, πῶς ἀόργητος ὑπάρχει πρὸς πᾶσαν τὴν κτίσιν αὐτοῦ.

[3] Aus der Tatsache, daß das ἐγγύς nicht im Kap. 23, sondern hier vorkommt, schließt O. KNOCH, Eigenart 160, daß der Vf. „das zeitgebundene geschichtliche Denken bei der Naherwartung durch das zeitlos kosmologische Denken ersetzt." Es handele sich dabei um eine Umdeutung der Naherwartung. „Diese Umdeutung aber betrifft den Wesenskern der überlieferten biblischen Eschatologie und hat notwendig zur Folge, daß die Eschatologie des Cl. die ntl. Struktur des soteriologischen Denkens nicht mehr voll festhalten kann." Das von O. Knoch angeschnittene Problem wird im Text aber nicht behandelt, von der Frage ganz zu schweigen, ob man überhaupt von *einer* „überlieferten biblischen Eschatologie" reden darf, die als solche als Maßstab für die Aussagen anderer Texte genommen werden könnte. Nach LINDEMANN, 91, hat sich der von Knoch in I Clem geschilderte Vorgang „im NT schon im Eph vollzogen." Solche Kategorien wie „heilsgeschichtliches Denken" bzw. „kosmologisch-zeitloses Denken" sind jedoch allzu schematisch und darum wenig geeignet, die Aussage in I Clem 27 richtig zu erfassen.

[4] Vgl. A. v. HARNACK, Einführung 73 Anm. 1: „Denn c. 27,4 ist nicht der personifizierte Logos zu verstehen." Ähnlich KNOPF, 91; LINDEMANN, 92. In seiner Dogmatik sagt Harnack, es sei nicht sicher, ob der Vf. mit Logos Christus verstanden hat (Lehrbuch 213 Anm. 1).

von „Bestehen" schon in der Begrifflichkeit der Vorsokratiker oft belegt ist
(vgl. FVS III 413), scheint die mediale Form als Ausdruck der Schöpfertä-
tigkeit Gottes vom Mythos des Demiurgen in Platos Timaios beeinflußt zu
sein[1]. Durch diese Vermittlung hat auch das hellenistische Judentum den
Begriff übernommen, jetzt als Aussage über den Schöpfergott, allerdings nicht
oft[2]. Auch das Thema vom Logos als Schöpfungsmittler verrät den Einfluß
des hellenistischen Judentums (vgl. Weish 9,1b: ὁ ποιήσας τὰ πάντα ἐν λόγῳ
σου; Philo, Op 24; All I 81; Migr 6; Cher 127 u. ö. Im NT: Joh 1,3; Hebr
1,3). Gerade die zitierte Stelle des Hebr macht auf einen merkwürdigen
traditionellen Zusammenhang aufmerksam. Der Abschnitt Hebr 1,1–3 stellt
den Sohn als das eschatologische Wort dar, das schon protologisch gewirkt
hat (δι' οὗ καὶ ἐποίησεν τοὺς αἰῶνας). Von ihm wird auch die Inthronisation
ἐν δεξιᾷ τῆς μεγαλωσύνης behauptet (Hebr 1,3). Der christologische Zusammenhang drängt sich in den Vordergrund. I Clem 27,4 führt die Schöpfung
des Alls auf den λόγος τῆς μεγαλωσύνης αὐτοῦ zurück, aber damit ist nicht
Christus, sondern das Wort Gottes gemeint. Auch hier zeigt sich die gemeinsame Grundlage von Hebr und I Clem, auf der sich die beiden dann in jeweils
anderer Richtung entfalten.

Die zweite Aussage bringt die Macht Gottes durch die Möglichkeit zum
Ausdruck, durch sein Wort alles zerstören zu können. Es handelt sich dabei
nicht um eine Erörterung der Frage „de potentia Dei absoluta" (vgl. Philo,
SpecLeg IV 127; Virt 27), sondern um ein rhetorisches Mittel, die Macht des
Schöpfers und seine Erhabenheit über das Geschaffene hervorzuheben[3]. Ohne
den Text als Zitat erkenntlich zu machen, spielt der Vf. mit seiner Aussage
offensichtlich auf Ijob 11,10 an: ἐὰν δὲ καταστρέψῃ τὰ πάντα, τίς ἐρεῖ αὐτῷ·
τί ἐποίησας; Die Fortsetzung in 27,5, die einen anderen alttestamentlichen
Text mit der gleichen Wendung aufnimmt (Weish 12,12), läßt die Art der
Bezugnahme auf die Schrift erkennen, die der Verbindung von beiden Texten
zugrundeliegt. Die Wendung τίς ἐρεῖ αὐτῷ· τί ἐποίησας; dient als Bindeglied
der zwei Zitate, die sich inhaltlich ergänzen. Der allmächtige Herr der
Schöpfung entzieht sich jeder Rechenschaft seitens seiner Geschöpfe[4].

---

[1] Vgl. Tim. 32b: καὶ συνεστήσατο (ὁ θεός) οὐρανὸν ὁρατὸν καὶ ἁπτόν; 69bc: ἀλλὰ πάντα
ταῦτα πρῶτον διεκόσμησεν, ἔπειτα ἐκ τούτων πᾶν τόδε συνεστήσατο.

[2] Vgl. Philo, All III 10: θεὸν ... τὸν τὰ ὅλα συστησάμενον ἐκ μὴ ὄντων; Josephus, Ant 12,22:
τὸν γὰρ ἅπαντα συστησάμενον θεόν. Wie weit die Vorstellung auch in Kreisen der hellenistischen
Frömmigkeit bekannt war, zeigt die Stelle CHerm I 31 (I 18): ἅγιος εἶ, ὁ λόγῳ συστησάμενος
τὰ ὄντα. In der altchristlichen Literatur vgl. Aristides, Ap. 1,2: αὐτὸν οὖν λέγω εἶναι θεὸν τὸν
συστησάμενον τὰ πάντα.

[3] Nach A. P. O'HAGAN, Re-Creation 97 f., handelt es sich um eine Aussage über die künftige
„material re-creation" – in Verbindung mit I Clem 9, 4 (die Verkündigung der παλιγγενεσία).
Der Kontext macht die Deutung fraglich.

[4] Die Auslegung von O. KNOCH, Eigenart 209–215, geht einen ganz anderen Weg. Er versteht
die Stelle als Hinweis auf den Weltuntergang, den der Vf. als Bestand des überlieferten Glaubens
gegenüber der hellenistischen Lehre von der Ewigkeit der Welt betonen will (210). Gleich
unwahrscheinlich ist die Ansicht, I Clem 27,4 würde ähnlich wie 2 Petr 3,5–7 den Glauben an

Zwei hypothetisch gestellte Fragen bilden den ersten Teil. Die erste Frage 5
spielt auf die Unmöglichkeit an, daß einer von Gott eine Erklärung über
dessen Tun verlangen kann. Die zweite ist ebenso rhetorisch: Wer wird der
Kraft seiner Stärke widerstehen? Auch wenn kein Hinweis auf ein Zitat
vorliegt, lehnt sich der Text an Worte der Schrift an. Zunächst ist Weish
12,12 zu erwähnen: τίς γὰρ ἐρεῖ· τί ἐποίησας; ἢ τίς ἀντιστήσεται τῷ κρίματί
σου; Bei der zweiten Frage läßt sich Weish 11,21b heranziehen: καὶ κράτει
βραχίονός σου τίς ἀντιστήσεται; In I Clem 27,5 handelt es sich aber nicht
um die Kraft seines Armes, sondern um die Kraft seiner Stärke (τῷ κράτει
τῆς ἰσχύος αὐτοῦ). Die gleiche Wendung kommt in Dan 4,30 und Jes 40,26c
vor: ἀπὸ πολλῆς δόξης καὶ ἐν κράτει ἰσχύος οὐδέν σε ἔλαθεν (im NT vgl. Eph
1,19; 6,10). Der Vf. schöpft frei aus dem breiten Sprachrepertoire, über das
er aufgrund seiner LXX-Kenntnisse verfügt[1].

Der zweite Teil hebt zwei Aspekte der Allmacht Gottes hervor: 1. Gott
vollbringt alles unabhängig von zeitlichen oder anders gearteten Bedingungen
(ὅτε θέλει καὶ ὡς θέλει). Nach dem herrschenden Gottesbild braucht der Vf.
nicht zusätzlich zu erklären, daß der allmächtige Wille Gottes nur auf das
Heil des Menschen gerichtet ist. Dieses θέλειν „fast willkürlich" zu nennen (so
Lindemann, 92), geht am Text vorbei. Die Anschauung entspricht Weish
12,18b: πάρεστιν γάρ σοι, ὅταν θέλῃς, τὸ δύνασθαι[2]; 2. die Schöpfermacht zeigt
sich in der Schöpfungsordnung, die durch seine Bestimmungen gestaltet ist.
Keine von diesen Bestimmungen wird vergehen (οὐδὲν μὴ[3] παρέλθῃ τῶν δεδογματισμένων ὑπ’ αὐτοῦ)[4]. Das Partizip Perfekt von δογματίζειν erscheint sonst
in 20,4 als Aussage über den „Gehorsam" der Erde gegenüber seinen Bestimmungen (μὴ διχοστατοῦσα μηδὲ ἀλλοιοῦσά τι τῶν δεδογματισμένων ὑπ’ αὐτοῦ)[5].

Die zweifache Aussage bildet einen antithetischen Parallelismus: „alles steht 6
vor ihm" – „nichts ist seinem Willen verborgen", dessen Inhalt durch den
folgenden εἰ-Satz (V. 7) zusätzlich untermauert wird. Der Gegensatz πάντα
– οὐδέν kam zuvor im letzten Teil von 27,5 vor. Nachdem dort die Macht

---

den Weltuntergang mit Hilfe der alttestamentlichen-frühjüdischen Tradition „von der typologi-
schen Bedeutung Noes und der Sinflut" verteidigen (211). Es geht um die mächtige Gegenwart
des Schöpfers, dessen Herrlichkeit die Himmel verkünden (27,7). Am Weltuntergang besteht
bei dieser Argumentation keinerlei Interesse.

[1] Dabei kombiniert er nicht Weish 12,12 mit Eph 6,10. Gegen H.B. ΟΙΚΟΝΟΜΟΥ, Κείμενον
612.

[2] Nach O. KNOCH, Eigenart 213, geht es bei den Zweiflern in Korinth neben dem Wann
vor allem um das Wie des Weltunterganges. „Cl. hebt also auf den Plan Gottes ab, in dem das
Wann und das Wie genau festgelegt sind." Es geht aber gar nicht um eine Festlegung von Zeit
und Umständen des Weltuntergangs, sondern allein um die Allmacht Gottes.

[3] Nach BL./DEB./REH. § 431[7] eine korrekte Form. Nach KNOPF, 92, müßte es eigentlich
heißen: οὐδὲν οὐ μή.

[4] Die Wendung erinnert an Mt 5,18: ἰῶτα ἓν ἢ μία κεραία οὐ μὴ παρέλθῃ ἀπὸ τοῦ νόμου,
ἕως ἂν πάντα γένηται, aber ein Zusammenhang damit ist nicht gegeben. Anders O. KNOCH,
Eigenart 215.

[5] Vgl. 3 Makk 4,11.

des Schöpfers, alles tun und bestimmen zu können, betont wurde, wird nun eine andere Seite dieser Macht anvisiert. Das ἐγγύς Gottes bei seiner Schöpfung äußert sich in seiner Allgegenwart, bei der seinem Willen nichts verborgen bleibt. Hatte der Vf. in 21,1 und 21,3 die Gemeinde und die Menschenwelt vor Augen, als er nach dem Kapitel über die Schöpfung zum richtigen Wandel vor Gott aufforderte (τὰ καλὰ καὶ εὐάρεστα ἐνώπιον αὐτοῦ ποιῶμεν μεθ' ὁμονοίας) und auf Gottes Kenntnis der menschlichen Gedanken hinwies (οὐδὲν λέληθεν αὐτὸν τῶν ἐννοιῶν ἡμῶν οὐδὲ τῶν διαλογισμῶν ὧν ποιούμεθα), bleibt er hier auf allgemein schöpfungstheologischer Ebene. βουλή bezeichnet in 2,3 und 61,2 den menschlichen Willen (in 57,4.5 handelt es sich um ein Zitat aus Spr 1,25.30). Der Vf. verwendet den Begriff immer im Singular und nur hier als Ausdruck des göttlichen Willens[1]. Wie bei Philo (vgl. Ebr 165.203) scheint hier βουλή nicht Ratschluß, sondern eher „Wille" zu bedeuten. Nach der Aussage in 27,5b über die Überlegenheit des göttlichen Wirkens und über die dauernde Gültigkeit seiner Bestimmungen legt sich diese Deutung nahe. Der Gedanke, daß vor Gott nichts verborgen bleibt, ist alttestamentlich[2].

7   Mit unbedeutsamen Änderungen zitiert der Vf. Ps 18,2–4 LXX, aber ohne den Text als Zitat kenntlich zu machen. Das verbindende εἰ erscheint in Schlußfolgerungen, „wenn e. wirklicher Fall z. Voraussetzung genommen wird" (Bauer/Aland 442; Bl./Deb./Reh. § 372,1). In diesem Fall hat man in V. 6–7 einen Konditionalsatz, dessen Apodosis die Aussage in V. 6 ist, während V. 7 die wirklich gedachte Annahme ausdrückt. Die Textüberlieferung hat den Text nicht immer so gelesen[3]. Wenn die hier angenommene Satzstruktur der ursprünglichen Textgestalt entspricht, dann liegt wahrscheinlich hier die Erklärung dafür vor, daß der Vf. den verhältnismäßig langen Text Ps 18,2–4 ohne jede Einführung genau zitiert. Eine Zitationsformel hätte den Satzbau noch schwerer gemacht. Ferner verleiht V. 7 der Einheit 27,1–6 einen sinnvollen Abschluß. Denn wenn die ganze Schöpfung, die Himmel und das Firmament, der Tag und die Nacht die Herrlichkeit Gottes pausenlos verkünden und diese gegenseitig immer wieder kundtun, dann steht alles vor ihm, und die Schöpfung selber ist der Beweis für seine Nähe und Treue. Die Gläubigen handeln damit durchaus sinnvoll, wenn sie ihr Vertrauen in ihn neu beleben und sich seiner Nähe anvertrauen.

---

[1] Zu βούλησις und βούλημα vgl. I Clem 9,1. Zu βουλή vgl. G. SCHRENK, ThWNT I 631–634.

[2] Vgl. Ijob 34,21: αὐτὸς γὰρ ὁρατής ἐστιν ἔργων ἀνθρώπων, λέληθεν δὲ αὐτὸν οὐδὲν ὧν πράσσουσιν; Jes 40,26: ἀπὸ πολλῆς δόξης καὶ ἐν κράτει ἰσχύος οὐδέν σε ἔλαθεν. Aufgrund des τῷ κράτει τῆς ἰσχύος αὐτοῦ in I Clem 27,5 ist eine Reminiszenz von Jes 40,26 an dieser Stelle denkbar. Vgl. auch IgnEph 15,3.

[3] Der Hierosolymitanus kürzt ab und verbindet den Satz mit der folgenden Aussage: εἰ οὐρανοὶ διηγοῦνται δόξαν θεοῦ, ποίησιν δὲ αὐτοῦ ἀναγγέλλει τὸ στερέωμα· καὶ ἀκούονται αἱ φωναὶ πάντων βλεπομένων καὶ ἀκουομένων· φοβηθῶμεν ... (Text nach BRYENNIOS). Die lateinische Übersetzung macht zwei Konditionalsätze: „Si caeli enarrant maiestatem Dei ... si dies diei ...", und läßt mit 28,1 den Nachsatz beginnen: „propter omnia ergo ..." Vgl. R. KNOPF, Clemensbrief 117.

9.2. Gottes Allgegenwart (28,1–4)

Das Wissen um die Allmacht und Allgegenwart Gottes soll die Gläubigen dazu bewegen, sich von allen bösen Werken loszusagen, um nicht dem Gottesgericht zu verfallen. So lautet die Schlußfolgerung aus Kap. 27 in 28,1. Die sich daran anschließende Reihe von rhetorischen Fragen (28,2–4) bekräftigt diesen Entschluß durch die Unmöglichkeit, dem Machtbereich Gottes zu entkommen.

1. Da also alles gesehen und gehört wird, laßt uns ihn fürchten und von der schmutzigen Begierde nach bösen Taten ablassen, damit wir durch sein Erbarmen vor den kommenden Gerichten geschützt werden. 2. Denn wohin kann einer von uns vor seiner starken Hand fliehen? Welche Welt wird einen von denen aufnehmen, die von ihm desertieren? Denn die Schrift sagt irgendwo: 3. „Wohin soll ich gehen und wo mich verbergen vor deinem Angesicht? Wenn ich in den Himmel hinaufsteige, so bist du dort. Wenn ich zu den Enden der Erde weggehe, (so ist) dort deine Rechte. Wenn ich in der Unterwelt mein Lager bereite, (so ist) dort dein Geist." 4. Wohin sollte also einer weggehen, oder wohin sollte er vor dem davonlaufen, der alles umfaßt?

Die doppelte Partizipal-Wendung am Anfang (βλεπομένων καὶ ἀκουομένων) führt zu einer zweifachen Aufforderung (φοβηθῶμεν – ἀπολίπωμεν), deren Ziel durch den anschließenden Finalsatz ausgedrückt wird (ἵνα τῷ ἐλέει αὐτοῦ σκεπασθῶμεν ...). Bei den zwei Partizipien im Passiv ist Gott das Subjekt (passivum divinum). Daß von ihm alles gesehen und gehört wird, knüpft unmittelbar an 27,6 (πάντα ἐνώπιον αὐτοῦ εἰσίν) und 27,7b (καὶ οὐκ εἰσὶν λόγοι οὐδὲ λαλιαί, ὧν οὐχὶ ἀκούονται αἱ φωναὶ αὐτῶν) an. Aber andere, zuvor gemachte Aussagen bleiben auf der gleichen Linie (vgl. 21,3.9). Der alles sehende und hörende Gott gehört zu einem religiösen Topos, den die griechische Tradition gut kennt und bezeugt[1].

Die erste Aufforderung betrifft die Furcht vor Gott (φοβηθῶμεν αὐτόν). Wichtiger als die Verb-Form ist das dazu entsprechende Substantiv φόβος. Im Anschluß an die judenchristliche Tradition beinhaltet die Gottesfurcht hier die Anerkennung seiner Macht als Schöpfer und Retter. In der Sprachwelt des Vf.s bringt das Aufgeben der Gottesfurcht das Weichen der Gerechtigkeit und des Friedens mit sich (3,4: πόρρω ἄπεστιν ἡ δικαιοσύνη καὶ εἰρήνη, ἐν τῷ ἀπολιπεῖν ἕκαστον τὸν φόβον τοῦ θεοῦ), während die Gottesfurcht mit dem Aufgeben der schmutzigen Begierde nach bösen Taten zusammenhängt

---

[1] Vgl. Homer, Od. 11,109, von Helios, ὃς πάντ᾽ ἐφορᾷ καὶ πάντ᾽ ἐπακούει (vgl. Theophilus, Ad Aut. II 3); Empedokles, Fr. 24: οὖλος ὁρᾷ, οὖλος δὲ νοεῖ, οὖλος δέ τ᾽ ἀκούει (FVS I 135,7: *Gott* ist ganz Auge, ganz Geist, ganz Ohr); Epicharmos: νοῦς ὁρῇ καὶ νοῦς ἀκούει (FVS I 200,16: Verstand *nur* sieht, Verstand *nur* hört). Im hellenistischen Judentum vgl. Josephus, Ant 8,108: τῷ μὲν γὰρ πάντ᾽ ἐφορᾶν καὶ πάντ᾽ ἀκούειν. Vgl. E. NORDEN, Agnostos Theos 19 Anm. 1.

(φοβηθῶμεν αὐτὸν καὶ ἀπολίπωμεν φαύλων ἔργων μιαρὰς[1] ἐπιθυμίας). Worin das Letztere besteht, sagt der Text nicht. Einige sprachliche Wendungen begründen die Vermutung, daß der Vf. dabei auch – vielleicht sogar primär – auf die Ereignisse in Korinth anspielt. Einmal ist die Ermahnung zur Gottesfurcht auf dem Hintergrund von 3,4 zu sehen, wie oben gezeigt. Weiter bezeichnet das Adjektiv μιαρά (schmutzig) in 1,1 die στάσις in Korinth. Natürlich bleibt der Vf. beweglich in seinem Sprachgebrauch (vgl. 30,1: μιαρᾶς ... συμπλοκάς), aber 45,4 (μιαρὸν καὶ ἄδικον ζῆλον) weist wiederum auf das korinthische Problem als Umfeld für die Verwendung von μιαρός/μιαρά hin. Schließlich wird ἀπολείπω in 7,2 (διὸ ἀπολίπωμεν τὰς κενὰς καὶ ματαίας φροντίδας) und 9,1 (ἀπολιπόντες τὴν ματαιοπονίαν τήν τε ἔριν καὶ τὸ εἰς θάνατον ἄγον ζῆλος) sonst dort gebraucht, wo Gegenstand der Ermahnung die Ablehnung der gegnerischen Partei ist. Trifft diese Vermutung zu, dann wirbt der Vf. bei den Korinthern um eine klare Distanzierung von den Anführern der Unruhe (vgl. 14,1 f.). Die aus der schmutzigen Begierde hervorgehenden bösen Werke wären in diesem Fall identisch mit dem Sich-den-Gegnern-anschließen. Der Sprachgebrauch von ἔργα in Kap. 30–33 wird diese Deutung bekräftigen.

Das Erbarmen Gottes (τῷ ἐλέει αὐτοῦ; vgl. 9,1) ist Schild und Rettung aus dem kommenden Gericht in einem[2]. Die Pluralform von κρίμα zum Ausdruck der Gerichtsentscheidungen Gottes steht unter dem Einfluß der alttestamentlichen Sprache, besonders der der Psalmen (vgl. Ps 9,17.26; 18,10; 35,7 u. ö.). Die Rede vom kommenden Gericht ist traditionell (vgl. Apg 24,25: καὶ τοῦ κρίματος τοῦ μέλλοντος). Das Verb σκεπάζειν (schirmen, schützen) ist im NT nicht belegt, und in der altchristlichen Literatur kommt es sonst nur bei Hermas vor, allerdings nicht mit eschatologischer Bedeutung (vgl. sim VIII 1 f. [67,1 f.]; IX 27 [104,1] usw.). Von den zahlreichen LXX-Stellen kommt besonders Zef 2,3b in Betracht: κρίμα ἐργάζεσθε καὶ δικαιοσύνην ζητήσατε καὶ ἀποκρίνεσθε αὐτά, ὅπως σκεπασθῆτε ἐν ἡμέρᾳ ὀργῆς κυρίου. Das Bild vom schützenden Gott (vgl. I Clem 60,3) ließ sich leicht auf den Schutz seines Erbarmens im Endgericht übertragen[3].

---

[1] Nach H: βλαβερᾶς.

[2] Formal und inhaltlich ähnlich 50,2: δεώμεθα οὖν καὶ αἰτώμεθα ἀπὸ τοῦ ἐλέους αὐτοῦ, ἵνα ἐν ἀγάπῃ εὑρεθῶμεν ...

[3] I Clem 28,1 läßt sich nach der bisherigen Analyse auf keinen Fall als „Schlußteil des eschatologischen Exkurses" verstehen (so O. KNOCH, Eigenart 173). Es ist auch nicht verwunderlich, wenn das Thema vom Endgericht in I Clem so „unverhältnismäßig selten" vorkommt, obwohl doch die urchristliche Paränese „von dem Hinweis auf das bevorstehende Endgericht" beherrscht wird (ebd. 174). Zum einen ist die Motivierung der urchristlichen Paränese nicht auf ein einziges Element einzuengen; zum anderen begründet der Vf. von I Clem die Paränese nicht eschatologisch, sondern schöpfungstheologisch. Die eschatologischen Aussagen sind den schöpfungstheologischen untergeordnet und daher werden sie auch nicht in besonderer Weise herausgestellt.

Die zwei rhetorischen Fragen drücken die Unmöglichkeit für den Menschen   2
aus, der Allgegenwart des mächtigen Gottes zu entfliehen. Die erste Frage
(ποῦ γάϱ τις ἡμῶν δύναται φυγεῖν ἀπὸ τῆς κραταιᾶς χειρὸς αὐτοῦ;) scheint
formal von Ps 138,7 beeinflußt zu sein (ποῦ ποϱευϑῶ ἀπὸ τοῦ πνεύματός σου
καὶ ἀπὸ τοῦ προσώπου σου ποῦ φύγω;), da dessen Fortsetzung in I Clem 28,3
zitiert wird. Aber inhaltlich nimmt sie die Aussage Weish 16,15 wieder auf:
„Es ist unmöglich, deiner Hand zu entfliehen" (τὴν δὲ σὴν χεῖϱα φυγεῖν
ἀδύνατόν ἐστιν). Die „starke" bzw. „mächtige" Hand Gottes (κραταιὰ χείϱ)
ist ein geläufiges Bild für seine Macht (vgl. Ex 3,19; 6,1; 13,3 u. ö. Auch in
I Clem 60,3).

Bei der zweiten Frage steht als Metapher der Deserteur im Vordergrund.
Wenn einer *von Gott* desertiert, d. h. seinen Willen ablehnt, wird er in keinem
Ort dieser Welt eine Heimstätte finden. Das Motiv ist das von 21,4: δίκαιον
οὖν ἐστὶν μὴ λειποτακτεῖν ἡμᾶς ἀπὸ τοῦ θελήματος αὐτοῦ[1]. αὐτομολεῖν erscheint in der LXX im Sinn von „zu einem Abkommen gelangen" (Jos 10,1.4;
2 Sam 10,19), „überlaufen" (2 Sam 3,8; Jdt 16,12; 1 Makk 7,19.24; 9,24).
Besonders die Stellen in 1 Makk kommen der Bedeutung von „desertieren"
sehr nahe[2]. Bei ποῖος δὲ κόσμος δέξεταί τινα … greift der Vf. auf die
Vorstellung von den κόσμοι zurück als den unbekannten und entfernten
Regionen der Welt (wie in 20,8). Nicht einmal dorthin könnte der Abtrünnige
fliehen. Abgesehen von der rhetorischen Steigerung bedeutet κόσμος eigentlich
τόπος, wie in 54,3 über die Verantwortlichen über die Unruhen in der
Gemeinde, die freiwillig die Gemeinde verlassen: καὶ πᾶς τόπος δέξεται αὐτόν.
Wer aber Gott den Rücken wendet, wird nirgendwo aufgenommen.

Ein die zwei Fragen begründendes Schriftwort wird eingeleitet mit: λέγει
γάϱ που τὸ γϱαφεῖον. Der Terminus γϱαφεῖον als Bezeichnung der Schrift
taucht hier zum erstenmal auf. An sich bedeutet es das Schreibwerkzeug, der
Griffel oder Pinsel (in der LXX nur Ijob 19,24, aber auch in den anderen
griechischen Versionen). Offensichtlich wurde allmählich darunter auch das
„Geschriebene" selbst verstanden. Schon Cotelier hat auf Epiphanius hingewiesen (vgl. Haer. 29,7.2.4), der mit γϱαφεῖα die כתוב-ים (d. h. die „Schriften"
des AT) meinte, wenngleich er selbst nur die Psalmen gelten ließ (PG I 267).
Cotelier entgeht die Tatsache jedoch nicht, daß Epiphanius den gleichen
Ausdruck auch für historische Bücher gebraucht (Mens. 4)[3]. Es handelt sich
um recht späte Belege, bei denen immer die Pluralform γϱαφεῖα verwendet
wird, im Unterschied zu γϱαφεῖον in I Clem. Es empfiehlt sich daher, den

---

[1] Zu Philo, Gig 43, s. I Clem 21,4.
[2] Bei Philo überwiegt der übertragene Sinn von „Überlaufen" mit einer positiven oder
negativen Wirkung (Gig 43.65.66; Ebr 58 usw.); verständlicherweise verwendet Josephus αὐτομολεῖν im militärischen, politischen Sinn von „Überlaufen" (Bell 1,172; 2,52.520; 4,377.565
usw.).
[3] Vgl. auch HILGENFELD, 33; GEBHARDT/HARNACK, 47; LIGHTFOOT, I 2,92; W. WREDE,
Untersuchungen 22; HEMMER, 62; KNOPF, 92; GRANT, 53 f.; JAUBERT, 147; E. WERNER, Hebraisms 798; D. A. HAGNER, Use 116 f.

Terminus als Variante zu γραφή (23,3.5; 34,6 u. ö.), die häufig gebraucht wird, und damit als Bezeichnung für das ganze AT aufzufassen statt nur für einen Teil desselben (so auch Lindemann, 93).

3   Der eingeleitete Text ist Ps 138,7–10. Wie die folgende Tabelle zeigt, handelt es sich um eine freie Wiedergabe – wahrscheinlich aus dem Gedächtnis – des Schriftwortes. Die Annahme einer divergierenden Vorlage ist wenig wahrscheinlich[1].

I Clem 28,3	Ps 138,7–10
ποῦ ἀφήξω	V. 7 ποῦ πορευθῶ ἀπὸ τοῦ πνεύματός σου
καὶ ποῦ κρυβήσομαι ἀπὸ τοῦ προσώπου σου;	καὶ ἀπὸ τοῦ προσώπου σου ποῦ φύγω;
ἐὰν ἀναβῶ εἰς τὸν οὐρανόν, σὺ ἐκεῖ εἶ·	V. 8 ἐὰν ἀναβῶ εἰς τὸν οὐρανόν, σὺ εἶ ἐκεῖ·
	ἐὰν καταβῶ εἰς τὸν ᾅδην, πάρει·
ἐὰν ἀπέλθω	V. 9 ἐὰν ἀναλάβοιμι τὰς πτέρυγάς μου κατ᾽ ὄρθρον
εἰς τὰ ἔσχατα τῆς γῆς,	καὶ κατασκηνώσω εἰς τὰ ἔσχατα τῆς θαλάσσης,
ἐκεῖ	V. 10 καὶ γὰρ ἐκεῖ ἡ χείρ σου ὁδηγήσει με
ἡ δεξιά σου·	καὶ καθέξει με ἡ δεξιά σου.
ἐὰν καταστρώσω εἰς τὰς ἀβύσσους,	
ἐκεῖ τὸ πνεῦμά σου.	

Das Zitat kürzt das Original ab. Nach den ersten zwei Fragen, die schon in 28,2a angeklungen sind, folgen drei Konditionalsätze in einer sinnvollen inhaltlichen Reihenfolge: der Himmel, die Grenzen der Erde und die Unterwelt. Der zweite Teil jedes Satzes verwendet das immer wiederkehrende ἐκεῖ in durchdachter Form: Der Himmel ist der Wohnort Gottes: darum σὺ ἐκεῖ εἶ. Auch die Grenzen der Erde gehören in den Machtbereich Gottes, und so heißt es: ἐκεῖ ἡ δεξιά σου. Schließlich werden die Abgründe als letztmöglicher Zufluchtsort erwähnt. Die Gegenwart Gottes zeigt sich hier sogar in einer subtileren Form: ἐκεῖ τὸ πνεῦμά σου[2]. Der πνεῦμα-Begriff, vorgegeben schon durch Ps 138,7, wird hier eingeführt, um die Präsenz Gottes auch da auszudrücken. Wie auch immer man die Frage nach der Herkunft des Textes beantwortet, eines läßt sich nicht leugnen: Die vorliegende Fassung ist nicht denkbar ohne literarichen Gestaltungswillen und sprachliches Gestaltungsvermögen. Dabei geht es gar nicht allein um formale Gestaltung. Sie steht im Dienste einer theologischen Aussageintention. Denn die Wirklichkeit, die dargelegt werden soll, ist die mächtige Gegenwart des Schöpfers an sich. Der Vf. geht hier freizügig mit der Schrift um, nicht aus Willkür, sondern um die beeindruckende Kraft ihrer Aussage noch zu verstärken.

Hinsichtlich der Begrifflichkeit fällt zunächst die Verwendung des weder in der Bibel noch in der Literatur des hellenistischen Judentums belegten, wohl aber in der griechischen Literatur oft vorkommenden ἀφήκειν auf (vgl. Plato, Resp. VII 530e). Zweitens wird καταστρωννύειν nicht im Sinn von

---

[1] Anders J. DANIELOU, Théologie 108 f.
[2] Stoischer Einfluß ist nicht erkennbar. Anders O. KNOCH, Eigenart 187.

„niederstrecken, töten" gebraucht, wie es sonst in der LXX der Fall ist, sondern im Sinn von „ausbreiten", um das Zurechtmachen des Bettes oder Lagers zu beschreiben. Lightfoot bemerkt, daß καταστρώσω dem hebräischen יאצע־וע besser entspricht als καταβῶ der LXX (I 2,92 f.). Zugleich weist er auf eine von Origenes überlieferte griechische Fassung von Ps 138 hin, die στρώσω bringt (Field II 292). Es wäre daher denkbar, daß die Abweichung von der LXX in diesem Fall vom Einfluß einer anderen griechischen Version herrührt, nicht aber von der Berücksichtigung des hebräischen Textes (anders Knopf, 92).

Die zwei Fragen, die nach dem Zitat den Gedankengang fortsetzen, ent- **4** sprechen inhaltlich den anderen beiden in 28,3a:

28,3a	28,4
ποῦ ἀφήξω	ποῖ οὖν τις ἀπέλθῃ
καὶ ποῦ κρυβήσομαι	ἢ ποῦ ἀποδράσῃ
ἀπὸ τοῦ προσώπου σου;	ἀπὸ τοῦ τὰ πάντα ἐμπεριέχοντος;

Der Vf. vermeidet die Wiederholung des Adverbs ποῦ und verwendet das in der biblischen Literatur nicht belegte, aber gut klassische ποῖ[1]. Besonders im zweiten Teil wird der schöpfungstheologische Horizont der Fragestellung deutlich: ποῦ ἀποδράσῃ ἀπὸ τοῦ τὰ πάντα ἐμπεριέχοντος; Die Unmöglichkeit, Gott entrinnen zu können[2], läßt sich nicht überzeugender ausdrücken als dadurch, daß Gott als „der alles Umfassende" bezeichnet wird. Das Verb ἐμπεριέχειν in Bezug auf Gott kommt nicht oft vor. Läßt sich die Herkunft aus der stoischen Gotteslehre auch nicht leugnen, bleibt dennoch zu beachten, daß der Terminus eigentlich nicht ἐμπεριέχειν, sondern περιέχειν ist[3]. Nur die hermetische Literatur belegt einen ähnlichen Sprachgebrauch wie I Clem 28,4: in CHerm Fr. 26 (IV 131): αὐτὸς (ὁ ἀγαθός) γὰρ ἀπέραντος ὢν πάντων ἐστὶ πέρας, καὶ ὑπὸ μηδενὸς ἐμπεριεχόμενος πάντα ἐμπεριέχει. CHerm XI 3 (I 148): δύναμις δὲ τοῦ θεοῦ ὁ αἰών, ἔργον δὲ τοῦ αἰῶνος ὁ κόσμος ... τοῦ κόσμου ὑπὸ τοῦ αἰῶνος ἐμπεριεχομένου[4]. Über die festgestellten kleinen terminologischen Unterschiede hinaus zeigen einige Texte von Philo den Anteil des hellenistischen Judentums bei der Vermittlung solcher Vorstellungen. Nach Sobr 63 ist die Rede vom „Wohnen" Gottes in der Schrift nicht räumlich gemeint. Er umfaßt alles, ohne von irgendetwas umfaßt zu werden (περιέχει γὰρ τὰ πάντα πρὸς μηδενὸς περιεχόμενος). Das gleiche steht in Som I 63, wo

---

[1] Daß ein Begriff der „Ruhe" – ποῦ – neben einem anderen der „Bewegung" – ποῖ eigentlich „wohin" – erscheint, kommt auch im Klassischen vor. Vgl. BL./DEB./REH. § 103,1; KÜHNER/GERTH, I 545. H hat offensichtlich versucht, die parallele Form der beiden Fragen wie in 28,3 (ποῦ) zu bewahren.

[2] Vgl. Philo, Det 155: ὁπότ᾽ οὖν ὅλον ἐκφυγεῖν τὸ τοῦ θεοῦ ἔργον ἀμήχανον, πῶς οὐκ ἀδύνατον μᾶλλον ἀποδρᾶναι τὸν ποιητὴν καὶ ἡγεμόνα τούτου;

[3] Diesen Unterschied übersieht KNOPF, 93, in seinen Belegen für den stoischen Charakter des Ausdrucks. Bei keinem von ihnen kommt ἐμπεριέχειν vor! Eigenartigerweise verwendet der Vf. nur einmal περιέχειν, und zwar für das die Erde umgebende Wasser (33,3).

[4] Vgl. auch Cornutus, Compendium 48 (ed.Lang).

Gott selbst „Ort" genannt wird (αὐτὸς ὁ θεὸς καλεῖται τόπος τῷ περιέχειν μὲν τὰ ὅλα, περιέχεσθαι δὲ πρὸς μηδενὸς ἁπλῶς)[1].

9.3. Die Antwort auf Gottes Erwählung (29,1–30,8)

Kap. 29 bildet eine Art von logischer Folgerung – im Rahmen einer Glaubenslogik – aus Kap. 28. Denn wenn der Gläubige sich der Macht seines Schöpfers nicht entziehen kann, dann besteht das Heil nicht in der Flucht vor ihm, sondern umgekehrt in der Bewegung auf ihn zu. Es ist nicht nur so, daß der Schöpfer seiner Schöpfung nahe ist (21,3; 27,3); auch der Gläubige muß sich ihm nähern. Auch wenn es richtig ist, daß die Gottesprädikationen der vorhergehenden Kapitel dem Anliegen entsprachen, die Macht des Schöpfers hervorzuheben – so wurde Gott κτίστης (19,2), δημιουργός (20,11; 26,1), δεσπότης (20,11; 24,1) genannt, und auch πατήρ in 19,2 war in diesem Sinn zu verstehen – zeigte 23,1, daß im Hintergrund immer das Bild Gottes als eines gütigen Vaters präsent war. Ergeht die Aufforderung an die Gläubigen, sich an Gott zu wenden, ihm näher zu treten, dann versteht sich von selbst, daß gerade diese Züge verstärkt in den Vordergund treten.

Die Bewegung der Gläubigen auf Gott hin hat aber noch einen anderen Grund, in dem sich Schöpfung und Erlösung treffen. Die Gläubigen bilden das Volk, das Gott erwählt und sich zu eigen gemacht hat. Um diesen Gedanken, der im letzten Teil von 29,1 zum Ausdruck kommt, zu unterstreichen, zitiert der Vf. zwei Texte aus der Schrift (29,2–3), die den diesbezüglichen Beschluß Gottes bezeugen. Sind die Christen nun das „Allerheiligste aus diesem Volk", ergeben sich daraus Konsequenzen für die Lebensgestaltung, um diesem Merkmal zu entsprechen (30,1–7). Das Stichwort ἁγία verbindet dabei beide Abschnitte (29,3 und 30,1). Nach dem Schriftbeweis in 30,2 folgen zwei Texteinheiten, die jeweils mit der Aufforderung κολληθῶμεν eingeleitet werden (30,3; 31,1). Die Gestalten, denen sich die Gemeinde eng anschließen soll, sind für sie Vorbilder zur Nachahmung. Das ποιήσωμεν τὰ τοῦ ἁγιασμοῦ πάντα φεύγοντες … in 30,1 hat eine positive Entsprechung in dem wiederholten κολληθῶμεν. Die Aufgabe der Heiligung besteht also nicht nur im Fliehen vor negativen Taten und Haltungen. Sie verwirklicht sich noch in der Nachahmung derjenigen, die von Gott mit seiner Gnade und seinem Segen beschenkt worden sind. Bei aller Notwendigkeit der guten Werke aber soll das Lob von Gott bzw. von den anderen kommen, nicht von ihnen selbst (V. 6 f.). Die abschließende Aussage über Fluch und Segen (V. 8) bereitet das Thema von Kap. 31 vor.

---

[1] Vgl. auch Som I 183: … τὸν περιέχοντα αὐτὸν ἐν κύκλῳ τὰ πάντα.

1. Treten wir also zu ihm hin mit frommer Seele, indem wir, reine und makellose Hände zu ihm erhebend, unseren milden und barmherzigen Vater lieben, der uns zu seinem auserwählten Teil gemacht hat. 2. Denn so steht geschrieben: „Als der Höchste die Völker teilte, da er die Söhne Adams zerstreute, setzte er Gebiete für die Völker fest nach der Zahl der Engel Gottes. Anteil des Herrn wurde sein Volk Jakob, sein zugemessenes Erbe Israel." 3. Und an einer anderen Stelle heißt es: „Siehe, der Herr nimmt sich ein Volk aus der Mitte der Völker, so wie ein Mensch die Erstlingsgabe seiner Tenne nimmt; und aus diesem Volk wird das Allerheiligste hervorgehen." Kap. 30. 1. Da wir also ein heiliger Teil sind, laßt uns alles tun, was zur Heiligung gehört, indem wir Verleumdungen, schmutzige und unreine Umarmungen, Trunkenheit und Neuerungssucht und abscheuliche Begierden, schändlichen Ehebruch und abscheulichen Hochmut fliehen. 2. „Denn Gott", heißt es, „widersetzt sich den Hochmütigen, den Demütigen aber gibt er Gnade." 3. Schließen wir uns also jenen an, denen von Gott die Gnade gegeben ist; ziehen wir die Eintracht an, demütigen Sinnes, enthaltsam, uns fern haltend von aller Ohrenbläserei und Verleumdung, uns durch Werke rechtfertigend und nicht durch Worte. 4. Denn es heißt: „Wer viel redet, bekommt auch wieder viel zu hören; oder meint der Schwätzer, er sei gerecht? 5. Gesegnet der von einer Frau Geborene, der kurze Zeit lebt. Werde keiner, der viel Worte macht!" 6. Unser Lob sei bei Gott und (komme) nicht von uns selbst. Denn die sich selber loben, haßt Gott. 7. Das Zeugnis über unser gutes Handeln soll von anderen gegeben werden, wie es auch unseren gerechten Vätern gegeben ward. 8. Dreistigkeit und Keckheit und Verwegenheit (sind) bei denen, die von Gott verflucht sind. Milde und Demut und Sanftmut (sind) bei denen, die von Gott gesegnet sind.

Die Aufforderung, zu Gott hinzutreten (προσέλθωμεν οὖν αὐτῷ), wird durch 1 zwei Partizipialsätze ergänzt (αἴροντες …, ἀγαπῶντες …), an die sich ein Relativsatz mit Gott als Subjekt anschließt. Die durch die Partizipien ausgedrückten Handlungen gehören inhaltlich jeweils zu den voran- bzw. nachgestellten verba finita (προσέλθωμεν bzw. ἐποίησεν). Aus dieser Sicht läßt sich 29,1 als zweigliedrige Aussage verstehen: 1. über das Hintreten zu Gott mit der Geste der sich erhebenden Hände; 2. über die Liebe zum Vater, der die Gläubigen auserwählt hat. Beide Teile sind aber nicht gleichwertig. Die Kernaussage, die dem Rest seinen Sinn verleiht, ist im Relativsatz enthalten: ὃς ἐκλογῆς μέρος ἡμᾶς ἐποίησεν ἑαυτῷ. Dies ist schließlich die Behauptung, welche die Schrift in 29,2 f. beweisen soll.

Das Hintreten vor Gott als Bild für die vertrauliche Nähe zu Gott ist alttestamentlicher Herkunft (vgl. Ps 33,6; Sir 6,19. Hebr 4,16 und 10,22 bringen προσερχώμεθα. Vgl. auch I Clem 33,8). Die Partikel οὖν verbindet die Ermahnung mit dem vorherigen Abschnitt in der Art einer Folgerung. ἐν ὁσιότητι ψυχῆς als Bezeichnung der inneren Haltung des Gläubigen vor Gott ist auch Gegenstand der Ermahnung. Der Ausdruck erscheint im AT als ὁσιότης τῆς καρδίας (Dtn 9,5; 1 Kön 9,4 wie auch in I Clem 32,4; 60,2). ὁσιότης ist die „persönliche Frömmigkeit" (Fr. Hauck, ThWNT V 492) und wird in der Literatur des hellenistischen Judentums häufig gebraucht[1]. Die innere Haltung bekräftigt die äußere Bewegung der Erhebung der Hände zu Gott, wie auch der Frömmigkeit der Seele die *reinen* und *makellosen* Hände[2] entsprechen. Die Form χεῖρας αἴρειν ist nicht so oft belegt wie die synonyme Wendung χεῖρας ἐκτείνειν (vgl. 2,3), aber sie ist auch keine Seltenheit[3]. Verglichen mit dem Vorhergehenden – das Hintreten zu Gott, das Erheben der Hände –, bringt das zweite Partizip eine inhaltliche Steigerung: die Liebe zum milden und barmherzigen Vater. Die Gottesprädikationen (ἐπιεικής – εὔσπλαγχνος) lassen hellenistisch-jüdische Frömmigkeit erkennen[4]. Aber der Bezug zu Gott ist wesentlich durch seine Entscheidung bestimmt, die Gemeinde zu seinem Eigentum zu erwählen. ἐκλογῆς μέρος ist ein genitivus qualitatis: der auserwählte Teil, den Gott für sich (ἑαυτῷ) gemacht hat (vgl. Apg 9,15: σκεῦος ἐκλογῆς). Der Ausdruck bezeichnet die Erwählung der Gläubigen durch Gott und knüpft an eine grundlegende Gewißheit der biblischen Überlieferung an, wenngleich der Terminus ἐκλογή in der LXX nicht belegt ist[5]. Es handelt sich um die göttliche Initiative bei Entstehung und Bestand *seines* Volkes. Typisch für I Clem ist die selbstverständlich anmutende Übernahme von solchen heilsgeschichtlichen Kategorien, ohne offenbar – die Schriftzitate in 29,2 f. heben das hervor – das Verhältnis zu Israel als Problem zu empfinden. Jetzt bildet die christliche Gemeinde den auserwählten Teil Gottes![6] Die Christen fühlen sich nicht als ein neues Volk nach Heiden und Juden, noch spielt das Motiv vom „tertium genus" hier irgendwelche Rolle (so Knopf, 93). Dies ist um so auffälliger, weil von den neutestamentlichen Schriften gerade der Brief des Paulus an die Römer am häufigsten den Terminus ἐκλογή gebraucht, und zwar im Zusammenhang mit dem Schicksal

---

[1] Vgl. Weish 2,22; 5,19; 9,3; 14,30; Arist 18. Sehr oft bei Philo, der Abraham als einen darstellt, der seine Seele ganz der Heiligkeit geweiht hat (Abr 198: ἀλλ᾽ ὅλην τὴν ψυχὴν δι᾽ ὅλων ὁσιότητι προσεκλήρωσεν).

[2] Zum doppelten Adjektiv vor einem Substantiv vgl. Einleitung § 3.2.c. (vgl. II Clem 6,9: ἐὰν μὴ τηρήσωμεν τὸ βάπτισμα ἁγνὸν καὶ ἀμίαντον). Die Wendung ist ähnlich der I Clem 1,3: ἐν ἀμώμῳ καὶ ἁγνῇ συνειδήσει. Das Adjektiv ἀμίαντος kommt in der LXX nur bei ursprünglich griechisch geschriebenen Büchern. Vgl. Weish 3,13; 4,2; 8,20; 2 Makk 14,36; 15,34 (oft bei Philo; TestJos 4,6). Im NT vgl. Hebr 7,26; 13,4; Jak 1,27; 1 Petr 1,4.

[3] Vgl. Dtn 32,40. Im Klassischen vgl. Homer, Il. 3,318; Od. 13,355. Andere Belege aus der nichtbiblischen Literatur bei BAUER/ALAND 45.

[4] Vgl. Ps 85,5: ὅτι σύ, κύριε, χρηστὸς καὶ ἐπιεικὴς καὶ πολυέλεος πᾶσι τοῖς ἐπικαλουμένοις σέ ...; OrMan 7: ὅτι σὺ εἶ κύριος ὕψιστος, εὔσπλαγχνος, μακρόθυμος καὶ πολυέλεος; TestSeb 9,7: ὅτι ἐλεήμων ἐστί καὶ εὔσπλαγχνος. Vgl. auch Philo, SpecLeg I 97. Im NT erscheint εὔσπλαγχνος nur in Eph 4,32 und 1 Petr 3,8 im Bereich der zwischenmenschlichen Beziehungen – wie in I Clem 54,1.

[5] Zum Sprachgebrauch bei den anderen griechischen Versionen des AT vgl. G. SCHRENK, ThWNT IV 182.

[6] Vgl. A. v. HARNACK, Einführung 112.

Israels (vgl. Röm 9,11; 11,5.7.28). Der hier angesprochene Gedanke wird in 59,3 in Gebetsform wieder aufgenommen: τὸν πληθύνοντα ἔθνη ἐπὶ γῆς καὶ ἐκ πάντων ἐκλεξάμενον τοὺς ἀγαπῶντάς σε: Gott hat aus allen Völkern der Erde die auserwählt, die ihn lieben.

Der zitierte Text entspricht fast vollständig Dtn 32,8–9 (LXX). Im Mittelpunkt steht die Erwählung Israels durch Gott aus allen Völkern, und zwar als ein Akt der Abgrenzung gegenüber den anderen Völkern: „Anteil des Herrn wurde sein Volk Jakob, sein zugemessenes Erbe Israel"[1]. Zum Zitat ist folgendes zu bemerken: 1. die Genauigkeit der Zitationsform bedeutet nicht, daß die im Text enthaltenen Themen für den Vf. ebenso wichtig sind. Nur die Auserwählung durch Gott ist von Belang; 2. von der Abgrenzung gegenüber den anderen Völkern fehlt beim ekklesiologischen Bewußtsein der römischen Gemeinde – so weit durch I Clem vertreten – jede Spur; 3. die Ablösung Israels durch die christliche Kirche ist vollständig und bedarf keiner Erklärung oder Begründung. Das Wort der Schrift ist in diesem Fall ein Wort über die Kirche[2].

Dtn 32,7–9 wird von Justin in Dial. 131,1 zitiert. Der Zusammenhang ist ein ganz anderer; aber die Tatsache, daß der in der alten Christenheit sonst nicht berücksichtigte Text von Dtn 32[3] noch einmal in einem Dokument der römischen Kirche genau zitiert wird, könnte auf eine Zitatensammlung der Gemeinde hinweisen, die katechetisch oder apologetisch verwendet wurde. So würde die erste oben gemachte Bemerkung ihre Erklärung finden. In der Zeit Justins ist die Abweichung der LXX-Fassung vom hebräischen Text Gegenstand von notwendig gewordenen Erläuterungen. In der LXX steht nämlich: ἔστησεν ὅρια ἐθνῶν κατὰ ἀριθμὸν ἀγγέλων θεοῦ, während im TM die Grenzen der Völker nicht nach der Zahl der „Engel", sondern nach der Zahl der „Söhne" Israels festgelegt wird.

Das zweite Zitat besteht aus zwei Teilen. Im ersten wird die Erwählung des Gottesvolkes aus den anderen Völker (in Präsens: λαμβάνει) durch einen Vergleich veranschaulicht: Wie ein Mensch die Erstlingsgabe seiner Tenne nimmt, so hat Gott sein Volk aus der Mitte der Völker genommen. Im zweiten Teil wird ein künftiges Ereignis angekündigt, aber ohne nähere Bestimmungen: Aus diesem Volk wird das Allerheiligste hervorgehen. Im jetzigen Kontext

---

[1] Nach HILGENFELD, 33, unterscheidet der Vf. sorgfältig zwischen λαός (d. h. die Heidenchristen) und ἔθνος (dh. die Judenchristen). Das läßt sich aber weder aus dem Zitat noch aus dem sonstigen Sprachgebrauch in I Clem ablesen. Kritisch dazu GEBHARDT/HARNACK, 48; LIGHTFOOT, I 2,94 f.

[2] Auch nach O. KNOCH, Eigenart 350 f., unterscheidet der Vf. genau zwischen ἔθνος und λαός, aber jetzt würde das erste die Heidenvölker in ihrer Gesamtheit meinen, das zweite nur das auserwählte Volk. Wie das folgende Zitat zeigt, kümmert sich der Vf. offensichtlich nicht um solche Unterscheidungen. Es ist eher anzunehmen, daß er das Zitat wörtlich versteht (LINDEMANN, 95).

[3] Eine Anspielung bei Klemens von Alexandrien, Strom. VII 6,4. Später Tertullian, AdvPrax 17,3.

bestätigt die Aussage die Erwählung der christlichen Kirche als das Gottes-volk. Der in ihr enthaltene Gedanke eines „heiligen Restes" (ἐκ τοῦ ἔθνους ἐκείνου) wird in 30,1 wiederaufgenommen: die Christen sind der aus „diesem Volk" entstandene „heilige Teil", aber der damit gegebene Bruch mit Israel wird nicht thematisiert. A. Jaubert macht auf eine angebliche Parallele in Qumran aufmerksam, wo die Gemeinde sich als „ein heiliges Haus für Israel und eine Gründung des Allerheiligsten" bezeichnet[1]. Es handelt sich um QS 8,5: בית קודש לישראל וסוד קודש קודש קדושים קרושים. Aber mit קודש קרושים ist nicht die Gemeinde bezeichnet wie mit ἅγια ἁγίων in I Clem 29,3, sondern Gott selbst, so daß man von keiner eigentlichen Parallele sprechen kann[2].

Das zitierte Wort hat keine Entsprechung in der Schrift, sondern ist aus der Verbindung von mehreren Texten entstanden, die man nur fragmentarisch zusammenstellen kann.

ἰδού,	
κύριος λαμβάνει ἑαυτῷ	εἰ ἐπείρασεν ὁ θεὸς εἰσελθὼν λαβεῖν ἑαυτῷ
ἔθνος ἐκ μέσου ἐθνῶν,	ἔθνος ἐκ μέσου ἔθνους (Dtn 4,34).
ὥσπερ λαμβάνει ἄνθρωπος τὴν ἀπαρχὴν αὐτοῦ	ὡς σῖτος ἀπὸ ἄλω (Num 18,27).
τῆς ἄλω·	δοῦναι τὰς ἀπαρχὰς κυρίῳ
καὶ ἐξελεύσεται ἐκ τοῦ ἔθνους ἐκείνου ἅγια	καὶ τὰ ἅγια τῶν ἁγίων (2 Chron 31,14).
ἁγίων.	καὶ ἔσται αὐτοῖς ἡ ἀπαρχὴ δεδομένη ἐκ τῶν ἀπαρχῶν τῆς γῆς, ἅγιον ἁγίων ἀπὸ τῶν ὁρίων τῶν Λευιτῶν (Ez 48,12).

Da der Vf. ausdrücklich auf eine Schriftstelle hinweist (ἐν ἑτέρῳ τόπῳ λέγει), lassen sich die Abweichungen gegenüber den Schrifttexten durch ein freies Zitieren aus dem Gedächtnis nicht gut erklären (so auch D. A. Hagner, Use 75; anders Knopf, 95: „Es kann gedächtnismäßige Vermischung vorliegen"). Aber eine genauere Bestimmung ist nicht möglich. Bei dieser Quellenlage bleiben auch die Lösungen von A. Resch, der den Text auf dieselbe Quelle des apopkryphen Ezechiel zurückführt, die von ihm in der Erklärung zu I Clem 8,2 f. und 23,3 f. herangezogen wurde (Agrapha 329; Lightfoot, I 2,95; Grant, 55) oder der Vorschlag von J. Daniélou mit der Annahme eines christlichen *midrasch* (Théologie 120) hypothetisch.

1   **Kap. 30.** Die Periode ist deutlich in drei Teile gegliedert. Der erste Parti-zipialsatz (ἅγια οὖν μερὶς ὑπάρχοντες)[3] gibt den Grund für die folgende Aufforderung an (ποιήσωμεν τὰ τοῦ ἁγιασμοῦ πάντα), die durch den zweiten Partizipialsatz mit dem vorangestellten φεύγοντες und dem Lasterkatalog

---

[1] Vgl. Thèmes 202. Vgl. auch DIES., La notion d'Alliance dans le judaïsme, Paris 1963, 155–160.

[2] Ein christologisches Motiv ist nicht vorhanden. Anders O. KNOCH, Eigenart 351: „Hier liegt nämlich die Vorstellung zugrunde, daß durch Christus als den heiligen Gottesknecht und sich selbst opfernden Hohenpriester aus dem alten Volke Israel das neue Volk Gottes geschaffen wurde." Der Text bietet für diese Auslegung keine Grundlage.

[3] Dies ist die LA von LS. Die anderen Zeugen: A: ΑΓΙΟΥΝΜΕΡΙΣ; C¹: ἁγίων οὖν μερίς; H: ἅγια οὖν μέρη.

konkretisiert wird. Auch hier fehlt nicht die rhetorische Gestaltung: Es sind sieben Laster, von denen die zwei letzten ein Isokolon bilden (μυσεράν τε μοιχείαν καὶ βδελυκτὴν ὑπερηφανίαν) (Knopf, 95)[1]. Die erste Aussage knüpft an die Zitate in 29,2-3 an. Weil die Christen die μερὶς κυρίου (29,2) und das aus dem Volk Israel hervorgegangene ἅγια ἁγίων (29,3) sind, bezeichnen sie sich jetzt als „heiliger Teil" (ἁγία μερίς.) Der Begriff μερίς kommt oft in der LXX vor und kann als Synonym zu κλῆρος, mit dem er manchmal erscheint (Jes 57,6; Jer 13,25), betrachtet werden. Auf dem Hintergrund der beiden Zitate resultiert das Adjektiv ἁγία, das den „Teil" Gottes kennzeichnet, aus der Gnade der Auserwählung. Eine gute Parallele dazu bietet das Gebet Eleasars in 3 Makk 6,3: „Schau auf die Nachkommenschaft Abrahams und auf die Kinder des heiligen Jakob (ἐπὶ ἡγιασμένου τέκνα Ἰακώβ), das Volk, das dein geheiligter Teil ist (μερίδος ἡγιασμένης σου λαόν) ... " Diese schon gegebene Wirklichkeit (ὑπάρχοντες) bedarf der sittlichen Bewährung im Leben der Gemeinde[2]. ἁγιασμός ist nomen actionis (Bl./Deb./Reh. § 109,1) und bedeutet nicht „Heiligkeit", sondern „Heiligung". Die Aufforderung ist umfassend: Die Gläubigen sollen alles tun, was zur Heiligung gehört. Der Gedanke ist tief in der biblischen Überlieferung verankert und bei neutestamentlichen Autoren durchaus geläufig (vgl. 1 Petr 1,15 f.: ἀλλὰ κατὰ τὸν καλέσαντα ὑμᾶς ἅγιον καὶ αὐτοὶ ἅγιοι ἐν πάσῃ ἀναστροφῇ γενήθητε, διότι γέγραπται [ὅτι] Ἅγιοι ἔσεσθε, ὅτι ἐγὼ ἅγιος [εἰμι]).

Die Ermahnung beinhaltet zunächst das Vermeiden von unbestreitbar negativen Handlungen, die implizit als unvereinbar mit dem Charakter der Gemeinde als eines „heiligen Teiles" angesehen werden und außerdem für sie eine Bedrohung bedeuten[3]. Das Verb φεύγειν erscheint oft in ähnlichen paränetischen Abschnitten (vgl. 1 Kor 6,18; 10,14; 2 Tim 2,22: τὰς δὲ νεωτερικὰς ἐπιθυμίας φεῦγε). In der Liste ist keine Ordnung hinsichtlich der Inhalte erkennbar. An erster Stelle werden die καταλαλιαί genannt: Verleumdungen, üble Nachreden. Wie bei diesen Katalogen üblich, bleibt der Hintergrund der Ermahnung im Dunkeln (vgl. auch 30,3; 35,5; anders in Jak 4,11). Das Wort kommt auch in einem anderen Lasterkatalog römischer Herkunft vor: 1 Petr 2,1: ἀποθέμενοι οὖν πᾶσαν κακίαν καὶ πάντα δόλον καὶ ὑποκρίσεις καὶ φθόνους καὶ πάσας καταλαλιάς. Vgl. auch 2 Kor 12,20b: ἔρις, ζῆλος, θυμοί, ἐριθεῖαι, καταλαλιαί. Als Adjektiv, aber auch in einer Liste erscheint in Röm 1,30: καταλάλους θεοστυγεῖς ὑβριστὰς ὑπερηφάνους ... Da der Terminus in den Lasterkatalogen der Stoa oder Philos nicht belegt ist (vgl. G. Kittel, ThWNT IV 4), ist das Vorkommen hier in dieser Form höchst wahrscheinlich auf den Einfluß der paulinischen Paränese zurückzuführen, die in 1 Petr 2,1

---

[1] Die „sieben Laster" gehen in TestRub 2,1 auf das Wirken der sieben Geister des Irrtums zurück.

[2] Zu ποιήσωμεν vgl. 13,1; II Clem 5,1; 10,1.

[3] φεύγοντες kommt auch in 58,1 vor, und zwar mit Akkusativ, wie bei den original griechischen Büchern des AT. Vgl. R. HELBING, Kasussyntax 28.

eine analoge Bildung zeigt[1]. In der römischen Gemeinde bliebt das Wort sehr aktuell, wie seine Häufigkeit bei Hermas beweist[2]. Der Terminus συμπλοκή ist nicht belegt in der biblischen und in der altchristlichen Literatur (das Wort taucht zum ersten Mal auf bei Ps. Justin, De Res. Z. 288 [ed. Holl], aber nicht als Umarmung, sondern im Sinn von Verflechtung, Verbindung – von Leib und Seele). Überhaupt ist die Bedeutung von συμπλοκή als sexuelle Vereinigung im Klassischen selten nachweisbar (vgl. Plato, Symp. 191c; Aristoteles, Hist. Anim. 5,5; Cornutus, Compendium 45 [ed. Lang]). ἄναγνος ist nicht biblisch belegt, aber sonst geläufig, während μιαρά in 1,1 die στάσις bezeichnet hat (vgl. auch 28,1; 45,4). „Schmutzig" und „unrein" gehören in eine allgemeine Symbolisierung des Bösen, die aber öfters auf das Gebiet der Sexualität übertragen wird. Nichts weist auf eine Problematik in Korinth hin, die etwa mit der Situation der Gemeinde zur Zeit des Paulus und der Abfassung von 1 Kor vergleichbar wäre[3]. An dritter Stelle wird die Gemeinde vor Trunkenheit gewarnt. μέθαι erscheint auch in paulinischen Lasterkatalogen neben κῶμοι (Röm 13,13; Gal 5,21)[4]. Nach dem Kontext dürfte es sich dabei um einen paränetischen Topos handeln. Der Begriff νεωτερισμός führt auf eine andere Ebene der menschlichen Wirklichkeit. Der Terminus ist ein Hapaxlegomenon in der altchristlichen Literatur. Bei Plato besitzt er eine klare politische Note: Es ist die Neuerungssucht, die den Bestand der „polis" gefährdet (Resp. IV 422a; VIII 555d; Leg. VI 758c)[5]. Bei Philo (Flacc 93; VitMos I 216; II 65; LegGai 208) und Josephus (Ant 5,101; 20,106) bedeutet νεωτερισμός so viel wie „revolutionäre Gesinnung" bzw. „Aufruhr" (vgl. auch Arist 101)[6].

Der skizzierte sprachliche Hintergrund erklärt den Gebrauch des Ausdrucks in I Clem 30,1. Er ist besonders geeignet, das Anliegen des Vf.s in der Angelegenheit der korinthischen Gemeinde genau zum Ausdruck zu bringen. Neuerung heißt in diesem Zusammenhang, die vorgegebene Ordnung der

---

[1] Vgl. aber auch TestGad 3,3: τὴν ἀλήθειαν ψέγει, τῷ κατορθοῦντι φθονεῖ, καταλαλιὰν ἀσπάζεται, ὑπερηφανίαν ἀγαπᾷ.

[2] Ca. siebenmal, dreimal καταλαλεῖν. Vgl. auch Barn 20,2; II Clem 4,3; PolPhil 2,2; 4,3.

[3] Anders W. LÜTGERT, Amt 79–81. B. REICKE, Diakonie 376, deutet 30,1 als Hinweis auf „schamlose Mahlzeitsitten."

[4] Vgl. auch TestJud 14,3: ἐὰν γάρ τις πίῃ οἶνον εἰς μέθην, ἐν διαλογισμοῖς ῥυπαροῖς συνταράσσει τὸν νοῦν εἰς πορνείαν καὶ ἐκθερμαίνει τὸ σῶμα πρὸς μεῖξιν ...

[5] So auch bei Demosthenes, De Foedere Alexandrio 15.

[6] In TestRub 2,2 dürfte νεωτερισμός im Zusammenhang mit dem Wirken der sieben Geister des Irrtums auch im Sinn von „Aufruhr" zu verstehen sein: ἑπτὰ πνεύματα ἐδόθη κατὰ τοῦ ἀνθρώπου ἀπὸ τοῦ Βελιὰρ καὶ αὐτά εἰσι κεφαλὴ τῶν ἔργων τοῦ νεωτερισμοῦ. Der νεωτερισμός entfernt weiter den Menschen von der Wahrheit und vom Gesetz Gottes: καὶ οὕτως ἀπόλλυται πᾶς νεώτερος σκοτίζων τὸν νοῦν ἀπὸ τῆς ἀληθείας καὶ μὴ συνίων ἐν τῷ νόμῳ τοῦ θεοῦ μήτε ὑπαούων νουθεσίας πατέρων αὐτοῦ ὥσπερ κἀγὼ ἔπαθον ἐν τῷ νεωτερισμῷ μου (TestRub 3,8). An dieser Stelle bedeutet νεωτερισμός nicht „Jugend" (so die Übersetzungen von Kautzsch, Rießler und J. Becker, aber dafür gibt es sonst keine Belege), sondern die Neuerungssucht, die zum Verlassen einer maßgeblichen Überlieferung führt.

Gemeinde umstürzen zu wollen, so wie sie im politischen Bereich die bestehenden Gesetze außer Kraft setzen würde. νεωτερισμός und στάσις gehören,
so gesehen, eng zusammen. Es ist daher kein Zufall, wenn I Clem so eindringlich an die Wiederherstellung der alten Ordnung appelliert. Gewiß ist Vorsicht
geboten, bevor man weiterführende Konsequenzen aus der Begriffsgeschichte
für die Erklärung eines Wortes zieht, zumal der Terminus nur ein einziges
Mal in I Clem vorkommt. Aber die Seltenheit im Sprachgebrauch läßt keinen
anderen Weg in der semantischen Bestimmung. Anders verhält es sich beim
folgenden ἐπιθυμία-Begriff, den auch das Adjektiv βδελυκτή, abscheulich, nicht
näher zu bestimmen vermag. Eindeutig ist nur der negative Sinn der Begierden
(vgl. auch 3,4; 28,1). Die ἐπιθυμίαι kommen auch im Lasterkatalog 1 Petr 4,3
vor (vgl. Kol 3,5). Die Verwendung des Adjektivs βδελυκτή ist insofern überraschend, als es auch als Charakterisierung der ὑπερηφανία am Satzende
gebraucht wird. Die Ermahnung, den Ehebruch zu meiden, ist ein fester
Bestandteil der frühjüdischen und der judenchristlichen Überlieferung, die an
diesem Punkt dem Wort der Schrift (Ex 20,13; Dtn 5,17) volle Gültigkeit
einräumte (vgl. Philo, Decal 121–131; TestJos 4,6; 5,1; 1 Kor 6,9; Röm 2,22).
Das selten belegte Adjektiv μυσερός, eine späte Form von μυσαρός, begegnet
in der LXX nur in Lev 18,23 auch im Kontext der sexuellen Moral. Der
Ehebruch gilt hier als eine schändliche Tat. Wie der lange Abschnitt in Herm
mand IV 1,1–4,4 (29,1–32,4) zeigt, wurde die Aktualität der Ermahnung
wenige Jahre später gerade in der römischen Gemeinde recht brisant. Die
Bedeutung der ὑπερηφανία geht schon aus der Tatsache hervor, daß sie allein
durch ein zusätzliches Schriftzitat (30,2) als von Gott verurteilt dargestellt
wird. Diese Hervorhebung gehört in eine zentrale Thematik von I Clem, die
schon ausführlich zur Sprache kam, die aber immer wieder auftaucht. Positiv
handelt es sich um das christliche Ideal der ταπεινοφροσύνη, wie es im Abschnitt
13,1–19,1 vorgetragen wurde. Das Gegenstück dazu sind ἀλαζονεία und
ὑπερηφανία (vgl. 16,2!). Indem der Vf. den korinthischen Gegnern eine solche
Haltung unterstellt und vorwirft (14,1; 21,5), gewinnt die Ermahnung einen
unübersehbaren Bezug zur Lage der Gemeinde.

Der Vf. zitiert Spr 3,34 (die einzige Abweichung ist θεὸς γάρ anstelle von   2
κύριος). Der erste Teil des Zitats bekräftigt nochmals die Schlußfolgerung
aus dem Lasterkatalog in V. 1. Der zweite Teil bereitet die Fortsetzung in
V. 3 vor: Gott gibt seine Gnade den Demütigen, und die Gläubigen sollen
sich eng an die anschließen, denen Gottes Gnade gegeben wurde, d. h. den
Demütigen. Für die Erhellung des traditionsgeschichtlichen Hintergrunds ist
die Feststellung nicht uninteressant, daß Spr 3,34 auch in anderen neutestamentlichen und altchristlichen Texten mit θεός zitiert wird. Es sind 1 Petr
5,5; Jak 4,6; IgnEph 5,3; Klemens von Alexandrien, Strom. III 6,49[1]. Ein

---

[1] Sogar in einem Text von Ephräm dem Syrer, der das Wort irrtümlicherweise auf Jesus
zurückführt, ist dies der Fall. Vgl. A. RESCH, Agrapha 199.

traditioneller Zusammenhang mit 1 Petr 5,5 legt sich nahe, weil die Ermahnung in 1 Petr 5,5a: ὑποτάγητε πρεσβυτέροις in ähnlicher Form in I Clem 57,1 belegt ist[1].

3   Die Ermahnung setzt sich fort in zwei Sätzen mit Aufforderungscharakter (κολληθῶμεν … ἐνδυσώμεθα: Konjunktiv-Aorist). Die Relativ-Aussage im ersten Satz knüpft unmittelbar an 30,2 an: ταπεινοῖς δὲ δίδωσιν χάριν … οἷς ἡ χάρις ἀπὸ τοῦ θεοῦ δέδοται. Im zweiten Satz (ἐνδυσώμεθα τὴν ὁμόνοιαν …) geben vier Partizipialwendungen (ταπεινοφρονοῦντες, ἐγκρατευόμενοι, … ποιοῦντες, … δικαιούμενοι) der Aufforderung zur ὁμόνοια konkrete Gestalt. Die Verwendung von κολλᾶν hängt hier mit der Aufforderung zur Nachahmung zusammen, die Ziel des betont rhetorischen Schreibens ist (vgl. 46,1 f.), aber auch mit der Absicht des Vf.s, in der Gemeinde eine gemeinsame Front gegen die Unruhestifter zu bilden (vgl. 15,1; 46,4). Ähnliches gilt für den Gebrauch des Pronomens ἐκεῖνος, mit dem in diesem Fall eine besondere Gruppe bezeichnet wird (wie in 17,1.5; 43,2; 44,3), die als Vorbild dient. Gemeint sind zunächst die kanonisierten Gestalten der Vergangenheit, deren Vorbildfunktion schon erwähnt wurde. Sie sind nämlich die Empfänger des göttlichen Segens (31,1). Übertragen auf die Verhältnisse in der korinthischen Gemeinde ist es denkbar, unter den ἐκείνοις die Gruppe der abgesetzten Presbyter zu vermuten, für die der Vf. so entschieden Partei ergriffen hat. Der χάρις-Begriff hat keine besondere Prägung: Es ist die dem Gerechten von Gott gegebene Gnade, wie durch die Schrift bezeugt ist (50,3; 55,3)[2].

Die Aufforderungsform „ziehen wir … an" kommt in I Clem nur an dieser Stelle vor. Die Herkunft ist alttestamentlich (vgl. Ps 131,9; Ijob 29,14; Weish 5,18 u. ö.)[3], das Bild wird aber auch von Paulus oft gebraucht (vgl. vor allem Röm 13,12: ἐνδυσώμεθα [δὲ] τὰ ὅπλα τοῦ φωτός). In diesem Fall handelt es sich um das zentrale Thema von I Clem: die ὁμόνοια. Das unvermittelte Auftauchen des Begriffs, der so eng mit der korinthischen Angelegenheit verbunden ist, darf man als Indiz dafür bewerten, wie gegenwärtig das Problem der Gemeinde trotz aller scheinbar thematischen Umwege dem Vf. bleibt. Das erste, die Aufforderung zur ὁμόνοια konkretisierende Partizip ist ταπεινοφρονοῦντες (vgl. 30,2). Der Zusammenhang zwischen Eintracht und Demut geht zwangsläufig aus der Beurteilung des Vf.s über die Vorkommnisse in Korinth hervor. Kennzeichnen Hochmut und Prahlerei das Auftreten der Gegner (14,1; 30,1; 57,2), während im Gegensatz dazu die Demut die von Herrn Jesus Christus (16,2) und einer Schar von Vorbildern (13,1–19,1)

---

[1] D. A. HAGNER, Use 243, rechnet mit der Möglichkeit, „that the saying in Cl. 30.2 is derived from 1 Pet. 5.5." O. KNOCH, Eigenart 96, neigt dazu, eine „gemeinsame Abhängigkeit von einem Apokryphon bzw. einer gemeinsamen paränetischen Vorlage" anzunehmen.

[2] Vgl. R. BULTMANN, Theologie 540. Die folgenden Anweisungen wollen nicht belehren, „wie man durch das rechte Verhalten die Gnade erlangt" - so H. CONZELMANN, ThWNT IX 391 -, da das Problem von Gnade und Werken nicht berührt wird. S. u. den Exkurs: „Werkgerechtigkeit" in I Clem?

[3] Vgl. A. OEPKE, ThWNT II 320.

vorgelebte Haltung ist, dann ist es klar, daß die Eintracht in der Gemeinde durch nichts so wirkungsvoll gefördert werden kann wie durch die demütige Gesinnung der Gläubigen. Mit dem zweiten Partizip ἐγκρατευόμενοι lenkt der Vf. den Blick auf den Lasterkatalog 30,1 zurück. Es trifft zu, daß die Enthaltsamkeit als Ideal bekannt und geschätzt ist (38,2; 62,2; 64), aber die ἐγκρατευόμενοι bilden hier den Gegensatz zu den in 30,1 verurteilten συμπλοκαί, μέθαι, ἐπιθυμίαι und μοιχεία. Die zwei folgenden Laster, von denen sich die Gläubigen fernhalten sollen, sind die Ohrenbläserei und die Verleumdung. Während καταλαλιά (Verleumdung) schon in 30,1 erwähnt wurde, kommt ψιθυρισμός (Ohrenbläserei) hier zum erstenmal vor (auch gemeinsam in 35,5). Der sprachliche Befund dürfte auf den Einfluß von Lasterkatalogen in paulinischen Texten zurückgehen (vgl. 2 Kor 12,20: μή πως ἔρις, ζῆλος, θυμοί, ἐριθεῖαι, καταλαλιαί, ψιθυρισμοί φυσιώσεις, ἀκαταστασίαι; Röm 1,29 f.: ψιθυριστάς καταλάλους θεοστυγεῖς ὑβριστάς ὑπερηφάνους). Ob damit noch ein weiteres konkretes Anliegen verbunden ist, ist nicht erkennbar. Die letzte partizipiale Wendung enthält eine Entgegensetzung: Durch Werke und nicht durch Worte gelten die Gläubigen als δικαιούμενοι.

Ihr Sinn erklärt sich zunächst durch den unmittelbaren Kontext. Die Werke entsprechen den Taten derer, denen die Gnade Gottes verliehen wird. Wie wenig Worte allein zur richtigen Haltung des Menschen vor Gott beitragen, wird im folgenden mit der Autorität der Schrift aufgezeigt (V. 4 f.). Die Aussage spricht eine selbstverständliche Überzeugung der judenchristlichen Überlieferung aus: Der Glaubensgehorsam wirkt sich notwendig in den eigenen Taten aus; im Vergleich zu ihm wird der Wert der Worte allein nahezu bedeutungslos[1]. In diesem Sinn beinhaltet die Aussage keinerlei Entfernung von Paulus, es sei denn, daß man sie im Lichte einer paulinischen Alternative auslegt – und damit mißversteht –, die aber dem Text fremd ist[2]. Über das Verhältnis von Werken und Glauben wird Kap. 32 Wichtiges ergänzen. Was hier behauptet wird, entspricht dem Grundtenor nicht nur von Jak 1,22 (γίνεσθε δὲ ποιηταὶ λόγου καὶ μὴ μόνον ἀκροαταὶ παραλογιζόμενοι ἑαυτούς), sondern auch von Röm 2,13 (οὐ γὰρ οἱ ἀκροαταὶ νόμου δίκαιοι παρὰ τῷ θεῷ, ἀλλ᾽ οἱ ποιηταὶ νόμου δικαιωθήσονται), ohne die Jesusüberlieferung zu vergessen (vgl. Mt 5,19; 7,26 f.)[3].

---

[1] Ähnlich 38,2: ὁ σοφὸς ἐνδεικνύσω τὴν σοφίαν αὐτοῦ μὴ ἐν λόγοις, ἀλλ᾽ ἐν ἔργοις ἀγαθοῖς.

[2] So scheint E. Lohse die Aussage verstanden zu haben. Vgl. DERS., Glaube und Werke – zur Theologie des Jakobusbriefes, in: ZNW 48 (1957) 1–22, hier S. 8 Anm. 26: „Ende des ersten Jahrhunderts schreibt der Vf. des 1. Clemensbriefes, der sich häufig auf Paulus bezieht, ἔργοις δικαιούμενοι καὶ μὴ λόγοις (1. Clem 30,3), und zeigt dadurch, wie weit er sich von Paulus – sicherlich ohne Absicht – entfernt hat.

[3] Die traditionelle Verwurzelung des Motivs zeigt F. MUSSNER, Jakobusbrief 104 f. Es geht dabei um ein weit verbreitetes Thema: Den Vorrang der Taten vor den Worten heben auch manche Texte von Philo (vgl. All I 74: ὅπερ ἦν μὴ ἐν λόγῳ τὸ φρονεῖν, ἀλλ᾽ ἐν ἔργῳ θεωρεῖσθαι καὶ σπουδαίαις πράξεσι; VitMos II 280: τούτους οὐ λόγος ἀλλ᾽ ἔργα παιδεύει) und der Stoa hervor (Epiktet, Diss. III 24,110: οὐ λόγῳ, αλλ᾽ ἔργῳ τὰ τοῦ καλοῦ καὶ ἀγαθοῦ ἐκτελεῖς). Vgl.

4–5 Der Vf. zitiert wörtlich[1] nach der LXX Ijob 11,2 f. (vom hebräischen Text stark abweichend). Streng genommen paßt nur der zweite Teil des Zitats in den bisherigen Gedankengang: die Gerechtigkeit ist nicht Frucht der vielen Worte. Der erste Teil hingegen ist eine allgemeine Warnung vor vielem Reden wegen der dadurch bedingten Folgen. Im Zusammenhang mit der Warnung vor vielen Worten dürfte der Segensspruch den Sinn haben, den glücklich zu preisen, der nur kurze Zeit lebt, weil er deswegen wenige Gelegenheiten gehabt hat, den Gefahren der leeren Worte zu erliegen (vgl. Knopf, 35). Der folgende Imperativ: μὴ πολὺς ἐν ῥήμασιν γίνου hat mit dem Kontext sachlich nicht viel zu tun. Denn es ging schließlich nicht um die Worte an sich, sondern um die Notwendigkeit der Taten. Aber der Vf. übernimmt den Text aus Ijob 22,3 und leitet damit zu einem Nebenthema über, das aber auch mit den menschlichen Worten zu tun hat: das Selbstlob.

6 Anstelle der üblichen Aufforderungsform im Konjunktiv-Aorist verwendet der Vf. hier und im folgenden Vers die dritte Person des Imperativs und macht dabei die Sache, worum es geht (d. h. das Lob), zum Subjekt. Die zwei Pole der Gegenüberstellung bei der Herkunft des Lobes – von Gott und nicht von uns selbst – sind durch ἐν θεῷ und μὴ ἐξ αὐτῶν ausgedrückt. Freilich passen ἐξ αὐτῶν und ἐν θεῷ nicht ganz zueinander. Die paulinische Stelle, die hier nachwirkt, ist besser konstruiert: οὗ ὁ ἔπαινος οὐκ ἐξ ἀνθρώπων ἀλλ᾽ ἐκ τοῦ θεοῦ (Röm 2,29b)[2]. Dennoch dürfte die Stelle unter dem Einfluß paulinischer Diktion stehen (vgl. 2 Kor 8,18: οὗ ὁ ἔπαινος ἐν τῷ εὐαγγελίῳ). Das „ἐν" bezeichnet also den Anlaß bzw. den Grund des Lobes, das ἐκ seine Herkunft[3] (vgl. 34,5a: τὸ καύχημα ἡμῶν καὶ ἡ παρρησία ἔστω ἐν αὐτῷ). Die Aufforderung wird theologisch begründet (γάρ): Die sich selber loben, haßt Gott. Der Terminus αὐτεπαινετός als Bezeichnung des sich Lobenden ist in der griechischen Literatur nur hier belegt. Die Vorstellung ist alttestamentlich (vgl. etwa Sir 10,7a: μισητὴ ἔναντι κυρίου καὶ ἀνθρώπων ὑπερηφανία), aber es handelt sich nicht um ein Zitat. Das Selbstlob wäre ein Ausdruck der menschlichen Selbstbehauptung, das genauso unvereinbar ist mit dem geforderten Glaubensgehorsam wie der Hochmut in V. 2. Beides lehnt Gott ab (vgl. Lindemann, 97).

7 Daß ein Zeugnis über die eigenen Werke nicht von einem selbst ausgestellt werden kann, sondern nur von anderen, wird durch den Hinweis auf die „gerechten Väter" untermauert: auch bei ihnen ist es so gewesen. πρᾶξις ist als synonym von ἔργον aufzufassen. Der Gedankengang setzt das Gesagte in den letzten Versen fort. Wenn die Gerechtigkeit nach den Taten und nicht

---

schon bei Plato, Apol. 32cd; Criton 52d; Menex. 244a. Der Rahmen dieser Aussagen ist natürlich ganz anders als in I Clem.

[1] Die einzige Abweichung ist das fehlende καί vor ὁ εὔλαλος.

[2] Im NT kommt ἔπαινος neunmal im corpus paulinum vor; sonst in 1 Petr 1,7; 2,14.

[3] Das ἐκ ist Synonym von ἀπό, wie in 1 Kor 4,5b: ὁ ἔπαινος γενήσεται ἑκάστῳ ἀπὸ τοῦ θεοῦ.

nach den Worten bemessen wird (V. 3b), sind also gute Taten erforderlich. Aber das soll zu keinem Selbstlob führen (V. 5), was wiederum nicht bedeutet, daß diese Taten sich in einem rein privaten oder innerlichen Raum vollziehen. Darüber gibt es nämlich eine μαρτυρία, ein Zeugnis, das nicht vom Betreffenden selbst ausgestellt werden darf, sondern von anderen. Der Vf. spielt auf das juridisch allgemein anerkannte Prinzip an, daß für die Gültigkeit eines Zeugnisses eben entsprechende Zeugen erforderlich sind[1]. Die Stelle 38,2 zeigt, daß die Ansicht für den Vf. von Bedeutung ist: ὁ ταπεινοφρονῶν μὴ ἑαυτῷ μαρτυρείτω, ἀλλ᾽ ἐάτω ὑφ᾽ ἑτέρου ἑαυτὸν μαρτυρεῖσθαι und wirft Licht auf sein Verständnis von μαρτυρία und μαρτυρεῖν[2]. Als Anhaltspunkt werden zwar die Väter genannt, die in 17,1; 18,1; 19,1 μεμαρτυρημένοι heißen: Gott selber hatte für sie das Zeugnis seines Wohlwollens ausgestellt. Es gibt aber eine andere Dimension des Zeugnisses, die mehr auf die zwischenmenschliche bzw. gesellschaftliche Ebene ausgerichtet ist. Der Vf. verliert die konkrete Wirklichkeit der Gemeinde nicht aus dem Auge als Ort, wo die guten Taten zur Geltung kommen sollen. Vielleicht steht im Hintergrund auch das Moment der Nachahmung und des Beispielhaften für den Vollzug des Glaubens. Im zweiten Teil stellt sich die Frage nach dem Subjekt des Passivs ἐδόθη bei καθὼς ἐδόθη τοῖς πατράσιν ἡμῶν[3]. Nimmt man das als passivum divinum (vgl 60,4: καθὼς ἔδωκας τοῖς πατράσιν ἡμῶν), wäre der Vergleich mit den Vätern nicht ganz stimmig, denn im ersten Teil ging es um das Zeugnis seitens der anderen Gläubigen, nicht von Gott. Oder denkt der Vf. an die Schrift als umfassendes Zeugnis über die Väter, etwa wie das große Lob in Sir 44,1–50,24? Der Text erlaubt keine sichere Entscheidung, aber beim Umgang mit den Gestalten der Väter in I Clem ist dies auch möglich. Dann wäre die inhaltliche Struktur gut verständlich: Hinter dem von den „anderen" (ὑπ᾽ ἄλλων) ausgestellten Zeugnis verbirgt sich das Zeugnis Gottes, wie in der Bezeugung der Schrift über die Väter.

In der Form eines streng symmetrisch aufgebauten antithetischen Parallelismus zeigt der Vf. die zwei Wege, die sich für die Gemeinde bieten, wobei er über die fällige Entscheidung keinen Zweifel aufkommen läßt. Die Struktur ist übersichtlich:

| θράσος καὶ αὐθάδεια καὶ τόλμα | τοῖς κατηραμένοις | ὑπὸ τοῦ θεοῦ· |
| ἐπιείκεια καὶ ταπεινοφροσύνη καὶ πραΰτης | παρὰ τοῖς ηὐλογημένοις | ὑπὸ τοῦ θεοῦ. |

Den drei Lastern, welche die von Gott Verfluchten kennzeichnen, stehen die drei Tugenden gegenüber, die den von Gott Gesegneten zugeschrieben werden. Die Aussage ergänzt die mit κολληθῶμεν eingeleitete Ermahnung in V. 3 und bereitet ihre Wiederaufnahme in 31,1 vor. Die enge Bindung an die Vorbilder der Vergangenheit bedeutete zugleich das „Anziehen" von bestimm-

---

[1] Vgl. H. STRATHMANN, ThWNT IV 482–484.486.
[2] διδόσθω ὑπ᾽ ἄλλων ist kein passivum divinum. Anders LINDEMANN, 97.
[3] ἡμῶν ist die LA von ALC¹, während HS ὑμῶν bringen.

ten positiven Haltungen, aber ebenso die Distanz zu anderen negativen (V. 3). V. 8 ist nicht als Ermahnung, sondern als Sachaussage formuliert, aber das Ziel bleibt das gleiche. Mit den Lastern und Tugenden sind Fluch oder Segen verbunden. Die Aufforderung in 31,1, sich an die zu binden, die als Träger des Segens Gottes gelten, ist die zu erwartende Folge. Überredungskunst gestaltet sich hier als logische Gedankenführung, für deren Annahme als Voraussetzung Einsicht und Vernunft gehören. Die Begriffe des Lasterkatalogs stimmen inhaltlich weitgehend mit den bisherigen Aussagen über die korinthischen Gegner überein. Ihr Grundtenor ist die Vermessenheit bzw. das Exzessive, das unantastbare Grenzen mißachtet und überschreitet. θράσος (bzw. θρασύς oder θρασύτης) ist ein Terminus der griechischen Ethik. Plato unterscheidet zwischen ἀνδρεῖα und θρασύς, indem Tapferkeit mit Vorsicht verbunden ist, während Kühnheit durch Furchtlosigkeit letzlich auch töricht ist (Laches 197a–c). Der Gedanke wird von Aristoteles übernommen (EthNicom 1115b–1116a). Im Verhältnis zur Tugend der ἀνδρεῖα bildet die δειλία den Gegensatz zu θράσος. So wird es auch von Philo verstanden (vgl. Praem 52; Imm 164; Ebr 116; Virt 4). Der Terminus kommt auch in der LXX vor, und zwar in beiden Formen: θράσος und θρασύς (θράσος ist im NT nicht belegt, aber es erscheint in der Zwei-Wege-Lehre in Did 3,9; Barn 19,3). Bei αὐθάδεια, dem zweiten Begriff, gibt es eine größere semantische Breite: von der „Selbstgefälligkeit" (so Aristoteles nach der Etymologie in Ethica Maior 1192b) bis hin zu „Rücksichtlosigkeit" oder „Tollheit" (so die Fassung des Symmachus in Koh 9,3)[1]. Die Zusammengehörigkeit beider Begriffe ist durch mehrere Zeugnisse dokumentiert. In der LXX vgl. Spr 21,24a: θρασὺς καὶ αὐθάδης καὶ ἀλαζὼν λοιμὸς καλεῖται. Auch Philo stellt in einem Lasterkatalog: θρασύτης, ἀπόνοια, αὐθάδει zusammen (Post 52). Es gilt die Aussage von Her 21: θρασύτης μὲν γὰρ αὐθάδους ... οἰκεῖον (Dreistigkeit eignet dem Anmaßenden). Der Vf. hat in 1,1 die Anführer der Unruhen in Korinth als αὐθάδη („rücksichtlos") bezeichnet und dabei die ganze Angelegenheit als eine ἀπόνοια („Tollheit") charakterisiert (auch αὐθάδεια erscheint in der Zwei-Wege-Lehre in Did 5,1 und Barn 20,1). Das Begriffsfeld weist also deutlich auf das korinthische Problem hin: die von Gott verfluchten sind die Gegner! Der dritte Begriff, τόλμα, wird nicht als Mut aufgefaßt, sondern negativ als Verwegenheit[2].

Der Lasterkatalog wird durch kein entsprechendes Beispiel veranschaulicht, wie es bei den Tugenden in Kap. 31 der Fall ist. Manches erinnert an das Bild des Kain in den philonischen Schriften, wie die zitierte Stelle Post 52. Kain gilt unter anderem als Sinnbild für die Abkehr von Gott bzw. von der Tugend. Er gleicht einem Deserteur, der das eigene Heer im Stich läßt (vgl. Post 172;

---

[1] Vgl. O. BAUERNFEIND, ThWNT I 505 f.

[2] Das irrationale Moment dabei hebt Plato hervor in Laches 193d. Vgl. auch Philo, Conf 116. Die Bezeichnung der Gegner als τολμηταὶ αὐθάδεις in 2 Petr 2,10 ist möglicherweise durch I Clem beeinflußt.

Det 142. S. I Clem 21,5; 28,2). Aber die polemische Situation, die den Brief veranlaßt, läßt vermuten, warum solche Beispiele wie in Kap. 4 nicht wiederholt werden. Die Gestalten, die die negativen Haltungen des Lasterkatalogs verkörpern könnten, braucht die Gemeinde nicht in der Vergangenheit zu suchen: Sie sind in ihrer Mitte als Ursache des Unfriedens. Doch geschieht dadurch keine Dämonisierung der Gegner. Das Ziel des Schreibens besteht eben darin, sie zur Aufgabe ihrer Haltung zu bewegen. Aber die Trennungslinie, die der Gemeinde als verbindliche Orientierung dienen soll, ist eindeutig. I Clem 56,1 bestätigt diese Sicht der Dinge. Nach dem Rat an die für die Unruhe Verantwortlichen, die Gemeinde zu verlassen (54,2), lädt der Vf. zum Gebet für die ein, die in einer Sünde leben, damit ihnen ἐπιείκεια καὶ ταπεινοφροσύνη („Milde und Demut") verliehen werden, „daß sie nicht uns, sondern dem Willlen Gottes nachgeben." Was in 30,8 in der Unvereinbarkeit von Verfluchten und Gesegneten als drastischer Kontrast dargestellt wird, ist keine endgültige Verurteilung. Denn ἐπιείκεια καὶ ταπεινοφροσύνη können auch denen zuteil werden, die sich jetzt in einer Unheilssituation befinden. Der Kontrast dient dazu, den Weg zum Heil um so deutlicher hervortreten zu lassen. Anders als beim Lasterkatalog gehört die Begrifflichkeit der Tugendliste in die urchristliche Literatur[1]. Es handelt sich jedoch um Begriffe der jüdischen Tradition, die in Milde, Demut und Sanftmut ein ideales Menschenbild zum Ausdruck bringen. War für die erwähnten Laster das Anmaßende und Grenzüberschreitende geradezu typisch, entwerfen die Tugenden genau das entgegengesetzte Bild: Verzicht auf machtvolles Auftreten, Bescheidenheit. Glaubensgehorsam als Anerkennung der Macht Gottes schlägt sich im Wissen um die eigenen Grenzen nieder und äußert sich durch das entsprechende Verhalten.

9.4. Die Wege zum Segen und die Rechtfertigung durch Glauben (31,1–32,4)

Die Wege zum Segen (31,1) sind „durch den Glauben" (διὰ πίστεως: 31,2; 32,4) gekennzeichnet. Die Erzväter Israels, Abraham, Isaak und Jakob, die von Gott gesegnet wurden, sind der lebendige Beweis dafür (31,2–4). Die Gestalt Jakobs wird dabei besonders hervorgehoben (32,2). Das dreifache „aus ihm" (ἐξ αὐτοῦ) bestimmt ihn als den Anfang von drei herausragenden Formen, in denen sich das Wirken Gottes realisiert hat: im liturgischen Geschehen, in der Gestalt des Herrn Jesus, im Königtum Israels. Der Grund für all dies, und so erweist sich der Segen als Gnade, ist nicht die menschliche Leistung, sondern der Wille Gottes (32,3). Was für die Geschichte Israels gilt, gilt ebenso jetzt für alle Gläubigen, die in Jesus Christus berufen worden sind (32,4).

---

[1] Christologisch vgl. 2 Kor 10,1: παρακαλῶ ὑμᾶς διὰ τῆς πραΰτητος καὶ ἐπιεικείας τοῦ Χριστοῦ; Mt 11,29: ὅτι πραΰς εἰμι καὶ ταπεινὸς τῇ καρδίᾳ. In den Tugendkatalogen der paulinischen Tradition vgl. Gal 5,23; Kol 3,12; Eph 4,2.

1. Halten wir uns also an seinem Segen fest und sehen wir zu, welches die Wege zum Segen sind. Überdenken wir noch einmal das von Anfang an Geschehene.
2. Weswegen wurde unser Vater Abraham gesegnet? Nicht deshalb, weil er Gerechtigkeit und Wahrheit durch Glauben tat? 3. In Zuversicht ließ sich Isaak, da er das Kommende erkannte, gern als Opfer hinführen. 4. In Demut verließ Jakob wegen des Bruders sein Land und zog zu Laban und diente, und es wurde ihm das Zwölfstämmereich Israels gegeben.
Kap. 32. 1. Wenn jemand dies im einzelnen aufrichtig betrachtet, wird er die Größe der von ihm gegebenen Gaben erkennen. 2. Denn von ihm (stammen) alle Priester und Leviten ab, die am Altar Gottes dienen; von ihm (stammt) der Herr Jesus dem Fleisch nach; von ihm (stammen) die Könige, Herrscher und Anführer durch Juda ab. Seine übrigen Stämme aber stehen nicht in geringem Ansehen, da Gott verheißen hat: „Dein Same wird sein wie die Sterne des Himmels." 3. Alle nun sind verherrlicht und gepriesen worden nicht durch sich selbst oder ihre Werke oder durch das gerechte Handeln, das sie vollbrachten, sondern durch seinen Willen. 4. Auch wir also, die wir durch seinen Willen in Christus Jesus berufen worden sind, werden nicht durch uns selbst gerechtfertigt, noch durch unsere Weisheit oder Einsicht oder Frömmigkeit oder durch Werke, die wir mit einem frommen Herzen vollbracht haben, sondern durch den Glauben, durch den der allmächtige Gott alle von Ewigkeit her gerechtfertigt hat. Ihm sei die Ehre von Ewigkeit zu Ewigkeit. Amen.

1 Der neue Argumentationsschritt nimmt die Aufforderung in 30,3 (κολλη-θῶμεν) wieder auf und entfaltet sie unter dem Stichwort „Segen". Inhaltlich steht zuerst die den Vätern von Gott gegebene εὐλογία im Vordergrund. Die Anbindung an die Aussage 30,8 liegt auf der Hand. Ging es dort um die Haltungen, denen der Segen Gottes zugesprochen wird (... παρὰ τοῖς ἠυλογημένοις ὑπὸ τοῦ θεοῦ), richtet sich hier der Blick auf die durch die Schrift bezeugten Segensträger (31,2-4).
Die drei Verba im Konjunktiv-Aorist κολληθῶμεν, ἴδωμεν, ἀνατυλίξωμεν bestimmen den Übergang von der allgemeinen Ermahnung zur Nachahmung der Beispiele aus der Geschichte. Bei κολληθῶμεν handelt es sich nicht direkt um die feste Bindung an bestimmte Personen (15,1; 30,3; 46,2.4), sondern an die Heilsgüter (19,2), die freilich auch mit diesen Personen zusammenhängen. Der Segen, der nur Gott als Urheber haben kann, ist in diesem Fall der Ausdruck seines Wohlwollens gegenüber einer Art der Lebensgestaltung, die in 30,8b mit den Begriffen ἐπιείκεια καὶ ταπεινοφροσύνη καὶ πραΰτης umschrieben wurde. Der Vf. ist jedoch um eine weitere Konkretisierung bemüht, um seine Ermahnung zu untermauern. Daher die zweite Aufforderung: ἴδωμεν, τίνες αἱ ὁδοὶ τῆς εὐλογίας. Wie in 24,2 und 25,1 anhand der Auferstehungswahrheit macht das ἴδωμεν auf eine nachvollziehbare Beweisführung aufmerksam. Der Ausdruck αἱ ὁδοὶ τῆς εὐλογίας ist ein Genitiv der

Richtung (vgl. Mt 10,5; Hebr 9,8; 10,19)[1]: es sind die Wege, „auf denen Menschen den Segen Gottes erlangen können" (W. Michaelis, ThWNT V 97). Michaelis stellt die Frage, ob hier nicht die Bedeutung *Wandel, Verhalten* vorliegt: „der Wandel, der auf Gottes Segen rechnen kann" (ebd.). Die Aussage ist sachlich deckungsgleich mit 36,1: αὕτη ἡ ὁδός, ἀγαπητοί, ἐν ᾗ εὕρομεν τὸ σωτήριον ἡμῶν (christologisch) und 35,5: ἀκολουθήσωμεν τῇ ὁδῷ τῆς ἀληθείας. Die Pluralform αἱ ὁδοί bezieht sich nicht auf die „Zwei-Wege-Lehre" (Did 1,1–2; Barn 18,1)[2], sondern einfach auf die „Wege" zum Segen, die durch die Beispiele der Patriarchen aufgezeigt werden. Die Aufforderung erweckt die Erwartung, etwas über die Wege zu erfahren, die zum Erlangen des Segens führen. Dazu soll der Rückblick auf die Vergangenheit dienen: ἀνατυλίξωμεν τὰ ἀπ᾽ ἀρχῆς γενόμενα. Das seltene ἀνατυλίσσω bedeutet eigentlich „zurückwickeln, wieder abwickeln" (Knopf, 95), „auf- und einrollen" (vgl. Lucian, AdvIndoctum 16: [βιβλία]; HistAlexMagni I 36,1: ἀνατυλίξας δὲ τὰς ἐπιστολὰς ὁ Ἀλέξανδρος). Metaphorisch (wie bei Lucian, Nigrinus 7: λόγους, οὓς τότε ἤκουσα, συναγείρων καὶ πρὸς ἐμαυτὸν ἀνατυλίττων) heißt es „noch einmal überdenken" wie in I Clem 31,1. τὰ ἀπ᾽ ἀρχῆς γενόμενα sind die Ereignisse aus der Patriarchenzeit, die in V. 2–4 erwähnt werden.

In der Form einer rhetorischen Frage bekundet der Vf. den Grund für den Segen Gottes an Abraham. Die Bezeichnung „unser Vater" wurde in 4,8 auf Jakob, in 6,4 auf Adam übertragen (vgl. auch 60,4; 62,2). Auch hier läßt sich keinerlei polemische Absicht gegen das Judentum erkennen, und es fehlt jede Begründung für den christlichen Anspruch. Die Kontinuität wird problemlos vorausgesetzt. Der Text spielt nicht auf eine bestimmte Stelle aus der Abrahamsgeschichte an. Das Motiv vom Segen Gottes für Abraham als Verheißung (Gen 12,2.3; 22,17) oder Wirklichkeit (Gen 24,1) ist Bestandteil der Abrahamsüberlieferung (vgl. Gal 3,14; Röm 4,23; Hebr 6,13 f.)[3]. Nicht göttliches Zuvorkommen ist der eigentliche Grund des Segens, sondern das, was Abraham im Glauben tat. Die Wendung διὰ πίστεως hier und in 32,4 dürfte auf den Einfluß der paulinischen Begrifflichkeit zurückgehen (vgl. Gal 2,16; 3,14.26; Röm 3,22.25. Vgl. ferner Eph 2,8; 3,12. In I Clem vgl. 10,7: διὰ πίστιν). Sowohl die Erwähnung der Gestalt Abrahams als auch eine Aussage wie 32,4 zeigen, daß der Vf. paulinische Motive und Wendungen übernimmt, ohne deswegen auf deren Inhalt bzw. Fragestellung einzugehen. Die Partikel διά bezeichnet hier „Art, Weise, Umstand" (Bl./Deb./Reh. § 223,4). Auf jeden Fall ist der Vf. daran interessiert, das Erlangen des Segens durch Abrahams Tun „im Glauben" hervorzuheben. „Gerechtigkeit und Wahrheit" erscheinen gemeinsam auch in 62,2 (neben μακροθυμία). ποιεῖν δικαιοσύνην

2

---

[1] Vgl. BL./DEB./REH. § 166,2.
[2] Gegen GRANT, 56.
[3] Es handelt sich nicht um eine „Kombination" von Röm 4,1–3; Gal 3,6–10 mit Jak 2,20–24. So LIGHTFOOT, I 2,97; GRANT, 57; D. A. HAGNER, Use 249 Anm. 4. Dagegen mit Recht LINDEMANN, 99.

bzw. ἀλήθειαν sind in der LXX häufig bezeugte Wendungen[1]. So wie die Frage formuliert ist (τίνος χάριν ηὐλογήθη ὁ πατὴρ ἡμῶν Ἀβραάμ, müßte die Antwort wenigstens einen Hinweis auf eine konkrete Gegebenheit in der Geschichte Abrahams enthalten, die sein gerechtes und vorbildliches Tun zeigt. Die Aussage aber bleibt sehr unbestimmt. Nur die Anspielung auf das Opfer Isaaks im folgenden Vers rechtfertigt die Deutung auf dieses Ereignis. Auch in I Clem 10,7 wird der Gehorsam Abrahams durch seine Bereitschaft bewiesen, seinen eigenen Sohn zu opfern. Aber noch wichtiger für den Erweis dieses Zusammenhanges ist die Stelle Gen 22,16 f., wo Gott Abraham segnet, weil dieser seinen geliebten Sohn nicht schonen wollte (καὶ οὐκ ἐφείσω τοῦ υἱοῦ σου τοῦ ἀγαπητοῦ δι᾽ ἐμέ, ἦ μὴν εὐλογῶν εὐλογήσω σε). Hier geht Gottes Segen für Abraham unmittelbar auf seinen Glaubensgehorsam zurück. Wenn diese Deutung richtig ist, dann zeigt der Vf. auch an dieser Stelle seine Art, die Schrift wörtlich aufzufassen und seine Darstellung der alttestamentlichen Personen dementsprechend zu gestalten.

3   Der zweite Weg zum Segen zeigt das Beispiel Isaaks. πεποίθησις bezeichnet den echten Glauben unter dem Aspekt der Zuversicht (26,1; 35,2). μετὰ πεποιθήσεως bezieht man am besten auf das verbum finitum, während das Partizip γινώσκων kausal aufzufassen ist: Da er das Zukünftige erkannte (γινώσκων τὸ μέλλον), ließ er sich in Zuversicht gern als Opfer darbringen (μετὰ πεποιθήσεως ... ἡδέως προσήγετο θυσία). Die parallel aufgebaute Struktur am Anfang des Verses verbindet die Aussagen über Isaak und Jakob: Ἰσαὰκ μετὰ πεποιθήσεως – Ἰακὼβ μετὰ ταπεινοφροσύνης. Das Adverb ἡδέως verwendet der Vf. auch in 2,1; 62,3 (ἥδιον). προσάγειν θυσίαν kommt oft in der LXX vor (2 Chron 29,31; Sir 34,20; 2 Makk 3,32 u. ö.). Daß Isaak sich gern als Opfer dargebracht hat, steht in der Erzählung Gen 22 nicht. Bekanntlich bezeugt Flavius Josephus eine in der späteren Zeit häufig vertretene Überlieferung, daß Isaak nämlich nicht gezwungen, sondern freiwillig die Opferung seines Lebens hinnahm, mit Freude das Wort Abrahams vernahm und zum Opferaltar eilte (Ant 1,232: ... δέχεται πρὸς ἡδονὴν τοὺς λόγους ... ὥρμησεν ἐπὶ τὸν βωμὸν καὶ τὴν σφαγήν)[2]. Umstritten ist das Verständnis von γινώσκων τὸ μέλλον. Mehrere Autoren sehen hier eine allegorische Anspielung: Isaak wußte im voraus vom Opfer Christi[3]. Gegen diese Erklärung spricht jedoch das übliche Schriftverständnis des Vf.s, das solchen allegori-

---

[1] Vgl. Gen 18,19; Deut 33,21; Tob 4,6 f. (AB): διότι ποιοῦντός σου τὴν ἀλήθειαν εὐοδίαι ἔσονται ἐν τοῖς ἔργοις σου. καὶ πᾶσι τοῖς ποιοῦσι τὴν δικαιοσύνην ἐκ τῶν ὑπαρχόντων σοι ποίει ἐλεημοσύνη; 13,6.8 (AB): ἐὰν ἐπιστρέψητε πρὸς αὐτὸν ἐν ὅλῃ καρδίᾳ ὑμῶν καὶ ἐν ὅλῃ τῇ ψυχῇ ποιῆσαι ἐνώπιον αὐτοῦ ἀλήθειαν ... Ἐπιστρέψατε, ἁμαρτωλοί, καὶ ποιήσατε δικαιοσύνην ἐνώπιον αὐτοῦ.

[2] Vgl. auch Ps. Philo, LibAnt 32,3. Zum Thema vgl. R. LE DEAUT, La nuit pascale, Rome 1963, 153–200.

[3] Vgl. W. WREDE, Untersuchungen 80; KNOPF, 96; A. v. HARNACK, Einführung 112; JAUBERT, 151 Anm. 6; LINDEMANN, 99. Auch M. MEES, Isaaks Opferung 265–267, spricht von einer „Isaak – Typologie", die auf das im Gehorsam vollzogene Opfer Christi am Kreuz hinweist.

schen Deutungen fern steht. Die einzige Stelle, die man hierfür heranziehen könnte, ist 12,7 mit dem Hinweis auf das Blut Christi, aber in diesem Fall wird der allegorische Bezug expliziert. So ist die christologische Deutung in 31,3 alles andere als zwingend. Mehr im Einklang mit dem sonstigen Gebrauch der Schrift in I Clem steht die von R. Grant, 57, vertretene Meinung, die Kenntnis Isaaks über die Zukunft beziehe sich auf das Wort Abrahams in Gen 22,8: „Gott wird sich das Lamm zum Brandopfer ersehen, Kind." Natürlich wird bei dieser Erklärung nicht gut verständlich, warum dann Isaak „gern" sich als Opfer darbringen läßt. Denn die abweichende Antwort Abrahams auf die Frage seines Sohnes nach dem Opfertier läßt einen Rückschluß auf die Opferbereitschaft Isaaks nicht zu. Andererseits erzählt Gen 22,9 f. weiter von der Vorbereitung auf das Opfer, ohne ein Wort über eine Weigerung Isaaks zu erwähnen. Für einen, der die Schrift so wörtlich nimmt wie der Vf., ist eine Deutung wie die in 31,3 jedoch nicht überraschend. Das ἡδέως kann auf eine jüdische Tradition – wie oben erwähnt – zurückgehen. Die anderen Elemente entspringen der Bibelauslegung von I Clem. Auf diesem Hintergrund müßte man das μετὰ πεποιθήσεως so deuten: Zeigte Abraham durch seine infolge des Glaubensgehorsams vollbrachten Taten einen Weg zum Segen, so offenbart der entscheidende Moment im Leben Isaaks einen zweiten Weg. Es handelt sich in diesem Fall um *das Vertrauen auf das Wort.* Die Aussage seines Vaters bewegte ihn dazu, sich gern als Opfer darzubringen. Wie in der Erzählung von Gen 22 konnte er sich darauf verlassen, daß Gott sich ein Lamm zum Brandopfer aussehen wird. πεποίθησις ist Zuversicht, Vertrauen, aber kein grundloses. Letzten Endes gilt dieses Vertrauen dem mächtigen Schöpfer der Welt. Gen 22,17 („ich will dich reichlich segnen") beweist bei dieser Gegebenheit das Erlangen des göttlichen Segens. Auf jeden Fall läßt sich diese Deutung besser ins theologische Gesamtkonzept von I Clem einordnen als eine nicht weiter begründete und sonst unübliche allegorische Deutung hin auf das Opfer Christi.

Über Jakob werden vier zusammenhängende Einzelheiten in einfacher parataktischer Verbindung erzählt: 1. wie er sein Land wegen seines Bruders verlassen mußte; 2. wie er zu Laban zog und 3. ihm diente; 4. wie das Zwölfstämmereich ihm gegeben wurde. Das vorangestellte μετὰ ταπεινοφροσύνης läßt die leitende Absicht bei dieser schlichten Darstellung erkennen. Es handelt sich um den Kontrast zwischen den ersten drei Episoden einerseits und der göttlichen Anerkennung Jakobs durch die Gabe des Zwölfstämmereiches andererseits (ἐδόθη ist ein passivum divinum). Die Struktur ist die gleiche wie in den anderen Beispielen für Demut in 17,2–18,2 (Abraham, Ijob, Mose, David). Die ihre Unwürde und Bedürftigkeit vor Gott voll anerkennen, erlangen von Gott Bestätigung. Im Fall Jakobs wird dies durch die ausgewählten Ereignisse aus seiner Geschichte ausgedrückt. Dem Leser ist die erste Einzelheit über die Geschichte Jakobs wenigstens nach I Clem 4,8 bekannt: διὰ ζῆλος ὁ πατὴρ ἡμῶν Ἰακὼβ ἀπέδρα ἀπὸ προσώπου Ἡσαῦ τοῦ ἀδελφοῦ αὐτοῦ. Der kurze Hinweis auf die Ursache für das Verlassen des Landes (δι' ἀδελφόν) setzt hier genauere Kenntnis voraus. Beachtenswert ist die Ausdrucksweise bei ἐξεχώρησεν τῆς γῆς αὐτοῦ. Der Vf. verwendet das gleiche Verb in 54,2, um die Verantwortlichen für die Unruhen in Korinth zum Verlassen der Gemeinde zu bewegen. ἐκχωρεῖν kommt weiter in 55,1 vor, im Zusammenhang mit dem Beispiel von weltlichen Machthabern, die aus ihren eigenen Städten ausgewandert sind, um weiteren Aufruhr zu vermeiden. Es ist möglich, daß die Gestalt Jakobs als Beispiel für Demut aufgrund des Verlassens des Landes nicht zuletzt im Hinblick auf die Gruppe in der korinthischen Gemeinde dargestellt wurde (vgl. Grant, 57). Die zweite Gegebenheit (καὶ ἐπορεύθη πρὸς Λαβάν) entspricht wörtlich der Angabe in Gen 28,5. Das folgende καὶ ἐδούλευσεν nimmt das Wesentliche von Gen 29,20 auf. Der Vf. scheint seiner Vorlage zwar selektiv, aber treu zu folgen. Anders ist es bei der letzten Aussage: καὶ ἐδόθη αὐτῷ τὸ δωδεκάσκηπρον τοῦ Ἰσραήλ. Der Terminus δωδεκάσκηπτρον ist ein Hapaxlegomenon in der griechischen Literatur, aber verständlich bei den vielen Bildungen mit δώδεκα[1]. Die Singularform σκῆπτρον weist auf eine einzigartige Machtstellung hin, die Jakob über die zwölf Stämme Israels ausübt, indem er der Vater der zwölf Söhne ist, aus denen diese Stämme hervorgegangen sind[2]. Wie bei der Erwähnung Isaaks kommt im Abschnitt über Jakob der Segen Gottes nicht ausdrücklich vor. Aber auch hier kann man damit rechnen, daß der Vf. die Stellen Gen 28,4.14 – Jakob bekommt den Segen, wenn er sein Land verläßt und zu Laban zieht – vor Augen hat und sie seiner Darstellung zugrundelegt.

1   **Kap. 32.** Der Konditionalsatz hat eine durchsichtige Struktur. Die Bedingung betrifft die aufrichtige Betrachtungsweise aller Einzelheiten. Daraus ergibt sich die richtige Einschätzung der von Gott verliehenen Gaben[3]. Verstehende Betrachtung (κατανοήσῃ) und Sehen gehören zusammen (31,1: ἴδωμεν) wie in 24,1 und 24,2; 25,1 anhand der Auferstehung gezeigt wird. Das Adverb εἰλικρινῶς kommt in der biblischen und altchristlichen Literatur nicht vor, aber es ist bei Philo oft belegt (vgl. All II 82; III 111; Post 134; SpecLeg I 39.219. Vgl. weiter Plato, Symp. 181c; Resp. IV 477a.478d.479d; Menex. 245d; Epiktet, Diss. IV 2,6). Die Einzelheiten des Gegenstands der Betrachtung (καθ' ἓν ἕκαστον) (vgl. Apg 21,19; Bl./Deb./Reh. § 305,2) sind die in 31,4 aufgezählten Ereignisse, die Jakob als Segensträger zeigen. Sie werden nun in 32,2a mit Nachdruck ergänzt, so daß die Größe der göttlichen

---

[1] Vgl. 55,6: δωδεκάφυλον. Auch in Apg 26,7. S. Liddell/Scott z.St. Vgl. TestNaph 5,7: τὰ δώδεκα σκῆπτρα τοῦ Ἰσραήλ. Ähnliche Wendungen in 1 Kön 11,31 f.35 f.

[2] Die Aussage erinnert an das Lob auf Jakob in Sir 44,23: εὐλογίαν πάντων ἀνθρώπων καὶ διαθήκην κατέπαυσεν ἐπὶ κεφαλὴν Ἰακώβ· ἐπέγνω αὐτὸν ἐν εὐλογίαις αὐτοῦ καὶ ἔδωκεν αὐτῷ ἐν κληρονομίᾳ· καὶ διέστειλεν μερίδας αὐτοῦ, ἐν φυλαῖς ἐμέρισεν δέκα δύο.

[3] Im eigenen Text verwendet der Vf. nicht sehr oft Konditionalsätze mit ἐάν (14,2; 21,1; 35,5; 44,2.4; 54,2; 59,1; 63,2). I Clem 59,1 ist aber ähnlich aufgebaut: ἐὰν δέ τινες ἀπειθήσωσιν τοῖς ὑπ' αὐτοῦ δι' ἡμῶν εἰρημένοις, γινωσκέτωσαν ὅτι παραπτώσει καὶ κινδύνῳ οὐ μικρῷ ἑαυτοὺς ἐνδήσουσιν.

Gaben eindeutig erkennbar wird. Denn das ὑπ' αὐτοῦ ist auf Gott zu beziehen[1]. Die Fortsetzung in 32,2a würde zwar die Deutung auf Jakob erlauben, der Sprachgebrauch in I Clem läßt jedoch nur die Deutung auf Gott zu. Die Wendung τῶν ὑπ' αὐτοῦ δεδομένων δωρεῶν greift das ἐδόθη αὐτῷ von 31,4 wieder auf. Ferner kommt das Adjektiv μεγαλεῖος in I Clem immer im Neutrum vor als Bezeichnung der Größe der göttlichen Verheißungen bzw. Schönheit (vgl. 26,1; 49,3). Die Pluralform μεγαλεῖα entspricht auch der Sprache der LXX (vgl. Sir 17,10: ἵνα διηγῶνται τὰ μεγαλεῖα τῶν ἔργων αὐτοῦ). Schließlich weisen auch die δωρεαί auf den göttlichen Urheber hin, wie in 19,2; 23,2 und 35,4 belegt ist.

Eine dreigliedrige Anaphora (ἐξ αὐτοῦ) hebt die Bedeutung Jakobs hervor, 2 welche die Größe der göttlichen Gaben widerspiegelt. Es handelt sich dabei genauer um die Folgen aus der Gabe schlechthin, nämlich um die Tatsache, daß Gott dem Jakob τὸ δωδεκάσκηπτρον τοῦ Ἰσραήλ gab, d. h. ihn zum Stammvater auserwählte. Drei Elemente kommen besonders zur Geltung. Das erste ist kultisch geprägt: ἱερεῖς καὶ λευῖται πάντες οἱ λειτουργοῦντες τῷ θυσιαστηρίῳ τοῦ θεοῦ. Die Priester und Leviten gelten als Nachkommen Aarons (nach Ex 4,14 auch ein Levit) bzw. Levis und als solche ist das ἐξ αὐτοῦ im Hinblick auf Jakob berechtigt. Die Erwähnung der Priester vor den Leviten entspricht dem unterschiedlichen Rang der zwei Gruppen beim kultischen Geschehen[2]. Das attributive Partizip λειτουργοῦντες drückt ihre kultische Funktion aus: sie dienen am Altar Gottes. Daß die Anaphora mit den Priestern und Leviten eröffnet wird, dürfte einen zweifachen Grund haben. Der erste hat mit der Argumentation des Briefes in einem breiten Zusammenhang zu tun. Gerade die kultischen Funktionen der Priester und Leviten werden in 40,5 als Beweis dafür angeführt, daß es sich dabei um eine unantastbare von Gott bestimmte Ordnung handelt. Nach 32,3 hat diese Ordnung auch mit dem Erzvater Israels zu tun, da von ihm die Priester und Leviten stammen. Der zweite Grund hängt mit dem unmittelbaren Kontext zusammen, und zwar mit der folgenden christologischen Aussage, dem zweiten Element der Anaphora: Der Herr Jesus stammt von Jakob dem Fleisch nach (τὸ κατὰ σάρκα) ab[3]. In 36,1 ist von Jesus Christus als dem Hohenpriester die Rede, so daß beide Aussagen, die hohepriesterliche Würde und die leibliche Abstammung von Jakob, sich gegenseitig ergänzen (vgl. Gebhardt/Harnack 53). Höchstwahrscheinlich wirkt hier einerseits Röm 9,4 f. nach: „Ihnen (d. h. den Israeliten) gehören die Väter, und von ihnen stammt der Christus dem Fleische nach ab" (ὧν οἱ πατέρες καὶ ἐξ ὧν ὁ Χριστὸς τὸ

---

[1] Gegen R. A. LIPSIUS, Disquisitio 55 Anm. 2. Ihm folgt Harnack in seinem Kommentar z. St. Später läßt er in seiner Übersetzung offen, ob Gott oder Jakob gemeint ist (Einführung 29).

[2] Vgl. 40,5, wo die gleiche Reihenfolge – eingeleitet allerdings durch den Hohenpriester – eingehalten wird.

[3] Vgl. BL./DEB./REH. § 266[4] anhand Röm 9,4: der Zusatz des Artikels hebt die Beschränkung stark hervor: „Insoweit als das Leibliche in Betracht kommt."

κατὰ σάρκα)[1]. Andererseits hat die Hohepriester-Christologie in der urchristlichen Überlieferung einen festen Bezugspunkt, nämlich den Hebräerbrief. Die Wendung ὁ κύριος Ἰησοῦς (vgl. 46,7) bezieht sich auf die menschliche Wirklichkeit der Gestalt des Erlösers. Unwahrscheinlich ist die von A. Hilgenfeld vertretene Meinung, der Vf. würde hier die levitische Abstammung Jesu behaupten[2].

Das Argument Hilgenfelds wurde neulich – leicht modifiziert – von A. Jaubert aufgegriffen[3]. In ihrem Aufsatz über die levitischen Themen in I Clem unterstreicht sie die merkwürdige Placierung der christologischen Aussage in I Clem 32,2 zwischen dem Stamm Levis und dem Stamm Judas (so das dritte ἐξ αὐτοῦ). Unter Berufung auf Texte aus dem TestXII und des Hippolyt von Rom behauptet sie weiter die Existenz einer judenchristlichen Überlieferung über Jesus als Sohn Levis und Sohn Judas. Angesichts der zugegebenen Undeutlichkeit der Aussage scheint A. Jaubert nur auf eine mögliche Deutung hinweisen zu wollen (Thèmes 201). In der Einleitung zur Textausgabe in der Reihe SC schlägt sie einen dezidierteren Ton an: „Or il est visible que Clément en 32,2 fait allusion à cette thèse d'une double ascendance de Jésus issu de Lévi et de Juda. La place singulière de Jésus entre la tribu de Lévi et celle de Juda ne s'explique qu'en fonction de telles conceptions" (48). Sicherlich hat sie Recht, wenn sie das Zeugnis von Hebr 7,13 f. mit der Betonung von der Abstammung Jesu aus Juda nicht als entscheidend betrachtet (Thèmes 201). Denn die feststellbaren Gemeinsamkeiten zwischen I Clem und Hebr vermögen hierzu kein weiteres Argument zu liefern[4]. Aber es ist sehr fraglich – auf jeden Fall geht es nicht aus dem Text hervor –, ob der Vf. eine Aussage über eine zweifache Abstammung Jesu machen will. Eine bessere Erklärung bietet, wie schon angedeutet, die Christologie des I Clem, und zwar die doppelte Bezeichnung, die in 36,1 und 64 vorkommt: Jesus Christus ist der ἀρχιερεύς καὶ προστάτης. Von dieser Anschauung her wird die Placierung der christologischen Aussage verständlich. Im Hinblick auf den Stamm Levis ist er der Hohepriester. Im Hinblick auf den Stamm Judas ist er der Messias und Beschützer[5]. Denn das dritte Element der Anaphora: Von Jakob stammen auch die Könige, Herrscher und Anführer durch Juda ab, bringt eben diesen Aspekt hervor. Mit dem Stamm Judas verbindet sich vor allem die davidische Dynastie und mit ihr die eigentliche messianische Hoffnung. Nach den Kö-

---

[1] Röm 9,4 f. hebt die Größe des auserwählten Volkes hervor, nicht aber einer einzelnen Gestalt. Doch die Doxologie am Schluß von Röm 9,5 (ὁ ὢν ἐπὶ πάντων θεὸς εὐλογητὸς εἰς τοὺς αἰῶνας, ἀμήν) wie auch in I Clem 32,4 ist ein weiterer Hinweis auf den Einfluß von Röm 9,4 f.

[2] Vgl. DERS., Väter 103. Dagegen R. A. LIPSIUS, Disquisitio 150 Anm. 2; GEBHARDT/HARNACK, 52 f.; LIGHTFOOT, I 2,99.

[3] Auch M. MEES, Christusbild 299 f., scheint dies, ohne A. Jaubert zu nennen, zu vertreten.

[4] Das Argument wird dennoch von Ph. Henne gegen die These Jauberts herangezogen (Christologie 123).

[5] Richtig H. STRATHMANN, ThWNT IV 245 Anm. 31: „Er (Jesus) vereinigt in sich beider Stämme Würden. Denn er ist unser Hoherpriester und Schutzherr."

nigen erscheinen die ἄρχοντες καὶ ἡγούμενοι. Es handelt sich um eine Anspielung auf Gen 49,10a: οὐκ ἐκλείψει ἄρχων ἐξ Ἰουδὰ καὶ ἡγούμενος ἐκ τῶν
μηρῶν αὐτοῦ. Nachdem die Stämme Levis und Judas so in den Vordergrund
getreten sind, begründet der Vf. durch ein Schriftzitat die gleiche Würde aller
Stämme (οὐκ ἐν μικρᾷ δόξῃ ὑπάρχουσιν). Das verheißene Wort (ἔσται τὸ
σπέρμα σου ὡς οἱ ἀστέρες τοῦ οὐρανοῦ) wurde dreimal, aber nicht Jakob,
sondern Abraham zugesagt (Gen 15,5; 22,17; 26,4)[1]. Die Gültigkeit der
Verheißung und ihre Verwirklichung in den Stämmen Israels rechtfertigt das
Zitat an dieser Stelle. Durch die christologische Aussage nehmen die Christen
jetzt auch an der Geschichte Jakobs teil. Der Gedanke wird hier nicht
expliziert, aber Jakob ist „unser Vater" (4,8)[2].

Die Aussage erläutert den wahren Grund für den Ruhm der Stammesväter
Israels. Zuerst werden die angeblichen, aber doch nicht maßgebende Motive
negiert, um schließlich den Willen Gottes als den einzigen Grund gelten zu
lassen. Mit πάντες sind zunächst die Stammesväter, angefangen mit Abraham
und Isaak bis hin zu Jakob und seinen Söhnen, gemeint (31,1–32,2). Aber
die Aufforderung κολληθῶμεν, das diese Gestalten nach 31,1 aufgrund der
εὐλογία miteinander verbindet, legt nahe, den Blick auf einen breiteren Kreis
zu richten, und zwar auf die anderen, denen auch die Gnade Gottes gegeben
ist (30,3). Denn erst auf diesem Hintergrund gewinnt die Aussage 32,3 ihr
eigentliches Profil. Sie waren ein Vorbild dafür, daß man nicht durch Worte,
sondern durch Taten Gerechtigkeit erlangt (30,3b). Gewiß, das Selbstlob
wurde scharf abgelehnt, aber über die Notwendigkeit der Taten als der
menschlichen Antwort auf die Gnade Gottes blieb keinerlei Zweifel. Das wird
hier nicht plötzlich negiert, sondern es wird auf das ursprüngliche Ziel
hingeordnet. Im Mittelpunkt steht der Wille Gottes, auf den der erlangte
Ruhm der Gestalten der Vergangenheit zurückgeht.

Der Anfang: πάντες οὖν ἐδοξάσθησαν καὶ ἐμεγαλύνθησαν, ist die Folge aus
32,2: τὰ δὲ λοιπὰ σκῆπτρα αὐτοῦ οὐκ ἐν μικρᾷ δόξῃ ὑπάρχουσιν[3]. Die dreifache
Verneinung betrifft zunächst die angedeuteten Personen selber: οὐ δι᾽ αὐτῶν.
Es folgt sodann der Hinweis auf ihre Werke (ἢ τῶν ἔργων αὐτῶν). In einer
Art Präzisierung ist schließlich von der δικαιοπραγία die Rede: das gerechte
Handeln. Den Ausdruck definiert Aristoteles in EthNicom 1133b: ἡ δικαιο-
πραγία μέσον ἐστὶ τοῦ ἀδικεῖν καὶ ἀδικεῖσθαι. Das Verb δικαιοπραγεῖν ver-
wendet das hellenistische Judentum im Sinn von gerechtem Handeln (vgl.

---

[1] Das Zitat darf nicht als „composite quotation" behandelt werden. Gegen D. A. HAGNER,
Use 55. Es ist das gleiche Wort an mehreren Stellen des gleichen alttestamentlichen Buches.

[2] Unklar ist die Behauptung H. ODEBERGs, ThWNT III 192, aufgrund der Übertragung der
Verheißung von Abraham auf Jakob: „Jakob und seine Kinder, aber auch nur sie, sind die
wahren Abrahamskinder." Was für eine Rolle spielen die Christen dabei?

[3] Vielleicht denkt der Vf. auch an ein allgemeines Lob etwa wie in Sir 44,1 f.: αἰνέσωμεν δὴ
ἄνδρας ἐνδόξους καὶ τοὺς πατέρας ἡμῶν τῇ γενέσει· πολλὴν δόξαν ἔκτισεν ὁ κύριος, τὴν μεγαλ-
ωσύνην αὐτοῦ ἀπ᾽ αἰῶνος.

Arist 231.279; Philo, Agr 123; Ebr 26; Congr 6.163; Fug 35). Das Kompositum mit δίκαιος bereitet die folgende Aussage über die Rechtfertigung der Gläubigen in V. 4 vor: Nicht das vollbrachte gerechte Handeln ist der Grund für den Ruhm der Alten, und ebenso wenig darf sich der Mensch auf seine eigenen Leistungen als Forderung der Gerechtigkeit berufen[1]. In diesem Zusammenhang ist die Wendung διὰ τοῦ θελήματος αὐτοῦ zu verstehen. Weder in der LXX noch in Texten des hellenistischen Judentums ist sie belegt. Im NT kommt sie – abgesehen von Offb 4,11 – in paulinischen Texten vor. Der Wille Gottes erscheint als Grund bzw. Ursache für das paulinische Apostolat (so in der formelhaften Prägung der Briefeingänge: 1 Kor 1,1; 2 Kor 1,1; Eph 1,1; Kol 1,1; 2 Tim 1,1), für den Besuch des Paulus in der römischen Gemeinde (Röm 15,32), für den Einsatz der Christen Mazedoniens (2 Kor 8,5). Der Vf. scheint hier von der paulinischen Begrifflichkeit beeinflußt zu sein. An dieser Stelle und in V. 4 drückt er damit die radikale Bezogenheit des menschlichen Tuns vor Gott auf dessen Willen aus.

4   Die Aussage über die Gestalten der Vergangenheit wird nun auf die Gegenwart der christlichen Gemeinde übertragen. Wie die folgende Aufstellung zeigt, gestaltet sich der Text weitgehend nach der in V. 3 vorliegenden Struktur.

V. 3	V. 4
πάντες οὖν ἐδοξάσθησαν καὶ ἐμεγαλύνθησαν	καὶ ἡμεῖς οὖν,
	διὰ θελήματος αὐτοῦ ἐν Χριστῷ Ἰησοῦ
	κληθέντες,
οὐ δι᾿ αὐτῶν	οὐ δι᾿ ἑαυτῶν δικαιούμεθα
	οὐδὲ διὰ τῆς ἡμετέρας σοφίας
	ἢ συνέσεως
	ἢ εὐσεβείας
ἢ τῶν ἔργων αὐτῶν	ἢ ἔργων
ἢ τῆς δικαιοπραγίας	
ἢ κατειργάσατο,	ὧν κατειργασάμεθα ἐν ὁσιότητι καρδίας,
ἀλλὰ διὰ τοῦ θελήματος αὐτοῦ.	ἀλλὰ διὰ τῆς πίστεως,
	δι᾿ ἧς πάντας τοὺς ἀπ᾿ αἰῶνος ὁ παντοκράτωρ
	θεὸς ἐδικαίωσεν.

Das καὶ ἡμεῖς οὖν weist auf die Adressaten der Botschaft hin, in denen sich das schon über die Alten Gesagte aktualisiert. Der Inhalt geht über die Situation einer einzelnen Gemeinde hinaus. Die Verwendung der ersten Person Plural ist in diesem Fall nicht rhetorisch bedingt, wie bei den üblichen Aufforderungen in I Clem, um das Gewicht der Ermahnung zu erleichtern, sondern es geht aus einem allgemein gültigen christlichen Selbstverständnis hervor. Um das Wesentliche schon von vornherein klarzustellen, wiederholt der Vf. die Aussage über den Willen Gottes, mit der V. 3 zu Ende ging. Dadurch zeigt er seinen theologischen Standort, von dem aus paulinische

---

[1] Die Nachahmung des paulinischen Stils erinnert an Tit 3,5: οὐκ ἐξ ἔργων τῶν ἐν δικαιοσύνῃ ἃ ἐποιήσαμεν ἡμεῖς ἀλλὰ κατὰ τὸ αὐτοῦ ἔλεος ἔσωσεν ἡμᾶς.

Formulierungen aufgenommen werden können, ohne zugleich die paulinische Fragestellung zu übernehmen. Im Mittelpunkt steht der Heilswille Gottes, der über jede positive menschliche Antwort auf seine Forderung hinaus der letzte Grund für Rettung und Heil bleibt. Das paulinisch anmutende διὰ τῆς πίστεως wird im Licht des vorangestellten διὰ θελήματος αὐτοῦ auszulegen sein. Da nun die Christen angesprochen werden, kommt ein spezifisch christliches Element zum Vorschein: ἐν Χριστῷ Ἰησοῦ κληθέντες. Der Wille Gottes verwirklicht sich also in der in Christus ergangenen Berufung. Das Subjekt beim Passiv κληθέντες ist Gott, aber sein Ruf ist durch die Wirklichkeit des Erlösers vermittelt (ἐν Χριστῷ Ἰησοῦ, mit instrumentalem ἐν). Die Formulierung läßt paulinischen Einfluß erkennen – καλέω spielt sonst in der Begrifflichkeit des Vf.s eine geringe Rolle. Vgl. 59,2; 65,2 –, etwa Röm 8,30: οὓς δὲ προώρισεν, τούτους καὶ ἐκάλεσεν· καὶ οὓς ἐκάλεσεν, τούτους καὶ ἐδικαίωσεν. Es folgt eine Reihe von fünf Gegebenheiten, die den Menschen vor Gott nicht rechtfertigen können. Über das in V. 3 Behauptete hinaus kommen in V. 4 drei andere hinzu: οὐδὲ διὰ τῆς ἡμετέρας σοφίας ἢ συνέσεως ἢ εὐσεβείας. Die Nachwirkung der paulinischen Sprache kommt aber schon bei der ersten Aussage zum Tragen: οὐ δι᾽ ἑαυτῶν δικαιούμεθα. Das Verhältnis des Menschen zu Gott drückt sich als „Rechtfertigung" aus. Aus der Tatsache, daß von Gott allein der heilbringende Ruf ergeht, ergibt sich die radikale Unfähigkeit des Menschen, von sich aus dieses Heil zu erlangen. σοφία und σύνεσις erscheinen gemeinsam in Texten, die in ein breites traditionelles Spektrum gehören[1]. Das Begriffspaar kommt auch in der LXX vor: Ex 35,31.35; Jes 11,2; 29,14; Sir 39,6.9 f.; Dan 1,17 usw. Der alttestamentliche Einfluß erklärt weiter das Vorkommen von חכמה ובינה in einem Qumrantext (vgl. 1 QS 4,3). Da der Vf. in diesem Abschnitt sich gern an die Sprache des Paulus anlehnt, dürfte das Zitat von Jes 29,14 in 1 Kor 1,19: ἀπολῶ τὴν σοφίαν τῶν σοφῶν καὶ τὴν σύνεσιν τῶν συνετῶν ἀθετήσω für die Formulierung in I Clem 32,4 maßgebend sein, denn es handelt sich in beiden Texten um die Unmöglichkeit von Weisheit und Einsicht, den Menschen retten zu können[2].

Daß auch die εὐσέβεια in der Reihe der Faktoren erwähnt wird, welche die Rechtfertigung nicht erwirken können, bedeutet eine Steigerung im Vergleich zunächst zum unmittelbar Vorausgehenden und einen Kontrast im Hinblick auf die bisherigen Aussagen über die εὐσέβεια in 1,2; 11,1; 15,1[3]. Nicht der Wert und die Notwendigkeit der εὐσέβεια als die fromme

---

[1] Vgl. Aristoteles, EthNicom 1103a: Zu den ἀρεταὶ διανοητικαί gehören σοφία, σύνεσις und φρόνησις. Sie sind also die höchsten Leistungen des menschlichen Verstandes. Während die σοφία als die vollkommenste Form des Wissens gilt, (ebd. 1141a: ὥστε δῆλον ὅτι ἀκριβεστάτη ἂν τῶν ἐπιστημῶν εἴη ἡ σοφία), ist die σύνεσις der φρόνησις untergeordnet (1143a). Vgl. dazu U. Wilckens, ThWNT VII 471 f.; H. Conzelmann, ThWNT VII 887.

[2] Die positive Aussage in Kol 1,9 (... ἐν πάσῃ σοφίᾳ καὶ συνέσει πνευματικῇ) widerspricht dem nicht, weil geisterwirkte Weisheit und Einsicht gemeint ist.

[3] Eigenartigerweise kommt der Begriff in I Clem an dieser Stelle zum letztenmal vor. Das Adjektiv ist aber noch in 50,3 belegt, und das Adverb in 61,2 und 62,1.

Haltung des Menchen vor Gott werden dadurch abgelehnt oder in Frage gestellt, sondern die Möglichkeit, daß eine solche Haltung an sich über Rettung und Heil entscheiden könnte. Die am Schluß der Liste erwähnten Werke spitzen die beabsichtigte Steigerung zu. Denn die im folgenden Relativsatz enthaltene Präzisierung ἐν ὁσιότητι καρδίας hebt ausdrücklich die religiöse Qualität dieser Werke hervor (vgl. 1 Kön 9,4; Dtn 9,5). Die eindringliche Aufforderung, nicht mit Worten, sondern mit Taten den Willen Gottes zu erfüllen (30,3; 38,2), die wiederholte Einladung, gute Werke zu vollbringen (33,1; 34,4), sowie das alles zusammenfassende Wort: ἐξ ὅλης τῆς ἰσχύος ἡμῶν ἐργασώμεθα ἔργον δικαιοσύνης (33,8), sind eindeutige Aussagen, die in unübersehbarer Spannung zur Behauptung stehen, die Werke wären nicht entscheidend, sondern allein der Glaube, durch den der allmächtige Gott von jeher alle Geretteten gerechtfertigt hat (πάντας τοὺς ἀπ᾽ αἰῶνος ὁ παντοκράτωρ θεὸς ἐδικαίωσεν). Werke und Glaube als Termini einer Gegenüberstellung haben in der urchristlichen Literatur einen klar bestimmbaren Ort: die paulinische Theologie. Und doch versperrt man sich den Blick für das Verständnis von I Clem, wenn man die paulinische Perspektive hier die Optik bestimmen lassen würde. Der Vf. argumentiert dezidiert theologisch. Der Gott, der seinen Heilswillen offenbart, ist der παντοκράτωρ. Seine Allmacht enthüllt notwendigerweise die wesensbedingte Schwäche aller menschlichen Leistungen und Ansprüche und erweist sich gerade so als Allmacht. Darin, daß sein Ruf durch Jesus Christus erfolgt, zeigt die Prägung des christlichen Bewußtseins, das aber eine umfassende Sicht der Dinge beansprucht. Er ist schließlich der einzige Gott, der in der Geschichte immer schon (ἀπ᾽ αἰῶνος) zum *Heil aller Menschen* gewirkt hat (nach 7,5 handelt es sich dabei um die Geretteten. Richtig Knopf, 98). Die abschließende Doxologie (vgl. zuvor 20,12) markiert eine sachliche Zäsur in der Gedankenführung. Die Sprache des Lobes gestaltet in angemessener Form den Schluß der Darlegung[1].

---

[1] Aufgrund der Stellung des Artikels in der Formulierung ὁ παντοκράτωρ θεὸς ἐδικαίωσεν· ᾧ ἔστω ἡ δόξα, schlägt H.-W. BARTSCH, Röm. 9,5, 408 f., eine Konjektur für Röm 9,5 vor. Anstelle von ὁ ὢν ἐπὶ πάντων θεός ... liest er ὢν ὁ ἐπὶ πάντων θεός ..., das gut paßt zum vorstehenden ὢν οἱ πατέρες καὶ ἐξ ὧν ὁ Χριστὸς τὸ κατὰ σάρκα. Um eine textkritische Änderung begründen zu können, beruht die Argumentation auf zu vielen unverifizierbaren Annahmen. Wie weit zitiert I Clem 32,3 wörtlich Röm 9,5? Ohne sich auf I Clem zu berufen, verteidigten J. J. Wettstein, K. Barth, G. Harder u. a. die gleiche Konjektur.

9.5. Die Notwendigkeit der Werke (33,1–34,8)

Die Nachahmung der paulinischen Diatribe (33,1a) dient dazu, einem möglichen Mißverständnis von der Aussage über die Rechtfertigung durch den Glauben vorzubeugen und so die Notwendigkeit der Werke zu unterstreichen (33,1b). Das Schöpfungswerk Gottes (33,2–7) wird als Beispiel und zugleich als Grund genommen, um „das Werk der Gerechtigkeit" zu wirken (33,8). Ein Bild aus dem Alltag – der gute Arbeiter, der mit Freimut seine Belohnung in Empfang nimmt (34,1) – leitet einen weiteren Argumentationsgang ein. Das Vollbringen guter Werke (34,2.4) und die Aussicht auf den Lohn (34,3) sind ein Zeichen für die Unterordnung unter den Willen Gottes, wie es auch bei der Schar der Engel mit ihrem Lob sichtbar wird (34,5 f.). Auch dies dient als Vorbild für einträchtiges Handeln in der Gemeinde im Hinblick auf das Erlangen der göttlichen Verheißungen (34,7 f.).

1. Was sollen wir nun tun, Brüder? Sollen wir aufhören, das Gute zu tun, und von der Liebe ablassen? Möge der Herrscher dies bei uns ja nicht geschehen lassen! Vielmehr wollen wir uns beeilen, mit Beharrlichkeit und Bereitwilligkeit jedes gute Werk zu vollbringen.
2. Denn der Schöpfer und Herrscher des Alls selber frohlockt über seine Werke.
   3. Denn durch seine allergrößte Kraft befestigte er die *Himmel* und ordnete sie durch seine unbegreifliche Weisheit.
   Die *Erde* schied er von dem sie umgebenden Wasser und gründete sie auf das feste Fundament seines Willens. Den Lebewesen, die auf ihr wandeln, befahl er, nach seiner Anordnung ins Dasein zu treten.
   Das *Meer* und die Lebewesen in ihm, die er zuvor bereitet hatte, schloß er ein durch seine Macht.
4. Zu allem hinzu das Hervorragendste und Allergrößte: Den Menschen bildete er mit heiligen und untadeligen Händen als Abbild seiner eigenen Gestalt. 5. Denn so spricht Gott: „Laßt uns einen Menschen machen nach unserem Abbild und Gleichnis. Und es machte Gott den Menschen, männlich und weiblich machte er sie." 6. Als er nun dies alles vollendet hatte, lobte und segnete er es und sprach: „Wachset und mehret euch!" 7. Beachten wir, daß alle Gerechten mit guten Werken geschmückt worden sind und daß der Herr selbst sich mit guten Werken geschmückt hat und sich darüber freute.
8. Da wir also dieses Vorbild haben, wollen wir uns ohne Zögern seinem Willen anschließen. Aus unserer ganzen Kraft laßt uns das Werk der Gerechtigkeit vollbringen.
Kap. 34. 1. Der gute Arbeiter nimmt mit Freimut das Brot für sein Werk entgegen; der faule und lässige sieht seinem Arbeitgeber nicht ins Gesicht. 2. Es ist also nötig, daß wir bereit sind, Gutes zu tun; denn von ihm kommt alles. 3. Er sagt uns nämlich im voraus: „Siehe, der Herr, und sein Lohn (liegt) vor ihm, um einem jeden zu vergelten nach seinem Werk." 4. Er mahnt uns

also, da wir aus ganzem Herzen auf ihn vertrauen, nicht träge noch lässig zu sein zu jedem guten Werk.
5. Unser Ruhm und unsere Zuversicht sei bei ihm! Ordnen wir uns seinem Willen unter! Betrachten wir die ganze Menge seiner Engel, wie sie bereitstehen und seinem Willen dienen! 6. Denn die Schrift sagt: „Zehntausendmal zehntausend standen bei ihm, und tausendmal tausend dienten ihm, und sie riefen laut: ‚Heilig, heilig, heilig ist der Herr Sabaoth. Die ganze Schöpfung ist voll seiner Herrlichkeit.'" 7. Und auch wir, in Eintracht am selben Ort pflichtbewußt versammelt, wollen wie aus einem Mund beharrlich zu ihm rufen, damit wir seiner großen und herrlichen Verheißungen teilhaftig werden. 8. Denn es heißt: „Kein Auge hat es gesehen und kein Ohr hat es gehört und in keines Menschen Herz ist gedrungen, was er denen bereitet hat, die auf ihn harren.'"

1 An die zwei einleitenden rhetorischen Fragen schließt sich eine dazu passende Beteuerung an, auf die eine das Thema bestimmende Ermahnung folgt. Nachdem in 32,3 f. der Wert der Werke und anderer menschlicher Leistungen so eindringlich dem Primat Gottes untergeordnet wurde, will der Vf. einer möglichen Mißdeutung seiner Aussage zuvorkommen. In der Formulierung lehnt er sich an einen Text des Römerbriefes an. Nach der Verkündigung der überreichen Fülle der Gnade als Sieg über die Macht der Sünde (Röm 5,20 f.), fragt der Apostel (Röm 6,1): τί οὖν ἐροῦμεν; ἐπιμένωμεν τῇ ἁμαρτίᾳ, ἵνα ἡ χάρις πλεονάσῃ; I Clem 33,1 überträgt das Problem „Sünde – Gnade" des Römerbriefes auf das Verhältnis „Werke – Gnade". Wenn die Rechtfertigung allein durch den Glauben geschieht, soll man dann die Werke vernachlässigen? Das thematische Interesse tut sich schon bei der ersten Frage kund. Es lautet nämlich nicht: τί οὖν ἐροῦμεν, wie in Röm 6,1, sondern: τί οὖν ποιήσωμεν, ἀδελφοί;[1] Gefragt ist die menschliche Antwort durch Taten. Die zweite Frage bleibt auf der gleichen pragmatischen Linie: ἀργήσωμεν ἀπὸ τῆς ἀγαθοποιίας καὶ ἐγκαταλίπωμεν τὴν ἀγάπην;[2] Das Verb ἀργεῖν kann auch „träge, faul sein" bedeuten. Die Verbindung mit der Partikel ἀπό und die Fortsetzung des Satzes legen es nahe, es mit „aufhören" wiederzugeben[3]. Der Gegenstand ist die ἀγαθοποιία, ein Terminus, den der Vf. im Lob der korinthischen Gemeinde verwendet hat: 2,2: ἀκόρεστος πόθος εἰς ἀγαθοποιίαν; 2,7: ἀμεταμέλητοι ἦτε ἐπὶ πάσῃ ἀγαθοποιίᾳ (vgl. auch 34,2: δεὸν οὖν ἐστιν προθύμους ἡμᾶς εἶναι εἰς ἀγαθοποιίαν). Der einstige Zustand der Gemeinde bleibt also der Maßstab, der durch die Überlegung über den Vorrang des Glaubens nicht aufgehoben wird. Von der ἀγάπη ist in der bisherigen Darlegung nicht oft die Rede, und wenn dies der Fall war (21,7.8), geschah es eher beiläufig.

---

[1] Die Anlehnung an Röm 6,1 zeigt sich auch in der Textüberlieferung. H und L bringen hier τί οὖν ἐροῦμεν;

[2] Die Wendung ἀργεῖν ἀπό ist recht selten in der griechischen Literatur. Liddell/Scott, Moulton/Milligan und Bauer/Aland bieten dazu keine Parallele.

[3] Zu ἀπό als Ausdruck von Trennung, Abwendung vgl. BL./DEB./REH. § 211,1.

Aber der Vf. kann mit einem gemeinsamen christlichen Vokabular und den entsprechenden Werten rechnen, die eine weitere Begründung in der Tragweite eines Nachlassens der Liebe überflüssig machen. In 49,1–50,1 wird er ohnehin die Bedeutung der ἀγάπη nach paulinischem Muster nachhaltig unterstreichen.

Über das paulinische μὴ γένοιτο von Röm 6,2 hinausgehend, erhofft der Vf., daß Gott selbst das Eintreten des zuvor Gefragten nicht zuläßt[1]. Dem παντοκράτωρ θεός in 32,4, der durch den Glauben an ihn die Menschen rettet, entspricht hier der δεσπότης, der eine Vernachlässigung der menschlichen Verantwortung im Vollzug des Glaubensgehorsams nicht zulassen wird. In beiden Fällen ist es der mächtige Herr der Schöpfung, der sich sowohl im Entschluß zur Rettung als auch in der Forderung an die Geretteten als solcher offenbart[2]. Natürlich genügt in diesem Zusammenhang eine auch noch so feierliche Beteuerung nicht, um auf die angedeutete Gefahr eine richtige Antwort zu geben. Diese muß dem Bezug zur Praxis des Glaubens entspringen. Das Ziel, auf das hin sich die Gläubigen beeilen sollen, heißt dann: πᾶν ἔργον ἀγαθὸν ἐπιτελεῖν. Zwei Haltungen sollen diese Bemühung prägen: μετὰ ἐκτενείας καὶ προθυμίας[3]. Die erste ist die Beharrlichkeit, mit der das Ziel verfolgt werden soll; die zweite ist die Bereitwilligkeit, es vollständig zu erreichen. Worauf es ankommt, wird so umfassend wie allgemein angegeben: Die Gläubigen sollen jedes gute Werk vollbringen. πᾶν ἔργον ἀγαθόν ist eine paulinische Wendung (2 Kor 9,8; Kol 1,10; 2 Thess 2,17; 1 Tim 5,10; 2 Tim 2,21; 3,17; Tit 1,16; 3,1; vgl. auch TestAss 4,3), die auch in I Clem 2,7 und 34,4 vorkommt, während das Verb ἐπιτελεῖν ein Lieblingswort in I Clem ist[4]. Auch hier wirkt das im zweiten Kapitel entworfene ideale Bild der Gemeinde nach (vgl. 2,7: ἀμεταμέλητοι ἦτε ἐπὶ πάσῃ ἀγαθοποιΐᾳ, ἕτοιμοι εἰς πᾶν ἔργον ἀγαθόν).

Die Aufforderung, jedes gute Werk zu vollbringen, wird durch das Vorbild des göttlichen Handelns begründet. Darauf hinzuweisen, das ist die Funktion der Partikel γάρ. Der Schöpfer frohlockt über seine Werke. Auch bei der Verkündigung der μετάνοια in 8,2 gebraucht der Vf. die gleiche Form: καὶ αὐτὸς δὲ ὁ δεσπότης τῶν ἁπάντων ... Die Bezeichnung Gottes als ὁ δημιουρ-

2

---

[1] μηθαμῶς (auch in 45,7; 53,4) ist eine spätere Form für μηδαμῶς. Vgl. LIDDELL/SCOTT 1125; BL./DEB./REH. § 33,2; zum Optativ ἐάσαι vgl. ebd. § 85,1.
[2] Im Artikel δεσπότης (ThWNT II 48 Anm. 31) zitiert K. H. Rengstorf I Clem 33,1 als Beispiel bei den Apostolischen Vätern „für einen starken Einbruch begrifflichen hellenistischen Denkens in die Christologie." Die Angabe ist insofern mißverständlich, als sie eine christologische Deutung von δεσπότης nahelegt, die an dieser Stelle nicht in Frage kommt. In I Clem kommt δεσπότης immer als Gottesprädikation vor. Nach M. MEES, Christusbild 300, nennt I Clem „Christus ja auch grundsätzlich δεσπότης." Ist er von Rengstorf beeinflußt?
[3] Zu μετὰ ἐκτενείας vgl. 2 Makk 14,38; Cagnat IV.984[6]: μετὰ πάσης ἐκτενείας καὶ λαμπρότητος = MOULTON/MILLIGAN, Vocabulary z. St.; zu προθυμία vgl. Apg 17,11; Philo, VitCont 71; Abr 246; Sacr 59; Josephus, Ant 15,124.
[4] Vgl. 1,3; 2,8; 35,5; 37,2.3; 40,1.2.3; 48,4; 55,3. Die Häufigkeit hängt mit dem pragmatischen Anliegen des Schreibens zusammen. Zu προθυμία im Zusammenhang mit ἐπιτελεῖν vgl. 2 Kor 8,11.

γὸς καὶ δεσπότης τῶν ἁπάντων kommt sonst in 20,11 am Schluß der Darstellung der Macht des Schöpfers über seine Geschöpfe vor. Die Verwendung der gleichen Bezeichnung in 33,2 beabsichtigt, auf das Schöpfungswerk Gottes noch einmal einzugehen, um es als Paradigma menschlichen Handelns hinzustellen. Die Freude des Schöpfers an seinen Werken setzt die Güte der Schöpfung voraus, aber das ist nicht die Aussageabsicht. Die leitende Aussageintention ist vielmehr die Bejahung und die durchaus positive Bewertung des Wirkens selbst. Das Verb ἀγαλλιάομαι bzw. ἀγάλλομαι (ob die neue oder die alte Form verwendet wurde, läßt sich nicht entscheiden)[1] mit Gott als Subjekt ist in der biblischen Literatur nicht belegt. Philo spricht vom Frohlokken der σοφία (All I 64) und des λόγος (Her 206) wahrscheinlich auf dem Hintergrund von Spr 8,30 f. (obschon an dieser Stelle ἀγαλλιάομαι nicht vorkommt). Aber ein näherer Zusammenhang ist nicht erkennbar. Wurde das Bild der Sonne, die frohlockend ihren Weg macht und alles mit ihrer Wärme umfaßt (Ps 18,6 f.), etwa auf Gott übertragen?

3   Vom Schöpfungswerk kommen drei Teile zur Sprache: die Himmel, die Erde und das Meer. Der Text läßt sich in drei Satzpaare mit jeweils eigener Prägung gliedern:

1. τῷ γὰρ παμμεγεθεστάτῳ αὐτοῦ κράτει **οὐρανοὺς** *ἐστήρισεν*
   καὶ τῇ ἀκαταλήπτῳ αὐτοῦ συνέσει   *διεκόσμησεν* αὐτούς·
2. **γῆν** τε   *διεχώρισεν*   ἀπὸ τοῦ περιέχοντος αὐτὴν ὕδατος
   καὶ   *ἥδρασεν*   ἐπὶ τὸν ἀσφαλῆ τοῦ ἰδίου βουλήματος θεμέλιον·
3. τά τε ἐν αὐτῇ ζῷα φοιτῶντα τῇ ἑαυτοῦ διατάξει *ἐκέλευσεν* εἶναι·
   θάλασσαν καὶ τὰ ἐν αὐτῇ ζῷα προετοιμάσας *ἐνέκλεισεν* τῇ ἑαυτοῦ δυνάμει.

Das implizite Subjekt ist selbstverständlich Gott. Der Satz über die Himmel besteht aus einer doppelten Aussage, bei der am Anfang jeweils ein Dativus instrumentalis steht, dem das Verb im Aorist folgt. Der Satz über die Erde hat eine komplexere Struktur. Die parallel aufgebaute Doppelaussage hat jeweils das Verb am Anfang (auch im Aorist), dem sich eine präpositionale Prädikation anfügt. Das dritte und letzte Satzpaar ist durch das wiederkehrende τὰ ἐν αὐτῇ ζῷα, den Dativus instrumentalis und das Verb im Aorist gekennzeichnet. Die erste Aussage gehört dabei inhaltlich noch zum Vorausgehenden – über die Erde –, aber sie bildet eine formale Einheit mit dem Satz über das Meer. Der Hinweis auf die Lebewesen bildet eine Brücke hierzu und liefert zugleich ein Strukturelement für die letzte Einheit. Sie ist allerdings nicht streng parallel aufgebaut. Die Stellung des Dativus instrumentalis ändert sich bei jeder Aussage; das Wirken Gottes wird nicht nur durch das Verb im Aorist ausgedrückt; die letzte Aussage fügt auch ein Partizip Aorist hinzu (προετοιμάσας).

Beim ersten Satz ist zunächst von der Befestigung der Himmel durch die übergroße Macht des Schöpfers die Rede. Das Bild ist das einer vielfältigen

---

[1] ἀγάλλεται: H, Leontius, Johannes Damascenus (Gebhardt/Harnack, Knopf). Vgl. LIGHTFOOT, I 1,188 f.

Wirklichkeit, die dieser Befestigung zu ihrem Bestand bedarf. Es handelt sich um eine andere Sichtweise als in I Clem 20,1[1]. Eine unbeachtete Parallele befindet sich in grBar 2,1: καὶ λαβών (der Engel) με ἤγαγέν με ὅπου ἐστήρικται ὁ οὐρανός. Der Text ist wahrscheinlich später entstanden als I Clem[2], aber er bringt die einzige deutliche Parallele dazu. Der angebliche Einfluß der griechischen Kosmologie auf I Clem 33,3 dürfte nicht so ohne weiteres behauptet werden (so Harnack, Einführung 112), wenn die einzigen Texte, welche die Wendung eindeutig bezeugen, christliche bzw. jüdisch-hellenistische Texte sind. Das Adjektiv παμμεγέθης wird im Hinblick auf die göttliche Kraft superlativisch gebraucht[3]. Es ist nicht zufällig, wenn von den vier instrumentalen Dativen in diesem Abschnitt der erste und der vierte die Kraft und die Macht Gottes erwähnen. Sie hängen nämlich aufs engste mit dem Gottesbild des Vf.s zusammen (vgl. 61,1: διὰ τοῦ μεγαλοπρεποῦς καὶ ἀνεκδιηγήτου κράτους σου).

διεκόσμησεν αὐτούς ist der zweite Ausdruck für das Wirken Gottes bei der Gestaltung der Himmel. Das Verb διακοσμεῖν im Zusammenhang mit der kosmischen Ordnung hat eine lange Vorgeschichte in der griechischen Literatur. Bei Anaxagoras geschieht das διακοσμεῖν durch den νοῦς (vgl. FVS II 16,2; 38,11 f. usw.). Nach Aristoteles gehört die geordnete Gestaltung des Alls (διακόσμησις) zur pythagoräischen Lehre (Metaph. 986a). Die Stoa verwendet διακοσμεῖν für die Wiederherstellung des Kosmos nach dem Weltenbrand (SVF I Nr. 98). In diesem Sprachgebrauch spiegelt sich das traditionelle griechische Weltbild wider. Den religionsgeschichtlichen Hintergrund von I Clem 33,3 erhellen eher zwei Stellen Philos: Op 45: „Am vierten Tag richtete Gott nach der Erde den Himmel ein und schmückte ihn" (τὸν οὐρανὸν ἐποίκιλλε διακοσμῶν), und besonders Op 53: „Darum schmückte der Schöpfer notwendigerweise am vierten Tag den Himmel (κατὰ τὸ ἀναγκαῖον ὁ ποιητὴς διεκόσμει τὸν οὐρανὸν τετράδι) mit den Gestirnen, dem schönsten und göttähnlichsten Schmuck (παγκάλῳ καὶ θεοειδεστάτῳ κόσμῳ τοῖς φωσφόροις ἄστροις)." Entsprechend der Aussage über die Gestirne dürfte sich bei Philo hier mit διακοσμεῖν mehr die Vorstellung von „schmücken" als „ordnen"

---

[1] KNOPF, 99, meint, στηρίζειν sei der griechischen Kosmologie geläufig. Das ist richtig, aber nicht im direkten Zusammenhang mit dem Himmel. Das von ihm angeführte Beispiel aus der Orfica, Frag. 170,3: κόσμον ... στηρίξατο, hat eben mit der Welt, aber nicht mit dem Himmel zu tun. Beim zweiten Beispiel, Arat, Phänom. 10: αὐτὸς γὰρ τά γε σήματ᾽ ἐν οὐρανῷ ἐστήριξεν, geht es um Zeichen am Himmel, nicht um dem Himmel selbst. Vgl. auch CHerm Fr. 31 (IV 137). Der Artikel von G. Harder in: ThWNT VII 653 f., bringt zu I Clem 33,3 auch keine Parallele. Die Deutung von Knopf: „Die Himmel sind festgestellt, da sie um die Polachse festliegen, aber sie drehen sich 20,1", steht und fällt mit der Stichhaltigkeit seiner Interpretation von 20,1.

[2] Vgl. A.-M. DENIS, Introduction 82.

[3] S. Einleitung § 3.2.e. Das Adjektiv ist nur bei Sym. Ps 67,31 belegt, aber in der Literatur des hellenistischen Judentums nicht unbekannt.Vgl. Philo Op 134; Sacr 77; Congr 130; Plant 4; TestAbrah (B) 3,2; 7,6; 10,8; grBar 2,2; 6,7.

verbinden. Anders ist es in I Clem 33,3, wo jeder Hinweis auf die Gestirne fehlt (im Unterschied zu I Clem 20,3), so daß der Sinn von διακοσμεῖν mit „ordnen" wiederzugeben ist[1]. Als Ordnungsmacht erscheint die göttliche σύνε-σις. Ihre Funktion wird ähnlich verstanden wie in Ps 135,5: τῷ ποιήσαντι τοὺς οὐρανοὺς ἐν συνέσει, und noch mehr mit Jer 28,15: ποιῶν γῆν ἐν τῇ ἰσχύι αὐτοῦ, ἑτοιμάζων οἰκουμένην ἐν τῇ σοφίᾳ αὐτοῦ, ἐν τῇ συνέσει αὐτοῦ ἐξέτεινεν τὸν οὐρανόν. Wie beim letzten Zitat ist σύνεσις an dieser Stelle als synonym von σοφία zu verstehen[2]. Von der Weisheit Gottes gilt, daß sie ἀκατάληπτος ist. Der Terminus kommt von der stoischen Philosophie her, wo er besonders im Rahmen der Erkenntnistheorie gebraucht wird (vgl. SVF II Nr. 53 u. ö.). Philo verwendet das Adjektiv, um die Unbegreiflichkeit Gottes bzw. seines Wesens auzudrücken (Det 89; Post 15.169; Conf 138). Im gleichen Sinn kommt ἀκατάληπτος hier vor[3]. So klar der Wille und die Bestimmungen Gottes hinsichtlich der Menschen sind, so unbegreiflich und erhaben bleibt seine Weisheit.

Der Abschnitt über die Erde fängt mit der Scheidung vom die Erde umgebenden Wasser an. Das Verb διαχορίζειν kommt in Gen 1,4.6.14.18 vor, allerdings nicht, um die Trennung von Wasser und Erde auszudrücken. Aber das Verb hängt mit der partizipalen Wendung ἀπὸ τοῦ περιέχοντος αὐτὴν ὕδατος zusammen. Anscheinend hat sich der Vf. von dem Ausdruck in Gen 1 inspirieren lassen, um eine Vorstellung, die schon in I Clem 20,6.8 ange-klungen ist, wieder aufzunehmen. Es ist nämlich die Vorstellung der Erde als einer vom Meer umringten Insel[4]. In diesem Fall würde 30,3 die Aussagen in 20,6.8 ergänzen, indem jetzt die Scheidung von Erde und Wasser auf den Schöpfer zurückgeführt wird.

Der Scheidung von Erde und Wasser folgt eine Aussage über das Funda-ment der Erde. Hinter einer logisch aufgebauten kosmologischen Überlegung – Entstehung der Erde durch Scheidung vom Wasser, Befestigung der Erde, Entstehung der Lebewesen auf der Erde – verbirgt sich ein theologisches Interesse. Denn das feste Fundament, auf dem die Erde gegründet wurde, ist der Wille Gottes selbst. Der Bestand der Erde beruht also nicht auf einer kosmologischen Gegebenheit, sondern auf dem Willen des Schöpfers. Die Ausdrucksweise erinnert stark an biblische Aussagen, ohne daß es sich dabei um ein Zitat handelt. In Frage kommen Wendungen von der Erschaffung

---

[1] Die religionsgeschichtliche Frage stellt sich in 33,3 ähnlich wie in Kap. 20. Es überrascht nicht, daß die Vertreter einer direkten stoischen Herkunft der Vorstellung sich auch hier zu Wort melden. Vgl. z. B. L. SANDERS, Hellénisme 131–133.

[2] σύνεσις als Bezeichnung der göttlichen Weisheit ist also nicht ungewöhnlich. Gegen LIN-DEMANN, 104.

[3] Es ist weder im AT noch im NT belegt. In der altchristlichen Literatur bei Athenagoras, Leg. 10,1.

[4] Am Anfang seiner Zusammenfassung der griechischen Philosophie verwendet Cornutus περιέχειν in ähnlicher Form, aber nicht für das die Erde umringende Wasser, sondern für den Himmel: ὁ οὐρανὸς, ὦ παιδίον, περιέχει κύκλῳ τὴν γῆν.

durch die Weisheit in Spr 8,23.25a.28b.29: πρὸ τοῦ αἰῶνος ἐθεμελίωσέν με ἐν ἀρχῇ ... πρὸ τοῦ ὄρη ἑδρασθῆναι ... καὶ ὡς ἀσφαλεῖς ἐτίθει πηγὰς τῆς ὑπ' οὐρανὸν καὶ ἰσχυρὰ ἐποίει τὰ θεμέλια τῆς γῆς (vgl. auch Spr 3,19: ὁ θεὸς τῇ σοφίᾳ ἐθεμελίωσεν τὴν γῆν; Ps 103,5: ἐθεμελίωσεν τὴν γῆν ἐπὶ τὴν ἀσφάλειαν αὐτῆς usw.). Die häufige Verwendung von θεμέλιος im übertragenen Sinn hat den Sprachgebrauch des Vf.s sicherlich begünstigt[1].

Der Befehl Gottes läßt die Lebewesen auf Erden nach seiner Anordnung ins Dasein treten. Inhaltlich stimmt das mit dem Bericht von der Erschaffung der verschiedenen Lebewesen auf Erden am sechsten Tag überein (Gen 1,24 f.), aber die sprachliche Gestaltung ist nicht davon beeinflußt. κελεύειν als Ausdruck des schöpferischen Wortes ist bei Philo belegt (vgl. Op 63: von den vielfältigen Fischen und Seetieren, die von Gott entsprechend ihren Lebensräumen geschaffen wurden: κελεύει συνίστασθαι κατὰ τόπους; vgl. ferner Op 40.128)[2]. Der Akzent liegt auf der Folge des Befehls: das εἶναι der Lebewesen. Ihr Dasein erfolgt auf Geheiß Gottes (τῇ ἑαυτοῦ διατάξει). Die διάταξις betrifft also nicht ihre Lebensordnung, sondern ihr Dasein überhaupt. Verglichen mit 20,10 tritt der Unterschied in der Perspektive deutlich hervor. Dort ging es um die Eintracht und den Frieden sogar bei den kleinsten der Lebewesen. Hier geht es um ihre Erschaffung. Wenn Gott als Beispiel für das Vollbringen von guten Werken genommen wird, versteht sich von selbst, daß nicht so sehr die Ordnung in der Schöpfung ins Auge gefaßt wird, sondern vielmehr das Wirken, aus dem das Geschaffene ins Dasein tritt. Von den Lebewesen, die die Erde bewohnen, spricht auch Ps 67,11a: τὰ ζῷά σου κατοικοῦσιν ἐν αὐτῇ. Das in der biblischen und altchristlichen Literatur sonst nicht belegte φοιτᾶν (oft bei Philo) drückt das freie Sich-bewegen der Tiere auf Erden aus.

Schließlich ist vom Meer die Rede. Durch die literarische Gestaltung bedingt, hatte sich der Vf. von der Reihenfolge in Gen 1 entfernt. Gen 1,10 berichtet nämlich von der Erschaffung des Meeres am dritten Tag, und Gen 1,21 von der Erschaffung der großen Seetiere am fünften Tag. Die Landtiere werden aber gemäß Gen 1,24 f. erst am sechsten Tag erschaffen. Das προετοιμάσας[3] (die Lebewesen im Meer, die er *zuvor bereitete*) nimmt einerseits Bezug zur vorhergehenden Aussage über die Erschaffung der Lebewesen auf Erden und vermeidet den Eindruck, die Reihenfolge sei hier anders als im Schöpfungsbericht angedeutet (Knopf, 100; Lindemann, 104)[4]. Andererseits hängt προετοιμάσας mit dem neuen Beweis der Macht Gottes zusammen: ἐνέκλεισεν τῇ ἑαυτοῦ δυνάμει. Hinsichtlich des Meeres besagt dies, daß ihm Grenzen gesetzt wurden, die es nicht überschreiten kann – wie schon in 20,6 behauptet. Hinsichtlich der Lebewesen dort, heißt das, daß das Meer für

---

[1] Vgl. K. L. SCHMIDT, ThWNT III 63 Anm. 7.
[2] Zu κελεύειν mit folgendem Infinitiv vgl. I Clem 40,1.2; 43,1.
[3] Das ist die LA von HLSC¹; A bringt προδημι[ουργή]σας.
[4] Zu προετοιμάσας vgl. 38,3: προετοιμάσας τὰς εὐεργεσίας αὐτοῦ.

immer ihr Lebensbereich bleibt (vgl. Ps 103,25: αὕτη ἡ θάλασσα ἡ μεγάλη καὶ εὐρύχωρος, ἐκεῖ ἑρπετά, ὧν οὐκ ἔστιν ἀριθμός, ζῷα μικρὰ μετὰ μεγάλων)[1].

4   Wie in Gen 1 erscheint der Mensch als Krönung und Höhepunkt der ganzen Schöpfung. Das Zitat aus Gen 1,26 f. wird dies im folgenden Vers ausdrücklich bestätigen. Grammatikalisch bieten sich zwei Möglichkeiten der Auslegung (Lightfoot, I 2,102; Knopf, 100). Nach der einen wäre τὸ ἐξοχώτατον καὶ παμμέγεθες ein Akkusativ und das folgende ἄνθρωπον die Apposition: Zu allem hinzu formte er das Hervorragendste und Allergrößte, den Menschen ... (so Knopf, Jaubert, Grant, Fischer, Lindemann, Schneider)[2]. Nach der anderen (so auch die Übersetzung) würde τὸ ἐξοχώτατον καὶ παμμέγεθες einen nominativus absolutus bilden, der auf die darauf folgende Aussage als ganzes bezogen bleibt. Wie Knopf richtig bemerkt, müßte man in diesem Fall das Komma hinter ἄνθρωπον tilgen. Eine Entscheidung aufgrund von stilistischen Beobachtungen ist nicht möglich. Inhaltlich besteht kaum ein Unterschied zwischen den beiden Übersetzungen. Dennoch kommt die rhetorische Kraft der Aussage besser zur Geltung, wenn man ἐπὶ πᾶσι τὸ ἐξοχώτατον καὶ παμμέγεθες betont als nominativus absolutus liest.

Das ἐπὶ πᾶσι (vgl. Lk 3,20; Kol 3,14) weist auf den folgenden Höhepunkt der Schöpfung hin. Den Superlativ ἐξοχώτατον[3] begleitet παμμέγεθες, das auch in dieser Form superlativische Bedeutung hat[4] (vgl. 33,3: τῷ γὰρ παμμεγεθεστάτῳ)[5]. Die Formung durch die Hände Gottes spielt auf Gen 2,7 nach Ps 118,73a an: αἱ χεῖρές σου ἐποίησάν με καὶ ἔπλασάν με bzw. nach Ijob 10,8a: αἱ χεῖρές σου ἔπλασάν με καὶ ἐποίησάν με[6]. Die Schöpfung kann auch

---

[1] Ohne das Anliegen des Vf.s bei der nach Kap. 20 wiederholten Zuwendung zum Schöpfungsthema näher zu untersuchen, meint P. DREWS, Untersuchungen 19, dieses Kapitel und 33,3 seien Variationen des „im Sonntagsgottesdienst gewohnheitsmässig gebeteten eucharistischen Gebetes." Dieser Meinung haben sich später KNOPF, 99, und O. KNOCH, Eigenart 56, angeschlossen. Wie schon anhand von Kap. 20 gezeigt, ist die Abhängigkeit von einer liturgischen oder sonstigen Quelle an beiden Stellen nicht nachweisbar. Die synoptische Darstellung bei P. DREWS, Untersuchungen 14–17, zeigt nur vage Gemeinsamkeiten, welche die Beweislast einer solchen Behauptung nicht zu tragen vermögen.

[2] Vgl. Philo, SpecLeg I 10: ἔνιοι γὰρ ὡς ἀγαθοὶ ζωοπλάσται ζῴων τὸ κάλλιστον, ἄνθρωπον, ηὔχησαν δύνασθαι δημιουργεῖν („Denn manche Leute brüsteten sich, als gute Bildner das herrlichste der lebenden Wesen, den Menschen, schaffen zu können" [I. Heinemann]).

[3] Der Terminus ist nur hier in der biblischen und altchristlichen Literatur belegt, aber er ist gut bezeugt im klassischen Griechisch. Vgl. LIDDELL/SCOTT z. St.

[4] Das hebt H hervor: παμμεγεθέστατον.

[5] Ob κατὰ διάνοιαν zum ursprünglichen Text gehört, läßt sich nicht entscheiden. Es ist zwar durch A und H bezeugt (übernommen von Gebhardt, Lightfoot, Funk, Hemmer, Lake), aber es fehlt bei SLC[1] und Johannes Damascenus (sowie in den modernen Textausgaben). Die Wendung würde die Bildung des Menschen als Verwirklichung der göttlichen Absicht charakterisieren: „planmäßig" (Bauer/Aland). Ruiz Bueno bringt den Ausdruck nicht im griechischen Text, aber interpretiert ihn als Hinweis auf die menschliche Vernunft: „la criatura más excelente y grande por su inteligencia."

[6] Das Thema kommt auch in VitAd 37,2 vor: εὐλογημένη ἡ δόξα κυρίου ἀπὸ ποιημάτων αὐτοῦ ὅτι ἠλέησεν τὸ πλάσμα τῶν χειρῶν αὐτοῦ Ἀδάμ.

als Werk der Hände Gottes angesehen werden (Jes 5,12; Ps 110,7), aber an dieser Stelle geht es um den überragenden Stellenwert des Menschen in ihr aufgrund seiner Bildung direkt durch die Hände Gottes. Das Adjektivpaar ἱερός – ἄμωμος, das die Hände qualifiziert, ist ungewöhnlich[1], aber es entspricht dem Sprachgebrauch des Vf.s (vgl. 45,7: ἐν ὁσίᾳ καὶ ἀμώμῳ προθέσει; 36,2: τὴν ἄμωμον καὶ ὑπερτάτην ὄψιν αὐτοῦ: vom Antlitz Jesu Christi). Die folgende, entscheidende Aussage nimmt Bezug auf zwei Schriftstellen: Das ἔπλασεν geht auf Gen 2,7 zurück: καὶ ἔπλασεν ὁ θεὸς τὸν ἄνθρωπον χοῦν ἀπὸ τῆς γῆς; das ἑαυτοῦ εἰκόνος χαρακτῆρα auf Gen 1,26 f., wie der nächste Vers zeigt. Das Ergebnis der πλάσις ist der χαρακτήρ, d. h. der Abdruck, das Abbild. Das Urbild dazu ist die Gestalt Gottes selbst (τῆς ἑαυτοῦ εἰκόνος), „er selbst in seiner Wesensgestalt" (U. Wilckens, ThWNT IX 412). Der Vf. versteht die Handlung in Gen 2,7 wörtlich. Die πλάσις ist vergleichbar mit der Schaffung einer Statue, die nach einem bestimmten Modell gebildet wird. Der Sprachgebrauch entspricht dem der in OGIS 383,60 überlieferten Aussage über eine Statue: χαρακτῆρα μορφῆς ἐμῆς. Es ist richtig, daß der Mensch nicht direkt als εἰκών Gottes bezeichnet wird, aber die Bedeutung von χαρακτήρ ist weitgehend synonym dazu. Im Rahmen einer anderen semantischen Bestimmung läßt sich bei Philo ähnliches feststellen (vgl. U. Wilckens, a. a. O. 410). Das folgende Zitat aus Gen 1,26 f. ist nur unter dieser Voraussetzung zu verstehen.

Traditionsgeschichtlich läßt die Sprache die Prägung des hellenistischen Judentums erkennen. Die christologische Aussage in Hebr 1,3: ὃς ὢν ἀπαύγασμα τῆς δόξης καὶ χαρακτὴρ τῆς ὑποστάσεως αὐτοῦ, weist in diese Richtung, und vor allem Philo von Alexandrien. Inhaltlich zeigt I Clem 33,4 jedoch eigene Konturen. Im Gegensatz zu Hebr 1,3 ist festzuhalten, daß hier eine anthropologische Aussage vorliegt, keine christologische[2]. Die Abgrenzung zu Philo geschieht durch die Bezeichnung der menschlichen πλάσις als Abbild der Gestalt Gottes. Denn bei den philonischen Aussagen, die εἰκών bzw. χαρακτήρ anthropologisch verwenden, geht es um die ψυχή ἀθάνατος bzw. um den νοῦς, nie aber um den konkreten Menschen in seiner Körperlichkeit. In Op 69 erläutert Philo Gen 1,26 (τὸν ἄνθρωπόν φησι γεγενῆσθαι κατ' εἰκόνα θεοῦ καὶ καθ' ὁμοίωσιν). Niemand ist Gott so ähnlich wie der Mensch, aber die Ähnlichkeit (ἐμφέρεια) betrifft nicht die leibliche Gestalt (μηδεὶς εἰκαζέτω σώματος χαρακτῆρι). Denn weder hat Gott Menschengestalt, noch ist der menschliche Leib gottähnlich (οὔτε γὰρ ἀνθρωπόμορφος ὁ θεὸς οὔτε θεοειδὲς τὸ ἀνθρώπειον σῶμα). Die Bezeichnung εἰκών bezieht sich nur auf den Geist als den Führer der Seele (ἡ δὲ εἰκὼν λέλεκται κατὰ τὸν τῆς ψυχῆς ἡγεμόνα νοῦν)[3]. Wie scharf bei Philo Gen 1,26 f. und

---

[1] Vgl. etwa Eph 1,4: εἶναι ἡμᾶς ἁγίους καὶ ἀμώμους κατενώπιον αὐτοῦ. In I Clem 43,1; 45,2; 53,1 bezeichnet ἱερός die Schrift.

[2] Die Vermutung von FISCHER, 65 Anm. 186, der Ausdruck „zum Abbild seines Bildes" könne dahin aufgefaßt werden, „daß der Mensch Ebenbild der zweiten göttlichen Person, des Bildes Gottes im Sinn von 2 Kor 4,4; Kol 1,15, wäre", hat keinen Anhaltspunkt im Text. Vgl. kritisch dazu auch U. WILCKENS, a. a. O. 412 Anm. 34; LINDEMANN, 105.

[3] Vgl. R. WILLIAMSON, Philo 77.

Gen 2,7 inhaltlich unterschieden werden, zeigt All I 31. Es gibt zwei Arten von Menschen: der eine ist himmlisch, der andere irdisch (ὁ μὲν γάρ ἐστιν οὐράνιος ἄνθρωπος, ὁ δὲ γήϊνος). Der himmlische ist nach dem Ebenbild Gottes geschaffen (Gen 1,26), ohne jegliche Teilhabe am Vergänglichen und Erdhaften; der irdische hingegen ist nur ein Gebilde (πλάσμα) (Gen 2,7), nicht eine Schöpfung (γέννημα) des Künstlers. Am deutlichsten tritt der Unterschied in Virt 203 zutage, weil an dieser Stelle auch von den „göttlichen Händen" die Rede ist. Der erste Mensch, der irdische, ist nach Virt 203 mit keinem anderen Sterblichen vergleichbar: er wurde durch die Hände Gottes zur körperlichen Figur gestaltet, und diese war würdig – so weit eine sterbliche Natur es sein kann –, eine Seele zu empfangen, die nicht von einem geschaffenen Wesen stammt, sondern von Gott[1]. Virt 205 sagt aber eindeutig, daß der irdische Mensch nur in gewisser Hinsicht Abbild Gottes ist und dies wiederum nur im Hinblick auf den die Seele leitenden νοῦς (οὗ τρόπον τινὰ γενόμενος εἰκὼν κατὰ τὸν ἡγεμόνα νοῦν ἐν ψυχῇ)[2].

Bei einer so engen Bindung an die Sprache des hellenistischen Judentums, die im Verlauf der Auslegung schon so oft festgestellt wurde, stellt sich die Frage nach der Herkunft der hier vertretenen anthropologischen Vorstellung. Eine ähnliche Begrifflichkeit liegt in VitAd 29,9 vor: ἢ πῶς ἐπενέγκω χεῖρα τῇ εἰκόνι τοῦ θεοῦ ἣν ἔπλασεν; Es handelt sich um die Frage Adams an Eva, mit der er auf ihre Bitte antwortet, er möge sie, die Schuldige, umbringen. Adam weigert sich, das Abbild Gottes, das dieser selbst geformt hat, anzugreifen. Ähnlich wie in I Clem 33,4 setzt die Aussage die Verbindung von Gen 1,26 f. und Gen 2,7 voraus. Die Schwierigkeiten einer traditionsgeschichtlichen Einordnung der Texte kommen von der ungewissen Herkunft des Werkes (vgl. A.-M. Denis, Introduction 6) und von den Abweichungen in der Textgestaltung her[3]. Keiner der Texte läßt ein polemisches Anliegen erkennen, aber beide vertreten ein Menschenbild, bei dem die Leiblichkeit unabdingbar zur menschlichen Wirklichkeit gehört, und zwar in einem solchen Ausmaß, daß die πλάσις des menschlichen Leibes, durch die göttlichen Hände gebildet, die Gestalt des Schöpfers widerspiegelt[4]. Innerhalb des I Clem bleibt die anthropologische Aussage merkwürdig isoliert und ohne thematische Entfaltung. Es ist nur ein Moment im Rahmen einer Argumen-

---

[1] ὃς ἕνεκα εὐγενείας οὐδενὶ θνητῷ σύγκριτος, χερσὶ μὲν θείαις εἰς ἀνδριάντα τὸν σωματοειδῆ τυπωθεὶς ἀκρότητι τέχνης πλαστικῆς, ψυχῆς δὲ ἀξιωθεὶς ἀπ᾽ οὐδενὸς ἔτι τῶν εἰς γένεσιν ἡκόντων, ἐμπνεύσαντος θεοῦ τῆς ἰδίας δυνάμεως ὅσον ἐδύνατο δέξασθαι θνητὴ φύσις.

[2] Der von LINDEMANN, 105, als „besonders auffallende Parallele" herangezogene Text All III 95 f. erweist sich bei näherem Zusehen als unsachgemäß, denn das Subjekt der εἰκών- und χαρακτήρ-Aussagen ist nur die menschliche Seele. O. KNOCH, Eigenart 300 f., übersieht den Zusammenhang, wenn er meint, in I Clem die Anschauung des hellenistischen Judentums wiederzuerkennen: „Demnach ist der νοῦς bzw. die διάνοια des Menschen die sittliche Erkenntnis des Willens Gottes, die dem Menschen gemäß ist." Vgl. auch ebd. 327. C. RIGGI, Spirito 500, sieht hier den Menschen mit den drei Gaben: Leib, Seele und Geist. Davon weiß der Text aber nichts.

[3] Eben die zitierte Passage taucht anscheinend nur in einem von M. Nagel hergestellten Text auf, der, noch nicht veröffentlicht, am Schluß der „Concordance grecque des Pseudépigraphes d'Ancien Testament", 1987, aufgenommen wurde.

[4] Anders S. FERNANDEZ-ARDANAZ, Elementos 77: Die heiligen und untadeligen Hände Gottes bedeuten, der Schöpfer habe den Menschen als seinen Priester, seinen heiligen Ort, seinen Altar geschaffen. Die Bildung des Menschen als „Priesterweihe" würde eine Linie fortsetzen, die sich von Jesaja bis hin zur rabbinischen Theologie des ersten Jahrhunderts erstreckt.

tation, die sich nicht mit der Frage des Menschenbildes auseinandersetzt[1]. Das könnte man als Hinweis auf eine traditionelle Herkunft der Aussage auffassen, wiewohl eine genauere Bestimmung nicht möglich ist.

Wurde der philonische Text Virt 203 bzw. eine ihm zugrundeliegende Tradition mit der Erwähnung der göttlichen Hände, diesmal ohne philosophische Ansprüche, in den Rahmen einer einheitlichen Anthropologie übertragen? Ob aufgrund von I Clem 33,4 oder durch das Weiterwirken dieser Tradition, auf jeden Fall wird die Verbindung von Gen 1,26 f. und Gen 2,7 von anderen Autoren übernommen, bei denen der Bezug zur römischen Gemeinde sicher ist. Der erste ist Justin. Im Dialog mit Trypho 62 wird der genaue Sinn des Plurals ποιήσωμεν bei Gen 1,26: ποιήσωμεν ἄνθρωπον κατ᾽ εἰκόνα ἡμετέραν καὶ καθ᾽ ὁμοίωσιν, erörtert. An wen richtet sich dieses Wort? Die Antwort Justins negiert, daß Gott hier mit den Engeln spricht und daß diese den menschlichen Leib geschaffen hätten: οὐ γὰρ ὅπερ ἡ παρ᾽ ὑμῖν λεγομένη αἵρεσις δογματίζει φαίην ἂν ἐγὼ ἀληθὲς εἶναι, ἢ οἱ ἐκείνης διδάσκαλοι ἀποδεῖξαι δύνανται ὅτι ἀγγέλοις ἔλεγεν ἢ ὅτι ἀγγέλων ποίημα ἦν τὸ σῶμα τὸ ἀνθρώπειον (Dial. 62,3). So problemlos wie in I Clem 33,4 wird die Erschaffung des Menschen nach „unserem Abbild" (Gen 1,26) mit der Bildung des menschlichen Leibes (Gen 2,7) zusammengeschaut. Die Frage des Menschenbildes gewinnt langsam an Bedeutsamkeit (vgl. Dial. 4,1–7,3; 40,1).– Der Vf. der dem Justin zugeschriebenen Schrift „De Resurrectione" argumentiert ausdrücklich mit den beiden Stellen, um daraus den Schluß zu ziehen: δῆλον οὖν ὡς κατ᾽ εἰκόνα θεοῦ πλασσόμενος ὁ ἄνθρωπος ἦν σαρκικός (ed. Holl Z. 243 f.). Das Interesse an der Darlegung eines bestimmten Menschenbildes steht im Dienst der Verteidigung einer ebenso bestimmten Auferstehungsauffassung. Der Konkretheit der Anthropologie entspricht der Inhalt der Auferstehungshoffnung. Das eigentümliche Verhältnis von „De Resurrectione" zu Justins Werk legt die Vermutung nahe, daß der Verfasser (scil. von „De Resurrectione") ein unbekannter Schüler des Märtyrers und Philosophen ist[2]. Bei Irenäus erfährt das Motiv von den Händen Gottes, die den Menschen geformt haben, eine theologische Deutung: Sie sind ein Bild für das Wirken des Sohnes und des Geistes bei der Schöpfung (AdvHaer IV praef. 4; 20,1; V 28,4). Auch ohne diese explizite Deutung ist oft von der Bildung des menschlichen Leibes als Abbild Gottes durch dessen Hände die Rede (Epid. 11; AdvHaer V 1,3; 5,1; 6,1; 15,2). Im Rahmen der antignostischen Polemik beinhaltet die Verbindung von Gen 1,26 f. und Gen 2,7 eine grundsätzliche Bejahung der menschlichen Leiblichkeit. Eingebettet in die umfassende Sicht der „recapitulatio" hängt sie mit der Christologie und mit einer Gesamtsicht von Schöpfung und Erlösung zusammen. Die Kontinuität, mit der eine theologische Aussage überliefert wird, und der gemeinsame Bezug auf Rom (auch bei Irenäus und Tertullian) könnten auf eine römische Überlieferung hinweisen, deren erstes Zeugnis in I Clem 33,4 vorliegt. Der semantische Wachstumsprozeß würde sich aus dem jeweiligen historischen Kontext ergeben. Die Distanz zum hellenistischen Judentum und zu dem von diesem beeinflußten alexandrinischen Christentum ist bei den erwähnten Autoren unverkennbar[3].

---

[1] Immerhin darf man dem Vf. so viel gedankliche Kohärenz zutrauen, um auch die Aussage in I Clem 38,3 in Verbindung mit der hier besprochenen Stelle zu deuten.

[2] Vgl. H. E. LONA, Ps. Justins „De Resurrectione" und die altchristliche Auferstehungsapologetik, in: Sal. 51 (1989) 734.748–756.

[3] Bei Origenes zeigt sich dies in seinem Verständnis von den Händen Gottes (CCelsum VI 61) und in der Auslegung von Gen 1,26 f. (De Princ. III 6,1). Ähnlich bei Klemens von Alexandrien, Strom. II 131,6.

5   Der zitierte, aber nicht vollständige Text ist Gen 1,26 f. Von V. 26 wird nur der erste Teil übernommen, nicht V. 26b, mit der Aussage über die Herrschaft des Menschen über die Schöpfung, die für den Gedankengang uninteressant ist, auch nicht die erneute Anspielung auf das Abbild Gottes in V. 27b (κατ᾽ εἰκόνα θεοῦ ἐποίησεν αὐτόν). Die Kürzung trägt zur Prägnanz der Aussage bei. Textkritisch interessant ist die Abweichung beim Gebrauch des Personalpronomens ἡμετέραν, das nicht wie in der LXX auf κατ᾽ εἰκόνα folgt, sondern auf καθ᾽ ὁμοίωσιν. Eine ähnliche Abweichung findet sich in Barn 5,5; 6,12; Klemens von Alexandrien, Paed. I 98,2; Strom. V 5,29[1].

6   Mit V. 6 endet der Er-Bericht über die Schöpfung, der in V. 2 angefangen hatte. Sachgemäß bleibt Gott Subjekt der Handlung. Die partizipiale Wendung ταῦτα οὖν πάντα τελειώσας blickt auf die vollbrachte Tat zurück und stellt sie als solche dar. Die Zustimmung dazu drücken die zwei folgenden Verben aus: „Er lobte und segnete es" (ἐπῄνεσεν αὐτὰ καί ηὐλόγησεν), während das dritte Verb (καὶ εἶπεν) die Aussage Gottes einleitet, die den Inhalt des Segens zur Sprache bringt: „Wachset und mehret euch!" (αὐξάνεσθε καὶ πληθύνεσθε)[2]. Die Darstellung folgt grundsätzlich dem Abschlußteil des Schöpfungsberichtes von Gen 1. Die gemeinsamen Motive sind leicht erkennbar. Das ταῦτα οὖν πάντα am Anfang erinnert an Gen 1,31: καὶ εἶδεν ὁ θεὸς τὰ πάντα, ὅσα ἐποίησεν (vgl. I Clem 38,4). Dabei zeigt sich, daß die zitierte Aussage Gottes nicht nur auf Gen 1,28 Bezug nimmt, und zwar als Aussage über den Menschen, der als Mann und als Frau nach seinem Abbild geschaffen wurde, sondern auch auf die in V. 3 erwähnten Lebewesen, denen das gleiche Wort in Gen 1,22 galt: καὶ ηὐλόγησεν αὐτὰ ὁ θεὸς λέγων· αὐξάνεσθε καὶ πληθύνεσθε. Zwei sprachliche Einzelheiten lassen sich jedoch nicht auf Gen 1 zurückführen. Die erste ist das Verb τελειοῦν beim Partizip τελειώσας. Gen 2,1 f. bringt συντελεῖν. Das Verb τελειοῦν erscheint in I Clem immer im Zusammenhang mit Gottes Handeln (23,5; 49,5; 50,3), während τελεῖν (so H) bzw. ἐπιτελεῖν nur in 37,2 vorkommt, und zwar als menschliche Tat. Auf dem Hintergrund dieses Sprachgebrauchs versteht sich, warum an dieser Stelle τελειώσας steht. Die zweite Einzelheit betrifft das in Gen 1 nicht vorkommende ἐπαινεῖν. Während in der biblischen Literatur die Rede von Lob bzw. Anerkennung Gottes (ἔπαινος) über die Menschen gut belegt ist, scheint die Verwendung von ἐπαινεῖν mit Gott als Subjekt nicht vorzuliegen[3]. Zwei Stellen aus Philo dürften auf einen gemeinsamen Hintergrund hinweisen. Die erste ist Op 89. Der Text kommentiert Gen 2,3: καὶ ηὐλόγησεν ὁ θεὸς τὴν ἡμέραν τὴν ἑβδόμην καὶ ἡγίασεν αὐτήν, aber eigenartigerweise ist ηὐλόγησεν durch

---

[1] Vgl. E. HATCH, Essays 143, der hier eine damals gut bezeugte LA vermutet, die in der heutigen handschriftlichen Überlieferung der LXX nicht mehr zu finden ist. Vgl. auch D. A. HAGNER, Use 39 f.

[2] Im Anschluß an Gen 1,28 fügt C[1] hinzu: καὶ πληρώσατε τὴν γῆν.

[3] Auch nicht in der Form des Passiv-Futur Ps 33,3; 43,9; 62,12; 63,11 etwa als passivum divinum. Vgl. RADERMACHER, 78 f.

ἐπαινέσας ersetzt (τὴν ἐπιοῦσαν ἡμέραν ἑβδόμην ἐσέμνυνεν ὁ πατὴρ ἐπαινέσας καὶ ἁγίαν προσειπών)[1]. I Clem 33,6 bringt beides: ἐπαινεῖν und εὐλογεῖν. Das Verb τελειοῦν verwendet Philo ähnlich wie I Clem, allerdings in der Form ἐτελειώθη (anstatt des Partizips τελειώσας): ἐπεὶ δ᾽ ὁ σύμπας κόσμος ἐτελειώθη κατὰ τὴν ἑξάδος ἀριθμοῦ τελείου φύσιν (Op 89). Die Gemeinsamkeit ist um so auffallender, als in keinem anderen Text des hellenistischen Judentums Parallelen zu diesem Sprachgebrauch zu finden sind[2]. Der Preis und der Segen Gottes über seine Schöpfung bekräftigen sein in V. 2 erwähntes Frohlocken und weisen auf das Geschaffene als sicheres Zeugnis für den Wert der guten Werke hin.

Die Aufforderung ἴδωμεν bezieht sich formal auf eine zweifache Aussage, **7** in deren Mitte die „guten Werke" stehen. Die erste hat „alle Gerechten" zum Subjekt; die zweite Gott. Verbindendes Glied zwischen dem jeweiligen Subjekt und den „guten Werken" ist das Verb κοσμεῖν. Eine strenge Parallele liegt dennoch nicht vor, da die zweite Aussage κοσμεῖν partizipial verwendet und das Hauptverb ἐχάρη ist. Aber die gemeinsame Struktur ist unübersehbar:

ἴδωμεν				
	ὅτι ἐν	ἔργοις ἀγαθοῖς πάντες	**ἐκοσμήθησαν**	οἱ δίκαιοι,
καὶ <u>αὐτὸς δὲ ὁ κύριος</u>		ἔργοις ἀγαθοῖς ἑαυτὸν	**κοσμήσας**	ἐχάρη.

Wie in 19,3; 24,2; 25,1; 31,1 lenkt ἴδωμεν den Blick auf einen greifbaren Sachverhalt. Und das ist auch hier der Fall, denn, wie reichlich die Gerechten mit guten Werken geschmückt worden sind, das hat der Leser in Kap. 31–32 erfahren. Das Passiv ἐκοσμήθησαν macht ebenso klar, daß dies nicht bloß menschliches Werk war. Gott hat sie schließlich gerecht gemacht (32,4: πάντας τοὺς ἀπ᾽ αἰῶνος ὁ παντοκράτωρ θεὸς ἐδικαίωσεν)[3]. Die guten Werke des Schöpfers (mit κύριος ist Gott gemeint) wurden im Abschnitt zuvor (V. 3–6) geschildert. Hier ist es Gott selbst, der sich mit diesen guten Werken schmückt. Seine Freude darüber (ἐχάρη) nimmt 33,2 wieder auf: αὐτὸς γὰρ ὁ δημιουργὸς καὶ δεσπότης τῶν ἁπάντων ἐπὶ τοῖς ἔργοις αὐτοῦ ἀγαλλιᾶται.

In der Partizipial-Wendung am Anfang (ἔχοντες οὖν τοῦτον τὸν ...) geht **8** es um ein ὑπογραμμός, ein Vorbild, ein Beispiel. Die Tatsache, daß man dieses Vorbild hat, begründet die folgende zweifache Aufforderung, zuerst im Hinblick auf den Willen Gottes (προσέλθωμεν τῷ θελήματι αὐτοῦ), sodann auf die zu leistenden Werke der Gerechtigkeit (ἐργασώμεθα ἔργον δι-

---

[1] In diesen Zusammenhang gehört auch Her 160: ἐπήνεσε δὲ ὁ θεὸς οὐ τὴν δημιουργηθεῖσαν ὕλην.

[2] In der christlichen Literatur vgl. Barn 11,9: καὶ ἦν ἡ γῆ τοῦ Ἰακὼβ ἐπαινουμένη παρὰ πᾶσαν τὴν γῆν.

[3] Vgl. 2,8 über die korinthische Gemeinde: τῇ παναρέτῳ καὶ σεβασμίῳ πολιτείᾳ κεκοσμημένοι. Der Gebrauch von κοσμεῖν entspricht dem in 3 Makk 3,5: τῇ δὲ τῶν δικαίων εὐπραξίᾳ κοσμοῦντες τὴν συναναστροφήν ... und 3 Makk 6,1: ... καὶ πάσῃ τῇ κατὰ τὸν βίον ἀρετῇ κεκοσμημένος.

καιοσύνης). Der ὑπογραμμός ist das Beispiel der guten Werke, die von allen Gerechten und von Gott selbst gegeben wurde[1].

Die erste Aufforderung betrifft die Bindung der Gläubigen an den Willen Gottes. Beim προσέλθωμεν schwingt das Moment der Bewegung, der Hinwendung mit. Aber es ist anders als in 29,1: προσέλθωμεν οὖν αὐτῷ ἐν ὁσιότητι ψυχῆς ... πρὸς αὐτόν, denn hier heißt das Ziel dieser Bewegung: τῷ θελήματι αὐτοῦ[2]. Daher empfiehlt es sich, dies als „sich anschließen" zu verstehen, ähnlich wie in 1 Tim 6,3 (... καὶ μὴ προσέρχεται ὑγιαίνουσιν λόγοις). Die Bedeutung würde in diesem Fall in das Begriffsfeld von κολλᾶν gehören (vgl. 56,2: κολλᾷ γὰρ ἡμᾶς τῷ θελήματι τοῦ θεοῦ). Der dynamische Aspekt bei προσέλθωμεν wird auch durch das Adverb ἀόκνως beibehalten: Es gilt nämlich, die Hinwendung zum Willen Gottes „ohne Zögern" zu vollziehen[3]. Rein inhaltlich ist die Aufforderung, sich an den Willen Gottes anzuschließen, sehr allgemein; doch der bisherige Gedankengang läßt die Absicht des Vf.s deutlich genug erkennen. Die zweite Ermahnung bringt sie nun eindeutig zum Ausdruck. Es geht um das Vollbringen eines ἔργον δικαιοσύνης, wozu der Einsatz der ganzen eigenen Kraft erforderlich ist. Dies ist mit ἐξ ὅλης τῆς ἰσχύος ἡμῶν angezeigt[4]. Die Wendung ἐργάζεσθαι ἔργον ist traditionell (vgl. Num 3,7; 8,11.15.19. Im NT vgl. Mk 14,6 par. Mt 26,10; Joh 6,28; 9,4). ἐργάζεσθαι, das in I Clem nur an dieser Stelle erscheint, bezieht sich also auf ein ἔργον δικαιοσύνης. Am Schluß der Argumentation in Kap. 32–33 ist der Ausdruck sinnvoll gewählt. Der Gläubige lebt in der Überzeugung, daß nicht die Werke ihn vor Gott gerecht machen, sondern daß das allein die Tat des Allmächtigen ist (32,4). Die Gerechten wurden mit guten Werken von Gott selbst geschmückt (33,7). Aber der Mensch ist in keiner Weise von seiner Glaubensverantwortung entbunden, die ihn ganz in Anspruch nimmt. Seine Antwort besteht im ἔργον δικαιοσύνης, das er zu vollbringen hat. Aber es ist nicht ein Werk, was ihn vor Gott gerecht macht, sondern das Werk, das auf die Gabe Gottes antwortet. Der sprachliche Hintergrund ist alttestamentlich; vgl. Ps 14,2a: πορευόμενος ἄμωμος καὶ ἐργαζόμενος δικαιοσύνην; Spr 10,16: ἔργα δικαίων ζωὴν ποιεῖ (vgl. Sir 16,22; Jes 32,17; PsSal 18,8)[5].

---

[1] Eine ähnliche Wendung in 38,4: ταῦτα οὖν πάντα ἐξ αὐτοῦ ἔχοντες ὀφείλομεν κατὰ πάντα εὐχαριστεῖν αὐτῷ. Zu ὑπογραμμός vgl. 5,7 (von Paulus); 16,17 (von der Demut Jesu Christi). Im NT nur in 1 Petr 2,21 (auch christologisch).

[2] Wie in 34,5; 36,6; 40,3. Vgl. auch 56,1 f.; 61,1.

[3] ἀόκνως ist Hapaxlegomenon in der biblischen und in der altchristlichen Literatur bis Athenagoras, Leg. 3,2, aber häufig belegt bei Philo (Det 56; Post 13; Migr 97.126; Her 9; OmnProb 34). Vgl. auch Josephus, Ant 3,101; 5,238.

[4] Vgl. Mk 12,30.33; Lk 10,27, als Zitat von Dtn 6,5, wo anstelle von τῆς ἰσχύος ein τῆς δυνάμεώς σου steht.

[5] Der Versuch von L. SANDERS, Hellénisme 146 f., ἔργον δικαιοσύνης von der Stoa herzuleiten, ist nicht gelungen. Vgl. die Kritik von JAUBERT, 36 f., die auch auf 1 QS 1,5 hinweist.

Exkurs 4: „Werkgerechtigkeit" in I Clem?

Die Frage nach dem Wert der Werke bei der Rechtfertigung in I Clem wurde schon im letzten Jahrhundert gestellt. Die Begrifflichkeit in I Clem 32–33 hat tatsächlich viele Reminiszenzen an die paulinische Theologie, die leicht dazu führen, die Aussagen in I Clem mit denen des Paulus zu vergleichen. Wie dann das Verhältnis von I Clem zur paulinischen Theologie bestimmt wird, hängt unter anderem mit der Frage der theologischen Einordnung von I Clem überhaupt zusammen und nicht zuletzt mit dem Verständnis vom „Paulinismus" im allgemeinen, d. h. mit der Rezeption der paulinischen Theologie im nachapostolischen Zeitalter. Das hat zur Folge, daß jede Antwort auf diese Frage Probleme berührt, die in einen weit größeren Kreis gehören, und daß die Begründung dieser Antworten hier nicht mit der gebotenen Ausführlichkeit erfolgen kann.

Die verschiedenen Ansätze, die in der Forschungsgeschichte dokumentiert sind, lassen sich in die folgenden vier Hauptrichtungen einordnen:

1. I Clem als Zusammenfassung von verschiedenen neutestamentlichen theologischen Entwürfen.

In Frage kommen hauptsächlich die Paulusbriefe, der Jakobus- und der Hebräerbrief. Unter der Voraussetzung der Kenntnis und Benutzung dieser Texte behauptet R. A. Lipsius, der Vf. habe ihre Aussagen zur Rechtfertigung als gleichwertig betrachtet (so z. B. anhand der Gestalt Abrahams. Aus Röm 4,1–3; Hebr 11,8 f. und Jak 2,21–23 hätte er bei seinen eigenen Aussagen in Kap. 10 und 31,2 geschöpft [vgl. Disquisitio 61 f.]). Sehr ähnlich wie Lipsius äußert sich Lightfoot, I 1,95, und hält die „comprehensiveness" für eines der typischen Merkmale von I Clem. Im Kommentar zu I Clem 33 erklärt Lightfoot die Rolle des Vf.s „as a reconciler" aufgrund dessen leitender Funktion in einer Gemeinde, wo Juden- und Heidenchristen „had been in direct antagonism and probably still regarded each other with suspicion" (I 2,101)[1]. Anders als Lightfoot arbeitet Lipsius die jeweiligen Unterschiede in der Glaubensauffassung gut heraus, indem er auf die *theologische* Prägung des Glaubens in I Clem hinweist, die sich von der *christologischen* bei Paulus unterscheidet (Disquisitio 65–69). Als Vertreter des „zweiten Paulinismus" sieht O. Pfleiderer den Klemensbrief an (Urchristentum II 579). Die Haltung in der Frage der Rechtfertigung sei die gleiche wie die des Hebräerbriefs und überhaupt keine Verleugnung der paulinischen Lehre, sondern eine Umbildung angesichts einer neuen Situation, da die Voraussetzungen der paulinischen Theologie und Polemik nicht mehr vorhanden waren (583 f.). All diesen Positionen gemeinsam ist die Ansicht, daß, auch wenn ein sachlicher Unterschied in der jeweiligen Glaubensauffassung festzustellen ist, beim Vf. von I Clem selbst die Absicht vorherrscht, auf die verschiedenen theologischen Entwürfe ausgleichend einzuwirken.

Schon E. Gundert (Brief 476), W. Wrede (Untersuchungen 86 Anm. 3), J. P. Bang (Studien 448 f. Anm. 1) und A. v. Harnack (Einführung 55–58) haben diese Beurteilung einer gründlichen Kritik unterzogen. Sowohl der angenommene Einfluß der unter-

---

[1] Vgl. auch A. SCHWEGLER, Zeitalter II 128 f.: „Das katholische καί spielt die Vermittlerrolle;" E. REUSS, Histoire II 322.

schiedlichen „Lehrbegriffe" der neutestamentlichen Texte auf den Vf. als auch seine
angebliche Rolle als Vermittler zwischen verschiedenen Positionen in der Gemeinde
sind äußerst unwahrscheinlich und lassen sich nicht begründen.

2. I Clem als Vertreter einer frühkatholischen Werkgerechtigkeit.
Hier spielen die verschiedenen neutestamentlichen Entwicklungslinien keine Rolle,
wohl aber die paulinische Rechtfertigungslehre, auf die I Clem 32-33 ohne Zweifel
anspielt, die ihrerseits den Maßstab abgibt, nach dem die Aussagen in I Clem beurteilt
werden. Nach Knopf tritt hier der Synergismus hervor. „Glauben (Gnade) und gute
Werke, das ist die neue Formel, die die frühe Kirche prägt und mit der sie sich auf
den Weg der Entwicklung zur altkatholischen Kirche hin begibt ... Das Judentum,
besser vielleicht ein leicht begreiflicher, allgemein menschlicher Moralismus drängt
sich in den nachpaulinischen Gemeinden zum Lichte hervor" (98)[1]. Ohne von Frühkatholizismus zu sprechen, bewegt sich R. Bultmann in seiner Beurteilung auf der
gleichen Linie. Da „die Gegenwart nicht mehr als eine der Vergangenheit gegenüber
grundsätzlich neue Zeit erfaßt" und der Glaube selten „im radikalen Sinne wie bei
Paulus und Joh als ein neues Gottesverhältnis verstanden wird", wird πίστις zu
Gottvertrauen. Der Mensch kann sich jetzt erfolgreich bemühen, „durch den Gehorsam gegen die Forderungen Gottes die Bedingung für die Gewinnung des künftigen
Heils zu erfüllen, die guten Werke zu leisten, auf Grund deren er im Gericht vor
Gott (oder Christus), der nach den Werken richtet, freigesprochen wird ... Der
Mensch ist wieder auf die eigene Kraft gestellt, und von dem εἴ τις ἐν Χριστῷ καινὴ
κτίσις (2.Kr 5,17) ist nichts übrig geblieben. Die Konsequenz kommt wohl am deutlichsten in 1.Klem zum Vorschein, indem für ihn der Unterschied der Christen von
den alttest. Frommen ganz schwindet" (Theologie 548 f.)[2].
Die entscheidenden kritischen Punkte hat W. Wrede scharf gesehen und formuliert:
1. Zunächst methodisch: Man verliert die Eigentümlichkeit von I Clem aus den Augen,
wenn man den Text nach Gesichtspunkten befragt, „die ihm selbst entweder fremd
sind oder für ihn hinter andere zurücktreten" (Untersuchungen 59)[3]; 2. die Beurteilung
der Aussagen zur Rechtfertigung in I Clem 32 im Licht der paulinischen Rechtfertigungslehre setzt einen Rezeptionsprozeß voraus, dessen historische Konsistenz zuerst
bewiesen werden müßte. „Überhaupt aber ist es ein πρῶτον ψεῦδος in der Auffassung
des Urchristentums, dessen weite Verbreitung nur duch den Einfluss verständlich wird,
den die reformatorische Heilslehre auch auf die historische Betrachtungsweise übt,
dass das Verhältnis von Glaube und Werken an sich ein irgend wesentlicher Gesichtspunkt für das Urchristentum (abgesehen von Paulus) sei" (ebd. 87 Anm. 3). H. Räi-

---

[1] Fraglich dabei ist sowohl die Charakterisierung der paulinischen Lehre als auch die vorausgesetzte Entwicklung: die römische Gemeinde sei eine nachpaulinische Gemeinde.
[2] Vgl. auch L. LEMME, Judenchristentum 444-449; W. BOUSSET, Kyrios Christos 293; E.
ALEITH, Paulusverständnis 4-6; O. KNOCH, Eigenart 230 f.; H. CONZELMANN, Grundriss 321;
R. MENEGHELLI, Fede 47; S. SCHULZ, Mitte 318-322. Die Beurteilung von S. Schulz zu I Clem
ergibt sich zwangsläufig aus seiner Einordnung des Frühkatholizismus in das Neue Testament.
Vgl. auch T. AONO, Entwicklung 63 f. und 85: „Die Rede von der Initiative Gottes (32,3 f.), die
ohne menschliches Tun die Rechtfertigung des Menschen ermöglicht, ist also für Clemens nicht
charakteristisch und nicht tief in seinen Gedankengang integriert."
[3] Bei L. LEMME, Judenchristentum 447, geht es nicht um eine fragliche Perspektive in der
Textinterpretation. I Clem 30-34 sei eine Polemik im Namen judaisierender Gesetzesgerechtig-
keit gegen die korinthischen Pauliner.

sänen geht in der gleichen Richtung noch einen Schritt weiter, indem er auf die Bedingtheit der polemischen paulinischen Aussagen gegen die Werke des Gesetzes hinweist (Werkgerechtigkeit 91 f.) und I Clem vom Vorwurf freispricht, er würde eine „Werkgerechtigkeit" vertreten (ebd. 93.95).

3. I Clem als treuer Zeuge der paulinischen Rechtfertigungslehre.
Die sprachliche Gemeinsamkeit zwischen paulinischen Aussagen und I Clem 32 genügt hier, um eine auch sachliche zu behaupten. Nach L. Sanders sind die paulinisch anmutenden Formulierungen in I Clem 32 auch paulinisch gemeint (Hellénisme 153). Um diese Behauptung zu begründen, beruft er sich auf die Autorität, die Paulus in den Augen des Klemens besitzt (I Clem 47,1–3). Sein Ergebnis: „quand donc Clément reprenait la formule indubitablement paulinienne de la justification par la foi, sa profonde vénération pour l'Apôtre nous donne tout lieu de croire qu'il souscrivit par le fait même â la doctrine que contenait cette formule ... Clément de Rome est véritablement paulinien" (ebd. 158)[1].
Bei dieser Behauptung wird entschieden zuviel vorausgesetzt und angenommen. Denn die Übernahme von unverkennbar „paulinischen" Formulierungen bedeutet nicht automatisch, daß diese auch im Sinn des Paulus verwendet und verstanden werden. Die Frage nach den jeweiligen Inhalten bei ähnlichen Formulierungen stellt sich da unerläßlich. Die Annahme, daß der Hochschätzung des Paulus einfachhin eine treue Übernahme seiner Gedanken folgen muß, ist historisch und hermeneutisch höchst anfechtbar. R. Grant, 58 f., verweist zustimmend auf L. Sanders, argumentiert aber anders, nämlich mit der Bedeutung der guten Werke gerade in der paulinischen Theologie.

4. I Clem als Vertreter urchristlicher Theologie.
Zweierlei kennzeichnet diese Position: Erstens, I Clem wird ganzheitlich und an sich betrachtet. Das hat zur Folge, daß die Aussagen in I Clem 32–33 im Zusammenhang mit dem ganzen Text und mit seinem Anliegen verstanden werden und nicht nach einem bestimmten Bild der paulinischen Theologie[2]. Zweitens, die paulinische Theologie selbst wird in den gößeren Rahmen der urchristlichen Theologie eingeordnet[3]. Die Hervorhebung dieser Gemeinsamkeiten soll die Unterschiede in der Auslegung bei den Autoren nicht verdecken, die hierzu gerechnet werden (es versteht sich, daß auch der vorliegende Kommentar dazu gehört).

Richtig bemerkt W. Wrede, daß es falsch ist, dem Vf. eine Rechtfertigungslehre zuzuschreiben. „Kl. hat auf diesem Punkt überhaupt kein Bewusstsein einer Schwierigkeit. Wie der Mensch gerechtfertigt wird, ist ihm kein Problem, ebensowenig (trotz c.33), wie sich Werke und Glaube verhalten" (Untersuchungen 86 Anm. 3; vgl. auch Jaubert, 65). Der sachliche Unterschied zwischen I Clem und Paulus besteht dennoch in der Glaubensauffassung, die bei Paulus an diesem Punkt streng christologisch, in I Clem aber theozentrisch

---

[1] Auf der gleichen Linie bleibt J. LIEBAERT, Enseignements 16.
[2] Wenigstens in dieser Hinsicht läßt sich der Aufsatz von B. Schweitzer über „Glaube und Werke bei Clemens Romanus" (ThQ [1903]) in diese Gruppe einordnen. Der zweite Teil (547–575) enthält eine Reihe von richtigen Beobachtungen, die sich von der leicht apologetischen Tendenz des Artikels abheben.
[3] Vgl. E. DASSMANN, Stachel 87 f.

geprägt ist (vgl. A. Lindemann, Paulus 186; H. Räisänen, Werkgerechtigkeit 88). Das bedeutet jedoch nicht, daß Kap. 32–33 einen nur äußerlichen Kontakt zu Paulus haben, ohne Kontinuität in der Sache. Drei Aspekte, auf die besonders H. Räisänen aufmerksam gemacht hat, sind zu bedenken: 1. Die Lehre von der Rechtfertigung des Menschen aufgrund des Glaubens und nicht der Werke, besagt keineswegs, daß keine menschliche Antwort durch die eigene Lebensführung notwendig sei. Die paulinische Paränese selbst ist ein Beispiel dafür. Das muß nicht unbedingt mit Synergismus gleichgesetzt werden, wiewohl eine solche Lehre „synergetisch" mißverstanden werden kann, wenn man die göttliche Gnade und die menschliche Antwort darauf auf die gleiche Ebene setzt (vgl. H. Räisänen, ebd. 87); 2. Wo heilsgeschichtlich argumentiert wird, geht die Hervorhebung des Heilshandelns Gottes in der Geschichte auf Kosten der einzigartigen Bedeutung Christi. Die in Gal 3–4 und Röm 4 dargestellte Gestalt Abrahams als Vorbild für die Rechtfertigung aus dem Glauben wird von Paulus noch christologisch einbezogen. In I Clem geht der gleiche heilsgeschichtliche theozentrische Ansatz viel weiter, aber es handelt sich „um ein *intellektuelles* Problem im Rahmen der Vorstellung von der Heilsgeschichte; mit anthropozentrischer Frömmigkeit und dergleichen braucht es gar nichts zu tun haben" (ebd. 89); 3. die Aussagen zur Rechtfertigung in I Clem dürfen nicht vom Gesamtanliegen des Schreibens isoliert werden. Zu diesem Anliegen gehört die offenkundige Absicht, auf die Verhältnisse in Korinth einzuwirken, um das gewünschte Ziel zu erreichen. An einer rein theologischen Überlegung über die Rechtfertigung des Menschen ist der Vf. in diesem Zusammenhang verständlicherweise nicht interessiert. Ebensowenig an einer Fragestellung, die durch die Gegenüberstellung von Glauben und Werken geprägt wäre. Denn diese ist spezifisch paulinisch und entspringt einer ebenso spezifischen historischen Herausforderung, die man sonst in der alten Christenheit nicht findet. Was dem Vf. zur Bewältigung seiner Aufgabe zur Verfügung stand, waren grundsätzlich der vielfältige Reichtum der alttestamentlichen Überlieferung und die Gewißheit des Heilsereignisses in Jesus Christus. Man kann dies als „universal gewordenes, entschränktes Diaspora-Judentum" bezeichnen (W. Bousset, Kyrios Christos 291). Man kann auch fragen – ohne einen kritischen Unterton zu verheimlichen –, ob die Christlichkeit von I Clem viel mehr als ein kirchliches Selbstbewußtsein war, „wie es auch der jüdischen Gemeinde eigen war, nur lebendig, stark und sicher gemacht" (R. Bultmann, Theologie 537). Wahrscheinlich wird man sowohl dem Frühjudentum als auch den christlichen Gemeinden – die paulinischen inbegriffen – gerechter, wenn man zunächst solche Urteile rein sachlich, ohne theologische Wertung, bejahend annimmt. Der aufmerksame Blick wird gerade in der Frage der Christologie einiges mehr vernehmen (s. u. Exkurs 6: Die Christologie des I Clem).

1 **Kap. 34.** Die Ermahnung, auf die Gottesforderung mit guten Werken zu antworten, wird mit einem Bild fortgesetzt. Die Aussageintention geht dabei aus der inhaltlichen Gegenüberstellung hervor. Am Anfang steht das Bild des guten

Arbeiters. Die Wendung λαμβάνει τὸν ἄρτον τοῦ ἔργου αὐτοῦ bedeutet, daß er durch seine Arbeit den verdienten Lohn empfängt, d. h. er „verdient sein Brot". Der Sinn von μετὰ παρρησίας erschließt sich durch die Einbeziehung des zweiten Teiles der Gegenüberstellung. Dem μετὰ παρρησίας steht nämlich die Haltung des faulen Arbeiters, der οὐκ ἀντοφθαλμεῖ τῷ ἐργοπαρέκτῃ αὐτοῦ, gegenüber. Der Freimut, das Vertrauen des einen kontrastiert mit der Unsicherheit des anderen, der nicht einmal wagt, seinem Arbeitgeber ins Gesicht zu schauen. Der jeweiligen Haltung entspricht die Charakterisierung: der eine ist „der gute Arbeiter" (ὁ ἀγαθὸς ἐργάτης), der andere „der faule und lässige" (ὁ νωθρὸς καὶ παρειμένος)[1]. Hier zeigt sich, daß μετὰ παρρησίας sich nicht allein auf den Empfang des Lohnes bezieht, sondern darüber hinaus das Verhältnis des Arbeiters zu seinem Herrn prägt[2]. In der sprachlichen Gestaltung des zweiten Teiles wirkt Sir 4,29 nach: μὴ γίνου ... νωθρὸς καὶ παρειμένος ἐν τοῖς ἔργοις σου. Das seltene ἀντοφθαλμεῖν (auch in Apg 27,15; vgl. Weish 12,14: οὔτε βασιλεὺς ἢ τύραννος ἀντοφθαλμῆσαι δυνήσεταί σοι περὶ ὧν ἐκόλασας) und das sonst nicht belegte ἐργοπαρέκτης (d. h. „der Arbeitgeber"; üblich wäre ἐργοδότης) gehen offenbar auf den Vf. zurück.

Die Sachaussage des Bildes liegt in 34,2-8 vor: Der gute Arbeiter ist der Gläubige, der aufgrund seiner Werke von Gott den Lohn empfangen wird (34,3), der auch in ihm seine παρρησία hat (34,5), wenngleich zu bemerken ist, daß die Belohnung in keinem Verhältnis zur eigenen Leistung steht (34,8), sondern sie so weit übersteigt, daß man schließlich nur sehr lobend von den Gaben Gottes sprechen kann (35,1). Das Bild bestimmt also den Inhalt der Darlegung in Kap. 34[3].

Traditionsgeschichtlich erhellend für den Sprachgebrauch von παρρησία sind einige Stellen aus Philo, Quis rerum divinarum heres. In Her 6 stellt er die Frage, wann ein Sklave freimütig zu seinem Herrn spricht (πότε οὖν ἄγει παρρησίαν οἰκέτης πρὸς δεσπότην;). Die Antwort lautet: Wohl, wenn er sich dessen bewußt ist, kein Unrecht begangen zu haben und in allen Dingen zum Nutzen seines Eigentümers sprach und handelte. Der οἰκέτης ist in diesem Fall Abraham, der δοῦλος τοῦ θεοῦ (Her 7). Abraham spielt die gleiche Rolle wie der „gute Arbeiter" in I Clem 34,1. Zwei Beobachtungen bestätigen den gemeinsamen Zusammenhang: 1. in Her 27 wendet sich Abraham an Gott mit folgendem Gebet: ἀλλὰ σύ μοι, δέσποτα, ἡ πατρίς, σὺ ἡ συγγένεια, ... σὺ ἡ ἐπιτιμία, ἡ παρρησία. Gott ist für ihn das Vaterland, die Verwandschaft (...), die Ehre und die παρρησία. Wie in I Clem 34,1 ist die παρρησία entscheidendes Merkmal im Verhältnis des Dieners Abrahams zum Herrn[4]. Die Christen werden in I Clem 34,5 Ähnliches behaupten: τὸ καύχημα ἡμῶν

---

[1] Zu νωθρός in Hebr 5,11; 6,12 vgl. H. PREISKER, ThWNT IV 1120.
[2] Vgl. auch I Clem 53,5 über Mose: παρρησιάζεται θεράπων πρὸς κύριον.
[3] B. REICKE, Diakonie 376, verkennt das Verhältnis von Bild und Sache, wenn er in I Clem 34,1-4 „unsolidarische Arbeitsverweigerung" herausliest.
[4] Vgl. H. Schlier, ThWNT V 876.883; C. SPICQ, Notes 3,528 f.

καὶ ἡ παρρησία ἔστω ἐν αὐτῷ1; 2. Nach Her 21 ist die παρρησία δὲ φιλίας συγγενές. Die „Verwandtschaft von Freimut und Freundschaft" bewirkt, daß sogar kühne Äußerungen mehr aus Freundschaft als aus Anmaßung ausgesprochen werden. Frechheit hingegen eignet dem Anmaßenden (θρασύτης μὲν γὰρ αὐθάδους). Der Text wurde anhand I Clem 30,8 herangezogen (θράσος καὶ αὐθάδεια καὶ τόλμα τοῖς κατηραμένοις ὑπὸ τοῦ θεοῦ). Sowohl die positive Darstellung des Gläubigen als des Dieners, der mit Zuversicht vertrauensvoll seine Arbeit verrichtet, weil er weiß, daß Gott selbst der Grund für seine Zuversicht ist, als auch die negative Charakterisierung derer, die nicht in einem παρρησία-Verhältnis zum Herrn stehen und darum frech und anmaßend sind, stimmen in I Clem 34 und bei Philo weitgehend überein. Natürlich spricht I Clem von παρρησία nur im positiven Sinn und wirft den Gegnern nicht vor, sie hätten keine solche, aber die Gemeinsamkeit des Sprachfeldes ist nicht zu übersehen[1].

2   Aus dem Bild in V. 1 wird die Lehre gezogen. Es bedarf keiner weiteren Erklärung, daß die nachzuahmende Gestalt die des guten Arbeiters und nicht die des faulen ist. Ebenso selbstverständlich ist das Anwendungsgebiet des Bildes: Die Tüchtigkeit des guten Arbeiters soll sich in den guten Werken zeigen, zu denen die Gläubigen immer bereit sein müssen. Solche Formen wie δεῖ bzw. δεόν als Ausdruck einer Notwendigkeit kommen in I Clem selten vor (46,1; 62,2). Stärker als die unpersönlichen Formen der Aufforderung überwiegt der Stil im Plural der ersten Person. Die Bereitschaft zur ἀγαθοποιία (vgl. 2,2.7) formuliert noch einmal die Aufforderung in 33,1b: σπεύσωμεν μετὰ ἐκτενείας καὶ προθυμίας πᾶν ἔργον ἀγαθὸν ἐπιτελεῖν.

Worauf bezieht sich das folgende ἐξ αὐτοῦ γάρ ἐστιν τὰ πάντα?[2] Rein formal verbindet sich mit τὰ πάντα eine Machtvorstellung, wie es bei jeder Totalitätsformel der Fall ist. Auf welchem Gebiet sich nun diese Macht entfaltet, ist Sache der Interpretation. Eine Möglichkeit wäre, die Aussage auf die Überlegung über Gott als Ursache der Rechtfertigung zu beziehen (32,4; 33,7). In diesem Fall läge hier zum einen eine Aufforderung zum guten Wirken, zum anderen die Grundansicht vor, daß auch dieses Tun in Gott seinen Ursprung hat. Eine andere Möglichkeit wäre – sie dürfte auch die

---

[1] G. Bornkamm nimmt aufgrund von I Clem 34,6 f. einen Zusammenhang zwischen Paränese und Liturgie an: „Läßt man den 1. Clem 34 gemeinten paränetischen Scopus außer acht, so ließe sich im Blick auf den Fortgang des Kapitels geradezu fragen, ob nicht eine Wendung wie die 1. Clem 34,1 μετὰ παρρησίας λαμβάνειν ἄρτον, die hier auf den Lohn des treuen Arbeiters gemünzt ist, nicht wörtlich oder ähnlich in der dem Vf. vorschwebenden Liturgie gestanden haben mag." Vgl. DERS., Das Anathema in der urchristlichen Abendmahlsliturgie: ThLZ 75 (1950) 230, jetzt, in: Das Ende des Gesetzes. Paulusstudien. Ges.Aufs. 1 (BEvTh 16), München 1952, 131. Die Frage ist aber, ob dem Vf. eine solche Liturgie vorschwebt. Aufgrund von I Clem 34,6 f. fällt die Antwort negativ aus.

[2] ἐξ αὐτοῦ im Hinblick auf Gott kommt nur in 38,4 vor: ταῦτα οὖν πάντα ἐξ αὐτοῦ ἔχοντες ὀφείλομεν κατὰ πάντα εὐχαριστεῖν αὐτῷ. Es hat weder mit 1 Kor 8,6; Röm 11,36 noch mit 2 Kor 5,18 zu tun. Vgl. LINDEMANN, 106.

wahrscheinlichere sein (Lightfoot, I 2,104; Knopf, 102) –, die Aussage im Rahmen des unmittelbaren Kontexts auszulegen. Maßgebend ist das Bild des guten Arbeiters, der mit Vertrauen seinen Lohn empfängt. Daß von Gott schließlich alles kommt, bedeutet in diesem Fall, daß auch er bereit ist, den Gläubigen ihren Lohn zu geben. Für diese Deutung spricht zunächst die Fortsetzung in V. 3, dann aber auch die Anspielung auf die großen verheißenen Güter in V. 7 f., und nicht zuletzt die Aufzählung der großartigen Gaben Gottes in 35,1 f.

Der Text bringt den Schriftbeweis für die Aufforderung in V. 2. Das γάρ 3 hat eine verbindende Funktion zwischen den beiden Texten. Als Einleitung zu einem Schriftzitat ist das προλέγει ungewöhnlich (sinngemäß vergleichbar mit προεῖδον in Apg 2,37; Gal 3,8). Ob man Gott als Subjekt nimmt (die Verbindung mit dem vorherstehenden Satz: ἐξ αὐτοῦ γάρ ... könnte dafür sprechen) oder die Schrift (28,2; 34,6; 35,7; 42,5), ist sachlich belanglos: In der Schrift spricht Gott selbst. Das Zitat bringt ein Element ins Spiel, das in der bisherigen Argumentation eher im Hintergrund geblieben ist: die Belohnung je nach den eigenen Werken. Das klang zwar schon im Bild des guten Arbeiters und seines Arbeitgebers an, aber jetzt wird es – dazu noch mit dem Gewicht des Gottes Wortes – ausdrücklich unterstrichen. Zur Aufforderung zu den guten Werken gehört ebenso der Gedanke der göttlichen Vergeltung, wie er schon in der Gegenüberstellung des guten und des faulen Arbeiters enthalten ist. Die Ermahnung in 34,4, nicht faul und lässig zum guten Werk zu sein, ergibt sich aus der drohenden Bestrafung, die schon in der Ankündigung des Handelns Gottes: ἀποδοῦναι ἑκάστῳ κατὰ τὸ ἔργον αὐτοῦ, anklingt. Aber im Vergeltungsgedanken überwiegt bei weitem der positive Aspekt der unermeßlichen Belohnung (34,8). Der Vf. motiviert zur Erfüllung der Forderung nicht so sehr durch Androhungen als vielmehr durch den Ausblick auf die verheißenen Güter.

Der zitierte Text hat keine eigentliche Entsprechung im AT. Für den ersten Teil läßt sich besonders Jes 62,11 heranziehen: ἰδού σοι ὁ σωτὴρ παραγίνεται ἔχων τὸν ἑαυτοῦ μισθὸν καὶ τὸ ἔργον πρὸ προσώπου αὐτοῦ[1]. Für den zweiten Teil kommt in Frage Spr 24,12b: ὃς ἀποδίδωσιν ἑκάστῳ κατὰ τὰ ἔργα αὐτοῦ, oder Ps 61,13b: ὅτι σὺ ἀποδώσεις ἑκάστῳ κατὰ τὰ ἔργα αὐτοῦ. Die Herkunft des Zitats ist umstritten. Knopf, 102, erwägt die Möglichkeit der Benutzung eines Apokryphons. Grant, 60, läßt zuerst offen, ob es sich dabei um ein nicht mehr erhaltenes Dokument handelt oder ob das Mischzitat auf den Vf. zurückgeht, um am Schluß festzustellen: „Evidently Clement is ‚quoting‘ from memory" (61). Aufgrund der Ähnlichkeit von I Clem 34,3 und Offb 22,12 (ἰδοὺ ἔρχομαι ταχύ, καὶ ὁ μισθός μου μετ᾽ ἐμοῦ ἀποδοῦναι ἑκάστῳ ὡς τὸ ἔργον ἐστὶν αὐτοῦ) plädiert D. A. Hagner ähnlich wie Knopf für eine apokryphe

---

[1] Vgl. auch Jes 40,10: ἰδοὺ ὁ μισθὸς αὐτοῦ μετ᾽ αὐτοῦ καὶ τὸ ἔργον ἐναντίον αὐτοῦ.

Quelle (Use 62.271)[1]. Auch O. Knoch rechnet mit einer schriftlichen Vorlage (Eigenart 162). Daß das Zitat auch bei Klemens von Alexandrien (Strom. IV 135,3) erscheint, ist kein zusätzliches Argument für die Existenz einer solchen Quelle, da das Zitat sehr wahrscheinlich von I Clem 34,3 abhängig ist. Die Verbreitung des Motivs im AT und im Judentum macht nach Lindemann, 106, gut denkbar, daß die vorliegende Zitatfassung vom Vf. selber stammt. Der Text erlaubt nicht, über Vermutungen hinauszugehen. Wenn man bedenkt, daß der zweite Teil des Zitats etwa Röm 2,6 (ὃς ἀποδώσει ἑκάστῳ κατὰ τὰ ἔργα αὐτοῦ) entspricht, wäre eine frei vom Vf. gestaltete Zitatenkombination in der Tat erwägenswert.

4   Das in V. 3 zitierte Wort wird nun als Ermahnung Gottes zum Vollbringen jedes guten Werkes verstanden. Der Gegenstand der Ermahnung[2] wird in negativer Form ausgedrückt: weder faul noch lässig sein zu jedem guten Werk. Harnack, Knopf, Fischer, Jaubert und Schneider übersetzen das Partizip πιστεύοντας als verbum finitum und machen somit auch den Glauben als Vertrauen zum Gegenstand der Ermahnung. Dadurch gewinnt das Verb einen Sinn, der dem Text nicht entspricht. So spricht Knopf von der „Verknüpfung von Glauben und Werken" (102). Richtig urteilt W. C. v. Unnik: „God is not urging us to faith and works, but us, who believe and may be careless, to do good works" (1 Clement 34, 337; ähnlich Lindemann, 106). Der Partizipialsatz πιστεύοντας ἐξ ὅλης τῆς καρδίας ἐπ᾽ αὐτῷ verleiht der Ermahnung in dieser Form eine zusätzliche Begründung: Die Bereitschaft zum guten Werk erwächst auch aus dem Vertrauen der Gläubigen auf Gott[3].

Das πίστις-Motiv an dieser Stelle bekräftigt die schon geäußerte Ansicht, daß Gott den Menschen durch den Glauben rechtfertigt (32,4), aber daß die Antwort durch die guten Werke unerläßlich bleibt (33,1.8; 34,2). Das wenig geläufige πιστεύειν ἐπ᾽ αὐτῷ kommt in Röm 9,33; 10,11 und 1 Petr 2,6 als Zitat von Jes 28,16 vor (vgl. auch Lk 24,25; 1 Tim 1,16)[4]. War es nach 33,8b notwendig, das Werk der Gerechtigkeit ἐξ ὅλης τῆς ἰσχύος zu vollbringen, wird hier der Glaube als Haltung ἐξ ὅλης τῆς καρδίας charakterisiert. Die Wendung ist traditionell und sehr verbreitet als Bezeichnung einer den ganzen menschlichen Einsatz fordernden Haltung. Nach W. C. v. Unnik muß es sich dabei nicht um δίψυχοι handeln (1 Clement 34, 338). Eine Anspielung auf Glaubenszweifel ist möglich, aber im Zusammenhang von Kap. 32–34 geht es nicht um solche (vgl. 11,2; 23,3). Die eigentliche Ermahnung (zu μὴ … μηδέ vgl. 23,2) greift auf Begriffe und Wendungen zurück, die in diesem Abschnitt

---

[1] Offb 22,12 wird nicht mit Jes 40,10; 62,11 kombiniert. Gegen H. B. ΟΙΚΟΝΟΜΟΥ, Κείμενον 614.

[2] προτρέπεσθαι ist im hellenistischen Judentum gut bezeugt: Weish 14,18; 2 Makk 11,7; 4 Makk 12,7; 15,12; 16,13; Philo (oft), Josephus. Im NT nur in Apg 18,27.

[3] Das ἐπ᾽ αὐτῷ ist auf Gott zu beziehen und nicht auf den μισθός, so LIGHTFOOT, I 2,104. Mit αὐτός ist in V. 2 und V. 5 immer Gott gemeint. Richtig KNOPF, 102; W. C. v. UNNIK, ebd.

[4] Vielleicht geht die Diktion auf „römischen" Einfluß zurück.

schon gebraucht wurden: zu μὴ ἀργούς vgl. 33,1: ἀργήσωμεν ἀπὸ τῆς ἀγαθοποιΐας; zu μηδὲ παρειμένους vgl. 34,1: das Bild des lässigen Arbeiters; zu ἐπὶ πᾶν ἔργον ἀγαθόν vgl. 33,1b.7.8; 34,2.

Die Exhortationsform der drei Verben (ἔστω, ὑποτασσώμεθα, κατανοήσ 5
ωμεν) verbindet äußerlich die drei Aussagen in V. 5. Inhaltlich aber gehört
der erste Satz („unser Ruhm und unsere Zuversicht sei in ihm") zum vorhergehenden Themenkomplex – ohne deswegen eine thematische Zäsur zu markieren –, während die zwei anderen schon auf die Fortsetzung in V. 6 hinweisen.

In 13,1 hieß es: ὁ καυχώμενος ἐν κυρίῳ καυχάσθω. Sachlich näher zu 34,5
steht 30,6: ὁ ἔπαινος ἡμῶν ἔστω ἐν θεῷ. Der wiederholte Appell, das gute
Werk zu vollbringen und nicht mit Worten, sondern mit Taten auf die
Forderung Gottes zu antworten, birgt in sich die Gefahr, das ἐξ αὐτοῦ γὰρ
ἐστιν τὰ πάντα (34,2b) zu vergessen. Der Text erinnert die Gläubigen daran,
daß nur Gott der Grund und Gegenstand des Rühmens sein kann. Gedanklich
ist mit dem Einfluß der paulinischen Theologie zu rechnen, wiewohl die
Vorstellung selbst alttestamentlich ist (vgl. Sir 9,16: καὶ ἐν φόβῳ κυρίου ἔστω
τὸ καύχημά σου). Auch der Begriff παρρησία scheint hier mit einer ähnlichen
Absicht gebraucht zu sein. Konnte nach 34,1 der Eindruck entstehen, der
gute Arbeiter wendet sich an seinen Arbeitgeber μετὰ παρρησίας, weil er weiß,
was er geleistet hat, so weist 34,5a auf Gott hin als den Grund für das
freimütige Verhalten ihm gegenüber. Der Gehorsam gegenüber dem Willen
Gottes ist schließlich das Entscheidende (34,5b). Der Vf. nimmt keine der
zuvor gemachten Aussagen zurück, aber er nuanciert das Gesagte, um das
Ziel seiner Ermahnung zu erreichen, ohne dabei in einen Moralismus zu
verfallen[1].

Die notwendige Unterordnung unter den Willen Gottes (ὑποτασσώμεθα τῷ
θελήματι αὐτῶν), die durch das Beispiel der Engel im folgenden unterstrichen
wird, vollzieht sich in der Erfüllung der in diesem Abschnitt herausgestellten
Forderungen, d. h. in den guten Werken. Die Haltung gegenüber dem Willen
Gottes entscheidet darüber, ob der Mensch sich μετὰ παρρησίας an Gott
wenden kann oder ob er zum Feind Gottes wird. Das ist nämlich die Deutung
von Ps 2,8 in I Clem 36,6: τίνες οὖν οἱ ἐχθροί; οἱ φαῦλοι καὶ ἀντιτασσόμενοι
τῷ θελήματι αὐτοῦ. Wenn Gott die Gläubigen in Jesus Christus gerufen hat
(32,4), dann müssen diese zu ihm gehen, und das bedeutet, sich seinem Willen
anzuschließen (33,8: προσέλθωμεν τῷ θελήματι αὐτοῦ). Im Kontext des ganzen
Schreibens klingt dabei noch ein anderes Motiv an, dessen Bezug zum Anliegen des Vf.s besonders im Abschnitt über den Glaubensgehorsam
(Kap. 9–10) zu erkennen ist: Die Unterordnung unter den Willen Gottes

---

[1] Die Begriffe καύχημα und παρρησία kommen gemeinsam in 2 Kor 7,4 (πολλή μοι παρρησία
πρὸς ὑμᾶς, πολλή μοι καύχησις ὑπὲρ ὑμῶν) und Hebr 3,6 (ἐάν[περ] τὴν παρρησίαν καὶ τὸ καύχημα
τῆς ἐλπίδος κατάσχωμεν) vor. Der unterschiedliche Zusammenhang macht eine traditionelle
Verbindung unwahrscheinlich.

beinhaltet zugleich die Annahme der vom Vf. dargelegten Beurteilung der korinthischen Verhältnisse.

Als Vorbild der Erfüllung des Willens Gottes wird die große Menge der Engel erwähnt[1]. Die Betrachtungsweise, die den Sinn des Beispiels erschließt, wird durch das κατανοήσωμεν ausgedrückt (vgl. 24,1.4; 32,1; 37,2; 47,5). Das λειτουργοῦσιν παρεστῶτες nimmt Begriffe des Zitates in V. 6 vorweg (παρεστήκεισαν ... ἐλειτούργουν αὐτῷ). Im Hintergrund dürfte Ps 102,20 f. stehen: εὐλογεῖτε τὸν κύριον, πάντες οἱ ἄγγελοι αὐτοῦ ..., εὐλογεῖτε τὸν κύριον, πᾶσαι αἱ δυνάμεις αὐτοῦ, λειτουργοὶ αὐτοῦ ποιοῦντες τὸ θέλημα αὐτοῦ[2]. Zwar fehlt im folgenden Zitat jeder Hinweis auf den Willen Gottes, aber der sonstige Sprachgebrauch von λειτουργεῖν in Beziehung auf Gott (9,2: δόξῃ; 32,2: τῷ θυσιαστηρίῳ; 43,4: αὐτῷ) und vor allem die zentrale Bedeutung, die der Anerkennung des Willens Gottes in I Clem zukommt, erklären die Verwendung des Textes.

6   Das Zitat[3] verbindet Dan (Theod.) 7,10: χίλιαι χιλιάδες ἐλειτούργουν αὐτῷ, καὶ μύριαι μυριάδες παρειστήκεισαν αὐτῷ (der LXX-Text von Dan 7,10 bringt ἐθεράπευον anstelle von ἐλειτούργουν) mit Jes 6,3: καὶ ἐκέκραγον ἕτερος πρὸς τὸν ἕτερον καὶ ἔλεγον· Ἅγιος ἅγιος ἅγιος κύριος σαβαώθ, πλήρης πᾶσα ἡ γῆ τῆς δόξης αὐτοῦ. Die Änderungen – im ersten Teil gibt es eine Wortumstellung; im zweiten ist von der Erde und nicht von der Schöpfung die Rede – sind ohne Bedeutung. Im NT wird das Trishagion auch in Offb 4,8 zitiert, und zwar als Wort der vier Lebewesen, wenngleich ihre Beschreibung Züge von der Szene in Jes 6,2 übernimmt. Die Antwort auf die Frage nach einer Vorlage und vor allem nach dem historischen Hintergrund des Zitats hängt weitgehend von dem Urteil über 34,7 ab, was nicht zuletzt die Forschungsgeschichte dokumentiert.

7   Das καὶ ἡμεῖς οὖν am Anfang verweist auf die Absicht, das Zitat von V. 6 auf die Gläubigen anzuwenden. Offen bleibt dabei, welche Elemente aus dem Zitat übernommen und aktualisiert werden. Eins davon ist sicherlich die Hinwendung zu Gott im lauten Gebet. Das βοήσωμεν πρὸς αὐτόν nimmt nämlich das ἐκέκραγον der Engel wieder auf. Damit aber erschöpft sich die Zahl der direkten Anspielungen auf das Zitat. Wichtig für das Verständnis der Stelle ist der Partizipialsatz (ἐπὶ τὸ αὐτὸ συναχθέντες τῇ συνειδήσει) vor der Aufforderung βοήσωμεν πρὸς αὐτόν, und der infinitive Finalsatz εἰς τὸ μετόχους ἡμᾶς γενέσθαι ..., der den Zweck des lauten und beharrlichen Rufes zu Gott zur Sprache bringt.

Das Partizip συναχθέντες bezieht sich auf das Zusammenkommen der Gläubigen am gleichen Ort (ἐπὶ τὸ αὐτό). Das vorangestellte ἐν ὁμονοίᾳ charakterisiert die Art der Begegnung auf eine für I Clem geradezu typische Weise (vgl. 9,4 und 20,11). Die Eintracht, von der die Schöpfung überall

---

[1] Zu πλῆθος τῶν ἀγγέλων vgl. TestAbr (A) 20,10; TestAbr (B) 8,5.7; grBar 9,3.
[2] Die Vorstellung ist oft belegt in der jüdischen Literatur. Vgl. C. Spicq, Notes 1,479 Anm. 5.
[3] Durch eine Lücke von fünf Blättern fehlt der Abschnitt 34,6–42,2 in C[1].

Zeugnis ablegt, ist nicht nur der Zustand, zu dem die Gemeinde in Korinth nach den erlebten Unruhen zurückkehren soll. Darüber hinaus wird sie schon jetzt vorausgesetzt, wenn die Gemeinde sich zum gemeinsamen Gebet trifft. Über den genauen Charakter des Zusammenkommens verrät der Text nichts. Auf keinen Fall darf man ohne weiteres aus der Verwendung von liturgischen Termini auf einen liturgischen Hintergrund als Entstehungsort für diesen Sprachgebrauch schließen. Die Wendung ἐπὶ τὸ αὐτὸ συναχθέντες ist von ihrer Herkunft her nicht mit einem spezifisch kultischen Anliegen verbunden (vgl. im AT: Ri 6,33; 2 Esra 14,2; Ps 2,2; im NT: Mt 22,34. Vgl. auch Barn 4,10). Das gleiche gilt für ἐπὶ τὸ αὐτό allein (vgl. Lk 17,35; Apg 1,15; 2,1.44.47; 1 Kor 7,5). Andererseits darf man nicht übersehen, daß in manchen Texten ἐπὶ τὸ αυτό im Hinblick auf die kultische Versammlung verwendet wird (vgl. 1 Kor 11,20; 14,23; IgnEph 13,1). Da dort ein eindeutiger Hintergrund vorliegt, ist die Folgerung erlaubt, daß die Wendung, die ganz allgemein für ein Treffen gebraucht wurde, bei diesen Texten eine besondere Anwendung gefunden hat. Das ist jedoch bei I Clem 34,7 nicht der Fall, und daraus folgt, daß der Text keinen erkennbaren Hinweis auf eine eucharistische Versammlung enthält. τῇ συνειδήσει ist das abschließende Merkmal der Versammlung. Innerhalb von I Clem dürfte in 2,4 eine parallele Sprachform vorliegen: εἰς τὸ σῴζεσθαι μετ' ἐλέους καὶ συνειδήσεως τὸν ἀριθμὸν τῶν ἐκλεκτῶν αὐτοῦ. In beiden Fällen geht es um die Gewissenhaftigkeit (vgl. Chr. Maurer, ThWNT VII 918)[1].

Das Moment der Einheit kommt auch in der Wendung ὡς ἐξ ἑνὸς στόματος zur Geltung (vgl. Dan 3,51 als einzige genaue Parallele in der Bibel. Vgl. auch Röm 15,6: ἐν ἑνὶ στόματι δοξάζητε τὸν θεὸν …)[2]. Die Stimmen der vielen sollen „einstimmig" klingen[3], und zwar laut und beharrlich (ἐκτενῶς auch in Apg 12,5 über das Gebet der Gemeinde für Petrus und in 1 Petr

---

[1] W. C. v. UNNIK, 1 Clement 34, 346, interpretiert τῇ συνειδήσει im Lichte von Röm 13,5 und 1 Petr 2,19 als „compliance with the will of God", aber es ist methodisch fraglich, eine solche inhaltliche Begriffsbestimmung vorbei an dem Sprachgebrauch des Vf.s selbst vorzunehmen. KNOPF, 102, versteht darunter „innere Anteilnahme"; A. v. HARNACK, Einführung 113: „seelisch". Beides ist fraglich. Kritisch dazu LINDEMANN, 107, der paraphrasiert: „entsprechend dem, was das Gewissen gebietet."

[2] In seiner Studie über den Wortgottesdienst in den ersten drei Jahrhunderten behandelt J. CH. SALZMANN, Lehren 149 f., auch diese Stelle. Die Wendung ὡς ἐξ ἑνὸς στόματος βοήσωμεν neben dem Ausdruck ἐπὶ τὸ αὐτὸ συναχθέντες zeige, „daß es hier um einen Gemeindegottesdienst geht." Das Gebet der Gemeinde sei als Bittgebet dargestellt. Die Anspielung auf die großartigen Verheißungen am Ende von 34,7 verbindet Salzmann mit anderen Stellen wie I Clem 28,4–29,1 und versteht sie als Aspekte von Anbetung und Dankgebet, die auch zum Gemeindegebet gehören (Lehren 152). Die Rekonstruktion ist deswegen fraglich, weil Wendungen, die auch in der Liturgie vorkommen und zu einem gewissen „liturgischen" Stil gehören, gleich als Hinweis auf eine liturgische Handlung verstanden werden. Wie problematisch die Folgen sind, die sich aus diesem Verfahren ergeben, zeigen die Aussagen zum „Gemeindegebet" in I Clem 59,2–61,3, das Salzmann mit ὡς ἐξ ἑνὸς στόματος in Verbindung setzt (Lehren 153 Anm. 25). S. die Kritik dort.

[3] K. THRAEDE, Homonoia 247, verweist auf Plato, Leg. I 634e: μιᾷ δὲ φωνῇ καὶ ἐξ ἑνὸς στόματος πάντας συμφωνεῖν.

1,22). Den substantivierten Infinit mit εἰς τὸ ... „zur Bezeichnung des Zwecks oder der Folge" (Bl./Deb./Reh. § 402,2) verwendet der Vf. auch in 2,4; 13,3; 37,5; 43,6; 50,5; 56,16[1]. Der laute Ruf der Gemeinde (βοήσωμεν) ist inhaltlich ein Bittgebet mit dem Wunsch, der großen (vgl. 26,1) und ruhmreichen (vgl. 23,2) Verheißungen Gottes teilhaftig zu werden[2]. Der Gläubige weiß, daß Gott treu in seinen Verheißungen ist (27,1), aber diese zu erreichen, kann nicht Sache des Menschen allein sein, ja ist sogar zu allererst Sache dessen, bei dem die Verheißungen zugleich seine Gaben sind (35,1)[3]. Der Hinweis auf die künftigen Verheißungen, von denen in Kap. 35 ausführlicher die Rede sein wird, ergänzt sinnvoll die Aufforderung zum guten Werk als eine Art von eschatologischer Begründung. Sie motiviert das christliche Handeln, aber für sich allein genommen genügt sie nicht, um die *Haltung* des Vf.s in der Frage der Erwartung zu charakterisieren. Die Behauptung von W. C. v. Unnik, „he (d. h. der Vf.) is firmly convinced of the coming end" (a. a. O. 354), setzt eine mögliche Anwendung der Rede von den letzten Dingen (die Motivierung des christlichen Handelns) mit der realen Erwartung einer Gruppe gleich, ohne zu beachten, daß beides nicht von vornherein zusammengehört[4].

8 Das Zitat beweist die Größe und Herrlichkeit der Verheißungen aufgrund ihrer Unvorstellbarkeit für menschliches Vermögen. Die dreifache Verneinung – kein Auge, kein Ohr und kein Herz – bezieht sich auf drei menschliche Erkenntnisformen: Was der Mensch sehen und hören, was er aber auch innerlich empfinden oder erahnen kann, die sich gegenüber der Größe der Verheißungen als unzulänglich erweisen. Bekanntlich liegt in 1 Kor 2,9 ein ähnliches Wort vor: ἃ ὀφθαλμὸς οὐκ εἶδεν καὶ οὖς οὐκ ἤκουσεν καὶ ἐπὶ καρδίαν ἀνθρώπου οὐκ ἀνέβη, ἃ ἡτοίμασεν ὁ θεὸς τοῖς ἀγαπῶσιν αὐτόν. Das Wort, das auch dort als Schriftzitat eingeführt wird, ist im AT so nicht belegt, wenngleich Ähnlichkeit mit manchen Wendungen leicht festzustellen ist (vgl. etwa Jes 64,3; 65,16)[5]. Die Herkunft des Zitates in I Clem 34,8 ließe sich

---

[1] Im NT ist die Form besonders bei Paulus (vgl. Röm 1,20; 4,11.16.18; 6,12; 7,4.5; 8,29; 11,11; 12,2.3; 15,8.13.16 u. ö.) und in Hebr (2,17; 7,25; 8,3; 9,14.28; 12,10; 13,21) belegt.

[2] Mit der Agon-Terminologie wird dasselbe in 35,4 formuliert: ἡμεῖς οὖν ἀγωνισώμεθα εὑρεθῆναι ἐν τῷ ἀριθμῷ τῶν ὑπομενόντων αὐτόν, ὅπως μεταλάβωμεν τῶν ἐπηγγελμένων δωρεῶν.

[3] Geleitet durch LXX-Texte, bei denen βοάω eine Bedrängnissituation widerspiegelt, geht W. C. v. UNNIK, 1 Clement 34, 347 f., in seiner Interpretation weit über den Textbefund hinaus: „This letter was written shortly after a period of persecution ... The church is living in a foreign country ... and this implies a dangerous situation." Dies alles aus βοήσωμεν (in I Clem nur hier) herauszulesen, ist fraglich.

[4] Ohne weitere Begründung meint FISCHER, 67 Anm. 198, die Spaltung in Korinth hätte „vor allem auch zur Spaltung des Gemeindegottesdientes geführt." Das ist zwar ohne weiteres anzunehmen, aber nicht aus 34,6 f. ableitbar. Recht unwahrscheinlich ist eine an die korinthischen Gegner gerichtete Drohung. So O. KNOCH, Eigenart 256: „Da die Aufrührer nicht den rechten eschatologischen Glauben und auch nicht das rechte Verhalten in der Kirche aufweisen, haben sie an den Verheißungen der Kirche keinen Anteil, vielmehr droht ihnen das Gericht Gottes."

[5] Zur Herkunft des Zitats vgl. A. RESCH, Agrapha 25–29; A. OEPKE, ThWNT III 989; H.

am einfachsten durch die Übernahme des paulinischen Textes erklären, den der Vf. auch als Schriftzitat weitergibt[1]. Es bleibt dabei aber die zu erklärende Abweichung am Zitatende: bei I Clem 34,8: τοῖς ὑπομένουσιν αὐτόν, bei 1 Kor 2,9: τοῖς ἀγαπῶσιν αὐτόν[2]. Der kleine Unterschied ist deswegen signifikant, weil es im verwandten Text Jes 64,3 heißt: ἀπὸ τοῦ αἰῶνος οὐκ ἠκούσαμεν οὐδὲ οἱ ὀφθαλμοὶ ἡμῶν εἶδον θεὸν πλὴν σοῦ καὶ τὰ ἔργα σου, ἃ ποιήσεις τοῖς ὑπομένουσιν ἔλεον. Es ist daher möglich, daß der Vf. bei der Einführung des Textes als Schriftwort von 1 Kor 2,9 abhängt, zugleich aber den anderen verwandten alttestamentlichen Text nicht aus dem Auge verliert und auch nach ihm die eigene Aussage gestaltet. Da das Partizip ὑπομένων auch in 35,3.4 wieder erscheint, wäre indes auch denkbar, daß er eben im Hinblick auf die folgenden Aussagen von der paulinischen Quelle einfach abgewichen ist, aber einem Kenner des AT's wie dem Vf. ist die Kenntnis und die Bezugnahme auf Jes 64,3 auch zuzutrauen (Lightfoot, I 2,106; Knopf, 103). Daß I Clem 34,8 von einer apokryphen Quelle abhängt, ist hingegen unwahrscheinlich[3].

Exkurs 5: I Clem 34,6 f., der „Sanctus" und das Anliegen von I Clem

In seinen „Untersuchungen über die sogenannte clementinische Liturgie" schreibt P. Drews über I Clem 34,5 f.f: „Hier sagt Clemens selbst, dass er von der Liturige rede, wie sie in der sonntäglichen Versammlung üblich war. Denn die Formel: ἐπὶ τὸ αὐτὸ συναχθέντες ist der technische Ausdruck für die gottesdienstliche Versammlung" (21)[4]. Aus dem Vergleich der Stelle bei I Clem mit den Const.Ap. VIII 12,13[5] schließt P. Drews: „Clemens kennt also nicht nur die Sitte, dass die Gemeinde im Gottesdienst das Trishagion nach Jesaias 6,3 ruft, seine Worte geben, das lehrt die Parallele aus CA VIII, c. 12, auch deutliche Kunde davon, dass in seiner Liturgie in Verbindung damit die Verwendung von Dan. 7,10 üblich war" (22). Vor P. Drews hatte F. Probst auf den gleichen Zusammenhang hingewiesen (vgl. ders., Liturgie

---

CONZELMANN, Der erste Brief an die Korinther, Göttingen 1969, 81–83; D. A. HAGNER, Use 204–208; H. MERKLEIN, Der erste Brief an die Korinther. Kapitel 1–4 (ÖTK 7/1), Gütersloh – Würzburg 1992, 232 f. Dort weitere Literatur.

[1] Nach D. A. HAGNER, Use 208, hängt Paulus von der LXX ab, und I Clem 34,8 von 1 Kor 2,9 (vgl. LINDEMANN, 107).

[2] Diese ist auch die LA von HS.

[3] Gegen W. C. v. UNNIK, 1 Clemen 34, 351, der sich auf I Clem 8,3; 17,6; 23,4–5 und 46,2 beruft, wo andere apokryphe Zitate vorliegen. Die Erklärung ist allzu umständlich. Ähnlich O. KNOCH, Eigenart 217, der auch hier im Hintergrund die Verzögerungsapologetik sieht.

[4] Ähnlich G. PRAETORIUS, Bedeutung 509.

[5] Nach der Textausgabe von M. METZGER (SC 336) Const.Ap.VIII 12,27.

der drei ersten Jahrhunderte, Tübingen 1870). Zustimmend äußert sich Lightfoot in seinem Kommentar (I 2,105) und nach ihm vor allem R. Knopf, der
die These von P. Drews aufgrund von anderen Texten – späterer Herkunft
– voll bestätigt sah (102 f.). Das ὡς ἐξ ἑνὸς στόματος βοήσωμεν würde das
Trishagion im Munde der Gemeinde voraussetzen. Im Jahre 1951 widmete
W. C. v. Unnik der Stelle eine gründliche Studie, die die Forschungsgeschichte
kurz skizziert und eine detaillierte Textanalyse vornimmt (1 Clement 34 and
the „Sanctus"). Oben wurde schon da und dort zu Einzelheiten dieser Analyse
Stellung genommen, ohne deswegen die grundsätzliche Gültigkeit der Ergebnisse in Abrede zu stellen (vgl. Grant, 60; Jaubert, 156 Anm. 1). Die Herkunft
der herkömmlichen liturgischen Deutung des Abschnittes führt W. C. v. Unnik
auf eine „superficial reading" des Textes zurück (1 Clement 34, 342.355).
Statt dessen vertritt er eine einheitliche eschatologische Deutung. Nur I Clem
34,7 könne etwas über den urchristlichen Gottesdienst aussagen, jedoch nicht
über die Eucharistie (ebd. 357). – In der folgenden Zeit hat O. Knoch neben
einer berechtigen Kritik an der Meinung W. C. v. Unniks über die endzeitliche
Erwartung in I Clem (Eigenart 59) die liturgische Deutung zu verteidigen
versucht, aber er setzt sich mit den vorgetragenen Argumenten dagegen
eigentlich nicht auseinander (Eigenart 58–60.81.216)[1].

   Obwohl I Clem 34,6 f. den urchristlichen Gottesdienst nicht widerpiegelt,
und das „Sanctus" der tausenden Engel vor Gott nicht das Modell der
kultischen Versammlung auf Erden ist, so lassen sich doch andererseits die
kultischen Elemente bzw. Anspielungen nicht übersehen. Wo liegt das tertium
comparationis beim Vergleich mit dem Vorbild der Engel und bei seiner
Anwendung auf die Situation der Gemeinde?[2] Gerade das Beispiel mit den
Engeln weist auf eine Denkstruktur des Vf.s hin, die man als einen Haupt-
pfeiler seiner Argumentation bezeichnen kann. Die Tausende von Engeln rufen
einstimmig das Trishagion. Sie erfüllen dadurch den Willen Gottes, indem sie
das tun, was Gott ihnen aufgetragen hat. Es gibt also eine Ordnung im
Himmel, die auf Erden ein Abbild hat oder – wenigstens – haben sollte. Dazu
gehört in diesem Zusammenhang die Anerkennung der göttlichen Forderungen
durch: 1. das eigene Tun und 2. die Eintracht. Wenn es aber um die Wiederherstellung dieser Ordnung geht, bietet sich zwangsläufig das himmlische
Ordnungsschema als Ideal an. Es ist keine kultische Ordnung, wohl aber eine
sakrale und als solche auch unumstößlich. Es ist wahr, daß der Vf. auch
andere Bilder aufgreifen kann, wie in 37,1–4 das Heeresmotiv oder in 37,5

---

[1] Ähnlich G. Theissen, Untersuchungen 38 f.

[2] O. Knoch, Eigenart 255, betont den liturgischen Hintergrund und das Moment der
eschatologischen Vergeltung: „Er (d. h. der Vf.) will nur, daß alle Christen auch das Endheil
erreichen, und zwar dadurch, daß sie beharrlich in der kirchlich-kultischen Ordnung der
Gemeinde den Gottesdienst mitvollziehen und so als Lohn der Verheißungen teilhaftig werden.
Denn nach 33,1–34,4 ist der liturgische Dienst des einzelnen in der rechten Ordnung innerhalb
der Gemeinde als gutes Werk gefaßt, dem Gott den gerechten Lohn beim Weltgericht nicht
versagen wird (34,3)."

den Leib. Aber die Relevanz dieser sakralen Ordnung wird dort voll sichtbar, wo es darum geht, das Problem der korinthischen Gemeinde direkt zu behandeln und die eigene Lösung argumentativ darzulegen, wie es in Kap. 40–44 geschieht. Hier setzt die göttliche Ordnung, wie sie in der „Schrift" festgelegt worden ist, den Maßstab für die Beurteilung der Lage. Noch deutlicher als in 34,6 f. verleiht die dargelegte sakrale Ordnung und Struktur der Argumentation ihre Stärke, nicht dagegen ein kultischer Hintergrund, der auf die christlichen Gemeinden nicht ohne weiteres übertragbar wäre.

Eine letzte Frage betrifft die Herkunft des Zitats in I Clem 34,6. Die oben vorgetragene Analyse schließt die Möglichkeit einer *liturgischen* Quelle aus, aber die Wahrscheinlichkeit einer traditionellen Herkunft ist davon nicht berührt. Dieser Meinung ist auch Grant, 61, während D. A. Hagner, Use 63, die Frage offen läßt. Lindemann, 107, plädiert für eine redaktionelle Verbindung, weil die Veränderungen gegenüber den Vorlagen kontextbedingt sind. Genau gesehen ist dies nicht der Fall. Die Vorlagen wurden kaum verändert (nur die Reihenfolge der Aussage im ersten Teil des Zitats). Die Frage bleibt, ob die Verbindung vom Vf. selber geschaffen wurde oder ob der Text in seiner jetzigen Gestalt übernommen wurde. Wie bei anderen Mischzitaten in I Clem läßt die Quellenlage hier keine weitere Präzisierung zu.

9.6. Die Gaben Gottes und die Bedigungen für ihren Empfang (35,1–12)

Die Struktur von I Clem 35 ist klar. Nach dem Lob (V. 1) und der Beschreibung der göttlichen Gaben (V. 2 f.) ergeht die Aufforderung, danach zu streben, dieser Gaben teilhaftig zu werden (V. 4). Die Antwort darauf in V. 5 nennt zuerst die positiven Bedingungen (V. 5a), dann als Hemmnisse die Laster, von denen sich die Gläubigen befreien müssen. Die Drohung an die Adresse derer, die auf dem verkehrten Weg gehen (V. 6), wird mit einem Schriftwort bekräftigt (V. 7–12).

1. Wie selig und bewundernswert sind die Gaben Gottes, Geliebte! 2. Leben in Unsterblichkeit, Glanz in Gerechtigkeit, Wahrheit in Freimut, Glaube in Zuversicht, Enthaltsamkeit in Heiligung; und dies alles fiel in den Bereich unseres Verstandes. 3. Was wird nun denen bereitet, die ausharren? Der Schöpfer und Vater der Äonen, der Allheilige selbst kennt ihre Größe und Schönheit.
4. Laßt uns also kämpfen, um in der Zahl derer erfunden zu werden, die ausharren, damit wir der verheißenen Gaben teilhaftig werden. 5. Wie aber soll dies geschehen, Geliebte? Wenn unser Sinn treu (und) fest auf Gott gerichtet ist, wenn wir suchen, was ihm wohlgefällig und angenehm (ist), wenn wir vollbringen, was seinem untadeligen Willen entspricht und dem Weg der

Wahrheit folgen, indem wir von uns abwerfen alle Ungerechtigkeit und Bosheit, Habsucht, Streitigkeiten, Verschlagenheit und Hinterlist, Ohrenbläserei und Verleumdung, Gotteshaß, Hochmut und Prahlerei, leere Ruhmsucht und Ungastlichkeit. 6. Denn die dies tun, sind Gott verhaßt; aber nicht nur die, die es tun, sondern auch die, die damit einverstanden sind.

7. Denn die Schrift sagt: „Zum Sünder aber sprach Gott: Warum zählst du meine Rechtsforderungen auf und nimmst meinen Bund in deinen Mund? 8. Du hast doch Zucht gehaßt und meine Worte nach hinten geworfen. Wenn du einen Dieb sahst, liefst du mit ihm, und mit Ehebrechern machtest du Gemeinschaft. Dein Mund floß über von Bosheit, und deine Zunge redete tückisch Verdrehtes. Sitzend redetest du wider deinen Bruder, und wider den Sohn deiner Mutter legtest du eine Falle. 9. Dies hast du getan, und ich habe geschwiegen. Du hast angenommen, Gesetzloser, ich würde dir ähnlich sein. 10. Ich werde dich überführen und dich dir selbst vor Augen stellen. 11. Begreift doch dies, ihr, die ihr Gott vergeßt, damit er (euch) nicht reiße wie ein Löwe und kein Retter da sei. 12. Ein Opfer des Lobes wird mich verherrlichen, und dort ist der Weg, auf dem ich ihm das Heil Gottes zeigen werde."

1 Daß die Gaben Gottes die menschlichen Erwartungen und Vorstellungen völlig übersteigen, bedeutet nicht, daß sie unerkennbar sind. Bei diesen Gaben handelt es sich um den Inhalt der Verheißungen, die sich an denen erfüllen werden, die im Glauben den Forderungen Gottes entsprochen haben. Sie bleiben dennoch Gaben Gottes, sie dürfen nicht auf eine den vollbrachten Leistungen entsprechende Belohnung reduziert werden. Die Tatsache, daß sie weit über den Bereich der Erfahrung hinausgehen (34,8), bekräftigt die Unverhältnismäßigkeit zwischen menschlichen Werken und göttlichem Lohn. Die Wendung τὰ δῶρα τοῦ θεοῦ ist alttestamentlich (vgl. Lev 21,6.8.17.21; 22,25; vgl. auch PsSal 2,3; Philo, All III 83: τὰ γὰρ δῶρα τοῦ θεοῦ μεγάλα καὶ τίμια). Die zwei Adjektive μακάρια καὶ θαυμαστά kommen nur hier gemeinsam vor[1]. Die Bezeichnung der Gaben Gottes als μακάρια erinnert an den philonischen Sprachgebrauch: „Die Vokabel bezieht sich fast durchgängig auf eine transzendente Wirklichkeit, die ja für den Frommen in die irdische Sphäre hineinragt, und wird daher häufig von Gott gebraucht" (G. Bertram, ThWNT IV 369)[2]. Das zweite Adjektiv θαυμαστά resultiert aus dem Zitat in 34,8: das Unvorstellbare ist auch das Bewundernswerte und Erstaunliche.

2 Die Aufzählung der verheißenen Gaben gestaltet sich als Anaphora in einer Fünferreihe, deren Einzelelemente aus Begriffspaaren bestehen, die durch ein ἐν verbunden sind. Der zweite Begriff bei jedem Paar hat jeweils eine verstärkende, verdeutlichende Funktion: ζωὴ ἐν ἀθανασίᾳ, λαμπρότης ἐν δικαιοσύνῃ, ἀλήθεια ἐν παρρησίᾳ, πίστις ἐν πεποιθήσει, ἐγκράτεια ἐν ἁγιασμῷ, die jedoch,

---

[1] θαυμαστός ist in 26,1 und 50,1 gemeinsam mit μέγας belegt.
[2] Das ist nicht die einzige Form in I Clem, den Terminus zu gebrauchen (vgl. 44,5).

wie die Analyse zeigt, nicht immer zu einer klaren semantischen Bestimmung führt. A. v. Harnack hat recht mit seiner Bemerkung: „Die großen weitschichtigen Worte haben etwas Frostiges" (Einführung 113). Das ist schon der Fall beim ersten Ausdruck: ζωὴ ἐν ἀθανασίᾳ. Der Terminus ζωή als theologischer Begriff spielt in I Clem keine Rolle (die paulinische Terminologie, gerade im Römerbrief, schlägt sich in der Begrifflichkeit von I Clem nicht nieder). Das gleiche läßt sich von ἀθανασία sagen. Ein Verweis auf 36,2 (ὁ δεσπότης τῆς ἀθανάτου γνώσεως) hilft hier nicht weiter[1]. Der Zusammenhang legt die Vermutung nahe, daß der Vf. anhand einer traditionellen sprachlichen Grundlage die Wendung formuliert[2]. Wenn von einem μισθός die Rede ist, den der Herr selbst jedem nach seinen Werken geben wird (34,2), wenn dieser Lohn unvorstellbar groß und wunderbar ist (34,8; 35,1), worin kann er bestehen, wenn nicht im ewigen Leben? (vgl. 1 Kor 15,53 f.). Daß der ζωή-Begriff in I Clem sonst nicht verwendet wird, bedeutet sicherlich nicht, daß er nicht zum Wortschatz des Vf.s gehört. Sein Gebrauch in diesem Zusammenhang an erster Stelle erweist sich durch den bisherigen Gedankengang als sinnvoll.

Schwieriger ist die Deutung von λαμπρότης ἐν δικαιοσύνῃ. Das Wort λαμπρότης bedeutet Glanz (im NT nur in Apg 26,13: ὑπὲρ τὴν λαμπρότητα τοῦ ἡλίου). Im Rahmen der Lichtmetaphorik wünscht sich der Psalmist: καὶ ἔστω ἡ λαμπρότης κυρίου τοῦ θεοῦ ἡμῶν ἐφ' ἡμᾶς (Ps 89,17), aber der Glanz eignet auch den Heiligen (Ps 109,3b: ἐν ταῖς λαμπρότησιν τῶν ἁγίων) und erst recht den Vollendeten (Dan [Theod.] 12,3: καὶ οἱ συνιέντες ἐκλάμψουσιν ὡς ἡ λαμπρότης τοῦ στερεώματος). Nach Bauer/Aland ist die Bedeutung auf den Seelenzustand zu übertragen, etwa die „Freudigkeit" (947). Eine Parallele wäre Arist 16: λαμπρότητι ψυχῆς. So übersetzten den Terminus Harnack, Fischer, Lindemann (Knopf und Schneider bringen „Fröhlichkeit"). Bei dieser Übersetzung, die für den Terminus an sich gut vertretbar ist, bleibt der Sinn der Wendung λαμπρότης ἐν δικαιοσύνῃ problematisch, falls es sich nicht um eine formelhafte Ausdrucksweise handelt, die nicht präzisiert werden kann. Ein Hinweis darauf, daß es sich wahrscheinlich nicht so verhält, sondern daß der Vf. die Gedankenführung fortsetzt, läßt sich aus einigen philonischen Stellen gewinnen. Philo verbindet λαμπρότης sowohl mit δόξα (Det 136) als auch mit κενὴ δόξα (Mut 93). Positiv heißt es „Ruhmesglanz", negativ „Glanz

---

[1] Darum meint KNOPF, 104, diese ἀθανασία hänge „vor allem an der Gnosis." Von „Gnosis" im technischen Sinn gibt es weder hier noch an anderen Stellen von I Clem irgendwelche Anzeige. O. KNOCH, Eigenart 325–327, geht in der gleichen Richtung viel weiter als Knopf und vermutet als Vorlage einen eucharistischen Hymnus aufgrund der Ähnlichkeit mit Did 9,3 und 10,2. Die Annahme einer eucharistischen bzw. gnostischen Vorlage geht auf ein stark assoziatives Verfahren zurück, bei dem einzelne Begriffe in Verbindung miteinander gesetzt werden, ohne nach dem Text als Sinneinheit zu fragen. Nach S. SCHULZ, Mitte 323, werden die himmlischen Gaben „im enthusiastisch verstandenen Abendmahlskult empfangen." LINDEMANN, 108, weist auf die Aussagen über die Auferstehung Kap. 24–26 hin.

[2] Gegen KNOPF, 104: „Klar ist auch der hellenistische Einschlag"; A. v. HARNACK, Einführung 113: „Echt griechisch."

des leeren Ruhmes". In Jos 76 vergleicht Philo den von Joseph verkörperten idealen Staatsmann mit einem Arzt, der sich nicht um die λαμπρότης des von ihm Behandelten (wegen seines Wohlstandes) kümmert (ἐκεῖνος γὰρ οὐδὲν τῆς περὶ τὸν θεραπευόμενον λαμπρότητος ἐν ταῖς νομιζομέναις εὐτυχίαις φροντίσας). Hier bedeutet λαμπρότης auch „Ruhmesglanz", „Ansehen"[1]. Auf diesen sprachlichem Hintergrund, dessen Heranziehung durch die festgestellten zahlreichen Berührungen zwischen Philo und I Clem gerechtfertigt ist, wäre λαμπρότης als „Glanz" im Sinn vom „Ruhmesglanz" zu übersetzen[2]. Gemeint ist also nicht die Freude der Seele, sondern die ausstrahlende Erscheinung. Die sich in diesem Zusammenhang aufdrängende sachliche Parallele ist dann καύχημα, das sogleich das folgende ἐν δικαιοσύνῃ verständlich macht. Die menschliche λαμπρότης wäre in diesem Fall Ergebnis der vollbrachten guten Werke (33,8b: ἐξ ὅλης τῆς ἰσχύος ἡμῶν ἐργασώμεθα ἔργον δικαιοσύνης) und zugleich Gabe Gottes, der durch seinen Willen und durch den Glauben an ihn den Menschen rechtfertigt (32,4). War die erste Gabe (ζωὴ ἐν ἀθανασίᾳ) ein eschatologisches Heilsgut, meint die zweite Gabe die Wirklichkeit des Gläubigen selbst in der Geschichte.

Bei ἀλήθεια ἐν παρρησίᾳ dürfte ἐν παρρησίᾳ die entscheidende Verdeutlichung bringen, in deren Licht auch 35,5 (καὶ ἀκολουθήσωμεν τῇ ὁδῷ τῆς ἀληθείας) auszulegen ist. Die Erfüllung des Willens Gottes markiert den Weg der Wahrheit und begründet die παρρησία des Menschen im Umgang mit seinem Schöpfer (34,1). Aber weil letzlich alles von ihm kommt (34,2b), ist die παρρησία in Gott selbst verankert. Die Aussage in 34,5a (τὸ καύχημα ἡμῶν καὶ ἡ παρρησία ἔστω ἐν αὐτῷ) würde nach diesem Verständnis den Inhalt der zweiten und dritten Gabe bestimmen.

Der Glaube wird sodann mit der Zuversicht in Verbindung gesetzt. I Clem 26,1 spricht von denen, die Gott ἐν πεποιθήσει πίστεως ἀγαθῆς gedient haben, während I Clem 45,8 denen Herrlichkeit und Ehre verheißt, die ὑπομένοντες ἐν πεποιθήσει sind. Der Glaube wird nicht inhaltlich definiert, sondern als eine von Zuversicht charakterisierte Haltung, die der Gläubige von Gott als Gabe empfängt.

Zum Schluß erscheint ἐγκράτεια ἐν ἁγιασμῷ. Die „Heiligung" ist der umfassende Begriff (vgl. 30,1), der das Ganze des gläubigen Lebens umschließt. Unter ἐγκράτεια ist keine besondere Form der Enthaltsamkeit gemeint (so in 38,2), sondern die für alle Gläubigen geltende Forderung (64,1)[3].

Nach dieser Analyse spricht hier nicht „stark vergeistigte, mystisch bestimmte Frömmigkeit" (so Knopf, 103 f.). Mag die rhetorische Gestaltung der

---

[1] Vgl. C. Spicq, Notes 1,464 f.

[2] Lake und Grant bringen „splendour", Ruiz Bueno „esplendor", Clarke „joyousness", Jaubert das sehr freie „épanouissement."

[3] Nach T. Aono, Entwicklung 102, entspricht die Betonung der Heiligung und ἐγκράτεια „der libertinischen Tendenz der Gegner." Eine solche Charakterisierung der Gegner läßt sich weder hier noch durch 28,1; 30,1 und 35,5 begründen.

Aussage auf den ersten Blick diesen Eindruck erwecken, ihr Inhalt ist so konkret und greifbar wie die ganze Argumentation zuvor. Wesentliche Vollzüge des Glaubens wurden in diesem Abschnitt zusammengefaßt und als Gabe Gottes dargestellt. Da sie als Inhalt der Verheißungen Gottes eingeführt wurden (34,7), die als solche alle menschlichen Erwartungen übertreffen (34,8), bleiben sie in der Spannung von gegenwärtiger und eschatologischer Gestalt des Heils. Genau diese Spannung spiegelt sich in der Bemerkung wider, die sich unmittelbar anschließt: καὶ ταῦτα ὑπέπιπτεν πάντα ὑπὸ τὴν διάνοιαν ἡμῶν. Auch hier steht Gott als eigentlicher Urheber unerwähnt im Hintergrund: Daß dies alles auch „unserem Verstand" zugänglich wurde, ist gleichfalls sein Werk. Vordergründig steht dies in krassem Gegensatz zu der überschwänglichen und unvorstellbaren Größe der verheißenen Heilsgüter nach 34,8. Genau betrachtet aber paßt die Aussage in eine verhältnismäßig gut bezeugte Anschauung von I Clem, nämlich in die rationale Einsichtigkeit der Glaubensforderung. Die Gläubigen vermögen mit ihrem Verstand den Willen Gottes zu erkennen, wenn sie auf die Beispiele der Vergangenheit oder auf die Schöpfung hinschauen (19,1–3; 21,1; 28,1). Die Darlegung, besonders vom Kap. 27 an, war durch die Aufeinanderfolge von Argumenten und Folgerungen in Aufforderungsform gekennzeichnet, bei denen die Aufforderung jeweils die logische Konsequenz darstellte. Rhetorische Fragen, wie in 33,1, bekräftigten bei den Adressaten der Botschaft die Notwendigkeit der Zustimmung. Die listenhaft aufgeführten verheißenen Güter fallen durchaus in den Bereich der Vernunft, vorausgesetzt diese läßt sich durch die rhetorische Kraft des Textes bewegen.

Nach der Aufzählung der Heilsgüter in 35,2 überrascht die am Anfang von V. 3 gestellte Frage: „Was ist nun denen verheißen, die ausharren?" Die Frage hat rhetorischen Charakter, und ihr Ziel ist durch den Kontext erkennbar. Die Antwort darauf, Gott kenne die Größe und Schönheit der eigenen Gaben, weist auf das Anliegen des Textes hin: Für den Gläubigen, dem schon ohnehin gesagt wurde, was auf ihn wartet bzw. was mit der Gabe des Glaubens bereits mitgeschenkt wurde, geht es nicht mehr um ein zusätzliches Wissen, sondern um die notwendigen Anstrengungen, um auf diese Gaben entsprechend zu antworten. Worin dies besteht, bekundet mit hinreichender Deutlichkeit 35,4–5. Die Formulierung der Frage nimmt den Schluß des in 34,8b zitierten Wortes auf: ... ὅσα ἡτοίμασεν τοῖς ὑπομένουσιν αὐτόν. Das Partizip ὑπομένων ohne Objekt (anders in 34,8, wo αὐτόν Gott meint) dürfte hier nicht so sehr das Erwarten ausdrücken, sondern eher das Ausharren, Aushalten (vgl. 35,4).

In der darauf folgenden dreifachen Gottesprädikation (ὁ δημιουργὸς καὶ πατὴρ τῶν αἰώνων ὁ πανάγιος)[1] ist die erste Bezeichnung in I Clem geläufig (s. 20,11). Die zweite hat eine Parallele in 55,6 (θεὸν τῶν αἰώνων) und 61,2

---

[1] Nach H: ὁ δημιουργὸς τῶν αἰώνων καὶ πατὴρ πανάγιος (so BRYENNIOS). Text nach ALS.

(βασιλεῦ τῶν αἰώνων)[1]. Gemeint ist die göttliche Ewigkeit dessen, den die Gläubigen als den milden und barmherzigen Vater kennen (29,1). Die Pluralform αἰῶνες verrät den Einfluß eines ursprünglich hebräischen status constructus, der aber in Texte des hellenistischen Judentums schon längst eingedrungen ist (vgl. H. Sasse, ThWNT I 201). Die Bedeutung von Zeit- bzw. Welträumen (räumlich nach O. Knoch, Eigenart 108) oder von persönlichen Wesen (nach Knopf, 105 handelt es sich um „große Engelwesen") ist dem Text fremd (vgl. H. Sasse, a. a. O.). Die Bezeichnung ὁ πανάγιος als Gottesprädikation hat keine Parallele in der hellenistischen und judenchristlichen Literatur (der Terminus kommt in 4 Makk 7,4 und 14,7 vor, aber nicht in Beziehung auf Gott). Der Vf. verwendet den Ausdruck auch in 58,1: ὑπακούσωμεν οὖν τῷ παναγίῳ καὶ ἐνδόξῳ ὀνόματι αὐτοῦ. Es ist möglich, daß das Zitat Jes 6,3 in 34,6 zu dieser Prägung geführt hat.

Die Größe und Schönheit der göttlichen Gaben (αὐτὸς γινώσκει τὴν ποσότητα καὶ τὴν καλλονὴν αὐτῶν) entspricht der Charakterisierung in 34,7b: εἰς τὸ μετόχους ἡμᾶς γενέσθαι τῶν μεγάλων καὶ ἐνδόξων ἐπαγγελιῶν αὐτοῦ. Die Wahrheit der Hoffnung hängt mit dem Wissen des Schöpfers zusammen: Er kennt seine Gaben. ποσότης ist in der biblischen Literatur nicht belegt. In altchristlichen Texten kommt es nur in Herm sim V 3,7 (56,7) vor. καλλονή ist eine nicht so häufig belegte Form von κάλλος, die aber die LXX und der Aristeasbrief bezeugen. In I Clem ist auf 49,3 zu achten: τὸ μεγαλεῖον τῆς καλλονῆς αὐτοῦ τίς ἀρκετὸς ἐξειπεῖν; In beiden Fällen läßt sich der Einfluß von Weish 13,5 deutlich vernehmen: ἐκ γὰρ μεγέθους καὶ καλλονῆς κτισμάτων ἀναλόγως ὁ γενεσιουργὸς αὐτῶν θεωρεῖται. Größe und Schönheit sind Attribute der Schöpfung, die auf den Schöpfer selbst hinweisen.

4 Die Aufforderung zum Kampf (ἡμεῖς οὖν ἀγωνισώμεθα) ist dem infinitivus finalis εὑρεθῆναι untergeordnet. Das Ziel des Kampfes ist also, in der Zahl der Ausharrenden erfunden zu werden. Beides, die Aufforderung und das angegebene Ziel, verfolgt einen weiteren Zweck: die Teilhabe an den verheißenen Gaben. Der Zweck verbindet die Aussage mit dem Abschnitt 34,1–35,3, besonders mit 34,7b (εἰς τὸ μετόχους ἡμᾶς γενέσθαι τῶν μεγάλων καὶ ἐνδόξων ἐπαγγελιῶν αὐτοῦ) und 35,1 (ὡς μακάρια καὶ θαυμαστὰ τὰ δῶρα τοῦ θεοῦ, ἀγαπητοί). Dem Gläubigen, der mit guten Werken seinen Glaubensgehorsam realisiert, hält Gott eine große Belohnung bereit (34,8). Der Blick auf die verheißenen Gaben, die zum Teil schon jetzt gegenwärtig sind (35,2), soll die notwendigen Anstrengungen nicht vergessen lassen, die zu deren Inbesitznahme führen. Die paränetische Rede greift auf ein Motiv zurück, das schon in I Clem 2,4 eine Rolle gespielt hat: das Motiv von einer bestimmten Zahl von Gläubigen. Dazu gehören nicht nur der ἀριθμός, sondern auch andere Begriffe und Wendungen, die in den vier Stellen, bei denen das Motiv

---

[1] In der altchristlichen Literatur vgl. Justin I Ap. 41,2; ActPhil 144 (christologisch).

vorkommt, zu finden sind: 1. das ἀγών-Thema (2,4); 2. es ist die Zahl τῶν ἐκλεκτῶν (2,4; 59,2), τῶν ὑπομενόντων (35,4), τῶν σῳζομένων (58,2); 3. der Finalsatz mit ὅπως (35,4; 59,2). Diese formalen Beobachtungen können das textkritische Problem, ob auf τῶν ὑπομενόντων ein Objekt (αὐτόν) folgt – so A (Lightfoot, Bihlmeyer) –, oder ob es allein steht – so HLS (Schaefer, Fischer, Jaubert, Schneider) –, nicht ohne weiteres lösen. Eine Entscheidung zugunsten von HLS ergibt sich dennoch aus der stilistischen Einheit mit 2,4; 59,2 und 58,2, die dann deutlich hervortritt, wenn man das αὐτόν ausläßt. Es paßt auch besser zu ἀγωνισώμεθα, wenn die ὑπομένοντες die Ausharrenden einfachhin sind, wie es auch in 35,3 der Fall ist. Die LA von A läßt sich durch den Einfluß des Zitats in 34,8 erklären.

Auf die Frage, wie nun die Eingliederung derer, denen die Teilhabe an den Verheißungen versprochen wurde, in die Zahl der Ausharrenden geschehen soll, erfolgt die Antwort in zwei Teilen. Der erste Teil besteht formal aus einer Reihe von drei Konditionalsätzen, welche die Bedingungen dafür aufstellen. Es geht um das, was der Gläubige zu tun hat. Im zweiten Teil geht es hingegen um das, was er nicht tun soll. Der herangezogene Lasterkatalog deckt sich zum guten Teil mit Röm 1,29 f. Die traditionelle Gemeinsamkeit wird durch die Fortsetzung in I Clem 35,6 bestätigt, wo Röm 1,32 aufgenommen wird.

Die im Diatribenstil gestellte Frage (πῶς δὲ ἔσται τοῦτο, ἀγαπητοί;) begründet die folgende Ermahnung[1]. Der erste Teil will Haltungen und Bestrebungen bekräftigen, die nur allgemein und grundsätzlich christliches Handeln betreffen. Im ersten ἐάν-Satz ist die διάνοια das Subjekt. Ihre Ausrichtung auf Gott wird durch ἐστηριγμένη ᾖ (vgl. Sir 5,10: ἴσθι ἐστηριγμένος ἐν συνέσει σου; 22,16: οὕτως καρδία ἐστηριγμένη ἐπὶ διανοήματος βουλῆς ἐν καιρῷ οὐ δειλιάσει)[2] und das Adverb πιστῶς[3] bestimmt: das erste bezeichnet die Festigkeit, das zweite läßt sich im Sinn von „gläubig" auffassen (so Knopf, Fischer, Lindemann, Schneider; A. v. Harnack übersetzt „durch den Glauben"), oder als „treu", „zuverlässig", als Unterstreichung der ersten Bestimmung. Der Gebrauch des Adjektivs πιστός eben als „treu", „zuverlässig" spricht für die zweite Deutung. Es geht nicht um den Glauben (gegen Knopf, 105), sondern um die Ausrichtung der διάνοια. Weil die wunderbaren Gaben Gottes in den Bereich des menschlichen Verstandes fallen (35,2b), gilt es, den eigenen Sinn treu und fest auf Gott hinzulenken. Im Hinblick auf die folgenden Kondi-

---

[1] Es ist richtig, daß der Satz grammatikalisch unvollständig ist, indem den Bedingungssätzen ein Partizip, aber kein Hauptsatz folgt. So LINDEMANN, 109. Aber die Konstruktion ist nicht fehlerhaft. Der Text antwortet nämlich auf eine Frage, und dabei wird die eigentliche Antwort vorausgesetzt, etwa: οὕτως ἔσται τοῦτο.

[2] Vgl. C. SPICQ, Notes 3,603.

[3] Im Klassischen vgl. Demosthenes, Olynthiaca 3,26; In Ep. Philippi 13; AdvPhormionem 49. Im hellenistischen Judentum vgl. 2 Kön 16,2; Josephus, Bell 2,335; Ant 5,75; 16,83; 20,93; Ap 2,44.

tionalsätze wird hier die Grundbedingung genannt, von denen die drei anderen (ἐὰν ἐκζητῶμεν … ἐὰν ἐπιτελέσωμεν … καὶ ἀκολουθήσωμεν) abhängen. Denn erst die Ausrichtung auf das richtige Ziel ermöglicht es, auf dem Weg der Wahrheit – zugleich der Weg zum Heil (36,1) – voranzuschreiten.

Der zweite und der dritte Konditionalsatz ergänzen einander. Der Suche dessen, was Gott wohlgefällig und angenehm ist, muß das Vollbringen folgen. „Was ihm wohlgefällig und angenehm ist", was man suchen soll, ist nichts anderes als das, „was seinem untadeligen Willen entspricht", was man erfüllen soll. ἐκζετεῖν wird in der LXX oft gebraucht, um die Suche des Gläubigen nach Gott, nach seiner Weisheit, nach seinen Vorschriften auszudrücken (Ps 21,27; 77,7; 104,45; Weish 8,2). In τὰ εὐάρεστα καὶ εὐπρόσδεκτα αὐτῷ spiegelt sich paulinische Begrifflichkeit wider[1], etwa Röm 12,2: εἰς τὸ δοκιμάζειν ὑμᾶς τί τὸ θέλημα τοῦ θεοῦ, τὸ ἀγαθὸν καὶ εὐάρεστον καὶ τέλειον (vgl. Röm 12,1; 14,18 usw.), und besonders Phil 4,18 (… θυσίαν δεκτήν, εὐάρεστον τῷ θεῷ. Hier entspricht[2] δεκτός dem εὐπρόσδεκτος[3]). Offensichtlich hat der Römerbrief in der Gemeinde sprachliche Spuren hinterlassen, die etwa vierzig Jahre später wieder ans Licht treten.

Das Vollbringen bezieht sich allgemein auf τὰ ἀνήκοντα τῇ ἀμώμῳ βουλήσει αὐτοῦ (zu ἐπιτελεῖν vgl. 33,1). τὰ ἀνήκοντα, in der LXX vor allem im rechtlich-politischen Sinn gebraucht (vgl. 1 Makk 10,42; 11,35; 2 Makk 14,8)[4], kommt auch in I Clem 45,1; 62,1 vor als „in Beziehung auf", „entsprechend"[5]. Der Bezugspunkt der geforderten Handlung ist der „untadelige Wille" Gottes. Das Adjektiv ἄμωμος wird so gebraucht wie in Ps 17,31 (ὁ θεός μου, ἄμωμος ἡ ὁδὸς αὐτοῦ) und Ps 18,8 (ὁ νόμος τοῦ κυρίου ἄμωμος)[6]. Der letzte Konditionalsatz (diesmal ohne ἐάν) betrifft den Weg der Wahrheit, dem man folgen soll (der Ausdruck ist traditionell: Gen 24,48; Tob 1,3; Ps 118,30; Weish 5,6; TestLev 2,3; grHen 104,13)[7]. Das ὁδός-Thema ist wahrscheinlich durch das Zitat Ps 49,23 vorgegeben, das in I Clem 35,12 aufgenommen wird und zur Zusammenfassung (zugleich christologische Überleitung) in 36,1 führt. Das Bild rekapituliert die in den drei Sätzen zuvor angedeutete Bewegung des Gläubigen auf Gott hin.

Der zweite Teil der Antwort ist genau so sorgfältig formuliert wie der erste. Der Vergleich mit Röm 1,29 f.32, der als traditionelle Grundlage dient, macht das offenkundig.

---

[1] εὐάρεστος erscheint in der LXX nur in Weish 4,10; 9,10, es ist aber bei Philo gut bezeugt.
[2] Vgl. W. GRUNDMANN, ThWNT II 58 f.
[3] Weder in der LXX noch bei Philo; im NT: Röm 15,16.31; 2 Kor 6,2; 8,12; 1 Petr 2,5.
[4] Vgl. H. SCHLIER, ThWNT I 361.
[5] In Phlm 8; Kol 3,18 und Eph 5,4 liegt der Akzent mehr auf der Pflicht.
[6] Zu βούλησις vgl. 9,1.
[7] Vgl. PH. HENNE, Christologie 80.

I Clem 35,5b	Röm 1,29 f.
ἀπορρίψαντες ἀφ᾽ ἑαυτῶν	1,29 πεπληρωμένους
πᾶσαν ἀδικίαν καὶ πονηρίαν,	πάσῃ ἀδικίᾳ πονηρίᾳ
πλεονεξίαν,	πλεονεξίᾳ κακίᾳ, μεστοὺς φθόνου φόνου
ἔρεις, κακοηθείας τε καὶ δόλους,	ἔριδος δόλου κακοηθείας,
ψιθυρισμούς τε καὶ καταλαλιάς,	ψιθυριστάς 1,30 καταλάλους
θεοστυγίαν, ὑπερηφανίαν τε καὶ ἀλαζονείαν,	θεοστυγεῖς ὑβριστὰς ὑπερηφάνους, ἀλαζόνας,
κενοδοξίαν τε καὶ ἀφιλοξενίαν	ἐφευρετὰς κακῶν, γονεῦσιν ἀπειθεῖς ....

Das Material ist durch die Konjunktion καί bzw. τε καί gegeneinander abgehoben. Daraus ergibt sich ein fünfgliedriges Gefüge: 1. πᾶσαν ἀδικίαν καὶ πονηρίαν; 2. πλεονεξίαν, ἔρεις, κακοηθείας τε καὶ δόλους; 3. ψιθυρισμούς τε καὶ καταλαλιάς, 4. θεοστυγίαν, ὑπερηφανίαν τε καὶ ἀλαζονείαν; 5. κενοδοξίαν τε καὶ ἀφιλοξενίαν. Die fünf letzten Begriffe bilden ein Isocolon. Der Vergleich mit der Vorlage zeigt, daß der Vf. sich weitgehend an sie hält, ausgenommen im fünften Glied, wo er zwei Laster einfügt, die in der paulinischen Liste nicht vorhanden sind: κενοδοξίαν τε καὶ ἀφιλοξενίαν. Über die rhetorische Gestaltung von Röm 1,29–32 gehen die Meinungen auseinander. H. Schlier hebt manche formale Züge heraus, bemerkt jedoch dazu: „aber mehr als unbewußte Rhetorisierung verrät das nicht." O. Michel („eine gewisse Rhetorik") und E. Käsemann erkennen eine rhetorische Disposition[1]. Das hat der Vf. von I Clem offenbar auch erkannt, zugleich aber als nicht klar genug und daher als verdeutlichungsbedürftig angesehen. Durch die Konjunktionen schafft er lose Sinneinheiten, in denen jeweils wenigstens ein Begriff schon früher verwendet wurde, und zwar in mehr oder weniger direkter Anspielung auf die Vorgänge in Korinth[2].

ἀπορρίψαντες ἀφ᾽ ἑαυτῶν markiert den Anfang des zweiten Teiles mit der Aufführung der Laster, von denen sich die Gläubigen fernhalten sollen (vgl. Ez 18,31: ἀπορρίψατε ἀπὸ ἑαυτῶν πάσας τὰς ἀσεβείας ὑμῶν). Allgemein heißt es am Anfang πᾶσαν ἀδικίαν καὶ πονηρίαν, und doch beinhaltet dieses Begriffspaar alles, was nachher eigens aufgelistet wird. In allen Fällen geht es letzten Endes um Ungerechtigkeit und Bosheit. Von den folgenden vier Begriffen (πλεονεξίαν, ἔρεις, κακοηθείας τε καὶ δόλους) ist nur der zweite relevant[3]. In den ersten Kapiteln erschien die ἔρις als eine der Hauptursachen des Konflikts in Korinth (3,2; 9,1; 14,2). Wie zentral der Begriff für die Diagnose des Problems bleibt, zeigen weiterhin 44,1; 46,5 (auch in Plural wie hier) und 54,2. Es fällt auf, daß keines von den anderen Lastern in Röm

---

[1] Vgl. H. SCHLIER, Der Römerbrief (HThK 6), Freiburg 1977, 64; O. MICHEL, Der Brief an die Römer (KEK), Göttingen ⁴1966, 69; E. KÄSEMANN, An die Römer (HNT 8a), Tübingen ³1974, 46.

[2] Vgl. D. A. HAGNER, Use 215 Anm. 1; LINDEMANN, 109; anders KNOPF, 105.

[3] Die drei anderen (πλεονεξία, κακοηθεία, δόλος) sind durch die Übernahme des Lasterkatalogs (Röm 1,29) bedingt. Die Habsucht (πλεονεξία) spielt in I Clem keine Rolle. Boshaftigkeit als κακοηθεία erscheint nur hier. δόλος kommt in Schriftzitaten vor: 16,10; 22,3; 50,6.

1,29 (κακία, μεστοὺς φθόνου φόνου) aufgenommen wurde, auch nicht der φθόνος, der in 3,2; 4,7.13; 5,2 eine Schlüsselrolle gespielt hat. Das Begriffspaar an dritter Stelle (ψιθυρισμούς τε καὶ καταλαλιάς) erschien schon in 30,3 (καταλαλιάς auch in 30,1). Ohrenbläserei und Verleumdung gehören sachlich zusammen, denn bei beiden handelt es sich um einen Mißbrauch des Wortes. Wie in der Analyse der angegebenen Stellen festgestellt, ist ein konkretes Anliegen schwer erkennbar, zumal mit der Möglichkeit zu rechnen ist, daß die paulinische Paränese die Begrifflichkeit in all diesen Stellen beeinflußt hat.

Von den drei nächsten Termini (θεοστυγίαν, ὑπερηφανίαν τε καὶ ἀλαζονείαν) ist der erste hier zum erstenmal belegt. Aus dem auch im Klassischen bezeugten θεοστυγής des paulinischen Lasterkatalogs in Röm 1,30 schafft der Vf. eine neue Wortprägung: θεοστυγία (Gotteshaß)[1]. Die zwei anderen Begriffe (ὑπερηφανίαν τε καὶ ἀλαζονείαν) kennzeichnen eine bestimmte Haltung, die mit der christlichen Gesinnung unvereinbar ist und die auch als solche schon dargestellt wurde (vgl. 13,1;16,2; 30,1; 57,2). Die Urheber der Unruhen in Korinth verkörpern in den Augen des Vf.s gerade diese Haltung (14,1; 21,5). Das letzte Begriffspaar (κενοδοξίαν τε καὶ ἀφιλοξενίαν) hat keine Parallele in der paulinischen Liste und kommt in I Clem nur hier vor. Während κενοδοξία (Ruhmsucht) in der profanen und christlichen Literatur geläufig ist, handelt es sich bei ἀφιλοξενία (Ungastlichkeit) um ein äußerst selten belegtes Wort[2]. Die κενοδοξία läßt sich vielleicht in Beziehung zu der zuletzt erwähnten ὑπερηφανία und ἀλαζονεία verstehen. Nach der Bedeutung, die in 10,7–12,8 der φιλοξενία beigemessen wurde, ist die Hinzufügung der entgegengesetzten Haltung – von der Frage abgesehen, ob es sich um eine eigene Prägung des Vf.s handelt oder nicht – gut verständlich. Die Konsequenzen der Spaltung in der Gemeinde, die sich auf die Aufnahme der Fremden auswirkt (s. zu I Clem 12,8), werden nun in die Liste der von Gott verabscheuten Haltungen eingefügt.

Was die Rezeptionsform von Röm 1,29 f. anbelangt, läßt sich kaum entscheiden, ob der Vf. mit einer schriftlichen Vorlage arbeitet (so Lindemann, Paulus 188) – eine denkbare Möglichkeit in der römischen Gemeinde – oder ob er mit dem Text, den er in den Gemeindeversammlungen oft gehört hat – analog zur späteren Geltung seines eigenen Briefes in der korinthischen Gemeinde –, frei umgeht. Das zweite dürfte wahrscheinlicher sein. Der Umgang mit der Tradition entspricht einer „kreativen Treue", indem der Text ohne eine Sinnentstellung deutlicher gestaltet und aktualisiert wird. Das ei-

---

[1] Vgl. später Euseb, HistEccl II 18,8; X 9,9.

[2] BAUER/ALAND 254, bringt nur Sib 8,304: τῆς ἀφιλοξενίης ταύτην δείξουσι τράπεζαν. Bei Liddell/Scott gibt es nur einen späteren Beleg zu ἀφιλόξενος. Die Abweichungen in der Textüberlieferung können durch die ungewohnte Begrifflichkeit entstanden sein: nach A: φιλοξενίαν; nach L: φιλοδοξίαν (inhumilitatem). Der Text folgt HS.

gentlich Neue (das letzte Begriffspaar) ist durch ein konkretes Anliegen veranlaßt[1].

Nach der Bezugnahme auf Röm 1,29 f. in 35,5 wird nun in freier Form Röm 1,32 aufgenommen.   6

I Clem 35,6	Röm 1,32
ταῦτα γὰρ οἱ πράσσοντες	ὅτι οἱ τὰ τοιαῦτα πράσσοντες
στυγητοὶ τῷ θεῷ ὑπάρχουσιν·	ἄξιοι θανάτου εἰσίν,
οὐ μόνον δὲ οἱ πράσσοντες αὐτά,	οὐ μόνον αὐτὰ ποιοῦσιν
ἀλλὰ καὶ οἱ συνευδοκοῦντες αὐτοῖς.	ἀλλὰ καὶ συνευδοκοῦσιν τοῖς πράσσουσιν.

Durch eine kleine Änderung verschärft der Vf. die Verurteilung der Sünder. Gemeinsam mit ὑπερηφανία und ἀλαζονεία setzte θεοστυγία in 35,5 den Akzent auf die Menschen, die Gott bis zum Haß ablehnten. Hier kommt der andere Aspekt zum Vorschein, indem das Compositum θεοστυγία in στυγητοὶ τῷ θεῷ aufgelöst wird und so aus denen, die Gott hassen, die von ihm Gehaßten werden. Der paulinischen Vorlage gemäß erstreckt sich die Verurteilung auch auf die, die mit diesen Haltungen nur einverstanden sind. Die Übernahme des paulinischen Abschnittes geschieht ohne jeden Hinweis darauf. Es fällt auf, daß der Vf. sich nicht auf die Autorität des Apostels beruft, die seinen eigenen Worten noch mehr Gewicht hätte verleihen können. Aber wie auch im Kap. 36 erkennbar, übernimmt der Vf. urchristliche Überlieferung und gibt sie weiter als gemeinsames Gut der Gemeinde, die den Brief sendet. Anders verhält es sich mit dem anschließend zitierten Schrifttext.

Der zitierte Text ist Ps 49,16. Es ist der Anfang eines ausführlichen und   7 ziemlich genauen Zitats von Ps 49,16–23 in I Clem 35,7–12. Auch an dieser Stelle orientiert sich der Vf. am Römerbrief des Paulus. Aber während der Apostel in Röm 2,19–22 auf Ps 49,16–21 nur anspielt, ohne explizit und eindeutig zu zitieren, um die Verlorenheit auch der Juden vor Gott darzulegen, bringt er den ganzen Text als Schriftbeweis. Natürlich liest er den Text anders als Paulus. Es geht bei ihm nicht um die aussichtslose Situation derer, die sich auf das Gesetz berufen, ohne es zu erfüllen, sondern um die Diskrepanz zwischen den Worten und den ihnen nicht entsprechenden Taten (30,3). Sein Ziel aber bleibt, auf den Weg zum Heil hinzuweisen.

Der Text gibt genau Ps 49,17–20 wieder[2]. Wie der Vf. die von ihm   8 eingefügten Schriftzitate versteht, läßt sich nur durch den Textzusammenhang erläutern, da er selbst dazu keinen Kommentar abgibt. Die Gefahr, Verbindungen auch dort zu sehen, wo er keine gesehen hat, liegt nahe, aber bei einem so gründlichen Kenner der Schrift muß man auch die andere Gefahr vermeiden, nämlich in seinen Zitaten zu wenig zu sehen. Im Zitat ist es Gott selbst, der zum Sünder spricht und ihm vorwirft, die Zucht zu hassen und

---

[1] Daß der Vf. durch die kleinen Änderungen den griechischen-stoischen Charakter des paulinischen Katalogs hervorgehoben hätte, wie L. SANDERS, Hellénisme 78, meint, ist aus dem Text nicht erkennbar.

[2] Der Abschnitt V. 8–11 fehlt bei H.

seine Worte zu mißachten. Die Wendung σὺ δὲ ἐμίσησας παιδείαν bleibt im Sprachfeld der θεοστυγία (35,5) und weist auf eine andere wichtige Kategorie hin: die παιδεία (56,2.16; 62,3). Die Aussagen über den Mund voll Bosheit und die Zunge, die ein Netzwerk von Falschheit webt (das dürfte das in περιπλέκειν enthaltene Bild gut wiedergeben), erinnern an Begriffe, die im Lasterkatalog erwähnt wurden (δόλους, ψιθυρισμούς τε καὶ καταλαλίας); die Spaltung in der Familie an die ἔρις.

9-10   Die LA ὑπέλαβες ἄνομε folgt A, während LS wie die LXX ἀνομίαν bringen. Zieht man aber in Betracht, daß auch eine LA (א) der LXX in Ps 49,21b ἄνομε bringt, kann man annehmen, daß der Text eben diese Version wiedergibt.

11   In Ps 49,22 nach der LXX fehlt der Vergleich mit dem Löwen. Eine Möglichkeit, das ὡς λέων zu erklären, ist die Annahme einer redaktionellen Hinzufügung, vielleicht aus Ps 7,3[1]. Die Schwierigkeit dieser Erklärung besteht in der Tatsache, daß der Vf. an keiner anderen Stelle so verfährt, daß nämlich ein langer Text ziemlich genau zitiert und daß nur an einer Stelle eine Wendung aus einem anderen Schrifttext hinzugefügt wird. Nach A. Rahlfs befindet sich die Wendung im Psalterium Veronense (griechisch und lateinisch) aus dem 6.Jh., im alten lateinischen Psalterium von St. Germain-des-Prés (1.Jh.), in einer syrischen Übersetzung (7.Jh.) und in Minuskel 184 (5.Jh.) (Septuaginta-Studien II 200). Hat der Vf. auch hier eine andere Vorlage verwendet, oder geht die Gestalt der späteren Textüberlieferung auf den Einfluß von I Clem zurück? Wenn man sich für das zweite entscheidet, bleibt die Frage nach der Entstehung der Variante offen[2].

12   Das Zitat (Ps 49,23) liefert den ὁδός-Begriff, der im folgenden wiederaufgenommen und christologisch ausgedeutet wird: Der Weg, „auf dem ich ihm das Heil Gottes zeigen werde", ist Jesus Christus.

9.7. Jesus Christus als Weg zum Heil (36,1-6)

Kap. 36 enthält die ausführlichste christologische Aussage des ganzen Schreibens. Im Zusammenhang mit der Anlage des Briefes läßt sich der Text als christologischer „Exkurs" bezeichnen (so Lindemann), vorausgesetzt daß darunter nicht bloß ein marginaler Einschub verstanden wird, der ebensogut hätte weggelassen werden können. Der Abschnitt läßt sich in vier Teile gliedern. Den ersten Teil bildet V. 1, der als Überleitung und Applikation des Vorher-

---

[1] So LIGHTFOOT, I 2,110. D. A. HAGNER, Use 84 f., verweist auf I Clem 36,3 (πυρὸς φλόγα) und Ps. 103,4; I Clem 30,2 (θεός) und Spr 3,34; I Clem 16,3 (καὶ πόνω) und (Jes 53,3), wo er eine ähnliche redaktionelle Ergänzung vermutet. Aus den drei Stellen läßt sich jedoch kein Argument für die redaktionelle Herkunft von ὡς λέων in 35,1 gewinnen.
[2] Im Anschluß an LIGHTFOOT, I 2,110, meint D. A. HAGNER, Use 84 f., es handle sich um eine Glosse des Schreibers oder um die Folge eines Zitates aus dem Gedächtnis.

gehenden dient. Das neue Thema ist durch die christologischen Prädikationen bestimmt. Der zweite Teil (V. 2) ist durch eine sowohl inhaltlich als auch formal anspruchsvolle Aussage beherrscht. Im dritten Teil (V. 3–5) bestätigen drei Schriftworte die christologische Aussage. Der vierte Teil (V. 6) knüpft an das zuletzt zitierte Schriftwort in der Form einer Anwendung an.

1. **Dies ist der Weg, Geliebte, in dem wir unser Heil gefunden haben, Jesus Christus, den Hohepriester unserer Opfergaben, den Beschützer und Helfer unserer Schwachheit.**
2. *Durch diesen* **blicken wir auf zu den Höhen der Himmel;**
   durch diesen **schauen wir in einem Spiegel sein untadeliges und allerhöchstes Antlitz;**
   durch diesen **wurden die Augen unseres Herzens geöffnet;**
   durch diesen **blüht unser unverständiger und verfinsterter Sinn wieder auf zum Licht;**
   durch diesen **wollte der Herrscher uns von der unsterblichen Erkenntnis kosten lassen,**
   (er), der als Abglanz seiner Majestät um so größer ist als Engel, wie der Name vorzüglicher ist, den er geerbt hat.
3. **Denn so steht geschrieben: „Der seine Engel zu Winden macht und seine Diener zur Feuerflamme." 4. Von seinem Sohn aber hat der Herrscher so gesprochen: „Mein Sohn bist du, ich habe dich heute gezeugt. Fordere von mir, und ich werde dir Völker zu deinem Erbe geben und zu deinem Besitz die Enden der Erde." 5. Und wiederum sagt er zu ihm: „Setze dich zu meiner Rechten, bis ich deine Feinde als Schemel unter deine Füße lege."**
6. **Wer sind nun die Feinde? Die Bösen und die seinem Willen sich Widersetzenden.**

Die Applikation geschieht durch die Übernahme von ὁδός und τὸ σωτήριον   1
ἡμῶν aus dem in 35,12 zitierten Ps 49,23 und durch seine Übertragung auf Jesus Christus. Die folgenden christologischen Prädikationen (τὸν ἀρχιερέα τῶν προσφορῶν ἡμῶν, τὸν προστάτην καὶ βοηθὸν τῆς ἀσθενείας ἡμῶν) bekräftigen die inhaltliche Bestimmung der Applikation. Für die Beurteilung des Stellenwerts der Christologie in I Clem ist die Stelle aufschlußreich. Die Wege des Segens und der Gnade, die ab 31,1 in verschiedenen Varianten zur Sprache gebracht worden sind, münden in den *einen* Weg zum Heil ein: Jesus Christus. Die Verbindung zum Abschnitt zuvor hat A. Hilgenfeld treffend formuliert: „Diese Hervorhebung der Würde Christi schliesst ganz passend einen Abschnitt ab, dessen Hauptzweck es ist, das der Fülle und Würde des Christenthums entsprechende Verhalten den Lesern an das Herz zu legen. Es gilt also nicht bloss, die christliche Segensfülle in gläubiger Hoffnung zu erfassen (c. 23–27), sondern sie auch in dem schon gegenwärtigen Verhältnis der Christen zu Gott zu erkennen (c. 28–30); nicht bloß im Glauben die Gewissheit dieses Verhältnisses zu haben (c. 31.32), sondern demselben mit seinen gegenwärti-

gen und zukünftigen Segnungen auch durch die That zu entsprechen" (Väter 68)[1].

Die christologischen Prädikationen weisen auf einen traditionellen Zusammenhang mit dem Hebräerbrief hin, der in V. 2–5 noch expliziter zutage tritt. Der Titel ἀρχιερεύς τῶν προσφορῶν ἡμῶν gehört an sich in die kultische Sprache für die Darbringung der Opfergaben. In 40,4 f. wird das Motiv aufgenommen als Beispiel für ordnungsgemäß vollzogene kultische Handlungen, aber ohne christologische Anspielung. Die durchgängige Neigung, solche kultischen Ausdrücke bildlich zu gebrauchen, erschwert die inhaltliche Bestimmung des Ausdrucks. R. A. Lipsius deutet die προσφοραί als die Gebete der Christen (Disquisitio 86)[2]. Andere sehen hier eine Andeutung auf die Eucharistie[3]. Ph. Henne hat recht, wenn er eine Einschränkung der Vorstellung auf das liturgische Gebiet ablehnt, aber seine Deutung, die προσφοραί seien „touts les actes humains accomplis en Christ qui sont offert par Lui à Dieu" (Christologie 91), dürfte doch zu allgemein sein. Falls bei den προσφοραί überhaupt eine präzise Deutung möglich und angebracht ist, wäre eher an die Erfüllung der in 35,5 aufgestellten Bedingungen zu denken. Dabei ging es schließlich um den Weg der Wahrheit, der sich nun den Gläubigen in Jesus Christus offenbart. Wie 36,6 zeigt, wird das Motiv des Glaubensgehorsams – wohl durch die guten Werke – auch im christologischen „Exkurs" nicht vergessen.

Wenn der Titel ἀρχιερεύς christologisch verwendet wird, dann immer gemeinsam mit προστάτης (61,3; 64), und zwar recht formelhaft. Worin das Priestertum Jesu Christi besteht, ist nicht erkennbar. Es ist daher verständlich, wenn Photius dem Vf. vorwirft, Jesus Christus als Priester und Beschützer zu bezeichnen, ohne „gotteswürdige und erhabenste Worte über ihn ertönen zu lassen" (Bibl. 126: ὅτι ἀρχιερέα καὶ προστάτην τὸν κύριον ἡμῶν Ἰησοῦν Χριστὸν ἐξονομάζων, οὐδὲ τὰς θεοπρεπεῖς καὶ ὑψηλοτέρας ἀφῆκε περὶ αὐτοῦ φωνάς). In der Tat fällt es auf, daß es keinerlei Hinweis auf den Tod Jesu im Zusammenhang mit der Wendung ἀρχιερεύς τῶν προσφορῶν ἡμῶν gibt. Gerade von Hebr 10,10–14 her würde man dies erwarten[4]. Aber sein Interesse gilt den Gütern der Erlösung und nicht dem Vermittler an sich.

Der Terminus προστάτης bezeichnet allgemein den Beschützer, aber er ist auch als Gottesprädikation bezeugt[5]. Die Verbindung von ἀρχιερεύς und

---

[1] Es ist zu beachten, daß A. Hilgenfeld den ganzen Brief in drei Teile gliedert; den zweiten von ihnen bilden eben Kap. 23–36. Nach dieser Gliederung wäre Kap. 36 viel mehr als ein Exkurs.

[2] Ähnlich KNOPF, 106; J. BEHM, ThWNT III 189; G. SCHRENK, ThWNT III 284. Vgl. M. JOURJON, Remarques 109: „Notres offrandes, c'est notre aveu de péché et notre confiance en celui qui est le salut de Dieu."

[3] So H.-FR. WEISS ThWNT IX 71; O. KNOCH, Eigenart 60 (starke Betonung des liturgischen Kontextes, ebd. 344); ähnlich G. THEISSEN, Untersuchungen 40; LINDEMANN, 110.

[4] Vgl. R. A. LIPSIUS, Disquisitio 89; A. RITSCHL, Entstehung 279 f.

[5] Vgl. Sophokles, Oedipus Rex 882; Trach. 209. Bei Cornutus, dem Zeitgenossen des Vf.s

προστάτης scheint eine Eigentümlichkeit des Vf.s zu sein[1]. Anders steht es mit βοηθός, eine im AT, besonders in den Psalmen (vgl. Ps 9,10; 18,15; 27,7 u. ö.), häufige Bezeichnung Gottes als Helfer[2]. An dieser Stelle erscheint Jesus als βοηθὸς τῆς ἀσθενείας ἡμῶν[3]. Wiederum kommt hier eine Wendung des Hebräerbriefes in leicht veränderter Gestalt zum Ausdruck. Denn Hebr 4,15 spricht von Jesus als dem Hohenpriester, der fähig ist συμπαθῆσαι ταῖς ἀσθενείαις ἡμῶν. Hebr und I Clem scheinen aus einer gemeinsamen Tradition zu schöpfen. Trotz des oben festgestellten Unterschiedes – anders als in Hebr gibt es in I Clem keinerlei Hinweis darauf, daß der Tod des Hohenpriesters das Opfer ist – dürfte hier die Herkunft der Begrifflichkeit in I Clem zu suchen sein[4].

Die christologische Aussage hat zwei Teile, die formal ganz verschieden   2
gestaltet sind. Der erste Teil besteht in einer fünfgliedrigen Anaphora, die jeweils mit διὰ τούτου ansetzt. Ihr folgt ein Relativsatz mit einer partizipialen Prädikation.

διὰ τούτου ἀτενίζομεν εἰς τὰ ὕψη τῶν οὐρανῶν,
διὰ τούτου ἐνοπτριζόμεθα τὴν ἄμωμον καὶ ὑπερτάτην ὄψιν αὐτοῦ,
διὰ τούτου ἠνεῴχθησαν ἡμῶν οἱ ὀφθαλμοὶ τῆς καρδίας,
διὰ τούτου ἡ ἀσύνετος καὶ ἐσκοτωμένη διάνοια ἡμῶν ἀναθάλλει εἰς τὸ φῶς,
διὰ τούτου ἠθέλησεν ὁ δεσπότης τῆς ἀθανάτου γνώσεως ἡμᾶς γεύσασθαι,
     ὃς ὢν ἀπαύγασμα τῆς μεγαλωσύνης αὐτοῦ
     τοσούτῳ μείζων ἐστὶν ἀγγέλων,
     ὅσῳ διαφορώτερον ὄνομα κεκληρονόμηκεν.

Aufgrund des feierlichen Charakters des Textes und der Berührungspunkte mit anderen urchristlichen Texten hebt Knopf, 106, den starken Eindruck liturgischer Prägung des Stücks hervor („einzelnes darin stammt nachweisbar aus der Liturgie"). Nach A. v. Harnack zählt der Vf. „die Benefizia Christi in einem Hymnus auf, sodann beschreibt er die Würde der Person nach dem Hebräerbrief und dessen ATlichen Zitaten … Daß auch diesem Kapitel Liturgisches zugrunde liegt, ist sehr wahrscheinlich" (Einführung 113). J. Fischer betrachtet die Möglichkeit einer litur-

---

in Rom, liest man: προστάτης δὲ καὶ σωτὴρ τῶν οἰκείων ἐστὶ τῷ σῴζειν καλῶς τὸν ἴδιον οἶκον καὶ ὑπόδειγμα παρέχειν ἑαυτὸν καὶ τοῖς ἄλλοις (Compendium S. 51 [ed.Lang]). Im hellenistischen Judentum vgl. Josephus, Ant 4,185; 7,380 (Gott als προστάτης).
[1] Anders H. B. BUMPUS, Awareness 112, der die Abhängigkeit der Titel von einer liturgischen Quelle behauptet.
[2] Im NT nur in Hebr 13,6 als Zitat von Ps 117,6.
[3] Dazu PH. HENNE, Christologie 95: „Le Christ est, auprès des hommes, l'aide et le secours dans leur inaptitud à garder une vie morale droite." Von einer menschlichen Unfähigkeit, auf die sittliche Forderung Gottes zu antworten, ist in I Clem nichts zu spüren.
[4] G. THEISSEN, Untersuchungen 42–52, erklärt den Unterschied zwischen I Clem und Hebr durch eine zweifache Modifizierung dieser christologischen Tradition – Jesus Christus als der Hohepriester der Gemeindeopfer (so I Clem) – in Hebr: 1. Das Opfer ist das Selbstopfer des Hohenpriesters; 2. das hohepriesterliche Werk besteht fast ausschließlich in der Sündenvergebung. H. B. BUMPUS, Awareness 113, leitet das christologische Verständnis des Hohenpriester-Titels in I Clem aus der zwischentestamentarischen Literatur ab. Die angeführten Stellen (TestLev 8 und die Bilderreden von äthHen) liefern dafür keine hinreichende Grundlage.

gischen Herkunft als sehr wahrscheinlich, aber schließt eine eigene Formulierung des Vf.s nicht aus (71 Anm. 208). O. Knoch rechnet den Text der römisch-christlichen Liturgie zu (Eigenart 57.60) und vermutet auch einen eucharistischen Hymnus (ebd. 325). Diese Beurteilung wird durch einige stilistische Beobachtungen untermauert: „... wie das fünfmalige διὰ τούτου sowie der dem Cl. sonst fremde hymnische Stil und der andere Gebrauch von Begriffen, die auch sonst bei Cl. begegnen – so vor allem der der ,unsterblichen Gnosis‘, dann auch der Cl. sonst fremde Gedanke von der schon hienieden dem Erlösten geschenkten Schau Gottes – nahelegen" (57). Die von J. Fischer immerhin für denkbar gehaltene redaktionelle Herkunft lehnt er „als höchst unwahrscheinlich" ab (ebd.)[1]. Freilich reichen solche stilistischen Beobachtungen nicht aus, um die so dezidiert vorgetragene Beurteilung zu begründen. Die Verwendung der Anaphora in I Clem ist durch viele Stellen belegt. Ein hymnischer Stil ist dem Vf. keineswegs fremd, wenn man darunter eine feierliche Prosa versteht, etwa in Kap. 20, in 32,2 oder in 33,3; vor allem darf das kunstvolle Kap. 49 nicht vergessen werden. Die sprachliche Untersuchung hat jeweils sehr durchdachte Formulierungen herausgestellt, die sich in den Gedankengang nahtlos einfügen und sonst dem Vf. zuzutrauen sind. Grant, 64, bemerkt richtig, „not all rhetoric is necessarily related to liturgy." Im Fall von 36,2 vermag nur eine detaillierte Sprachanalyse eine fundierte Entscheidung herbeizuführen.

Die fünf mit διὰ τούτου eingeleiteten Sätze sind deutlich strukturiert: Bei den zwei ersten ist ein „Wir" das Subjekt, und die Handlung hat mit einer optischen Wahrnehmung zu tun (ἀτενίζομεν εἰς τὰ ὕψη τῶν οὐρανῶν ... ἐνοπτριζόμεθα τὴν ἄμωμον καὶ ὑπερτάτην ὄψιν αὐτοῦ), die sich auf einen „göttlichen" Gegenstand bezieht. Bei den zwei folgenden Sätzen ist das Subjekt jeweils ein menschliches Erkenntnisorgan (οἱ ὀφθαλμοὶ ... διάνοια). Beim letzten Satz ist ὁ δεσπότης das Subjekt, auf dessen Willen die Gabe der unsterblichen Gnosis zurückgeht.

Das διά deutet die Vermittlungsrolle Jesu Christi an. Innerhalb der christologischen Aussagen in I Clem nimmt es eine zentrale Stellung ein, wie aus der Häufigkeit der Präposition διά bei solchen Aussagen hervorgeht (praescr.; 12,7; 20,11; 42,3; 44,1 u. ö)[2]. Im ersten Satz bezieht sich das διὰ τούτου auf den Blick auf die Höhe der Himmel. ἀτενίζειν εἰς ist eine Stileigentümlichkeit von I Clem (vgl. 7,4). Es geht dabei immer um das Schauen einer Wirklichkeit, die zum göttlichen Bereich im weitesten Sinn gehört: das Blut Christi (7,4);

---

[1] G. THEISSEN, Untersuchungen 41, stellt kultische Anspielungen in Kap. 34 und hier heraus. Die Frömmigkeit sei mit dem Abendmahl in Verbindung zu bringen. „Die Elemente wären die Opfer in einem Kult, dessen Priester Jesus ist." Vgl. auch PH. HENNE, Christologie 105: „Le fondement liturgique de ce passage est indéniable. Le vocabulaire, les images, la construction font songer aux hymnes juives et païennes. Les allusions sacramentaires sont également présentes"; M. MEES, Hohepriester-Theologie 122 f.; DERS., Christusbild 316: „Es ist dies der Hohepriester der Liturgie, zu dem die Gemeinde im Kult gläubig aufschaut ... Durch das viermalige (sic!) διὰ τούτου wird ein Hymnus sapientialer Art gebildet, der ein würdiges Preislied auf den Hohenpriester und seine Mittlertätigkeit für uns beim Vater ist." S. SCHULZ, Mitte 323, spricht sogar von einem „massiven Sakramentalismus."

[2] Vgl. H. B. BUMPUS, Awareness 58 f.

die Diener der Herrlichkeit Gottes (9,2); diese Herrlichkeit selbst (17,2); der Vater und Schöpfer des Alls (19,2). Durch die Vermittlung Jesu Christi blicken die Gläubigen auf zu den Höhen der Himmel. Es handelt sich um eine schon jetzt gegebene Tatsache. Anders als in 7,4; 9,2 und 19,2 erscheint das Verb im Indikativ Präsens und nicht im Konjunktiv-Aorist. Der Satz bereitet den folgenden vor: Weil der Blick sich zum Himmel richtet, ist es möglich, das Antlitz Gottes zu schauen. Was die Wendung selbst anbelangt, gibt es eine gute Parallele zu ihr in OrMan 9: καὶ οὐκ εἰμὶ ἄξιος ἀτενίσαι καὶ ἰδεῖν τὸ ὕψος τοῦ οὐρανοῦ[1]. Ob eine tatsächliche sprachliche Beeinflussung vorliegt, ist ungewiß.

Beim zweiten Satz stellt sich zunächst die Frage nach der genauen Bedeutung vom in der biblischen Literatur nicht belegten ἐνοπτρίζομαι. Wörtlich heißt es, „(sich) im Spiegel anschauen" (Bauer/Aland 540)[2]. Das Verb kann aber auch einfach „schauen, anblicken" heißen, wie es in späteren Texten bezeugt ist[3]. Eine Entscheidung verlangt die Berücksichtigung anderer Elemente. Das erste ist der unmittelbare Kontext. Die Wahrnehmung des göttlichen Antlitzes (τὴν ἄμωμον καὶ ὑπερτάτην ὄψιν) vollzieht sich durch die Vermittlung Jesu Christi (διὰ τούτου). Gerade das διὰ τούτου legt es nahe, ἐνοπτριζόμεθα wörtlich zu nehmen. Die Gestalt des Erlösers spiegelt das Antlitz Gottes wider[4]. Die traditionelle Grundlage findet sich im hellenistischen Judentum, und zwar in Weish 7,26: ἀπαύγασμα γάρ ἐστιν φωτὸς ἀιδίου καὶ ἔσοπτρον ἀκηλίδωτον τῆς τοῦ θεοῦ ἐνεργείας καὶ εἰκὼν τῆς ἀγαθότητος αὐτοῦ. Die Weisheit Gottes erscheint als Abglanz des ewigen Lichtes, als makelloser Spiegel seines Wirkens und Abbild seiner Güte. Auf der gleichen Linie liegt die Erklärung Philos zur Bitte des Mose nach Ex 33,13: „Offenbare dich mir, daß ich dich erkennend sehe." Philo paraphrasiert: „Offenbare dich mir nicht durch Himmel oder Erde, durch Wasser oder Luft oder überhaupt durch etwas Geschaffenes, noch möchte ich dein Bild in etwas anderem widergespiegelt (sehen) als in dir, der Gottheit" (All III 101: ... μηδὲ κατοπτρισαίμην ἐν ἄλλῳ τινὶ τὴν σὴν ἰδέαν ἢ ἐν σοὶ τῷ θεῷ)[5]. Das Spiegel-Motiv

---

[1] TestJud 24,2; TestLev 18,6 und äthHen 11,1 kommen nicht in Betracht. Gegen H. B. Bumpus, Awareness 110.

[2] In Migr 98 verwendet Philo das Verb ἐνοπτρίζομαι genau in dieser Form: „Sich selbst in Gedanken im Spiegel anschauen" (ἐνοπτρίζωνται ἑαυτοὺς κατὰ μνήμην τῶν ἐσόπτρων).

[3] Im Hinblick auf irdische Gegenstände vgl. Plutarch, Mor. 696a: ἔπειτα τῇ ὄψει παρέχει καθαρώτατον ἐνοπτρίσασθαι; Klemens von Alexandrien, Paed. III 23,3: τί τοίνυν οὐκ ἂν ἐπιτηδεύσειαν αἱ γυναῖκες αἱ εἰς μαχλοσύνην σπεύδουσαι, τοιαῦτα τολμῶσιν ἐνοπτριζόμεναι τοῖς ἀνδράσιν.

[4] H. B. Bumpus, Awareness 64, stellt die Bedeutung Christi als διδάσκαλος in I Clem heraus. Die ersten zwei von ihm erwähnten Aspekte treffen ohne weiteres zu: Lehrer durch seine Worte (I Clem 2,1; 22,1; 46,7; und durch die Beispiele seines Lebens (16,2; 21,6.8). Der dritte: „Teacher as reflection of the Father: 36,2; 59,2; 59,3", überinterpretiert die Texte.

[5] Die gleiche Überlieferung ist in 2 Kor 3,18 vorhanden: ἡμεῖς δὲ πάντες ἀνακεκαλυμμένῳ προσώπῳ τὴν δόξαν κυρίου κατοπτριζόμενοι τὴν αὐτὴν εἰκόνα μεταμορφούμεθα ἀπὸ δόξης εἰς δόξαν καθάπερ ἀπὸ κυρίου πνεύματος. Vgl. R. Bultmann, Brief an die Korinther 97. Wie in I

(mit ἐνοπτρίζομαι oder κατοπτρίζομαι) bringt das Moment der göttlichen Selbstoffenbarung und der menschlichen Erkenntnis zur Sprache und wahrt dabei die unüberbrückbare Distanz zwischen Gott und Menschen[1]. Die Spekulationen über die Weisheit waren dazu ein sehr geeignetes Mittel, das in der judenchritlichen Überlieferung in mehrfachen christologischen Aktualisierungen aufgenommen wurde. Merkürdig ist die Verwendung von ὄψις. Zur Bezeichnung des göttlichen Antlitzes gebraucht die LXX meistens πρόσωπον (Gen 32,31; Num 6,25; Ps 12,2; 29,8; 43,25; 101,3 u. ö.), nie ὄψις. Nur die Aquila-Fassung bringt ὄψις anstelle von δόξα in der Bitte des Mose nach Ex 33,18 (δεῖξόν μοι τὴν σεαυτοῦ δόξαν). Ob der Vf. πρόσωπον vermieden hat, weil er den Terminus in einem ganz anderen Sinn verwendet (1,1; 47,6)[2] oder ob er von einer anderen griechischen Version des AT abhängt, muß offen bleiben. Von den zwei Adjektiven, die das Antlitz Gottes näher charakterisieren, ist nicht so sehr das erste, ἄμωμος (vgl. 35,5; 37,1), wichtig als das zweite, nämlich die Superlativ-Form ὑπερτάτης („allerhöchste"). In der biblischen und altchristlichen Literatur nur hier belegt, erscheint es im Zusammenhang mit der göttlichen Welt bei Aischylos, Suppl. 672 und bei Sophokles im berühmten Chor der Antigone 338: θεῶν τε τὰν ὑπερτάταν, Γᾶν. Die Aussage nimmt vorweg, was der anschließende Relativsatz ὃς ὢν ἀπαύγασμα τῆς μεγαλωσύνης αὐτοῦ ebenso bekennt.

Auf die Vermittlung des Erlösers wird sodann die Öffnung der Augen des Herzens zurückgeführt. Wie in 59,3 (ἀνοίξας τοὺς ὀφθαλμοὺς τῆς καρδίας ἡμῶν) ist Gott selbst das Subjekt der Handlung, aber sein Wirken vollzieht sich *durch* Jesus Christus. Daß darin eine sakramentale Anspielung enthalten ist, dürfte fraglich sein. Die Wendung erinnert an Eph 1,18: πεφωτισμένους τοὺς ὀφθαλμοὺς τῆς καρδίας [ὑμῶν][3]. Das einmal vollzogene Geöffnetwerden setzt einen früheren Zustand voraus, bei dem die Augen geschlossen bzw. zum Sehen unfähig waren. Den Sinn des bildlichen Ausdrucks erläutert der folgende Satz. Das Subjekt ist die διάνοια (der Sinn, der Verstand), die als ἀσύνετος καὶ ἐσκοτωμένη (unverständig und verfinstert) bezeichnet wird. Die rettende Vermittlung Jesu Christi drückt ein Bild aus, das direkt nur auf das zweite Adjektiv Bezug nimmt: ἀναθάλλει εἰς τὸ φῶς. Der Übergang zum Licht beendet den Zustand der Verfinsterung (ἐσκοτωμένη), der zugleich der des

---

Clem wird ἐνοπτρίζομαι bei anderen späteren Autoren gebraucht. Vgl. Origenes, In Jo. Frag. 103: γέγραπται· οὐδεὶς ἔγνω τὸν υἱόν …: ἐνοπτριζόμενοι τὴν αὐτὴν εἰκόνα μεταμορφοῦνται; Porphyrius, Ad Marcellam 13: σοφὸς δὲ ἄνθρωπος ὀλίγοις γινωσκόμενος, εἰ δὲ βούλει, καὶ ὑπὸ πάντων ἀγνοούμενος, γινώσκεται ὑπὸ θεοῦ. ἑπέσθω τοίνυν ὁ μὲν νοῦς τῷ θεῷ, ἐνοπτριζόμενος τῇ ὁμοιώσει θεοῦ.

[1] Oder, aus einer anderen Perspektive, die Spannung zwischen Anbruch und Vollendung. Vgl. G. KITTEL, ThWNT II 694 Anm. 2.

[2] πρόσωπον als Gottes Angesicht kommt auch sonst in Zitaten vor (I Clem 16,3; 18,9.11; 22,6; 28,3; 34,3) oder in an die Sprache der Tradition sich anlehnenden Formulierungen wie 60,3.

[3] Sie ist auch in der hermetischen Literatur belegt. Vgl. CHerm 4,11 (I 53); 7,1 (I 81).

Nicht-Verstehens ist (vgl. 51,5: τὰς ἀσυνέτους καρδίας)[1]. Das im Klassischen selten vorkommende Verb ἀναθάλλειν zur Bezeichnung dieses Überganges enthält zwei Konnotationen: einmal ist da das Moment des neuen Lebens durch das Aufblühen; zweitens ist darin auch eine räumliche Komponente enthalten, da dieses Aufblühen εἰς τὸ φῶς führt. Beide Aspekte sind auch in Sir 49,10 vorhanden: καὶ τῶν δώδεκα προφητῶν τὰ ὀστᾶ ἀναθάλοι ἐκ τοῦ τόπου αὐτῶν (ähnlich Sir 46,12 über die Richter). Während Ps 27,7 (über die σάρξ) nur ein Bild der Genesung ist, scheint das Aufblühen der längst verstorbenen Gebeine ein Hoffnungszeichen zu setzen, das sie aus der Grabstätte herausführen könnte. Die in 35,5 eingeschärfte Ausrichtung der διάνοια auf Gott hin erweist sich als Antwort auf die Gabe der Befreiung von Unverständnis und Finsternis[2].

Der letzte διὰ τούτου-Satz erklärt den δεσπότης als den Urheber für die den Gläubigen geschenkte ἀθάνατος γνῶσις. Das Verb ἠθέλησεν verweist ausdrücklich auf die Willensentscheidung des δεσπότης (vgl. 27,5!) bei der Vermittlung der γνῶσις. Der Inhalt dieser Erkenntnis ist kein anderer als die vorgetragene Auslegung des Willens Gottes mit den dazu gehörenden Konsequenzen für die Lebensgestaltung in der Gemeinde[3]. Sie ist ἀθάνατος, weil θεία (40,1)[4]. Für den Vf. besteht offenbar kein Zweifel über die Verbindlichkeit und theologische Qualifikation seines Schreibens. Die Aufnahme dieser γνῶσις drückt bildlich das Verb γεύσασθαι aus. „Kosten", „schmecken" wird im übertragenen Sinn gebraucht zur Bezeichnung der Intensität der Erkenntnis bzw. der Erfahrung. Die Ausdrucksweise ist im Klassischen und im hellenistischen Judentum bezeugt[5]. Im Licht dieses Sprachfeldes, aber auch aufgrund

---

[1] Es ist möglich, daß in der Charakterisierung der διάνοια paulinische Reminiszenzen nachwirken, vor allem Röm 1,21 (ἐσκοτίσθη ἡ ἀσύνετος αὐτῶν καρδία). Vgl. auch Eph 4,18 (ἐσκοτωμένοι τῇ διανοίᾳ ὄντες).

[2] Übergang von der Finsternis ins Licht ist ein religionsgeschichtlicher Gemeinplatz, der unterschiedliche Anwendung finden kann. Ohne einen Beweis für seine Deutung spricht E. BARNIKOL, Taufauffassung 77, anhand von I Clem 36,2 von einer Taufstelle. Dazu würde auch I Clem 59,2 gehören. Die Beurteilung: „Die clementinische Taufauffassung ist eine vorsynoptische und ausschließlich heidenchristliche, freilich nicht eine spezifisch paulinische", erfolgt ohne nähere Begründung. Ähnlich A. BENOIT, Baptême 85, aber unter Verweis auf Hebr 6,4.6; G. THEISSEN, Untersuchungen 40: „urchristlicher Enthusiasmus in der Sprache hellenistischer Frömmigkeit." Nach PH. HENNE, Christologie 101, übernimmt der Vf. Elemente aus einer Taufliturgie. All diesen Deutungen fehlt eine überzeugende Beweisführung für den vorausgesetzten liturgischen Hintergrund.

[3] Eine polemische Absicht gegen die heidnische Gnosis ist unwahrscheinlich. Anders FISCHER, 71 Anm. 214; FR. NORMANN, Christos Didaskalos 82. Die Wendung „unsterbliche Erkenntnis" bedeutet nicht, daß die Benefizia Christi nun „griechisch empfunden" werden (gegen A. v. HARNACK, Einführung 113). TH. F. TORRANCE, Doctrine 47, verkennt den Kontext mit der Behauptung, Erlösung sei in I Clem Erkenntnis.

[4] Die von LINDEMANN, 111, aufgestellte Alternative, daß die durch Christus vermittelte γνῶσις sich auf Unsterblichkeit richte oder daß diese γνῶσις ewige Dauer besitze, geht an der Sache vorbei.

[5] Vgl. Ps 31,9; Spr 31,18; Josephus, Bell 2,158 (von der σοφία der Essener); Philo, Virt

der bisherigen Argumentation ist ein Verweis auf die Eucharistie sehr unwahrscheinlich[1].

Mit dem folgenden Relativsatz fängt ein Abschnitt an, der in einem unübersehbaren Traditionszusammenhang mit dem Hebräerbrief steht. Die drei Worte aus der Schrift (V. 3–5) gehören ebenfalls dazu.

I Clem 36	Hebr 1
V. 2b ὃς ὢν ἀπαύγασμα	V. 3 ὃς ὢν ἀπαύγασμα τῆς δόξης …
τῆς μεγαλωσύνης αὐτοῦ	ἐκάθισεν ἐν δεξιᾷ τῆς μεγαλωσύνης
τοσούτῳ μείζων ἐστὶν	V. 4 τοσούτῳ κρείττων γενόμενος τῶν
ἀγγέλων,	ἀγγέλων
ὅσῳ διαφορώτερον	ὅσῳ διαφορώτερον παρ᾿ αὐτοὺς
ὄνομα κεκληρονόμηκεν.	κεκληρονόμηκεν ὄνομα.
V. 3 γέγραπται γὰρ οὕτως·	V. 7 καὶ πρὸς μὲν τοὺς ἀγγέλους λέγει,
ὁ ποιῶν τοὺς ἀγγέλους αὐτοῦ πνεύματα	ὁ ποιῶν τοὺς ἀγγέλους αὐτοῦ πνεύματα
καὶ τοὺς λειτουργοὺς αὐτοῦ πυρὸς φλόγα.	καὶ τοὺς λειτουργοὺς αὐτοῦ πυρὸς φλόγα.
V. 4	
ἐπὶ δὲ τῷ υἱῷ αὐτοῦ οὕτως εἶπεν ὁ δεσπότης·	V. 8 πρὸς δὲ τὸν υἱόν,
	V. 5 (τίνι γὰρ εἶπέν ποτε τῶν ἀγγέλων),
υἱός μου εἶ σύ,	υἱός μου εἶ σύ,
ἐγὼ σήμερον γεγέννηκά σε·	ἐγὼ σήμερον γεγέννηκά σε.
αἴτησαι παρ᾿ ἐμοῦ, καὶ δώσω σοι ἔθνη τὴν	
κληρονομίαν σου καὶ τὴν κατάσχεσίν σου τὰ	
πέρατα τῆς γῆς.	
V. 5 καὶ πάλιν λέγει πρὸς αὐτόν·	V. 13 πρὸς τίνα δὲ τῶν ἀγγέλων εἴρηκέν ποτε,
κάθου ἐκ δεξιῶν μου,	κάθου ἐκ δεξιῶν μου,
ἕως ἂν θῶ τοὺς ἐχθρούς σου ὑποπόδιον τῶν	ἕως ἂν θῶ τοὺς ἐχθρούς σου ὑποπόδιον τῶν
ποδῶν σου.	ποδῶν σου;

Die Bezeichnung Jesu Christi als ἀπαύγασμα τῆς μεγαλωσύνης αὐτοῦ nimmt das Spiegel-Motiv wieder auf und bleibt im Rahmen der Begrifflichkeit von Weish 7,26 (s. o.)[2]. Die Verbindung mit dem Vorhergehenden durch ὃς ὢν ist eine auffallende Gemeinsamkeit mit Hebr 1,3. Der Relativ- und Partizipialstil, die Sonderterminologie und die viergliedrige Aussage in Hebr 1,3 weisen auf ein vorgegebenes Traditionsstück hin, dessen Anfang hier aufgenommen wird[3]. Freilich steht auch Hebr 1,3 unter dem Einfluß der Weis-

---

188; SpecLeg I 37 (die φιλοσοφία); IV 92 u. ö. Im NT vgl. Hebr 6,4.5. Vgl. J. BEHM, ThWNT I 674 f.

[1] Der Hinweis auf Did 9,1 und 10,2 (Danksagung für γνῶσις und ζωή) führt hier nicht weiter. Gegen W. BOUSSET, Kyrios Christos 285; KNOPF, 107; A. v. HARNACK, Einführung 113; FISCHER, 71 Anm. 214; O. KNOCH, Eigenart 331 f.; P. G. VERWEIJS, Evangelium 134; T. AONO, Entwicklung 90 f. Nach J. DANIELOU, Théologie 423, hängen I Clem und die Didache von einer Quelle ab. Am weitesten geht die Deutung von S. SCHULZ, Mitte 323: „Im mysterienhaft verstandenen Abendmahlskult wird also die fromme Seele schon hier auf Erden, in der Fremde und auf der ‚Reise‘ zur himmlischen Welt, der Schau Gottes teilhaftig und ‚kostet‘ sie die Unsterblichkeit.“

[2] Die Interpretation von E. GUNDERT, Brief 466, ἀπαύγασμα τῆς μεγαλωσύνης αὐτοῦ würde die Wesensgleichheit und die Wesenseinheit zwischen Gott und Christus beinhalten, überfordert das Bild.

[3] Vgl. O. MICHEL, Brief an die Hebräer 96 f.; H.-F. WEISS, Brief an die Hebräer 144. Der

heitstheologie von Weish 7,26[1]. Den Begriff μεγαλωσύνη hat der Vf. schon in 16,2 als eine markante christologische Aussage und in 27,4 über das Schöpfungswort verwendet[2]. Hier kommt er als theologische Metapher vor. Gottes Majestät ist der Ausdruck seiner Erhabenheit. Der Vergleich mit den Engeln läßt auf den ersten Blick keinen unmittelbaren Zusammenhang erkennen, wird aber in V. 3 f. in Anlehnung an den Schriftbeweis von Hebr begründet. Der vom Sohn geerbte „Name" umfaßt „Würde, Stellung, Wesen"[3]. Weil es sich dabei um ein „Erbe" handelt, ist darin der Hinweis auf Gott enthalten, der seinen Sohn mit dieser Würde ausstattet. Der eigenartige Ausdruck „einen Namen erben" ist wahrscheinlich als Erhöhungsaussage zu verstehen (Phil 2,9 f.)[4].

Die Reihenfolge der Zitate ist anders als in Hebr 1,5.7, aber das angestrebte   3
Ziel, den Vorrang des Sohnes über die Engel zu demonstrieren, wird auch so erreicht. Der Wortlaut des Zitats aus Ps 103,4 stimmt mit Hebr 1,7 überein. Das gemeinsam von der LXX abweichende πυρὸς φλόγα (LXX: πῦρ φλέγον) kann auf LXX-Varianten zurückgehen (πυρὸς φλέγα; vgl. aber Sym.: πυρὸς φλόγα)[5]. Der Vergleich der Engel mit den Winden und mit einer Feuerflamme ist an sich ambivalent. Als Teil einer Gegenüberstellung mit dem Sohn als Empfänger der göttlichen Macht (V. 4) drückt er das Moment der Wandelbarkeit bzw. der Inkonsistenz aus. Die Engel spielen ohnehin eine sehr geringe Rolle in I Clem. Die Aussage in I Clem 34,5 über die große Zahl von Engeln, die τῷ θελήματι αὐτοῦ λειτουργοῦσιν, zeigt, daß sie vor allem als „Diener" Gottes (τοὺς λειτουργούς αὐτοῦ) angesehen werden.

Das Wort Gottes bekundet die Sohnschaft des Erlösers und seine Teilnah-   4
me an der göttlichen Macht. Der Vorrang des Sohnes über die Engel kommt wenigstens in einem Punkt deutlicher zum Ausdruck als in der Darstellung von Hebr 1,4-7. Vom Ps 2 nimmt der Vf. nicht nur den V. 7 (so Hebr 1,5), sondern auch den V. 8 mit dem verheißenen Besitz der Völker und der Erde. Auch die Einleitung zum Zitat ist christologisch relevant und hängt mit dem Inhalt von Ps 2,8 zusammen. Der hier spricht, ist der δεσπότης, der seinen Sohn der eigenen Herrschaft teilhaftig werden läßt.

Ps 109,1 wird auch in Hebr 1,13 zitiert. Die Textgestaltung in I Clem   5
36,4-5 läßt die Verschiebung der Perspektiven in der jeweiligen christologischen Darstellung deutlich erkennen. Die Engel bilden nicht mehr den Be-

---

Rezeptionsprozeß in I Clem ist umstritten. M. MEES, Hohepriester-Theologie 121: „Der Liturgie wird man die nötige Formkraft zutrauen dürfen. Eine Abhängigkeit von Hebr scheint nicht gegeben zu sein." Anders G. L. COCKERILL, Hebr 437-440: I Clem hängt von Hebr ab. S. o. Einleitung § 4 2.d.
[1] Vgl. O. MICHEL, a. a. O. 97 Anm. 1. Zu ἀπαύγασμα vgl. Philo, Op 146; Plant 50; SpecLeg IV 123.
[2] Zum Sprachgebrauch allgemein vgl. 16,2.
[3] Vgl. O. MICHEL, Brief an die Hebräer 105.
[4] Vgl. H.-F. WEISS, Brief an die Hebräer 153 f.
[5] Vgl. Ps 28,7; Klgl 2,3.

zugspunkt, um die Erhabenheit des Sohnes um so deutlicher hervorzuheben. Die unmittelbare Folge von Ps 109,1 (V. 5) nach Ps 2,7–8 (V. 4) stellt die Inthronisation als den Höhepunkt der Szene dar, als die Erfüllung der Verheißung von der Machtübertragung. Der Erlöser sitzt jetzt zur Rechten Gottes, und die Unterwerfung aller Gegner ist schon im Gange.

6   Die Frage greift auf den zitierten Ps 109,1 (ἕως ἂν θῶ ἐχθρούς σου) zurück, und will die „Feinde" genauer bestimmen. Auslegung heißt zugleich Aktualisierung, denn das Textverständnis erschließt sich dann, wenn der aktuelle Bezug hergestellt wird. Die Antwort ist eindeutig: Die Feinde sind die, welche sich dem Willen Gottes widersetzen. Das ist das entscheidende. Daß sie auch Böse genannt werden, ist sehr allgemein und gewinnt einen Sinn nur aus der Haltung des Ungehorsams heraus. Die Aktualisierung des alttestamentlichen Textes in diesem Zusammenhang ist kennzeichnend für die Theologie von I Clem. Im Mittelpunkt steht der mächtige Gott und sein Heilswille gegenüber den Menschen. Dazu gehört das positive Moment der Unterordnung (ὑποτάσσεσθαι), das durch die Beispiele der Natur und die vielfältigen Aufforderungen immer wieder zur Sprache gebracht wird, aber auch die entgegengesetzte Haltung wie hier. Nach der „Logik" der bisherigen Darstellung fällt es dem Leser nicht schwer, die Aktualisierung des Textes auch im Hinblick auf die Verhältnisse in Korinth zu realisieren und die „Feinde" mit den „Unruhestiftern" dort zu identifizieren (Knopf, 108; Grant, 64; Lindemann, 112)[1]. Wenn die Inthronisation des Erlösers mit der Unterwerfung aller Feinde verbunden ist, dann ist der Widerstand gegen den Willen Gottes die Haltung, durch die man zum Gegner wird. Das Anliegen der Theologie und der Christologie sind in I Clem deckungsgleich.

Exkurs 6: Die Christologie des I Clem

I. Forschungsgeschichtlicher Überblick.

Das Problem der Christologie des I Clem hat W. Wrede deutlich formuliert: „Paulus ist in seinem religiösen Fühlen, seiner religiösen Phantasie, seinem Heiligungsstreben immer durch die Beziehung auf den lebendigen κύριος bestimmt; wollte man das christologische Element aus seinen Briefen fortnehmen, so bliebe nichts Lebendiges über. Bei Klemens kann man diese Auslösung des Christologischen vornehmen, und es bleibt alles Wesentliche der Frömmigkeit zurück, sie besteht nach wie vor im Glauben an Wort und Verheissung des ziemlich geistig und erhaben gedachten Gottes und in der Treue gegen seine Gebote" (Untersuchungen 103). Daß die Christologie des I Clem einen merkwürdigen, beinahe „entbehrlichen" Charakter besitzt, hat die For-

---

[1] Nach CHR. EGGENBERGER, Quellen 37, „dürfte sicher sein, dass mit diesen ἀντιτασσόμενοι auch *die Widersetzlichen des politischen Bereiches* gemeint sind, diejenigen, die sich nicht an die Weisungen von 1,3; 21,6 und 61,1 halten." Der Kontext im Kap. 36 selbst stellt die Sicherheit der Behauptung in Frage.

schungsgeschichte wiederholt bestätigt. Die Ergebnisse lassen sich in drei Hauptrichtungen einordnen:

1. I Clem als Vertreter eines Christentums ohne Christologie. Es handelt sich um eine extreme Beurteilung, die in dieser so dezidierten Form nur von D. Völter, Die Apostolischen Väter, Leiden 1904, vorgetragen wurde. Völter geht von den Beobachtungen Wredes über die Bedeutung des Altes Testament aus (S. 2 f.). Dabei stellt er fest: „Beim Lesen des Briefes bekommt man oft genug den Eindruck, dass darin mit alttestamentlichem Material argumentiert wird, als ob es überhaupt kein Christentum gäbe, oder dass, was der Brief doch an specifisch Christlichem enthält, keinen substantiellen sondern nur accidentellen Bestandteil desselben ausmache und dem alttestamentlichen Hintergrund nur oberflächlich zur Ornamentirung aufgeheftet sei" (5). Den Ergebnissen von Wrede stimmt Völter zu, nicht aber dessen Lösung. Völter interpretiert den Sachverhalt als Hinweis auf eine Überarbeitung eines Originals. In den Pseudoklementinischen Homilien findet er eine Bestätigung für ein Christentum ohne Christologie, wie es ursprünglich in I Clem der Fall gewesen ist. Seine Rekonstruktion von I Clem (Die Apostolischen Väter, 49–84) eliminiert alle relevanten christologischen Aussagen, aber auch ganze Kapitel (Kap. 36; 42; 44,1–2; 46,5–7a). Geblieben sind nur Aussagen, die Jesus als Lehrer zeigen (13,1; 46,7b)[1]. Das Ergebnis kann nicht mehr überraschen: „Die Religion des Clemens ist ein ganz eigenartiger Typus, der sich mit keinem der uns aus dem Neuen Testament bekannten Typen deckt. Als christlich kann dieser Standpunkt, wie gesagt, nur im allgemeinsten Sinn bezeichnet werden ... Man wird daher die Religion des Clemens zutreffender als ein erneuertes Judentum bezeichnen müssen oder vielmehr als die Religion jener ‚Gottesfürchtigen‘ aus den Heiden, die ursprünglich im Anschluß an die Synagoge ihr Heil gesucht, dann aber sich dem Christentum zugewendet hatten, nicht sowohl um hier eine neue Religion als vielmehr die religiöse Vollberechtigung zu finden, die ihnen das Judentum verweigerte" (109). Die Radikalität, mit der aus einem festgestellten Problem weitreichende literarkritische Konsequenzen gezogen und in die Tat umgesetzt werden, gehört forschungsgeschichtlich in die „Quellenforschung" des neuzehnten Jahrhunderts. Auf die Arbeiten im zwanzigsten Jahrhundert ist daraus kein Impuls ausgegangen.

2. I Clem als „zum vollen Universalismus entschränktes Diaspora-Judentum". So hat W. Bousset I Clem charakterisiert (Kyrios Christos 289)[2]. I Clem wird implizit im Lichte oder besser im Schatten der paulinischen Christologie gesehen, und so werden Defizite herausgestellt, die ohne weiteres aus diesem Vergleich herrühren[3]. Problematisch sind dann nicht die Ergebnisse, sondern ihre Voraussetzung, nämlich daß die Christologie des I Clem an der paulinischen Christologie gemessen werden soll. Nach R. Bultmann steht I Clem zwar unter dem Einfluß der paulinischen Tra-

---

[1] In seinen „Bemerkungen zum I. Clemensbrief", in: ZNW 7 (1906) 261–264, geht Völter einen Schritt weiter und hält auch diese Abschnitte für einen späteren Zusatz.

[2] Vgl. auch H. CONZELMANN, Grundriss 322.

[3] Nach L. LEMME, Judenchristentum 408, hat das Christentum des I Clem „kaum viel mehr als den Namen. In Wirklichkeit ist es reformiertes Judenthum, und zwar unter der Einwirkung des christlichen Bekenntnises reformiert." Die Christologie habe judenchristliche Prägung: Christus als messianischer Prophet (I Clem 42,1). Auch I Clem 33,4 überschreite nicht „die ebjonitische Anschauung von Christo" (ebd. 432).

dition, „weit mehr aber noch unter dem der hellenistischen Synagoge, so daß von echtem Paulinismus wenig, ja fast nichts übrig bleibt. Es ist überhaupt schwer zu sagen, worin eigentlich die Christlichkeit des 1.Klem besteht. Ist sie mehr als das Selbstbewußtsein, dank des in Christus geschehenen Heilsereignisses der Gnade Gottes sicher zu sein?" (Theologie 537) ... „Die Bedeutung Christi besteht daher darin, daß er einerseits durch seinen Tod der Gemeinde das Selbstbewußtsein gegeben hat, die Gemeinde der Erwählten, das Volk Gottes (59,4; 64) zu sein, daß er deshalb andrerseits der Lehrer und Gesetzgeber der Gemeinde ist" (ebd. 539)[1].

Worin das Hauptdefizit der Christologie besteht, ist leicht herauszufinden. Die herausragende Bedeutung des Alten Testaments in der Denkweise des I Clem verdrängt die Einmaligkeit und Neuigkeit des Christusereignisses zugunsten einer heilsgeschichtlichen Kontinuität, die zwangsläufig nivellierend wirkt.

3. Eine vollständige, aber nicht integrierte Christologie. Diese Beurteilung der Christologie des I Clem versucht, dem Textbefund gerecht zu werden, indem man ihn für sich betrachtet – ohne einen Vergleich mit Paulus – und alle christologischen Aussagen berücksichtigt. Prominentester Vertreter ist Adolf Harnack, so wie er sich dazu in der „Einführung in die Alte Kirchengeschichte" äußert. „Wer die Aufgabe unternimmt, das Römische Schreiben auf seine spezifische Christlichkeit hin zu untersuchen, wird mit Staunen feststellen, welch einen reichen christlichen Inhalt die Verkündigung der römischen Gemeinde zur Zeit Domitians bereits umfaßte. Es ist, um es kurz zu sagen, durch Tradition in überraschender Vollständigkeit bereits alles da, und die Erwartungen, welche die nach apostolischem Vorbild formulierte Adresse in dieser Hinsicht erregt, werden nicht enttäuscht" (71 f.). Dies ist aber nur eine Seite des Problems. Nach der Auflistung aller christologischen Aussagen ergänzt Harnack sein Urteil: „Wir haben aus dem Brief einen umfangreichen Komplex spezifisch christlicher Überlieferung festgestellt, aber er ist nicht, oder so gut wie nicht, gedankenmäßig-theologisch bearbeitet, sondern er ist einfach reproduziert und thetisch ausgesprochen" (77 f.). Mit anderen Worten: Harnack bemängelt hier die Unverbundenheit von Christologie und Argumentationsweise in I Clem[2].

Die einzigen Monographien, die sich mit der Christologie des I Clem beschäftigen, sind die von H. B. Bumpus, „The Christological Awareness of Clement of Rome and its Sources", Cambridge 1972, und von Ph. Henne, „La christologie chez Clément de Rome et dans le Pasteur d'Hermas", Fribourg 1992.– Die Arbeit von Bumpus nimmt eine Sonderstellung ein. Mit Recht wird darin die Position von Völter abgelehnt, aber die Einschätzung der Christologie des I Clem ist bei weitem nicht so positiv wie bei Harnack. Nach Bumpus ist diese Christologie wesentlich durch zwischentestamentarische Kategorien geprägt. Selbst wenn dazu auch die Präexistenz gehört, ist der Kyrios vor allem der Lehrer, der durch seine Worte, sein Beispiel und als Abbild bzw.

---

[1] T. AONO, Entwicklung 97, sieht die Bedeutung Christi nicht nur in der „Bestätigung der schon vorhandenen Erwählung Gottes, die von der menschlichen Rechtschaffenheit abhängt." Christus ermögliche auch diese Rechtschaffenheit. Das Christentum des I Clem sei im Grunde genommen nichts anderes „als hellenistisch-spätjüdische Gotteslehre, Frömmigkeit und Moral" (a. a. O. 115).

[2] Unter dem Einfluß Harnacks steht ohne Zweifel FISCHER, 13: „In den Aussagen über die Person Christi ist das Wichtigste ziemlich vollständig da, wenn es auch geistig nicht sehr durchdrungen wird." Ähnlich LINDEMANN, 112 f.: „Eigenständige christologische Aussagen oder bewußt auf der Christologie aufbauende Argumentationsgänge finden sich kaum."

Spiegelbild des Vaters („as reflection of the Father": 36,2; 59,2 f.) seine Lehre mitteilt. Dabei hat Christus zwar eine soteriologische Funktion, aber sie wird nicht besonders hervorgehoben.– Problematisch in der Analyse von Bumpus ist zuerst der behauptete Einfluß der zwischentestamentarischen Literatur auf die Christologie des I Clem. Das Schreiben ist nicht von dieser Literatur beeinflußt, sondern von der urchristlichen Überlieferung. Diese Überlieferung ist der Bezugspunkt aller christologischen Aussagen in I Clem. Ebenso fraglich ist die Einordnung der Christologie des I Clem in eine judenchristliche theologische Schule – zu der auch der Hirt des Hermas und die Didache gerechnet werden –, die sich in der nachfolgenden Zeit nicht behaupten wird, weil zu jüdisch und zu wenig kongenial mit der griechischen Mehrheit in den Gemeinden (173). Schon die Annahme einer solchen Entwicklungslinie mit den angegeben Vertretern ist alles andere als wahrscheinlich. Eine derartige Einordnung läßt gerade die Gemeinsamkeiten mit dem Hebräerbrief, besonders in Kap. 36, außer acht.– Ph. Henne ordnet das Material in drei Themen: 1. Christus als Vorbild für Demut anhand von I Clem 16; 2. Christus als Weg zum Heil (I Clem 36); 3. die christologischen Titel. Obwohl die Sekundärliteratur sorgfältig berücksichtigt wird, fällt die eigene Stellungnahme nicht immer deutlich genug aus[1]. Es stellt sich sodann die Frage, ob ein Vergleich zwischen I Clem und Herm in der Frage der Christologie das Verständnis des jeweiligen Werkes wirklich fördert.

II. Der Textbefund.

Die christologischen Aussagen des I Clem sind zahlreich und vielfältig. Die folgende Liste versucht, das Material nach formalen (christologischen Bezeichnungen, Präpositionen) und inhaltlichen Gesichtspunkten zu ordnen. Manche Aspekte kommen gewiß nicht deutlich genug zum Ausdruck, und bezüglich der Einteilung der Texte dürften andere Kriterien mindestens genauso gelten wie die hier angewendeten. Aber auch unter solchen Einschränkungen ist ein Überblick auf die christologischen Aussagen im Ganzen die notwendige Grundlage für eine Auswertung der Christologie in I Clem.

1. der Präexistente: 16,2.17; 22,1[2].
2. die prophetische Ankündigung der Ankunft: κηρύσσοντες τὴν ἔλευσιν τοῦ Χριστοῦ (17,1).
3. die Herkunft des κύριος Ἰησοῦς κατὰ σάρκα (32,2).
4. die Heimsuchung der Königsherrschaft Christi (50,3).
5. der Hohepriester und Beschützer: ἀρχιερεύς καὶ προστάτης (36,1; 61,3; 64).
6. der Helfer: βοηθὸς τῆς ἀσθενείας ἡμῶν (36,1).
7. der Knecht Gottes: διὰ τοῦ ἠγαπημένου παιδὸς αὐτοῦ (59,2 f.); ὁ παῖς σου (59,4).
8. der Sohn Gottes: ἐπὶ δὲ τῷ υἱῷ αὐτοῦ οὕτως εἶπεν ὁ δεσπότης (36,4; vgl. 7,4).
9. der Herr: das Blut des κύριος (12,7); der demütig erschienene κύριος (16,17); der kommende κύριος (23,5).

---

[1] So z. B. in der Frage des religionsgeschichtlichen Hintergrundes (21 f.); in der Bedeutung von „in Christus" (144 f.).

[2] F. LOOFS, Theophilus 184, läßt nur I Clem 22,1 als Präexistenzaussage gelten. I Clem 16,2 wird mit keinem Wort erwähnt.

10. christologische Bilder: das Zepter der Majestät Gottes (τὸ σκῆπτρον τῆς μεγαλωσύνης τοῦ θεοῦ) (16,2); der Abglanz seiner Majestät (ἀπαύγασμα τῆς μεγαλωσύνης αὐτοῦ) (36,2b).
11. christologisch - soteriologische Bilder: die Wegzehrung (τοῖς ἐφοδίοις τοῦ Χριστοῦ ἀρκούμενοι) (2,1); das Joch seiner Gnade (ὑπὸ τὸν ζυγὸν τῆς χάριτος αὐτοῦ) (16,17); der Weg (αὕτη ἡ ὁδός) (36,1).
12. christologische Schriftzitate:
   - I Clem 16,3-16 = Jes 53,1-12;
   - I Clem 36,3 = Ps 103,4 (vgl. Hebr 1,7);
   - I Clem 36,4 = Ps 2,7-8 (vgl. Hebr 1,5);
   - I Clem 36,5 = Ps 109,1 (vgl. Hebr 1,13).
13. das Wort Christi in der Schrift durch den Geist ausgesprochen: I Clem 22,1-8 = Ps 33,12-18; Ps 31,10.
14. die Erinnerung an die Worte des Herrn Jesus: μεμνημένοι τῶν λόγων τοῦ κυρίου Ἰησοῦ (13,1); μνήσθητε τῶν λόγων Ἰησοῦ τοῦ κυρίου ἡμῶν (46,7). Vgl. 2,1b: καὶ προσέχοντες τοὺς λόγους αὐτοῦ ἐπιμελῶς.
15. der christologische Maßstab:
   - das ἐν Χριστῷ (Ἰησοῦ): εὐσέβεια (1,2); παιδεία (21,8); πίστις (22,1); σῶμα (38,1); κλῆσις (46,6); ἀγωγή (47,6); ἡ πύλη ἐν δικαιοσύνῃ (48,4); ἀγάπη (49,1); κλέος (54,3); κληθέντες (32,4); πιστευθέντες (43,1).
   - κατὰ τὸ καθῆκον τῷ Χριστῷ (3,4).
16. die Vermittlung im Heilswerk Gottes:
   - διὰ τοῦ κυρίου ἡμῶν Ἰησοῦ Χριστοῦ: die Berufung (Präskript); die Zuflucht zum Erbarmen Gottes (20,11b); die Offenbarung an die Apostel (44,1); die Seligpreisung der Auserwählten (50,7); die Auserwählung (64)[1].
   - διὰ Ἰησοῦ Χριστοῦ: Gnade und Friede (Präskript); die Zahl der Geretteten (58,2; vgl. 59,2).
   - διὰ τοῦ ἠγαπημένου παιδὸς αὐτοῦ Ἰησοῦ Χριστοῦ τοῦ κυρίου ἡμῶν: der Ruf aus der Finsterns ins Licht, von der Unkenntnis zur Erkenntnis (59,2).
   - διὰ Ἰησοῦ Χριστοῦ τοῦ ἠγαπημένου παιδός σου, δι' οὗ ἡμᾶς ἐπαίδευσας, ἡγίασας, ἐτίμησας (59,3).
   - διὰ τούτου: der Blick auf die Höhe der Himmel, das Schauen des göttlichen Antlitzes, die Öffnung der Augen des Herzens, die Erleuchtung des verfinsterten und unverständigen Sinnes, die Erfahrung der göttlichen Erkenntnis (36,2a).
   - die soteriologische Hingabe des Blutes: τὸ αἷμα τοῦ Χριστοῦ (7,4; 12,7: τοῦ κυρίου; 21,6: τὸν κύριον Ἰησοῦν; 49,6: Ἰησοῦς Χριστὸς ὁ κύριος ἡμῶν).
   - die Hingabe seines Blutes, seines Fleisches und seiner Seele: ... ἔδωκεν ὑπὲρ ἡμῶν Ἰησοῦς Χριστὸς ὁ κύριος ἡμῶν (49,6). Sein Leiden: 2,1d: καὶ τὰ παθήματα αὐτοῦ ἦν πρὸ ὀφθαλμῶν ὑμῶν.
17. die Auferstehung: ἣ τὴν ἀπαρχὴν ἐποιήσατο τὸν κύριον Ἰησοῦν Χριστὸν ἐκ νεκρῶν ἀναστήσας (24,1); πληροφορηθέντες διὰ τῆς ἀναστάσεως τοῦ κυρίου ἡμῶν Ἰησοῦ Χριστοῦ (42,3).
18. ekklesiologische Bilder: die Herde τοῦ Χριστοῦ (16,1; 44,3; 54,2; 57,5); der Leib ἐν Χριστῷ (38,1).

---

[1] I Clem 20,11b und 64 sprechen gegen die Behauptung von R. M. Hübner, θεός 328 f., solche göttliche Tätigkeiten „würden nur von Gott, nicht auch von Jesus Christus ausgesagt." Gott wirkt *durch* Jesus Christus.

19. die Sendung: Gott – der Herr Jesus Christus – die Apostel (42,1 f.): οἱ ἀπόστολοι ἡμῖν εὐηγγελίσθησαν ἀπὸ τοῦ κυρίου Ἰησοῦ Χριστοῦ, Ἰησοῦς ὁ Χριστὸς ἀπὸ τοῦ θεοῦ ἐξεπέμφθη. ὁ Χριστὸς οὖν ἀπὸ τοῦ θεοῦ, καὶ οἱ ἀπόστολοι ἀπὸ τοῦ Χριστοῦ·

20. Jesus Christus in triadischen Formeln: ἢ οὐχὶ ἕνα θεὸν ἔχομεν καὶ ἕνα Χριστὸν καὶ ἓν πνεῦμα τῆς χάριτος τὸ ἐκχυθὲν ἐφ᾽ ἡμᾶς, καὶ μία κλῆσις ἐν Χριστῷ; (46,6); ζῇ γὰρ ὁ θεὸς καὶ ζῇ ὁ κύριος Ἰησοῦς Χριστὸς καὶ τὸ πνεῦμα τὸ ἅγιον (58,2; vgl. 42,3).

21. der Mittler des Lobes in den Doxologien: διὰ Ἰησοῦ Χριστοῦ, δι᾽ οὗ ἐστιν αὐτῷ ἡ δόξα (vgl. 58,2; 61,3; 64; 65,2).

III. Auswertung.

1. Vorüberlegungen.

Die christologischen Aussagen von I Clem stehen im Rahmen einer *theozentrischen* Argumentation, deren Grundlage die Schrift ist. Es läßt sich nicht leugnen, daß ein solcher christologischer Entwurf die Argumentation nicht bestimmt. Das haben W. Wrede und A. v. Harnack deutlich gesehen und formuliert[1]. Bei der Auswertung der christologischen Aussagen in I Clem ist ferner das Anliegen des Schreibens miteinzubeziehen. Wenn der Vf. auf die Ereignisse in Korinth argumentativ einwirken will, so daß seine Stellungnahme – mit größtem Selbstbewußtsein vorgetragen – dennoch von der korinthischen Gemeinde nicht kraft der Autorität, sondern der Überredung angenommen wird, dann ist das Ideal der unumstößlichen Ordnung, wie sie in der Schöpfung und im liturgischen Geschehen vorliegt und erfahrbar ist, ein geeignetes Parameter. Hierzu waren wahrscheinlich christologische Anschauungen wenig hilfreich im Hinblick auf das angestrebte Ziel. Auf jeden Fall verwendet der Vf. sie nicht. Dort, wo sie erscheinen, verstärken sie ein schon bestehendes Gebäude.

2. Die Funktionen der Christologie.

Die vorrangige Funktion der Christologie besteht in der *Vermittlung* des Heilswerkes Gottes (s. o. Nr. 16). Gemäß der voherrschenden Theozentrik des Schreibens ist Gott das Subjekt der Handlung, aber diese verwirklicht sich schließlich *durch* Jesus Christus. Die Eindeutigkeit und Häufigkeit, mit der diese Vermittlungsfunktion zur Sprache gebracht wird, weisen auf einen Eckpfeiler der Christologie in I Clem hin. Das Kreuz des Erlösers wird nicht erwähnt, dafür aber kommt durch den Hinweis auf die Hingabe seines Blutes der gleiche Sachverhalt zum Ausdruck. Daß zwischen der argumentativen Theozentrik und der Vermittlungsfunktion der Christologie eine Spannung

---

[1] Als Gegenthese läßt sich die Behauptung von M. MEES, Christusbild 317 f., anführen: „So zeichnet Klemens in seinem Briefe mit wenigen Strichen ein eindrucksvolles Bild von Christus, das sich organisch in das Briefganze eingliedert. Aber eigentlich führen alle Linien des Briefes dorthin zurück. Von dorther bezieht der Prediger aus Rom seine Autorität zu den Mahn-, Buß- und Wehrufen des Briefes. Eigentlich ist es er, Jesus Christus, der aus diesen Zeilen spricht." Ähnlich H. T. MAYER, Clement 538: „His thought is strongly Christocentric."

besteht, die nicht ganz beseitigt werden kann, soll jedoch nicht verschleiert werden.

Eine zweite Funktion, die dem Ansatz des I Clem entspricht, ist die Gestalt Jesu Christi als Vorbild. Das gilt nicht nur für I Clem 16, wo dies ausdrücklich gesagt wird (16,17), sondern auch für die Worte des Herrn Jesus in I Clem 13, die ihn als Lehrer der Milde und Langmut kennzeichnen.

Von diesen zwei Funktionen ist die erste unvergleichbar wichtiger für ein Urteil über die Christologie in I Clem, wenn man bedenkt, wie wenig andere Aspekte entfaltet sind, etwa die knapp angedeutete Präexistenz (s. o. Nr. 1)[1] und vor allem das Verhältnis des Kyrios zu Gott[2]. In der Rolle Jesu Christi als des alles überragenden Vermittlers des Heiles Gottes ist der Kern des christologischen Bekenntnisses enthalten[3].

3. Die christologischen Titel.

Der Titel „Kyrios" steht im Mittelpunkt. So erscheint an keiner Stelle der Name Jesus allein[4]. Wenn Worte Jesu zitiert werden, ist vom „Herrn Jesus" die Rede (s. o. Nr. 14). Wie A. Jaubert bemerkt hat (66 Anm. 2), kommt κύριος im christologischen Sinn immer mit dem Artikel vor, und zwar etwa 19 mal (Inscr.; 12,7; 13,1; 16,2.17; 20,11; 21,6; 23,5; 24,1; 32,2; 42,1.3; 44,1; 46,7; 49,6; 50,7; 58,2; [59,2?]; 64; 65,2). Die Neigung des Vf.s, κύριος vor allem christologisch zu verwenden – meistens gemeinsam mit Ἰησοῦς Χριστός –, läßt die Tatsache erkennen, daß κύριος als Gottesbezeichnung außerhalb der Schriftzitate nur 10mal erscheint. Wenn man bedenkt, daß κύριος als Gottesbezeichnung in Schriftworten ca. 33mal vorkommt, muß man auf gut überlegte Ausdrucksweise schließen. Denn wenigstens von der Sprache der griechischen Bibel her würde man eine andere sprachliche Gestaltung erwarten[5]. Wie weit κύριος in I Clem als ein „gottheitliches Prädikat" Christi

---

[1] In seiner „Einführung in die alte Kirchengeschichte" äußert sich Harnack zurückhaltender als in der „Dogmengeschichte", wo er die Aussage von II Clem 9,5 – Christus der Herr war zuerst Geist und ist Fleisch geworden – auch für die Christologie des I Clem gelten läßt (Lehrbuch 803). Der Präexistente übt keine kosmische Funktion aus (vgl. I Clem 27,4). Daraus schließt M. SIMONETTI, Problema 442, die sehr bescheidenen Züge über die Präexistenz würden nur ein „caput mortuum" darstellen, „privo di effetivo significato teologico." Ergänzend müßte man aber dazu sagen, daß die theozentrische Grundlage der kosmologischen Aussagen in I Clem (20,1–11; 27,4; 33,1–7) im Zusammenhang mit dem argumentativen Ziel des Schreibens keinen Raum für ähnliche Aussagen im Namen der Präexistenz-Christologie zuließen.

[2] Die Aussage in 42,1 f. ist kaum als Sendungsaussage zu bewerten (s. o. Nr. 19). Sie begründet den Gedanken der von Gott gewollten Reihenfolge, die auch bei den Amtsträgern fortwirkt (vgl. 42,4; 44,2).

[3] Der Versuch von E. DORSCH, Gottheit, die „Gottheit" Christi in I Clem nachzuweisen, spiegelt eine überholte Phase der Forschungsgeschichte wider.

[4] PH. HENNE, Christologie 115, hält es für möglich, daß der Vf. „ne peut parler du Christ sans faire référence à Sa nature divine." Der Ausdruck „göttliche Natur" geht über den christologischen Horizont des I Clem hinaus.

[5] Die Mächtigkeit Gottes kommt in I Clem besonders durch die Gottesbezeichnung δεσπότης zum Ausdruck. S. o. I Clem 8,1 in Exkurs 1: δεσπότης und die Gottesprädikationen in I Clem.

verwendet wird[1], ist fraglich[2]. Dennoch darf die Diktion als Hinweis auf eine hoch entwickelte Christologie verstanden werden. Bei einem, der so stark von der LXX-Sprache geprägt ist wie der Vf. des I Clem, ist eine andere Erklärung schwer plausibel[3]. Der Gebrauch von Jesus Christus bzw. Christus bewegt sich im Rahmen der traditionellen urchristlichen Begrifflichkeit. Bemerkenswert ist die äußerst geringe Rolle der Sohneschristologie (s. o. Nr. 8)[4]. So ist nach 7,4 das Blut Christi kostbar „seinem Vater", aber der Erlöser wird nicht als „Sohn" bezeichnet. Von den anderen christologischen Titeln hebt sich „Hoherpriester" und „Beschützer" ab (s. o. Nr. 5), während „Knecht" (Nr. 7) nur im großen Allgemeinen Gebet vorkommt.

4. Die traditionsgeschichtliche Frage.

Traditionsgeschichtlich ist die Christologie des I Clem ein komplexes Gebilde. Einige markante Beispiele dazu. Manche Spuren führen nach Rom wie das „kostbare Blut" (I Clem 7,4; vgl. 1 Petr 1,19) und die pragmatische Anwendung des vierten Liedes vom Gottesknecht (I Clem 16; vgl. 1 Petr 2; Justin, I Ap.), und zwar als Vorbild für christliches Handleln. Vielleicht mit Rom verbunden sind auch die Gemeinsamkeiten mit dem Hebräerbrief (I Clem 16,2; 36,2–4: der Hohepriester!), wenngleich der letzte Bezugspunkt das alexandrinische Judentum ist. Liturgische Herkunft ist beim Dreizeiler 49,6 denkbar. Auch der „geliebte Gottesknecht" im allgemeinen Gebet dürfte auf liturgischen Brauch zurückgehen (s. o. Nr. 7). Paulinischer Einfluß ist im Präskript erkennbar, in der Aussage zur Auferstehung Jesu Christi (24,1), im Motiv von den Gliedern des Leibes Christi (46,7), in der Formel ἐν Χριστῷ[5] und in der triadischen Formel (46,6).

---

[1] So B. SCHWEITZER, Glaube 436.

[2] Vgl. R. M. HÜBNER, θεός 328–330.

[3] Eine Wendung wie in Kap. 64, wo Gott κύριος πάσης σαρκός genannt wird, um ihn gleich darauf als ὁ ἐκλεξάμενος τὸν κύριον Ἰησοῦν Χριστόν zu bezeichnen, muß nicht als Hinweis auf eine christologische Nivellierung von theologischen Formeln verstanden werden. Sie hängt von Jer 39,27 ab.

[4] Zu einer ganz anderen Beurteilung kommt E. DORSCH, Gottheit 474–483, der bei seiner Deutung durch den Ansatz der späteren dogmatischen Definitionen beeinflußt ist. Unter anderen Voraussetzungen unterstreicht M. G. MARA, Lettura 10 f., Wert und Vollständigkeit der Christologie in I Clem, deren Mittelpunkt das Auferstehungskerygma sei.

[5] Die Ähnlichkeit mit dem Sprachgebrauch der Pastoralbriefe ist unübersehbar (vgl. 1 Tim 1,14; 3,13; 2 Tim 1,9 u. ö.). Ob man in I Clem von einer „Beeinflussung" durch den Sprachgebrauch der Pastoralbriefe sprechen darf (so W. GRUNDMANN, ThWNT IX 574), bleibt jedoch fraglich. Es handelt sich eher um eine gemeinsame theologische Sprachentwicklung. Über die christologische Tragweite von ἐν Χριστῷ gehen die Meinungen auseinander. Nach W. BOUSSET, Kyrios Christos 219, bedeutet I Clem nichts mehr als „christlich": „Die eigentliche Christus-Mystik liegt dem Verfasser in seiner rationalen und nüchternen Art gar nicht." Ähnlich H. P. BUMPUS, Awareness 115 f. Anders A. v. HARNACK, Klemensbrief, 49 (1909): „Sie (d. h. die Formel ἐν Χριστῷ) drückt es sicherer als jeder Lehrsatz über Christus aus, daß die Christen in ihm ihr Leben gewonnen hatten und sich in seine Sphäre versetzt wußten"; O. KNOCH, Eigenart 357: gemeint sei das innere, lebensmäßig-dynamische Verhältnis Christi zu seiner Kirche. H. O. MAIER, Setting 127–130, hält die Formel ἐν Χριστῷ für das zentrale Symbol.

5. Der Stellenwert der Christologie.

Eine rein quantitative Sichtweise kann nicht allein das letzte Wort über die Christologie des I Clem bestimmen. Auch wenn das Urteil Harnacks über den „thetischen" Charakter der christologischen Aussagen nicht unbegründet ist, muß man dennoch auch Zahl und Gewicht dieser Aussagen ernst nehmen. Der Textbefund spricht für sich. Nach der hier vorgenommenen Gliederung gibt es recht wenige thematische Einheiten im ersten Teil des Schreibens, die keinen christologischen Hinweis beinhalten. Dazu gehören der Abschnitt über die Folgen von Neid und Eifersucht (Kap. 4–6) und die Beispiele für Gehorsam und Gastfreundschaft in Kap. 9–11. Freilich darf nicht übersehen werden, daß im letzten Hauptabschnitt, d. h. Kap. 27–36, vor dem christologisch geprägten Kap. 36 nur in I Clem 32,3.4 kurze christologische Aussagen vorliegen. Aber das christologische Kap. 36 läßt sich nach der Aufzählung der Gaben Gottes in Kap. 35 und als Abschluß des ganzen ersten Teiles als redaktionelles Signal deuten. So wie ein markantes christologisches Wort am Anfang der Argumentation steht, nämlich in 2,1 in der Beschreibung des idealen Zustandes der Gemeinde, so wird das Ganze mit einer nicht weniger kunstvoll gestalteten Aussage in Kap. 36 abgeschlossen. Das Kap. 16 erscheint ähnlich konzipiert. V. 2 und V. 17 dienen als christologische Verklammerung des ganzen Abschnittes. Im zweiten Teil des Briefes lassen sich zwei Texte anführen, die nach dem gleichen Muster gestaltet sind: Im Kap. 49 sind Anfang (V. 1) und Schluß (V. 6) christologisch geprägt. Schließlich sei auf das große Schlußgebet hingewiesen. Der erste Teil (59,2–4) enthält drei christologische Aussagen (παῖς-Christologie), die seine Struktur bestimmen: am Anfang (Z. 5 f.), am Ende des ersten Abschnittes (Z. 27 f.) und am Schluß (Z. 42 f.).

Die „Christlichkeit" von I Clem bemißt sich nicht nach dem Anteil der Christologie am Gedankenduktus des Schreibens hervor, sondern nach der Bedeutung mancher Aussagen in sich und in der Gesamtstruktur des Textes[1]. Die zuletzt zitierten Texte, 2,1; 16,2.17; 36,1–2; 49,1.6 und 59,2–4 lassen sich als Hinweise auf ein durchdachtes christologisches Konzept verstehen, das gerade in der Selbstverständlichkeit, mit der es vorgetragen wird, von seiner Lebendigkeit zeugt. Die Kategorie eines „zum vollen Universalismus entschränkten Diaspora-Judentums" (Bousset, Kyrios Christos 289) wird die-

---

Indem er dies auf die Identität der korinthischen Gemeinde bezieht, stellt er die *Aussage von I Clem* mit dem *christlichen Bewußtsein der Korinther* als deckungsgleich dar. Dies ist ohne Zweifel der Anspruch des römischen Schreibens, aber ob die Korinther in diesem Symbol den Kern ihrer christlichen Existenz gefunden hatten, steht auf einem anderen Blatt.

[1] Das wird von R. M. Hübner, θεός 329, zu wenig beachtet, wenn er behauptet, „daß Jesus Christus für die römische Gemeinde nicht Gott ist und auch nicht eine Gestalt mit göttlichem Seinsrang neben Gott ist." In der Begrifflichkeit von I Clem ist eine glatte Gleichsetzung Jesu Christi mit Gott ausgeschlossen, aber in seiner Rolle als Mittler des Heiles ist eine Dimension enthalten, die eine rein menschliche Ebene übersteigt. Etwas anderes sind die Ausdrucksmöglichkeiten eines christlichen Autors am Ende des ersten Jahrhunderts, dieses „mehr" zur Sprache zu bringen.

sem Konzept nicht gerecht. Ebensowenig die Unterscheidung vom Judentum allein durch das christliche Selbstbewußtsein, „der Gnade Gottes sicher zu sein" (Bultmann, Theologie 537). Daß I Clem schließlich im Umgang mit der christlichen Überlieferung mehr bietet als eine einfach „reproduzierte und thetisch ausgesprochene" Wiedergabe (Harnack, Einführung 78), zeigen sowohl die Gestaltung von Aussagen wie I Clem 2,1; 16,2.17; 36,2, als auch ihre strukturelle Bedeutung[1].

10. Abschluß und Überleitung (37,1–39,9)

Das Verhältnis der zwei ersten Texteinheiten zueinander ist das des Bildes (Kap. 37) zu seiner Anwendung (Kap. 38). Beide bereiten die Erörterung des Problems in Korinth vor, die ab Kap. 40 vorgenommen wird. Dem Ideal der Eintracht und der gegenseitigen Rücksichtnahme in der Gemeinde wird das Bild der Gegner gegenübergestellt, denen das Wort der Schrift das Gericht ansagt (Kap. 39).

10.1. Das Bild vom Heer und vom Leib (37,1–5)

Die kurze Aufforderung und die zweifache Anrede ἄνδρες ἀδελφοί[2] markieren einen neuen Ansatz, in dem zunächst zwei Bilder für die notwendige Ordnung und Unterordnung und für die gegenseitige Abhängigkeit innerhalb eines komplexen Gebildes enthalten sind: das Heer (V. 2–4) und der Leib (V. 5).

1. **Laßt uns also, Männer, Brüder, den Kriegsdienst leisten mit aller Beharrlichkeit unter seinen untadeligen Anordnungen. 2. Betrachten wir die, die unter unseren Anführern Soldatendienst leisten, wie wohlgeordnet, wie willig, wie gehorsam sie die Befehle ausführen. 3. Nicht alle sind Befehlshaber oder Anführer von Tausendschaften, Hundertschaften, Fünfzigschaften und so weiter, sondern jeder führt auf seinem eigenen Posten das vom König und von den Heerführern Angeordnete aus. 4. Die Großen können ohne die Kleinen nicht sein und die Kleinen nicht ohne die Großen. Bei allem gibt es eine gewisse Mischung, und darin liegt die Brauchbarkeit.**

---

[1] Die methodischen Überlegungen von J. P. BANG, Studien 455 f., zur Christologie des I Clem sind nach wie vor bedenkenswert.

[2] Zum Sprachgebrauch vgl. 14,1. A. W. ZIEGLER, Studien 37, weist auf das Agon-Motiv im Zusammenhang mit der Anrede „Männer, Brüder" hin. Daraus schließt er, daß das Wort „Männer" in I Clem ein besonderes Gewicht hat. Ist an dieser Stelle die Verbindung mit dem Agon-Motiv deutlich gegeben, läßt sich an anderen Stellen (43,4; 44,2 f.; 62,3) nicht eindeutig feststellen, ob die Anrede mehr ist als eine rhetorische Gepflogenheit.

5. Nehmen wir unseren Leib: Der Kopf ist ohne die Füße nichts, ebenso sind die Füße ohne den Kopf nichts. Selbst die geringsten Glieder unseres Leibes sind notwendig und nützlich für den ganzen Leib; aber alle stimmen überein und geben sich einer einträchtigen Unterordnung hin, auf daß der ganze Leib erhalten bleibt.

1 Das στρατευσώμεθα am Anfang nimmt das erste Bild vorweg. Zwei Gesichtpunkte des Kriegsdienstes, den die Gläubigen zu leisten haben, werden herausgestellt. Der erste betont die Beharrlichkeit (vgl. 33,1)[1], der zweite bezieht sich auf den Gegenstand selbst, durch den die Art des Kriegsdienstes bestimmt wird. Er wird nicht auf einem Kriegsschauplatz ausgetragen, sondern der Kampf geht um die Beachtung der untadeligen Anordnungen Gottes[2]. Das Adjektiv ἄμωμος (vgl. 33,4; 35,5; 36,2) im Bezug auf die προστάγματα steht auf der gleichen Linie wie in Ps 17,31 (ὁδὸς αὐτοῦ) oder in Ps 18,8 (νόμος). Die von Gott erlassenen Bestimmungen sind untadelig. Solche Bilder sind dem NT nicht fremd (vgl. 1 Tim 1,18; 2 Tim 2,3f.) und werden in der altchristlichen Literatur zu einer breiten Entfaltung kommen. Das hellenistische Judentum scheint die Grundlage dafür abgegeben zu haben. Denn auch Philo benutzt militärische Ausdrücke im übertragenen Sinn, um den Kampf gegen die Begierde und für die Tugend darzustellen (Ebr 76; All III 14)[3]. Dazu gehört auch 4 Makk 9,24: ἱερὰν καὶ εὐγενῆ στρατείαν στρατεύσασθε περὶ τῆς εὐσεβείας. Ein ähnlicher Sprachgebrauch liegt in I Clem 37,1 vor. Vergleichbare Ausdrucksformen sind in der religiösen und philosophischen Literatur der Zeit weit verbreitet[4].

A. Jaubert hat mit guten Argumenten den Einfluß des hellenistischen Judentums auf die Sprache in I Clem 37 dargelegt. Dabei nimmt sie auch auf die in I Clem 36,4f. zitierten Ps 2,7f. und 110,1 Bezug, um von da aus auf den kriegerischen Aspekt der messianischen Zeiten zu schließen. Es ginge in I Clem 36,7 um das biblische Thema vom Kampf Gottes gegen seine Feinde (Sources 77f.). Dagegen spricht aber die thematische Einheit in Kap. 36 und der neue Ansatz in 37,1[5]. Trotz der fraglichen Einbeziehung von I Clem 36,4–6 bleibt ihre Einschätzung der Rolle des hellenistischen Judentums bei Kap. 37 richtig.

2 Das Verhältnis der Soldaten zu ihren Vorgesetzten liefert das Material für das erste Beispiel. Die Betrachtung[6] soll aus dem Vergleich die richtige Lehre ziehen. Die Soldaten sind im realen, nicht im übertragenen Sinn verstanden,

---

[1] Zur Wendung μετὰ πάσης ἐκτενείας vgl. 2 Makk 14,38b: καὶ σῶμα καὶ ψυχὴν ὑπὲρ τοῦ Ἰουδαϊσμοῦ παραβεβλημένος μετὰ πάσης ἐκτενίας.

[2] Das αὐτοῦ bei προστάγμασιν αὐτοῦ ist auf Gott und nicht auf Jesus Christus zu beziehen. Anders O. BAUERNFEIND, ThWNT VII 713.

[3] Vgl. O. BAUERNFEIND, ThWNT VII 707.

[4] Belege bei KNOPF, 108; L. SANDERS, Hellénisme 83.

[5] Kritisch dazu auch LINDEMANN, 115.

[6] Zu κατανοήσωμεν vgl. 24,1.4; 34,5.

als handle es sich um Kriegsdienst auf einem bestimmten Gebiet des Lebens. Die tatsächlichen Kämpfer sind ins Auge gefaßt. Die ἡγούμενοι sind die Machthaber des Heeres[1], wie es auch V. 3 bestätigt, welche die διατασσόμενα erlassen. Die militärische Disziplin bestimmt das Verhältnis der Soldaten zu ihnen. In diesem vertikalen Schema wird das Ganze aus der Sicht der Untergebenen gesehen. Ihr Verhalten beschreiben die drei Adverbien (s. Einleitung § 3.2.b), durch die die Ausführung der Anordnungen gekennzeichnet ist. Das erste, εὐτάκτως (auch in 42,2), kommt in Spr 30,27 und 3 Makk 2,1 vor (oft im Klassischen) und hebt den geordneten Vollzug der Handlung hervor. Der Gegensatz dazu ist ἀτάκτως (40,2). Beim zweiten Adverb gibt es textkritische Unsicherheiten und Varianten. Der Codex A enthält ursprünglich nur EIEKT ..., und es wurde zu EYEIKT ... korrigiert[2]. Gemeint dürfte das Adverb εἰκτικῶς (von εἰκτικός) sein (ein in Liddell/Scott nicht aufgeführtes Hapaxlegomenon), das die Bereitwilligkeit (eigentlich Nachgiebigkeit) der Soldaten bei der Erfüllung ihres Dienstes ausdrückt. Im Unterschied zu εὐτάκτως kommt mit diesem Terminus ein stark subjektives Moment zum Tragen, das sich auf die innere Haltung der Soldaten bezieht: ihre bewußte Bereitschaft, die Befehle durchzuführen. Ebensowenig bezeugt wie εἰκτικῶς ist das dritte Adverb: ὑποτεταγμένως, das die Haltung der Unterordnung bezeichnet[3]. Der Terminus läßt einen freien Raum, in dem es von Unterwerfung bis hin zu Gehorsam gehen kann[4]. Aber wichtiger als die Bestimmung der subjektiven Haltung ist die objektive Unterordnung, die aus der ganzen Charakterisierung resultiert. Die Wendung ἐπιτελοῦσιν τὰ διατασσόμενα ist repräsentativ für die Argumentationsart des Vf.s. Beide Termini kommen in Kap. 20 vor (20,10: ἐπιτελοῦσιν; 20,6: διέταξεν), hier in Kap. 37 und dann

---

[1] τοῖς ἡγουμένοις ἡμῶν ist nicht als „unser Heer" aufzufassen, wie KNOPF, 108, meint. Die gleiche Wendung kehrt in 60,4 wieder. A. v. HARNACK, Einführung 114, findet denkwürdig, „daß die römischen Christen, die sich selbst als Krieger Gottes bezeichnen, die römischen Offiziere doch ‚unsere' Offiziere nennen." Aber „auf einen gewissen römischen Patriotismus" möchte er nicht schließen (ebd. 86). Es ist zu fragen, wie weit hier das römische Heer als Modell genommen wird. So W. JAEGER, Christentum 14, und andere. I Clem 37,3 zwingt zu einer differenzierten Sicht der Dinge.

[2] Zur textkritischen Frage vgl. LIGHTFOOT, I 2,113 f. Bryennios bringt mit H ἐκτικώς. Lightfoot, Funk, Hemmer, Lake, Bihlmeyer, Schäfer, Jaubert, Fischer und Schneider lesen εἰκτικῶς. O. LUSCHNAT, Gemeinschaftsdenken 129, stützt sich auf Xenophon, Mem. III 5,5 (ὁ δὲ φόβος προσεκτικωτέρους τε καὶ εὐπειθεστέρους καὶ εὐτακτοτέρους ποιεῖ), um hier προσεκτικῶς vorzuschlagen.

[3] I Clem 37 ist ein gutes Beispiel für Sprachvariationen um τάσσω samt seinen Komposita und verwandten Begriffen (36,6: ἀντιτασσόμενοι; 37,1: προστάγμασιν; 37,2: ὑποτεταγμένως, διατασσόμενα; 37,3: τάγματι, ἐπιτασσόμενα; 37,5: ὑποταγῇ). Ähnlich in Kap. 40.

[4] Vgl. Stobaeus, IV 7,61: καθ' ἕκαστον δὲ τῷ καὶ τὰ κατὰ μέρος <ποτ> τὰν αὐτὰν ἁρμονίαν τε καὶ ἁγεμονίαν συναρμόζεσθαι. ἔτι δ' ἐν τῷ ποιεῖν εὖ καὶ εὐεργετεῖν τὼς ὑποτεταγμένως ὁ βασιλεὺς ἐντι· ταῦτα δ' οὐκ ἄνευ δικαιοσύνας καὶ νόμω. Es scheint die einzige Stelle der griechischen Literatur zu sein, die das Adverb verwendet, und zwar in einem vergleichbaren Zusammenhang. Es geht auch hier um das Bild eines harmonischen Ganzen, bei dem sogar der König dem guten Tun unterworfen ist.

wieder im Abschnitt über die Ordnung in der Gemeinde (40,1–3: ἐπιτελεῖν; 43,1: διατεταγμένα). Die Ordnung in der Gemeinde spiegelt die Ordnung der Natur (Kap. 20) bzw. die Ordnung einer durch Disziplin geprägten Größe – z. B. eines Heeres (Kap. 37) wider.

3   Der Text entfaltet einen zweiten Aspekt im Bild vom Heer. Es geht zum einen um die verschiedenen Dienstgrade, zum anderen um die Ausführung der von den Machthabern erteilten Befehle in ihrem jeweiligen Kompetenzbereich. Im Mittelpunkt des Bildes steht nicht so sehr eine vertikal geordnete Struktur – wenn sie auch vorhanden ist –, sondern vielmehr das harmonische Funktionieren des Ganzen, indem jeder tut, was ihm angeordnet wurde[1]. Die hierarchisch geordnete Aufzählung beginnt mit den ἔπαρχοι. Der Terminus ist nicht spezifisch militärisch, sondern kann auch allgemein „Befehlshaber", „Vorgesetzter" bedeuten. Im römischen Bereich entspricht dem der „Präfekt". Die Übersetzung hängt mit der Bestimmung des traditionsgeschichtlichen Hintergrundes zusammen, wie schon in der alten lateinischen Fassung ersichtlich ist: „Et non omnes sunt praefecti nec tribuni nec centuriones nec quinquagenarii ..."[2] Auch die zwei anderen Dienstgrade haben eine Entsprechung im römischen Heer: es sind die „tribuni" (χιλίαρχοι) und die „centuriones" (ἑκατόνταρχοι). Hingegen gibt es für die πεντηκόνταρχοι (die Anführer von Fünzigschaften) keinen adäquaten Dienstgrad[3]. Wie fremd den Römern die Bezeichnung war, zeigt folgende Erklärung des Hieronymus: „huomodo centuriones vocantur qui centum praesunt militibus, et chiliarchi, qui mille, quos nos tribunos appellamus; ab eo quod praesint tribui: sic in Israelitico exercitu quinquagenarii vocabantur, qui in capite erant quinquaginta militum" (Comm. in Is II, über Jes 3,3, in: PL 24,59)[4]. Diese Feststellung stellt eine direkte Bezugnahme auf das römische Heer in Frage[5]. Andererseits ist die Reihe χιλίαρχοι, ἑκατόνταρχοι und πεντηκόνταρχοι in der LXX mehrmals belegt (vgl. Ex 18,21.25; Dtn 1,15). Bei den Stellen aus Ex und Dtn geht es um Vorsteher mit einer gerichtlichen Funktion. Die gleiche Einteilung wird in 1 Makk 3,55 vorgenommen, aber jetzt als militärische Ordnung für den Kampf: καὶ μετὰ τοῦτο κατέστησεν Ἰούδας ἡγουμένους τοῦ λαοῦ, χιλιάρχους καὶ ἑκατοντάρχους καὶ πεντηκοντάρχους καὶ δεκαδάρχους[6]. Die Wendung οὐδὲ τὸ καθεξῆς in V. 3 (in diesem Zusammenhang: „und so weiter") kann sich dann

---

[1] J. D. M. DERRETT, Scripture 672 Anm. 93, scheint den bildlichen Charakter des Textes mißverstanden zu haben, wenn er eine solche Darstellung von weltlichen Machthabern als der apostolischen Christenheit fremd bezeichnet. Dazu bemerkt er kritisch: „But primitive Christianity saw *rule* as devils' work (Luke 4:6–7)."

[2] KNOPF, 109, hält sich in seiner Übersetzung weitgehend daran.

[3] Vgl. LIGHTFOOT, I 2,115 erwägt „optio", Leutnant. Ähnlich KNOPF, 109.

[4] Zitiert von COTELIER: PG 1,283 Anm. 50; A. JAUBERT, Sources 80 Anm. 17.

[5] Im folgenden vgl. A. JAUBERT, Sources 80–83. Ähnliche Beobachtungen bei O. LUSCHNAT, Gemeinschaftsdenken 130 f.

[6] Vielleicht weist Josephus (vgl. Ant 12,301) auf diese Kampfordnung hin, wenn er im Zusammenhang mit dem gleichen Ereignis von „der alten Weise der Väter" spricht.

auf die nicht mehr erwähnten δεκάδαρχοι (Anführer von zehn Mann) beziehen[1]. Dies bedeutet, daß der Vf. bei der Darstellung des geordneten Heeres nicht so sehr das konkrete Beispiel des römischen Heeres vor Augen hat, als vielmehr ein traditionelles Modell, das sich um so leichter idealisieren ließ (37,2!), da sich keine Überprüfung durch den Vergleich mit einer realen militärischen Größe aufdrängte[2]. Die unterschiedlichen Stufen sind einem festen Ordnungsprinzip unterworfen: ἕκαστος ἐν τῷ ἰδίῳ τάγματι (vgl. 1 Kor 15,23)[3]. Jeder muß also in der Zuständigkeit der eigenen Rangstelle bleiben und dort das Angeordnete durchführen. Mit dieser Aussage bereitet der Vf. die Argumentation im direkten Zusammenhang mit der Ordnung in der Gemeinde vor (vgl. 41,1); aber vorerst verläßt er nicht die Bildebene. An die Spitze der Befehlshaber setzt er den König[4] und nach ihm die Heeresanführer, die schon in V. 2 erschienen waren.

Der Darstellung der geordneten Ausführung der Befehle folgt der Hinweis   4 auf das gegenseitige Angewiesensein aller Dienstgrade aufeinander. Mit „Große" und „Kleine" wird ganz allgemein die Einstufung innerhalb des Heeres bezeichnet. Der Form nach handelt es sich um eine sprichwörtliche Aussage mit chiastischer Struktur (Große, Kleine – Kleine, Große), die von Lightfoot in seiner Textausgabe sogar kursiv als Zitat angeführt wird (I 2,114; auch schon in der ersten Ausgabe von 1869). In der Tat läßt sich nachweisen, daß der Vf. auf antikes Traditionsgut zurückgreift, um die Zusammengehörigkeit der verschieden gearteten Elemente zu verdeutlichen. Unter Verweis auf Jacobson hat Lightfoot die Parallelen zusammengetragen: Sophokles, Ajax 158 f. (καίτοι σμικροὶ μεγάλων χωρὶς σφαλερὸν πύργου ῥῦμα πέλονται): Die Kleinen ohne die Großen bilden nur einen brüchigen Turmschutz; Plato, Leg. X 902d–e[5]: „Und auch bei den Steuermännern oder den Heerführern oder den

---

[1] Die alte lateinische Übersetzung hat den Zusammenhang noch geahnt, denn sie bringt nach den „quinquagenarii" auch die „decuriones".

[2] Die weitreichenden Überlegungen von CHR. EGGENBERGER, Quellen 25–27, über die Bedeutung von I Clem 37,2 f. im Zusammenhang mit Kap. 60 für das Verständnis der politischen Einstellung des Vf.s stehen und fallen mit seiner Annahme, die Disziplin der römischen Soldaten sei hier das Vorbild. Ähnlich K. WENGST, „Der Gott des Friedens" 257, der aus I Clem 37,1–3 die Konsequenz zieht, der Friedensbegriff des Vf.s weise „geradezu politisch-*militärische* Züge" auf. Damit der Bezug auf das römische Heer trotz der dort nicht bekannten „quinquagenarii" aufrecht erhalten werden kann, meint er, der Vf. habe keine genaue Kenntnis des römischen Heeres gehabt (DERS., Pax romana 135). Die Frage, ob der vorausgesetzte Bezug auf das römische Heer wirklich stimmt, stellt Wengst nicht.

[3] Vgl. 1 QS 6,8: א"ש בתכונו. Vgl. W. GRUNDMANN, ThWNT VIII 32.

[4] Nach A. v. HARNACK, Einführung 114, war aufgrund der großen Zahl von Orientalen der römischen Gemeinde „die Bezeichnung ‚König' für den Kaiser nicht anstößig." Aber dies war schon geläufig. Belege aus der profanen Literatur bei BAUER/ALAND 272; im NT: 1 Tim 2,2; 1 Petr 2,13.17; Offb 17,9.

[5] οὐ μὴν οὐδὲ κυβερνήταις οὐδὲ στρατηγοῖς οὐδ᾽ οἰκονόμοις, οὐδ᾽ αὖ τισιν πολιτικοῖς οὐδ᾽ ἄλλῳ τῶν τοιούτων οὐδενί, χωρὶς τῶν ὀλίγων καὶ σμικρῶν πολλὰ ἢ μεγάλα· οὐδὲ γὰρ ἄνευ σμικρῶν τοὺς μεγάλους φασὶν λιθολόγοι λίθους εὖ κεῖσθαι.

Hausverwaltern oder auch bei den Staatsmännern oder sonst einem Manne dieser Art wird es doch ohne das Wenige und Kleine um das Viele und Große niemals gut bestellt sein; denn sogar die Maurer behaupten, daß ohne die kleinen Steine die großen nicht gut sitzen." Ob im Hinblick auf Heer oder Staat, die Aussage hebt die Bedeutung eines jeden Teils – klein oder groß – im Dienst des Ganzen hervor[1].

Der Spruch wird sodann kurz kommentiert. Das angedeutete komplexe Gebilde, in dem alle aufeinander angewiesen sind, ist eine gewisse Mischung (σύγκρασίς τίς ἐστιν ἐν πᾶσιν), und nur daraus resultiert die Brauchbarkeit des Ganzen (καὶ ἐν τούτοις χρῆσις[2]. Als Übersetzung des Kompositum σύγκρασις schlägt W. Jaeger „blend" vor: „Es war ein Wort von zumeist technischer Bedeutung und hatte eine lange interessante Geschichte. In der Begrifflichkeit der alten griechischen Medizin bedeutet es ein Etwas, das, obwohl es aus zwei oder mehr Elementen bestand, zu einer unlösbaren und ausgeglichenen Einheit verschmolzen war. Politische und soziale Denker beschlagnahmten das Wort, um ihr Ideal von politischer Einheit als eine gesunde Verschmelzung verschiedener sozialer Elemente in der Polis zu beschreiben" (Christentum 15). Wie ebenfalls von Lightfoot, I 2,115, vermerkt, dürfte auch der kurze Kommentar traditionellen Charakter haben[3]. Es handelt sich diesmal um das Fragment 21 aus dem Aeolus von Euripides, das von Stobaeus (IV 1,20) überliefert worden ist: „Glaubt ihr, ihr könntet leichter wohnen, wenn ein ganzes Volk von Armen getrennt von den Reichen leben würde? Das Gute und das Schlechte lassen sich nicht trennen. Es gibt aber eine Mischung und so auch Wohlbefinden" (δοκεῖτ᾽ ἂν οἰκεῖν ῥᾷον, εἰ πένης ἅπας λαὸς πολιτεύοιτο πλουσίων ἄτερ; οὐκ ἂν γένοιτο χωρὶς ἐσθλὰ καὶ κακά, ἀλλ᾽ ἔστι τις σύγκρασις, ὥστ᾽ ἔχειν καλῶς). Es ist wenig wahrscheinlich, daß die Anlehnung an die klassische Tradition auf direkte Quellenkenntnis zurückgeht. Eine unbekannte stoische Quelle zu postulieren, die an dieser Stelle und im folgenden Vers fließen würde – auch in I Clem 20 angeblich wirksam –, ist wenig hilfreich[4]. Solche Gemeinplätze dürfen längst in das Allgemeinwissen der Gebildeten gehört haben. Wegen des Zusammenhangs mit dem folgenden

---

[1] Eine polemische Absicht gegen eine angeblich nivellierende Tendenz der Gegner – „in der christlichen Gemeinde soll es nicht Vorgesetzte und Untergebene, nicht Große und Kleine geben" (so W. LÜTGERT, Amt 57) – ist nicht erkennbar.

[2] In seiner Monographie von 1899 entscheidet sich R. KNOPF, Clemensbrief 59, für die LA von L: „et aliud alio opus est": „Das τούτοις ist sinnlos und ohne Pointe. ἐν ἀλλήλοις erscheint außerdem noch gedeckt durch 1 Kor 12,25 ... Unzweifelhaft wird die Verwandtschaft durch I Clem σύγκρασίς τίς ἐστιν ἐν πᾶσιν gegenüber von 1 Kor ἀλλὰ ὁ θεὸς συνέκρασεν τὸ σῶμα" (sic!). In seinem Kommentar hat er beides, die textkritische Entscheidung und die Verbindung zu 1 Kor 12,24b, offenbar aufgegeben. A. Jaubert bringt zur Stelle im griechischen Text ἐν τούτοις, aber die Übersetzung folgt der LA von L: „et chaque chose a besoin d'une autre."

[3] Vgl. KNOPF, 109; L. SANDERS, Hellénisme 84; GRANT, 65; JAUBERT, 162 Anm. 2; A. W. ZIEGLER, Studien 89; LINDEMANN, 116.

[4] Vgl. W. JAEGER, Christentum 89.

Bild vom Leib stellt sich die Frage, ob die Ausdrucksweise in I Clem 37,4b
nicht im Zusammenhang mit 1 Kor 12,24b steht: ἀλλὰ ὁ θεὸς συνεκέρασεν
τὸ σῶμα τῷ ὑστερουμένῳ περισσοτέραν δοὺς τιμήν (vgl. Lightfoot, I 2,115).
Andererseits leuchtet ein, daß ein solches Bild wie das des menschlichen Leibes
als Beispiel für die organische Zusammengehörigkeit der Einzelteile auf Begriffe wie σύγκρασις und συγκεραννύναι als notwendige Ausdrucksmöglichkeiten angewiesen ist[1].

Der menschliche Leib bietet das zweite Beispiel für Unterordnung und   5
Eintracht. Das Bild verdeutlicht besonders die gegenseitige Abhängigkeit der
verschiedenen Glieder und so auch die Nützlichkeit aller, sogar der geringsten.
Die abschließende Aussage hebt eben diese Momente hervor – Übereinstimmung und Unterordnung – im Dienste der Erhaltung des ganzen Leibes. Die
Aufforderung λάβωμεν als Einleitung zu einer Sache, die als Beispiel oder als
Bild – hier der Leib – genommen wird, kommt auch in 23,4 und 24,4 vor
(vgl. auch 5,1). Zwei Einzelheiten werden herangezogen, die den Einfluß der
paulinischen Begrifflichkeit erkennen lassen: das Verhältnis von Kopf und
Füßen zueinander und die Bedeutung auch der geringsten Glieder. Der recht
frei herangezogene Text ist 1 Kor 12,21b-22.

I Clem 37,5a	1 Kor 12,21b-22
ἡ κεφαλὴ δίχα τῶν ποδῶν οὐδέν ἐστιν,	ἢ πάλιν ἡ κεφαλὴ τοῖς ποσίν, χρείαν ὑμῶν
οὕτως οἱ πόδες δίχα τῆς κεφαλῆς·	οὐκ ἔχω· ἀλλὰ πολλῷ μᾶλλον τὰ δοκοῦντα
τὰ δὲ ἐλάχιστα μέλη τοῦ σώματος ἡμῶν	μέλη τοῦ σώματος ἀσθενέστερα ὑπάρχειν
ἀναγκαῖα καὶ εὔχρηστά εἰσιν ὅλῳ τῷ σώματι·	ἀναγκαῖά ἐστιν.

Anders als Paulus hat der Vf. kein Interesse an der Erwähnung der verschiedenen Glieder. Es dürfte auch nicht zufällig sein, wenn explizit nur der Kopf
und die Füße genannt werden. Auch in der Veranschaulichung einer organischen Struktur, die aus Gliedern besteht, die aufeinander angewiesen sind,
bleibt eine vertikale Linie maßgebend, bei der die Unterordnung leicht erkennbar ist. Die Wiederholung der chiastischen Struktur und die Verwendung
der Partikel δίχα verbindet der Text mit dem vorhergehenden Beispiel in
37,4a. Bei den geringsten Gliedern (zu τὰ δὲ ἐλάχιστα vgl. 20,10) geht es
nicht nur um ihre Notwendigkeit, sondern auch um ihre Nützlichkeit für den
ganzen Leib. εὔχρηστος dürfte durch das καὶ ἐν τούτοις χρῆσις von 37,4
bedingt sein[2]. Wenn die Brauchbarkeit aus der „gewissen Mischung" hervorgeht, dann gehören die geringsten Glieder zum „mixtum compositum" des
menschlichen Leibes und sind in ihm auch nützlich. Das Bild von den Lei-
besgliedern geht zu Ende mit einem Hinweis auf das Ganze des Leibes (ὅλῳ
τῷ σώματι), auf dessen Wohl die Einzelglieder hingeordnet sind[3]. Daß die

---

[1] Daß die σύγκρασις auf das Wirken des Geistes zurückgeht, geht aus dem Text nicht hervor.
Gegen C. RIGGI, Spirito 500.502.
[2] Das Adjektiv gehört auch zur paulinischen Begrifflichkeit. Vgl. Phlm 11; 2 Tim 2,21; 4,11.
[3] Auch dies ist eine paulinische Wendung. Vgl. 1 Kor 12,17: εἰ ὅλον τὸ σῶμα.

Wendung noch einmal am Schluß von V. 5 und dann in 38,1 vorkommt, weist auf die Bedeutung der Vorstellung hin, in der sich Bild und Sache verschmelzen.

Die abschließende Aussage besteht aus zwei Teilen. Der erste, durch ἀλλά eingeleitet[1], hat ein generisches πάντα als Subjekt. Gemeint sind natürlich die Glieder des Leibes, die das Ganze bilden. συνπνεῖ und ὑποταγῇ μιᾷ χρῆται drücken das Wirken des Subjekts aus. Das Verb συμπνεῖν ist als politischer Begriff nicht oft belegt, dafür aber in einigen sehr bedeutsamen Stellen. Nach Plato, Leg. IV 708d, kann ein sehr gemischtes Volk neuen Gesetzen gehorchen, aber daß dieses Volk das συμπνεῦσαι erreicht, ist sehr schwierig. Das Bild des gemeinsamen Atems drückt das Ideal der geistigen Einheit aus. Ähnlich Aristoteles, Pol. 1303a: στασιωτικὸν δὲ καὶ τὸ μὴ ὁμόφυλον, ἕως ἂν συμπνεύσῃ. Das Gemischte (die Stammesverschiedenheit) ist zugleich aufrührerisch, bis es zu einer Einheit findet. Hierher gehört auch Polybios, XXX 2,8: ... εἰ συμπνεύσαντες καὶ μιᾷ γνώμῃ χρώμενοι. Die Stoa verwendet die Formen συμπνοία und σύμπνοος bzw. σύμπνους als Ausdruck der kosmischen Einheit („conspiratio"). Das Bild des Leibes als einer organischen Einheit wird auf den Kosmos übertragen[2]. Philo verwendet nur συμπνεῖν, und zwar an drei Stellen. In Jos 176 bedeutet es „übereinstimmen", „einer Meinung sein" (συμπνεόντων καὶ ὁμογνωμονούντων περὶ πράγματος). Auch in Conf 69 wird das Verb im Sinn von „zustimmen" gebraucht. In SpecLeg I 138 geht es um die ideale Form der ehelichen Gemeinschaft. Die Familie ist der Ort, auf den das politische Ideal übertragen wird. Mann und Frau pflegen Besonnenheit, Häuslichkeit und Eintracht (σωφροσύνης καὶ οἰκουρίας καὶ ὁμονοίας περιέχεσθαι). Das gegenseitige Einverständnis (συμπνέοντας ἀλλήλοις) äußert sich sodann in Wort und Tat, und so entsteht wahre κοινωνία. Der Text ist deswegen bedeutsam, weil er die Aufnahme und Anwendung von philosophischen und politischen Begriffen im hellenistischen Judentum bezeugt und so eine weitere Applikation innerhalb der christlichen Gemeinden verständlich macht[3]. Die Wendung ὑποταγῇ μιᾷ χρῆται gibt Anlaß zu unterschiedlichen Wiedergaben. Die alte lateinische Übersetzung bringt: „et eodem iussu obaudiunt." A. v. Harnack übersetzt: „alle ... stehen unter einer Leitung" (Einführung 33). Fischer, 73: „und wirken in einträchtiger Unterordnung"; Bauer/Aland 1689 übersetzt: „... sie geben sich einer einträchtigen Unterordnung hin" (auch Lindemann) und bestimmt die Form „m. Dat. der betätigten

---

[1] ἀλλά vor einem selbständigen Satz nur hier in I Clem. Vgl. BAUER/ALAND 74.

[2] Vgl. CHerm Fr. 15,3 (III 66); M. Aurel, VI 38,2; Plutarch, Mor. 574d (SVF II Nr. 912); Diogenes Laërtius, VII 140 (SVF II Nr. 543). Vgl. W. JAEGER, Christentum 16.

[3] Vgl. M. SPANNEUT, Stoïcisme 388 f.: „Le texte offre une collection de thèmes stoïciens (service militaire, utilité, conservation du corps, mélange pour le bien de l'ensemble), qui place nettement l'image stoïco-paulinienne dans un contexte philosophique." Diese Beurteilung vereinfacht den Traditionsprozeß. Sehr ähnlich L. SANDERS, Hellénisme 82–91, in der Bestimmung der angeblichen Quellen von I Clem 37.

Eigenschaft" (1764)[1]. Das emphatische μιᾷ qualifiziert die Unterordnung (vgl. IgnEph 2,2: ἵνα ἐν μιᾷ ὑποταγῇ κατηρτισμένοι).

Der zweite Teil der Aussage ist ein Finalsatz: εἰς τὸ σῴζεσθαι ὅλον τὸ σῶμα, der das Ziel der einträchtigen Unterordnung benennt: Der ganze Leib soll erhalten bleiben[2]. Hatte R. Knopf, der so oft den angeblichen stoischen Einfluß in I Clem in seinem Kommentar unterstreicht, zu I Clem 37 doch den paulinischen Text 1 Kor 12,12–26 als Leitfaden herausgestellt, schränkt L. Sanders den paulinischen Einfluß auf die zentrale Idee vom Leib ein. Sonst folge der Vf. „ses sources avec plus de fidélité que Paul" (Hellénisme 82). Auch nach O. Knoch benützt I Clem 37 „die stoischen Bilder von der Polis, dem Heer und dem Leib zur Illustration der ‚σῶμα-Mystik' " (Eigenart 355). Die vorgetragene Analyse legt eine andere traditionsgeschichtliche Beurteilung nahe. Das hellenistische Judentum erweist sich auch diesmal als das tragende Fundament, auf dem der Vf. bewußt auf Paulus anspielt, um zu einer Aussage im Rahmen des eigenen Anliegens zu kommen.

10.2. Die Anwendung des Bildes auf die Gemeinde (38,1–4)

Aus dem Bild des Leibes wird nur ein Aspekt bei der Anwendung auf die Gemeinde herausgegriffen: die gegenseitige Unterordnung der Glieder (V. 1–2). Der Rückblick auf die ureigene menschliche Bedürftigkeit (V. 3a) stellt um so deutlicher die Wohltaten Gottes heraus (V. 3b) und mündet zum Schluß in die Sprache des Lobes ein (V. 4).

1. Erhalten werden soll nun unser ganzer Leib in Christus Jesus, und jeder soll sich seinem Nächsten unterordnen, wie es in seiner Gnadengabe bestimmt ist. 2. Der Starke soll für den Schwachen sorgen; der Schwache aber soll den Starken achten; der Reiche soll den Armen unterstützen; der Arme aber soll Gott dafür danken, weil er ihm (einen) gegeben hat, durch den seinem Mangel abgeholfen wird. Der Weise soll seine Weisheit nicht in Worten zeigen, sondern in guten Werken. Der Demütige soll sich nicht selbst ein Zeugnis ausstellen, sondern lasse es sich von einem anderen ausstellen. Wer rein im Fleisch ist, soll nicht prahlen, da er weiß, daß es ein anderer ist, der ihm die Enthaltsamkeit verleiht.
3. Laßt uns doch bedenken, Brüder, aus was für einem Stoff wir entstanden sind, wie beschaffen und wer wir waren, als wir in die Welt eintraten, aus welchem Grab und welcher Finsternis heraus unser Bildner und Schöpfer uns in seine Welt einführte, er, der seine Wohltaten im voraus bereitet hat, noch

---

[1] Vgl. Arist 215: οὐδὲ ἐξουσίᾳ χρώμενος τὸ δίκαιον αἴρεις.
[2] Zu εἰς τὸ σῴζεσθαι vgl. 2,4. Der Heilige Geist spielt bei der Erhaltung des Leibes keine Rolle (gegen C. RIGGI, Spirito 502).

ehe wir geboren waren. 4. Da wir also dies alles von ihm haben, müssen wir ihm in jeder Hinsicht danken: Ihm die Ehre von Ewigkeit zu Ewigkeit. Amen.

1 Die Applikation des Bildes vom Leib auf die Wirklichkeit der Gemeinde vollzieht sich in zwei Schritten, und zwar in zwei mit einem Imperativ der dritten Person Singular beginnenden Sätzen. Der erste ist recht allgemein gehalten. Das σῳζέσθω knüpft an 37,5b an: εἰς τὸ σῴζεσθαι ὅλον τὸ σῶμα, und hat folglich auch die gleiche Bedeutung: erhalten bleiben. Wie das geschehen soll, hängt mit dem zweiten Satz zusammen: durch die gegenseitige Unterordnung. Die ekklesiologische Anwendung tritt durch das vorangestellte ἡμῶν deutlich zutage. Zum drittenmal ist vom „ganzen Leib" die Rede in der Form einer zunehmenden ekklesiologischen Verdeutlichung des Bildes: Es ist „unser ganzer Leib." An dieser Stelle handelt es sich ferner nicht um den „Leib Christi", sondern um den Leib „in Christus Jesus"[1]. Die Sprechweise dürfte auf den Einfluß von Röm 12,5 zurückgehen: οὕτως οἱ πολλοὶ ἓν σῶμά ἐσμεν ἐν Χριστῷ, τὸ δὲ καθ᾽ εἷς ἀλλήλων μέλη. Daß dem Vf. auch die Vorstellung vom Leib Christi und von seinen Gliedern geläufig war, zeigt 46,7. Der Erlöser ist der Bezugspunkt bzw. der Raum, in dem der von den Gläubigen gebildete Leib erhalten bleiben kann.

Der zweite Imperativ, ὑποτασσέσθω, gehört in das Sprachfeld von Kap. 37 (vgl. V. 2: πῶς ὑποτεταγμένως; V. 5: ὑποταγῇ μιᾷ). Im Vergleich mit dem Bild vom Heer erlaubt das Bild vom Leib ein anderes Element hervorzuheben, das jetzt in der ekklesiologischen Anwendung noch stärker zur Geltung kommt. Die Unterordnung kennzeichnet diesmal nämlich nicht ein im wesentlichen vertikal bestimmtes Verhältnis, das sich besonders in der Ausführung der erteilten Befehle äußert. Schon im menschlichen Leib zeigt sich die gegenseitige Abhängigkeit der Glieder, und dies wird erst recht eindeutig im Zueinander derer, die den Leib in Christus Jesus bilden. Über den unmittelbaren Bezug auf Kap. 37 hinaus kommt hier ein Motiv zur Sprache, das in I Clem eine wichtige Rolle spielt. Die Unterordnung unter den Willen Gottes (34,5), die auch in der Ordnung der Natur bezeugt ist (20,1), hat eine dreifache Auswirkung: in der Gemeinde selbst schlägt sich dies in der gegenseitigen Unterordnung nieder (2,1; 38,1); sodann ergibt sich daraus die Unterordnung unter die eigenen Gemeindeleiter (1,3; 57,1); schließlich die Unterordnung unter die weltlichen Herrscher (61,1).

Die Aufforderung in 38,1b beruht auf einer inhaltlich und sprachlich breiten Basis der judenchristlichen Überlieferung. Im römischen Raum ist auf 1 Petr 3,1.5 und vor allem auf Röm 15,2 hinzuweisen: ἕκαστος ἡμῶν τῷ πλησίον ἀρεσκέτω εἰς τὸ ἀγαθόν[2]. Eine weitere Aussage bestimmt nachträglich die Art der gegenseitigen Unterordnung. Der Maßstab ist nun die mit jedem Charisma

---

[1] Die textkritische Variante – H und S lesen nur „in Christus" – ist semantisch irrelevant.
[2] Vgl. auch Eph 5,21: ὑποτασσόμενοι ἀλλήλοις ἐν φόβῳ Χριστοῦ.

gegebene Bestimmung. Das ἐτέθη ἐν τῷ χαρίσματι αὐτοῦ ist im Sinn von 1 Kor 12,18 (νυνὶ δὲ ὁ θεὸς ἔθετο τὰ μέλη, ἓν ἕκαστον αὐτῶν ἐν τῷ σώματι καθὼς ἠθέλησεν) und 1 Petr 4,10 (ἕκαστος καθὼς ἔλαβεν χάρισμα) (vgl. auch 1 Kor 12,28) zu verstehen. Jeder Gläubige wurde von Gott mit eigenen Gnadengaben beschenkt[1]. Nur als ein solcher „Begabter" soll er in der Gemeinde in gegenseitiger Unterordnung zur Erhaltung des ganzen Leibes seinen Beitrag leisten. Auffallend ist, daß der Geist als Spender der Gnadengaben nicht erwähnt wird[2].

Der Text erläutert sieben verschiedene Vollzüge christlichen Lebens, in denen sich die gegenseitige Unterwerfung nach dem Maßstab der eigenen Geistesgabe (V. 1) exemplarisch zeigt. Die Form ist sorgfätig gestaltet: Es sind sieben Geistesgaben (vgl. Einleitung § 3.3.h). Die Liste hat stilistisch zwei Teile. Den ersten Teil bilden die ersten vier Aussagen, die in zwei antithetische Gruppen gegliedert sind: stark - schwach; reich - arm. Beim zweiten Glied verdeutlicht die Partikel δέ die Gegenüberstellung. Den zweiten Teil bilden die drei letzten Aussagen, bei denen die Partikel μή jeweils auf eine negative Möglichkeit hinweist, die zu vermeiden ist. Beide Teile werden mit einem ὅτι-Satz abgeschlossen, der auf das Handeln Gottes verweist. Stets ist das Subjekt vorangestellt, und die Form des Verbs steht in der dritten Person Singular des Imperativs Präsens. Jede Aufforderung ist durch Prägnanz und Kürze gekennzeichnet.

I. 1. ὁ ἰσχυρὸς τημελείτω[3] τὸν ἀσθενῆ,
   2. ὁ δὲ ἀσθενὴς ἐντρεπέτω[4] τὸν ἰσχυρόν·
   3. ὁ πλούσιος ἐπιχορηγείτω τῷ πτωχῷ,
  4. ὁ δὲ πτωχὸς εὐχαριστείτω τῷ θεῷ,
      ὅτι ἔδωκεν αὐτῷ δι' οὗ ἀναπληρωθῇ αὐτοῦ τὸ ὑστέρημα·
II. 5. ὁ σοφὸς ἐνδεικνύσθω τὴν σοφίαν αὐτοῦ μὴ ἐν λόγοις,
            ἀλλ' ἐν ἔργοις ἀγαθοῖς·
   6. ὁ ταπεινοφρονῶν μὴ ἑαυτῷ μαρτυρείτω,
            ἀλλ' ἐάτω ὑφ' ἑτέρου ἑαυτὸν μαρτυρεῖσθαι·
   7. ὁ ἁγνὸς ἐν τῇ σαρκὶ μὴ ἀλαζονευέσθω, γινώσκων,
        ὅτι ἕτερός ἐστιν ὁ ἐπιχορηγῶν αὐτῷ τὴν ἐγκράτειαν.

Die erste Gegenüberstellung hat chiastische Struktur. Die Pflicht des Starken gegenüber dem Schwachen besteht in der Pflege bzw. Versorgung[5]. Dafür soll

---

[1] Das αὐτοῦ kann auf ἕκαστος oder auf τῷ πλησίον αὐτοῦ bezogen werden. Nach dem Kontext dürfte das erste wahrscheinlich sein. Anders Knopf, der übersetzt: „Und ein jeglicher möge seinem Nächsten sich unterordnen, wie es in dessen Gabe begründet ist." Ähnlich A. v. HARNACK, Einführung 34: „ ... nach Maßgabe des Charismas des Nächsten." Die anderen Übersetzungen verstehen den Text meistens wie in der Fassung hier.

[2] Die Wirkung des Geistes wird von C. RIGGI, Spirito 506, behauptet. Aber gerade das Schweigen über den Geist ist an dieser Stelle das Eigenartige.

[3] So HLS. Nach A: ΜΗΤΜΜΕΛΕΙΤΩ.

[4] Nach H: ἐντρεπέσθω.

[5] τημελεῖν: Im AT nur bei Sym. Ps 30,4; Jes 40,11. Im NT und in der altchristlichen Literatur nicht belegt.

der Schwache den Starken achten (vgl. 21,6: ἐντραπῶμεν, christologisch). Es mag sein, daß paulinische Diktion nachwirkt (vgl. 1 Kor 4,10 und vor allem Röm 14,1 f.; 1 Kor 8,11, wo das Problem des Schwachen aus der Perspektive des Starken behandelt wird), aber die formelhafte Wendung hier scheint keine konkrete Situation anzuvisieren.

Bei der zweiten Gegenüberstellung wird der zu erwartende Chiasmus bewußt umgangen. Der notwendigen Unterstützung des Armen durch den Reichen entspricht nämlich nicht die Anerkennung oder die Danksagung des Armen an die Adresse des Reichen. Sein Dank soll sich an Gott richten, der ihm einen Helfer bereitet hat, der seine Not beseitigt. Indirekt ist damit die Rolle und die Verantwortung des Reichen gegenüber dem Armen festgelegt. Wenn er ihr entspricht, gehorcht er dem Willen Gottes, der durch ihn handelt[1]. Die Sorge um die Bedürftigen in der Gemeinde ist ein geläufiges Thema der judenchristlichen Paränese[2]. Das zu I Clem 37,4 herangezogene 21. Fragment des Euripides aus dem Aeolus enthält zum Schluß eine dort nicht zitierte Aussage, die eine vergleichbare Haltung gegenüber den Armen und Reichen bezeugt: ἃ μὴ γὰρ ἔστι τῷ πένητι πλούσιος δίδωσ'· ἃ δ' οἱ πλουτοῦντες οὐ κεκτήμεθα, τοῖσιν πένησι χρώμενοι θηρώμεθα („denn was der Arme nicht hat, gibt der Reiche; was aber wir Reichen nicht besitzen, erreichen wir durch die Hilfe der Armen").

Die Gegenüberstellung „nicht durch Worte, sondern durch Taten" erschien in 30,3 im Zusammenhang mit einer Reihe von anderen Ermahnungen, die mit der Bindung an die Empfänger der Gnade Gottes zu tun hatten. Sie wird nun als Aufforderung an den Weisen wieder aufgenommen, der seine Weisheit eben nicht durch Worte, sondern durch gute Werke zeigen soll (vgl. 33,7; 34,4). Die pragmatische, durchaus realistische und jeder Schwärmerei fernstehende Haltung des Vf.s kommt hier deutlich zum Ausdruck. Von der Begrifflichkeit her handelt es sich in diesem Abschnitt um Termini des Zitats aus Jer 9,23, das in I Clem 13,1 verwendet wurde: μὴ καυχάσθω ὁ σοφὸς ἐν τῇ σοφίᾳ αὐτοῦ μηδὲ ὁ ἰσχυρὸς ἐν τῇ ἰσχύϊ αὐτοῦ μηδὲ ὁ πλούσιος ἐν τῷ πλούτῳ αὐτοῦ. Die Parallele in Jak 3,13 fällt auf: τίς σοφὸς καὶ ἐπιστήμων ἐν ὑμῖν; δειξάτω ἐκ τῆς καλῆς ἀναστροφῆς τὰ ἔργα αὐτοῦ ἐν πραΰτητι σοφίας. Eine solche Relativierung des Wissens zugunsten der Taten ist in der christlichen Überlieferung und im Judentum geläufig[3]. Einen anderen Aspekt wird I Clem 48,5 zeigen.

Der Aufforderung zum demütigen Wandeln widmete der Vf. einen ausführlichen Abschnitt (Kap. 13–19,1), in dem sowohl die Begründung mit Hilfe der Schrift und anderer Argumente als auch die vielfältigen Formen der Demut

---

[1] Unter dem Einfluß von I Clem scheint Herm vis II 6 (51,6) zu stehen: ὁ πένης οὖν ἐπιχορηγούμενος ὑπὸ τοῦ πλουσίου ἐντυγχάνει τῷ θεῷ εὐχαριστῶν αὐτῷ, ὑπὲρ τοῦ διδόντος αὐτῷ.

[2] Eine Übernahme der „Roman patron-client relationship" ist unwahrscheinlich. Anders J. S. Jeffers, Influence 382; Pluralism 11; Conflict 132 f.

[3] Vgl. F. Mussner, Jakobusbrief 170 Anm. 1.

hinreichend zur Sprache kamen. Das Wort an den Demütigen in 38,2 greift auf die Mahnung in 30,7 zurück: Niemand soll sich selbst loben bzw. über die eigenen Werke selbst das Zeugnis ausstellen. Das gleiche gilt auch für den Demütigen. Genau genommen ist das Wort recht problematisch, denn echte Demut verträgt sich schlecht nicht nur mit Selbstzeugnis, sondern auch mit dem Zeugnis eines anderen. Aber der Vf. scheint wenig darauf bedacht zu sein, seine Formulierung im Hinblick auf solche Einwände sorgfältiger auszuwägen. Man gewinnt eher den Eindruck, er würde nach einem einfachen Schema verfahren: Was gut ist, soll der Gläubige tun, ohne in Selbstgefälligkeit zu verfallen; er braucht aber auch nicht jeden Gedanken an eine mögliche Anerkennung abzuweisen.

Die letzte Aussage richtet sich an den ἁγνὸς ἐν τῇ σαρκί. Die Bedeutung von ἁγνός in Verbindung mit ἐν τῇ σαρκί ist rein bzw. keusch. In diesem Fall handelt es sich um eine Reinheit, die eventuell zur Prahlerei Anlaß geben könnte und die ausdrücklich mit der von Gott ermöglichten Enthaltsamkeit in Zusammenhang gebracht wird[1]. Höchst wahrscheinlich denkt der Vf. an einen, der in sexueller Askese, in welcher Form auch immer, lebt[2]. Die ἐγκράτεια als sexuelle Abstinenz wäre in diesem Fall enger aufgefaßt als in 35,2 (vgl. auch 62,2; 64).

Rückblickend auf 38,2 bleibt festzustellen, daß recht wenig eigentlich Neues gesagt wird, daß sogar Themen aufgenommen werden, die da und dort schon erschienen sind. Auf die Gefahr hin, die Absicht des abwesenden Vf.s vielleicht zu genau erkennen zu meinen, läßt sich dennoch vermuten, daß Röm 12 hier als Leitfaden dient. Das bedeutet natürlich nicht, daß der Vf. Röm 12 zitiert. Aber er folgt der dort vorliegenden Disposition. Das Bild vom Leib leitet jeweils die Paränese ein. Die χαρίσματα versteht er genau so umfassend wie der Apostel in Röm 12,6–8. Aber darüber hinaus kommt die Vielfalt des christlichen Lebens zur Sprache (vgl. Röm 12,9–21). Formelhaft und rhetorisch gestaltet, scheint I Clem 38,2 nur dies verfolgen zu wollen[3]. Die Frage von Knopf, 110, wieweit der Vf. bei dieser Charakteristik die Gegner zu Korinth im Sinn hat, geht an der Sache vorbei. Vor ihm hatten S. Gundert (Brief 45), A. Hilgenfeld (Väter 79), R. A. Lipsius (Disquisitio 114 f.) und W. Lütgert (Amt 67) die Charismatiker bzw. Asketen mit den Unruhestiftern in Korinth gleichgesetzt[4].

---

[1] Kein hebräischer Text (angeblich Ps 139,13–15) liegt der Aussage zugrunde. Gegen SCHNEIDER, 21 Anm. 52; 157 Anm. 225.

[2] Die Stelle IgnPol 5,2 weist auf eine ähnliche Situation mit der gleichen Gefahr hin: εἴ τις δύναται ἐν ἁγνείᾳ μένειν εἰς τιμὴν τῆς σαρκὸς τοῦ κυρίου, ἐν ἀκαυχησίᾳ μενέτω. Ein Einfluß von I Clem 38,2 ist unwahrscheinlich.

[3] Nach J. E. DAVISON, Gifts 46 f., zeigt sich hier die Neigung, natürliche und „geistliche Gaben" („spiritual gifts") gleichzusetzen. Der angedeutete Unterschied spielt in I Clem keine Rolle.

[4] Richtig dazu W. WREDE, Untersuchungen 33; LINDEMANN, 117: „38,1 f. enthält allgemeingültige Paränese, keine spezifische Polemik."

3   Die Erinnerung an die armselige menschliche Wirklichkeit, erkennbar schon an ihrer Herkunft und Entstehung, kontrastiert mit dem zuvor dargestellten Bild vom harmonischen Leib, zu dessen Erhaltung alle Glieder in ihrer Eigenart beitragen. Die Grundaussage läßt sich mit A. v. Harnack kurz so zusammenfassen: „Nostra merita = dei munera" (Einführung 114). Die Aufforderung ἀναλογισώμεθα lädt die Gläubigen zur Betrachtung dieser Wirklichkeit ein[1]. Sie wird in der Form einer dreigliederigen Anaphora mit ποῖος beleuchtet. Der erste Satz (ἐκ ποίας ὕλης ἐγενήθημεν) spielt auf den Stoff bzw. das Material an, aus dem der Mensch entstanden ist. Möglicherweise hat der Vf. das Zitat aus Ijob 4,19 vor Augen, das in 39,5 angeführt wird: οἱ κατοικοῦντες οἰκίας πηλίνας, ἐξ ὧν καὶ αὐτοὶ ἐκ τοῦ αὐτοῦ πηλοῦ ἐσμέν. In diesem Fall geht es hier um die Geschöpflichkeit des Menschen unter dem Gesichtspunkt seiner Grenzen und Bedürftigkeit. So wie die erste Aussage deutet auch die zweite Aussage mehr an, als sie offen formuliert (ποῖοι καὶ τίνες εἰσήλθαμεν εἰς τὸν κόσμον)[2]. Erst von der dritten Aussage her lassen sich die anderen zwei deuten. Die Herkunft ist durch Dunkelheit geprägt: ἐκ ποίου τάφου καὶ σκότους. Das Grab dürfte metaphorisch den Zustand im Tod bezeichnen, der zugleich als Ort der Finsternis gilt[3]. Der Subjektwechsel weist auf den gemeinten soteriologischen Vorgang hin: ὁ πλάσας ἡμᾶς καὶ δημιουργήσας. Gott als Bildner ist eine häufige alttestamentliche Prädikation (Ps 32,15; Spr 24,12; Jes 27,11; 43,1; 44,2; 49,5; Jer 10,16; 28,19; 2 Makk 7,23). Wie in I Clem 33,4 gibt Gen 2,7 das Grundmaterial für die Sprachform her, aber hier handelt es sich nicht spezifisch um die „Bildung" des Menschen, sondern um seine Geschöpflichkeit schlechthin. Überhaupt steht an dieser Stelle nicht die Frage nach der Erschaffung des Menschen im Mittelpunkt, sondern seine radikale Heilsbedürftigkeit, die das rettende Handeln Gottes als unbedingt notwendig erweist. Wenn die Entstehung und Herkunft des Menschen erwähnt werden, dann nur in der Absicht, diese Heilsbedürftigkeit aufzuzeigen[4]. Der Schöpfer hat nämlich die Gläubigen aus Grab und Finster-

---

[1] Vgl. PsSal 8,7: ἀνελογισάμην τὰ κρίματα τοῦ θεοῦ ἀπὸ κτίσεως οὐρανοῦ καὶ γῆς; Hebr 12,3: ἀναλογίσασθε γὰρ τὸν τοιαύτην ὑπομεμενηκότα ὑπὸ τῶν ἁμαρτωλῶν εἰς ἑαυτὸν ἀντιλογίαν.
[2] Rein sprachlich vgl. 1 Petr 1,11: εἰς τίνα ἢ ποῖον καιρόν; Herm sim IV 3 (53,3): οἱ καρποὶ φανεροῦνται καὶ ἐπιγινώσκονται ποῖοί τινές εἰσιν.
[3] Vgl. 36,2: διὰ τούτου ἡ ἀσύνετος καὶ ἐσκοτωμένη διάνοια ἡμῶν ἀναθάλλει εἰς τὸ φῶς; 59,2: δι᾽ οὗ ἐκάλεσεν ἡμᾶς ἀπὸ σκότους εἰς φῶς.
[4] Anders GEBHARDT/HARNACK, 63; HEMMER, 81; KNOPF, 111; JAUBERT, 164, die auf Ps 138,15 hinweisen. Nach Knopf sind τάφος und σκότος „das große Reich unter der Erde, aus dem die Seelen der Neugeborenen herkommen." Kritisch dazu LINDEMANN, 117 f. Von Knopf beeinflußt und weit über den Textbefund hinausgehend, schreibt S. SCHULZ, Mitte 315: „Der 1.Clemensbrief kennt die griechisch-hellenistische Scheidung von unsterblicher Seele und vergänglichem Leib mit allen Stationen, die die Seele von der Präexistenz bis zur Totenauferstehung in ihrer jenseitigen Heimat durchläuft ... Die Seelen der noch Ungeborenen stammen aus dem finsteren Grab des unterirdischen Reiches, werden mit nichtigem und verächtlichem ‚Stoff', offensichtlich dem Fleischesleib, überkleidet und dann von Gott selbst in den schönen und wohlgeordneten Kosmos ‚eingeführt' (38,3)."

nis weg „in seine Welt" eingeführt, und zwar im Hinblick auf seine Wohltaten (zu εὐεργεσία vgl. 19,2), die für sie schon bereit waren, bevor sie geboren wurden. Vorher war es aus der Perspektive des Menschen angedeutet: ποῖοι καὶ τίνες εἰσήλθαμεν εἰς τὸν κόσμον. Die Wiederholung von εἰς τὸν κόσμον ist bedeutsam. Jetzt aber ist es der Schöpfer selbst, der die Gläubigen in seine Welt einführt. Die Wendung εἰσήγαγεν εἰς τὸν κόσμον αὐτοῦ ist somit synonym mit der Heilstat Gottes. Die εὐεργεσίαι bedeuten nicht nur die Gaben der Schöpfung (19,2; 21,1), sondern darüber hinaus die anderen „seligen und wunderbaren Gaben" (35,1–3). Ihre „zeitliche" Priorität im Hinblick auf das Sein des Menschen (πρὶν ἡμᾶς γεννηθῆναι) und damit auch jeder Antwort seinerseits ist nur die Außenseite des theologischen Vorrangs, der vom Heilswillen Gottes herrührt.

Der Abschnitt geht zu Ende mit der Aufforderung zum Dank, der gleich danach durch die Doxologie entsprochen wird. Das generische ταῦτα οὖν πάντα[1] läßt offen, ob der Grund für die Danksagung allein der von Gott geschenkte Übergang von Tod und Finsternis ins Leben und Licht ist (38,3) oder ob darüber hinaus der ganze Gedankengang nach der Doxologie in 32,4 miteingeschlossen ist: die Antwort des Menschen auf die Gabe der Erlösung (Kap. 33–35), die christologische Vermittlung (Kap. 36), die ekklesiologische Anwendung (Kap. 37–38). Nach 34,2b ist Gott die Quelle des Guten und der Gnade (ἐξ αὐτοῦ γάρ ἐστιν τὰ πάντα). Das ἔχοντες bestimmt die Gläubigen als Empfänger dieser Gaben (ταῦτα οὖν πάντα ἐξ αὐτοῦ)[2]. Die Danksagung (εὐχαριστεῖν αὐτῷ) zeigt, daß sie die Armen vor Gott sind (38,2). Von daher gewinnt der Pflichtcharakter des Dankes (ὀφείλομεν) seinen sachbezogenen Sinn (Grant, 67; Lindemann, 118). Der Dank ist die angemessene Antwort auf die Tat Gottes[3]. Die Doxologie setzt eine klare Trennungslinie zwischen diesem Teil und dem direkten Eingehen auf das korinthische Problem, das in den nächsten Kapiteln erfolgt. Die Form der Doxologie mit dem Personalpronomen am Anfang, ohne Verb und nur mit δόξα ist die von 43,6; 45,7 und 50,7.

10.3. Das Kontrastbild (39,1–9)

Der direkten Auseinandersetzung mit dem korinthischen Problem geht ein kurzer, scharfer Angriff gegen die Gegner voraus, der sich in Ton und Inhalt vom vorhergehenden Abschnitt absetzt. Das ausführliche Zitat aus dem Buch Ijob (V. 3–9) beweist die Unhaltbarkeit des von ihnen gestellten Anspruches.

---

[1] Die Wendung kommt auch in 33,6 vor.

[2] ἔχοντες als Abschluß eines argumentativen Schrittes auch in 33,8.

[3] Nach KNOPF, 111, paßt εὐχαριστεῖν gar nicht in den Zusammenhang hinein; „ὑποτάσσεσθαι wäre zu erwarten." Die Frage ist, ob die von ihm vorgenommene Bestimmung des Zusammenhangs richtig ist.

Daß der Text Übergangscharakter hat, bedarf keiner zusätzlichen Begründung, wenn man den Inhalt der folgenden Kapitel betrachtet. Aber auch so bleibt die Frage nach der Einordnung von Kap. 39 im Hinblick auf den bisherigen Gedankengang. Nimmt man 20,1 als Anfang eines argumentativen Schrittes, lassen sich weiter nur wenige Anspielungen auf die Gegner feststellen. Eine sichere, die für das Verständnis von 39,1 wichtig ist, ist gewiß 21,5. Des weiteren gibt es Wendungen und Begriffe, die leicht im Zusammenhang mit der Polemik verstanden werden können (28,1 f.; 30,1.8; 35,5–11). Aber die Sprache ist nicht von der Polemik bestimmt, sondern von dem Interesse, den Weg zum Heil zu zeigen (36,1). Die Aussage gipfelt in der Darstellung der Gemeinde als eines geordneten Heeres (37,2–4), als eines Leibes in Christus Jesus (38,1), als des geordneten Ortes des Wirkens Gottes. Manche Bilder werden in Kapitel 40 und den folgenden wieder aufgenommen, und dann wird deutlich, daß sie ein Ideal der Gemeinde darstellen, von dem die Korinther sich entfernt haben, sofern sie diese Ordnung faktisch abgelehnt haben. Die positive Darlegung endet sachgemäß mit der sich gebührenden Danksagung (38,4). Warum also Kap. 39? Kurz gesagt: Es ist ein Kontrastbild zu Kap. 38. Christliches Leben als Entfaltung des eigenen Charismas in gegenseitiger Unterordnung (38,1 f.) erwies sich als Gabe des rettenden Gottes (38,3). Das Gegenstück dazu bilden die Gegner mit ihrem Machtanspruch (39,1). Was sie aber in Wirklichkeit sind, hat schon die Schrift gesagt (39,3–9). Die göttliche „Gnosis" (40,1) enthält die Wahrheit über das christliche Leben in seiner positiven Gestalt, aber auch in seinen Mißbildungen. Inhaltlich wird wenig darüber ausgesagt[1]. Denn die Auseinandersetzung mit dem Problem steht in diesem Abschnitt nicht zur Debatte (auch später wird man nicht allzu viel davon erfahren). Bei jedem Kontrastbild kommt es entscheidend auf die Schärfe der Konturen an. Die Begrifflichkeit in 39,1 erfüllt diese Funktion.

1. Unverständige, Unvernünftige, Törichte und Ungebildete verspotten und verhöhnen uns, während sie sich durch ihre Einbildungen erhöhen wollen. 2. Was vermag denn ein Sterblicher? Oder was ist die Kraft eines Erdgeborenen? 3. Denn es steht geschrieben: „Es war keine Gestalt vor meinen Augen, sondern ich hörte (nichts als) Hauch und Stimme. 4. Wie denn? Wird ein Sterblicher etwa rein sein vor dem Herrn, oder ein Mann untadelig wegen seiner Werke? Wenn er seinen Dienern nicht vertrauen kann, an seinen Engeln etwas Verkehrtes wahrnahm? 5. Der Himmel ist nicht rein vor ihm. Wieviel mehr aber die, welche Lehmhäuser bewohnen, zu denen auch wir selbst gehören, die wir aus demselben Lehm sind. Er schlug sie wie eine Motte, und vom Morgen bis zum Abend sind sie nicht mehr; da sie sich selber nicht helfen konnten, gingen

---

[1] D. S. CORMODE, Influence 192 f., behandelt I Clem 39–40 unter dem Titel „Das neue Israel". Diese ekklesiologische Kategorie ist I Clem fremd. Auch für B. MAGGIONI, Concezione 9–11, ist das „neue Israel" – unter Einbeziehung anderer Texte – die Grundidee der Ekklesiologie in I Clem.

sie zugrunde. 6. Er hauchte sie an, und sie starben, da sie keine Weisheit hatten. 7. Rufe doch, ob einer dich erhören wird oder ob du einen der heiligen Engel sehen wirst! Denn einen Unverständigen rafft Zorn hinweg, einen Verirrten tötet Eifersucht. 8. Ich habe aber gesehen, daß Unverständige Wurzeln schlugen, doch sofort wurde ihre Wohnstätte verzehrt. 9. Fern bleiben mögen ihre Söhne vom Heil. Verspottet mögen sie werden an den Türen der Schwächeren, und keiner soll sein, der (sie) befreit. Denn was für jene bereitet ist, werden Gerechte essen; sie selbst aber werden von den Übeln nicht befreit werden."

Die dargebotene Sicht der Gegner entspricht grundätzlich dem, was in 21,5   1 über sie gesagt worden ist:

39,1	21,5
ἄφρονες καὶ ἀσύνετοι καὶ μωροὶ	μᾶλλον ἀνθρώποις ἄφροσι καὶ ἀνοήτοις
καὶ ἀπαίδευτοι χλευάζουσιν ἡμᾶς	
καὶ μυκτηρίζουσιν,	
ἑαυτοὺς βουλόμενοι ἐπαίρεσθαι	καὶ ἐπαιρομένοις καὶ ἐγκαυχωμένοις
ταῖς διανοίαις αὐτῶν.	ἐν ἀλαζονείᾳ τοῦ λόγου αὐτῶν προσκόψωμεν
	ἢ τῷ θεῷ.

Zu den zwei jeweils gemeinsamen Zügen, Unvernunft und Überheblichkeit, kommt eine äußere Haltung hinzu: sie verspotten und verhöhnen „uns". Verachtung der anderen und maßlose Selbstüberschätzung gehören zusammen. Von den vier Adjektiven am Anfang hat nur das erste (ἄφρονες) die Gegner zuvor bezeichnet (3,2; 21,5). Sprachlich lassen sich Anklänge an die LXX feststellen (vgl. Ps 91,7: ἀνὴρ ἄφρων οὐ γνώσεται, καὶ ἀσύνετος οὐ συνήσει ταῦτα; Sir 22,3: αἰσχύνη πατρὸς ἐν γεννήσει ἀπαιδεύτου; 22,12 f.: πένθος νεκροῦ ἑπτὰ ἡμέραι, μωροῦ δὲ καὶ ἀσεβοῦς πᾶσαι αἱ ἡμέραι τῆς ζωῆς αὐτοῦ. μετὰ ἄφρονος μὴ πληθύνῃς λόγον καὶ πρὸς ἀσύνετον μὴ πορεύου. Vgl. auch Sir 20,19 f.; 27,11–13. Im NT vgl. 2 Tim 2,23). Es ist die Sprache der alttestamentlichen „Paideia", so wie sie im hellenistischen Judentum artikuliert wird[1]. Kennzeichnend dafür ist das letzte Adjektiv: ἀπαίδευτοι. Über eine rein natürliche Dimension der Unvernunft bzw. Dummheit hinaus klingt bei diesem Terminus der Nebenton des Ungehorsams gegenüber der göttlichen Paideia an, die schon mehrmals erwähnt wurde (21,6.8). χλευάζειν (verspotten) kommt im AT nur in Weish 11,14; 2 Makk 7,27 und 4 Makk 5,22 (im NT in Apg 17,32) vor, während μυκτηρίζειν (verhöhnen) häufiger belegt ist[2]. Das Problem kommt aber nicht von der Begrifflichkeit her, sondern von dem ἡμᾶς, auf das sich die Handlung bezieht[3]. Handelt es sich um eine nur rhetorische Form, die etwa mit der Wendung in 7,1b vergleichbar wäre: ἐν

---

[1] Die Abhängigkeit von paulinischer Begrifflichkeit ist gering. Anders GRANT, 67.
[2] Vgl. Ps 78,4: ἐγενήθημεν ὄνειδος τοῖς γείτοσιν ἡμῶν, μυκτηρισμὸς καὶ χλευασμὸς τοῖς κύκλῳ ἡμῶν.
[3] Das Problem wurde in der lateinischen Übersetzung gesehen: Sie läßt das Pronomen aus.

γὰϱ τῷ αὐτῷ ἐσμὲν σκάμματι, καὶ ὁ αὐτὸς ἡμῖν ἀγὼν ἐπίκειται? Oder liegt eine Anspielung auf ähnliche Verhältnisse in der römischen Gemeinde vor?[1] Abgesehen davon, daß Argumente für eine Entscheidung zugunsten der zweiten Möglichkeit nur aus I Clem selbst gewonnen werden können und damit die Wahrscheinlichkeit eines solchen Hintergrundes stark reduziert wird, spricht für die andere Möglichkeit – den rhetorischen Zug – der vermutliche Rezeptionsvorgang des Schreibens. Der Text wurde von vornherein auf die Situation hin geschrieben in der Erwartung, einmal in der Gemeinde öffentlich vorgelesen zu werden. Das „Ich" des Vf.s hat sich schon öfters in das gemeinsame „Wir" verwandelt, das dem „Wir" der korinthischen Gemeinde beim Akt des Vorlesens und des Zuhörens entspricht. Ob der Vf. von den Spannungen in Korinth so genaue Kenntnis besitzt, daß er sogar von den Anfechtungen der „Gerechten" seitens der „Unruhestifter" erfahren hat, ist fraglich und angesichts des topischen Charakters des Textes unwahrscheinlich[2]. Ganz auf der Linie des Schreibens gibt es auch hier keinen Raum für einen Zweifel oder eine Unsicherheit bezüglich der eigenen Position und der eigenen Entscheidung.

Die Überheblichkeit der Gegner resultiert aus ihrer Absicht (βουλόμενοι. Vgl. 15,1), sich zu erhöhen, zu brüsten. Die Wendung ἐπαίρεσθαι ταῖς διανοίαις αὐτῶν enthält einen deutlich kritischen Ton. Ihre Haltung hat mit den eigenen διάνοιαι zu tun, die in diesem Fall soviel wie schlechte Gedanken, Einbildung bedeutet[3]. Im Zusammenhang mit dem Vorwurf der Unvernunft und Torheit scheint hier der Gedanke ausgesprochen zu sein, daß es für die Überheblichkeit der Gegner keinen echten Grund gibt. Sie realisiert sich in ihren schlechten Gedanken bzw. in ihren Einbildungen[4].

2   Die doppelte rhetorische Frage bezeichnet den Menschen in seiner Unzulänglichkeit. Seine Grenzen werden durch den Tod und seine Herkunft aus der Erde sichtbar. θνητός (sterblich) und γηγενής (erdgeboren) bedingen sich gegenseitig[5]. Die ganze Fragestellung nimmt Motive aus dem folgenden Zitat vorweg: das Unvermögen, die Kurzlebigkeit, die irdische Herkunft. Der Hinweis auf das menschliche Unvermögen stellt um so deutlicher die Ver-

---

[1] Es überrascht, daß G. Brunner nicht auch auf diesen Text hingewiesen hat, um seine These zu untermauern. Vgl. I Clem 1,1.

[2] A. W. ZIEGLER, Studien 130, deutet die Stelle anders. Spott und Hohn seien die Reaktion der Korinther auf die Beurteilung des Klemens gewesen. Dabei wird allzu viel Unbeweisbares vorausgesetzt: „1. die Empörer haben davon gehört, daß Kl gegen sie ist; 2. sie haben auf die Gegnerschaft von Kl mit Spott und Hohn reagiert; 3. es hat jemand von dieser spöttischen Reaktion dem Kl Mitteilung gemacht; 4. Kl nimmt in 39,1 Bezug auf den gegen ihn gerichteten Spott." Ähnlich JAUBERT, 164 Anm. 2. Kritisch dazu LINDEMANN, 119.

[3] Vgl. J. BEHM, ThWNT I 965; BAUER/ALAND 375.

[4] Einige weisheitlichen Texte enthalten eine Warnung, die als sprachliche Grundlage für I Clem 38,1 gedient haben könnte. Vgl. Sir 6,2: μὴ ἐπάρῃς σεαυτὸν ἐν βουλῇ ψυχῆς σου ...; Spr 19,18b: εἰς δὲ ὕβριν μὴ ἐπαίρου τῇ ψυχῇ σου.

[5] Vgl. Philo, All II 16; Som I 68; Virt 203; SpecLeg II 124.

messenheit des Anspruches hervor, die von der bekämpften Gruppe durch ihre Haltung erhoben wird. Zwar ist mit der Frage selber schon alles gesagt. Doch die Autorität der Schrift soll den unwiderlegbaren Beweis bringen.

Das Zitat in 39,3-9 ist aus dem Buch Ijob entnommen. Die Wiedergabe 3-4 erfolgt mit wenigen Abweichungen nach dem LXX-Text. Eigenartig und in I Clem in dieser Form nur hier belegt (vgl. I Clem 17,5) ist die Verbindung im Zitat von zwei verschiedenen Texten aus dem gleichen Buch. Die Reihenfolge ist: I Clem 39,3-4 = Ijob 4,16-18; I Clem 39,5a = Ijob 15,15b-16a; I Clem 39,5b-9 = Ijob 4,19-5,5. Der zitierte Abschnitt beginnt mit Ijob 4,16b. Die Nichtigkeit des Menschen kommt hier dadurch zum Ausdruck, daß seine ganze Wirklichkeit auf Hauch und Stimme reduziert wird. In V.4 ist der zitierte Text Ijob 4,17 f.

Der erste Satz (οὐρανὸς δὲ οὐ καθαρὸς ἐνώπιον αὐτοῦ) entspricht genau 5 Ijob 15,15b. ἔα δε gehört noch zu Ijob 15,16a, während mit οἱ κατοικοῦντες οἰκίας ... der Leitfaden von Ijob 4,19 wiederaufgenommen wird[1]. Der Einschub von Ijob 15,15b in ein Zitat, in dem der ganze Abschnitt Ijob 4,14b-5,5 zitiert wird, erklärt sich vielleicht durch die Ähnlichkeit von Ijob 15,14 f. (τίς γὰρ ὢν βροτός, ὅτι ἔσται ἄμεμπτος, ἢ ὡς ἐσόμενος δίκαιος γεννητὸς γυναικός; εἰ κατὰ ἁγίων οὐ πιστεύει, οὐρανὸς δὲ οὐ καθαρὸς ἐναντίον αὐτοῦ) mit Ijob 4,17 f. (Lightfoot, I 2,119; Knopf, 111). Nach W. Wrede ist es eines der „nichtgedächtnismässigen" Zitate (Untersuchungen 64). D. A. Hagner vermutet eine eigene Hinzufügung des Vf.s, erwägt aber auch die Möglichkeit, daß die Worte schon in der verwendeten LXX-Fassung, etwa als Glosse des Schreibers, vorhanden waren (Use 58). Die Länge und Genauigkeit des Zitates sprechen für eine schon überkommene Fassung (so auch Lindemann, 119). Die Bezeichnung „Erdgeborener" (γηγενής: V. 2) wird implizit durch die Anerkennung der eigenen Wirklichkeit (καὶ αὐτοὶ ἐκ τοῦ αὐτοῦ πηλοῦ ἐσμέν) bekräftigt. Die letzte Aussage, nach der sie selbst sich nicht helfen können (παρὰ τὸ μὴ δύνασθαι αὐτοὺς ἑαυτοῖς βοηθῆσαι ἀπώλοντο), antwortet auf die Frage in V. 2: τί γὰρ δύναται θνητός;

Die Fassung von I Clem καὶ ἐτελεύτησαν παρὰ τὸ μὴ ... entspricht der LA 6 von A der LXX, während Ijob 4,21 nach BS lautet: καὶ ἐξηράνθησαν. Das folgende ἀπώλοντο (sie gingen zugrunde) der LXX-Fassung fehlt. Wurde es beiseite gelassen, um die Wiederholung am Schluß von V. 5 zu vermeiden? παρὰ τὸ μὴ ἔχειν αὐτοὺς σοφίαν entspricht genau der Charakterisierung der Gegner in V. 1.

Der Text gibt Ijob 5,1-2 treu wieder. An die Adresse der Gegner gerichtet 7 – es ist anzunehmen, daß der Vf. den Text auch so gelesen und verstanden hat –, steht die Hilflosigkeit des Menschen im deutlichen Gegensatz zu ihrer Überheblichkeit. Das Ausgeliefertsein des Unverständigen und die Wirkung der Eifersucht passen ebenso in das entworfene Bild der Kontrahenten.

---

[1] ἔα δέ τοὺς κατοικοῦντας ist die LA von LXX A.

8   Mit wenigen Abweichungen liegt hier Ijob 5,3 vor. Es geht um die Kurzlebigkeit des Unverständigen. δίαιτα läßt sich als Wohnstätte (L und die
lateinischen Übersetzungen, Harnack, Lightfoot, Lake, Knopf, Grant, Bauer/
Aland, Ruiz Bueno) oder als Speise bzw. Nahrung (so Fischer, Lindemann,
Schneider) auffassen (Hemmer: „prospérité"; Jaubert: „genre de vie"). Das
erste paßt besser zum Bild des ersten Satzteiles, das zweite zu einem wörtlichen Verständnis von ἐβρώθη und zum folgenden Vers: Die Gerechten
werden essen, was für die Bösen vorbereitet war.
9   Mit Hilfe von Ijob 5,4 f. wird die Bestrafung der Bösen geschildert. Anstelle
von Ijob 5,5: ἃ γὰρ ἐκεῖνοι συνήγαγον bringt der Text ἃ γὰρ ἐκείνοις ἡτοίμα-
σται. Steht die Fassung unter dem Einfluß von Ijob 15,28c: ἃ δὲ ἐκεῖνοι
ἡτοίμασαν, ἄλλοι ἀποίσονται? Unter Anspielung auf Mk 10,40 und Mt 20,23
behauptet Grant, 67, der Vf. verwende hier „a text apparently Christianized."
Die Indizien dafür sind jedoch schwach.

Zweiter Teil (40,1-65,2)

11. Die Auseinandersetzung mit den Ereignissen in der korinthischen Gemeinde (40,1-45,8)

Nach der großangelegten Beweisführung im ersten Teil des Schreibens - es
handelte sich um das Problem in der korinthischen Gemeinde, dessen Ursachen und Folgen, die großen Beispiele aus der Schrift und Vergangenheit, die
über alles waltende Macht des Schöpfers, den Weg zum Heil - setzt sich der
Vf. auf gründliche Art mit dem strittigen Fall auseinander[1]. Es handelt sich
um den Abschnitt des Briefes, der wegen seiner Aussagen zur kirchlichen
Verfassung am meisten die Aufmerksamkeit der Forschung auf sich gezogen
hat. Das Thema wird in Kap. 40-44 behandelt, aber dazu gehört offenbar
auch Kap. 45, da erst die Doxologie in 45,7 auf einen Einschnitt hinweist.
Die Einheit läßt sich folgendermaßen gliedern: 1. Kap. 40 und 41 legen die
von Gott gewollte und bestimmte Ordnung in der Gemeinde nach dem
Leitfaden der alttestamentlichen Ordnung dar. Die liturgischen Dienste zeigen
die Ordnung, welche die Zeiten, die Personen und den Ort des Kultes genau
festlegt. Da diese Ordnung dem Willen Gottes entspricht und aus diesem
entsprungen ist, versteht es sich, daß sie auch unantastbar ist; 2. Kap. 42 stellt
eine christliche Analogie dar, die bei der Sendung Jesu durch Gott ansetzt,

---

[1] Vgl. J. ROLOFF, Amt 527 f.

um zur Einsetzung der Episkopen und Diakonen durch die Apostel – ihrerseits von Christus gesandt – zu gelangen. Die vertikale Ableitung des kirchlichen Amtes – denn um nichts anderes geht es hier – verleiht ihm die Note einer „göttlichen" Ordnung. Schließlich geht dadurch die Schrift in Erfüllung; 3. Kap. 43 beinhaltet einen neuen Bezug zu einem alttestamentlichen Fall, der zugleich einen neuen argumentativen Schritt bedeutet. Der Streit um das Amt zur Zeit des Mose und die Auserwählung Aarons zum Priester bilden die alttestamentliche Grundlage, mittels der die eigentliche Sache des Schreibens dargelegt und verstanden werden soll; 4. sie kommt im Kap. 44 zur Sprache[1]. Das zuvor Dargelegte, besonders in Kap. 42–43, wird auf die Situation in Korinth angewandt. Die Einsetzung der Amtsträger erscheint nur als Folge der Streitigkeiten um das Amt. Im Zuge dieser Applikation auf die Verhältnisse in einer christlichen Gemeinde stellt sich die untadelige Führung der Amtsträger als ein zusätzlicher Grund für ihre Unabsetzbarkeit dar (44,3); 5. das Urteil über die Ereignisse in Korinth ergibt sich als logische Folge der Gedankenführung[2]. Es ist ein Unrecht und alles andere als eine kleine Sünde, Presbyter, die die gestellten Bedingungen erfüllt haben (44,4), aus ihrem Amt zu entfernen; 6. Kap. 45 bringt den Schriftbeweis, daß die Gerechten immer nur von den Frevlern verfolgt wurden. Die Geschichte Daniels und seiner Gefährten wird dazu herangezogen.

11.1. Die von Gott bestimmte Ordnung der Gemeinde (40,1–41,4)

1. Da uns nun dieses offenbar ist und wir einen Einblick in die Tiefen der göttlichen Erkenntnis erhalten haben, müssen wir ordnungsgemäß all das tun, was der Herrscher für verordnete Zeiten zu vollziehen befohlen hat: 2. Die Opfer und Kultdienste zu vollziehen. Er hat ja nicht befohlen, daß es ohne Überlegung und Ordnung geschieht, sondern zu festgesetzten Zeiten und Stunden. 3. Wo und durch wen er dies vollziehen will, hat er selbst nach seinem allerhöchsten Ratschluß bestimmt, damit alles fromm geschehe (und) in Wohlgefallen seinem Willen angenehm sei. 4. Die also zu den verordneten Zeiten ihre Opfer darbringen, sind genehm und selig; denn, indem sie den Satzungen des Herrschers folgen, gehen sie nicht fehl.

[1] FISCHER, 5, betrachtet als Einheit nur 40,1–43,6 und zieht Kap. 44 zur darauffolgenden Thematik, die er „Das Unrecht der Absetzung von Presbytern 44,1–47,7" benennt. Die argumentative Bedeutung von Kap. 40–43 für die in Kap. 44 abgegebene Beurteilung kommt damit kaum zum Tragen. Zur Gliederung von H.-G. Leder s. u. Exkurs 7: Amt – apostolische Sukzession – Kirchenrecht: III. I Clem und das Kirchenrecht.
[2] In seiner Untersuchung zu I Clem von 1899 läßt R. KNOPF, Clemensbrief 159, in 44,4 einen neuen Abschnitt beginnen, der bis 46,9 reichen soll. In seinem Kommentar (112) nimmt er Kap. 40–44 als Einheit.

5. Denn es sind dem *Hohenpriester*   eigene Kultdienste gegeben,
und den *Priestern* ist eine   eigene Stellung verordnet,
und den *Leviten* sind   eigene Dienste auferlegt.
Der *Laie* ist an die Laien-Anordnungen gebunden.
Kap. 41. 1. Jeder von uns, Brüder, soll auf dem eigenen Posten Gott gefallen, indem er mit gutem Gewissen die festgelegte Regel für seinen Dienst nicht übertritt, (und zwar) würdevoll.
2. Nicht überall, Brüder, werden immerwährende Opfer, Gelübdeopfer oder Sünd- und Schuldopfer dargebracht, sondern nur in Jerusalem. Auch dort wird nicht an jedem Ort geopfert, sondern vor dem Tempel am Altar, nachdem die Opfergabe durch den Hohenpriester und durch die vorher genannten Diener auf seine Tadellosigkeit hin überprüft worden ist. 3. Die nun etwas gegen das seinem Ratschluß Gemäße tun, erhalten als Strafe den Tod.
4. Seht, Brüder: je größer die Erkenntnis, deren wir für würdig erfunden wurden, desto größer ist die Gefahr, der wir ausgesetzt sind.

1   Die zwei Partizipialsätze (προδήλων οὖν ἡμῖν ὄντων τούτων, καὶ ἐγκεκυφότες εἰς τὰ βάθη τῆς θείας γνώσεως) stellen zunächst eine Verbindung zum ersten Teil des Schreibens dar, indem sie die bisherige Darlegung als Zugang zur göttlichen Erkentnnis bewerten und zur Grundlage für die folgenden Bestimmungen machen. Die Aufforderung (πάντα τάξει ποιεῖν ὀφείλομεν) gibt den Grundton an, der die nächsten Kapitel prägen wird. Die schon so oft vorausgesetzte Übereinstimmung mit den Adressaten drückt sich durch das ἡμῖν und vor allem durch die Behauptung deutlich aus, all dies sei offenbar, (προδήλων ... ὄντων τούτων). Die Klarheit des Sachverhalts zwingt faktisch zur Annahme seiner Darstellung und zur Bejahung der damit verbundenen Konsequenzen. Die Wendung ist an sich inhaltlich unbestimmt weil umfassend. In diesem Zusammenhang bezieht sie sich auf die vorhergehende Darstellung. Das Verb ἐγκύπτειν kommt in I Clem immer im Perfekt vor (45,2; 53,1; 62,3). Es bezeichnet buchstäblich den „Einblick", den man gewinnen kann, wenn einer sich tief über einen Gegenstand beugt[1]. Das Partizip Perfekt enthält seinerseits einen Bezug zum Vergangenen. Die Auswahl des Terminus scheint im Zusammenhang mit dem Gebrauch von anderen gnosiologischen Ausdrücken zu stehen. Mit ἴδωμεν bzw. κατανοήσωμεν wurden die Hörer aufgefordert, auf einen erkennbaren Tatbestand zu achten bzw. ihn zu betrachten. Es dürfte kein Zufall sein, wenn diese Wendungen hauptsächlich im ersten Teil des Textes vorkommen (ἴδωμεν: 7,3; 19,3; 21,3; 24,2; 25,1; 31,1; 33,7. κατανοήσωμεν: 24,1; 32,1; 34,5; 37,2; 47,5)[2]. Sie bezeichnen die vielfältigen Wahrnehmungen, aus denen sich der Einblick in die göttliche Erkenntnis ergibt. Daß dies nun zur gegenwärtigen Erkenntnis geworden ist,

---

[1] Vgl. Arist 140: ὅθεν οἱ Αἰγυπτίων καθηγεμόνες ἱερεῖς, ἐγκεκυφότες εἰς πολλὰ καὶ μετεσχηκότες πραγμάτων, ἀνθρώπους θεοῦ προσονομάζουσιν ἡμᾶς.
[2] S. I Clem 24,1

wird durch den präsentischen Sinn des Perfekts ausgedrückt. Eine Einschränkung von ἐγκύπτειν auf die Schrift entspricht nicht dem Sprachgebrauch in 40,1. Natürlich gehört das Zeugnis der Schrift dazu, aber nicht dieses allein[1].

Zum ursprünglichen Sinn von ἐγκύπτειν passen gut „die Tiefen der göttlichen Erkenntnis" als Gegenstand der Wahrnehmung. Auch hier bezeichnet τὰ βάθη „die Unübersehbarkeit, Undurchsichtigkeit und Verborgenheit des Gegenstandes"[2]. Mag auch eine sprachliche Reminiszenz von Röm 11,33a (ὦ βάθος πλούτου καὶ σοφίας καὶ γνώσεως θεοῦ) vorliegen, so handelt es sich hier nicht um die Erkenntnis *Gottes* (genitivus subjectivus), sondern um die Kenntnis Gottes, d.h. um die gewonnene Erkenntnis der göttlichen Dinge[3]. In der „laudatio" der Korinther wurde ihre „vollkommene und sichere Erkenntnis" gepriesen (1,2). Die Unruhen in der Gemeinde stellten implizit die Festigkeit dieser Erkenntnis in Frage, so daß es notwendig war, den Weg zum Heil noch einmal zu finden (36,1), auf dem die Gabe der „unsterblichen Erkenntnis" (36,2) vom δεσπότης selbst verliehen wurde. Der neue argumentative Ansatz in 40,1 stellt dies fest[4].

Der Hauptsatz drückt die Konsequenz aus den Prämissen aus. Sie ist durch vier Momente gekennzeichnet: 1. der obligatorische Charakter (ὀφείλομεν), der keinerlei Begründung bedarf; 2. die pragmatische Zielsetzung (πάντα ποιεῖν); 3. die theologische Grundlage (ὅσα ὁ δεσπότης ἐπιτελεῖν ἐκέλευσεν). Der „Herrscher" erteilt die Befehle zur Ausführung; 4. das Moment der von Gott gewollten und bestimmten Ordnung, vor allem hinsichtlich der Zeit (τάξει ... κατὰ καιροὺς τεταγμένους). Die vier Komponenten bilden den Rahmen, in den der Vf. seine Stellungnahme zum korinthischen Problem hineinstellen wird und von dem sie auch ihre theologische Brisanz bekommt. In dieser programmatischen Aufforderung kommt - sprachlich und inhaltlich - der vierten Komponente große Bedeutung zu. Der Stamm τάσσειν und seine Derivate prägen das Sprachfeld der nächsten Kapitel[5]. Die *Ordnung* Gottes verlangt *Unterordnung*. Diese Ordnung findet einen privilegierten Ausdruck in der Ordnung der Zeit. Der Zusammenhang mit der Ordnung der Natur liegt auf der Hand (20,4.9.10; 24,2), aber auch so fällt der Nachdruck, mit

---

[1] So auch GRANT, 69. Anders A. v. HARNACK, Einführung 114: es ist die aus der Heiligen Schrift geschöpfte Erkenntnis „des den Unruhestiftern drohenden Gerichts." Unter Einbeziehung der anderen Stellen in I Clem deutet C.A. EVANS, Note 200 f., das Verb auf das Alte und auf das Neue Testament. Zu 40,1: „40:1 applies to the commands of Christi ... The author regarded both Testaments as offering the ultimate source of divine knowledge and truth." Auf I Clem 40,1 trifft diese Deutung auf jeden Fall nicht zu. Das „Neue Testament" ist in I Clem noch keine der „Schrift" vergleichbare Größe. Vgl. LINDEMANN, 122.

[2] H. SCHLIER, ThWNT I 515. Typisch dazu Dan 2,22: ἀνακαλύπτων τὰ βαθέα καὶ σκοτεινὰ καὶ γινώσκων τὰ ἐν τῷ σκότει καὶ τὰ ἐν τῷ φωτί, καὶ παρ' αὐτῷ κατάλυσις. Vgl. 1 Kor 2,10.

[3] Der Sinn wäre vergleichbar mit 4 Makk 1,16: σοφία δὴ τοίνυν ἐστὶν γνῶσις θείων καὶ ἀνθρωπίνων πραγμάτων καὶ τῶν τούτων αἰτιῶν.

[4] Wie KNOPF, 113, richtig bemerkt, versteht der Vf. die Wendung, trotz mystischen bzw. gnostischen Anklängen, keineswegs in diesem Sinn.

[5] Zu τάξει s. V. 2.

dem das Motiv in den folgenden Aussagen wiederholt wird, auf (V. 2: ὡρισμένοις καιροῖς καὶ ὥραις; V. 4: τοῖς προστεταγμένοις καιροῖς). Die Aussage leitet die folgende inhaltliche Bestimmung in V. 2a ein. Diese Funktion wird nicht so deutlich, wenn man nach τεταγμένους einen Punkt setzt (so die Textausgaben von Bryennios, Funk, Bihlmeyer und Lake). Anders schaut es aus, wenn nach τεταγμένους ein Doppelpunkt gesetzt wird (wie in den alten Textausgaben. So auch Knopf, Schaefer, Fischer, Jaubert, Schneider). In diesem Fall gehört zum Relativsatz ὅσα ὁ δεσπότης ἐπιτελεῖν ... auch das folgende τάς τε προσφορὰς καὶ λειτουργίας ἐπιτελεῖσθαι, und der Infinitiv ἐπιτελεῖσθαι wird vom ἐκέλευσεν des Relativsatzes (v.1c) regiert[1].

2   Auch die getroffene Entscheidung bezüglich der Interpunktion und des Satzbaues in V. 1c–2a ist nicht unproblematisch: ὅσα ὁ δεσπότης ἐπιτελεῖν ἐκέλευσεν κατὰ καιροὺς τεταγμένους· τάς τε προσφορὰς καὶ λειτουργίας ἐπιτελεῖσθαι. Die Wiederholung des Infinitivs einmal im Aktiv (ἐπιτελεῖν), sodann im Medium (ἐπιτελεῖσθαι) wurde offensichtlich in der Textüberlieferung (LS) als störend empfunden und führte zur Auslassung des zweiten Infinitivs (vgl. aber I Clem 20,10: ἀνέμων σταθμοὶ κατὰ τὸν ἴδιον καιρὸν τὴν λειτουργίαν αὐτῶν ἀπροσκόπως ἐπιτελοῦσιν). Das Verhältnis zwischen V. 1b und V. 2b läßt sich so darstellen: Der Aussage über die notwendige Ordnung im allgemeinen (V. 1b) ist eine zweite angefügt (V. 2b), die dazu einen antithetischen Parallelismus bildet; bei der Aussage zu den festgesetzten Zeiten kommen in V. 2b auch die Stunden hinzu.

V. 1b	V. 2b
πάντα τάξει ποιεῖν ὀφείλομεν,	καὶ οὐκ εἰκῆ ἢ ἀτάκτως
ὅσα ὁ δεσπότης ἐπιτελεῖν ἐκέλευσεν	ἐκέλευσεν γίνεσθαι,
κατὰ καιροὺς τεταγμένους.	ἀλλ᾿ ὡρισμένοις καιροῖς καὶ ὥραις.

Gemäß dieser Bestimmung der Textstruktur stehen die „Opfer und der (kultische) Dienst" (τάς τε προσφορὰς καὶ λειτουργίας) im Mittelpunkt der Aussage. Kultisches Geschehen und präzise liturgische Ordnung gehören zusammen. Die Sprache von 40,1 f. erinnert z. B. an 1 Esra 1,5 f.: καὶ στάντες ἐν τῷ ἱερῷ ... ἐν τάξει θύσατε τὸ πάσχα καὶ τὰς θυσίας ἑτοιμάσατε τοῖς ἀδελφοῖς ὑμῶν καὶ ποιήσατε τὸ πάσχα κατὰ τὸ πρόσταγμα τοῦ κυρίου τὸ δοθὲν τῷ Μωϋσῇ; TestLev 18,2 B30: τὸ ἔργον σοι ἐν τάξει καὶ πᾶσα προσφορά σου εἰς εὐδόκησιν ... κυρίου ὑψίστου; Philo, LegGai 296: ... καὶ τῶν θυσιῶν καὶ τῆς περὶ τὰ ἱερουργούμενα λειτουργίας καὶ τάξεως[2]. Der Terminus προσφορά

---

[1] Eine andere von älteren Herausgebern manchmal vertretene Interpunktion liest so: πάντα τάξει ποιεῖν ὀφείλομεν, ὅσα ὁ δεσπότης ἐπιτελεῖν ἐκέλευσεν. Κατὰ καιροὺς τεταγμένους τάς τε προσφορὰς καὶ λειτουργίας ἐπιτελεῖσθαι, καὶ οὐκ εἰκῆ ἢ ἀτάκτως ἐκέλευσεν γίνεσθαι, ἀλλ᾿ ὡρισμένοις καιροῖς καὶ ὥραις. Vgl. W. WREDE, Untersuchungen 43 f.; LIGHTFOOT, I 2,121 f.

[2] A. JAUBERT, Thèmes 195, verbindet die kultische τάξις mit einer „mentalité lévitique." Der Ausdruck im Zusammenhang mit I Clem wurde von J. COLSON, Klemens 22, geprägt (auf S. 25: „levitische und priesterliche Mentalität"). Die Wendung ist ungeeignet, um den traditionsgeschichtlichen Sachverhalt zu bestimmen. Diese Art von sakral-liturgischer Sprache ist nicht spezifisch „levitisch", falls eine klare Vorstellung davon überhaupt möglich ist. Jüdische Gruppen

bezeichnet im AT das dargebrachte Opfer (1 Esra 5,51; Ps 39,7; Dan 3,38). Der Vf. denkt an die Opfer im Tempel von Jerusalem (41,2)[1]. Die Wendung λειτουργίαν ἐπιτελεῖν (vgl. 20,10) ist bei Philo in einem vergleichbaren kultischen Zusammenhang belegt (vgl. Som I 214: ὁπότε μέλλοι τὰς νόμῳ προστεταγμένας ἐπιτελεῖν λειτουργίας; SpecLeg I 98: ... ἐν ᾧ χρόνῳ τέτακται τὰς ἱερὰς λειτουργίας ἐπιτελεῖν).

Eine Handlung „ohne Überlegung und Ordnung" würde diesem Rahmen widersprechen, und sie wird durch Gottes Befehl auch ausdrücklich verboten (καὶ οὐκ εἰκῇ ἢ ἀτάκτως ἐκέλευσεν γίνεσθαι)[2]. Die Ordnung konzentriert sich auf die festgesetzten Zeiten und Stunden (vgl. Philo, All I 20; Som I 138; Her 282; SpecLeg I 16). Es handelt sich um eine erste grundsätzliche Bestimmung.

Zwei andere Elemente, die wesentlich zum kultischen Geschehen gehören, sollen ferner bestimmt werden: der Ort und die Personen. Das wird in 40,5 (über die Personen) und in 41,2 (über den Ort) geschehen. Hier und im allgemeinen geht es vor allem um die Hervorhebung der von Gott festgesetzten Ordnung, wie die als Applikation gedachten Aussagen 41,1 und 41,4 zeigen.

Im Mittelpunkt steht Gott als der bestimmende Herr. Schon das vorangestellte αὐτός im Hauptsatz ist ein erster Hinweis darauf (vgl. Weish 7,17; Sir 15,12; 1 Makk 3,22; Lk 9,51 u. ö.)[3]. Auf seinen allerhöchsten Ratschluß (τῇ ὑπερτάτῳ αὐτοῦ βουλήσει)[4] geht die Bestimmung (ὥρισεν) über den Ort und die Personen für den Kultvollzug zurück (ποῦ τε καὶ διὰ τίνων ἐπιτελεῖσθαι θέλει; vgl. 40,1: ὅσα ὁ δεσπότης ἐπιτελεῖν ἐκέλευσεν). Der unbedingte Vorrang des göttlichen Willens findet hier eine Betonung, wie sie von der Sache her geradezu gefordert ist; die Ausdrucksweise an sich ist typisch für I Clem (vgl. 35,5: ἐὰν ἐκζητῶμεν τὰ εὐάρεστα καὶ εὐπρόσδεκτα αὐτῷ, ἐὰν ἐπιτελέσωμεν τὰ ἀνήκοντα τῇ ἀμώμῳ βουλήσει αὐτοῦ). Ist der Ratschluß Gottes die bestim-

3

---

priesterlicher Herkunft, aber vom Tempel getrennt, wären – nach A. Jaubert – die Vertreter einer solchen Anschauung: Jubiläenbuch, Henoch, Qumran (a. a. O. 197). In diesem Zusammenhang spricht sie von „levitischem Einfluß" (195). Ähnlich R. MINNERATH, Jérusalem 562 f. Ein Blick auf das Werk Philos, das A. Jaubert nicht berücksichtigt, reicht zur Feststellung einer ähnlichen sakral-liturgischen Diktion, bei der die τάξις eine herausragende Rolle spielt. Der Vf. ist auch in diesem Fall nicht von einer „levitische(n) Mentalität" beeinflußt, sondern von der Sprache des hellenistischen Judentums. Bei dieser Bestimmung erweist sich die andere Überlegung von A. Jaubert – an sich sehr hypothetisch –, die levitischen Themen würden judenchristlichen Kreisen in Rom entstammen „qui remontaient eux-mêmes à des milieux de prêtres juifs" (203), als überflüssig.

[1] Eine eucharistische Deutung ist dem Text nicht zu entnehmen. Anders K. WEISS, ThWNT IX 71.

[2] Vgl. Arist 162: ... κελεύει μηθὲν εἰκῇ μήτε πράσσειν μήτε ἀκούειν.

[3] Vgl. BAUER/ALAND 246.

[4] Zu ὑπέρτατος vgl. 36,2: ὑπερτάτην ὄψιν. Nach der LA von A scheint der Vf. den Superlativ mit zwei Endungen zu gebrauchen, wie es manchmal auch im Klassischen der Fall ist. Vgl. LIGHTFOOT, I 2,122, der auf Thukydides, 3,89.101; 5,71.110 verweist. Bei den angegebenen Stellen handelt es sich aber nicht um den gleichen Terminus.

mende Kraft des Kultvollzugs, wird sein Wille zum einzigen Bezugspunkt, auf den sich das Ganze hinordnet. Diese Zielrichtung drückt der anschließende ἵνα-Satz aus. Das πάντα γινόμενα („all das Geschehene") nimmt das πάντα τάξει ποιεῖν ὀφείλομεν („wir müssen all das ordnungsgemäß tun") von V. 1 wieder auf, aber jetzt wird klar, daß damit die προσφοραί und λειτουργίαι – am richtigen Ort und durch die richtigen Personen vollzogen – gemeint sind. Das in I Clem so häufige ὁσίως (vgl. 6,1) nennt ein erstes Merkmal: fromm, gottgefällig. Das Wohlgefallen (ἐν εὐδοκήσει)[1] ist Synonym zum folgenden εὐπρόσδεκτα (vgl. 35,5).

4   Vor der Erwähnung der Kultpersonen (V. 5) macht der Vf. eine Aussage grundsätzlicher Art über sie. Am Anfang steht ein Nominal-Satz. Die Kultdiener gelten als εὐπρόσδεκτοι und μακάριοι, wenn sie ihre Opfer τοῖς προστεταγμένοις καιροῖς machen (vgl. Apg 17,26: ὁρίσας προστεταγμένους καιρούς)[2]. Nach dem in V. 1–2 Gesagten mutet der wiederholte Hinweis auf die von Gott bestimmten Zeiten redundant an. εὐπρόσδεκτοι hängt mit dem Wohlgefallen Gottes zusammen, wie schon in V. 3 gesagt. Zu μακάριοι vgl. 50,5: μακάριοί ἐσμεν, ἀγαπητοί, εἰ τὰ προστάγματα τοῦ θεοῦ ἐποιοῦμεν. Das Partizip ποιοῦντες läßt sich am besten im konditionalen Sinn auffassen. Auch ἀκολουθοῦντες im zweiten Satz ist ein Konditionalpartizip. In Verbindung mit νόμιμοι kommt πορεύεσθαι häufiger vor (vgl. 3,4), aber ἀκολουθεῖν bringt das Moment des Glaubensgehorsams besser zum Ausdruck. Die „Satzungen" betreffen die Kultvorschriften, deren Urheber Gott selbst ist. Das Verb διαμαρτάνειν (in der LXX nur in Num 15,22 und Ri 20,16. Oft bei Philo) behält den ursprünglichen Sinn von „Das-Ziel-Verfehlen". Die Orientierung auf dem Weg ist durch die νόμιμοι gegeben. Wenn einer diesen folgt, kann er sein Ziel nicht verfehlen[3]. Die Art und Weise, von der Darbringung der Opfer als von einer aktuellen Gegebenheit zu reden, fällt auf. Als I Clem verfaßt wurde, gab es ein solches Opferwesen nicht mehr. Die Frage wird im Zusammenhang mit der Aussageintention von Kap. 40–41 behandelt.

5   Zur Konkretisierung der vorhergehenden Aussage werden zuerst die drei Kategorien von Kultdienern aufgelistet. Ihre Erwähnung erfolgt nach einem klaren Schema: 1. der Name; 2. der ihm bzw. ihnen zukommende Dienst; 3. der Ausdruck der Verbindlichkeit. Im Unterschied zu den Kultdienern wird auch der Vertreter des „Prophanen", d. h. der Laie erwähnt. Für ihn gelten eigene Vorschriften. Der sprachliche Ausdruck zeigt durch die streng parallele Form (s. u.) die Zugehörigkeit der Kultdiener zu einem eigenen Bereich, der sich von dem des Laien unterscheidet. Das Homöoteleuton der drei letzten Sätze (προστέτακται ... ἐπίκεινται ... δέδεται) schafft jedoch wenigstens

---

[1] Vgl. TestLev 18,2 B30 bei I Clem 40,2. εὐδόκησις ist in der biblischen Literatur nicht belegt.

[2] Zu ποιοῦντες τὰς προσφοράς vgl. Arist 170.

[3] Nach LINDEMANN, 123, ist bei διαμαρτάνειν „weniger an das Vermeiden von ‚Sünde‘ im vollen Sinn gedacht als vielmehr an die Bewahrung der Ordnung."

sprachlich eine Verbindung zwischen Kultdienern und Laien. Darüber hinaus spiegelt sich bei all diesen eine göttliche Ordnung wider, die immer gültig bleibt. Die Form des Verbs im Perfekt-Passiv (δεδομέναι εἰσὶν ... προστέτακ-ται ... δέδεται) weist darauf hin. Die Struktur läßt sich so darstellen:

τῷ γὰρ	ἀρχιερεῖ	ἴδιαι	λειτουργίαι	δεδομέναι εἰσὶν
καὶ τοῖς	ἱερεῦσιν	ἴδιος	ὁ τόπος	προστέτακται
καὶ	λευΐταις	ἴδιαι	διακονίαι	ἐπίκεινται·
ὁ λαϊκὸς ἄνθρωπος τοῖς λαϊκοῖς προστάγμασιν				δέδεται.

Die Reihenfolge der Kultdiener ist hierarchisch gestaltet und entspricht der Wertordnung der biblischen Überlieferung: der Hohepriester, die Priester und die Leviten[1]. Die Aussage zum Hohenpriester weist starke Anklänge an philonische Texte auf (vgl. Som I 214: τὸν μέγαν ἀρχιερέα, ὁπότε μέλλοι τὰς νόμῳ προστεταγμένας ἐπιτελεῖν λειτουργίας ...). Philo sieht im Hohenpriester den Logos, und seine Deutung von Tempel und Opfer ist ebenso allegorisch, aber die sprachlichen Berührungspunkte sind beachtenswert. Es geht um den Vollzug der Kulthandlungen (ἐπιτελεῖν λειτουργίας; vgl. I Clem 40,2), so wie sie vom Gesetz verordnet sind (προστεταγμένας!). So wie I Clem 40,3; 41,2 die Bedeutung des Tempels als Ort des Opfers verbindlich festlegt, müssen nach VitMos II 75 die λειτουργίαι des Hohenpriesters im Einklang mit dem Heiligtum verrichtet werden. In VitMos II 153 unterweist Mose seinen Bruder über die notwendige Weise des liturgischen Dienstes des Hohenpriesters (ὃν χρὴ τρόπον τὸν ἀρχιερέα τὰς εἴσω ποιεῖσθαι λειτουργίας). Wie bei den anderen Gruppen liegt keinerlei inhaltliches Interesse an den λειτουργίαι des Hohenpriesters vor. Nicht *was* sie tun, ist wichtig, sondern nur die *differenzierte Ordnung* des Geschehens[2].

Die Bedeutung des den Priestern zugewiesenen τόπος ist umstritten. H. Köster sieht hier nur „Ansätze zur Entwicklung der Bdtg *Stellung, Amt*" (ThWNT VIII 208). Dabei berücksichtigt er auch die anderen Stellen I Clem 44,5; IgnPol 1,2: „Es handelt sich vielmehr wie schon Ag 1,25 um eine gelegentliche Variation der dargestellten Bdtg *rechter Ort, Platz für etw*" (ebd.). Zu Apg 1,25 (λαβεῖν τὸν τόπον τῆς διακονίας ταύτης καὶ ἀποστολῆς) mag diese Deutung stimmen[3]. Aber I Clem 40,5 verwendet τόπος eher im Sinn von „Stellung" bzw. „Amt"[4]. Anders als bei den λειτουργίαι des Hohenpriesters und den διακονίαι der Leviten steht hier der Singular τόπος. Altchristliche Parallelen dazu wären IgnPol 1,2: ἐκδίκει σου τὸν τόπον ἐν πάσῃ ἐπιμελείᾳ; PolPhil 11,1: „nimis contristatus sum pro Valente, qui presbyter factus est

---

[1] S hat die Pluralform τοῖς γὰρ ἀρχιερεῦσιν. Eine Angleichung an die zwei folgenden?

[2] Vgl. W. BRANDT, Wortgruppe 161.

[3] Rein sprachlich bildet Apg 1,25b (ἀφ' ἧς παρέβη Ἰούδας πορευθῆναι εἰς τὸν τόπον τὸν ἴδιον) eine Parallele zu I Clem 40,5 (καὶ τοῖς ἱερεῦσιν ἴδιος ὁ τόπος ...), allerdings mit einer ganz anderen Bedeutung, denn εἰς τὸν τόπον τὸν ἴδιον ist ein Bild für das schlimme Ende von Judas.

[4] Das Wort ist zwar von der Geschichte her stark belastet, aber dennoch brauchbar, wenn man es nicht überinterpretiert.

aliquando apud vos, quod sic ignoret is locum (τόπος), qui datus est ei"[1]. Als letzte von den Kultdienern erscheinen die Leviten, denen auch eigene Dienste obliegen. Der Text verrät zwar nichts über die Kenntnisse des Vf.s vom jüdischen Kult und über die Funktionen der von ihm angeführten Personen. Sein sonstiger Umgang mit dem AT erlaubt die Vermutung, daß er auf dem Weg der Schrift über eine gute Information verfügt.

Auf die Trennung von Kultdienern und dem λαϊκὸς ἄνθρωπος wurde schon oben hingewiesen. Das Adjektiv λαϊκός kommt hier zum ersten Mal in der christlichen Literatur vor[2]. Der Sprachbefund ist eigentümlich: In der Literatur des hellenistischen Judentums ist λαϊκός nur in den anderen Versionen der griechischen Bibel, nicht in der LXX, belegt, und zwar: Aq.: 1 Sam 21,5; Sym.: 1 Sam 21,5; Ez 22,26; 48,15; Theod.: 1 Sam 21,5; Ez 48,15; Al.: 1 Sam 21,5. Wenigstens im Hinblick auf 1 Sam 21,5 und Ez 48,15 scheint die Übersetzung auf einer breiten Grundlage zu beruhen[3]. In 1 Sam 21,5 stehen die ἄρτοι λαϊκοί (LXX: ἄρτοι βέβηλοι) im Gegensatz zu ἄρτοι ἅγιοι. Es ist das geweihte Brot, d.h. das den Priestern vorbehaltene Schaubrot (Lev 24,5-9). Auch in Ez 48,15 steht λαϊκός im Gegensatz zu ἅγιον, aber diesmal bezüglich des Landes, das den Priestern (Ez 48,10-12) bzw. den Leviten (Ez 48,13-15) zugeteilt werden soll. An keiner von diesen Stellen bezeichnet λαϊκός einen Menschen[4], aber die Ausdrucksweise dieser Bibelübersetzungen scheint den Hintergrund für die Sprache in I Clem 40,5 zu bilden. In allen Fällen erscheint dort das Adjektiv λαϊκός, wo ein Unterschied zum Sakralen, Geweihten hervorgehoben wird. Sogar die Kultdiener – Priester, Leviten – gehören auch zum Sprachfeld. Gewiß ist die sprachliche Basis nicht allzu breit, zumal manche griechische Fassungen späteren Datums sind. Aber am Ende des ersten Jahrhunderts war die LXX noch keine so autoritative Größe wie in der Zeit nach Origenes. Es ist also mit der Möglichkeit zu rechnen, daß solche Wendungen wie λαϊκός in Fassungen der griechischen Bibel enthalten waren, die den römischen Christen zugänglich waren[5]. Der λαϊκὸς ἄνθρωπος gehört nicht zum sakralen Bereich, aber es heißt weiter, daß er an ihm angemessene Anordnungen gebunden ist[6]. Für das Verständnis der Stelle ist es wichtig anzumerken, daß beide Aspekte zusammengehören und gemeinsam zu betrachten sind: der Unterschied von sakralen und nicht sakralen

---

[1] Parallelen aus der Profanliteratur bei BAUER/ALAND 1640.

[2] Auch die lateinische Übersetzung scheint sich mit dem Terminus schwer zu tun: „plebeius (im Original: pleb eius) laicis praeceptis datus est."

[3] Das Verb λαϊκοῦν bringen Aq.: Dtn 20,6 bis; 28,30; Ez 7,22; Sym. und Theod.: Dtn 20,6 bis.

[4] Vgl. I. de la POTTERIE, Origine 848.

[5] Der Terminus ist in der profanen griechischen Literatur nicht belegt. Vgl. M. JOURJON, Remarques 110.

[6] Ob die LA δέδοται (HLS KNOPF) und nicht δέδεται (A) die ursprüngliche ist, muß offen bleiben. Inhaltlich ist die Variante unbedeutsam.

Personen[1] und die Bindung aller Gruppen an je eigene Vorschriften. Denn der Ausdruck τοῖς λαϊκοῖς προστάγμασιν („Laien-Anordnungen") ist inhaltlich unbestimmt und zielt nur darauf ab, diese Bindung hervorzuheben.

Kap. 41. Die Aussagen zu den bestimmten Zeiten und Personen für den   1 Kultvollzug waren eindeutig auf die alttestamentliche Ordnung bezogen. Eine direkte Anwendung auf die Verhältnisse in einer christlichen Gemeinde am Ende des ersten Jahrhunderts war in mehrfacher Hinsicht nicht möglich: 1. vom Inhalt des Kultgeschehens; 2. von der Ordnung der Zeit; 3. von den Kultpersonen her. Der Ermahnung in 41,1 kommt deswegen so viel Bedeutung zu, weil in ihr die Sicht des Vf.s erkennbar wird, aus der heraus er seine Aussagen zum alttestamentlichen Kult versteht und sie für sein Anliegen fruchtbar macht.

Die Satzstruktur ist einfach. Im Mittelpunkt steht die Aufforderung, Gott zu gefallen (durch den Imperativ εὐαρεστείτω τῷ θεῷ), die durch die zwei folgenden Partizipialausdrücke (ἐν ἀγαθῇ συνειδήσει *ὑπάρχων, μὴ παρεκ-βαίνων* ...) präzisierend ergänzt wird. Der anschließende Dativ ἐν σεμνότητι dürfte auf die zwei Partizipialsätze bezogen sein.

Die Anrede ἀδελφοί leitet die folgende Aufforderung ein (vgl. zuvor 37,1; 38,3). Neben ihr steht eine Wendung, die fast wörtlich im Bild vom geordneten Heer (37,3) vorgekommen ist: ἕκαστος ἡμῶν ... ἐν τῷ ἰδίῳ τάγματι. Neu sind nur das ἡμῶν und die Anrede ἀδελφοί, die zum Anwendungsziel des Textes passen. Die gegliederte Struktur des Heeres stellt die Analogie zur Struktur der christlichen Gemeinde dar, wenn sie Gott gefallen soll[2]. Das gute Gewissen[3] hängt mit dem alten, vorbildlichen Zustand der Gemeinde zusammen (1,3; 2,4) bzw. mit der Gesinnung der Gruppe, mit der der Schreiber sich solidarisiert.

Nachdem im Hauptsatz das Interesse an der Ordnung der Gemeinde im allgemeinen und in umfassender Form galt – so bleibt es auch bei dem ersten Partizipialsatz mit der Aussage über das gute Gewissen –, richtet sich beim zweiten Partizipialsatz der Blick auf einen konkreten Punkt. Es handelt sich um das vom Vf. so bevorzugte Bild eines deutlich abgegrenzten Gebietes, dessen Grenzen – von Gott bestimmt – nicht überschritten werden dürfen.

---

[1] So Harnack, Knopf. Unklar LINDEMANN, 124. Einerseits versteht er den „Laien" als einen, „der nicht zu den bisher genannten Gruppen gehört", andererseits lehnt er die Deutung von Knopf ab, die Wendung sei „im Gegensatz zu Priester gebraucht." Ob λαϊκός zum ersten Mal ein Mitglied der christlichen Gemeinde bezeichnet (so H. O. MAIER, Setting 106), hängt von der Sachgemäßheit einer Übertragung der Angaben in I Clem 40,5 auf die christlichen Gemeinden ab.

[2] Zu εὐαρεστεῖν τῷ θεῷ vgl. Gen 5,22.24 (über Henoch); Hebr 11,5 (ebenfalls); Philo, SpecLeg IV 131: εὐαρεστείτω γάρ τις θεῷ .... Lightfoot entscheidet sich in seiner Textausgabe für die LA von A: εὐχαριστείτω gegen die LA von HLS und deutet die Aussage auf die Eucharistiefeier der Gemeinde. Alle anderen modernen Ausgaben bringen εὐαρεστείτω.

[3] Die Wendung ist formelhaft (vgl. Apg 23,1; 1 Tim 1,5.19; 1 Petr 3,16.21), aber im Sinn des Vf.s und der Adressaten eindeutig genug.

Ähnlich wie das Meer, das seine Grenzen nicht überschreitet (20,6: οὐ πα-ρεκβαίνει τὰ περιτεθειμένα αὐτῇ κλεῖθρα), so sollen die Gläubigen den fest-gelegten Rahmen in der Ausführung des eigenen Dienstes nicht überschreiten (μὴ παρεκβαίνων τὸν ὡρισμένον τῆς λειτουργίας αὐτοῦ κανόνα)[1]. Die Aus-drucksweise ist repräsentativ für die Sprachwelt des Vf.s. Das Verb ὁρίζειν kommt in I Clem nur dreimal vor: 40,2.3 und hier. Von den λειτουργίαι war auch in 40,2.5 die Rede (vgl. 44,2.3.6). Der Terminus κανών ist sonst in 1,3 und 7,2 belegt, also nicht in gleichem Textzusammenhang, aber dafür doch in kennzeichnender Weise. Die Richtschnur τῆς ὑποταγῆς für die Frauen (1,3) war nämlich der eingegrenzte Raum, der nicht zuletzt durch den Bereich des Hauses bestimmt war. So war auch im übertragenen Sinn der κανών τῆς παραδόσεως in 7,2 nicht nur die verbindliche Richtschnur der Überlieferung, sondern auch der Raum der Wahrheit, in den man hineingehen kann. Die in diesem Sinn verstandene Richtschnur ist nun auf die λειτουργία des Einzelnen bezogen. Nach dem bisherigen Sprachgebrauch im unmittelbaren Zusammen-hang läßt sich unter λειτουργία nur ein Dienst verstehen, der mit dem Kult zusammenhängt, der also buchstäblich die Bezeichnung „liturgisch" verdient. Er ist „liturgisch", aber nicht weil die alttestamentlichen Vorbilder direkt auf die christliche Liturgie übertragen werden. Die Aussage ist auf das Problem der korinthischen Gemeinde bezogen. Wenn die Absetzung der Presbyter in Korinth – aus welchem Grund auch immer – die Ursache des Unfriedens in der Gemeinde und des Eingreifens der römischen Gemeinde war, ist die Bedeutung der λειτουργία in 41,1 ziemlich klar.

Aus den Beispielen vom Heer und vom jüdischen Kult geht eines eindeutig hervor: Es gibt eine geordnete Struktur, bei der jeder das tun soll, was ihm aufgetragen wurde bzw. ihm in seinem Bereich zugefallen ist. Sofern diese Struktur von der Sache her (wie beim Heer) bzw. von ihrer Herkunft her (beim Kult) nicht hinterfragbar ist, sondern mit der Kraft des Selbstverständ-lichen oder mit dem Gewicht der göttlichen Verordnung von allen angenom-men werden muß, ergibt sich daraus eine notwendige Konsequenz, welche die Beurteilung der Verhältnisse in der korinthischen Gemeinde unmittelbar berührt: Die vorgegebene Struktur darf prinzipiell nicht verändert werden. Mehr als dies sagt der Text nicht[2]. So verstanden, liegt hier keine Aussage zum Inhalt und zur Gestalt des christlichen Kults vor[3], noch wird er im

---

[1] Vgl. KNOPF, 114: „Was die λειτουργία der Laien sein soll, sagt I Clem. leider nicht, es bleibt aber wohl wenig mehr für ihn als zuzuhören und die Eucharistie zu genießen." Ähnlich W. BRANDT, Wortgruppe 154. Nach L. LEMME, Judenchristentum 455 Anm. 1, waren die Laien aktiv, indem sie die δῶρα für das εὐχαριστεῖν brachten. Die Stellung der Laien in der christlichen Gemeinde steht für den Vf. aber nicht zur Debatte. Richtig LINDEMANN, 124.

[2] Nähere Einzelheiten, die die Stellungnahme des Vf.s verdeutlichen, sind in 44,3–6 enthalten.

[3] Das wird von R. M. HÜBNER, Anfänge 71, angenommen, wenn er – allerdings mit Vorsicht – als nicht so abwegig die Meinung bezeichnet, hier gehe es um eine Beschreibung des christlichen Gottesdienstes. Ganz dezidiert hebt G. DIX, Ministry 246, aufgrund von I Clem 40–41 die Parallele zwischen der jüdischen Liturgie und der christlichen Eucharistie hervor: „There is at

Anschluß an die alttestamentliche Kultordnung gesehen[1]. Der Verbindungs-punkt zwischen den alttestamentlichen Beispielen und der gemeinten Sache ist die Ordnung, gegen die man nicht verstoßen darf[2]. Sie wird erst recht unantastbar, wenn der angesprochene Bereich sakralen Charakter besitzt, wie es bei den korinthischen Presbytern der Fall ist, sofern ihnen eine λειτουργία anvertraut worden ist. Der kultische Dienst ist durch eine Richtschnur be-stimmt, die ihn vor Veränderungen zu schützen hat. Das Ideal besteht eben darin, daß jeder bei seinem eigenen τόπος bleibt, ohne den ihm zugemessenen Platz zu überschreiten. Aus dem Text ist allerdings nicht ersichtlich, zu welcher Gruppe der Gemeinde die „Unruhestifter"gehört haben. Nicht ihre Herkunft wird dargelegt, sondern ihre Wirkung in der Gemeinde. Die Wen-dung τῆς λειτουργίας αὐτοῦ κανών ist vergleichbar mit philonischen Ausdrük-ken (vgl. All III 233: ὁ διαφθείρων τὸν ὑγιῆ κανόνα τῆς ἀληθείας). Das ἐν σεμνότητι läßt sich mit „in Würde" übersetzen[3].

Zu den Bestimmungen des Kultgeschehens gehört die Festlegung des Ortes. 2 Nach 40,3 hat der Wille Gottes den Ort und die Personen bestimmt. Nach der Aufzählung der Personen (40,5) erfolgt nun die Aussage zum Ort des

---

least a clear similarity between the deacon who placed the bread and mingled cup before the president, ministered the *lavabo* and ministered the elements to the communicants, and the Jewish ‚attendant' who ministered the ceremonial hand-washing, set the bread for breaking, and the mingled cup for blessing before the president of the *chabûrah* and served the food and drink of the religious meal. Just there is a similarity between the *episkopos* who broke the bread and recited the thanksgiving (*eucharistia*) over the bread and mingled cup..." Ähnlich H.-J. VOGT, Bischofsamt 221; S. R. LLEWELYN, in: NDIEC 7, 107 Anm. 57. Ein solcher „eucharistischer Exkurs" bleibt aber schwer vereinbar mit dem Anliegen des Briefes. Kritisch dazu E. G. JAY, Presbyter-Bishops 130 f. Auch nach R. PADBERG, Gottesdienst 370, sind die alttestamentlichen Priester und Leviten „in den Episkopen und Diakonen existent". „Die Kirche ist für den Verfasser das neue und wahre Jerusalem, Christus der wahre und neue Hohepriester." Nach GRANT, 69 f., entsprechen der Hohepriester, die Priester und die Leviten nicht genau Jesus als dem Hohen-priester (36,1; 61,3), den Presbyter-Bischöfen und den Diakonen (Kap. 42; 44), „but the analogy could hardly escape any reader who was paying attention to Clement's text." Für eine ganz genaue Entsprechung haben u. a. R. A. LIPSIUS, Disquisitio 38–43; HEMMER, XLIV; E. LOENING, Gemeindeverfassung 87; L. LEMME, Judenchristentum 418.456, und G. BARDY, Théologie 48, plädiert. Der Text unterstützt diese Annahme nicht. Gegen eine solche Kontinuität zwischen dem alttestamentlichen und dem christlichen Amt entscheiden sich S. GUNDERT, Brief 646 f.; W. WREDE, Untersuchungen 91–93; LIGHTFOOT, I 2,123; KNOPF, 113 f.; J. KLEVINGHAUS, Stellung 56; R. R. NOLL, Search 251; LINDEMANN, 124; E. DASSMANN, Ämter 28 f.99.

[1] Weil R. PADBERG, Gottesdienst 370 f., hier „einen nahtlosen Übergang von den liturgischen Ordnungen des Alten Bundes zur konkreten Wirklichkeit in Korinth" vorliegen sieht, hält er diese gottesdienstliche Ordnung für die Wurzel der Gemeindeordnung. Die Deutung übersieht das Gewicht der Schöpfungsordnung und der alttestamentlichen Beispiele als Erweis des Willens Gottes in den ersten 39 Kapiteln des Schreibens.

[2] Vgl. W. WREDE, Untersuchungen 91; H. STRATHMANN, ThWNT IV 235; H. v. CAMPEN-HAUSEN, Amt 96 f.; R. P. C. HANSON, Amt 535.

[3] So A. v. HARNACK, Einführung 35; Jaubert; Fischer. Knopf und Lindemann: „in ehrfürch-tiger Scheu"; Schneider: „in würdigem Wandel"; Lake: „with reverence"; L: „in innocentia." Vgl. H. KÖSTER, ThWNT VII 194. Ähnlich 1Tim 2,2: ἵνα ἤρεμον καὶ ἡσύχιον βίον διάγωμεν ἐν πάσῃ εὐσεβείᾳ καὶ σεμνότητι.

Kultes. V. 2 enthält eine zweifache Präzisierung. Die erste betrifft Jerusalem als die Kultstätte, die zweite den Ort innerhalb des Jerusalemer Tempels. Jeweils wird zuerst eine allgemeine Ortsangabe negiert, um gleich einschränkend auf den richtigen Ort hinzuweisen: Nicht überall, sondern nur in Jerusalem; nicht an jedem Ort, sondern vor dem Tempel.

V. 2a	V. 2b
οὐ πανταχοῦ, ἀδελφοί,	κἀκεῖ δὲ οὐκ ἐν παντὶ τόπῳ
προσφέρονται ...	προσφέρεται,
ἀλλ᾽ ἢ ἐν Ἰερουσαλὴμ μόνῃ ·	ἀλλ᾽ ἔμπροσθεν τοῦ ναοῦ πρὸς τὸ
	θυσιαστήριον ...

Der Partizipialsatz (μωμοσκοπηθὲν τὸ προσφερόμενον) fügt eine letzte Bestimmung an: die Überprüfung der Opfer durch den Hohenpriester und die schon genannten Kultdiener. Die thematische Einheit von Ort und Personen im Zusammenhang mit dem Vollzug des Kults bleibt bewahrt.

Die erwähnten Opferformen sind aus der Schrift entnommen. Nach Ex 29,38–42; Num 28,3–8; 2 Esra 20,34 ist mit θυσίαι ἐνδελεχισμοῦ das tägliche Brandopfer gemeint. Die θυσίαι εὐχῶν sind die Gelübdeopfer (Lev 7,16; 22,21–29). Die dritte Opferform (περὶ ἁμαρτίας) ist das Sündopfer (Ex 29,14; Lev 4,1–5,13). Die letzte (πλημμελείας) ist das Schuldopfer (Lev 5,14–26; 7,1–6). Es handelt sich um Beispiele für den Vollzug des Opferwesens an einem bestimmten Ort, so daß von der Liste keine Vollständigkeit zu erwarten ist (vgl. Lev 7,37: οὗτος ὁ νόμος τῶν ὁλοκαυτωμάτων καὶ θυσίας καὶ περὶ ἁμαρτίας καὶ τῆς πλημμελείας καὶ τῆς τελειώσεως καὶ τῆς θυσίας τοῦ σωτηρίου. Vgl. ferner Lev 14,13). Die Auflistung zeigt eine gewisse Systematik: Am Anfang steht das tägliche Opfer. Nach ihm werden zwei Arten von besonderen Opfern erwähnt: das freiwillige Opfer und das Opfer mit Sühnecharakter für Sünde und Schuld (Lightfoot, I 2,125).

Im hellenistischen Judentum sind vergleichbare zusammenfassende Darstellungen des jüdischen Opferwesens gut bezeugt[1]. Jerusalem ist die obligatorische Kultstätte[2]. Die Wendung ἔμπροσθεν τοῦ ναοῦ πρὸς τὸ θυσιαστήριον schränkt den Raum nochmals ein. Es steht nicht ἱερόν dort, das auch für den

---

[1] Philo widmet der Frage einen ausführlichen Abschnitt in SpecLeg I 194–256. Dabei unterscheidet er drei Opferarten: τὸ μὲν ὁλόκαυτον καλεῖ, τὸ δὲ σωτήριον, τὸ δὲ περὶ ἁμαρτίας (194). Es gibt darüber hinaus ein anderes, alle drei zusammenfassendes Opfer: ἡ δὲ συναγωγὸς αὐτῶν εὐχὴ μεγάλη καλεῖται (SpecLeg I 247). Bei ihm kommt der Terminus ἐνδελέχεια (nicht ἐνδελεχισμός wie die griechische Bibel und I Clem) vor, um die „ununterbrochene" Opferreihe zu bezeichnen (SpecLeg 170). Im Zusammenhang mit dem Sündopfer kommt ebenso der Terminus πλημμέλεια vor (SpecLeg I 234; 243 f.). Zu Josephus vgl. Ant 3,224–232: Ganzopfer, Dank- und Sündopfer.

[2] Vgl. G. FOHRER, ThWNT VII 309. Philo kennt eine ähnliche Bestimmung: SpecLeg I 67. Auch hier liegt eine zweifache Einschränkung vor: Heiligtümer dürfen nicht an mehreren Orten errichtet werden, noch mehrere an demselben Ort. Weil es nur einen Gott gibt, darf es nur ein Heiligtum geben. Philo denkt ebenfalls an den Jerusalemer Tempel. Der Gedanke wird nicht ausgesprochen, aber die Existenz des *einen* Tempels beinhaltet zugleich eine einzige Kultstätte, wie in I Clem 41,2.

gesamten Tempelbezirk gelten kann, sondern ναός, das das Tempelgebäude bezeichnet. Ebenso präzis ist vom θυσιαστήριον die Rede. Es ist der Brandopferaltar im inneren Vorhof des Tempels (vgl. Hebr 7,13; Mt 5,23 f. u. ö.).

Dem Hohenpriester und den anderen Kultdienern wird eine eigene Funktion aufgetragen: Sie haben zu überprüfen, ob die Opfer frei von jedem Makel sind[1]. μῶμος bezeichnet in Lev 22,20 f.25; Num 19,2; Dtn 15,21; 17,1 den Fehler bzw. Makel bei einem Opfertier, der die Ablehnung des Opfers durch Gott verursacht. Das Verb μωμοσκοπέομαι scheint vor I Clem nicht belegt zu sein (vgl. PolPhil 4,3). Philo gebraucht den Terminus μωμοσκόπος, aber nur einmal und nicht ohne eine gewisse Reserve (Agr 130): Die mit der Überprüfung der Opfertiere auf ihre Tadellosigkeit hin Beauftragten „nennen einige Fehlerbeschauer" (οὓς ἔνιοι μωμοσκόπους ὀνομάζουσιν).

Oft wurde die Frage erörtert, ob die Anspielungen auf den Jerusalemer Tempel nicht einen noch funktionierenden Tempelbetrieb voraussetzt[2]. Ein wichtiges Element bei jeder Antwort darauf ist der traditionsgeschichtliche Befund. Mehrfache sprachliche Kontakte sprechen für eine enge Beziehung zum hellenistischen Judentum philonischer Prägung. Liest man den langen Abschnitt über das Opferwesen in SpecLeg I, kann man leicht die Tatsache übersehen, daß das Interesse Philos einer ganz anderen Wirklichkeit gilt als dem tatsächlichen Kult im Jerusalemer Tempel. Kult und Opfer sind Gegebenheiten, die auch abgesehen von ihrer materiellen Wirklichkeit ihre volle Gültigkeit beibehalten[3]. Es ist so, als würde eben die Distanz zur unmittelbar gegebenen Tatsache die letztendlich gemeinte Sache von allen Einengungen befreien und so die Sprache erst befähigen, ihren eigentlichen Aussagegehalt auszudrücken. Die in der jüdischen Literatur nach der Tempelzerstörung

---

[1] Aufgrund dieser Aussage stellt A. ADAM, Entstehung 109, die These auf: „Die priesterliche mᵉbaqqerîm des jerusalemischen Tempels sind das unmittelbare Vorbild der urchristlichen ἐπίσκοποι." Darüber hinaus versteht er die Ordnung der christlichen Gemeinde als Erfüllung des hinweisenden alttestamentlichen Typos: „Die Priesterordnung ist die Grundlage des Presbyteramtes, und die Presbyter, …, wenngleich es nicht ausdrücklich gesagt ist, gliedern sich, nach ihrer Tätigkeit betrachtet, in Bischöfe und Diakone. Dem Hohenpriester entspricht Christus, seine Gehilfen sind die Apostel" (ebd.). Die Deutung übersieht, daß die Episkopen und Diakone schon in Phil 1,1 auftauchen, und dort liegt eine Anlehnung an den Jerusalemer Tempel nicht vor. Die angedeutete Entsprechung ist im übrigen unvereinbar mit den Angaben des NT zu den christlichen Amtsträgern und läßt sich auch nicht in I Clem 44 durchführen. Auch für W. NAUCK, Probleme 207, steht fest, daß in der Frage des Ursprungs des christlichen Bischofstitels und -amtes das Aufseheramt der jüdischen Sekte das Vorbild war. I Clem wäre ein Zeugnis für die Übernahme der Vorstellung von einem kultischen Priesterdienst aus dem Judentum, die sich vor allem in der Verwaltung des Sakraments bei bestimmten kirchlichen Amtsträgern geltend macht (ebd. 219). Ohne sich auf diese Arbeiten zu stützen, findet E. G. HINSON, Evidence 699 f., an dieser Stelle den Beweis für essenischen Einfluß in Rom.

[2] T. J. HERRON, Date 108–110, argumentiert mit der Präsens-Form der Darstellung und mit der neutestamentlichen Tempelkritik, um hier die Existenz des Jerusalemer Tempels vorauszusetzen und zugleich den Beweis für eine Datierung von I Clem um das Jahr 70 zu erbringen. Ähnlich A. E. WILHELM-HOOIJBERGH, View 275. S. Einleitung § 5.2.

[3] Vgl. J. BEHM, ThWNT III 188 f.

enthaltene überaus detaillierte Darstellung der kultischen Bestimmungen bestätigt diese eigenartige Sicht der Dinge. Die Wirklichkeit Jerusalems und seines Tempels wächst ins Unermeßliche, wenn sie an keinem real existierenden Parameter mehr gemessen werden kann. Wenn der Vf. in die Sprachtradition des hellenistischen Judentums einzuordnen ist, dann ist ihm diese Denkweise zuzutrauen, die das Opfer und die Kultstätte durchaus als noch existierend denkt und sie auch so darstellt, ohne daß dies mit einer konkreten Gegebenheit zusammenhängt[1].

Auch dann stellt sich die Frage nach der unverkennbaren Absicht, den Kultort genau zu bestimmen. Die λειτουργίαι der alttestamentlichen Kultdiener ließen sich ohne große Vorbehalte – wenigstens in grundsätzlicher Form – auf die Auseinandersetzung um die abgesetzten Presbyter in Korinth übertragen: Die bisherige Ordnung darf nicht verändert werden. Läßt auch die Bestimmung der Kultstätte eine ähnliche Anwendung zu? Die folgenden Aussagen in 41,3 f. enthalten diesbezüglich keine brauchbare Angabe. Eine Antwort läßt sich aus der zuvor thematisierten Einheit von Personen und Ort gewinnen. Das Anliegen des Schreibens ist die Wiedereinsetzung der abgesetzten Presbyter in Korinth. Das Beispiel vom Jerusalemer Tempel als der einzigen legitimen Kultstätte hätte bei dieser Annahme den Sinn, den christlichen Gottesdienst an den gewöhnlichen Versammlungsort der Gemeinde zu binden, wo die Presbyter vermutlich noch wirken konnten. Gegen Ende des ersten Jahrhunderts fand die gottesdienstliche Versammlung in Privathäusern statt, deren Räumlichkeiten dies zuließen. Die Anspielung in I Clem 41,2 auf den einen Tempel sagt natürlich nichts über die Bedingungen in Korinth aus, und es ist fraglich, ob der Vf. so weit darüber informiert war. Aber die für Jerusalem gültige Bestimmung ließ sich als Beweis für die von Gott festgelegte Ordnung einbringen, aus der zwangsläufig für den Konflikt in Korinth etwas gewonnen werden konnte. Ihre argumentative Stichhaltigkeit an sich ist indessen nicht unproblematisch[2].

---

[1] Andere Beispiele für ein ähnliches Verfahren sind Josephus, Ant 3,151–257; Barn 7–8. Vgl. FUNK I 151.

[2] Nach J. FISCHER, 77 Anm. 243, werden die alttestamentlichen Beispiele „besonders wohl auch im Hinblick auf die ordnungsgemäße eucharistische Liturgiefeier gebracht." Ähnlich J. CHR. SALZMANN, Lehren 156. Nach D. POWELL, TRE VIII 118, besagt 41,2, „daß es nur eine Eucharistie in einer Kirche geben dürfte (und eine andere Möglichkeit ist schwer zu erkennen; vgl. IgnSm 8,2; IgnPhld 4), so muß die römische Kirche noch klein (und sicher) genug gewesen sein, um sich in einem Gebäude zu versammeln." Der Text darf nicht im Licht des Ignatius ausgelegt werden. Kritisch dazu LINDEMANN, 124. Angesichts der Bedeutung der Gastfreundschaft (Kap. 11 und 12) und im Anschluß an die Erklärung von H. Chadwick (vgl. I Clem 12,8) vermutet H. O. MAIER, Setting 93 f., den Ursprung der Streitigkeiten in Korinth in einem Konflikt zwischen einer oder zwei Hausgemeinden bei der Suche nach einem alternativen Versammlungsort. So würde sich auch die Begrenzung der Spaltung erklären (vgl. 44,6), da nicht alle Hausgemeinden im Konflikt involviert waren. Wäre die Deutung von I Clem 41,2 im Hinblick auf den einen Versammlungsort der christlichen Gemeinde so zwingend, würde dies nur die Sicht der römischen Gemeinde über die Ereignisse in Korinth wiedergeben, nicht aber notwen

Die Aussage hat allgemeinen Charakter. Das Stichwort βούλησις knüpft 3
an 40,3 an: Wenn der Ratschluß des Allerhöchsten den Ort und die Personen
für den Kult bestimmt hat, zieht ein Verstoß gegen die göttliche Ordnung
die ihm angemessene Strafe nach sich: den Tod. Im Zusammenhang mit der
bisherigen Argumentation spielt die Aussage 41,3 eine ähnliche Rolle wie die
in 40,4, allerdings im umgekehrten Sinn[1]. In beiden Texten geht es um ein
unbestimmtes Subjekt (οἱ οὖν), das durch ein bestimmtes Tun (ποιοῦντες) die
Vorschriften Gottes erfüllt bzw. gegen dessen Willen handelt. Dementsprechend gestaltet sich die Folgerung bzw. die Vergeltung. Der antithetische
Parallelismus ist mehr inhaltlich als formal, denn die Aussage in 40,4 hat
mehr Elemente als die von 41,3, aber der Gegensatz ist dennoch gut erkennbar.

41,3	40,4
οἱ οὖν παρὰ τὸ καθῆκον	*οἱ οὖν τοῖς προστεταγμένοις καιροῖς*
τῆς βουλήσεως αὐτοῦ	
ποιοῦντές τι	*ποιοῦντες τὰς προσφορὰς αὐτῶν εὐπρόσδεκτοί*
	τε καὶ μακάριοι·
	τοῖς γὰρ νομίμοις τοῦ δεσπότου ἀκολουθοῦντες
θάνατον τὸ πρόστιμον ἔχουσιν.	*οὐ διαμαρτάνουσιν.*

Solche Wendungen wie κατὰ τὸ καθῆκον – παρὰ τὸ καθῆκον sind geläufig in
der stoischen Philosophie, aber auch oft bezeugt in der Sprache des hellenistischen Judentums[2]. τὸ πρόστιμον ist „die zuerkannte Strafe" (Bauer/Aland
1440)[3], in diesem Fall der Tod. Die sentenzartige Gestalt der Aussage macht
die in ihr enthaltene Drohung um so deutlicher.

Die erneute Hinwendung an die Adressaten (ὁρᾶτε, ἀδελφοί) bringt die 4
Verantwortung gegenüber der geschenkten Erkenntnis in Erinnerung und
schließt den Abschnitt über die alttestamentliche Ordnung ab. Die Anredeform ὁρᾶτε zur Eingrenzung einer Texteinheit wird auch in 12,8; 16,17
verwendet[4]. Zum Korrelativ-Pronomen ὅσῳ … τοσούτῳ vgl. 36,2 (Hebr 1,4);
48,6[5]. Die Größe der Erkenntnis, die der Gemeinde zuteil wurde, wird in
Relation zu der vorhandenen Gefahr gesetzt. Die γνῶσις ist die göttliche

---

digerweise auch deren tatsächliche Ursachen. W. Lütgert, Amt 60–64, traut dem Vf. sehr
genaue Kenntnisse der Lage in Korinth zu. Strittig sei Ort, Zeit und Person des mit der Leitung
des Gottesdienstes Beauftragten gewesen. Das wäre der Sinn der Aussagen über den alttestamentlichen Kult als Modell für den christlichen Gottesdienst.

[1] Auch Lindemann, 125, spricht von einer „Gegenaussage zu 40,4."

[2] In I Clem vgl. 3,4: μηδὲ πολιτεύεσθαι κατὰ τὸ καθῆκον τῷ Χριστῷ. Zu παρὰ τὸ καθῆκον
vgl. Diogenes Laërtius, VII 108 = SVF III Nr. 495; Epiktet, Diss. I 7,21; 28,5. Philo, All II
32: καὶ πολλάκις βουλόμενος καθῆκόν τι νοῆσαι ἐπαντλοῦμαι ταῖς παρὰ τὸ καθῆκον ἐπιρροίαις
(von der inneren Spannung dessen, der καθῆκόν τι, d. h. etwas Geziemendes denken möchte
und dabei von den Fluten des παρὰ τὸ καθῆκον überschwemmt wird).

[3] Vgl. dazu 2 Makk 7,36: σὺ δὲ τῇ τοῦ θεοῦ κρίσει δίκαια τὰ πρόστιμα τῆς ὑπερηφανίας
ἀποίσῃ; Josephus, Ant 4,248.

[4] Vgl. W. Wrede, Untersuchungen 40.

[5] Vgl. auch Hebr 7,20.22; 10,25; Philo, Her 89; LegGai 278; Jos 147.

Erkenntnis (40,1), die nun als Gabe Gottes dargestellt wird (vgl. 36,2: διὰ τούτου ἠθέλησεν ὁ δεσπότης τῆς ἀθανάτου γνώσεως ἡμᾶς γεύσασθαι). Denn κατηξιώθημεν ist ein passivum divinum (vgl. 4 Makk 18,3; Lk 20,35; Apg 5,41; 2 Thess 1,5). Die Größe der Erkenntnis ist von ihrer Herkunft her unübertreffbar, aber sie wird nicht allein danach bemessen, sondern auch nach der drohenden Gefahr, die durch diese Erkenntnis abgewendet werden soll. Die Gefahr besteht in der Möglichkeit, vom Tod als der verdienten Strafe (V. 3) betroffen zu werden, falls man nicht nach dem Ratschluß Gottes handelt. Was dies konkret in der Situation der korinthischen Gemeinde bedeutet, hat der Vf. in 14,2 ausgedrückt: Kein beliebiger Schaden droht den Gläubigen, sondern eine große Gefahr (μᾶλλον δὲ κίνδυνον ὑποίσομεν μέγαν), wenn sie sich waghalsig (ῥιψοκινδύνως) den Bestrebungen derer überlassen, die nach Streit und Aufruhr suchen. Die Gefahr besteht also in jeder Art von Kontakten mit den Anführern der Unruhen in Korinth. Die von Gott geschenkte γνῶσις wird in dieser Situation zum richtigen Verhalten führen, nämlich zur Ablehnung der durch die Absetzung der Presbyter geschaffenen „neuen" Ordnung. Daß diese Erkenntnis mit der eigenen Beurteilung der Verhältnisse zusammenhängt und schließlich mit der eigenen Stellungnahme deckungsgleich ist, daß daher ihre Gleichsetzung mit „göttlicher Erkenntnis" nicht unproblematisch ist, ist für den Vf. jedoch keine Frage[1].

11.2. Die Ordnung der christlichen Gemeinde als Erfüllung des Willens Gottes und der Schrift (42,1–5)

1. Die Apostel sind für uns mit der Frohbotschaft vom Herrn Jesus Christus beauftragt worden; Jesus, der Christus, wurde von Gott ausgesandt. 2. Christus also von Gott her, und die Apostel von Christus her. Beides geschah wohlgeordnet aufgrund des Willens Gottes. 3. Nachdem sie nun (ihre) Aufträge erhielten und durch die Auferstehung des Herrn mit Gewißheit erfüllt wurden und voll Vertrauen in dem Wort Gottes waren, zogen sie mit der Fülle des Heiligen Geistes aus und verkündeten, daß die Gottesherrschaft kommen werde. 4. Als sie in Ländern und Städten predigten, setzten sie ihre Erstlinge, nach Prüfung im Geiste, zu Episkopen und Diakonen der künftigen Gläubigen ein. 5. Und dies war nichts Neues. Denn es war seit langen Zeiten über die Episkopen und Diakone geschrieben. So sagt nämlich die Schrift irgendwo: „Ich werde ihre Episkopen in Gerechtigkeit einsetzen und ihre Diakone in Treue."

---

[1] Aus V. 4 läßt sich nicht entnehmen, daß der Vf. sich dessen bewußt ist, „eine bisher nicht geläufige, neue Erkenntnis (oder Beweisführung) vorzutragen." So A. v. HARNACK, Einführung 115. Daß er die Gegner in Korinth für „Gnostiker" hält (so W. LÜTGERT, Amt 102), kommt nicht in Frage.

Die Ausführungen über die alttestamentliche Ordnung haben den Rahmen 1–2
abgesteckt, der jetzt bei der Erörterung des Problems in Korinth maßgebend
sein wird. Der Inhalt ist die christliche Heilsordnung. V. 1 und V. 2a enthalten
vier Aussagen, die zusammen gehören.

1. a.	οἱ ἀπόστολοι ἡμῖν εὐηγγελίσθησαν	ἀπὸ τοῦ κυρίου Ἰησοῦ Χριστοῦ,
2. b.	Ἰησοῦς ὁ Χριστὸς	ἀπὸ τοῦ θεοῦ ἐξεπέμφθη.
3. b'.	ὁ Χριστὸς οὖν	ἀπὸ τοῦ θεοῦ
4. a'.	καὶ οἱ ἀπόστολοι	ἀπὸ τοῦ Χριστοῦ.

Die Textstruktur ist betont schlicht und durchsichtig. Die vier prägnanten
kurzen Sätze, parataktisch geordnet, sind stilistisch durch das viermalige ἀπό
verbunden, das das Verhältnis des Subjekts zur entsprechenden Bezugsperson
jeweils bestimmt. Die ersten zwei Sätze enthalten das Verb im Aorist-Passiv,
während bei den zwei letzten die gleiche Präpositionalwendung das Verb
ersetzt. Die zwei Satz-Paare sind chiastisch gestaltet. Bei den zwei Passiva
εὐηγγελίσθησαν und ἐξεπέμφθ wäre auch ein ὑπό zu erwarten, aber das ἀπό
betont stärker den Urheber, die Herkunft[1]. Die stilistische Einheit des Abschnitts kommt dadurch besser zum Ausdruck.

Die Reihenfolge setzt bei den Aposteln an, aber der unmittelbare Bezugspunkt ist die Gemeinde (ἡμῖν)[2]. Sie wurden mit der Frohbotschaft betraut,
d. h. sie empfingen das Evangelium „für uns". In Verbindung mit der folgenden
Aussage über die Apostel in 42,3: ἐξῆλθον εὐαγγελιζόμενοι τὴν βασιλείαν τοῦ
θεοῦ μέλλειν ἔρχεσθαι, schimmert die Vorstellung durch, daß die Weitergabe
der Frohbotschaft von Jesus an die Apostel durch seine Verkündigung, deren
erste Adressaten sie waren, geschehen ist. Der folgende Satz nimmt den letzten
Terminus der ersten Aussage wieder auf und behauptet die göttliche Herkunft
des Erlösers. Die christologischen Prädikationen sind in einer Linie zunehmender Einfachheit gestaltet: τοῦ κυρίου Ἰησοῦ Χριστοῦ, Ἰησοῦς ὁ Χριστός,
ὁ Χριστός. Die erste Form ist die am häufigsten vorkommende in I Clem
(16,2; 20,11; 21,6; 42,1.3; 44,1; 49,6; 50,7; 58,2; 64; 65,2), während Ἰησοῦς
ὁ Χριστός nur hier zu finden ist (es ist daher verständlich, daß H den Artikel
ausläßt). Die einfache Form ὁ Χριστός hängt offensichtlich mit der Struktur
des Satzes zusammen, in dem zwei einfache Termini jeweils von der Präposition ἀπό getrennt werden. Eine präzise Absicht bei den verschiedenen
christologischen Prädikationen ist nicht erkennbar. Der Gesandte Gottes ist
Jesus, der Messias (vgl. W. Grundmann, ThWNT IX 574)[3]. Die einmalige
Stelle erlaubt keine weitere Erklärung über die eigenartige Sprechweise. Implizit dürfte die Präexistenz des Erlösers gemeint sein, wenngleich der Ge-

---

[1] Zum Sprachgebrauch im klassischen Griechisch vgl. KÜHNER/GERTH, II 1,457 f. Zum NT
vgl. BL./DEB./REH. § 210.

[2] Die LA von L: ἡμῶν, vereinfacht die Satz-Struktur. Vielleicht ist sie durch den Anfang in
44,1 beeinflußt.

[3] ὁ πέμψας με πατήρ ist eine joh. Formel. Vgl. Joh 7,28; 8,16 u. ö.

danke nicht weiter entfaltet wird (vgl. 16,2)[1]. Wenn die Sendungsaussage auf den Einfluß von Röm 8,3 zurückgeht, wäre dies die traditionsgeschichtliche Folge. Die zwei letzten Sätze sind keine Wiederholungen des Vorhergehenden in umgekehrter Reihenfolge. Das Subjekt (ὁ Χριστός – οἱ ἀπόστολοι) steht in Verbindung mit einer aussendenden Instanz (ἀπὸ τοῦ θεοῦ – ἀπὸ τοῦ Χριστοῦ). Daraus ergibt sich eine deszendente Reihe: θεός – Χριστός – οἱ ἀπόστολοι, deren Sinn einsichtig ist. Die Apostel sind durch ihre Sendung von Gott durch Christus legitimiert. Die Folgen für die Argumentation kommen in V. 3 zum Vorschein. Zuvor stellt der Vf. fest, wie beides, d. h. die Sendung Christi und die der Apostel, „wohlgeordnet" (zu εὐτάκτως vgl. 37,2: von der Ordnung des Heeres) geschehen ist. Das ἐκ θελήματος θεοῦ stellt den Willen Gottes als den letzten Grund für diese Ordnung heraus.

3   Die Aussage erläutert die Sendung der Apostel (καὶ οἱ ἀπόστολοι ἀπὸ τοῦ Χριστοῦ). Der Stilunterschied zur schlichten Form in V. 1–2 fällt auf. Drei Partizipialsätze nennen zunächst die näheren Umstände der Aussendung: παραγγελίας οὖν λαβόντες – πληροφορηθέντες διὰ τῆς ἀναστάσεως ... – πιστωθέντες ἐν τῷ λόγῳ τοῦ θεοῦ. Dem verbum finitum (ἐξῆλθον) folgt eine weitere Partizipialwendung (εὐαγγελιζόμενοι) mit der Angabe des Inhalts (τὴν βασιλείαν τοῦ θεοῦ μέλλειν ἔρχεσθαι).

Die erste Angabe ist recht unpräzis: παραγγελίας οὖν λαβόντες. Spielt der Text auf eine Szene etwa wie die in Mt 28,19 f. an? Die Pluralform παραγγελίας setzt eine Belehrung bzw. eine Beauftragung voraus[2]. Der zweite Partizipialsatz spricht für eine solche Anspielung: καὶ πληροφορηθέντες διὰ τῆς ἀναστάσεως τοῦ κυρίου ἡμῶν Ἰησοῦ Χριστοῦ. Das Partizip Passiv πληροφορηθέντες bedeutet in diesem Fall „völlig von etwas überzeugt werden, volle Gewißheit erlangen" (W. Grundmann, ThWNT VI 307). Genau in dieser Form spricht Paulus über Abraham in Röm 4,21: καὶ πληροφορηθεὶς ὅτι ὃ ἐπήγγελται δυνατός ἐστιν καὶ ποιῆσαι, von der Gewißheit seines Glaubens im Hinblick auf den Gott der Verheißung. Diesmal ist die Auferstehung des Herrn die Ursache dieser Gewißheit. Das dritte Partizip betrifft den Glauben – als Vertrauen – der Apostel an das Wort Gottes (καὶ πιστωθέντες ἐν τῷ λόγῳ τοῦ θεοῦ), wobei nicht deutlich wird, ob das Wort der Gegenstand oder die Ursache ihres Vertrauens bzw. ihrer Treue ist[3]. Die Gabe des Geistes in Fülle bestimmt schließlich die Sendung der Apostel (μετὰ πληροφορίας πνεύματος ἁγίου). Die Begrifflichkeit ist durch die neutestamentliche Überlieferung geprägt (vgl. 1 Thess 1,5: ὅτι τὸ εὐαγγέλιον ἡμῶν οὐκ ἐγενήθη εἰς ὑμᾶς ἐν λόγῳ μόνον ἀλλὰ καὶ ἐν δυνάμει καὶ ἐν πνεύματι ἁγίῳ καὶ [ἐν] πληροφορίᾳ πολλῇ).

---

[1] E. BARNIKOL, Christologie 62, bestreitet dies mit der Begründung: „Denn dann würde Präexistenz auch von den im gleichen Atem genannten Aposteln zu behaupten sein!" Christus und die Apostel stehen aber nicht auf der gleichen Ebene. Vgl. Ph. HENNE, Christologie 128 f.

[2] Zu παραγγελίαν λαβεῖν vgl. Apg 16,24.

[3] Vgl. 2 Tim 3,14: σὺ δὲ μένε ἐν οἷς ἔμαθες καὶ ἐπιστώθης; Philo, All III 208: ἱκανὸν γὰρ τῷ γενητῷ πιστοῦσθαι καὶ μαρτυρεῖσθαι λόγῳ θείῳ.

Die Darstellung erinnert allgemein an das Schema der Apostelgeschichte: Belehrung durch den Auferstandenen, Gabe des Geistes, Sendung. Die Berührungspunkte sind zwar vor allem inhaltlich, aber manche sprachliche Gemeinsamkeiten fehlen auch nicht[1]. Die Trias: Gott – Jesus Christus – Geist, weist keine eigene Prägung auf und beruht auf urchristlicher Überlieferung. Der Vollzug der Sendung (ἐξῆλθον) geschieht im Dienst der Verkündigung (εὐαγγελιζόμενοι). Ihr Inhalt ist das Kommen der βασιλεία. Die mit der Frohbotschaft betrauten Apostel (42,1) verkünden inhaltlich nichts anderes als das, was Jesus selbst verkündigt hat (vgl. Mt 10,7; Lk 10,9). Verbindet der Vf. die Sendung durch den Auferstandenen mit der Sendung durch den irdischen Jesus? So eindrucksvoll die Ausstattung der Apostel geschildert wurde, so vage bleiben inhaltlich die Aussagen. Aber die Angaben über die Sendung der Apostel hatten lediglich die Funktion, von den thesenartigen Behauptungen in V. 1–2 zu der Grundaussage über die Rolle der Apostel in V. 4–5 überzuleiten.

Im Rahmen der Verkündigungstätigkeit der Apostel geschieht das, worum   4
es eigentlich geht: Die Einsetzung der Amtsträger im Hinblick auf die kommenden Generationen. Das κατὰ χώρας οὖν καὶ πόλεις suggeriert das Bild einer umfassenden Reise durch Land und Stadt. Die Unbestimmtheit des Weges[2] paßt zur allgemeinen Zielsetzung des ganzen Geschehens (V. 4b)[3]. Aber die Wendung kann auch als alles umfassende Formel verstanden werden[4]. Das Verb καθίστημι ist der Ausdruck für die Einsetzung von Amtsträgern im weiten Sinn (vgl. Ex 2,14 = Apg 7,27.35; I Clem 4,10; Sir 32,1; 1 Makk 3,55; 9,25; 10,20; Philo, Jos 38.119.157; Mut 151; SpecLeg IV 157.174; Josephus, Ant 9,4; 12,360 u. ö.). Traditionsgeschichtlich relevant ist die Stelle Tit 1,5: καὶ καταστήσῃς κατὰ πόλιν πρεσβυτέρους, denn der Auftrag des Apostels an seinen Schüler Titus läßt ein mit I Clem verwandtes Amtsverständnis erblicken (s. u.). Die Bezeichnung der ersten Früchte der apostolischen Verkündigung mit ἀπαρχαί geht auf paulinische Ausdrucksweise zurück (1 Kor 16,15: Stephanas und sein Haus in Achaia[5]; Röm 16,5: Epänetus in

---

[1] Vgl. LINDEMANN, 126 f. Die Gemeinsamkeiten reichen jedoch nicht aus, um an eine literarische Abhängigkeit zu denken, wie es A. M. JAVIERRE, „Diadoché" 56, anhand Apg 14,21–23 möchte.

[2] Vgl. Lk 13,22a: καὶ διεπορεύετο κατὰ πόλεις καὶ κώμας διδάσκων. In I Clem 42,4 bezeichnen die χωραί das flache Land im Gegensatz zur Stadt (BAUER/ALAND 1773).

[3] L ergänzt: „et eos qui obaudiebant voluntati Dei baptizantes." Von Knopf in seiner Textausgabe übernommen, aber nicht mehr in seinem Kommentar. Nach E. BARNIKOL, Auffassung 78, der an der LA von L festhält, handelt es sich um eine vorsynoptische Taufauffassung.

[4] Vgl. Philo, Gig 51: κατὰ ἔθνη καὶ χώρας καὶ πόλεις; Imm 176: κατὰ πόλεις καὶ ἔθνη καὶ χώρας.

[5] L. Hertling übernimmt die LA der Vulgata und einiger griechischer Handschriften und liest in 1 Kor 16,15 „Stephanas, Fortunatus und Achaicus" als die Erstlinge von Korinth. „Clemens musste also in ihnen die vom Apostel eingesetzten korinthischen Hierarchen sehen" (1 Kor 16,15 und I Clem 42, 277).

der Provinz Asien; 2 Thess 2,13: von den Thessalonichern) Es handelt sich jeweils um die ersten Bekehrten in einer bestimmten Gegend. Es ist aber nicht der zeitliche Vorrang, der jemanden zur Beauftragung geeignet macht, sondern die Überprüfung durch den Geist. Die Prüfung (δοκιμάζειν) der Kandidaten auf ihre Eignung hin spiegelt urchristliche Praxis und Diktion wider (vgl. 1 Tim 3,10 über die Diakone: καὶ οὗτοι δὲ δοκιμαζέσθωσαν πρῶτον, εἶτα διακονείτωσαν ἀνέγκλητοι ὄντες)[1]. Der Dativ τῷ πνεύματι läßt sich instrumental auffassen[2], und zwar im Zusammenhang mit der den Aposteln verliehenen Fülle des Heiligen Geistes (V. 3), die sie nun dazu befähigt, mit der Kraft des Geistes die richtigen Kandidaten auszuwählen[3]. Von den zwei erwähnten Ämtern, ἐπίσκοποι und διάκονοι, wurde das erste mit „Episkopen" wiedergegeben, um das sehr mißverständliche „Bischöfe" zu vermeiden[4]. Denn auf keinen Fall handelt es sich dabei um die Institution des Monepiskopats. Das Begriffspaar erscheint zum erstenmal in der christlichen Literatur in Phil 1,1. Beide werden im gleichen Kontext erwähnt in 1 Tim 3,1-7.8-10 und Did 15,1. Der weitere Sprachgebrauch in I Clem zeigt eine schillernde Begrifflichkeit, bei der zwischen „Episkopen" und Presbytern kein sachlicher Unterschied gemacht wird[5]. Die Beauftragung durch die Apostel ist im Hinblick auf die zukünftigen Gläubigen gedacht, aber die Aufgabe der Amtsträger und ihr Verhältnis zu den anderen Gläubigen werden nicht näher bestimmt. Auch in dieser allgemeinen Form ist die legitimierende Kontinuität: Gott – Christus – Apostel – Amtsträger gewährleistet.

5   Das jüngste Glied der soeben geschilderten Reihenfolge soll nun durch das Zeugnis der Schrift begründet werden. In einem ersten Schritt wird die

---

[1] Über die Wahl von Episkopen und Diakonen schreibt Did 15,1 vor: χειροτονήσατε οὖν ἑαυτοῖς ἐπισκόπους καὶ διακόνους ἀξίους τοῦ κυρίου, ἄνδρας πραεῖς καὶ ἀφιλαργύρους καὶ ἀληθεῖς καὶ δεδοκιμασμένους. Außerhalb des christlichen Sprachraums gibt es wenige Texte, bei denen δοκιμάζειν religiöse Bedeutung hat. Etwa SIG 807,5: ἀνὴρ δεδοκιμασμένος τοῖς θείοις κριτηρίοις τῶν Σεβαστῶν ἐπί τε τῇ τέχνῃ τῆς ἰατρικῆς. Vgl. W. GRUNDMANN, ThWNT II 259.

[2] Auch so J. E. DAVISON, Gifts 60. Das bedeutet jedoch keine charismatische Bestimmung des Amtes. Anders J. E. DAVISON, Gifts 70: „Offices within the congregation are clearly taken to be charisms." J. P. MARTIN, Espíritu 46, meint richtig, in I Clem gäbe es keinen Gegensatz zwischen Geist und Amt. Seine Behauptung hingegen, I Clem würde das Verhältnis zwischen Geist und Amt ähnlich bestimmen wie die ersten christlichen Autoren, trifft in dieser Form nicht zu.

[3] Es ist etwas anderes als 1 Joh 4,1: δοκιμάζετε τὰ πνεύματα.

[4] So schon W. WREDE, Untersuchungen 10-14; A. v. HARNACK, Analecten 230-240; H. LIETZMANN, Geschichte I 201-204.

[5] A. LEMAIRE, Ministères 149 f., und K. STADLER, Sukzession 111 f. Anm. 28, setzen auch die Diakone mit den Presbytern gleich. Der Text erlaubt keine nähere Bestimmung, aber die traditionelle Verbindung von Episkopen und Diakonen macht eine Gleichsetzung der letzteren mit den Presbytern unwahrscheinlich. Nach FR. GERKE, Stellung 39, gab es „in Rom und Korinth um 90 kein Presbyteramt, sondern einen Presbyterstand, aus welchem sich die Gemeinde ihre Bischöfe und Diakone" wählte (wahrscheinlich von C. WEIZSÄCKER, Zeitalter 638, abhängig). Infolgedessen seien auch die Diakonen eingesetzte Presbyter. Gerke räumt ein, daß dies keine Parallele in der urchristlichen Literatur hat. S. u. Exkurs 7: Amt. I.3: Die Struktur des Amtes.

Neuigkeit des Vorgangs einfach negiert[1]. καὶ τοῦτο ist auf V. 4 zu beziehen, wie das folgende in V. 5 zeigt. Die Begründung der ersten Aussage erfolgt durch den Hinweis auf die Schrift in einer unbestimmten Vergangenheit. Das ἐκ γὰρ δὴ πολλῶν χρόνων ἐγέγραπτο beweist das vorhergehende οὐ καινῶς (vgl. 2 Makk 6,21: ἐκ τῶν παλαιῶν χρόνων; Lk 8,29: πολλοῖς γὰρ χρόνοις). Die „langen Zeiten" umfassen die Periode zwischen der Niederschrift des angedeuteten Textes und der christlichen Gegenwart[2]. Die Einleitung zum Schriftzitat ist unpräzis, aber nicht ungewöhnlich in I Clem: οὕτως γάρ που (vgl. 15,2; 21,2; 26,2; 28,2). Das zitierte Wort ist offensichtlich Jes 60,17, aber mit beachtlichen Abweichungen:

I Clem 42,5	Jes 60,17
καταστήσω	καὶ δώσω
	τοὺς ἄρχοντάς σου ἐν εἰρήνῃ
τοὺς ἐπισκόπους αὐτῶν ἐν δικαιοσύνῃ	καὶ τοὺς ἐπισκόπους σου ἐν δικαιοσύνῃ.
καὶ τοὺς διακόνους αὐτῶν ἐν πίστει.	

Die Übereinstimmung mit V. 4 ist vollständig: καταστήσω entspricht dem dortigen καθίστανον; jeweils sind es die ἐπίσκοποι und διάκονοι, die nun eingesetzt werden. Der ursprüngliche Wortlaut von Jes 60,17 bringt das allgemeine δώσω für die Einsetzung. Das Interesse an dem Verb καθίστημι erklärt sich durch den Gebrauch in 43,1; 44,2.3; 54,2. Vor allem fehlt bei Jes das Paar ἐπίσκοποι und διάκονοι. An Stelle der διάκονοι ist von den ἄρχοντες die Rede, ein zur Bezeichnung eines urchristlichen Amtes ungeeigneter Terminus. Über die Herkunft des Zitats gehen die Meinungen stark auseinander. Nach Harnack hat der Vf. das Zitat zurechtgemacht (Einführung 94). In seinem knappen Kommentar behauptet er sogar: „Das Prophetenwort ist gefälscht!", um gleich darauf zu einem milderen Urteil zu kommen: „Da das Jesajaswort die Sendung von Bischöfen aussagt, konnte der Verfasser nach der damaligen höheren d. h. alchemistischen Exegese in ihm die gewünschte Weissagung sehen, dann aber auch von sich aus die Weissagung durch Änderung noch verdeutlichen" (ebd. 115)[3]. Ob man diese Art von Exegese als „eine pneumatisch-gnostische Interpretation des Alten Testaments" bezeichnen soll (so Fr. Gerke, Stellung 81), ist fraglich. Die Gnosis mit ins Spiel zu bringen, ist bei I Clem fehl am Platz. J. Daniélou ordnet den Text unter die Kategorie der „Targumim judeó-chrétiens" (Théologie 109), aber schon die Existenz einer solchen Literatur ist sehr unsicher. D. A. Hagner läßt alle Möglichkeiten offen, von einer absichtlichen Änderung über eine freie Gedächtnis-Zitation bis zur Abhängigkeit von einem von der LXX abweichenden Text (Use 67). Nach K. Beyschlag wurde der LXX-Text

---

[1] Das Adverb καινῶς ist in der biblischen Literatur und im hellenistischen Judentum nicht belegt. Im klassischen Griechisch vgl. Euripides, Frag. 448; Isokrates, Or. 4,8; Plato, Theaet. 180a; Phaedrus 267b.

[2] Vgl. G. Delling, ThWNT IX 589.

[3] So auch P. Stockmeier, Bischofsamt 329 Anm. 38.

„bewußt, und für einen Christen wie Clemens auch legitim, geändert" (1.Clemens 40–44, 11 Anm. 11)[1]. C.A. Evans weist auf die inhaltlichen Berührungspunkte zwischen I Clem 42 und Apg 6,1–6 hin, ohne eine direkte Abhängigkeit zu behaupten. Die urkirchliche Überlieferung über das kirchliche Amt hätte – vielleicht unbewußt – auf den Vf. eingewirkt. I Clem 42,5 „is a quotation from memory and as such it has been influenced by its immediate context (i. e., a discussion of the apostolic legitimacy of bishops and deacons) and the broader Christian tradition concerning ecclesiastical leadership" (Citation 106). Eine sicher begründete Entscheidung ist nicht zu erwarten, aber die Überlegungen von C.A. Evans dürften den wahrscheinlichen Hintergrund getroffen haben.

11.3. Die Einsetzung der Amtsträger und der Streit um das Amt nach dem Zeugnis der Schrift (43,1–6)

1. Und was ist Erstaunliches dabei, wenn die von Gott in Christus mit einem solchen Werk Betrauten die schon Genannten eingesetzt haben, wo doch Mose, der selige, treue Diener in seinem ganzen Haus alle an ihn (ergangenen) Anordnungen in den heiligen Büchern aufzeichnete? Ihm sind dann die übrigen Propheten nachgefolgt, indem sie über das von ihm gesetzlich Angeordnete Zeugnis ablegen.
2. Als nämlich Eifersucht wegen der Priesterwürde ausbrach und die Stämme in Aufruhr waren, welcher von ihnen mit dem ehrenvollen Namen geschmückt sein sollte, befahl jener den zwölf Stammeshäuptern, sie sollten ihm Stäbe bringen, beschriftet mit dem Namen eines jeden Stammes. Und er nahm und bündelte sie und versiegelte sie mit den Ringen der Stammeshäupter und legte sie in das Zelt des Zeugnisses, auf den Tisch Gottes. 3. Und als er das Zelt verschloß, versiegelte er die Schlüssel wie auch die Stäbe. 4. Und er sprach zu ihnen: „Männer, Brüder! Der Stamm, dessen Stab ausschlägt, den hat Gott erwählt, ihm Priester zu sein und zu dienen." 5. Als es Morgen wurde, rief er das ganze Israel zusammen, die sechshunderttausend Mann, und zeigte den Stammeshäuptern die Siegel und öffnete das Zelt des Zeugnisses und nahm die Stäbe heraus. Und es fand sich, daß der Stab Aarons nicht nur ausgeschlagen hatte, sondern auch Frucht trug.
6. Was meint ihr, Geliebte? Wußte Mose nicht im voraus, daß dies geschehen würde? Ganz gewiß wußte er es. Aber damit keine Unordnung in Israel entstünde, handelte er so, auf daß der Name des Wahren und Einzigen verherrlicht wird. Ihm die Ehre von Ewigkeit zu Ewigkeit. Amen.

---

[1] Ähnlich J. ROLOFF, Amt 528; LINDEMANN, 127.

Zur Bestimmung der Satzstruktur ist auf I Clem 26,1 hinzuweisen, da hier   1
eine parallele Bildung dazu vorliegt. Entscheidend dabei ist das Verständnis
der Partikel ὅπου. In beiden Fällen leitet sie den zweiten Teil einer Gegenüberstellung ein. Am Anfang steht die rhetorische Frage nach dem angeblich
erstaunlichen Charakter eines Sachverhaltes (als Konditionalsatz mit εἰ). Das
ὅπου καί im Sinn von „wo doch" verweist auf eine andere Gegebenheit, die
das zuerst Genannte als durchaus einsichtig erkennen läßt. Daher erscheint
es als fraglich, ob die in allen Textausgaben übliche Interpunktion mit dem
Fragezeichen nach τοὺς προειρημένους der Satzstruktur entspricht. Besser
wäre es, das Fragezeichen nach ἐν ταῖς ἱεραῖς βίβλοις zu setzen. Daraus ergibt
sich keine Sinnänderung, aber die hier vorgeschlagene Form dürfte den Vorteil
einer größeren Überschaubarkeit haben.

43,1	26,1
καὶ τί θαυμαστόν,	μέγα καὶ θαυμαστὸν οὖν νομίζομεν εἶναι,
εἰ οἱ ἐν Χριστῷ πιστευθέντες παρὰ θεοῦ	εἰ ὁ δημιουργὸς τῶν ἁπάντων ἀνάστασιν
ἔργον τοιοῦτο κατέστησαν τοὺς προειρημένους	ποιήσεται τῶν ὁσίως αὐτῷ δουλευσάντων ἐν
	πεποιθήσει πίστεως ἀγαθῆς,
ὅπου καὶ ὁ μακάριος πιστὸς θεράπων ἐν ὅλῳ	ὅπου καὶ δι᾽ ὀρνέου δείκνυσιν ἡμῖν
τῷ οἴκῳ Μωϋσῆς τὰ διατεταγμένα αὐτῷ	τὸ μεγαλεῖον τῆς ἐπαγγελίας αὐτοῦ;
πάντα ἐσημειώσατο ἐν ταῖς ἱεραῖς βίβλοις;	
ᾧ καὶ ἐπηκολούθησαν οἱ λοιποὶ προφῆται,	
συνεπιμαρτυροῦντες	
τοῖς ἀπ᾽ αὐτοῦ νενομοθετημένοις.	

Der Schriftbeweis (Jes 60,17) für die Einsetzung der Episkopen und Diakone
wird nun durch ein anderes Argument ergänzt. Diesmal handelt es sich nicht
um ein Wort der Schrift, sondern um ein ganzes Geschehen: Die Erwählung
Aarons für den kultischen Dienst. I Clem 43,1 ist die ausführliche Einleitung
dazu. Das in den heiligen Büchern niedergeschriebene Zeugnis des Mose,
dem auch die anderen Propheten folgen, soll beweisen, daß diese Einsetzung
wirklich nichts Neues beinhaltet (42,5)[1]. Subjekt der Handlung sind die
Apostel, die von Gott (παρὰ θεοῦ) mit diesem Werk beauftragt worden sind.
Das ἐν Χριστῷ knüpft an 42,2 an: Die Apostel wurden von Christus gesandt,
und dieser von Gott[2]. Das anvertraute Werk ist die Einsetzung der Episkopen
und Diakone, die hier allgemein mit „die vorher Genannten" bezeichnet
werden (τοὺς προειρημένους. Vgl. 41,2; 44,2).
    Die Bezeichnung des Mose geht zum größten Teil auf Num 12,7 zurück:
ὁ θεράπων μου Μωϋσῆς· ἐν ὅλῳ τῷ οἴκῳ μου πιστός ἐστιν (vgl. I Clem 17,5).
Daß er auch μακάριος genannt wird, hängt mit seiner Autorität als einer
kanonisierten Gestalt zusammen (vgl. 47,1 von Paulus). Da von τὰ διατεταγμένα Gottes an Mose die Rede ist, würde man einen Hinweis auf ihre

---

[1] Zu θαυμαστόν vgl. 26,1. Die gleiche Form liegt in 4 Makk 2,1 vor: καὶ τί θαυμαστόν, εἰ
αἱ τῆς ψυχῆς ἐπιθυμίαι …
[2] Zum Passiv πιστευθέντες im Sinn von „mit etwas betraut werden" vgl. Röm 3,2; 1 Tim
1,11; Tit 1,3 u.ö.

vorbildliche Erfüllung erwarten, aber der bleibt aus. Es geht zunächst um die Rolle des Mose als eines Instruments Gottes, durch das all seine Verordnungen in den heiligen Büchern aufgezeichnet wurden[1]. Der Grund für die Hervorhebung der Schrift als Aufzeichnung der Verordnungen Gottes durch seinen Diener Mose ist in diesem Kontext durch das Gewicht der Behauptung zu verstehen, die durch die Schrift begründet werden soll. Rückschauend betrifft dies das Zitat aus Jes 60,17 in 42,5, nach vorne das Beispiel der Erwählung Aarons (43,2-5). Ihre Tragweite läßt sich nicht zuletzt an der sorgfältigen Legitimation durch das Zeugnis der Schrift ablesen. In diesem Sinn ist auch die Aussage des darauf folgenden Relativsatzes aufzufassen. Mose steht nämlich nicht allein. Ihm sind auch die anderen Propheten nachgefolgt, die das von ihm Verordnete bezeugt haben. Die Wendung ᾧ καὶ ἐπηκολούθησαν οἱ λοιποὶ προφῆται bezeichnet nach Bauer/Aland (571) die zeitliche Folge der Propheten nach Mose, aber beim Interesse für die Schrift als solche an dieser Stelle geht es dabei wahrscheinlich auch um den anderen „kanonischen" Teil der Schrift nach den Büchern des Mose, nämlich die „Propheten" (D. A. Hagner, Use 117). Sie sind die „anderen" Propheten (οἱ λοιποί), weil Mose selber als Prophet gilt (vgl. Dtn 18,15). Das συνεπιμαρτυρεῖν (vgl. Hebr 2,4; I Clem 23,5; Arist 191; Philo, VitMos II 123) der Propheten bedeutet die weitere Bestätigung des von Mose gesetzlich Angeordneten[2].

2   Das Zeugnis der Schrift, das als Beweis für die legitime Einsetzung der christlichen Amtsträger dienen soll, ist eine Episode aus Num 17. Der Bericht beginnt mit der Darstellung des damaligen Problems in zwei Partizipialsätzen. Der erste (ζήλου ἐμπεσόντος περὶ τῆς ἱερωσύνης) erwähnt den Grund der Streitigkeiten. Wie schon in 4,12 handelt es sich um Eifersucht, die zum Aufruhr drängt, aber diese Eifersucht hat diesmal einen klaren Bezugspunkt: das Priestertum. Der Vf. interpretiert mit der Kategorie Eifersucht, was eigentlich als ein Kampf um den Vorsitz im Kult anzusehen ist[3]. Das περὶ τῆς ἱερωσύνης ist insofern eine sachlich korrekte Deutung, weil es sich dabei um einen Streit um den Kult handelt. Dabei kann auch der Einfluß von Sir 45,7b herausgelesen werden. Dort heißt es über Aaron: καὶ ἔδωκεν αὐτῷ ἱερατείαν λαοῦ· Der Terminus ἱερωσύνη erscheint im Zusammenhang mit der Gestalt des Pinchas, des zweiten Nachfolgers Aarons (vgl. Sir 45,24c: ἵνα αὐτῷ ᾖ καὶ τῷ σπέρματι αὐτοῦ ἱερωσύνης μεγαλεῖον εἰς τοὺς αἰῶνας). Aber auch Josephus gebraucht ἱερωσύνη in seiner Wiedergabe der Ereignisse von Num 17 (vgl. Ant 4,64). Ähnliches gilt für Philo in VitMos II 177.

---

[1] Zum Medium σημειοῦσθαι in Verbindung mit Mose vgl. Philo, Det 38; Plant 18; SpecLeg IV 110 (auch immer Medium). Vgl. K. H. RENGSTORF, ThWNT VII 265. Die Wendung ἱεραὶ βίβλοι für die Schrift (vgl. 2 Makk 8,23) ist bei Philo häufig belegt, auch im Zusammenhang mit Mose als Verfasser (Cher 124; Det 161; VitMos I 4; II 11.188; Decal 1; SpecLeg IV 175).

[2] Zu νομοθετεῖν vgl. Hebr 7,11; 8,6; Barn 10,11. Oft bei Philo. Vgl. auch Josephus, Ant 3,317: τοῖς ὑπ' αὐτοῦ (d. h. Mose) νομοθετηθεῖσι.

[3] Vgl. Sir 45,18, über Dathan und Abiram, und die Erklärung zu I Clem 4,12.

Der zweite Partizipialsatz drückt die äußere Wirkung des Konflikts aus: den Aufruhr der Stämme (καὶ στασιαζουσῶν τῶν φυλῶν). Die Bedeutung des στάσις-Begriffes in der Diagnose der Ereignisse in Korinth erklärt die Terminologie. Aus dem Murren der Israeliten gegen Mose und Aaron wird ein Aufruhr. Aber andere Zeugnisse des hellenistischen Judentums zeigen, daß die Geschichte Num 17 als Beispiel für στάσις überhaupt verstanden wurde. So notiert Josephus am Schluß des betreffenden Abschnittes (Ant 4,63–66), mit dem Aufblühen des Stabs Aarons sei der Aufruhr der Hebräer (ἡ δὲ τῶν Ἑβραίων στάσις) zu Ende gegangen. Nach Philo handelt es um einen Aufruhr wegen des Vorrangs (VitMos II 174: περὶ πρωτείων στάσις). Der Anlaß dazu kommt in indirekter Rede zur Sprache (optativus obliquus): ὁποία αὐτῶν εἴη τῷ ἐνδόξῳ ὀνόματι κεκοσμημένη (vgl. Reinhold, De Graecitate 111). Das Adjektiv ἔνδοξον in Verbindung mit ὄνομα verwendet der Vf. auch in 58,1 und 60,4. Dabei geht es immer um den Namen Gottes (vgl. Tob [BA] 8,5; Jes 24,15). So legt es sich nahe, auch hier diese Bedeutung anzunehmen[1]. A. Jaubert, die die Wendung auch auf den Namen Gottes interpretiert, notiert dazu: „Le gran prêtre portait le Nom divin gravé sur la lame d'or de sa tiare" (171 Anm. 3). Nach Ex 28,36 (in TM auch in Ex 39,30) trug der Hohepriester ein goldenes Stirnblatt (πέταλον) mit der Inschrift: ἁγίασμα κυρίου. Die Wahrscheinlichkeit, daß der Text tatsächlich darauf hinweist, erhöht sich, wenn man die philonische Fassung der Stelle heranzieht. Nach VitMos II 114 trägt der Hohepriester das Stirnblatt wie eine Krone und darauf eingegraben die vier Buchstaben des Namens (χρυσοῦν δὲ πέταλον ὡσανεὶ στέφανος ἐδημιουργεῖτο τέτταρας ἔχον γλυφὰς ὀνόματος. Vgl. II 115: τετραγράμματον δὲ τοὔνομα). In diesem Text handelt es sich um den Namen Gottes einfachhin. Das goldene Diadem mit dem göttlichen Namen gehört zur Ausstattung des Hohenpriesters. In I Clem 43,2 entfacht sich der Streit zwischen den Stämmen, weil jeder die Würde des Hohenpriesters sucht, aber der Empfänger des Diadems wird einer der Stammeshäupter sein, in diesem Fall Aaron, der den Stamm Levi vertritt.

Die folgende Handlung mit dem Befehl an die Stammeshäupter, je einen Stab mit dem eigenen Namen herbeizubringen, lehnt sich stärker an Num 17,17 an[2]. Das gleiche gilt für die Hinterlegung der Stäbe im Zelt des Zeugnisses. Folgende Synopse zeigt die Berührungspunkte mit Num 17:

---

[1] Ohne auf die Begrifflichkeit zu achten, bezieht KNOPF, 117, dies auf 44,1: τοῦ ὀνόματος τῆς ἐπισκοπῆς. Nach BAUER/ALAND: „Amt" (1162). Ähnlich LINDEMANN, 129: „Gemeint ist die Rangstellung"; S. FERNANDEZ-ARDANAZ, Elementos 80. Der Hinweis LIGHTFOOTS, I 2,130, auf den Sprachgebrauch in I Clem 36,2, um die Bedeutung von ὄνομα als „dignity, office" der ἱερωσύνη zu untermauern, führt auch nicht weiter.

[2] In Num 17,17.21 sind die Stämme durch die ἄρχοντες vertreten. φύλαρχοι in der LXX: Dtn 31,28; 1 Esra 7,8; 8,54.58.92. Den Terminus verwenden auch Josephus, Ant 3,169.220.287; 4,63; Philo, VitMos II 178.

I Clem 43,2

Num 17

ἐκεῖνος γάρ,
ζήλου ἐμπεσόντος περὶ τῆς ἱερωσύνης
καὶ στασιαζουσῶν τῶν φυλῶν,
ὁποία αὐτῶν εἴη τῷ ἐνδόξῳ ὀνόματι
κεκοσμημένη
ἐκέλευσεν τοὺς δώδεκα φυλάρχους   V. 17 καὶ λαβὲ παρ᾽ αὐτῶν ... δώδεκα ῥάβδους,
προσενεγκεῖν αὐτῷ ῥάβδους ἐπιγεγραμμένας   καὶ ἑκάστου τὸ ὄνομα αὐτοῦ ἐπίγραψον ἐπὶ τῆς
ἑκάστης φυλῆς κατ᾽ ὄνομα·   ῥάβδου αὐτοῦ.
καὶ λαβὼν αὐτὰς ἔδησεν
καὶ ἐσφράγισεν τοῖς δακτυλίοις τῶν φυλάρχων,
καὶ ἀπέθετο αὐτὰς   V. 22 καὶ ἀπέθηκεν Μωϋσῆς τὰς ῥάβδους
εἰς τὴν σκηνὴν τοῦ μαρτυρίου   ἔναντι κυρίου ἐν τῇ σκηνῇ τοῦ μαρτυρίου.
ἐπὶ τὴν τράπεζαν τοῦ θεοῦ.

Zwischen beiden Handlungen werden zwei Einzelheiten ohne Parallele in Num 17 erzählt, die auch keine Rolle in den Versionen von Philo und Josephus spielen[1]: die Stäbe werden gebunden und mit den Ringen der Stammeshäupter versiegelt. Die Angabe ist deswegen überraschend, weil in V. 3 von der Versiegelung der Schlüssel und der Stäbe die Rede ist. Die Sicherheitsmaßnahmen sollen offensichtlich den korrekten Verlauf des Geschehens garantieren[2]. Der „Tisch Gottes" (ἐπὶ τὴν τράπεζαν τοῦ θεοῦ), auf dem die versiegelten Stäbe hinterlegt werden, findet in Num 17 keine Erwähnung. Es handelt sich um den in Ex 25,23–30 geschilderten Schaubrottisch.

3   Die wiederholte Versiegelung der Stäbe ist rätselhaft. Die LA von S, die nicht ῥάβδους, sondern θύρας liest, ist verständlich, aber die gut bezeugte andere LA (AHLC¹) hat als lectio difficilior den Vorzug. Das Partizip κλείσας (Mose schließt das Zelt) scheint die allgemeine Bedeutung zu haben, die Aktion des verbum finitum zu begleiten (ἐσφράγισεν τὰς κλεῖδας ...), denn nur so wird die zweifache Versiegelung überhaupt verständlich[3].

4   Mose hält eine kurze Rede, die den Entschluß Gottes bekundet, einen Stamm für das Priestertum auszuwählen. Zur Anrede ἄνδρες ἀδελφοί vgl. 14,1. Der Inhalt entspricht einer Aussage der Rede Gottes an Mose nach Num 17,17–20, die er dann den Israeliten weitergeben wird (Num 17,21). Es geht um Num 17,20: καὶ ἔσται ὁ ἄνθρωπος, ὃν ἐὰν ἐκλέξωμαι αὐτόν, ἡ ῥάβδος αὐτοῦ ἐκβλαστήσει. Durch die Gestaltung des traditionellen Materials verkürzt der Vf. die Szene Num 17 auf die wesentlichen Elemente, die für ihn relevant sind. Sodann konzentriert sich die Handlung auf Mose in weit stärkerem Ausmaß als in Num 17, wo jede Handlung von Gott ausgeht. Die Absicht dabei ist es, die Parallele zwischen Mose und den Aposteln hervorzuheben, wie die Darlegung

---

[1] Nach GRANT, 72, nimmt der Vf. eine rabbinische Überlieferung auf.

[2] Vgl. KNOPF, 118: „Mose soll dargestellt werden, wie er jedes menschliche Eingreifen, jeden Betrug ausschließt." So auch G. FITZER, ThWNT VII 952.

[3] Die Paralelle mit dem Weinwunder im Tempel von Elis (Pausanias, VI 26,1 f.), auf die GRANT, 72, hinweist, ist für das Textverständnis unergiebig.

in Kap. 44 zeigt[1]. Die Handlung des Mose legitimiert das apostolische Wirken. Die Bestimmung der göttlichen Erwählung wird durch das εἰς τὸ ἱερατεύειν καὶ λειτουργεῖν αὐτῷ ausgedrückt: Priesteramt und Dienst. Das αὐτῷ dürfte auch auf τὸ ἱερατεύειν zu beziehen sein, wie es in der Sprache der LXX üblich ist (vgl. Ex 28,1.3.4; 29,1 u. ö.). Die Sprachform geht auf Sir 45,15 zurück, wo über Aaron steht: ἐγενήθη αὐτῷ εἰς διαθήκην αἰῶνος καὶ τῷ σπέρματι αὐτοῦ ἐν ἡμέραις οὐρανοῦ λειτουργεῖν αὐτῷ ἅμα καὶ ἱερατεύειν (vgl. auch Num 18,7). Der Vf. orientiert sich in seiner Darstellung nicht nur an den Angaben von Num 17, sondern auch an den späteren „Kommentaren" dazu.

Der Rede folgt die Erzählung der weiteren Ereignisse wie in Num 17,23 f., 5 aber mit deutlich eigenen Akzenten. Nicht Mose und Aaron, sondern Mose allein steht im Mittelpunkt. Die Zeitangabe πρωΐας δὲ γενομένης (vgl. Mt 27,1; Joh 21,4; ParJer 3,15; 4,1) entspricht dem καὶ ἐγένετο τῇ ἐπαύριον in Num 17,23. Die Führungsrolle des Mose zeigt sich in der Einberufung des ganzen Volkes (vgl. Jos 10,24: καὶ συνεκάλεσεν Ἰησοῦς πάντα Ἰσραήλ). Die angegebene Zahl der Männer, 600 000, stimmt mit Num 11,21; Ex 12,37 überein. Dennoch haben nur die φύλαρχοι die Möglichkeit, die unversehrten Siegel – damit sind die versiegelten Schlüssel von V. 3 gemeint – zu sehen. Das Volk wird durch sie vertreten. Bei der folgenden Handlung ist der Text Num 17,23 maßgebend:

I Clem 43,5b	Num 17,23b
καὶ ἤνοιξεν	καὶ εἰσῆλθεν Μωϋσῆς καὶ Ἀαρὼν
τὴν σκηνὴν τοῦ μαρτυρίου	εἰς τὴν σκηνὴν τοῦ μαρτυρίου,
καὶ προεῖλεν τὰς ῥάβδους·	καὶ ἰδοὺ
καὶ εὑρέθη ἡ ῥάβδος Ἀαρὼν οὐ μόνον	ἐβλάστησεν ἡ ῥάβδος Ἀαρὼν εἰς οἶκον Λευὶ
βεβλαστηκυῖα, ἀλλὰ καὶ καρπὸν ἔχουσα.	καὶ ἐξήνεγκεν βλαστὸν καὶ ἐξήνθησεν ἄνθη
	καὶ ἐβλάστησεν κάρυα.

Die Öffnung des Zeltes ist nach dessen Versiegelung (V. 3a) unumgänglich. προαιρεῖν wird hier im Sinn von „herausnehmen" verwendet. Die Erwählung des Stabes Aarons vollzieht sich durch ein Wunder, welches das in der Rede des Mose angekündigte Geschehen – ein Stab würde Sprößlinge treiben – übertrifft. Es geschieht nämlich nicht nur dies: Der Stab hat inzwischen auch Frucht gebracht! Num 17,23 spricht nicht von Frucht, sondern erwähnt einfach Nüsse (καὶ ἐβλάστησεν κάρυα). Josephus, Ant 4,65 spricht von einem καρπὸς ὡραῖος und präzisiert die Frucht: ἀμύγδαλα: Mandel (auch Philo, VitMos II 186. So auch Aq., Symm. und Theod. zu Num 17,23). Der Vf. beschränkt sich auf das Wesentliche, bleibt dabei aber deutlich genug, um die Pointe zur Geltung zu bringen[2].

---

[1] Vgl. KNOPF, 117; A. v. HARNACK, Einführung 116; LINDEMANN, 129.
[2] Die von FISCHER, 79 Anm. 250, geäußerte Meinung, die Darstellung in I Clem 43,2–5 sei gegenüber Num „um einige Züge erweitert, die andersweitigen jüdischen Traditionen entstammen dürften", wird durch die bisherige Analyse nicht bestätigt. Ein Einfluß von anderen Versionen (Josephus und Philo) beschränkt sich auf wenige Wendungen.

6   Der Abschnitt geht zu Ende mit einer direkten Hinwendung an die Leser, die dadurch in den Argumentationsgang mithineingenommen werden[1]. Seine Aufmerksamkeit wird auf den Punkt gelenkt, der für den Erzähler von zentraler Bedeutung ist, da mit ihm die Möglichkeit der Anwendung zusammenhängt. In diesem Fall geht es um die Absicht des Mose bei der umständlichen Prozedur, die zur Erwählung Aarons geführt hat. Selbstverständlich hat Mose den Ausgang des Geschehens gewußt. Seine Würde als seliger und treuer Diener Gottes läßt nichts anderes erwarten. So ist auch die zweite Frage rein rhetorischer Natur, um dieses Wissen hervorzuheben. Die Absicht des Mose kommt in einem Finalsatz zum Ausdruck: ἀλλ᾽ ἵνα μὴ ἀκαταστασία γένηται ἐν τῷ Ἰσραήλ. Der Begriff ἀκαταστασία kam schon in 3,2 und 14,1 vor. Es handelt sich um die Unordnung als Folge von Aufruhr, die sowohl die Revolte der Stämme in der Zeit des Mose als auch die Lage der korinthischen Gemeinde charakterisiert. Die Handlung des Mose hatte demzufolge eine präventive Funktion: durch die öffentliche Versiegelung der Stäbe und des Raumes und durch das Wunder des Frucht tragenden Stabs soll eine solche ἀκαταστασία vermieden werden (ἀλλ᾽ ἵνα μὴ ...)[2]. Eifersucht und Aufruhr der Stämme (43,2) kommen nicht auf, wenn deutlich geworden ist, wer von Gott als Amtsträger bestimmt wurde. Durch die Parallelisierung der Rolle des Mose und der der Apostel (43,1) ist die nicht ausgesprochene Schlußfolgerung im Hinblick auf die Lage in Korinth dennoch gut erkennbar. Bei den legitim eingesetzten Amtsträgern darf kein Aufruhr aufkommen. Schließlich haben auch die Apostel schon im voraus von den Streitigkeiten um das „Episkopenamt" durch den Herrn Jesus Christus gewußt (44,1 f.).

Ein zweiter Finalsatz (εἰς τό ...) macht auf eine andere Folge der Ordnung in der Gemeinde aufmerksam: die Verherrlichung des Namens des Wahren und Einzigen. Der Ausdruck δοξάζειν τὸ ὄνομα ist alttestamentlich (Ps 85,9.12; Mal 1,11; Jes 42,10; Dan 3,26). Die folgende Genitiv-Verbindung τοῦ ἀληθινοῦ καὶ μόνου wurde in der Textüberlieferung verschiedentlich ergänzt[3]. Wegen der darauf folgenden Doxologie ist auf eine Analogie mit Röm 16,27 hinzuweisen: μόνῳ σοφῷ θεῷ, διὰ Ἰησοῦ Χριστοῦ, ᾧ ἡ δόξα εἰς τοὺς αἰῶνας, ἀμήν. Die Form der Doxologie ᾧ ἡ δόξα εἰς τοὺς αἰῶνας, ἀμήν entspricht der in 38,4; 45,7; 50,7. Gemäß der Argumentation in Kap. 43 und

---

[1] Am Ende einer Erzählung nach der Meinung der Hörer zu fragen, ist ein rhetorisches Mittel, das auch im NT – in einer anderen Erzählstruktur – vorkommt (vgl. Lk 10,36; 13,2.4).

[2] Nach B. WEISS, Amt 82, wird Mose wegen seiner Geduld gelobt. Dieser habe auf das Ausschlagen des Stabes gewartet und somit den Zeitplan Gottes respektiert. Es sei die Absicht des Vf.s gewesen, die von den Gegnern vertretene präsentische Eschatologie und ihr falsches Amtsverständnis miteinander zu verbinden. Vgl. I Clem 23,2.

[3] Nach C[1]S: θεοῦ; nach H: κυρίου. Vgl. Joh 17,3: σὲ τὸν μόνον ἀληθινὸν θεόν; Philo, SpecLeg I 332: τὸν ἕνα καὶ ἀληθινὸν θεόν. KNOPF, 118, verweist auf die Begrüßung des Demetrios Poliorketes durch die Athener ὡς εἴη μόνος θεὸς ἀληθινός (Athenaeus VI 62).

Kap. 44 ist ihr keine Gliederungsfunktion zuzuweisen (Lindemann, 130)[1]. Ihre Funktion gehört in der Tat nicht in die Syntax des Textes, sondern in die Pragmatik. So wie die zwei rhetorischen Fragen am Anfang von 43,6 den Hörer einbezogen haben, so auch jetzt das Lob, auf das er mit seinem „Amen" zu antworten hat. Der Text besitzt eine responsoriale Struktur, die auf Kommunikation mit dem Empfänger ausgerichtet ist. Diese ist jedoch nicht Selbstzweck, sondern ein Mittel der Überredung, um die Zustimmung zur mitgeteilten Botschaft zu erlangen.

11.4. Die Anwendung auf den Konflikt in Korinth (44,1–6)

1. Auch unsere Apostel wußten durch unseren Herrn Jesus Christus, daß es Streit geben würde über die Würde des Episkopenamtes. 2. Aus diesem Grund, da sie im voraus vollkommene Erkenntnis empfangen hatten, setzten sie die oben Genannten ein und gaben danach Anweisung, daß, wenn sie entschliefen, andere erprobte Männer deren Dienst übernehmen sollten. 3. Daß nun die, die von jenen oder nachher von anderen angesehenen Männern unter Zustimmung der ganzen Gemeinde eingesetzt wurden und der Herde Christi untadelig gedient haben in Demut, ruhig und ohne Überheblichkeit, (und) von allen über lange Zeit hinweg ein (gutes) Zeugnis erhielten, – daß diese vom Dienst abgesetzt werden, halten wir nicht für recht. 4. Denn es wird für uns keine kleine Sünde sein, wenn wir die, welche untadelig und fromm die Opfer dargebracht haben, vom Episkopamt absetzen. 5. Selig die vorangegangenen Presbyter, die einen an Frucht reichen und vollkommenen Heimgang hatten. Denn sie brauchen sich nicht zu fürchten, daß jemand sie entfernt von dem für sie errichteten Platz. 6. Wir sehen nämlich, daß ihr einige, die einen guten Wandel führten, aus dem von ihnen untadelig in Ehren gehaltenen Dienst vertrieben habt.

Das καί am Anfang stellt die Verbindung zwischen der Rolle des Mose in Kap. 43 und der der Apostel in 44,1–3 her (vgl. zu 43,6). Sie sind nun das Subjekt der Handlung. Es ist von „unseren" Aposteln die Rede (οἱ ἀπόστολοι ἡμῶν). Die den Aposteln zugedachte Rolle in 42,2–3 und 43,1 läßt keine Einschränkung in der Bestimmung der Apostel zu. Es sind die Apostel Jesu Christi und nicht allein die Apostel von Korinth und Rom[2] bzw. die „römi-

1

---

[1] In einer frühen Studie vertrat Harnack die Ansicht, τὸ ὄνομα τοῦ ἀληθινοῦ καὶ μόνου sei nicht auf Gott, sondern auf das Priestertum zu beziehen. Die folgende Doxologie sei nicht echt (Miscellen 74 f.). In der „Einführung" notiert er dazu nur: „Der Text nicht ganz sicher" (116).

[2] So St. GIET, Temoignage 129: „C'est par les apôtres de Corinthe et de Rome que ses correspondants et lui-même connaissent vraisemblablement l'avertissement du maître; et ce sont

schen Apostel"[1]. Es geht um das durch den Herrn Jesus Christus übermittelte Wissen über den Streit um die Würde des Episkopenamtes. V. 2 wird dies sogar als πρόγνωσις τελεία bezeichnen. Über die Art und Weise der Belehrung bzw. Offenbarung wird nichts gesagt[2]. Nach den Aussagen in 42,1 f. über die Beauftragung der Apostel mit der Frohbotschaft und über ihre Aussendung durch Jesus Christus überrascht dieses Wissen nicht. Zur Beauftragung und Sendung gehört auch alles, was zur Bewältigung der Aufgabe notwendig ist. Das ganze Problem faßt der Begriff ἔρις zusammen, der öfters – allerdings immer mit anderen Begriffen wie ζῆλος und στάσις – im Zusammenhang mit dem Konflikt in Korinth gebraucht wurde (3,2; 9,1; 14,2; 35,5. Vgl. auch 46,5; 54,2).

Der Gegenstand des Streits[3] wird mit περὶ τοῦ ὀνόματος τῆς ἐπισκοπῆς angegeben. Die Autoren, die τῷ ἐνδόξῳ ὀνόματι in 43,2 auf τοῦ ὀνόματος τῆς ἐπισκοπῆς bezogen haben, verstehen ὄνομα als „Amt" (so z. B. Bauer/Aland 1162). Der dazu herangezogene P.Oxy. I 58,6 vermag Klarheit zu schaffen. ὄνομα ist mit „Würde" oder „Stellung" zu übersetzen, wie die im Papyrus angeklagten Offiziere (ὀνόματα ἑαυτοῖς ἐξευρόντες). Moulton/Milligan verstehen den Terminus „as a title of *dignity* or *rank*" (Vocabulary 451). Im Grunde ist es der gleiche Sprachgebrauch wie in I Clem 36,2 hinsichtlich des vom Sohn geerbten Namens (in Anlehnung an Hebr 1,4). Die Würde bzw. die Stellung der Episkopen ist strittig geworden. Der Terminus ἐπισκοπή ist vor der LXX nicht belegt und erst dort zu einem geläufigen Wort geworden. Die vorherrschende Bedeutung ist *Heimsuchung*, und zwar als Gericht. Nur an zwei Stellen läßt sich die Bedeutung *Amt* als besondere Aufgabe herauslesen: Num 4,16, Eleasar, dem Sohn Aarons, wird übertragen ἡ ἐπισκοπὴ ὅλης τῆς σκηνῆς καὶ ὅσα ἐστὶν ἐν αὐτῇ ἐν τῷ ἁγίῳ ἐν πᾶσι τοῖς ἔργοις; in Ps 108,8b wird einem eine Aufgabe genommen (καὶ τὴν ἐπισκοπὴν αὐτοῦ λάβοι ἕτερος)[4]. Der Sprachgebrauch in I Clem spiegelt christliche Begrifflichkeit wider (1 Tim 3,1), nach der die ἐπισκοπή das Amt der christlichen ἐπίσκοποι bezeichnet. Nach I Clem 42,4 f. und im Hinblick auf 44,4 ist die Ausdrucksweise des Vf.s durchaus konsequent.

2   Das Subjekt der Handlung sind die Apostel, die Handlung selber ist die Einsetzung der oben erwähnten Episkopen und Diakone. Die Motivation dazu ist nicht die Kenntnis der Streitigkeiten um die Episkopen (V. 1), sondern

---

ces mêmes apôtres qui ont su, les uns et les autres pourvoir à leur succession." Dagegen K. BEYSCHLAG, Clemens Romanus 74 Anm. 3.

[1] So H.-G. LEDER, Unrecht 117, der in 44,1 aufgrund der Verschiedenheit der Formulierung einen anderen Apostelbegriff als in 42,1 f. annimmt. Der Argumentationsduktus in I Clem 42,2–44,1 spricht gegen eine solche Deutung. Das ἔγνωσαν διὰ τοῦ κυρίου ἡμῶν Ἰησοῦ Χριστοῦ in 44,1 läßt sich nicht auf „römische" Apostel beziehen.

[2] Ein Einfluß der in Mt 10,34–36; 24,9–13 überlieferten Ankündigung von Drangsalen, wie A. Faivre behauptet (Système 145), ist unwahrscheinlich.

[3] Zu ἔρις περὶ … vgl. Xenophon, Lac. 4,2; Plato, Politicus 268e; Menex. 237c.

[4] Vgl. H. W. BEYER, ThWNT II 602 f.

die Streitigkeiten selbst, die nun als Ursache für die Entscheidung angegeben werden (διὰ ταύτην οὖν τὴν αἰτίαν). Der folgende Partizipialsatz (πρόγνωσιν εἰληφότες τελείαν) spielt noch einmal auf die den Aposteln verliehene Kenntnis an. Der Begriff πρόγνωσις stellt die Vorauskenntnis der entsprechenden Ereignisse durch die Apostel heraus. Es ist nur eine Verdeutlichung von V. 1. Das Adjektiv τελεία gibt der Kenntnis die zu erwartende Qualifikation: Da sie von Gott herkommt und den Aposteln mitgeteilt wird, ist sie vollkommen (vgl. I Clem 1,2: τὴν τελείαν καὶ ἀσφαλῆ γνῶσιν). Die so begründete Handlung lautet: κατέστησαν τοὺς προειρημένους. Es handelt sich dabei eindeutig um die Einsetzung der Episkopen und Diakone durch die Apostel. Vgl. 42,4 (καθίστανον τὰς ἀπαρχὰς αὐτῶν ... εἰς ἐπισκόπους καὶ διακόνους) und 43,1 (κατέστησαν τοὺς προειρημένους). Die Handlung ist damit nicht abgeschlossen. Das μεταξύ („danach") schafft einen notwendigen zeitlichen Abstand zwischen der Einsetzung der Amtsträger und ihrer zusätzlichen Beauftragung. Denn sie sind die Adressaten der apostolischen ἐπινομή, die danach erläutert wird. Der ungewöhnliche Terminus gab Anlaß zu vielen Vorschlägen, die sowohl in der Textüberlieferung als auch in der Forschungsgeschichte zu finden sind[1]. Den Terminus müßte man von ἐπινέμω herleiten: „zuteilen, zuweisen" (Knopf, 119), wenngleich zu bedenken ist, daß dafür keine anderen Belege in der griechischen Literatur zu finden sind. Im Zusammenhang mit dem Inhalt der ἐπινομή, der gleich darauf zur Sprache kommt, läßt sich der Terminus als „Anweisung" bzw. „Auftrag" wiedergeben.

Der mit ὅπως eingeleitete Absichtssatz bezieht sich auf die Weitergabe der eigenen λειτουργία: Andere erprobte Männer sollen sie übernehmen. Der eingeschobene Konditionalsatz bringt eine zweite zeitliche Dehnung mit sich, die auf eine unbestimmte Kontinuität hinweist. Die ersten Episkopen und Diakone bekommen die Anweisung, daß nach ihrem Tod andere erprobte Männer ihren Dienst übernehmen sollen. Das ἐὰν κοιμηθῶσιν („wenn sie entschliefen", d.h. stürben) kann grammatikalisch auch auf die Apostel bezogen werden, aber in diesem Fall hätte die Anweisung keinen Sinn. Sie haben schon andere erprobte Männer eingesetzt. Das Problem stellt sich erst im Lauf der Entwicklung nach dem Tod von den erprobten Männern. Das Verb διαδέχομαι ist ein terminus technicus für die Übernahme eines Amtes in einer bestimmten Reihenfolge. Im klassischen Griechisch ist es oft belegt. In der LXX bietet 4 Makk 4,15 eine gute Parallele: τελευτήσαντος δὲ Σελεύκου τοῦ βασιλέως διαδέχεται τὴν ἀρχὴν ὁ υἱὸς αὐτοῦ Ἀντίοχος ὁ Ἐπιφανής. Nach dem Tod des Herrschers übernimmt die Macht sein Sohn, wie nach dem Tod der Episkopen und Diakone andere ihren Dienst übernehmen. Der Terminus kommt in I Clem nur an dieser Stelle vor, und zwar nicht in pointierter Form.

---

[1] Vgl. die verschiedenen LA: H: ἐπιδομὴν; S und C¹ dub: ἐπὶ δοκιμὴν vel -μῇ; Lightfoot, em. ἐπιμονὴν. Die LA von L: „legem", dürfte das entscheidende Argument für die Ursprünglichkeit von A mit ἐπινομή und für die entsprechende Bedeutung sein. Andere LA bei LIGHTFOOT, I 2,132f., A.M. JAVIERRE, „Diadoché" 59 Anm. 101 und W.-L. LORIMER, Clement of Rome 404.

Forschungsgeschichtlich von Interesse ist eine andere Deutung der Stelle, die zum ersten Mal von R. Rothe 1837 vertreten wurde[1]. Es geht zum einen um das Verständnis von ἐπινομή, zum anderen um die Auslegung von ἐὰν κοιμηθῶσιν. Zum ersten beruft er sich auf Hesychius, der ἐπίνομος durch κληρονόμος erklärt. So möchte R. Rothe ἐπινομή im Sinn von κληρονομία verstehen, d. h. als „Testament", „testamentarische Verfügung", „wörtlich und eigentlich ‚Erbvertheilung'" (379). Legt man ἐπινομή in dieser Form aus, leuchtet es ein, daß „der Testator durch sein Testament in Beziehung auf seinen eigenen Tod Anordnungen festsetzt, nicht in Beziehung auf den Tod anderer" (389). Mit dieser Beweisführung erklärt R. Rothe die Entstehung der christlichen Gemeindeverfassung (390). Der Schritt von der in Einzelgemeinden bestehenden Glaubensgemeinschaften zur durch eine Verfassung strukturierten Kirche vollzieht sich durch die Institution des Episkopats. Und dies ist das Werk der Apostel. – Natürlich hängt die Stichhaltigkeit der Argumentation weitgehend vom angegebenen Verständnis von ἐπινομή ab, und dies ist zugleich ihre Schwäche[2].

Ein Jahrhundert später wird G. Dix den Text ähnlich auslegen, allerdings mit einer anderen Beweisführung. Anstelle von ἐπινομή liest Dix epinomin (sic!), das er mit „enactment" (Verordnung) übersetzt (Ministry 256). Dix bemerkt, daß die Frage nicht die der Übertragung der apostolischen Autorität auf das Bischofsamt des zweiten Jahrhunderts ist, „but only of the date and mode of that transmission" (258). Für ihn lautet sie: Beschränkt sich die apostolische Beauftragung auf die erste Generation oder dauert sie aufgrund eigener Bestimmung der Apostel über die nachfolgenden Generationen hinaus fort? In seiner Interpretation meint er, diese Frage bejahen zu können[3]. Die Träger der apostolischen Beauftragung seien Männer wie Timotheus und Titus, der Verfasser von 3 Joh, der Seher Johannes und später Polykarp. Ihre von den Aposteln bestimmte Aufgabe war, geeignete Kandidaten als Bischöfe einzusetzen, und dabei sei ihre Autorität nicht auf eine Lokalgemeinde begrenzt. Auf diesen Zusammenhang würde I Clem 43 anspielen (a. a. O. 263 f.).

Das Problem ist nun, ob der Vf. von I Clem ein solches ausdrückliches Interesse an der Kontinuität des apostolischen Amtes in der von Dix vertretenen Form hatte oder nicht. Die Argumentation ist sorgfältig, und Dix erkennt immer wieder die Plausibilität der anderen Interpretation an. Erst am Ende seiner Darlegung wird

---

[1] Die Anfänge der christlichen Kirche und ihrer Verfassung, Wittenberg 1837.

[2] Sehr bald wurde die Auffassung R. Rothes gründlich in Frage gestellt. Vgl. die detaillierte Kritik von F. Ch. BAUR, Ursprung 53–62; A. HILGENFELD, Väter 70 f. Anm. 30.

[3] G. Dix übersetzt und ergänzt I Clem 43,1–3 folgendermaßen: „And our apostles knew through our Lord Jesus Christ that there would be strife over the name of the episkopê [if appointments were left entirely in the hands of the local Church]. For this cause, therefore, … they [themselves] appointed the aforesaid [bishops and deacons of the local Churches]. And later on they made a second enactment that if they [themselves] should die, other tested men should succeed to their own liturgy [of appointing local episkopoi and deacons]. Those [Corinthian episkopoi], therefore, who were appointed by them or afterwards by other men accounted [as apostles, ellogimôn] with the agreement of the whole Church, and have liturgized blamelessly to the flock of Christ with humility and peaceably and modestly, and have been borne a good report by all for a long time – these men we consider to have been unjustly thrust out of their liturgy" (262). Kritisch dazu H. von CAMPENHAUSEN, Amt 97 Anm. 2: „Rein sprachlich ist das möglich. Aber es ist kein Wunder, daß noch niemand zuvor auf diesen abenteuerlichen Vorschlag verfallen ist, der zwar gut zu einer episkopalistischen Theorie paßt, aber mit dem, was Klemens sagt und nach dem Zusammenhang seines Briefes betonen will, gar nichts zu tun hat."

deutlich, warum er dennoch so dezidiert für eine Deutung im Sinn der apostolischen Sukzession plädiert. Er betrachtet nämlich Klemens als Nachfolger Petri und Pauli, dessen Autorität in Korinth durch die Absetzung der von ihm bestimmten Presbyter aufgehoben wurde: „The authority of Clement the ‚successor‘ of Peter and Paul has been set aside at Corinth by the deposition of presbyters appointed by him" (265). Die Verteidigung der apostolischen Sukzession hängt hier mit dem angeblichen Anspruch des Klemens zusammen, als Nachfolger der Apostel und mit ihrer Autorität ausgestattet, in die Angelegenheit der korinthischen Gemeinde eingreifen zu können: „But it is not Clement a leading presbyter who writes as the amanuensis of the Roman Church; it is the Roman Church which speaks as the mouthpiece of Clement the ‚successor‘ of Peter and Paul, who is still equally the ‚apostle‘ of Corinth and of Rome" (ebd.). Der Text ist eindeutig überinterpretiert. Von einem solchen Anspruch des Vf.s läßt sich im Schreiben nicht die geringste Spur erkennen[1]. Allein die Tatsache, daß der Brief im Namen der römischen Gemeinde geschrieben wurde, zeigt, daß seine Autorität nicht durch die Person des Verfassers begründet ist und auch nicht begründet sein will. Dix überträgt auf I Clem das Sukzessionsproblem, das in dieser Form noch nicht existiert. Was philologisch nicht bewiesen werden kann, wird hier durch die Annahme eines Hintergrundes plausibel gemacht, der aber für diese Zeit nicht einfach postuliert werden darf, noch durch Angaben im Text herangezogen werden kann.

Zu einem ähnlichen Schluß kommt A. M. Javierre nach einer recht umständlichen Beweisführung unter eingehender Berücksichtigung der Forschungsgeschichte (La primera „diadoché" de la patrística y los „ellógimoi" de Clemente Romano, Turin 1958)[2]. Nach seiner Interpretation sind die δεδοκιμασμένοι die lokalen Amtsträger, wie es früher die ἀπαρχαί waren, während die ἐλλόγιμοι auf einer analogen Ebene mit den ἐκεῖνοι, d. h. mit den Aposteln stehen (101). Die ἐλλόγιμοι als ἕτεροι ἀπόστολοι sind also deren authentische Nachfolger (102). Auch hier muß man auf den vorausgesetzten historischen Hintergrund des römischen Schreibens achten, um die vorgetragene Deutung zu verstehen. Nach A. M. Javierre war Klemens schon ein alter Mann, als er den Brief schrieb (das liest Javierre aus I Clem 63,3 heraus!), und er selber einer der ἀπαρχαί der Apostel (nach I Clem 5,1.3). Was in I Clem über die Einsetzung der Bischöfe durch die Apostel und über das weitere Wirken der ἐλλόγιμοι geschrieben steht, war in diesem Fall kein „Traum" des Bischofs von Rom, sondern eine Wirklichkeit, die er für historisch hält (125). Die Kritik an Dix kann auch hier angewendet werden.

Alle bisherigen Aussagen über die Einsetzung der Amtsträger münden in V. 3   3 ein und finden ihre Anwendung auf die Situation der korinthischen Gemeinde[3]. In der theologischen Argumentation kommt zugleich die Beurteilung der

---

[1] Kritisch dazu auch K. STADLER, Sukzession 112 f. Anm. 30; E. G. JAY, Presbyter-Bishops 134 f.

[2] Das Buch gibt den Inhalt von vier Artikeln wieder, die in Sal. 18 (1956) 89–127; 19 (1957) 83–113.420–451.559–589 erschienen sind.

[3] G. BRUNNER, Mitte 117 f., spricht zuerst von einer argen Spannung zwischen 44,3–4 und der bisherigen Argumentation und löst sodann die Spannung dadurch, daß er die Gedankenführung merkwürdig umbiegt. Die durch die Partizipien ausgedrückten Sachargumente würden dazu dienen, „die Leser zu überzeugen, daß es Institutionen, d. h. Unabsetzbarkeit aufgrund von Einsetzung geben muß." Brunner versteht die Partizipien nicht im konditionalen Sinn, wie

römischen Gemeinde über die dortigen Vorkommnisse eindeutig zum Ausdruck: die Absetzung der Amtsträger ist nicht rechtmäßig. Der jetzige Wortlaut erweckt den Anschein, als sei der rhetorische Effekt selbst intendiert. Der Hauptsatz kommt erst am Ende und gewinnt so zusätzliches Gewicht. Der vorangestellte Artikel τούς, der durch τούτους am Schluß wieder aufgenommen wird. leitet zunächst vier Partizipialsätze ein:

1. τοὺς οὖν   κατασταθέντας ὑπ᾽ ἐκείνων ἢ μεταξὺ ὑφ᾽ ἑτέρων ἐλλογίμων ἀνδρῶν
2.   συνευδοκησάσης τῆς ἐκκλησίας πάσης,
3.   καὶ λειτουργήσαντας ἀμέμπτως τῷ ποιμνίῳ τοῦ Χριστοῦ
              μετὰ ταπεινοφροσύνης, ἡσύχως καὶ ἀβαναύσως,
4.   μεμαρτυρημένους τε πολλοῖς χρόνοις ὑπὸ πάντων.

Die Partizipialsätze haben konditionalen Sinn und drücken somit die Voraussetzungen aus[1], unter denen die Amtsträger nicht abgesetzt werden dürfen. Der erste Satz nimmt V. 2 wieder auf:

V. 2	V. 3
διὰ ταύτην οὖν τὴν αἰτίαν	
πρόγνωσιν εἰληφότες τελείαν	
κατέστησαν τοὺς προειρημένους καὶ μεταξὺ	τοὺς οὖν κατασταθέντας ὑπ᾽ ἐκείνων ἢ μεταξὺ
ἐπινομὴν ἔδωκαν, ὅπως, ἐὰν κοιμηθῶσιν,	
διαδέξωνται ἕτεροι δεδοκιμασμένοι ἄνδρες	ὑφ᾽ ἑτέρων ἐλλογίμων ἀνδρῶν ...
τὴν λειτουργίαν αὐτῶν.	

Beide Aussagen bauen auf 42,4 auf: κατὰ χώρα οὖν καὶ πόλεις κηρύσσοντες καθίστανον τὰς ἀπαρχὰς αὐτῶν, δοκιμάσαντες τῷ πνεύματι, εἰς ἐπισκόπους καὶ διακόνους τῶν μελλόντων πιστεύειν. Nachdem die Apostel ihre Erstlinge eingesetzt haben (42,4), werden diese wieder anderen erprobten Männern ihren Dienst anvertrauen (44,2). V. 3a faßt nun das Gesagte über die Kontinuität der Amtsübertragung zusammen. Beim ὑπ᾽ ἐκείνων sind die Apostel gemeint, da sie als aktives Subjekt der Einsetzung (καθίστημι) in diesem Zusammenhang zuerst in Frage kommen (42,4; 43,1; 44,2). Die ἐλλόγιμοι ἄνδρες, die ihrerseits nach den Aposteln andere eingesetzt haben, sind identisch mit den ἕτεροι δεδοκιμασμένοι ἄνδρες von V. 2 bzw. mit denen, die von den Aposteln selbst eingesetzt wurden (τοὺς προειρημένους). Der in der biblischen Literatur nicht bezeugte Terminus ἐλλόγιμος ist typisch für den Vf. (vgl. 57,2; 58,2; 62,3)[2]. Der Sprachgebrauch an dieser Stelle ist wie in

---

es der Kontext und die Sprachform nahe legen, sondern als „lobende" Partizipien. Die Deutung scheint zu stark durch sein Interesse geleitet, die These zu beweisen, daß der Vf. von I Clem zur Rettung der Autorität in der Gemeinde auf die Einsetzungstradition als Ordnungstradition zurückgreift – eigentlich etwas Neues –, und sie mit den alten Sachargumenten stützt. Es wäre eine eigenartige Logik, würde der Vf. die Unabsetzbarkeit der Amtsträger als Institution ausgerechnet durch die Auflistung der Bedingungen für eine tadellose Amtsführung beweisen wollen.

[1] Der konditionale Sinn der Partizipien wird durch den abschließenden Satz nahegelegt: τούτους οὐ δικαίως νομίζομεν ἀποβάλλεσθαι τῆς λειτουργίας. Nach H. B. ROBISON, Syntax 18, drücken die drei ersten Partizipien eine „constative action" aus. Die Satzstruktur wird dabei zu wenig berücksichtigt.

[2] In der Literatur des hellenistischen Judentums nur bei Philo belegt (Op 126; VitMos I 266;

62,3 im Sinn von „ausgezeichnet", „angesehen" aufzufassen[1]. Die Zusammengehörigkeit der drei Stellen (42,4; 44,2.3) legt es nahe, unter den ἐλλόγιμοι ἄνδρες die von den Aposteln eingesetzten Episkopen zu verstehen, die jetzt ihre Nachfolger wählen[2].

Der zweite Satz erwähnt die Zustimmung der ganzen Gemeinde als eine weitere Bedingung. Konnte der erste Satz den Eindruck erwecken, bei der Einsetzung der Amtsträger handle es sich um eine Angelegeheit, die ausschließlich unter ihnen entschieden und vollzogen wird, kommt hier eine andere Perspektive zum Vorschein, bei der die ganze Gemeinde die Entscheidung mitzubestimmen und mitzutragen hat. Die Herleitung der Amtsübertragung von den Aposteln macht eine Regelung wie die von Did 15,1 (χειροτονήσατε οὖν ἑαυτοῖς ἐπισκόπους καὶ διακόνους ἀξίους τοῦ κυρίου), wo die Gemeinde ihre Episkopen und Diakone selbst wählt, nicht mehr möglich, aber ihr Einverständnis wird eingeholt. Auf nähere Einzelheiten über die Rolle der Gemeinde geht der Text nicht ein[3].

Die folgende Bestimmung betrifft die Form der Amtsführung. Sie wird als Dienst an der Herde Christi betrachtet. Das Partizip λειτουργήσαντας ordnet einerseits die christlichen Amtsträger in die von Gott gewollte und in der Schrift bezeugte Ordnung ein. Wie anhand von Kap. 40 festgestellt, handelt es sich nicht um eine inhaltliche Kontinuität des Dienstes, sondern um die Tatsache der Ordnung, die nicht mißachtet werden darf (41,1). Andererseits bereitet es die zentrale Aussage am Ende von V.3 vor: τούτους οὐ δικαίως νομίζομεν ἀποβάλλεσθαι τῆς λειτουργίας. Die Parallele in V.4 zeigt, daß die λειτουργία identisch ist mit der ἐπισκοπή. Die λειτουργία bedeutet hier – anders als in 41,1 – also Dienst im umfassenden Sinn, sie ist nicht nur auf den Kult beschränkt. Bezugspunkt dieses Dienstes ist τὸ ποίμνιον τοῦ Χρι-

---

Praem 111). In der altchristlichen Literatur kommt es sonst erst bei Klemens von Alexandrien vor.

[1] Anders G. DIX, Ministry 256 Anm.3, der in ἐλλόγιμοι vor allem die Bedeutung von „something ,included in a list' or ,in an account'" hervorhebt. „In the passage above, *heterôn ellogimôn andrôn* means ,other men accounted along with them,' i.e. along with the apostles, just as Matthias was ,adjudged to be with' *(synkatepsêphistê)* the eleven apostles." Die Deutung hängt mit seinem Verständnis der apostolischen Sukzession zusammen. Ähnlich R. ROTHE, Anfänge 390f.; M.A. JAVIERRE, „Diadoché" 82f. Philologisch ist diese Deutung vertretbar, aber an dieser Stelle exegetisch unwahrscheinlich. Schon die Prägung ἐλλόγιμοι ἄνδρες bedeutet in der griechischen Literatur „ausgezeichnet", „ruhmreich". Vgl. Plato, Resp.387d. Vgl. Liddell/Scott z. St.: „held in account or regard (ἐν λόγῳ), in high repute." So wird der Terminus von einem Flötenspieler (Protag. 327c), von einem Redner (Phaedrus 269d) oder bei Philo von den Propheten (I VitMos 266) ausgesagt. Zur anderen Bedeutung vgl. I Clem 57,2.

[2] Vgl. H. LIETZMANN, Geschichte I 204.

[3] Das Verb συνευδοκεῖν als Ausdruck der Zustimmung einer Gruppe zu einer bestimmten Frage kommt in 2 Makk 11,24 (ἀκηκοότες τοὺς Ἰουδαίους μὴ συνευδοκοῦντας τῇ τοῦ πατρὸς ἐπὶ τὰ Ἑλληνικὰ μεταθέσει: die Juden stimmen dem Übertritt zum Hellenismus nicht zu) und 11,35 vor (ὑπὲρ ὧν Λυσίας ὁ συγγενὴς τοῦ βασιλέως συνεχώρησεν ὑμῖν, καὶ ἡμεῖς συνευδοκοῦμεν: die Römer zeigen sich mit dem von Lysias gemachten Zugeständnis einverstanden). Andere Zeugnisse zitiert KNOPF, 119.

στοῦ, eine Wendung, die typisch für I Clem ist (16,1; 54,2; 57,2). Die Vorstellung erscheint auch in anderen urchristlichen Texten mit der Aufgabe der Presbyter und Episkopen verbunden. Im Rahmen einer Ermahnung an die Presbyter spricht 1 Petr 5,2 von τὸ ποίμνιον τοῦ θεοῦ[1]. In Apg 20,28 wendet sich Paulus an die Presbyter von Ephesus: προσέχετε ἑαυτοῖς καὶ παντὶ τῷ ποιμνίῳ, ἐν ᾧ ὑμᾶς τὸ πνεῦμα τὸ ἅγιον ἔθετο ἐπισκόπους ποιμαίνειν τὴν ἐκκλησίαν τοῦ θεοῦ. Im Unterschied zu diesen Texten besteht die Aufgabe der Amtsträger in I Clem nicht im ποιμαίνειν, sondern in λειτουργεῖν[2].

Der ideale Vollzug des Dienstes kommt durch eine vierfache Charakterisierung zum Ausdruck. Die erste ist allgemein: ἀμέμπτως: untadelig. Die Verbindung mit anderen Adverbien erinnert an 1 Thess 2,10 (ὡς ὁσίως καὶ δικαίως καὶ ἀμέμπτως ὑμῖν τοῖς πιστεύουσιν ἐγενήθημεν)[3]. Das Adverb steht in umittelbarer Verbindung mit dem Dienst τῷ ποιμνίῳ τοῦ Χριστοῦ. Die hervorgehobene Stellung hat argumentatives Gewicht hinsichtlich der Stellungnahme der römischen Gemeinde. Wenn die Amtsträger der Herde Christi *untadelig* gedient haben, dann ist ihre Absetzung eine Ungerechtigkeit, da sie von ihrer Amtsführung her nicht begründet werden kann, und dies scheint maßgebend zu sein. Wie wichtig dem Vf. dieser Gedanke ist, geht aus dem dreimaligen Gebrauch des Adverbs in ähnlichen Formulierungen hervor: V. 3: λειτουργήσαντας *ἀμέμπτως* τῷ ποιμνίῳ τοῦ Χριστοῦ; V. 4: τοὺς *ἀμέμπτως* καὶ ὁσίως προσενεγκόντας τὰ δῶρα; V. 6: ὅτι ἐνίους ὑμεῖς μετηγάγετε καλῶς πολιτευομένους ἐκ τῆς *ἀμέμπτως* αὐτοῖς τετιμημένης λειτουργίας.

Die zweite Charakterisierung ist μετὰ ταπεινοφροσύνης. Die Wendung paßt in das Bild der Gemeindeleiter des Vf.s und unterstreicht die innere Geschlossenheit des Werkes. Nach 16,1 gehört Christus zu den Demütigen und nicht zu denen, die sich über seine Herde erheben (ταπεινοφρονούντων γάρ ἐστιν ὁ Χριστός, οὐκ ἐπαιρομένων ἐπὶ τὸ ποίμνιον αὐτοῦ). Die zwei anderen Adverbien sind in der biblischen Literatur nicht bezeugt: ἡσύχως καὶ ἀβαναύσως. Das erste Adverb ist gut belegt bei den Tragikern (vgl. Aischylos, Supplices 724, vom Anführer eines Schiffes: ἡσύχως χρὴ καὶ σεσωφρονισμένως; Euripides, Supplices 305; Heraclidae 7; Orestes 698). In der Literatur des hellenistischen Judentums ist auf TestAss 6,6; JosAs 10,2.8; 23,9 hinzuweisen[4]. Der Amtsträger ist also durch ein ruhiges, besonnenes Verhalten charakterisiert.

---

[1] Die Wendung ist alttestamentlich.Vgl. Jer 13,17; Jes 40,11; Ez 34,31; Sach 10,3.

[2] Vgl. Fr. GERKE, Stellung 52: B.E. BOWE, Church 94. Daß die Gemeindevorsteher als „Hirten" bezeichnet werden, trifft nirgendwo in I Clem zu. Gegen O. KNOCH, Eigenart 353 Anm. 17, unter Berufung auf 1,1; 44,3; 54,2; 57,2).

[3] ἀμέμπτως im NT sonst in 1 Thess 3,13 und 5,23. In der LXX nur Est 3,13d. Auch bei Philo, Migr 129; OmnProb 59: ὁ δ' ὀρθῶς πάντα ποιῶν καὶ ἀναμαρτήτως καὶ ἀμέμπτως καὶ ἀνεπιλήπτως καὶ ἀνυπευθύνως καὶ ἀζημίως. Die Adjektiv-Form ist weit häufiger belegt.

[4] Bei Philo findet sich der Terminus nicht, wohl aber das verwandte ἡσυχῇ. An drei Stellen erscheint es begleitet von πρᾴως (Op 81; Abr 257; LegGai 43. Im NT vgl. 1 Petr 3,4).

Das folgende Adverb ἀβαναύσως scheint eine Schöpfung des Vf.s zu sein, denn es ist in der griechischen Literatur nicht belegt. Über die Liebe behauptet er in 49,5: οὐδὲν βάναυσον ἐν ἀγάπῃ. Die Schwierigkeit, das Adverb zu deuten, bezeugen schon die Abweichungen der alten Übersetzungen (L: „sine invidia"; K[1]: „ohne Überhebung" [ⲁⲭⲛ̄ ⲭⲓⲥⲉ]), aber auch die der modernen Versionen (Cotelier: „nec illiberaliter"; Lightfoot: „with all modesty"; Lake: „disinterestedly"; Bosio: „senza volgarità"; Quacquarelli: „con gentilezza"; Kleist und Grant: „unselfishly"; Clarke: „broadminded way"; Ruiz Bueno: „desinteresadamente"; Jaubert: „avec dignité"; Harnack, Bauer/Aland, Lindemann: „nicht engherzig"; Fischer und Schneider: „großherzig"). Im „Thesaurus Graecae Linguae" notiert Stephanus zu ἀβαναύσως: „absque omni sorde et turpitudine"[1]. Die Differenzen mahnen zu der Vorsicht, keine der angebotenen Übersetzungen ohne weiteres zu übernehmen[2]. Methodisch ist zuerst auf die Begriffsgeschichte zu achten, sodann auf den Kontext in I Clem. Das wird um so notwendiger, als die Etymologie des Terminus βάναυσος nicht geklärt ist[3]. Es liegt auf der Hand, daß die Entscheidung, die man trifft, auch das Verständnis der zitierten Stelle I Clem 49,5 beeinflussen wird. 1. Bei Plato sind damit zuerst die handwerklichen Tätigkeiten gemeint, insofern sie nicht auf Weisheit und Gerechtigkeit bezogen sind (Symp. 203a; Theaet. 176c; Resp. VII 522b)[4]. Die materielle Arbeit wirkt sich negativ auf Leib und Seele aus (Resp. VI 495d; IX 590c), so daß in diesem Fall von παιδεία nicht die Rede sein kann (Leg. I 644a). Eine Folge davon ist die Geldgier. βάναυσος ist also „der Name des in seiner seelischen Struktur von Natur defizienten Menschen"[5]. 2. In der Nikomachischen Ethik spricht Aristoteles von βαναυσία bzw. βάναυσος im Zusammenhang mit der μεγαλοπρέπεια, dem Edelsinn, der Großherzigkeit. Die βαναυσία ist eine Übertreibung der μεγαλοπρέπεια, aber im negativen Sinn, sie ist fehl am Platz und ostentativ: „Ein Prunken am unrechten Ort und auf unrechte Art"[6] (1122a: οὐχ ὑπερβάλλουσαι τῷ μεγέθει περὶ ἃ δεῖ, ἀλλ᾽ ἐν οἷς οὐ δεῖ καὶ ὡς οὐ δεῖ λαμπρυνόμεναι)[7]. 3. Die Kommen-

---

[1] Ähnlich Bois (Wotton 50): „minimeque sordide."

[2] Gute Ansätze bei LIGHTFOOT, I 2,134: „vulgar selfassertion". Offensichtlich wurden sie leider in der Auslegungsgeschichte weitgehend übersehen. Vgl. A. URBAN, Concordantia 11.

[3] Manche Kommentatoren der nikomachischen Ethik leiten es von βαῦνος bzw. βαυνός ab, d.h. von κάμινος, Ofen, Schmelz- oder Brennofen. Vgl. Anonymi in Ethica Nicomachea 184,24 f.; Aspasius, In Ethica Nicomachea commentaria 104,23. Philologisch ist dies nicht haltbar.

[4] Auch Philo verwendet den Terminus in diesem Sinn. Vgl. All I 57; II 107; VitMos II 219 u. ö.

[5] O. GIGON – L. ZIMMERMANN, Platon: Lexikon der Namen und Begriffe, Zürich 1975, 67.

[6] So die Übersetzung von E. Rolfes – G. Bien.

[7] Beruht die Übersetzung von ἀβαναύσως durch „nicht engherzig" etwa auf einer falschen Deutung des Aristoteles? Denn βάναυσος ist nicht der „Engherzige", sondern der Angeber, der Großherzigkeit gründlich mißversteht. Während ein Übermaß an μεγαλοπρέπεια die βαναυσία hervorbringt, ist ein Zu-wenig an solcher Haltung eben μικροπρέπεια, d.h. Engherzigkeit (1122a). Der Engherzige ist der μικροπρεπής, nicht der βάναυσος.

tatoren der Nikomachischen Ethik setzen diese Linie fort[1]. Der verschwenderische Verbrauch und die falsche Zielsetzung kennzeichnen sie[2]. Man wird diese Haltung vielleicht am besten mit „pompös, ordinär" bezeichnen. Ein Text Platos dürfte auf die Auslegungsgeschichte eingewirkt haben. In Resp. VI 495e vergleicht er die βαναυσία mit der Haltung eines kleinen, kahlköpfigen Schmiedes, der zu Geld gekommen ist. Soeben aus dem Gefängnis entlassen, gebadet und mit einem neuen Kleid bekleidet, möchte er die Tochter seines verarmten Herrn heiraten. 4. Das Wort βαναυσία ist bei Aquila, Ijob 28,8; 41,26 und Theodotion, Ijob 41,26 belegt. Die zugrundeliegende hebräische Wendung ist jeweils die gleiche: בני-שחץ. Während die LXX in Ijob 41,26 vom Hebräischen stark abweicht, übersetzt sie 28,8 mit υἱοὶ ἀλαζόνων. Die anderen Versionen haben alle drei υἱοὶ βαναυσίας. So haben sie שחץ (Stolz, Arroganz) interpretiert.

Die hier skizzierte Begriffsgeschichte zeigt eine zunehmende Konzentrierung auf einen ganz bestimmten Aspekt, der schon im Ansatz bei Plato vorhanden ist, sich jedoch erst im Lauf der Geschichte mit zunehmender Deutlichkeit herausstellt. Die angeberische, vulgäre Haltung führt zu Arroganz und Verschwendung. Der Sprachgebrauch der späteren griechischen Übersetzungen des Alten Testaments bestätigt diese Entwicklung. Auf diesem Hintergrund ist ἀβαναύσως mit „ohne Anmaßung", „ohne Arroganz" zu übersetzen. Die Charakterisierung entspricht dem von Demut gekennzeichneten Bild des Gläubigen, das jede Art von Prahlerei und Aufgeblasenheit ausschließt. Die Parallele mit 13,1 drängt sich auf: ταπεινοφρονήσωμεν οὖν, ἀδελφοί, ἀποθέμενοι πᾶσαν ἀλαζονείαν καὶ τῦφος. Zu diesem Sprachfeld gehören auch 35,5 (ἀπορρίψαντες ἀφ᾽ ἑαυτῶν ... ὑπερηφανίαν τε καὶ ἀλαζονείαν) und 57,2 (... ἀποθέμενοι τὴν ἀλαζόνα καὶ ὑπερήφανον τῆς γλώσσης ὑμῶν αὐθάδειαν). In 44,3 ergänzt also ἀβαναύσως das μετὰ ταπεινοφροσύνης.

Die letzte Bedingung ist das langjährige positive Zeugnis aller Gläubigen für die Amtsträger[3]. Gemeint ist das Zeugnis der Gemeinde, nicht das von Gott ausgestellte gute Zeugnis. Die Pluralform πολλοῖς χρόνοις begegnete schon in 42,5, ist aber in der griechischen Literatur ungewöhnlich (vgl. Lk 8,29; SIG II 836,6 f.). Die Zeitspanne war wohl nicht länger als einige Jahrzehnte[4]. Die Bestätigung durch die ganze Gemeinde setzt nicht unbedingt einen formellen Akt voraus, sondern vollzieht sich im Lauf der Jahre als gemeinschaftliche Erfahrung.

---

[1] Heliodorus in Ethica Nicomachea paraphrasis 71,12.

[2] Anonymi 184,23 f.: λέγονται δὲ βάναυσοι καὶ οἱ ὑπερβάλλοντες ἐν τῷ εἰς ἃ μὴ δεῖ ἀναλίσκειν. Eine dem Stoiker Chrysippus zugeschriebene Deutung unterstreicht dabei den Bezug zum Reichtum seitens der Handwerker: Χρύσιππος δὲ ἀπὸ τοῖς τεχνίταις τὴν πρὸς τὸν βίον ἐγγίνεσθαι καὶ πορίζεσθαι ... (SVF II Nr. 162).

[3] Zu μεμαρτυρημένους vgl. 17,1.

[4] Vgl. G. DELLING, ThWNT IX 589.

Zum Schluß kommt die Beurteilung der Ereignisse in Korinth. Zum erstenmal im Brief wird deutlich der Inhalt der στάσις in der Gemeinde ausgesprochen: Amtsträger wurden aus ihrem Dienst entfernt (ἀποβάλλεσθαι τῆς λειτουργίας)[1]. Die Ungerechtigkeit des Vorgangs ergibt sich aus den vier aufgelisteten und von den Amtsträgern offenbar erfüllten Bedingungen. Die Formulierung οὐ δικαίως νομίζομεν kommt einer amtlichen Verurteilung gleich[2]. Die das Schreiben vom Anfang bis zum Ende kennzeichnende Sicherheit in der Beurteilung des Sachverhaltes tut sich hier unübersehbar kund.

Nach dem in V.3 ausgesprochenen negativen Urteil über die Absetzung 4 der Amtsträger wird sie nun als „Sünde" bezeichnet. Dies ist der Inhalt der ersten Aussage, dem ein Konditionalsatz folgt. Die Wir-Form (νομίζομεν) war der Beurteilung angemessen, schuf die notwendige Distanz zur Sache und verdeutlichte die Rollenverteilung. Es war das Urteil der römischen Gemeinde über die Ereignisse in der korinthischen. Diese Form wird auch in V.4 (ἡμῖν) beibehalten, aber jetzt als gemeinschaftliches „Wir", als Verbindungspunkt zwischen dem Vf. und seinen Adressaten. Über das nur Stilistische hinaus kommen so zwei wichtige Aspekte zum Vorschein: 1. auch wenn die Beurteilung keineswegs revidiert oder abgeschwächt wird – es wird keine kleine Sünde sein –, zeigt sich die römische Gemeinde nicht allein als richtende Instanz, die über die Ereignisse in Korinth zu befinden hat, sondern die Wir-Form zeigt Solidarität mit der anderen Gemeinde an. 2. Die Futur-Form (ἔσται) scheint auf einen Zustand hinzuweisen, in dem die Entwicklung noch keinen endgültigen Charakter angenommen hat, als gäbe es noch einen Spielraum, um diese schwere Verfehlung zu vermeiden. Nach der bisherigen Darstellung kann man an der Tatsache der Absetzung einiger Amtsträger nicht zweifeln (vgl. V.6). Es handelt sich um eine schon vollzogene Entscheidung. Wenn der Vf. hier dennoch in Futur-Form darauf anspielt, dann in der Absicht, die Korinther zu einer Revidierung dieses Schrittes zu bewegen, die nur in der Wiedereinsetzung der Amtsträger bestehen kann. Daß er fest damit rechnet, zeigt sich unter anderem in seiner Gewißheit, die Überbringer des Schreibens bald mit guten Nachrichten aus Korinth wieder in Rom zu empfangen (65,1). Indem er an dieser Stelle die Wir-Form verwendet, stellt er sich rhetorisch – wie in anderen paränetischen Passagen – auf die gleiche Ebene wie seine Adressaten. Die Absicht ist deutlich erkennbar: Die Annahme der gleichen Gesinnung soll zur Übernahme seiner Position führen.

---

[1] Nach W. BRANDT, Wortgruppe 165.173, faßt die λειτουργία die Tätigkeit der Amtsträger in Leitung, Liebestätigkeit und Kultus zusammen. Der Sprachgebrauch in I Clem erlaubt keine präzise Bestimmung.

[2] G. BRUNNER, Mitte 115, findet die Sprache ziemlich schillernd und läßt das Verständnis von νομίζομεν daher offen: wir meinen, oder: so ist unser Urteil. Die Satzstruktur mit den vier Konditionalsätzen vorher weist aber auf eine Aussage mit juristischer Absicht hin, die ein Urteil ausspricht.

Das Futur ἔσται bedingt ferner das Verständnis des folgenden Konditionalsatzes. Es wird tatsächlich zu einer schweren Sünde, wenn die Entfernung der Amtsträger aus dem Episkopenamt endgültig beschlossen und durchgeführt wird. Den ἁμαρτία-Begriff versteht der Vf. hier in unmittelbarem Zusammenhang mit dem Konflikt in Korinth. Das ist bezeichnend für seine Ausdrucksweise und Argumentation. Im ersten Teil des Schreibens kommt ἁμαρτία nur in Schriftzitaten vor (8,3.4; 16,4.5.7.11.12.14 u. ö.). Auch im zweiten Teil ist es der Fall (50,6; 53,4); sonst handelt es sich um alttestamentliche (41,2) bzw. traditionelle Wendungen (49,5; 50,5; 60,2.3). Nur drei Stellen – mit ἁμαρτία immer im Singular – besitzen eine eigene Prägung durch den Bezug auf das Problem der Gemeinde: 44,4; 47,4; 59,2[1]. Wo es darum geht, die Frage des Briefes eigens zu behandeln, konzentriert der Vf. den ἁμαρτία-Begriff auf die ihn bewegende Sache. Es handelt sich dabei um keine geringe Sünde (44,4)[2], im Vergleich zu der die damalige Parteibildung unbedeutsam war (47,4), vor der sich die Gläubigen hüten sollen (59,2). Daraus läßt sich freilich keine Schlußfolgerung hinsichtlich seines allgemeinen Verständnisses von Sünde ziehen[3]. Seine Aussagen sind Ausdruck streng situationsbezogenen Denkens[4].

Das in diesem Abschnitt wiederholte ἀμέμπτως (44,3.4.6) verbindet sich nach Art des Vf.s mit dem häufig verwendeten ὁσίως (vgl. 6,1). Die Wendung ergänzt die Charakterisierung der Amtsträger in 44,3 nach einem einfachen Sprachschema, zu dem auch 44,6 (καλῶς πολιτευομένους) gehört. Inhaltlich behaupten all diese Formen nur die tadellose Führung der rechtlich eingesetzten Episkopen bzw. Presbyter. In diesem Fall beziehen sich die Adverbien auf die Art, wie die Amtsträger ihre Gaben dargebracht haben (ἀμέμπτως καὶ ὁσίως προσενεγκόντας τὰ δῶρα)[5]. Der Ausdruck προσφέρειν τὰ δῶρα ist alttestamentlich und bezeichnet einen wichtigen Aspekt des Kultgeschehens

---

[1] Inhaltlich gehört auch 50,5 hierzu, dessen Pluralform durch das Zitat in 50,6 bedingt ist. S. dort.

[2] Vgl. 4 Makk 5,19: μὴ μικρὰν οὖν εἶναι νομίσῃς ταύτην, εἰ μιαροφαγήσαιμεν, ἁμαρτίαν.

[3] Die stark an Paulus orientierte Feststellung R. BULTMANNs, Theologie 540: „Weder von der ἁμαρτία noch von der σάρξ ist als von Mächten, denen der Mensch verfallen ist, die Rede", ist sachlich richtig, für das Verständnis von I Clem aber unergiebig. Aufgrund des angeblichen „Bußverfahrens" in Kap. 54–57 findet O. KNOCH, Eigenart 275 Anm. 40, einen Sündenbegriff, „der vorwiegend die gesetzlich-sittliche Seite der Sünde als Verstoß gegen Gott, die kirchliche Gemeinschaft, die Mitchristen und als Anstoß für die Heiden …, kaum dagegen die gnadenhafte Seite der Sünde als Verlust an Gnade, göttlichem Leben und göttlichem Frieden betont (vielleicht 57,2). Darin stimmt Cl. mit dem NT überein." Abgesehen vom unglücklichen Bezug auf das NT (ein Druckfehler?) wird hier die Situation übersehen, welche die Aussagen über die Sünde veranlaßt. Auch zu allgemein ist das Verständnis des ἁμαρτία-Begriffes von I Clem bei J. LIEBAERT, Enseignements 19 f.

[4] G. BRUNNER, Mitte 116, versteht den Begriff ἁμαρτία als Ausdruck einer nur moralischen, keiner rechtlichen Verurteilung. Dies ist die Konsequenz seines Verständnisses von V. 3. S. o.

[5] Kennt der Vf. 1 Thess 2,10: ὑμεῖς μάρτυρες καὶ ὁ θεός, ὡς ὁσίως καὶ δικαίως καὶ ἀμέμπτως ὑμῖν τοῖς πιστεύουσιν ἐγενήθημεν? Die drei Adverbien sind in I Clem 44,3 f. belegt.

(Lev 2,1.4.13; 4,32; 7,38 u. ö.). Ein ihn begleitender Genitiv (etwa αὐτοῦ oder ὑμῶν; vgl. Lev 1,2; 2,1 u. ö.) nennt dann das Subjekt der Handlung, während ein Dativ (αὐτῷ bzw. τῷ κυρίῳ; vgl. Lev 1,2; 27,9.11) auf Gott hinweist, dem die Darbringung der Gaben gilt. Dieser Sprachgebrauch und die parallele Struktur V. 3: ἀποβάλλεσθαι τῆς λειτουργίας; V. 4: τῆς ἐπισκοπῆς ἀποβάλωμεν, legen es nahe, das folgende τῆς ἐπισκοπῆς nicht auf τὰ δῶρα zu beziehen[1], sondern auf das Verb ἀποβάλωμεν: Sie wurden vom Episkopenamt abgesetzt, nicht von der Gabe des Episkopenamtes.

Umstritten ist die Deutung von προσενεγκόντας τὰ δῶρα. Die allgemeine Tendenz der Auslegung ist auf das Kultische ausgerichtet, und zwar auf die Eucharistie[2]. Manche Unterschiede tauchen auf, wenn man den Sachverhalt näher erfassen will. So verstehen einige dabei nur die Elemente der Eucharistie[3], andere die Gemeindegebete[4], besonders diejenigen, welche die Eucharistie begleiten[5]. R. A. Lipsius verbindet beide Aspekte[6]. Aber es sind Abweichungen, die nur Details betreffen, nicht die Sache[7]. Diese ist jedoch nicht so einfach, wie es nach dem beachtlichen Konsens der Forschung erscheinen

---

[1] So die altlateinische Übersetzung (... obtulerunt munera episcopatus, reprobemus. Die Gabe ist die des Epikopats. Es fällt die uneinheitliche Übersetzung von ἀποβάλλεσθαι in V. 3 [eici] und hier [reprobemus] auf) und die Version des ersten Herausgebers, P. Junius. In seiner Ausgabe von 1669 notiert J. Fell schon die Fehlübersetzung. J. B. Cotelier (1672) übersetzt richtig: „... et sancte offerunt dona, ab episcopatu removerimus" (PG 1,299). Bei den modernen Autoren s. E. G. JAY, Presbyter-Bishops 131. Auch die „Clavis Patrum Apostolicorum" von H. Kraft gibt zu δῶρον, zu ἐπισκοπή und προσφέρειν jeweils τὰ δῶρα τῆς ἐπισκοπῆς an. Auch ἐπιβάλλειν begünstigt ein solches Verständnis.
[2] Schon COTELIER: „Sacerdotes dona seu munera Deo offerunt, preces fidelium, sacrificia incruenta, sanctam eucharistiam" (PG 1,299). Ähnlich HILGENFELD, 88; C. WEIZSÄCKER, Zeitalter 643: der Gottesdienst der Versammlung unter der Leitung der Bischöfe; G. BLOND, Clément 37–39.
[3] Vgl. W. WREDE, Untersuchungen 20; G. PRAETORIUS, Bedeutung 503 (s. u. Anm. 6); FISCHER, 81 Anm. 258 (oder die Eucharistie selbst; so auch J. NEUMANN, Grund 258); JAUBERT, 173 Anm. 4. Vorsichtig K. WEISS, ThWNT IX 70: Es meint die Eucharistie oder schließt sie wenigstens ein.
[4] So J. CHR. SALZMANN, Lehren 155: „Das zeigt das zweimalige Zitieren von Psalm 50 über das Gotteslob als Opfer in aller Deutlichkeit." Die Zitationen von Ps 50 sind kein überzeugendes Argument für die vorgebrachte Deutung.
[5] E. LOENING, Gemeindeverfassung 88 Anm. 3; KNOPF, 120; FR. GERKE, Stellung 44 Anm. 2.
[6] Disquisitio 38. Ähnlich GEBHARDT/HARNACK, 73; LIGHTFOOT, I 2,135; HEMMER, 92 f.; GRANT, 74: „sacrifices of praise and thanksgiving"; R. P. C. HANSON, Amt 535; SCHNEIDER, 173 Anm. 167. Am weitesten geht FR. GERKE, Stellung 116: Die Eucharistie sei für I Clem eine Opferhandlung, geleitet von den Episkopen und Diakonen, die die Eucharistiegebete sprechen und das Brot und die Gaben verteilen. Sie würden auch die Gaben in Empfang nehmen, sie verwalten und darüber hinaus sich um die ökonomischen Verhältnisse der Gemeinde kümmern. I Clem 44,4 ganz im Lichte von Did 14–15 zu interpretieren, wie FR. Gerke es tut, ist methodisch fragwürdig. Auch G. PRAETORIUS, Bedeutung 507, hatte auf diese Aspekte hingewiesen.
[7] J. ROHDE, Ämter 115, versucht einen anderen Interpretationsweg. Die Wendung würde nicht nur den Vollzug des eucharistischen Gottesdienstes bedeuten, „sondern auch die Darbringung der eingesammelten Opfergaben. Also waren die Gemeindebeamten auch als Gemeindeökonomen für die Verwaltung materieller Güter zuständig."

könnte. Die Hauptschwierigkeit besteht in der Sprache des Vf.s, der seine Argumentation auf der Grundlage der alttestamentlichen Ordnung aufbaut. Die Argumentation nennt Kultpersonen, Ort und Handlungen, um auf eine klare und unumstößliche Ordnung hinzuweisen. Die erwähnten Deutungen der Stelle gehen davon aus, daß der Vf. hier diese Sprachebene verlassen hat, um mit alttestamentlichen Begriffen auf die christliche Wirklichkeit einzugehen. Das trifft – wenn auch nur bedingt – für die Personen zu. Es sind die christlichen Amtsträger, die als Sachwalter des Kults dargestellt werden[1]. Aber trifft das auch für das Darbringen der Gaben zu? Auf jeden Fall läßt sich dies nicht mit Sicherheit behaupten[2]. Nach der vorgetragenen Deutung von Kap. 40–41 besteht keine Notwendigkeit, προσενεγκόντας τὰ δῶρα „realistisch" zu verstehen. Entscheidend ist vielmehr, daß die Amtsträger ihre Aufgabe tadellos vollbracht haben[3]. Darauf kommt es an. Eine Einengung auf die Eucharistiefeier ist für die Gedankenführung des Vf.s im Grunde unangemessen. Der Sprachgebrauch von προσφέρειν in 41,2 (dreimal); 43,2 und προσφορά (36,1; 40,2; 40,4) rechtfertigt ein Verständnis der Stelle, nach dem es sich um keine direkte kultische Anspielung handelt, sondern allein um die korrekte Erfüllung der den Episkopen anvertrauten Aufgabe[4].

5   Der Makarismus wirkt stilistisch isoliert im Kontext, inhaltlich aber fügt er sich sinnvoll in den Gedankengang ein. Im ersten Teil werden die schon verstorbenen Presbyter selig gepriesen, deren Wirken fruchtbar war. Der zweite Teil begründet die Seligpreisung: Gerade weil sie schon gestorben sind, brauchen sie keine Absetzung von ihrem Amt mehr zu fürchten! Nachdem in den entscheidenden Momenten der Argumentation von Episkopen und Diakonen und von der ἐπισκοπή die Rede war (42,4 f.; 44,1–4), kommen nun die πρεσβύτεροι in den Blick. Die Stelle 54,2b (μετὰ τῶν καθεσταμένων πρεσβυτέρων) weist auf eine grundsätzlich presbyteriale Gemeindeverfasssung in Korinth hin[5], und die Angabe in 44,5 f. ist nicht anders zu verstehen, als daß korinthische Presbyter abgesetzt worden sind. Daß zuvor so eindeutig von den Episkopen und von der ἐπισκοπή gesprochen wurde, erklärt sich durch die Bedeutung des Schriftzitates Jes 60,17 in 42,5. Die dort von Gott

---

[1] Zum Amtsverständnis in I Clem s. u. Exkurs 7.

[2] Nach Überprüfung der verschiedenen Deutungen hält K. STADLER, Sukzession 119 Anm. 36, all das für „eine kaum begründbare Vermutung." Andererseits behauptet er: „Die Feier und Leitung der Eucharistie gehört wohl wesentlich zur ‚episkope‘, um die es sich bei der durch die apostolische Sukzession konstituierte Amtsstruktur handelt" (119). Unter Berufung auf Ignatius von Antiochien setzt K. Stadler ferner voraus, daß „bei Clemens die Einsetzung in den kirchlichen Dienst unter Handauflegung vorgenommen wurde und dass dies nur darum nicht erwähnt wird, weil es selbstverständlich war" (120). Verständlicherweise fehlt jede Begründung für diese Annahme.

[3] Vgl. M. JOURGON, Remarques 109; B. E. BOWE, Church 151 f.

[4] Auch LINDEMANN, 132, versteht den Text ähnlich, wenngleich die Stichhaltigkeit der Aussage durch seine Deutung von 36,1 abgeschwächt wird. Die προσφοραί des Hohenpriesters deutet er unter Anspielung auf 44,4 auf das Abendmahl (110).

[5] Vgl. A. v. HARNACK, Analecten 241.

verordnete κατάστασις der ἐπίσκοποι war nämlich der grundlegende Schriftbeweis für die Argumentation in 44,1-4. Die große Sünde der Korinther bei
der Absetzung der Amtsträger ging eben aus der Mißachtung der von Gott
gewollten Ordnung hervor, daß nämlich die Episkopen nicht abgesetzt werden
dürfen, wenn sie bestimmte Bedingungen erfüllen.

Der Begriff μακάριος kommt in I Clem ohne besondere Prägung vor. Der
alttestamentliche Hintergrund ist leicht erkennbar (50,5 f.; 56,6). In Bezug
auf „kanonisierte" Gestalten der Vergangenheit vgl. 43,1 (Mose); 47,1 (Paulus); 55,4 (Judit). An dieser Stelle handelt es sich nicht um solche Gestalten,
sondern um Presbyter, die ihre Pflicht erfüllt haben und vor Eintreten der
gegenwärtigen Streitigkeiten in Korinth gestorben sind. Die widrigen Umstände der Gegenwart führen zur Seligpreisung der schon vor geraumer Zeit
Verstorbenen[1]. Das Verb προοδοιπορεῖν ist recht selten belegt (vgl. Josephus,
Ant 3,2, wörtlich über die schon zurückgelegte Strecke)[2], und als Metapher
für den Tod nur hier[3]. Durch die Hervorhebung ihres guten Zeugnisses, das
alle Gläubigen schon πολλοῖς χρόνοις geben (V. 3), entsteht der Eindruck von
einer inzwischen festen Struktur, die sich im Lauf der Zeit herausgebildet hat
und die nun durch die Absetzung der Presbyter ohne Berechtigung angegriffen
wird. Das ist ohne Zweifel auch das Ziel der Darstellung. Diese Struktur ist
nicht nur durch Gott in der Schrift schon angekündigt und durch die Apostel
im Hinblick auf kommende Schwierigkeiten eingeführt. Sie hat sich darüber
hinaus im Verlauf der Zeit bewährt, und die Gemeinde kann auf die verstorbenen Presbyter zurückschauen, welche ihre Konsistenz bestätigen.

Der Tod der Presbyter wird metaphorisch als ἀνάλυσις bezeichnet wie in
der paulinischen Literatur (2 Tim 4,6; vgl. auch Phil 1,23) und im hellenistischen Judentum (Philo, Flacc 187). Die die ἀνάλυσις qualifizierenden Adjektive sind ἔγκαρπος καὶ τελεία, eine Wendung, die auch in Clem 56,1 auftaucht.
Während das erste Adjektiv nur in Jer 38,12 vorkommt (im NT und in der
altchristllichen Literatur fehlt es), ist τέλειος häufig belegt (im I Clem vgl.
1,2; 44,2; 55,6). Von ihrer Bedeutung her beziehen sich beide Termini nicht
so sehr auf den Augenblick des Todes an sich, sondern auf den Tod als
Abschluß eines an Ertrag reichen Weges, den die προοδοιπορήσαντες „vollendet" haben. Bei οὐ γὰρ εὐλαβοῦνται bedeutet εὐλαβέομαι einfach „fürch-

---

[1] Formal und sprachlich bietet 4 Makk 18,9 eine Parallele. Die Mutter der sieben Söhne
preist ihren verstorbenen Mann glücklich, da er sich die Zeit des Kindersegens aussuchte und
nicht unter der Zeit der Kinderlosigkeit zu leiden brauchte (τούτων δὲ ἐνηλίκων γενομένων
ἐτελεύτησεν ὁ πατὴρ αὐτῶν, μακάριος μὲν ἐκεῖνος, τὸν γὰρ τῆς εὐτεκνίας βίον ἐπιζήσας τὸν τῆς
ἀτεκνίας οὐκ ὠδυνήθη καιρόν).

[2] Die anderen Belege bei Liddell/Scott und Bauer/Aland sind alle später entstanden. Vgl. II
Clem 10,1: τὴν δὲ κακίαν καταλείψωμεν ὡς προοδοιπόρον τῶν ἁμαρτιῶν ἡμῶν.

[3] Es wird weder die „gute alte Zeit" gepriesen, noch ist der Vf. ein „laudator temporis acti",
wie G. BRUNNER, Mitte 118, meint. Die Vergangenheit wird nicht glorifiziert. Wichtig ist der
Kontrast zur durch die Tatsache der Absetzung der Presbyter gekennzeichneten Gegenwart.

ten"[1]. Die Presbyter haben nun keinen Anlaß mehr zur Furcht, von ihrem Platz bzw. Amt entfernt zu werden (μεθίστημι wie in 1 Kön 15,13; 1 Makk 11,63; Lk 16,4). Die Ausdrucksweise verrät in zweifacher Weise das Interesse, die Vorstellung von einer schon soliden, feststehenden Einrichtung wachzurufen. Einmal ist von τόπος der Presbyter die Rede, was in diesem Zusammenhang an I Clem 40,5 erinnert: καὶ τοῖς ἱερεῦσιν ἴδιος ὁ τόπος προστέτακ-ται[2]. Sodann wird das bedeutungsvolle ἱδρύειν[3] gebraucht, um die Errichtung des Amtes zu bezeichnen. Die Passiv-Form ἱδρυμένος weist wie in 40,5 auf Gott als den Urheber hin, das Perfekt auf die Gültigkeit des den Presbytern errichteten τόπος[4]. Der Terminus paßt in das Gesamtbild. Der fest gegründete Platz der Presbyter hat sich für einige von ihnen als nicht sicher erwiesen, da sie aus ihrem Amt hinausgedrängt wurden. Dieser Gefahr sind die schon verstorbenen Presbyter entgangen.

6   Der Abschnitt geht zu Ende mit einer Aussage, die die am Schluß von V. 3 und in V. 4 ausgesprochene Beurteilung der Ereignisse in Korinth verdeutlichend wiederaufnimmt. Dafür spricht die Präsens-Form ὁρῶμεν, die dem νομίζομεν in V. 3 entspricht. Es ist das „Wir" der römischen Gemeinde, die sich der korinthischen Gemeinde entgegenstellt und über sie urteilt. Beide Sätze betonen die Absetzung von Amtsträgern von ihrem Dienst (V. 3: ἀποβάλλεσθαι τῆς λειτουργίας; V. 6: μετηγάγετε ... ἐκ τῆς ἀμέμπτως αὐτοῖς τετιμημένης λειτουργίας). Es handelt sich um eine Verdeutlichung zu V. 3–4, sofern nicht nur die Tatsache der grundlosen Absetzung zur Sprache kommt, sondern darüber hinaus auch – wenngleich nur ganz allgemein – die Verantwortlichen und die „Opfer" des Geschehens erwähnt werden. Der Vf. vermeidet es, die Verantwortlichen direkt anzusprechen, sondern wendet sich an die ganze korinthische Gemeinde. Am Anfang des Schreibens hat er von „wenigen" gesprochen (1,1). Nach 47,6 sind es nur „einer oder zwei". Es ist fraglich, ob er über genaue Angaben verfügt hat. Rhetorisch kann er die Zahl der „Aufständischen" auf ein Minimum reduzieren, um das Mißverhältnis zwischen Ursache und Wirkung zu zeigen. Ebenso rhetorisch redet er hier die ganze Gemeinde an (ὑμεῖς μετηγάγετε), um ihr ihre Verfehlung vor Augen

---

[1] Vgl. R. BULTMANN, ThWNT II 750.

[2] Von dieser Stelle her wird verständlich, wie leicht eine Parallelisierung zwischen den Angaben in 40,5 und den christlichen Amsträgern gezogen werden konnte. Den alttestamentlichen Hohenpriester verbindet die λειτουργία mit den christlichen Episkopen; dem Priester ist ein τόπος zugewiesen, wie auch den Presbytern. Die διακονία der Leviten war leicht auf die christlichen Diakone zu beziehen. Natürlich stimmen die Angaben nicht immer überein. Auch von den Presbytern wird in 44,6 behauptet, sie seien aus ihrer λειτουργία entfernt worden. Der Anziehungskraft einer solchen Deutung kann man sich kaum entziehen, wenn man nicht auf die Sprache achtet. Die Forschungsgeschichte zeigt es deutlich genug.

[3] ἱδρύειν wird von Philo oft verwendet.

[4] Zum Sprachgebrauch von τόπος im Urchristentum vgl. 40,5. In diesem Zusammenhang kann τόπος wohl nur das kirchliche Amt bedeuten und nicht den „himmlischen" Ort wie in I Clem 5,4.7. Anders LINDEMANN, 132, der unter Berufung auf T. AONO, Entwicklung 67, auch dies für möglich hält.

zu führen (vgl. 57,1: ὑμεῖς οὖν οἱ τὴν καταβολὴν τῆς στάσεως ποιήσαντες). Die Frage nach dem genauen Ausmaß des Konflikts bleibt bis zu dieser Stelle weitgehend unbeantwortet[1]. Nicht alle Presbyter wurden abgesetzt, sondern nur „einige" von ihnen (ἐνίους)[2]. Daß es sich dabei um eine Ungerechtigkeit gehandelt habe, geht aus dem καλῶς πολιτευομένους und aus dem ἀμέμπτως hervor. Ihr Verhältnis zu deren λειτουργία ist ebenso positiv: Sie haben sie in Ehren gehalten (τετιμημένης λειτουργίας)[3].

Exkurs 7: Amt – apostolische Sukzession – Kirchenrecht

I. Das Amt in I Clem[4].
Das Amtsverständnis von I Clem spiegelt in vielfacher Weise die Entwicklung der Gemeindeverfassung gegen Ende des ersten Jahrhunderts wider.

1. Die Bedeutung des Amtes.
Abgesehen von allen umstrittenen Punkten im Zusammenhang mit dem Amtsverständnis von I Clem steht die *Bedeutung* des Amtes außer Frage. Sie geht zuerst aus dem Ernst und der Entschiedenheit hervor, welche die Stellungnahme der römischen Gemeinde kennzeichnen. Trotz ihrer Ausführlichkeit verliert der Vf. den Bezugspunkt nicht aus dem Auge. Inhalt und Struktur der ersten 39 Kapitel bezeugen dies. Der plerophorische Eindruck, den das Schreiben hinterläßt, entspricht zwar dem literarischen Befund, aber er hat weniger mit Redundanz zu tun als mit dem konsequent angestrebten Ziel, auf die Amtsfrage eine angemessene Antwort zu geben. Denn die ganze Existenz der Gemeinde steht und fällt hier mit dieser Frage und ihrer Lösung. Es ist wahr, daß in anderen christlichen Zeugnissen am Ende des ersten Jahrhunderts das Interesse für das Amt ebenso festgestellt werden kann, aber der Epheserbrief oder die Pastoralbriefe sind nicht mit I Clem zu vergleichen, wenn es um die Konzentration auf die Amtsfrage geht. Innerhalb der altchristlichen Literatur ist das Phänomen recht bemerkenswert, denn dazu gibt es keine Parallele. Sogar die Ignatiusbriefe – wie auch immer sie datiert werden – haben eine viel reichere Thematik. In der zentralen Bedeutung des Amtes

---

[1] Die Angaben in 54,2 und 57,1 vervollständigen das Bild. Der Vf. rechnet anscheinend mit Presbytern, die, wie auch immer, ihr Amt noch verwalten.

[2] Vgl. 3 Makk 2,31; 3,4. Lieblingswort bei Philo (über 130 mal).

[3] Anstelle von τετιμημένης schlägt LIGHTFOOT, I 2,136, τετηρημένης vor (vgl. 1 Thess 5,23). „If τετιμημένης can stand at all here, it must mean ‚respected', i.e. ‚duly discharged'." GEBHARDT/HARNACK, 74: „agitur de officio, quo honorati sunt." Die Übersetzung folgt BAUER/ALAND 956.

[4] Einen umfassenden Überblick über die Meinungen in der Forschung der letzten Jahre bietet die Dissertation von J. FUELLENBACH, „Ecclesiastical Office and the Primacy of Rome. An Evaluation of Recent Theological Discussion of First Clement", Washington 1980. Durch den Ansatz bedingt, konzentriert sich die Arbeit auf die Wiedergabe der Meinungen, die dann ohne eine Begründung in der Textanalyse zusammengefaßt und ausgewertet werden.

liegt das auffallendste Merkmal von I Clem[1]. Diesen Aspekt darf man jedoch
nicht absolut setzen und isoliert sehen. Die Bedeutung resultiert zwar aus
dem Inhalt, aber im Kommunikationsvorgang eines Briefes ist ebenso auf die
Funktion des Textes – die pragmatische Ebene – zu achten, in der diese
Bedeutung einen anderen Ausdruck findet. Zuerst betrifft dies die Rolle der
römischen Gemeinde. Die abgegebene Stellungnahme ist für sie der Anlaß,
eine Rolle gegenüber der korinthischen Gemeinde zu übernehmen, die man
als die der „Behüterin des Amtes" bezeichnen kann. Ohne nähere Begründung
tritt sie mit dem Anspruch auf, über Herkunft, Weitergabe und Bedingungen
für die Unabsetzbarkeit der Amtsträger ein solches Wissen zu haben, daß sie
aus diesem Wissen die „notwendige" Sorge um die Angelegenheit in Korinth
ableitet. Zweitens wird die Frage der Ekklesiologie tangiert. Die Amtsfrage
ist nun unauflöslich mit der Frage nach der Einheit der Gemeinde verbunden.
Gewiß ist das Amt nicht der Grund für diese Einheit, wohl aber ihr uner-
setzbares Zeichen[2].

2. Das Amtsverständnis.
„Eine einzige *Funktion der Amtsträger* gewinnt bei Clemens klareres Profil:
die kultische. Episkopen und Diakone haben ihren festen Platz in der Feier
des eucharistischen Gottesdienstes (44,4)"[3]. Die zitierte Beurteilung ist repräsentativ für den Grundtenor der Forschung. Die Analyse von 44,4 hat
gezeigt, daß eine solche Schlußfolgerung nicht zwingend ist. Es fällt auf,
daß die Wendung προσενεγκόντας τὰ δῶρα die Aufmerksamkeit der Forschung so auf sich ziehen konnte, daß die anderen Aussagen über die
Amtsträger in 44,3 faktisch nicht zum Tragen kamen. Denn die Worte, die
dort über sie gesagt wurden und als Bedingung für ihre Unabsetzbarkeit
gelten (λειτουργήσαντας ἀμέμπτως τῷ ποιμνίῳ τοῦ Χριστοῦ μετὰ ταπεινοφροσύνης, ἡσύχως καὶ ἀβαναύσως, μεμαρτυρημένους τε πολλοῖς χρόνοις ὑπὸ
πάντων), lassen sich nicht auf einen kultischen Raum einschränken, sondern
sind allgemein auf die Leitungsfunktion der Episkopen bzw. der Presbyter

---

[1] Richtig hat die Untersuchung von G. BRUNNER, Mitte 152–154, hier die „theologische
Mitte" von I Clem herausgestellt. Aber diese theologische Mitte ist nicht situationslos, sondern
stellt sich angesichts des Problems der in Korinth abgesetzten Amtsträger heraus. Ferner ist es
nicht so, daß der Vf. von I Clem „die korinthische Absetzungsaffäre zur zentralen Beispielerzählung" gemacht habe (ebd. 153).
[2] Vgl. W.-D. HAUSCHILD, Begründung 39. B. MAGGIONI, Concezione 26, spricht vom Amt
als Mittel der Einheit und als deren sichtbarem Ausdruck.
[3] J. ROLOFF, Amt 528. Ähnlich G. BORNKAMM, ThWNT VI 673: „Sie haben die Opfer der
Gemeinde darzubringen (44,4), sind also die Kultusbeamten der Gemeindeeucharistie"; R.
KNOPF, Zeitalter 167; J. FUELLENBACH, Office 67 f. Richtig J. ROHDE, Ämter 114 f.: „Es darf
nicht übersehen werden, daß diese Kultusbeamten damit noch nicht einen direkten priesterlichen
Charakter (Mittler zwischen Gott und Mensch) im späteren katholischen Sinne bekommen, weil
das tertium comparationis in den betreffenden Kapiteln nicht der kultische Priesterdienst,
sondern der Gedanke der Ordnung (taxis) ist, obwohl in 40,5 ausdrücklich hervorgehoben wird,
daß für die ‚Laien' besondere Vorschriften gelten." Vgl. J. MARTIN, Genese 74.

in der Gemeinde zu beziehen. Andererseits kann man die kultische Sprache nicht übersehen. Wenn aber der Vf. wirklich keine kultische Bestimmung der christlichen Amtsträger beabsichtigt, warum benutzt er dann diese Sprache? Die Antwort liegt zuerst in der Zielsetzung des Schreibens. Die scharfe Ablehnung der ungerechten Absetzung von Presbytern läßt sich argumentativ nicht besser stützen als durch die sakralrechtliche Begründung des Amtes[1]. Die alttestamentliche Kultordnung erweist sich als der tragende Beweis für den Willen Gottes bezüglich der Gemeindeordnung. Der Kult ist nämlich der Rahmen, der sich am besten sakralrechtlich bestimmen läßt. Der *Gottes-Dienst* ist nach den Anweisungen Gottes selbst zu gestalten, will er seiner Funktion voll gerecht werden[2]. Die kontinuierliche Abfolge der Amtsübergabe von den Aposteln auf ihre Nachfolger brachte dazu eine weitere rechtliche Bestimmung. Daß diese sakrale Sprache auch die Charakterisierung der christlichen Amtsträger beeinflußt, ist in diesem Zusammenhang selbstverständlich und von der Sache her geradezu naheliegend, aber es handelt sich dabei um eine Ausweitung auf einen anderen Sachverhalt, während die Sache selbst – das eigentliche Amtsverständnis – unter dem Sprachgewand merkwürdig verborgen bleibt[3]. Als Parallele in der christlichen Literatur möge der Hinweis auf den Hebräerbrief genügen, wo sich ebenfalls die Verwendung von kultischen Kategorien in der Christologie und im Ausdruck des christlichen Selbstverständnisses feststellen läßt, die aber nicht mit dem Kult im eigentlichen Sinn zu tun haben. Eine Anspielung auf die Eucharistie in 44,4 ist nicht auszuschließen, aber dies bedeutet nicht, daß das Amt nur mit Blick auf dieses kultische Geschehen anvisiert wird. Die Amtsträger sind auf keinen Fall als Nachfolger der alttestamentlichen Priester zu sehen, noch ist das Presbyter-Amt ausschließlich auf den Kult ausgerichtet[4]. Das gute Zeugnis der Gläubigen über lange Zeit hindurch läßt sich wohl nicht auf den Kult allein beziehen. Forschungsgeschichtlich gewinnt man den Eindruck, daß der Zusammenhang von Bild und Sache im Abschnitt Kap. 40–44 nicht richtig gesehen wurde, was sodann zu einer Überinterpretation besonders von 44,4 geführt hat. Warum das Amt in

---

[1] Der Ausdruck von J. ROLOFF, a. a. O., trifft den richtigen Sachverhalt.

[2] Nach J. S. JEFFERS, Influence 379, wirkt beim Amtsverständnis von I Clem die römische Vorstellung des *paterfamilias* und der *familia* nach. Wie weit dies auf den Vf. zutrifft, läßt der Text nicht erkennen. Daß „hierarchical spirit" „clearly Roman" sei (DERS., Pluralism 12), mag richtig sein, aber das Hierarchische gehört allgemein zum Kultischen, es ist nicht spezifisch „römisch". Die Argumentation in diesem Abschnitt mit „the ideology of Rome's ruling class" zu verbinden, ist fraglich (ebd.).

[3] Die Meinung von J. MARTIN, Genese 72, das Weltverständnis als hierarchisch gegliedertes sei das entscheidende Fundament für die Begründung der kirchlichen Hierarchie, entspricht der Argumentation in I Clem 40–44 nicht. Ähnlich R. MENEGHELLI, Fede, 67. So wichtig das Motiv von der Weltordnung in I Clem auch ist (vgl. Kap. 20), es bleibt in diesem Abschnitt im Hintergrund.

[4] Gegen G. BORNKAMM, ThWNT VI 673.

I Clem so dargestellt wird, läßt sich zwar einigermaßen rekonstruieren; ein Versuch diesbezüglich wurde hier unternommen. Doch für das Amtsverständnis des Vf.s im strengen Sinn läßt sich aus dem Text nicht mehr als eine negative Abgrenzung gewinnen[1].

3. Die Struktur des Amtes.

Im Abschnitt I Clem 42–44 war von den Episkopen und Diakonen (42,4 f.), vom Episkopenamt (44,4) und von den Presbytern (44,5) die Rede. Ein Unterschied zwischen Episkopen und Presbytern ist hier nicht vorhanden und von der Argumentationsart her auch nicht zu erwarten. Einerseits steht die maßgebliche Begründung des Amtes in der Schrift, doch diese erwähnt nur die Episkopen und Diakone (vgl. Jes 60,17 und I Clem 42,5). Andererseits geht es in der korinthischen Gemeinde nicht um die Absetzung von Episkopen, sondern von Presbytern. Notgedrungen mußte die Argumentation im Fall der Anwendung auf die abgesetzten Presbyter auf einen Schriftbeweis zurückgreifen, der aber lediglich Episkopen und Diakone nennt. Dies geschieht in 44,4–5. Der glatte Übergang vom Schriftbeweis zur Anwendung war von der Sache her erforderlich. Dabei hätte jeder Unterschied zwischen Episkopen und Presbytern die Stringenz der Argumentation nur abgeschwächt[2]. So erklärt sich auch die Tatsache, daß die Diakone nach 42,4 f. nicht mehr erwähnt werden. Dies bedeutet nicht, daß der Vf. Diakone und Episkopen gleichsetzt, bzw. daß die Episkopen voll im Amt der Presbyter aufgehen[3]. Aber über die konkreten Verhältnisse in der Gemeinde erfährt man nicht viel[4]. Es ist anzunehmen, daß der Vf. von den Verhältnissen in Rom ausgeht und sie stillschweigend auf die korinthischen überträgt; aber im Vordergrund steht die Argumentation und nicht die Wiedergabe der Gemeindeverfassung[5]. Dazu

---

[1] Ebenso zurückhaltend ist die Zusammenfassung von J. ROHDE, Ämter 116, über die gleiche Frage. Als nicht gelungen dürfte jedoch sein Versuch zu bewerten sein, die Amtsträger in I Clem als „Ersatzscharismatiker" zu charakterisieren und von diesen auf die „Ersatzscharismatiker" in Korinth zu schließen, die neben kultischen Aufgaben auch für die Verwaltung der materiellen Güter zuständig waren (aufgrund 44,4) und darüber hinaus seelsorgerliche Kirchenzucht ausübten (aufgrund 56,1-7; 57,1-5) (ebd.).

[2] Anders R. MINNERATH, Jérusalem 569, der die *episkopé* als die vollkommene Fortsetzung der *apostolé*, d. h. des apostolischen Amtes betrachtet: „*1 Clément* apporte un développement important à la théologie des ministères, puisqu'il montre que l'*episkopé* est non seulement de nature apostolique, mais sacerdotale" (aufgrund des Vergleiches mit dem levitischen Priestertum).

[3] So E. LOENING, Gemeindeverfassung 85 f. Auch L. GOPPELT, Zeit 130: „Die Ältesten üben die ἐπισκοπή und werden als Episkopen und Diakone bezeichnet."

[4] Nach G. BISSOLI, Rapporto 147, werden den Presbytern drei Funktionen anvertraut: der Dienst (leitourgia), die Aufsicht (episkope) und die Darbringung der Gabe. Ihr Verhältnis zueinander sei nicht klar, aber die drei Funktionen ließen sich „nell'ufficio sacerdotale" zusammenfassen. Anachronistisch werden die Aussagen von I Clem entfremdet. Nach M. MEES, Christusbild 298, wird in I Clem das Bischofsamt in einer Klarheit herausgestellt, „wie es selbst in den deuteropaulin. Pastoralbriefen nicht der Fall war." Weder I Clem noch die Pastoralbriefe stellen das Bischofsamt mit der von Mees postulierten Klarheit heraus.

[5] Nach K. MÜLLER, Bischofswahl 276, sind alle ἐπίσκοποι Presbyter, aber nicht alle Presbyter

dienen die Angaben zum Amt. Andere Stellen weisen auf eine presbyteriale Gemeindeverfassung hin (54,2). Indirekt ist die Ermahnung in I Clem 1,3 und 21,6, die Presbyter zu ehren, in diesem Sinn zu verstehen[1]. Auch dort erscheinen die ἡγούμενοι bzw. προηγούμενοι, denen Unterordnung und Achtung gebühren. Über das Verhältnis der zwei Gruppen zueinander wird nichts gesagt[2]. Nur eines geht mit aller wünschenswerten Deutlichkeit aus den zerstreuten Angaben hervor: Es fehlt jeder Hinweis auf eine nicht kollegial strukturierte Verfassung des Amtes[3].

II. Die Frage der apostolischen Sukzession.

Eine richtige Antwort auf die Frage nach der Sukzession in I Clem setzt zwei Dinge voraus: 1. die historisch-kritische Betrachtungsweise als methodischen Ansatz; 2. die präzise Charakterisierung des Sukzessionsbegriffes. Wenn das erste fehlt, treten leicht dogmatische Interessen in den Vordergrund, die im Text das finden wollen, was sie schon ohnehin wissen[4]. Das Problem stellt

---

sind ἐπίσκοποι. Diese unterscheiden sich von den gewöhnlichen Presbytern, weil sie von den Aposteln eingesetzt wurden. Bei der Behauptung von J. ROHDE, Ämter 115: „In Rom waren die Altcharismatiker des Urchristentums (Propheten und Lehrer) der ersten Generation) um diese Zeit schon ausgestorben und Episkopen und Diakone an ihre Stelle getreten", wird die Existenz der Presbyter nicht wahrgenommen. Es ist überaus problematisch, das Schema „Altcharismatiker" (Propheten und Lehrer) – „Ersatzcharismatiker" (Episkopen und Diakonen) als Deutungsmodell anzuwenden. Wichtiger als die Episkopen und Diakone sind in I Clem doch die Presbyter, und sie passen in dieses Schema nicht. Recht unbegründet ist die Deutung von FR. GERKE, Stellung 39: „Das Amt der Episkopen ist aus dem Presbyterstande hervorgegangen; es wird auch aus dem Presbyterstande ergänzt. Es trägt insofern charismatischen Charakter, als auf dem Hintergrund eines allgemeinen Charismatikertums die Presbyter kraft ihrer Bewährung im Christentum die Charismatiker der Gemeinde κατ' ἐξοχήν waren." Auch C. WEIZSÄCKER, Zeitalter 638, behauptete die Herkunft der Episkopen aus den Presbytern, aber diese sind „als solche kein Amt, sondern ein Stand, eine Abtheilung in der Gemeinde." Die Presbyter seien ferner „auch unter den ἐλλόγιμοι ἄνδρες zu verstehen, welche nach 44 unter Zustimmung der gesamten Gemeinde die Episkopen zu wählen haben, so dass also die Presbyter das active und das passive Wahlrecht besitzen." J. NEUMANN, Grund 257, meint, die Vorsteher seien als Stand „Presbyter", von ihrer Funktion her aber Episkopen genannt worden.

[1] Nach G. BORNKAMM, ThWNT VI 672, bilden die Presbyter ein patriarchalisches Kollegium und haben „auf die den Alten in der Gemeinde überhaupt geschuldete Ehre Anspruch."

[2] Nach FR. GERKE, Stellung 36, bezeichnet πρεσβύτεροι „einen geistlichen Stand innerhalb der Pneumatokratie", während ἡγούμενοι „zur Bezeichnung des geistlichen Amtes" dient. Die Deutung läßt sich durch den Text so wenig begründen, wie die folgende Bestimmung des Verhältnisses zwischen den zwei Gruppen: „1. Die Gemeindebeamten werden aus dem Presbyterstande gewählt. 2. Die Presbyter schlagen der Gemeinde die Beamten aus ihrer Mitte zur Wahl vor. So verschiebt sich die Aktion vom Plethos zum Presbyterstande" (Stellung 37). J. HOFMANN, Stellung 14 f., versteht die προηγούμενοι und die ἡγούμενοι als ein „den ‚einfachen' Presbytern übergeordnetes kirchliches Amt." Wäre auch in Korinth ein solches Amt vorhanden gewesen, müßte man fragen, warum diese Instanz bei der Absetzung der Presbyter keine Rolle spielte. Richtig J. NEUMANN, Grund 257.

[3] „Deutliche Spuren eines ansatzhaft dreistufigen kirchlichen Amtes" (so J. HOFMANN, Stellung 23) sind nicht erkennbar.

[4] Im Artikel „Ordre. Ordination" des „Dictionnaire de Théologie Catholique", Bd. XI Sp. 1193–1405 (Paris 1932), geht A. Michel auf I Clem in einem Abschnitt unter dem Titel:

sich je verschieden dar, wenn man annimmt, die Apostel selbst hätten die ersten Amtsträger eingesetzt, als wenn man von einer komplexen und vielseitigen Entwicklung des Amtes ausgeht. Die Bestimmung des Sukzessionsbegriffs ist ebenso wichtig und verlangt eine differenzierte Sicht des Problems. Die Schwierigkeiten dabei spiegeln sich in der Forschungsgeschichte wider.

Im Jahr 1910 lehnt A. v. Harnack den Gedanken von einer apostolisch-bischöflichen Sukzession, ja eine Sukzession überhaupt rundum ab[1]. In seinem Abschiedsgruß von 1929 stellt er die Frage, ob der Brief nicht implizit die apostolische Sukzession lehrt[2]. Sein Nachfolger in Berlin, H. Lietzmann, urteilt anders: „Dann ergibt sich nachfolgende Lehre: Die apostolische Sukzession, d. h. die ununterbrochene Amtsübertragung von den Aposteln her von einem Episkopos auf den anderen legitimiert den jeweiligen Inhaber der geistlichen Gewalt und macht ihn unabhängig von der Gemeinde"[3].

H. v. Campenhausen stellt ebenfalls „eine nicht abreißende Kontinuität in der Setzung des Amtes und in diesem Sinne auch eine Sukzession" fest[4]. Dabei macht er eine wichtige Einschränkung: „So geht die Institution des Amtes bei Klemens zwar tatsächlich auf die Apostel zurück, aber die Bischöfe sind für ihn trotzdem nicht Träger der apostolischen Tradition. Damit fehlt seinem Amtsbegriff im Grunde die Hauptsache, nämlich die Beziehung zur Überlieferung, und auch die Frage der geistlichen Vollmacht, die mit dem Dienst der Lehre und Verkündigung innerlich zusammenhängt, findet bei ihm dementsprechend noch gar keine Beachtung"[5]. Der Sukzessionsbegriff wird nicht allein und auch nicht primär durch den apostolischen Ursprung des kirchlichen Amtes und dessen ununterbrochener Weitergabe bestimmt, sondern 1. durch die Überlieferung und deren Kontinuität, 2. durch die geistliche Vollmacht[6].

J. Roloff fragt sehr genau: „Läßt sich von Clemens her die *apostolische Sukzession* im Sinne der geordneten Weitergabe des von Christus eingesetzten, ihn gegenüber der Gemeinde repräsentierenden Apostelamtes begründen?"[7] Die verneinende Antwort stützt sich auf folgende Gründe: 1. „die Gesichtspunkte der Christusrepräsentation

---

„Les apôtres ont institué des ministres sacrés dans les églises par eux fondées" (1210–1225) ein. Die apostolische Sukzession wird vorbehaltlos behauptet: „Ayant recueilli leur pouvoir, ces successeurs des apôtres ont, à leur tour, établi des surveillants et des diacres dans les églises … Ce pouvoir de transmission est ici nettement affirmé par Clément" (Sp. 1219). Als Beispiel ist es deutlich genug. Als jüngeres Beispiel vgl. G. DEUSSEN, Bischofswahl 130: „Ohne Zweifel setzten die Apostel die Presbyter selbst ein."

[1] Entstehung 54.
[2] Einführung 101.
[3] Geschichte I 204.
[4] Amt 171.
[5] Ebd. 172. Ähnlich G. G. BLUM, Tradition 49. Die Amtsträger werden also nicht „mit der apostolischen Verkündigung (und damit auch mit ihrer von Christus empfangenen Lehre) in Verbindung gebracht." Gegen J. HOFMANN, Stellung 9.
[6] Man kann gegen H. v. Campenhausen einwenden, daß die Verbindung von Sukzession und Überlieferung im Zusammenhang der Auseinandersetzung mit der Gnosis entstanden ist und deswegen nicht als Kriterium für die Sukzession im Sinn von I Clem heranzuziehen ist. Aber es geht nicht an, mit einer postulierten Einheit von „diadoché" und Überlieferung dagegen zu argumentieren, wie A. M. JAVIERRE, „Diadoché" 119, es tut. Diese Einheit ist im Abschnitt I Clem 40–44 nicht vorhanden.
[7] Amt 529.

und der Lehrautorität" treten völlig zurück; 2. die Anweisung der Apostel in 44,2 beinhaltet nicht die Weitergabe der apostolischen Weihevollmacht, sondern nur „die Einsetzung von Ältesten nach dem Tode der von den Aposteln selbst eingesetzten"; 3. nach 44,3 „wird die Einsetzung durch ‚andere angesehene Männer' ausdrücklich der durch die Apostel gleichgestellt", und das „macht jeden Gedanken an eine Sukzessionstheorie unmöglich" (ebd.). Natürlich darf man fragen, ob der dritte Punkt nicht eher ein Gegenargument darstellt.

Theologiegeschichtlich nehmen die Aussagen von I Clem zum Thema eine Mittelposition zwischen den neutestamentlichen Angaben und der späteren Entwicklung ein[1]. Die Vorstellung der kontinuierlichen Einsetzung der Amtsträger von den Aposteln an bis hin zu den späteren Generationen geht deutlich über neutestamentliche Sendungs- und Ordinationsaussagen hinaus (Mt 28,19 f.; Apg 6,1–6; 20,28; 1 Tim 4,14; 2 Tim 1,6)[2]. Aber im Hinblick auf die künftige Entwicklung fehlt in I Clem die Grundvoraussetzung für eine Sukzession im strengen Sinn, nämlich der Monepiskopat als Gemeindestruktur, die allein die Rede von einer apostolisch-bischöflichen Sukzession sinnvoll macht. Es wäre somit anachronistisch, dem Text mehr abzuverlangen, als was er hergeben kann und will. Die Kontinuität in der Weitergabe des Amtes ist von dem Interesse geleitet, das Amt sakral zu legitimieren und die Amtsträger als unabsetzbar auszuweisen, um die Stellungnahme der römischen Gemeinde zu begründen. Diesem Ziel dient die theologische Konstruktion in I Clem 42,1–5 und 44,1–2[3]. Die in 44,3 aufgestellten Bedingungen zeigen andererseits, daß dies nicht absolut verstanden werden will.

III. I Clem und das Kirchenrecht.

Die Fragestellung hat einen präzisen Anfang in den Ausführungen von R. Sohm über die Rolle von I Clem bei der Entstehung des Kirchenrechts und infolgedessen auch des Katholizismus und des Einzelepiskopats in Rom[4]. Daß

---

[1] Nach P. MIKAT, Bedeutung 20, ist neu „der deutliche Hinweis auf die Sukzessionskette und die Betonung der ‚Amtsnachfolge auf dem Weg der Einsetzung durch Amtsträger'." Dabei beruft er sich auf A. STUIBER, Clemens 194. Neu ist der Gedanke nicht, sondern er gehört in eine breite Entwicklungslinie, die besonders durch die Pastoralbriefe und die Apostelgeschichte vertreten ist.

[2] A. FAIVRE, Système 150, kombiniert die Angaben der Apg und der Pastoralbriefe, um daraus eine zweifache Rolle des Paulus zu folgern: „celui d'origine historique, de source pour l'institution de l'episcopè, et celui de ‚type' pour les épiscopoi à venir." Von einer solchen Rolle des Paulus enthält der Text nichts.

[3] Manche Verteidiger der apostolischen Sukzession in I Clem treten für den historischen Wert der Darstellung ein. Nicht zuletzt wird mit dem Hinweis argumentiert, daß, wenn es sich nur um eine theologische Konstruktion handeln würde, die Korinther die Schwäche der Argumentation erkannt und ihre Haltung nicht geändert hätten. Vgl. A. M. JAVIERRE, „Diadoché" 125; J. COLSON, Fonctions 179. Die Tatsache, daß die Maßstäbe für die Beurteilung über die Glaubwürdigkeit von manchen Texten in der alten Christenheit anders waren als bei modernen Auslegern, ist durch die zahlreichen Beispiele für Pseudepigraphie nachgewiesen. Ähnliches könnte man über die Pastoralbriefe oder über manche Angaben der Apostelgeschichte vermuten!

[4] DERS., Kirchenrecht. Bd. I. Die geschichtlichen Grundlagen, Leipzig 1892, 157–167. Die

die Frage des Rechts in der Kirche nicht erst mit I Clem anbricht, sondern viel früher und in einer weit komplexeren Form, haben zunächst A. v. Harnack und später vor allem E. Käsemann nachgewiesen[1]. Die umfassende Diskussion um den Frühkatholizismus im NT hat ebenso gezeigt, daß auch dieses Problem früher anzusetzen ist und daß es auf keinen Fall auf I Clem eingeschränkt werden darf[2]. Schließlich wird man heute den Weg zum Einzelepiskopat in Rom nicht einfach als Folge von I Clem bestimmen können, wie R. Sohm es tat[3]. Der „Hirt des Hermas", ein anderes römisches Dokument, zeigt, daß etwa 40 Jahre nach I Clem die römische Gemeinde noch keinen Monepiskopat kennt[4], so daß der unmittelbare Einfluß von I Clem auf die Gemeindeverfassung nicht überschätzt werden darf[5].

Diese Unzulänglichkeiten, die man heute hundert Jahre später leicht feststellen kann, bedeuten nicht, daß die von R. Sohm aufgeworfene Frage selbst überholt sei[6]. Zwei Aspekte wurden weiter diskutiert und bedürfen einer Klärung. Der erste betrifft das Verhältnis von Tradition und Redaktion in den im Abschnitt I Clem 40–44 betroffenen Bestimmungen, der zweite den Rechtsanspruch der römischen Gemeinde. Wie eng beide Aspekte zusammengehören, zeigt der folgende Überblick über die Forschungsgeschichte.

Position R. Sohms und die Auseinandersetzung mit A. v. Harnack sind dargestellt bei FR. GERKE, Stellung 2–10; W. MAURER, Die Auseinandersetzung zwischen Harnack und Sohm um die Begründung eines evangelischen Kirchenrechts, in: KuD 6 (1960) 194–213, bes. 194–204; O. KNOCH, Ausführungen 385–390; K. BEYSCHLAG, Clemens 40–44 und das Kirchenrecht; R. FUELLENBACH, Office 26–34; N. NAGLER, Frühkatholizismus 35–45.

[1] Vgl. A. v. HARNACK, Entstehung 143–186; E. KÄSEMANN, Sätze heiligen Rechts im Neuen Testament, in: NTS 1 (1954/5) 248–260.

[2] Vgl. E. KÄSEMANN, Paulus und der Frühkatholizismus, in: ZThK 60 (1963) 75–89; S. SCHULZ, Mitte 326; U. LUZ, Erwägungen zur Entstehung des „Frühkatholizismus", in: ZNW 65 (1974) 88–111; F. HAHN, Das Problem des Frühkatholizismus, in: EvTh 38 (1978) 340–357. Die Dissertation von N. Nagler (s. o.) enthält eine kritische Übersicht der Kontroverse.

[3] Kirchenrecht 167. Später scheint Sohm den Gedanken nicht mehr zu vertreten (vgl. Wesen 34–50).

[4] Vgl. N. BROX, Hirt 533–541.

[5] Richtig H. v. CAMPENHAUSEN, Amt 103; J. ROLOFF, Amt 529. Anders G. BRUNNER, Mitte 158 f.: „Wenn es vorher die Geschichte der Gemeinden gegeben hat, so beginnt mit dem Brief die Kirchengeschichte; wenn es vorher Gemeindetafeln und Gemeindeordnungen gab, so kann es jetzt Kirchenordnungen geben. Der Brief selber bildet die Schwelle. Was er erstrebt, ist die Möglichkeitsbedingung für Kirche, was er darstellt, das Praeambulum der kommenden Apostolischen Kirchenordnungen." Nicht grundlos hält K. Beyschlag die Stellungnahme Brunners für eine „katholische Analogie zu Sohm" (ThLZ 98 [1973] 354). Die christliche Theologie und Literatur des ersten und zweiten Jahrhunderts zeigen in ihrer Entwicklung ein sehr komplexes Bild, bei dem I Clem nicht die von Brunner gedachte „Schwelle"-Funktion übernehmen kann, es sei denn, daß man so schematisch verfährt wie einst Sohm.

[6] Andere Stellungnahmen bei O. KNOCH, Ausführungen 390–406. Leider standen oft konfessionsbedingte Interessen einer um Sachlichkeit bemühten historischen Argumentation im Wege. Ein Beispiel für eine extreme Haltung bietet CHR. EGGENBERGER, Quellen 198–202. Vgl. dazu die Kritik von H. v. CAMPENHAUSEN, in: ThLZ 77 (1952) 38 f.

Die Annahme einer Vorlage geht zeitlich auf die „Untersuchungen über die sogenannte clementinische Liturgie" von P. Drews (1906) zurück. In I Clem 44,3–5 hätte der Vf. ein Ordinationsgebet verwendet, das in veränderter Form in CA VIII 46 (Constitutiones Apostolicae) und in der dem Hippolyt zugeschriebenen TA 3 (Traditio Apostolica) noch erhalten ist (47–56). Die Anregung wurde von K. Beyschlag 1965 wieder aufgenommen, weiter entfaltet und in den Zusammenhang gebracht mit der Frage nach dem Kirchenrecht. Das Ergebnis lautet: „Nicht die beiden späteren Kirchenordnungen (ap. KO und CA) haben den aktuellen 1.Clem. ausgeschrieben, sondern er selbst, Clemens, benutzt in seinem Brief an Korinth offenbar die überlieferte (also römische) Kirchenordnung, die überhaupt sein Fundament zu bilden scheint. Die von CA VIII, 46 und ap. KO 23 gebotene Tradition dürfte also in ihrem Kern *älter* sein als der Clemensbrief"[1]. Der Vf. hätte dabei an einem wichtigen Punkt die Vorlage geändert: Die Nachfolger der Apostel werden von den ἐλλόγιμοι ἄνδρες gewählt, nicht vom ganzen Volk, wie es noch in der TA heißt, die somit die ursprüngliche Überlieferung bewahrt hätte.

Bei dieser Deutung kann K. Beyschlag nur das für ihn überraschende Ergebnis feststellen, daß der Anlaß der korinthischen Wirren sich mit der von Klemens benutzten Kirchenordnung deckt (a. a. O. 18). Konnte es bei seinen Voraussetzungen anders sein? Darüber hinaus bestätigt sich aus seiner Sicht „die These K. Holls von der Verschiedenheit des paulinischen und des ‚urchristlichen‘ Kirchenbegriffs mit Bezug auf die Gemeinde Rom …, denn es muß angenommen werden, daß die von Clemens gegen Korinth aufgebotene Kirchenordnung nicht erst aus dem Jahre 96 stammt, sondern bis in die Anfänge dieser Gemeinde, d. h. bis in die Zeit des paulinischen Römerbriefes zurückreicht" (ebd. 21). Die Folgen für das Urteil über die Entstehung des Kirchenrechts und des Frühkatholizismus sind gewichtig: Nichts davon sei erst mit I Clem entstanden. Beide Phänomene begleiten und prägen die römische Gemeinde schon am Ende der fünfziger Jahre des ersten Jahrhunderts. In einem anderen Zusammenhang behauptet Beyschlag unmißverständlich: „Es handelt sich doch in I Clem 44 (vgl. 42) um allgemeine kirchenbegründende apostolische Bestimmungen, die nicht auf ihre Gültigkeit in Rom und Korinth (d. h. auf Petrus und Paulus, vgl. Dionys von Kor bei Eus h.e. II, 25,8) eingeschränkt werden können"[2].

K. Beyschlags Bemühungen, die Existenz einer Kirchenordnung in Rom nachzuweisen, scheitern an zwei Tatsachen: 1. das Abhängigkeitsverhältnis zwischen I Clem und den in Frage kommenden Kirchenordnungen erklären sich am einfachsten, wenn man I Clem als Quelle annimmt, und nicht durch die hypothetische Existenz einer früheren Quelle. Bei der Komplexität der Entstehungsverhältnisse der CA, die sich nicht zuletzt in der Textrekonstruktion widerspiegelt[3], beruhen literarkritische Entscheidungen auf einer sehr dünnen Basis. Die Entstehung der CA in der zweiten Hälfte des vierten Jahrhunderts in Alexandrien, wo I Clem schon gegen Ende des zweiten Jahrhunderts wohlbekannt war, macht ebenso die Benutzung einer angeblichen Quelle und nicht von I Clem selbst unwahrscheinlich[4]. 2. Die Existenz einer Kirchenordnung

---

[1] Clemens 40–44 und das Kirchenrecht 16.
[2] Clemens Romanus 74 Anm. 3.
[3] Vgl. B. STEIMER, Vertex Traditionis. Die Gattung der altchristlichen Kirchenordnungen (BZNW 63), Berlin 1993, 28–48.
[4] Vgl. die Kritik von E. MØRSTAD, Evangeliet 150 f.: G. BRUNNER, Mitte 151 Anm. 30; LINDEMANN, 134.

schon in der Zeit des paulinischen Römerbriefes müßte in den anderen Zeugnissen
der römischen Tradition irgendwelches Echo gefunden haben. Weder 1 Petr noch der
Hirt des Hermas lassen in ihren Aussagen zur Gemeindeverfassung etwas davon
spüren. Für die Existenz einer „römischen" Kirchenordnung spricht das nicht.

Auch H.-G. Leder glaubt an die Existenz einer Vorlage zu I Clem 40–45, aber die
Rekonstruktion hat wenig gemeinsam mit dem Vorschlag von K. Beyschlag. Leder
unterscheidet streng zwischen einer allgemeinen „Kirchenordnung" für die Einsetzung
von Episkopen und Diakonen in Kap. 40–43 und der römischen Kirchenordnung in
Kap. 44,1–3a. Auch in der Übertragung auf römische Verhältnisse bleibt der Inhalt
der allgemeinen „Kirchenordnung" wesentlich gleich: Die durch die Gottesordnung
erfolgte Einsetzung der Amtsträger begründet deren Unabsetzbarkeit (Unrecht 109).
Erst ab 44,3b (καὶ λειτουργήσαντας ἀμέμπτως …) sieht sich Klemens veranlaßt, das
Kriterium untadeliger Amtsführung einzuführen und so die Möglichkeit berechtigter
Amtsenthebung einzuräumen (111). Die Deutung ist folgenreich für die Frage des
Kirchenrechts. In 44,1–6 geht es nicht um Recht. Die Gültigkeit der in Kap. 40–43
verwendeten Kirchenordnung würde sich nur auf Rom beschränken (118). Die Ko-
rinther waren lediglich aufgefordert, „die bei ihnen erfolgte Amtsenthebung unter dem
Aspekt ihrer Sachgemäßheit, d.h. unter dem Kriterium der untadeligen Leitourgia,
einer gründlichen Revision zu unterziehen" (119).

Fraglich bei dieser Auslegung von I Clem 40–45 sind folgende Punkte: 1. Die
allgemeine (Kap. 40–43) und die römische Kirchenordnung (44,1–3a) werden postuliert
aufgrund literarkritischer Beobachtungen, die richtig auf neue argumentative Ansätze
hinweisen, die aber als solche nicht genügen, um darin jeweils eine Vorlage glaubhaft
zu machen, deren Herkunft völlig im Dunkeln bleibt; 2. die angebliche Stellungnahme
des Vf.s in 44,3b–6 steht und fällt mit der Konsistenz der vorausgesetzten Kirchenordnungen; 3. daß der Vf. von den Korinthern nur „eine gründliche Revision" der
betroffenen Maßnahme fordert, scheint dem brüderlichen, aber durchweg dezidierten
Ton des Schreibens nicht zu entsprechen: Die Herde Christi soll mit den eingesetzten
Presbytern in Frieden leben, und den Verantwortlichen des Aufruhrs wird nahegelegt,
die Gemeinde zu verlassen (54,2). Die Korinther sollen doch den Nacken beugen und
den Platz des Gehorsams einnehmen (63,1).

Es ist unwahrscheinlich, daß die Darlegung in Kap. 40–44 ohne jede Rück-
bindung an die Praxis der römischen Gemeinde zur Sprache gebracht werden.
Man kann davon ausgehen, daß sie nicht der „Amtstheorie" eines einzelnen
entspricht, sondern schon gelebte Praxis in der Gemeinde widerspiegelt[1]. Im
Hintergrund steht keine auf irgendeiner Kirchenordnung beruhende Rechts-
bestimmung, sondern die Praxis der römischen Gemeinde, die sich mit eindeutigem Autoritätsbewußtsein an die Korinther wendet. Nicht klar erkennbar
ist der Grund für die Absetzung der Presbyter in Korinth, und es muß offen
bleiben, ob der Vf. darüber genau Bescheid wußte. Aber der Anspruch der

---

[1] P. MIKAT, Bedeutung 18, dürfte mit seiner Meinung zu weit gehen, die Lehre von I Clem
an diesem Punkt sei eine alte, überkommene Lehre. Hätte die Argumentation des Vf.s der
Wirklichkeit nicht entsprochen, „dann wäre sein Schreiben von vornherein zum Scheitern
verurteilt gewesen. Was die Apostel, was insbesondere *Paulus*, gelehrt hatten, das wußten die
Korinther ebensogut wie die Römer." Hier gilt das im Zusammenhang mit dem Sukzessionsge-
danken Gesagte. Vgl. 477 Anm. 3.

römischen Gemeinde, verbindlich in die Angelegenheit eingreifen zu dürfen und dazu ein Gehorsam verlangendes Wort aussprechen zu können, ist unübersehbar. Das Neue, das langfristig für die Rolle Roms von größter Bedeutung ist, ist die Tatsache, daß dieser Anspruch nicht an eine Einzelperson gebunden ist, sondern nur im Namen der Gemeinde erhoben wird[1].

11.5. Abschluß. Die Bestätigung des abgegebenen Urteils durch die Geschichte (45,1-8)

Nach der erteilten Belehrung über den umstrittenen Punkt greift der Vf. auf die in der Schrift enthaltenen Beispiele als bewährtes Mittel zurück, um das Unrecht bei der Absetzung der Presbyter zu unterstreichen. Der allgemeinen Aufforderung in V. 1 folgt die Feststellung eines schon vorausgesetzten Wissens über das Schicksal des Gerechten (V. 2-5), das durch die Beispiele (V. 6-7) verdeutlicht wird. Was nun den Ausharrenden erwartet, kommt in V. 8 zum Ausdruck.

1. Seid Streiter, Brüder, und Eiferer um das, was zum Heil gehört. 2. Ihr habt einen Einblick bekommen in die heiligen Schriften, die wahren, die durch den Heiligen Geist (gegebenen). 3. Ihr wißt, daß nichts Unrechtes oder Gefälschtes in ihnen geschrieben steht. Ihr werdet nicht finden, daß die Gerechten von frommen Männern abgesetzt worden sind. 4. Verfolgt wurden Gerechte, aber von Gesetzlosen; eingekerkert wurden sie, aber von Gottlosen; gesteinigt wurden sie von Missetätern, getötet wurden sie von denen, die in sich eine schmutzige und ungerechte Eifersucht aufgenommen hatten. 5. Als sie dies erlitten, ertrugen sie es ruhmreich.
6. Denn was sollen wir sagen, Brüder? Wurde Daniel von denen, die Gott fürchteten, in die Löwengrube geworfen? 7. Oder wurden Hananias und Azarias und Misael von denen, die sich dem großartigen und glorreichen Kult des Allerhöchsten widmeten, in den Feuerofen gesperrt? Durchaus nicht! Wer sind es nun, die solches getan haben? Die Verhaßten und aller Schlechtigkeit Vollen steigerten sich beim Streit zu solcher Wut, so daß sie die, die in frommer und untadeliger Absicht Gott dienten, in Pein stürzten, ohne zu wissen, daß der Allerhöchste ein Verteidiger und Beschützer derer ist, die in reinem Gewissen seinem vortrefflichen Namen dienen. Ihm die Ehre von Ewigkeit zu

---

[1] H.-J. VOGT, Bischofsamt 221 f., betont hingegen die Rolle des Vf.s: „Wenn Clemens selbst noch nicht so im Mittelpunkt des Gottesdienstes und Gemeindelebens gestanden haben sollte, dann ist auf jeden Fall das Bild, das er entworfen hat, so anziehend gewesen, daß es die Gemeinde innerhalb eines halben Jahrhunderts geprägt hat. Clemens war, so könnte man vielleicht sagen, wenigstens auf dem Weg zum Bischofsamt im vollen Sinn, zum Monepiskopat." Ein solches Profil des Vf.s ist dem Text nicht zu entnehmen.

Ewigkeit. Amen. 8. Die aber in Zuversicht ausharrten, haben Herrlichkeit und Ehre geerbt; sie wurden erhöht und von Gott in sein Gedächtnis eingeschrieben von Ewigkeit zu Ewigkeit. Amen.

1   Ob das Verb im Indikativ oder Imperativ zu lesen ist, läßt sich textkritisch allein nicht entscheiden, und so bleibt es auch in den Textausgaben dieses Jahrhunderts umstritten[1]. Nach der vorliegenden Interpretation hat die Imperativform den Vorzug. Nicht unwichtig ist die Deutung von φιλόνεικοι und ζηλωταί. Liest man die Aussage indikativisch, und faßt man die zwei Termini rein wörtlich auf, so ist die syrische LA, die eine Verneinung hinzufügt, logisch: Ihr seid Streiter und Eiferer nach dem, was *nicht* zum Heile dient![2] Aber eine solche Rüge würde zu den folgenden positiven Aussagen in V. 2–3 schlecht passen. Das Problem findet eine gute Lösung, wenn man die LA der alten lateinischen Übersetzung heranzieht. In diesem Fall handelt es sich um eine Aufforderung mit rhetorischem Charakter. Im Sprachfeld von I Clem lassen sich solche Termini wie φιλόνεικοι und ζηλωταί leicht mit negativen Nebenklängen verbinden. Das immer wieder eingeschärfte Ideal war nämlich Friede und Eintracht, wider Streit und Eifersucht. Aber es gibt eine Richtung, für die der Einsatz eines Streitsüchtigen und Eiferers[3] nicht deplaciert ist, nämlich beim Bemühen um all das, was zum Heil dient. Indirekt ergeht der Appell, diesen Einsatz nicht mehr zugunsten von Streit und Eifersucht gelten zu lassen, sondern im Sinn der bisherigen Ermahnung, die durch die Darlegung in Kap. 40–44 zusätzlich begründet wurde. Zu τῶν ἀνηκόντων vgl. 35,5. Das Ziel der Bemühungen ist zwar sehr allgemein formuliert: das, was sich auf das Heil bezieht bzw. zum Heil gehört[4]. Aber der Kontext zeigt, daß es sich um keine vage Aussage handelt. Die richtige Beurteilung der Ereignisse in Korinth hängt mit dem Weg zum Heil zusammen.

2   Zu Sprachgebrauch und Bedeutung von ἐγκύπτειν vgl. 40,1. Wie in 53,1 und 62,3 geht es hier um den tiefen Einblick in die Schrift, der den Adressaten zugesprochen wird. Die allgemeine Aussage wird erst in V. 3–5 inhaltlich konkretisiert, und der ganze Abschnitt bereitet die direkte Anspielung auf die Schrift in V. 6–7 vor. Ein ähnliches Verfahren – auch in der Ausdrucksweise – liegt in 53,1 vor: ἐπίστασθε γὰρ καὶ καλῶς ἐπίστασθε τὰς ἱερὰς γραφάς, ἀγαπητοί, καὶ ἐγκεκύφατε εἰς τὰ λόγια τοῦ θεοῦ. Die Perfekt-Form weist auf ein Wissen über die Schrift hin, das in der Gegenwart fortdauert. Daß die

---

[1] Die Indikativform ἐστέ bezeugt HC¹S (Cotelier; Hilgenfeld; Gebhardt/Harnack, Bihlmeyer; Schaefer). Der Imperativ ἔστε folgt L (Lightfoot; Knopf; Lake; Jaubert; Fischer; Schneider). A bringt ΕΣΤΑΙ.

[2] So Cotelier und Hilgenfeld.

[3] Vgl. 1 Kor 14,12 und vor allem 1 Petr 3,13: … ἐὰν τοῦ ἀγαθοῦ ζηλωταὶ γένησθε. Als allgemeines Prinzip geläufig. Vgl. Musonius 17: οὐ γὰρ ἄλλους γέ τινας ἢ τοὺς εὐδαίμονας ζηλοῦμεν.

[4] Die gleiche Wendung kommt in Barn 17,1 vor, aber die Stelle ist textkritisch unsicher.

Schrift heilig[1] und wahr ist, ergibt sich aus dem Wirken des Heiligen Geistes, der durch sie spricht (vgl. 13,1) bzw. andere zum Sprechen bewegt (vgl. 8,1; 22,1).

Aus dem Einblick in die Schriften geht zunächst ein bestimmtes Wissen 3 über ihren Inhalt hervor. ἐπίστασθε (ihr wißt) dient als rhetorische Anrede wie in Apg 10,28; 15,7; 19,25. Unrechtes (ἄδικον: vgl. 3,4; 5,4; 45,4, immer in Verbindung mit ζῆλον) und Gefälschtes (παραπεποιημένον) werden dabei als unmöglicher Inhalt ausgeschlossen. Von den zwei Ausdrücken kennt der letzte einen präzisen Gebrauch. Aristoteles verwendet ihn in seiner Rhetorik als Bezeichnung von Wortnachbildungen, die sich – wie bei Wortwitzen – aus der Vertauschung der Buchstaben ergeben (Rhet. 1412a: ἀλλ' ὥσπερ ἐν τοῖς γελοίοις τὰ παραπεποιημένα ὅπερ δύναται καὶ τὰ παρὰ γράμμα σκώμμα-τα)[2]. Es handelt sich dabei um eine absichtliche Änderung eines Wortes. Bei Aristoteles ist sie ein Zeichen von „Esprit" und erfolgt hauptsächlich um des Witzeffektes willen. Es bleibt aber eine Täuschung, indem die Neubildung den ursprünglichen Sinn verdirbt und so den Zuhörer überrascht. Der Stand-ort des Terminus ist die Rhetorik, und so wird es auch in I Clem verstanden. Die Wahrheit der Schriften verlangt, daß in ihnen nichts geändert wurde, was sonst einer Fälschung gleichkäme. Die folgende Aussage führt näher an die Sache heran. Der Vf. selber zeigt seine eigene Schriftkenntnis: Ihr werdet nicht finden, daß Gerechte (δίκαιοι) von frommen Männern (ἀπὸ ὁσίων ἀνδρῶν) verworfen wurden. ἀποβάλλειν ist der Terminus, der in 44,3.4 die Entfernung aus der λειτουργία bzw. dem Episkopenamt ausdrückt. Das Sprachfeld verbindet 45,3b besonders mit dem letzten Teil von 44,3: τούτους οὐ δικαίως νομίζομεν ἀποβάλλεσθαι τῆς λειτουργίας[3].

Vier parallel aufgebaute Aussagen bestätigen die Behauptung in V. 3b: 4

1. ἐδιώχθησαν δίκαιοι,   ἀλλ' ὑπὸ ἀνόμων·
2. ἐφυλακίσθησαν,   ἀλλ' ὑπὸ ἀνοσίων·
3. ἐλιθάσθησαν   ὑπὸ παρανόμων·
4. ἀπεκτάνθησαν   ὑπὸ[4] τῶν μιαρὸν καὶ ἄδικον ζῆλον ἀνειληφότων.

---

[1] Die koptische Übersetzung verdeutlicht: εἰς τὰς γραφὰς τοῦ θεοῦ bzw. θείας.

[2] Der anonyme Kommentator der Rhetorik gibt als Beispiel dazu an: παραπεποιημένα λέγει τὰ <σκώμματα> τὰ ὑπάρχοντα παρὰ γράμμα ἕν, οἷον πρός τινα τραυλὸν „ὀλᾷς, κόλακος κεφαλὴν ἔχεις" παρ' ἓν γράμμα ἤτοι παρὰ τὸ ρω ἐστὶ τὸ σκῶμμα· οὕτως γὰρ ἔδει εἰπεῖν „ὁρᾷς, κόρακος κεφαλὴν ἔχεις". παραπεποιημένα λέγει τὰ παρεφθαρμένα παρὰ γράμμα ἕν. (212,10–15). Es ist ganz anders, für einen Schmeichler (κόλακος κεφαλὴν ἔχεις) oder für einen Raben (κόρακος κεφαλὴν ἔχεις) gehalten zu werden, aber am Wort ändert sich nur ein Buchstabe.

[3] Die Begrifflichkeit ist typisch für I Clem. Vgl. 14,1: δίκαιον οὖν καὶ ὅσιον, ἄνδρες ἀδελφοί.

[4] Bei A fehlt der erste Buchstabe. H liest ἀπό. Dafür entscheiden sich Gebhardt/Harnack, Hemmer, Bihlmeyer, Bosio. Die LA mit ὑπό vertreten Hilgenfeld, Lightfoot, Knopf, Schaefer, Lake, Fischer, Jaubert, Schneider. Möglicherweise ist die LA ὑπό die ursprüngliche. Denn in 4,13 bringt H zweimal ἀπό anstelle von ὑπό. In 30,8 fehlt bei H das ὑπό. Bei dieser Tendenz fällt die Entscheidung zugunsten der Präposition ὑπό.

Die Textkritik zeigt die Tendenz der Überlieferung, den parallelen Aufbau hervorzuheben (z. B. die syrische Übersetzung: auch die zwei letzten Sätze mit ἀλλ᾽) bzw. die Aussagen mit dem Vorangehenden und dem Nachstehenden stärker zu verbinden (so die koptische Übersetzung)[1]. Die vier Verben im Aorist-Passiv bilden eine Steigerung von der Verfolgung bis zur Tötung[2]. Das Motiv ist schon in 5,2 angeklungen (οἱ μέγιστοι καὶ δικαιότατοι στῦλοι ἐδιώχθησαν καὶ ἕως θανάτου ἤθλησαν). Die drei ersten Zeilen weisen weitgehend eine ähnliche Struktur aus. Das Subjekt (δίκαιοι) wird nur am Anfang genannt. Es sind die Gerechten, die unter Gesetzlosen, Gottlosen und Übeltätern leiden müssen. Die vierte Zeile fällt durch die Länge aus der Reihe, aber sie ist eine Form, auf eine Deutung des Geschehens in Korinth aufmerksam zu machen, die im ersten Teil des Briefes wiederholt zum Ausdruck gekommen ist: die „schmutzige" Eifersucht als Ursache des Übels, wie sie früher Ursache des Todes war. Die Formulierung nimmt 3,4 wieder auf: ζῆλον ἄδικον καὶ ἀσεβῆ ἀνειληφότας, δι᾽ οὗ καὶ θάνατος εἰσῆλθεν εἰς τὸν κόσμον. In beiden Fällen erscheint das Partizip Perfekt ἀνειληφότες, um den wirksamen Einfluß der Eifersucht bei den Ungerechten auszudrücken. Die Ausdrucksweise weist auch auf die ersten Kapitel zurück: zu ἄδικος ζῆλος vgl. 3,4; 5,4; zu μιαρός vgl. 1,1. Der Rückverweis auf den Anfang des Schreibens ist nicht zufällig. Das Schicksal des Gerechten, das mit dem Los der abgesetzten Presbyter indirekt in Verbindung gesetzt wird, erinnert an das Schicksal der vorbildlichen Apostel Petrus und Paulus: beide wurden bis zum Tode verfolgt (5,2); Paulus wurde auch gesteinigt (5,6), aber so empfing er den Ruhm für seinen Glauben (5,6b), wie die Gerechten ihr Leiden ruhmreich ertrugen (45,5).

5   Das ταῦτα πάσχοντες bezieht sich auf das in V. 4 geschilderte Leiden[3]. Das Objekt von ἤνεγκαν ist ebenfalls dieses Leiden. Das selten gebrauchte Adverb εὐκλεῶς bezeichnet das Geschehen als „ruhmreich"[4].

6   Eine rhetorische Frage (vgl. 18,1) bildet die Überleitung zu zwei Beispielen aus der Schrift, die das Schicksal der Gerechten verdeutlichen sollen. Die Struktur entspricht der der vier Aussagen über die Gerechten in 45,4. Dem Subjekt, das die Gerechten repräsentiert, folgt ein ὑπό mit dem Verb im Passiv-Aorist (ἐβλήθη, κατείρχθησαν). Die Beispiele sind jeweils in Frageform eingeführt, aber dem Inhalt nach sind sie so gestaltet, daß die Antwort schon als selbstverständlich vorausgesetzt ist. Wurde Daniel etwa von gottesfürchtigen Menschen in die Löwengrube geworfen? Der Text spielt auf Dan 6,17

---

[1] Vgl. SCHMIDT, 92.

[2] Vgl. KNOPF, 120; LINDEMANN, 133.

[3] Vgl. 25,3: καὶ ταῦτα βαστάζων ...; 35,6: ταῦτα γὰρ οἱ πράσσοντες ...; 45,7: οἱ ταῦτα δράσαντες.

[4] Bei den Tragikern vgl. Aischylos, Pers. 327 f. (von Syennesis, Machthaber in Kilikien): εἷς ἀνὴρ πλεῖστον πόνον ἐχθροῖς παρασχών, εὐκλεῶς ἀπώλετο. Vgl. auch DERS., Agam. 1304; Euripides, Heraclidae 534; Iphig. Aul. 1376; Rhesus 758: θανεῖν γὰρ εὐκλεῶς μέν, εἰ θανεῖν χρεών. Es geht immer um den ruhmreichen Tod. Vgl. ferner Xenophon, Anab. VI 3,17.

nach Theodotion an: τότε ὁ βασιλεὺς εἶπεν καὶ ἤγαγον τὸν Δανιὴλ καὶ ἐνέβαλον αὐτὸν εἰς τὸν λάκκον τῶν λεόντων. Für den bibelkundigen Leser ist die Intention der Frage evident.

Die zweite Frage hat den gleichen Charakter wie die vorangehende und 7 gehört ebenfalls zum gleichen Erzählkomplex: zur Danielgeschichte. Diesmal handelt es sich um eine Anspielung auf Dan 3,24 – Hananias, Azarias und Misael werden in den Feuerofen gesperrt –, die der LXX näher steht als der Version Theodotions: οὕτως οὖν προσηύξατο Ἀνανίας καὶ Ἀζαρίας καὶ Μισαὴλ καὶ ὕμνησαν τῷ κυρίῳ, ὅτε αὐτοὺς ὁ βασιλεὺς προσέταξεν ἐμβληθῆναι εἰς τὴν κάμινον. Die entsprechende Stelle bei Theodotion ist Dan 3,23 und lautet: καὶ οἱ τρεῖς οὗτοι Σεδράχ, Μισάχ καὶ Ἀβδεναγὼ ἔπεσον εἰς μέσον τῆς καμίνου τοῦ πυρὸς τῆς καιομένης πεπεδημένοι. Die Namen sind die der LXX[1], aber wie unsicher die Textgrundlage ist, wird deutlich, wenn man beachtet, daß Theodotion vom „Feuerofen" spricht (εἰς μέσον τῆς καμίνου τοῦ πυρός), während die LXX nur den „Ofen erwähnt" (εἰς τὴν κάμινον)[2]. Vom Text her läßt sich nicht klar entscheiden, ob der Vf. nach einer Mischform des griechischen alttestamentlichen Textes zitiert, oder ob es sich um eine freie Zitation aus dem Gedächtnis handelt. Das letztere dürfe jedoch wahrscheinlicher sein. Die Frage spielt mit dem unmöglichen Gedanken, daß die drei „von denen, die sich dem großartigen und glorreichen Kult des Allerhöchsten" widmen, so behandelt wurden. Nach dem Gottesfürchtigen des ersten Beispiels kommen nun die Gottesverehrer (τῶν θρησκευόντων) zum Tragen. Ihre θρησκεία (vgl. Apg 26,5; Jak 1,26 f.) meint nicht den christlichen Gottesdienst[3], sondern den Kult bzw. die Gottesverehrung, so wie sie in der Schrift bezeugt ist. In ihrer Ausrichtung auf den Allerhöchsten besteht die Kontinuität mit der christlichen Gottesverehrung, die in 62,1 beim Ausdruck ἡ θρησκεία ἡμῶν erkennbar ist. Die Begrifflichkeit ist die des hellenistischen Judentums[4]. Die θρησκεία wird als μεγαλοπρεπῆς καὶ ἔνδοξος charakterisiert, wie die βούλησις Gottes in 9,1. Die Qualifizierung „großartig" und „glorreich" hängt mit dem Objekt der religiösen Verehrung zusammen: dem Allerhöchsten. Das Wirken τοῦ ὑψίστου kommt in der sich anschließenden Erklärung zum Ausdruck.

Der Vf. verwendet nicht ἐμβάλλειν, um das Hineingeworfen-werden der drei Jünglinge in den Feuerofen auszudrücken, wie in Dan (LXX) 3,20.22.24, sondern κατείργειν[5], das in der biblischen und altchristlichen Literatur nicht

---

[1] Das darf nicht überbewertet werden, denn die Namen kommen in beiden Versionen in Dan 1,6.11.19; 2,17; 3,88 vor.

[2] In Dan (LXX) 3,20 ist allerdings davon die Rede: ... τὸν Σεδράχ, Μισάχ, Ἀβδεναγὼ ἐμβαλεῖν εἰς τὴν κάμινον τοῦ πυρός.

[3] Gegen K. L. SCHMIDT, ThWNT III 156.

[4] Zu θρησκεία als Bezeichnung der jüdischen Gottesverehrung vgl. Josephus, Ant 1,222 f.: περὶ τὴν τοῦ θεοῦ θρησκείαν; 19,283; Philo, LegGai 232.298; 4 Makk 5,7.13; zu θρησκεύειν vgl. Josephus, Ant 20,13.

[5] Vgl. Herodot, 4,69: κατεργνῦσι (τοὺς βοῦς) ἐς μέσα τὰ φρύγανα.

belegt ist. Vielleicht wollte er das ἐβλήθη, das in der Anspielung auf Daniel verwendet wurde (V. 6), vermeiden. Gemeint ist das gezwungene Eingesperrtsein. Die scharfe Verneinung der gestellten Frage war zu erwarten[1].

Eine neue Frage führt zur Aufdeckung der wahren Schuldigen: „Wer sind es nun, die solches getan haben?"[2] Die Antwort ist deswegen wichtig, weil die Ausdrucksweise die Missetäter der vergangenen Geschichte so darstellt, daß sich eine Analogie mit den Verantwortlichen für die Unruhen in Korinth aufdrängt. Die Schuldigen gelten zuerst als στυγητοί. Die Formulierung geht auf 35,6 zurück: ταῦτα γὰρ οἱ πράσσοντες στυγητοὶ τῷ θεῷ ὑπάρχουσιν. Der Zusammenhang mit der zuvor gestellten Frage (τίνες οὖν οἱ ταῦτα δράσαντες;) wird ebenso deutlich. Es sind die Verhaßten, d. h. die von Gott Abgelehnten. Nicht zwischenmenschliche Beziehungen sind gemeint, sondern die alles entscheidende Haltung Gottes ihnen gegenüber. Sie äußert sich in einer dem Gericht gleichkommenden Zurückweisung durch Gott. Das Folgende ist ebenso negativ. Voll jeder Schlechtigkeit sind sie[3]. Aus diesen Voraussetzungen versteht sich ihr Wirken: Sie haben den Streit zu einer solchen Wut gesteigert[4], daß die Gottesdiener großes Leiden erlitten. θύμος ist ein erster Hinweis auf den gegenwärtigen Bezugspunkt der alten Geschichte. Wie 46,5 (ἔρεις καὶ θυμοὶ ... ἐν ὑμῖν) deutlich zeigt, geht es dabei um eine Anspielung auf die Streitigkeiten in Korinth. Die Satzstruktur bringt noch einen weiteren Beweis für die beabsichtigte Aktualisierung. Die formale Ähnlichkeit mit 1,1 und 46,7, wo das korinthische Problem direkt angesprochen wird, ist unübersehbar.

1,1	45,7	46,7
εἰς τοσοῦτον ἀπονοίας ἐξέκαυσαν,	εἰς τοσοῦτο ἐξήρισαν θυμοῦ, ἐρχόμεθα,	εἰς τοσαύτην ἀπόνοιαν
ὥστε τὸ σεμνὸν καὶ περιβόητον ...	ὥστε τοὺς ἐν ὁσίᾳ καὶ ἀμώμῳ προθέσει δουλεύοντας τῷ θεῷ εἰς αἰκίαν περιβαλεῖν.	ὥστε ἐπιλαθέσθαι ἡμᾶς, ὅτι μέλη ἐσμὲν ἀλλήλων;

Die durch und durch negative Folge der Handlung, die *zu einem solchen Grad* von Unvernunft bzw. von Zorn geführt hat, ist die Lästerung über die Gemeinde (1,1), das Leiden der Gerechten (45,7) bzw. das Vergessen der gegenseitigen Bindung (46,7). Diese drastische Ausdrucksweise, die bei den griechischen Rhetoren beliebt war[5], hat gute Parallelen in den philonischen Schriften, die die gleiche Konstruktion ca. 35mal ausweisen, und vor allem

---

[1] Zu μηθαμῶς τοῦτο γένοιτο vgl. 33,1: μηθαμῶς τοῦτο ἐάσαι ὁ δεσπότης.

[2] δρᾶν kommt in I Clem nur hier vor. In der christlichen Literatur erst bei Justin, Dial. 1,5; 3,3. In der LXX nur dreimal: Weish 14,10; 15,6; 4 Makk 11,4. Vgl. auch Arist 194; TestDan 3,4; grBr 4,16; sehr häufig bei Philo.

[3] Kennt der Vf. Tit 3,3b: ἐν κακίᾳ καὶ φθόνῳ διάγοντες, στυγητοί?

[4] ἐξερίζειν verstärkt den Sinn von ἐρίζειν. Weder in der biblischen noch in der altchristlichen Literatur ist das Verb sonst belegt.

[5] Vgl. Isokrates, Or. 4,64; Lysias, Or. 1,45; 2,36; 6,33; 21,16 u. ö.

bei Josephus: allein in De Bello Judaico erscheint sie mehr als 200mal[1]. Der rhetorische Effekt ist leicht erkennbar. Das Exzessive des Vorgangs – es kann auch etwas Positives beinhalten, aber das ist in I Clem nicht der Fall – macht dessen Folge um so verständlicher und einsichtiger. Der Leser bzw. der Hörer kann sich der Stichhaltigkeit der Argumentation nur dann entziehen, wenn er die Darstellungsform selbst hinterfragt. Tut er das nicht, dann wird er auch die Beurteilung der Folgen übernehmen.

Daß die Jünglinge in frommer und untadeliger Absicht Gott gedient haben[2], steht nicht im Buch Daniel, aber es gibt den Inhalt der Geschichte in Dan 1–3 treu wieder. Ihre Rechtschaffenheit macht ihr zugefügtes Leid um so ungerechter. εἰς αἰκίαν περιβαλεῖν, „in Pein stürzen" ist eine bildhafte Wendung für schweres Leiden (vgl. 3 Makk 6,26; Arist 167; 208. Ähnlich 2 Makk 7,42; Josephus, Ant 2,276). An dieser Stelle leitet den Vf. die von ihm selbst bestimmte Logik der Erzählung (45,4), nicht der Text der Danielgeschichte als solcher, denn dort ist von irgendwelchem Leid des Daniel und seiner Gefährten nicht die Rede[3]. Aber das Leid der Gerechten offenbart die Schlechtigkeit der Täter in vollem Umfang.

Die durch die Partizipial-Wendung μὴ εἰδότες eingeleitete Aussage ist keine Entschuldigung der Täter, sondern unterstreicht ihre Ferne zur Heilsordnung. Sie haben nämlich nicht gewußt, daß Gott ein Verteidiger und Beschützer seiner Diener ist, d. h. ihre Anstrengungen, den Gerechten Schaden zuzufügen, waren letztlich zum Scheitern verurteilt. Die Gottesprädikation ὁ ὕψιστος ὑπέρμαχος καὶ ὑπερασπιστής hat ihre Wurzel im hellenistischen Judentum. Die Prägung ὁ ὕψιστος ist in der LXX und im NT oft belegt[4]. Zu Gott als ὑπέρμαχος (Verteidiger) vgl. 2 Makk 14,34; Philo, Abr 96.232; OmnProb 44; Flacc 170; Sib 3,709. Gott als ὑπερασπιστής, d. h. als Beschützer, ist eine Prädikation, die besonders in den Psalmen häufig vorkommt (vgl. Ps 26,1; 27,7; 32,20 u. ö.). Das schützende Handeln Gottes gilt denen, die seinem Namen in reinem Gewissen dienen (τῶν ἐν καθαρᾷ συνειδήσει λατρευόντων)[5]. Der Gebrauch von λατρεύειν dürfte einerseits durch die Danielgeschichte

---

[1] Vgl. Philo, Som II 117: φλυαρίας δὲ ἄρα τοσαύτης γέμουσί τινες, ὥστε ἀγανακτοῦσιν, εἰ μὴ ὁ κόσμος τοῖς βουλήμασιν αὐτῶν ἕποιτο; Post 54: τοσοῦτον δ᾽ ἄρα τῆς ἀσεβείας ἐπιβεβήκασιν, ὥστ᾽ οὐ μόνον δι᾽ ἑαυτῶν ἐγείρειν τὰς τοιαύτας πόλεις ἀξιοῦσιν, ἀλλὰ καὶ ...; Jos 12: καὶ ἐπὶ τοσοῦτον προῆγον ὀργῆς, ὥστε καὶ τὸν ἐπ᾽ αὐτῷ φόνον οὐ πάντες ἀλλ᾽ οἱ πλείους ἐβούλευον ...; SpecLeg IV 48: ἀλλὰ τοσαύτῃ τινὲς ὑπερβολῇ χρῶνται μοχθηρίας, ὥστ᾽ οὐ μόνον ἀνθρώπων ἀγένητα κατηγοροῦσιν, ἀλλ᾽ ἐπιμένοντες τῇ μοχθηρίᾳ διαίρουσι ...; Josephus, Bell 1,71.325.338.373.474 u. ö. Besonders wichtig Bell 4,261! (vgl. I Clem 1,1). In der LXX läßt sich nur 3 Makk 2,26 als Parallele anführen: ἀλλὰ καὶ ἐπὶ τοσοῦτον θράσους προῆλθεν ὥστε δυσφημίας ἐν τοῖς τόποις συνίστασθαι ... (von Ptolemäus, der in seiner Frechheit so weit ging, daß er Verleumdungen an den Plätzen [„öffentlichen"?] ausstreute).

[2] Vgl. 2,3: ἐν ἀγαθῇ προθυμίᾳ; 26,1: ... τῶν ὁσίως αὐτῷ (τῷ δημιουργῷ) δουλευσάντων. In Dan 3,23 (Theod.) werden die drei Jünglinge οἱ δοῦλοι τοῦ θεοῦ τοῦ ὑψίστου genannt.

[3] Vgl. Dan (Theod.) 3,92: καὶ διαφθορὰ οὐκ ἔστιν ἐν αὐτοῖς.

[4] Vgl. G. BERTRAM, ThWNT VIII 615–619.

[5] Vgl. 2 Tim 1,3: χάριν ἔχω τῷ θεῷ, ᾧ λατρεύω ἀπὸ προγόνων ἐν καθαρᾷ συνειδήσει.

bedingt sein, da es sich sowohl um die Verweigerung des Götzendienstes handelt (Dan 3,12.14.18), als auch um den Dienst für den wahren Gott (Dan [Theod.] 3,17: ἔστιν γὰρ θεός, ᾧ ἡμεῖς λατρεύομεν). Andererseits – λατρεύειν enthält einen Bezug zum kultischen Dienst – weist der Ausdruck auf die Sachhälfte hin, die durch die Beispiele aus der Schrift beleuchtet werden soll. Was Daniel und seinen Gefährten widerfahren ist, stellt paradigmatisch das Schicksal der ungerecht abgesetzten Presbyter in Korinth dar.

Der Dienst gilt τῷ παναρέτῳ ὀνόματι αὐτοῦ. Abgesehen von der textkritischen Entscheidung in 60,4 enthält die Wendung eine liturgische Färbung (vgl. 58,1; 59,2.3; 64), die die sich anschließende Doxologie unterstreicht. Obwohl vom Tun der Bösen und vom Leiden der Gerechten die Rede ist, genügt der Hinweis auf die rettende Macht Gottes und die Erwähnung seines vortrefflichen Namens, um die Gemeinde zum gemeinsamen Lob als Antwort zu bewegen. Im Zusammenhang mit dem folgenden Vers, der ebenfalls mit einem „Amen" endet, signalisiert die Doxologie den Abschluß einer Einheit, die insgesamt Kap. 40–45 umfaßt. Vom Ende dieser Einheit her gesehen ist der Sinn von Kap. 45 verständlich. Es handelt sich um eine Bekräftigung der in 44,4-6 abgegebenen Beurteilung durch den Schriftbeweis. Immer schon wurden die Gerechten durch die Bösen verfolgt und angefochten. Aber Gott selber sorgt dafür, daß seine treuen Diener den notwendigen Schutz erfahren.

8   Die störende Wiederholung des Schlusses εἰς τοὺς αἰῶνας τῶν αἰώνων. ἀμήν in V.7 und V.8 wurde von der altlateinischen Übersetzung dadurch aufgehoben, daß der ganze Vers 8 ausgeklammert wurde. Die koptische und die syrische Übersetzung lassen ihrerseits das Amen in V.8 aus. Aber V.8 darf nicht als ein nicht ganz passender Anhang zu V.7 betrachtet werden. Subjekt in V.7b waren die Frevler. Zum Schluß wurde Gott als Verteidiger und Beschützer der Gerechten dargestellt und gepriesen. Aber auch so blieb die Frage nach dem Schicksal Daniels und der drei Jünglinge. V.8 bringt die Antwort darauf. Inhaltlich ist es eine Variante über ein Thema, das in I Clem 35,3.4 auftauchte: die reiche Belohnung derer, die in treuer Zuversicht ausharren.

Die Zuversicht (ἐν πεποιθήσει) hängt mit dem Glauben zusammen (35,2: πίστις ἐν πεποιθήσει) und zeigt sich in der Haltung des treuen Ausharrens. Wie werden sie belohnt (vgl. 35,3a: τίνα οὖν ἄρα ἐστὶν τὰ ἑτοιμαζόμενα τοῖς ὑπομένουσιν;)? Die Antwort enthält drei Punkte: 1. δόξαν καὶ τιμὴν ἐκληρονόμησαν. „Herrlichkeit und Ehre" sind Gaben Gottes an die Menschen als Zeichen irdischer Macht (61,1.2)[1]. Auch vom Inhalt der Danielgeschichte her (vgl. Dan 3,97; 5,29) ist an diesen Aspekt der Belohnung zu denken (Knopf, 121) und nicht an ein eschatologisches Gut[2]; 2. ἐπήρθησαν bringt eine Steigerung zum ersten Punkt: sie wurden erhöht. ἐπαίρειν wird in I Clem

---

[1] Vgl. Ps 8,6; Dan (LXX) 2,37.
[2] Anders R. BULTMANN, ThWNT VI 9.

sonst im negativen Sinn verwendet (14,5;16,1; 21,5; 39,1). Ob der Terminus hier eine so ausgeprägte Bedeutung hat wie in Apg 1,9 (καὶ ταῦτα εἰπὼν βλεπόντων αὐτῶν ἐπήρθη), ist nicht klar. Denkbar wäre eher auch ein Sprachgebrauch wie in Ps 27,9: σῶσον τὸν λαόν σου καὶ εὐλόγησον τὴν κληρονομίαν σου καὶ ποίμανον αὐτοὺς καὶ ἔπαρον αὐτοὺς ἕως τοῦ αἰῶνος, als Ausdruck der Rettung aus der Not; 3. durch das τε καί bleibt die dritte Aussage mit der vorangehenden verbunden. Die Rettung der Ausharrenden besteht darin, daß sie im Gedächtnis Gottes auf ewig eingeschrieben sind. Die Wendung spielt auf Mal 3,16 an: καὶ ἔγραψεν βιβλίον μνημοσύνου ἐνώπιον αὐτοῦ τοῖς φοβουμένοις τὸν κύριον καὶ εὐλαβουμένοις τὸ ὄνομα αὐτοῦ (Gott schreibt ein Gedenkbuch für jene, die ihn fürchten) und beruht auf dem alttestamentlichen Motiv des Gedenkens Gottes. Im Hintergrund schimmert ein anderes Motiv auf: die Zahl der Gerechten nach I Clem 35,4a: ἡμεῖς οὖν ἀγωνισώμεθα εὑρεθῆναι ἐν τῷ ἀριθμῷ τῶν ὑπομενόντων. Was den Gläubigen in der Gegenwart noch als Aufgabe bevorsteht, hat sich in den alttestamentlichen Gestalten so erfüllt, daß sie nicht mehr aus dem Gedächtnis Gottes getilgt werden könnnen. Gott selbst hat sie dort eingeschrieben.

12. Ermahnungen auf dem Hintergrund des Konflikts in Korinth (46,1–50,7)

Die folgenden Ermahnungen brechen den Bezug auf die korinthische Angelegenheit nicht ab. Aber jetzt geht es darum, die Folgen aus der Beurteilung des Problems dort und deren Begründung ohne Einschränkungen zu übernehmen. Das Material ist unterschiedlich: die Vorbilder zur Nachahmung (Kap. 46), die Erinnerung an Paulus und an die Würde der korinthischen Gemeinde (Kap. 47), die Notwendigkeit der Umkehr (Kap. 48), die Größe der Liebe Gottes (Kap. 49), aber auch die konkrete Bedeutung der Agape für die Gemeinde (Kap. 50). Wie in 45,7 schließt auch in 50,7 eine Doxologie die thematische Einheit ab.

12.1. Die Bedeutung der Vorbilder und die Folgen der Spaltung (46,1–9)

Der Abschnitt läßt sich in zwei Teile gliedern. Der erste hat das Verb κολλᾶσθαι als Stichwort. Die Aufforderung, sich den dargelegten Beispielen (45,6 f.) eng anzuschließen (V. 1), wird durch zwei Zitate begründet (V. 2.3), die sogleich einen erneuten Appell in V. 4 einleiten. Den zweitenTeil eröffnen drei Fragen (V. 5.6.7), bei denen die Fragepartikel ἱνατί zweimal vorkommt.

Man fragt „warum", aber nicht, um die Ursachen des Konflikts ans Licht zu bringen – aus der Sicht des Vf.s sind sie klar genug –, sondern um das Ausmaß der Verfehlung darzulegen. Ein Drohwort des Herrn kündigt sodann die Bestrafung der Schuldigen (V. 8) an. Die gut formulierte Aussage in V. 9 enthält schließlich eine Beurteilung des Geschehens in Korinth.

1. Solchen Vorbildern nun müssen auch wir uns anschließen, Brüder. 2. Denn es steht geschrieben: „Schließt euch den Heiligen an, denn die sich ihnen anschließen, werden geheiligt werden." 3. Und wiederum an einer anderen Stelle heißt es: „Mit einem unschuldigen Mann wirst du unschuldig sein, und mit einem Auserwählten wirst du auserwählt sein, und mit einem Verkehrten wirst du auf einem verkehrten (Weg) sein." 4. Schließen wir uns also den Unchuldigen und Gerechten an; diese sind nämlich Gottes Auserwählte. 5. Warum (gibt es) Streitigkeiten, Zornausbrüche, Zwistigkeiten, Spaltungen und Krieg unter euch? 6. Oder haben wir nicht einen Gott und einen Christus und einen Geist der Gnade, der in uns ausgegossen ist, und (ist nicht) eine Berufung in Christus? 7. Warum ziehen und zerren wir die Glieder Christi auseinander und lehnen uns gegen den eigenen Leib auf und gehen bis zu einem solchen Grad von Tollheit, daß wir vergessen, daß wir untereinander Glieder sind?

Denkt an die Worte Jesu, unseres Herrn! 8. Er sagte nämlich: „Weh jenem Menschen: Besser wäre es für ihn, wenn er nicht geboren worden wäre, als daß er einem meiner Auserwählten Ärgernis gibt. Besser wäre es, wenn ihm ein Mühlstein umgehängt und er ins Meer versenkt würde, als daß er einen von meinen Auserwählten auf verkehrten (Weg) führt."
9. Eure Spaltung hat viele auf verkehrten (Weg) geführt, viele in Mutlosigkeit gestürzt, viele in Zweifel, uns alle in Trauer. Und euer Aufruhr dauert fort!

1 Die alttestamentlichen Vorbilder, Daniel und seine Gefährten, üben ihre Funktion als solche aus, wenn sich die Gläubigen ihnen „eng anschließen". Diesem Zweck dient die Aufforderung in V. 1. Nachahmung vollzieht sich durch die Schaffung einer engen Bindung an die Vorbilder. Diese besteht aber nicht in der Nachahmung von bestimmten Taten oder Verhaltensformen, sondern allgemein in einer nicht näher definierten Zugehörigkeit zu den Heiligen, Schuldlosen, Gerechten. Diese sind der Bezugspunkt von κολλᾶσθαι[1]. Den Vorbildern wird überhaupt in I Clem eine entscheidende Rolle bei der Absicht zugewiesen, die korinthische Gemeinde zum Gehorsam zu bewegen. Die abschließende Bemerkung in 63,1 beweist dies: „Es ist nun angebracht, sich solchen und so großen Vorbildern zuzuwenden, den Nacken zu beugen und den Platz des Gehorsams einzunehmen." Die Wendung am Anfang von 46,1 ist ähnlich gestaltet: τοιούτοις οὖν ὑποδείγμασιν.

---

[1] Zum Sprachgebrauch und Hintergrund von κολλᾶσθαι vgl. 15,1.

Das als Schriftaussage zitierte Wort[1] verdeutlicht die Wirkung, die von der 2
in V. 1 erfolgten Ermahnung herrührt. Die „Vorbilder" sind auch die „Heiligen", und die enge Verbindung mit ihnen bringt die Heiligung durch Gott mit sich. Denn ἁγιασθήσονται ist als Passivum-divinum aufzufassen. Die Heiligen sind somit die Vermittler des heilig-machenden Handelns Gottes. Wer ist mit dieser Bezeichnung gemeint? Die Berücksichtigung von ähnlichen Aufforderungen in I Clem (vgl. 15,1; 30,3; 46,4) läßt eine klare gruppenbildende Absicht erkennen. Innerhalb der Gemeinde dürften die „Heiligen" die Gläubigen sein, an die das „Gedenken" im Gebet für die Übertreter in 56,1 gerichtet ist.

Die Herkunft des Wortes ist unbekannt[2]. Knopf, 121, Grant, 76, und D. A. Hagner, Use 77.90, betrachten es als ein apokryphes Zitat. Zwei Stellen aus Hermas würden die Erklärung stützen: Herm vis III 6,2 (14,2): οὗτοι οἱ μὲν ἐψωριακότες εἰσὶν οἱ ἐγνωκότες τὴν ἀλήθειαν, μὴ ἐπιμένοντες δὲ ἐν αὐτῇ μηδὲ κολλώμενοι τοῖς ἁγίοις; sim VIII 8,1 (74,1): οὗτοί εἰσιν οἱ ταῖς πραγματείαις αὐτῶν ἐμπεφυρμένοι καὶ τοῖς ἁγίοις μὴ κολλώμενοι. Aber es ist nicht sicher, ob beide Texte und der Gebrauch von κολλᾶσθαι in Hermas nicht schon zur Wirkungsgeschichte von I Clem gehören[3]. Klemens von Alexandrien bringt den Inhalt von I Clem 46,2.3 in umgekehrter Reihenfolge, ohne auf die Herkunft des Textes hinzuweisen. Während Ps 17,27 (I Clem 46,3) als Zitat erkenntlich ist, ist dies beim Wort I Clem 46,2 nicht der Fall. Vgl. Strom. V 52,3: γέγραπται δέ· „μετὰ ἀνδρὸς ἀθῴου ἀθῷος ἔσῃ καὶ μετὰ ἐκλεκτοῦ ἐκλεκτὸς ἔσῃ καὶ μετὰ στρεβλοῦ διαστρέψεις". κολλᾶσθαι οὖν τοῖς ἁγίοις προσήκει, „ὅτι οἱ κολλώμενοι αὐτοῖς ἁγιασθήσονται"[4]. Vom Inhalt her handelt es sich um eine Umbildung von Ps 17,26 f., die vom Vf. aber als Doppelzitat unterschiedlicher Herkunft (V. 3: ἐν ἑτέρῳ τόπῳ λέγει) angegeben wird.

I Clem 46,2.3	Ps 17,26.27
κολλᾶσθε τοῖς ἁγίοις, ὅτι οἱ	μετὰ ὁσίου
κολλώμενοι αὐτοῖς ἁγιασθήσονται	ὁσιωθήσῃ
(...)	
μετὰ ἀνδρὸς ἀθῴου ἀθῷος ἔσῃ	καὶ μετὰ ἀνδρὸς ἀθῴου ἀθῷος ἔσῃ
καὶ μετὰ ἐκλεκτοῦ ἐκλεκτὸς ἔσῃ,	καὶ μετὰ ἐκλεκτοῦ ἐκλεκτὸς ἔσῃ
καὶ μετὰ στρεβλοῦ διαστρέψεις.	καὶ μετὰ στρεβλοῦ διαστρέψεις.

Neben der Möglichkeit der Verwendung einer apokryphen Quelle bleibt zu bedenken, ob der Vf. beim freien Zitieren nicht selbst unabsichtlich zu einer Neubildung anhand von κολλᾶσθαι gekommen ist, die inhaltlich zwar Ps 17,26 f. entspricht, jedoch einem anderen Ursprung – und zwar nicht ganz

---

[1] γέγραπται γάρ auch in 14,4; 39,3; 50,4.6.

[2] Die Behauptung von E. Werners, Hebraisms 803 f., die Aussage hätte mehr als eine Parallele in der Talmud- und Midraschliteratur, wird durch die von ihm angegebenen Beispiele nicht bestätigt.

[3] In Herm vis III 6,2 (14,2) ist der Sinn von κολλᾶσθαι konkreter als in I Clem. Vgl. N. Brox, Hirt 134 f.

[4] Die Anführungszeichen stammen vom Herausgeber.

grundlos – zuzuweisen ist[1]. Eine ähnliche Fassung von Ps 17,26 f. liegt nämlich in 2 Sam 22,26 f. vor. Das könnte ein Grund sein, weswegen der Vf. auf zwei verschiedene Schriftstellen hinweist.

3   Das Zitat gibt genau Ps 17,26b–27 nach der LXX wieder. Der Kontakt mit dem Unschuldigen und mit dem Auserwählten bringt Ähnlichkeit als Folge der Nachahmung hervor. Im Kontrast dazu – auch formal – steht der Kontakt mit dem „Verkehrten" (στρεβλός). Der Sinn des intransitiv verwendeten διαστρέφειν ist nicht klar. Lightfoot, Lake, Kleist, Fischer, Grant, Jaubert, Schneider beziehen das Verb auf verkehrtes Handeln. Knopf schließt sich an die altlateinische Übersetzung an und bringt: „Mit einem verdrehten wirst du verdreht sein" (et cum perverso perverteris). Harnack und Lindemann übersetzen: „Mit einem Verkehrten wirst du auf verkehrtem Weg sein." Zwei Gründe sprechen zugunsten dieser Interpretation: 1. die alttestamentliche Vorstellung vom „verkehrten Weg" (vgl. Ri 5,6; Spr 8,13; 10,9; 11,20: διεστραμμέναι ὁδοί); 2. die Bedeutung des „Weges" in I Clem, besonders 31,1: κολληθῶμεν οὖν τῇ εὐλογίᾳ αὐτοῦ καὶ ἴδωμεν, τίνες αἱ ὁδοὶ τῆς εὐλογίας (vgl. auch 35,5; 36,1). Die enge Bindung an die Vorbilder verhindert, daß man den einzigen rechten Weg verläßt. Die beim κολλᾶσθαι festgestellte gruppenbildende Funktion (vgl. 15,1) kommt hier in einer anderen Form zum Ausdruck. Der Vf. denkt mit der Schrift. Die Grundbegriffe des Zitats werden in V. 4.8.9 wieder aufgenommen.

4   Die erneute Aufforderung faßt das in V.1.3 Gesagte zusammen. Das κολληθῶμεν entspricht dem κολληθῆναι καὶ ἡμᾶς δεῖ in V.1; τοῖς ἀθῴοις nimmt die „Unschuldigen" von V.3 wieder auf; das gleiche gilt für die ἐκλεκτοὶ τοῦ θεοῦ im Hinblick auf die „Auserwählten". Warum der Vf. auch die „Gerechten" einbezieht, erklärt sich aus dem Interesse, 46,1–4 ausdrücklich mit Kap. 45 zu verbinden. Das alttestamentliche Vorbild Daniels und seiner Gefährten diente als Schriftbeweis für die in 45,3b aufgestellte These, man könne nirgendwo finden, daß die Gerechten durch fromme Männer verworfen werden. Solche Gerechte waren Daniel und seine drei Gefährten, aber auch die abgesetzten Presbyter, deren Los durch das Beispiel aus der Schrift gedeutet wurde. Jetzt sind sie die Vorbilder, denen sich die Gläubigen anschließen sollen (46,1). Weil sie die Auserwählten Gottes sind[2], ist die Verfehlung gegen sie so gravierend (46,8).

5   Die Frage ist rein rhetorisch gestellt, da die Gründe für Entstehung und Folgen des Konflikts wiederholt dargelegt wurden. Von den in der Frage enthaltenen fünf Begriffen weisen die zwei ersten (ἔρεις καὶ θυμοί) eher auf Affekte bzw. Haltungen hin: Streitigkeiten und Zornausbrüche, während die zwei darauffolgenden (διχοστασίαι καὶ σχίσματα) mehr die Folgen als Zustand anvisieren, und zwar unter dem Aspekt der verlorenen Einheit: Zwistigkeiten

---

[1] Vgl. LIGHTFOOT, I 2,139 f.
[2] Die gleiche Wendung in I Clem 1,1; 49,5.

und Spaltungen. Alle vier Begriffe stehen im Plural und sind durch ein καί verbunden[1]. Der fünfte Terminus (πόλεμος) hebt sich formal von den anderen ab[2]: 1. die Form ist singularisch; 2. kein καί verbindet ihn mit den vorhergehenden; 3. der Gebrauch der Partikel τε vor ἐν ὑμῖν ist untypisch für I Clem. Diese Beobachtungen bezeugen einen wohl überlegten Sprachgebrauch, in dem der πόλεμος am Ende alles an Feindseligkeiten und Spaltungen in der Gemeinde zusammenfaßt[3]. Die Diktion ist ähnlich wie 3,2: ἐκ τούτου ζῆλος καὶ φθόνος, καὶ ἔρις καὶ στάσις, διωγμὸς καὶ ἀκαταστασία, πόλεμος καὶ αἰχμαλωσία.

Solche Kataloge sind weit verbreitet, und es ist nicht schwer, Parallelen zu finden[4]. Die Bedeutung des Textes erschließt jedoch besser der Kontext innerhalb I Clem. Die Pluralform von ἔρις kommt nur in 35,5 vor. Aber der Leser weiß schon aus den ersten Kapiteln (3,2; 5,5; 6,4; 14,2), welche Konsequenzen innerhalb und außerhalb der Gemeinde die Streitigkeiten gehabt haben. ἔρις ist schließlich einer der Begriffe, der den Konflikt in Korinth umschreiben und darüber hinaus die Verantwortlichen zum Verlassen der Gemeinde bewegen soll (54,2). θυμός kam im Zusammenhang mit der Absicht der Frevler vor, den Gerechten Leiden zuzufügen (45,7). Die Pluralform kann durch die Übernahme traditionellen Gutes bedingt sein, aber sie verleiht der Vorstellung mehr Konkretheit, wie der Unterschied zwischen „Zorn" und „Zornausbrüchen" erkennen läßt. Die zwei folgenden Ausdrücke (διχοστασίαι καὶ σχίσματα) bilden eigentlich ein Hendiadyoin. Von den beiden ist σχίσμα in I Clem der wichtigere Begriff (2,6; 49,5), besonders durch die Wiederaufnahme in 46,9 und 54,2. πόλεμος als Sammelbegriff gewinnt sein eigenes Profil durch den Gegensatz zum Ideal der εἰρήνη, das in 2,2 als Gabe der Gemeinde geschildert und nachher so eindringlich beschworen wurde.

Die rhetorische Frage, die das Motiv der Einheit klar in den Vordergrund   6
stellt, zeigt die Unvereinbarkeit dieser theologisch begründeten Einheit mit der aus dem Streit hervorgegangenen Spaltung. Die viergliedrige Struktur ist einfach: *ein* Gott – *ein* Christus – *ein* Geist – *eine* Berufung[5]. Nur 58,2 bietet eine echte Parallele dazu[6], aber hier kommt ein viertes Element hinzu: die Berufung. Ohne Zweifel handelt es sich um die gleiche Überlieferung, die in Eph 4,4–6 vorliegt. Die Gemeinsamkeiten betreffen die vier Elemente, auch wenn sie jeweils in einer anderen Reihenfolge vorliegen:

---

[1] In der Übersetzung ist die formale Struktur nicht so deutlich erkennbar.

[2] Nach S: πόλεμοί τε καὶ μάχαι (= Jak 4,1).

[3] Nach LINDEMANN, 136, sind alle fünf Substantive „im Grunde bedeutungsgleich". Schon das formale Gefüge des Textes spricht gegen eine solche Nivellierung. Inhaltlich ist sie auch nicht vertretbar.

[4] Im NT vgl. Gal 5,20: ἔχθραι, ἔρις, ζῆλος, θυμοί, ἐριθεῖαι, διχοστασίαι, αἱρέσεις,

[5] Die Bekräftigung der Einheit ergibt sich aus allen vier Gliedern. Anders A. FAIVRE, Système 140, der den Geist als lebendige Quelle und Ursache der Einheit hervorhebt.

[6] Vgl. L. CHOPPIN, Trinité; A. HAMMAN, Langage 456 f.; A. QUACQUARELLI, Dossologia 224.

I Clem 46,6

1. ἢ οὐχὶ ἕνα θεὸν ἔχομεν
2. καὶ ἕνα Χριστὸν
3. καὶ ἓν πνεῦμα τῆς χάριτος τὸ ἐκχυθὲν ἐφ᾽ ἡμᾶς,
4. καὶ μία κλῆσις ἐν Χριστῷ;

Eph 4,4–6

1. ἓν σῶμα καὶ ἓν πνεῦμα,
2. καθὼς καὶ ἐκλήθητε ἐν μιᾷ ἐλπίδι τῆς κλήσεως ὑμῶν·
3. εἷς κύριος, μία πίστις, ἓν βάπτισμα,
4. εἷς θεὸς καὶ πατὴρ πάντων.

Etwas anderes ist die Frage, ob sie durch eine direkte Kenntnis des Epheserbriefes erklärt werden sollen. Dafür plädiert D. A. Hagner mit dem Argument, der Vf. von I Clem habe dem vorgegebenen Text aus Eph eine logischere Ordnung gegeben (Use 222 f.). Aber eine literarische Abhängigkeit läßt sich nicht nachweisen[1], und die Gemeinsamkeiten können durch die Kenntnis „paulinischer" Wendungen – sie ist auch an anderen Stellen nachweisbar – erklärt werden. Über die lexikalischen Gemeinsamkeiten hinaus gibt es eine inhaltliche: Auch in Eph 4,4–6 steht der Einheitsgedanke im Mittelpunkt. Aber gerade hier taucht der Unterschied zwischen beiden Schreiben auf. Denn in Eph geht es um die eschatologische Einheit der Kirche von Juden und Heiden, und zwar in einer Dimension, welche die Grenzen der Einzelgemeinde übersteigt. In I Clem hat der Einheitsgedanke grundsätzlich mit der Harmonie des Ganzen zu tun, aber immer im Hinblick auf die Einzelgemeinde. Die Einheit der Kirche von Juden und Heiden stellt kein Problem dar.

Die dritte Aussage über den auf die Gläubigen ausgegossenen *einen* Geist der Gnade spielt auf Sach 12,10 an: καὶ ἐκχεῶ ἐπὶ τὸν οἶκον Δαυὶδ καὶ ἐπὶ τοὺς κατοικοῦντας Ἰερουσαλὴμ πνεῦμα χάριτος καὶ οἰκτιρμοῦ[2]. Die letzte Aussage (καὶ μία κλῆσις ἐν Χριστῷ) versteht die göttliche Berufung als christologisch vermittelt, wie in 32,4a: διὰ θελήματος αὐτοῦ ἐν Χριστῷ Ἰησοῦ κληθέντες[3].

7 Bei der letzten rhetorischen Frage stellen die ersten drei parataktisch verbundenen Sätze eine dreifache Sicht der in der korinthischen Gemeinde vollzogenen Verfehlung dar, die zu einer gravierenden Folge geführt hat[4]. Zuerst geht es um die „Glieder Christi". Wie die folgende Aussage zeigt, gehört das Bild zum Motiv vom Leib. Die zwei Verben (διέλκομεν καὶ διασπῶμεν) betreffen genau die Funktionsfähigkeit der leiblichen Glieder und weisen auf eine gefährliche Verletzung hin. Das erste ist im Klassischen belegt[5]

---

[1] So LINDEMANN, 136.

[2] Vgl. Hebr 10,29: ... καὶ τὸ πνεῦμα τῆς χάριτος ἐνυβρίσας; Die Ähnlichkeit mit I Clem 46,6 erklärt sich eher aus dem Einfluß einer gemeinsamen Überlieferung (Sach 12,10), als aus der Abhängigkeit von Hebr (gegen J. E. DAVISON, Gifts 34). Das Motiv von der Ausgießung des Geistes ist traditionell. Vgl. Joël 3,1 f.; Apg 2,17 f. Die Stelle TestJud 24,2 (καὶ αὐτὸς ἐκχεεῖ πνεῦμα χάριτος ἐφ᾽ ὑμᾶς) ist von Sach 12,10 abhängig.

[3] Das bedeutet, daß die Gnade an dieser Stelle nicht allein pneumatologisch-ekklesiologisch verstanden wird (gegen TH. F. TORRANCE, Doctrine 53). Die Beschränkung auf das Wort χάρις in der Untersuchung von Torrance über die Gnadenlehre von I Clem stellt die Sachfrage nach der gnadenhaften Rettung unter einen allzu engen Blickwinkel und bedingt die Ergebnisse.

[4] Zur Textstruktur vgl. 46,9.

[5] Vgl. Plato, Resp. IV 440a: διελκύσας τοὺς ὀφθαλμούς; Aristophanes, Pax 1132; Thesmoph. 648; Xenophon, Mem. III 10,7; Hippokrates, De Affect. 5,3.

(weder im AT noch in der altchristlichen Literatur bezeugt) und bedeutet „auseinanderziehen" bzw. -„reißen" (Bauer/Aland). Das zweite Verb (διασπᾶν) bedeutet das gleiche – semantisch ist es ein Hendiadyoin –, es kommt in der klassischen Literatur sehr oft vor. Bei Plato findet sich mehrmals eine klare politische Anwendung (Leg. IX 875a; Resp. V 462a.464c; in einem anderen Rahmen vgl. Phileb. 23e: ἐσχισμένον καὶ διασπασμένον). Im Zusammenhang mit dem Bild von den leiblichen Gliedern geht es um eine lebendige Einheit, die dadurch gestört wird, daß Einzelglieder gewaltsam auseinandergerissen werden. Nach I Clem 37,5 sind alle Glieder des Leibes, auch die kleinsten, aufeinander angewiesen, soll der ganze Leib erhalten bleiben. In 46,7a liegt der Gegensatz dazu vor. Der Ausdruck τὰ μέλη τοῦ Χριστοῦ ist eine paulinische Prägung (vgl. 1 Kor 6,15). Im ekklesiologischen Kontext vgl. 1 Kor 12,12–14; Röm 12,4 f.; Eph 5,30.

Die zweite Aussage bleibt in demselben Sprachfeld, aber das Bild ist doch ein anderes. Jetzt geht es um den Aufruhr gegen den eigenen Leib (καὶ στασιάζομεν πρὸς τὸ σῶμα τὸ ἴδιον). Das Verb στασιάζειν verwendet der Vf. gern in Bezug auf die Gestalt des Mose (4,12; 43,2; 51,3), aber auch als allgemein politisches Beispiel (55,1). Die Nähe zum Stichwort στάσις läßt keinen Zweifel über die gemeinte Wirklichkeit aufkommen, und sie wird auch als solche zur Sprache gebracht (vgl. 47,6). Der Aufruhr gegen „den eigenen Leib" ist nur verständlich, wenn man dem Ausdruck die Vorstellung von der Gemeinde als Leib Christi zugrundelegt. Dabei handelt es sich nicht darum, daß die Glieder sich gegen den Leib auflehnen, und deshalb klingt hier nicht – auch nicht rein formal – das Gleichnis des Menenius Agrippa von der στάσις der leiblichen Glieder gegen den Bauch an[1]. Die Glieder und der Leib werden erwähnt, aber nicht aufeinander bezogen. In beiden Aussagen kommt allein die Verfehlung gegen eine organische Einheit – als Auseinanderreißen der Glieder, als Angriff gegen den eigenen Leib – zum Ausdruck, die von einer nicht näher präzisierten Gruppe ausgeübt wird. Die Gemeinde als Ganzes ist damit angesprochen. Sie soll sich der Tragweite des Konflikts bewußt werden, der aus der Sicht des Vf.s weit mehr als eine vielleicht heftige, aber doch irrelevante Auseinandersetzung bedeutet. Die Wirklichkeit der Gemeinde selbst als Leib Christi ist dadurch gefährdet[2].

Der dritte Satz nimmt die am Anfang des Briefes (1,1) ausgesprochene Diagnose wieder auf. Im Vergleich zu den beiden Aussagen zuvor erlangt der Gedankengang hier formal und inhaltlich einen Höhepunkt, denn die Ereignisse in Korinth bedeuten einen Gipfel an Tollheit. Der Terminus ἀπόνοια enthält das Moment des Unvernünftigen, des Irrationalen. Dabei wird keine

---

[1] Gegen J. HORST, ThWNT IV 572; K. THRAEDE, Homonoia 246.
[2] Richtig beobachtet W.-D. HAUSCHILD, Begründung 37, daß die christologische Begründung der Einheit der Kirche hier so wenig wie beim Gedanken der „Herde Christi" ausdrücklich reflektiert wird: „Die christologische Fundierung wird gleichsam selbstverständlich als Reminiszenz zur Verstärkung der Paränese eingesetzt."

intellektuell anspruchsvolle Feststellung getroffen. Das Unvernünftige geht aus dem Verstoß gegen die von Gott festgelegte Ordnung hervor, die für jeden hinreichend einsichtig ist, um sich daran zu halten. Die Folgen des Konflikts bestehen im Vergessen des eigenen Gliederseins an der Kirche und in der Mißachtung des gegenseitigen Aufeinander-Angewiesenseins sowie der gegenseitigen Zusammengehörigkeit. Der Gedanke kommt von Röm 12,5 her: οὕτως οἱ πολλοὶ ἓν σῶμά ἐσμεν ἐν Χριστῷ, τὸ δὲ καθ᾽ εἷς ἀλλήλων μέλη. Im Unterschied zu I Clem 1,1 wird das Problem an dieser Stelle rein ekklesiologisch gesehen und behandelt. Darum ist es jetzt nicht so wichtig zu entscheiden, ob nur wenige den Konflikt verursacht haben oder ob dadurch der Ruf der Gemeinde beschädigt wurde. Der durchgehende Wir-Stil entspricht dem Grundtenor einer Ermahnung, die auf den Weg zu richtiger Gesinnung und zum entsprechenden Handeln begleiten will. Elemente der paulinischen Ekklesiologie werden so in den Dienst dieser Intention gestellt.

Nachdem die Gemeinde ihre ekklesiologische Mitte vergessen hat, wird sie nun an ein Wort Jesu[1] erinnert, das in einem ganz anderen Ton an die für den Konflikt Verantwortlichen gerichtet ist. Eine ähnliche Einleitung liegt in 13,1 vor: μάλιστα μεμνημένοι τῶν λόγων τοῦ κυρίου Ἰησοῦ. Das μνήσθητε hängt mit dem vorhergehenden ἐπιλαθέσθαι zusammen, wiewohl das Vergessene inhaltlich nicht identisch ist mit dem, was die Worte Jesu in Erinnerung bringen.

8   Wie in 13,1 handelt es sich auch in 46,8 um Worte Jesu, die in der synoptischen Überlieferung zwar enthalten sind, aber keinem synoptischen Text genau entsprechen. Die Rezeption der Überlieferung stellt keine bloße Zusammensetzung unterschiedlichen Materials dar, sondern ist sorgfältig gestaltet. Die Struktur der Aussage ist zweigliedrig:

οὐαὶ τῷ ἀνθρώπῳ ἐκείνῳ·
καλὸν ἦν αὐτῷ, εἰ οὐκ ἐγεννήθη,   κρεῖττον ἦν αὐτῷ περιτεθῆναι μύλον καὶ
                                      καταποντισθῆναι εἰς τὴν θάλασσαν,
ἢ ἕνα τῶν ἐκλεκτῶν μου σκανδαλίσαι.   ἢ ἕνα τῶν ἐκλεκτῶν μου διαστρέψαι.

Auf den Wehruf am Anfang folgt eine parallele Struktur: 1. die Wendung: „besser wäre es für ihn …“; 2. die Wendung: „als einer meiner Auserwählten …“. Der Überblick zeigt das Interesse, die „Auserwählten“ in Schutz zu nehmen.

Das Verhältnis zu den Synoptikern ist komplex. Eine Synopse der in Frage kommenden Texte ergibt folgendes Bild[2]:

---

[1] L: „Domini Ihesu“; HSC[1]: τοῦ κυρίου ἡμῶν Ἰησοῦ Χριστοῦ. Text nach A.: Ἰησοῦ τοῦ κυρίου ἡμῶν.

[2] Vgl. D.A. HAGNER, Use 152; H.B. GREEN, Matthew 14. Der Versuch H. KÖSTERs, Überlieferung 19, über Lk 17,1–2 auf eine angebliche „Fassung“ zu kommen, die in I Clem wieder erscheinen würde, arbeitet mit zu vielen hypothetischen Annahmen, um überzeugen zu können.

I Clem 46,8	Mt 26,24	Mk 14,21	Lk 22,22
			πλὴν
οὐαὶ τῷ ἀνθρώπῳ ἐκείνῳ·	οὐαὶ δὲ τῷ ἀνθρώπῳ ἐκείνῳ	οὐαὶ δὲ τῷ ἀνθρώπῳ ἐκείνῳ	οὐαὶ τῷ ἀνθρώπῳ ἐκείνῳ
	δι᾽ οὗ ὁ υἱὸς τοῦ ἀνθρώπου παραδίδοται·	δι᾽ οὗ ὁ υἱὸς τοῦ ἀνθρώπου παραδίδοται	δι᾽ οὗ παραδίδοται.
καλὸν ἦν αὐτῷ, εἰ οὐκ ἐγεννήθη,	καλὸν ἦν αὐτῷ εἰ οὐκ ἐγεννήθη ὁ ἄνθρωπος ἐκεῖνος.	καλὸν αὐτῷ εἰ οὐκ ἐγεννήθη ὁ ἄνθρωπος ἐκεῖνος.	

	Mt 18,6	Mk 9,42	Lk 17,1 f.
	ὃς δ᾽ ἂν σκανδαλίσῃ	ὃς ἂν σκανδαλίσῃ	ἀνένδεκτόν ἐστιν
ἢ ἕνα τῶν ἐκλεκτῶν μου σκανδαλίσαι·	ἕνα τῶν μικρῶν τούτων τῶν πιστευόντων εἰς ἐμέ	ἕνα τῶν μικρῶν τούτων τῶν πιστευόντων [εἰς ἐμέ],	τοῦ τὰ σκάνδαλα μὴ ἐλθεῖν, πλὴν οὐαὶ δι᾽ οὗ ἔρχεται· λυσιτελεῖ αὐτῷ εἰ
κρεῖττον ἦν αὐτῷ	συμφέρει αὐτῷ ἵνα	καλόν ἐστιν αὐτῷ μᾶλλον εἰ	λίθος μυλικὸς
περιτεθῆναι μύλον	κρεμασθῇ μύλος ὀνικὸς περὶ τὸν τράχηλον αὐτοῦ	περίκειται μύλος ὀνικὸς περὶ τὸν τράχηλον αὐτοῦ	περίκειται περὶ τὸν τράχηλον αὐτοῦ
καὶ καταποντισθῆναι εἰς τὴν θάλασσαν, ἢ ἕνα τῶν ἐκλεκτῶν μου διαστρέψαι.	καὶ καταποντισθῇ ἐν τῷ πελάγει τῆς θαλάσσης.	καὶ βέβληται εἰς τὴν θάλασσαν.	καὶ ἔρριπται εἰς τὴν θάλασσαν ἢ ἵνα σκανδαλίσῃ τῶν μικρῶν τούτων ἕνα.

Der erste Teil des Logions steht am Anfang der matthäischen Fassung näher (καλὸν ἦν αὐτῷ gegen καλὸν αὐτῷ bei Markus). Der Schluß hat keine Parallele. Daß nicht von den „Kleinen", sondern von den „Auserwählten" die Rede ist, dürfte durch das Zitat von Ps 17,27 in V. 3 (καὶ μετὰ ἐκλεκτοῦ ἐκλεκτὸς ἔσῃ) bedingt sein. Beim zweiten Teil ist κρεῖττον ἦν αὐτῷ eher mit καλόν ἐστιν αὐτῷ von Mk 9,42 zu vergleichen als mit der matthäischen Form (συμφέρει αὐτῷ). Das gleiche gilt für das περιτεθῆναι μύλον in I Clem und das περίκειται μύλος bei Mk (bei Mt: κρεμασθῇ μύλος). Der vorletzte Satz zeigt eine Vermischung der Überlieferung. I Clem hat καὶ καταποντισθῆναι, ähnlich wie das καὶ καταποντισθῇ bei Mt. Aber der Schluß εἰς τὴν θάλασσαν ist identisch mit dem des Mk und des Lk. Die Textabweichungen zeigen die Neigung, sich der synoptischen Überlieferung anzugleichen. Die von LC¹S bezeugte LA ἢ ἕνα τῶν ἐκλεκτῶν μου διαστρέψαι dürfte die ursprüngliche sein (gegen die LA von AH: τῶν μικρῶν μου σκανδαλίσαι, beeinflußt durch Lk 17,2). Das Zeugnis von Klemens von Alexandrien, der das ganze Logion als Wort des Herrn zitiert – ohne auf I Clem hinzuweisen[1] – spricht ebenso dafür. Bei dieser letzten Wendung ergibt sich eine weitere Gemeinsamkeit mit der lukanischen Fassung (Lk 17,2).

---

[1] Vgl. Strom. III 107,2: „οὐαὶ τῷ ἀνθρώπῳ ἐκείνῳ," φησὶν ὁ κύριος· „καλὸν ἦν αὐτῷ εἰ μὴ ἐγεννήθη, ἢ ἕνα τῶν ἐκλεκτῶν μου σκανδαλίσαι· κρεῖττον ἦν αὐτῷ περιτεθῆναι μύλον καὶ καταποντισθῆναι εἰς θάλασσαν, ἢ ἕνα τῶν ἐκλεκτῶν μου διαστρέψαι·"

Der Vf. weicht von der synoptischen Überlieferung ab, weil das zitierte Wort Jesu im Hinblick auf das Problem in Korinth aktualisiert wird. Die in V. 3 aufgenommene Aussage von Ps 17,27: καὶ μετὰ στρεβλοῦ διαστρέψεις nimmt konkrete Gestalt an. Die scharfe Drohung vor dem Ärgernis gegenüber den Auserwählten, die das Logion bestimmt, richtet sich nun an die Verantwortlichen für die Unruhen. Ihnen wird vorgeworfen, durch die Spaltung in der Gemeinde viele auf den verkehrten Weg gebracht zu haben (46,9).

In der Frage nach der Herkunft des zitierten Wortes gehen die Meinungen auseinander. Läßt sich Abhängigkeit von den Synoptikern nachweisen[1], oder soll man mit einer nicht-synoptischen Quelle rechnen?[2] Handelt es sich überhaupt um eine Quelle, oder werden nur geläufige Herrenworte frei aus dem Gedächtnis zitiert?[3] Was der Text zunächst erkennen läßt, ist eine klare Kompositionsabsicht, die das Wort mit dem V. 3 (Ps 17,27) verbindet und darüber hinaus zugleich die nächste Aussage in V. 9 vorbereitet. Die Struktur der Aussage (s. o.) ist nicht zufällig. Weder eine synoptische Vorlage noch eine Logiensammlung sind dabei nachweisbar und für die Textgestaltung auch nicht notwendig, was allerdings nicht bedeutet, daß sie völlig auszuschließen sind. Die Stelle läßt sich auch so durch die Einwirkung der mündlichen Überlieferung erklären. Ob im ersten Teil des Logions (vgl. Mt 26,24 par.) eine Anspielung auf Judas enthalten ist – um ihn eventuell in Beziehung zu den Unruhestiftern in Korinth zu setzen – ist nicht auszumachen.

9   Der Abschnitt geht zu Ende mit einem kunstvoll gestalteten Text:

1. **τὸ σχίσμα** ὑ μ ῶ ν	πολλοὺς		διέστρεψεν,
2.	πολλοὺς	εἰς ἀθυμίαν	ἔβαλεν,
3.	πολλοὺς	εἰς δισταγμόν,	
4.	τοὺς πάντας ἡ μ ᾶ ς	εἰς λύπην·	
5. καὶ ἐπίμονος	ὑ μ ῶ ν		ἐστὶν **ἡ στάσις**.

Die zwei thematischen Stichworte „Spaltung" (σχίσμα) und „Aufruhr" (στάσις) eröffnen und beschließen den Abschnitt. Das Personal-Pronomen in der zweiten Person Plural ist an die Adresse der Korinther gerichtet. Die dreigliedrige Anaphora mit πολλοὺς gipfelt im πάντας der vierten Aussage, die sinnvollerweise den verursachten Schmerz „auf uns alle" bezieht. Die zwei Verben im Aorist (διέστρεψεν – ἔβαλεν) drücken die Folgen der Spaltung aus, während das Präsens ἐστίν am Schluß die jetzige Lage vor Augen führt.

---

[1] Dazu neigt LIGHTFOOT, I 2,141; E. MASSAUX, Influence 26 (nur Mt); O. KNOCH, Eigenart 72 (Mt und Lk); nach H. B. GREEN, Matthew 17 f., zeigt sich hier die Kenntnis von Mt und Mk, während Lk von I Clem abhängig sein soll. Andere Meinungen bei D. A. HAGNER, Use 160.

[2] So KNOPF, 122 („außerkanonische Überlieferung"); FISCHER, 85 Anm. 270 („Logiensammlung oder sonstige katechetisch-homiletische Vorlage"); H. KÖSTER, Tradition 19 (eine Variante von Mk 9,42); JAUBERT, 52; D. A. HAGNER, Use 162 f.; M. MEES, Herrenwort 254. GRANT, 77, und SCHNEIDER, 23, lassen die Frage offen, ob es sich dabei nicht um ein freies Zitat handelt.

[3] Vgl. W.-D. KÖHLER, Rezeption 63 f.; LINDEMANN, 137.

βάλλειν gehört zu drei Sätzen, in denen metaphorisch das „gestürzt-sein" in einen negativen seelischen Zustand ausgesagt wird: εἰς ἀθυμίαν … εἰς δισταγμόν … εἰς λύπην.

Zu διέστρεψεν vgl. V. 3.8. Hier sind es viele, die auf den verkehrten Weg geführt und so verführt worden sind. In 47,5 taucht ein sehr allgemeines ὑμᾶς auf, um das gleiche Geschehen zu bezeichnen. Die Zahl derer, die durch die Spaltung in der Gemeinde den rechten Weg verlassen haben – was auch immer darunter zu verstehen ist –, bleibt unbestimmt. Die „vielen" sind rhetorisch gemeint. ἀθυμία ist die Mutlosigkeit, die Niedergeschlagenheit (vgl. 1 Sam 1,6; Ps 118,53)[1]. διστ008γμός (Zweifel) ist in der jüdischen und christlichen Literatur nicht belegt, mit Ausnahme von Herm sim IX 28 (105,4: καὶ ἐν δισταγμῷ ἐγένοντο). Da der Terminus wenig geläufig ist (s. Liddell/Scott), wäre der Einfluß von I Clem möglich[2]. λύπη erscheint nur hier in I Clem und bezeichnet die Trauer, den Kummer, der alle – die römischen Christen gehören auch dazu – getroffen hat.

Nach der Aufzählung der Folgen aus dem σχίσμα bringt die letzte Aussage so etwas wie ein Endergebnis: was ist davon geblieben? ἐπίμονος[3], d. h. von Dauer ist nur der Aufruhr! Die Wendung ist rhetorisch und sagt nichts Bestimmtes über die tatsächliche Situation in Korinth aus[4]. Nur so viel läßt sich dem Text entnehmen: Der Aufruhr ist nicht beseitigt[5]. Drückten in 46,5 mehrere Begriffe Teilaspekte des Konflikts aus, um schließlich alles unter den Terminus πόλεμος zu subsumieren, wird das ganze Geschehen hier zuerst als σχίσμα, am Schluß als στάσις bestimmt. Die Schwankungen in der Begrifflichkeit warnen davor, aus den Begriffen allein präzise Rückschlüsse auf Entstehung und Verlauf des Konflikts in Korinth zu ziehen. Sie gehören in ein Sprachrepertoire, das den Sachverhalt nur von unterschiedlichen Gesichtspunkten – Ursachen, unmittelbare Folgen, gegenwärtige Wirkung – aus der Perspektive des Autors annähernd beschreibt. Es bleibt ein Rest von Unbestimmheit aufgrund der Diktion, der sich nicht beseitigen läßt. Das Ziel der Darstellung ist auch gar nicht die Schilderung einer Konfliktsituation. Sie will vielmehr die richtige Einsicht in das Ge-

---

[1] Oft bei Josephus. Zum Bild von „stürzen in die Mutlosigkeit" vgl. Aischines, Or. 3,177: τοὺς δὲ χρηστοὺς εἰς τὴν ἐσχάτην ἀθυμίαν ἐμβαλεῖτε; Josephus, Ant 13,30: εἰς ἀθυμίαν ἅμα καὶ ταραχὴν τῆς διανοίας ἐνέπεσεν.

[2] LIGHTFOOT, I,2 142, und KNOPF, 122, weisen auf Plutarch, Mor. 214 f. hin: ὑπέφαινε δισταγμὸν καὶ προσποίησιν ἔχειν ἀπορῦντος. Vgl. auch Polyaenus, Excerpta 4,2: ὅτι καὶ Βρασίδας τὰς ἐξ ἀπονοίας μάχας φεύγων δισταγμὸν ἐνεποίει οἷς ἔμελλε πολιορκεῖν.

[3] Vgl. Dtn (Sym.) 28,59; Philo, Sacr 83; Ebr 21.

[4] Anders A. v. HARNACK, Einführung 117: „Hier sieht man, daß der Verfasser mehr von den Zuständen in Korinth weiß, als er im Brief zur Sprache bringt."

[5] Nach LINDEMANN, 137, besagt es, „daß gegenwärtig überhaupt keine πρεσβύτεροι amtieren." War dies aber die Folge des Konflikts? I Clem 44,6 beklagt die Entfernung nur von „einigen" aus ihrem Amt. Auch nach P. MIKAT, Bedeutung 23, ist die korinthische Gemeinde „praktisch führerlos."

schehen bei allen Beteiligten bewirken. Diesem Ziel soll gerade auch das rhetorische Gewand dienen.

Exkurs 8: Die Pneumatologie des I Clem

I. Der Textbefund.

Die Ausagen über den Geist in I Clem lassen sich leicht gliedern:
1. Der Geist in Schriftzitaten:
   a. göttlicher Geist: I Clem 18,11.12 = Ps 50,13.14; I Clem 21,2 = Spr 20,27 (im zitierten Text steht nicht πνεῦμα κυρίου, sondern φῶς κυρίου πνοὴ ἀνθρώπων); I Clem 28,3 = Ps 138,7-10.
   b. menschlicher Geist: I Clem 18,10.17 = Ps 50,12.19; I Clem 52,4 = Ps 50,19.
   c. himmlischer Geist: I Clem 36,3 = Ps 103,4.
2. Der in der Schrift sprechende Heilige Geist: 13,1; 16,2 (Zeugnis für Jesus Christus).
3. Die Wirkung „durch" (διά) den Heiligen Geist:
   a. durch die Diener der Gnade Gottes: 8,1.
   b. durch Jesus Christus im Wort der Schrift: 22,1.
   c. durch die Schrift: 45,2.
   d. durch das Schreiben der römischen Gemeinde: 63,2.
4. Der göttliche Geist in der Gemeinde und bei den Aposteln.
   a. die vollständige Ausgießung des Geistes in der Gemeinde: 2,2.
   b. die Ausrüstung der Apostel mit der Fülle des Heiligen Geistes: 42,3; die Prüfung der Erstlinge im Geiste: 42,4.
5. Der göttliche Geist in triadischen Formeln: 46,6; 58,2 (vgl. 2,1-3; 42,1-3).
6. Die himmlischen Geister: 59,3 (2mal); 64.

Die Rede vom πνεῦμα mittels der Schriftzitate verfolgt keine thematische Absicht. Abgesehen von 28,3, wo Ps 138,7-10 sehr frei wiedergegeben wird, entsprechen die anderen Zitate aus Ps 50 und Ps 103,4 genau der LXX-Vorlage.

Die Sprache des Vf.s ist eindeutig und präzis. Nur in 59,3 und 64 bezeichnet πνεῦμα die himmlischen Geister; in allen anderen Stellen ist immer der Geist Gottes gemeint. Er wird meistens als „Heiliger Geist" bezeichnet (einzige Ausnahmen 42,4: δοκιμάσαντες τῷ πνεύματι; 46,6: πνεῦμα τῆς χάριτος). Der geläufige Ausdruck ist τὸ πνεῦμα τὸ ἅγιον; nur in 62,3 wird das Adjektiv vorangestellt (διὰ τοῦ ἁγίου πνεύματος). In 2,2; 8,1 und 42,3 fehlt der Artikel. Die wenigen formalen Varianten bringen keine inhaltliche Änderung.

II. Der traditionelle Hintergrund.

Der Sprachgebrauch von πνεῦμα in I Clem geht auf zwei Quellen zurück. Die erste und wichtigste ist die griechische Bibel; die zweite die urchristliche Überlieferung. Das betrifft zuerst die Ausdrucksweise. τὸ πνεῦμα τὸ ἅγιον[1] kommt in der LXX vor: Jes 63,10 f.; Ps 50,13; 142,10 (nach B א A); Dan

---

[1] Der Ausdruck ist bei Philo und Josephus nicht belegt und auch in den anderen Zeugnissen des hellenistischen Judentums selten. Vgl. BAUER/ALAND 1358.

(Theod) Sus 45; PsSal 17,37[1]; im NT ist es häufig belegt, besonders im lukanischen Doppelwerk (Lk 2,26; 3,22; 10,21; Apg 1,16; 2,33; 5,3.32; 7,51 u. ö.) und im Hebräerbrief (3,7; 9,8; 10,15). Das betrifft ebenso die oben skizzierten semantischen Linien. Die Aussagen über den in der Schrift sprechenden Heiligen Geist (13,1; 16,2) geben nicht nur eine im Frühjudentum geläufige Vorstellung wieder, sondern stehen darüber hinaus in einem traditionellen Zusammenhang mit Hebr 3,7; 10,15 (vgl. auch Mk 12,36). Bei der Wirkung „durch" den Heiligen Geist ist die Stelle 22,1 deswegen bedeutsam, weil das durch den Heiligen Geist ausgesprochene Wort Christi als Wort der Schrift sowohl die Präexistenz des Geistes als auch die des Erlösers voraussetzt. Die Verbindung von Christologie und Pneumatologie, die thematisch nicht entfaltet wird, ist in dieser Form eigentümlich, aber sie interpretiert bloß die Tradition vom in der Schrift sprechenden Geist aus der Perspektive des Christusglaubens.

Bei den Aussagen über den Geist in Bezug auf die Gemeinde und die Apostel ist der Einfluß der judenchristlichen Überlieferung leicht erkennbar (zu I Clem 2,2 vgl. Joel 3,1; Apg 2,17; zu I Clem 42,3 vgl. 1 Thess 1,5). Die Andeutungen über die himmlischen Geister (59,3; 64) beruhen auf Num 16,22. Die Erwähnung des Heiligen Geistes in der triadischen Formel in I Clem 46,6 hängt traditionsgeschichtlich mit Eph 4,4–6 zusammen, während I Clem 58,2 durch die Übernahme einer alttestamentlichen Schwurform die Verbindlichkeit einer Glaubensformel aufweist.

Bei den in den Schriftzitaten enthaltenen πνεῦμα-Aussagen bringt nur 21,2 eine wichtige Variante, die gerade den πνεῦμα-Begriff betrifft, aber damit ist kein besonderer Akzent verbunden. Bei den anderen Stellen aus den Psalmen läßt sich ein anderes, von den eigenen Aussagen sich unterscheidendes Geistverständnis nicht feststellen. Daß πνεῦμα auch auf den menschlichen Geist bezogen werden kann (I Clem 18,10.17 und 52,4 in Anlehnung an Ps 50,12.19), schlägt sich auf die eigene Begrifflichkeit des Vf.s nicht nieder[2]. Angesichts dieser im Rahmen der angegebenen traditionellen Einordnung nachprüfbaren Eigenständigkeit der πνεῦμα-Aussagen von I Clem erweist sich als methodisch unsachgemäß, die πνεῦμα-Zitate – besonders aus Ps 50 – als Orientierungspunkt für das πνεῦμα-Verständnis der römischen Gemeinde zu nehmen, wie es H. Opitz in seiner Untersuchung über die „Ursprünge frühchristlicher Pneumatologie" getan hat. Nach Opitz bringt gerade der Zusammenhang zwischen dem menschlichen „zerknirschten" Geist (πνεῦμα συντετριμμένον) und dem göttlichen „führenden" Geist (πνεῦμα ἡγεμονικόν) den Beweis für die stoische Herkunft des römischen Pneumaverständnisses. Die fragliche Basis der Annahme wird nicht zuletzt dadurch deutlich, daß die

---

[1] Vgl. Ex 13,3; Weish 1,5; 7,22; 9,17.

[2] Die Überlegungen von C. Riggi über den Heiligen Geist in der Anthropologie von I Clem sind nicht überzeugend, weil sie auf einem fraglichen Textverständnis beruhen (vgl. I Clem 33,4; 37,4 f.; 38,2).

stoische Prägung auf den direkten Einfluß der römischen Stoa zurückgeführt wird (s. I Clem 18,3–14). Dagegen bleibt festzustellen, daß die so gewonnene πνεῦμα-Auffassung kaum in Einklang mit den anderen πνεῦμα-Aussagen gebracht werden kann, ohne die Erklärung durch ein unbegründetes Vorverständnis zu belasten[1].

III. Die Bedeutung.

1. Der Heilige Geist und das Anliegen von I Clem.

a. Der Geist und die Schrift.

Nur in I Clem 13,1 und 16,2 wird ein Schriftzitat als Wort des Heiligen Geistes eingeleitet (vgl. auch 22,1). Daß der Sachverhalt aber für die ganze Heilige Schrift gilt, sagt I Clem 45,2 aus. Wenn eine Schrift so viele Zitate enthält wie I Clem, ergibt sich daraus eine enge und bedeutsame Verbindung zwischen Schriftinspiration und Schriftzitaten. Die Schrift enthält die tiefere Wahrheit, die jedesmal ermöglicht, die Ereignisse richtig zu erfassen, so den Aufruhr in Korinth (3,1) und die Folgen von Neid und Eifersucht (4,1–7). Aber vor allem bezeugt die Schrift die von Gott bestimmte Ordnung des Heils (40,1), wie sie sich in der Struktur des kirchlichen Amtes widerspiegelt (42,5). Die Schrift wird somit in den Dienst der eigenen Argumentation genommen, und so gewinnt diese durch den Bezug auf das inspirierte Wort ihre Legitimation. Rein sachlich müßte man unterscheiden zwischen der Schriftinspiration und der impliziten Schriftauslegung, die jeder Benutzung der Schrift innewohnt. Die Darstellungsweise von I Clem – das Schreiben repräsentiert den gängigen Umgang der Alten Kirche mit der Schrift – läßt jedoch keinen Raum dafür. Die vom Geist Gottes inspirierte Schrift bestätigt so eindrucksvoll den durch die Zitate geprägten Gedankengang. Was das konkret beinhaltet, ist im folgenden Punkt näher aufzuzeigen.

b. Der Geist und die Botschaft von I Clem.

Nicht nur die Übereinstimmung mit der vom Geist inspirierten Schrift verleiht dem römischen Schreiben die Note der Verbindlichkeit. Es kann von den Korinthern Gehorsam verlangen, weil nach 63,2 das von der römischen Gemeinde Geschriebene (ὑφ' ἡμῶν) durch den Heiligen Geist geschrieben worden ist (διὰ τοῦ ἁγίου πνεύματος). Die römische Gemeinde ist lediglich das Werkzeug, der Urheber ist der Heilige Geist selbst. Eine noch höhere

---

[1] Vgl. die Kritik von J.P. MARTÍN, Espíritu 60 f. Dennoch stimmt Martín dem stoischen Charakter der Pneuma-Zitate in I Clem zu. Einziges Indiz in dieser Richtung ist aber die Stelle Ps 50,12. Das Adjektiv ἡγεμονικός kommt in der LXX nur in 4 Makk 8,7 vor; nach Sym. auch in Ps 109,3 und Spr 8,6; nach Theod. auch in Spr 8,6. Ob die Verwendung von einer in der Stoa bekannten Kategorie schon rechtfertigt, die Vorstellung als solche auch als stoisch zu bezeichnen, ist fraglich. Im hellenistischen Judentum ist Philo der einzige Verfasser, der ἡγεμονικός häufig verwendet. Aber die Wendung πνεῦμα ἡγεμονικόν kommt nur in Imm 84 und Her 55 vor (vgl. SpecLeg IV 123: πνοή), und keine von diesen Stellen nimmt auf Ps 50 Bezug.

Legitimation des Anspruches der römischen Gemeinde gibt es nicht, und ihr Bestehen auf gehorsame Annahme kann nicht besser begründet werden.

Es ist zu wenig, darin nur einen klugen taktischen Zug zu sehen, um im Rahmen der Kontroverse den eigenen Anspruch durchzusetzen. Das Autoritätsbewußtsein der römischen Gemeinde kommt auch in anderen Formen zum Ausdruck (vgl. die Erklärung zu 63,2), ja, es ist überhaupt ein durchgehendes Merkmal des Briefes. In der Berufung auf den Geist erreicht es seinen Höhepunkt, aber es kommt nicht unvermittelt dazu, es steht auch keineswegs isoliert da.

Bedenkenlos wird sich die Berufung einer menschlichen Instanz auf den Geist nie ganz rechtfertigen lassen, so unüberbrückbar vom Menschen her ist die Distanz zwischen dem Geist und ihm. Aber das trifft auf jeden Rückgriff auf den Geist zu, sei es in der Gestalt der charismatischen Erscheinung, sei es in der nüchternen Argumentationsart von I Clem. Das Phänomen festzustellen und zu beschreiben ist Aufgabe der historischen Forschung. Dabei gelangt sie aber zugleich an ihre Grenzen.

2. Der Heilige Geist, die Gemeinde und der Gott des christlichen Glaubens.

a. Der Geist, die Gemeinde und die korinthischen Gegner.

In der umstrittenen Frage nach der Ursache der Unruhen in Korinth wird oft die Meinung vertreten, es sei ein Konflikt von „Amt und Geist" gewesen (W. Lütgert, P. Meinhold, H. Opitz, J. E. Davison u. a.)[1]. Die Überprüfung der πνεῦμα-Aussagen von I Clem macht auf die Tatsache aufmerksam, daß der Geist in keinem Zusammenhang erwähnt wird, wo ein Bezug auf die Gegner angebracht wäre. Das Motiv vom Leib Christi und von den Gnadengaben (38,1 f.), wird nicht genommen, um nach dem Muster der paulinischen Theologie die Einheit des *einen* Geistes in der Vielfalt der Gnadengaben hervorzuheben, sondern um die gegenseitige Unterordnung der Gläubigen zu begründen. Das Bild vom Leib und von den Gliedern (37,5) verdeutlicht nur die Eintracht und Harmonie des Ganzen. Das Schweigen über den Geist an diesen Stellen zeigt einerseits allgemein, daß die Pneumatologie in I Clem andere Schwerpunkte hat – auch innerhalb einer viel engeren Thematik – als bei Paulus. Andererseits erlaubt das eine Schlußfolgerung hinsichtlich der Gegner. Paulus argumentiert mit dem Geist, um gegenüber den Mißständen in Korinth Stellung zu beziehen (vgl. 1 Kor 6,17.19; 12,3). Hier liegt der Grund für die Annahme, daß diese von Enthusiasten hervorgebracht wurden. In I Clem hingegen ist ein solcher Zusammenhang nicht gegeben. Der Textbefund stellt zumindest die allzu schnell angenommene Charakterisierung der Konfliktpartner in Frage.

Nur in I Clem 2,2 ist von der vollständigen Ausgießung des Geistes in der korinthischen Gemeinde die Rede. Die Wendung gehört aber ohnehin in eine

---

[1] S. o. Einleitung § 6.1.

idealisierte Beschreibung der Gemeinde, aus der nur wenige konkrete Züge gewonnen werden können. Wie weit der Vf. dabei an eine lebendige Erfahrung des Geistes denkt, ist nicht auszumachen.

b. Der Geist und die Apostel.
Die Fülle des Geistes (μετὰ πληροφορίας πνεύματος ἁγίου) gehört zur Ausstattung der Apostel für ihre Sendung (42,3). Die Aussage ist traditionell, aber hier verfolgt sie einen klaren Zweck. Der Geist ist der Garant dafür, daß die von den Aposteln gewählten Amtsträger geeignet sind. Sie werden schließlich τῷ πνεύματι geprüft. Die Gabe des Geistes in Verbindung mit dem kirchlichen Amt wird nicht näher erwähnt, aber es ist anzunehmen, daß die Weitergabe des Amtes (vgl. 44,2 f.) auch vom Geist begleitet wird. Die Wirkung des Geistes beschränkt sich aber nicht auf die Amtsträger. Kennzeichnend dafür ist die Tatsache, daß die *römische Gemeinde* als Absender des Schreibens erscheint, und nicht die Gemeindeleiter bzw. die Amtsträger. Durch die Gemeinde hat der Heilige Geist selbst geschrieben (63,2)[1].

c. Der Geist in triadischen Formeln.
Streng genommen kommen nur 46,6 und 58,2 in Frage. In zwei anderen Abschnitten werden auch Gott, Christus und der Geist genannt (2,1-3; 42,1-3)[2], aber es handelt sich nicht um Formeln, sondern um voneinander unabhängige Aussagen, die in den gleichen Zusammenhang gehören.
    Der Ausdruck „triadische" statt „trinitarische" Formeln will auf eine Grundentscheidung bezüglich der Tragweite und der theologichen Einordnung der Texte hinweisen. „Triadisch" besagt, daß sie nicht aus der Perspektive der späteren theologischen Reflexion verstanden werden[3]. Während I Clem 46,6 den soteriologischen Aspekt im Wirken des Geistes hervorhebt - er ist der Geist der Gnade, der über uns ausgegossen wurde (vgl. 2,2) -, weist 58,2 weit stärker den Charakter einer Glaubensformel auf. Nach E. Schweizer zeigt sich in beiden Texten „noch eine leichte Hemmung zur völligen Parallelisierung des Geistes mit Gott und Christus" (ThWNT VI 450 Anm. 842), aber es geht um die Einheit des Heilswerkes Gottes, zu dem unabdingbar das Wirken Christi und des Heiligen Geistes gehören. Selbstverständlich nimmt dieses Wirken in der Geschichte eine jeweils andere und unverwech-

---

[1] Vgl. ferner I Clem 2,2: die vollständige Ausgießung des Geistes geschieht ἐπὶ πάντας.
[2] Vgl. J. LEBRETON, Théologie 401 f.
[3] Die Aufsätze von J. Lebreton (1925) und L. Choppin (1924) über die Trinitätslehre in I Clem beachten dies entschieden zu wenig. Die entgegengesetzte Position vertritt R. M. HÜBNER, θεός 330: „Die zweimal begegnende Aufzählung von Gott, Jesus Christus und Geist in einer Reihe mit Größen wie Berufung, Glaube, Hoffnung, läßt erkennen, daß damit nichts über den jeweiligen Rang und die Zuordnung gesagt ist, so daß man kaum von triadischen Formeln, sicherlich nichts von trinitarischen bei Clemens sprechen kann." Bezüglich der Berufung (I Clem 46,6) ist der Unterschied zum Vorhergehenden von der Sache her schon evident. Die Deutung von I Clem 58,2 hängt von der fraglichen Annahme ab, Glaube und Hoffnung würden auch zur Schwurformel gehören.

selbare Gestalt an, und so ist der Heilige Geist keine anonyme Kraft Gottes, sondern eine spezifische Form des Waltens Gottes[1].

12.2. Paulus über die Parteiungen (47,1-7)

Auch im Abschnitt 47,1-7 versucht der Vf., den Korinthern die Schwere und die Folgen der Spaltung vor Augen zu führen. Diesmal argumentiert er nicht mit einem Beispiel aus der Schrift, sondern nimmt Bezug auf die eigene Vergangenheit der Korinther und auf die Person, auf die die Gläubigen dort sicher stolz waren: den Apostel Paulus. Im ersten Teil (V. 1-4) werden der Brief des Paulus an die Korinther und das damalige Problem der Parteien in der Gemeinde erwähnt. Das Stichwort ist πρόσκλισις. Mit der Behauptung, die damalige Parteienbildung sei eine kleinere Sünde, ist die Brücke zum zweiten Teil der Argumentation geschlagen (V. 5-7). Gerade die rühmliche Vergangenheit der Gemeinde von Korinth ist es, was die Spaltung in der Gegenwart so schändlich und unwürdig erscheinen läßt (V. 6), zumal die Sache offensichtlich auch bei den Nicht-Christen bekannt geworden ist (V. 7)[2].

1. **Nehmt den Brief des seligen Apostels Paulus! 2. Was schrieb er euch zuerst am Anfang des Evangeliums? 3. Wahrhaftig auf geistige Weise schrieb er euch über sich selbst und Kephas und Apollos, weil ihr auch damals Parteien gebildet hattet. 4. Aber jene Parteiung brachte euch geringere Sünde ein. Denn ihr hattet für wohlbezeugte Apostel und einen nach ihrem Urteil erprobten Mann Partei ergriffen. 5. Jetzt aber betrachtet, wer die sind, die euch auf verkehrten Weg geführt und die Würde eurer allseits bekannten Bruderliebe gemindert haben! 6. Eine Schande, Geliebte, und eine große Schande und der Lebensführung in Christus unwürdig ist es, wenn man hört, daß die so gefestigte und alte Kirche der Korinther wegen ein oder zwei Personen sich gegen die Presbyter auflehnt. 7. Und diese Kunde drang nicht nur zu uns, sondern auch zu denen, die anders gesinnt sind als wir, so daß wegen eures Unverstands**

---

[1] Im Zusammenhang mit dem πνεῦμα bei Paulus hält E. SCHWEIZER, ThWNT VI 432, die Frage nach der Personalität des Geistes für falsch, „schon weil es dieses Wort weder hebräisch noch griechisch gibt." Aber das eine ist der Begriff, etwas anderes ist die gemeinte Sache. Die schon in der Weisheitsliteratur ansetzende Tendenz zur Hypostasierung der Vorstellung läßt sich nicht bestreiten. Wie weit der Begriff „Person" sachgemäß ist, hängt von dessen Verständnis ab. Der junge Harnack hatte diesbezüglich keinen Vorbehalt: „Tres personas divinas hic numeravit Clemens" (96). Es fällt auf, daß in Harnacks „Einführung in die alte Kirchengechichte" fast kein Wort über den Geist fällt.

[2] Nach P. MEINHOLD, Geschehen 100, wird in I Clem 47-48 „die Auseinandersetzung mit den Pneumatikern von Korinth um die Autorität des Paulus" geführt. Diese Deutung entspricht der Interpretation des Konflikts und der Charakterisierung der korinthischen Gegner, die Meinhold dem Vf. von I Clem zuschreibt. Die hier vorgetragene Textanalyse vermag diese Sicht der Dinge nicht zu teilen.

auch Lästerungen gegen den Namen des Herrn vorgebracht werden, für euch selbst aber Gefahr heraufbeschworen wird.

1   Mit Recht nimmt der Vf. an, daß der Brief des Paulus in der Gemeinde von Korinth aufbewahrt und zugänglich ist. ἀναλαμβάνειν bedeutet „in die Hand nehmen", wie in 1 Esra 9,45: καὶ ἀναλαβὼν Ἔσδρας τὸ βιβλίον τοῦ νόμου. Die Bezeichnung μακάριος (Mose in 43,1; Judit in 55,4) zeigt die Hochschätzung des „Apostels" (5,3), die keiner weiteren Begründung bedarf[1]. Aus dem Singular τὴν ἐπιστολήν läßt sich keine Folgerung ziehen für eine eventuelle Unkenntnis von 2 Kor in Rom. Die Autoren der alten Kirche scheinen keinen Wert darauf gelegt zu haben, die Briefe an die Gemeinden von Korinth oder Thessalonich in der Mehrzahl zu bezeichnen (ähnlich für die zwei Briefe an Timotheus). So schreiben Irenäus (AdvHaer I 8,2; IV 27,3 f.), Origenes (CCelsum I 63; III 20), Methodius (Symp. III 14); Hieronymus (Ep. 52,9)[2]. Es ist andererseits richtig, daß 2 Kor mit Ausnahme einer möglichen Anspielung in I Clem 36,2 (vgl. 2 Kor 3,7.13) nicht rezipiert wird. Aber es ist möglich, daß die zwei Briefe an die Korinther unter dem Titel ἐπιστολὴ Παύλου τοῦ ἀποστόλου kopiert wurden[3].

2   Die rhetorische Frage leitet die Anspielung auf die damalige Parteibildung (V. 3) ein. Die Wendung ἐν ἀρχῇ τοῦ εὐαγγελίου kommt in Phil 4,15 vor. Gemeinsam mit πρῶτον bildet sie eine neue Sinneinheit, deren Verständnis nicht eindeutig ist. Cotelier und die ersten Interpreten lasen hier einen Hinweis auf den Anfang von 1 Kor („in principio Epistulae primae ad Corintios": PG 1,306). So hat auch Polykarp die Stelle verstanden, als er an die Philipper schrieb: „... in quibus laborauit beatus Paulus, qui estis in principio epistulae eius" (PolPhil 11,3). Tatsächlich steht die Anspielung auf die Parteibildung in Korinth (V. 3) am Anfang des Briefes (vgl. 1 Kor 1,10 f.). Th. Zahn wies auf die Stellung der Korintherbriefe am Anfang der Sammlung der Paulus-briefe hin[4]. Aber es ist unwahrscheinlich, daß schon gegen Ende des ersten Jahrhunderts eine solche Sammlung in Rom existiert hat. Knopf paraphrasiert: „Paulus hat seinerzeit am Anfang seiner großen Heidenmission euch geschrie-ben" (123)[5]. Bei dieser Deutung, die nur das Zeitliche hervorhebt, wird zu wenig berücksichtigt, daß V. 2 offenbar die folgende Aussage (V. 3) über die Spannungen in Korinth zur Zeit des Paulus vorbereitet. Der Zusammenhang von V. 2 und V. 3 legt nahe, das Adverb πρῶτον als Ausdruck des besonderen

---

[1] Aus dem Text auf den „inspirierten" Charakter von 1 Kor zu schließen (so A. FAIVRE, Système 151), legt zu viel in ihn hinein. Das läßt sich nicht in V. 3. durchführen. Richtig P. G. VERWEIJS, Evangelium 144.

[2] Die Texte bei LIGHTFOOT, I 2,142 f.; KNOPF, 123.

[3] KNOPF, 123, erwähnt diese Möglichkeit für die ganze Briefsammlung des Paulus.

[4] Geschichte I 811–814.835 f.; II 344–346. Ähnlich E. BARNIKOL, Nichtkenntnis 143.

[5] Auch so D. A. HAGNER, der in der Aussage von I Clem den gleichen Sinn wie in Phil 4,15 annimmt (Use 226.329 f.).

Ranges[1] dessen zu verstehen, was am Anfang des Korintherbriefes von Paulus verkündet wurde[2]. Das wäre der Sinn von „Evangelium"[3].

Zu ἐπ᾽ ἀληθείας vgl. 23,5. Auch hier hat die Wendung adverbiale Bedeutung 3 („wahrhaftig", „wahrheitsgetreu") und steht vor einem Adverb. Als Bezugspunkt von πνευματικῶς ist in diesem Zusammenhang eher das von Paulus Geschriebene als seine eigene Person anzunehmen[4]. Freilich geht das eine aus dem anderen hervor, aber nach ἐπ᾽ ἀληθείας ist naheliegender, daß unmittelbar das Mitgeteilte gemeint ist. Es besagt, daß das Wort des Paulus an die Gemeinde von der Kraft des Geistes getragen war. Daß πνευματικῶς ein Echo aus 1 Kor 2,14 enthält, ist möglich, aber mehr als ein sprachlicher Rest ist es nicht. Der Hinweis auf den Geist unterstreicht so die Wahrheit des Inhalts[5]. Wie in 7,1 und 62,1 (über das eigene Schreiben) verwendet der Vf. ἐπιστέλλειν, um die Verfassung und Absendung eines Briefes auszudrücken. Der Inhalt des Schreibens (d. h. 1 Kor) betraf den Apostel selbst, Kephas und Apollos (vgl. 1 Kor 1,12: ἐγὼ μέν εἰμι Παύλου, ἐγὼ δὲ Ἀπολλῶ, ἐγὼ δὲ Κηφᾶ). Warum nicht auch die Gruppe genannt wird, die sich auf Christus berief (ἐγὼ δὲ Χριστοῦ), ist nicht erkennbar. Man kann nur vermuten, daß eine solche Gruppe für das Ziel der Argumentation in diesem Kapitel nicht hilfreich war. Daß Paulus und Kephas am Anfang erwähnt werden und Apollo erst danach, ist durch das Interesse des Vf.s zu erklären, den besonderen Rang der Apostel im Unterschied zu einem „nur" erprobten Mann herauszustellen (vgl. V. 4).

Der Grund, weswegen Paulus sich damals an die Gemeinde wandte, waren die von den Gläubigen dort hervorgerufenen προσκλίσεις. Die Pluralform spielt auf die Parteienbildung um die drei zuvor Genannten an. Der Terminus πρόσκλισις bedeutet hier und in V. 4 weit mehr als in 21,7 (die Liebe der Frauen soll ohne Neigungen sein)[6]. Die „Neigung" hat in diesem Fall zur Bildung von Gruppen geführt, deren Existenz die Einheit der Gemeinde

---

[1] Vgl. BAUER/ALAND 1454.

[2] So LINDEMANN, 138.

[3] Jaubert und Harnack übersetzen „Evangelium" mit „Verkündigung". R. MINNERATH, Jérusalem 554, findet auch hier ein Argument für die Frühdatierung von I Clem: Die korinthische Gemeinde sei zu Anfang der apostolischen Verkündigung entstanden, aber ihr Alter (I Clem 47,6: ἀρχαία) würde nicht von der Zahl der vergangenen Jahre abhängen. Ähnlich J. A. T. ROBINSON, Wann entstand das Neue Testament? 343.

[4] Anders BAUER/ALAND 1362: *„Geistes voll hat er euch geschrieben."* Ähnlich Knopf.

[5] Von „Inspiration" in diesem Zusammenhang zu reden, mag im Prinzip richtig sein, dürfte jedoch mehr hineinlegen, als dem Vf. vorschwebt. Gegen LAKE, 91: „With true inspiration"; JAUBERT, 179: „En vérité c'est sous l'inspiration de l'Esprit …"; QUACQUARELLI 80: „Sotto l'ispirazione dello Spirito." Einen polemischen Hintergrund vermutet P. MEINHOLD, Geschehen 101: „Dem Argument der Gegner: ‚Wir sind Pneumatiker, wie es Paulus gelehrt hat', wird das andere entgegengesetzt: ‚Ihr seid falsche Pneumatiker, Paulus aber schrieb ἐπ᾽ ἀληθείας πνευματικῶς'". Der Vf. würde auf diese Weise seinen Gegnern entgegenhalten, Paulus mißverstanden zu haben. Die Frage bleibt: Waren die Gegner Pneumatiker?

[6] Das gleiche gilt für den Sprachgebrauch in 1 Tim 5,21; Arist 5.

gefährdet. Auch wenn der Sachverhalt ein anderer ist, läßt sich eine Analogie zur Ausdrucksweise bei der Erörtertung „περὶ αἱρέσεων" feststellen, die von den Doxographen überliefert ist. Denn auch hier spielt die „Neigung" eine wesentliche Rolle bei der Entstehung einer αἵρεσις, d. h. einer Philosophenschule: κατ᾿ ἔννοιαν δὲ τὴν αἵρεσιν εἶναι πρόσκλισιν δογμάτων πολλῶν πρὸς ἄλληλα συμφώνων ἢ πρὸς ἅν τέλος ἀναφερόντων (H. Diels, Doxographi 604)[1]. „Neigung" steht in diesem Zusammenhang für die Zustimmung zu den in der jeweiligen Schule vorgetragenen Lehrmeinungen und zum gemeinsamen Ziel. Der Vf. scheint den Terminus hier aber nicht als Faktor der Bildung einer Gruppe zu verstehen, sondern er bezeichnet damit den Vorgang der Bildung der Gruppe an sich.

4   Der erste Satz enthält einen impliziten Vergleich zwischen der Parteibildung in Korinth zur Zeit des Paulus und dem gegenwärtigen Konflikt. Jene Parteiung hätte der Gemeinde eine geringere Sünde eingebracht. Der nicht genannte, aber gut erkennbare Bezugspunkt des Vergleichs ist die Beurteilung des Geschehens in 44,4: ἁμαρτία γὰρ οὐ μικρὰ ἡμῖν ἔσται ... Damals ist es eine geringere Sünde gewesen im Vergleich zu dem, was sich jetzt in Korinth vollzogen hat[2]. Nach dem häufigen Vorkommen von προσφέρειν (41,2; 43,2; 44,4) im liturgischen Zusammenhang – daher auch im positiven Sinn – scheint die Wendung ἁμαρτίαν προσφέρειν noch diese kultische Begrifflichkeit widerzuspiegeln, freilich mit einer ganz anderen Bedeutung. Es geht jetzt nicht um die „dargebrachten" Gaben, sondern um die „eingebrachte" Sünde.

Mit Hilfe eines Wortspiels begründet der Vf. im zweiten Satz die vorgetragene Wertung[3]. Die damalige πρόσκλισις war nicht so gravierend, weil sie in einem προσκλίνειν zu den Aposteln und zu Apollo bestand. προσκλίνειν drückt die Neigung zu einer Person bzw. Sache aus und bedeutet „sich anschließen", „sich anlehnen" (vgl. 2 Makk 14,24; Apg 5,36; Josephus, Ant 18,195). Die Parteibildung hat in dieser Neigung ihren Grund. Die ἀπόστολοι sind Paulus und Kephas (vgl. 5,3). Sie gelten als μεμαρτυρημένοι aufgrund des von Gott selbst ausgestellten Zeugnisses (anders als die Amtsträger in 44,3)[4]. Die Bezeichnung des Apollos als eines ἀνὴρ δεδοκιμασμένος und zwar von den Aposteln greift auf die Darstellung in 42,4 und 44,2 zurück. Es ist nämlich die Aufgabe der Apostel gewesen, geprüfte, erprobte Männer zu ihren

---

[1] Eine ähnliche Überlieferung bei Klemens von Alexandrien, Strom. VIII 16,2. Vgl. auch Sextus Empiricus, PyrrhHyp I 16: εἰ μὲν <γὰρ> τις αἵρεσιν εἶναι λέγει πρόσκλισιν δόγμασι πολλοῖς ἀκολουθίαν ἔχουσι πρὸς ἄλληλά τε καὶ <τὰ> φαινόμενα.

[2] Zur ἁμαρτία-Begriff vgl. 44,4.

[3] Die Zweideutigkeit ist L nicht entgangen. In V. 3 wird προσκλίσεις mit „proelia" wiedergegeben, in V. 4 steht für πρόσκλισις „contumacia". Die Wiedergabe von V. 4 „stellt die Geschichte der korinthischen Gemeinde schlechter dar als der Autor gemeint hatte" (A. DAVIDS, Irrtum 172): „Et contumacia illa peccatum vobis intulit; contendistis enim apostolis, quibus testimonium datum est, et viro probato apud eos."

[4] Eine Anspielung auf den Märtyrertod der Apostel ist sprachlich unwahrscheinlich. Anders A. v. HARNACK, Einführung 117.

Nachfolgern zu bestellen. Apollos wäre ein erstes konkretes Beispiel für die kontinuierliche Weitergabe des Amtes. Aber das Thema bleibt am Rande. Entscheidend für die Beweisführung ist das hohe Ansehen des Personenkreises, um den sich die damalige Parteibildung gedreht hat. Der Kontrast zu den wenigen Ungenannten, die sich jetzt gegen die Presbyter aufgelehnt haben (47,7) und die am Anfang des Schreibens als „unbesonnen und frech" genannt wurden (1,1), ist unübersehbar. Der gleiche Kontrast wird im V. 5 herausgestellt.

Die Erinnerung an den damaligen Konflikt soll zur richtigen Beurteilung 5 der gegenwärtigen Situation führen. Die Aktualisierungsabsicht zeigt sich im vorangestellten νυνί. Wie an anderen Stellen kommt durch κατανοεῖν die auf Ansicht bedachte Betrachtungsweise zum Ausdruck, der sich die Natur des Geschehens erschließt (vgl. 24,1). Es geht zunächst um die Verantwortlichen für den gegenwärtigen Konflikt, aber darüber hinaus vor allem um dessen Auswirkung in der Gemeinde. Die Anspielung ist sehr allgemein: τίνες; in V. 6 ist von ἐν ἢ δύο πρόσωπα die Rede. Der angezielte Kontrast zu den „wohlbezeugten Aposteln" und mit dem „erprobten Mann" (V. 4) ist damit erreicht. Quantitativ und qualitativ stehen die Unruhestifter auf einer ganz anderen Ebene als die großen Gestalten der Vergangenheit. Diese rhetorisch geschickte Ausdrucksweise läßt aber nicht erkennen, ob der Vf. mehr über die korinthischen Gegner gewußt hat, als das sehr wenige, was er sagt.

Von den zwei Aspekten, die unmittelbar als Folgen des Problems angeführt werden, ist der erste wohl bekannt: die Verführung, d. h. die Führung auf einen verkehrten Weg (zu διαστρέφειν vgl. 46,3). Der zweite Aspekt betrifft die φιλαδελφία, die hier zum erstenmal genannt wird. Die Diktion ist recht umständlich und in der Begrifflichkeit ähnlich zu der in 1,1 (ὥστε τὸ σεμνὸν καὶ περιβόητον καὶ πᾶσιν ἀνθρώποις ἀξιαγάπητον ὄνομα ὑμῶν)[1]. In diesem Fall ist das substantivierte Adjektiv τὸ σεμνὸν (1,1.3; 7,2; 48,1) das unmittelbare Objekt von ἐμείωσαν. Die „Würde"[2] (τὸ σεμνὸν)[3] bezieht sich auf die überall bekannte[4] Bruderliebe (τῆς περιβοήτου φιλαδελφία) der korinthischen Gemeinde. Die Minderung[5] dieses Ansehens wird den Unruhestiftern direkt zur Last gelegt. Auch hier läßt die Diktion wenig Nähe zum Geschehen erkennen. Wie in den folgenden V. 6 und V. 7 variiert der Vf. über Themen von 1,1. Daß dabei auch die φιλαδελφία zur Sprache kommt, paßt zum

---

[1] Der Wortlaut von 1,1 hat die koptische Übersetzung beeinflußt: τὸ ὄνομα τῆς σεμνότητος καὶ φιλαδελφίας ὑμῶν.

[2] Nach L: „quietum (ἐπιεικές?) abundantis (πεπληροφορημένης?) fraternitatis."

[3] Vgl. C. Spicq, Notes 2,793.

[4] περιβόητος in der biblischen Litertur nur in 2 Makk 2,22, aber häufig bei Philo (Migr 83; Jos 19; VitMos I 3.264 u. ö.) und Josephus (Bell 5,216; Ant 6,165; 7,194; 20,49; Ap 1,315).

[5] μειοῦν in der LXX nur in Sir 43,7. Oft bei Philo (etwa 19mal, meistens im Hinblick auf Naturphänomene) und Josephus (11 mal). Vgl. Ant 15,10: τὴν οὖν ἀτιμίαν ἐνόμισε μειώσειν τῆς πρὸς αὐτὸν μνήμης, μειώσειν δὲ καὶ τὸ πρὸς Ἡρώδην μῖσος. Möglicherweise liegt ein Echo einer lateinischen Wendung vor (Cicero, „majestatem populi romani minuere"). Vgl. PG 1,308 Anm. 20.

christlichen Milieu von Rom. Denn der Terminus, der zuerst im hellenistischen Judentum bezeugt ist (vgl. Philo, LegGai 87; Josephus, Ant 2,161; 4,26; 12,189; 4 Makk 12,23.26; 14,1) – wahrscheinlich als Nachbild des im Klassischen bekannten φιλάδελφος –, erscheint zum erstenmal in der christlichen Literatur in 1 Thess 4,9 und in Texten, die mit der römischen Gemeinde zu tun haben: Röm 12,10; Hebr 13,1; 1 Petr 1,22. Die ursprüngliche Einschränkung auf die leiblichen Geschwister ist im christlichen Sprachgebrauch aufgehoben, um die besondere Art der Beziehungen der Christen zueinander zu bezeichnen[1].

6   Die direkte Anrede ist rhetorisch gestaltet – eine Epanadiplosis[2]. Die Form des Neutrum-Plurals bei αἰσχρὰ καὶ ἀνάξια[3] hat emphatische Bedeutung und ist im Klassischen belegt[4]. Die Ereignisse in Korinth gelten als schandhaft und unwürdig im Verhältnis zur Lebensführung ἐν Χριστῷ. Der christologische Bezug ist die Chiffre, die zugleich als Maßstab für die Beurteilung des Geschehens dient. Der Infinitiv ἀκούεσθαι verbindet die im Nominal-Satz vorliegende Feststellung mit dem korinthischen Konflikt und begründet sie. Die Informationsquelle der römischen Gemeinde scheint nur eine mündliche Nachricht zu sein, die sich aber rasch verbreitet hat (V. 7). Der schändliche und unwürdige Charakter des Geschehens geht aus der Unvereinbarkeit von Ruf und Alter der korinthischen Gemeinde einerseits und der – von der römischen Gemeinde aus gesehen – dazu völlig unpassenden Absetzung der Presbyter hervor. Die Beurteilung baut auf der Beweisführung besonders im Kap. 44 auf. In 1,2 wurde die Festigkeit des Glaubens der Korinther lobend hervorgehoben (τὴν … βεβαίαν ὑμῶν πίστιν). Wenn der Vf. jetzt die Gemeinde als βεβαιοτάτη bezeichnet, spielt er wahrscheinlich auf diesen idealen Zustand an, der durch den Aufruhr so jäh beendet wurde (3,1–4). Das zweite Adjektiv ἀρχαία spiegelt das Ansehen der korinthischen Gemeinde aufgrund ihres Alters wider; dazu trug zweifelsohne das Wirken des Paulus dort und der apostolische Ursprung entscheidend bei. Daß die römische Gemeinde den Rang der Korinther so uneingeschränkt anerkennt, spricht indirekt für das eigene Autoritätsbewußtsein. Denn sie bleibt bei ihrer Rolle, den Korinthern gerade durch die Erinnerung an die Vergangenheit – so lichtvoll sie auch war – die Tragweite ihrer Verfehlung klarzumachen.

Wie in 1,1 (ὀλίγα πρόσωπα) wird erneut betont, daß der Konflikt auf eine unbedeutende Anzahl von Personen zurückgeht. Es sind nur einer oder zwei, die sich gegen die Presbyter aufgelehnt haben. Die Sprechweise in I Clem

---

[1] „Übertragener Gebrauch von φιλαδελφία und φιλάδελφος ist außerhalb der christlichen Literatur bisher nicht belegt." So H. von SODEN, ThWNT I 146.

[2] Eine andere Epanadiplosis (auch mit ἀγαπητοί) in 53,1.

[3] Nach L: „turpis, fratres, valde turpis et indigna in Christo disciplina"; αἰσχρὰ καὶ ἀνάξια wurden fälschlich als Femininum-Singular aufgefaßt und auf ἀγωγή bezogen.

[4] Vgl. Thukydides 1,125; Herodot, 1,91; IX 2; Euripides, Hecuba 1240 (die Texte bei Bryennios, Gebhardt/Harnack, Knopf). Vgl. KÜHNER/GERTH, II 1,66–68; SCHWYZER, II 606.

(vgl. 44,6) zeigt, daß die Angaben nicht ohne weiteres wörtlich zu nehmen sind[1]. Das Phänomen war weit komplexer. Denn einer oder zwei allein hätten die Wirkung nicht erzielen können, die in V. 7 geschildert wird. Es handelt sich um *Gruppenbildung* innerhalb der Gemeinde, die wenigstens teilweise zur vorübergehenden Abschaffung einer bestehenden Struktur geführt hat. Wieviele am Anfang dieser Bewegung standen, ist nicht der Gegenstand der Aussage. Die geringe Zahl soll vielmehr die Bedeutungslosigkeit der Bewegung bezeugen, auch wenn die Folgen daraus offenbar nicht so unbedeutend waren. Der Aufruhr gegen die Presbyter (στασιάζειν πρὸς τοὺς πρεσβυτέρους) beinhaltet nichts anders als das, was in 44,5 f. schon behauptet wurde[2]. Hier werden die Presbyter als eine Einheit erwähnt, während in 44,6 nur „einige" davon betroffen wurden. Nach Lindemann richtete sich der Aufruhr gegen das Presbyteramt als solches (139). Die Beurteilung hängt mit der Möglichkeit einer Rekonstruktion der Ursachen und Folgen des Konflikts in Korinth zusammen.

Wie der vorhergehende Abschnit 46,1–9 mit einer sorgfältig formulierten Aussage abgeschlossen wurde, so geschieht es auch an dieser Stelle am Ende von 47,1–7. Die erste Aussage bringt durch die Steigerung οὐ μόνον εἰς ἡμᾶς ἐχώρησεν, ἀλλὰ ... (vgl. 19,1)[3] die verbreitete Resonanz des Konfliktes zum Ausdruck, der sogar bei den Heiden bekannt geworden ist[4]. Die Einführungskonjunktion ὥστε leitet sodann den zweifachen Infinitiv der Folge ein (Bl./Deb./Reh. § 391,1).

Auch hier ist die Anlehnung an 1,1 offensichtlich.

7

1,1 ... τῆς τε ἀλλοτρίας καὶ ξένης τοῖς ἐκλεκτοῖς τοῦ θεοῦ μιαρᾶς καὶ ἀνοσίου <u>στάσεως,</u> ἣν ὀλίγα πρόσωπα προπετῆ καὶ αὐθάδη ὑπάρχοντα εἰς τοσοῦτον ἀπονοίας ἐξέκαυσαν,	47,6 αἰσχρά, ἀγαπητοί, καὶ λίαν αἰσχρὰ καὶ ἀνάξια τῆς ἐν Χριστῷ ἀγωγῆς ἀκούεσθαι, τὴν βεβαιοτάτην καὶ ἀρχαίαν Κορινθίων ἐκκλησίαν δι᾽ <u>ἓν ἢ δύο πρόσωπα στασιάζειν</u> πρὸς τοὺς πρεσβυτέρους ...
<u>ὥστε</u> τὸ σεμνὸν καὶ περιβόητον καὶ πᾶσιν ἀνθρώποις ἀξιαγάπητον <u>ὄνομα</u> ὑμῶν μεγάλως <u>βλασφημηθῆναι.</u>	47,7 <u>ὥστε</u> καὶ <u>βλασφημίας</u> ἐπιφέρεσθαι τῷ <u>ὀνόματι</u> κυρίου διὰ τὴν ὑμετέραν ἀφροσύνην, ἑαυτοῖς δὲ κίνδυνον ἐπεξεργάζεσθαι.

---

[1] Anders A. v. HARNACK, Einführung 117: „Die Zahl der Rädelsführer war also gering." Ähnlich LINDEMANN, 139.

[2] Harnacks Vermutung: „sie (d. h. die Anführer) müssen vorher kein besonderes Ansehen genossen haben und hatten keinen einzigen Presbyter als Führer" (Einführung ebd.), läßt sich nicht begründen.

[3] Die Form ist sehr geläufig. Im NT vgl. Röm 5,3.11; 8,23; 9,10 u. ö.

[4] Die Stelle interpretiert TH. M. WEHOFER, Untersuchungen 140, als einen Hinweis auf ein Flugblatt oder eine Broschüre der Gegenpartei in Korinth (s. o. Einleitungsfragen § 6.2.a). Bei den regen Verbindungen zwischen beiden Gemeinden, die unter anderem durch die lange Grußliste im Kap. 16 des paulinischen Römerbriefes – in Korinth geschrieben und von dort aus geschickt – bezeugt wird, ist diese Hypothese nicht notwendig, zumal sie durch 47,7 nur schwach begründet werden kann.

Die Kunde (ἡ ἀκοή) spiegelt zuerst wider, was die Gläubigen in Rom über den Fall gehört haben (V.6: ἀκούεσθαι), aber sie ist nun über diesen Kreis hinaus bekannt geworden. Die „Anders-Gesinnten" (zu ἑτεροκλινεῖς ὑπάρχοντας vgl. 11,1) sind die Juden und Griechen, und allgemein all die, die nicht zur christlichen Gemeinde gehören. Die erste Folge aus dem Bekannt-werden des Konflikts auch außerhalb der Gemeinde ist die Lästerung des Namens Gottes. Im Vergleich zu 1,1, wo nur davon die Rede war, daß der Aufruhr lediglich dem Namen, d. h. dem Ruf der Gemeinde geschadet hatte, liegt hier eine qualitative Steigerung vor. Weil die Gemeinde die Sache Gottes in der Welt repräsentiert, wirft die verlorene Eintracht Schatten auf den Namen Gottes selbst[1]. Das Argument von Jes 52,5: δι᾽ ὑμᾶς διὰ παντὸς τὸ ὄνομά μου βλασφημεῖται ἐν τοῖς ἔθνεσιν, wird aufgenommen, wie auch Paulus den Text in Röm 2,24 benutzt hat (vgl. auch 1 Tim 6,1; Offb 16,9; Herm sim VI 2,3 [62,3]; II Clem 13,1 f.). Das zwischen den zwei Folgen stehende διὰ τὴν ὑμετέραν ἀφροσύνην drückt eine Deutung des Geschehens aus, das schon in unterschiedlichen Zusammenhängen zur Sprache kam. Es handelt sich nämlich um das irrationale Moment, das den Unruhen in Korinth anhaftet; denn Friede und Eintracht sind Komponenten des Zusammenlebens, die mit der Ordnung der Dinge und somit auch mit der rechten Vernunft zu tun haben, so daß jeder Verstoß gegen die Ordnung zugleich ein Zeichen von Unverstand ist (vgl. 3,3; 21,5; 39,1). Die Aufforderung in 13,1, die ἀφροσύνη abzulegen, gehört in diesen Zusammenhang.

Die zweite Folge betrifft die Gefahr, der sich die Gemeinde selbst durch die Unruhen aussetzt. Der Gedanke kommt auch in 14,2 und 41,4 vor, wo jeweils der Bezug auf das korinthische Problem im Vordergrund steht. Abgesehen von den alttestamentlichen Beispielen in 55,5.6 spielt der Vf. mit κίνδυνος bzw. κινδυνεύειν immer auf den Konflikt in der Gemeinde an (vgl. auch 59,1.3). Die Gefahr besteht darin, daß man sich durch den Aufruhr von der von Gott gewollten Ordnung des Heils abwenden läßt. Die Diktion des Schreibens macht die Vermutung Harnacks sehr unwahrscheinlich, in Korinth sei eine Einmischung der Polizei mindestens als Drohung möglich gewesen („Hausfriedensbruch infolge der Zwistigkeiten?")[2]. Der Infinitiv ἐπεξεργάζεσ-

---

[1] Nach O. KNOCH, Eigenart 425, „ist mit Kyrios 47,7 deutlich Christus gemeint", denn: 1. zuvor sei vom „Wandel in Christus" die Rede; 2. wenn zu den „Anders-Gesinnten" auch die Juden gehören, dann wäre eine Lästerung des „Namens des Herrn" nur unter der Voraussetzung einer christologischen Deutung denkbar (ebd.). Dagegen ist zu sagen: 1. das unvermittelte Auftauchen von christologischen Motiven (in diesem Fall τῆς ἐν Χριστῷ ἀγωγῆς) bedeutet nicht automatisch, daß dieses Motiv weiter gedeutet wird; 2. der Vf. verwendet alttestamentliche Überlieferung (s. o.). Eine christologische Umdeutung ohne voraufgehenden Nachweis darf nicht angenommen werden. Die Aussage über die „Anders-Gesinnten" ist zu allgemein, um daraus ein Argument für ein christologisches Verständnis von Kyrios an dieser Stelle zu gewinnen.

[2] Einführung 117. Kritisch dazu LINDEMANN, 139 f.; SCHNEIDER, 183 Anm. 294. LIGHTFOOT, I 2,145, KNOPF, 124, und GRANT, 79, erwähnen die göttliche Verdammung. Ohne sich auf HARNACK zu berufen, kommt P. Mikat aufgrund der politischen Tragweite der στάσις und ἀπόνοια zu einer ähnlichen Deutung (Bedeutung 23–28; Auswanderungsrat 214 f.).

ϑαι[1] hebt die dynamische Kraft, welche die Gefährdung der Gemeinde begleitet, die sie selbst hervorgerufen hat, hervor.

12.3. Aufruf zur Umkehr (48,1–6)

Nach der sachorientierten Argumentation in Kap. 47 fährt der Vf. zunächst mit einer neuen Ermahnung und Bitte fort (V. 1). Der Terminus ἀγωγή, d.h. Lebensführung, scheint das folgende Motiv vom „Tor" des Herrn angeregt und bedingt zu haben (V. 2–4). Der letzte Teil des Abschnitts (V. 5–6) konkretisiert den Wandel (πορεία), der zum richtigen Ziel führt.

1. Stellen wir dies also rasch ab, werfen wir uns vor dem Herrscher nieder und flehen wir ihn unter Tränen an, daß er gnädig sei und sich mit uns versöhne und uns zu unserer ehrbaren und reinen Lebensführung in der Bruderliebe zurückführe.
2. Denn dies ist das Tor der Gerechtigkeit, geöffnet zum Leben, wie geschrieben steht: „Öffnet mir der Gerechtigkeit Tore; ich will durch sie eintreten und den Herrn preisen. 3. Dies ist das Tor des Herrn: Die Gerechten kommen durch dasselbe hinein." 4. Von den vielen geöffneten Toren ist also das (Tor) in Gerechtigkeit das in Christus. Selig alle, die dadurch eintreten und ihren geraden Weg gehen in Heiligkeit und Gerechtigkeit (und) unbeirrt alles vollbringen.
5. Mag einer gläubig sein, mag er fähig sein, Erkenntnis auszusprechen, mag er weise sein in der Unterscheidung der Worte, mag er rein sein in den Werken: 6. Um so mehr muß er demütig sein, je größer er zu sein scheint, und (muß) das suchen, was allen gemeinnützig ist, und nicht seinen eigenen (Nutzen).

Drei Verben im Konjunktiv-Aorist verleihen dem ersten Teil einen beschwörenden Ton, den der Inhalt ebenso unterstreicht: von dem sofortigen Aufhören mit dem Aufruhr zum Niederfallen vor dem Herrn bis hin zur inbrünstigen Bitte (ἐξάρωμεν ... καὶ προσπέσωμεν τῷ δεσπότῃ καὶ κλαύσωμεν ἱκετεύοντες ...). Der folgende Finalsatz (ὅπως ...) blickt auf das Handeln des gnädigen Gottes, das in der Versöhnung (ἐπικαταλλαγῇ ἡμῖν) und in der Rückführung (ἀποκαταστήσῃ ἡμᾶς)[2] zu der in der Gemeinde durch den Konflikt beeinträchtigten (47,5: „geminderte") Bruderliebe besteht.

Die Ausdrucksweise ist sehr stark von der Sprache der LXX geprägt. Das erste Verb ἐξαίρειν wird dort oft gebraucht, um die Beseitigung oder die

1

---

[1] In der biblischen Literatur nicht belegt. Vgl. Philo, All II 62; Imm 9; Josephus, Ant 15,414,
[2] Unübersehbar ist die Tendenz bei H, die Distanz zwischen der römischen und der korinthischen Gemeinde dadurch zu verdeutlichen, daß das Personal-Pronomen in der zweiten Person-Plural beibehalten wird: „... sich mit euch versöhne und euch ..."

Entfernung vom Sündhaften, Negativen auszudrücken (vgl. Dtn 17,7.12; 22,21.22.24; Mich 7,18; 1 Makk 14,7 u. ö.). Ein Echo davon ist auch in 1 Kor 5,13 (vgl. Dtn 17,7) erhalten. Das sehr allgemeine τοῦτο bezieht sich auf die Unruhen in der Gemeinde, die schnell[1] abgestellt werden sollen. Nach der bisherigen Argumentation genügt eine knappe Andeutung. Die Hinwendung zu Gott als dem Herrscher (δεσπότης) steigert sich zum Niederfallen und Weinen vor ihm. Die Anlehnung an Ps 94,6 ist deutlich erkennbar: δεῦτε προσκυνήσωμεν καὶ *προσπέσωμεν αὐτῷ καὶ κλαύσωμεν* ἐναντίον κυρίου τοῦ ποιήσαντος ἡμᾶς. Die Partizipial-Wendung ἱκετεύοντες αὐτόν, die das dritte Verb (κλαύσωμεν) verstärkend – auch das Flehen gehört dazu – ergänzt, entstammt ebenfalls der Sprache der LXX (vgl. Ps 36,7; 2 Makk 11,6; 3 Makk 5,51; 6,14; 4 Makk 4,9; 16,13). Das gleiche gilt für den Anfang des Finalsatzes. Vgl. 4 Makk 12,17: ἐπικαλοῦμαι δὲ τὸν πατρῷον θεὸν ὅπως ἵλεως γένηται τῷ ἔθνει ἡμῶν (vgl. auch Ex 32,12; Dtn 21,8; 4 Makk 6,28). Daß Gott „gnädig wird", ist die Grundvoraussetzung für sein Wirken zugunsten der Gemeinde. Es besteht zuerst in der Versöhnung. Das Motiv spielt in I Clem sonst keine Rolle und wird an dieser Stelle nicht weiter entfaltet. Dazu kommt, daß das Verb ἐπικαταλλάσσομαι ein Hapaxlegomenon ist, das jedoch im Sinn des judenchristlichen Versöhnungsverständnisses auszulegen ist[2].

Das zweite Ziel göttlichen Handelns ist die Rückführung zur früheren durch die φιλαδελφία gekennzeichneten ἀγωγή[3]. Bei ἀποκαθιστάναι schwingen zwei semantische Aspekte mit, die an dieser Stelle jedoch zusammengehören. Der erste ist die Wiederherstellung durch die Versetzung in den früheren, besseren Zustand. Von dieser Seite her gesehen ist die φιλαδελφία eine Gabe Gottes, die er selbst wiederherstellen muß. Die Partikel ἐπί dürfte auf diesen Aspekt hinweisen (vgl. Gen 40,13; 41,13). Der zweite enthält die dynamische Note einer Bewegung als Rückführung. Dazu würde die Präposition εἰς passen (vgl. Jer 16,15: καὶ ἀποκαταστήσω αὐτοὺς εἰς τὴν γῆν αὐτῶν, ἣν ἔδωκα τοῖς πατράσιν αὐτῶν. Ähnlich Jer 23,3; 24,6). Selbstverständlich läßt sich eine Wiederherstellung auch als Rückführung verstehen, aber es handelt sich jeweils um verschiedene Akzente. Bei der Wendung *ἐπὶ* τὴν σεμνὴν τῆς φιλαδελφίας ἡμῶν ἁγνὴν ἀγωγὴν *ἀποκαταστήσῃ* dürfte der zweite, dynamische Aspekt das Bild bestimmen. Zwei Indizien sprechen dafür: 1. dem Terminus ἀγωγή folgt in V. 2–4 das Bild der πύλη. Es ist das Tor, durch das die Gerechten eingehen sollen. Der auf den ersten Blick abrupt auftretende Wechsel zeigt beim aufmerksamen Zusehen eine semantische Zusammengehörigkeit auf der Bildebene. Die ἀγωγή ist nämlich eine Führung, eine Ausrichtung des

---

[1] Die Adverbialform ἐν τάχει (auch in 63,4 und 65,1) ist sehr geläufig.

[2] Das in der griechischen Literatur belegte Substantiv ἐπικαταλλαγή (LIDDELL/SCOTT: „money paid for exchange, discount") trägt zum Verständnis des Terminus nichts bei.

[3] Im NT nur in 2 Tim 3,10. In der LXX: Est 2,20; 10,3: 2 Makk 4,16; 6,8; 11,24; 3 Makk 4,10. Im hellenistischen Judentum Vgl. Arist 8 (ἡ παιδείας ἀγωγή); Josephus, Bell 1,462; Ant 14,195. Vgl. K. L. SCHMIDT, ThWNT I 128 f.; C. SPICQ, Notes 1,38–40.

Gehens, die das Eintreten durch das richtige Tor ermöglicht. Die Wendung κατευθύνοντες τὴν πορείαν αὐτῶν in V. 4 paßt ebenso zum Bild; 2. in einem größeren Zusammenhang gehört zu diesem Begriffsfeld zum einen die negative Auswirkung des διαστρέφειν, das auf den verkehrten Weg führt (46,3.8.9; 47,5), zum anderen das in 31,1; 35,5; 36,1 bezeugte ὁδός-Motiv. In beiden Fällen handelt es sich um eine letztlich von Gott bestimmte Richtung, die als Maßstab für die eigene „Lebensführung" gilt[1].

Die φιλαδελφία ist der entscheidende Bezugspunkt der christlichen ἀγωγή. Diese wird durch zwei Adjektive näher charakterisiert, die dem Vf. teuer sind: sie ist σεμνή, d.h. würdig, ehrbar (vgl. 47,5) wie die Richtschnur der Überlieferung, die die Christen leiten soll (7,2). Sie ist auch ἁγνή, d.h. rein, wie es dem Wesen der φιλαδελφία entspricht.

Der genau nach der LXX zitierte Ps 117,19.20 bestimmt die Begrifflichkeit 2-3 der Einführung in V. 2a und der Anwendung in V. 4. Wie der Vf. das πύλη-Motiv versteht und wie er es mit dem vorhergehenden Abschnitt verbindet, geht aus den Worten hervor, die das Zitat einführen. Die Partikel γάρ wirkt „anknüpfend und fortführend" (Bauer/Aland 305), so daß die πύλη grundsätzlich auf den Inhalt von V. 1 bezogen ist. Die πύλη ... αὕτη markiert den Bild-Wechsel und weist auf die neue Ebene hin, worauf das in V. 1 Gesagte übertragen werden soll. Das Wirken Gottes in der Versöhnung und Rückführung der Gemeinde zur einstigen Bruderliebe schafft eine Heilswirklichkeit in der Gegenwart, die mit dem Bild des Tores, das zum Leben geöffnet wird bzw. ins Leben führt, ausgedrückt ist[2]. Das folgende Zitat (Ps 117,19) läßt offen, mit wem das Ich des Psalmisten identifiziert wird. Vom Kontext im Kap. 48 her, wo der Ton auf der Ermahnung liegt, dürfte jeder Gläubige aufgefordert sein, sich das Ich zu eigen zu machen und auf diese Weise auf das Wirken Gottes zu antworten. Der zweite Teil des Zitats (Ps 117,20) macht deutlich, daß die Gerechten den Zugang zum Tor des Herrn haben. Das zugrundeliegende Gerechtigkeitsverständnis entspricht der im ersten Teil des Schreibens diesbezüglich vorgetragenen Ansicht (vgl. 32,3-4; 33,7-8).

---

[1] Gerät eine solche Auslegung nicht in die gefährliche Nähe eines assoziativen Verfahrens, das Zerstreutes und Zusammenhangloses verbindet, dabei aber mehr „konstruiert" als „auslegt"? Die Frage ist berechtigt, und sie wird nicht mit voller Gewißheit beantwortet werden können. Die angestellten Überlegungen versuchen nur, der öfters festgestellten Geschlossenheit und Sorgfalt des sprachlichen Ausdrucks Rechnung zu tragen.

[2] D. A. HAGNER, Use 130, ordnet die Stelle I Clem 48,2 f. in die wenigen Beispiele von „allegorischer Exegese" ein. Als erstes Beispiel zitiert er die allegorische Anspielung auf das Blut Christi in I Clem 12,7. Es ist fraglich, ob 48,2 f. auch unter diese Kategorie gerechnet werden darf. Denn hier fehlt die vom Text bzw. vom Bild aus gesehen künstliche Beziehung zur angegebenen Deutung, wie es in der Allegorie der Fall ist. Anstelle von „allegorischer Exegese" dürfte es sachgemäßer sein, von bildlicher Sprache zu reden, bei der die Deutung in der Übertragung von einem Bild auf das andere erfolgt. Es liegt auf jeden Fall keine Gleichsetzung Christi mit der Pforte vor. Vgl. J. JEREMIAS, ThWNT III 179 Anm. 80.

4   Der erste Teil der Aussage bleibt im Rahmen des zitierten Wortes (vgl.
V. 2b: ἀνοίξατέ μοι πύλας δικαιοσύνης). Der durch eine Relativ-Verbindung
(ἐν ᾗ) angeschlossene zweite Teil führt das Bild in einer anderen Richtung
weiter. Es geht nun nicht nur mehr darum, durch das richtige Tor einzugehen,
sondern darüber hinaus um das unentwegte Voranschreiten und um die
Vollendung des Weges[1]. Die paränetischen Ausführungen in V. 5.6 werden
dadurch vorbereitet.

Die Anwendung des Schriftwortes ist christologisch. Die Plural-Form von
πύλη in V. 2 regt einen Gedanken mit einem leichten polemischen Unterton
an. Es heißt nämlich, daß es von den vielen geöffneten Toren nur eines ἐν
δικαιοσύνῃ gibt, und dies ist das Tor ἐν Χριστῷ. Die stark formelhafte Sprache
erschwert eine begriffliche Klärung. Aber eines dürfte klar sein: Der Zugang
zum Raum des Heiles ist einzig und allein von Christus eröffnet: damit sind
alle anderen geöffneten Zugänge ausgeschlossen. Was mit diesen anderen
Zugängen gemeint ist, bleibt im Dunkeln. Statt an eine Anspielung nach außen
dürfte aber an ein internes Anliegen gedacht sein, das in diesem Fall in der
Form einer Kritik an die Adresse der Gegner in Korinth gerichtet wäre. Zum
Teil ist die Sprechweise (ἐν Χριστῷ) durch das Zitat selbst beeinflußt, denn
in ihm wird die Partikel ἐν nach εἰσέρχομαι gebraucht (V. 2: ἐν αὐταῖς; V. 3:
ἐν αὐτῇ).

Im zweiten Teil bilden die drei Partizipien eine sinnvolle Steigerung: οἱ
εἰσελθόντες καὶ κατευθύνοντες τὴν πορείαν αὐτῶν … πάντα ἐπιτελοῦντες. Nach
dem Relativum steht der Nominal-Satz mit der Seligpreisung derer, die durch
das Tor in Christus eintreten. Das erste Partizip ist nämlich auf das ἐν ᾗ (das
Tor in Christus) bezogen, während das zweite das Tor-Motiv mit dem Bild
vom „Weg" ergänzt. Das Gehen auf diesem Weg wird gerade, d. h. ohne
Abweichung sein (vgl. Spr 4,26b.27b: καὶ τὰς ὁδούς σου κατεύθυνε … τὰς δὲ
πορείας σου ἐν εἰρήνῃ προάξει), wenn es ἐν ὁσιότητι καὶ δικαιοσύνῃ (in
Heiligkeit und Gerechtigkeit) geschieht. Die Formulierung ist traditionell (vgl.
Weish 9,3; Lk 1,75; Eph 4,24), ohne daß ein Zitat vorliegt. Es handelt sich
um eine in der Schrift ganz allgemein verbreitete Vorstellung, wie sie z. B. in
Jes 26,2 ausgedrückt ist: ἀνοίξατε πύλας, εἰσελθάτω λαὸς φυλάσσων δικαιοσύνην
καὶ φυλάσσων ἀλήθειαν. Das Grundmotiv ist das des Weges, zu dem nur ein
Zugang hinführt, auf dem man dann schnurgerade weitergehen soll, um das
angestrebte Ziel zu erreichen. Das Adverb ἀταράχως beim dritten Partizipialsatz
ist in der griechischen Literatur selten belegt (vgl. Epikur, Ep. 1 p. 14; Josephus,
Ant 14,157). Im Zusammenhang mit dem Bild vom Zugang und vom geraden
Weg dürfte der Akzent nicht so sehr auf der Ruhe, sondern auf der Bestimmtheit
liegen – man läßt sich nicht verwirren –, mit der man auf diesem Weg geht.
Der Ausdruck πάντα ἐπιτελεῖν begegnet auch in I Clem 1,3 und 2,8.

---

[1] Ein Zusammenhang mit Mt 7,13 f. ist nicht vorhanden. Vgl. J. JEREMIAS, ThWNT VI 922
Anm. 11.

Die Anaphora mit dem vierfachen ἤτω hebt positive Aspekte des christli- 5
chen Lebens hervor, die als Gabe Gottes zu verstehen sind. Die Imperativ-
Form ἤτω[1] steht in keinem Gegensatz zu dieser Deutung, denn es handelt
sich um einen Imperativ mit konditionaler Bedeutung (vgl. Bl./Deb./Reh.
§ 387,2)[2], wie es V. 6 verlangt. Es sind also nicht „Tugenden", um die der
Gläubige kämpfen muß, sondern um Gnadengaben, die unbedingt eine demütige Haltung fordern. So gesehen bildet V. 5 den ersten Teil einer Aussage,
die in V. 6 abgeschlossen wird.

Betrachtet man die traditionelle Grundlage der Aussage, läßt sich diese
Beurteilung noch erhärten. Denn bekanntlich[3] nimmt der Vf. hier Elemente
aus 1 Kor 12,8–10 auf: ᾧ μὲν γὰρ διὰ τοῦ πνεύματος δίδοται λόγος σοφίας,
ἄλλῳ δὲ λόγος γνώσεως κατὰ τὸ αὐτὸ πνεῦμα, ἑτέρῳ πίστις ἐν τῷ αὐτῷ πνεύματι
... ἄλλῳ [δὲ] διακρίσεις πνευμάτων[4]. Paulus sieht bei jeder Gabe den Geist
Gottes am Werk. In I Clem geht es nicht vordergründig um die Geistesgaben
als Problem, sondern um die Konkretisierung des christlichen Lebensvollzugs
auf dem von Gott bestimmten Weg (V. 4). Dazu gehören „klassische" Tugenden wie die in V. 5 aufgezählt werden, aber sie erhalten erst ihren Wert, wenn
sie auf der Grundlage der Demut bestehen (V. 6).

Die Bezugnahme auf den paulinischen Text schlägt sich auf die Begrifflichkeit nieder. πιστός wird in I Clem im Sinn von „treu" gebraucht: so in
9,4 (Noach), 10,1 (Abraham), 17,5; 43,1 (Mose); 27,1 (Gott); 62,3; 63,3
(die Abgesandten Roms). Hier hingegen dürfte die Bedeutung „gläubig"
zutreffen. Bei der γνῶσις („mag einer fähig sein, Erkenntnis auszusprechen")
fällt der unbestimmte Ton auf im Unterschied zu 36,2; 40,1; 41,4. Von der
διάκρισις ist in I Clem sonst nicht die Rede. Bei der Wendung ἐν διακρίσει
λόγων wäre eine Anspielung auf den Konflikt in Korinth möglich. Das
Unterscheidungsvermögen bezieht sich auf die Worte bzw. auf die Rede. Der
Weise, der nach 38,2 seine Weisheit nicht in Worten, sondern in guten Werken
zeigen soll, könnte in diesem Zusammenhang sich als solcher erweisen, wenn
er gegenüber den Gegnern, von denen die Neigung zu großen Worten behauptet wird (15,2–7), die Reden nach ihrem Wert unterscheiden kann[5]. Die
letzte Aufforderung zum Rein-sein in Werken (ἤτω ἁγνὸς ἐν ἔργοις) entfernt

---

[1] ἤτω ist eine spätere Form von ἔστω. In der LXX in Ps 103,31 und 1 Makk 10,31 (A)
belegt. Im NT vgl. 1 Kor 16,22; Jak 5,12.
[2] JAUBERT, 179, übersetzt den Text sehr frei als Fragesatz: „Quelqu'un est-il fidèle, est-il ... "
[3] Vgl. D. A. HAGNER, Use 199 f.
[4] Vgl. die synoptische Darstellung bei A. W. ZIEGLER, Studien 55. Seine Schlußfolgerung,
„daß es beim Streit in Korinth um irgend eine tiefere Gnosis gegangen ist, die wir nicht identisch
erklären wollen mit dem paulinischen Charisma der Prophezie" (ebd.), dürfte schwerlich zutreffen.
[5] Anders P. MEINHOLD, Geschehen 102: „Fähigkeit zur Auslegung der Glossolalie." Die
Analyse auf S. 108–112 versucht, die Glossolalie als „eines der hervortretenden Kennzeichen der
Pneumatiker von Korinth" glaubhaft zu machen. Genau betrachtet gibt der Text nicht genug
her, um eine solche These zu begründen. Richtig J. E. DAVISON, Gifts 52.

sich von 1 Kor 12 und hängt inhaltlich wahrscheinlich mit 38,2 (ὁ ἁγνὸς ἐν
τῇ σαρκὶ μὴ ἀλαζονευέσθω) zusammen. Die Verbindung mit V. 6 spricht dafür.

Wie weit V. 5 im Ganzen auf die Gegner in der korinthischen Gemeinde
Bezug nimmt, ist umstritten. Im Zusammenhang mit Kap. 38 richtet sich die
Aussage in 48,5 nach A. Hilgenfeld an die Urheber des Aufruhrs mit ihrem
Anspruch auf Weisheit und auf „Begeisterungsreden" (79 f.). Wenige Jahre
später äußert sich R. A. Lipsius in ähnlicher Form (Disquisitio 111). Auch
nach Knopf „muß angenommen werden, daß die Gegner der Amtsträger in
Korinth sich des Besitzes dieser Gaben rühmten" (125). In der Auslegung
und in den Ergebnissen bleibt P. Meinhold (Geschehen 108–115) schließlich
auf der gleichen Linie wie Hilgenfeld und Lipsius. Die Rechtfertigung dieses
exegetischen Ansatzes liegt in der Möglichkeit, daß man die Stelle 48,5 mit
anderen Texten von I Clem verbinden kann, um eine gegnerische Front zu
rekonstruieren. Andererseits lassen sich Analogien zwischen I Clem und 1
Kor beobachten, die sich durch ein Nachwirken von 1 Kor und nicht als
Anspielung auf das Problem in Korinth erklären lassen. W. Wrede hat den
Sachverhalt richtig gesehen: „Der Gedanke an solche Nachwirkungen führt
aber doch nicht über allgemeine Möglichkeiten hinaus" (Untersuchungen 31)[1].
Noch wichtiger ist die Ausrichtung des ganzen Abschnitts: Das Interesse gilt
nicht der Kritik an mutmaßlichen Charismatikern in Korinth. Es handelt sich
um christliche Paränese auf traditioneller Basis, die wie üblich den Wert von
positiven Haltungen und Eigenschaften unter der Voraussetzung bejaht, daß
sie auf dem Fundament der Demut und des Gemeinschaftsdenkens stehen.

6   Die Aufforderung (ὀφείλει) richtet sich an das unbestimmte, aber mit so
vielen Gaben beschenkte τίς von V. 5. Das Verb bestimmt zuerst das Korrelativ-Pronomen τοσούτῳ – ὅσῳ[2], sodann den zweiten Infinitiv (ζητεῖν). Das
wiederholte μᾶλλον („um so mehr") erfüllt eine phonetische und rhetorische
Funktion[3]; als Verstärkung des Komparativs (μᾶλλον μείζων) ist es im NT
(vgl. Phil 1,23) und auch im Klassischen belegt[4]. Im ersten Teil macht sich
der Einfluß der LXX-Sprache bemerkbar (vgl. 4 Makk 15,5: ὅσῳ γὰρ … αἱ
μητέρες, τοσούτῳ μᾶλλόν εἰσιν φιλοτεκνότεραι. Vgl. auch Tob [א] 2,10). Der
Einfluß ist nicht nur stilistisch, sondern auch inhaltlich. Eine Aussage wie Sir
3,18 wirkt stark in 48,6 nach: ὅσῳ μέγας εἶ, τοσούτῳ ταπείνου σεαυτόν, καὶ
ἔναντι κυρίου εὑρήσεις χάριν. In diese traditionelle Sprachwelt gehört auch
δοκεῖ μᾶλλον μείζων εἶναι, das an Lk 22,24 erinnert: τὸ τίς αὐτῶν δοκεῖ εἶναι
μείζων. Das Korrelativ-Pronomem dient so der Hervorhebung eines Gegen-
satzes: Je größer die Begabung und damit auch der Anlaß, sich für groß zu
halten, desto mehr muß einer ταπεινοφρονεῖν, wie der Erlöser selbst (16,2)
und die großen Gestalten der Heilsgeschichte (17,1–18,17).

---

[1] Vgl. A. v. HARNACK, Einführung 117; LINDEMANN, 141.
[2] Vgl. I Clem 36,2; 41,4. Im NT Hebr 1,4; 10,25. Vgl. dazu. R. WILLIAMSON, Philo 93 f.
[3] Vgl. A. v. HARNACK, Einführung 17.
[4] Vgl. BL./DEB./REH. § 246,1; KÜHNER/GERTH, II 1,26.

Auch der zweite Teil der Ermahnung ist von einer einfachen Gegenüberstellung bestimmt: das *allen* Gemeinnützliche soll man suchen und nicht den *eigenen* Nutzen. Der Terminus κοινωφελές ist vor Philo nicht belegt, wird aber von ihm oft gebraucht (etwa 18mal)[1]. Worin das „Gemeinnützliche" positiv besteht, wird nicht näher erläutert (Friede und Eintracht würden zwangsläufig dazu gehören). Ob der Inhalt sich allein auf das folgende καὶ μὴ τὸ ἑαυτοῦ beschränkt, ist allerdings fraglich. Dabei ist der Einfluß von 1 Kor 10,24 möglich: μηδεὶς τὸ ἑαυτοῦ ζητείτω ἀλλὰ τὸ τοῦ ἑτέρου[2].

12.4. Lob und Bedeutung der Agape (49,1–50,7)

Daß das Stichwort ἀγάπη Kap. 49 und Kap. 50 inhaltlich verbindet, bedarf keiner weiteren Begründung. Der sprachliche Ausdruck selbst bringt den Beweis dafür. Aber eine Sache ist die thematische Einheit, und eine andere ist die formale Gestalt und die Funktion des Textes. Die das ganze Kap. 49 umfassende und klare Struktur hebt sich deutlich von Kap. 50 ab. Im Hinblick auf die Funktion der Texteinheit ist der Unterschied ebenso klar. Während Kap. 49 ein Lob auf die ἀγάπη anstimmt, ist die Absicht von Kap. 50 unverkennbar, aus dem feierlichen Lob die Folgen in der Form der Anwendung zu ziehen.

12.4.1. Lob der Agape (49,1–6)

1. Wer Liebe in Christus hat, halte die Weisungen Christi.

2. Das Band der Liebe Gottes – wer vermag es zu beschreiben?
3. Seine erhabene Schönheit – wer ist imstande, sie auszudrücken?
4. Die Höhe, zu der die Liebe hinaufführt, ist unbeschreiblich.

5. Liebe verbindet uns eng mit Gott,
   Liebe deckt eine Menge Sünden zu,
   Liebe erträgt alles, sie duldet alles.
       Nichts Überhebliches ist in der Liebe, nichts Hochmütiges.
   Liebe kennt keine Spaltung,
   Liebe lehnt sich nicht auf,
   Liebe tut alles in Eintracht.

In der Liebe wurden alle Auserwählten Gottes zur Vollendung geführt;
ohne Liebe ist nichts   Gott wohlgefällig.
6. In Liebe hat uns   der Herrscher angenommen.

---

[1] Die anderen Belege bei Epiktet, Diss. IV 10,12; M. Aurel, I 16,4; III 4,1; IV 12,2, weisen auf eine Herkunft aus stoischen Kreisen hin.

[2] Vgl. D.A. HAGNER, Use 209.228, der Anspielungen auch auf 1 Kor 10,33; 13,5 sieht und Phil 2,21 in Erwägung zieht.

Auf Grund der Liebe, die er zu uns hatte,
  hat Jesus Christus, unser Herr, sein   *Blut*   für uns hingegeben
  nach dem Willen Gottes

                                  und das   *Fleisch*   für unser Fleisch
                                  und die   *Seele*   für unsere Seelen.

Moderne Textausgaben und Studien bezeichnen oft den Text von Kap. 49
nicht grundlos als „Lob der Liebe"[1]. Die thematische Anlehnung an 1 Kor
13 liegt auf der Hand, aber es wäre methodisch nicht richtig und sachlich
nicht dienlich, den Text allein auf dem Hintergrund von 1 Kor 13 zu sehen[2].
Schon die durchdachte Struktur und die rhetorische Prägung des Abschnitts
verlangen nach einer eingehenden Analyse des ganzen Textes[3]. Die folgende
Übersicht soll die formale Struktur verdeutlichen.

Überleitung und thematische Angabe

V. 1   Ὁ ἔχων ἀγάπην ἐν Χριστῷ ποιησάτω τὰ τοῦ Χριστοῦ παραγγέλματα.

I. Rhetorische Einleitung: Die Unmöglichkeit der erschöpfenden Beschreibung der
               ἀγάπη
V. 2   τὸν δεσμὸν τῆς ἀγάπης τοῦ θεοῦ τίς δύναται ἐξηγήσασθαι;
V. 3   τὸ μεγαλεῖον τῆς καλλονῆς αὐτοῦ τίς ἀρκετὸς ἐξειπεῖν;
V. 4   τὸ ὕψος, εἰς ὃ ἀνάγει ἡ ἀγάπη, ἀνεκδιήγητόν ἐστιν.

II. Die Wirkung der ἀγάπη
V. 5   1. ἀγάπη κολλᾷ ἡμᾶς τῷ θεῷ,
               2. ἀγάπη καλύπτει πλῆθος ἁμαρτιῶν,
               3. ἀγάπη πάντα ἀνέχεται, πάντα μακροθυμεῖ·
                      4. οὐδὲν βάναυσον ἐν ἀγάπη, οὐδὲν ὑπερήφανον·
               5. ἀγάπη σχίσμα οὐκ ἔχει,

---

[1] Vgl. u. a. KNOPF, 126, A. v. HARNACK, Einführung 117; FISCHER, 5; GRANT, 80; LINDE-
MANN, 142; SCHNEIDER, 34.

[2] Über den Bezug auf 1 Kor 13 hinaus vertritt I Clem 49 nach L. Sanders eine intellektua-
listische Gnosis, die manche gemeinsame Züge mit der hermetischen Literatur aufweist (Hellénisme 101–105). Aber mehr als einige gemeinsame Vorstellungen, die jeweils in ganz andere
Zusammenhänge gehören, ist dabei nicht zu finden. O. KNOCH, Eigenart 288 f., bejaht dennoch
die Beweisführung von L. Sanders, ja geht sogar einen Schritt weiter. Da diese „intellektualisti-
sche Gnosis" den Hintergrund des liturgischen Hymnus in I Clem 36,2a bildet, sei vielleicht
auch I Clem 49,2–5a; 50,1–3 „einer liturgischen Überlieferung des hellenistischen Christentums
verpflichtet, die diese Gnosis verchristlichte." Keine von diesen Thesen läßt sich durch den Text
erhärten.

[3] Eigenartigerweise ist dies in der Forschung selten und mit nicht befriedigenden Ergebnissen
geschehen. Th. M. WEHOFER, Untersuchungen 187, hält die Kap. 49 und 50 für einen „Dithy-
rambus auf die Liebe, der zu den gefeiltesten Stücken des ganzen Briefes gehört." Aber die von
ihm vorgeschlagene Einteilung in Strophe (Kap. 49) und Gegenstrophe (Kap. 50) muß die Tatsache in Kauf nehmen, daß eine poetische Ausführung im Grunde nur im Kap. 49 vorliegt. Seine
Formanalyse des Kap. 49 läßt die Inhalte, die mit der Form sehr wohl zusammenhängen, ganz
unberücksichtigt (ebd.188). Neulich hat N. SPACCAPELO, Amore 218–222, einen Versuch vorgelegt, bei dem Kap. 49 und Kap. 50 auf eine gemeinsame Ebene gestellt werden. Damit geht
die formale Eigenart von Kap. 49 verloren. In Bezug auf die Analyse von Wehofer bedeutet dies
einen Rückschritt. Die Analyse von O. ANDREN, Rättfärdighet 174–189, enthält gute inhaltliche
Beobachtungen, läßt aber das formale Gefüge außer Acht.

6. ἀγάπη οὐ στασιάζει,
7. ἀγάπη πάντα ποιεῖ ἐν ὁμονοίᾳ·

III. Die ἀγάπη als Bindung zwischen Gott und den Gläubigen
        ἐν τῇ ἀγάπῃ ἐτελειώθησαν πάντες οἱ ἐκλεκτοὶ   τοῦ θεοῦ·
        δίχα ἀγάπης οὐδὲν εὐάρεστόν ἐστιν   τῷ θεῷ.
V. 6.   ἐν ἀγάπῃ προσελάβετο ἡμᾶς   ὁ δεσπότης·

IV. Die ἀγάπη Jesu Christi als Grund für seine Hingabe ὑπὲρ ἡμῶν
        διὰ τὴν ἀγάπην, ἣν ἔσχεν πρὸς ἡμᾶς,
        τὸ αἷμα αὐτοῦ ἔδωκεν ὑπὲρ ἡμῶν Ἰησοῦς Χριστὸς
                        ὁ κύριος ἡμῶν ἐν θελήματι θεοῦ,
    καὶ τὴν σάρκα   ὑπὲρ τῆς σαρκὸς ἡμῶν
    καὶ τὴν ψυχὴν   ὑπὲρ τῶν ψυχῶν ἡμῶν.

Die strenge Struktur, die sich von V. 2 bis V. 6 durchzieht, macht die Über-
leitungsfunktion von V. 1 um so deutlicher. Nur in dieser Funktion ist V. 1 in
die folgende Einheit einzubeziehen, denn stilistisch bleibt er davon klar
abgehoben. Weder der Partizipialsatz (ὁ ἔχων ἀγάπην) noch der Imperativ
(ποιησάτω) gehören in den Stil des Abschnitts.

    Die vier Teile haben ein durchgehendes formales Prinzip, das für die
Einheit des Textes konstitutiv ist: die nach einem jeweils anderen Schema
gebildeten Dreizeiler. So die rhetorische Einleitung mit den zwei Fragen
(V. 2.3) und der positiven Aussage (V. 4): Alle drei Sätze sind auf Aspekte der
ἀγάπη bezogen (τὸν δεσμὸν … τὸ μεγαλεῖον … τὸ ὕψος), die das Vermögen
der menschlichen Sprache übersteigen.

    Der zweite Teil, über die Wirkung der ἀγάπη, nimmt eine besondere Stellung
ein. Es sind zwei Dreizeiler, die immer mit ἀγάπη beginnen. Nur die vierte
Aussage (οὐδὲν βάναυσον ἐν ἀγάπῃ, οὐδὲν ὑπερήφανον) macht hierzu eine
Ausnahme, die aber insofern recht sinnvoll ist, als dadurch eine Siebenerreihe
gebildet wird[1]. Daß dies keine zufällige Erscheinung ist, sondern Folge einer
durchdachten Komposition, zeigen die anderen Beispiele ähnlicher Reihen[2].

    Im dritten Teil ist Gott – immer am Ende eines Satzes – der Bezugspunkt.
Durch die ἀγάπη finden die Gläubigen heilbringende Aufnahme bei ihm[3].

    Der letzte Teil ist christologisch: Nach einer einleitenden Aussage folgen
drei Sätze über die Hingabe Jesu Christi ὑπὲρ ἡμῶν, die bekenntnisartig τὸ
αἷμα, καὶ τὴν σάρκα, καὶ τὴν ψυχὴν des Erlösers als Ausdruck seiner totalen
Hingabe nennen[4]. Weitere Einzelheiten erfolgen bei der Textanalyse.

    Gattungsmäßig handelt es sich um ein „Lob" der Liebe, d. h. in der

---

[1] Den drei ersten positiven Aussagen folgen drei negative (beginnend mit 4.). Die 7. Aussage
(positiv) faßt die 5. und 6. zusammen.
[2] Vgl. Einleitung § 3.3.h.
[3] Die stilistische und inhaltliche Einheit wird von A. LINDEMANN, 143 f., nicht berücksichtigt,
weil er nur in V. 5 „hymnische Züge" feststellt. In seinem Gliederungsvorschlag bleiben die zwei
letzten Ausagen von V. 5 stilistisch isoliert. Ähnlich D. A. HAGNER, Use 200.
[4] A. FAIVRE, Système 134, übersieht den christologischen Höhepunkt in der Textstruktur
und reduziert die „agape" in I Clem zu einer „norme culturelle implicite."

Terminologie der klassischen Rhetorik, um ein „Enkomion" (ἐγκώμιον), das die großen Taten einer Person, bzw. die Auswirkung irgendeiner Größe, lobend auflistet[1]. Dazu gehört oft, meistens am Anfang, die Feststellung vom Unvermögen des Verfassers, würdig der Größe des zu lobenden Gegenstandes reden zu können, um dann mit der lobenden Beschreibung fortzufahren[2].

1 Der ἀγάπη-Begriff kam bislang nur an zwei Stellen vor: zum erstenmal in 21,7.8, im Rahmen einer Ermahnung an die Frauen und an die Kinder; zum zweitenmal in 33,1 als Teil der rhetorisch gemeinten Frage, ob die Christen von der Liebe lassen sollen. Bevor aber die ἀγάπη im Kap. 49 eigens thematisiert und in den folgenden Abschnitten immer wieder Anwendung und Erwähnung finden wird, gibt 49,1 das Thema an. Der Rückblick zeigt, daß Form und Inhalt von V. 1 zur vorausgegangenen Ermahnung 48,6 passen. Von daher gesehen bietet V. 1 eine zusätzliche christologische Begründung dazu. Daß ein solches Verfahren im Denkhorizont des Vf.s möglich ist, beweisen hinreichend andere Stellen (vgl. 13,1–3; 16,1–2).

Die ἀγάπη ἐν Χριστῷ soll sich in der Erfüllung seiner Weisungen zeigen. ὁ ἔχων ist ein Konditional-Partizip, das durch den folgenden Imperativ ποιησάτω ergänzt wird. Wie in 13,3 bezieht sich παραγγέλματα auf die Weisungen des Herrn. Das Wort kommt im NT nicht vor, im AT nur in

---

[1] Eine gute formale Parallele ist das Lob der Hoffnung bei Philo, Praem 11. Die Hoffnung gilt als erster Schößling der vom Schöpfer in die vernunftbegabte Seele gepflanzten Saat: ταύτης δ' ὁ πρῶτος σπόρος ἐστὶν ἐλπίς, ἡ πηγὴ τῶν βίων.
ἐλπίδι μὲν γὰρ κέρδους ὁ χρηματιστής, ἐπαποδύεται πολυτρόποις ἰδέαις πορισμῶν,
ἐλπίδι δ' ὁ ναύκληρος εὐπλοίας περαιοῦται τὰ μακρὰ πελάγη·
ἐλπίδι δόξης καὶ ὁ φιλότιμος αἱρεῖται πολιτείαν καὶ κοινῶν πραγμάτων ἐπιμέλειαν·
δι' ἐλπίδα βραβείων καὶ στεφάνων καὶ οἱ τῶν σωμάτων ἀσκηταὶ τοὺς γυμνικοὺς ἀγῶνας διαθλοῦσιν·
ἐλπὶς εὐδαιμονίας καὶ τοὺς ἀρετῆς ζηλωτὰς ἐπαίρει φιλοσοφεῖν, ὡς ταύτῃ δυνησομένω καὶ τὴν τῶν ὄντων φύσιν ἰδεῖν καὶ δρᾶσαι τὰ ἀκόλουθα πρὸς τὴν ἀρίστων βίων θεωρητικοῦ τε καὶ πρακτικοῦ τελείωσιν, ὧν ὁ τυχὼν εὐθύς ἐστιν εὐδαίμων …
[2] Vgl. Aristoteles, Rhet. 1367b. Die weitere Entwicklung der griechischen rhetorischen Tradition ist durch große Kontinuität in der formalen Bestimmung gekennzeichnet. Vgl. L. SPENGEL, Rhetores Graeci, Leipzig 1854, Bd. II: Theon (S. 109–112); Hermogenes (S. 11–14); Aphthonios (S. 35 f.). Als Beispiel bringt Aphthonios ein σοφίας ἐγκώμιον, dessen Anfang lautet: σοφίαν εὐτυχὲς μὲν λαβεῖν, ἐπαινέσαι δὲ πρὸς ἀξίαν ἀδύνατον (a. a. O. 38). Wie in I Clem 49,2–4 die ἀγάπη ist es auch hier nicht möglich, die σοφία angemessen zu preisen. Aphthonios unterscheidet ferner das einfache Lob (ἔπαινος) vom ἐγκώμιον, indem das erste durch die Kürze, das zweite durch die kunstvolle Ausführung (κατὰ τέχνην, a. a. O. 35) gekennzeichnet ist. Trotz des zeitlichen Abstandes - Aphthonios gehört in das 4. oder 5. Jh. n. Chr. - ist die Annahme einer gemeinsamen rhetorischen Herkunft des Motivs nicht unbegründet. In seiner Arbeit „Hellenistische Gattungen im Neuen Testament", in: ANRW II 25,2, Berlin - New York 1984, 1031–1432, widmet K. Berger dem Enkomion einen ausführlichen Abschnitt (1173–1194). Von I Clem wird nur 5,4–6 als Beispiel zitiert. Ob solche Texte wie Phil 2,6–11; Hebr 1,2–4; Herm sim IX 28,44 f., TestIjob 4,6 auch unter die Kategorie „Enkomion" sinnvoll subsumiert werden dürfen (1179–1191), ist sehr fraglich. Ihre literarische Gestalt ist - trotz mancher Gemeinsamkeiten - anderer Art als die Enkomien der griechischen Literatur. Anders liegen die Dinge in I Clem 49, der aber von Berger nicht berücksichtigt wurde.

1 Sam 22,14. In Beziehung auf die Weisungen Gottes vgl. Josephus, Ant 1,41; 16,43. Philo bezeichnet damit die Gebote Gottes (vgl. Decal 65.96.106.135). Der Vf. scheint diesen Sprachgebrauch nun christologisch zu verwenden. D. A. Hagner und andere behaupten eine mögliche Abhängigkeit vom vierten Evangelium[1]. Dies ist aber sehr unwahrscheinlich. Einerseits ist der Zusammenhang „Liebe – Haltung der Gebote" zu wenig spezifisch, um eine Abhängigkeit plausibel zu machen; andererseits sind die sprachlichen Gemeinsamkeiten nicht so eng, wie die Befürworter dieser Erklärung meinen[2]. Überdies müßte man die nach wie vor umstrittene Frage nach Entstehungsprozeß und -zeit des vierten Evangeliums klären, um eine Hypothese überhaupt erst aufstellen zu können. Daß die umfassende Wirklichkeit der ἀγάπη schließlich weit über die Funktion hinausreicht, christliches Handeln zu begründen, kommt im folgenden Abschnitt zum Ausdruck.

Die rhetorische Einleitung bereitet das folgende Lob vor, indem zunächst das Unvermögen der Sprache eingestanden wird, über den Gegenstand etwas auszusagen. Die zwei Fragen in V. 2.3 und die Feststellung in V. 4 dienen diesem Zweck. Die Anerkennung der nicht mehr erfaßbaren Größe ist bereits Teil des Lobes, wie in Sir 18,4–5 auf die Macht Gottes: „Keiner ist imstande, seine Werke zu verkünden (ἐξεποίησεν ἐξαγγεῖλαι), und wer ergründet seine Großtaten (τίς ἐξιχνεύσει τὰ μεγαλεῖα αὐτοῦ); seine gewaltige Größe, wer kann sie aufzählen (τίς ἐξαριθμήσεται), und wer wird noch überdies seine Hulderweise erzählen?"[3] Aber auch eine Frage kann der Anlaß zum Lob sein, wie in Spr 31,10: γυναῖκα ἀνδρείαν τίς εὑρήσει; stilistisch ist die Einheit V. 2.3.4 eine Einleitung zum folgenden beschreibenden Lob (s. Struktur), aber die Negation der Mächtigkeit der Sprache, den Gegenstand (die Liebe) angemessen zu beschreiben, wird schon Teil dieses Lobes. 2

Das fragende τίς ist allgemein gemeint. Bei τὸν δεσμὸν τῆς ἀγάπης liegt ein Genitiv des Urhebers bzw. der Ursache vor[4], da die Liebe eben dieses Band schafft[5]. Auch der folgende Genitiv τοῦ θεοῦ ist so zu verstehen[6]. Zum

---

[1] Vgl. DERS., Use 264; M.-E. BOISMARD, Clément 382–385; F.-M. BRAUN, Jean le Théologien et son Évangile dans l'Église ancienne (EtB), Paris 1959, I 173 f. Der Artikel von C. C. TARELLI, Clement of Rome and the Fourth Gospel, in: JThSt 48 (1947) 208 f., ist unergiebig.

[2] Die von D. A. HAGNER, a. a. O., zitierten Stellen liefern kein überzeugendes Argument.

[3] Auch an dieser Stelle werden die Grenzen der Sprache durch eine Feststellung und durch Fragen ausgedrückt, allerdings in einer anderen Reihenfolge. Auf einem anderen religionsgeschichtlichen Hintergrund, aber formal ähnlich s. CHerm V 10 (I 64): τίς οὖν σε εὐλογήσαι ὑπὲρ σοῦ ἢ πρὸς σέ; ποῦ δὲ καὶ βλέπων εὐλογήσω σε, ἄνω, κάτω, ἔσω, ἔξω; οὐ γὰρ τρόπος, οὐ τόπος ἐστὶ περὶ σέ, οὐδὲ ἄλλο οὐδὲν τῶν ὄντων.

[4] Vgl. KÜHNER/GERTH, II 1,332 f.

[5] Vgl. Johannes Chrysostomus, In epist. ad Col. (PG 62,366); Catech. ad Illum. 1,12. Der Ausdruck gehört auch in die Topik des antiken Briefes als Ausdruck der Macht und Dauer der Freundschaft. Vgl. K. THRAEDE, Grundzüge 129 f.

[6] LINDEMANN, 143, spricht von einem Genitivus auctoris: „Die Liebe, die von Gott ausgeht." Sachlich ist das gleiche gemeint. Nach KNOPF, 125, handelt es sich um einen Genitiv des Subjekts, aber im Sinne von „Eigentum oder Urheberschaft."

Verständnis der Wendung trägt die oft zitierte Stelle Kol 3,14 (ἐπὶ πᾶσιν δὲ τούτοις τὴν ἀγάπην, ὅ ἐστιν σύνδεσμος τῆς τελειότητος) wenig bei, obwohl das Motiv dem Vf. nicht unbekannt war (vgl. 50,1). Entscheidend ist die Auslegung von δεσμός, das in I Clem sonst im wörtlichen Sinn verstanden wird (vgl. 5,6; 55,2). Die Bedeutung des Wortes im Kontext von V. 2–4 wird oft übersehen. Auf δεσμός nämlich ist die folgende Aussage über die „erhabene Schönheit" bezogen (V. 3), und schließlich hängt auch die „Höhe, zu der die Liebe hinaufführt" (V. 4), mit δεσμός zusammen. Traditionsgeschichtlich dürfte die Vorstellung vom hellenistischen Judentum herkommen. Philo nennt an drei Stellen den Logos δεσμός Gottes[1]: Nach Plant 9 hat der Vater und Erzeuger den Logos zum unzerreißbaren Band des Alls gemacht (δεσμὸν γὰρ αὐτὸν ἄρρηκτον τοῦ παντός). Her 188 nennt den Logos „Leim und Band", der alles Existierende erfüllt (κόλλα γὰρ καὶ δεσμὸς οὗτος πάντα τῆς οὐσίας ἐκπεπληρωκώς). Fug 112 stellt den Logos als das Band dar, das der Schöpfung die Einheit und den notwendigen Zusammenhalt verleiht und verhindert, daß ihre Teile sich voneinander lösen und auseinanderfallen. Durch den Logos wirkt Gott in die Welt hinein und erhält ihren Bestand. Der auch in der stoischen Kosmologie häufig belegte Gedanke drückt in der Interpretation Philos das Heilswirken des biblischen Gottes, freilich seiner Sicht entsprechend, aus. Nach den zahlreichen sprachlichen Gemeinsamkeiten zwischen I Clem und dem Werk Philos ist die Annahme eines traditionellen Zusammenhanges nicht unbegründet, zumal der Einfluß Philos bzw. des alexandrinischen Judentums in der Vermittlung der Logostheologie bis hin zur Aufnahme in christlichen Kreisen – Logoschristologie – nicht bestritten werden kann[2]. An dieser Stelle handelt es sich nicht um eine christologische Umdeutung der Vorstellung, sondern um die Übertragung auf eine Größe, die das Wirken Gottes in der Welt nun aus einer spezifischen Perspektive beleuchtet: der Perspektive der Einheit schaffenden Liebe Gottes. Der Ort, an dem sich die Liebe so auswirkt, wird nicht bestimmt. Andere Aussagen, besonders in V. 5, werden dann zeigen, daß dieser Ort nicht der Kosmos, sondern die Gemeinde ist.

3   Die zweite Frage bleibt im Sprachfeld der ersten. Das αὐτοῦ ist auf den δεσμὸς τῆς ἀγάπης bezogen[3]. Zu καλλονή vgl. 35,3. Auch dort der Hinweis

---

[1] Vgl. auch Her 23, wo Gott selbst δεσμός bezeichnet wird. Das Thema kommt von Plato her: Tim. 41b.

[2] Eine solche Erklärung steht immerhin auf einer plausibleren Basis als die Heranziehung der Neoplatoniker Simplicius (6.Jh.) oder Proclus (5.Jh.), wie L. SANDERS, Hellénisme 96f., sie vornimmt. In seinem Kommentar zum Enchiridion des Epiktet behauptet Simplicius, die Pythagoräer hielten die φιλία für den σύνδεσμος πασῶν τῶν ἀρετῶν. Gemäßer wäre der Hinweis auf Plato, Prot. 322c gewesen, wo Sittlichkeit und Rechtsgefühl πόλεων κόσμοι τε καὶ δεσμοὶ φιλίας συναγωγοί genannt werden, d. h. sie gelten als Ordnungen und Bande der Städte, die zusammen die φιλία hervorbringen.

[3] Anders O. ANDREN, Rättfärdighet 180 Anm. 4, der das αὐτοῦ auf Gott deutet.

auf Weish 13,5: ἐκ γὰρ μεγέθους καὶ καλλονῆς κτισμάτων ... Die Konstruktion mit dem substantivierten Neutrum des Adjektivs ist eine Spracheigentümlichkeit des Vf.s. Das Verb ἐξειπεῖν kommt in der Schrift nicht vor[1]. Wenn die erhabene Schönheit des Bandes der Liebe über jede Beschreibung hinausgeht (τίς ἀρκετὸς ἐξειπεῖν), bedeutet das nicht, daß diese Schönheit nicht erfahren werden kann. Auch dies darf als Hinweis auf den Ort verstanden werden, an dem dies geschieht.

Die letzte Aussage des ersten Dreizeilers enthält ein Bild: Die ἀγάπη 4 erscheint als eine Kraft, die zu einer unbeschreiblichen Höhe führt. Das Bild selbst legt einen Zusammenhang mit dem δεσμός-Motiv von V. 2 f. nahe. Das Hinaufführen in die Höhe vollzieht sich durch das Band der Liebe Gottes, durch das er sich den Gläubigen verbindet. Die Vorstellung entspricht etwa Hos 11,4: ἐξέτεινα αὐτοὺς ἐν δεσμοῖς ἀγαπήσεώς μου[2]. Die Höhe meint den himmlischen Bereich, auf den man schauen kann (36,2). Durch das Band der Liebe gebunden und in die Höhe hinaufgeführt, verläßt der Gläubige dennoch nicht den irdischen Bereich. Die Liebe bezeugt aber seine Zugehörigkeit zum oberen Bereich. Zu ἀνεκδιήγητος vgl. 20,5.

Nach der oben aufgezeigten Struktur – zwei Dreizeiler, die durch eine von 5 der Struktur abweichende Aussage verbunden sind und eine Siebenreihe bilden – hat man hier den zentralen Teil des ganzen Abschnitts. Innerhalb dieser Struktur lassen sich formale Bezüge feststellen, die kleine semantische Einheiten bestimmen. Nur die ersten zwei Aussagen heben sich vordergründig davon ab, ohne deswegen vom Kontext isoliert zu werden. Die Analyse zeigt indes ihre Funktion innerhalb des Ganzen.

Das δεσμός-Motiv (V. 2) liegt der ersten Aussage zugrunde: ἀγάπη κολλᾷ ἡμᾶς τῷ θεῷ. Weil Gottes Liebe ein Band ist, kann sie die Gläubigen an Gott binden. Im zitierten Text Philos, Her 188, wird der Logos κόλλα καὶ δεσμός genannt. κόλλα ist das Material zum Kleben, der Leim. Die Vorstellung von einer festen Bindung ist in I Clem mehrmals bezeugt (vgl. 15,1; 30,3).

Die zweite Aussage bringt eine Wirkung der Liebe zum Ausdruck, die unmittelbar den Menschen betrifft: Sie deckt eine Menge Sünden zu. Die Formulierung ist traditionell. Der gleiche Wortlaut findet sich in 1 Petr 4,8, aber auch Jak 5,20 kennt sie: γινωσκέτω ὅτι ὁ ἐπιστρέψας ἁμαρτωλὸν ἐκ πλάνης ὁδοῦ αὐτοῦ σώσει ψυχὴν αὐτοῦ ἐκ θανάτου καὶ καλύψει πλῆθος ἁμαρτιῶν. Im Hintergrund steht Spr 10,12b, aber nicht nach der LXX-Fassung (πάντας δὲ τοὺς μὴ φιλονεικοῦντας καλύπτει φιλία), sondern nach einer anderen, die dem TM recht nahestand (ועל כל־פשׁע‬ים תכסה אהבה). Ob die

---

[1] Vgl. grHen 14,16: καὶ ὅλος διαφέρων ἐν δόξῃ καὶ ἐν τιμῇ καὶ ἐν μεγαλωσύνῃ, ὥστε μὴ δύνασθαί με ἐξειπεῖν ὑμῖν περὶ τῆς δόξης καὶ περὶ τῆς μεγαλωσύνης αὐτοῦ.

[2] Nach Philo, Post 136 ist es das Werk des Logos, vom unsicheren Boden der Meinung weg in die Höhe zu führen: τοὺς γὰρ ἀπ᾽ οἰήσεως χαύνου κατελθόντας ὁ ἀρετῆς ἐκδεξάμενος καὶ ὑπολαβὼν δι᾽ εὐκλείας εἰς ὕψος αἴρει λόγος. Diese Höhe ist die Tugend (Plant 145). Nach Plant 24 ist es nicht der Logos, sondern der Geist, der diese Funktion erfüllt.

Übereinstimmung mit 1 Petr auf direkte Kenntnis zurückgeht, ist sehr fraglich[1]. Da der Spruch auch in II Clem 16,4 und später bei Klemens von Alexandrien (Strom. IV 111,3; Paed. III 12,91; Quis div. salv. 38,2) erscheint, wurde als Quelle auch ein verlorenes Apokryphon vermutet[2]. Der Bezug zu einem ursprünglichen Zusammenhang ist nicht mehr vorhanden. Über die Herkunft des Wortes läßt sich nichts Sicheres sagen, nur daß es zum Traditionsgut der römischen Gemeinde gehörte. Ob die von der Liebe zugedeckten Sünden inhaltlich so zu verstehen sind wie *die* Sünde im Sinn von 44,4, scheint wenig wahrscheinlich. Unbestimmt bleibt deswegen auch der unmittelbare Bezugspunkt der Aussage.

Die dritte Aussage unterscheidet sich von den zwei vorhergehenden durch das doppelte Prädikat: πάντα ἀνέχεται, πάντα μακροθυμεῖ. Die formale Abweichung ist durch die Absicht bedingt, einen ebenso formalen Kontrast zur folgenden Aussage herzustellen: οὐδὲν βάναυσον ἐν ἀγάπῃ, οὐδὲν ὑπερήφανον: dem zweifachen πάντα steht das zweifache οὐδέν gegenüber, d. h. was die Liebe immer einschließt und was sie immer ausschließt, wird betont. Der Einfluß von 1 Kor 13 ist deutlich erkennbar[3]:

I Clem 49,5	1 Kor 13
ἀγάπη πάντα ἀνέχεται,	V. 7. πάντα στέγει ... πάντα ὑπομένει.
πάντα μακροθυμεῖ	V. 4. ἡ ἀγάπη μακροθυμεῖ
οὐδὲν βάναυσον ἐν ἀγάπῃ,	... οὐ περπερεύεται
οὐδὲν ὑπερήφανον.	οὐ φυσιοῦται.

Für die Analyse muß der Text und nicht seine Quellen maßgebend bleiben[4]. Die zwei πάντα-Ausagen bilden einen synthetischen Parallelismus wie auch die folgenden οὐδέν-Aussagen. So ergänzen sich πάντα ἀνέχεται (erträgt alles) und πάντα μακροθυμεῖ (duldet alles) gegenseitig. In 1 Kor 13,7 liegt eine ähnliche Form vor. Bei πάντα ἀνέχεται klingt etwas von Eph 4,2b an: ἀνεχόμενοι ἀλλήλων ἐν ἀγάπῃ (vgl. Kol 3,13 f.). Wie frei der Vf. mit der paulinischen Überlieferung umgeht, tritt besonders zutage anhand des eigentümlichen

---

[1] Gegen LIGHTFOOT, I 2,149. Auch O. KNOCH, Eigenart 96, und D. A. HAGNER, Use 239, rechnen mit dieser Möglichkeit.

[2] So A. RESCH, Agrapha 310 f.; KNOPF, 126. Seine Behauptung, der ursprüngliche Sinn des Spruches sei, das Almosengeben zu empfehlen, orientiert sich an II Clem 16,4. Ähnlich A. OEPKE, ThWNT III 560 Anm. 8.

[3] Die Bindung an die Überlieferung rechtfertigt nicht das Urteil A. v. HARNACKs, Einführung 117, über den Text: „Dieser Hymnus ist zusammengestoppelt (auch aus I. Kor.), und man versteht es nicht, daß der Verfasser es gewagt hat, mit Paulus zu rivalisieren." Der Text ist weit davon entfernt, eine Zitatensammlung zu sein, sondern folgt einer klaren und konsequenten Gestaltungsabsicht. Bei der unbestrittenen Bedeutung des Apostels in I Clem wirkt das „Rivalisieren" als sachfremde Unterstellung.

[4] Kurios ist die Bemerkung von LIGHTFOOT, I 2,14, 9zur Übernahme der paulinischen Überlieferung nach der - nach seiner Meinung - Benutzung von 1 Petr: „The juxtaposition of the language of S. Paul and the language of S. Peter is a token of the large and comprehensive sympathies of one who paid equal honour to both these great Apostles." Die Kenntnis von 1 Petr ist wenig wahrscheinlich. Vgl. Einleitung § 4.2.e.

Verhältnisses von wörtlicher Übernahme und eigener Formulierung bei grundsätzlicher inhaltlicher Nähe. So nimmt πάντα μακροθυμεῖ den Anfang von 1 Kor 13,4 auf, um gleich mit einem zweiten Parallelismus fortzufahren, der sich zwar an das paulinische οὐ περπερεύεται οὐ φυσιοῦται anlehnt, jedoch einen eigenen Akzent setzt. Die Deutung von οὐδὲν βάναυσον muß der Auslegung von ἀβαναύσως in 44,3 Rechnung tragen[1]. Die gängige Übersetzung mit „gemein" ist philologisch ohne weiteres vertretbar, stößt aber auf zwei Schwierigkeiten: 1. sie paßt nicht gut zur erwähnten Adverbialform in 44,3; 2. sie paßt nicht zur formalen Struktur im Kontext: Die Aussage zuvor (ἀγάπη πάντα ἀνέχεται, πάντα μακροθυμεῖ) und die darauf folgende (ἀγάπη σχίσμα οὐκ ἔχει, ἀγάπη οὐ στασιάζει) sind nach dem Prinzip des synthetischen Parallelismus gebildet. Bei einer so durchdachten Struktur, wie sie im Kap. 49 vorliegt, wäre ein solcher formaler Bruch recht verwunderlich und für den Vf. untypisch. All diese Schwierigkeiten werden beseitigt, wenn man οὐδὲν βάναυσον im Zusammenhang mit ἀβαναύσως (s. 44,3) mit „nichts Überhebliches" übersetzt. Denn dann bildet οὐδὲν βάναυσον („nichts Überhebliches") einen ähnlichen Parallelismus zu οὐδὲν ὑπερήφανον („nichts Hochmütiges") wie bei den anderen Aussagen[2]. Inhaltlich ist die Aussage mit dem paulinischen Wort 1 Kor 13,4 vergleichbar: Die Liebe οὐ περπερεύεται οὐ φυσιοῦται, d. h. sie prahlt nicht, sie bläht sich nicht auf[3]. Aber die Formulierung weist auf ein Anliegen des Schreibens hin, das sowohl die Kritik an die Gegner als auch die Ermahnung an die Gemeinde berührt: Christliche Existenz schließt jede Art von ὑπερηφανία aus (30,1; 35,5; 57,2), wie schon an der Gestalt des Erlösers exemplarisch erkannt werden kann (16,2), aber auch an den vielen Beispielen für ταπεινοφροσύνη (13,1–18,1)[4].

Der Aufbau des zweiten Dreizeilers ist durch eine zweifache semantische Struktur gekennzeichnet: da ist einerseits der Parallelismus der ersten zwei Aussagen (σχίσμα οὐκ ἔχει ... οὐ στασιάζει), andererseits der Kontrast zur dritten Aussage: ἀγάπη πάντα ποιεῖ ἐν ὁμονοίᾳ. Dem σχίσμα und στάσις steht die ὁμόνοια gegenüber. Alle drei Begriffe führen in das Zentrum des korinthischen Problems und spiegeln die Diagnose des Vf.s wie auch das Ideal wider, das wieder gewonnen werden soll. Eine Parallele dazu in 1 Kor 13 zu

---

[1] Es ist eine philologische Ungereimtheit, ἀβαναύσως mit „nicht engherzig" und βάναυσον mit „gemein" zu übersetzen (so Harnack, Lindemann). Konsequenter, aber philologisch fraglich ist die Wiedergabe von Fischer und Schneider: einmal „großherzig" (von den Amtsträgern), dann „nichts Engherziges" (von der Liebe).

[2] Es ist keine Antithese. Gegen P. LAMPE, Christen 181.

[3] In seiner synoptischen Darstellung von I Clem 49,5 und 1 Kor 13 bringt D. A. HAGNER, Use 200, 13,6 (οὐ χαίρει ἐπὶ τῇ ἀδικίᾳ) als Parallele dazu. Das ist exegetisch unhaltbar.

[4] O. ANDREN, Rättfärdighet 184 Anm. 4, verweist auf Plato, 7. Brief 334b: οὐ γὰρ διὰ βαναύσου φιλότητος ἐγεγόνει φίλος, διὰ δὲ ἐλευθέρας παιδείας κοινωνίαν: „Denn er war nicht im Sinn einer gewöhnlichen Freundschaft sein Freund geworden, sondern durch die Gemeinschaft, die die Bildung unter freien Männern begründet" (Übers. von D. Kurz). Der Vergleich stellt die Eigenart von I Clem 49,5 noch deutlicher heraus.

suchen, hat wenig Sinn[1]. Dafür ist die eigene Prägung zu augenfällig, die Ausrichtung auf die Lage der Gemeinde zu spezifisch. Was mehrmals und in verschiedenen Formen schon gesagt worden ist, wird nun prägnant als Wirkung der Liebe Gottes formuliert. Von all den formalen Einheiten, die das Kap. 49 prägen, geht keine so direkt auf den Konflikt in Korinth ein wie diese. Betrachtet man den zweiten Teil („Die Wirkung der Liebe") als den Hauptteil, dann liegt hier der Höhepunkt vor. Doch angesichts der formalen Struktur wäre es präziser, vom „Mittelpunkt" des Lobes zu sprechen. Denn der zweite Dreizeiler bildet die Mitte des ganzen Textes.

Im dritten Teil sind alle drei Aussagen auf Gott bezogen, der jeweils am Ende des Satzes genannt wird. Es geht vornehmlich um sein Heilswerk bei der Vollendung der Auserwählten bzw. bei der Annahme aller Gläubigen. Auch hier fällt die bis ins Detail gehende formale Gestaltung auf. Die ersten zwei Zeilen sind als Kontrast gedacht: ἐν τῇ ἀγάπῃ ... πάντες – δίχα ἀγάπης οὐδέν. Die dritte Aussage ist wiederum positiv und bringt das Personalpronom ἡμᾶς, das beim vierten und letzten Teil die soteriologische Tragweite der Hingabe Jesu Cristi ausdrückt.

Die „Auserwählten" ist die Bezeichnung für die Mitglieder der Heilsgemeinde (1,1), deren Zahl feststeht, die aber nur Gott kennt (2,4; 59,2)[2]. Hier sind sie aber nicht in ihrer irdischen Existenz gemeint, sondern in ihrer von Gott geschenkten Vollendung. Die gleiche Vorstellung verdeutlicht die Stelle 50,3: während alle Geschlechter von Adam bis zur Gegenwart vergangen sind, besitzen οἱ ἐν ἀγάπῃ τελειωθέντες einen Platz beim Ort, d. h. in der Wohnstatt der Frommen. Hinweise auf eine große Zahl von Auserwählten, die schon die Vollendung erlangt haben, gibt I Clem 6,1 unter Anspielung auf die Märtyrer. Zu dieser Zahl gehören gewiß auch die anderen Gestalten der Vergangenheit (auch David nach 52,2), die als μακάριοι gepriesen wurden (43,1; 44,5; 47,1; 55,4).

Nach all dem, was über die Wirkung der ἀγάπη gesagt worden ist, leuchtet jedem ein, daß man δίχα ἀγάπης bei Gott kein Gefallen finden kann. Die letzte Aussage gehört schon zum V. 6, formal aber darf sie nicht mit der das ganze Lob abschließenden christologischen Einheit verbunden werden, denn dort ist sie ein Fremdkörper. Gott als ὁ δεσπότης ist das Subjekt der Handlung, die sich in der Annahme der Gläubigen vollzieht[3].

6   Der christologische Abschnitt, der das Lob abschließt, konzentriert das Heilswerk Jesu Christi auf seine Hingabe ὑπὲρ ἡμῶν. Bewirkende Ursache dieser totalen Hingabe ist seine Liebe πρὸς ἡμᾶς. Der Dreizeiler entfaltet das soteriologische Geschehen in drei Aussagen über das Blut, das Fleisch und die Seele. Die Textüberlieferung bzw. die Übersetzungen bemühen sich, der Struktur einen noch einheitlicheren Charakter zu verleihen (C[1] fügt das αὐτοῦ

---

[1] Der Versuch von D. A. HAGNER, Use 200, hierzu ist nicht gelungen.
[2] Zur ekklesiologischen Relevanz des Motivs in I Clem vgl. B. E. BOWE, Church 76–82.
[3] Vgl. Röm 14,3. In der LXX vgl. Ps 17,17; 26,10; 64,4; 72,24.

auch nach σάρκα und ψυχήν ein, H ersetzt τῶν ψυχῶν durch den Singular). Auffallend ist der strenge Parallelismus der beiden letzten Aussagen – abgesehen vom Numerus (ὑπὲρ τῆς σαρκὸς ἡμῶν … ὑπὲρ τῶν ψυχῶν ἡμῶν) – im Vergleich zur ersten Aussage, die das Objekt der Hingabe nicht wieder aufnimmt (etwa τὸ αἷμα αὐτοῦ ἔδωκεν ὑπὲρ τὸ αἷμα ἡμῶν), die ferner eine christologische Prädikation enthält (ὁ κύριος ἡμῶν), die den Rhythmus der Texteinheit stört, und schließlich die Hingabe des Blutes als Gehorsam gegen den Willen Gottes deutet (ἐν θελήματι θεοῦ). Berücksichtigt man andere christologische Aussagen in I Clem, lassen sich ähnliche Bekenntnisse zur Erlösung durch das Blut Christi (12,7) und zu dessen Hingabe für uns finden (21,6: τὸν κύριον Ἰησοῦν Χριστόν, οὗ τὸ αἷμα ὑπὲρ ἡμῶν ἐδόθη), die auf einen für die Christologie und Soteriologie von I Clem typischen Akzent hinweisen. Es ist ja das Blut, das διὰ τὴν ἡμετέραν σωτηρίαν ἐκχυθὲν παντὶ τῷ κόσμῳ μετανοίας χάριν ἐπήνεγκεν (7,4). Anders stellt sich der Sachverhalt hinsichtlich der zwei anderen Aussagen dar. Weder das Fleisch noch die Seele des Erlösers kommen sonst in I Clem zur Sprache.

Der Form nach handelt es sich in diesem Teil um eine ausführliche Hingabeformel[1], die in einfacherer Gestalt Vorläufer in der neutestamentlichen Briefliteratur hat, so Gal 2,20 (τοῦ ἀγαπήσαντός με καὶ παραδόντος ἑαυτὸν ὑπὲρ ἐμοῦ) und Eph 5,2 (καθὼς καὶ ὁ Χριστὸς ἠγάπησεν ἡμᾶς καὶ παρέδωκεν ἑαυτὸν ὑπὲρ ἡμῶν)[2]. Auf diesem Hintergrund bietet sich eine Erklärung für die Entstehung des Textes. Die erste christologische Aussage würde auf das Konto des Vf.s gehen, der dadurch einen wichtigen Aspekt seiner Soteriologie zur Sprache brächte[3]. Ihre besondere Gestalt gibt das zu erkennen. Die zwei anderen hingegen wären durch den Einfluß des urchristlichen Bekenntnisses zu erklären. Ein anderes Erklärungsmodell geht von der Zugehörigkeit – Blut und Fleisch – der ersten zwei Aussagen aus und hebt einen liturgischen Hintergrund hervor[4] oder versteht die Einheit von Fleisch und Blut als Ausdruck für den ganzen Menschen, der sich hingegeben hat[5]. Aber hier besteht eine zweifache Schwierigkeit: 1. formal passen nicht die zwei ersten, sondern die zwei letzten Aussagen zusammen; 2. an mehreren Stellen wird die Bedeutung des Blutes Christi in I Clem bezeugt. Bei allen diesen Erklärungsversu-

---

[1] Die Formel bei Irenäus, AdvHaer V 1,1, dürfte durch I Clem beeinflußt sein.

[2] Vgl. aber auch Joh 13,1; 15,13.

[3] H. B. BUMPUS, Awareness 96, findet hier keine spezifische soteriologische Lehre, weil das Anliegen des Abschnitts die Ermahnung zum Gehorsam ist: „… and not to teach any specific soteriology." Beides ist ohne weiteres vereinbar. Sowohl die gegenwärtige Form als auch der traditionelle Hintergrund legen eine soteriologische Deutung nahe. Vgl. zum gleichen Text jedoch DERS., Awareness 121: „A clear atonement theology appears for the first time in a definitive manner in 1 Clement."

[4] So KNOPF, 126; O. KNOCH, Eigenart 427. E. BARNIKOL, Auffassung 79, vermutet eine eucharistische Anspielung.

[5] So E. SCHWEIZER, ThWNT VII 146. Andererseits behauptet er, die Wahl von σάρξ sei „durch das voranstehende αἷμα mitbedingt" (ebd. Anm. 350).

chen läßt sich das Verhältnis von Redaktion und Tradition nicht näher bestimmen.

Wie bei formelhaften Wendungen üblich, ist die Deutung im einzelnen mit manchen Unsicherheiten belastet[1]. Den Verstehenshintergrund bildet mit Sicherheit das urchristliche Kerygma, und das soll als Leitfaden bei der begrifflichen Bestimmung dienen, aber sichere Ergebnisse sind dabei nicht zu erzielen[2]. Es ist sehr unwahrscheinlich, daß ein trichotomistisches anthropologisches Modell irgendwelche Rolle spielt. Die erste Aussage hat allgemein soteriologische Bedeutung wie in den anderen Stellen in I Clem. Das folgende Wort über das „für unser Fleisch" hingegebene Fleisch erinnert an Joh 6,51c (καὶ ὁ ἄρτος δὲ ὃν ἐγὼ δώσω ἡ σάρξ μού ἐστιν ὑπὲρ τῆς τοῦ κόσμου ζωῆς). Wenn es aber dort in Verbindung mit der eucharistisch-antidoketischen Deutung der Rede vom himmlischen Brot steht, dann ist ein Zusammenhang mit der johanneischen Tradition schon aus rein zeitlichen Gründen schlecht denkbar[3]. Auch das Wort über die ψυχή entzieht sich einer sicheren Deutung. Der manchmal angenommene griechische Einfluß ist in Anbetracht der übrigen anthropologischen Begriffe in I Clem nicht unproblematisch[4], zumal der ψυχή-Begriff im griechischen Denken recht vieldeutig ist. Ein möglicher Bezugspunkt zum Verständnis der Aussage ist das Wort Mk 10,45: ... καὶ δοῦναι τὴν ψυχὴν αὐτοῦ λύτρον ἀντὶ πολλῶν als christliche Deutung von Jes 53,12: ἀνθ' ὧν παρεδόθη εἰς θάνατον ἡ ψυχὴ αὐτοῦ.

Als Ergebnis bleibt festzuhalten: In der dreifachen Hingabe des Erlösers drückt sich jeweils der Kern des christologischen Heilswerkes aus. Die Trias „Blut – Fleisch – Seele" dient nicht so sehr dem Ausdruck eines jeweils anderen semantischen Aspektes, sondern ist einer rhetorischen Funktion zugeordnet.

12.4.2. Die Botschaft der Agape (50,1-7)

Die Anrede in V. 1 ist ein eindeutiges Signal für einen neuen Ansatz[5]. Es geht im Kap. 50 nicht um beschreibendes Lob, sondern um Anwendung des im Kap. 49 feierlich vorgetragenen Enkomions. Die Aufforderungsformen im

---

[1] Nach W. LÜTGERT, Amt 101, richtet sich die Aussage gegen die doketische Christologie der Gegner. Die Annahme ist unbegründet.

[2] Daß der Text auf einer Exegesis von Lev 17,11 ruht, wie GRANT, 81, und H. B. BUMPUS, Awareness 95, meinen, trifft in dieser Form nicht zu. Denn die Begrifflichkeit ist jeweils eine andere. Bei ἡ γὰρ ψυχὴ πάσης σαρκὸς αἷμα αὐτοῦ ἐστιν ist πᾶσα σάρξ nicht die σάρξ des Erlösers und des Gläubigen. Kritisch dazu auch LINDEMANN, 145.

[3] Eine Anspielung auf die Auferstehung des Fleisches ist unwahrscheinlich (gegen E. W. FISHER, Soteriology 178).

[4] Gegen KNOPF, 126: „ψυχή ist nicht einfach der Lebenshauch im Menschen, sondern mehr im griechischen Sinn die vernünftige Seele, die im Leibe wohnt. Als die höhere Kraft im Menschen erscheint ψυχή auch sonst im Briefe, vgl. 19,3; 23,2; 29,1; 55,6; 64." Auch A. v. HARNACK, Einführung 118, urteilt ähnlich wie Knopf.

[5] Anders LINDEMANN, 145, der 50,1 als Zusammenfassung von Kap. 49 betrachtet.

Konjunktiv-Aorist (V. 2b) dienen diesem Zweck. Zu der pragmatischen Absicht der Applikation gehört ebenso der argumentative Vorgang mit dem Schriftbeweis (V. 4.6). Die Verbindung mit dem vorhergehenden Kapitel geht dabei nicht verloren, und das Wort ἀγάπη erinnert wiederholt daran. Denn das Ziel der Anwendung hat schließlich unbedingt mit der ἀγάπη zu tun: die eschatologische Zukunft der in der Liebe Vollendeten (V. 3), die Vergebung der Sünden durch die ἀγάπη (V. 5), die Seligpreisung der Auserwählten (V. 6 f.).

1. Seht, Geliebte, wie etwas Großes und Wunderbares die Liebe ist, und von ihrer Vollendung gibt es keine Beschreibung. 2. Wer ist imstande, in ihr erfunden zu werden außer denen, die Gott für würdig erachtet? Erbitten und erflehen wir also von seinem Erbarmen, daß wir in der Liebe erfunden werden mögen, ohne menschliche Parteineigung, untadelig.
3. Alle Geschlechter von Adam bis zum heutigen Tag sind vergangen; die aber nach der Gnade Gottes in Liebe vollendet worden sind, besitzen den Ort der Frommen; sie werden offenbar werden bei der Heimsuchung der Herrschaft Christi. 4. Denn es steht geschrieben: „Tretet ein in die Kammern nur einen kurzen Augenblick, bis mein Zorn und mein Grimm vorüber sind, und ich werde eines guten Tages gedenken und euch aus euren Gräbern auferwecken."
5. Selig sind wir, Geliebte, wenn wir die Anordnungen Gottes in Eintracht der Liebe zu erfüllen suchten, auf daß uns durch Liebe die Sünden vergeben werden. 6. Denn es steht geschrieben: „Selig, deren Missetaten vergeben und deren Sünde zugedeckt worden sind. Selig der Mann, dessen Sünde der Herr nicht anrechnet und in dessen Mund kein Falsch ist." 7. Diese Seligpreisung bezog sich auf die von Gott durch Jesus Christus, unseren Herrn, Auserwählten. Ihm sei die Ehre von Ewigkeit zu Ewigkeit. Amen.

Nachdem in 49,2-6 die ἀγάπη im Mittelpunkt stand, ergeht die Aufforderung   1
an die Gemeinde, selber die Größe der Liebe anzuschauen. Zu ὁρᾶτε, ἀγαπητοί vgl. 12,8. Zum Sprachgebrauch von πῶς vgl. Einleitung § 3.2.a[1]. An dieser Stelle läßt sich πῶς im Sinn von ὅτι verstehen (vgl. Bl./Deb./Reh. § 396,1). So wird der Anschluß zum letzten Satz besser. „Groß und wunderbar" ist eine Wendung, die auch in 26,1[2] und 53,3 vorkommt. Die folgende Aussage nimmt Begriffe und Vorstellungen von 49,2 wieder auf. Der Sinn von τελειότης αὐτῆς (d. h. τῆς ἀγάπης) erklärt sich aus dem Zusammenhang[3].

---

[1] Epiktet verwendet auch oft ὁρᾶν mit πῶς, wo ein ὡς oder ὅτι zu erwarten wäre. Vgl. Diss. I 2,2; 8,11; 16,3; 18,4 u.ö. Vgl. RADERMACHER, 196. Auch bei Philo (All I 28; II 7.17; III 4.132).

[2] Im Sinn von „groß und erstaunlich." Für weitere Parallele s. dort.

[3] τελειότης in der LXX: Ri 9,16.19; Weish 6,15; 12,17; Jer 2,2 nach א[+]: Ἐμνήσθην ἐλέους νεότητός σου καὶ ἀγάπης τελειότητός σου ...; im NT: Kol 3,14; Hebr 6,1. Wichtiger Begriff bei Philo. Vgl. G. DELLING, ThWNT VIII 79. Sprachlich ist ein Zusammenhang mit 1 Joh 4,18 wenig wahrscheinlich. Anders KNOPF, 126; LINDEMANN, 145.

Nach 49,5 haben die Auserwählten in der Liebe die Vollendung erlangt (ἐν τῇ ἀγάπῃ ἐτελειώθησαν πάντες οἱ ἐκλεκτοὶ τοῦ θεοῦ), und diese „Vollendeten" haben - im Unterschied zu allen anderen Generationen - ihren festen Platz im Ort der Frommen (50,3). Was als unbeschreiblich gilt, ist in diesem Fall nicht nur die Vollkommenheit der Liebe an sich[1], sondern auch die Vollendung, welche die Gläubigen in ihr finden. Hier ist die Frage angebracht, ob nicht eine sprachliche Reminiszenz aus Kol 3,14 (ἐπὶ πᾶσιν δὲ τούτοις τὴν ἀγάπην, ὅ ἐστιν σύνδεσμος τῆς τελειότητος) nachwirkt. Es ist richtig, daß das Wort der paulinischen Tradition zur Erklärung von I Clem 49,2 wenig beiträgt, aber das Band-Motiv dort (τὸν δεσμὸν τῆς ἀγάπης), der Hinweis auf die Vollendung in 50,1 (τῆς τελειότητος αὐτῆς) und der alles überragende Wert der ἀγάπη (Kol 3,14: ἐπὶ πᾶσιν δὲ τούτοις τὴν ἀγάπην; 1 Kor 13), der sich in I Clem in der Unbeschreiblichkeit des Gegenstandes (49,2: τίς δύναται ἐξηγήσασθαι; 50,1: οὐκ ἔστιν ἐξήγησις) niederschlägt, sind Gemeinsamkeiten, die auf einer traditionellen Basis stehen dürften[2]. Als Charakterisierung der Liebe des Mose zu seinem Volk wiederholt 53,5 im Wesentlichen 50,1: ὦ μεγάλης ἀγάπης, ὦ τελειότητος ἀνυπερβλήτου.

2   Die rhetorische Frage im ersten Teil knüpft an V. 1 an und bedeutet einen weiteren Schritt auf dem Weg der Anwendung. Es geht nicht nur um die Betrachtung der göttlichen Liebe, sondern darüber hinaus um die Frage, ob einer in dieser Liebe erfunden wird. In einer Art, die für die Paränese in I Clem typisch ist, wird auf das Werk Gottes hingewiesen, ohne das Problem von Gnade und menschlicher Antwort zu berühren: Nur diejenigen, die Gott dafür würdig gemacht hat, werden in dieser Liebe erfunden werden. Die Form εὑρεθῆναι kommt auch in 35,4 und 57,2 vor. Im ersten Text handelt es sich um das Motiv von der Zahl der Auserwählten, im zweiten von der Gruppe derer, die zur Herde Christi gehören. In beiden Fällen sind es klar definierte Größen. Der Bezug zur Liebe scheint einen ähnlichen Raum zu bilden. Die Frage ist so formuliert, daß sie mit der folgenden Ermahnung beantwortet wird. Es handelt sich um eine Aufforderung zum Gebet, wie es mit δεώμεθα οὖν καὶ αἰτώμεθα deutlich genug zum Ausdruck kommt. Die Bitte richtet sich an das Erbarmen Gottes (vgl. 9,1b: καὶ ἱκέται γενόμενοι τοῦ ἐλέους καὶ τῆς χρηστότητος αὐτοῦ; 28,1b: ἵνα τῷ ἐλέει αὐτοῦ ...), das als mächtige Instanz erscheint, damit die Gläubigen in der Liebe erfunden werden können. Die anschließende Bestimmung verweist auf den Aspekt der Anwendung, der für

---

[1] Anders G. DELLING, a. a. O. 80, der nur diesen Aspekt hervorhebt: Die Aussage von I Clem 50,1 sei, „daß die Liebe die Eigenschaft des *Vollkommenseins* hat, die Liebe ist das *Vollkommene, das Höchste*."

[2] In seiner Erklärung zu Kol 3,14 faßt E. Lohse die Genitivform als Genitiv der Folge bzw. des Zweckes auf: „Dann wird die Liebe als das Band verstanden, das zur Vollkommenheit führt" (vgl. DERS., Die Briefe an die Kolosser und an Philemon, Göttingen 1977, 214). Nach O. KNOCH, Eigenart 287, wird hier 1 Kor 13,10 (ὅταν δὲ ἔλθῃ τὸ τέλειον ...) aufgenommen und rein sittlich verstanden. Beides ist unwahrscheinlich. D. A. HAGNER, Use 200, findet „a certain similarity" mit 1 Kor 13,13. Die Ähnlichkeit ist aber schwer erkennbar.

die Gesamtargumentation maßgebend ist: „ohne menschliche Parteineigung" (δίχα προσκλίσεως ἀνθρωπίνης). Die Wendung deutet die Unruhen in der Gemeinde mit dem Begriff πρόσκλισις an, wie es in 47,3 f. geschehen ist. Die Liebe ist unvereinbar mit Parteineigungen, wie schon in 49,5 gesagt: ἀγάπη σχίσμα οὐκ ἔχει, ἀγάπη οὐ στασιάζει. Das Adjektiv ἄμωμος kommt in I Clem als Bezeichnung eines menschlichen (das Gewissen: 1,3; die Absicht: 45,7) bzw. eines göttlichen Objekts (seine Hände: 33,4; sein Wille: 35,5; sein Antlitz: 36,2; seine Anordnungen: 37,1) vor. Hier ist es implizit auf die Gläubigen bezogen[1]. Die Einheit in der Liebe macht sie untadelig vor Gott.

Die Aussage baut zuerst auf dem Kontrast zwischen den Generationen,   3
die ohne Ausnahme vergangen sind, und den in der Liebe Vollendeten, die am Ort der Frommen weilen. Von diesen wird anschließend behauptet, sie würden bei der Heimsuchung der Herrschaft Christi offenbar werden. Das Wort bekommt eine zusätzliche Deutung durch den Schriftbeweis in V. 4. Es ist nicht das erste Mal, daß der Vf. einen Blick auf die ganze Geschichte der Menschheit wirft, um daraus eine Lehre zu ziehen (das ständige Angebot der Metanoia in 7,5), bzw. eine Mahnung zu verschärfen (die Warnung an die Zweifler in 11,2). In diesem Fall besteht die Lehre in der Feststellung von der Vergänglichkeit aller Generationen, von Adam bis zum heutigen Tag. Aber gerade in dieser Geschichte gibt es einen bleibenden Ort, zu dem die gelangt sind, die in der Liebe vollendet wurden[2]. Der Sinn des passivischen Partizips τελειωθέντες (vgl. 49,5: ἐν τῇ ἀγάπῃ ἐτελειώθησαν πάντες οἱ ἐκλεκτοὶ τοῦ θεοῦ) wird durch den als Parenthese wirkenden Ausdruck κατὰ τὴν τοῦ θεοῦ χάριν verdeutlicht. Die Gnade Gottes führt zur Vollendung. χῶρος ist in der griechischen Mythologie eine Metapher für den Aufenthaltsort, verwendet sowohl für die Frommen (εὐσεβῶν χῶρος) als auch für die Frevler: (χῶρος ἀσεβῶν)[3]. Auch das hellenistische Judentum kennt die Wendung (zu χῶρος εὐσεβῶν vgl. Philo, Fug 131; zu ἀσεβῶν χῶρος vgl. Philo, Cher 2; Josephus, Bell 2,156).

Der Kontrast zwischen dem παρῆλθον der Generationen und dem ἔχουσιν χῶρον der in der Liebe Vollendeten enthält ein entferntes, aber doch vernehmbares Echo von bleibendem Charakter der ἀγάπη nach 1 Kor 13,8–10. Schwerlich ist es eine absichtliche Anspielung, eher schon eine Gemeinsamkeit, die sich aus der gemeinsamen theologischen Grundlage ergibt.

Die letzte Aussage überrascht auf den ersten Blick, weil in I Clem alle drei Motive nur an dieser Stelle vorkommen: das endzeitliche Erscheinen der Gerechten, die eschatologische Heimsuchung[4], die Herrschaft Christi. In der Diktion spiegelt sich urchristliche Begrifflichkeit wider: zu φανερωθήσονται

---

[1] Die koptische Übersetzung ergänzt: ἐν ἀγάπῃ ἀμώμῳ.

[2] Der Text macht keinen Unterschied zwischen den Gerechten vor Christus und den Frommen bis zum heutigen Tag. Es gibt auch keinen Hinweis auf einen „unterschiedlichen Zustand." Anders A. STUIBER, Refrigerium 44.

[3] Vgl. die Angaben in Liddell/Scott und Bauer/Aland.

[4] Die ἐπισκοπή in 44,1.4 bezeichnet das Amt der Episkopen.

vgl. Kol 3,4: τότε καὶ ὑμεῖς σὺν αὐτῷ φανερωθήσεσθε ἐν δόξῃ; zu ἐν τῇ ἐπισκοπῇ vgl. 1 Petr 2,12: ἐν ἡμέρᾳ ἐπισκοπῆς[1]; zu βασιλεία τοῦ Χριστοῦ vgl. 1 Kor 15,24: ὅταν παραδιδῷ τὴν βασιλείαν τῷ θεῷ. Aber die Einbettung in diesen Sprachraum erklärt nicht die Eigentümlichkeit der Vorstellung an dieser Stelle. Dazu muß man das folgende Zitat mit heranziehen.

4   Das Zitat, dessen Herkunft in einem zweiten Schritt erörtert wird, will offensichtlich das zuvor Gesagte unterstreichen. Gemäß der vom Vf. praktizierten Schriftauslegung ist der als Zitat angeführte Text wörtlich zu nehmen. In diesem Fall sind τὰ ταμεῖα (die Kammern) identisch mit dem χῶρος εὐσεβῶν von V. 3. Der Aufenthalt dort hat eine beschützende Funktion, aber er ist nicht dauernd, sondern nur für die Zeit des göttlichen Zornes gedacht, bis Gott sich des guten Tages erinnert und die Gläubigen auferstehen läßt. Zwei Aspekte sind in diesem Wort enthalten, die das Verständnis der Stelle im Kontext bestimmen. Der erste und vordergründige ist der eschatologische. Präzis ist er aber nicht. Die in der Liebe Vollendeten würden in diesen Aufenthaltsort eingehen – was nur als postmortales Ereignis vorstellbar ist –, um dort auf den guten Tag zu warten[2], an dem Gott sie auferstehen lassen wird. ἀναστήσω ist als Auferstehungsverheißung auszulegen[3]. Die jüdische Apokalyptik kennt ähnliche Vorstellungen über einen Zwischenzustand[4]. Sie sind auch dem NT nicht fremd (vgl. Phil 1,23; Lk 23,43), wenngleich die Ausdrucksweise dort nicht so bildreich ist wie in I Clem 50,4[5].

Als „eschatologische Passage" wirkt der Text in diesem Abschnitt unvermittelt und zusammenhanglos. Man wird also den Akzent nicht so sehr auf diesen Aspekt legen dürfen[6], sondern vielmehr auf einen zweiten, dessen Bezug

---

[1] O. KNOCH, Eigenart 107, vermutet, der Ausdruck sei „aus dem petrinischen Überlieferungskreis in Rom" übernommen, aber die Existenz eines solchen Kreises ist fraglich. 1 Petr enthält auch keine „petrinische Theologie."

[2] O. KNOCH, Eigenart 174–178, hebt den positiven Inhalt der eschatologischen Verkündigung hervor.

[3] Es fehlt jeder Hinweis auf einen neuen Auferstehungsleib. Gegen O. KNOCH, Eigenart 171; A. P. O'HAGAN, Re-Creation 95.

[4] Vgl. P. VOLZ, Die Eschatologie der jüdischen Gemeinde im neutestamentlichen Zeitalter nach den Quellen der rabbinischen, apokalyptischen und apokryphen Literatur, Tübingen ²1934, 256–272; H. C. C. CAVALLIN, Life after Death. Paul's Argument for the Resurrection of the Dead in I Cor 15. Part I. An Enquiry into the Jewish Background (CB.NT 7:1), Lund 1974.

[5] Vgl. J. JEREMIAS, ThWNT V 766 f. Für den Bereich der paulinischen Eschatologie grundlegend ist die Arbeit von P. HOFFMANN, Die Toten in Christus. Eine religionsgeschichtliche und exegetische Untersuchung zur paulinischen Eschatologie (NTA NF 2), Münster 1966, bes. 286–344.

[6] Die Überlegungen von O. KNOCH, Eigenart 172–173, gestüzt auf I Clem 50,3 (vom Schicksal der Seele Christi nach dem Tod bis hin zur Parusie, die hier als „nur relativ nahe" eingestuft wird), tragen nicht zu einem besseren Textverständnis bei. Auf S. 178: „50,4 ist die Nähe des Endgerichts noch einmal ausdrücklich ausgesprochen." Ebensowenig hilfreich ist die Behauptung von S. SCHULZ, Mitte 317, I Clem habe die urchristliche Eschatologie preisgegeben: „Wird sie einerseits durch die räumliche Hadesvorstellung bzw. das interimistische Totenreich überfremdet, so kann andererseits die apokalyptische Enderwartung des Gerichts keine Rolle

aus dem Anliegen des Textes einsichtig ist. Die Schutzfunktion des Aufenthaltsortes ist durch die Wirksamkeit des Gotteszornes bedingt. Es liegt also ein Ton von Bedrohung auf der ganzen Aussage. Nach dem Zitat werden die Gläubigen aufgefordert, in diese Räume einzutreten, bis die Zeit des Zornes vorüber ist, aber diese Zeit – Einzelheiten erfährt man nicht – bestimmt die Gegenwart. Fragt man, woher diese Bedrohung kommt, muß die Antwort wahrscheinlich so lauten: von der Haltung der korinthischen Gegner, die die Gemeinde in eine solche Situation gebracht haben: Der Name des Herrn wird sogar bei den Nicht-Christen gelästert; die Gegner selbst haben diese Gefahr heraufbeschworen (47,7). Die katastrophalen Folgen der Unruhen (46,9) stehen im krassen Gegensatz zur Wirkung der Liebe, aber nicht nur das. In den folgenden Kapiteln werden die Anführer der Revolte in Korinth massiv und direkt angesprochen (51,1–3; 54,1–4; 56,1–2; 57,1–2; 59,1–2). Wie die Sünde der Gemeinde nicht gering ist (44,4), so ist auch die Gefahr nicht gering, in die sich die Verantwortlichen verstricken (59,1). Weil sie die Spaltung und den Aufruhr verursacht haben, haben sie gegen die ἀγάπη verstoßen (49,5) und können deshalb nicht in der Liebe vollendet werden. Auf sie wartet die Heimsuchung der Herrschaft Christi und der Zorn Gottes. Im Gegensatz dazu stehen die in der Liebe Vollendeten (50,3), die dem Zorn Gottes entkommen, weil sie an einem sicheren Platz weilen. Der Tag der Heimsuchung der Herrschaft Christi wird der Zeitpunkt ihres Offenbar-Werdens durch die Auferstehung sein. Nach dieser Auslegung ist die Pointe der Aussage nicht eschatologisch, sondern paränetisch, die in diesem Fall als indirekte – im Zusammenhang jedoch unüberhörbare – Androhung an die Adresse der Gegner in Korinth ausgerichtet ist. Ein ausdrückliches Interesse an der Frage der Eschatologie ist nicht vorhanden[1].

Ein zweites, bis jetzt ungelöst gebliebenes Problem, betrifft die Herkunft des Zitats[2]. Für den ersten Teil läßt sich Jes 26,20 heranziehen. V. 4 entnimmt daraus die Hauptaussagen. Anders steht es mit dem zweiten Teil, für den es keine exakte Parallele gibt. Die gewöhnlich angeführte Stelle Ez 37,12 weicht in der Ausdrucksweise stark ab. Auch eine Beeinflussung durch Jes 26,19 wäre denkbar: ἀναστήσονται οἱ νεκροί, καὶ ἐγερθήσονται οἱ ἐν τοῖς μνημείοις. Für die Zwischenaussage in V. 4 καὶ μνησθήσομαι ἡμέρας ἀγαθῆς („und ich werde

---

mehr spielen, weil alles Gewicht auf dem Gericht liegt, das in den Unterweltskammern gleich nach dem Tode über die gottlosen Seelen ergeht." T. AONO, Entwicklung 72–74, hebt „die Verschärfung des allgegenwärtigen Gerichts" in I Clem hervor.

[1] Anders A. P. O'HAGAN, Re-Creation 103.

[2] D. A. HAGNER, Use 63 f. läßt die Frage offen. Schon Cotelier weist auf 4 Esra 2,16 hin: „Et resuscitabo mortuos de locis suis, et de monumentis educam illos" (PG 1,313). Ähnlich HILGENFELD, 53; GEBHARDT/HARNACK, 85; KNOPF, 127. GRANT, 82: vielleicht „an apocryphal Ezekiel." Nach J. DANIELOU, Théologie 114–121, zitiert der Vf. eine Sammlung von Testimonia. O. KNOCH, Eigenart 176: eine judenchristliche, „wahrscheinlich apokryphe Schrift." LINDEMANN, 146, vermutet, die Zitatenkombination sei schon vorhanden gewesen. Dort andere apokalyptiche Texte.

[eurer?] eines guten Tages gedenken") gibt es in der in Frage kommenden Literatur keine Parallele. Synoptisch dargestellt schauen die Texte so aus:

V. 4	Jes 26,20
εἰσέλθετε εἰς τὰ ταμεῖα	εἴσελθε εἰς τὰ ταμίειά σου, … ἀποκρύβηθι
μικρὸν ὅσον ὅσον,	μικρὸν ὅσον ὅσον,
ἕως οὗ παρέλθῃ ἡ ὀργὴ καὶ ὁ θυμός μου·	ἕως ἂν παρέλθῃ ἡ ὀργὴ κυρίου·
καὶ μνησθήσομαι ἡμέρας ἀγαθῆς	
	Ez 37,12: τάδε λέγει κύριος·
	ἰδοὺ ἐγὼ ἀνοίγω ὑμῶν τὰ μνήματα
καὶ ἀναστήσω ὑμᾶς ἐκ τῶν θηκῶν ὑμῶν.	καὶ ἀνάξω ὑμᾶς ἐκ τῶν μνημάτων ὑμῶν.

Die Doppelung ἡ ὀργὴ καὶ ὁ θυμός kommt in der zitierten Stelle nicht vor, aber sie ist in verschiedenen Formen in der LXX häufig belegt (vgl. Jes 9,18; 13,13; 42,25; Jer 4,26; 43,7; 51,6 u. ö.). Ob der Vf. auswendig und frei zitiert, oder ob er ein unbekanntes apokryphes Logion vor sich hat, läßt sich nicht mehr entscheiden.

5   Dem Makarismus (μακάριοί ἐσμεν, ἀγαπητοί) folgt ein Konditionalsatz, der die Erfüllung der göttlichen Bestimmungen zur Bedingung macht (εἰ τὰ προστάγματα τοῦ θεοῦ ἐποιοῦμεν), um die Vergebung der Sünde δι᾽ ἀγάπης zu erlangen. Die Deutung des Makarismus hängt mit dem Verständnis des Konditionalsatzes zusammen. Knopf legt den Makarismus eschatologisch aus – V.3.4 scheinen ihm darin Recht zu geben –, aber findet die Fortsetzung εἰ τὰ προστάγματα τοῦ θεοῦ ἐποιοῦμεν unvereinbar mit einem modus realitatis: „Es müßte denn angenommen werden, daß der Vf., in die Zeit der Parusie sich versetzend, rückblickend ἐποιοῦμεν sagt, wozu dann das Präsens ἐσμέν nicht stimmt" (127 f.). Ein Irrealsatz sei grammatikalisch und inhaltlich unpassend. „Also muß man Mischkonstruktion annehmen: der Satz beginnt als Wirklichkeitssatz, um dann vorsichtiger das Eintreten der Nichtwirklichkeit ins Auge zu fassen" (128). Lindemann begnügt sich mit der Bemerkung, daß das Imperfekt ἐποιοῦμεν „die Frage der Verwirklichung völlig offen" läßt (147). Die Konjunktion εἰ kommt in I Clem relativ selten vor: 17mal, davon 7mal in Schriftzitaten. Bei den Stellen, die für einen Vergleich geeignet sind, nämlich 2,3 (εἴ τι ἄκοντες ἡμάρτετε); 26,1 (εἰ ὁ δημιουργὸς … ἀνάστασιν ποιήσεται); 43,1 (εἰ οἱ … κατέστησαν τοὺς προειρημένους) handelt es sich immer um εἰ mit Indikativ der Wirklichkeit[1]. Versteht man ἐποιοῦμεν als Imperfekt „de conatu"[2] – in Verbindung mit τὰ προστάγματα τοῦ θεοῦ[3] naheliegend –, braucht man keine Mischkonstruktion anzunehmen. Die Wendung ist auch diesmal als Indikativ der Wirklichkeit aufzufassen. Die μακάριοι sind nicht die Vollendeten wie in 44,5 und 48,4, sondern die, die sich um die Erfüllung der Vorschriften Gottes bemühen, wie in 40,4a über die altte-

---

[1] Die Überlieferung, die anstelle der Präsens-Form ein ἦμεν bringt (HC'S), hat den Text im modus irrealitatis verstanden.

[2] Vgl. BL./DEB./REH. § 326; KÜHNER/GERTH, II 1,140 f.

[3] Vgl. I Clem 58,2. In der LXX vgl. Dtn 11,32; 1 Chr 22,13; 29,19.

stamentlichen Kultdiener: οἱ οὖν τοῖς προστεταγμένοις καιροῖς ποιοῦντες τὰς προσφορὰς αὐτῶν εὐπρόσδεκτοί τε καὶ μακάριοι. Denn der Makarismus wird durch das folgende Schriftzitat begründet, und da sind die μακάριοι nicht die im Eschaton schon Vollendeten, sondern die Gläubigen in der Geschichte, denen die Sünden zugedeckt werden. Der Blickpunkt des Vf.s ist also nicht von der Parusie bestimmt, sondern von der Gegenwart: Wir sind jetzt selig, wenn wir versuchen, seine Vorschriften zu erfüllen. Zweimal wird in dieser Aussage die ἀγάπη erwähnt, jedesmal in höchst bedeutsamer Art. Zum ersten soll die Erfüllung der göttlichen Vorschriften ἐν ὁμονοίᾳ ἀγάπης geschehen. Die Anspielung auf 49,5: ἀγάπη πάντα ποιεῖ ἐν ὁμονοίᾳ – mit dem dazu gehörenden Gegensatz: ἀγάπη σχίσμα οὐκ ἔχει, ἀγάπη οὐ στασιάζει – liegt auf der Hand. Dem, was Gott befohlen hat, kann man nur nachkommen, wenn es in der, alle Spaltungen ausschließenden einträchtigen Liebe getan wird. Zum zweiten geschieht die Vergebung der Sünde δι' ἀγάπης, d. h. nach der gleichen Ursache der Hingabe des Erlösers (49,6). Die Liebe Gottes erweist sich als die Kraft, welche die Menge von Sünden nicht nur zudeckt (49,5), sondern auch vergibt. Die Sünde ist dort gegenwärtig, wo man gegen die Eintracht der Liebe als Ausdruck des Willens Gottes verstößt. Den Beweis, daß es in diesem Zusammenhang nur um *die* Sünde der Korinther geht und daß die ganze Argumentation darauf ausgerichtet ist, die schuldig gewordenen zur Reue zu bewegen, liefert 51,1a: ὅσα οὖν παρεπέσαμεν καὶ ἐποιήσαμεν διά τινας παρεμπώσεις τοῦ ἀντικειμένου, ἀξιώσωμεν ἀφεθῆναι ἡμῖν. Die Tatsache, daß an dieser Stelle nicht die übliche Singular-Form vorliegt wie in den anderen Texten, die sich eindeutig auf den Konflikt in Korinth beziehen (44,4; 47,4; 59,2), sondern die Mehrzahl, ist durch den ersten Teil des folgenden Schriftzitates bedingt (καὶ ὧν ἐπεκαλύφθησαν αἱ ἁμαρτίαι), ändert aber nicht die inhaltliche Bestimmung.

Der Text zitiert genau Ps 31,1–2. Das gleiche Zitat verwendet Paulus in   6 Röm 4,7 f., aber ohne den letzten Satz: οὐδὲ ἔστιν ἐν τῷ στόματι αὐτοῦ δόλος. Die Anlehnung an das Wort des Apostels läßt sich durch die Fortsetzung in V. 7 (vgl. Röm 4,8) nicht übersehen. Gerade deswegen stellt sich die Frage nach der Absicht des Vf.s, wenn er den gleichen Psalm vollständiger zitiert als Paulus, obwohl er doch an dieser Stelle seinen Stil nachahmen will. Zweierlei ist dabei zu berücksichtigen: 1. der Römerbrief des Paulus wird in I Clem nicht ausdrücklick zitiert. Es besteht aber kein Zweifel über seine Kenntnis und Verwendung (vgl. z. B. I Clem 35,5 f.) und gewiß auch nicht über die Hochschätzung des Textes in Rom – abgesehen von der Rezeption seines Inhaltes; er war aber keine verpflichtende Vorlage; 2. dem Thema vom falschen Wort mißt er besondere Bedeutung zu, und zwar im Zusammenhang mit der Ermahnung zur Demut. Die Zitatenkombination in Kap. 15 zeigt dies. Vielleicht war ihm deswegen der letzte Teil des Zitats aus Ps 31,2 zu wichtig, um ihn auszulassen: Selig ist der Mann, „in dessen Mund kein Falsch ist."

Im ersten Teil findet man die Applikation des Schriftzitats; den zweiten   7 Teil bildet eine Doxologie. Nach dem Zitat in Röm 4,6 f. fragt Paulus: ὁ

μακαρισμὸς οὖν οὗτος ἐπὶ τὴν περιτομὴν ἢ καὶ ἐπὶ τὴν ἀκροβυστίαν; Ähnlich
der Vf. (οὗτος ὁ μακαρισμὸς ἐγένετο ἐπὶ τοὺς ἐκλελεγμένους ...), aber mit
einer ganz anderen Zielrichtung. Der Makarismus hat hier nichts mit Abraham
und der Frage nach der Rechtfertigung zu tun – die Fragestellung von Röm
4 kommt im ganzen Text nicht zum Tragen. Der Ps 31,1 f. wird wörtlich
genommen als Seligpreisung der von Gott Auserwählten, die als Empfänger
der Sündenvergebung erscheinen. Es sind diejenigen, die in der Liebe ihre
Vollendung erreichen werden (49,5). Auf sie bezieht sich der Makarismus in
einer Entsprechung von Weissagung und Erfüllung (οὗτος ὁ μακαρισμὸς
ἐγένετο). Dadurch werden sie zum Wegweiser für die anderen Gläubigen,
insbesondere für die Empfänger des Schreibens, die mit der Gewißheit der
Vergebungsbereitschaft durch Gott zur Abkehr und zum Bereuen ihrer „Sünde" bewegt werden sollen.

Die Doxologie hat die gleiche Struktur wie in 20,12: Es geht um das Werk
Gottes, aber unmittelbar vor der Doxologie und mit ihr durch ein Relativ-
pronomen verbunden kommt eine christologische Aussage: διὰ Ἰησοῦ Χριστοῦ
τοῦ κυρίου ἡμῶν. Richtet sich die Doxologie an Gott oder an den Herrn Jesus
Christus? Für eine Antwort auf diese Frage spielt die Interpunktion keine
Rolle. Denn wenn ein Komma die christologische Deutung stützt (so in den
Textausgaben von Cotelier, Hilgenfeld, Bryennios, Lightfoot, Hemmer, Bihlmeyer, Lake, Bosio), sind Komma oder Semikolon (so Gebhardt/Harnack,
Fischer, Jaubert, Schneider) schon Teil der Interpretation und für die Auslegung nicht maßgebend[1]. Zwei Gründe sprechen für eine theo-logische Bestimmung der Doxologie: 1. in Kap. 49–50 geht es um das Wirken Gottes durch
seine unbeschreibliche Liebe. Die Christologie ist keineswegs abwesend oder
nur ein am Rande bleibendes Element. Die Aussagen über Liebe und Hingabe
Jesu Christi (49,6) und über seine Herrschaft (50,3) sind integrierende Bestandteile der Botschaft und nicht Nebensache. Aber all dies beeinträchtigt
nicht die Theozentrik von I Clem. Vom Thema und der Argumentation in
Kap. 49–50 her gesehen ist eine theo-logische Deutung der Doxologie wahrscheinlicher; 2. wie die Auserwählung der Gläubigen durch Jesus Christus
vom Vf. gedacht ist, sagt sehr deutlich 64: Gott ist ὁ ἐκλεξάμενος τὸν κύριον
Ἰησοῦν Χριστὸν καὶ ἡμᾶς δι' αὐτοῦ. Der heilbringenden Auserwählung durch
Jesus Christus geht die Erwählung des Erlösers durch Gott voraus, auf den
das Heilswerk bezogen bleibt.

---

[1] Befürworter einer christologischen Deutung sind W. BOUSSET, Kyrios-Christos 234 Anm. 3;
KNOPF (zu 20,12); H. B. BUMPUS, Awareness 78; Ph. HENNE, Christologie 55; LINDEMANN,
147; SCHNEIDER, 189.

13. Der Weg zur Lösung des Konflikts (51,1–58,2)

Vom Gedankengang her gesehen ist der Abschnitt 51,1–58,2 der letzte argumentative Schritt in I Clem, der die praktischen Konsequenzen aus der abgegebenen Beurteilung der Ereignisse in Korinth (40,1–45,8) zieht. Im Zentrum steht ohne Zweifel der Rat an die Anführer der Unruhen, auszuwandern (54,1–3). Denn wenn die „Schuldigen" die Gemeinde verlassen, ist der Weg offen für die „Normalisierung" der Verhältnisse im Sinn der römischen Gemeinde. Ein deutlicheres Zeichen, daß sie auf jeden Anspruch in der korinthischen Gemeinde verzichten, können sie nicht geben. Aber die römische Gemeinde verfügt über keine Möglichkeit, den gewünschten Weggang auch rechtlich durchzusetzen. Daher die Mühe der Überredung: der Aufruf zur Buße (Kap. 51) angesichts der Vergebungsbereitschaft Gottes (Kap. 52) und des Schriftzeugnisses (Kap. 53). Nach der Erteilung des Rates, die Verantwortlichen sollten auswandern (Kap. 54), kommt alles darauf an, die davon Betroffenen dazu zu bewegen, die Maßnahme auf sich zu nehmen. Beispiele aus der Geschichte (Kap. 55), aber auch die direkte Ermahnung im stark appellativen Ton (Kap. 56–58) dienen diesem Ziel. Auch diesmal weist eine Doxologie (58,2) auf den Schluß einer Texteinheit hin.

13.1. Aufforderung zur Bußbereitschaft (51,1–5)

Bei der Bemühung, die für die Unruhen in Korinth Verantwortlichen zur Anerkennung der eigenen Schuld und zur Versöhnungsbereitschaft zu führen, greift der Vf. auf unterschiedliche Stilmittel und Motive zurück. So wechselt die brüderliche „Wir"-Form (V. 1a.2b) mit der feststellenden Form in der dritten Person („jene", „sie") ab (V. 1b.2a). Um den Wert des Eingeständnisses der eigenen Übertretungen zu unterstreichen, wird dann als Beispiel der Fall derer erwähnt, die sich gegen Mose aufgelehnt haben (V. 3). Der Vf. wagt auch ohne Zögern einen Gedankensprung: er bringt etwa die Bestrafung des Pharao und seines Heeres in den gleichen Zusammenhang (V. 4.5). Die „Verhärtung des Herzens" ist die Linie, die sich von der möglichen Ablehnung der Reue seitens der Korinther über die Haltung der Israeliten in der Wüste bis hin zum Pharao und seinem Heer erstreckt und all diese Ereignisse in einen einzigen Sinnzusammenhang vereint.

1. Für das also, was wir verfehlt und getan haben auf Grund gewisser Eingriffe des Widersachers, laßt uns bitten, daß uns vergeben werde. Aber auch jene, die Anführer des Aufruhrs und der Spaltung waren, müssen auf das Gemeinsame der Hoffnung als Ziel blicken. 2. Denn die in Furcht und Liebe wandeln, wollen, daß lieber sie selbst Mißhandlungen verfallen als die Nächsten; lieber ertragen sie ihre eigene Verurteilung als die der uns schön und recht überlie-

ferten Eintracht. 3. Denn es ist besser für einen Menschen, Übertretungen zu bekennen, als sein Herz zu verhärten, wie das Herz derer verhärtet wurde, die sich gegen den Diener Gottes, Mose, auflehnten, deren Verdammung offenkundig wurde. 4. Denn sie fuhren lebendig in die Unterwelt hinab, und der Tod wird sie weiden. 5. Pharao und sein Heer und alle Anführer Ägyptens, auch die Wagen und ihre Reiter, wurden aus keinen anderen Grund ins Rote Meer versenkt und gingen zugrunde, weil sich ihre unverständigen Herzen verhärtet hatten, nachdem die Zeichen und Wunder in Ägypten durch den Diener Gottes, Moses, geschehen waren.

1 Nach dem eindeutigen Hinweis auf die Notwendigkeit der Sündenvergebung in 50,5 ist die Absicht des Vf.s unverkennbar, die Ermahnung immer enger auf das Problem in Korinth zu konzentrieren. Jetzt sollen *wir* um die Vergebung bitten. Dies kommt im ersten Teil zum Ausdruck. Im zweiten Teil wendet er sich in der dritten Person an die Anführer des Aufruhrs. Der Wechsel zeigt die subtile Art der Überzeugung in I Clem. Das gemeinsame *Wir* ist das Subjekt der Bitte um Vergebung, während *jene*, die Verantwortlichen der Unruhen, auf das Ziel der gemeinsamen Hoffnung blicken müssen. Auch der behutsame Ton im Umgang mit dieser Gruppe ist der Zielsetzung des Schreibens untergeordnet: die Wiederherstellung des Friedens in der Gemeinde im Gehorsam gegenüber den Presbytern (57,1); die Entfernung der direkt Verantwortlichen (54,2 f.).

Der erste Teil ist textkritisch unsicher. Der übernommene Text wurde in der kritischen Ausgabe von R. Knopf (1899) hergestellt, und seitdem hat er einen festen Platz in allen Ausgaben (ὅσα οὖν παρεπέσαμεν καὶ ἐποιήσαμεν διά τινας παρεμπτώσεις τοῦ ἀντικειμένου)[1]. Die lateinische („propter quasdam incursiones contrarii") und die koptische Übersetzung (ⲉⲧⲃⲉ ⲛ̄ ϩ̄ⲧⲁⲣⲧⲣ̄ ⲛ̄ϩⲉⲛϩⲁⲉⲓⲛⲉ) stützen die Annahme eines anderen Begriffs für den Grund des Wirkens des Widersachers, aber auch in diesem Fall bleibt – ohne eine plausible Antwort – die Frage nach der Herkunft der LA von A (nach Young: ὅσα οὖν παρέ[βη]μεν διά τινος τῶν [τοῦ] ἀντικε[ιμ]ένου) und H (ὅσα οὖν παρεπέσαμεν καὶ ἐποιήσαμεν διά τινος τῶν τοῦ ἀντικειμένου), die als Textzeugen gemeinsam doch beachtliches Gewicht haben[2]. Freilich kann man auch die Sache umdrehen und nach der Herkunft der LA von L und C1 fragen, würde man sich für A und H entscheiden. Das Zeugnis des Klemens von Alexandrien hat gewiß seine Bedeutung, aber es ist nicht über jeden Zweifel erhaben. Denn es handelt sich bei ihm nicht um ein strenges Zitat, sondern um eine Paraphrase, bei der die Freiheit des Interpreten schwer einzugrenzen ist. Der Text Strom. IV 113,1–3 lautet: ἡ ἀγάπη ἁμαρτάνειν οὐκ ἐᾷ· ἢν δὲ καὶ περιπέσῃ ἄκων τοιαύτῃ τινὶ περιστάσει *διὰ τὰς παρεμπτώσεις τοῦ ἀντικειμένου*,

---

[1] HEMMER, 104 f., kennt die von Knopf rekonstruierte Fassung, folgt aber der LA von AHS.
[2] Vgl. LINDEMANN, 149.

μιμησάμενος τὸν Δαβὶδ ψαλεῖ· ἐξομολογήσομαι τῷ κυρίῳ, καὶ ἀρέσει αὐτῷ
ὑπὲρ μόσχον νέον, φέροντα κέρατα καὶ ὁπλάς. ἰδέτωσαν πτωχοὶ καὶ εὐφρανθήτωσαν[1]. Im Grunde vermag keiner von diesen Zeugen allein eine textkritische Entscheidung zu begründen. Trotz dieser Vorbehalte ist die Entscheidung
nicht unbegründet, dem Zeugnis von LC[1] und Klemens von Alexandrien den
Vorzug zu geben (διά τινας παρεμπτώσεις τοῦ ἀντικειμένου) und so bei der
Textgestaltung dem Vorschlag von R. Knopf und den anderen nach ihm zu
folgen. Welche wichtigen Fragen dabei offenbleiben, wird die semantische
Analyse zeigen.

Die Verfehlungen, welche die Bitte um Vergebung veranlassen, sind allgemein formuliert: ὅσα οὖν παρεπέσαμεν καὶ ἐποιήσαμεν. Von den zwei Verben
weist nur das erste auf sie hin. So wird παραπίπτειν in Ez 22,4; Weish 6,9;
12,2 gebraucht (vgl. Hebr 6,6). Die Verfehlung hat sich in Taten niedergeschlagen, die man auch zugibt. In der Frage nach der Ursache – der gewählten
LA zufolge – vermeidet der Vf. eine Dämonisierung der Gegner. Das beken-
nende Subjekt – wir – führt die eigenen Verfehlungen auf das Wirken des
Widersachers zurück, allerdings in einer sehr unbestimmten Art: διά τινας
παρεμπτώσεις. In seinem Kommentar übersetzt R. Knopf die Wendung mit
„einiger hinterlistiger Nachstellungen ... wegen" (128), und dieses Verständnis
von παρέμπτωσις hat sich im deutschen Sprachraum seither durchgesetzt[2].
Der nicht sehr oft vorkommende Terminus – etymologisch bedeutet er das,
was dazwischen kommt – erscheint in der griechischen Literatur hauptsächlich
in zwei Zusammenhängen: 1. anatomisch-physikalisch: wie Bluttransfusion in
die Arterien (Galenus VII 542). Im „Thesaurus Graecae Linguae" des Stephanus wird dabei die Meinung zitiert: „παρέμπτωσις esse proprie Medicis,
quum humor aliquis in meatum, qui in oculum videndi facultatem defert, vase
vel rupto vel aperto, incidit, ac eundem obturat" (z. St.). Es gilt aber auch
vom Zusammentreffen der Winde (Ps. Aristoteles, De mundo 397a); 2. grammatikalisch: die Einfügung von Worten, wie in einer Parenthese bzw. von
Buchstaben in ein Wort. Auf diesem sprachlichen Hintergrund wirkt die
Übersetzung von Knopf mehr wie eine interpretierende Paraphrase als wie
eine wörtliche Wiedergabe. Das Wort „Eingriff" dürfte an dieser Stelle ge-
eigneter sein, da es den neutralen Sinn des Terminus παρέμπτωσις besser
wahrt. Das patristische Lexikon von Lampe übersetzt παρέμπτωσις mit „ir-
ruption, assault". Die alte lateinische Übersetzung mit „incursiones" bestätigt
– gerade in der Mehrdeutigkeit des Wortes – diese Auffassung. Die koptische
Version bringt ϩⲧⲁⲣⲧⲣⲉ, das C. Schmidt in seinem Index der koptischen
Wörter zu I Clem mit „Beunruhigung, Aufregung" wiedergibt[3]. Da die Hand-

---

[1] Das Wort παρέμπτωσις kommt im Werk des Klemens nur hier vor.

[2] So die Übersetzungen von Harnack, Fischer, Lindemann, Schneider, Bauer/Aland, O.
Stählin (zu Klemens, Strom. IV 113,2).

[3] Auch in I Clem 1,1 für περίπτωσις; in 3,2 und 14,1 für ἀκαταστασία; in 45,3 für παραπεποιημένον; in 46,5 für σχίσματα (?); in 48,4 für ἀταράχως (mit der Partikel ⲁⲭⲛ̄).

lung vom ἀντικείμενος ausgeht, versteht sich von selbst, daß sein Eingreifen
zugleich ein Angreifen ist. Ein ähnlicher Fall liegt in 1,1 vor, wo das neutrale
περίπτωσις durch συμφορά semantisch näher bestimmt wird. Der Terminus
ἀντικείμενος bezeichnet eine widergöttliche Macht wie den Antichrist in 2
Thess 2,4 oder den Teufel in 1 Tim 5,14. Nur hier ist in I Clem von einer
solchen Macht die Rede, die so in Zusammenhang mit dem Konflikt in
Korinth gebracht wird. Aber schon die Auswahl der Begrifflichkeit läßt die
durchgehende Nüchternheit erkennen, mit der der Vf. die Angelegenheit
betrachtet[1]. Nach der LA von A und H würden die Anführer der Unruhen
als Werkzeug des Widersachers erscheinen (διὰ τινος τῶν τοῦ ἀντικειμένου).
Von der Argumentationsart des Vf.s her gesehen paßt die andere LA besser
ins Konzept, aber eine letzte textkritische Gewißheit ist nicht zu erreichen.
Wie auch immer die Wirkung des Widersachers gedacht wurde, es folgt
sodann die Bitte um Vergebung (ἀξιοῦν im Sinn von „bitten" auch in 53,5;
55,6; 59,4). Ziemlich abrupt nach dem ἡμῖν geht es weiter mit καὶ ἐκεῖνοι
(... ἀφεθῆναι ἡμῖν· καὶ ἐκεῖνοι δέ, οἵτινες ...). Der Stilwechsel ist rhetorisch,
aber wahrscheinlich auch sachlich begründet. Nach der Überzeugung des
Schreibers wurde die ganze Gemeinde von der Auseinandersetzung erfaßt,
und so werden alle aufgefordert, um Vergebung dieser Sünde zu bitten[2]. Aber
ein solcher Konflikt entsteht durch das Wirken von konkreten Personen, die
als Hauptakteure handeln. Daher die Doppelschichtigkeit der Ermahnung:
einerseits ist sie an die ganze Gemeinde gerichtet, und zwar in der ersten
Person Plural, um die mit den Rollen der römischen und der korinthischen
Gemeinde zusammenhängende Distanz zu verkleinern, andererseits ist sie –
in sehr eindeutigem Ton – an die für den Konflikt Verantwortlichen gerichtet.

Mit dem Ausdruck ἀρχηγοὶ στάσεως καὶ διχοστασίας sind die Anführer
bzw. die Urheber (vgl. 14,1) des Aufruhrs und der Zwistigkeit gemeint[3]. Beide
Begriffe sind den Empfängern des Schreibens hinreichend bekannt – vor allem

---

[1] Anders O. KNOCH, Eigenart 203: „Cl. spricht vom Satan nur an einer Stelle, 51,1a, wo er
von ihm sagt, daß er die Korinther zur Sünde der Absetzung einiger Presbyter verführt habe,
die sich nichts hatten zuschulden kommen lassen." So pointiert und deutlich ist der Text ja
nicht. Auf jeden Fall ist das Thema Satan für den Verfasser nicht wichtig und als Grund für
die Ereignisse in Korinth nebensächlich. Vgl. ferner ebd. 207: „Für Cl. ist Satan entmächtigt.
In gewissem Maße spricht sich hierin sein eschatologisches Selbstbewußtsein aus ... Diese
Entmächtigung Satans gilt bereits auch für die Gerechten der Zeit vor Christus: Abel ... Auch
in der Vorstellung vom Satan hat Cl. nicht die christologische und eschatologische Konzeption
der ntl. Überlieferung zur Geltung gebracht, sondern die atl.-spätjüdische Anschauung vom
Satan als dem Ankläger und Verführer der Menschen im Zusammenhang mit der hellenistischen
Vorstellung von Antagonisten vertreten, wohl im Anschluß an gewisse Gedanken der hellenistischen Synagoge." Hierin sieht Knoch den Einfluß eines hellenistischen Kosmosverständnisses,
dem die apokalyptische Vorstellung von dämonischen und satanischen Mächten fremd ist. Der
Abschnitt über den Widersacher (ebd. 203–209) ist stark assoziativ gebaut.

[2] Das Problem der *paenitentia secunda* steht nicht zur Debatte. Anders N. COCCI, Sangue
870.

[3] Vgl. 1 Makk 9,61: τῶν ἀρχηγῶν τῆς κακίας; Mi 1,13: ἀρχηγὸς ἁμαρτίας.

der στάσις-Begriff (3,2; 14,2;) –, und solche Aussagen wie in 46,5 und 46,9 bringen Ursache und Wirkung prägnant zur Sprache: Aus dem Aufruhr ist die Spaltung hervorgegangen. Die Konsequenzen für die ἀρχηγοὶ στάσεως treten aber erst in 54,2 voll ans Licht (εἰ δι' ἐμὲ στάσις καὶ ἔρις καὶ σχίσματα, ἐκχωρῶ). Hier werden sie aufgefordert, τὸ κοινὸν τῆς ἐλπίδος σκοπεῖν. Das Verb σκοπεῖν (nur an dieser Stelle in I Clem) bedeutet in diesem Kontext etwas mehr als ein bloßes Hinblicken. So wie bei σκοπός in 19,2 (Ziel des Friedens) und 63,1 (Wahrheit als Ziel) geht es auch hier um eine Wirklichkeit, die als Ziel erst erreicht werden muß[1]. Im Zusammenhang mit einem so direkten Appell an die Urheber des Konflikts ist der Hoffnungsbegriff ebenfalls situativ zu verstehen. Die Wendung τὸ κοινὸν τῆς ἐλπίδος mit dem substantivierten Neutrum-Singular des Adjektivs[2] unterstreicht das Moment des Gemeinsamen. Geht es um „den gemeinsamen Grund der Hoffnung" (so Knopf, ähnlich Bauer/Aland, Lindemann) oder besser um dessen Effekt, daß man nämlich „gemeinsam" auf den Gegenstand der Hoffnung zugeht? Dem Sinn nach könnte der Wunsch in 57,2 den nächsten Bezugspunkt für seine Bestimmung bilden: Damit man von der Hoffnung der Herde Christi nicht ausgeschlossen wird! Die in Eintracht lebende Gemeinde ist der Ort der gemeinsamen Hoffnung. Diese Eintracht wieder herzustellen, ist eine Aufgabe, die zunächst den Anführern des Aufruhrs aufgetragen wird[3].

Die μετὰ φόβου καὶ ἀγάπης πολιτευόμενοι bilden den Kontrast zur in 51,1b angesprochenen Gruppe. Der erste Begriff knüpft besonders an den ersten Teil des Schreibens an, wo die Gottesfurcht als Merkmal der Gemeinde (2,8), als verlorenes Gut (3,4) oder als angestrebtes Ideal (19,1; 21,6.8) erwähnt wurde. Die ἀγάπη erscheint sodann als zweites Kennzeichen. Nach Kap. 49 und 50 weiß der Leser um den Beitrag der ἀγάπη zur Eintracht der Gemeinde und zur Vergebung der Sünde. Die Lebensführung μετὰ ... ἀγάπης stellt also ein Ideal der christlichen Existenz dar, das für alle Gläubigen gilt. Dieses Ideal nimmt konkrete Züge an durch die Beschreibung des dazu gehörenden Verhaltens. Dies geschieht in zwei parallel aufgebauten Perioden:

ἑαυτοὺς θέλουσιν μᾶλλον αἰκίαις περιπίπτειν   μᾶλλον δὲ ἑαυτῶν κατάγνωσιν φέρουσιν
ἢ τοὺς πλησίον·   ἢ τῆς παραδεδομένης ἡμῖν καλῶς καὶ
       δικαίως ὁμοφωνίας.

Die Haltung besteht in der Bereitschaft, lieber Nachteile auf sich zu nehmen als dem Nächsten Schaden zuzufügen bzw. das Prinzip der Einheit aufzugeben. Der Ausdruck dafür bedient sich in einem ersten Teil des Komparativs μᾶλλον und eines Reflexiv-Pronomens. Im zweiten Teil wird die Größe genannt, um deretwillen etwas Negatives hingenommen wird. Bei der ersten

---

[1] Richtig übersetzt L: „debent communem spem *expectare*."
[2] Vgl. Einleitung § 3.2.d.
[3] Die Hoffnung als „innerkirchliche Haltung" ist nicht mit dem Bußsakrament verknüpft. Gegen O. Knoch, Eigenart 249.

Periode ist keine Anspielung auf den Konflikt erkennbar[1]. Die zweite Periode hingegen spielt deutlich darauf an. Die vorbildliche Lebensführung verkörpert sich demzufolge in der Haltung derer, die lieber eine Verurteilung auf sich nehmen, als die Zerstörung der überkommenen Eintracht heraufzubeschwören. Die Möglichkeit einer κατάγνωσις (in der Schrift nur in Sir 5,14. Vgl. Josephus, Ant 20,83: κατάγνωσιν μὲν φέρειν αὐτῷ) weist auf Spannungen in einer Gruppe hin, die bis zur scharfen Ablehnung bzw. Verurteilung gehen konnten. Der Anlaß zu dieser Situation ist bedeutsam. Andernfalls wird die überlieferte ὁμοφωνία Gegenstand der κατάγνωσις. Was sich hinter dem Bild verbirgt, ist einfach zu erkennen. Um die gefährdete Eintracht zu verteidigen, sollen die Gläubigen gegenbenenfalls bereit sein, von den anderen verurteilt zu werden, denn wenn die Eintracht verloren geht, ist die Gemeinde selbst verurteilt. Ein Adverbien-Paar (καλῶς καὶ δικαίως) bestimmt die παραδεδομένη ὁμοφωνία. Wie in 19,2 (ἐπὶ τὸν ἐξ ἀρχῆς παραδεδομένον ἡμῖν τῆς εἰρήνης σκοπὸν ...) suggeriert das Partizip im Perfekt-Passiv eine längst überkommene Größe, deren Gültigkeit nicht zur Debatte steht. Hier ist von der ὁμοφωνία die Rede, die metaphorisch als Synonym zu ὁμόνοια gebraucht wird[2].

Möglicherweise will der Vf. mit dieser Darstellung einen weiteren argumentativen Schritt vorbereiten, in dem der heikle Punkt der Bestrafung der Schuldigen berührt wird. Denn in Kap. 54, wo das Thema angeschnitten wird, wird die Strafe eher als Selbstbestrafung dargestellt, die von Edelmut, Erbarmen und Liebe der Betroffenen zeugen soll (54,1). Das bedeutet freilich, Nachteile auf sich zu nehmen, aber darin zeigt sich eben die Größe der Liebe wie bei Mose (53,5b: αἰτεῖται ἄφεσιν τῷ πλήθει, ἢ καὶ ἑαυτὸν ἐξαλειφθῆναι μετ᾽ αὐτῶν ἀξιοῖ). Dafür gibt es ferner Beispiele bei den Heiden und bei biblischen Frauen (Kap. 55). Genau zwischen beiden Gedankengängen steht die Aussage (54,4): ταῦτα οἱ πολιτευόμενοι τὴν ἀμεταμέλητον πολιτείαν τοῦ θεοῦ ἐποίησαν καὶ ποιήσουσιν („Das haben getan und werden tun, die nach dem Wandel Gottes, den man nicht zu bereuen hat, gehen"). Ihre Haltung entspricht der, die in 51,2a geschildert wurde: οἱ γὰρ μετὰ φόβου καὶ ἀγάπης πολιτευόμενοι.

3   Dem Vergleichssatz am Anfang folgt das Beispiel vom Aufruhr gegen Mose. Die „Verhärtung des Herzens" haben beide Teile gemeinsam, jedoch auf unterschiedliche Art und Weise: einmal als Gefahr, zum anderen als Beispiel für eine sichere Betrafung. Zu καλόν statt der Komparativform vgl. Bl./Deb./Reh. § 245,3. Die Wendung ἐξομολογεῖσθαι περὶ τῶν παραπτω-

---

[1] Die Pluralform bei αἰκία ist wie in 6,1 mit „Mißhandlungen" zu übersetzen. Anders in 45,7 (ὥστε τοὺς ἐν ὁσίᾳ καὶ ἀμώμῳ προθέσει δουλεύοντας τῷ θεῷ εἰς αἰκίαν περιβαλεῖν), wo es mit „Pein" wiederzugeben ist.

[2] Ein solcher metaphorischer Gebrauch des Terminus scheint in der griechischen Literatur vor I Clem nicht belegt zu sein.

μάτων ist eigentümlich[1]. Gemeint sind die Übertretungen im allgemeinen (vgl. 2,6; 56,1; 60,1), aber der Zusammenhang macht eine Anspielung auf die „Sünde" der Korinther wahrscheinlich[2]. Die Wendung σκληρύνειν τὴν καρδίαν kommt in der LXX vor allem in Verbindung mit zwei Motiven vor: 1. der Unglaube der Israeliten (Ps 94,8; vgl. Hebr 3,8.15; 4,7) bei den in Ex 17,1–7 erzählten Ereignissen; 2. die Hartnäckigkeit des Pharao in der Exodusgeschichte (Ex 4,21; 7,3.22 u. ö.). Im Hinblick auf das erste Motiv schafft der Vf. einen anderen Rahmen für die „Verhärtung des Herzens". Jetzt ist die Auflehnung des Korach und seiner Gefährten gegen Mose das Beispiel dafür, obwohl im Text von Num 16 die Wendung nicht vorkommt. Der Wechsel vom Aktiv (σκληρῦναι τὴν καρδίαν αὐτοῦ) zum Passiv (καθὼς ἐσκληρύνθη ἡ καρδία) dürfte nicht rein zufällig sein. Die Verschlossenheit gegenüber Reue und Bekenntnis der eigenen Übertretungen bedeutet eine „Verhärtung" des eigenen Herzens, aber darin vollzieht sich zugleich das göttliche Gericht, durch das die menschlichen Herzen verhärtet werden. Die Geschichte ist wichtig, nicht zuletzt wegen ihrer problemlosen Übertragbarkeit auf die Situation in Korinth. Die Formulierung hier nimmt 4,12b wieder auf: ... διὰ τὸ στασιάσαι αὐτοὺς πρὸς τὸν θεράποντα τοῦ θεοῦ Μωϋσῆν. Die Bestrafung kommt in V. 4 zur Sprache. Die Bemerkung, daß die Verdammung der Aufständischen offenkundig ist (vgl. 11,1 f.), leitet sie ein (vgl. Röm 3,8: ὧν τὸ κρίμα ἔνδικόν ἐστιν).

Der Text enthält keinen Hinweis auf ein Schriftzitat, aber es handelt sich **4** um zwei aus der LXX fast wörtlich übernommene Stellen. Die erste ist Num 16,30: καὶ καταβήσονται ζῶντες εἰς ᾅδου (vgl. auch Num 16,33), die schon in I Clem 4,12a verwendet wurde. Die zweite ist Ps 48,15: θάνατος ποιμαίνει αὐτούς. Die Verbindung der zwei Schriftworte bekundet die Art der Bestrafung: durch den Tod.

Der Vf. erzählt frei die Bestrafung des Pharao und seines Heeres. Im ersten **5** Teil sind die Anklänge an Ex 14 offensichtlich. Im zweiten Teil dürfte auch Ex 11,10 eine Rolle gespielt haben.

V. 5	Ex
Φαραὼ καὶ ἡ στρατιὰ αὐτοῦ	14,9 καὶ τὰ ἅρματα Φαραὼ καὶ ... ἡ στρατιὰ αὐτοῦ
καὶ πάντες οἱ ἡγούμενοι Αἰγύπτου, τά τε ἅρματα καὶ οἱ ἀναβάται αὐτῶν οὐ δι᾽ ἄλλην τινὰ αἰτίαν	14,23 τὰ ἅρματα καὶ οἱ ἀναβάται
ἐβυθίσθησαν εἰς θάλασσαν ἐρυθρὰν	εἰς μέσον τῆς θαλάσσης 15,4b: κατεπόντισεν ἐν ἐρυθρᾷ θαλάσσῃ
καὶ ἀπώλοντο,	(Weish 18,5: αἱ ὁμοθυμαδὸν ἀπώλεσας ἐν ὕδατι σφοδρῷ.)

---

[1] Zum Sündenbekenntnis vgl. Did 4,14: ἐξομολογήσῃ τὰ παραπτώματά σου; Barn 19,12: ἐξομολογήσῃ ἐπὶ ἁμαρτίαις σου; auch mit folgendem Akkusativ in Herm vis I 1,3 (1,3); vis III 1,5.6 (9,5.6); sim IX 23,4 (100,4); Josephus, Ant 8,129.

[2] I Clem 56,1 bestätigt diese Annahme.

ἀλλὰ διὰ τὸ σκληρυνθῆναι αὐτῶν τὰς
ἀσυνέτους καρδίας
μετὰ τὸ γενέσθαι τὰ σημεῖα καὶ τὰ τέρατα
ἐν Αἰγύπτῳ
διὰ τοῦ θεράποντος τοῦ θεοῦ Μωϋσέως.

11,10 Μωϋσῆς δὲ καὶ Ἀαρὼν ἐποίησαν πάντα
τὰ σημεῖα καὶ τὰ τέρατα ταῦτα ἐν γῇ
Αἰγύπτῳ ἐναντίον Φαραώ· ἐσκλήρυνεν δὲ
κύριος τὴν καρδίαν Φαραώ.

Nach Ex 11 verhärtet Gott selbst das Herz des Pharao, damit er sich nicht durch die Zeichen und Wunder des Mose überzeugen läßt. Verständlicherweise liegt der Akzent in I Clem nicht auf diesem Aspekt, aber er fehlt auch nicht ganz. Die Passivform σκληρυνθῆναι scheint hintergründig auf das Wirken Gottes hinzuweisen, wie es schon in V. 3 angeklungen ist[1].

Sprachlich gibt es nur sehr wenig, was nicht auf die LXX zurückgeführt werden kann. Aber auch das ist kennzeichnend für die Diktion des Vf.s. Neben dem Pharao werden auch πάντες οἱ ἡγούμενοι Αἰγύπτου genannt, ähnlich wie in 37,3 neben dem König auch die Anführer des Heeres erscheinen. Zu βυθίζειν, mit dem das Versinken im Meer ausgedrückt wird, vgl. Josephus, Ap 1,314. Ein Echo aus Röm 1,21 (ἡ ἀσύνετος αὐτῶν καρδία) könnte in der Wendung von dem unvernünftigen Herz des Pharao und der Machthaber Ägyptens (διὰ τὸ σκληρυνθῆναι αὐτῶν τὰς ἀσυνέτους καρδίας) vorhanden sein.

13.2. Die Vergebungsbereitschaft Gottes (52,1–4)

Ohne das Ziel aus dem Auge zu verlieren, die Verantwortlichen für die Unruhen in Korinth zur Reue über ihre Taten zu bewegen, argumentiert der Vf. in diesem Abschnitt streng theologisch. Die absolute Bedürfnislosigkeit Gottes bedeutet keine Beziehungslosigkeit. Der Terminus ἐξομολογεῖν führt von den anfänglichen theologischen Thesen (V. 1) zu verschiedenen Schriftworten, die in der Bereitschaft Gottes gipfeln, den zerknirschten menschlichen Geist als Opfer anzunehmen.

1. Bedürfnislos, Brüder, ist der Herrscher aller Dinge. Er braucht nichts von irgend jemandem, außer daß man ihm ein Bekenntnis ablegt.
2. Denn es sagt der auserwählte David: „Bekennen will ich dem Herrn, und es wird ihm besser gefallen als ein Jungrind, das Hörner und Klauen ansetzt. Sehen sollen es Arme und sich freuen."
3. Und wiederum heißt es: „Opfere Gott ein Opfer des Lobes und erfülle dem

---

[1] Vgl. GRANT, 84: „Clement regards hardness of heart as a human sin, not (as in Exodus and Romans) as the consequence of divine predestination" (zustimmend dazu LINDEMANN, 140). Gegen die erste Behauptung spricht die Passiv-Form in V. 3 und V. 5, die nicht übersehen werden darf. Weder in Exodus noch im Römerbrief geht es ferner im Grunde um Prädestination – der Terminus setzt ein Freiheitsverständnis voraus, das in beiden Texten nicht vorhanden ist –, sondern um die gerechte göttliche Vergeltung. Die Aussagen von I Clem stehen der judenchristlichen Überlieferung näher, als Grant meint. Vgl. K. L. und M. A. SCHMIDT, ThWNT V 1032.

Höchsten deine Gelübde; und rufe mich an am Tag deiner Bedrängnis, und ich werde dich erretten, und du wirst mich preisen." 4. Denn „ein Opfer für Gott ist ein zerknirschter Geist."

Die zwei ersten Sätze sind inhaltlich parallel: Gerade weil Gott ὁ δεσπότης 1 ... τῶν ἀπάντων ist[1], ist er über jedes Bedürfnis erhaben. Zum Terminus ἀπροσδεής notiert A. v. Harnack: „griechisches Theologumenon" (Einführung 118). Das ist ohne Zweifel richtig im Hinblick auf die Vorstellung, aber nicht auf den Terminus an sich, der als Gottesprädikation verhältnismäßig spät belegt ist. Die ersten Zeugnisse stammen aus dem hellenistischen Judentum[2]: 2 Makk 14,35: σὺ κύριε τῶν ὅλων ἀπροσδεὴς ὑπάρχων; 3 Makk 2,9: ... εἰς ὄνομά σοι τῷ τῶν ἀπάντων ἀπροσδεεῖ; Arist 211: ὁ θεὸς δὲ ἀπροσδεής ἐστι καὶ ἐπιεικής; Josephus, Ant 8,111: ἀπροσδεὲς γὰρ τὸ θεῖον ἀπάντων καὶ κρεῖττον τοιαύτης ἀμοιβῆς[3]. Vgl. ferner Plutarch, Comp. Arist. et Cat. 4,2: ἀπροσδεὴς μὲν γὰρ ἁπλῶς ὁ θεός; Plotin, IV 4,11 (von der φύσις); V 9,4 (von τὰ πρῶτα ἐνεργείᾳ). Für den Bereich der christlichen Literatur vgl. Klemens, Paed. I 26,3; Strom. VI 138,1; Athenagoras, Leg. 13,1. Was die Vorstellung anbelangt, ist sie im tragischen und im philosophischen Denken der Griechen belegt[4]. Nach Apg 17,25 greift Paulus auf das gleiche Motiv in seiner Rede am Areopag zurück.

Auch die zweite Aussage („er braucht nichts von irgend jemandem") ist dem hellenistischen Judentum bekannt. Vgl. Philo, All II 2: χρῄζει γὰρ οὐδενὸς τὸ παράπαν; Mut 28: χρῆζον ἑτέρου τὸ παράπαν οὐδενός. Das „griechische Theologumenon" erfährt jedoch eine entscheidende Modifikation judenchristlicher Prägung, sofern auf eine Ausnahme in der Bedürfnislosigkeit Gottes hingewiesen wird, die mit dem Gottesbild des Griechentums unvereinbar ist.

---

[1] Die Gottesprädikation ὁ δεσπότης τῶν ἀπάντων kommt auch 8,2; 20,11 und 33,2 vor. Vgl. 26,1; 59,2: ὁ δημιουργὸς τῶν ἀπάντων. Die lateinische Überlieferung („nihil eget Deus cuiusquam"), sowie Knopf, Harnack, Fischer, Grant und Schneider beziehen τῶν ἀπάντων auf ἀπροσδεής und übersetzen: „Der Herr hat überhaupt nichts nötig" bzw. „bedarf nichts von allem." Das ist aber der Inhalt des folgenden Satzes. Hier ist es besser, die Gottesprädikation, trotz des ὑπάρχει dazwischen, wie in den anderen zitierten Stellen aufzufassen. Die Bedürfnislosigkeit Gottes rührt von seinem Wesen als dem Herrscher aller Dinge her.

[2] Überraschenderweise nicht bei Philo, obwohl er den Terminus kennt. Vgl. Abr 30 (νοῦς); Agr 54 (ψυχή); Imm 56 (φύσις).

[3] In 3 Makk 2,9 und Ant 8,111 hat τῶν ἀπάντων den gleichen Sinn wie in der Übersetzung von Knopf u. a.

[4] Die wichtigsten Stellen hat schon E. NORDEN, Agnostos 13, zusammengestellt. Irreführend ist dabei der Titel „Das stoische Begleitmotiv", denn die Anschauung ist nicht spezifisch stoisch. Ebenso bedenklich ist das Schweigen über ihre Rezeption im hellenistischen Judentum. Dieses ist schließlich die Brücke für die Aufnahme der Vorstellung in die christliche Literatur. Die einschlägigen Texte sind: Euripides, Hercules 1346f.: δεῖται γὰρ ὁ θεὸς εἴπερ ἔστ᾽ ὀρθῶς θεός, οὐδενός; Plato, Tim. 33d: ἡγήσατο γὰρ αὐτὸ ὁ συνθεὶς αὔταρκες ὂν ἄμεινον ἔσεσθαι μᾶλλον ἢ προσδεὲς ἄλλων; 34b: οὐδενὸς ἑτέρου προσδεόμενον; Aristoteles, EthEudem 1244b: δῆλον γὰρ ὡς οὐδενὸς προσδεόμενος οὐδὲ φίλου δεήσεται.

Denn eines „braucht" Gott doch, nämlich daß die Gläubigen vor ihm ihre Sünden bekennen. Man hat mit dem Gott des biblischen Glaubens zu tun, der sich als der rettende Gott erweist[1]. Eine äußerst geschickte Kombination von Worten aus den Psalmen bringt den entsprechenden Beweis dafür.

2　Wie in der Tradition üblich, erscheint David als Autor (vgl. Apg 1,16; 2,25 u. ö.). Das Wort entspricht Ps 68,31b–33a. Nur die Anfangsworte des Zitats (μεγαλυνῶ αὐτὸν ἐν αἰνέσει) werden durch ἐξομολογήσομαι τῷ κυρίῳ (vgl. Ps 117,19) ersetzt[2], um den Anschluß an V. 1b herzustellen[3]. Die kleine Änderung bringt den beabsichtigten Effekt hervor: Das Sündenbekenntnis findet bei Gott mehr Gefallen als das Opfer von einem Jungrind[4].

3　Das zweite Wort gibt Ps 49,14f. (LXX nach A) wörtlich wieder[5]. Vom Opfer (θυσία) war schon in V. 2 die Rede, aber nicht ausdrücklich. Die Aufforderung, Gott ein Opfer darzubringen, bezieht sich jetzt auf ein Opfer des Lobes[6]. Da Gott selber ins Gespräch eintritt, kann er selbst seinen Heilswillen bekunden.

4　Durch die Hinzufügung eines explikativen γάρ schließt Ps 50,19a die Zitatenreihe in einer Art von Argumentationsschluß ab. Ein zerknirschter Geist ist das Gott wohlgefällige Opfer. Von hier aus soll die ganze Ermahnung zum Sündenbekenntnis verstanden werden. Grant, 84, und D. A. Hagner, Use 101, vermuten hinter den drei Zitaten die Existenz einer Anthologie, die als Vorlage gedient hätte. Die Textauswahl und die kleinen Änderungen passen jedoch so gut in die Gedankenführung des Schreibens, daß die Zitatenkombination ebenso auf den Vf. zurückgeführt werden kann. Die anläßlich von I Clem 15 zitierte Meinung von W. Wrede, Untersuchungen 66 Anm. 2, man könne dem Vf. aufgrund seiner Kenntnis des AT, besonders der Psalmen, eine solche Bildung zutrauen, trifft auch hier zu.

---

[1] Nach der Feststellung der griechischen Herkunft von ἀπροσδεής behauptet KNOPF, 129: „An Stellen wie Ps 49,10–14, Jes 1,10–20, Mich 6,6–8 und an Verwandtes im AT ist hier nicht zu erinnern." Entscheidend ist jedoch nicht die bloße Tatsache der Übernahme eines Begriffes, sondern der Sinnzusammenhang, in den er nun eingefügt wird. Für das hellenistische Judentum, in dem sich eine erste Rezeption vollzieht, und später für das Christentum bestand kein Zweifel darüber, daß der „bedürfnislose" Gott zugleich der Gott der Heilsgeschichte ist. Richtig O. KNOCH, Eigenart 442.

[2] Vgl. BAUER/ALAND 560.

[3] H läßt den letzten Teil des Zitats (κέρατα ἐκφέροντα καὶ ὁπλάς· ἰδέτωσαν πτωχοὶ καὶ εὐφρανθήτωσαν) aus.

[4] Die Änderung erklärt A. E. WILHELM-HOOIJBERGH, Clemens 206–208, durch eine so umständliche wie auch unwahrscheinliche Hypothese: Der Vf. würde hier die exegetische Verfahrensweise der Essener nachahmen, die oft Texten der Schrift nur durch kleine Abweichungen einen neuen Sinn gaben. Durch diese Änderung kann er sich hier und im ganzen Abschnitt I Clem 51–55 an die bekehrten levitischen Essener wenden, die bei den Unruhen in Korinth eine wichtige Rolle gespielt haben sollen.

[5] Den zweiten Teil des Zitats läßt H aus.

[6] Richtig unterstreicht O. MICHEL, ThWNT V 218, die alttestamentliche Prägung der liturgischen Diktion im ganzen Kap. 52.

13.3. Moses Fürbitte um Vergebung und
stellvertretende Opferbereitschaft (53,1–5)

Die Feststellung von der guten Schriftkenntnis der Korinther (V. 1) leitet eine neue Zitatenreihe ein, in deren Mittelpunkt die Gestalt des Mose steht. Gott spricht zu ihm, um ihm den Abfall des Volkes kundzutun (V. 2) und die Bestrafung anzusagen (V. 3). Die eindringliche Bitte des Mose um Vergebung für das Volk und seine Bereitschaft, wenn diese nicht gewährt wird, sich selbst aus dem Buch der Lebenden tilgen zu lassen (V. 4), zeigen das Anliegen des Vf.s bei diesem Zitat, wie es bei seinem Kommentar in V. 5 zum Ausdruck kommt. Mose soll als Beispiel für die Forderung an die Anführer der Revolte in Korinth dienen, die in Kap. 54 als solche ausgesprochen und in Kap. 55 durch andere Beispiele zusätzlich zur Sprache kommt: Es ist ein Zeichen von innerer Größe, wenn man die eigene Verschuldung eingesteht und freiwillig auswandert.

1. Ihr kennt ja die heiligen Schriften und kennt sie gut, Geliebte, und habt einen Einblick in die Aussprüche Gottes gewonnen. Zur Erinnerung schreiben wir euch nun dieses.
2. Nachdem nämlich Mose auf den Berg gestiegen war und vierzig Tage und vierzig Nächte in Fasten und Demütigung verbracht hatte, sprach Gott zu ihm: „Steige eilends von hier hinab, denn gefrevelt hat dein Volk – die du aus dem Land Ägypten herausgeführt hast. Schnell sind sie vom Weg abgewichen, den du ihnen geboten hattest; sie haben sich Gußbilder gemacht." 3. Und es sprach der Herr zu ihm: „Ich habe zu dir einmal und zweimal also gesprochen: Ich habe dieses Volk angeschaut, und siehe, es ist halsstarrig. Laß mich sie ausrotten, und ich werde ihren Namen unter dem Himmel auslöschen, und ich werde dich zu einem großen und wunderbaren Volk machen, ja viel mehr als dieses." 4. Und es sprach Mose: „Keineswegs, Herr! Vergib die Sünde diesem Volk, oder lösche auch mich aus dem Buch der Lebenden!"
5. O große Liebe, o unübertreffliche Vollkommenheit! Freimütig spricht der Diener zum Herrn, fordert Vergebung für die Volksmenge, oder bittet, daß auch er selbst mit ihnen ausgelöscht werde.

Mit einem rhetorischen Lob[1] wendet sich der Vf. an die Korinther. Ihre   1
Kenntnisse der heiligen Schriften hat er schon in 45,2 f. erwähnt (ἐγκεκύφατε εἰς τὰς ἱερὰς γραφάς, τὰς ἀληθεῖς, τὰς διὰ τοῦ πνεύματος τοῦ ἁγίου. ἐπίστασθε, ὅτι …). Das Verb ἐγκύπτειν[2] wird hier wie in 62,3 auf τὰ λόγια τοῦ θεοῦ bezogen. Aber der Sinn ist der gleiche wie in 40,1 und 45,2: Es ist der aus dem Wissen um die heiligen Schriften gewonnene Einblick in die Botschaft

---

[1] Zur Anadiplosis vgl. 47,6.
[2] Zu ἐγκεκύφατε vgl. 40,1.

Gottes (λόγια wie in 1 Petr 4,11; Hebr 5,12). Streng genommen würden die vorausgesetzten Kenntnisse jedes weitere Wort überflüssig machen. Deshalb vermerkt der Vf., daß er dies zur „Erinnerung" schreibt.

Mit der Kenntnis wird auch eine inhaltiche Übereinstimmung beim Schriftverständnis angenommen, die für die Absicht des Vf.s unerläßlich ist. Denn der Bezug auf die gemeinsame Sache, die Schrift, erfüllt seinen Zweck in der Argumentation, wenn beide Seiten – der Schreiber und seine Adressaten – sie mit „gleichen" Augen lesen. Indem dieser Konsens hier vorausgesetzt wird, wird auch – wenigstens rein sprachlich – die Zustimmung zu den Folgen der Beweisführung erleichtert.

2   Das als Beispiel herangezogene Ereignis ist die Übergabe der Bundestafel auf dem Berg Sinai bzw. Horeb. Wie der Vergleich hier und im folgenden Vers zeigt, liefert Dtn 9 die Vorlage. Die Einleitung gestaltet der Vf. frei, aber in Anlehnung an Dtn 9,9. Über den Anlaß der Handlung – Empfang der Bundestafeln – wird kein Wort gesagt. Die Angaben beschränken sich auf das Wesentliche: auf den Aufstieg, die Dauer des Aufenthaltes. In knapper Form faßt das folgende ἐν νηστείᾳ das Fasten des Mose zusammen, während das hinzugefügte ταπεινώσει, das auf seine demütige Haltung hinweist[1], auf das Konto des Vf.s geht (vgl. 17,5 f.)[2]. Die sich anschließende wörtliche Übernahme von Dtn 9,12 – der Befehl Gottes an Mose, schnell vom Berg hinabzusteigen – zeigt einerseits das Interesse, das von Gott gesprochene Wort in den Mittelpunkt zu stellen, andererseits bleibt die verwendete, selektiv zitierte Vorlage die Grundlage der Darstellung. So wird der Abschnitt Dtn 9,10.11 übergangen, um in V.3 wieder an Dtn 9,13.14 anzuknüpfen.

V. 2	Dtn 9,9.12
Μωϋσέως γὰρ ἀναβάντος εἰς τὸ ὄρος	V. 9. ἀναβαίνοντός μου εἰς τὸ ὄρος …
καὶ ποιήσαντος τεσσεράκοντα	καὶ κατεγινόμην ἐν τῷ ὄρει τεσσαράκοντα
ἡμέρας καὶ τεσσεράκοντα νύκτας	ἡμέρας καὶ τεσσαράκοντα νύκτας·
ἐν νηστείᾳ καὶ ταπεινώσει	ἄρτον οὐκ ἔφαγον καὶ ὕδωρ οὐκ ἔπιον
εἶπεν πρὸς αὐτὸν ὁ θεός·	V. 12. καὶ εἶπεν κύριος πρός με· ἀνάστηθι
κατάβηθι τὸ τάχος ἐντεῦθεν ὅτι ἠνόμησεν	κατάβηθι τὸ τάχος ἐντεῦθεν ὅτι ἠνόμησεν
ὁ λαός σου, οὓς ἐξήγαγες ἐκ γῆς Αἰγύπτου·	ὁ λαός σου, οὓς ἐξήγαγες ἐκ γῆς Αἰγύπτου·
παρέβησαν ταχὺ ἐκ τῆς ὁδοῦ ἧς ἐνετείλω	παρέβησαν ταχὺ ἐκ τῆς ὁδοῦ, ἧς ἐνετείλω
αὐτοῖς, ἐποίησαν ἑαυτοῖς χωνεύματα.	αὐτοῖς· ἐποίησαν ἑαυτοῖς χώνευμα.

Der Feststellung der Sünde des Volkes folgt die Ankündigung der Bestrafung.

3   Die Übernahme des LXX-Textes ist wörtlich, mit Ausnahme der notwendigen Änderung in der Einleitung zur Rede Gottes und einer kleiner Abweichung (s. vierte Zeile der Synopse), die die Wiederholung von λαός vermeidet.

---

[1] Vgl. W. GRUNDMANN, ThWNT VIII 25: die „Beugung vor Gott."

[2] Eine ähnliche Wendung wird in 55,6 (über Ester) gebraucht: διὰ γὰρ τῆς νηστείας καὶ τῆς ταπεινώσεως αὐτῆς.

V. 3	Dtn 9,13.14
καὶ εἶπεν κύριος πρὸς αὐτόν·	καὶ εἶπεν κύριος πρός με·
λελάληκα πρός σε ἅπαξ καὶ δὶς λέγων·	λελάληκα πρὸς σὲ ἅπαξ καὶ δὶς λέγων·
ἑώρακα τὸν λαὸν τοῦτον,	ἑώρακα τὸν λαὸν τοῦτον,
καὶ ἰδού ἐστιν σκληροτράχηλος κτλ.	καὶ ἰδοὺ λαὸς σκληροτράχηλός ἐστιν κτλ.

Da Gott die Zustimmung des Mose zur Vernichtung des Volkes erbittet und ihm zugleich ein verlockendes Angebot macht – aus Mose soll ein weit größeres Volk werden als Israel –, konzentriert sich die Aufmerksamkeit auf dessen Reaktion. Hier läßt der Vf. das Deuteronomium als Vorlage beiseite und zieht einen anderen Text heran, der ihm die Antwort liefert, die er braucht.

Ein fürbittendes Gebet des Mose, damit Gott sein Volk nicht vernichtet, 4 hätte der Vf. auch aus Dtn 9,26–29 entnehmen können. Aber er sucht nicht das Vorbild eines Fürsprechers, sondern vor allem das eines Anführers, der sich für sein Volk aufopfert. Darum greift er auf einen anderen Text zurück, bei dem Mose in einem ähnlichen Zusammenhang diese Rolle spielt: Ex 32,31a.32.

V. 4	Ex 32,31a.32
καὶ εἶπεν Μωϋσῆς·	ὑπέστρεψεν δὲ Μωϋσῆς πρὸς κύριον καὶ εἶπεν
μεθαμῶς, κύριε·	δέομαι, κύριε· (...)
	32 καὶ νῦν εἰ μὲν ἀφεῖς αὐτοῖς
ἄφες τὴν ἁμαρτίαν τῷ λαῷ τούτῳ,	τὴν ἁμαρτίαν, ἄφες·
ἢ κἀμὲ ἐξάλειψον ἐκ βίβλου ζώντων.	εἰ δὲ μή, ἐξάλειψόν με ἐκ τῆς βίβλου σου,
	ἧς ἔγραψας.

Die Einleitung zur Rede des Mose erweckt den Eindruck, alle zitierten Worte würden von dem gleichen Kontext herkommen. Die dezidierte Verneinung mit dem Adverb μεθαμῶς (vgl. 33,1; 45,7) unterstreicht dabei die Haltung des Mose besser als die Bitte (δέομαι) von Ex 32,31a. Daß Ex 32,31b (ἡμάρτηκεν ὁ λαὸς οὗτος ἁμαρτίαν μεγάλην καὶ ἐποίησαν ἑαυτοῖς θεοὺς χρυσοῦς) ausgelassen wird, ist verständlich. Einzelheiten über die damalige Sünde des Volkes sind für den Gedankengang uninteressant. Die Bitte um Vergebung wird direkt formuliert, wie auch die Bereitschaft (falls Gott diese Vergebung nicht gewährt), mit dem Volk zugrundezugehen. Die Abweichung am Ende der Aussage mag von Ps 68,29 beeinflußt sein (ἐξαλειφθήτωσαν ἐκ βίβλου ζώντων).

Beim Rückgriff auf die Schrift bedient sich der Vf. hier des indirekten Zitates. Die Bezugnahme auf sie geschieht nicht durch einen ausdrücklichen Verweis darauf, etwa in der Form einer Zitationsformel. Das Zitat wird in den laufenden Text als Bestandteil der Erzählung eingebaut. Der Vergleich mit den zitierten Stellen zeigt nicht nur, in welch hohem Maß genaue Schriftkenntnisse vorhanden sind, sondern darüber hinaus läßt er die große Fähigkeit des Vf.s erkennen, aus vorgegebenen Elementen eine neue, eigenständige Texteinheit zu schaffen, in der sein eigenes Anliegen zu Wort kommt.

5   Noch stärker als in V.1 fällt das rhetoriche Gewand am Schluß des Abschnittes auf. Die ersten zwei jeweils mit einer Interjektion beginnenden Sätze
loben die große Liebe des Mose; die zwei folgenden Sätze – mit παρρησιάζεται
bzw. αἰτεῖται am Anfang – kommentieren seine Antwort (V.4) auf die Ankündigung Gottes (V.3), während der letzte mit der disjunktiven Konjunktion
ἤ eingeleitete Satz – es geht dabei um eine Alternative, um etwas anderes –
ebenfalls eine andere Struktur ausweist.

Die Interjektionen mit Genitiv des Grundes (vgl. Bl./Deb./Reh. § 176,1)
verleihen dem Text einen leicht pathetischen Ton: ὦ μεγάλης ἀγάπης, ὦ
τελειότητος ἀνυπερβλήτου[1]. Solche Formen kommen auch in einem anderen,
ebenso rhetorisch ausgestalteten Werk des hellenistischen Judentums vor: 4
Makk 11,20; 14,3; 16,9; 18,20. In der Haltung des Mose verkörpert sich die
Größe der Liebe (50,1), die zuerst für die Liebe Gottes gilt, aber auch für
die Liebe seiner Diener. Auch die zweite Aussage hat mit 50,1 zu tun. Ist
dort von der unsagbaren Vollendung der Liebe Gottes die Rede gewesen,
wird hier die unübertreffliche[2] Vollkommenheit der Liebe des Mose gepriesen.

Das παρρησιάζεται interpretiert richtig die zuvor erzählte Gegebenheit.
Sprachlich erinnert die Diktion an I Clem 34,1. Auch der religionsgeschichtliche Hintergrund dürfte in beiden Texten der gleiche sein: Der Diener spricht
mit Freimut zu seinem Herrn. πλῆθος meint die Volksmenge, für deren
Sünden Mose die Vergebung erbittet. Die letzte Aussage verdeutlicht in einem
Punkt den in V.4 zitierten Text. Wenn auch Mose ausgelöscht wird, dann
geschieht dies μετ᾽ αὐτῶν, d.h. mit seinem Volk. Seine Solidarität kommt in
dieser Form ganz deutlich zur Geltung.

13.4. Der Rat zur Auswanderung an die Anführer des Aufruhrs (54,1–4)

Der Inhalt des Kapitels rechtfertigt sowohl die sorgfältige Vorbereitung als
auch die ausgewählte Ausdrucksweise. Denn es geht hier um nichts anderes
als um die von der römischen Gemeinde nahe gelegten Maßnahmen, die die
Anführer der Unruhen betreffen. Das bedeutet, daß der Schreiber die Angelegenheit eigentlich für erledigt – erledigt freilich in seinem Sinn – betrachtet,
und zwar so eindeutig, daß nach der geleisteten Überzeugungsarbeit nur noch
die Frage nach der Zukunft der Verantwortlichen übrig bleibt. Es ist richtig,
daß die Schritte zu diesem Beschluß gleich nach dem großen Lob der Liebe
in Kap.49 eingeleitet wurden[3], aber auch so beeindruckt die Selbstsicherheit,

---

[1] Vgl. das Homoeoptaton in ὦ μεγάλης ἀγάπης.

[2] Zu ἀνυπέρβλητος vgl. Jdt 16,13; Arist 92; Philo, VitMos II 207; SpecLeg II 158; Aet 22;
Josephus, Bell 1,401; 2,198; Ant 11,44. Vgl. Xenophon, Cyropaedia VIII 7,15: καὶ οὕτως ἀεὶ
ἀνυπέρβλητος ἄλλοις ἔσται ἡ ὑμετέρα φιλία.

[3] Nach A.W. ZIEGLER, Studien 95–97, beginnt im Kap.48 die nähere Vorbereitung, aber
der ganze Brief sei als entferntere Vorbereitung anzusehen. So interpretiert Ziegler das Zelos-

mit der das Problem angegangen wird. Das hintergründige rhetorische Spiel in V. 1.2 schafft den Raum, in dem sich die direkt Angesprochenen mit der ihnen zugewiesenen Rolle identifizieren können. Die Edlen, Barmherzigen, die mit Liebe Erfüllten sind zuerst angesprochen (V. 1), gemeint aber ist eine spezifische Gruppe, die jetzt eingeladen ist, sich als solche zu betrachten. Für sie bleibt nur eine Möglichkeit übrig, und diese wird in V. 2 deutlich genug ausgedrückt. Der Rat zur Auswanderung ist nicht allein ein Zeichen von edlem Gemüt, sondern folgt auch der Entscheidung der Gemeinde (V. 2b). Der allein entscheidende Wert ist der Friede der Herde Christi, der nun wieder hergestellt werden soll. Die zwei letzten Aussagen (V. 3.4) bestätigen die Richtigkeit der Entscheidung. Ihr allgemeiner Charakter bekräftigt die Gültigkeit des Inhalts.

1. Wer nun ist unter euch edelmütig, wer barmherzig, wer von Liebe erfüllt? 2. Er soll sagen: „Wenn es meinetwegen Aufruhr und Streit und Spaltungen (gibt), so wandere ich aus, ich gehe fort, wohin ihr auch wollt, und tue, was von der Mehrheit verordnet wird. Nur soll die Herde Christi mit den eingesetzten Presbytern in Frieden leben."
3. Wer dies tut, wird für sich großen Ruhm in Christus erwerben, und jeder Ort wird ihn aufnehmen. Denn „des Herrn ist die Erde und ihre Fülle." 4. Das haben getan und werden tun, die nach dem Wandel Gottes, den man nicht zu bereuen hat, gehen.

Die anaphorisch gestaltete rhetorische Frage ist nur auf positive Eigenschaften bzw. Haltungen bezogen, die nach einer inhaltlichen Steigerung geordnet sind. γενναῖος ist sehr allgemein und bezeichnet den Edelmütigen. Anders als in 5,1.6 und 6,2, wo das Adjektiv die vergangenen Beispiele, den gewonnenen Ruhm bzw. ein Ehrengeschenk qualifiziert[1], bezieht es sich hier auf eine Person. Der Terminus, der mit der von der Natur her gegebenen richtigen Beschaffenheit der Dinge zu tun hat und so eine wichtige Anschauung des griechischen Denkens zur Sprache bringt, wird von Plato häufig verwendet; er ist in der LXX nur in der makkabäischen Literatur bezeugt (2 Makk 6,28; 7,21; 12,42; 3 Makk 2,32; 4 Makk 6,10; 7,8; 8,3; 11,12; 15,24.30; 16,16; 17,24), aber in der Literatur des hellenistischen Judentums (Josephus, Philo) sehr verbreitet. Der folgende Begriff, εὔσπλαγχνος (von Gott in 29,1), der auch in 1 Petr 3,8 und Eph 4,32 vorkommt, bedeutet „barmherzig"; vgl.

1

Motiv in Kap. 4, ferner die Kap. 5, 10 und andere Stellen, wo es sich um eine Trennung wie auch immer handelt, als Teil dieser Vorbereitung. Ähnlich P. MIKAT, Bedeutung 31; Auswanderungsrat 222. Dadurch werden Texte aufeinander bezogen, die in andere Zusammenhänge gehören. Hier müssen die Verantwortlichen wenigstens zum Teil freiwillig auswandern. Das hat mit dem Fall derer nichts zu tun, die Opfer von Neid und Eifersucht geworden sind.
[1] In 25,3 hat es die Bedeutung „kräftig", „ausgewachsen" (vom Vogel Phönix).

TestSim 4,4: Ἰωσὴφ δὲ ... εὔσπλαγχνος καὶ ἐλεήμων[1]. Die Prägung durch die judenchristliche Überlieferung ist weit stärker als bei γενναῖος.

Bei der Wendung πεπληροφορημένος ἀγάπης hat das Partizip πεπληρο-φορημένος nichts mit „Gewißheit" bzw. „Überzeugung" zu tun (so in 42,3), sondern ist wörtlich als „erfüllt", „voll sein" aufzufassen. Nach dem Lob der ἀγάπη in Kap. 49 – insbesondere nach den Aussagen über die Wirkung der ἀγάπη in 49,5 – kommt dem Ausdruck eine wichtige Funktion im argumentativen Vorgang zu. Wenn einer von der ἀγάπη erfüllt ist, muß er im Einklang mit ihrer Wirkung handeln. Aus der Gegenwart der ἀγάπη leitet sich unausweichlich eine konkrete Verhaltensweise ab. Die Frage richtet sich zwar an die korinthische Gemeinde allgemein, aber der weitere Text zeigt, daß ganz präzis eine bestimmte Gruppe ins Auge gefaßt wird.

2   Der Vf. versetzt sich in die Lage dessen, der auf die Frage von V. 1 eine positive Antwort gibt, und zieht daraus die Konsequenzen. In einer Art Monolog stellt das fiktive Subjekt seine Überlegungen über die eigene Verantwortung und über die Folgen des Geschehens an[2]. Durch die gewählte Form eines Konditionalsatzes – „wenn durch mich ..." – ist das Eingeständnis der Schuld zwar deutlich, aber zugleich in einem „schonenden" Ton formuliert, als stünde der Sprechende in einem nicht ganz zwingenden Bezug zur Tat. Die drei dort vorkommenden Begriffe, στάσις – ἔρις – σχίσματα, schließen jedoch jede Möglichkeit einer Zweideutigkeit aus, so oft sind sie schon im Verlauf des Schreibens aufgetaucht, um Ursache und Folgen des Konflikts zu bezeichnen. Wer hier so spricht, gehört also zu den ἀρχηγοὶ στάσεως καὶ διχοστασίας (51,1b). In der Apodosis vermischt sich der aus der eigenen Überlegung resultierende Entschluß des Sprechers (ἐκχωρῶ, ἄπειμι) mit der Anordnung[3] der Gemeinde, die unter anderem bestimmen kann, wohin der Betreffende auswandern soll. Nach der Logik der konstruierten Szene kann es auch nicht anders sein. Es ist nur *einer*, der spricht und seine Schuld zugibt, während ihm τὸ πλῆθος[4] gegenübersteht. Zum Schluß wird eine weitere Instanz sichtbar, die als existierende Größe erscheint, gegen die der alleinstehende Täter gewiß nichts ausrichten kann. Die Herde Christi soll nämlich mit den *eingesetzten Presbytern* in Frieden leben. Auf einmal ist nicht mehr

---

[1] Vgl. H. KÖSTER, ThWNT VII 551. Der Terminus ist in der LXX nicht belegt, aber er gehört zu einer in der Literatur des Früˣudentums geläufigen Wortgruppe. Aus der griechischen Literatur bringt Liddell/Scott zu εὔσπλαγχνος nur einen Beleg (Hippokrates) mit anatomischer Bedeutung.

[2] Die Form ist typisch für den Stil der Diatribe. Vgl. H. THYEN, Stil 41.

[3] Die Ausdrucksweise ist differenziert. Es handelt sich um τὰ προστασσόμενα, während τὰ προστάγματα nur die Satzungen Gottes bezeichnen (2,8; 3,4; 20,5 u. ö.).

[4] Nach Fr. GERKE, Stellung 134, ist πλῆθος ein engerer Begriff als ἐκκλησία: „a) er bezeichnet nur die Einzelgemeinde; b) er betont deren demokratisches Fundament; c) er bezeichnet nicht die religiöse, sondern die rechtlich verfaßte Gemeinde und ihre organisierte Verfassung." Es ist fraglich, ob man dem Begriff, der in dieser Bedeutung nur an dieser Stelle vorkommt, so viele und präzise Aspekte abgewinnen kann. Traditionsgeschichtlich ist indes sicher, daß προστάσσειν und πλῆθος „technische Ausdrücke des öffentlichen Lebens" sind. Vgl. KNOPF, 131, mit Belegen.

von den Anführern des Aufruhrs die Rede (51,1b) oder von abgesetzten Presbytern (44,4 f.). Einer gesteht seine Schuld, bekundet seine Bereitschaft, das zu tun, was die Gemeinde beschließt, und zieht fort, damit diese mit ihren rechtmäßig bestellten Leitern in Frieden lebt.

Das Spiel der Sprache gestaltet sich nach einer klaren rhetorischen Absicht. Die Rede in der ersten Person macht es leicht, daß der insinuierte Entschluß von denen übernommen wird, die offensichtlich gemeint sind. Die harte Bestrafung bekommt einen milden Ausdruck – ohne an der Sache selbst etwas zu ändern –, indem sie zum Teil als eigene Entscheidung dargestellt wird, die sogar als einsichtige Schlußfolgerung angesehen werden kann. Schließlich spricht hier einer, der als Edler, Barmherziger und von der Liebe Erfüllter handelt (V. 1).

Über den traditionsgeschichtlichen Hintergrund des Abschnitts besteht im allgemeinen kaum ein Zweifel. Es ist die in der Antike gut bezeugte Praxis, die Verantwortlichen für eine schwerwiegende negative Entwicklung im Staat durch das Verlassen des eigenen Landes zu bestrafen. Vereinzelte Parallelen, besonders aus der römischen Tradition[1], lassen sich zwar heranziehen, eine vollständige Klärung der Lage in Korinth wird damit jedoch nicht erreicht[2]. So das von Cicero zitierte Wort des T. Annius Milo: „Valeant cives mei … tranquilla re publica mei cives, quoniam mihi cum illis non licet, sine me ipsi, sed propter me tamen perfruantur. Ego cedam atque abibo" (Pro Milone 93)[3]. A. W. Ziegler macht auf eine Stelle in der Medea von Seneca aufmerksam, wo sie auf Befehl vom König Kreon Korinth verlassen muß, um die Bürger dort zu befreien. Ihre Antwort lautet „discedo exeo" (ebd. 449). Die Ähnlichkeit mit ἐχχωρῶ, ἄπειμι in I Clem rechtfertigt jedoch nicht die Annahme Zieglers, der Vf. würde hier eine „literarische Erinnerung für seinen Brief" verwenden[4]. Wichtig ist die vom römischen Recht vorgesehene freiwillige Verbannung – *vor der Verurteilung* –, wie sie bei Cicero, Pro A. Caecina 100, bezeugt ist: „exilium (Selbstverbannung) enim non supplicium est, sed perfugium portusque supplicii." Darum behauptet Cicero, kein römisches Gesetz würde ein Verbrechen mit dem *exilium* bestrafen, „vielmehr retten sich die Leute ins Exil wie an einen Altar" (confugiunt quasi ad aram in exilium) (ebd.)[5]. Ebenso zu beachten ist die spätere Entwicklung der Rechtspraxis,

---

[1] Auch die griechische Polis kennt Ächtung und Verbannung, aber als gerichtliche Strafe, nicht als freiwillige Entscheidung. Vgl. G. BUSOLT, Griechische Staatskunde (HAW IV 1,1), München ³1920, Bd. I 234–238. Die von L. SANDERS, Hellénisme 42–44, und A. W. ZIEGLER, Studien 90 f. 100 f., angeführten Stellen aus der griechischen Literatur berühren die eigentliche Frage von I Clem 54,2 nicht.

[2] Verschiedene Texte werden zitiert von A. v. HARNACK, Einführung 82; L. SANDERS, Hellénisme 50–52; A. W. ZIEGLER, Studien 99–101; P. MIKAT, Bedeutung 30–36.

[3] Schon von Fell (1669) zitiert.

[4] Vgl. Studien 91. Kritisch dazu auch LINDEMANN, 153.

[5] In der Kaiserzeit ändert sich die Gesetzgebung. Die milde Form des „exiliums" ist dann die „relegatio", die scharfe die „deportatio".

nach der das *exilium* als Mittel, dem Vollzug *der schon erfolgten Verurteilung* zu entgehen, gebraucht wird (vgl. Sallust, De coni.Catil. 51,22)[1].

Auf dem Hintergrund dieser Rechtsgrundlage läßt sich ein Zusammenhang mit der ungewöhnlichen Diktion von I Clem 54,2 nicht bestreiten. Mit Recht hat P. Mikat auf die Tatsache hingewiesen, daß στάσις und ἀπόνοια in der christlichen Zeit mit der Verbannung (expellere, deportatio, relegatio) bestraft wurden. So ist auch die Maßnahme des Kaisers Claudius, die „Juden" aus Rom zu vertreiben, zu verstehen: „Iudeos impulsore Chresto assidue tumultuantes Roma expulit" (Sueton, Vita Divi Claudii 25,4)[2]. Im Hinblick auf die Lage in Korinth läßt sich nur soviel sagen, daß der Vf. eine Lösung rhetorisch durchzusetzen versucht, die vom römischen Recht beeinflußt ist[3], wenngleich unklar bleibt, ob die Verbannung auf freiwilliger Basis erfolgt, oder ob sie Beschluß der Gemeindemehrheit ist[4]. Die Formulierung im Konditionalsatz läßt beide Möglichkeiten offen. So scheint das Interesse des Vf.s nicht primär in der Bestimmung eines klaren rechtlichen Rahmens für die Durchführung der Maßnahme zu liegen, sondern vielmehr in deren Verwirklichung, um das angestrebte Ziel des Friedens unter den eingesetzten Presbytern zu erreichen. Das alles spiegelt die Haltung eines römischen Schreibers wider, und so ist die Unklarheit der Ausdrucksweise – bei aller Bestimmtheit des Zieles – verständlich. Die römische Gemeinde verfügt nämlich über kein Rechtsmittel, um die Maßnahme einfach rechtlich durchzusetzen[5]. Das bedeutet natürlich nicht, daß sie sich mit der Rolle eines Zuschauers begnügt; den Korinthern mußte dies von Anfang an klar gewesen sein. Zwei Möglichkeiten stehen ihr offen. Die erste ist durch die Einschätzung der gegenwärtigen Lage und der

---

[1] Vgl. G. KLEINFELLER, Exilium, in: PRE VI,2 1684; P. MIKAT, Bedeutung 34.

[2] Zur Deutung der Stelle s. o. Einleitung § 4.5. R. FREUDENBERGER, Verhalten 177, zitiert einen Text des römischen Juristen Callistratus, der, auch wenn später als I Clem entstanden, diesen Zusammenhang deutlich zeigt: „Solent quidam, qui vulgo se iuvenes appellant, in quibusdam civitatibus turbulentis se adclamationibus popularium accomodare." Nachdem Mahnung und Bestrafung erfolglos bleiben, lautet das Urteil: „Quod si ita correcti in eisdem deprehendantur, exilio puniendi sunt, nonnumquam capite plectendi ...." (Callistratus, Digesta 48 XIX 28,3). Darauf macht P. MIKAT, Bedeutung 32, aufmerksam.

[3] LINDEMANN, 153, lehnt das ohne Begründung ab.

[4] A. W. ZIEGLER, Studien 73, findet eine auffallende und merkwürdige Verbindung zwischen dem Auswanderungsrat in 54,2 und dem Orakel in 55,1, der den Tod von Königen und Anführern für die Rettung der Bürger veranlaßt: „Denn die Orakel waren der alten Welt bekannt als Leitstellen der kolonisatorischen Auswanderung" (Vgl. auch Studien 101). Aber der Auswanderungsrat in 54,2 hat mit keinem Orakel etwas zu tun, und die Empfänger des Orakelspruches in 55,1 sind nicht die Christen, sondern die Heiden. Daß beide Motive in der Antike häufig vorkommen, rechtfertigt nicht eine Interpretation, die sie in einen Zusammenhang bringt und diesen grundlos dem Vf. zuschreibt.

[5] Nach O. KNOCH, Eigenart 272, besteht die Aufgabe des Vf.s darin, das kirchliche *Bußinstitut*, das von Presbyter-Episkopen in Korinth nicht mehr ausgeübt werden kann, gegenüber den Stasiarchen zu verwalten. Er „verhängt über sie die Poenalsentenz der Auswanderung, welche die Gemeinde ratifizieren soll." Das aber, was der Vf. als Strafe vorschlägt, läßt sich nicht durch die Kategorie des Bußinstituts erfassen.

Machtverhältnisse in der korinthischen Gemeinde gegeben. Trotz der Heftigkeit der Kontroverse, der Absetzung einiger Presbyter (46,6), des Bekanntwerdens des Konflikts auch in nichtchristlichen Kreisen (47,7), glaubt der Vf., daß nicht alle Presbyter abgesetzt worden sind (44,6). Auf jeden Fall rechnet er mit einer Mehrheit in der korinthischen Gemeinde (τὸ πλῆθος), die in der Lage ist, die Anführer der Unruhen zu bestrafen. Der Friede unter der Ägide der „eingesetzten Presbyter" (μετὰ τῶν καθεσταμένων πρεσβυτέρων) kann als Hinweis darauf verstanden werden, daß ihre Absetzung rückgängig gemacht worden ist oder wahrscheinlicher aufgrund von 46,6, daß nicht alle Presbyter der Umwälzung in der Gemeinde zum Opfer gefallen sind. Der Weg zur „Normalisierung" setzt die Autorität der Presbyter voraus (57,1). Wie weit diese Einschätzung den realen Verhältnissen in der Gemeinde entsprochen hat, und durch welche Information man in Rom zu dieser Beurteilung kam, bleibt Gegenstand von Mutmaßungen. Die zweite Möglichkeit ist das Mittel der Überredung, damit die eigene Sicht der Dinge mit der dazu gehörenden Beurteilung, einschließlich der Folgen, von einer Mehrheit in Korinth angenommen wird. Die Argumentation im Abschnitt Kap. 49–55, eigentlich schon der Charakter des ganzen Schreibens, zeigt, in welchem Ausmaß der Vf. auf dieses Mittel der Überredung setzt, um ans Ziel zu kommen, und über welche Kompetenz er dabei verfügt[1].

Eine Handlung im Sinn des in V. 2 Gesagten hat eine zweifache Folge. Die Sprachform ist die der Behauptung in der dritten Person Singular. Die erste Folge ist der große Ruhm in Christus, den der Betroffene für sich erwerben   3

---

[1] In einem anderen Aufsatz (Auswanderungsrat) hat sich P. Mikat mit I Clem 54,2 beschäftigt, um daraus das Gemeindeverständnis in I Clem herauszustellen. Im deutlichen Gegensatz zur These von R. Sohm (s. o. zu I Clem 44,6: Exkurs 7: Amt - apostolische Sukzession - Kirchenrecht) findet Mikat in I Clem die Spuren eines Gemeindeverständnisses, das nicht auf einem Ordnungsrecht wie in den Pastoralbriefen beruht, sondern auf dem Ethos der Niedrigkeit, d. h. „des Machtverzichts und des Gehorsams, das uns auch im Matthäusevangelium begegnet" (ebd. 221). Angesichts der völligen Machtlosigkeit der römischen Gemeinde bleibt ihr schließlich das gemeinsame Gebet als „Ausdruck der Brüderlichkeit schlechthin" als Mittel, um die korinthische „Gemeinde zu motivieren, zu stärken und ihr den Weg in die Zukunft zu weisen" (ebd. 223). - Es ist richtig, daß die römische Gemeinde nicht rechtlich eingreifen kann, und das bedeutet, daß I Clem nicht die Geburtsstunde des Kirchenrechts ist, wie Sohm behauptete. Aber ein Vergleich mit dem Matthäusevangelium - P. Mikat erwähnt auch die Apostelgeschichte - ist deswegen unangebracht, weil die Probleme in Mt 18 bzw. Mt 23 nur die matthäische Gemeinde betreffen, während I Clem mit einem Konflikt in der „gefestigten und alten Kirche der Korinther" (47,6) zu tun hat. Das Autoritätsbewußtsein der römischen Gemeinde, das sich im ganzen Schreiben kundtut und zu diesem Eingreifen in die Angelegenheit einer anderen und wichtigen Gemeinde führt, ist auch eine Form der Machtausübung. Die „völlige Machtlosigkeit" der römischen Gemeinde trifft nur auf die Frage einer rechtlichen Begründung ihres Eingreifens zu, nicht auf andere, subtilere Mechanismen der Beeinflussung und der Machtausübung. Das Mittel, das dem Vf. in dieser Hinsicht zur Verfügung steht, ist kein geringeres als die Sprache, und von ihm macht er in überaus reichem Maße Gebrauch. Daß er allem Anschein nach auch sein Ziel erreichen konnte, ist nicht zuletzt in der Mächtigkeit seiner Sprache begründet, die so unterschiedliche Töne und Formen benutzt, um seine Adressaten zu überreden.

wird[1]. Der große Ruhm wird durch das folgende ἐν Χριστῷ näher bestimmt, wie zuvor die εὐσέβεια (1,2); die παιδεία (21,8), die πίστις (22,1), die κλῆσις (46,6), die ἀγωγή (47,6), die δικαιοσύνη (48,4), die ἀγάπη (49,1). Auch der Ruhm, der sich aus der freiwilligen Auswanderung bzw. aus der Annahme des von der Gemeinde Beschlossenen ergibt, gehört zu einer durch Christus bestimmten und in ihm begründeten Weise „des Verhaltens und Daseins"[2]. Es ist also weit mehr als eine lokale Bestimmung, etwa „in den christlichen Gemeinden", wie Knopf (131) und Grant (86) meinen, auch wenn sie deswegen nicht ausgeschlossen wird, wie die zugleich besprochene zweite Konsequenz zeigt: „Jeder Ort wird ihn aufnehmen", d.h. alle anderen christlichen Gemeinden werden bereit sein, ihn aufzunehmen. Die Begründung dafür erfolgt in einer Aussage, die Ps 23,1a wiedergibt, ohne das Zitat kenntlich zu machen[3]. Die Tatsache, daß die ganze Erde dem Herrn gehört, bürgt für die Gewißheit, daß der Auswanderer überall Aufnahme finden wird. Wer hier als κύριος gedacht ist, ist ungewiß. Knopf, 131, läßt die Frage offen. A. v. Harnack, Einführung 118; Grant, 86; O. Knoch, Eigenart 409, deuten den Titel auf Gott, während Lindemann, 153, aufgrund des Kontexts – „insbesondere das δέξεται" – für eine christologische Deutung plädiert. Die Begründung Lindemanns ist aber nicht überzeugend. Darüber hinaus begünstigt die sonstige Diktion des Vf.s ein „theologisches" Verständnis. Wenn κύριος christologisch verwendet wird, dann in Verbindung meistens mit Ἰησοῦς Χριστός oder in unmißverständlich[4] christologischen Aussagen (vgl. 12,7; 16,17)[5]. Bei den anderen Stellen ist immer Gott der κύριος.

Nicht grundlos spricht Knopf von einem „merkwürdigen Ratschlag" (131). Tatsächlich mutet es seltsam an, daß nach den ausgesprochenen Drohungen und der klaren Verurteilung der Ereignisse in Korinth (1,1; 3,1–4; 14,1 f.; 44,4; 46,9; 47,6 f.; 51,5) die Verantwortlichen dadurch bestraft werden, daß sie einerseits die Gemeinde verlassen müssen, andererseits ihnen zugleich versichert wird, sie würden überall Aufnahme finden. Die Annahme von Knopf, die Gegner in Korinth seien Wandercharismatiker (ebd.) kommt nicht in Betracht[6], nicht nur deshalb, weil im Text keinerlei Hinweis darauf zu finden ist, sondern auch weil, wenn sie Wandercharismatiker gewesen wären, es in diesem Fall überhaupt keine Bestrafung gäbe, sondern nur einen zusätzlichen Grund, um als Wanderprediger fortzuziehen. J.P. Bang bringt eine

---

[1] Zu μέγα κλέος ... περιποιήσεται vgl. Philo, OmnProb 94: Κάλανον ... μέγιστον περιποιήσοντα κλέος <ἐν> ὅλῃ Ἀσίᾳ καὶ ὅλῃ Εὐρώπῃ.

[2] Vgl. W. GRUNDMANN, ThWNT IX 574. S.o. Exkurs 6: Die Christologie des I Clem.

[3] Nur die Partikel γάρ geht über die LXX-Fassung hinaus. Auch in 1 Kor 10,26 wird Ps 31,1 zitiert (in I Clem: τοῦ γὰρ κυρίου ἡ γῆ ...; in 1 Kor: τοῦ κυρίου γὰρ ἡ γῆ ...), ebenfalls ohne ausdrückliche Einführung, aber in einem ganz anderen Zusammenhang.

[4] Eine Ausnahme ist I Clem 23,5.

[5] S.o. Exkurs 6: Die Christologie des I Clem: Auswertung: 3. Die christologischen Titel.

[6] Das hatte schon W. WREDE, Untersuchungen 36, abgelehnt. Dennoch berief er sich auch auf Did 13,1 f., um eine Analogie zu I Clem 54 zu bilden.

radikalere Lösung: Der Vf. verlange von den Unruhestiftern nicht, sie sollen die Stadt verlassen, sondern allein ihre Unterwerfung gegenüber den Presbytern (Studien 473)[1]. Die üblichen Parallelen, besonders aus der stoischen Philosophie, haben nur eine begrenzte Gültigkeit. Es ist ein fester Topos, daß es für den stoischen Weisen kein Exil im strengen Sinn geben kann, weil, wo immer er sich auch befindet, er auch dort Aufnahme findet[2]. Man kann schließlich die Welt nicht verlassen. Wohin man auch geht, findet man die Sonne, den Mond, die Sterne (vgl. Epiktet, Diss. III 22,22). Seneca drückt es präzis aus: „Non patria mihi interdicitur, sed locus: in quamcumque terram venero, in meam venio; nulla terra exilium est, altera patria est" (Remedia fortuitorum VIII,1 [ed. Roßbach S. 103])[3]. Es liegt auf der Hand, daß die Argumentation des Vf.s sich auf einer anderen Ebene bewegt als die stoische Philosophie. Es handelt sich bei ihm nicht um Kosmopolitismus noch um eine unverlierbare Bindung an den Kosmos, was die Gewißheit begründet, überall auf der Welt Aufnahme zu finden, sondern um die Macht Gottes über seine Schöpfung.

Die Aussage schließt den Gedankengang von Kap. 54 ab und bereitet die   4
Reihe von Beispielen im folgenden Kapitel vor. Das ταῦτα am Anfang bezieht sich auf den in V.2 angeregten Vorgang der freiwilligen Auswanderung und der Annahme der von der Gemeinde betroffenen Entscheidung. Inhaltlich bleibt sie auf der gleichen Linie wie V.3a. Der Betroffene zeigt gerade in dieser Haltung, wie er zu denen gehört, die den „Wandel Gottes" (πολιτεία τοῦ θεοῦ) verkörpern. In beiden Aussagen wird ein uneingeschränkt positiver Aspekt herausgestellt, der den Verantwortlichen lobend zugeschrieben wird. Die Bezeichnung des Subjekts der Handlung mit οἱ πολιτευόμενοι hängt mit 51,2 zusammen (οἱ γὰρ μετὰ φόβου καὶ ἀγάπης πολιτευόμενοι ἑαυτοὺς θέλουσιν μᾶλλον αἰκίαις περιπίπτειν ἢ τοὺς πλησίον): Der Wandel in Liebe und

---

[1] In seiner Argumentation deutet J. P. BANG, Studien 476–480, den positiven Ton im Kap. 54 als Hinweis darauf, daß die beeinträchtigten Presbyter und nicht die Gegner mit dem Auswanderungsrat gemeint sind. Dennoch läßt sich die Aussage in 54,2b über den Frieden der Herde Christi mit den „eingesetzten Presbytern" richtig verstehen, wenn die abgesetzten Presbyter wieder im Amt sind. Kritisch dazu auch A. v. HARNACK, Miscellen 78–80.

[2] Die Wurzeln liegen tiefer im griechischen Denken verankert. Vgl. Demokrit: ἀνδρὶ σοφῷ πᾶσα γῆ βατή· ψυχῆς γὰρ ἀγαθῆς πατρὶς ὁ ξύμπας κόσμος („Dem weisen Mann steht die ganze Erde offen. Ist doch Vaterland einer edlen Seele die ganze Welt") (FVS II 194, Spr. 247). Trotz der Bedenken von H. Diels dürfte der Spruch echt sein. Dafür spricht 1. die Qualität der Überlieferung; 2. ähnliche Ausdrücke bei Euripides zeigen, daß diese Art von Kosmopolitismus der griechischen Aufklärung nicht fremd war. Vgl. W. CAPELLE, Die Vorsokratiker, Stuttgart 1968, 461 Anm. 1.

[3] Vgl. Epiktet, Diss. III 24,66. Auch das hellenistische Judentum kennt das Motiv. Vgl. Philo, OmnProb 145. Das Werk von römischen Autoren wie Cicero, Seneca und Musonius bietet eine Fülle von Material zum Thema. Das neunte Lehrgespräch des Musonius will den Nachweis erbringen, daß die Verbannung kein Übel ist. Die Dissertation von A. GIESECKE, De philosophorum veterum quae ad exilium spectant sententiis, 1891, hat die wichtigsten Aussagen der Schriften περὶ φυγῆς zusammengetragen.

Agape zeigt sich in der Bereitschaft, lieber selbst Mißhandlungen bzw. Drang-
sale auf sich zu nehmen, als daß es die Nächsten tun müssen. Genau dieses
Thema soll durch die Beispiele in Kap. 55 verdeutlicht werden. Wer diesen
Weg beschreitet, wird es nicht bereuen[1]. Zu ἀμεταμέλητος vgl. 2,7. Der
Sprachgebrauch ist hier gleich wie dort: so wie im Hinblick auf das Gute
bzw. auf die Tugend keiner etwas zu bereuen hat, so wird keiner es bereuen,
auf diesem Weg zu gehen. Das Verb ποιεῖν als Ausdruck der Handlung nimmt
V. 2.3 wieder auf (καὶ ποιῶ τὰ προστασσόμενα ... τοῦτο ὁ ποιήσας). Die
Aorist-Form (ἐποίησαν) blickt auf Beipiele in der Vergangenheit zurück, die
noch erwähnt werden. Die Futur-Form (ποιήσουσιν) kann in diesem Zusammenhang nur auf die bezogen werden, die zu dieser Haltung aufgefordert
worden sind. Angesprochen sind die Verantwortlichen des Konflikts.

13.5. Bekräftigung des Rates zur Auswanderung durch Beispiele aus der Geschichte (55,1–6)

Die Liste von Beispielen ist nach einem klaren Schema gestaltet. Zuerst werden
allgemeine Beispiele aus dem Heidentum erwähnt (V. 1). Die zwei Aussagen
darüber fangen jeweils mit πολλοί (viele) an (V. 1b.c). Darauf folgen Fälle,
die im christlichen Bereich als bekannt vorausgesetzt werden (V. 2). Gemeint
sind offensichtlich nur Männer. Auch hier ist von πολλοί die Rede. Sodann
sind „viele Frauen" (πολλαὶ γυναῖκες) an der Reihe (V. 3). Zwei weibliche
Gestalten aus dem AT verdeutlichen die Handlung: Judit (V. 4.5) und Ester
(V. 6). Bestimmte Stichworte verbinden die unterschiedlichen Beispiele und
weisen auf die vom Vf. intendierte Absicht im Rahmen seiner Beweisführung
hin. Es geht z. B. um eine Hingabe (V. 1.2.a.b), die auch Gefahr in sich birgt
(V. 5.6). Durchgehend erscheint die positive Wirkung dieser Hingabe, indem
sie den „anderen" (V. 1.2) bzw. dem Volk (V. 5.6) Rettung bringt. Wie schon
in 54,3 f. angedeutet, geraten die Verantwortlichen für die Unruhen in ein
sehr positives Licht – durch ihren „Verzicht" retten sie die Gemeinde! –, aber
dies ist zuerst nur eine Möglichkeit, die die Verwirklichung der geschickt
aufgestellten Forderung in 54,2 voraussetzt. Schließlich zielt das Ganze auf
die Annahme der Zuchtmaßnahmen ab, die in 56,1 f. und 57,1 f. angekündigt
werden. In diesem Zusammenhang sind die Beispiele in Kap. 55 zu verstehen[2].

---

[1] H. STRATHMANN, ThWNT VI 535, schlägt als Übersetzung vor: *„sich in seinem Wandel
als Gottesbürger verhalten, was man nie bereuen wird."*

[2] Die kritische Bemerkung J. D. M. DERRETTs, Scripture 673, über Kap. 55 verkennt den
Charakter des Textes: „Clement's partisanship is disclosed by an indication at 55. He appeals
to the law of self-sale into slavery: irrespective of the merits the dissidents are expected to be
self-sacrificing. Self-exile should be a small price to pay for (other people's) peace and harmony!
But people did not sell themselves unless they were desperate. How can a Christian church take
such a precedent seriously?"

1. Doch um auch Beispiele von Heiden zu bringen: Viele Könige und Anführer haben in Pestzeiten aufgrund eines Orakelspruchs sich selbst in den Tod gegeben, um durch ihr Blut die Bürger zu retten. Viele sind aus ihren eigenen Städten ausgewandert, um den Aufruhr nicht noch zu vermehren. 2. Wir wissen von vielen bei uns, die sich den Ketten überliefert haben, um andere loszukaufen. Viele haben sich selbst in Sklaverei begeben, und mit dem empfangenen Kaufpreis haben sie andere gespeist. 3. Viele Frauen vollbrachten, durch die Gnade Gottes gestärkt, viele mannhafte Taten. 4. Die selige Judit erbat bei der Belagerung der Stadt von den Ältesten die Erlaubnis, ins Lager der Fremden hinausgehen zu dürfen. 5. Sie setzte sich also der Gefahr aus und ging hinaus, aus Liebe zum Vaterland und zum Volk, das sich in der Belagerung befand, und der Herr übergab den Holofernes in die Hand einer Frau. 6. Nicht weniger begab sich die im Glauben vollkommene Ester in Gefahr, um die zwölf Stämme Israels zu retten, als ihnen der Untergang drohte. Denn durch ihr Fasten und ihre Demütigung bat sie den allsehenden Herrscher, den Gott der Äonen. Als er auf die Demut ihrer Seele schaute, rettete er das Volk, um derentwillen sie die Gefahr auf sich genommen hatte.

Nach dem einleitenden Satz, der an I Clem 5,1 (ἀλλ᾽ ἵνα τῶν ἀρχαίων   1 ὑποδειγμάτων παυσώμεθα) – auch im Zusammenhang mit Beispielen – erinnert, kommen zwei ähnlich gestaltete Aussagen mit Beispielen von Heiden vor. Gemeinsam dabei ist: 1. der Anfang mit πολλοί; 2. die gute, aufopfernde Tat; 3. der ἵνα-Satz mit der positiven Wirkung für alle Bürger bzw. für die Stadt. König und Anführer repräsentieren die höchste Autorität im Volk (vgl. 32,2; 37,3)[1]. Der äußere Anlaß zu ihrem Opfer ist eine Pestzeit[2], aber unmittelbar maßgebend ist ein Orakelspruch[3], der sie dazu bewegt, sich selbst in den Tod zu geben[4]. Durch ihr Blut werden die Bürger gerettet. Das Motiv von der Hingabe des Machthabers zugunsten des Volkes ist in der Antike weit verbreitet. An wen der Vf. konkret denkt, läßt sich nicht mit Sicherheit feststellen, aber Geschichten und Gestalten wie sie von Cicero, TuscDisp I 116, erwähnt werden, sind die wahrscheinlichsten[5]. Es geht um den Beweis dafür, daß der Tod für das Vaterland für die Redner nicht nur als „gloriosa" gilt, sondern darüber hinaus auch als Glück (beata). Vor allem fällt der Bericht über den Tod des Menoikeus auf: „qui item oraculo edito largitus est patriae suum sanguinem": auf ein Orakel hin schenkte er dem Vaterland sein Blut.

---

[1] Vgl. Cicero, TuscDisp I 101: „Sed quid duces et principes nominem …?" Sie stehen an erster Stelle bei solchen Listen.

[2] Zum Adjektiv λοιμικός vgl. Philo, VitMos I 133.265; Abr 179; Gig 10; Josephus, Ant 7,326; 8,115; 10,21.116.132; 15,300.

[3] Nach den Angaben von Liddell/Scott und Bauer/Aland gibt es keinen früheren Beleg für χρησμοδοτεῖν als I Clem 55,1.

[4] Eine Anspielung auf die Stelle macht Origenes, In Jo. IV 54 (279).

[5] Vgl. KNOPF, 132; L. SANDERS, Hellénisme 52–55; A.W. ZIEGLER, Studien 67–69.

Zur legendären Gestalt des Kodros würden sogar beide Prädikate, König und Anführer passen, da er als ein solcher in den Tod gegangen ist, um Athen zu retten. Von Cicero nicht erwähnt, spielt auch hier ein Orakel die entscheidende Rolle. In „Thebaïs", ein Werk des römischen Dichters P. Papinius Statius, betet der sterbende Menoikeus zu den Göttern des Krieges und zu Phoebus, sie möchten Thebaïs die Freuden schenken, die er reichlich durch sein ganzes Blut erkauft hat („... et toto quae sanguine prodigus emi") (X 762–765). Gleich darauf notiert der Dichter, daß durch das Blut des Menoikeus die Türme bespritzt und die Mauern gereinigt werden (X 777)[1]. Aus diesen Gemeinsamkeiten läßt sich freilich höchstens schließen, daß die Aussage des Vf.s auf eine Quelle zurückgeht, die in römischen Kreisen bekannt war. Bei keiner von diesen Geschichten ist von der Pest die Rede, aber Apg 24,5 (über Paulus: εὑρόντες γὰρ τὸν ἄνδρα τοῦτον λοιμόν) zeigt, daß λοιμός auch einen „gemeingefährlichen Menschen" bezeichnen konnte (so Bauer/Aland 973 mit anderen Belegen). So könnte auch an dieser Stelle die „Pestzeit" bildlich gemeint sein, um ein öffentliches großes Unglück auszudrücken[2].

Das Beispiel in 55,1a steht nicht isoliert im ganzen Schreiben. Es ist ein Zeichen für die kulturelle Offenheit, die schon in 6,2 (die Danaïden und Dirken als Vergleichspunkt für christliche Märtyrerinen) und in 25,1–5 (der Vogel-Phönix als Zeichen für die Wirklichkeit der Auferstehung) zum Ausdruck kam[3].

Das andere Beispiel hat einen weit näheren Bezug zur in 54,2 angeregten Maßnahme. Es ist nämlich bei weltlichen Herrschern der Fall, daß sie ihre Städte verlassen haben, um dort weitere Unruhen zu vermeiden. Berühmte Beispiele sind leicht zu finden, wie die sagenhafte Gestalt des Lykurgos, des

---

[1] Auf die Stelle weist L. SANDERS, a.a.O. 54, hin.

[2] L. SANDERS, a.a.O. 52, übersetzt: „calamité publique." KNOPF, 132, sprach schon von „Unglückszeiten". Ähnlich J. FISCHER, 93, „Zeit des Unheils." A.W. ZIEGLER, Studien 68, erinnert jedoch daran, daß nach den Ps.Quintilianischen „Declamationes" Menoikeus sich freiwillig als Sühnopfer für die Pest tötet. Wenn der Vf. bei seiner Angabe stark vom römischen Kultur-Milieu abhängig ist, dann handelt es sich bei λοιμός nicht um einen bildlichen Ausdruck, aber es läßt sich weder nachweisen, daß er ausschließlich an Menoikeus denkt, noch daß er hier so „römisch" beeinflußt ist. St. LÖSCH, Brief 183–185, zieht als Erklärung eine Wendung aus dem Brief des Kaisers Claudius heran, die die Unruhen in Alexandrien als eine κοινὴ νόσος bezeichnet. In einer früheren Arbeit (Epistula Claudiana 26 f.) hatte Lösch die staatsphilosophische und psychologische Herkunft des Motivs dargelegt. Plato behauptet nämlich, daß zwischen νόσος und στάσις im Seelenleben keinerlei Unterschied besteht (Sophist. 228a–b: νόσον ἴσως καὶ στάσιν οὐ ταὐτὸν νενόμικας; ... στάσιν ἄρα καὶ νόσον τῆς ψυχῆς πονηρίαν λέγοντες ὀρθῶς ἐροῦμεν). Vgl. Auch Prot. 322d: ... ὡς νόσον τῆς πόλεως. Andere Zeugen ebd. 26–32. Ob I Clem 55,1 auf dieses Motiv anspielt, ist fraglich.

[3] Nach A.W. ZIEGLER, Studien 73, ist es merkwürdig, daß der Vf. „den Opfermut derer, die im Heidentum ihr Leben für das Gemeinwesen eingesetzt haben, auch dort, wo sein Brief seinen Höhepunkt erreicht, gelten läßt." Beachtet man die Struktur des Kap. 55 und die anderen Anspielungen auf heidnische Motive, wirkt der Text nicht so merkwürdig.

Gesetzgebers in Sparta, und des Solon in Athen. Im römischen Bereich legt sich nahe, an Scipio Africanus zu denken, dessen Worte Seneca überliefert (Ep. 86,2): „Causa tibi libertatis fui, ero et argumentum; exeo, si plus quam tibi expedit, crevi" (Ich war die Ursache deiner Freiheit, und ich werde der Beweis dafür sein. Ich gehe weg, wenn ich mehr als dir zuträglich, mächtig geworden bin)[1]. Verständlicherweise fehlen weitere Angaben, die an irgendwelchen konkreten Fall hätten erinnern können. Es ist zwar von heidnischen Beispielen der Vergangenheit die Rede, aber dadurch angesprochen ist die Gruppe in Korinth, die genau die gleiche Haltung aktualisieren soll. Diese Absicht zeigt sich in der Auswahl der Verben: ἐκχορεῖν und στασιάζειν (πολλοὶ ἐξεχώρησαν ... ἵνα μὴ στασιάζωσιν), die in 54,2 gebraucht worden sind. Besonders beim στασιάζειν ist das Anliegen der Aussage unverkennbar.

Nach den heidnischen Beispielen richtet sich der Blick auf bekannte und   2 zahlreiche (ἐπιστάμεθα πολλοὺς) Fälle in den christlichen Gemeinden, welche die Bereitschaft zeigen, freiwillig große Opfer auf sich zu nehmen, um den anderen Gutes zu erweisen. Beide Aussagen sind gleich strukturiert und in ihrem Kern auch sprachlich gleich gestaltet:

ἐπιστάμεθα

πολλοὺς ἐν ἡμῖν παραδεδωκότας	πολλοὶ ἑαυτοὺς παρέδωκαν
ἑαυτοὺς εἰς δεσμά,	εἰς δουλείαν καὶ λαβόντες τὰς
ὅπως ἑτέρους λυτρώσονται·	τιμὰς αὐτῶν ἑτέρους ἐψώμισαν.

Es sind 1. viele (πολλοί); 2. sie haben sich selbst hingegeben (Partizip von παραδίδωμι und das Pronomen ἑαυτούς); 3. die Paräposition εἰς verweist auf das Objekt der Hingabe; 4. ein unbestimmtes „andere" (ἑτέρους) meint den Empfänger der positiven Folge des Geschehens. Die Ausdrucksweise ist zum Teil durch 1 Kor 13,3 beeinflußt: κἂν ψωμίσω πάντα τὰ ὑπάρχοντά μου καὶ ἐὰν παραδῶ τὸ σῶμά μου ... Die Erwähnung der Hingabe des Leibes und die Verwendung des Verbs ψωμίσω sprechen ebenfalls dafür, wenngleich zu bemerken ist, daß gerade ψωμίσω jeweils nicht mit der gleichen Bedeutung gebraucht wird. Denn in I Clem heißt es (mit Akk. der Person) „speisen" bzw. „zu essen geben" wie auch in Röm 12,20 (Spr 25,21[B]), während in 1 Kor 13,3 (mit Akk. der Sache) zwei Deutungen möglich sind: a) die ganze Habe „verfüttern"; b) in Brocken teilen, aufsplittern (vgl. Bauer/Aland 1784). Im ersten Fall geht es um Christen, die sich „den Ketten überlieferten" (εἰς δεσμά), d. h. freiwillig in die Gefangenschaft gegangen sind, um andere loszukaufen. Im zweiten Fall werden wiederum „viele" erwähnt, die sich ebenfalls freiwillig als Sklaven verkaufen ließen, um dann mit dem Kaufpreis anderen zu essen zu geben. Es bleibt unklar, wie weit die drastischen Angaben von Selbstlosigkeit in der römischen Gemeinde rhetorisch übermalt sind oder ob sie wenigstens in ihrem Kern auf historische Gegebenheiten zurückgehen. S. Gundert hat vor vielen Jahren im Text einen charakteristischen „Zug aus dem

---

[1] Von Fell angegeben. Vgl. PG 1,319 f.

römischen Leben" erkennen wollen. Als Folge der Bürgerkriege und der will-
kürlichen Schenkungen der römischen Kaiser seien viele freie Familien in eine
extreme Armut getrieben worden. Auf diesem Hintergrund sei die Aussage
über die freiwillige Sklaverei, um andere zu ernähren, zu verstehen[1]. Aber
eine solche Gesellschaftsschicht als Bezugspunkt der Aussage in 55,2 ist für
die römischen Christen am Ende des ersten Jarhunderts schwer vorstellbar.
Es ist jedoch gut möglich, daß die durch spätere Zeugnisse oft belegte und
gelobte Liebestätigkeit der römischen Gemeinde[2] schon hier ihren Anfang
genommen hat, so daß diese Stelle über die rhetorische Gestalt hinaus auch
tatsächliche Haltungen andeutet und eine Praxis widerspiegelt. Mehr als eine
Vermutung ist das allerdings nicht.

3   Wie in I Clem 6,2 im Zusammenhang mit den ersten christlichen heroischen
Kämpfern (5,1–6,1) sind auch hier Frauen in die Liste der Vorbilder aufgenommen. Die Gnade Gottes hat die „vielen Frauen" (πολλαὶ γυναῖκες) so
gestärkt[3], daß sie „viele mannhafte Taten" (πολλὰ ἀνδρεῖα)[4] vollbracht haben.
Die Aussage ist sehr unbestimmt und ohne jeden direkten Bezug zur Beweisführung im Kap. 55. So gesehen läßt sie sich als Einleitung zu den folgenden
Beispielen der Judit und der Ester in V. 4–6 verstehen. In diesem Fall geht es
nicht mehr um Gestalten der christlichen Gegenwart, wie das „unter uns" (ἐν
ἡμῖν) in V. 2 angedeutet hatte. Aber auch so wird die Rolle der Frau gebührend
gewürdigt.

4   Von der Geschichte der Heldin Judit werden die maßgeblichen Momente
erwähnt. Bei der Vertrautheit des Vf.s mit der griechischen Bibel stellt die
Quellenfrage kein Problem dar. Sein Interesse, solche Frauengestalten hervorzuheben, ist nicht zu übersehen. Zum erstenmal wird Judit hier in der
christlichen Literatur erwähnt (das gleiche gilt für Ester). Wenn man bedenkt,
daß sie in der Literatur des hellenistischen Judentums nirgendwo vorkommt

---

[1] Vgl. Brief 650; zustimmend R. A. LIPSIUS, Disquisitio 155; HILGENFELD, 89. Kritisch dazu
LIGHTFOOT, I 2,160.

[2] Der Brief des Ignatius an die Römer wäre ein erstes Zeugnis dafür, aber seine Beweiskraft
hängt von der in den letzten Jahren wieder diskutierten Datierungsfrage ab. Der Hirt des Hermas
enthält diesbezüglich viele Hinweise (Herm sim IX 26,2 [103,2]). Vgl. N. BROX, Hirt 517–520.
Über die römische Gemeinde in der zweiten Hälfte des zweiten Jh.s vgl. Euseb, HistEccl IV
23,10 (Brief des Bischofs Dionys von Korinth), über die von den Vorfahren überlieferte
Gewohnheit der Römer (πατροπαράδοτον ἔθος), die zu Schwerarbeiten verurteilten Christen
finanziell zu unterstützen; in der Mitte des dritten Jh.s vgl. Euseb, HistEccl VI 43,11 (Brief des
Bischofs Cornelius). Nach A. v. HARNACK, Mission 202, setzte sich die römische Gemeinde so
schnell an die Spitze der abendländischen Christenheit, nicht nur „weil sie in der Hauptstadt
des Reiches ihren Sitz hatte (…), sondern vor allem auch deshalb, weil sie die besonderen
Verpflichtungen der allgemeinen Fürsorge erkannt hat, welche ihr in der Reichshauptstadt
auferlegt waren."

[3] Vgl. 2 Tim 2,1: … ἐνδυναμοῦ ἐν τῇ χάριτι …

[4] In einem anderen Sinn ist im AT von der γυνὴ ἀνδρεῖα die Rede. Vgl. Spr 12,4; 31,10; Sir
26,2; 28,15. Auf den rhetorischen Zug: πολλαὶ γυναῖκες – πολλὰ ἀνδρεῖα macht KNOPF, 133,
aufmerksam.

(anders Ester), ist dies eine bemerkenswerte Tatsache[1]. Es gibt also kein Zeugnis über eine „Judit-Überlieferung", welche die Wahl der Person und den sprachlichen Ausdruck hätte beeinflussen können.

Das Prädikat „selig" (μακαρία) stellt Judit auf die gleiche Ebene der Vollendeten wie Mose (43,1) und Paulus (47,1). Die knapp vorgetragenen Einzelheiten weisen einige sprachliche Berührungen mit der LXX-Fassung auf, die auf freies Zitieren aus dem Gedächtnis zurückgehen dürften. Die Angabe über die Belagerung der Stadt entspricht sachlich Jdt 7,19b: ὅτι ἐκύκλωσαν πάντες οἱ ἐχθροὶ αὐτῶν καὶ οὐκ ἦν διαφυγεῖν ἐκ μέσου αὐτῶν. Auch die Begegnung der Judit mit den Ältesten der Stadt stimmt mit Jdt 8,10 überein, aber gerade bei dieser Szene weicht die Version in I Clem von der Erzählung in einer Weise ab, die wahrscheinlich nicht rein zufällig ist. Jdt 8,11–27.32–34 enthält eine lange Rede der Heldin, die mit einem scharfen Vorwurf gegen die Ältesten beginnt. Sie hatten nämlich beschlossen, sich den Feinden zu übergeben, falls Gott ihnen binnen fünf Tagen keine Hilfe gewährt (7,30–32). Da übernimmt Judit die Initiative und verspricht, eine Tat zu vollbringen, die man nie vergessen wird (8,32). Die Rolle der Ältesten beschränkt sich im Grunde darauf, ihrer Absicht zuzustimmen und sie in Frieden zu entlassen (8,35). Nach I Clem hingegen bittet Judit die Ältesten um Erlaubnis, ihr Vorhaben durchzuführen[2]. D. h., die Initiative verbleibt zwar bei Judit, aber es bleibt zugleich die Autorität der Ältesten unausgesprochen gewahrt. Im Zusammenhang mit dem Konflikt in Korinth ist die Annahme berechtigt, daß der Vf. bei seiner Wiedergabe der Geschichte darauf achtet, die Züge zu übergehen, die diese Autorität hätten in Frage stellen können. Judits Hinausgehen (vgl. Jdt 10,9 f.) ins Lager (zu παρεμβολή vgl. Jdt 10,18) der Heiden (zu ἀλλόφυλος vgl. I Clem 4,13; Jdt 6,1) schließt die Vorbereitungen auf die große Tat der Heldin ab.

Bei den zwei ausdrücklich genannten weiblichen Gestalten hebt der Vf. das 5 Moment der Gefahr hervor, an die sich bei ihrer Befreiungstat ausgeliefert haben. Die Partizipial-Wendung παραδοῦσα οὖν ἑαυτὴν τῷ κινδύνῳ drückt das aus. Das ἐξῆλθεν (sie ging hinaus) im Hauptsatz zeigt an, daß ihre Bitte erfüllt wurde (V. 4). Die Deutung des Geschehens erfolgt durch δι' ἀγάπην. So wie bei der Hingabe des Erlösers (49,6) ist die Liebe auch hier der Beweggrund für das Handeln der Judit. Ihre Liebe ist ganz konkret auf das Vaterland und das von den Feinden belagerte Volk ausgerichtet[3]. Die Ausdrucksweise lehnt sich an V. 4 an, wie das Motiv der Belagerung zeigt: V. 4: ἐν συγκλεισμῷ οὔσης τῆς πόλεως; V. 5: καὶ τοῦ λαοῦ τοῦ ὄντος ἐν συγκλεισμῷ. Das Motiv der Gefahr und das deutende δι' ἀγάπην verraten also die Hand

---

[1] Eine sehr späte Datierung des Buches Judit – in die Regierungszeit Hadrians – regte im letzten Jahrhundert die Diskussion um die Echtheit von I Clem an. Vgl. die Stellungnahme von HILGENFELD, 89, und LIGHTFOOT, I 1,353 f.; 2,161.

[2] αἰτέω gebraucht I Clem sonst bei der Bitte an Gott (36,4; 50,2; 53,5; 59,2).

[3] Das Begriffspaar „Volk – Vaterland" kommt in Jer 26,16 und in Est 4,8 (nach A) vor.

des Vf.s. Den Abschluß bildet eine Aussage – mit dem Vorgehenden parataktisch verbunden –, die einen sinnvollen Subjektswechsel beinhaltet. Gott als der κύριος hat den Holofernes in die Hände einer Frau überliefert. Der Text nimmt Jdt 13,15b wieder auf: καὶ ἐπάταξεν αὐτὸν ὁ κύριος ἐν χειρὶ θηλείας. Es ist die Szene, bei der Judit das Haupt des Holofernes aus dem Sack nimmt und es dem Volk zeigt. Die sehr knappe Formulierung in V. 5b läßt vermuten, daß der Vf. die Geschichte als bekannt voraussetzt. Ohne grausame Einzelheiten zu erwähnen, hält er die Grundaussage der Erzählung fest. Dabei gebraucht er nicht das Verb πατάσσειν, „schlagen", wie in Jdt 13,15b, sondern παραδιδόναι, „überliefern", „übergeben". So liegt eine Parallele zum Partizip παραδοῦσα am Anfang von V. 5 vor: Der Frau, die sich aus Liebe zu ihrem Volk der Gefahr überliefert hat, liefert nun Gott den mächtigen Gegner aus.

6   Die Tat der zweiten Heldin, Ester, wird in drei Sätzen erzählt, die – noch stärker als bei der Erwähnung der Judit – beim Leser die Kenntnisse ihrer Geschichte voraussetzen. Es fällt auf, wie wenig Konkretes über den Charakter der Not und über die Art der Rettung gesagt wird[1]. Zuerst ist von der Gefahr die Rede, in die sie sich begab, um ihr Volk zu retten. Fasten und Demütigung begleiten sodann ihre Bitte an Gott. Zum Schluß erscheint, wie bei Judit, Gott als Subjekt der Handlung und wirkt die erhoffte Rettung. Textkritisch ist nicht sicher, ob am Anfang ein Adverb vorkommt (ἧττον, in diesem Fall: „nicht weniger"), oder ein Adjektiv, das auf „Gefahr" bezogen werden müßte (ἧττονι … κινδύνῳ: „zu keiner geringeren Gefahr")[2]. Besser bezeugt ist die LA mit Adverb[3].

Ester wird ἡ τελεία κατὰ πίστιν genannt: „vollkommen im Hinblick auf den Glauben." Gemeint dürfte ihre Glaubensstärke sein (vgl. I Clem 1,2; 6,2; 35,2), wie auch der Glaube der Rahab in 12,1 gelobt wird. Das Gefahrmotiv kann in diesem Fall auf das schöne Gebet Esters zurückgehen: βοήθησόν μοι τῇ μόνῃ καὶ μὴ ἐχούσῃ βοηθὸν εἰ μὴ σέ, ὅτι κίνδυνός μου ἐν χειρί μου (Est 4,17l)[4]. Nach dem Hilferuf stellt die Heldin fest, daß ihre Gefahr in ihrer Hand ist. Der seltene Ausdruck δωδεκάφυλος bezeichnet die zwölf Stämme Israels (vgl. Apg 26,7; Sib 3,249: λαὸς ὁ δωδεκάφυλος) wie in I Clem 31,4 das noch seltenere τὸ δωδεκάσκηπτρον τοῦ Ἰσραήλ. Der vage Hinweis auf eine drohende Gefahr genügt, um die Lage der Heldin verständlich zu machen und ihre Tat herauszustellen.

---

[1] Unvergleichbar größer ist das Interesse des Josephus an der Geschichte der Ester. Vgl. Ant 11,184–296.

[2] Vgl. I Clem 47,4: ἧττονα ἁμαρτίαν.

[3] Vgl. ἧττονι: A (Gebhardt, Funk, Lightfoot, Schaefer, Jubert); ἧττον HLC¹S (Bihlmeyer, Lake, Fischer, Schneider).

[4] Die Texte in I Clem 55, die eine inhaltliche Parallele zum Esterbuch aufweisen, gehören alle zu den sogenannten „griechischen Zusätzen".

Die Bitte der Ester ist durch Fasten und Demütigung bekräftigt. Auch in Est 4,17k ist von den äußeren Bußzeichen der Königin die Rede. Dabei heißt es: καὶ τὸ σῶμα αὐτῆς ἐταπείνωσεν σφόδρα, was leibliche Demütigung oder auch Kasteiung bedeuten kann[1]. Vielleicht spielt der Text auf diese Szene an, aber die Wendung „Fasten und Demütigung" ist typisch für die Haltung derer, die vor Gott eine mittlerische fürbittende Funktion erfüllen, wie Mose in 53,2. Die Bitte richtet sich an Gott als den παντεπόπτην δεσπότην, den „allesschauenden Herrscher". Die Gottesprädikation παντεπόπτης (vgl. 64; PolPhil 7,2) kommt in der LXX nur in 2 Makk 9,5 vor (vgl. auch Sib Fr. 1,3 f.: θεόν, τὸν ἐπίσκοπον ὑμῶν, ὕψιστον γνώστην πανεπόπτην (vl παντεπόπτην) μάρτυρα πάντων)[2]. Die Macht Gottes äußert sich in diesem Fall durch die Kraft seines alles erfassenden Blickes. Zur zweiten Prädikation θεὸν τῶν αἰώνων vgl. Sir 36,17; grHen 9B,4; JosAs 12,1. In der letzten Aussage schaut Gott auf die Demut der Seele Esters (ὃς ἰδὼν τὸ ταπεινὸν τῆς ψυχῆς αὐτῆς), wie es sowohl seiner Eigenschaft als παντεπόπτης als auch ihrer demütigen Haltung entspricht. Die Formulierung weist eine traditionelle Prägung auf (vgl. Gen 29,31: ἰδὼν δὲ κύριος ...; Ps 24,18: ἰδὲ τὴν ταπείνωσίν μου ...). Aus diesem Schauen geht die rettende Tat Gottes hervor (ὃς ἰδὼν ... ἐρύσατο), so daß die Königin das Heil Gottes vermittelt. Es handelt sich wieder um eine Deutung des Vf.s, denn dieser Aspekt wird in der Geschichte der Ester nicht so hervorgehoben. In Est 10,3 f. heißt es: καὶ ἔσωσεν κύριος τὸν λαὸν αὐτοῦ, καὶ ἐρρύσατο κύριος ἡμᾶς ... Auch in der abschließenden Bemerkung: „um derentwillen sie die Gefahr auf sich genommen hatte"[3] kommt dies zum Tragen. Es gehört zu den Zügen des geschilderten Vorbilds, daß es nicht nur Rettung herbeiführt, sondern darüber hinaus, daß die Rettung in Zusammenhang mit dessen Haltung steht.

13.6. Ermahnung zur Annahme der Züchtigung (56,1–58,2)

Die Beispiele in Kap. 55 sind ein wichtiges Mittel der Überredung, aber sie allein reichen nicht aus, um die Adressaten der Botschaft zu überzeugen. Wie vielfältig die Wege sind, die der Vf. dabei einschlagen kann, zeigen die folgenden Kapitel. In Kap. 56–57 begründet jeweils ein langes Schriftzitat die am Anfang ausgesprochene Aufforderung zur Züchtigung und Unterordnung. Daß die geforderte Antwort unumgänglich ist, zeigt sich in der mit der Autorität der göttlichen Weisheit vorgetragenen Drohung 57,3–7. Nur im Gehorsam ist es möglich, in die Zahl der Geretteten eingereiht und ihnen zugerechnet zu werden (58,2).

---

[1] Vgl. Ps 34,13b: καὶ ἐταπείνουν ἐν νηστείᾳ τὴν ψυχήν μου.
[2] In der griechischen Literatur ist die Bezeichnung gut belegt. Vgl. BAUER/ALAND 1231.
[3] Die frei gestaltete Relativ-Verbindung (ὧν χάριν) bezieht sich auf τὸν λαόν.

13.6.1. Ermahnung zum Gehorsam (56,1–16)

Zuerst geht es um das Gebet für die Schuldigen (V.1), dann um die brüderliche Ermahnung in der ersten Person-Plural (V.2). Da der Wille Gottes der über allem stehende Bezugspunkt ist, wird im folgenden die Schrift als Ausdruck dafür ausgiebig zitiert (V.3 = Ps 117,8; V.4 = Spr 3,12; V.5 = Ps 140,5a; V.6–15 = Ijob 5,17–26). Aus diesem Zeugnis können die Gläubigen in Korinth ersehen, wie sich das Erbarmen Gottes durch die Zucht offenbart (V.16). Seine eigenen Aussagen in diesem Kapitel (V.1.2.16) schließt der Vf. immer mit einem halb erklärenden, halb zusammenfassenden Satz ab: V.1b: οὕτως γὰρ ἔσται αὐτοῖς ἔγκαρπος; V.2b: κολλᾷ γὰρ ἡμᾶς τῷ θελήματι; V.16b: πατὴρ γὰρ ἀγαθὸς ὢν παιδεύει εἰς τὸ ἐλεηθῆναι.

1. Auch wir wollen daher für die beten, die in irgendeiner Übertretung leben, damit ihnen Milde und Demut dazu verliehen werden, daß sie nicht uns, sondern dem Willen Gottes folgen. So wird nämlich das mitleidvolle Gedenken vor Gott und den Heiligen für sie fruchtbar und vollkommen sein. 2. Nehmen Züchtigung an, über die niemand aufgebracht sein darf, Geliebte. Die Ermahnung, die wir einander geben, ist gut und überaus nützlich. Denn sie verbindet uns innig mit dem Willen Gottes.
3. Denn so sagt das heilige Wort: „Hart hat mich der Herr gezüchtigt, doch dem Tod hat er mich nicht übergeben."
4. „Denn wen der Herr liebt, den züchtigt er. Er geißelt jeden Sohn, den er annimmt."
5. „Züchtigen wird mich", heißt es nämlich, „der Gerechte mit Erbarmen, und er wird mich zurechtweisen; Öl von Sündern aber soll mein Haupt nicht salben."
6. Und wiederum heißt es: „Selig der Mensch, den der Herr zurechtgewiesen hat. Züchtigung des Allmächtigen lehne nicht ab! Denn er bereitet Schmerz und stellt wieder her. 7. Er schlug, doch seine Hände heilten. 8. Sechsmal wird er dich aus Nöten befreien, beim siebten Male aber wird Unheil dich nicht treffen. 9. In Hungersnot wird er dich vor dem Tod retten, im Krieg aus der Hand des Schwertes dich lösen. 10. Und vor der Zunge Geißel wird er dich verbergen, und keinesfalls sollst du dich fürchten vor den kommenden Übeln. 11. Ungerechte und Frevler sollst du verlachen, vor wilden Tieren dich keinesfalls fürchten; 12. denn wilde Tiere werden mit dir in Frieden leben. 13. Dann sollst du erfahren, daß dein Haus in Frieden leben wird. Die Wohnstätte deiner Hütte soll keinesfalls Mangel haben. 14. Erfahren sollst du, daß dein Same zahlreich wird, deine Kinder wie die Fülle des Krauts auf dem Acker. 15. Ins Grab wirst du kommen wie reifes Korn, das zur rechten Zeit geerntet wird, oder wie ein Garbenhaufen auf der Tenne zur rechten Zeit eingebracht." 16. Ihr seht, Geliebte, wie groß der Schutz für die ist, die vom Herrn in Zucht genommen werden. Denn da er ein guter Vater ist, züchtigt er, damit wir durch seine heilige Züchtigung Erbarmen finden.

Das „wir", das sich zum Gebet verpflichtet, rechnet mit einer Gruppe in der   1
korinthischen Gemeinde, die denen gegenübersteht, die „in irgendeiner Übertretung leben." Es spricht zwar die römische Gemeinde, aber ihr Wort hat erst
sein Ziel erreicht, wenn sich die korinthischen Christen ihm anschließen. Die
Formulierung der Fürbitte ist zwar äußerst zurückhaltend (s. V. 2), doch in
ihrer Intention deutlich genug. Die „Übertretung" kann keine andere sein als
die „Sünde" von 44,4[1]. Die Aufforderung in 51,3, die eigene Übertretung zu
bekennen, war ein Teil eines umfassenden Versuches, die Anführer des Konflikts anzusprechen (51,5), sie zum Bekenntnis der eigenen Schuld (51,3) und
zur Annahme der Entscheidung der Gemeinde (54,2) zu bewegen, mit der
Konsequenz, auch die von ihr auferlegte Züchtigung auf sich zu nehmen (56,2;
57,1). Die Fürbitte verfolgt ein Ziel, das in sich zwei Momente einschließt. Das
erste (mit der Final-Konjunktion ὅπως) ist die Gabe der Milde und der Demut.
Die Passivform (δοθῇ) in einem Gebet weist auf Gott als den Geber hin. Das
Begriffspaar „Milde und Demut" (ἐπιείκεια καὶ ταπεινοφροσύνη) kommt auch
in I Clem 30,8 vor (vgl. 58,2; 62,2), und bezeichnet eine Geisteshaltung, die
im ganzen Schreiben eine Art von Ideal des christlichen Lebens darstellt. Das
zweite Moment des angestrebten Ziels betrifft die Antwort der Angesprochenen
auf die erfolgte klare Aufforderung. Sie sollen nachgeben, d. h. die Botschaft
der römischen Gemeinde annehmen. Wenn sie das tun, leisten sie Gehorsam,
aber nicht gegenüber einer menschlichen Instanz, sondern dem Willen Gottes.
Wie schon an anderen Stellen vermerkt, kommt keinerlei Zweifel über die
stillschweigende Gleichstellung von eigener Stellungnahme und dem göttlichen
Willen auf. Die Reihenfolge der zwei Final-Sätze ist bedeutsam. Die göttlichen
Gaben der Milde und der Demut (ὅπως δοθῇ αὐτοῖς …) sind die Voraussetzungen für die Annahme seines Willens (εἰς τὸ εἶξαι αὐτοὺς …).
    Die Konsequenz aus der Erfüllung der Fürbitte kommt in einem kunstvoll
gestalteten Satz zum Ausdruck:

οὕτως γὰρ ἔσται αὐτοῖς ἔγκαρπος καὶ τελεία
ἡ πρὸς τὸν θεὸν καὶ τοὺς ἁγίους μετ᾽ οἰκτιρμῶν μνεία.

Das Subjekt, das Gedenken, steht ganz am Ende des Satzes und wird durch
das Adjektiv-Paar „fruchtbar und vollkommen"[2] näher charakterisiert. Das
Gedenken richtet sich an Gott und an die Heiligen, und zwar in Mitleid,
Erbarmen (μετ᾽ οἰκτιρμῶν)[3]. In diesem Zusammenhang geht es um das Gebet[4]
der Gläubigen, das „fruchtbar und vollkommen" sein wird, wenn sein Anliegen
erhört und verwirklicht wird. Daß es nicht nur an Gott gerichtet wird, sondern

---

[1] Anders KNOPF, 133: die Fürbitte bezieht sich „ganz allgemein auf alle Uebertreter". Richtig
LINDEMANN, 157.
[2] Auch in 44,5 über den Tod der Presbyter.
[3] Vgl. 9,1; 18,2 (= Ps 50,3); 20,11: immer vom Erbarmen Gottes, was an dieser Stelle
freilich nicht möglich ist.
[4] Die „Erinnerung" im Gebet ist ein paulinischer Ausdruck. Vgl. Röm 1,9; Phil 1,3; 1 Thess
1,2; Phlm 4; Eph 1,16. Vgl. O. MICHEL, ThWNT IV 682.

auch an die „Heiligen", klingt auf den ersten Blick überraschend. Es sind die
gleichen gemeint, denen man sich eng anschließen soll (46,2), nicht die Engel,
wie Harnack vermutet (Einführung 119)[1]. Wie Knopf (133) richtig behauptet,
spielt der Text auf die im Gottesdienst versammelte Gemeinde an. Selbstverständlich richtet sich das Gebet an Gott, aber den „Heiligen" kommt auch
eine fürbittende Rolle zu. Es wird weder geklärt, wer konkret diese „Heiligen"
sind, noch wer das tragende Subjekt des Gedenkens ist, nur daß dieses
„mitleidsvoll" erfolgen soll. Indem der Text all diese „leeren Stellen" stehen
läßt, schafft er zugleich die Möglichkeit für den Leser bzw. für den Hörer,
die Rolle selbst zu übernehmen, die ihm aus der Sicht des Vf.s zugedacht
ist[2]. Mit dem Reim τελεία – μνεία geht die Aussage zu Ende.

2   Ebenso vorsichtig wie die Formulierung am Anfang von V. 1 ist die Aufforderung zur Annahme der Zuchtmaßnahmen[3] – inhaltlich werden sie nicht
beschrieben[4]. Das zeigt sich nicht nur an der Verwendung der ersten Person-
Plural, sondern darüber hinaus an den zwei folgenden Aussagen: 1. „Wir"
sollen nämlich die Zucht annehmen[5], aber niemand darf sich deswegen darüber aufregen; 2. die Ermahnung (νουθέτησις)[6] der römischen Gemeinde
erfolgt nicht einlinig, sondern im Austausch, gegenseitig (εἰς ἀλλήλους). Die
erste Bemerkung hat nur einen Sinn, wenn der Vf. mit einer möglichen
Aufregung[7] in der korinthischen Gemeinde rechnet. Im ganzen Schreiben ist
das einer der wenigen Hinweise auf irgendwelchen Widerstand bei den Korinthern (vgl. 59,1!). Sonst überwiegt der vom Bewußtsein der eigenen Autorität und der Stichhaltigkeit der eigenen Stellungnahme geprägte Ton. Die
zweite Bemerkung nimmt den Gedanken von 7,1 wieder auf: Das Schreiben
will nicht nur die Korinther ermahnen, sondern auch die römische Gemeinde
an Grundsätzliches erinnern. Hier geht es sogar um einen Schritt weiter: „Die
Ermahnung die wir einander geben …" Aber das rhetorische Ziel dürfte in
beiden Stellen das gleiche sein. Die Durchsetzung des eigenen Anspruchs
erfolgt nicht unter dem Vorzeichen autoritärer Machtausübung, sondern auf
dem Weg der Überredungskunst bis hin zur Zustimmung[8]. Schließlich darf

---

[1] Ähnlich FISCHER, 95 Anm. 332; JAUBERT, 188 f. Anm. 2.

[2] Die Beobachtung von O. MICHEL, a. a. O.: „Die Reinheit der paulinischen Fürbitte bleibt
hier nicht bewahrt", trifft zu. Aber die Fürbitte in I Clem 56,1 gehört in einen Prozeß von
Einflußnahme und Gruppenbildung. Der Anlaß bedingt Inhalt und Form.

[3] Spiegelt die lateinische Übersetzung „doctrinam" etwa ein Verständnis von παιδεία im Sinn
von Bildung bzw. Erziehung wider?

[4] Zum παιδεία-Begriff vgl. 21,6.

[5] Die Diktion ist biblisch. Vgl. Spr 4,13: ἐπιλαβοῦ ἐμῆς παιδείας; 8,10: λάβετε παιδείαν.

[6] Vgl. 1 Kor 10,11: ἐγράφη δὲ πρὸς νουθεσίαν ἡμῶν; Eph 6,4: ἐν παιδείᾳ καὶ νουθεσίᾳ κυρίου.

[7] Zu ἀγανακτεῖν ἐπὶ τίνι vgl. Lysias, Or. 1,1; Weish 12,27; Josephus, Bell 4,162; 5,5; Philo,
VitMos I 292; Decal 75; LegGai 361.

[8] J. ROHDE, Ämter 115, vertritt eine andere Sicht der Dinge, nach der der Vf. über eine
klare Vorstellung von den Machtverhältnissen in der korinthischen Gemeinde verfügt: „Clemens
möchte den korinthischen Ersatzcharismatikern neben den kultischen auch geistliche Vollmacht
übertragen wissen, vor allem seelsorgerliche Kirchenzucht (56,1-7; 57,1-5)."

nicht vergessen werden, daß die Gegenseitigkeit von der römischen Gemeinde festgestellt wird, d. h. einseitig geschieht und nicht einem Dialog entspringt. Ferner liegt es auf der Hand, daß eine in einem solchen Rahmen definierte Ermahnung „gut und überaus nützlich" ist[1].

Die zwei besprochenen Aussagen bilden eine Parenthese in der Gedankenführung. Der folgende Satz (κολλᾷ γὰρ ἡμᾶς τῷ θελήματι τοῦ θεοῦ) hat also als sachliches Subjekt die παιδεία, nicht die νουθέτησις[2]. Natürlich ist die Annahme der Zucht auch der Inhalt der Ermahnung, aber nicht die Ermahnung steht im Mittelpunkt, sondern die an sich paradoxe Tatsache, daß Gott durch die Zucht die Gläubigen nicht einfach bestrafen, sondern schützen will. Es geht darum, daß man in seiner Züchtigung ein Zeichen seines Erbarmens erkennt (V. 16). So wie die Liebe eine enge Verbindung mit Gott schafft (49,6), so auch die angenommene Zucht mit seinem Willen. Wurde in V. 1 beteuert, daß das Nachgeben der Korinther nicht einer menschlichen Instanz gilt, sondern dem Willen Gottes, wird nun dieser Wille als Ziel einer heilbringenden Bindung dargestellt.

Das Zitat wird eingeführt mit der gleichen Formel wie in 13,3: „Denn so   3 spricht das heilige Wort." Inhaltlich entspricht es genau Ps 117,18: Die Zucht Gottes kann hart sein, aber sie bringt nicht den Tod.

Der Text geht weiter, als würde es sich um die gleiche Quelle handeln.   4 Das ist aber nicht der Fall. Die Quelle ist diesmal Spr 3,12, der wörtlich wiedergegeben wird. Zu den schon festgestellten Berührungspunkten zwischen I Clem und dem Hebräerbrief gehört auch dies: Hebr 12,5b.6 zitiert nämlich Spr 3,11–12, d. h. in umfassenderer Form und außerdem nicht als Teil eines Mischzitates.

Das Verbindungswort zwischen beiden Texten ist das Verb παιδεύειν. Aber die Auswahl der Texte richtet sich offenbar nicht nach einem allein formalen Kriterium. Darüber hinaus läßt sich eine inhaltliche Verbindung in der Form einer Steigerung feststellen. Der schweren Erfahrung in V. 3, der nur noch der Tod gefehlt hat, folgt die andere, nicht weniger realistische, daß die Züchtigung des Herrn doch Zeichen seiner väterlichen Liebe ist.

Nur das Verb φησίν weist auf ein neues Zitat hin. Nimmt man als Subjekt   5 ὁ ἅγιος λόγος von V. 3, dann spricht weiterhin das heilige Wort. Sonst wäre es unpersönlich aufzufassen, nämlich als „es heißt". Der zitierte Text ist Ps 140,5a. Der Beter erklärt sich bereit, vom Gerechten Züchtigung und Zurückweisung in Erbarmen anzunehmen. Im Gegensatz dazu will er nicht, daß

---

[1] Nimmt man die zwei Aussagen: ὀφείλει ἀγανακτεῖν, und ὑπεράγαν ὠφέλιμος zusammen, ergibt sich daraus die rhetorische Figur der „Paronomasie" (annominatio). In diesem Fall wäre es eine „annominatio per immutationem", wie bei Cicero, Phil. 14,38: „cum plurimos caederent, caderent nonnulli." Vgl. H. LAUSBERG, Handbuch I 324 f.

[2] Anders GRANT, 89: „... mutual admonition ... unites Christians to God's will." Ähnlich JAUBERT, 189.

sein Haupt mit dem Öl der Sünder gesalbt wird[1]. Nach dem Zusammenhang ist Gott jetzt der Gerechte, der die Züchtigung ausübt und im Zeichen des Erbarmens richtet. Noch einmal verbindet das Verb παιδεύειν Texte unterschiedlicher Herkunft miteinander.

6   Wie in 14,5; 15,4; 17,6; 46,3; 52,3 erscheint die Form καὶ πάλιν λέγει am Schluß einer Zitatenreihe. Im Unterschied zu den drei anderen kurzen Texten, die zuvor zitiert wurden, handelt es sich diesmal um den ganzen Abschnitt Ijob 5,17–26. V. 6 gibt wörtlich Ijob 5,17–18a wieder[2]. Das Verb ἐλέγχειν (hier wohl im Sinn von „zurückweisen") als Handlung des Herrn verdeutlicht die Aussage über den Gerechten in V. 5 und bildet die Brücke zwischen beiden Zitaten. Der Makarismus erinnert an den in 50,6 zitierten Ps 31,1 f. Hier wird selig gepriesen, wer die Zurückweisung und Züchtigung Gottes nicht ablehnt. Es ist die gewohnte Art, die Konflikt-Partei in den Plan Gottes so einzubeziehen, daß sie durch die Annahme der Züchtigung auch zu den Seligen gehört. Die Reihe von Gegenüberstellungen im letzten Teil des Verses und in V. 7 zeigt, daß der Weg dorthin immer einen schmerzlichen Aspekt beinhaltet, wenngleich zum Schluß das Heilshandeln Gottes überwiegt.

7–8   Die Abweichungen zur LXX-Fassung Ijob 5,18b–19 in V. 8 entsprechen der alexandrinischen Textüberlieferung[3]. Von jetzt bis zum Ende des Zitats geht es nur um rettende Taten Gottes, die dem Makarismus des Anfangs konkrete Konturen verleihen.

9–13   Die Zusage, im Hause werde der Friede herrschen (V. 13 = Ijob 5,24a), deckt sich ganz mit der Absicht des Schreibens (63,4), zumal dem Leser klar sein muß, unter welchen Umständen dieser Friede zustandekommen soll (54,2!).

14–15   Das Zitat geht zu Ende (Ijob 5,25–26) mit dem Bild vom erfüllten Leben als Zeichen für die erfahrenen Gaben Gottes in dieser Welt[4]. Ein Hinweis auf eine andere eschatologische Perspektive ist nicht vorhanden[5]. Die Länge

---

[1] Die Varianten im Text erklären sich aus dem Bemühen, die Schriftaussage an die Zitatenreihe in diesem Kapitel anzupassen. So ist nach H nicht δίκαιος das Subjekt, sondern κύριος, d. h. Gott. Die Änderung ist sinnvoll auch im Hinblick auf den Anfang des folgenden Zitats in V. 6: Selig ist der Mensch, den der Herr zurückweist (ὃν ἤλεγξεν ὁ κύριος). Die LA mit δίκαιος ist besser bezeugt und stellt die lectio difficilior dar. Ebenso verständlich ist, daß die Mehrheit der Textzeugen (HLSC¹) der LXX-Fassung mit dem Singular ἁμαρτωλοῦ folgen, während der Alexandrinus allein die Pluralform ἁμαρτωλῶν bietet.

[2] Zwischen den ersten zwei Worten (μακάριος ἄνθρωπος) bringt die LXX die Partikel δέ. Sie fehlt auch in der bohairischen Übersetzung und im Kommentar des Didimus, aber nicht in B wie D.A. HAGNER, Use 41, behauptet.

[3] LXX: σε ἐξελεῖται; A und I Clem ἐξελεῖταί σε; LXX: μὴ ἅψεται; A und I Clem: οὐχ ἅψεται. LIGHTFOOT, I 2,165 verweist auf die längere Fassung des Codex A (LXX) nach Ijob 5,21 und 5,23, die in I Clem 56,10 und 56,12 nicht aufgenommen worden sind. Daraus schließt er, daß die Fassung in I Clem der LA von LXX B א näher liegt als dem Codex A (LXX). Ähnlich D.A. HAGNER, Use 41. Der Überlieferungsbefund ist aber nicht so eindeutig.

[4] So richtig O. KNOCH, Eigenart 191.

[5] Anders LINDEMANN, 158, der für möglich hält, daß der Vf. „entgegen dem ursprünglichen Textsinn, im Bild von der Ernte die Auferstehung im Blick hat."

des Zitats und die weitgehende wörtliche Übereinstimmung mit einem Text, der in der christlichen Literatur sonst keine Rolle spielt, weisen auf eine bewußte Auswahl und auf eine schriftliche Vorlage hin[1]. Im Hinblick auf die Zitatengruppe in diesem Kapitel vermutet Jaubert (189 Anm. 3) die Existenz eines Florilegiums um das Stichwort „Züchtigung" als Grundlage. Ebenso möglich ist eine vom Vf. selbst angefertigte Sammlung. Die festgestellten Bezüge auf andere Stellen des Schreibens lassen sich besser erklären, wenn sie keine rein zufälligen Berührungspunkte darstellen. Im Zusammenhang mit dem Anliegen der Einheit Kap. 56–58 ist die Absicht leicht erkennbar: Die Schrift begründet die notwendige Annahme der Züchtigung als eine von Gott gewollte Maßnahme.

Nach den vielen Beispielen enthält V. 16 eine zusammenfassende Deutung, die den Sinn der zitierten Texte erschließen soll. Das βλέπετε am Anfang ist besser indikativisch (ihr sehet) und nicht imperativisch aufzufassen. Ginge es um einen Imperativ, würde man eher das häufige ὁρᾶτε erwarten (4,7; 12,8; 16,17; 21,1; 23,4; 41,4; 50,1). βλέπειν hat in I Clem einen konkreten Bezug auf das Objekt des Sehens, wie die zwei anderen Stellen, wo das Verb vorkommt (25,4; 28,1), belegen. Anscheinend erhofft sich der Vf. vom Zeugnis der Schrift ein so konkretes Anschauungsobjekt wie bei den anderen Texten. Die Größe, die nach der Annahme des Vf.s wahrgenommen wurde, ist der Schutz (ὑπερασπισμός) Gottes. Der Terminus drückt in der LXX das schützende Handeln Gottes aus (2 Sam 22,36 = Ps 17,36; Sir 34,16)[2]. Das gilt aber τοῖς παιδευομένοις ὑπὸ τοῦ δεσπότου, d. h. denen, die sich vom Herrscher in Zucht nehmen lassen. Beides, das Partizip-Passiv παιδευομένοις und die Bezeichnung Gottes als δεσπότης bringen das Moment des Gehorsams gegenüber Gott deutlich zum Ausdruck.

Der abschließende Satz beleuchtet einen anderen ebenso wichtigen Aspekt, der für das Gottesbild von I Clem charakteristisch ist. Gott, der mächtig ist und seine Macht ausübt, ist zugleich der gütige Vater. Seine Züchtigung verfolgt ein durchaus positives Ziel: Die Gläubigen sollen darin die Erfahrung seines Erbarmens machen (εἰς τὸ ἐλεηθῆναι ἡμᾶς). Im Hinblick auf dieses Ziel verdient die παιδεία das Prädikat ὁσία, das in diesem Zusammenhang wohl mit „heilig" zu übersetzen ist[3].

---

[1] Vgl. W. Wrede, Untersuchungen 64.

[2] Vgl. 45,7: ὑπερασπιστής.

[3] Schon im Hinblick auf die LXX-Sprache bemerkt G. Bertram, ThWNT V 607, daß in die Texte mit παιδεύειν auch in der Bedeutung von „Zucht" und „Züchtigung" „das intellektuelle Moment von Bildung, Erziehung und Unterricht viel weiter" eindringt, als das im Urtext der Fall war. Dies läßt sich auch in I Clem 56 beobachten. Vgl. P. Stockmeier, Begriff 406; W.-D. Hauschild, Erziehung 619.

13.6.2. Appell an die Verantwortlichen des Aufruhrs (57,1–7)

Die verheißungsvolle Perspektive, die sich bei einer Lösung des Konflikts im Sinn des Vf.s abzeichnet, soll jedoch die Möglichkeit nicht vergessen lassen, daß die Verantwortlichen das Angebot doch nicht annehmen. Das Kap. 57 fängt mit einer sehr direkten Aufforderung zur Unterordnung und zum Gehorsam an (V. 1–2), die durch ein langes Zitat aus Spr 1,23–33 mit der ernsten Drohung der göttlichen Weisheit bekräftigt wird (V. 3–7).

1. Ihr also, die ihr den Anfang des Aufruhrs verursacht habt, ordnet euch den Presbytern unter und, die Knie eures Herzens beugend, laßt euch züchtigen zur Buße! 2. Lernt, euch unterzuordnen, legt ab die prahlerische und hochmütige Überheblichkeit eurer Zunge! Denn es ist besser für euch, in der Herde Christi als klein, aber dazugerechnet erfunden zu werden, als in übermäßiger Geltung stehend, aus ihrer Hoffnung verstoßen zu werden.
3. Denn so spricht die vortreffliche Weisheit: „Siehe, verkünden will ich euch meines Mundhauchs Rede, lehren will ich euch mein Wort. 4. Da ich rief und ihr nicht gehört habt, und da ich die Worte ausdehnte und ihr nicht acht darauf gabt, sondern meine Beschlüsse ungültig gemacht (und) meinen Zurechtweisungen nicht gehorcht habt: Darum also werde ich zu eurem Untergang lachen, werde spotten, wenn Verderben über euch kommt, und wenn plötzlich Verwirrung über euch hereinbricht, (wenn) die Katastrophe gleich einem jähen Windstoß da ist, oder wenn Bedrängnis und Belagerung über euch kommt. 5. Denn es wird sein, daß, wenn ihr mich anruft, ich euch nicht erhören werde. Böse werden mich suchen und nicht finden. Denn sie haben die Weisheit gehaßt, die Furcht des Herrn nicht angenommen, noch wollten sie auf meine Beschlüsse achten, vielmehr verspotteten sie meine Zurechtweisungen. 6. Darum sollen sie die Früchte ihres Weges essen und ihrer Gottlosigkeit voll werden. 7. Denn dafür, daß sie an Unmündigen Unrecht getan haben, sollen sie getötet werden, und das Gericht soll die Gottlosen vernichten. Wer aber auf mich hört, soll in Hoffnung vertrauensvoll wohnen und ohne Furcht Ruhe haben vor allem Bösen."

1 Mit dem vorangestellten Personalpronomen wendet sich der Vf. direkt an die Anführer der Unruhen. Er verzichtet auf eine diplomatische Ausdrucksweise, aber die Gestaltung ist nicht vernachlässigt:

ὑμεῖς οὖν οἱ τὴν καταβολὴν τῆς στάσεως ποιήσαντες
    ὑποτάγητε τοῖς πρεσβυτέροις
καὶ παιδεύθητε εἰς μετάνοιαν,
κάμψαντες τὰ γόνατα τῆς καρδίας ὑμῶν.

Die zwei Imperativformen sind von zwei Partizipialwendungen, je am Anfang bzw. am Ende der Aussage – s. auch die zwei Pronomina ὑμεῖς und ὑμῶν –, eingerahmt. Dank des dadurch erzeugten Klangeffekts bekommt die Texteinheit eine eigene Prägung. καταβολή kann hier Anfang oder Grund bedeuten[1]. Sachlich ergibt sich daraus kein Unterschied, denn diejenigen, die mit dem Aufruhr begonnen haben, gelten auch als die Urheber. Es ist die gleiche Gruppe, die in 51,1 (οἵτινες ἀρχηγοὶ στάσεως καὶ διχοστασίας ἐγενήθησαν) angesprochen wurde. Die Aufforderung ist unmißverständlich: Sie sollen sich den Presbytern unterordnen. Ähnliches liegt in 1 Petr 5,5 vor: ὁμοίως, νεώτεροι, ὑποτάγητε πρεσβυτέροις, freilich ohne den Konflikthintergrund von I Clem. Wie in I Clem 54,2 sagt der Vf. kein Wort über eine Wiedereinsetzung der Presbyter[2], sondern er rechnet mit einer Gruppe von Amtsträgern, die wenigstens die entsprechende Autorität beanspruchen können, auch wenn sie nicht von allen anerkannt wird. Die zweite Aufforderung gibt in wenigen Worten den Inhalt von Kap. 56 wieder: Sie sollen die Züchtigung annehmen, und zwar zur Buße (εἰς μετάνοιαν). Die Aussagen über die μετάνοια in 7,4–8,5 kommen hier zum Tragen. Der Terminus wurde nur dort gebraucht, und er erscheint zum letzten Mal in der Zusammenfassung 62,2. Ein Bild für die notwendige Unterordnung schließt die Ermahnung ab: Sie sollen die Knie ihres Herzens beugen![3] Der Text ist streng auf die Lage in Korinth bezogen[4]. Indem sich die Unruhestifter unterwerfen, soll die strittige Angelegenheit gelöst werden.

Nach einer erneuerten Aufforderung zur Unterwerfung wird herausgestellt, 2 auf welche Weise diese Unterwerfung geschehen soll: im Ablegen „der prahlerischen und hochmütigen Überheblichkeit der Zunge". Die folgende Aussage hat einen grundsätzlichen Charakter und hebt den Vorteil heraus, der Herde Christi anzugehören. In beiden Teilen lassen sich dem Inhalt und der Ausdrucksweise nach Berührungspunkte besonders mit Aussagen der Kap. 13–15 aufzeigen, genauer mit dem Anfang des langen Abschnitts über die Demut (13,1–19,1)[5].

---

[1] Die Übersetzung versucht die Doppelschichtigkeit des Ausdrucks zu bewahren.

[2] Anders A. v. HARNACK, Einführung 119, der hier die „Zurücknahme der Absetzung" annimmt. Bezüglich 54,2, wo auch die Gemeinde an der Entscheidung maßgeblich beteiligt war, meint er, es sei nur eine Formsache. Die „wirklich Maßgebenden und Handelnden" waren die Beamten.

[3] Ein ähnliches Bild in OrMan 11: καὶ νῦν κλινῶ γόνυ καρδίας μου δεόμενος τῆς παρὰ σοῦ χρηστότητος. Cotelier, der auf diese Parallele hingewiesen hat, macht auf den häufigen Gebrauch der Wendung bei späteren christlichen Zeugen aufmerksam (PG 1,323). Nach KNOPF, 135, kann I Clem „sehr wohl von diesem Apokryphon abhängig sein." Es ist dabei zu beachten, daß der Vf. oft solche Bilder verwendet. Vgl. 2,8 (die Breite bzw. die Wände des Herzens); 19,3 (τοῖς ὄμμασιν τῆς ψυχῆς = mit den Augen der Seele); 36,2 und 59,3 (οἱ ὀφθαλμοὶ τῆς καρδίας = die Augen des Herzens).

[4] Das wird von O. KNOCH, Eigenart 227, zu wenig beachtet, wenn er aus 57,1 schließt, „daß die kultischen Amtsträger der Kirche, die Presbyter-Episkopen, das kirchliche Bußinstitut verwalten und dem Sünder gegenüber in Anwendung bringen."

[5] Einiges davon schlägt sich auch in der handschriftlichen Überlieferung nieder. Statt ἀλαζόνα bringen LC¹S ἀλαζονείαν, wie in 13,1.

μάθετε ὑποτάσσεσθαι,
ἀποθέμενοι τὴν ἀλαζόνα καὶ

ὑπερήφανον τῆς γλώσσης ὑμῶν
αὐθάδειαν·
ἄμεινον γάρ ἐστιν ὑμῖν,
ἐν τῷ ποιμνίῳ τοῦ Χριστοῦ
μικροὺς καὶ ἐλλογίμους εὑρεθῆναι,
ἢ καθ᾽ ὑπεροχὴν δοκοῦντας
ἐκριφῆναι ἐκ τῆς ἐλπίδος αὐτοῦ.

13,1:
ἀποθέμενοι πᾶσαν ἀλαζονείαν καὶ τῦφος
15,5
τὴν γλῶσσαν ἡμῶν μεγαλυνοῦμεν
14,1
δίκαιον οὖν καὶ ὅσιον, ἄνδρες ἀδελφοί,
ὑπηκόους ἡμᾶς μᾶλλον
γενέσθαι τῷ θεῷ
ἢ τοῖς ἐν ἀλαζονείᾳ καὶ ἀκαταστασίᾳ
μυσεροῦ ζήλους ἀρχηγοῖς ἐξακολουθεῖν.

Nach 44,3 gelten als nicht absetzbar die Amtsträger, die der Herde Christi unter anderen μετὰ ταπεινοφροσύνης, ἡσύχως καὶ ἀβαναύσως gedient haben. Der Kontrast ist bestechend. Auf der einen Seite stehen die Presbyter, charakterisiert durch Demut, ruhiges Verhalten, frei von Hochmut; auf der anderen Seite die Verantwortlichen für die Unruhen, deren innere Haltung durch ihre Worte erkennbar wird, und zwar aus der Keckheit (zu αὐθάδεια vgl. 30,8) ihrer Zunge, die dazu noch als prahlerisch und hochmütig bezeichnet wird. Daß ausgerechnet dieser Aspekt so pointiert herausgestellt wird, hängt mit der Deutung der Ereignisse in Korinth durch den Vf. zusammen, aber ebenso mit seinem Ideal von Amtsträgern. Wie weit die Gruppe, die sich gegen die Presbyter aufgelehnt hat, tatsächlich durch ihre Wortgewalt bzw. verbale Überlegenheit gekennzeichnet war, ist nicht mehr erkennbar.

Der zweite Teil bringt die zwei Elemente einer schon entschiedenen Alternative. Die gleiche Struktur mit anderer Begrifflichkeit kommt in 14,1 vor. Es geht diesmal um die Entscheidung für die Zugehörigkeit zur Herde Christi. ἐλλόγιμος bedeutet hier nicht „angesehen" wie in 44,3 und 62,3, sondern „hinzugerechnet" und deswegen zu einer Gruppe bzw. zu einer Zahl gehörig[1] wie in 58,2. Entscheidend dabei ist das andere Ajektiv: „klein". Damit wird der Gegensatz zu der prahlerischen Haltung aufgezeigt, die die Urheber des Konflikts ablegen sollen. Der paradoxe, aber auch sachliche Ausgleich zu diesem „Klein-sein" bildet die Zugehörigkeit zur Herde Christi, mit der auch die Zugehörigkeit zum Herrn gegeben ist (16,1)[2]. Das andere Element der Alternative ist, sich zwar großer Geltung zu erfreuen[3], aber dabei aus der Hoffnung der Herde Christi verstoßen zu sein. Es handelt sich nicht um eine irgendwie beliebig begründete Geltung[4], sondern um die, welche aus der Beredsamkeit entstanden ist. Dafür spricht nicht nur der logische Zusammenhang mit der Forderung in 57,2a, sondern auch die paulinische Beteuerung in 1 Kor 2,1, er sei nicht gekommen καθ᾽ ὑπεροχὴν λόγου ἢ σοφίας, d. h. „in

---

[1] Knopf und Fischer übersetzen „auserwählt"; Schneider: „dazugehörig".

[2] Die „Herde Christi" ist durch die Leitung unter „demütigen" Amtsträgern geprägt. Die vier Stellen, wo der Terminus ποίμνιον vorkommt: 16,1; 44,3; 54,2; 57,2, heben diesen Aspekt hervor.

[3] Vgl. Josephus, Ant 9,3: τῶν ἐν ὑπεροχῇ διὰ πλοῦτον ἢ γένος εἶναι δοκούντων: von der Geltung aufgrund des Reichtums oder der Abstammung.

[4] Anders LINDEMANN, 160, der eine ironische Absicht vermutet.

der Weise *überragender* Beredsamkeit und Weisheit" (G. Delling, ThWNT VIII 525). Bei ἐκριφῆναι geht es nicht allein um ein statisches Ausgeschlossen-sein, d. h. um einen bloßen Zustand, sondern auch um ein wirksames Verstoßen-sein aus der Hoffnung, deren Träger die Herde Christi ist. Subjekt der Handlung wird wahrscheinlich Gott sein (passivum divinum), der somit den Hochmut bestraft, indem er durch das Ausgeschieden-werden von der Herde Christi zugleich von der gemeinsamen Hoffnung trennt. Lindemann, 160, versteht unter Hoffnung „das Erhoffte", und nicht „das Hoffen". Ob an dieser Stelle beide Aspekte getrennt werden können, ist fraglich.

Die Ermahnung zur Unterwerfung bekommt ein besonderes Gewicht, wenn   3 die Konsequenzen aus der getroffenen Entscheidung vor Augen geführt werden. Entsprechend dem Grundtenor der Argumentation in I Clem ergeben sich diese Konsequenzen nicht vom menschlichen Machtbereich her, sondern aus dem göttlichen als Gerichtshandeln. Das zitierte Wort aus Spr 1,23–33 verkündet die Gerichtsentscheidung über alle, die nicht auf das Wort der Weisheit hören[1]. Es wird als Wort der „vortrefflichen Weisheit" (ἡ πανάρετος σοφία) eingeführt. Nach Euseb (HistEccl IV 22,9) haben Hegesipp, Irenäus und „der ganze Chor der Alten" (ὁ πᾶς τῶν ἀρχαίων χορός) die Sprüche Salomos so bezeichnet[2]. Ob der Vf. damit präzis auf das Buch der Sprüche hinweisen wollte, ist jedoch nicht sicher. Es ist auch möglich, daß die Wendung aufgrund des Sprachgebrauchs in I Clem erst auf das Buch der Sprüche übertragen wurde[3]. Vor I Clem ist sie nicht belegt. Nach I Clem 58,1 spricht die Weisheit selbst das Drohwort aus. Wie in 13,1 der Heilige Geist spricht, in 18,1 Gott, in 22,1 Christus durch den Geist und jeweils ein Schriftwort zitiert wird, so wird auch hier die Weisheit das Subjekt des Sprechens sein, ohne auf das Buch hinzuweisen, in dem das Zitat enthalten ist[4]. Der Anfang des Zitats entspricht wörtlich der LXX-Fassung von Spr 1,23b.

Das ausführliche Zitat umfaßt im Ganzen Spr 1,23b–33. Am Ende von   4–7 V. 4 gibt es die einzige nennenswerte Abweichung. Von Spr 1,27, dessen LXX-Fassung lautet: καὶ ὅταν ἔρχεται ὑμῖν θλῖψις καὶ πολιορκία, ἢ ὅταν ἔρχεται ὑμῖν ὄλεθρος, wird der zweite ὅταν-Satz nicht aufgenommen. Bei der letzten Aussage des Zitats (I Clem 57,7) ergänzt ein πεποιθώς („vertrauensvoll") das „Wohnen in Hoffnung" von Spr 1,33 (vgl. Sir 4,15b: καὶ ὁ προσέχων αὐτῇ κατασκηνώσει πεποιθώς)[5]. Die redaktionelle Ergänzung bereitet die

---

[1] Ein Zusammenhang mit Lk 11,49 ist sehr unwahrscheinlich. Gegen H. B. GREEN, Matthew 23.

[2] Belege bei COTELIER, PG 1,323 f.; LIGHTFOOT, I 2,166 f. Dieser Deutung folgen auch HILGENFELD, 90; KNOPF, 135; A. v. HARNACK, Einführung 119; D. A. HAGNER, Use 117.

[3] πανάρετος ist typisch für I Clem. Vgl. 1,2; 2,8; 45,7; 57,3; 60,4. Die Anspielung auf die Weisheit geht dann auf Spr 1,20 zurück: σοφία ἐν ἐξόδοις ὑμνεῖται ...

[4] So argumentieren auch GRANT, 90 und LINDEMANN, 160. Mit einer nicht überzeugenden Argumentation deutet R. A. LIPSIUS, Disquisitio 102, die Weisheit christologisch.

[5] Im Codex A ist das Blatt verlorengegangen, das den Abschnitt 57,7–63,4 enthielt. Andere Einzelheiten bei D. A. HAGNER, Use 48.

Aussage I Clem 58,1 vor: ἵνα κατασκηνώσωμεν πεποιθότες ... Wichtiger als die wortgetreue Wiedergabe der Vorlage ist die Funktion des Zitats im argumentativen Duktus des Schreibens. Es ist das letzte Zitat überhaupt. Bei einem Vf., der so oft und so sorgfältig Texte aus der Schrift auswählt und sie heranzieht, kann man davon ausgehen, daß die wörtliche Übernahme an dieser Stelle des langen Abschnitts Spr 1,23b–33 wohlüberlegt ist. Das Wort der Schrift stellt die korinthische Gemeinde vor die Entscheidung, sich der Botschaft der Weisheit zu verschließen und so dem angekündigten Gericht zu verfallen, oder auf die Weisheit zu hören und so „ohne Furcht Ruhe zu haben vor allem Bösen."

13.6.3. Abschließende Aufforderung (58,1–2)

Der Abschnitt beginnt mit einer Aufforderung zum Gehorsam, die auf die Drohung in Kap. 57 Bezug nimmt (V. 1). Mit einem beschwörenden Appell weist der Vf. ferner auf die Bedingungen hin, die erfüllt werden müssen, um zur Zahl der Geretteten zu gehören (V. 2).

1. Gehorchen wir also seinem allheiligen und glorreichen Namen, hüten wir uns vor den erwähnten Drohungen, die durch die Weisheit den Ungehorsamen (gerichtet wurden), damit wir im Vertrauen auf seinen heiligsten, herrlichen Namen wohnen. 2. Nehmt unseren Rat an, und ihr werdet nichts zu bereuen haben! Denn so wahr Gott lebt, und der Herr Jesus Christus lebt und der Heilige Geist – der Glaube und die Hoffnung der Auserwählten: wer in Demut (und) beharrlicher Sanftmut ohne Wanken die von Gott gegebenen Rechtsforderungen und Anordnungen erfüllt, der wird eingereiht und eingerechnet werden in die Zahl der Geretteten durch Jesus Christus, durch den ihm die Ehre (ist) von Ewigkeit zu Ewigkeit. Amen.

1 Der heilige Name Gottes ist der Bezugspunkt der Aufforderung zum Gehorsam. So steht er am Anfang (ὑπακούσωμεν οὖν τῷ παναγίῳ καὶ ἐνδόξῳ ὀνόματι αὐτοῦ) und am Ende der Aussage (πεποιθότες ἐπὶ τὸ ὁσιώτατον τῆς μεγαλωσύνης αὐτοῦ ὄνομα). Die Formulierung ist ähnlich wie in 9,1 im Hinblick auf den Willen Gottes (διὸ ὑπακούσωμεν τῇ μεγαλοπρεπεῖ καὶ ἐνδόξῳ βουλήσει αὐτοῦ). Wenn Gott selbst der Allheilige ist (35,3: ὁ πανάγιος), gilt das gleiche von seinem Namen. Daher beinhaltet in diesem Zusammenhang der Gehorsam in sich eine klare Entscheidung, die nicht zuletzt durch die ausgesprochene Drohung einen unausweichlichen Charakter bekommt, denn der Gehorsam stellt gerade den Gegensatz zur Haltung derer dar, die von der Weisheit verurteilt worden sind. Dort hieß es: ἐπειδὴ ἐκάλουν καὶ οὐχ ὑπηκούσατε ... (57,4). So können die Gläubigen sich vor den durch die Weisheit an die Adresse der Ungehorsamen gerichteten Drohungen „hüten" (Bauer/Aland 1707). Der anschließende Finalsatz nimmt die letzte Ausage aus dem Zitat (Spr 1,33 in 57,7) wieder auf: ὁ δὲ ἐμοῦ ἀκούων κατασκηνώσει ἐπ᾿ ἐλπίδι

πεποιθώς. Wer auf die Weisheit hört, wird vertrauensvoll wohnen. Das dort hinzugefügte πεποιθώς kommt hier zur Geltung. Das Verb κατασκηνοῦν dürfte an dieser Stelle kaum einen Bezug zu „das Zelt aufschlagen" besitzen[1], sondern es ist wesentlich durch das folgende πεποιθότες bestimmt, das dem „Wohnen" die Note der Sicherheit und Zuversicht gibt. Die Sprache ist alttestamentlich (vgl. Dtn 33,12.28; Jer 23,6). Denen, die der Weisheit gehorchen, wird in Sir 4,15 das Gericht über die Völker versprochen, und denen, die ihr nahen, die sichere Wohnung (ὁ ὑπακούων αὐτῆς κρινεῖ ἔθνη, καὶ ὁ προσέχων αὐτῇ κατασκηνώσει πεποιθώς). Das πεποιθότες ist hier aber nicht allein durch den Gehorsam gegenüber der Weisheit bedingt, sondern auch durch den Gegenstand, auf den sich das Vertrauen bezieht: den heiligen und herrlichen Namen Gottes[2]. Faßt man die Wendung τῆς μεγαλωσύνης αὐτοῦ ὄνομα als genitivus qualitatis auf[3] (wie in 27,4), dann ergibt sich daraus eine klare Entsprechung zu den Adjektiven, die am Anfang von V. 1 den Namen Gottes charakterisieren: πανάγιος enspricht ὁσιώτατος, während zu ἔνδοξος der genitivus qualitatis τῆς μεγαλωσύνης[4] ein Synonym darstellt[5]. Wie die Heiligkeit und Herrlichkeit des Namens Gottes – Ausdruck seines Wesens – sich konkret in der Welt zeigen, kommt hier als Macht zum Ausdruck, die Gehorsam verlangt, die aber zugleich Schutz und Sicherheit denen schenkt, die sich ihr anvertrauen[6].

Die Aussage läßt sich in drei formal und inhaltlich deutlich voneinander   2
unterschiedliche Einheiten gliedern: 1. die Aufforderung, den erteilten Rat anzunehmen; 2. die Aussicht, zur Zahl der Geretteten zu gehören, die durch

---

[1] Anders die Übersetzung von Fischer und Schneider.

[2] Die Superlativ-Form ὁσιώτατος ist auch bei Philo (über Mose in VitMos II 192; Virt 201; über Jakob in Jos 167; vgl. auch Jos 95; LegGai 279) und Josephus belegt (Ap 2,192), aber nicht im Hinblick auf Gott. Zu μεγαλωσύνη vgl. I Clem 16,2.

[3] So auch Bauer/Aland 1008; A. v. Harnack, Einführung 75.

[4] So übersetzen Knopf, Harnack, Grant. Anders Lake, Fischer, Quacquarelli, Lindemann, Schneider: „der Name seiner Majestät." Auch Hemmer, Jaubert, Ph. Henne, Christologie 56: „Le Nom très saint de Sa majesté." Die Übersetzung ist grammatikalisch möglich, aber die zentrale Stellung, die dem „Namen" von der Textstruktur her zugewiesen ist, kommt nicht genug zur Geltung. O. Knoch, Eigenart 235, zitiert auch I Clem 35,3 und 59,3 und behauptet: „Gott selber ist dabei die sittliche Majestät." Es kommt dadurch zu einer bedenklichen Verkürzung und Verarmung des Gottesbildes in I Clem.

[5] Knopf befürwortet die LA von LS, die anstelle von παναγίῳ nur ἁγίῳ bringt, und für ὁσιώτατος ein einfaches ὅσιον liest. Auch nach A. v. Harnack, Einführung 119, handelt es sich um Steigerung der Überlieferung. Die Diktion in I Clem 35,3 rechtfertigt die LA von H zugunsten von παναγίῳ. Die Superlativ-Form ὁσιώτατον dürfte auch die ursprüngliche LA wiedergeben. In I Clem wird sonst ὅσιος nie von Gott ausgesagt. Die Ausdrucksweise ist durch die Absicht bestimmt, den Namen Gottes mit vier verschiedenen Adjektiven zu versehen, die als Synonyme paarweise aufeinander bezogen sind.

[6] Die knappe Bemerkung von A. v. Harnack, Einführung 119, dazu: „Liturgisch-schwülstig", verkennt die Tragweite der Aussage und ihre formale Stringenz. O. Knoch, Eigenart 235 Anm. 22, ordnet I Clem 58,1 in die liturgische Frömmigkeit des Früjudentums ein.

eine feierliche Beschwörungsformel eingeleitet und bekräftigt wird; 3. die an Gott gerichtete Doxologie.

Die direkte Anrede entspricht dem Argumentationsverlauf. Nach der Anwendung von so vielen Überredungsformeln ist der Punkt erreicht, wo kein neues Argument mehr weiterhelfen kann. Allein entscheidend ist die Annahme der vorgetragenen Forderung. Es ist von einer συμβουλή die Rede, d. h. von einem Rat. Der Terminus, der in der biblischen Literatur nicht belegt ist, wird im Sinn von „einen Rat geben" gebraucht[1], der als solcher auch angenommen werden soll (wie in grBar 3,5: οἱ τὴν συμβουλὴν δόντες τοῦ ποιῆσαι τὸν πύργον)[2]. Die vom Vf. intendierte Verbindlichkeit des „Rates" geht freilich aus dem ganzen Text hervor. Auf der gleichen Linie kann er versichern, daß die Korinther es nicht bereuen werden[3], ihn angenommen zu haben.

Der zentrale Teil der Aussage fängt mit einer Schwurformel alttestamentlicher Prägung an. Die Grundgewißheit von der Existenz Gottes wird als Anhaltspunkt genommen, um eine andere ebenso sichere Tatsache zu beteuern. In solchen Texten wie 1 Sam 14,39; 29,6; 2 Sam 2,27 liegt die gleiche Struktur vor wie an dieser Stelle. Nach der Schwurfomel bringt ein mit ὅτι eingeleiteter Satz den Sachverhalt zum Ausdruck, für dessen Tatsächlichkeit die Wirklichkeit Gottes selber in Anspruch genommen wird[4]. Der Inhalt der Formel ist triadisch gegliedert: Gott, der Herr Jesus Christus und der Heilige Geist[5]. Ob dem Detail, daß nur bei „Gott" und dem „Herrn Jesus Christus" das Verb (ζῆ γὰρ ὁ θεὸς καὶ ζῆ ὁ κύριος ...) wiederholt wird, während es beim Heiligen Geist fehlt, eine besondere Bedeutung zukommt, läßt sich nicht entscheiden. Eine ähnliche triadische Formel kommt auch in I Clem 46,6 vor. Zur Annahme einer trinitarischen Spekulation besteht kein Anlaß, aber auch in dieser schlichten Form ist der eigentlich christliche Akzent deutlich erkennbar. Als Parenthese zwischen der Formel und dem ὅτι-Satz wird eine Aussage gemacht – grammatikalisch ist sie eine Apposition[6] –, die auf die Bedeutung der Formel hinweist: „der Glaube und die Hoffnung der Auserwählten." Es geht um den Inhalt von πίστις und ἐλπίς, und er ist durch Gott, den Herrn Jesus Christus und den Heiligen Geist gegeben. Daß Gott am Anfang genannt

---

[1] Über die Deutung von W. C. v. Unnik im Zusammenhang mit der formalen Bestimmung des ganzen Schreibens vgl. Einleitung § 2.1.

[2] In der Literatur des hellenistischen Judentums vgl. Philo, Fug 24; Josephus, Ant 19,192.

[3] Zu ἀμεταμέλητος vgl. 2,7; 54,4.

[4] Im NT zitiert Röm 14,11 die Stellen Jes 49,18 (für die feierliche Beteuerung) und Jes 45,23 (für die Fortsetzung). Anders als in I Clem 58,2 ist hier der Sprechende Gott selbst.

[5] Nach O. KNOCH, Eigenart 183, stammt die Formel aus der Liturgie.

[6] So Lightfoot, Hemmer, Knopf, Grant, Jubert, Quacquarelli, Lindemann. Anders Ruiz Bueno, Fischer und Schneider, die mit ihrer Übersetzung: „und der Glaube und die Hoffnung der Auserwählten" eine Fünferreihe bilden. „Glaube und Hoffnung" sind aber nicht mit einem καί mit dem Vorhergehenden verbunden. Die enklitische Partikel τε bezieht beide Begriffe aufeinander: ἥ τε πίστις καὶ ἡ ἐλπίς ... (S. Einleitung § 3.2.h.α. Im NT vgl. Apg 5,24; 8,38; Hebr 2,11).

wird, bedarf keiner Begründung. Im Hinblick auf Jesus Christus legt der Zusammenhang es nahe, an seine vermittelnde Funktion im Heilswerk Gottes zu denken. Darauf weist das zweifache „durch" Jesus Christus bzw. „durch" ihn am Ende von V. 2 hin, aber die Sprache ist formelhaft und allgemein. Die Zugehörigkeit des Heiligen Geistes zum Glaubensgut ist schon selbstverständlich geworden. Die Erwähnung der „Auserwählten" hängt mit dem Motiv von einer bestimmten Zahl der „Geretteten" im folgenden Abschnitt zusammen[1]. Sie sind eben die „Auserwählten" (vgl. 2,4).

Das Partizip ὁ ποιήσας hat konditionalen Sinn: Wenn einer das tut ... Es geht um die Erfüllung der Rechtsvorschriften und Anordnungen Gottes; dabei wird das menschliche Tun dreifach präzisiert. Zuerst soll es „in Demut" (ἐν ταπεινοφροσύνῃ) geschehen. Dazu gehört auch die ἐπιείκεια. Demut und Milde bzw. Sanftmut gehören stets zusammen (30,8; 56,1). Gleich wie in 62,2 kommt auch das Moment der Beharrlichkeit zum Ausdruck (μετ᾿ ἐκτενοῦς ἐπιεικείας). Das Adverb ἀμεταμελήτως[2] bedeutet „ohne Reue" (vgl. 2,7; 54,4, 58,2a) bzw. „unverdrossen" (Bauer/Aland). Gemeint ist die Entschiedenheit, die jedes Wanken – das die einmal getroffene Entscheidung vielleicht revidieren könnte – ausschließt. Alle drei Aspekte sind typisch für das in I Clem entworfene Bild der christlichen Existenz. Die Anwendung auf die Situation der korinthischen Gemeinde ist unproblematisch. Demut und Milde stehen im Gegensatz zur Haltung der Gegner. Das letzte, „ohne Reue" bezieht sich dann auf die eingeforderte Entscheidung (58,2a). Da die Korinther sich nicht einer menschlichen Instanz beugen sollen, sondern dem Willen Gottes (56,1), dürfte auch die Wendung δικαιώματα καὶ προστάγματα nicht diesen Willen ganz allgemein meinen (so in 2,8), sondern darüber hinaus auch den Rat der römischen Gemeinde miteinschließen. Schließlich hat sie durch den Heiligen Geist geschrieben (63,2).

Denen, die so handeln, wird das Heil versprochen durch die Zugehörigkeit zur Zahl der Geretteten[3] (vgl. 2,4; 35,4). Das Bild geht von einer schon bestimmten Zahl aus, in die der Gläubige „eingeordnet" bzw. „eingereiht"[4]

---

[1] Nach der lateinischen (in numero salvatorum *gentium*) und der koptischen Überlieferung (εἰς τὸν ἀριθμὸν τῶν ἐθνῶν τῶν σωζομένων) handelt es sich um die „geretteten Heiden". Die LA ist wirklich „ganz ungewöhnlich" (so A. v. HARNACK, Einführung 119, der sie nicht ganz einfach streichen möchte). In die bisherige Argumentationslinie paßt eine Erwähnung der Heiden eigentlich nicht.

[2] In der biblischen, jüdischen und altchristlichen Literatur nicht belegt.

[3] Unklar O. KNOCH, Eigenart 183. Einerseits behauptet er, daß das menschliche Element nicht stärker hervorgehoben werden könnte, „als wie es hier geschieht, so sehr, daß das Endheil lediglich als Lohn der moralischen Bemühung erscheint." Gleich darauf jedoch: „Das urchristliche Paradox von göttlicher Gnade, Heilstat Christi und menschlich-verantwortlicher Mitwirkung ist hier also vollauf gewahrt." Die Unklarheit zeigt nur, daß manche Aussagen von I Clem sich nicht richtig einordnen lassen, wenn man das Ineinandergreifen von Rhetorik und Situation aus den Augen verliert.

[4] Vgl. Josephus, Ap 1,172: καταριθμησάμενος γὰρ πάντα τὰ ἔθνη τελευταῖον καὶ τὸ ἡμέτερον ἐνέταξε ... In eine Aufzählung aller Völker seien auch die Juden „eingeschlossen".

und „dazugerechnet"[1] wird. Beide Termini suggerieren eine geordnete Größe, zu der ein neues Element hinzugefügt wird. Während in 35,4 durch die Verheißung der „verheißenen Gaben" die Zugehörigkeit zur Zahl der „Ausharrenden" erst in einer unbestimmten Zukunft endgültig realisiert wird, liegt der Akzent in 58,2 auf der Gegenwart. Zwischen dem ersten Teil der Aussage – das Partizip mit den Bedingungen für die Erfüllung der göttlichen Anordnungen – und dem zweiten mit der Heilszusage besteht eine gewisse Spannung, die jedoch nicht hier zum erstenmal begegnet. Sie resultiert aus dem unreflektierten Nebeneinander von menschlicher und göttlicher Mitwirkung. Die letzte kommt hier durch den passiven Sinn bei „eingeordnet" und „dazugerechnet"zum Ausdruck, dem das christologisch relevante διὰ Ἰησοῦ Χριστοῦ entspricht. Jesus Christus ist der Urheber der Eingliederung in die Zahl der Geretteten. Die Spannung ist nicht zuletzt durch das Motiv selbst bedingt. Denn die Zugehörigkeit zu dieser Zahl hängt von einer Entscheidung ab, um die der Vf. mit allen Mitteln wirbt (57,2). Die Korinther sind aufgefordert, diese Entscheidung zu treffen, und daran führt kein Weg vorbei. Wenn es sich andererseits um die Zahl der Geretteten handelt, kann die Zugehörigkeit dazu nicht allein Sache des Menschen sein.

Die Doxologie wiederholt das διά der christologischen Aussage (wie in 61,3; 64 und 65,2). Am Schluß von 58,2 markiert sie den Abschluß eines Abschnitts, in dem eine thematische Einheit behandelt wurde: das notwendige Bekenntnis der eigenen Sünde (Kap. 51–53), der Auswanderungsrat mit den dazu gehörenden Beispielen (Kap. 54–55), die Annahme der Züchtigung (Kap. 56), die Drohung gegenüber den Ungehorsamen (Kap. 57). Es sind die Schritte, welche die fällige Entscheidung herbeiführen sollen. Wenn sich am Ende Gottes Heil verwirklicht, dann gebührt ihm die Ehre.

14. Überleitung und großes Schlußgebet (59,1–61,3)

Nach einem letzten Hinweis auf die große Gefahr, die mit der Möglichkeit einer Ablehnung des Rates seitens der Verantwortlichen in Korinth verbunden ist, fängt ein langes und stilvoll komponiertes Gebet an, das 59,2–61,3 umfaßt.

14.1. Überleitung (59,1)

Kap. 59. 1. Wenn aber einige dem von ihm durch uns Gesagten nicht gehorchen, so sollen sie erkennen, daß sie sich in Verfehlung und in nicht geringe Gefahr verwickeln werden.

---

[1] Vgl. Plato, Phileb. 17c. Das Unendliche gilt als οὐκ ἐλλόγιμον οὐδ᾽ ἐνάριθμον.

Der Konditionalsatz (ἐὰν δέ τινες ἀπειθήσωσιν) spielt auf die reale Möglichkeit an, daß einige der Korinther sich nicht zum Gehorsam bewegen lassen werden. Wie in 56,1, wo Ähnliches – wenngleich nicht so explizit – in Erwägung gezogen wurde, betrachtet sich der Vf. als das Organ, das den Willen Gottes zur Sprache gebracht hat. Eine Verweigerung des Gehorsams würde sich dann gegen das „von Gott durch uns" Gesagte richten. Das prägnante ὑπ’ αὐτοῦ δι’ ἡμῶν spiegelt das Bewußtsein wider, in der Auseinandersetzung als Instrument Gottes zu dienen[1]. Hier liegt der Grund für die Gefahr, der sich diese „einige" aussetzen, wenn sie nicht gehorchen. Auf dem Spiel steht nicht die Durchsetzung von menschlichen Überlegungen, sondern der Wille Gottes. Daher die Schwere der Folgen, wenn dieser Wille keine Annahme findet. Das anhand der Rede der Weisheit Gesagte (57,1–58,1) kommt erneut zur Anwendung. So die Darstellung und die Sicht des Vf.s, und das sollen die Adressaten erkennen. Die Formulierung ist knapp und hat offenbar den Sinn, an Früheres zu erinnern, ohne es zu wiederholen. Die Folge ist die „Verstrickung" in eine Verfehlung und in keine geringe Gefahr[2]. Nur hier erscheint der Terminus παράπτωσις (Verfehlung, Übertretung), wo man auch ἁμαρτία hätte erwarten können (vgl. 44,4)[3]. Wie in 47,7 (ἑαυτοῖς δὲ κίνδυνον ἐπεξεργάζεσθαι) kommt die Gefahr nicht von einer äußeren Ursache her, sondern die Betreffenden selber begeben[4] bzw. verstricken sich in diese Gefahr (ἑαυτοὺς ἐνδήσουσιν). Die zwei Inhalte der Aussage – der notwendige Gehorsam gegenüber dem Willen Gottes und die drohende Gefahr, wenn eine ablehnende Antwort erfolgt – wurden schon in 14,1 f. in aller Deutlichkeit ausgesprochen. Am Schluß der Argumentation ist ihre Wiederholung nicht überflüssig. Die Situation der Gemeinde in Korinth und die Sorge des Vf.s um die Wiederherstellung des Friedens rechtfertigen sie.

14.2. Großes Schlußgebet (59,2–61,3)

Um die Struktur des Schlußgebetes entsprechend zur Geltung zu bringen, hält sich die Übersetzung dieses Abschnittes an die Gliederung des griechischen Textes, der unten geboten wird und als Grundlage der Auslegung dient[5].

---

[1] Die Wendung ὑπ’ αὐτοῦ bezieht sich auf das Handeln Gottes in 20,2.4; 27,5; 32,1.

[2] Die gleiche Wendung bei Josephus, Bell 1,534: Von der Absicht des Aristobulos, „… diese seine Schwiegermutter und Tante in die Gefahren mitzuverstricken …" (ταύτην γὰρ συνδήσασθαι τοῖς κινδύνοις).

[3] In der LXX nur in Jer 22,21. Vgl. Polybius, XV 23,5: παράπτωσις τοῦ καθήκοντος.

[4] Das wäre die LA von L: ἐνδώσουσιν (tradent). Die LA ἐνδήσουσιν ist besser bezeugt (HSC[1]).

[5] Vgl. LINDEMANN, 162–164.

1.   2. Wir aber werden unschuldig sein an dieser Sünde,
2.   und wir werden beten unter inständigem Bitten und Flehen,
3.   daß die abgezählte Zahl seiner Auserwählten in der ganzen Welt
                unversehrt bewahren möge
4.   der Schöpfer des Alls
5.   *durch seinen geliebten Knecht Jesus Christus,* unseren Herrn,
6.   durch den er uns berufen hat
7.   von der Finsternis ins Licht,
8.   von der Unkenntnis zur Erkenntnis seines glorreichen Namens.
9.   3. zu hoffen auf deinen Namen, den Ursprung aller Schöpfung,
10.   der du geöffnet hast die Augen unseres Herzens,
11.   auf daß wir dich erkennen,
12.   den alleinigen Höchsten unter Höchsten,
13.   den Heiligen, der unter Heiligen ruht,
14.   den, der den Übermut der Hochmütigen erniedrigt,
15.   den, der die Pläne der Heiden vereitelt,
16.   den, der Demütige erhöht und die Erhabenen erniedrigt,
17.   den, der reich und arm macht,
18.   den, der tötet und lebendig macht,
19.   den einzigen Wohltäter der Geister und Gott allen Fleisches,
20.   den, der in die Abgründe hineinschaut,
21.   den Beobachter der menschlichen Werke,
22.   den Helfer der Gefährdeten,
23.   den Retter der Verzweifelten,
24.   den Schöpfer und Aufseher jeglichen Geistes,
25.   den, der die Völker zahlreich macht auf Erden
26.   und aus allen die erwählt hat, die dich lieben,
27.   *durch Jesus Christus, deinen geliebten Knecht,*
28.   durch den du uns erzogen, geheiligt, geehrt hast.
29.   4. Wir bitten dich, o Herrscher,
30.   unser Helfer und Beschützer zu sein:
31.   unsere Bedrängten rette,
32.   die Gefallenen richte auf,
33.   den Betenden zeige dich,
34.   die Kranken heile,
35.   die Irrenden deines Volkes bringe auf den rechten Weg.
36.   Sättige die Hungernden,
37.   erlöse unsere Gefangenen,
38.   richte auf die Schwachen,
39.   tröste die Kleinmütigen,
40.   mögen alle Völker erkennen,
41.   daß du allein bist Gott,
42.   *und Jesus Christus, dein Knecht,*
43.   und wir dein Volk und die Schafe deiner Weide.

44.   Kap. 60. 1. Denn du hast die immer bleibende Weltordnung durch die waltenden Kräfte
            offenbart.
45.   *Du, Herr,* hast den Erdkreis geschaffen,
46.   der Getreue in allen Geschlechtern,
47.   gerecht in den Gerichten,
48.   wunderbar in Kraft und Erhabenheit,
49.   der Weise bei der Schöpfung
50.   und klug im Befestigen des Gewordenen,
51.   der Gütige in den sichtbaren Dingen
52.   und liebevoll für die, die auf dich vertrauen,
53.   Barmherziger und Mitleidvoller,
54.   vergib uns unsere Sünden, Ungerechtigkeiten, Verfehlungen und Vergehen.

55.   2. Rechne keine Sünden deiner Knechte und Mägde an,
56.   sondern reinige uns mit der Reinigung deiner Wahrheit,
57.   und lenke unsere Schritte,
58.   in Heiligkeit des Herzens zu wandeln
59.   und zu tun das Gute und Wohlgefällige
60.   vor dir und vor unseren Herrschern.
61.   3. *Ja, o Herrscher,*
62.   laß leuchten dein Angesicht über uns zum Guten in Frieden,
63.   auf daß wir beschützt seien durch deine starke Hand
64.   und gerettet vor jeglicher Sünde durch deinen erhobenen Arm.
65.   Und rette uns vor denen, die uns ungerecht hassen.
66.   4. Gib Eintracht und Frieden uns und allen Bewohnern der Erde,
67.   wie du sie unseren Vätern gegeben hast,
68.   die dich fromm anriefen in Glauben und Wahrheit,
69.   daß wir gehorsam werden deinem allmächtigen und ruhmreichen Namen,
70.   sowie unseren Herrschern und Regierenden auf Erden.
71.   Kap. 61. 1. *Du, o Herrscher,*
72.   hast ihnen die Macht der Königsherrschaft gegeben durch deine erhabene und
            unbeschreibliche Kraft,
73.   damit wir, da wir die von dir ihnen gegebene Herrlichkeit und Ehre anerkennen,
74.   uns ihnen unterwerfen,
75.   keineswegs im Widerspruch zu deinem Willen.
76.   Gib ihnen, Herr, Gesundheit, Frieden, Eintracht, Beständigkeit,
77.   damit sie ohne Hindernis die von dir ihnen gegebene Regierungsgewalt ausüben.
78.   2. Denn *du, o Herrscher,* himmlischer König der Welten,
79.   gibst den Menschenkindern Herrlichkeit und Ehre und Macht über das, was auf
            Erden ist.
80.   Du, Herr,
81.   lenke ihren Willen nach dem, was gut und wohlgefällig ist vor dir,
82.   damit sie, indem sie die ihnen von dir gegebene Macht in Frieden und Milde fromm
            ausüben,
83.   bei dir Gnade erreichen.

84.   3. Der du allein vermagst, dies und noch größere Wohltaten unter uns zu tun,
85.   dich preisen wir
86.   durch den Hohenpriester und Beschützer unserer Seelen, Jesus Christus,
87.   durch den dir die Ehre und die Majestät (sei)
88.   jetzt und von Geschlecht zu Geschlecht und von Ewigkeit zu Ewigkeit.
            Amen.

Die Länge und sprachliche Fülle des Gebets erschweren eine klare formale
Bestimmung. Sucht man jedoch nach den Grundelementen, die auch zum
Wesen des Bittgebets gehören, lassen sich zwei Formen herausstellen[1]. Die
am deutlichsten erkennbare ist die Bittform, und zwar in zwei Abschnitten:
Z. 29–40 und Z. 54–83. Die zweite Form ist der Lobpreis, zu dem auch das
explikative Bekenntnis mit einer Häufung von Gottesprädikationen gehört.
Auch hier sind zwei Abschnitte durch diese Form gekennzeichnet: Z. 4–28
und Z. 44–53. Aus diesem Strukturprinzip ergibt sich ein Gebet in zwei ähnlich
gebauten, dem Umfang nach vergleichbaren Teilen:

---

[1] Da die übliche Einteilung in Kapitel und Verse dem Textumfang nicht entspricht, wird der
Abschnitt 59,2–61,3 in Zeilen, die grammatikalische Sinneinheiten umfassen, eingeteilt. Vgl. bei
LINDEMANN, 166–168, eine ähnliche Vorgehensweise.

I. Lobpreis: Z. 4–28; Bitte: Z. 29–40;
II. Lobpreis: Z. 44–53; Bitte: 54–83.

Jeder Teil hat seine eigene Prägung. Beim ersten Teil gehören dazu die παῖς-Prädikationen am Anfang (Z. 5), am Schluß des lobenden Abschnitts (Z. 27) und am Schluß der Bitten (Z. 42). Damit ist die Funktion von Z. 42–43 als Abschluß des ersten Teils erwiesen. Die παῖς-Prädikation kommt im ganzen Gebet nicht mehr vor.

Im zweiten Teil dienen die Gottesprädikationen als Strukturmerkmal im Aufbau des Gebetes – ein christologisches Motiv erscheint nur im letzten Abschnitt (Z. 86.87). Am Anfang und am Schluß steht jeweils σύ, κύριε (Z. 45.80). Im mittleren Teil kommt dreimal δέσποτα vor (Z. 61.71.78). Ebenso charakteristisch für diesen Teil sind die wiederholten Anspielungen auf die politische Macht bei den Bitten (Z. 66–83).

Eigenartig gestaltet ist das Anheben des Gebetes, das mit einer noch auf das Vorhergehende bezogenen Überleitung beginnt (Z. 1–3), so daß ein eigentlicher Anfang fehlt[1]. Der Lobpreis richtet sich in diesem Fall an den „Schöpfer des Alls" (Z. 4: ὁ δημιουργὸς τῶν ἁπάντων), der sogleich als Subjekt des vorhergehenden Finalsatzes steht[2]. Da der Vf. selbst offenbar kein Interesse daran hatte, den Anfang des Gebetes durch eine klare Zäsur zu signalisieren, hält sich die folgende Struktur an die vorgegebene Texteinheit. Im griechischen Original ist die formale Eigenart jedes Abschnitts leichter erfaßbar als in der Übersetzung, die sie nur zum Teil widerspiegeln kann. Die Auslegung erfolgt nach den angegebenen Zeilen.

1. Ἡμεῖς δὲ ἀθῷοι ἐσόμεθα ἀπὸ ταύτης τῆς ἁμαρτίας   59,2
2. καὶ αἰτησόμεθα ἐκτενῆ τὴν δέησιν καὶ ἱκεσίαν ποιούμενοι,
3. ὅπως τὸν ἀριθμὸν τὸν κατηριθμημένον τῶν ἐκλεκτῶν αὐτοῦ
   ἐν ὅλῳ τῷ κόσμῳ διαφυλάξῃ ἄθραυστον
4. ὁ δημιουργὸς τῶν ἁπάντων
5. διὰ τοῦ ἠγαπημένου **παιδὸς αὐτοῦ Ἰησοῦ Χριστοῦ** τοῦ κυρίου ἡμῶν,
6. δι᾽ οὗ ἐκάλεσεν ἡμᾶς
7.   ἀπὸ σκότους εἰς φῶς,
8.   ἀπὸ ἀγνωσίας εἰς ἐπίγνωσιν δόξης ὀνόματος αὐτοῦ,
9. ἐλπίζειν ἐπὶ τὸ ἀρχεγόνον πάσης κτίσεως ὄνομά σου,   59,3
10. ἀνοίξας τοὺς ὀφθαλμοὺς τῆς καρδίας ἡμῶν
11. εἰς τὸ γινώσκειν σε
12.   τὸν μόνον   ὕψιστον   ἐν ὑψίστοις,
13.   ἅγιον   ἐν ἁγίοις   ἀναπαυόμενον·
14.   τὸν ταπεινοῦντα ὕβριν ὑπερηφάνων,
15.   τὸν διαλύοντα λογισμοὺς ἐθνῶν,
16.   τὸν ποιοῦντα ταπεινοὺς εἰς ὕψος καὶ τοὺς ὑψηλοὺς   ταπεινοῦντα·

---

[1] Vgl. G. PRAETORIUS, Bedeutung 513. Zu den Versuchen, den Anfang des Gebetes zu rekonstruieren, vgl. 59,3.
[2] So auch SCHNEIDER, 207 Anm. 358. Nicht glücklich die Eingrenzung LINDEMANNs, 166, der das Gebet mit dem Infinitiv am Anfang von 59,3 (nach vorliegender Gliederung Z. 9) beginnen läßt.

17.	τὸν πλουτίζοντα			καὶ			πτωχίζοντα,
18.	τὸν ἀποκτείνοντα			καὶ		ζῆν	ποιοῦντα,
19.	μόνον εὐεργέτην πνευμάτων καὶ θεὸν πάσης σαρκός·
20.	τὸν ἐπιβλέποντα ἐν ταῖς ἀβύσσοις,
21.	τὸν ἐπόπτην ἀνθρωπίνων ἔργων,
22.	τὸν τῶν κινδυνευόντων βοηθόν,
23.	τὸν τῶν ἀπηλπισμένων σωτῆρα,
24.	τὸν παντὸς πνεύματος κτίστην καὶ ἐπίσκοπον·
25.	τὸν πληθύνοντα ἔθνη ἐπὶ γῆς
26.	καὶ ἐκ πάντων ἐκλεξάμενον τοὺς ἀγαπῶντάς σε
27.	διὰ **Ἰησοῦ Χριστοῦ** τοῦ ἠγαπημένου **παιδός σου**,
28.	δι᾽ οὗ ἡμᾶς ἐπαίδευσας, ἡγίασας, ἐτίμησας.
29. ἀξιοῦμέν σε, δέσποτα,					59,4
30. βοηθὸν γενέσθαι καὶ ἀντιλήπτορα ἡμῶν·
31. τοὺς ἐν θλίψει ἡμῶν			σῶσον,
32. τοὺς πεπτωκότας				ἔγειρον,
33. τοῖς δεομένοις				ἐπιφάνηθι,
34. τοὺς ἀσθενεῖς				ἴασαι,
35. τοὺς πλανωμένους τοῦ λαοῦ σου		ἐπίστρεψον·
36.				χόρτασον			τοὺς πεινῶντας,
37.				λύτρωσαι			τοὺς δεσμίους ἡμῶν,
38.				ἐξανάστησον			τοὺς ἀσθενοῦντας,
39.				παρακάλεσον			τοὺς ὀλιγοψυχοῦντας·
40.				γνώτωσάν			σε πάντα τὰ ἔθνη
41.				ὅτι σὺ εἶ ὁ θεὸς μόνος
42.				καὶ **Ἰησοῦς Χριστὸς ὁ παῖς σου**
43.				καὶ ἡμεῖς λαός σου καὶ πρόβατα τῆς νομῆς σου.
44. σὺ γὰρ τὴν ἀέναον τοῦ κόσμου σύστασιν διὰ τῶν ἐνεργουμένων ἐφανεροποίησας·	60,1
45. σύ, κύριε, τὴν οἰκουμένην ἔκτισας,
46.		ὁ πιστὸς		ἐν		πάσαις ταῖς γενεαῖς,
47.		δίκαιος			ἐν		τοῖς κρίμασιν,
48.		θαυμαστὸς		ἐν		ἰσχύϊ καὶ μεγαλοπρεπείᾳ,
49.		ὁ σοφὸς			ἐν		τῷ κτίζειν
50.	καὶ	συνετὸς			ἐν		τῷ τὰ γενόμενα ἑδράσαι,
51.		ὁ ἀγαθὸς		ἐν		τοῖς ὁρωμένοις
52.	καὶ	χρηστὸς			ἐν		τοῖς πεποιθόσιν ἐπὶ σέ,
53.		ἐλεῆμον καὶ οἰκτίρμον,
54. ἄφες ἡμῖν τὰς ἀνομίας ἡμῶν					60,2
		καὶ τὰς ἀδικίας
		καὶ τὰ παραπτώματα
		καὶ πλημμελείας.
55. μὴ λογίσῃ πᾶσαν ἁμαρτίαν δούλων σου καὶ παιδισκῶν,
56. ἀλλὰ καθάρισον ἡμᾶς τὸν καθαρισμὸν τῆς σῆς ἀληθείας,
57. καὶ κατεύθυνον τὰ διαβήματα ἡμῶν
58. ἐν ὁσιότητι καρδίας πορεύεσθαι
59. καὶ ποιεῖν τὰ καλὰ καὶ εὐάρεστα
60. ἐνώπιόν σου καὶ ἐνώπιον **τῶν ἀρχόντων ἡμῶν.**
61. ναί, δέσποτα,						60,3
62. ἐπίφανον τὸ πρόσωπόν σου ἐφ᾽ ἡμᾶς εἰς ἀγαθὰ ἐν εἰρήνῃ,
63. εἰς τὸ σκεπασθῆναι ἡμᾶς τῇ χειρί σου τῇ κραταιᾷ
64. καὶ ῥυσθῆναι ἀπὸ πάσης ἁμαρτίας τῷ βραχίονί σου τῷ ὑψηλῷ,
65. καὶ ῥῦσαι ἡμᾶς ἀπὸ τῶν μισούντων ἡμᾶς ἀδίκως.
66. δὸς ὁμόνοιαν καὶ εἰρήνην ἡμῖν τε καὶ πᾶσιν τοῖς κατοικοῦσιν τὴν γῆν,	60,4

67. καθὼς ἔδωκας τοῖς πατράσιν ἡμῶν,
68. ἐπικαλουμένων σε αὐτῶν ὁσίως ἐν πίστει καὶ ἀληθείᾳ,
69. ὑπηκόους γινομένους τῷ παντοκράτορι καὶ ἐνδόξῳ ὀνόματί σου,
70. τοῖς τε **ἄρχουσιν καὶ ἡγουμένοις ἡμῶν ἐπὶ τῆς γῆς.**
71. σύ, δέσποτα,   61,1
72.   ἔδωκας **τὴν ἐξουσίαν τῆς βασιλείας αὐτοῖς** διὰ τοῦ μεγαλοπρεποῦς
               καὶ ἀνεκδιηγήτου κράτους σου,
73.   εἰς τὸ γινώσκοντας ἡμᾶς **τὴν ὑπὸ σοῦ αὐτοῖς δεδομένην**   <u>δόξαν καὶ τιμὴν</u>
74.   ὑποτάσσεσθαι αὐτοῖς,
75.   μηδὲν ἐναντιουμένους τῷ θελήματί σου·
76. οἷς δός, κύριε, ὑγείαν, εἰρήνην, ὁμόνοιαν, εὐστάθειαν,
77. εἰς τὸ διέπειν αὐτοὺς   **τὴν ὑπὸ σοῦ δεδομένην αὐτοῖς** ἡγεμονίαν ἀπροσκόπως.
78. σὺ γάρ δέσποτα, ἐπουράνιε βασιλεῦ τῶν αἰώνων,   61,2
79. δίδως τοῖς υἱοῖς   τῶν ἀνθρώπων   <u>δόξαν καὶ τιμὴν</u> καὶ ἐξουσίαν
          τῶν ἐπὶ τῆς γῆς ὑπαρχόντων·
80. σύ, κύριε,
81. διεύθυνον τὴν βουλὴν αὐτῶν κατὰ τὸ καλὸν καὶ εὐάρεστον ἐνώπιόν σου,
82. ὅπως διέποντες ἐν εἰρήνῃ καὶ πραΰτητι εὐσεβῶς
               τὴν ὑπὸ σοῦ αὐτοῖς **δεδομένην ἐξουσίαν**
83. ἵλεώ σου τυγχάνωσιν.
84. ὁ μόνος δυνατὸς ποιῆσαι ταῦτα καὶ περισσότερα ἀγαθὰ μεθ᾽ ἡμῶν,   61,3
85. σοὶ ἐξομολογούμεθα
86. διὰ τοῦ ἀρχιερέως καὶ προστάτου τῶν ψυχῶν ἡμῶν Ἰησοῦ Χριστοῦ,
87. δι᾽ οὗ σοι ἡ δόξα καὶ ἡ μεγαλωσύνη
88. καὶ νῦν καὶ εἰς γενεὰν γενεῶν καὶ εἰς τοὺς αἰῶνας τῶν αἰώνων.
        Ἀμήν.

2 Bei den Korinthern liegt nun die Entscheidung. Die römische Gemeinde
   betrachtet sich als „unschuldig an dieser Sünde" (Z. 1). Die Sünde ist die
   παράπτωσις von 59,1, und ihr Inhalt entspricht der Aussage in 44,4. Wie dort
   scheint auch hier die Futurform (ἐσόμεθα) auf einen Zustand hinzuweisen,
   der noch nicht abgeschlossen ist. Dabei ist nicht erkennbar, ob das noch
   Mögliche sich nur auf die Entscheidung der Betroffenen bezieht – das ist auf
   jeden Fall gegeben, denn sonst hätte ein Überredungsversuch jeden Sinn
   verloren – oder auch auf die Situation der Gemeinde selbst, weil die Absetzung
   der Presbyter nicht vollständig ist. Die Beteuerung der eigenen Unschuld am
   Ende des langen Schreibens heißt auch, daß es zur Sache nichts mehr zu
   sagen gibt. Aber das heißt nicht, daß die römische Gemeinde nichts mehr
   tun kann. Eines bleibt ihr im Sinn der christlichen Verantwortung und Verbundenheit nach wie vor aufgetragen, und darauf wird sie mit der gleichen
   Ausführlichkeit zurückgreifen, wie sie zuvor argumentativ vorgegangen ist:
   das Gebet[1]. Es ist nicht zufällig, daß dieses Gebet nicht losgelöst vom Thema
   des Schreibens ansetzt, sondern ausdrücklich mit der Absicht formuliert ist,

---

[1] TH. M. WEHOFER, Untersuchungen 195, meint, die Sinneinheit sei mit der Unschuldbe-
teuerung abgeschlossen. Mit dem Gebetsmotiv würde ein neuer Gedanke beginnen, der sachlich
mit der erwähnten Möglichkeit des Ungehorsams am Anfang von V. 1 „gar nicht zusammengehört." Der ursprüngliche Zusammenhang wird dadurch gewaltsam zerrissen.

die mit dem Konflikt ringende Gemeinde Gott anzuvertrauen[1]. Das Adjektiv ἐκτενής (beharrlich, inständig) ist auf die Bitte und auf das Flehen bezogen (Z. 2; vgl. 58,2 und 62,2)[2]. Der Terminus δέησις (geläufig in der LXX, auch im NT) bezeichnet die Bitte als Fürbitte bzw. Bittgebet[3]. ἱκεσία ist das Flehen. Das Partizip ποιούμενοι steht zur „Umschreibung des einfachen Verbalbegriffs" (Bauer/Aland 1369). In der LXX nur in 2 Makk 10,25 und 12,42 (beide Male nach A)[4], aber oft bei Philo und Josephus. Gerade bei Josephus läßt sich eine Schwankung der Textüberlieferung feststellen, die für die Sprache von I Clem nicht unwichtig ist. Oft gibt es zu LA ἱκεσία eine andere mit ἱκετεία (vgl. Bell 2,202; 3,294; 5,128 u. ö.). In Bell 2,497 betrifft die Unsicherheit ἱκετεία und ἱκετηρία. Die Varianten in der Textüberlieferung erklären sich durch die phonetische, aber besonders durch die semantische Nähe der Begriffe zueinander: alle lassen sich mit „flehen", „bitten" übersetzen. Auf diesem Hintergrund ist auf Hebr 5,7 hinzuweisen, wo der Erlöser Bitten und Flehrufe an Gott (δεήσεις τε καὶ ἱκετηρίας) richtet. Während das Begriffspaar δέησις – ἱκεσία vor I Clem kaum belegt ist[5], liegen für δέησις – ἱκετηρία zahlreiche Parallelen vor[6]. Die Beobachtung von Fr. Büchsel zu Hebr 5,7, daß er mit δεήσεις τε καὶ ἱκετηρίας eine herkömmliche Formel benutzt, die zur geschulten und gepflegten Sprache „des literarisch Gebildeten" gehört (ThWNT III 298), gilt auch für I Clem 59,2.

Der Gegenstand der eifrigen Fürbitte kommt in einem Finalsatz zum Ausdruck (Z. 3), dessen Subjekt ὁ δημιουργὸς τῶν ἁπάντων ist (Z. 4). Der Schöpfer aller Dinge ist auch der Retter der Menschen, denn die Bitte richtet sich an ihn, damit er die „abgezählte Zahl seiner Auserwählten in der ganzen Welt unversehrt bewahre." Die Wiederaufnahme des Motivs von der „Zahl der Geretteten" (vgl. 58,2) bzw. der „Auserwählten" (vgl. 2,4) ist an dieser Stelle so offenkundig wie aufschlußreich. Denn das Wort in 2,4 war Teil eines großen Lobes für die korinthische Gemeinde, zu dem auch der Beitrag der Gemeinde zur Erhaltung der Zahl der Auserwählten gehörte (εἰς τὸ σῴζεσθαι μετ᾽ ἐλέους καὶ συνειδήσεως τὸν ἀριθμὸν τῶν ἐκλεκτῶν αὐτοῦ). In 58,2 ging es nicht mehr um eine fürbittende Funktion zugunsten der Christenheit im allgemeinen, sondern um die Zugehörigkeit zur Zahl der Geretteten, die von

---

[1] E. v.d. GOLTZ, Gebet 197, erklärt den Übergang zur direkten Gebetsanrede „durch eine besondere Steigerung der religiösen Empfindung." Der Sache näher bleibt eine Erklärung durch die Zielsetzung des Schreibens.

[2] In der LXX kommt in solchen Zusamenhängen das Adverb ἐκτενῶς vor. Vgl. Joel 1,14; Jon 3,8; 3 Makk 5,9.

[3] Zu δέησιν ποιείσθαι vgl. Lk 5,33; Phil 1,4; 1 Tim 2,1.

[4] Bei Sym. steht ἱκεσία anstelle von δέησις in Ps 27,2 und 118,170. Bei Theod. nur in Ps 27,2.

[5] Vgl. OCIS 569,11; Diodorus Siculus, Bibl. XXXIII 5,3; Plutarch, Romulus 19,3; Demetrius 47,3; Poseidonius, Frag. 102a. Im hellenistischen Judentum vgl. Josephus, Ant 15,188. Spätere christliche Belege fehlen auch nicht. Vgl. Origenes, De orat. 14,2; Johannes Chrys., In Ps 118 (PG 55,706) u. ö.

[6] Vgl. Ijob 40,27; Philo, Cher 47; Polybios, III 112,8: εὐχαὶ καὶ θυσίαι καὶ θεῶν ἱκετηρίαι καὶ δεήσεις ἐπεῖχον τὴν πόλιν; Isokrates, Or. 8,138: πολλὰς ἱκετηρίας καὶ δεήσεις ποιούμενοι.

der Annahme des von der römischen Gemeinde erteilten Rates und von der Erfüllung der göttlichen Vorschriften abhängig gemacht wurde. Der Perspektivenwechsel entspricht zuerst dem Gegensatz zwischen der verherrlichten Vergangenheit (1,2–2,8) und der konfliktreichen Gegenwart der korinthischen Gemeinde (ab 3,1). Aber dies ist nicht der einzige Unterschied. Waren die zwei Stellen 2,4 und 58,2 (35,4 gehört auch hierher) durch die Hervorhebung des menschlichen Mitwirkens geprägt – der appellative Charakter ist besonders in 58,2 augenfällig –, kommt hier die *theologische* Sichtweise zum Tragen: Gott allein vermag die Zahl der Auserwählten unversehrt[1] zu bewahren. Im Einklang mit der göttlichen Wirkung steht die sowohl universale Dimension des Geschehens – es sind die Auserwählten auf der ganzen Welt – als auch die Genauigkeit der Angabe: die abgezählte Zahl[2].

All diese Elemente bilden die Einleitung zum großen Gebet (Z. 1–3), so daß man in der Auslegung diesen Bezugspunkt nicht aus den Augen verlieren darf. Da „der Schöpfer aller Dinge" (vgl. 20,11; 26,1; 33,2) auch Subjekt des vorhergehenden Satzes ist, fehlt dem Anfang des Gebetes die klassische Anrede. Anstelle dessen leitet der Vf. durch einen einfachen Stilwechsel in das Gebet ein, wie man gerade anhand von Z. 8 und Z. 9 feststellen kann. Am Schluß von Z. 8 ist von „seinem" herrlichen Namen die Rede (εἰς ἐπίγνωσιν δόξης ὀνόματος αὐτοῦ), aber der Gegenstand der Hoffnung in Z. 9 ist „dein" Name (ἐλπίζειν ἐπὶ τὸ ... ὄνομά σου).

Der erste Abschnitt (Z. 4–28) besteht inhaltlich aus drei Elementen: 1. die Vermittlung des „geliebten Knechtes" im Heilswerk (Z. 5.27 f.); 2. die befreiende Berufung und ihr Ziel (Z. 6–11); 3. die Prädikate des sich offenbarenden Gottes (Z. 12–26).

Z. 5 (διὰ τοῦ ἠγαπημένου παιδὸς αὐτοῦ Ἰησοῦ Χριστοῦ) verbindet die vermittelnde Funktion des „geliebten Knechtes" mit dem Werk des Schöpfers, die abgezählte Zahl der Auserwählten unversehrt zu bewahren. Der die Erkenntnis des wahren Gottes schenkende Knecht – das geht aus Z. 27 nach der Liste in Z. 12–26 hervor – wirkt also auch bei der Rettung aller Auserwählten. Es handelt sich dabei um eine alte christologische Prädikation, zu der es in der hier vorliegenden Gestalt – der „geliebte Knecht"[3] – keine Parallele gibt[4]. Spuren von einer ähnlichen christologischen Überlie-

---

[1] Das Adjektiv ἄθραυστος kommt nur hier in der jüdischen und christlichen Literatur vor. Im profanen Griechisch ist es nicht sehr oft belegt. Es bedeutet „unversehrt", „ungebrochen", „intakt"; vgl. Euripides, Hecuba 17 (von den Türmen Troyas); Polybios, II 22,5; auch „unzerbrechlich" (vgl. H. DIELS, Doxographi 286,14).

[2] Vgl. Josephus, Ant 11,73: ἡγεμὼν δὲ τῆς κατηριθμημένης πληθύος ἦν ὁ Σαλαθιήλου παῖς Ζοροβάβηλος.

[3] Lindemann übersetzt παῖς (Z. 5.27.42) jeweils mit „Sohn". Die Eigenart des christologischen Prädikats παῖς geht damit verloren.

[4] Auch innerhalb von I Clem taucht die Prädikation nur in diesem Zusammehang auf. Das häufige ἀγαπητός wird meistens als Anrede an die Christen in Korinth gebraucht (einzige Ausnahme ist 8,5), nie christologisch.

ferung finden sich in Apg 3,13.26; 4,27.30 und besonders in Did 9,2.3; 10,2.3. Aber an keiner von diesen Stellen wird der Knecht ἠγαπημένος genannt[1]. In Eph 1,6 ist von ἠγαπημένος die Rede, und damit ist Jesus Christus gemeint, aber nicht als Knecht[2]. Der Knecht ist zugleich der Kyrios[3], der über die Gemeinde herrscht. Die soteriologische Relevanz seiner einzigartigen Nähe zu Gott zeigt seine Rolle als Vermittler im Heilswerk: „Durch ihn hat er uns gerufen … " (Z. 6). Der Ruf bewirkt einen heilbringenden Übergang, der durch die Präpositionen ἀπό … εἰς angedeutet ist. Es ist der Übergang von der Finsternis ins Licht (Z. 7) und von der Unkenntnis zur Erkenntnis seines glorreichen Namens (Z. 8). Das erste Motiv gehört in einen weit verbreiteten Topos der religiösen Rede, die in der biblischen Literatur oft belegt ist[4]. Wegen der sprachlichen Nähe sei auf Apg 26,18 hingewiesen: ἀνοῖξαι ὀφθαλμοὺς αὐτῶν τοῦ ἐπιστρέψαι ἀπὸ σκότους εἰς φῶς (vgl. Z. 10), während die Stelle 1 Petr 2,9: τοῦ ἐκ σκότους ὑμῶς καλέσαντος εἰς τὸ θαυμαστὸν αὐτοῦ φῶς, durch die gemeinsame römische Herkunft von Interesse ist. Ebenso geläufig ist das zweite Motiv – von der Unkenntnis zur Erkenntnis –, obwohl die biblische Literatur keine verwandte Formulierung zu I Clem kennt[5]. Gegenstand der Erkenntnis ist der „glorreiche Name" Gottes[6]. Der „Name" bereitet unmittelbar die folgende Aussage vor (Z. 9), aber die lange Liste von Prädikationen Z. 12–26 bestätigt die überwältigende δόξα, die zum Namen, d. h. zur Wirklichkeit Gottes gehört.

Der Ruf Gottes (Z. 6) bringt nicht nur eine Wirkung mit sich (Z. 7–8),   3
sondern er öffnet den Blick auf ein Ziel hin. Dieses kommt im folgenden Final-Infinitiv (ἐλπίζειν) zum Ausdruck[7]. Dadurch ist das Hoffen als Folge

---

[1] Von den LXX-Angaben ist Dtn 33,12 als Aussage über Benjamin zu berücksichtigen: ἠγαπημένος ὑπὸ κυρίου. Weder hier noch in den anderen Stellen, wo es vorkommt (Dtn 32,15; 33,5; Jes 44,2; Jer 11,15 u. ö.) liegt eine messianische Deutung vor. Vgl. Ph. HENNE, Christologie 264 f.

[2] In der altchristlichen Literatur vgl. Barn 3,6: ὁ λαὸς ὃν ἡτοίμασεν τῷ ἠγαπημένῳ αὐτοῦ; 4,3b: ἵνα ταχύνῃ ὁ ἠγαπημένος αὐτοῦ; 4,8: ἵνα ἡ τοῦ ἠγαπημένου Ἰησοῦ …; Herm sim IX 12,5 (89,5): εἰ μὴ διὰ τοῦ ὀνόματος τοῦ υἱοῦ αὐτοῦ τοῦ ἠγαπημένου ὑπ᾽ αὐτοῦ; Justin, Dial. 93,2: τὸν ἀγαπώμενον ὑπ᾽ αὐτοῦ τοῦ κυρίου καὶ θεοῦ; 137,2: πολὺ μᾶλλον ὁ τοῦ ἠγαπημένου καθαπτόμενος …; MartPol 14,1: Κύριε ὁ θεὸς ὁ παντοκράτωρ, ὁ τοῦ ἀγαπητοῦ καὶ εὐλογητοῦ παιδός σου Ἰησοῦ Χριστοῦ πατήρ; vgl. auch 14,3. Andere Angaben bei H. SCHLIER, Der Brief an die Epheser, Düsseldorf 1957, 57 Anm. 1.

[3] Der Hinweis auf den Kyrios (τοῦ κυρίου ἡμῶν) fehlt in H, ist aber durch LSC[1] bezeugt.

[4] Vgl. Jes 42,16: ποιήσω αὐτοῖς τὸ σκότος εἰς φῶς.

[5] Zu ἀγνωσία als religiöse Unkenntnis vgl. Weish 13,1; 1 Kor 15,34. In der hermetischen Literatur s. I 27 (I 16); VII 1 (I 81); X 8 (I 117): die ἀγνωσία ist eine Krankheit der Seele. In MartPol 14,1 heißt es: δι᾽ οὗ τὴν περὶ σοῦ ἐπίγνωσιν εἰλήφαμεν. Da auch hier der Knecht die Erkenntnis Gottes vermittelt, hängt die Stelle wahrscheinlich von I Clem ab.

[6] Die Wendung δόξης ὀνόματος αὐτοῦ ist als genitivus qualitatis aufzufassen. J. PONTHOT, „Nom" 350–352, bemerkt mit Recht, daß ein Zusammenhang mit der johanneischen Theologie besteht.

[7] In seiner Textausgabe zu I Clem hat schon Bryennios versucht (1875), aufgrund der

des Rufes hingestellt. Die Hoffnung richtet sich auf den Namen Gottes, wie zuvor die Erkenntnis (Z. 8). Anders als in Z. 8 geht es hier nicht um „seinen", sondern um „deinen" Namen (Z. 9)[1], wie es bei einem Gebet üblich ist. Als Apposition zu ὄνομα steht die Wendung ἀρχεγόνον πάσης κτίσεως[2]. Der Terminus ἀρχεγόνος bezeichnet den „Ur-sprung"[3], d. h. nicht nur die zeitliche Priorität, sondern auch die Ursache des Geschaffenen[4]. Die ganze Wirklichkeit geht auf diesen Ursprung zurück[5]. Der Inhalt entspricht der Prädikation in Z. 4: ὁ δημιουργὸς τῶν ἀπάντων. Nimmt man die vorgeschlagene Gliederung des Gebetes an, dann steht am Anfang jeden Hauptteils ein schöpfungstheologisches Bekenntnis. Die Parallele zu Z. 4.9 findet sich in Z. 44.45.

Die folgende Partizipial-Aussage über den Gott, „der die Augen unseres Herzens geöffnet hat" (Z. 10: ἀνοίξας τοὺς ὀφθαλμοὺς τῆς καρδίας ἡμῶν)[6] hat keinen klaren Anschluß und bleibt anakoluthisch, obwohl das Subjekt sinnge-

---

ungewöhnlichen Syntaxis (der Abschnitt sei ἀσύντακτον καὶ ἀνώμαλον) den Anfang des Gebetes genau in 59,3 wiederherzustellen. So möchte er vor ἐλπίζειν ein δός, δέσποτα einschieben (103 Anm. 5). Dagegen hat Harnack in der zweiten Auflage seines Kommentars (1876) richtig geltend gemacht, daß eine solche Ergänzung nicht notwendig ist. Der Vf. würde von einer oratio obliqua in eine oratio recta übergehen (98). LIGHTFOOT, I 2,172; I 1,145 f., schließt sich Bryennios an und schlägt als Anfang vor: δὸς ἡμῖν, Κύριε. Um die Annahme eines verlorengegangenen Originals zu untermauern, beruft er sich auf die Varianten der syrischen Übersetzung. Da auch die lateinische und die koptische Überlieferung die LA von H bezeugen, kann die Annahme einer Textlücke textkritisch nicht überzeugen, auch wenn der Satzbau nicht ganz regelmäßig ist.

[1] Die lateinische Übersetzung vereinheitlicht und bringt: „nomen suum." Die Übersetzung folgt der Fassung von HC[1].

[2] Ob ἀρχεγόνος oder ἀρχέγονος zu lesen ist, läßt sich textkritisch nicht entscheiden. Die Akzentverschiebung hat auch semantische Folgen. Wie LIGHTFOOT, I 2,172, formuliert, ist der ἀρχεγόνος das „principium principiatum", der ἀρχέγονος das „principium principians." Freilich läßt sich darüber streiten, wie weit solche philologische Feinheiten im konkreten Sprachgebrauch bewußt waren. Die LA von H zeigt, daß dies nicht immer so war. Auch in dem Fall, daß ursprünglich ein ἀρχέγονος wie üblich in der griechischen Sprache stand, besteht darüber kein Zweifel, daß der Terminus im Sinn des judenchristlichen Schöpferglaubens verstanden und verwendet wird. Vgl. J. PONTHOT, „Nom" 352.

[3] Harnack übersetzt „Urprinzip"; Knopf paraphrasiert: „der allem Geschaffenen das Leben gab"; Fischer, Lindemann und Schneider bringen „Urgrund".

[4] Der Terminus ist in der griechischen Kosmologie wichtig. Vgl. Ps. Aristoteles, De mundo 399a: διὰ τὴν πρώτην καὶ ἀρχέγονον αἰτίαν. In 399a wird Gott genannt: ὁ πάντων ἡγεμών τε καὶ γενέτωρ. Nach dem römischen Philosophen Cornutus ist der Okeanos ἀρχέγονος πάντων (Compendium 8). Thales wird die Meinung zugeschrieben, das Wasser sei ἀρχέγονον πάντων (H. DIELS, Doxographi 589,22). Auch Philo gebraucht den Begriff, aber in einer Form, die offenbar darauf bedacht ist, den Schöpferglauben von der griechischen Kosmologie abzuheben. Er spricht von Gott als ἀρχεγονώτατον ὄν, um gleich darauf zu behaupten, Israel sei τοῦ ἀγενήτου γέννημα πρώτιστον (Post 63). Beides, die Superlativform und die Aussage über den, der als Unerschaffener zeugen kann, verfolgt das Ziel, den Schöpferglauben treu wiederzugeben.

[5] Nach E. Peterson handelt es sich „um das Jod des Gottesnamens, das dann von Christen auf Jesus gedeutet wurde" (DERS., Die Befreiung Adams aus der ἀνάγκη, in: Frühkirche, Judentum und Gnosis, Freiburg 1959, 115 Anm. 30). Eine Anspielung auf das Tetragramm ist sehr unwahrscheinlich.

[6] Zu ähnlichen metaphorischen Ausdrücken vgl. 57,1.

mäß der „Schöpfer aller Dinge" (Z. 4) ist. Der Ausdruck und die Fortsetzung sind mit Eph 1,18 vergleichbar: πεφωτισμένους τοὺς ὀφθαλμοὺς τῆς καρδίας ὑμῶν εἰς τὸ εἰδέναι ὑμῶς … (andere Belege in 36,2). Mit anderen Worten kommt der in Z. 7 ausgedrückte Übergang von der Finsternis ins Licht noch einmal zur Sprache. Das von Gott geschenkte Sehvermögen bedeutet für die Gläubigen den Zugang zu einem Grad der Erkenntnis Gottes (Z. 11), dessen Reichtum die Fülle an Prädikationen andeuten will (Z. 12–26).

Die lange Liste ist nach keinem durchgehend festen Prinzip geordnet, obwohl einige Besonderheiten nicht übersehen werden können: 1. die nach einem rhythmischen Kriterium gestaltete Reihe der fünf Partizipialsätze (Z. 14–18), und zwar in zwei Gruppen: zuerst die zwei eingliedrigen Sätze: τὸν ταπεινοῦντα – τὸν διαλύοντα (Z. 14.15); sodann die drei zweigliedrigen: τὸν ποιοῦντα … καὶ … ταπεινοῦντα – τὸν πλουτίζοντα καὶ πτωχίζοντα – τὸν ἀποκτείνοντα καὶ ζῆν ποιοῦντα (Z. 16.17.18). Die Einheit ist so gestaltet, daß die Partizipien in der mittleren Zeile (Z. 16: ποιοῦντα – ταπεινοῦντα) auf die Anfangszeile (Z. 14: ταπεινοῦντα) und auf die Schlußzeile der Texteinheit (Z. 18: ποιοῦντα) bezogen bleiben[1]; 2. die Prädikationen als Sinneinheiten sind nicht durch καί verbunden, wohl aber die Doppelprädikationen (Z. 16.17. 18.19).

Der Inhalt der Prädikationen stammt größtenteils aus der LXX, aber es handelt sich nicht um eine Zitatensammlung, sondern um die Ausdrucksweise eines, der in der Sprache der LXX denkt und betet. Z. 12.13 (τὸν μόνον ὕψιστον ἐν ὑψίστοις, ἅγιον ἐν ἁγίοις ἀναπαυόμενον) geht auf Jes 57,15 zurück: τάδε λέγει κύριος ὁ ὕψιστος ὁ ἐν ὑψηλοῖς κατοικῶν τὸν αἰῶνα, ἅγιος ἐν ἁγίοις ὄνομα αὐτῷ, κύριος ὕψιστος ἐν ἁγίοις ἀναπαυόμενος. Das Sprachmaterial ist anders geordnet, aber die Bauelemente sind die gleichen. Der parallele Aufbau ist klar: ὕψιστον ἐν ὑψίστοις – ἅγιον ἐν ἁγίοις. Bei der ersten Wendung ist die Deutung von ἐν ὑψίστοις nicht sicher. Ist damit gemeint, daß Gott der Höchste unter Höchsten ist, d. h. der Allerhöchste, oder ist ἐν ὑψίστοις wie in Lk 2,14 und 19,38 mit „in der Höhe" zu übersetzen? Angesichts des Parallelismus mit der folgenden Aussage dürfte die erste Möglichkeit die wahrscheinlichere sein: Gott ist der Höchste unter Höchsten (Z. 12), wie er auch der Heilige ist, der in Heiligen ruht (Z. 13). Der Doppelspruch bildet also eine formale und inhatltliche Einheit, die als Einleitung zu den folgenden Prädikationen, die das Wirken Gottes zur Sprache bringen, bezeichnet werden kann. Weil Gott der Höchste und der Heilige ist, handelt er so.

Von den fünf folgenden Partizipialsätzen (Z. 14–18) gehören die zwei ersten zusammen (Z. 14.15): Er erniedrigt den Übermut der Hochmütigen, vereitelt die Pläne der Heiden. Z. 14 liegt Jes 13,11b (ὕβριν ὑπερηφάνων ταπεινώσω) zugrunde, Z. 15 geht auf Ps 32,10 zurück (κύριος διασκεδάζει βουλὰς ἐθνῶν,

---

[1] Gute stilistische Beobachtungen bei L. ALFONSI, Preghiera 226–228.

ἀθετεῖ δὲ λογισμοὺς λαῶν)[1]. Die drei anderen Aussagen (Z. 16–18) sind durch Gegenüberstellungen gekennzeichnet, die durch ein Partizip jeweils am Anfang und am Schluß ausgedrückt werden. Die Erhöhung der Demütigen und die Demütigung der Erhabenen (Z. 16) hat eine sprachliche Grundlage in Ijob 5,11a (τὸν ποιοῦντα ταπεινοὺς εἰς ὕψος) und Jes 10,33b (καὶ οἱ ὑψηλοὶ ταπεινωθήσονται). Daß Gott reich, aber auch arm macht (Z. 17), sagt auch 1 Sam 2,7 (κύριος πτωχίζει καὶ πλουτίζει). Ein Gott, „der tötet und lebendig macht" (Z. 18) entspricht Dtn 32,39 (ἐγὼ ἀποκτενῶ καὶ ζῆν ποιήσω). Die Auswahl der Texte ist nicht willkürlich. Der Höchste und Heilige (Z. 12.13) offenbart seine Macht, indem er jeden menschlichen Machtanspruch (Z. 14–16) zerstört und über das menschliche Geschick verfügt (Z. 17.18). Vergleicht man die in diesem Abschnitt feierlich vorgetragenen Inhalte mit den anderen Aussagen, die das Gottesbild in I Clem aufzeichnen, kann man eine große Übereinstimmung feststellen.

Die nächste Prädikation (Z. 19) verkündet die Macht Gottes über den Bereich des Geistes und der Fleisches. Der Aussage liegt Num 16,22 bzw. 27,16 zugrunde: θεὸς τῶν πνευμάτων καὶ πάσης σαρκός[2]. In der Rezeption von I Clem wird daraus eine zweigliedrige Aussage: μόνον εὐεργέτην πνευμάτων καὶ θεὸς πάσης σαρκός[3]. Der Terminus εὐεργέτης kommt in I Clem nur hier vor, aber Gott ist der εὐεργετῶν τὰ πάντα (20,11; in Apg 10,38 von Jesus), der εὐεργετικὸς πατήρ (23,1)[4]. In diesem Fall läßt sich der erste Teil der Aussage auf die Engel beziehen[5], deren Gehorsam und Eintracht schon erwähnt wurde (34,5f.), der zweite Teil auf die Menschenwelt bzw. auf den irdischen Bereich. „Alles Fleisch" behält also die Bedeutung von einer allgemeinen Bezeichnung des „Menschlichen" bzw. des „Irdischen"[6], ohne eine besondere anthropologische Konnotation. Wenn diese Deutung von Z. 19 richtig ist, dann ergibt sich daraus eine Verbindung mit Z. 20: τὸν ἐπιβλέποντα ἐν τοῖς ἀβύσσοις. Es sind drei Bereiche: 1. der geistige, wo die Engel sind; 2. der irdische, wo die Menschen wohnen (alles Fleisch); 3. die Abgründe, die Unterwelt (vgl. 20,5), in die auch der Blick Gottes hineinreicht (vgl. 28,3). Der Ausdruck geht auf Dan (Theod.) 3,55 zurück: ὁ ἐπιβλέπων ἀβύσσους.

Die folgenden Prädikationen (Z. 21–24) verbindet rein formal die Tatsache, daß sie keine Partizipial-Form ausweisen, sondern Hauptwörter: Beobachter, Helfer, Retter, Schöpfer, Aufseher. Nach Z. 21 ist Gott der Beobachter der

---

[1] So die LXX-Fassung. Sym. verwendet in Ps 32,10 wie I Clem διαλύειν, so daß der Text hier wahrscheinlich vorgegebenes Sprachmaterial nur neu ordnet.

[2] Die griechische Fassung zieht eine Trennungslinie zwischen Geist und Fleisch, die dem hebräischen Original fremd ist: אל אלהי הרוחת לכל־בשר.

[3] Am Anfang vom Kap. 64 liegt eine Variante der gleichen Aussage vor: θεὸς καὶ δεσπότης τῶν πνευμάτων καὶ κύριος πάσης σαρκός.

[4] Angesichts der unterschiedlichen LA (H: εὐεργέτην; LS: εὑρετὴν; C[1]: κτίστην) schlägt H. L. F. DRIJEPONDT, Emendations 104 f., den Neologismus ἐνεργέτην vor.

[5] So KNOPF, 140.

[6] Vgl. E. SCHWEIZER, ThWNT VII 108.

menschlichen Werke. Auch Ester wendet sich an den πάντων ἐπόπτην θεὸν καὶ σωτῆρα (Est 5,1a; vgl. 3 Makk 2,21; Arist 16). Die Stelle aus dem Esterbuch dürfte die Diktion beeinflußt haben, denn in I Clem 55,6 – auch im Zusammenhang mit der Gestalt der Ester – erscheint Gott als παντεπόπτης. Die Bezeichnung βοηθός für Gott (Z. 22) ist in der LXX geläufig, besonders in den Psalmen. Der „Helfer der Gefährdeten" (τὸν τῶν κινδυνευόντων βοηθόν) ist wahrscheinlich eine Reminiszenz aus dem langen Gebet der Ester in Est 4,17a–z, genauer aus 4,17l: βοήθησόν μοι τῇ μόνῃ καὶ μὴ ἐχούσῃ βοηθὸν εἰ μὴ σέ, ὅτι κίνδυνός μου ἐν χειρί μου. Es ist die einzige Stelle in der LXX, wo βοηθός und κίνδυνος im gleichen Zusammenhang vorkommen. Die Aussage hat hier allgemeine Bedeutung. Auch die nächste Aussage (Z. 23) geht auf ein Gebet einer alttestamentlichen Frau zurück: Judit. In Jdt 9,11 wird Gott angerufen als Retter der Verzweifelten (ἀπηλπισμένων σωτήρ)[1]. Die Herkunft des Ausdrucks ist deswegen wichtig, weil beide Gestalten, Judit und Ester, in I Clem 55,4–6 als Beispiele für Selbsthingabe zugunsten des eigenen Volkes aufgeführt wurden. Das „Großgebet" nimmt also markante Wendungen aus den von diesen Frauen in der Schrift überlieferten Gebeten auf. Z. 24 nennt Gott Schöpfer und Aufseher jeglichen Geistes (τὸν παντὸς πνεύματος κτίστην καὶ ἐπίσκοπον). Weder ist die Bedeutung von Geist klar, noch die Stellung der Aussage im Kontext. Im Unterschied zu den vorhergehenden Prädikationen gibt es keinen Text der in Frage kommenden Literatur, den man als Grundlage heranziehen könnte[2].

Von den zwei Titeln, Schöpfer und Aufseher, ist der erste am leichtesten zu erklären, denn κτίστης entspricht der Aussage in Z. 9: Er ist der Ursprung der ganzen Schöpfung. Der zweite erinnert an 1 Petr 2,25b, wo der Erlöser ἐπίσκοπος τῶν ψυχῶν ὑμῶν genannt wird. Sowohl 1 Petr 2,25 als auch Z. 24 dürften in ihrem Grundbestand auf die Aussage in Weish 1,6 zurückgehen: φιλάνθρωπον γὰρ πνεῦμα σοφία … ὅτι τῶν νεφρῶν αὐτοῦ μάρτυς ὁ θεὸς καὶ τῆς καρδίας αὐτοῦ ἐπίσκοπος ἀληθής. Nachdem Z. 19 (μόνον εὐεργέτην πνευμάτων) auf die Engel hingewiesen hat, ist wahrscheinlich auch in Z. 24

---

[1] Die Tatsache, daß der Vf. sich einer schon vorgegebenen Formulierung mit dem nur hier vorkommenden Titel σωτήρ bedient, erlaubt keinen weitergehenden Schluß über die Bedeutung dieses Titels für ihn. Nach M. SACHOT, Étude 64, handelt es sich nur um eine Entlehnung (emprunt), der Vf. selbst „n'aurait sans doute jamais qualifié Dieu de *sôter*." Die Beobachtung hätte eine gewisse Gültigkeit, wenn man mit Sicherheit davon ausgehen könnte, daß der Text I Clem 59,3 traditionellen Charakter hat. Wenn aber der Vf. den Text zusammengestellt hat, dann zeigt sich sein Interesse an diesem Titel, wenn er ausgerechnet diese Stelle zitiert.

[2] Die in den verschiedenen Textausgaben und Kommentaren erwähnten Stellen zeigen nur vereinzelte Anknüpfungspunkte. KNOPF, 141, zitiert Sach 12,1; Am 4,13; Ijob 10,12; Jes 57,16; Weish 1,6. κτίστης und ἐπίσκοπος kommen in keinem von diesen Texten zusammen vor, auch nicht bei den vielen Parallelen aus den griechischen Zauberpapyri, die Th. Schermann zusammengetragen hat. Vgl. Sib Fr.1,3–6: οὐ τρέμετ᾽ οὐδὲ φοβεῖσθε θεόν, τὸν ἐπίσκοπον ὑμῶν, ὕψιστον γνώστην πανεπόπτην μάρτυρα πάντων παντοτρόφον κτίστην, ὅστις γλυκὺ πνεῦμ᾽ ἐν ἅπασιν κάτθετο χηγητῆρα βροτῶν πάντων ἐποίησεν; (überliefert von Theophilus von Antiochien, Ad Aut. II 36.

die Macht Gottes über die Engel angedeutet¹. Dies würde eine Verbindung durch Kontrast mit der folgenden Aussage schaffen. Der Schöpfer und Aufseher über die Engel ist auch der, welcher die Völker auf Erden zahlreich macht (Z. 25)². Der erste Teil des Satzes nimmt Gen 1,28 frei auf (πληθύνεσθε καὶ πληρώσατε τὴν γῆν). Die ἔθνη sind nicht die Heiden, sondern die Völker der Erde. Aus all diesen Völkern hat Gott die auserwählt, die ihn lieben (Z. 26)³. Möglicherweise spielt der Vf. auf das Motiv von der Zahl der Auserwählten an (2,4; 59,2).

Die Auserwählung durch Gott ist christologisch vermittelt (vgl. 50,7: οὗτος ὁ μακαρισμὸς ἐγένετο ἐπὶ τοὺς ἐκλελεγμένους ὑπὸ τοῦ θεοῦ διὰ Ἰησοῦ Χριστοῦ τοῦ κυρίου ἡμῶν), und zwar durch den geliebten Knecht (Z. 27), wie in Z. 5. Der Abschnitt geht zu Ende mit der Rückführung von einer dreifachen Handlung auf Jesus Christus: δι' οὗ ἡμᾶς ἐπαίδευσας, ἡγίασας, ἐτίμησας (Z. 28). Das erste Verb kann im Zusammenhang mit dem παιδεία-Motiv in 56,2–57,1 aufgefaßt werden. Der Sinn wäre in diesem Fall „zurechtgewiesen", „auf den rechten Weg gebracht" (so Bauer/Aland)⁴. Wahrscheinlicher ist jedoch die andere Deutung: „durch ihn hast du uns erzogen" (Fischer, Jaubert, Quacquarelli, Lindemann, Schneider), die besser zu den zwei folgenden Verben paßt. Das Gebet setzt voraus, daß die παιδεία Gottes als Erziehung durch Christus, den Erzieher, realisiert wurde⁵. Aus der gleichen Perspektive wird das zweite Verb (ἡγίασας) verstanden. In 46,2 erging die Aufforderung, sich an die Heiligen eng anzuschließen, um geheiligt zu werden. Hier hat Gott die Gläubigen „geheiligt". Die Deutung des dritten Verbes (ἐτίμησας) ist alles andere als sicher. Vielleicht gehört das Wort in den gleichen Zusammenhang wie die zwei anderen⁶. Wenn es so ist, läßt sich an das Wort in 45,8 denken, das von den in Zuversicht Ausharrenden den Besitz von δόξα und τιμή behauptet⁷. Mit diesem christologischen Schluß, der vertrauensvoll das Heilshandeln Gottes in den Gläubigen als schon realisiert bekennt, endet der lobende Abschnitt des ersten Teiles des Gebetes.

---

¹ Die andere Möglichkeit, den πνεῦμα-Begriff anthropologisch aufzufassen, erweist sich als sehr unwahrscheinlich, nachdem in Z. 19 und in Kap. 64 die Engelwelt genannt wird. Mit Ausnahme von 18,10.17; 52,4 (Zitat aus Ps 50,12.19) und 36,3 (Zitat aus Ps 103,4) bezeichnen die anderen πνεῦμα-Stellen den Heiligen Geist.

² Der Kontrast wäre vergleichbar mit 1 Tim 3,16: ὤφθη ἀγγέλοις, ἐκηρύχθη ἐν ἔθνεσιν.

³ Vgl. 49,5: ἐν τῇ ἀγάπῃ ἐτελειώθησαν πάντες οἱ ἐκλεκτοὶ τοῦ θεοῦ.

⁴ Schon L: „Corripuisti nos".

⁵ Vgl. P. STOCKMEIER, Begriff 407: „Hier erhält der Begriff soteriologisches Gewicht." W.-D. HAUSCHILD, Erziehung 618 f., hebt das christologische Moment hervor und weist auf den Sprachgebrauch des Hebräerbriefes und der Pastoralbriefe hin. Die römische Konzeption stehe nicht isoliert im frühen Christentum da.

⁶ Der Verweis von Knopf auf Joh 12,26 (ἐάν τις ἐμοὶ διακονῇ τιμήσει αὐτὸν ὁ πατήρ) hilft nicht weiter.

⁷ Auch LINDEMANN, 170, glaubt an eine kontextbezogene Formulierung. Dabei denkt er an I Clem 21,6 und 44,6.

Die Fürbitte setzt in Z. 29 an. Die Wendung ἀξιοῦμέν σε, δέσποτα geht auf 4
das Konto des Vf.s (vgl. 55,6 über Ester: ἠξίωσεν τὸν παντεπόπτην δεσπότην).
Der Anrede folgt eine allgemeine Bitte (Z. 30), Gott möge zum Helfer und
Beschützer werden, wie in Ps 118,114 (βοηθός μου καὶ ἀντιλήμπτωρ μου εἶ
σύ) formuliert ist. Die eigentliche Fürbitte gliedert sich in zwei Reihen von
Fünfzeilern[1], die sich formal besonders durch die Stellung des Verbs unterscheiden. In der ersten Reihe (Z. 31–35) steht das Verb im Imperativ immer
am Ende der Aussage, in der zweiten Reihe (Z. 36–40) immer am Anfang.
Bei den Fürbitten läßt sich kein Ordnungsprinzip erkennen. Wie im vorhergehenden Abschnitt liegen zahlreiche Anklänge an die Sprache der griechischen Bibel vor. Zuerst (Z. 31) geht es um die Rettung derer, die sich in
Bedrängnis befinden. Gemeint sind natürlich die Christen (τοὺς ἐν θλίψει
ἡμῶν), aber die Art der Bedrängnis wird nicht näher bestimmt. Der Ausdruck
ist sehr geläufig (vgl. Ps 33,7: καὶ ἐκ πασῶν τῶν θλίψεων αὐτοῦ ἔσωσεν αὐτόν;
Ps 137,7: ἐὰν πορευθῶ ἐν μέσῳ θλίψεως, ζήσεις με; Sir 2,11: καὶ σῴζει ἐν
καιρῷ θλίψεως). Solche Texte konnten als Sprachgrundlage gedient haben.
Ebenso allgemein gehalten ist die Bitte um Aufrichtung der Gefallenen (Z. 32)
(vgl. dazu Ps 144,14: ὑποστηρίζει κύριος πάντας τοὺς καταπίπτοντας; 4 Makk
2,14: καὶ τὰ πεπτωκότα συνεγείρων). Daß Gott sich den Betenden zeigen
möge (Z. 33), steht Dan (Theod.) 9,17 nahe (καὶ νῦν εἰσάκουσον, κύριε ὁ
θεὸς ἡμῶν, τῆς προσευχῆς τοῦ δούλου σου καὶ τῶν δεήσεων αὐτοῦ καὶ ἐπίφανον
τὸ πρόσωπόν σου). Um die Heilung von Krankheit (Z. 34) betet auch der
Psalmist (vgl. Ps 6,3: ἐλέησόν με, κύριε, ὅτι ἀσθενής εἰμι· ἴασαί με, κύριε). Die
letzte Bitte mit nachgestelltem Imperativ (Z. 35) betrifft die Rückführung der
Irrenden (vgl. Ez 34,16: καὶ τὸ πλανώμενον ἐπιστρέψω) „deines Volkes" auf
den richtigen Weg. Nach der unproblematischen Aneignung der Schrift und
der Erzväter Israels ist es wenig wahrscheinlich, daß sich an dieser Stelle der
Blick auf Israel als das Volk Gottes richtet. Auf Z. 43 heißt es eben: καὶ ἡμεῖς
λαός σου. Wie weit der Ausdruck πλανώμενοι eine Anspielung auf das Problem in der Gemeinde beinhaltet, läßt sich nicht ausmachen.

Die Bitte um die Sättigung der Hungernden (Z. 36), welche die zweite
Fürbittenreihe eröffnet, nimmt den biblischen Gedanken auf, daß Gott die
hungrigen Armen sättigt (vgl. Ps 131,15b: τοὺς πτωχοὺς αὐτῆς χορτάσω
ἄρτων). Möglich ist auch eine Beeinflussung durch die Überlieferung aus der
Predigt Jesu (vgl. Lk 6,21: μακάριοι οἱ πεινῶντες νῦν, ὅτι χορτασθήσεσθε).

---

[1] Die so bestimmte formale Struktur des Abschnitts hängt mit einer textkritischen Entschei-
dung zusammen: Nach Z. 31 bringt H: τοὺς ταπεινοὺς ἐλέησον. Diese LA vertreten Bryennios,
Gebhardt, Lightfoot, Knopf, Funk, Hemmer, Schaefer, Bosio. LC¹S überliefern die Bitte nicht.
Schaefer vermutet dabei ein Versehen „propter homoeoteleuton", aber das Gewicht der drei
Textzeugen ist beachtlich. Die Textausgaben von Bihlmeyer, Fischer, Ruiz Bueno, Jubert,
Schneider entscheiden sich für sie. Es ist gewiß kein restlos überzeugendes Argument, aber die
Gestaltung von zwei Fünfzeilern wäre keine Neuigkeit in I Clem (vgl. Kap. 49), so daß dadurch
die LA von LC¹S an Plausibilität gewinnt.

Denn χορτάζειν und πεινῶν kommen gemeinsam nur hier vor[1]. In der Bitte um Erlösung der Gefangenen (Z. 37) dürfte sich die Erfahrung widerspiegeln, die auch die römische Gemeinde – mit Sicherheit in der Zeit Neros, aber auch noch später – machen mußte, daß Christen angeklagt und festgenommen wurden. Die Bitte kann man auch als Hinweis darauf verstehen, daß die Aussage in I Clem 55,2 (ἐπιστάμεθα πολλοὺς ἐν ἡμῖν παραδεδωκότας ἑαυτοὺς εἰς δεσμά, ὅπως ἑτέρους λυτρώσονται) keineswegs nur rhetorisch gemeint war. Ein Echo der LXX-Sprache ist ebenfalls vernehmbar (vgl. Ps 24,22: λύτρωσαι, ὁ θεός, τὸν Ἰσραήλ; Ps 25,11: λύτρωσαί με καὶ ἐλέησόν με). Die Aufrichtung der Schwachen (Z. 38) läßt den Einfluß von Ijob 4,4 (ἀσθενοῦντάς τε ἐξανέστησας ῥήμασιν) erkennen. Auch die Tröstung an die Kleinmütigen (Z. 39) verrät alttestamentliches Kolorit (vgl. Jes 35,4: παρακαλέσατε, οἱ ὀλιγόψυχοι τῇ διανοίᾳ). Die Bitte, daß alle Völker Gott, seinen Knecht und sein Volk (Z. 41–43) erkennen (Z. 40), beschließt den Abschnitt. Das Erkenntnis-Motiv – am Anfang (Z. 8.11) und am Schluß (Z. 40) – verbindet die zwei, den ersten Teil des Gebetes bildenden Abschnitte. Es ist nicht nur eine formale, sondern auch eine sachliche Verbindung. Die aufgrund des Rufes Gottes geschenkte Erkenntnis hat sich im ersten Abschnitt in der langen Prädikationenliste niedergeschlagen. Aber nicht nur die Gläubigen sollen sich der Erkenntnis des einzigen Gottes erfreuen, sondern auch alle Völker. Nachdem in den ersten neun Bitten Gott mit dem Imperativ direkt angesprochen wurde, betrifft das Anliegen des abschließenden Fürbittgebetes die Völker, damit sie zu dieser Erkenntnis gelangen. Die Formulierung übernimmt altes Überlieferungsgut. Bemerkenswert ist zuerst die formale und inhaltliche Übereinstimmung von Z. 40–41 mit 2 Kön 19,19b (καὶ γνώσονται πῶσαι αἱ βασιλεῖαι τῆς γῆς ὅτι σὺ κύριος ὁ θεὸς μόνος). Vgl. auch 1 Kön 8,60. Noch wichtiger sind Sir 36,17 (καὶ γνώσονται πάντες οἱ ἐπὶ τῆς γῆς ὅτι κύριος εἶ ὁ θεὸς τῶν αἰώνων) und 2 Makk 1,27 (καὶ γνώτωσαν τὰ ἔθνη ὅτι σὺ εἶ ὁ θεὸς ἡμῶν), weil die Bitte zum Schlußteil eines langen Bittgebetes gehört[2]. Die Bezeichnung der christlichen Gemeinde (Z. 43) ist ebenfalls der LXX entliehen (vgl. Ps 78,13: ἡμεῖς δὲ λαός σου καὶ πρόβατα τῆς νομῆς σου; vgl. auch Ps 94,7; 99,3). Der Knecht-Christologie wird nichts hinzugefügt (Z. 42). Das Thema von der Herde Christi (16,1; 44,3; 54,2; 57,2) hätte leicht eine Erweiterung in der Bezeichnung der Gemeinde als „Schafe seiner Weide" bekommen können, aber der Vf. hält sich an die alttestamentliche Diktion[3].

---

[1] Im übertragenen Sinn vgl. Ps 106,9: ὅτι ἐχόρτασεν ψυχὴν κενὴν καὶ ψυχὴν πεινῶσαν ἐνέπλησεν ἀγαθῶν.

[2] S. u. Exkurs über das allgemeine Gebet und seinen traditionellen Hintergrund.

[3] Die Analyse hat gezeigt, daß die Hauptquelle für die Sprache des Gebetes die griechische Bibel ist. Die Beurteilung von KNOPF, 124, die Anklänge an die LXX seien in diesem Abschnitt „lang nicht so zahlreich wie im Vorhergehenden", weil die Gebetsbitten aus „jüngerer Überlieferung" stammen, hält einer eingehenden Berücksichtigung der griechischen Bibel nicht stand.

Kap. 60. Der zweite Teil des Gebetes beginnt mit einer schöpfungstheologischen Aussage (Z. 44). Es folgt auch hier eine lange Liste von Gottesprädikationen (Z. 45–53), aber das Ganze ist weit stärker durch die Fürbitten geprägt als der erste Teil. Vier Einheiten lassen sich dabei feststellen, die in zwei Gruppen gegliedert werden können: 1. die erste Gruppe umfaßt nur Z. 54–60: Bitte um Vergebung, Reinigung und Lenkung; 2. zur zweiten Gruppen gehören die drei anderen Fürbitten: Z. 61–70; Z. 71–77; Z. 78–83[1]. Sie fangen mit der Anrede δέσποτα an, haben die weltliche Macht im Blick und bitten um die Gabe des Friedens und der Eintracht.

Wie im ersten Teil sind die vielen Anreden zugleich preisendes Bekenntnis.   1
Nach der Grundaussage über die den Bestand der Welt ermöglichende Macht Gottes (Z. 44) kommt die eigentliche Anrede, die ebenfalls die Macht Gottes als Schöpfer der Welt hervorhebt (Z. 45). Es folgen sieben Prädikationen, die mit einem substantivierten Adjektiv beginnen (mit oder ohne Artikel) und gemeinsam die Präposition ἐν aufweisen: ὁ πιστὸς ἐν …, δίκαιος ἐν … (Z. 46–52). Eine formale Zäsur ist in Z. 53 signalisiert, wo eine Doppelprädikation – im Vokativ – auftaucht (ἐλεῆμον καὶ οἰκτίρμον) und das ἐν fehlt. Inhaltlich wird dadurch die folgende Bitte (Z. 54–56) vorbereitet: Der Barmherzige und Mitleidvolle ist bereit, die Sünden zu vergeben.

Die Macht Gottes als des Schöpfers der Welt kommt am Anfang (Z. 44) durch einen Satz zum Ausdruck, der eine gläubige Sicht der Erfahrung in der Welt wiedergibt. Die Begrifflichkeit ist sehr ausgesucht. Die Handlung Gottes drückt das bis zur Zeit von I Clem kaum belegte Verb φανεροποιεῖν aus[2]. Die geschaffene Wirklichkeit wird aus der Perspektive dessen gesehen, der sie als eine von Gott herbeigeführte Erscheinung – Gegenstand der eigenen Erfahrung – betrachtet. Die für das griechische Weltbild wichtige Wendung τοῦ κόσμου σύστασις[3] nennt dieses Erscheinungsbild als eine immer bleibende (τὴν ἀέναον … σύστασιν)[4]. Es ist also eine zusammengesetzte, komplexe, von

---

[1] S. LEGASSE, Prière 246–248, unterscheidet zwei Teile: der erste umfaßt 60,2–4 und ist in drei Strophen (V. 2.3.4) gegliedert. V. 2 kann aber nicht den Anfang einer „prière pour les chefs d'état" bilden. Gegenstand der Bitte ist die Vergebung, die Reinigung und die Lenkung durch Gott. Nur in der letzten Aussage (Z. 60) – eine Art von Überleitung zum nächsten Thema – werden die Herrscher genannt. Die von Légasse (ebd. 249–252) herausgestellten vier Strophen im zweiten Teil (61,1–2), die jeweils Z. 71–75; 76–77; 78–79; 80–83 umfassen, haben als Gliederungssignal jeweils eine Gottesanrede. Ihre Form ist aber nicht homogen (vgl. Z. 76: οἷς δός, κύριε).

[2] Textkritisch unsicher in Herm sim IV 2 (53,2).

[3] Der Begriff σύστασις bedeutet zunächst die Verbindung von verschiedenen Komponenten in einer komplexen Größe. Vgl. FVS I 80,24 f.; I 98,24; II 135,4. Nach Plato, Tim. 32c, besteht die „Zusammensetzung der Welt" (ἡ τοῦ κόσμου σύστασις) aus den vier Weltelementen. Vgl. Ps. Aristoteles, De mundo 396b: οὕτως οὖν καὶ τὴν τῶν ὅλων σύστασιν, οὐρανοῦ λέγω καὶ γῆς τοῦ τε σύμπαντος κόσμου, διὰ τῆς τῶν ἐναντιωτάτων κράσεως ἀρχῶν μία διεκόσμησεν ἁρμονία.

[4] Zu ἀέναος im eigentlichen Sinn vgl. I Clem 20,10. In 60,1 wird der Terminus meistens mit „ewig" übersetzt, das aber mit einem Weltbild zusammenhängt, das dem Vf. fremd ist. Richtig GRANT, 94: „the everlasting structure."

Gott geordnete Wirklichkeit, die sich als solche διὰ τῶν ἐνεργουμένων zeigt. Das Partizip-Medium bezeichnet das, „was sich als wirksam erweist: die waltenden Kräfte" (Bauer/Aland). Den Schlüssel zum Verständnis des Ausdrucks liefert Weish 7,17: Salomo rühmt sich, von Gott eine untrügliche Kenntnis der Dinge bekommen zu haben, um die Zusammensetzung bzw. den Aufbau der Welt und das Wirken der Elemente zu verstehen (ἰδέναι σύστασιν κόσμου καὶ ἐνέργειαν στοιχείων). Die Vorstellung ist die gleiche wie in den zitierten Stellen Platos und des Ps. Aristoteles[1]. Es ist nicht explizit von den Weltelementen die Rede, aber die Welt wird ebenfalls als eine „dynamische" Zusammensetzung dargestellt, die – im Sinn des Schöpfungsglaubens – der Macht des Schöpfers untergeordnet ist.

Die eigentliche Schöpfungsaussage liegt in Z. 45 vor. Objekt des Schöpfungsaktes ist eigenartigerweise nicht der κόσμος, sondern die οἰκουμένη. Der Terminus ist jedoch als Synonym zu κόσμος aufzufassen, und zwar als die Welt der Menschen und Lebewesen. Nach Bauer/Aland (z. St.) gehören dazu auch die Bereiche der Geister. Wenn Gott zuvor als einziger Wohltäter der Geister gepriesen wurde (Z. 19. Vgl. auch Z. 24), ist diese Deutung nicht grundlos. Der Anlaß, daß I Clem 60,1 „in diesem Sinn οἰκουμένη aufnimmt und interpretiert", wie O. Michel richtig bemerkt (ThWNT V 161), ist die LXX. Das Bekenntnis, daß die οἰκουμένη und ihre ganze Fülle Eigentum Gottes sind (vgl. Ps 49,12b: ἐμὴ γάρ ἐστιν ἡ οἰκουμένη καὶ τὸ πλήρωμα αὐτῆς), bzw. daß Gott die οἰκουμένη grundgelegt hat (vgl. Ps 88,12: τὴν οἰκουμένην καὶ τὸ πλήρωμα αὐτῆς σὺ ἐθεμελίωσας), bekommt eine eigene Prägung in der Aussage von 60,1.

Die erste der sieben Gottesprädikationen (Z. 46) spricht von Gott als dem in allen Generationen Treuen. Die Aussage gibt in verkürzter Form den Gedanken von Dtn 7,9 wieder (θεὸς πιστός, ὁ φυλάσσων διαθήκην καὶ ἔλεος τοῖς ἀγαπῶσιν αὐτὸν καὶ τοῖς φυλάσσουσιν τὰς ἐντολὰς αὐτοῦ εἰς χιλίας γενεάς). Der immerwährenden Treue Gottes folgt seine Gerechtigkeit in seinen Gerichtsurteilen (Z. 47). Vgl. Tob 3,2 (AB): δίκαιος εἶ, κύριε ... καὶ κρίσιν ἀληθινὴν καὶ δικαίαν σὺ κρίνεις εἰς τὸν αἰῶνα. Der Preis an Gott, den Wunderbaren in Kraft und Erhabenheit (Z. 48), scheint vom Lob der Judit inspiriert zu sein (vgl. Jdt 16,13: κύριε, μέγας εἶ καὶ ἔνδοξος, θαυμαστὸς ἐν ἰσχύϊ, ἀνυπέρβλητος)[2]. Die zwei folgenden Aussagen (Z. 49.50) sind durch den Bezug auf die Schöpfung miteinander verbunden, aber auch durch die Form ἐν τῷ mit folgendem Infinitiv[3]. Das Prädikat σοφός (Z. 49) für Gott ist in der jüdischen und christlichen Literatur nicht häufig belegt, aber von der Sache her auch nicht ungewöhnlich (vgl. 4 Mak 1,12; Sib 5,360; Röm 16,27).

---

[1] Für das hellenistische Judentum ist auch Philo, Det 154 repräsentativ.

[2] Der Terminus μεγαλοπρέπεια ist in der LXX nur in den Psalmen belegt. Gemeinsam mit ἰσχύς nur in Ps 28,4: φωνὴ κυρίου ἐν ἰσχύϊ, φωνὴ κυρίου ἐν μεγαλοπρεπείᾳ.

[3] Die formale Gestalt wäre einheitlicher, würde man den Artikel vor σόφος und das καί vor συνετός entfernen. Dementsprechend hat die syrische Übersetzung den Text harmonisiert.

Maßgebend für Z. 49 dürfte Sir 1,8 f. sein, wo die Erschaffung der Weisheit auf den zurückgeht, der allein weise ist: εἷς ἐστιν σοφός … κύριος αὐτὸς ἔκτισεν αὐτήν. Das Motiv von der Erschaffung der Welt durch die Weisheit ist alt und weit verbreitet. In diesem Fall offenbart sich Gott selber als der Weise durch seine Schöpfung. Mit συνετός (Z. 50) verhält es sich ähnlich wie mit σοφός, allerdings wird es im Hinblick auf die Menschen gebraucht, nicht auf Gott, wie es hier der Fall ist. Nach Z. 50 zeigt sich Gott als klug, indem er das Gewordene festigt. Die Aussage bezieht sich also auf die ganze Schöpfung (τὰ γενόμενα). Zwei Motive, die sachlich zusammengehören, die aber in der Schrift nicht so zum Ausdruck kommen, werden hier verbunden. Das erste Motiv hat mit der Schöpfung als einem gefestigten Werk zu tun (vgl. Spr 8,25: πρὸ τοῦ ὄρη ἑδρασθῆναι), das zweite mit der Weisheit Gottes, die sich darin kundtut (vgl. Ps 135,5: τῷ ποιήσαντι τοὺς οὐρανοὺς ἐν συνέσει)[1].

Ähnlich wie in Z. 49.50 hat die erste Prädikation in Z. 51 den Artikel und ist durch ein καί mit der folgenden (Z. 52) verbunden. Beide sind inhaltlich (ἀγαθός – χρηστός) und formal (das jeweilige ἐν τοῖς) aufeinander bezogen. Gott erweist sich als der Gute in den sichtbaren Dingen (Z. 51). Die Ausdrucksweise kann paradoxerweise von Weish 13,1b beeinflußt sein, wo gegen die Torheit der Menschen polemisiert wird, die nicht fähig sind, aus den sichtbaren guten Dingen (ἐκ τῶν ὁρωμένων ἀγαθῶν) den Seienden zu erkennen (οὐκ ἴσχυσαν εἰδέναι τὸν ὄντα)[2]. Nach dieser Aussage, die alles Sichtbare in der Welt einschloß, richtet Z. 52 den Blick auf die Gläubigen, die auf Gott vertrauen und seine Milde erfahren, wie etwa in Ps 85,5: ὅτι σύ, κύριε, χρηστὸς καὶ ἐπιεικὴς καὶ πολυέλεος πᾶσι τοῖς ἐπικαλουμένοις σε. Die Partizipialform πεποιθότες ist in der LXX häufig belegt (meistens mit ἐπί und Dativ)[3].

Mit dem Prädikat χρηστός ist die Brücke zu den zwei letzten Termini (Z. 53) geschlagen, die Gott bezeichnen, auf den die Gläubigen ihr Vertrauen gesetzt haben: Er ist barmherzig und mitleidvoll (vgl. Ex 34,6; Ps 85,15; 102,8; 110,4; 111,4; 114,5; 144,8; Sir 2,11; Joël 2,13; Jona 4,2). Die Doppelprädikation im Vokativ (ἐλεῆμον καὶ οἰκτίρμον) schließt den einführenden Abschnitt ab und meldet zugleich thematisch den Inhalt der ersten Fürbitte an. Denn die Gewißheit, daß die Wirklichkeit Gottes zutiefst durch Barmherzigkeit und Mitleid geprägt ist, vermittelt das Vertrauen, um Vergebung der Sünden zu flehen (Z. 54–60).

Z. 54.55 artikulieren die Bitte um Vergebung in zwei sich ergänzenden – einmal positiv (vergib!), einmal negativ (rechne nicht an!) – Formen. Die zwei darauf folgenden Bitten (Z. 56.57) – Reinigung und Führung – vervollständigen

---

[1] Beide Motive kamen schon in I Clem 33,3 zur Sprache (τῷ γὰρ παμμεγεθεστάτῳ αὐτοῦ κράτει οὐρανοὺς ἐστήρισεν καὶ τῇ ἀκαταλήπτῳ αὐτοῦ συνέσει διεκόσμησεν αὐτούς· γῆν τε διεχώρισεν ἀπὸ τοῦ περιέχοντος αὐτὴν ὕδατος καὶ ἥδρασεν ἐπὶ τὸν ἀσφαλῆ τοῦ ἰδίου βουλήματος θεμέλιον).

[2] Zu τὰ ὁρώμενα vgl. Philo, Op 120; Ebr 132; Her 280; Mut 267 u. ö.

[3] Vgl. aber Ps 124,1: οἱ πεποιθότες ἐπὶ κύριον …

das Bild der Umkehr. Die erste Bitte um Vergebung (Z. 54) betrifft eine Liste von vier Begriffen – alle vier im Plural –, die einen Verstoß gegen eine – in diesem Zusammenhang, von Gott gegebene – Ordnung ausdrücken: ἀνομίαι – ἀδικίαι – παραπτώματα – πλημμέλειαι. Der erste Terminus kommt auch in I Clem 8,3; 15,5; 16,5.9.10 u. ö. vor, aber immer in Schriftzitaten. Sein Bezugspunkt ist das Gesetz Gottes, und er bedeutet daher das frevelhafte Verhalten, die gesetzlose Tat. ἀδικία kommt in 35,5 vor, wo die lange Liste von Lastern und Sünden aus Röm 1,28 übernommen wird. Der Verstoß richtet sich gegen die Gerechtigkeit als Grundforderung Gottes. Beide Begriffe sind in der LXX häufig belegt, meistens als Synonyme. παράπτωμα (Verfehlung) erschien im Plural in I Clem 2,6 und 51,3, während es in 56,1 (im Singular) im Zusammenhang mit der „Sünde" der korinthischen Gemeinde zu verstehen ist. πλημμέλειαι ist in I Clem 41,2 im Zusammenhang mit den Opfern in Jerusalem (Schuldopfer) belegt. Der Sprachgebrauch in I Clem stellt die Behauptung von Knopf in Frage, in der Reihe der Verfehlungen (Z. 54) gehe es „von den schweren zu den leichten Sünden" (144). παράπτωμα spielt z. B. eine wichtigere Rolle als ἀδικία. Mehr als auf eine Aufführung nach der Schwere der Verfehlung scheint der Vf. auf die Vergebung *aller* möglichen Verfehlungen hinweisen zu wollen.

2   Die zweite Bitte (Z. 55) – μὴ λογίσῃ πᾶσαν ἁμαρτίαν – hat mehr Gewicht. Denn sie nimmt Worte aus Ps 31,2 (μακάριος ἀνήρ, οὗ οὐ μὴ λογίσηται κύριος ἁμαρτίαν) wieder auf, die in I Clem 50,6 zitiert wurden. Der Ausdruck πᾶσα ἁμαρτία macht eine Anspielung allein auf den Konflikt in Korinth wenig wahrscheinlich, aber das Sprachfeld weist auf eine Aussage hin, die wenigstens indirekt daran erinnern kann. Die Sünder sind in diesem Fall die δοῦλοι καὶ παιδίσκαι, ein Ausdruck der Erniedrigung des Menschen vor Gott (vgl. Weish 9,5: ἐγὼ δοῦλος σὸς καὶ υἱὸς τῆς παιδίσκης σου), die alle Gläubigen einschließt. Es geht aber nicht nur um Vergebung und Nicht-Anrechnung der Sünde, sondern auch um Reinigung durch die Wahrheit Gottes (Z. 56)[1]. Da in I Clem 18 der ganze Ps 50 zitiert wurde, läßt sich die Wendung an dieser Stelle vielleicht auf den Einfluß dieses Textes zurückführen (so Ps 50,4b: καὶ ἀπὸ τῆς ἁμαρτίας μου καθάρισόν με; 50,8: ἰδοὺ γὰρ ἀλήθειαν ἠγάπησας). Der Ausdruck fällt dennoch auf, weil ἀλήθεια in I Clem überwiegend formelhaft gebraucht wird und weil eine direkt vergleichbare alttestamentliche Stelle fehlt[2].

---

[1] καθαρίζειν und καθαρισμός gemeinsam auch in Num 14,18: καὶ καθαρισμῷ οὐ καθαριεῖ τὸν ἔνοχον. Vgl. QS IV 21: „Und er wird über sie sprengen den Geist der Wahrheit wie Reinigungswasser (zur Reinigung) von allen Greueln der Lüge und dem Sich-Wälzen in unsauberem Geist" (nach der Übersetzung von E. Lohse). Die Formulierung ist nicht so „auffallend ähnlich" wie LINDEMANN, 172, meint.

[2] Nach M.-E. BOISMARD, Clément 385 f., liegt hier der Beweis vor, daß I Clem vom Johannesevangelium abhängig ist. Joh 17,17 und 15,3 zu kombinieren, um eine Grundlage zu erreichen, ist jedoch nicht überzeugend. Kritisch dazu D. A. HAGNER, Use 266.

Die folgende Bitte (Z. 57) nimmt eine Aussage aus Ps 118,133a auf (τὰ διαβήματά μου κατεύθυνον). Auch die folgende Wendung (Z. 58) ist biblisch (vgl. 1 Kön 9,4: ἐν ὁσιότητι καρδίας), aber beide gehören schon in die Sprache des Vf.s (vgl. I Clem 48,4: κατευθύνοντες τὴν πορείαν αὐτῶν ἐν ὁσιότητι καὶ δικαιοσύνῃ). Die Bitte, Gott möge die eigenen Schritte lenken, wird mit zwei Final-Infinitiven ergänzt, von denen der erste (Z. 58: πορεύεσθαι) das angedeutete Bild vom Weg weiterführt. Der Wandel in Heiligkeit des Herzens begleitet sodann das ποιεῖν τὰ καλὰ καὶ εὐάρεστα (Z. 59; vgl. I Clem 21,1: τὰ καλὰ καὶ εὐάρεστα ἐνώπιον αὐτοῦ ποιῶμεν; 61,2 [Z. 81]: διεύθυνων ... κατὰ τὸ καλὸν καὶ εὐάρεστον ἐνώπιόν σου). Im Einklang mit diesen Stellen steht auch in Z. 60, daß das Tun des Guten und Wohlgefälligen mit Blick auf Gott geschieht (ἐνώπιόν σου), aber er ist nicht der einzige Bezugspunkt. Es heißt nämlich weiter: καὶ ἐνώπιον τῶν ἀρχόντων ἡμῶν. Die ἄρχοντες sind die politischen Machthaber (vgl. 60,4: τοῖς τε ἄρχουσιν καὶ ἡγουμένοις ἡμῶν ἐπὶ τῆς γῆς). Ihre Erwähnung hier bereitet ein wichtiges Thema der folgenden drei Fürbitten vor.

Die Anrede δέσποτα (vgl. Dan [LXX] 9,15; 2 Makk 15,22; 3 Makk 2,2   3 u. ö.) leitet die folgenden Fürbitten ein (Z. 61–70; Z. 71–77; 78–83). In einem Gebet, in dem die politische Macht ausdrücklich erwähnt wird, hängt der Gebrauch von dieser, im Brief oft vorkommenden Gottesprädikation mit einer theologischen Anschauung zusammen: Die weltlichen Machthaber sind der Macht des „Herrschers" untergeordnet. Der Anrede (Z. 61) folgt eine inhaltlich allgemeine Bitte (Z. 62–64), die am Schluß durch den zweiten Imperativ (ῥῦσαι) in Z. 65 den Blick auf einen konkreten Anlaß lenkt: Die Christen erleiden ungerechten Haß und bitten um Befreiung. Das ist der erste Teil. Der zweite Teil (Z. 66–70) mit der Bitte um Eintracht und Frieden spielt auf das Verhältnis der Christen zu den irdischen Machthabern an.

Die Diktion ist stark biblisch geprägt. So die Bitte, Gott möge sein Antlitz zum Wohl leuchten lassen (Z. 62: ἐπίφανον τὸ πρόσωπόν σου. Vgl. Ps 30,17; 79,4.8.20; 118,135; Dan [Theod.] 9,17. εἰς ἀγαθά: Gen 50,20; Jer 21,10; 24,5.6 u. ö.). Trotz des allgemeinen Charakters der Bitte gibt die Wendung ἐν εἰρήνῃ die Richtung für den ganzen Abschnitt an. Vom Aufleuchten des göttlichen Antlitzes werden zwei Auswirkungen erwartet (Z. 63.64). Die erste ist der Schutz unter der mächtigen Hand Gottes (vgl. Weish 5,16: ὅτι τῇ δεξιᾷ σκεπάσει αὐτοὺς καὶ τῷ βραχίονι ὑπερασπιεῖ αὐτῶν. Vgl. ferner Weish 19,8; Ex 33,22; Jes 51,16. Zu χεὶρ κραταιά vgl. Ex 13,3.9.14 u. ö.). Die zweite Folge ist die Bewahrung vor jeder Sünde durch seinen erhobenen Arm (Z. 64). Die „starke Hand" und der „erhobene Arm" gehören traditionell zusammen (vgl. Dtn 3,24; 4,34; 5,15 u. ö.) als Ausdruck der rettenden Macht Gottes. Zweierlei ist zu bemerken: 1. das ῥυσθῆναι ἀπὸ πάσης ἁμαρτίας (Z. 64) ist der zweite Hinweis nach Z. 55 (μὴ λογίσῃ πᾶσαν ἁμαρτίαν) auf die Bedeutung der Vergebung und das herrschende Sündenbewußtsein; 2. zum Infinitiv ῥυσθῆναι mit folgendem ἀπό wird in der folgenden Zeile (Z. 65) der Imperativ ῥῦσαι ebenfalls mit ἀπό hinzugefügt. Aber der Inhalt der Bitte verläßt den Raum der Beziehung zwischen den Gläubigen und Gott und spricht ein Thema an, das nur an dieser Stelle erwähnt wird: der ungerechte Haß gegen die Christen[1]. Die Wendung kommt in Ps 37,20b vor: καὶ ἐπληθύνθησαν οἱ μισοῦντές με ἀδίκως. Ihre Kürze läßt keine weitere Präzisierung der Situation der betenden Gemeinde innerhalb der Gesellschaft zu[2].

4   Die Bitte um Eintracht und Frieden hat eine eigenartige sprachliche Struktur[3]. Die eigentliche Bitte erfolgt auf Z. 66 mit dem Imperativ δός. Der Vergleich mit der an „unseren Vätern" geschenkten gleichen Gabe (Z. 67) bekräftigt die schon ausgesprochene Bitte. Der folgende genitivus absolutus (Z. 68: ἐπικαλουμένων σε αὐτῶν ...) bezieht sich auf die „Väter" und bestimmt die Art ihrer gläubigen Zuwendung zu Gott. Z. 69 fängt mit einer freien Partizipialverbindung an, in der sich der Gehorsam gegenüber dem göttlichen Namen ausdrückt. Daß sich dieser Gehorsam auch auf die irdischen Machthaber erstreckt, sagt schließlich Z. 70.

ὁμόνοια καὶ εἰρήνη sind die zwei von Gott selbst gegebenen Hauptmerkmale der Schöpfung (20,11). Wie die korinthische Gemeinde durch die dort entbrannte στάσις unmittelbar erfahren hat, kann diese Schöpfungsordnung von den Menschen verletzt werden. Aber die Bitte der Christen um Eintracht und Einheit zielt nicht allein auf die Gemeinde, sondern darüber hinaus auf alle Bewohner der Erde (Z. 66b). Bei einem Text, der die politische Macht mit einbezieht, würde die Einschränkung der Bitte auf die Christen einen Widerspruch implizieren, denn sie würde die konkrete, weit umfassendere politische Wirklichkeit, mit der die Christen konfrontiert waren, aus den Augen verlieren. Die gegenwärtige Bitte wird durch den Hinweis auf eine vergangene Tat Gottes bekräftigt. Er hat nämlich ähnlich gehandelt (καθὼς ἔδωκας) an „unseren Vätern", d. h. er hat auch ihnen Eintracht und Frieden geschenkt. Auch in I Clem 30,7 werden die Väter als Beispiel herangezogen, um einen Sachverhalt in der Gegenwart hervorzuheben. Wie in Z. 66 dem aktiven Imperativ-Aorist δός ein καθὼς ἔδωκας (Z. 67) folgt, so entspricht in 30,7 dem passiven Imperativ διδόσθω ein καθὼς ἐδόθη. Nach der Diktion des Vf.s sind die Väter Gestalten wie Jakob (4,8) und Abraham (31,2), aber auch Adam (6,3); also nicht nur mit den Patriarchen im strengen Sinn, sondern mit den großen Gestalten des Heilsgeschichte stehen die Christen in einem unproblematischen Kontinuitätsverhältnis (vgl. 62,2!). Es handelt sich aber nicht um eine verklärte Sicht der Vergangenheit - Jakob wurde als Beispiel für die Folgen der Eifersucht herangezogen -, sondern um die Gewißheit, daß die

---

[1] Eine Anspielung auf die Aufrührer in Korinth ist unwahrscheinlich. Gegen G. PRAETORIUS, Bedeutung 513.

[2] Ist die Bitte etwa durch die Verleumdungen und vielfältige Leidenserfahrung veranlaßt, die 1 Petr bezeugt (vgl. 2,12.20; 3,16; 4,12–16)?

[3] Dazu A. v. HARNACK, Einführung 120: „Der grammatische Stil in diesem Vers ist monumental inkorrekt." Die Analyse der Sprache kann das Urteil Harnacks in dieser Schärfe nicht bestätigen.

Bitte der Christen sich jetzt in eine Geschichte des Heils einreiht, die das gegenwärtige Beten umrahmt. Den genitivus absolutus ἐπικαλουμένων (Z. 68)[1], d. h. die Anrufung Gottes durch die Väter, ergänzt die Wendung: ὁσίως ἐν πίστει καὶ ἀληθείᾳ. Das Adverb (vgl. 6,1 u. ö.) drückt die ideale Haltung des Frommen und Gottgefälligen aus[2]. Das Begriffspaar „in Glauben und Wahrheit" wirkt formelhaft[3]. Die Wendung stellt eine Variation von Ps 144,18 dar: ἐγγὺς κύριος πᾶσιν τοῖς ἐπικαλουμένοις αὐτόν, πᾶσι τοῖς ἐπικαλουμένοις αὐτὸν ἐν ἀληθείᾳ.

Nach Knopf (145) liegt bei ὑπηκόους γινομένους (Z. 69) eine Inkonzinnität vor, die aus dem Bestreben zu erklären ist, „den Partizipialsatz möglichst herauszuheben." Streng genommen wäre ein Partizip im Dativ angebracht (im Anschluß an das ἡμῖν von Z. 66), aber wie Knopf ebenfalls richtig bemerkt, hätte dies eine irreführende Verbindung zum Dativ τοῖς πατράσιν ἡμῶν (Z. 67) begünstigt. Solche Unregelmäßigkeiten sind weder dem klassischen noch dem biblischen Griechisch unbekannt[4]. Der Terminus ὑπήκοος in Verbindung mit γίνομαι kommt auch in I Clem in 10,1 vor (über Abraham: ὑπήκοον γενέσθαι τοῖς ῥήμασιν τοῦ θεοῦ); in 14,1 (über die Gläubigen: ὑπηκόους ἡμᾶς μᾶλλον γενέσθαι τῷ θεῷ) und in 63,2 (an die Korinther: ἐὰν ὑπήκοοι γενόμενοι τοῖς ὑφ' ἡμῶν γεγραμμένοις)[5]. Gegenstand des christlichen Gehorsams ist zuerst der allmächtige und glorreiche[6] Name Gottes[7]. Die Gläubigen, deren Gehorsam gegenüber der Mächtigkeit Gottes hier vorausgesetzt wird, wissen, daß dieser Gehorsam im unmittelbaren Zusammenhang mit der Lösung des Problems in der Gemeinde steht (58,1a: ὑπακούσωμεν οὖν τῷ παναγίῳ καὶ ἐνδόξῳ ὀνόματι αὐτοῦ), und daß sie darin Schutz finden können (58,1b: ἵνα κατασκηνώσωμεν πεποιθότες ἐπὶ τὸ ὁσιώτατον τῆς μεγαλωσύνης αὐτοῦ ὄνομα).

---

[1] Glatter wäre anstelle des genitivus absolutus das Partizip im Dativ (zu τοῖς πατράσιν), aber die Konstruktion ist nicht ungewöhnlich. Vgl. BL./DEB./REH. § 423,4.

[2] Vgl. Weish 6,10: οἱ γὰρ φυλάξαντες ὁσίως τὰ ὅσια ὁσιωθήσονται.

[3] Vgl. 1 Tim 2,7 über Paulus: διδάσκαλος ἐθνῶν ἐν πίστει καὶ ἀληθείᾳ.

[4] Vgl. Eph 1,17 f.: ἵνα ὁ θεὸς ... δώῃ ὑμῖν πνεῦμα σοφίας ... πεφωτισμένους τοὺς ὀφθαλμοὺς ...; Kol 3,16: ὁ λόγος τοῦ Χριστοῦ ἐνοικείτω ἐν ὑμῖν πλουσίως, ἐν πάσῃ σοφίᾳ διδάσκοντες καὶ νουθετοῦντες ...; Apg 26,3: ἐπὶ σοῦ μέλλων σήμερον ἀπολογεῖσθαι μάλιστα γνώστην ὄντα σε ... Beispiele im Klassischen bei KÜHNER/GERTH, II 1,330 f. Es fehlen auch nicht die Versuche, den Text zu ergänzen. So schlägt Bryennios vor dem Partizip als Einschub vor: καὶ σῶσον ἡμᾶς. Lightfoot bringt: ὥστε σῴζεσθαι ἡμᾶς. Gebhardt liest: ὑπηκόοις γινομένοις. Die syntaktische Freiheit ist jedoch nicht so grob, daß sich eine Ergänzung oder eine andere LA rechtfertigen läßt.

[5] Vgl. Spr 4,3; Apg 7,39; Phil 2,8.

[6] Die LA mit ἐνδόξῳ ist durch LC'S bezeugt (auch in den Textausgaben von Knopf, Bihlmeyer, Lake). Die Handschrift H liest παναρέτῳ (so auch Gebhardt, Lightfoot, Funk, Schaefer, Fischer, Jubert, Schneider). Der Text aus Herm vis III 3 (11,5): τεθεμελίωται δὲ ὁ πύργος τῷ ῥήματι τοῦ παντοκράτορος καὶ ἐνδόξου ὀνόματος könnte man als Bestätigung für die LA von LC'S betrachten.

[7] ἔνδοξος bezogen auf ὄνομα auch in I Clem 43,2 und 58,1. Die soeben angeschnittene textkritische Frage läßt sich von hier aus nicht lösen, denn auch πανάρετος bezieht sich in I Clem 45,7 auf ὄνομα.

παντοκράτωρ wird in I Clem sonst direkt auf Gott bezogen (inscr.; 2,3; 32,4; 62,2; [56,6 ist ein Zitat aus Ijob 5,18]). Nur hier qualifiziert es den Namen Gottes[1]. Nachdem im Gebet von vornherein die Macht des Schöpfers im Mittelpunkt steht (59,3 = Z.9; 60,1 = Z.44.45), wirkt die Wendung nicht unerwartet, zumal dadurch eine deutliche Unterordnung jeder anderen weltlichen Macht ausgedrückt wird.

Die Partizipialwendung ὑπηκόους γινομένους regiert die letzte Aussage dieser Bitte mit dem Hinweis auf den anderen Gegenstand des Gehorsams: es sind die ἄρχοντες καὶ ἡγούμενοι (gemeinsam auch in 32,2)[2]. Den Herrschern und Anführern (d.h. den Regierenden)[3] gebührt ebenfalls Gehorsam, wobei das folgende ἐπὶ τῆς γῆς ihren Machtbereich ausdrücklich auf die Erde eingrenzt, im Unterschied zur Macht Gottes, die sich auf die ganze Schöpfung erstreckt (59,3 = Z.9), auf die himmlische, irdische und unterirdische Welt (59,3 = Z.19.20). Das mit dieser zweifachen Ausrichtung des *einen* Gehorsams angedeutete Problem – d.h. seine Umsetzung in die Praxis – wird nicht thematisiert, aber es handelt sich auf keinen Fall um zwei gleichwertige Größen, die möglicherweise in ein Konkurrenzverhältnis geraten könnten. Die Überlegenheit des mächtigen Namens schließt das aus[4].

1   **Kap. 61.** Der Abschnitt Z.71–77 (V. 1) setzt die am Schluß von 60,4 angesprochene Thematik fort. Es geht dabei um die Herkunft der politischen Macht (Z.72) und um die Haltung der Christen ihr gegenüber (Z.73–75). Die abschließende Fürbitte (Z.76 f.) gilt nur den Herrschern. Gott als δεσπότης hat ihnen die königliche Macht verliehen (τὴν ἐξουσίαν τῆς βασιλείας), und zwar durch die Übertragung der eigenen Macht. Denn Grund und Mittel dieser Machtverleihung ist seine eigene „großartige und unaussprechliche Kraft" (διὰ τοῦ μεγαλοπρεποῦς καὶ ἀνεκδιηγήτου κράτους σου)[5]. Die Herkunft der politi-

---

[1] Die ungewöhnliche Wendung (τῷ παντοκράτορι … ὀνόματί σου) veranlaßt Gebhardt, ein παντοκρατορικῷ (vgl. 8,5) zu vermuten, aber den überlieferten Text hat er nicht geändert. Auch Lightfoot stellt ähnliche Überlegungen an, aber der zitierte Text des Herm (s. Anm. 6, S. 605) rechtfertigt schließlich die übernommene LA.

[2] Die angegebene LA ist die von L und S, während H und C¹ τοῖς τε ἄρχουσιν καὶ ἡγουμένοις ἡμῶν ἐπὶ τῆς γῆς mit dem folgenden (61,1) σὺ δέσποτα, ἔδωκας τὴν ἐξουσίαν τῆς βασιλείας αὐτοῖς … verbinden. Die zweite LA bietet Bryennios. Auch die Übersetzung von A. v. HARNACK, Einführung 47: „… gehorsam Deinem allmächtigen und herrlichen Namen (in Bezug auf die Väter). Unseren Führern und Oberen auf Erden hast Du, o Herrscher …" Eine Entscheidung kann nur aufgrund von textinternen Kriterien getroffen werden. Der Schluß von 60,2 (Z.60: ἐνώπιόν σου καὶ ἐνώπιον τῶν ἀρχόντων ἡμῶν) ist hierfür maßgebend. Vgl. LIGHTFOOT, I 2,178 f. Auch so alle modernen Textausgaben.

[3] Die ἡγούμενοι sind hier nicht „die Leiter der Christengemeinde" (gegen E. v. d. GOLTZ, Gebet 205).

[4] Der Sachverhalt wird von Chr. EGGENBERGER, Quellen 22, mißverstanden, wenn er zu dieser Stelle schreibt: „Gebet, Glaube und Lehre der Väter hatten nicht zuletzt das Ziel, wahre Untertänigkeit zu *bewirken*."

[5] Diese Vorstellung von der Kraft Gottes ist allgemein biblisch, aber die Ausdrucksweise weist besonders auf das hellenistische Judentum hin. Vgl. Sir 18,5: κράτος μεγαλωσύνης αὐτοῦ τίς ἐξαριθμήσεται; Im Werk Philos wird τὸ κράτος Gottes überschwenglich bezeichnet; ἀνίκητον

schen Macht von Gott gibt ihr eine besondere Qualität, die sie einerseits von einer rein politisch-pragmatischen Gegebenheit abhebt, mit der aber andererseits Folgen für die Haltung der Christen verbunden sind[1]. Diese Folgen kommen in einem Finalsatz (Z. 73 f.) – ein εἰς mit Infinitiv – zum Ausdruck[2]: εἰς τὸ … ὑποτάσσεσθαι αὐτοῖς. Der dazwischen stehende Partizipialsatz (Z. 73) (γινώσκοντας ἡμᾶς τὴν ὑπὸ σοῦ αὐτοῖς δεδομένην δόξαν καὶ τιμήν) enthält die Begründung für die Unterordnung unter die politische Macht. Wenn die Christen die von Gott den Machthabern verliehene Herrlichkeit und Ehre erkennen, dann ist das ὑποτάσσεσθαι (Z. 74) die logische Folge daraus[3].

(Som II 141; Gig 47); αὐτεξούσιον (Plant 46); ἀκαθαίρετον (Som II 290); φοβερόν (Som II 266; Gig 47). Vgl. W. MICHAELIS, ThWNT III 906. Das Adjektiv μεγαλοπρεπής ist typisch für I Clem (vgl. 1,2; 9,1.2; 19,2; 45,7; 64). ἀνεκδιήγετος kommt auch in 20,5 und 49,4 vor.

[1] Das hat nichts zu tun mit einer charismatischen Ausstattung der Herrschenden, „welche die Untertänigkeit als religiöse und ethische Pflicht fordert" wie Chr. EGGENBERGER, Quellen 22, behauptet.

[2] Diese Form ist in diesen letzten Kapiteln oft belegt: 59,3 (Z. 11); 60,3 (Z. 63); 61,1 (Z. 73.77).

[3] Die alte lateinische Übersetzung stellt die Machtverhältnisse in eigenartiger Weise dar. Zunächst läßt sie das αὐτοῖς als Hinweis auf die Empfänger der von Gott verliehenen Macht aus und liest: „Tu domine dedisti potestatem regni per magnificum et inenarrabile imperium tuum." Die Absicht bei dieser Wiedergabe erkennt man erst, wenn man die Übersetzung des vorhergehenden Textes heranzieht: 60,4 (Z. 69 f.): „oboedientes factos omnipotenti et mirifico nomini tuo, principibus etiam et ducibus qui sunt super terram." Hier wurde das ἡμῶν weggelassen, und das bedeutet, daß die Macht der Regierenden nicht auf „uns" bezogen wird. Diese Unbestimmtheit führt dazu, daß die Regierenden implizit als Subjekt des folgenden Ablativus absolutus gelten können: „… et inenarrabile imperium tuum, ut *cognito datam nobis* a te gloriam et honorem subditi sint, nihil resistentes uoluntati tuae." Nachdem sie also die uns von dir gegebene Herrlichkeit und Ehre erkannt haben … „subditi sint". Daß die Christen sich als die Machthaber betrachten, geht eindeutig aus der abschließenden Bitte hervor: „quibus das *nobis* salutem et pacem et concordiam" (οἷς δός, κύριε, ὑγίαν, εἰρήνην …). Das Problem wurde von G. Morin, der 1894 die lateinische Übersetzung edierte, in seiner Tragweite nicht erkannt. So schreibt er zu „quibus das nobis": „Manifestus error ex Graeco ita corrigendus: quibus da, Domine" (57 Anm. 4). Der Text wurde in dieser korrigierten Form – unter Hinweis auf die Korrekturen – von Schaefer und jüngst von Schneider aufgenommen. Noch im gleichen Jahr 1894 schrieb A. v. Harnack einen kurzen Aufsatz „Über die jüngst entdeckte lateinische Übersetzung des 1. Clemensbriefes", der den Abschnitt I Clem 61,1 eingehend untersucht. Nach Harnack handelt es sich bei dieser Stelle um eine „Fälschung" der ursprünglichen Übersetzung. Die Zeit und Umstände des Vorgangs bestimmt Harnack im Zusammenhang mit der cluniazensischen Reformbewegung und mit der gregorianischen Reform etwa in der Mitte des elften Jahrhunderts (271 f.). Ähnliche Beurteilung bei R. KNOPF, Clemensbrief 56 f. In der von MORIN herausgegebenen Fassung ist die Relativierung der weltlichen Macht nicht so konsequent, aber auch so noch beachtenswert. Die ursprüngliche Gestalt und Intention der lateinischen Übersetzung – für die Haltung der lateinischen Christenheit im zweiten Jahrhundert von großer Bedeutung – läßt sich nicht rekonstruieren. L. EIZENHÖFER, Gemeindegebet 237, hat auf eine freie lateinische Übersetzung des Gebetes von I Clem in einem karolingischen Gebetbuch aufmerksam gemacht. Durch das Auslassen von Sätzen und Satzteilen (z. B. Z. 73–75.78–79) wird die Rolle der weltlichen Machthaber sehr stark eingeschränkt. In einem Zusatz zum Artikel von L. Einzenhöfer vermutet E. Dekkers, daß das Gebet in dem Libellus von Tours nicht einer lateinischen Übersetzung von I Clem, sondern einer griechischen Liturgie entnommen wurde.

Zu dieser Logik gehört auch die folgende Partizipial-Aussage (Z. 75): μηδὲν ἐναντιουμένους τῷ θελήματί σου. In einem ähnlichen Zusammenhang 1 Petr 2,15: ὅτι οὕτως ἐστὶν τὸ θέλημα τοῦ θεοῦ. Die Unterordnung[1] unter die weltlichen Herrscher ist zugleich ein Akt des Gehorsams gegenüber dem göttlichen Willen, weil Gott selbst ihnen die Macht gegeben hat. Die politische Macht ist Teil einer von Gott gewollten Ordnung. Die Vorstellung entspricht der paulinischen Aussage in Röm 13,1, daß sich alle der vorgesetzten politischen Macht unterordnen sollen (πᾶσα ψυχὴ ἐξουσίαις ὑπερεχούσαις ὑποτασσέσθω), da jede Macht nur von Gott herkommt und von Gott geordnet ist (οὐ γὰρ ἔστιν ἐξουσία εἰ μὴ ὑπὸ θεοῦ, αἱ δὲ οὖσαι ὑπὸ θεοῦ τεταγμέναι εἰσίν). Vgl. 1 Petr 2,13: ὑποτάγητε πάσῃ ἀνθρωπίνῃ κτίσει διὰ τὸν κύριον, εἴτε βασιλεῖ ὡς ὑπερέχοντι.

Die Fürbitte für die Machthaber erfleht ein vierfaches Gut: ὑγεία, εἰρήνη, ὁμόνοια, εὐστάθεια (Z. 76). Das erste, die Gesundheit[2], ist sehr allgemein und nur in dieser Form auf die politische Ordnung übertragbar. Die drei anderen Begriffe gehören inhaltlich zusammen: Friede, Eintracht und Beständigkeit, und haben einen unverkennbaren Bezug zur politischen Wirklichkeit. Der Friede und die Eintracht, die in 60,4 (Z. 66) für die Christen und für alle Bewohner der Erde erbeten wurden, werden an dieser Stelle in Verbindung mit der Gruppe gesetzt, die die unmittelbare Verantwortung – als Machthaber – für ihre Bewahrung trägt. Wie eng die allgemein politische Dimension mit dem konkreten Anliegen des Schreibens verbunden ist, erkennt man, wenn der Gegensatz dazu herangezogen wird: zu εἰρήνη der πόλεμος, zu ὁμόνοια die στάσις[3]. Die charakteristischen Merkmale der idealen politischen Struktur gelten ebenso für die christliche Gemeinde, und all dies entspricht dem bestimmenden Willen des Schöpfers (20,11). Der letzte Terminus drückt aus, was aus Frieden und Eintracht folgt: die Beständigkeit des politischen Gebildes. Die LXX verwendet εὐστάθεια immer in einem klaren politischen Zusammenhang[4].

Die vorgetragene Bitte betrifft nicht allein die oben genannten Elemente, sondern auch die Durchführung des politischen Auftrags. Der Ausdruck dafür

---

[1] Mit dem Partizip μηδὲν ἐναντιουμένους sind die Untertanen gemeint, im Zusammenhang mit dem vorherstehenden εἰς τὸ γινώσκοντας ἡμᾶς ...

[2] H liest ὑγίεια. Da H die gleiche LA in 20,10 bietet, wo A ὑγεία bezeugt, dürfte auch hier ὑγεία ursprünglich sein.

[3] Vgl. Josephus, Bell 6,216, über den Vorwurf des Kaisers gegen die Juden, sie würden der Eintracht den Aufruhr, dem Frieden den Krieg vorziehen (ἀντὶ μὲν ὁμονοίας στάσιν, ἀντὶ δὲ εἰρήνης πόλεμον ... αἱρουμένους).

[4] Der kluge König bedeutet Beständigkeit für das Volk (Weish 6,24b: καὶ βασιλεὺς φρόνιμος εὐστάθεια δήμου); 2 Makk 14,6: πολεμοτροφοῦσιν καὶ στασιάζουσιν οὐκ ἐῶντες τὴν βασιλείαν εὐσταθείας τυχεῖν. Vgl. ferner Est 3,13e; 3 Makk 3,26; 6,28. Zwei Texte Philos ergänzen das Bild: Jos 57: δῆλον ὅτι τὰ ἐκ σωφροσύνης εὐστάθεια καὶ εἰρήνη καὶ τελείων κτῆσις ἀγαθῶν καὶ ἀπόλαυσις; Flacc 135: ἐχθρὸς εἰρήνῃ καὶ εὐσταθείᾳ, στάσεις καὶ θορύβους κατασκευάσαι μὲν οὐκ ὄντας (von Isidorus). Die Gegenüberstellung ist aufschlußreich: der Feind von Frieden und Ordnung verursacht Aufruhr und Verwirrung, wo es sie noch nicht gibt.

ist: εἰς τὸ διέπειν αὐτοὺς τὴν ὑπὸ σοῦ δεδομένην αὐτοῖς ἡγεμονίαν ἀπροσκόπως (Z. 77). Der gleiche Inhalt wird in Z. 82 ähnlich formuliert: ὅπως διέποντες … τὴν ὑπὸ σοῦ αὐτοῖς δεδομένην ἐξουσίαν. Das Verb διέπειν ist auf die Verwaltung der ἡγεμονία bezogen, d. h. auf die den Herrschern von Gott gegebene Macht[1]. So spricht Josephus über Vespasian und seine Regierungszeit (vgl. Bell 7,219: … Οὐεσπασιανοῦ διέποντος τὴν ἡγεμονίαν). Zu ἀπροσκόπως vgl. 20,10. So wie die Ordnung der Natur bei den von Gott bestimmten Windrichtungen frei von Hindernissen ist, so soll auch die Verwaltung der politischen Macht erfolgen[2]. Die Reihenfolge von Fürbitte (Z. 76) und deren Ziel (Z. 77) ist bedeutsam. Wenn Gott den Machthabern als Vertretern des politischen Gemeinwesens diese Gaben schenkt (ὑγεία, εἰρήνη …), dann wird eine allen dienliche Erfüllung ihres Auftrages möglich.

Die letzte Bitte weist eine formale Struktur mit besonderer Prägung aus. Dazu gehört die zweifache Anrede am Anfang (Z. 78: σὺ γάρ, δέσποτα, ἐπουράνιε βασιλεῦ τῶν αἰώνων) und die zusätzliche Anrede (Z. 80: σύ, κύριε)[3] nach der indikativischen Aussage (Z. 79), welche die Bitte in Z. 81 einleitet. Wie in den vorhergehenden Bitten drückt ein Finalsatz die Intention des Gebetes aus (Z. 82 f.).

Ähnlich wie in Z. 71 verstärkt das vorangestellte Personalpronomen σύ die appellative Absicht der Anrede. Ob das ἐπουράνιε enger an δέσποτα oder zum folgenden βασιλεῦ τῶν αἰώνων heranzuziehen ist, läßt sich grammatikalisch nicht entscheiden. Da δεσπότης in I Clem nie adjektivisch näher bestimmt ist, dürfte die zweite Möglichkeit die wahrscheinlichere sein. Die Berücksichtigung des Zusammenhangs spricht ebenfalls dafür[4]. Das Prädikat δέσποτα bedarf nach Z. 29.61.71 keiner zusätzlichen Bestimmung, wohl aber βασιλεύς, um ihn von denen zu unterscheiden, denen die ἐξουσία τῆς βασιλείας (Z. 72) gegeben wurde. Die Wendung lehnt sich an das Gebet in 3 Makk 2,2 an: κύριε κύριε, βασιλεῦ τῶν οὐρανῶν καὶ δέσποτα πάσης κτίσεως. Der himmlische König ist auch der Herrscher über die Äonen. Eine solche Häufung von Gottesprädikationen ist nicht ungewöhnlich in I Clem (vgl. 35,3: ὁ δημιουργὸς καὶ πατὴρ τῶν αἰώνων ὁ πανάγιος; 55,6: τὸν παντεπόπτην δε-

---

[1] Zu διέπειν vgl. Weish 9,3 (Gott schuf den Menschen, damit er διέπῃ τὸν κόσμον ἐν ὁσιότητι καὶ δικαιοσύνῃ. Es geht um die Regierung über die Welt); 12,15 (von Gott: δίκαιος δὲ ὢν δικαίως τὰ πάντα διέπεις). ἡγεμονία ist sehr häufig bei Philo und Josephus belegt.
[2] A. W. ZIEGLER, Studien 40, versteht das Adverb moralisch, „in dem Sinne, daß die Machthaber nicht gegen Gottes Ordnung verstoßen möchten." Ob auch hier an eine Einschränkung der von den Regierenden ausgeübten Macht gedacht wird, ist nicht klar.
[3] L bringt ursprünglich nicht „Domine", sondern „ordine". Die eigentümliche Wiedergabe steht im Zusammenhang mit der anhand von 61,2 erwähnten Bearbeitung der lateinischen Übersetzung. S. o. Anm. d
[4] Knopf, Harnack, Lake, Fischer, Jubert, Schneider übersetzen „himmlischer Herr". Auch in den entsprechenden Textausgaben wird ein Komma nach δέσποτα ἐπουράνιε gesetzt. Dazu gehört auch die Textausgabe von Lightfoot und Schaefer, die lateinische Übersetzung nach Morin. Wie in der gebotenen Übersetzung: Grant, Quacquarelli, Lindemann. Auch die Textausgaben von Hemmer, Funk, Bihlmeyer, Bosio und Ruiz Bueno.

σπότην, θεὸν τῶν αἰώνων)[1]. Die Aussage in Z.79 spricht von Gott als Geber. Die Empfänger seiner Gaben sind οἱ υἱοὶ τῶν ἀνθρώπων, aber angesprochen sind nicht die Menschen allgemein, sondern wie zuvor die Machthaber. Denn die von ihnen empfangenen Gaben sind δόξα, τιμή und ἐξουσία, wie sie in Z.73 (εἰς τὸ γινώσκοντας ἡμᾶς τὴν ὑπὸ σοῦ αὐτοῖς δεδομένην δόξαν καὶ τιμὴν) und Z.72 (ἔδωκας τὴν ἐξουσίαν τῆς βασιλείας αὐτοῖς) auf die Regierenden bezogen wurden. Der Ausdruck οἱ υἱοὶ τῶν ἀνθρώπων als Bezeichnung der Menschen ist biblisch und besonders in den Psalmen oft belegt. Warum er an dieser Stelle verwendet wird, läßt sich anhand des biblischen Sprachgebrauchs erhellen. Die Wendung bezeichnet die Menschen in ihren Schwächen und ihrer Verlorenheit (Ps 4,2; 11,2.9; 61,10: 145,3), aber vor allem im Hinblick auf die über allem waltende Macht Gottes. So Ps 144,12: τοῦ γνωρίσαι τοῖς υἱοῖς τῶν ἀνθρώπων τὴν δυναστείαν σου καὶ τὴν δόξαν τῆς μεγαλοπρεπείας τῆς βασιλείας σου (vgl. Ps 13,2; 32,13; 52,3). Nur in diesem Rahmen haben die „Menschenkinder" ihre Macht auf Erden.Vgl. Ps 113,24: ὁ οὐρανὸς τοῦ οὐρανοῦ τῷ κυρίῳ, τὴν δὲ γῆν ἔδωκεν τοῖς υἱοῖς τῶν ἀνθρώπων[2]. Die Einschränkung des Machtbereiches der Regierenden ist explizit ausgesagt durch den Bezug der ἐξουσία auf τῶν ἐπὶ τῆς γῆς ὑπαρχόντων. Es ist eine Macht, die sich auf das ausstreckt, was auf Erden ist[3]. Die folgende Bitte (Z.81) unterstreicht ebenso die der Macht Gottes untergeordnete Stellung der politischen Macht: Gott soll den Willen der Machthaber nach dem lenken, was vor ihm gut und wollgefällig ist[4]. So wie Gott den für die Menschen uferlosen Ozean und die Welten hinter ihm lenkt und so in Ordnung hält (20,8: ταῖς αὐταῖς ταγαῖς τοῦ δεσπότου διευθύνονται), so kann er seine Macht ausüben über den Willen der Regierenden. Bei διευθύνειν schwingt die Bedeutung der Rückführung auf den rechten Weg mit, als wären

---

[1] Vgl. Tob (BA) 13,6.10; 1 Tim 1,17; grHen 9,4; 12,3; 25,5.7; 90,5.

[2] GRANT, 95, sieht hier eine klare Anspielung auf Ps 8,5 f. (τί ἐστιν ἄνθρωπος, ὅτι μιμνήσκῃ αὐτοῦ, ἢ υἱὸς ἀνθρώπου, ὅτι ἐπισκέπτῃ αὐτόν; ... δόξῃ καὶ τιμῇ ἐστεφάνωσας αὐτόν). Die Anspielung ist nicht so klar, denn δόξα und τιμή haben in diesem Zusammenhang eine andere Bedeutung als in Ps 8. Die Pluralform οἱ υἱοὶ τῶν ἀνθρώπων spricht auch gegen eine Beeinflussung durch Ps 8. Die andere von GRANT, 96, erwogene Überlegung, die an die Menschensöhne verliehene Macht könne auf Mt 9,8 zurückgehen, wo auch von einer den Menschen gegebenen Macht die Rede ist, ist sowohl von der Diktion als auch von der Gedankenführung her unhaltbar. Möglicherweise ist der Ausdruck υἱοὶ τῶν ἀνθρώπων absichtlich gewählt als Abgrenzung gegen die übliche Bezeichnung der Machthaber als „divi filius". Vgl. W. ULLMANN, Theme 89.

[3] Vgl. P. MIKAT, Auswanderungsrat 215 Anm. 14. Nach K. WENGST, Pax Romana 235 Anm. 15, läßt sich die Aussage zwar herrschaftskritisch interpretieren, das sei aber nicht der Sinn von I Clem: „Es ist vielmehr mit Händen zu greifen, daß sie hier eine Herrschaft legitimierende und damit stabilisierende Funktion hat." Es geht aber nicht um Kritik an der Herrschaft, sondern um eine Relativierung der politischen Macht angesichts des *einen* Herrschers. Ein Vergleich des Gehorsams gegenüber Gott mit dem gegenüber dem Kaiser ist deswegen unangebracht, weil die jeweilige Macht nicht auf der gleichen Ebene steht wie die andere. Gegen J. S. JEFFERS, Influence 374; Conflict 138.

[4] Vgl. S. LEGASSE, Prière 250 f.

die gemeinten Personen von sich aus nicht ganz in der Lage, allein den richtigen Weg zu finden bzw. auf ihm zu bleiben (vgl. 62,1). Die Lenkung des menschlichen Willens orientiert sich κατὰ τὸ καλὸν καὶ εὐάρεστον vor Gott (vgl. 60,2 = Z. 59) als Ausdruck seines Willens. Der anschließende Finalsatz (Z. 82 f. ὅπως διέποντες ...) nimmt die ähnliche Formulierung in 61,1 (Z. 77) wieder auf, aber nicht ohne einen wichtigen besonderen Akzent. Die Regierenden sollen ihre von Gott erhaltene Macht verwalten ἐν εἰρήνῃ καὶ πραΰτητι εὐσεβῶς. Die zwei ersten Begriffe gehören zusammen als ideale Eigenschaften der Haltung der Herrscher, geprägt durch Friedfertigkeit und Sanftmut. Im Hintergrund steht ein klassisches Motiv[1], das der jüdischen Tradition ebenso bekannt war: die Sanftmut des Herrschenden (vgl. Ps 44,4; 131,1). Das folgende Adverb εὐσεβῶς betrifft allgemein die Beziehung zu Gott (vgl. 4 Makk 7,21 [nach A]; Arist 37.261; Philo, Aet 10; 2 Tim 3,12; Tit 2,12). Wie die Wiederholung in 62,1 zeigt, bezieht sich das Adverb auf alle Gläubigen. Der wichtigste Unterschied zum Abschluß der vorhergehenden Bitte (Z.76 f.) kommt im Satzteil zum Ausdruck, der den eigentlichen Finalsatz ausmacht (ὅπως ... ἵλεώ σου τυγχάνωσιν). Die gute Verwaltung der Macht ist diesmal nicht das Anliegen der Fürbitte, sondern nur die Bedingung dafür, daß die Regierenden bei Gott Gnade finden. Das ἐν πραΰτητι bei den Regierenden, damit sie die Huld Gottes erlangen, stellt einen bedeutsamen Zusammenhang her. Denn ἵλεως „ist vorzugsweise Prädikat der Höherstehenden, Herrschenden, deshalb besonders der Götter" (Fr. Büchsel, ThWNT III 300)[2]. Hier sind die weltlichen Machthaber auf die Huld Gottes angewiesen. Sie können sie erst dann erreichen, wenn sie selber Sanftmut walten lassen. Nach der Diktion des Vf.s ist ἵλεως auf die Huld bezogen, die Gott bei der erflehten Vergebung bzw. Versöhnung zeigt (so in 2,3: ἱκετεύοντες αὐτὸν ἵλεων γενέσθαι, εἴ τι ἄκοντες ἡμάρτετε und 48,1: κλαύσωμεν ἱκετεύοντες αὐτόν, ὅπως ἵλεως γενόμενος ἐπικαταλλαγῇ ἡμῖν). Knopf (148) und Lindemann (175) beschränken die Huld auf die irdische Begnadigung und schließen den Gedanken einer im Gericht erfahrenen Vergebung aus. Die Satzstruktur in Z. 82–83 und der zitierte Gebrauch von ἵλεως in I Clem begünstigen die Deutung hin auf eine eschatologische Dimension, die sich, auch wenn nicht explizit[3], unter anderen aus dem delegierten Charakter der politischen Macht ergibt.

Ein Vergleich der Fürbitten für die Regierenden, besonders der zwei letzten in 61,1 und 61,2, zeigt, daß die von vornherein klar herausgestellte Unterordnung der politischen Macht unter die göttliche Macht gegen Ende immer stärker hervorgehoben wird. Das letzte Ziel der Bitte ist bezeichnenderweise

---

[1] Zur Bedeutung der Sanftmut bei den führenden Männern vgl. Xenophon, Agesilaos 11,1–3. Andere Belege bei Fr. HAUCK – S. SCHULZ, ThWNT VI 646.

[2] Vgl. Philo, Jos 104: τῷ μὲν ἦν ὑπέμεινε τιμωρίαν, ἐμοὶ δὲ τὸ σοῦ τυχεῖν ἵλεω καὶ εὐμενοῦς. Andere Belege bei Th. SCHERMANN, Zauberpapyri 46 Anm. 1.

[3] Der Zusammenhang ist freilich nicht so eindeutig wie in Weish 6,1–11.

nicht mehr das ungehinderte Regieren in Eintracht und Sicherheit, sondern ein solches Regieren, das die Machthaber dazu führt, schließlich Gnade von Gott zu erreichen. Daß die empfangene Macht nur eine delegierte ist, und daß ihre Verwaltung einem göttlichen Maßstab unterworfen ist, ist die abschließende Botschaft des Fürbittgebetes.

Traditionsgeschichtlich gehört die Fürbitte für die Regierenden in eine Anschauung des nachexilischen Judentums, die vom Urchristentum übernommen wurde und hier nur einen weiteren Ausdruck findet. Es handelt sich um eine bestimmte Sicht der politischen Macht, die nicht aus der Beurteilung ihrer faktischen Ausübung hervorgeht, sondern aus einer theologischen Betrachtungsweise: Gott hat den Regierenden die Macht gegeben. Ob ausdrücklich oder implizit, stets enthält das Gebet das Bekenntnis zum einzigen himmlischen Herrn. Vgl. Jer 29,7 (LXX 36,7); Bar 1,11; 2 Esra 6,9 f.; 1 Makk 7,33; Arist 45; Josephus, Bell 2,197; Ap 2,76; Philo, LegGai 133.157.232.317.356; Flacc 49[1]. Die Aufforderung zum Gebet in 1 Tim 2,1 f. bietet die beste neutestamentliche Parallele zu I Clem. Der Autor ermahnt die Christen, Bitten, Gebete, Fürbitten und Danksagungen zunächst für alle Menschen zu verrichten, dann für Könige – gemeint ist der Kaiser – und alle Autoritäten. Das Ziel lautet: ἵνα ἤρεμον καὶ ἡσύχιον βίον διάγωμεν ἐν πάσῃ εὐσεβείᾳ καὶ σεμνότητι. Vergleicht man dazu die Fürbitte in I Clem 61,2, fällt der Unterschied gerade im Inhalt des Finalsatzes auf, der das Gebet jeweils abschließt. I Clem blickt auf die Regierenden, 1 Tim 2,2 auf die Betenden: „damit wir ein ruhiges und stilles Leben führen können in aller Frömmigkeit und Ehrbarkeit"[2]. Selbstverständlich erlangen auch alle Bürger des Reiches Anteil an den Gaben des Friedens und der Beständigkeit, die für die Regierenden erbeten werden, aber diese müssen den Gebrauch der ihnen verliehenen Macht verantworten. Die „theologische" Beurteilung der politischen Macht in I Clem beruht auf einer ähnlich breiten traditionellen Basis. Unmittelbar maßgebend dürfte dabei der Abschnitt Röm 13,1–7 gewesen sein (vgl. auch 1 Petr 2,13–17; Tit 3,1), aber die Anschauung geht schon auf das Frühjudentum zurück (vgl. Dan 2,21.37 f.; 4,14.29; Weish 6,1–3; Josephus, Bell 2,140; Ant 15,374).

3   Der Länge des Gebetes entsprechend ist der ausführliche Schluß gestaltet. Z. 84 dient als Anrede des folgenden Lobpreises (Z. 85: σοὶ ἐξομολογούμεθα) und verbindet diesen mit den zuvor ausgesprochenen Bitten. Wie so oft in den Psalmen erfolgt nach der Bitte gleich der Dank und der Preis in der Gewißheit, daß die Bitte von Gott erhört wird. Gott wird als der einzige

---

[1] Angaben auch aus dem rabbinischen Judentum bei H. LIETZMANN, An die Römer (HNT 8), Tübingen ⁵1971, 111; M. DIBELIUS – H. CONZELMANN, Die Pastoralbriefe (HNT 13), Tübingen ⁴1966, 30.

[2] Der Unterschied wird übersehen, wenn man den Schluß von I Clem 61,2 nimmt, um die Bedeutung von 1 Tim 2,2 zu erhellen. Gegen M. DIBELIUS – H. CONZELMANN, Pastoralbriefe 31. Die dort zitierte Stelle von Athenagoras, Leg. 37,1, bleibt auf der Linie von 1 Tim 2,2.

Mächtige[1] genannt, der all das vollbringen kann, worum gebetet wurde (Z. 84). Das καὶ περισσότερα ἀγαθὰ μεθ᾽ ἡμῶν verweist auf noch größere Wohltaten, die nicht zur Sprache kamen, die aber ebenso von der Macht Gottes zu erwarten sind. Der Schöpfer stellt seine Macht in den Dienst seiner Güte. Der Ausdruck des Lobpreises spiegelt die LXX-Sprache wider, besonders die in den Psalmen. Vgl. 74,2: ἐξομολογησόμεθά σοι, ὁ θεός, ἐξομολογησόμεθα καὶ ἐπικαλεσόμεθα τὸ ὄνομά σου u. ö. Die christologische Vermittlung, die im ersten Teil des Gebetes durch die παῖς-Prädikation (Z. 5.27.42) hervorgehoben wurde, kommt auch hier zum Tragen (Z. 86), und zwar durch zwei für I Clem typische christologische Kategorien: ἀρχιερεύς und προστάτης (vgl. 36,1). Als Hoherpriester und Beschützer „unserer Seelen" (vgl. 1 Petr 2,25: ἐπεστράφητε νῦν ἐπὶ τὸν ποιμένα καὶ ἐπίσκοπον τῶν ψυχῶν ὑμῶν) vermittelt er den Preis der Gläubigen[2].

Wie in 58,2 leitet ein christologisches δι᾽ οὗ die folgende Doxologie ein (Z. 87): σοι ἡ δόξα καὶ ἡ μεγαλωσύνη (vgl. 20,12). Nach dem Hinweis auf ihren gegenwärtigen Bezug (καὶ νῦν) fällt die zweigliedrig aufgebaute Ewigkeitsaussage auf (Z. 88): καὶ εἰς γενεὰν γενεῶν καὶ εἰς τοὺς αἰῶνας τῶν αἰώνων[3]. In der LXX ist die Form εἰς γενεὰν καὶ γενεάν (Ps 88,2.5; 118,90; 145,10 u. ö.) häufig belegt, aber es gibt mehrere Varianten, darunter auch εἰς γενεὰν γενεῶν (vgl. Jdt 8,32; Joël 3,20). Das εἰς τοὺς αἰῶνας τῶν αἰώνων ist der übliche Abschluß der Doxologie in I Clem (vgl. 4 Makk 18,24). Abgesehen von der Anrede (Z. 84) werden der Lobpreis und die Doxologie mit wenigen Abweichungen am Schluß von Kap. 64 wiederholt.

Exkurs 9: Das Allgemeine Gebet in I Clem

I. Der traditionelle Hintergrund und die Form.

Die Sprache der griechischen Bibel bildet den traditionellen Hintergrund des Gebetes. Die angegebenen Parallelen und Anklänge haben schon einen Eindruck von der tiefen Verwurzelung des Textes in diesem Sprachraum vermittelt. Der Sachverhalt betrifft aber nicht allein die Formulierung einzelner Aussagen, sondern die ganze literarische Form. Dies läßt sich wiederum im Hinblick auf bestimmte Elemente aufzeigen, wie die Häufung von Gottesprädikationen, die besonders im ersten Teil des Gebetes so deutlich auftritt (z. B. Est 4,17b–d; 2 Makk 1,24 f.; 3 Makk 2,2; OrMan 1–7), oder die lange Liste von Bitten (z. B. Sir 36,1–17), aber auch im Hinblick auf die Form des Fürbittgebetes ganz allgemein. Die zwei folgenden Beispiele aus der mak-

---

[1] ὁ δυνατός: Ps 119,4; Zeph 3,17; Lk 1,49.

[2] Von einer „christologischen Doxologie" anhand von I Clem 61,2 f. zu sprechen – so O. KNOCH, Eigenart 439 –, ist mindestens mißverständlich. Denn die Doxologie richtet sich an Gott *durch* Jesus Christus.

[3] Die lateinische Übersetzung läßt das erste Glied aus.

kabäischen Literatur weisen eine formale und inhaltliche Ähnlichkeit mit dem
Gebet in I Clem auf, die auf einen gemeinsamen sprachlichen und theologi-
schen Hintergrund zurückgeht. Das erste Beispiel ist das Gebet der Priester
im Jerusalemer Tempel nach 2 Makk 1,24–29. Nach der Anrede folgen sieben
Prädikationen mit Artikel am Anfang, die mit rhythmischen und klanglichen
Effekten gestaltet sind[1]. Der zweite Teil – dem Umfang nach fast dem ersten
Teil gleich – enthält die Bitten mit einer Reihe von Imperativsätzen. Der
Aufbau und manche Inhalte erinnern stark an den ersten Teil des Gebetes in
I Clem 59,3–4 (Z. 11–40)[2]. Das Kompositionsprinzip ist das gleiche.

1. Anrede und Preis:

Z. 1	κύριε κύριε ὁ θεός,	V.24
Z. 2	ὁ πάντων κτίστης,	
Z. 3	ὁ φοβερὸς καὶ ἰσχυρὸς καὶ δίκαιος καὶ ἐλεήμων,	
Z. 4	ὁ μόνος βασιλεὺς καὶ χρηστός,	
Z. 5	ὁ μόνος χορηγός,	V.25
Z. 6	ὁ μόνος δίκαιος καὶ παντοκράτωρ καὶ αἰώνιος,	
Z. 7	ὁ διασῴζων τὸν Ἰσραὴλ ἐκ παντὸς κακοῦ,	
Z. 8	ὁ ποιήσας τοὺς πατέρας ἐκλεκτοὺς	
Z. 9	καὶ ἁγιάσας αὐτούς,	

2. Bittegebet:

Z. 10	πρόσδεξαι τὴν θυσίαν ὑπὲρ παντὸς τοῦ λαοῦ σου Ἰσραὴλ	V.26
Z. 11	καὶ διαφύλαξον τὴν μερίδα σου	
Z. 12	καὶ καθαγίασον.	
Z. 13	ἐπισυνάγαγε τὴν διασπορὰν ἡμῶν,	V.27
Z. 14	ἐλευθέρωσον τοὺς δουλεύοντας ἐν τοῖς ἔθνεσιν,	
Z. 15	τοὺς ἐξουθενημένους καὶ βδελυκτοὺς ἔπιδε,	
Z. 16	καὶ γνώτωσαν τὰ ἔθνη	
Z. 17	ὅτι σὺ εἶ ὁ θεὸς ἡμῶν.	
Z. 18	βασάνισον τοὺς καταδυναστεύοντας καὶ ἐξυβρίζοντας ἐν ὑπερηφανίᾳ.	V.28
Z. 19	καταφύτευσον τὸν λαόν σου εἰς τὸν τόπον τὸν ἅγιόν σου, καθὼς εἶπεν Μωϋσῆς.	H.29

Nach der Einteilung von C. Westermann gehören diese Texte zu den Bittge-
beten ohne Klage. Es geht dabei um eine durch Gotteslob eingeleitete Bitte,
die erst in einer späteren Phase der biblischen Literatur auftritt. Während bei
frühen Klagen undenkbar ist, daß sie mit einem Gotteslob einsetzen, ist es
in der Spätzeit das Normale (vgl. Nehm 9,37 = LXX 2 Esra 9,37; 2 Chr
20,6,12)[3].
  Ein zweites Beispiel, allerdings stilistisch nicht so prägnant wie der soeben
erwähnte Text, ist das Gebet des Hohenpriesters Simon in 3 Makk 2,2–20.
Nach der Anrede (V. 2) erklingt das Lob in fünf, durch das Personalpronomen
eingeleiteten Aussagen, die den Schöpfer und Richter (V. 3) preisen und seine
Heilstaten erzählen (V. 4–6.9: Bestrafung durch die Sintflut, Bestrafung der

---

[1] Vgl. z. B. Z. 4–6 und die drei Partizipien Z. 7–9.
[2] Vgl. Z. 14 und Z. 16.17 mit I Clem 59,4 (Z. 37 und Z. 40.41).
[3] DERS., Lob und Klage in den Psalmen, Göttingen 1977, 157 f.

Sodomiten, Bestrafung des Pharao, Erwählung Jerusalems, Heiligung des Tempels. Die darauf folgende Bitte erfleht vor allem die Vergebung der Sünden, aber auch Trost und Frieden (V. 19 f.).

1. Anrede und Preis:

2 Κύριε κύριε,
βασιλεῦ τῶν οὐρανῶν καὶ δέσποτα πάσης κτίσεως,
ἅγιε ἐν ἁγίοις, μόναρχε, παντοκράτωρ,
πρόσχες ἡμῖν καταπονουμένοις ὑπὸ ἀνοσίου καὶ βεβήλου θράσει καὶ σθένει πεφρυαγμένου.
3 σὺ γὰρ ὁ κτίσας τὰ πάντα καὶ τῶν ὅλων ἐπικρατῶν δυνάστης δίκαιος εἶ καὶ τοὺς ὕβρει καὶ ἀγερωχίᾳ τι πράσσοντας κρίνεις.
4 σὺ τοὺς ἔμπροσθεν ἀδικίαν ποιήσαντας, ἐν οἷς καὶ γίγαντες ἦσαν ῥώμῃ καὶ θράσει πεποιθότες, διέφθειρας ἐπαγαγὼν αὐτοῖς ἀμέτρητον ὕδωρ.
5 σὺ τοὺς ὑπερηφανίαν ἐργαζομένους Σοδομίτας διαδήλους ταῖς κακίαις γενομένους πυρὶ καὶ θείῳ κατέφλεξας παράδειγμα τοῖς ἐπιγινομένοις καταστῆσαι.
6 σὺ τὸν θρασὺν Φαραὼ καταδουλωσάμενον τὸν λαόν σου τὸν ἅγιον Ἰσραὴλ ποικίλαις καὶ πολλαῖς δοκιμάσας τιμωρίαις ἐγνώρισας τὴν σὴν δύναμιν, ἐφ᾿ οἷς ἐγνώρισας τὸ μέγα σου κράτος· (...)
9 σύ, βασιλεῦ, κτίσας τὴν ἀπέραντον καὶ ἀμέτρητον γῆν ἐξελέξω τὴν πόλιν ταύτην καὶ ἡγίασας τὸν τόπον τοῦτον εἰς ὄνομά σοι τῷ τῶν ἁπάντων ἀπροσδεεῖ καὶ παρεδόξασας ἐν ἐπιφανείᾳ μεγαλοπρεπεῖ σύστασιν ποιησάμενος αὐτοῦ πρὸς δόξαν τοῦ μεγάλου καὶ ἐντίμου ὀνόματός σου.

2. Bittgebet:

19 ἀπάλειψον τὰς ἁμαρτίας ἡμῶν
καὶ διασκέδασον τὰς ἀμβλακίας ἡμῶν
καὶ ἐπίφανον τὸ ἔλεός σου κατὰ τὴν ὥραν ταύτην.
20 ταχὺ προκαταλαβέτωσαν ἡμᾶς οἱ οἰκτιρμοί σου,
καὶ δὸς αἰνέσεις ἐν τῷ στόματι τῶν καταπεπτωκότων καὶ συντετριμμένων τὰς ψυχὰς ποιήσας ἡμῖν εἰρήνην.

Auch das Gebet des Priesters Eleasar nach 3 Makk 6,2–15 könnte hinzugefügt werden. In diese Kategorie ordnet C. Westermann auch 4 Esra 8,20–36; PsSal 12; Tob 3,1–6. Die literarische Entwicklung scheint so verlaufen zu sein: Aus den Klagepsalmen entsteht in der spätnachexilischen Zeit die Verbindung von Klage und Lob (Ps 88; 105; 2 Esra 19,6–37)[1], aus der sich wiederum die Form von Lob und Bitte herauskristallisiert, die vorrangig in der Literatur des hellenistischen Judentums auftritt. Das Gebet in I Clem hat in diesen Texten ein Grundmuster[2]. Die Voraussetzungen, um ein ähnliches Werk zu schaffen, waren bei allen diesen Autoren vorhanden: die innige Vertrautheit mit der griechischen Bibel, das schriftstellerische Vermögen, nach formalen Gesichtspunkten kleine Einheiten zu bilden, das Gefühl für Rhythmus und Klang im sprachlichen Ausdruck.

Wird der traditionelle Hintergrund des Gebetes so bestimmt, ist schon auch eine Entscheidung hinsichtlich der in Frage kommenden Parallelen getroffen. So spielten in der Auslegung Texte aus dem Achtzehngebet keine

---

[1] Vgl. C. WESTERMANN, ebd.

[2] Anders JAUBERT, 40: Das Gebet sei durch und durch jüdisch geprägt, aber „on ne peut assigner à ces tournures une origine littéraire précise."

Rolle[1]. Nichts weist in I Clem 59–61 auf den Einfluß eines hebräischen Textes
hin[2], und die inhaltlichen Gemeinsamkeiten erklären sich einfach durch die
gemeinsame Wurzel der Gebete: die Schrift. Auf die griechischen Zauberpapyri konnte nur da und dort hingewiesen werden. Abgesehen von Fragen
der Entstehungszeit gehen die Berührungspunkte auch in diesem Fall auf die
gemeinsame Quelle zurück, d. h. auf die griechische Bibel. Es ist daher wenig
hilfreich, diese Quelle als Bezugspunkt zu vernachlässigen, um sich mit einem
anderen Nebenfluß zu beschäftigen[3]. Auch Th. Schermann, der die umfang-
reichste Sammlung von Parallelen zu I Clem aus den griechischen Zauberpapyri zusammengetragen hat, muß zugestehen, daß der Wortschatz des
Gebetes „sich nur selten über den der LXX" erhebt[4].

II. Die literarkritische Frage und der liturgische Hintergrund.

Erst die Veröffentlichung des Codex Hierosolymitanus (1875) ermöglichte die Beschäftigung mit dem großen Gebet in I Clem. Die literarkritische Frage wurde schon
1876 von Harnack in seinem Kommentar gestellt und mit dem Hinweis auf einen
liturgischen Hintergrund beantwortet: „Solitario in epp. laudes et preces commendan-
tur, hic vero ipsae laudes et preces deo offeruntur, nec dubito, quin Clemens hic
nonnulla e solemnibus ecclesiae Romanae orationis publicae formulis repetiverit" (98).
Der Vf. habe also einiges aus der römischen Liturgie übernommen. Leider begründet
Harnack sein Urteil nicht näher[5]. Auf das Verhältnis von Tradition und Redaktion
geht er nicht ein. Einige Jahre später (1890) widmet J. B. Lightfoot dem Abschnitt
einen langen und wertvollen Paragraphen (I 1,382–396). Der massive Einfluß des AT,
die Ähnlichkeit mit anderen liturgischen Texten der alten Kirche, aber auch die Nähe
zu jüdischen Gebeten, besonders zum Achtzehngebet werden herausgestellt. Andererseits sieht Lightfoot zu viele Kontakte mit anderen Partien des Schreibens, um das
Gebet einer anderen Hand zuzuschreiben, als der des Klemens selbst („we cannot
divorce this portion from Clement's handiwork"). Wie weit die Sprache des Vf. durch
ihm bekannte Gebete beeinflußt wurde, bzw. wie weit liturgische Formen aus jüdischen
Quellen von ihm umgestaltet wurden, sind von Lightfoot erkannte, aber bewußt nicht
behandelte Fragen: „it is vain to speculate" (396)[6].

---

[1] Vgl. die Parallelen bei LIGHTFOOT, I 1,394 f.; L. LEMME, Judenchristentum 470–472; E.
v. d. GOLTZ, Gebet 198–203.
[2] Gegen E. WERNER, Hebraisms 810–813; A. WIFSTRAND, Kirche 33 f.
[3] Anders A. G. HAMMAN, Das Gebet in der Alten Kirche (TC 7), Bern – Frankfurt 1989,
13 Am. 1: „Abgesehen von den Anklängen an die Bibel kann man dieses Gebet mit den achtzehn
Segenssprüchen, der Markusliturgie und mit den Apostolischen Konstitutionen in Zusammenhang bringen. Andere Wendungen stammen aus dem zeitgenössischen Hellenismus."
[4] Vgl. DERS., Zauberpapyri 51. Der Einfluß des hellenistischen Judentums in I Clem wurde
von ihm (ebd. 50) richtig eingeschätzt, aber ungenügend zur Geltung gebracht. Die meisten
Gedanken seien nämlich auch bei Philo zu finden.
[5] In der ThLZ von 1876, S. 103, schreibt Harnack ergänzend, daß das Gebet „mit dem
eigentlichen Zweck des Briefes nicht oder nur lose zusammenhängt ... Der liturgische Charakter
dieses Gebetes, das der Verfasser unmöglich erst für diesen Brief ausgearbeitet haben kann, ist
unverkennbar."
[6] Geleitet von seinem Interesse, I Clem als Dokument des Judenchristentums auszuweisen,

In seiner Untersuchung zu I Clem (1899) geht R. Knopf kaum auf die Frage ein. Er stellt bloß fest, daß „höchstens das umfangreiche Gebet (cc.59–61) aus dem Rahmen des Ganzen herausfällt" (160). Die Arbeit über „Das Gebet in der ältesten Christenheit" (1901) von E. v. d. Goltz enthält eine inhaltsreiche Analyse des Gebetes in I Clem (a. a. O. 196–207). Aufgrund des Stils und der zahlreichen Parallelen kommt von der Goltz zum Ergebnis, daß der Text den Typus eines Kirchengebetes jener Zeit widerspiegelt, „ohne dass man es mit dem der römischen oder korinthischen Gemeinde identifizieren dürfte. Auch ganze Sätze werden damals schon stereotyp gewesen sein" (206).

Ohne sich auf Harnack zu berufen, baut P. Drews in seinen „Untersuchungen über die sogenannte Clementinische Liturgie" (1906) die Hypothese eines liturgischen Ursprungs des Gebets wesentlich aus. Aus dem Vergleich mit Texten aus den Apostolischen Konstitutionen schließt Drews auf die Existenz einer gemeinsamen liturgischen Quelle. So sei der Parallelismus zwischen der Wendung αἰτησόμεθα ἐκτενῆ τὴν δέησιν in I Clem 59,2 und δεηθέντες ἐκτενῶς in CA VIII, 10,5 nicht zufällig. „Die letzteren Worte spricht noch der Diakon, der das prosphonetische Gebet gesprochen hat, um damit zu dem folgenden Gebet des Bischofs überzuleiten. Jedenfalls kennt auch Clemens aus dem Gottesdienst eine solche Gebetsermahnung vor dem Gemeindegebet. Dass sie schon der Diakon sprach, ist durchaus nicht unwahrscheinlich" (43). Die Möglichkeit einer Abhängigkeit der CA von I Clem sei ganz ausgeschlossen. „Denn wenn dies der Fall wäre, so fragt man sich: Warum benutzt er dann seine vortreffliche Vorlage nicht viel ausgiebiger?" (42). Ein anderer Vergleichspunkt bietet die sogenannte Markus-Liturgie, aber hier wagt Drews nicht, über das Abhängigkeitsverhältnis eine klare Aussage zu machen (44 f.).

Nach der Arbeit von Drews ist die liturgische Herkunft des Gemeindegebetes von I Clem weitgehend zu einer „opinio communis" der Forschung geworden. So im Kommentar von R. Knopf: „Allgemein zugestanden ist, daß es der römischen Gemeindeliturgie entnommen ist" (137). Dabei läßt er offen, ob der Text in dieser Zeit bereits feststand. „Aber sicher ist, daß von der Art und dem Stile des vorliegenden Stückes die Gebetsliturgie war, die in Rom im sonntäglichen Gottesdienste ihre feste Stelle hatte ... So etwa wie es Clements gewohnt war, im Gottesdienste vor der versammelten Gemeinde zu beten, kommen ihm jetzt die Worte in die Feder, wo er an die korinthische Gemeinde schreibt, ohne daß er wörtlich genau einer Vorlage folgt" (ebd.). Nach der Angabe Justins (I Ap. 67,5) wäre dies das Gebet nach der Predigt. Knopf behauptet konsequent weiter: „Er hat ja in dem Brief gepredigt und er will und weiß, daß das Schreiben im Gottesdienste vor der versammelten Gemeinde verlesen werden soll." Die liturgische Herkunft wird nicht mit der Hypothese einer Vorlage verbunden, wie es bei Drews der Fall war. Bedenklich ist der angenommene Zusammenhang von Predigt und Gebet[1], denn das Schreiben läßt sich streng genom-

hält L. LEMME, Judenchristentum 469, I Clem 59–61 für ein überarbeitetes jüdisches Gebet, wahrscheinlich „mit nur geringen Aenderungen aus der Synagoge übernommen." Wie die Heranziehung von Parallelen nur aus dem Achtzehngebet zeigt (ebd. 470–472), nimmt L. Lemme die Existenz des hellenistischen Judentums nicht zur Kenntnis.

[1] Was E. v. d. GOLTZ, Gebet 196, nur als Vergleich formuliert hatte: „Wie ein Prediger am Schluss der Predigt, ... die Predigt unmittelbar in ein freies Gebet ausklingen lässt, so macht es auch Clemens in seinem zur gottesdienstlichen Verlesung bestimmten Brief", nimmt Knopf als Realität an.

men formal nicht unter der Kategorie Predigt unterbringen – in der Einleitung zum Kommentar spricht Knopf lediglich von „predigtartigen Gedankengängen und Ausführungen" (43). Knopf räumt ferner dem Vf. so viel Sprachkompetenz ein, daß er ihn unter Verweis auf einen liturgischen Hintergrund für den Autor des Gebetes halten kann[1].

Von der Forschung der folgenden Jahre seien nur einige Stimmen erwähnt. Fischer (99 Anm. 342) und Schneider (32) schließen sich weitgehend der Meinung von Knopf an, während Jaubert (39 f.) die Verwurzelung in der jüdischen Überlieferung hervorhebt. Daß der Text als Echo der römischen Liturgie verstanden werden kann, sofern man den Vf. als maßgebend für seine Entstehung voraussetzt, sagen Grant (92) und Lindemann (168): „Wahrscheinlich hat der Vf des 1 Clem ein so oder ähnlich in der Gemeinde verwendetes Gebet aufgenommen und für seine aktuellen Zwecke umformuliert."[2]

Aus den Beobachtungen zum traditionellen Hintergrund und aus den skizzierten Positionen der Forschung läßt sich im Hinblick auf die hier gestellte Frage folgendes feststellen: 1. das allgemeine Gebet von I Clem gehört in eine Sprachform, die zwar liturgisch geprägt ist, zugleich aber schon als literarisches Produkt verwendet wird; 2. es liegt kein vergleichbares christliches Dokument aus dem Ende des ersten Jahrhunderts vor, und die summarischen Angaben des Justin fünfzig Jahre später lassen auf keine Gebetsvorlage schließen. Ob schon in der Zeit von I Clem der Gottesdienst in Rom so gestaltet wurde – d. h. Schriftlesung, Ermahnung durch den Vorsitzenden, Gemeindegebet (I Ap 67,4 f.) –, läßt sich nicht verifizieren, so daß die Annahme eines konkreten liturgischen Hintergrundes mit dieser Reihenfolge mit einem beachtlichen Unsicherheitsfaktor rechnen muß. Das macht die Annahme nicht unmöglich, aber sie beruht auf keiner so festen Grundlge, wie es manchmal dargestellt wird; 3. das Sprachvermögen des Vf.s reicht voll aus, um einen solchen Text zu schaffen. Eine Scheidung zwischen eigener Gestaltung und übernommenem Gut ist nicht zuletzt deswegen unmöglich, weil das Gebet sich weitgehend der Sprache der griechischen Bibel bedient und diese auch

---

[1] Die Beurteilung von Knopf ist nicht immer konsequent, und manchmal gewinnt man den Eindruck, daß er sich an die Meinung von P. Drews anschließt. Die Behauptung: „Die in I Clem. 59-61 und an anderen Stellen des Briefes (20; 33) faßbare Liturgie der altrömischen Gemeinde ist auch in späteren Liturgien der griechischen Kirche zu erkennen, wo verwandte liturgische Tradition vorliegt" (138), gibt genau die Beurteilung von Drews wieder.

[2] Nach G. BLOND, Clément 51, kämen im Anschluß an Kap. 59 der Einsetzungsbericht und die Anamnese. Einen anderen Weg hat K. GAMBER, Papyrusfragment 40-45, eingeschlagen. Einige Gemeinsamkeiten zwischen dem Gebet in I Clem und der Markus-Liturgie begründen seine Hypothese, der Text von I Clem sei ein Zitat aus einem eucharistischen Gebet und nicht ein „allgemeines Gebet". Der rekonstruierte Text fängt in I Clem 59,2 an. Gamber fügt die mutmaßlichen Einleitungsworte bei: εὐχαριστοῦμέν σοι ὁ θεός, und dann geht es weiter mit Z. 4 f.: ὁ δημιουργὸς τῶν ἀπάντων διὰ τοῦ ἠγαπημένου παιδός ... Das ursprüngliche Gebet umfaßt so I Clem 59,2b–4 und endet mit dem Lobpreis in 61,2. Der Abschnitt 60,1–61,1, mit der Bitte um Frieden und Eintracht und für die Obrigkeit, seien vom Vf. hinzugefügt worden. Die Bezugnahme auf eine spätere Quelle wird als Kriterium genommen, um aus dem Text einen Inhalt herauszulesen, der sonst nicht zu finden ist.

die Sprache des Vf.s prägt[1]. Die Grundthemen des Gebetes: die Macht des Schöpfers in der Welt, der Friede und die Eintracht unter denen, die von Gott die Macht dazu empfangen haben, lassen sich in das Anliegen des Schreibens einordnen[2].

III. Die politische Haltung und Absicht[3].

So wichtig die Fürbitten für die Machthaber im zweiten Zeil des Gebetes sind, zweierlei darf dabei nicht vergessen werden: 1. der Zweck des ausführlichen Gebetes (s. u.) am Schluß des Schreibens im Zusammenhang mit der Intention des Vf.s, die Verhältnisse in Korinth zu beeinflussen; 2. das Verhältnis der „politischen" Fürbitten zum ganzen Gebet. Aus dem ersten Aspekt ergibt sich, daß das Gebet nicht getrennt von Inhalt und Absicht des ganzen Textes ausgelegt werden darf. Aus dem zweiten Aspekt ergibt sich, daß die „politischen Fürbitten" nicht so hervorgehoben werden dürfen, als seien sie der einzige Inhalt des Gebetes.

Die These von Chr. Eggenberger, daß im Mittelpunkt der Theologie von I Clem eine sehr staatsfreundliche „Untertänigkeits-Ethik" steht, die den Kern seiner politischen Ethik bildet, hat ein negatives Urteil in der Forschung gefunden[4]. Die sehr fraglichen Hypothesen Eggenbergers über Entstehungsverhältnisse, Datierung und Quellen von I Clem[5] entwerten auch die Aussagen zu Kap. 60–61 (Quellen 20–25), als wäre die politische Macht Roms die irdische Parallele zum himmlischen König, die von Gott selbst eine auf Erden uneingeschränkte Macht empfangen hat (24). Es stimmt, daß man aus dem Text keinerlei *jus resistendi* ableiten kann, aber das gilt

---

[1] Literarkritische Streichungen sind zwar leicht möglich, aber methodisch schwer zu begründen. So etwa die Tilgung der παῖς-Prädikationen im ersten Teil (Z. 5.27.42) oder der christologischen Aussage im zweiten Teil (Z. 86). Das Ergebnis wäre ein Gebet, ähnlich den anderen erwähnten Gebeten aus der griechischen Bibel. Daß das Gebet in I Clem in diesem Milieu beheimatet ist, läßt sich nicht bestreiten. Das bedeutet ferner, daß der Vf. sich an diesem Muster ohne weiteres orientieren konnte, aber die Grenzen zwischen bloßer Nachahmung und tatsächlicher Übernahme von Traditionsstücken lassen sich nicht ziehen. Das Verhältnis des theozentrischen Charakters des Gebetes und der christologischen Aussagen zueinander entspricht übrigens dem gleichen Sachverhalt im ganzen Schreiben (s. o. Exkurs 6: Die Christologie des I Clem. III.5: Der Stellenwert der Christologie).

[2] Den Zusammenhang zwischen Kosmologie und politischer Führung in I Clem hat W. ULLMANN, Theme, gut herausgestellt.

[3] Der Artikel von A. W. Ziegler, überarbeitet und ergänzt von G. Brunner, über „Die Frage nach einer politischen Absicht des Ersten Klemensbriefes" (ANRW II Bd. 27,1, Berlin 1983, 55–76) bietet einen guten Überblick über die Literatur bis 1989.

[4] Das Verständnis W. BLUMs, Philosophie 19, von Hierarchie und Unterordnung in I Clem steht der These Eggenbergs recht nahe. Die Frage des Schreibens sei: „Wie soll sich der Christ gegenüber der Obrigkeit verhalten?" Die Aussage in I Clem 38,1 über den Leib Christi und die gegenseitige Unterordnung drücke die politische Theologie des Vf.s am klarsten aus (21). Klemens fordere „die unbedingte Unterordnung unter die römische Streitmacht, unter die Person des Kaisers" (22). Wie bei Eggenberg erfolgen die Ausführungen ohne Berücksichtigung der Situation, der Absicht des Schreibers und des traditionsgeschichtlichen Hintergrundes.

[5] Vgl. Einleitung § 5.2.

ebenso für Röm 13, 1 Petr und 1 Tim und für die Texte aus der jüdischen Überlieferung. Aber daß die Herrscher in I Clem 60-61 „als moralische Zensur-Instanz" dargestellt werden, ist dem Text selbst nicht zu entnehmen. Es ist geradezu typisch für die christlichen Zeugnisse, die zum Gehorsam gegenüber der politischen Macht aufgrund ihrer göttlichen Herkunft auffordern, daß sie nie die „realpolitische" Frage stellen, ob diese Unterwerfung auch in dem Fall gilt, wenn die Autorität ihre Macht mißbraucht. Gegen Ende des ersten Jahrhunderts haben die Verfasser von 1 Petr und 1 Tim wohl gewußt, was ein Machthaber wie Nero alles anrichten kann; sie lassen sich dennoch auf keine Kasuistik ein, wenn es darum geht, Gehorsam einzuschärfen oder für die Machthaber zu beten. Ähnlich werden sich die Apologeten des zweiten und des dritten Jahrhunderts verhalten. Wenn Plinius von den Kriterien erzählt, nach denen die echten Christen von anderen Angeklagten unterschieden werden, erwähnt er die Huldigung an den Kaiser und die Götter sowie die Verfluchung Christi, d.h. Akte, zu denen wirkliche Christen sich angeblich nicht zwingen lassen (quorum nihil cogi posse dicuntur, qui sunt re vera Christiani) (vgl. Ep. X 96,5). Damit weist er auf eine Haltung der Christen hin, die für einen römischen Beamten so auffällig war, um sie für ein Unterscheidungsmerkmal der wahren Christen zu halten. Das bedeutet, daß die betonte Staatstreue der Christen nie die völlige Ein- und Unterordnung einschloß. Eggenberger meint, die Staatsethik von I Clem[1] stelle eine Kompensation zur Weigerung der Christen dar, das Kaiseropfer zu erbringen (176). Wie dies mit seiner anderen Behauptung – anhand I Clem 60-61 – vereinbart werden kann, die Beziehung zwischen Gottes Willen und politischer Macht sei so eng, „dass die Untertänigkeit nicht irgendwie limitiert, sondern eben die Unbegrenztheit der Untertänigkeitsforderung noch hervorgehoben wird" (23), ist unerfindlich.

Nach K. Wengst prägt in I Clem der politische Friedensbegriff den kirchlichen. Die Orientierung am politischen Frieden, „der ein militärisch gewonnener und gesicherter ist" – aufgrund I Clem 37,1-3 mit dem Bild vom geordneten Heer –, militarisiere den kirchlichen Friedensbegriff („Der Gott des Friedens" 257). In ihrem Gebet erweise sich die römische Gemeinde als theologische Apologetin der *pax romana* (256)[2]. Von diesem politischen Friedensbegriff aus beleuchtet Wengst in seinem Buch „Pax Romana" (1986) die ganze Beweisführung in I Clem und die Stellungnahme zum korinthischen Konflikt. Die Darstellung der kosmischen Ordnung (Kap. 20) ohne Kampf und Konflikte würde die Pax Romana unter ihrem kaiserlichen Herrscher erkennen lassen (137 f.). Die Aufforderung in I Clem 38,2, der Reiche solle den Armen unterstützen, und die Betrachtung des Arbeiters in 34,1 aus der Sicht des Arbeitgebers werden als Hinweis darauf verstanden, daß im Schreiben ein gut situierter Römer spricht. „An seinem Ort hat er die Pax Romana offenbar als Wohltat erfahren. In

---

[1] Von einer Staatsethik in I Clem zu sprechen, ist schon fragwürdig.

[2] Die Beurteilung übernimmt R. Klein vorbehaltlos. Vgl. Das frühe Christentum bis zum Ende der Verfolgungen. Bd. I: Die Christen im heidnischen Staat (TzF 60), Darmstadt 1993, 4 f. Nicht so extrem, aber in der gleichen Richtung A.A.T. EHRHARDT, Metaphysik II 58. Nach Ehrhardts Interpretation gewährt I Clem einen Einblick in die praktische Seite der Auseinandersetzung zwischen der Kirche und Rom. Der Hirt des Hermas würde hingegen jene Haltung repräsentieren, die das Problem rein prophetisch, „man könnte sagen ‚unhistorisch' auf der metaphysischen Ebene zu erfassen unternahm" (ebd.55). Kritisch dazu vgl. N. BROX, Hermas und eine „politische Metaphysik", in: Panchaia (FS K. Thraede) (JAC.E 22), Münster 1995, 24-31.

seinem Schreiben erscheint daher die bestehende Wirklichkeit geradezu als ‚heile Welt'" (136)[1]. – Es läßt sich nicht bestreiten, daß die ganze Einstellung in I Clem vom Ideal des Friedens und der Eintracht bestimmt ist[2]. Man kann sogar einen Schritt weiter gehen und festhalten, daß dieses Ideal auch einem weit verbreiteten politischen Ideal entsprach[3]. Aber zur Behauptung, daß die Haltung des Vf.s „ganz und gar von seiner politischen Einstellung" bestimmt wird (140), reicht das dem Text zu entnehmende Zeugnis nicht aus, es sei denn, daß man diese politische Einstellung voraussetzt und sie zum Deutungsprinzip für das Verständnis des Textes erhebt. Es ist schon fraglich, ob die politische Einstellung eine andere ist als die von 1 Petr bzw. 1 Tim, oder ob sie einfachhin als hermeneutischer Schlüssel dienen kann. Sachlicher und textgerechter dürfte die von G. Brunner (Frage 73) vertretene Ansicht sein, daß auch der politische Raum, aus dem heraus der Vf. schreibt, d. h. die Pax Romana zum Exempel für seine Intention wird, „die eine kirchliche ist."

Die Arbeiten von P. Mikat zu I Clem bedeuten einen wichtigen Forschungsbeitrag. Was die politische Haltung anbelangt, vertritt I Clem nach Mikat eine Ansicht, die im Vergleich zum Römerbrief eine deutlichere „Einschränkung der obrigkeitlichen Herrschaft" beinhaltet: „Auch der Machthaber untersteht Gott und ist zur Gerechtigkeit verpflichtet" (Fürbitte 464). Noch wichtiger ist seine Deutung der politischen Absicht von I Clem. Die Untersuchung der Begriffe „stasis" und „aponoia", aber auch die Auslegung von I Clem 47,7 und und 54,2 bilden den Hintergrund für seine These, daß die korinthische Gemeinde aus der Sicht des Vf.s von I Clem in eine gefährliche Situation geraten ist, bei der das Eingreifen der Staatsgewalt zu befürchten war. „Das Gebet für die Machthaber dieser Welt, wie wir es in 1 Clem vorfinden, entspringt also einmal der Sorge, es könne zu einer Verfolgung kommen; denn solange die stasis fortdauert, besteht die Gefahr, daß die weltliche Gewalt provoziert wird. Zum anderen aber beten die Christen für Frieden und Sicherheit der Herrscher; denn wenn es Christen gibt, deren Verhalten als aponoia bezeichnet werden kann, vermag der Staat diese der superstitio zu verdächtigen, die nicht wie die religio durch ihren Kult sich mit der Wohlfahrt des Reiches solidarisch erklärt" (Bedeutung 39)[4]. Andererseits möchte P. Mikat das religiöse Anliegen von I Clem nicht verkürzen, was eine politische Bezugnahme nicht ausschließen soll (Fürbitte 471 f.).

Die Referate von A. W. Ziegler und G. Brunner über die These von P. Mikat stimmen darin überein, daß sie für sich einen Wahrscheinlichkeitsgrad beanspruchen kann, „wenn auch ein strikter Beweis nicht geführt werden kann" (G. Brunner, Frage 76). Im Hinblick auf das Verständnis des großen Gebetes an diesem Punkt heißt es, daß es nicht klar erkennbar ist, ob die genaue Absicht des Gebetes darin besteht, allgemein um Frieden und Wohlergehen des Reiches zu erbitten, oder ob dabei ein

---

[1] Auch nach J. S. Jeffers, Influence 373, „the proper role of Christians is to support the *pax Romana,* not to contest or upset it."
[2] R. Meneghelli, Fede 121, versteht dies als Teil des „religiösen Moralismus", der das ganze Schreiben prägt und die Idee der Heilsgeschichte verdrängt.
[3] Vgl. die Belege bei W. C. v. Unnik, „Tiefer Friede". Die Folgerung lautet: „Die Terminologie, die dort für den Staat gebraucht wird, hat Klemens für die Kirche verwendet (ohne dass man jedoch sagen darf, dass in diesem Brief die Ekklesiologie in eine ‚Staats'-lehre verwandelt worden sei)" (278). Ähnlich P. Mikat, Fürbitte 460. Nach K. Wengst, Pax Romana 241 Anm. 79, hat diese „Staatslehre" die Ekklesiologie von I Clem wesentlich beeinflußt.
[4] Ähnlich L. Alfonsi, Preghiera 228.

konkretes Anliegen verfolgt wird, „ein Eingreifen der römischen Behörden zu verhindern" (A. W. Ziegler, Frage 70)[1]. Die oben vorgelegte Auslegung von I Clem 47,7 –
die entscheidende Stelle, um auf eine „politische Gefahr" zu schließen – konnte sich
dieser Auffassung nicht anschließen.

IV. Der Zweck des Gebetes

Warum bringt der Vf. das lange Gebet am Schluß seines Schreibens? Nach
Knopf war der liturgische Zusammenhang zwischen Predigt und Gemeindegebet hierzu maßgebend. Neulich hat J. Chr. Salzmann diese Erklärung wieder
aufgegriffen und weiter entfaltet. Von der richtigen Annahme ausgehend, daß
der Text in der Gemeindeversammlung vorgelesen wurde, versteht Salzmann
das ganze Schreiben als eine Predigt im modernen Sinn. So würde zu den
Besonderheiten dieses Briefes gehören, „daß sich in ihm kein Bezug zu einer
vorausgehenden Lesung erkennen läßt" (Lehren 160). Zur Funktion des „Gemeindegebetes": „Mit der Verlesung des Briefes in der Gemeinde wäre also
dies Gebet in die Predigt selbst eingeschlossen und bekäme die Funktion eines
rhetorischen Höhepunktes zum Abschluß des Briefhauptteiles" (160 f.). Falls
aber der Brief nur abschnittweise verlesen wurde, konnte der „Gebetstext
auch herausgenommen und selbständig verwendet werden" (...) „Dabei bliebe
jedoch die Frage, ob in Korinth überhaupt ein Bedarf für ein aus Rom
kommendes Gebetsformular bestand" (161). Wenn Salzmann gleich darauf
gesteht: „Keine dieser beiden Möglichkeiten ließe aber eine Schlußfolgerung
vom Text des Ersten Clemensbriefes auf die Gottesdienststruktur zu", fragt
man sich nach dem Wert der zuvor angestellten Überlegungen. Denn nur
durch die von Justin zum erstenmal bezeugte Gottesdienstordnung kann eine
solche Rekonstruktion untermauert werden, aber dazwischen liegt ein Zeitraum von fünfzig Jahren. Überhaupt ist die Kategorie „Predigt" unsachgemäß,
um den langen und komplexen Text zuvor zu charakterisieren.

A. v. Harnack urteilt ganz anders: „Indem der Brief mit diesem großen
Gebet schließt, macht er Ernst mit der Fiktion, daß die Korinther, wenn sie
im Gottesdienst diesen Brief lesen, mit den römischen Brüdern eine Gemeinde
bilden, um Gottes Anweisungen zu hören und ihn gemeinsam zu loben und
anzuflehen" (Einführung 119 f.).

Man muß zunächst zugeben, daß das große Allgemeine Gebet am Ende
des Schreibens eine ungewöhnliche Erscheinung ist, und daß der vom Vf.
intendierte Zweck bei dieser Textgestaltung nicht eindeutig ist. Der Weg zu
einer plausibleren Erklärung ist nicht bei einem postulierten liturgischen Zusammenhang von Predigt und Gebet zu suchen, sondern bei der Frage nach

---

[1] Später schreibt A. W. ZIEGLER, Aspekte 74, dazu: „Der erste Klemensbrief politisiert nicht
den korinthischen Streit, er sucht eine Politisierung abzuwenden, mit rein kirchlichen Mitteln,
mit der Mahnung zu Eintracht und Frieden, die politische Aspekte haben können." Nach
LINDEMANN, 175, ist das Gebet „als ständig gültige Gottesanrede formuliert, nicht als Antwort
auf aktuelle politische Entwicklungen."

Anliegen und Form des Schreibens. Auf das rhetorische Ziel und die entsprechende literarische Gestaltung wurde im Verlauf der Auslegung oft hingewiesen. In diesem Fall heißt das, daß auch das Gebet als Teil dieses Anliegens zu verstehen ist. Und es eignet sich hervorragend dazu! Denn der Text wird in der gottesdienstlichen Versammlung der korinthischen Gemeinde vorgelesen. Im Grunde hat Harnack den Sachverhalt richtig gesehen, ihn aber nicht richtig bewertet. Es ist nämlich keine Fiktion einer angeblichen Gebetsgemeinschaft, wenn der Vf. dieses Gebet formuliert. Er weiß, daß das Schreiben einmal bei den Korinthern in der gottesdienstlichen Versammlung verlesen wird, und mit dem Blick darauf hin verfaßt er das Gebet. Der Text ist nicht da, um lediglich gehört zu werden, sondern er drängt durch Form und Inhalt zur Aneignung. Die an Gott gerichtete „Du“-Anrede, das „Wir“ der Bittenden, das am Ende der Doxologie erwartete „Amen“ wollen die Hörer mit hineinnehmen in den Vorgang des Betens. Es geht nicht darum, daß der Vf. meint, die Korinther würden ein Gebetsformular brauchen. Es geht vielmehr darum, daß die Korinther, die schon so oft durch ein gemeinsames „Wir“ im römischen Schreiben miteinbezogen wurden – der Versuch der „rhetorischen Hereinnahme“ geht so weit, daß den Verantwortlichen die Worte des Geständnisses sogar durch ein gemeinsames „Ich“ nahegelegt werden (44,2) –, den Inhalt des Briefes annehmen und sich sein Anliegen zu eigen machen. Das Gebet am Endes des Textes, das nun zum gemeinsamen Gebet wird, impliziert diese Zustimmung und bringt sie zugleich zum Ausdruck.

15. Schlußteil (62,1–65,2)

Nach der kurzen Zusammenfassung im Kap. 62 wendet sich der Vf. zum letztenmal mit einer eindringlichen Ermahnung an seine Adressaten (Kap. 63). Ein kurzes Gebet (Kap. 64), der Hinweis auf die baldige Rückkehr der Abgesandten der römichen Gemeinde (65,1) und der Schlußgruß bilden den letzten Teil des Schreibens.

15.1. Inhaltliche Zusammenfassung (62,1–3)

Der Rückblick auf den Inhalt und die kurze Zusammenfassung (V.1–2) münden in ein rhetorisches Lob der Empfänger ein (V.3).

1. Über das, was unsere Gottesverehrung angeht und über das Nützlichste für ein tugendsames Leben für die, die fromm und gerecht leben wollen, haben wir euch genug geschrieben, Männer, Brüder! 2. Denn über Glauben und Buße und echte Liebe und Enthaltsamkeit und Besonnenheit und Geduld haben wir jeden Punkt berührt, daran erinnernd, daß ihr in Gerechtigkeit und

Wahrheit und Langmut fromm dem allmächtigen Gott gefallen müßt, indem
ihr, ohne (etwas) nachzutragen, in Liebe und Frieden und mit beharrlicher
Milde, die Eintracht haltet, wie auch unsere vorher erwähnten Väter (Gott)
gefallen haben, da sie demütig waren vor dem Vater, dem Gott und Schöpfer,
und vor allen Menschen. 3. Und um so lieber haben wir daran erinnert, als
wir genau wußten, daß wir an Männer schreiben, die treu und hochangesehen
sind und in die Aussprüche der Unterweisung Gottes Einblick erhalten haben.

1 Die Satzstruktur in V. 1 mit dem Verb und der Anrede am Ende der langen
Wendung (περὶ μὲν τῶν ἀνηκόντων τῇ θρησκείᾳ ἡμῶν ... ἱκανῶς ἐπεστείλαμεν
ὑμῖν, ἄνδρες ἀδελφοί)[1] hängt mit der Fortsetzung in V. 2 zusammen (περὶ γὰρ
πίστεως ...). Was in V. 1 über den Inhalt des Schreibens nur angedeutet wird,
bringt V. 2a stichwortartig zum Ausdruck. Der Vf. meint, und dies ist wahrlich
nicht übertrieben, genug geschrieben zu haben[2]. Es geht zuerst um das, was
sich auf „unsere Gottesverehrung" bezieht[3]. Der Terminus θρησκεία ist sehr
allgemein. Die andere Stelle, an der er vorkommt, ist 45,7 (die Diener der
erhabenen und herrlichen θρησκεία werden verfolgt), im Anschluß an die
Erörterung über die Ordnung in der Gemeinde, und sie rechtfertigt die
Vermutung einer Anspielung auf das Problem in Korinth, d. h. auf die Absetzung der Presbyter. Eine Deutung von θρησκεία als „christliche Religion"
(so Lindemann, 176), ist auch möglich, aber vielleicht zu unbestimmt für eine
Aussage gerade am Ende eines so situationsbezogenen Textes.

Der andere Punkt betrifft das „Nützlichste" (περὶ ... τῶν ὠφελιμωτάτων)[4]
zu einem tugendhaften Leben[5]. Wahrscheinlich gibt die Liste von Themen in
62,2a die hier gemeinten Inhalte an. Wichtiger ist die Bezugnahme auf die
Adressaten: τοῖς θέλουσιν εὐσεβῶς καὶ δικαίως διευθύνειν. Angesprochen sind
die Christen, die fest entschlossen sind, fromm und gerecht auf dem rechten
Weg zu gehen (vgl. 61,2 [Z. 81]: διεύθυνον τὴν βουλὴν αὐτῶν)[6]. Die Wendung
setzt voraus, daß die Korinther solche Christen auch sind, aber in Wirklich-

---

[1] Wie Bryennios bemerkt, scheint Irenäus auf diese Stelle hinzuweisen. Vgl. AdvHaer III
3,3: ἐπὶ τούτου οὖν τοῦ Κλήμεντος στάσεως οὐκ ὀλίγης τοῖς ἐν Κορίνθῳ γενομένης ἀδελφοῖς,
ἐπέστειλεν ἡ ἐν Ῥώμῃ ἐκκλησία ἱκανωτάτην γραφήν ...

[2] Zu ἐπιστέλλειν περί ... vgl. Josephus, Ant 12,50: καὶ σὺ δ᾽ ἡμῖν ἐπιστέλλων περὶ ὧν ἂν
θέλῃς ...

[3] Zu τῶν ἀνηκόντων vgl. 35,5.

[4] Zum Gebrauch der Superlative vgl. Einleitung § 3.2.e. Vgl. Philo, Op 9: ὃν οἱ φάσκοντες
ὡς ἔστιν ἀγένητος λελήθασι τὸ ὠφελιμώτατον καὶ ἀναγκαιότατον τῶν εἰς εὐσέβειαν ὑποτεμνόμενοι
τὴν πρόνοιαν (die Vertreter der Meinung, die Welt sei unerschaffen, merken nicht, daß sie das
nützlichste und notwendigste der εἰς εὐσέβειαν führenden Dinge beseitigen, nämlich die Vorsehung). Vgl. auch Op 156; SpecLeg I 155; II 171; Josephus, Ant 19,206.

[5] Das Adjektiv ἐνάρετος ist oft belegt in der stoischen Lieratur. Vgl. Index der SVF. In der
griechischen Bibel vgl. 4 Makk 11,5: ... κατὰ τὸν ἐνάρετον αὐτοῦ ζῶμεν νόμον.

[6] Bryennios ergänzt zu διευθύνειν wie in 61,2 τὴν βουλὴν αὐτῶν. Auch Lightfoot vermutet
hier eine Lücke, die er mit τὴν πορείαν αὐτῶν (48,4) bzw. τὰ διαβήματα (60,2) vervollständigen
möchte. Richtig notiert KNOPF, 148, daß keine Ergänzung erforderlich ist.

keit will die Annahme – wie schon an anderen Stellen beobachtet – zu dieser Haltung hinführen. Zur Anrede ἄνδρες ἀδελφοί vgl. 14,1.

Das γάρ verbindet den mit περί beginnenden Satz mit dem vorhergehenden   2
(V. 1): das dort Angedeutete wird nun expliziert. Die sechs folgenden Begriffe fassen in der Tat Grundthemen des Schreibens zusammen. Es ließen sich auch andere anfügen oder manche durch sie ersetzen, etwa Eintracht, Friede, Unterordnung, aber es geht weniger um eine strenge Systematik als vielmehr darum, Wichtiges in Erinnerung zu bringen, um das Ganze zu rekapitulieren. Daß die Begriffe auch in neutestamentlichen Tugendkatalogen zu finden sind (vgl. etwa Gal 5,22 f.), braucht nicht durch die Annahme einer Vorlage erklärt zu werden[1]. Sie sind schon längst Gemeingut christlicher Frömmigkeit geworden.

Eine Absicht in der Gestaltung der Reihenfolge ist nicht unmittelbar erkennbar. Was die sechs Begriffe selbst anbelangt, läßt sich höchstens eine gewisse inhaltliche Struktur vermuten: auf Glaube, Liebe und Besonnenheit, alle drei äußerst positive Haltungen, folgen jeweils Umkehr, Enthaltsamkeit und Ausdauer, d.h. Haltungen, die mit der Überwindung eines negativen Zustandes zusammenhängen. Formal wirkt die Sechser-Reihe rhetorisch, besonders wenn man die folgende Dreier-Reihe (ἐν δικαιοσύνῃ καὶ ἀληθείᾳ καὶ μακροθυμίᾳ) hinzunimmt (Knopf, 148) und anschließend noch das Paar ἐν ἀγάπῃ καὶ εἰρήνῃ (Lindemann, 177).

Vom Glauben hat der Vf. in mehreren und verschiedenen Zusammenhängen gesprochen: von den großen Vorbildern (5,6; 6,2; 10,7; 12,1.8; 55,6), von Glauben und Rechtfertigung (31,2; 32,4), von Glauben und Zuversicht (22,1; 26,1; 35,2), von Glauben und Hoffnung der Auserwählten (58,2). Auch wenn der Begriff für den Vf. wichtig ist, zeigt schon ein unvollständiger Überblick, daß er in keinen direkten Zusammenhang mit dem Konflikt in Korinth gebracht wird. Anders ist es bei der μετάνοια. Bei der Einheit Kap. 7–8 (über die Buße), unmittelbar nach der langen Aufzählung der Folgen von Eifersucht und Neid (Kap. 4–6), kann man nicht ohne weiteres den „Abfall" der korinthischen Gemeinde (Kap. 3) vergessen. Aber worin die Umkehr bestehen soll, sagt erst 57,1 in aller Klarheit: Die Annahme der Züchtigung öffnet den Weg zur Umkehr.

Von der echten Liebe gab das Kap. 49 ein beredtes Zeugnis. Wie eng der Erweis echter Liebe mit der Rückkehr zur Eintracht in der Gemeinde und mit den notwendigen Maßnahmen zur Beseitigung des Konflikts zu tun hat, wurde in Kap. 50,1–54,1 dargelegt.

Im Vergleich zu diesen drei Begriffen spielt die Enthaltsamkeit in I Clem eine bescheidene Rolle (35,2; 38,2). Wie ihre Erwähnung in Kap. 64 zeigt, gehört sie zu den selbstverständlichen christlichen Eigenschaften. Ähnliches

---

[1] Gegen O. Knoch, Eigenart 250: „Demnach interpretiert Cl. 62,2 den aus einer liturgischen Vorlage entnommenen Tugendkatalog von Kap. 64."

gilt für den nächsten Begriff: die Besonnenheit (vgl. 64: ἐγκράτεια, ἁγνεία καὶ
σωφροσύνη). Der letzte Begriff, die ὑπομονή, kam im Zusammenhang mit
der Gestalt des Paulus zur Sprache (5,5.7). Für das Schreiben als ganzes ist
noch bedeutsamer die Erwähnung der „Ausharrenden" in 35,4 und 45,8, als
bestimmte Zahl der Geretteten bzw. als die im Gedächtnis Gottes Einge-
schriebenen[1]. Vgl. 64: ὑπομονὴ καὶ μακροθυμία.

Die Feststellung, ausreichend geschrieben zu haben (62,1), wird nun im
Hinblick auf die erwähnten Themen ergänzt. Der Ausdruck „wir haben jeden
Punkt berührt" (wörtlich: „wir haben die ganze Stelle abgetastet")[2] will sagen,
daß die Themen erschöpfend behandelt wurden. Hinter der umfassenden
Thematik und der sorgfältigen Behandlung verbirgt sich ein nicht geringer
Anspruch. Der Vf. möchte dadurch an die Notwendigkeit erinnern, dem
allmächtigen Gott zu gefallen[3]. Denn der Gegenstand des Partizips ὑπομιμνήσκοντες ist das folgende δεῖν ὑμᾶς ... τῷ παντοκράτορι θεῷ ὁσίως εὐαρεστεῖν[4]. Auch in V. 3 wird die direkte Form vermieden: „wir haben euch daran
erinnert", aber die Rolle der römischen Gemeinde – trotz der „captatio
benevolentiae" in V. 3 – kommt ohnehin deutlich genug zum Vorschein. Sie
weist den Weg, sie erinnert an offenbar halb vergessene Notwendigkeiten, sie
kann auch sagen, wie man Gott gefallen soll. Dies geschieht zunächst in der
formelhaften Trias: ἐν δικαιοσύνῃ καὶ ἀληθείᾳ καὶ μακροθυμίᾳ, aus der kaum
eine konkrete Bestimmung zu gewinnen ist[5]. Die Reinigung durch die Wahrheit Gottes war Thema des Gebetes in 60,2, um das Angenehme vor ihm zu
vollbringen (ποιεῖν τὰ καλὰ καὶ εὐάρεστα ἐνώπιόν σου). Die μακροθυμία
gehört ausdrücklich zur Lehre Jesu (vgl. 13,1: διδάσκων ἐπιείκειαν καὶ μακροθυμίαν). Das Adverb ὁσίως (vgl. 6,1) drückt die durch die drei Termini
intendierte Haltung aus: fromm, gottgefällig. Ein zweites, diesmal sehr konkretes Element im Hinblick auf das θεῷ ὁσίως εὐαρεστεῖν ist durch das
Partizip ὁμονοοῦντας gegeben. Im Unterschied zur häufigen Verwendung von
ὁμόνοια kommt das Verb ὁμονοεῖν nur hier vor. Die Botschaft ist die schon
mehrmals formulierte: Nur die in Eintracht lebende Gemeinde kann Gott
gefallen.

Das Partizip wird zuerst durch das Adverb ἀμνησικάκως näher bestimmt.
Im Lob der korinthischen Gemeinde wurde auch behauptet, die Gläubigen
würden „das Böse vergessen", sie seien also „nicht nachtragend" (2,5:
ἀμνησίκακοι εἰς ἀλλήλους). Das selten belegte Adverb hängt wahrscheinlich
mit der Lage der Gemeinde zusammen, so wie der Vf. des Schreibens sie sich

---

[1] Ob die ὑπομονή als „eine ethische, innerkirchliche, keine eschatologische Tugend" richtig
charakterisiert ist, wie O. KNOCH, Eigenart 252.254, meint, bleibt fraglich.

[2] Bryennios deutet τόπος als Schriftstelle und bemerkt dazu: μάλιστα δὲ τῶν ἱερῶν Γραφῶν.
Vor ihm hatten schon die koptische und die syrische Fassung den Text so verstanden (τῆς
γραφῆς). Zu ψηλαφῶν im übertragenen Sinn vgl. Polybios, VIII 18,4: πᾶσαν ἐπίνοιαν ἐψηλάφα.

[3] H liest ein leicht annehmbares εὐχαριστεῖν. Ähnliche textkritische Varianten in 41,1.

[4] Vgl. 7,1: ἀλλὰ καὶ ἑαυτοὺς ὑπομιμνήσκοντες.

[5] Von Abraham gilt in 31,2: οὐχὶ δικαιοσύνην καὶ ἀλήθειαν διὰ πίστεως ποιήσας.

vorstellt. Nach den Spannungen und der Absetzung der Presbyter sind gewiß Animositäten und Feindseligkeiten entstanden, die den Versuch, die Gemeinde zu befrieden, erschweren konnten. War es ohne weiteres möglich, zur Tagesordnung zurückzukehren, als hätte sich dort nichts oder nur Nebensächliches abgespielt? Durch den Auswanderungsrat (54,2 f.) wurden die Hauptverantwortlichen getroffen, aber das konnte keinen Schlußpunkt unter die anderen Begleiterscheinungen der Auseinandersetzung setzen. Das Wort dürfte sich also nicht an die wieder eingesetzten Presbyter richten, sondern an die ganze Gemeinde[1]. Das Ideal der Eintracht in der Gemeinde ist untrennbar gebunden an ἀγάπη καὶ εἰρήνη (vgl. 49,5: ἀγάπη πάντα ποιεῖ ἐν ὁμονοίᾳ; 50,5: ἐν ὁμονοίᾳ ἀγάπης).

Die anschließende Wendung „mit beharrlicher Sanftmut" (μετὰ ἐκτενοῦς ἐπιεικείας)[2] greift auf eine Eigenschaft der Gläubigen zurück, die in I Clem mehrmals belegt ist: Milde und Demut. Zum ersten Mal in 30,8 im Gegensatz zur Haltung der von Gott Verfluchten; in 56,1 im Gebet für die Schuldigen in Korinth, damit sie durch Milde und Demut sich vor Gott beugen; in 58,2 als Bedingung zur Einreihung in die Zahl der Geretteten. An dieser Stelle ist von der Demut anhand des Beispiels der Väter die Rede (ταπεινοφρονοῦντες ...). Sowohl in der Diagnose des Konflikts als auch bei den Maßnahmen der Überwindung bleibt der Vf. auf der gleichen Linie. Standen Prahlerei und Unordnung hinter der Eifersucht und ihren Folgen (14,1), so werden Friede, Milde und Demut das Bild der versöhnten Gemeinde prägen.

Die Aufforderung zum Bemühen, bei Gott Gefallen zu finden, wird schließlich durch den Hinweis auf die Väter bekräftigt. Der Diktion des Vf.s entsprechend werden sie mit „unsere schon erwähnten Väter" (οἱ προδεδηλωμένοι πατέρες ἡμῶν) eingeführt (vgl. 30,7; 60,4). Die „Väter" sind ein Vergleichspunkt (καθώς) nicht nur für die Gaben Gottes, sondern auch für die hier geforderte Haltung, die Demut, um Gott zu gefallen. Die Aussage ist durch die Beispiele in Kap. 17–18 begründet, da die Gläubigen dort ausdrücklich aufgefordert wurden, sie nachzuahmen (17,1). Die Reihenfolge πρὸς τὸν πατέρα καὶ θεὸν καὶ κτίστην ist auffallend. Zu „Vater" und „Schöpfer" vgl. 19,2[3]. Die vorbildliche Demut der Väter hat sich gegenüber „allen Menschen" gezeigt. Die oben erwähnten Beispiele enthielten diesen Aspekt zwar nicht, aber nachdem der Konflikt aus dem Binnenraum der Gemeinde nach außen gelangt ist (47,7), spielt der Vf. vielleicht auf die Notwendigkeit an, die Haltung der Demut im Zusammenhang mit der neu gewonnenen Eintracht ebenso nach außen erkennbar zu machen.

Der Vf. rechtfertigt indirekt die erteilte Belehrung durch den Hinweis auf   3
die Adressaten der Botschaft, die er als gläubig bzw. treu, hochangesehen

---

[1] Anders LIGHTFOOT, I 2,182: „This word involves an appeal to the *sufferers* from the schisms, who are bidden to harbour no grudge."

[2] A. v. HARNACK, Sanftmut 117 Anm. 2: „das ist lateinischer Geist."

[3] Vgl. auch den Exkurs 1: „δεσπότης und die Gottesprädikationen in I Clem."

und sogar als Kenner der Weisungen Gottes bezeichnet. Seine Absicht ist
deutlich erkennbar. Das Lob an die Adresse der Korinther soll die Annahme
der Botschaft erleichtern. Das καὶ ταῦτα („und dieses") nimmt Bezug auf V. 2
und somit auf den ganzen Inhalt des Schreibens. Es geht dabei um ein „daran
erinnern" (ὑπεμνήσαμεν), was nicht über die tatsächliche Befürchtung hin-
wegtäuschen soll, daß die Korinther den „Rat" (58,2) nicht unbedingt befolgen werden. Auf das Ziel der Überredung ist das ganze Schreiben ausgerichtet.
Die Aufgabe wurde „um so lieber" (τοσούτῳ ἥδιον) erfüllt, da die Eigenschaften der Empfänger im voraus klar bekannt waren (ἐπειδὴ σαφῶς ἤδειμεν).
Natürlich rechnet der Vf. auch mit der Möglichkeit des Widerstandes (56,1;
59,1), und gleich nachher wird er von der Notwendigkeit sprechen, „den
Nacken zu beugen und den Platz des Gehorsams einzunehmen" (63,1). Aber
indem er die Korinther so charakterisiert, nimmt er ihr Einverständnis vorweg.
Ob πιστός hier auf den Glauben bezogen ist oder allgemein auf die Treue
und Zuverlässigkeit, läßt sich nicht eindeutig entscheiden. Die Berücksichtigung von 63,3, wo die Abgesandten der römischen Gemeinde auch als ἄνδρες
πιστοί bezeichnet werden, bringt kein neues Element, so daß die Übersetzung
mit „treu" dem sonstigen Sprachgebrauch von πιστός in I Clem folgt. Die
Superlativform ἐλλογιμώτατος hebt die Wertschätzung der angesprochenen
Korinther hervor. Wenn man 44,3 heranzieht (ὑφ᾽ ἑτέρων ἐλλογίμων ἀνδρῶν),
wo auch „angesehene Männer"[1] den apostolischen Auftrag empfingen, läßt
sich an diesem Superlativ ein klares rhetorisches Interesse ablesen: Wenn die
Korinther „hochangesehen" genannt werden, dann sollen sie auch dementsprechend handeln. Ferner gelten sie als diejenigen, die einen Einblick εἰς τὰ
λόγια τῆς παιδείας τοῦ θεοῦ gewonnen haben. Die Wendung ist vergleichbar
mit 40,1: ἐγκεκυφότες εἰς τὰ βάθη τῆς θείας γνώσεως[2]. Das Partizip Perfekt
charakterisiert sie sonst als Erkenntnis Besitzende. Diese bezieht sich auf τὰ
λόγια ... τοῦ θεοῦ, d. h. nach der Diktion in 53,1 auf die Sprüche Gottes
über die παιδεία, wie sie in der Schrift vorliegen. Die Textsammlung in Kap. 56
ist ein Beispiel dafür. Es ist die Unterweisung, die auch „correctio", Züchtigung, beinhaltet, welche Gott als „gütiger Vater" erteilt (56,16). Ist die
bisherige Deutung richtig, dann fährt der Vf. mit dem Lob in einem entscheidenden Punkt auf der gleichen Linie fort. Er setzt nämlich voraus, daß bei
den Korinthern augerechnet über die παιδεία Gottes das Zeugnis der Schrift
vertieft wurde, obwohl er selbst die Bitte ausgesprochen hat, diese παιδεία
anzunehmen (56,2), die er mit dem Inhalt der eigenen Botschaft gleichgesetzt
hat. Lindemann hält für wahrscheinlich, daß der Vf. sich hier gezielt an die
Männer in der korinthischen Gemeinde wendet. „Sie sind es, die aufgefordert
werden, ihr Wissen nun zu bewähren und sich von den Rädelsführern der

---

[1] Zur semantischen Frage in der Deutung von ἐλλόγιμος im Zusammenhang mit 57,2 und
58,2 vgl. 44,3.
[2] Zum Sprachgebrauch von ἐγκύπτειν s. dort.

στάσις zu distanzieren" (177). Aber die Bezeichnung der Korinther als gläubige und hochangesehene Männer dürfte nicht exklusiv gemeint sein. Das Schreiben der römischen Gemeinde richtet sich an die ganze korinthische Gemeinde, nicht allein an die „treu gebliebenen" Männer.

15.2. Abschließende Ermahnung zum Frieden und zur Eintracht (63,1–4)

Nach den Höflichkeitsformen von Kap. 62 läßt der Vf. unverhüllt sein Anliegen erkennen: Gehorsam wird verlangt (V. 1.2), da der Text vom Heiligen Geist geschrieben wurde (V. 2). Der Brief wird als Bittschrift verstanden, deren Verbindlichkeit nicht zuletzt dadurch bekräftigt wird, daß die Überbringer auch als Zeugen zwischen den zwei Gemeinden gelten (V. 3). So soll bald erreicht werden, was die römische Gemeinde mit Sorge erfüllt: der Friede bei den Korinthern.

1. Es ist nun angebracht, daß wir uns derartigen und so zahlreichen Vorbildern zuwenden, den Nacken beugen und den Platz des Gehorsams einnehmen, damit wir, ablassend vom nichtigen Aufruhr, zu dem vor uns in Wahrheit liegenden Ziel gelangen, ohne allen Tadel. 2. Denn Freude und Jubel werdet ihr uns bereiten, wenn ihr, gehorsam gegenüber dem, was von uns durch den Heiligen Geist geschrieben worden ist, den frevelhaften, aus eurer Eifersucht entstandenen Zorn ausrottet gemäß der Eingabe, die wir in diesem Brief über Frieden und Eintracht vorgebracht haben. 3. Wir senden treue und besonnene Männer, die von Jugend auf bis ins Alter unter uns untadelig ihren Wandel geführt haben; diese werden auch Zeugen sein zwischen euch und uns. 4. Dies tun wir, damit ihr erkennt, daß unsere ganze Sorge war und ist, ihr möchtet bald zum Frieden kommen.

Der erste Teil der Aussage fängt als eine Empfehlung an, die in der Sache   1
selbst begründet ist: θεμιτὸν οὖν ἐστίν[1]. Der anschließende Partizipialsatz (τοῖς τοιούτοις καὶ τοσούτοις ὑποδείγμασιν προσελθόντας) begründet die zweifache Schlußfolgerung, die in den zwei Infinitivsätzen vorliegt: ὑποθεῖναι τὸν τράχηλον καὶ τὸν τῆς ὑπακοῆς τόπον ἀναπληρῶσαι. Es geht zuerst um eine Hinwendung zu den großen und vielen Beispielen. Auch in 46,1 begründen die vorgebrachten Beispiele die Forderung, sich den Heiligen eng anzuschließen. In 55,1 wurden ὑποδείγματα für selbstlose Hingabe aufgeführt, um den Auswanderungsrat zu bekräftigen. Aber der Vf. bezieht sich an dieser Stelle nicht auf diese Beispiele. In beiden Texten (vgl. auch 5,1; 6,1) handelt

---

[1] Das im Klassischen besonders in der gehobenen Literatur bezeugte θεμιτός ist geläufig bei Philo und Josephus, und zwar fast immer von einer Negationspartikel begleitet. Vgl. Philo Op 17; Decal 58; SpecLeg I 89; III 135; IV 76; Flacc 42; LegGai 194.353; Josephus, Bell 1,152.541; 2,195; 3,377; 6,432; Ant 2,276; 3,90; Vita 275. In der LXX nur in Tob (BA) 2,13.

es sich um Fälle, die im unmittelbaren Kontext auch ausdrücklich erwähnt werden. Wahrscheinlicher dürfte eine Deutung wie in 19,1 sein, wo τοιοῦτος und τοσοῦτος[1] adjektivisch gemeinsam vorkommen und sich umfassend auf den ganzen zuvor vorgetragenen Inhalt beziehen. Warum dann von ὑποδείγματα die Rede ist, hängt mit dem pragmatischen Ziel zusammen, zur Nachahmung zu bewegen. Die Annahme dieser Beispiele drückt das Partizip προσελθόντες aus. Die Sprachform ist die von 33,8: προσέλθωμεν τῷ θελήματι αὐτοῦ, d. h. im Sinn von „sich anschließen", „sich hinwenden"[2]. „Den Nacken beugen"[3] ist ein Ausdruck der Unterwerfung, der an Anschaulichkeit kaum noch zu überbieten ist. Die Formulierung scheint von Sir 51,26 beeinflußt zu sein: τὸν τράχηλον ὑμῶν ὑπόθετε ὑπὸ ζυγόν, καὶ ἐπιδεξάσθω ἡ ψυχὴ ὑμῶν παιδείαν[4]. Die darauf folgende Aussage enthält zwar auch ein Bild, das aber bei weitem nicht so drastisch ist. Die Korinther sollen „die Stelle, an die der Gehorsam gehört, wieder ausfüllen" (Bauer/Aland 118)[5]. Es ist, als hätte der Aufruhr gegen die Presbyter den Platz des Gehorsams leergemacht. Jetzt muß er wieder ausgefüllt werden[6].

So weit die Empfehlung und ihre unmittelbaren Folgen. Es gibt aber ferner ein weiteres, positives Ziel, das mit einem Finalsatz ausgedrückt wird: ὅπως … ἐπὶ τὸν προκείμενον ἡμῖν ἐν ἀληθείᾳ σκοπὸν … καταντήσωμεν. Das Erreichen dieses Zieles setzt voraus, daß die Gemeinde sich vom nichtigen Aufruhr distanziert (ἡσυχάσαντες τῆς ματαίας στάσεως). Die Auswahl von ἡσυχάζειν ist sprachlich geschickt. Indem die Korinther vom Aufstand ablassen, werden sie selbst ruhig[7]. Der Aufruhr gilt als „nichtig" – in der Bedeutung von „wert-" bzw. „sinnlos" – wie auch die Gedanken die dazu geführt haben[8]. Das „vor uns liegende Ziel" ist kein anderes als das „Ziel des Friedens", wie in 19,2[9]. Wie es das προκείμενος andeutet, handelt es sich nicht um ein neues

---

[1] Ob quantitativ oder qualitativ aufzufassen, läßt sich nicht mit Klarheit entscheiden.

[2] Vgl. Sir 1,30: οὐ προσῆλθες φόβῳ κυρίου; 6,26 (von der Weisheit); Philo, Det 10; Migr 86.

[3] Die syrische Übersetzung ergänzt: „nostrum et subiciamus nos".

[4] Röm 16,4 (οἵτινες ὑπὲρ τῆς ψυχῆς μου τὸν ἑαυτῶν τράχηλον ὑπέθηκαν) will sagen, daß Priska und Aquila bereit waren, für Paulus ihr Leben aufs Spiel zu setzen.

[5] Vgl. I Clem 7,5: μετανοίας τόπον ἔδωκεν ὁ δεσπότης.

[6] Anstelle des Infinitivs liest die syrische Übersetzung einen Imperativ und fügt hinzu: „implentes inclinemur illis qui sunt duces animarum nostrarum." Lightfoot entscheidet sich für diese LA und bietet: ἀναπληρώσαντας προσκλιθῆναι τοῖς ὑπάρχουσιν ἀρχηγοῖς τῶν ψυχῶν ἡμῶν. Der Vorschlag hat kein Echo in den modernen Textausgaben gefunden. Nur die Übersetzung von Harnack – an dieser Stelle sehr frei – hält sich daran: „Recht und billig ist es also, so schönen und zahlreichen Beispielen zu folgen, den Nacken zu beugen und uns in Gehorsamn den Vorstehern unserer Seelen anzuschließen." Weder Lightfoot noch Harnack begründet die textkritische Entscheidung. Die gewählte LA, die der von HC[1] und L entspricht, ist besser bezeugt. Im Vergleich zur LA von S stellt sie auch die lectio difficilior dar.

[7] Die syrische Überlieferung fügt hinzu: „quiescentes et tranquilli."

[8] Vgl. I Clem 7,2: διὸ ἀπολίπωμεν τὰς κενὰς καὶ ματαίας φροντίδας.

[9] Über die religionsgeschichtliche Herkunft von σκοπός vgl. 19,2.

oder gar unbekanntes Ziel[1], aber auch nicht, wie in 19,2 durch das Verb ἐπαναδράμωμεν ausgedrückt, um eine Rückkehr, sondern eher um eine Orientierung auf das hin, worauf hin der Weg immer hätte zulaufen sollen. Im Vergleich zu 19,2 liegt der Akzent in 63,1 stärker auf dem Moment der Bewegung nach vorne als auf der Rückkehr, wie das Verb καταντᾶν zeigt (vgl. 6,2: ἐπὶ τὸν τῆς πίστεως βέβαιον δρόμον κατήντησαν). Der Wir-Stil hat wenig mit der allgemeinen Gültigkeit der erwähnten Normen zu tun (so Lindemann, 178), als vielmehr mit dem oft bezeugten Interesse an „rhetorischer Brüderlichkeit." Ob ἐν ἀληθείᾳ die gleiche große Bedeutung hat wie in 60,2 (καθάρισον ἡμᾶς τὸν καθαρισμὸν τῆς σῆς ἀληθείας), oder ob es nur formelhaft gebraucht wird, bleibt offen. Das δίχα παντὸς μώμου ist insofern überraschend, weil das Adjektiv ἄμωμος in I Clem oft gebraucht wird (1,3; 33,4; 35,5; 36,2; 37,1; 45,7; 50,2). „Ohne allen Tadel" bedeutet daher nur eine formale Hervorhebung, ohne eine inhaltlich nähere Bestimmung[2].

Von hier an bis zum Ende des Kapitels übernimmt die römische Gemeinde **2** ihre eigentliche Rolle, ohne rhetorische Effekte. Das „wir" und das „ihr" signalisieren jeweils die Rollenzuweisung in der Kommunikationssituation des Briefes. So die erste Aussage über die Freude und den Jubel[3], die die korintische Gemeinde der römischen bereitet wird[4]. Diese sind an eine entscheidende Bedingung gebunden, die zwei zusammengehörende Komponenten enthält. Die erste ist der Gehorsam[5] gegenüber dem Inhalt des Schreibens. Hinter dem menschlichen Instrument – es wurde „von uns geschrieben" (τοῖς ὑφ' ἡμῶν γεγραμμένοις) – verbirgt sich das Werk des Heiligen Geistes, da das Schreiben „durch" ihn (διὰ τοῦ ἁγίου πνεύματος)[6], d. h. von ihm inspiriert und daher auch legitimiert, geschrieben wurde. Wurde an anderen Stellen die Ausrichtung des Gehorsams auf Gott und seinen Willen über jede andere menschliche Instanz gestellt (14,1: ὑπηκόους ἡμᾶς μᾶλλον γενέσθαι τῷ θεῷ ἢ τοῖς ἐν ἀλαζονείᾳ καὶ ἀκαταστασίᾳ μυσεροῦ ζήλους ἀρχηγοῖς ἐξακολουθεῖν; 56,1: εἰς τὸ εἶξαι αὐτοὺς μὴ ἡμῖν, ἀλλὰ τῷ θελήματι τοῦ θεοῦ), kommt hier ein anderes Element zum Tragen, nämlich das Bewußtsein der römischen Gemeinde, kraft des Geistes geschrieben zu haben. Sachlich erhebt sie den gleichen Anspruch wie in 59,1: τοῖς ὑπ' αὐτοῦ δι' ἡμῶν εἰρημένοις, wo das

---

[1] Vgl. Philo, VitMos I 48: διὰ τὸ προκεῖσθαι σκοπὸν ἕνα τὸν ὀρθὸν τῆς φύσεως λόγον; Josephus, Bell 4,555: σκοπὸς ἤδη τὰ Ἱεροσόλυμα προύκειτο Ῥωμαίοις.

[2] Im Hinblick wahrscheinlich auf 47,6 f. ergänzt die syrische Übersetzung: „et scandalo".

[3] Die syrische Übersetzung verdeutlicht: „magnam".

[4] Zu χαρά und ἀγαλλίασις vgl. Lk 1,14. In der LXX vgl. Ps 125,2: τότε ἐπλήσθη χαρᾶς τὸ στόμα ἡμῶν καὶ ἡ γλῶσσα ἡμῶν ἀγαλλιάσεως; Jes (Aq.) 51,11.

[5] Zu ὑπήκοοι γενόμενοι vgl. 60,4.

[6] Die Wendung διὰ τοῦ ἁγίου πνεύματος zeigt eine zweifache formale Eigentümlichkeit: 1. das Adjektiv vor dem Substantiv ist im Unterschied zu den anderen πνεῦμα-Stellen nur hier belegt; 2. die πνεῦμα-Aussagen von I Clem haben sonst den doppelten Artikel (z. B. 22,1: διὰ τοῦ πνεύματος τοῦ ἁγίου) oder gar keinen Artikel (2,2; 42,3). Zur Form in I Clem 63,2 vgl. Weish 9,17; TestIjob 51,2; Mt 28,19; Lk 12,10 u. ö.

Wort Gottes (ὑπ' αὐτοῦ) durch die Gemeinde (δι' ἡμῶν) zur Sprache gebracht wird[1]. So wie der Geist durch andere Menschen (8,1), durch den Erlöser (22,1) in der Schrift gesprochen hat, oder wie er selbst dort spricht (13,1; 16,2; 45,2), so spricht er jetzt im Dokument der römischen Gemeinde. Das bedeutet sicherlich nicht, daß das Schreiben nun auf der gleichen Ebene steht wie die Heilige Schrift[2], sondern daß es – vom Heiligen Geist bewegt – den Willen Gottes bekannt macht.

Die zweite Komponente ist die Konkretisierung des zuvor eingeschärften Gehorsams. Sie besteht in einer eindeutigen, scharfen Trennung aus einer Folge der Eifersucht: dem Zorn. Die Wendung geht auf 13,1 zurück: ἀποθέμενοι πῶσαν ἀλαζονείαν καὶ τῦφος καὶ ἀφροσύνην καὶ ὀργάς, und charakterisiert eine der Haltungen, die von Gott abgelehnt werden. Der Zorn kommt nämlich von der Eifersucht her (τοῦ ζήλους ist Genitiv der Herkunft). Das Adjektiv ἀθέμιτος bezeichnet das Rechtswidrige, Frevelhafte (vgl. 2 Makk 6,5; 7,1; 10,34; 3 Makk 5,20; Apg 10,28; 1 Petr 4,3). Das Verb ἐκκόπτειν bedeutet wörtlich „abhauen" (ein Baum: Mt 3,10; 7,19; Lk 3,9; eine Hand: Mt 5,30; 18,8). Es wird auch im übertragenen Sinn „von der Beseitigung von Gemütszuständen, Trieben" verwendet (G. Stählin, ThWNT III 858)[3]. Beide, der Gehorsam und die Ausrottung des Zornes, entsprechen der übermittelten ἔντευξις der römischen Gemeinde über Frieden und Eintracht. Der Terminus läßt sich mit „Eingabe, Bittschrift" auffassen, wenngleich die genaue Bedeutung an dieser Stelle nicht sicher ist[4]. Die lateinische Übersetzung „denuntiatio" scheint das Wort in diesem Sinn verstanden zu haben[5]. O. Bauernfeind schlägt „Anliegen" vor (ThWNT VIII 245). Zu I Clem 63,2 und II Clem 19,1 bemerkt er: „Es soll neben dem Gewicht der sachlichen Begründung jedenfalls zum Ausdruck kommen, daß die Beherzigung des Inhalts dem Verf auch ein dringendes persönliches Anliegen ist" (ebd.). Die Aussage in V. 3 über die Abgesandten der römischen Gemeinde, die als Zeugen zwischen den beiden

---

[1] Der unterschiedliche Gebrauch der Präpositionen dürfte keine inhaltliche Akzentverschiebung beinhalten. In seinem Kommentar (1876) bezieht Harnack διὰ τοῦ ἁγίου πνεύματος auf das folgende ἐκκόψητε: „quae a nobis scripta sunt, per spiritum sanctum eradicaveritis …" Auch wenn dies grammatikalisch möglich ist, dürfte es in Anbetracht von 59,1 (ἐὰν δέ τινες ἀπειθήσωσιν τοῖς ὑπ' αὐτοῦ δι' ἡμῶν εἰρημένοις …) kaum in Frage kommen. In der „Einführung" (1929) ändert Harnack seine Meinung.

[2] Nach D. POWELL, TRE VIII 117, stellt sich der Text „als inspiriertes apostolisches Schreiben" dar. Aber ein solcher Anspruch ist in I Clem nicht zu erkennen. Der Vf. will nicht etwa die gleiche Autorität des Paulus für sich beanspruchen – er nennt nicht einmal seinen eigenen Namen –, von einem „apostolischen" Bewußtsein ganz zu schweigen. Auch J. E. DAVISON, Gifts 68, behauptet: „Clement thus aligns himself with the prophets of the Old Testament and the apostles."

[3] Vgl. 4 Makk 3,2-4: οἷον ἐπιθυμίαν τις οὐ δύναται ἐκκόψαι ἡμῶν … θυμόν τις οὐ δύναται ἐκκόψαι ὑμῶν τῆς ψυχῆς … κακοήθειάν τις ἡμῶν οὐ δύναται ἐκκόψαι.

[4] Im hellenistischen Judentum vgl. 2 Makk 4,8 (Unterredung); Josephus, Ant 15,79 (Ansprüche); Arist 252 (Bittgesuche). Im NT vgl. 1 Tim 2,1; 4,5 (Fürbitte, Gebet).

[5] Die syrische Überlieferung bringt „supplicationem et exhortationem."

Gemeinden dienen sollen, weist jedoch auf eine das Dokument prägende
Verbindlichkeit hin, die über den Rahmen eines persönlichen Anliegens hinausgeht. Auf der anderen Seite hebt Lindemann den juridischen Aspekt der
ἔντευξις hervor: die Bitte um amtliche Verfügung: „Aus der Sicht Roms stünde
die korinthische Gemeinde aber nicht einfach unter einer Anklage, sondern
sie wäre als Empfängerin der ἔντευξις zugleich Richterin in eigener Sache."
I Clem würde „die Adressatin zu einem der ἔντευξις entsprechenden Urteil"
veranlassen (14). Zweierlei bleibt dabei problematisch: 1. der Begriff ἔντευξις
vermag nicht schon vom Inhalt her das ganze Schreiben gattungsgemäß zu
erfassen. Nicht von ungefähr spricht der Vf. von einer Eingabe „in diesem
Brief"[1]. Der Terminus ist nicht geeignet, in diesem Zusammenhang als Gattungsbestimmung zu dienen[2]; 2. die Argumentationsweise in I Clem läßt sich
nicht mit der Rolle der korinthischen Gemeinde vereinbaren, so wie sie von
Lindemann charakterisiert ist. Die Entscheidung darüber, ob die Korinther
die Stellungname der römischen Gemeinde annehmen oder nicht, steht selbstverständlich noch aus: Sie kann nur von ihnen selbst gefällt werden, aber über
das Urteil gibt es wohl keinen Zweifel. Die korinthische Gemeinde ist nicht
Richterin in eigener Sache! Der Sachverhalt weist eine gewisse Analogie zum
Auswanderungsrat in 54,2 f. auf. Die Argumentation nimmt jeweils Bezug auf
eine Sache, deren Durchführung sonst auf einer Rechtsgrundlage beruht, die
sich aber in diesem Fall auf kein Recht berufen kann, da es noch keines gibt.
Es ist vielleicht auch vom rhetorischen Ziel des Schreibens her zu verstehen,
wenn der eindringliche Appell zur Rückkehr zum früheren Zustand von
Frieden und Eintracht hier als ἔντευξις bezeichnet wird. Die Zielrichtung ist
eindeutig; der noch bestehende Spielraum ist der der Entscheidung.

Es geht nun um das Überreichen des Schreibens, aber zuerst werden die   3
Abgesandten der römischen Gemeinde charakterisiert[3]. Sie gelten als „Treue"
(πιστοί) und „Besonnene" (σώφρονοι), was durch die Tatsache bestätigt wird,
daß sie einen tadellosen[4] Lebenswandel in der römischen Gemeinde (ἐν ἡμῖν)
von Jugend an bis ins Alter geführt haben[5]. Ihre Namen sind in 65,1 angegeben, aber schon aus der Beschreibung geht ihre Bedeutung für die römische
Gemeinde hervor. Bei dieser wichtigen Angelegenheit sind sie deren Vertreter.
Ihre Rolle besteht darin, als Zeugen zwischen den zwei Gemeinden zu wirken.
Das bedeutet, daß sie nicht einfach die Überbringer des Briefes sind[6]. Wie

---

[1] Auch H.-J. Vogt, JAC 38 (1995) 167, kritisiert die Deutung Lindemanns, aber seine
Deutung von ἔντευξις als „Gebet" – der Vf. denke an die Fürbitte um Friede und Eintracht in
60,4 – paßt schlecht zum Kontext. Die Aussage ist nicht nur auf das Allgemeine Gebet bezogen.

[2] Von Gattung spricht Lindemann, 178.

[3] ἐπέμψαμεν ist als Aorist des Briefstils zu verstehen und daher präsentisch zu übersetzen.
Vgl. Bl./Deb./Reh. § 334.

[4] ἀμέμπτως auch in 44,3.4.6, im Zusammenhang mit den vorbildlichen Amtsträgern.

[5] Ob diese Männer aufgrund ihres Alters wie der Vf. das Wirken von Petrus und Paulus
erlebt haben, wie Harnack, Einführung 121, läßt sich nicht begründen.

[6] Vgl. P. Lampe, Christen 154.

aus 65,1 ersichtlich, haben sie über die Annahme des römischen Schreibens in der korinthischen Gemeinde zu berichten, d. h. sie werden bezeugen, was sie in Korinth beobachtet haben. Daß der Vf. diese Funktion der Abgesandten so eindeutig im Brief selber festlegt, läßt noch einmal erkennen, wie sicher er seiner Sache ist. Im Hinblick auf die korinthische Gemeinde konnten sie als Zeugen auftreten, um den Inhalt des Schreibens zu verdeutlichen[1]. Sie sind auf jeden Fall bevollmächtigt, über das Anliegen der eigenen Gemeinde Zeugnis abzulegen.

4   Die abschließende Bemerkung erläutert die Absicht der eigenen Intervention. Nach der dezidierten Aussage in V. 3 überrascht es nicht, wenn in V. 4 der Versuch unternommen wird, die Adressaten von der Lauterkeit der eigenen Absicht zu überzeugen. Das macht auch den Stil von I Clem aus: einerseits der unverkennbare Wille, die Geschehnisse in Korinth gemäß der eigenen Beurteilung zu beeinflussen und so auch eine Entscheidung in diesem Sinn herbeizuführen, andererseits das Bemühen, den eigenen Willen nicht einfach autoritativ, sondern durch Überzeugungsarbeit durchzusetzen. τοῦτο δὲ ἐποιήσαμεν[2] bezieht sich unmittelbar auf die Aussendung der Vertreter der Gemeinde (V. 3), aber auch auf das Schreiben und seinen Inhalt, um den es schließlich geht. Daran sollen die Korinther die Intention der römischen Gemeinde erkennen (ἵνα εἰδῆτε). So wie das Erinnern an grundsätzliche Aspekte des christlichen Lebens durch das Wissen um die Qualitäten der Adressaten erleichtert wurde (62,3: ἐπειδὴ σαφῶς ἤδειμεν ...), so sollen sie nun ihrerseits wissen, daß das Schreiben von der Sorge[3] um den Frieden getragen ist. Es war so und es ist auch so geblieben (καὶ γέγονεν καὶ ἔστιν). Die Konstruktion mit εἰς τὸ ... ὑμᾶς εἰρηνεῦσαι drückt sowohl den Inhalt der Sorge als auch den in ihr implizierten Zweck aus. Unter welchen Umständen die Gemeinde zum Frieden zurückkehren soll, wurde schon in 54,2b gesagt (μόνον τὸ ποίμνιον τοῦ Χριστοῦ εἰρηνευέτω μετὰ τῶν καθεσταμένων πρεσβυτέρων). Die Adverbialform ἐν τάχει drängt zu einer schnellen Entscheidung (vgl. 48,1). Ebenso sollen die Abgesandten bald nach Rom zurückgeschickt werden (65,1). Schließlich möchten sich auch die Römer möglichst schnell darüber freuen.

---

[1] Vgl. GRANT, 98: „To add their own testimony to what Clement has written."
[2] Ähnlich aufzufassen wie das ἐπέμψαμεν von V. 3 (vgl. S. 633 Anm. 3).
[3] φροντίς wird hier anders gebraucht als in 7,2, wo es die „Gedanken" meint.

15.3. Kleines Schlußgebet (64)

Streng genommen hätte der Vf. nach 63,4 gleich mit 65,1 fortfahren können. Anstelle dessen schiebt er ein Gebet ein[1], das in einem weit kleineren Umfang eine ähnliche Struktur wie die des großen Gebetes in Kap. 59–61 besitzt und manche Formulierungen daraus fast wörtlich wiederholt[2]. Allgemein dürfte seine Absicht die gleiche sein wie beim großen Gebet (s. o. Exkurs).

Im übrigen,
1. der allsehende Gott und Herrscher der Geister und Herr allen Fleisches,
2. der den Herrn Jesus Christus auserwählt hat
3. und uns durch ihn zu einem erlesenen Volk,
4. verleihe jeder Seele, die seinen erhabenen und heiligen Namen angerufen hat,
5.   Glauben, Furcht, Frieden, Ausdauer und Langmut, Enthaltsamkeit, Keuschheit und Besonnenheit,
6.   auf daß sie seinem Namen wohlgefällig seien
7. durch unseren Hohenpriester und Beschützer Jesus Christus,
8.   durch den ihm Herrlichkeit und Majestät, Kraft und Ehre sei
9.   wie jetzt, so auch in alle Ewigkeiten der Ewigkeit. Amen.

Das Gebet hat drei Teile: 1. die Adresse an den mächtigen Gott (Z. 1), die durch das Motiv der Erwählung – christologisch – und im Hinblick auf die Gläubigen ergänzt wird (Z. 2–3); 2. die Fürbitte zugunsten der Gläubigen (Z. 4–6); 3. der Schluß: die christologische Vermittlung und die Doxologie (Z. 7–9).

Λοιπὸν
1. ὁ παντεπόπτης θεὸς καὶ δεσπότης τῶν πνευμάτων καὶ κύριος πάσης σαρκός,
2. ὁ ἐκλεξάμενος τὸν κύριον Ἰησοῦν Χριστὸν
3. καὶ ἡμᾶς δι᾿ αὐτοῦ εἰς λαὸν περιούσιον,
4. δῴη πάσῃ ψυχῇ ἐπικεκλημένῃ τὸ μεγαλοπρεπὲς καὶ ἅγιον ὄνομα αὐτοῦ
5. πίστιν, φόβον, εἰρήνην, ὑπομονὴν καὶ μακροθυμίαν, ἐγκράτειαν, ἁγνείαν καὶ σωφροσύνην
6. εἰς εὐαρέστησιν τῷ ὀνόματι αὐτοῦ
7. διὰ τοῦ ἀρχιερέως καὶ προστάτου ἡμῶν Ἰησοῦ Χριστοῦ,
8. δι᾿ οὗ αὐτῷ δόξα καὶ μεγαλωσύνη, κράτος καὶ τιμή,
9. καὶ νῦν καὶ εἰς πάντας[3] τοὺς αἰῶνας τῶν αἰώνων. Ἀμήν

Die dreifache Gottesprädikation variiert mit schon verwendeten Formen (zu „der allsehende Gott" vgl. 55,6: τὸν παντεπόπτην δεσπότην; zu „Herrscher der Geister und Herr jeden Fleisches" vgl. Jer 39,27: ἐγὼ κύριος ὁ θεὸς πάσης σαρκός; I Clem 59,3 [Z. 19]: μόνον εὐεργέτην πνευμάτων καὶ θεὸν πάσης

---

[1] Knopf, Lindemann und Schneider bezeichnen den Abschnitt „Schlußvotum".

[2] Die in einem karolingischen Gebetbuch überlieferte Übersetzung des Gemeindegebets von I Clem (s. o. zu 61,1d) verbindet beide Gebete. Dem Text 59,4–61,3 folgt Kap. 64 ab Z. 4. Da die Doxologie in Z. 85–87 ausgelassen wurde, ergibt sich daraus ein gut gestalteter Abschluß.

[3] πάντας fehlt in LSC[1], aber es ist von AH bezeugt.

σαρκός). War in 59,3 (Z. 26 f.) die Auserwählung derer, die Gott lieben, durch Jesus Christus vermittelt (ἐκλεξάμενον τοὺς ἀγαπῶντάς σε διὰ Ἰησοῦ Χριστοῦ), ist jetzt der Erlöser selbst Objekt der Erwählung. Wie im allgemeinen Gebet gehören Christologie und Soteriologie aufs engste zusammen. Und so ist Jesus Christus der Mittler für die Erwählung der Gläubigen zu einem „erlesenen Volk" (vgl. 59,4 [Z. 43]). Der Ausdruck λαὸς περιούσιος (im I Clem nur hier) ist alttestamentlich (vgl. Ex 19,5; 23,22; Dtn 7,6; 14,2; 26,18. Im NT nur in Tit 2,14)[1].

Die Fürbitte betrifft zuerst alle Gläubigen. πᾶσα ψυχή (vgl. Sir 37,28; Jes 13,7; Röm 13,1; Offb 16,3) ist zwar eine alle umfassende Formel, aber das folgende ἐπικεκλημένη schränkt sie auf die den Namen Gottes Anrufenden ein[2]. In 60,4 (Z. 68) waren die „Väter" in dieser Rolle. Der Name Gottes ist großartig, erhaben (μεγαλοπρεπές wie von seiner Kraft in 61,1 [Z. 72]), und heilig (vgl. 59,3 [Z. 13])[3].

Die erflehten Gaben werden in acht Begriffen genannt (πίστιν, φόβον, εἰρήνην[4], ὑπομονὴν καὶ μακροθυμίαν, ἐγκράτειαν, ἁγνείαν καὶ σωφροσύνην), die zum guten Teil mit den in 62,2 angegebenen Inhalten des Schreibens übereinstimmen: Glaube, Ausdauer, Besonnenheit. Auch der Friede kommt in 62,2 vor (ἐν ἀγάπῃ καὶ εἰρήνῃ). In zwei Fällen sind die Termini paarweise verbunden: ὑπομονὴν καὶ μακροθυμίαν – ἁγνείαν καὶ σωφροσύνην. Daß die Geduld bzw. die Ausdauer mit Langmut zusammenhängt ist wohl klar. Die Verbindung von Keuschheit und Besonnenheit läßt sich durch die Mahnung in 38,2 erklären: Wer keusch lebt, soll nicht prahlen, da er weiß, daß es sich um eine Gabe Gottes handelt[5]. Die Bitte um diese Gaben erfolgt im Hinblick darauf, dem Namen Gottes wohlgefällig zu sein (vgl. 60,2 [Z. 59]; 61,2 [Z. 81]). εὐαρέστησις ist ein selten bezeugtes Wort. Im AT vgl. Ex 29,18 (nach Aq., Sym., Theod.); Ez 20,41 (Sym.); Lev 1,9 (Theod.). Im hellenistischen Judentum: TestIss 4,1; Philo, Imm 116; Josephus, Ant 12,269.

Abgesehen von wenigen Varianten ist der Gebetsschluß nach 61,3 gestaltet. Bei der christologischen Aussage fehlt „unserer Seele" nach „Hoherpriester und Beschützer" (Z. 7). Die Doxologie enthält vier Termini[6]. Nach δόξα καὶ

---

[1] Die lateinische Übersetzung bringt „aeternalem", die koptische hat καθαρόν bzw. ἁγνόν gelesen.

[2] ἐπικεκλημένη ist Partizip Perfekt Medium. Das Medium ist häufig belegt in der LXX (auch im NT) als Anrufung Gottes bzw. seines Namens. LIGHTFOOT, I 2,186, erwägt die Möglichkeit, es mit „which is called by his name" wiederzugeben, aber er selber gibt zu, daß die Konstruktion in diesem Fall eine andere sein müßte (vgl. 65,2: τῶν κεκλημένων ὑπὸ τοῦ θεοῦ). Lake und Grant übersetzen ἐπικεκλημένη als Passiv. Die Vermutung von GRANT, 99, „the name is presumably ‚Christ'", ist sehr unwahrscheinlich.

[3] Vgl. 2 Makk 8,15: τοῦ σεμνοῦ καὶ μεγαλοπρεποῦς ὀνόματος αὐτοῦ.

[4] Um die Liste zu vervollständigen, fügt die syrische Übersetzung hinzu: et concordiam et amorem.

[5] Vgl. IgnEph 10,3: ἀλλ' ἐν πάσῃ ἁγνείᾳ καὶ σωφροσύνῃ.

[6] Handschriften und Übersetzungen weisen einige Varianten von allerdings geringer Bedeutung auf.

μεγαλωσύνη folgen κράτος καὶ τιμή. Im Vergleich zu den anderen Doxologien in I Clem, die meistens nur den Begriff δόξα (32,4; 38,4; 43,6; 45,7; 50,7; 58,2) bzw. δόξα καὶ μεγαλωσύνη (20,12; 61,3) enthalten, bedeutet die viergliedrige Form eine deutliche Steigerung, die nur von der Schlußdoloxie in 65,2 noch übertroffen wird.

15.4. Die römischen Abgesandten (65,1)

Das letzte Kapitel hat zwei Teile: die Bitte um die baldige Rückkehr der Abgesandten (V. 1) und den Briefschluß: Gruß und Doxologie (V. 2).

1. Die von uns Abgesandten aber, Claudius Ephebus und Valerius Biton samt Fortunatus, schickt in Frieden mit Freude bald zu uns zurück, damit sie uns möglichst schnell die Nachricht von dem erwünschten und ersehnten Frieden und der Eintracht bringen, auf daß auch wir uns um so schneller über eure gute Ordnung freuen.

Die Bitte um die Rücksendung der Abgesandten[1] der römischen Gemeinde wird durch einen doppelt gegliederten Final-Satz begründet. Sie sollen kommen, zuerst um über die ersehnten „Frieden und Eintracht" zu berichten; ferner, damit sich auch die römische Gemeinde über die Ordnung in Korinth freuen kann. Der Leser erfährt die Namen der drei Vertreter Roms, deren Rolle schon in 63,3 angedeutet wurde. Der zuerst genannte ist Claudius Ephebus. Das griechische Cognomen Ephebus (Ἔφηβος) ist nicht ungewöhnlich und weist auf eine soziale Herkunft aus dem Sklavenstand hin. Denn nach dem Gentilnomen Claudius gehört er zu der gens Claudia, d. h. er ist ein Freigelassener, und zwar wahrscheinlich aus der kaiserlichen Familie. Auch der zweite, Valerius Biton[2], entstammt einem ähnlichen Milieu. Nach seinem Namen gehört er zu der gens Valeria, was gut in diese Zeit paßt: Valeria Messalina wurde nämlich ca. 39/40 die dritte Frau des Kaisers Claudius. Es ist sehr wahrscheinlich, daß die beiden genannten Christen kaiserliche Freigelassene waren[3]. Da die Gentilnomina hier gegen die Gepflogenheit der urchristlichen Literatur so deutlich hervorgehoben werden, behauptet P. Lampe, die beiden würden „soziologisch zu den ‚Spitzen' des stadtrömischen Christentums im 1.Jh." zählen (Christen 155)[4]. An dritter Stelle wird Fortu-

---

[1] In 1 Kor 16,11 bittet Paulus um die Rücksendung des Timotheus: προπέμψατε δὲ αὐτὸν ἐν εἰρήνῃ.

[2] Das Cognomen fehlt bei S.

[3] So LIGHTFOOT, I 2,187; KNOPF, 150. Beide verweisen auf Phil 4,22: ἀσπάζονται ὑμᾶς πάντες οἱ ἅγιοι, μάλιστα δὲ οἱ ἐκ τῆς Καίσαρος οἰκίας. Beispiele für ähnliche Namensformen bei LIGHTFOOT, I 1,27–29.

[4] LINDEMANN, 180, findet es problematisch, „aufgrund dieser Namen allgemeine Informationen über die gehobene gesellschaftliche Stellung kaiserlicher Freigelassener unmittelbar auf die hier genannten römischen Abgesandten zu beziehen."

natus genannt. Die Verbindung mit σὺν καί[1] (mit auch) könnte als Hinweis auf eine untergeordnete Rolle verstanden werden[2]. Ein Fortunatus erscheint als Mitglied der korinthischen Gemeinde in 1 Kor 16,17[3]. Daher läßt Harnack die Frage offen, ob Fortunatus zur Deputation gehörte oder ob er „ein bereits in Korinth weilender römischer Christ war" (Einführung 121)[4]. Aber die Satzstruktur rechtfertigt eine solche Vermutung nicht, wiewohl Fortunatus, verglichen mit den zwei zuvor Genannten, nicht auf die gleiche Ebene gestellt wird.

Die Rücksendung der Abgesandten ist mit drei kurzen Wendungen näher bestimmt. Sie soll zuerst ἐν εἰρήνῃ geschehen. Die Diktion kann rein formelhaft sein, aber bei der in Frage stehenden Angelegenheit ist die Vermutung nicht unbegründet, daß der Vf. damit den Wunsch nach einem friedlichen Abschluß der Begegnung mit den korinthischen Christen verbindet. Dies setzt freilich die Annahme des Schreibens seitens der Korinther voraus. Erst dann wird die Rückkehr der Vertreter Roms μετὰ χαρᾶς verständlich. Denn das Wort Freude (χαρά) kommt in I Clem sonst nur in 63,2 vor (χαρὰν γὰρ καὶ ἀγαλλίασιν ἡμῖν παρέξετε), d. h. als Reaktion auf den Gehorsam der Korinther. Zuletzt erfolgt eine Zeitbestimmung: ἐν τάχει (vgl. 48,1; 63,4): die Rückkehr soll bald eintreten. Der dreimalige Hinweis auf ein baldiges Geschehen innerhalb der drei Sätze fällt auf. Denn dem soeben erwähnten ἐν τάχει folgt der Komparativ θᾶττον in gut klassischer Form (vgl. 2 Makk 4,31; 5,21; 14,11; Josephus, Bell 1,321.572.612 u. ö.). Im letzten Satz kommt schließlich die von den Attizisten verworfene Komparativform εἰς τὸ τάχιον vor[5]. Das lebhafte Interesse, den Konflikt in Korinth schnell und gut zu lösen (vgl. 63,3: εἰς τὸ ἐν τάχει ὑμᾶς εἰρηνεῦσαι), liegt auf der Hand. Die baldige Rückkehr der Abgesandten bedeutet ja die Mitteilung vom Erfolg der Briefübergabe, d. h. die Ankündigung der wieder gewonnenen εἰρήνη καὶ ὁμόνοια in der Gemeinde. Das ist nämlich das erwünschte und ersehnte Ziel der römischen Gemeinde selbst (τὴν εὐκταίαν[6] καὶ ἐπιποθήτην ἡμῖν). Wie die Römer aus Korinth μετὰ χαρᾶς zurückkehren, so wird sich bald die ganze römische Gemeinde über die Frucht von Frieden und Eintracht in Korinth,

---

[1] Das καί fehlt bei S.

[2] Nach P. LAMPE, Christen 154: ein bloßes „Anhängsel."

[3] Eine Identifizierung mit dem von I Clem ist sehr ungewiß. Anders LIGHTFOOT, I 2,187; L. HERTLING, 1 Kor 16,15, 277. R. MINNERATH, Jérusalem 555, geht von dieser Identifizierung aus, um ein Argument für die Frühdatierung von I Clem zu gewinnen (noch vor der Zerstörung Jerusalems). Wenn Fortunatus etwa 56 den Apostel in Ephesus begleitete (nach 1 Kor 16,17), wäre er im Jahre 95 ein „geros" fortgeschrittenen Alters.

[4] Ähnlich GRANT, 99. WOTTON, 223, ging in seiner Erklärung (1718) noch weiter. Fortunatus sei ein angesehenes Mitglied der korinthischen Gemeinde: „A Corinthis missus Romam venit, ut Romanos de schismata certiores faceret et posceret eorum opem ad sedandas lites infelices apud ipsos de novo ortas." Ohne auf Wotton hinzuweisen, bringen J. A. T. ROBINSON, Wann entstand das Neue Testament? 344 f., und R. MINNERATH, Jérusalem 573, die gleiche Erklärung.

[5] Vgl. BAUER/ALAND 1609; BL./DEB./REH. § 61,1.

[6] In der Bibel nicht belegt, aber bei Philo und Josephus.

nämlich über die εὐστάθεια der Gemeinde freuen. Der Terminus kam in 61,1 (Z.75) in der Fürbitte um Gesundheit, Frieden und Eintracht der Regierenden vor. Der Sinn dort war wohl Beständigkeit. An dieser Stelle ist die εὐστάθεια Anlaß zur Freude, sobald die Nachricht von der εἰρήνη καὶ ὁμόνοια in der Gemeinde eingetroffen sein wird. Das bedeutet, daß die Gemeinde wieder eine geordnete Größe bildet. Der Zusammenhang ist der gleiche, nur der Rahmen für die Anwendung ist ein anderer. In 61,1 geht es um das politische Gebilde, in 65,1 um das ekklesiologische. Für beide Wirklichkeiten gelten die gleichen Bedingungen.

15.5. Gruß (65,2)

2. Die Gnade unseres Herrn Jesus Christus sei mit euch und mit allen überall, die berufen sind von Gott durch ihn, durch den ihm Herrlichkeit, Ehre, Kraft und Majestät, ewiger Thron sei von Ewigkeit in alle Ewigkeit. Amen.

Der Schlußgruß ist christologisch. Der Wunsch, die Gnade des Herrn Jesus Christus sei mit den Empfängern der Botschaft, ist typisch für die Paulusbriefe (1 Thess 5,28; 1 Kor 16,23; Röm 16,20. Vgl. auch 2 Thess 3,18); dieses Vorbild wird hier nachgeahmt. Die Erweiterung und die Verbindung mit der Doxologie gehen auf das Konto des Vf.s. Die Gnade betrifft nicht nur die Adressaten des Briefes (μεθ' ὑμῶν), sondern auch alle diejenigen, die überall berufen sind (μετὰ πάντων πανταχῇ τῶν κεκλημένων) von Gott und[1] durch ihn (d.h. Jesus Christus) (ὑπὸ τοῦ θεοῦ καὶ δι' αὐτοῦ). Die Miteinbeziehung aller Gläubigen ist kein besonderes Merkmal der römischen Gemeinde, wenn man bedenkt, daß Paulus in 1 Kor 1,2, d.h. am Anfang eines stark durch die Probleme und die Fragen einer Einzelgemeinde geprägten Schreibens, diesen weiteren Horizont ebenso mitberücksichtigt (σὺν πᾶσιν τοῖς ἐπικα-λουμένοις τὸ ὄνομα τοῦ κυρίου ἡμῶν Ἰησοῦ Χριστοῦ ἐν παντὶ τόπῳ). Ein Einfluß von 1 Kor 1,2 auf die Formulierung in I Clem 65,2 ist sehr wahrscheinlich (vgl. I Clem 47,1–3). Die sinnvolle Parallelität zum Präskript des Schreibens ist unübersehbar: κλητοῖς ἡγιασμένοις ἐν θελήματι θεοῦ διὰ τοῦ κυρίου ἡμῶν Ἰησοῦ Χριστοῦ. Am Anfang und am Ende steht der Ruf Gottes, der den Gläubigen Heiligkeit und Gnade schenkt.

Eine Relativverbindung leitet die an Gott gerichtete Doxologie ein: δι' οὗ αὐτῷ (vgl. 58,2; 64). Das christologische Moment war am Anfang des Grußes (die Gnade) und beim Motiv des Rufes Gottes vorhanden. Es erscheint auch an dieser Stelle, um die christologische Vermittlung des abschließenden Lobes hervorzuheben. Die Doxologie ist so gestaltet, daß sie alle bisherigen Formen

---

[1] Das verdeutlichende καί ist durch AS bezeugt, es fehlt aber bei HLC[1].

in ihren beiden Teilen übertrifft[1]. So das fünfgliedrige Lob: δόξα, τιμή, κράτος καὶ μεγαλωσύνη, θρόνος αἰώνιος (vgl. Kap. 64). Als neues Element erscheint hier der „ewige Thron." Nach den vier die Mächtigkeit und Erhabenheit Gottes ausdrückenden Termini ist der „ewige Thron"[2] ein Bild seiner Königsherrschaft (vgl. Ps 44,7: ὁ θρόνος σου, ὁ θεός, εἰς τὸν αἰῶνα τοῦ αἰῶνος)[3].

Die übliche Ewigkeitsformel der Doxologien in I Clem ist εἰς τοὺς αἰῶνας τῶν αἰώνων. Die Ausrichtung auf eine nie endende Zukunft wird hier ergänzt durch den Hinweis auf eine ebenso unbestimmte Vergangenheit: ἀπὸ τῶν αἰώνων. Die formale Analyse hebt wichtige Elemente hervor. Bei einem solchen Text ist dies nicht alles. Hinzu kommen die sonorischen Effekte, die der Schreiber bei der Textgestaltung bewußt heranzieht. Sie verleihen dem Abschluß des Vortrags eine feierliche Note, der sich die Hörer nicht leicht würden entziehen können. Es fängt mit dem Reim in der ersten Zeile an: „... tou kyriou himôn - meth' himôn" (Itazismus); es folgt die Sonorität der Labialen in „pánton - pantachî". Schließlich kommt es beim Ausklang zu einem sonorischen Höhepunkt: „thrónos aiônos apó tôn aiônon is tous aiônas tôn aiônon." Das Amen ist nicht nur Bestandteil des in Rom geschriebenen Textes, sondern auch Antwort der versammelten Gemeinde in Korinth.

Die handschriftliche Überlieferung bietet als subscriptio folgende Varianten:

A: Κλήμεντος πρὸς Κορινθίους ἐπιστολὴ α.
L: epistola Clementis ad Corinthios explicit.
S: finita est epistula prima Clementis quae fuit scripta ab eo ad Corinthios e Roma.
C[1]: ἐπιστολὴ τῶν Ῥωμαίων πρὸς τοὺς Κορινθίους.

Bei L entspricht die subscriptio der inscriptio: „incipit epistola Clementis ad Corinthios." Die koptische Übersetzung, die keinen Titel am Anfang hat, erwähnt nicht den Namen des Klemens. Es ist der „Brief der Römer an die Korinther." Die Wendung gibt wahrscheinlich die ursprüngliche Adresse wieder. Klemens von Alexandrien, der oft auf den Vf. mit „Clemens" anspielt, schreibt in Strom. V 12,80: ἀλλὰ κἂν τῇ πρὸς Κορινθίους Ῥωμαίων ἐπιστολῇ ...[4]. Das bedeutet, daß im ägyptischen Raum das Schreiben mit der ursprünglichen Adresse noch im vierten Jahrhundert - so datiert C. Schmidt C[1] - überliefert worden ist.

---

[1] Die syrische Überlieferung gibt eine sehr verkürzte Fassung der Doxologie wieder: „Durch ihn sei dir Ehre in alle Ewigkeit. Amen."

[2] Vgl. MartPol 21,1: ᾧ ἡ δόξα, τιμή, μεγαλωσύνη, θρόνος αἰώνιος ἀπὸ γενεᾶς εἰς γενεάν. ἀμήν (textkritisch nicht sicher).

[3] Eine christologische Deutung auf den messianischen Thron, wie sie in Hebr 1,8 vorgenommen wird, ist in diesem Kontext ausgeschlossen.

[4] Vgl. SCHMIDT, 27.

ABKÜRZUNGEN

Die biblischen Bücher werden nach den Loccumer Richtlinien abgekürzt, Werke aus der Antike und der altchristlichen Literatur nach den geläufigen Formen. Die Abkürzungen entsprechen sonst dem Verzeichnis der Theologischen Realenzyklopädie, zusammengestellt von S. Schwertner, Berlin – New York ²1994. Zu ergänzen sind:

Aq.	Aquila
Bl./Deb./Reh.	Blaß, Fr. – Debrunner, A.
CHerm	Corpus Hermeticum. Nach der Ausgabe von A. D. Nock – A.-J. Festugière
LA	Lesart
OmnProb	Philo, Quod omnis probus liber sit
Sym.	Symmachus
Theod.	Theodotion

Bei Kommentaren, Textausgaben, Wörterbüchern und Grammatiken werden nur der Familienname des Autors und die Seitenzahl angegeben (z. B. Fischer, 19).

LITERATURVERZEICHNIS

1. Allgemeine Hilfsmittel

BAUER, W., Griechisch-deutsches Wörterbuch zu den Schriften des Neuen Testaments und der frühchristlichen Literatur, hg. v. K. Aland und B. Aland, Berlin – New York [6]1988.

BILLERBECK, P., Kommentar zum Neuen Testament aus Talmud und Midrasch, 4 Bde., München 1922–1928.

BLASS, Fr. – DEBRUNNER, A., Grammatik des neutestamentlichen Griechisch. Bearbeitet von Fr. Rehkopf, Göttingen [14]1975.

CENTRE D'ANALYSE ET DE DOCUMENTATION PATRISTIQUES (ed.), Biblia Patristica. Index des citations et allusions bibliques dans la littérature patristique. I. Des origines à Clement d'Alexandrie et Tertullien, Paris 1975.

CRUM, W. E., A Coptic Dictionary, Oxford 1939.

DELATTE, L. – GOVAERTS, S. – DENOOZ, J., Index du Corpus Hermeticum (Lessico intellettuale europeo XIII), Rom 1977.

DENIS, A.-M., Introduction aux pseudépigraphes grecs d'Ancien Testament (StVTPs 1), Leiden 1970.

DENIS, A.-M., Concordance grecque des Pseudépigraphes d'Ancien Testament, Leiden 1987.

FIELD, F., Origenis Hexaplorum quae supersunt sive Veterum Interpretum graecorum in totum Vetus Testamentum fragmenta, 2 Bde., Oxford 1875 (Nachdruck Hildesheim 1964).

GALLING, K. (Hrsg.), Die Religion in Geschichte und Gegenwart, 6 Bde., Tübingen [3]1957–1962.

GOODSPEED, E. J., Index patristicus sive clavis patrum apostolicorum operum, Leipzig 1907.

GOODSPEED, E. J., Index apologeticus sive clavis Iustini martyris operum aliorumque apologetarum pristinorum, Leipzig 1912.

HATCH, E. – REDPATH, H. A., A Concordance to the Septuagint, 2 Bde., Oxford 1897 (Nachdruck Graz 1954).

HELBING, R., Die Kasussyntax der Verba bei den Septuaginta. Ein Beitrag zur Hebraismenfrage und zur Syntax der Koινή, Göttingen 1928.

KITTEL, G. – FRIEDRICH, G. (Hrsg.), Theologisches Wörterbuch zum Neuen Testament, 10 Bde., Stuttgart 1933–1979.

KRAFT, H., Clavis Patrum Apostolicorum, München 1963.

KRAUSE, G. – MÜLLER, G. (Hrsg.), Theologische Realenzyklopädie, Berlin – New York 1974 ff.

KÜHNER, R. – BLASS, Fr. – GERTH, B., Ausführliche Grammatik der griechischen Sprache. I: Elementar- und Formenlehre; II 1: Satzlehre; II 2. Satzlehre, Hannover – Leipzig [3]1890–1904 (Nachdruck Darmstadt 1963-1966).

LAMPE, G. W. H. (Hrsg.), A Patristic Greek Lexicon, Oxford 1961-1996.

LIDDELL, H.G. – SCOTT, R., A Greek-English Lexicon, Oxford ⁹1940 (Nachdruck 1968).

LUST, J. – EYNIKEL, E. – HAUSPIE, K., A Greek-English Lexicon of the Septuagint, Stuttgart 1992–1996.

MAYER, G., Index Philoneus, Berlin – New York 1974.

MAYSER, E., Grammatik der griechischen Papyri aus der Ptolemäerzeit: I 1 bearbeitet von H. Schmoll, Berlin ²1970; I 2 ²1938 (1970); I 3 Berlin ²1935 (1970); II 1 1926 (1970); II 2 1934 (1970); II 3 1934 (1970).

MORGENTHALER, R., Statistik des neutestamentlichen Wortschatzes, Zürich – Frankfurt am Main 1958.

REHKOPF, Fr., Septuaginta-Vokabular, Göttingen 1989.

REINHOLD, H., De graecitate patrum apostolicorum librorumque apocryphorum Novi Testamenti quaestiones grammaticae (Dissertationes philologicae Halenses 14,1), Hales Sax, 1901.

RENGSTORF, K.H., A Complete Concordance to Flavius Josephus, 4 Bde., Leiden 1973–1983.

ROBISON, H.B., Syntax of the Participle in the Apostolic Fathers (HSLNT 2.Ser. II 5), Cambridge 1914.

SCHWYZER, E., Griechische Grammatik, 2 Bde. (HAW II 1,1–2), München 1939–1950.

SPICQ, C., Notes de lexicographie néo-testamentaire (OBO 22,1–3), Fribourg – Göttingen 1978–1982.

STEPHANUS, H., Thesaurus Graecae Linguae, 9 Bde., Paris 1831–1865 (Nachdruck Graz 1954).

URBAN, A., Patres Apostolici. Concordantia in Patres Apostolicos. Pars III. Primae epistulae Clementis Romani ad Corinthios Concordantia (AlOm, Reihe A, Bd. CLXIV), Hildesheim 1996.

2. Textausgaben und Kommentare in chronologischer Reihenfolge

P. JUNIUS (ed.) (P. Young), Clementis ad Corinthios epistola prior. Ex laceris reliquiis vetustissimi exemplaris Bibliothecae Regiae eruit, lacunas explevit, Latine vertit et notis brevioribus illustravit Patricius Junius, Oxford 1633, ²1637.

J.J. MADER (ed.), Clementis ad Corinthios epistola prior, Helmstadt 1654.

J. FELL (ed.), S. Patris et Martyris Clementis ad Corinthios epistola, Oxford 1669, ²1677.

J.B. COTELERIUS (ed.) (J.B. Cotelier), SS. Patrum qui temporibus apostolicis floruerunt, Barnabae, Clementis Romani, Hermae, Ignatii et Polycarpi opera edita et inedita, Paris 1672.

P. COLOMESIUS (ed.) (P. Colomiès), S. Clementis Epistolae duae ad Corinthios, London 1687.

L. Th. ITTIGIUS (ed.) (L. Th. Ittig), Bibliotheca Patrum Apostolicorum Graeco-Latina, qua continentur S. Clementis Romani prior et posterior ad Corinthios epistola etc., Leipzig 1699.

H. WOTTON (ed.), Sancti Clementis Romani ad Corinthios Epistolae duae, Cambridge 1718.

P. COUSTANT (ed.), Epistolae Romanorum Pontificum, Paris 1721.

J. L. Frey (ed.), Epistolae Sanctorum Patrum Apostolicorum, Clementis, Ignatii et Polycarpi, Basel 1742.

R. Russel (ed.), SS. Patrum Apostolicorum, London 1746.

A. Gallandius (ed.) (A. Galland), Bibliotheca Veterum Patrum Antiquorumque Scriptorum Ecclesiasticorum, Venedig 1765.

G. Jacobson (ed.), S. Clementis Romani, S. Ignatii, S. Polycarpi, Patrum Apostolicorum, quae supersunt, Oxford 1838, ²1840, ³1847, ⁴1863.

C. I. Hefele (ed.), Patrum Apostolicorum Opera, Tübingen 1839, ²1842, ³1847, ⁴1855.

F. X. Reithmayr (ed.), Patrum Apostolicorum Epistolae, München 1844.

A. R M. Dressel (ed.), Patrum Apostolicorum Opera, Leipzig 1857, ²1863.

A. Hilgenfeld (ed.), Clementis Romani Epistulae, Leipzig 1866, ²1876.

C. Tischendorf, Appendix Codicum Celeberrimorum Sinaitici Vaticani, Leipzig 1867.

J. B. Lightfoot (ed.), S. Clement of Rome. The two Epistles to the Corinthians. A Revised Text with Introduction and Notes, London – Cambridge 1869, ²1877

J. C. M. Laurent (ed.), Clementis Romani ad Corinthios Epistula. Insunt et altera quam ferunt Clementis Epistula et Fragmenta, Leipzig 1870.

C. Tischendorf (ed.), Clementis Romani Epistulae. Ad ipsius Codicis Alexandrini fidem ac modum repetitis curis, Leipzig 1873.

O. v. Gebhardt – A. Harnack (ed.), Barnabae Epistula Graece et Latine, Clementis Romani Epistulae, Leipzig 1875.

Φ. Βρυέννιος, Τοῦ ἐν ἁγίοις πατρὸς ἡμῶν Κλήμεντος ἐπισκόπου Ῥώμης αἱ δύο πρὸς Κορινθίους ἐπιστολαί, Ἐν Κωνσταντινουπόλει 1875.

O. v. Gebhardt – A. Harnack (ed.), Clementis Romani ad Corinthios quae dicuntur Epistulae. Textum ad fidem codicum et Alexandrini et Constantinopolitani nuper inventi, Leipzig ²1876.

F. X. Funk (ed.), Opera Patrum Apostolorum. Textum recensuit, adnotationibus criticis exegeticis historicis illustravit, versionem latinam, prolegomena, indices addidit (vol. I), Tübingen 1878, ²1887, ³1901.

J. B. Lightfoot, The Apostolic Fathers. Part I 1.2. S. Clement of Rome. A revised Text with Introductions, Notes, Dissertations, and Translations, London 1890.

G. Morin (ed.), Sancti Clementis Romani ad Corinthios Epistulae versio latina antiquissima (AMar 2), Maredsous 1894.

R. P. Bensly (ed.), The Epistles of S. Clement to the Corinthians in Syriac, Cambridge 1899.

R. Knopf, Der erste Clemensbrief (TU 5,1), Leipzig 1899.

C. Schmidt (Hrsg.), Der erste Clemensbrief in altkoptischer Übersetzung (TU 32), Leipzig 1908.

H. Hemmer, Les Pères Apostoliques II. Clément de Rome. Homélie du IIᵉ siècle (TDEHC 10), Paris 1909.

F. G. Kenyon, British Museum. The Codex Alexandrinus (Royal Ms. 1 D V–VIII) in Reduced Photographic Facsimile. New Testament and Clementine Epistles, London 1909.

Fr. Rösch (Hrsg.), Bruchstücke des ersten Clemensbriefes nach dem achmimischen Papyrus der Strassburger Universitäts- und Landesbibliothek mit biblischen Texten derselben Handschrift, Strassburg 1910.

K. Lake, The Apostolic Fathers. Bd. I (LCL), London 1912.

R. Knopf, Die Apostolischen Väter. Die Lehre der Zwölf Apostel. Die zwei Clemensbriefe (HNT Erg.-B. I), Tübingen 1920.

K. BIHLMEYER, Die Apostolischen Väter. Neubearbeitung der Funkschen Ausgabe, Tübingen 1924.

W. K. LOWTHER CLARKE, The First Epistle of Clement to the Corinthians, London 1937.

C. Th. SCHAEFER, S. Clementis Romani Epistula ad Corinthios quae vocatur prima graece et latine. Recensuit apparatu critico instruxit (FlorPatr 44), Bonn 1941.

D. RUIZ BUENO, Padres Apostólicos. Edición bilingüe completa (BAC 65), Madrid 1950.

J. A. FISCHER (Hrsg.), Die Apostolischen Väter. Griechisch und Deutsch, München 1956; ²1958; ⁹1986.

G. BOSIO (ed.), I Padri Apostolici (CPS SG 7), Torino ²1958.

J. A. KLEIST, The Epistles of St. Clement of Rome and St. Ignatius of Ignatius von Antioch (ACW 1), Westminster – London 1961.

R. M. GRANT – H. H. GRAHAM (ed.), The Apostolic Fathers. Vol. 2: First and Second Clement. A new Translation and Commentary, New York 1965.

A. JAUBERT (ed.), Clément de Rome. Épître aux Corinthiens. Introduction, texte, traduction, notes et index (SC 167), Paris 1971.

K. G. BONIS, Κλήμεντος Ἐπιστολὴ Αʹ πρὸς Κορινθίους, Athen 1973.

A. QUACQUARELLI, I Padri Apostolici. Traduzione, introduzione e note (CTePa 5), Rom 1978.

A. LINDEMANN, Die Apostolischen Väter I. Die Clemensbriefe (HNT 17), Tübingen 1992.

A. LINDEMANN – H. PAULSEN (Hrsg.), Die Apostolischen Väter. Griechisch-deutsche Parallelausgabe auf der Grundlage der Ausgaben von Franz Xaver Funk/Karl Bihlmeyer und Molly Whittaker, mit Übersetzung von M. Dibelius und D.-A. Koch, Tübingen 1992.

J. J. AYÁN CALVO, Clemente de Roma. Carta a los Corintios. Homilia anónima (Secunda Clementis) (Fuentes Patristicas 4), Madrid 1994.

G. SCHNEIDER (Hrsg.), Clemens von Rom. Epistola ad Corinthios. Brief an die Korinther (griechisch – lateinisch – deutsch) (FC 15), Freiburg 1994.

3. Abgekürzt zitierte Untersuchungen

ADAM, A., Die Entstehung des Bischofsamtes, in: WuD 5 (1957) 104–113.

ALAND, K., Der Tod des Petrus in Rom. Bemerkungen zu seiner Bestreitung durch Karl Heussi, in: ders., Kirchengeschichtliche Entwürfe, Gütersloh 1960, 35–104

ALDAMA, J. A. de, Ia Clementis, in: Gr. 18 (1937) 107–110.

ALEITH, E., Paulusverständnis in der Alten Kirche (BZNW 18), Berlin 1937

ALFONSI, L., L'epistola I Clementina, i papiri magici, i ludi saeculares, in: Aeg. 27 (1947) 111–114.

ALFONSI, L., La grande preghiera di Clemente Romano: un esame stilistico, in: CClCr 6 (1985) 225–230.

ALTANER, B., War Petrus in Rom?, in: ThR 36 (1937) 177–188 (jetzt in: Kleine patristische Schriften, hg. von G. Glockmann [TU 83], Berlin 1967, 509–526).

ALTANER, B., Neues zum Verständnis von I Clemens 5,1–6,2, in: HGJ 62 (1950) 25–30 (= Kleine patristische Schriften 527–533).

ALTANER, B., Der 1.Clemensbrief und der römische Primat, in: ThRv 35 (1936) 41–45 (= Kleine patristische Schriften 534–539).

ALVES DE SOUSA, P.G., A conversao em Clemente de Roma. *Metanoia*, uma palavra chave, in: Aug. 27 (1987) 33–44.

ANDREN, O., Rättfärdighet och Frid. En studie i det första Clemensbrevet, Stockolm 1960.

ANDRESEN, C., Zum Formular frühchristlicher Gemeindebriefe, in: ZNW 56 (1965) 233–259.

AONO, T., Die Entwicklung des paulinischen Gerichtsgedankens bei den apostolischen Vätern (EHS.T 137), Bern 1979.

APTOWITZER, V., Kain und Abel in der Agada, den Apokryphen, der hellenistischen, christlichen und mohammedanischen Literatur (Veröffentlichungen der A. Kohut Memorial Foundation 1), Wien – Leipzig 1922.

BANG, J.-P., Studien über Clemens Romanus, in: ThStKr 75 (1898) 431–486.

BARDENHEWER, O., Geschichte der altkirchlichen Litteratur, Bd. 1, Freiburg 1902.

BARDY, G., Expressions stoïciens dans la Iᵃ. Clementis, in: RSR 12 (1922) 73–85.

BARDY, G., La théologie de l'Église de saint Clément de Rome à saint Irénée (UnSa 13), Paris 1945.

BARNARD, L.W., Clement of Rome and the Persecution of Domitian, in: NTS 10 (1963/64) 251–260.

BARNIKOL, E., Spanienreise und Römerbrief, Halle 1934.

BARNIKOL, E., Die präexistenzlose Christologie des I.Clemensbriefes, in: ThJb(H) 4.5 (1936/7) 61–76.

BARNIKOL, E., Die vorsynoptische Auffassung von Taufe und Abendmahl im 1.Clemensbrief, in: ThJb(H) 4.5 (1936/7) 77–80.

BARNIKOL, E., Die Nichtkenntnis des Markusevangeliums in der römischen Clemensgemeinde um 100, in: ThJb(H) 4.5 (1936/7) 142–143.

BARNIKOL, E., Die marcionitische Deutung und Datierung des 1. Clemensbriefes durch Turmel (Delafosse). Eine Kritik, in: ThJb(H) 6 (1938) 10–14.

BARTSCH, H.W., Rm. 9,5 und 1.Clem. 32,4. Eine notwendige Konjektur im Römerbrief, in: ThZ 21 (1965) 401–409.

BAUER, W., Rechtgläubigkeit und Ketzerei im ältesten Christentum (BHTh 10), Tübingen 1934.

BAUMEISTER, Th., Die Anfänge der Theologie des Martyriums (MBTh 45), Münster 1980.

BAUR, F.Chr., Über den Ursprung des Episcopats in der christlichen Kirche. Prüfung der neuestens von Hrn. Dr. Rothe aufgestellten Ansicht, Tübingen 1838.

BENOIT, A., Le baptême chrétien au second siècle. La théologie des Pères (EHPhR 43), Paris 1953.

BERGH VAN EYSINGA, G.-A. van den, La littérature chrétienne primitive, Paris 1926.

BEVENOT, M., Clement of Rome in Irenaeus's Succession-List, in: JThS 17 (1966) 98–107.

BEYSCHLAG, K., 1. Clemens 40–44 und das Kirchenrecht, in: Fr.W. Kantzenbach – G. Müller (Hrsg.), Reformatio und Confessio (FS W. Maurer), Berlin 1965, 9–22.

BEYSCHLAG, K., Clemens Romanus und der Frühkatholizismus. Untersuchungen zu I Clem. 1–7 (BHTh 35), Tübingen 1966.

BEYSCHLAG, K., Zur EIPHNH BAΘEIA (I Clem. 2,2), in: VigChr 26 (1972) 18–23.

BISSOLI, G., Rapporto fra Chiesa e stato nella prima lettere di Clemente, in: StBiblFr 29 (1979) 145–174.

BLOND, G., Clément de Rome, in: W. Rordorf u. a. (Hrsg.), L'eucharistie des premiers chrétiens (PoTh 17), Paris 1976, 29–51.

BLUM, G. G., Tradition und Sukzession. Studien zum Normbegriff des Apostolischen von Paulus bis Irenäus (AGTL 9), Berlin 1963.

BLUM, W., Philosophie und Politik von den Apostolischen Vätern bis zu Origenes, in: S. Otto (Hrsg.), Die Antike im Umbruch, München 1974, 19–36.

BOISMARD, M.-E., Clément de Rome et l'Évangile de Jean, in: RB 55 (1948) 376–387.

BOTTE, B., Saint Irénée et l'Épître de Clément, in: REAug 2 (1956) 67–70.

BOUSSET, W., Jüdisch-Christlicher Schulbetrieb in Alexandria und Rom. Literarische Untersuchungen zu Philo und Clemens von Alexandria, Justin und Irenäus (FRLANT 6), Göttingen 1915.

BOUSSET, W., Kyrios Christos. Geschichte des Christusglaubens von den Anfängen des Christentums bis Irenaeus, Göttingen ⁶1967.

BOWE, B. E., A Church in Crisis. Ecclesiology and Paraenesis in Clement of Rome, Minneapolis 1988.

BRANDT, W., Die Wortgruppe λειτουργεῖν im Hebräerbrief und bei Clemens Romanus, in: JThSB 1 (1930) 145–176.

BRENNECKE, H. C., Danaïden und Dirken. Zu 1 Clem 6,2, in: ZKG 88 (1977) 302–308.

BROEK, R. van den, The Myth of the Phoenix According to Classical and Early Christian Traditions (EPRO 24), Leiden 1972.

BROWN, R. E. – MEIER, J. P., Antioch and Rome. New Testament Cradles of Catholic Christianity, New York 1983.

BROX, N., Zeuge und Märtyrer. Untersuchungen zur frühchristlichen Zeugnis-Terminologie (StANT 5), München 1961.

BROX, N., Die Pastoralbriefe (RNT), Regensburg ⁵1989.

BROX, N., Der Hirt des Hermas (KAV 7), Göttingen 1991.

BRUNNER, G., Die theologische Mitte des ersten Klemensbriefes. Ein Beitrag zur Hermeneutik frühchristlicher Texte (FTS 11), Frankfurt 1972.

BRUNNER, G., Die Frage nach einer politischen Absicht des Ersten Klemensbriefes (s. A. W. Ziegler).

BULTMANN, R., Der Stil der paulinischen Predigt und die kynisch-stoische Diatribe (FRLANT 13), Göttingen 1910.

BULTMANN, R., Theologie des Neuen Testaments, Tübingen ⁶1968.

BULTMANN, R., Der zweite Brief an die Korinther (KEK), Göttingen 1976.

BUMPUS, H. B., The Christological Awareness of Clement of Rom and its Sources, Cambridge 1972.

CAMPENHAUSEN, H. v., Die Idee des Martyriums in der Alten Kirche, Göttingen ²1964.

CAMPENHAUSEN, H. v., Kirchliches Amt und geistliche Vollmacht in den ersten drei Jahrhunderten (BHTh 14), Tübingen ²1963.

CAPELLE, B., La Iᵃ Clementis et l'épître de Polycarpe, in: RBen 37 (1925) 283–287.

CAUWELAERT, R. v., L'intervention de l'Église de Rome à Corinthe vers l'an 96, in: RHE 31 (1935) 267–306.765–768.

CHADWICK, H., Justification by Faith and Hospitality, in: F. L. Cross (Hrsg.), StPatr 4 (TU 79), Berlin 1961, 281–285.

CHOPPIN, L., La Trinité dans l'épître de Saint Clément 95–98, in: RSPhTh 13 (1924) 477–488

COCCI, N., Il sangue di Cristo nella lettera ai Corinti di Clemente Romano, in: Centro Studie Sanguis Christi, IV: Atti della Settimana Sangue e antropologia nella liturgia, Roma 1984, Bd. 2, 845–901.

COCKERILL, G. L., Heb. 1,1–14, I Clem. 36,1–6 and the High Priest Title, in: JBL 97 (1978) 437–440.

COLSON, J., Les fonctions ecclésiales aux deux premiers siècles, Paris 1957.

COLSON, J., Klemens von Rom, Stuttgart 1962.

CONLEY, Th. M., Philo's Rhetoric: Argumentation and Style, in: ANRW, II, Bd. 21,1, Berlin 1984, 343–371.

CONZELMANN, H., Grundriss der Theologie des Neuen Testaments, München 1968.

CORMODE, D. S., The Influence of Hellenistic Judaism on the Concept of God and the Church in 1 Clement, in: SBTh 17 (1989) 185–197.

CULLMANN, O., Les causes de la mort de Pierre et de Paul d'après le témoignage de Clément Romain, in: RHPhR 10 (1930) 294–300.

CULLMANN, O., Petrus. Jünger – Apostel – Märtyrer, Das historische und das theologische Petrusproblem, Zürich – Stuttgart [2]1960.

DAIN, A., Notes sur le texte grec de l'Épître de Saint Clément de Rome, in: RSR 39 (1951) = Mél. Lebreton, I 353–361.

DANIÉLOU, J., Théologie du Judéo-Christianisme (BT.H 1), Paris 1958.

DANNENBAUER, H., Nochmals die römische Petruslegende: HZ 159 (1938) 81–88.

DASSMANN, E., Der Stachel im Fleisch. Paulus in der frühchristlichen Literatur bis Irenäus, Münster 1979.

DASSMANN, E., Ämter und Dienste in den frühchristlichen Gemeinden (Hereditas 8), Bonn 1994.

DAVIDS, A., Irrtum und Häresie. I. Clem. – Ignatius von Antiochien – Justinus, in: N. Brox u. a. (Hrsg.), Festschrift für E. Ivánka, Salzburg 1974, 165–187.

DAVISON, J. E., Spiritual Gifts in the Roman Church. I Clement, Hermas and Justin Martyr (Diss.), Iowa 1980.

DEHANDSCHUTTER, B., Some notes on 1 Clem 5,4–7, in: A. Bastiaensen u. a. (Hrsg.), Fructus Centesimus (FS G. J. M. Bartelink) (IP 19), Dordrecht 1989, 83–89.

DEKKERS, E., La lettre de Clément de Rome aux Corinthiens. Sa „réception" en Occident au moyen âge, in: G. J. M. Bartelink u. a. (Hrsg.), Eulogia (FS A. A. R. Bastiaensen) (IP 24), The Hague 1991, 41–49.

DELAFOSSE, H., La lettre de Clément Romain aux Corinthiens, in: RHR 97 (1928) 53–89.

DERRETT, J. D. M., Scripture and Norms in the Apostolic Fathers, in: ANRW, II, Bd. 27,1, Berlin 1993, 649–699.

DEUSSEN, G., Weisen der Bischofswahl im I. Clemensbrief und in der Didache, in: ThGl 62 (1972) 125–135.

DIBELIUS, M., Rom und die Christen im ersten Jahrhundert, in: ders., Botschaft und Geschichte. GAufs. II, Tübingen 1956, 177–228.

DIBELIUS, M., Der Brief des Jakobus (hg. und erg. von H. Greeven), Göttingen [11]1964.

DIX, G., The Ministry in the early Church, c. A.D. 90–410, in: K. E. Kirk (Hrsg.), The Apostolic Ministry. Essays on the History and the Doctrine of Episcopacy, London 1946, 183–303.

DORSCH, E., Die Gottheit Jesu bei Clemens von Rom, in: ZKTh 26 (1902) 466–491. 701–728.

DREWS, P., Untersuchungen über die sog. clementinische Liturgie im VIII. Buch der Apostolischen Konstitutionen. 1. Die Clementinische Liturgie in Rom, Studien zur Geschichte des Gottesdienstes und des gottesdienstliches Lebens II. III, Tübingen 1906.

DRIJEPONDT, H. L. F., I Clement 2,4 and 59,3: Two Emendations, in: AClass 8 (1965) 102–105.

DUBOWY, E., Klemens von Rom über die Reise Pauli nach Spanien. Historisch-kritische Untersuchung zu Klemens von Rom I Kor. 5,7 (BSt[F] 19,3), Freiburg 1914.

EDMUNDSON, G., The Church in Rom in the First Century, London 1913.

EGGENBERGER, C., Die Quellen der politischen Ethik des I. Klemensbriefes, Zürich 1951.

EHRHARDT, A. A. T., Politische Metaphysik von Solon bis Augustin (3 Bde.), Tübingen 1959–1969.

EIJK, A. H. C. van, La résurrection des morts chez les Pères apostoliques (ThH 25), Paris 1974.

EIZENHÖFER, L., Das Gemeindegebet aus dem ersten Klemensbrief in einem karolingischen Gebetbuch, in: SE 21 (1972/73) 223–240.

ELLINGWORTH, P., Hebrews and I Clement. Literary Dependence or Common Tradition?, in: BZ NF 23 (1979) 262–269.

ELORDUY, E., Lino, Claudia y Clemente en la Iglesia Apostólica, in: EDeusto 32 (1984) 487–503.

ELTESTER, W., Schöpfungsoffenbarung und natürliche Theologie im frühen Christentum, in: NTS 3 (1956/57) 93–114.

EVANS, C. A., The Citation of Isaiah 60,17 in 1 Clement, in: VigChr 36 (1982) 105–107.

EVANS, C. A., A Note on ΕΓΚΥΠΤΕΙΝ in 1 Clement, in: VigChr 38 (1984) 200–201.

FAIVRE, A., La „système normatif" dans la Lettre de Clément de Rome aux Corinthiens, in: RevSR 54 (1980) 129–152.

FALBO, G., Il primato della chiesa di Roma alla luce dei primi quattro secoli, Rom 1989.

FARMER, W. R., Galatians and the Second-Century Development of the *Regula Fidei*, in: SecCen 4 (1985) 143–170.

FERNÁNDEZ-ARDANAZ, S., Elementos hebreos en la antropología de la llamada Prima Clementis, in: Comp. 34 (1989) 51–87.

FISHER, E. W., Soteriology in I Clement (Diss.), Claremont/California, 1974.

FISHER, E. W., „Let us Look Upon the Blood of Christ" (I Clement 7,4), in: VigChr 34 (1980) 218–236.

FRANKEMÖLLE, H., Der Brief des Jakobus (ÖTK 17/2), Gütersloh – Würzburg 1994.

FREUDENBERGER, R., Das Verhalten der römischen Behörden gegen die Christen im 2. Jahrhundert dargestellt am Brief des Plinius an Trajan und den Reskripten Trajans und Hadrians (MBPF 52), München 1967.

FRIDRICHSEN, A., Propter Invidiam. Note sur I Clém. V, in: Er. 1946, 161–174.

FUCHS, H., Augustin und der antike Friedensgedanke, Berlin 1926.

FUELLENBACH, J., Ecclesiastical Office and the Primacy of Rome. An Evaluation of Recent Theological Discussion of I Clement (SCA 20), Washington 1980.

GALLICET, E., I cristiani e la natura. Da Clemente Romano ad Atenagora, in: CCC 3 (1982) 205–234.

GAMBER, K., Das Papyrusfragmet zur Markusliturgie und das Eucharistiegebet im Clemensbrief, in: OKSt 8 (1959) 31–45.

GERKE, Fr., Die Stellung des ersten Clemensbriefes innerhalb der Entwicklung der altchristlichen Gemeindeverfassung und des Kirchenrechts (TU 47,1), Leipzig 1931.

GIESECKE, A., De philosophorum veterum quae ad exilium spectant sententiis, Leipzig 1891.

GIET, St., Le témoignage de Clément de Rome sur la venue à Rome de saint Pierre, in: RevSR 29 (1955) 123–136.

GIET, St., Le témoignage de Clément de Rome. La cause des persécutions romaines, in: RevSR 29 (1955) 333–345.

GOLTZ, E., von der, Das Gebet in der ältesten Christenheit. Eine geschichtliche Untersuchung, Leipzig 1901.

GRAZZI, L., Il papa dell'anno 97 e 3 „fedeli" di Roma, Parma 1975.

GREEN, H. B., Matthew, Clement and Luke: their Sequence and Relationship, in: JThSt 40 (1989) 1–25.

GRELOT, P., Pierre et Paul fondateurs de la „primaute" romaine, in: Ist. 27 (1982) 228–268.

GRIFFE, E., La persécution contre les chrétiens de Rome de l'an 64, in: BLE 65 (1964) 3–16.

GUNDERT, S., Der erste Brief des Clemens Romanus an die Corinther, in: ZLThK 14 (1853) 638–658; 15 (1854) 29–64.450–485.

HAGNER, D. A., The Use of the Old and New Testaments in Clement of Rome (NT.S 34), Leiden 1973.

HALL, A., I Clement as a Document of Transition, in: CD 181 (1968) 682–692.

HALL, S. G., Repentance in I Clement, in: F. L. Cross (Hrsg.), StPatr 8,2 (TU 93), Berlin 1966, 30–43.

HAMMAN, A., Existe-t-il un language trinitaire chez les Pères apostoliques?, in: Aug. 13 (1973) 455–458.

HANSON, A. T., Rahab the Harlot in Early Christian Tradition, in: JSNT 1 (1978) 53–60.

HANSON, R. P. C., Amt. Alte Kirche, in: TRE III 533–552.

HARNACK, A., Analecten (s. Hatch, E., Die Gesellschaftsverfassung)

HARNACK, A., Über die jüngst entdeckte lateinische Übersetzung des 1. Clemensbriefs, in: SAB 31 (1894) 261–273.

HARNACK, A., Neue Studien zur jüngst entdeckten lateinischen Übersetzung des 1. Clemensbriefs, in: SAB 31 (1894) 601–621.

HARNACK, A., Die Chronologie der altchristlichen Litteratur bis Eusebius. Erster Band, Leipzig 1897.

HARNACK, A., Patristische Miscellen, in: TU 5,3, Leipzig 1900, 70–80.

HARNACK, A., Der erste Klemensbrief. Eine Studie zur Bestimmung des Charakters des ältesten Heidenchristentums, in: SAB (1909) 38–63.

HARNACK, A., Lehrbuch der Dogmengeschichte, Berlin ⁴1909, Bd. I.

HARNACK, A., Entstehung und Entwicklung der Kirchenverfassung und des Kirchenrechtes in den zwei ersten Jahrhunderten. Urchristentum und Katholizismus, Leipzig 1910.

HARNACK, A. v., „Sanftmut, Huld und Demut" in der Alten Kirche, in: FS J. Kaftan, Tübingen 1920, 113–129.

HARNACK, A. v., Die Mission und Ausbreitung des Christentums in den ersten drei Jahrhunderten, Leipzig ⁴1924.

HARNACK, A. v., Einführung in die alte Kirchengeschichte. Das Schreiben der römischen Kirche an die korinthische aus der Zeit Domitians (I. Clemensbrief), Leipzig 1929.

HARRIS, J. R., On an Obscure Quotation in the First Epistle of Clement, in: JBL 29 (1910) 190–195.

HATCH, E., Die Gesellschaftsverfassung der christlichen Kirche im Altertum. Übersetzung mit Analecten von A. Harnack, Giessen 1883.

HATCH, E., Essays in Biblical Greek, Oxford 1899.

HAUSCHILD, W.-D., Die theologische Begründung der Kircheneinheit im frühen Christentum, in: ders. u. a. (Hrsg.), Kirchengemeinschaft - Anspruch und Wirklichkeit
(FS G. Kretschmar), Stuttgart 1986, 9-42.

HAUSCHILD, W.-D., Erziehung und Bildung als theologisches Problem der frühen
Christenheit, in: W. Baier u. a. (Hrsg.), Weisheit Gottes - Weisheit der Welt (FS
J. Ratzinger), St. Ottilien 1987, Bd. 1 615-635.

HELFRITZ, H., ΟΙ ΟΥΡΑΝΟΙ ΤΗΙ ΔΙΟΙΚΗΣΕΙ ΑΥΤΟΥ ΣΑΛΕΥΟΜΕΝΟΙ ΕΝ
ΕΙΡΗΝΗΙ ΥΠΟΤΑΣΣΟΝΤΑΙ ΑΥΤΩΙ (I Clem. 20,1), in: VigChr 22 (1968) 1-7.

HENNE, Ph., Le sceptre de la majesté en Clem. 16,2, in: E. A. Livingstone (Hrsg.),
StPatr 21, Leuven 1989, 101-105.

HENNE, Ph., La christologie chez Clément de Rome et dans le Pasteur d'Hermas (Par.
33), Fribourg 1992.

HENTEN, J. W. van, Zum Einfluß jüdischer Martyrien auf die Literatur des frühen
Christentums, II. Die Apostolischen Väter, in: ANRW, II, Bd. 27,1, Berlin 1993,
700-723.

HERRON, Th. J., The Most Probable Date of the First Epistle of Clement to the
Corinthians, in: E. A. Livingstone (Hrsg.), StPatr 21, Leuven 1989, 106-121.

HERTLING, L., 1 Kor 16,15 und 1 Clem 42, in: Bibl. 20 (1939) 276-283.

HEUSSI, K., War Petrus in Rom?, Gotha 1936.

HEUSSI, K., Die römische Petrustradition in kritischer Sicht, Tübingen 1955.

HILGENFELD, A., Die apostolischen Väter. Untersuchungen über Inhalt und Ursprung
der unter ihrem Namen erhaltenen Schriften, Halle 1853.

HINSON, E. G., Evidence of Essene Influence in Roman Christianity. An Inquiry, in:
E. A. Livingstone (Hrsg.), StPatr 17,2, Oxford 1982, 697-701.

HOFMANN, D., Die Legende von Sankt Clemens in den skandinavischen Ländern im
Mittelalter (Beiträge zur Skandinavistik 15), Frankfurt a. Main - Berlin 1997.

HOFMANN, J., Die amtliche Stellung der in der ältesten römischen Bischofsliste überlieferten Männer in der Kirche von Rom, in: HJ 109 (1989) 1-23.

HORRELL, D. G., The social Ethos of the Corinthian Correspondence. Interests and
Ideology from 1 Corinthians to 1 Clement, Edinburgh 1996.

HÜBNER, R. M., Die Anfänge von Diakonat, Presbyterat und Episkopat in der frühen
Kirche, in: A. Rauch - P. Imhof (Hrsg.), Das Priestertum in der Einen Kirche.
Diakonat, Presbyterat und Episkopat, Aschaffenburg 1987.

HÜBNER, R. M., Εἷς θεὸς Ἰησοῦς Χριστός. Zum christlichen Gottesglauben im 2. Jahrhundert - ein Versuch, in: MThZ 47 (1996) 325-344.

JAEGER, W., Echo eines unerkannten Tragikerfragments in Clemens' Brief an die Korinther, in: RhMus 102 (1959) 330-340.

JAEGER, W., Das frühe Christentum und die griechische Bildung, Berlin 1963.

JAUBERT, A., Les sources de la conception militaire de l'Église en 1 Clément 37, in:
VigChr 18 (1964) 74-84.

JAUBERT, A., Thèmes lévitiques dans la Prima Clementis, in: VigChr 18 (1964) 193-203.

JAVIERRE, A., La primera Diadoche de la patrística y los „Ellogimoi" de Clemente
Romano. Datos para el problema de la sucesión apostólica, Turin 1958.

JAY, E. G., From Presbyter-Bishops to Bishops and Presbyters: Christian Ministry in
the Second Century: A Survey, in: SecCen 3 (1981) 125-162.

JEFFERS, J. S., The Influence of the Roman Family and Social Structures on Early Christianity in Rome, in: SBLSP 27 (1988) 370–384.

JEFFERS, J. S., Pluralism in Early Roman Christianity, in: FiHi 22 (1990) 4–17.

JEFFERS, J. S., Conflict at Rome. Social Order and Hierarchy in Early Christianity, Minneapolis 1991.

JOHNSON, L. Th., James 3:13–4:10 and the *Topos* ΠΕΡΙ ΦΘΟΝΟΥ, in: NovT 25 (1983) 327–347.

JOURJON, M., Remarques sur le vocabulaire sacerdotal dans la I Clementis, in: J. Fontaine – Ch. Kannengiesser (Hrsg.), Epektasis (FS J. Daniélou), Paris 1972, 107–110.

KERESZTES, P., Nero, the Christians and the Jews in Tacitus and Clement of Rome, in: Latomus 43 (1984) 404–413.

KLAUSER, Th., Die römische Petrustradition im Lichte der neuen Ausgrabungen unter der Peterskirche (AGF-G 24), Köln 1956.

KLEVINGHAUS, J., Die theologische Stellung der Apostolischen Väter zur alttestamentlichen Offenbarung (BFChTh 44/1), Gütersloh 1948.

KNOCH, O., Die Ausführungen des I Clem. über die kirchliche Verfassung im Spiegel der neueren Deutungen seit R. Sohm und A. Harnack, in: ThQ 141 (1961) 385–407.

KNOCH, O., Eigenart und Bedeutung der Eschatologie im theologischen Aufriß des ersten Clemensbriefes. Eine auslegunsgeschichtliche Untersuchung (Theoph. 17), Bonn 1964.

KNOCH, O., Clemens Romanus und der Frühkatholizismus. Zu einem neuen Buch, in: JbAC 10 (1967) 202–210.

KNOCH, O., Die Stellung der Apostolischen Väter zu Israel und zum Judentum, in: J. Zmijewski – E. Nellesen (Hrsg.), Begegenung mit dem Wort (FS H. Zimmermann) (BBB 53), Bonn 1980, 347–378.

KNOCH, O., Im Namen des Petrus und Paulus: Der Brief des Clemens Romanus und die Eigenart des römischen Christentums, in: ANRW, II, Bd. 27,1, Berlin 1993, 3–54

KNOPF, R., Das Nachapostolische Zeitalter. Geschichte der christlichen Gemeinden vom Beginn der Flavierdynastie bis zum Ende Hadrians, Tübingen 1905.

KÖHLER, W.-D., Die Rezeption des Matthäusevangeliums in der Zeit vor Irenäus (WUNT II/24), Tübingen 1987.

KÖSTER, H., Synoptische Überlieferung bei den Apostolischen Vätern (TU 65), Berlin 1957.

KÖSTER, H., Einführung in das Neue Testament im Rahmen der Religionsgeschichte und Kulturgeschichte der hellenistischen und römischen Zeit, Berlin – New York 1980.

LAMPE, P., Die stadtrömischen Christen in den ersten beiden Jahrhunderten. Untersuchungen zur Sozialgeschichte (WUNT II/18), Tübingen 1987.

LANA, I., La cristianizzazione di alcuni termini retorici nella „Lettera ai Corinti" di Clemente, in: Forma Futuri (FS M. Pellegrino), Turin 1975, 110–118.

LEBRETON, J., La Théologie de la Trinité chez saint Clément de Rome, in: Gr. 6 (1925) 369–404.

LEDER, H.-G., Studien zum I. Clemensbrief (Diss.), Greifswald 1975.

LEDER, H.-G., Das Unrecht der Presbyterabsetzung in Korinth, Zur Interpretation von 1. Cl. 44,1–6, in: ThV 10 (1979) 107–127.

LEGASSE, S., La prière pour les chefs d'etat. Antecedents judaïques et temoins chrétiens du premier siècle, in: NovT 29 (1987) 236–253.

LEMAIRE, A., Les ministères aux origins de l'église, Paris 1971

LEMARCHAND, L., La composition de l'épître de saint Clément aux Corinthiens, in: RSR 18 (1938) 448–457.

LEMME, L., Das Judenchristentum der Urkirche und der Brief des Clemens Romanus, in: NJDTh 1 (1892) 325–480.

LEWIS, J. P., A Study of the Interpretation of Noah and the Flood in Jewish and Christian Literature, Leiden 1968.

LIANG, K. J., Het begrip deemoed in I Clemens, Utrecht 1951.

LIEBAERT, J., Les enseignements moraux des Pères apostoliques (RSSR.M 4), Gembloux 1970.

LIETZMANN, H., Geschichte der Alten Kirche, Bd. 1, Berlin 1932.

LINDEMANN, A., Paulus im ältesten Christentum. Das Bild des Apostels und die Rezeption der paulinischen Theologie in der frühchristlichen Literatur bis Marcion (BHTh 58), Tübingen 1979.

LINDEMANN, A., Der Apostel Paulus im 2. Jahrhundert, in: J.-M. Sevrin (Hrsg.), The New Testament in Early Christianity. La réception des écrits néotestamentaires dans le christianisme primitif (BEThL 86), Leuven 1989, 39–67.

LINDESKOG, G., Schöpfer und Schöpfung in den Schriften der Apostolischen Väter, in: ANRW, II, Bd. 27,1, Berlin 1983, 588–648.

LIPSIUS, R. A., De Clementis Romani epistola ad Corinthios priore disquisitio, Leipzig 1855.

LOENING, E., Die Gemeindeverfassung des Urchristentums, Halle 1889.

LÖSCH, St., Epistula Claudiana. Der neuentdeckte Brief des Kaisers Claudius vom Jahre 41 n. Chr. und das Urchristentum, Rottenburg 1930.

LÖSCH, St., Der Brief des Clemens Romanus. Die Probleme und ihre Beurteilung in der Gegenwart, in: Studi dedicati alla memoria de Paolo Ubaldi (PUCSC 5.16), Mailand 1937, 177–188.

LOHMANN, H., Drohung und Verheißung. Exegetische Untersuchungen zur Eschatologie bei den Apostolischen Vätern (BZNW 55), Berlin 1989.

LONA, H. E., Die Zahl der Auserwählten. Ein Versuch über I Clem 2,4, in: ZNW 85 (1994) 151–158.

LONA, H. E., Zur religionsgeschichtlichen Frage in I Clem 20, in: J. B. Bauer (Hrsg.), ΦΙΛΟΦΡΟΝΗΣΙΣ für N. Brox (GrThSt 19), Graz 1995, 21–54.

LONA, H. E., Rhetorik und Botschaft in I Clem 49, in: ZNW 86 (1995) 94–103.

LONA, H. E., Zur Bedeutung von ἀβαναύσως in I Clem 44,3, in: VigChr 50 (1996) 5–11.

LOOFS, F., Theophilus von Antiochien adversus Marcionem und die anderen theologischen Quellen bei Irenaeus (TU 46,2), Leipzig 1930.

LORIMER, W. L., Clement of Rome, Epistle I, 44, in: JThSt 25 (1924) 404.

LORIMER, W. L., Clement of Rome, Ep. I.6,2: Δαναίδες καὶ Δίρκαι in: JThSt 42 (1941) 70.

LÜTGERT, W., Amt und Geist im Kampf, Gütersloh 1911

LUSCHNAT, O., Griechisches Gemeinschaftsdenken bei Clemens Romanus, in: J. Burian – L. Vidman (Hrsg.), Antiquitas graeco-romana ac tempora nostra, Prag 1968, 125–131.

MAIER, H. O., 1 Clement 40–44: Apostolic Succession or Legitimation? Insights from the Social Sciences, in: E. A. Livingstone, StPatr 21, Leuven 1989, 137–141.

MAIER, H. O., The Social Setting of the Ministry as Reflected in the Writings of Hermas, Clement and Ignatius, Waterloo 1991.

MAGGIONI, B., La concezione della Chiesa in S. Clemente Romano, in: StPat 13 (1966) 3-27.

MARA, M. G., Una lettura kerygmatica di alcuni scritti dell' età apostolica, in: Forma Futuri (FS M. Pellegrino), Turin 1975, 8-16.

MARSHALL, S. S., Δίψυχος: A local term?, in: E. A. Livingstone (Hrsg.), StEv 6 (TU 112), Berlin 1973, 348-351.

MARTIN, J. (u. a.), Der priesterliche Dienst, III. Die Genese des Amtspriestertums in der frühen Kirche (QD 48), Freiburg 1972.

MARTIN, J. P., El Espíritu Santo en los orígenes del cristianismo. Estudio sobre I Clemente, Ignacio, II Clemente y Justino mártir (BSRl 2), Zürich 1971.

MARTIN, J. P., Prima Clementis: ¿estoicismo o filonismo?, in: Salm. 41 (1994) 5-35.

MAYER, H. T., Clement of Rome and His Use of Scripture, in: CTM 42 (1971) 536-540.

McCUE, J. E., The Roman Primacy in the Second Century and the Problem of the Development of Dogma, in: ThSt 25 (1964) 161-196.

MEES, M., Schema und Dispositio in ihrer Bedeutung für die Formung der Herrenworte aus dem 1. Clemensbrief, Kap. 13,2, in: VetChr 8 (1971) 257-272.

MEES, M., Das Herrenwort aus dem Ersten Clemensbrief, Kap. 46,8 und seine Bedeutung für die Überlieferung der Jesusworte, in: Aug. 12 (1972) 233-256.

MEES, M., Die Hohepriester-Theologie des Hebräerbriefes im Vergleich mit dem Ersten Clemensbrief, in: BZ NF 22 (1978) 115-124.

MEES, M., Isaaks Opferung in frühchristlicher Sicht, von Clemens Romanus bis Clemens Alexandrinus, in: Aug. 28 (1988) 259-272.

MEES, M., Das Christusbild des Ersten Klemensbriefes, in: EThL 66 (1990) 297-318.

MEINHOLD, P., Geschehen und Deutung im I. Clemensbrief, in: ZKG 58 (1939) 82-129.

MENEGHELLI, R., Fede cristiana e potere politico in Clemente Romano, Bologna 1970.

MERRILL, E. T., On „Clement of Rome", in: AJT 22 (1918) 426-442.

MERRILL, E. T., Essays in Early Christian History, London 1924.

MICHEL, O., Der Brief an die Hebräer (KEK), Göttingen [13]1975.

MIKAT, P., Die Bedeutung der Begriffe Stasis und Aponoia für das Verständnis des 1. Clemensbriefes (VAFLNW 155), Köln 1969.

MIKAT, P., Zur Fürbitte der Christen für Kaiser und Reich im Gebet des 1. Clemensbriefes, in: H. Ehmke u. a. (Hrsg.), FS U. Scheuner, Berlin 1973, 455-471.

MIKAT, P., Der „Auswanderungsrat" (I Clem 54,2) als Schlüssel zum Gemeindeverständnis im 1. Clemensbrief, in: A. Lippold - N. Himmelmann (Hrsg.), Bonner Festgabe Johannes Straub zum 65. Geburtstag, Bonn 1977, 213-223.

MILOBENSKI, E., Der Neid in der griechischen Philosophie (KPS 29), Wiesbaden 1964.

MINNERATH, R., La position de l'Église de Rome aux trois premiers siècles, in: M. Maccarrone (Hrsg.), Il primato del vescovo di Roma nel primo millenio. Ricerche e testimonianze (Pontificio comitato di scienze storiche. Atti e Documenti 4), Città del Vaticano 1991, 139-171.

MINNERATH, R., De Jérusalem à Rome. Pierrre et l'unité de l'église apostolique (ThH 101), Paris 1994.

MINKE, H.-U., Die Schöpfung in der frühchristlichen Verkündigung nach dem Ersten Clemensbrief und der Areopagrede. Ein Beitrag zur Frage nach dem „Frühkatholizismus" (Diss.), Hamburg 1966.

MODA, A., Per una biografia paolina: La Lettera di Clemente, il Canone Muratoriano, la letteratura Apocrifa, in: M. Angelini u. a. (Hrsg.), Testimonium Christi (FS J. Dupont), Brescia 1985, 289–315.

MØRSTAD, E., Evangeliet, med henblikk på Paulus og 1. Klemensbrev, in: NTT 69 (1968) 139–157.

MOHRMANN, Chr., Les origines de la latinité chrétienne a Rome, in: VigChr 3 (1949) 67–106.163–183.

MÜLLER, K., Kleine Beiträge zur alten Kirchengeschichte. 16. Die älteste Bischofswahl und -weihe in Rom und Alexandrien, in: ZNW 28 (1929) 274–296.

MUSSNER, F., Der Jakobusbrief (HThK 13,1), Freiburg ³1975.

NAGLER, N., Frühkatholizismus. Zur Methodologie einer kritischen Debatte (RSTh 43), Frankfurt a. Main 1994.

NAUCK, W., Probleme des frühchristlichen Amtsverständnisses (1 Petr 5,2 f.), in: ZNW 48 (1957) 200–220.

NESTLE, E., War der Verfasser des ersten Clemens-Briefes semitischer Abstammung?, in: ZNW 1 (1900) 178–180.

NEUMANN, J., Der theologische Grund für das kirchliche Vorsteheramt nach dem Zeugnis der Apostolischen Väter, in: MThZ 14 (1963) 252–265.

NIELSEN, Ch. M., Clement of Rome and Moralism, in: CH 31 (1962) 131–150.

NOLL, R. R., The Search for a Christian Ministerial Priesthood in I Clement, in: E. A. Livingstone (Hrsg.), StPatr 13 (TU 116), Berlin 1975, 250–254.

NORDEN, E., Die Antike Kunstprosa vom VI. Jahrhundert v. Chr. bis in die Zeit der Renaissance, 2 Bde., Stuttgart ³1915

NORDEN, E., Heldenehrungen. Rede bei der Feier der Erinnerung an den Stifter der Berliner Universität König Friedrich Wilhelm III, Berlin 1928.

NORMANN, Fr., Christos Didaskalos. Die Vorstellung von Christus als Lehrer in der urchristlichen Literatur des ersten und zweiten Jahrhunderts, Münster 1966.

NORRIS, F. W., Ignatius, Polycarp, and I Clement. Walter Bauer reconsidered, in: VigChr 30 (1976) 23–44.

O'HAGAN, A. P., Material Re-Creation in the Apostolic Fathers (TU 100), Berlin 1968.

OIKONOMOY, Ἡ. Β., Τὸ κείμενον τῆς Παλαιᾶς Διαθήκης κατὰ τὴν Α΄ Κλήμεντος, in: Theol(A) 33 (1962) 600–626.

OPITZ, H., Ursprünge frühchristlicher Pneumatologie. Ein Beitrag zur Entstehung der Lehre vom Heiligen Geist in der römischen Gemeinde unter Zugrundelegung des I Clemens-Briefes und des „Hirten" des Hermas (ThA 15), Berlin 1960.

PADBERG, R., Gottesdienst und Kirchenordnung im (ersten) Klemensbrief, in: ALW 9 (1965/66) 367–374.

PASCHKE, F., Die griechische hagiographische Texttradition zum Fest des Klemens von Rom, in: F. L. Cross (Hrsg.), StPatr 7 (TU 92), Berlin 1966, 83–89.

PAVAN, V., La dossologia nella communicazione cristologia dei primi due secoli (I e II Clem., Iust.), in: VetChr 12 (1975) 391–415.

PENNA, R., Configurazione giudeo-cristiana della chiesa di Roma nel I secolo, in: Lat. 50 (1984) 101–113.

PERETTO, E., Clemente Romano ai Corinti. Sfida alla violenza, in: VetChr 26 (1989) 89–114.

PERLER, O., Ignatius von Antiochien und die römische Christengemeinde, in: DTh 22 (1944) 413–451.

PERLER, O., Das vierte Makkabäerbuch, Ignatius von Antiochien und die ältesten Märtyrerberichte, in: RivAC 25 (1949) 47–72.

PETERSON, E., Das Praescriptum des 1.Clemensbriefes, in: W.J. Kooimann – J.M. van Veen, Pro Regno pro sanctuario (FS G. van der Leew), Nijkerk 1950, 351–357. Jetzt in: Ders., Frühkirche, Judentum und Gnosis. Studien und Untersuchungen, Freiburg 1959, 129–136.

PICIRILLI, R.E., Allusions to 2 Peter in the Apostolic Fathers, in: JSNT 33 (1988) 57–83.

PLUMMER, A., „Danaids and Dirces" in the Epistle of Clement to Corinth, in: ExpT 26 (1915) 560–562.

PONTHOT, J., La signification religieuse du „Nom" chez Clément de Rome et dans la Didachè, in: EThL 35 (1959) 339–361.

PORTER, St. E., Is „dipsychos" (James 1,8; 4,8) a „Christian" Word?, in: Bibl. 71 (1990) 469–498.

POTTERIE, I. de la, L'origine et le sens primitif du mot „laïc", in: NRTh (1958) 840–853

PRAETORIUS, W., Die Bedeutung der beiden Klemensbriefe für die älteste Geschichte der kirchlichen Praxis, in: ZKG 33 (1912) 347–363.501–528.

PROULX, P. – O'CALLAGHAN, J., La lectura del salmo 88,21 b (LXX) en I Clem 18,1, in: Bibl. 61 (1980) 92–101.

POWELL, D., Clemens von Rom, in: TRE VIII 113–120.

QUACQUARELLI, A., Sulla dossologia trinitaria dei Padri apostolici, in: VetChr 10 (1973) 211–241.

QUINN, J.D., „Seven Times he Wore Chains" (I Clem 5,6), in: JBL 97 (1978) 574–576.

RAHLFS, A., Septuaginta-Studien I–III, Göttingen ²1965.

RÄISÄNEN, H., „Werkgerechtigkeit" – eine „frühkatholische" Lehre? Überlegungen zum 1. Klemensbrief, in: StTh 37 (1983) 79–99.

REICKE, B., Diakonie, Festfreude und Zelos in Verbindung mit der altchristlichen Agapenfeier (UUA 5), Uppsala 1951.

REUSS, E., Histoire de la théologie chrétienne au siècle apostolique, 2 Bde., Straßburg – Paris 1852

RIGGI, C., La liturgia della pace nella Prima Clementis, in: Sal. 33 (1971) 31–70.205–261.

RIGGI, C., Lo Spirito santo nell'antropologie della I Clementis, in: Aug. 20 (1982) 499–507.

RITSCHL, A., Die Entstehung der altkatholischen Kirche. Eine kirchen- und dogmengeschichtliche Monographie, Bonn ²1857.

ROBINSON, J.A.T., Redating the New Testament, London 1976, ⁴1981 (= Wann entstand das Neue Testament?, Paderborn – Wuppertal 1986).

ROHDE, J., Häresie und Schisma im ersten Clemensbrief und in den Ignatius-Briefen, in: NT 10 (1968) 217–233.

ROHDE, J., Urchristliche und frühkatholische Ämter. Eine Untersuchung zur frühchristlichen Amtsentwicklung im Neuen Testament und bei den apostolischen Vätern (ThA 23), Berlin 1976.

ROLOFF, J., Amt. Im Neuen Testament, in: TRE III 500–533.

ROTHE, R., Die Anfänge der christlichen Kirche und ihrer Verfassung, Wittenberg 1837.

RUNIA, D.T., Philo of Alexandria and the Timaeus of Plato (PhA 44), Leiden 1986.

RUNIA, D.T., Philo in Early Christian Literature. A Survey (CRI Sect.3 3), Assen – Minneapolis 1993.

RUSSELL, E.A., Godly Concord: en homonoia (1 Clement 9,4), in: IBSt 11 (1989) 186–196.

SACHOT, M., Pour une étude de la notion de salut chez les Pères apostoliques, in: RevSR 51 (1977) 54–70.

SALZMANN, J. Chr., Lehren und Ermahnen. Zur Geschichte des christlichen Wortgottesdienstes in den ersten drei Jahrhunderten (WUNT II 59), Tübingen 1994.

SANDERS, L., L'Hellénisme de saint Clément de Rome et le Paulinisme (StHell 2), Louvain 1943.

SCHULER, M., Klemens von Rom und „Petrus in Rom?", in: FS Bischof Bornewasser (TThSt 1), Trier 1941, 94–116.

SCHULZ, S., Die Mitte der Schrift. Der Frühkatholizismus im Neuen Testament als Herausforderung an den Protestantismus, Berlin 1976.

SCHWEITZER, V., Glaube und Werke bei Klemens Romanus, in: ThQ 85 (1903) 417–37.547–575.

SCHWEGLER, A., Das nachapostolische Zeitalter in den Hauptmomenten seiner Entwicklung, Tübingen 1846.

SIMONETTI, M., Il problema dell'unità di Dio a Roma da Clemente a Dionigi, in: RSLR 22 (1986) 439–474.

SIMONETTI, M., Sulla datazione della traduzione latina della lettera die Clemente Romano, in: RFIC 116 (1988) 203–211.

SMITH, M., The Report about Peter in I Clement V. 4, in: NTS 7 (1960/61) 86–88.

SOHM, R., Wesen und Ursprung des Katholizismus, Leipzig – Berlin 1912.

SPACCAPELO, N., „L'amore di Dio non può essere spiegato" (1 Clem 49,2), in: PSV 10 (1984) 217–229.

SPACCAPELO, N., Nella fraternità e nella concordia (1 Clemente), in: PSV 11 (1985) 233–244.

SPANNEUT, M., Le stoïcisme des pères de l'Église de Clément de Rome à Clément d'Alexandrie, Paris ²1957.

STADLER, K., Apostolische Sukzession und Eucharistie bei Clemens Romanus, Irenäus und Ignatius von Antiochien, in: IKZ 62 (1972) 231–244; 63 (1973) 100–128.

STOCKMEIER, P., Bischofsamt und Kircheneinheit bei den Apostolischen Vätern, in: TTZ 73 (1964) 321–335.

STOCKMEIER, P., Der Begriff παιδεία bei Klemens von Rom, in: F. L. Cross (Hrsg.), StPatr 7 (TU 92), Berlin 1966, 401–408.

STUIBER, A., Refrigerium interim. Die Vorstellung von Zwischenzustand und die frühchristliche Grabeskunst (Theoph. 11), Bonn 1957.

STUIBER, A., Art.: Clemens Romanus I, in: RAC III 188–197.

STUIBER, A., Art.: Doxologie, in: RAC IV 210–226.

TARELLI, C. C., Clement of Rome and the Fourth Gospel, in: JThS 48 (1947) 208–209.

THEISSEN, G., Untersuchungen zum Hebräerbrief (StNT 2), Gütersloh 1969.

THIERRY, J. J., Note sur τὰ ἐλάγιστα τῶν ζώων au chapitre XX de la Iᵃ Clementis, in: VigChr 14 (1960) 235–244.

THIERRY, J. J., „Jezus de Heer" bij Clemens Romanus en in de Didache, in: NAKG 45 (1962) 1–13.

THIERRY, J. J., De brief van Clemens Romanus, in: Lampas 10 (1977) 11–24.

THYEN, H., Der Stil der Jüdisch-Hellenistischen Homilie (FRLANT 65), Göttingen 1955.

THRAEDE, K., Grundzüge griechisch-römischer Brieftopik (Zet. 48), München 1970.

THRAEDE, K., Homonoia (Eintracht), in: RAC XVI 176–289.

TORRANCE, Th. F., The Doctrine of Grace in the Apostolic Fathers, Edinburgh 1948.

TREVETT, Chr., Ignatius 'To the Romans' and 1 Clement LIV–LVI, in: VigChr 43 (1989) 35–52.

ULLMANN, W., The Cosmic Theme of the *Prima Clementis* and its Significance for the Concept of Roman Rulership, in: F. L. Cross (Hrsg.), StPatr 11/2 (TU 108), Berlin 1972, 85–91.

ULRICH, J., Euseb, HistEccl III,14–20 und die Frage nach der Christenverfolgung unter Domitian, in: ZNW 87 (1996) 269–289.

UNNIK, W. C. van, Is I Clement 20 purely stoic?, in: VigChr 4 (1948) 181–189. Jetzt in: Sparsa Collecta. The Collected Essays von W. C. van Unnik, Leiden 1983, III 52–58.

UNNIK, W. C. van, I Clement 34 and the Sanctus, in: VigChr 5 (1951) 204–248 (= Sparsa Collecta III 326–361).

UNNIK, W. C. van, Zur Bedeutung von ΤΑΠΕΙΝΟΥΝ ΤΗΝ ΨΥΧΗΝ bei den Apostolischen Vätern, in: ZNW 44 (1953) 250–255 (= Sparsa Collecta III 71–76).

UNNIK, W. C. van, Le nombre des élus dans la première épître de Clément, in: RHPhR 42 (1962) 237–246 (= Sparsa Collecta III 124–133).

UNNIK, W. C. van, Tiefer Friede (1. Klemens 2,2), in: VigChr 24 (1970) 261–279.

UNNIK, W. C. van, Studies over de zogenaamde eerste brief van Clemens.I: Het litteraire genre (MNAW.L NF 33/4 33), Amsterdam 1970.

UNNIK, W. C. van, Noch einmal „tiefer Friede". Nachschrift zu dem Aufsatz von Herrn Dr. K. Beyschlag, in: VigChr 26 (1972) 24–28.

UNNIK, W. C. van, Two Notes on Irenaeus, in: VigChr 30 (1976) 201–213.

VERWEIJS, P. G., Evangelium und neues Gesetz in der ältesten Christenheit bis auf Marcion, Utrecht 1960.

VIELHAUER, Ph., Geschichte der urchristlichen Literatur, Berlin – New York 1975.

VOGT, H.-J., Zum Bischofsamt in der frühen Kirche, in: ThQ 162 (1982) 221–236.

VOGT, H.-J., Rez. von A. Lindemann, Die Clemensbriefe, in: JAC 38 (1995) 167–170.

VÖLTER, D., Die Apostolischen Väter, Bd. I, Leiden 1904.

VÖLTER D., Die älteste Predigt aus Rom. (Der sogenannte zweite Clemensbrief), Leiden 1908.

WEHOFER, Th. M., Untersuchungen zur altchristlichen Epistolographie (SAWW 143,17), Wien 1901.

WEISS, B., Amt und Eschatologie im I. Clemensbrief, in: ThPh 50 (1975) 70–83.

WEISS, H.-F., Der Brief an die Hebräer (KEK 13), Göttingen 1991.

WEIZSÄCKER, C., Das apostolische Zeitalter der christlichen Kirche, Freiburg 1886.

WELBORN, L. L., On the Date of First Clement, in: BR 29 (1984) 35–54.

WENDLAND, P., Die hellenistisch-römische Kultur in ihren Beziehungen zu Judentum und Christentum (HNT 2), Tübingen 1907.

WENDLAND, P., Die urchristlichen Literaturformen, Tübingen 1912.

WENDLAND, P., Philo und die kynisch-stoische Diatribe, in: ders. – O. Kern, Beiträge zur Geschichte der griechischen Philosophie und Religion, Berlin 1895.

WENGST, K., „Der Gott des Friedens …". Zum Thema „Friede" bei Klemens von Rom, Paulus und Jesus, in: H. Reiffen (Hrsg.), Christen und Marxisten in unserer Gesellschaft heute (FS W. Kreck), Köln 1983, 252–268.

WENGST, K., Pax Romana. Anspruch und Wirklichkeit. Erfahrungen und Wahrnehmungen des Friedens bei Jesus und im Urchristentum, München 1986.

WERNER, E., Post-Biblical Hebraisms in the Prima Clementis, in: Harry Austryn Wolfson Jubilee II (Jerusalem: American Academy for Jewish Research 1965) 793–818.

Wickert, U., Eine Fehlübersetzung zu I Clem 19,2, in: ZNW 49 (1958) 270–275.

Wickert, U., Paulus, der erste Klemens und Stephan von Rom: drei Epochen der frühen Kirche aus ökumenischer Sicht, in: ZKG 79 (1968) 145–158.

Wickert, U., Christus kommt zur Welt: Zur Wechselbeziehung von Christologie, Kosmologie und Eschatologie in der Alten Kirche, in: A. M. Ritter (Hrsg.), Kerygma und Logos (FS C. Andresen), Göttingen 1979, 461–481.

Wifstrand, A., Die alte Kirche und die griechische Bildung, Bern – München 1967.

Wilhelm-Hooijbergh, A. E., A Different View of Clemens Romanus, in: HeyJ 16 (1975) 266–288.

Wilhelm-Hooijbergh, A. E., Clemens Romanus Imitating the Seditious Corinthians?, in: E. A. Livingstone (Hrsg.), StPatr 16,2, Berlin 1985, 206–208.

Wilhelm-Hooijbergh, A. E., Rome or Alexandria: which was Clemens Romanus' Birthplace?, in: E. A. Livingstone (Hrsg.), StPatr 17,2, Oxford 1982, 756–759.

Williamson, R., Philo and the Epistle to the Hebrews (ALGHJ 4), Leiden 1970.

Wills, L., The Form of the Sermon in Hellenistic Judaism and Early Christianity, in: HThR 77 (1984) 277–299.

Wilson, J. W., The First Epistle of Clement. A Theology of Power (Diss.), Durham 1976.

Wiseman, J., Corinth and Rome, I: 228 B.C. to A.D. 267, in: ANRW, II, Bd. 7,1, Berlin 1979, 438–548.

Wong, D. W. F., Natural and Divine Order in I Clement, in: VigChr 31 (1977) 81–87.

Wrede, W., Untersuchungen zum ersten Klemensbrief, Göttingen 1891.

Wright, D. F., Clement and the Roman Succession in Irenaeus, in: JTS 18 (1967) 144–154.

Young, F. W., The Relation of I Clement to the Epistle of James, in: JBL 67 (1948) 339–345.

Zahn, Th., Geschichte des neutestamentlichen Kanons. 2 Bde., Erlangen 1888–1890 (Nachdruck Hildesheim – New York 1975).

Ziegler, A. W., Neue Studien zum ersten Klemensbrief, München 1958.

Ziegler, A. W., Politische Aspekte im Ersten Klemensbrief, in: FKTh 2 (1986) 67–74.

Ziegler, A. W. – Brunner, G., Die Frage nach einer politischen Absicht des Ersten Klemensbriefes, in: ANRW, II, Bd. 27,1, Berlin 1983, 55–76.

WORTREGISTER
(in Auswahl)

1. Griechische Begriffe

φόβος 144. 185 f. 280 f.
φοβούμενος 63
χαρακτήρ 357
χάρις 234. 332. 494

χρόνος 447
χῶρος 533
ψυχή 248. 288. 530
ὠκεανός 261

2. Hebräische Begriffe

אהב 196
אהבה 525
אפר 238,3
בית 328
בן 464
בשר 310
כסה 525
כהובים 321
לב 202

סוד 328
פשע 525
קדש 328
קנא 149
קנה 149
רצון 113,1
עפר 238,3
עור 310
שחץ 464

3. Koptische Begriffe

ⲁⲭⲛ̄ 363
ⲧⲱⲱϣ 258,2
ⲟⲩⲱⲥϩ 260,2

ϩⲧⲁⲣⲧⲣⲉ 116,1. 540 f.
ϫⲓⲥⲉ 463

STELLENREGISTER
(in Auswahl)

1. Biblische Schriften

Altes Testament (TM)

Num		2 Chron		21,27	285,1
16,22	594,2	20,7	196	28,8	464
27,16	594,2	Ps 138,10	323	41,26	464
Jes 41,8	196				
		Ijob		Spr	
		19,26	310	10,12	525

Altes Testament (LXX)

Gen		Ex		18,27	328
1,4	254	2,14 f.	151	19,1–10	207
1,9	260	3,11	240	27,16	594
1,11 f	256	6,30	240		
1,22	360	10,3	279	Dtn	
1,26 f	357. 359	11,10	545	4,34	328
1,28	360. 596	14	545	7,9	600
2,7	285. 357. 359	15,4	545	9,9–14	550 f.
2,23	172	28,36	451	32,8–9	327
4,3–8	148	32,31 f	551	32,15	137
5,24	194	33,18	394		
13,14–16	197			Jos	
15,5 f	197	Lev		2,1–19	204–207
18,1–15	198	7,11	530,2		
18,22.27	238	7,37	438	1 Sam	
19,1–15	201	16	207	2,7	594
19,26	203	19,11	314	2,10	213
21,2	198			12,24	245,7
22,1–14	199	Num		13,14	242
22,8	341	4,16	456		
22,16 f	340	12	152	1 Kön	
27,43	150	12,7	239. 449	8,61	284,3
28,2	150	14,18	602,1	9,4	598
28,21	288	14,23	142	19,13.19	236
35,1	150	16,12–34	152		
49,10	345	16,22	594	2 Kön	
		17	452 f.	2,8.13.14	236

Neues Testament

2. Jüdische Literatur

3. Altchristliche Literatur

4. Griechisch-lateinische Profanliteratur

Sach- und Namenregister

Alte Kirche: Geschichte und Theologie

Klaus Fitschen
Messalianismus und Antimessalianismus

Ein Beispiel ostkirchlicher Ketzergeschichte. (Forschungen zur Kirchen- und Dogmengeschichte 71). 1998. 379 Seiten, gebunden. ISBN 3-525-55179-7

Die Entstehung der messalianischen Bewegung im römischen Syrien des 4. Jh. und die Geschichte ihrer Verketzerung ist Gegenstand dieser Untersuchung. Ein zweiter Schwerpunkt ist die Beziehung zwischen Messalianern und einem griechisch-syrischen Kirchenvater, dessen Werke unter dem Pseudonym „Makarios" überliefert sind, und schließlich zeigt die besondere Beachtung der Geschichte des Ketzertitels „Messalianer", daß der Messalianismus und der Antimessalianismus als ein Beispiel ostkirchlicher Ketzergeschichte angesehen werden können.

Bernhard Lohse
Evangelium in der Geschichte, Band II

Studien zur Theologie der Kirchenväter und zu ihrer Rezeption in der Reformation. Aus Anlaß des 70. Geburtstags des Autors herausgegeben von Gabriele Borger, Corinna Dahlgrün, Otto Hermann Pesch und Markus Wriedt. 1998. 315 Seiten, 1 Frontispiz, kartoniert. ISBN 3-525-581661

Die wichtigsten Vor- und Begleitstudien zu Lohses Hauptwerken – sein wissenschaftliches Vermächtnis für kommende Generationen von Studierenden der Kirchen- und Dogmengeschichte.

Hartmut Leppin
Von Constantin dem Großen zu Theodosius II.

Das christliche Kaisertum bei den Kirchenhistorikern Socrates, Sozomenus und Theodoret. (Hypomnemata 110). 1996. VIII, 350 Seiten, kartoniert. ISBN 3-525-25198-X

Differierende Vorstellungen vom Kaisertum sind dafür verantwortlich, daß die Werke der drei Kirchenhistoriker zwar viele Ähnlichkeiten, jedoch z. T. auch erhebliche Unterschiede in der Darstellung der einzelnen Kaiser aufweisen – was bisher kaum Beachtung fand. Diese Analyse gibt Einblick in bislang unerschlossene Bereiche des politischen Denkens der Spätantike.

Martin Wallraff
Der Kirchenhistoriker Sokrates

Untersuchungen zu Geschichtsdarstellung, Methode und Person. (Forschungen zur Kirchen- und Dogmengeschichte 68). 1997. 397 Seiten, gebunden. ISBN 3-525-55176-2

Das Werk des Kirchenhistorikers Sokrates ist die älteste vollständig erhaltene Darstellung der prägenden Epoche zwischen den Konzilien von Nikaia (325) und Ephesos (431). Die vorliegende Untersuchung bietet neue Erkenntnisse über Sokrates' kirchlichen Hintergrund, sein Geschichtsverständnis und seine Vorstellung vom Verhältnis zwischen Kirche und Staat.

V&R
Vandenhoeck & Ruprecht

Kommentar zu den Apostolischen Vätern (KAV)

Ergänzungsreihe zum Kritisch-exegetischen Kommentar über das NT.
Hrsg. von Norbert Brox, Georg Kretschmar und Kurt Niederwimmer. Bei Abnahme
der Reihe erhalten Sie 10% Ermäßigung.

1 Kurt Niederwimmer
Die Didache
2., erg. Auflage 1993. 334 Seiten, Leinen
ISBN 3-525-51677-0

2 Horacio E. Lona
Der erste Clemensbrief
Übersetzt und erklärt. 1998. 677 Seiten, Leinen
ISBN 3-525-51682-7

3 Wilhelm Pratscher
Der zweite Clemensbrief
(in Vorbereitung)

4 Reinhart Staats
Die Ignatiusbriefe
(in Vorbereitung)

5 **Die Polykarpbriefe**
Übersetzt und erklärt von Johannes Bapt. Bauer.
1995. 112 Seiten, Leinen
ISBN 3-525-51678-9

Die Polykarpbriefe – der eigentliche
Brief an die Philipper und ein Begleit-
schreiben zu den übersandten Ignatius-
briefen – sind in der Überlieferung zu
einem Brief zusammengewachsen.
Der Hauptbrief gibt unter Benützung des
ersten Clemensbriefes Mahnungen zum
rechten Glauben und zum christlichen
Lebenswandel und schärft gelegentlich
den Gehorsam gegenüber Presbytern und
Diakonen ein.

6 Gerd Buschmann
Das Martyrium des Polykarp
Übersetzt und erklärt. 1998. 452 Seiten und
1 Klapptabelle, Leinen
ISBN 3-525-51681-9

Diese erste umfassende Kommentierung
des frühesten uns erhaltenen selbständigen frühchristlichen Märtyrerberichts
arbeitet insbesondere die kerygmatisch-
erbauliche und innerkirchlich-polemi-
sche Intention des Schreibens heraus.
Dazu wird neben der Form des Schreibens besonders seine theologische
Intention deutlich gemacht.

7 Norbert Brox
Der Hirt des Hermas
1991. 589 Seiten, Leinen
ISBN 3-525-51674-6

8 Ferdinand-Rupert Prostmeier
Der Barnabasbrief
1998. Ca. 600 Seiten, Leinen
ISBN 3-525-51683-5

Diese Auslegung ist der erste wissen-
schaftliche Kommentar zum Barnabasbrief seit 1920. Der Band liefert eine
historische Einführung, ausführliche
Textanalyse, theologische Einordnung
und Forschungsgeschichte.

Vandenhoeck
& Ruprecht